Ottmar Ette
Erfunden / Gefunden

Aula

―
Herausgegeben von
Ottmar Ette

Ottmar Ette
Erfunden / Gefunden

Potsdamer Vorlesungen zur Entstehung der Amerikas

DE GRUYTER

ISBN 978-3-11-072324-3
e-ISBN (PDF) 978-3-11-072409-7
e-ISBN (EPUB) 978-3-11-072413-4
DOI https://doi.org/10.1515/9783110724097

Dieses Werk ist lizenziert unter der Creative Commons Namensnennung - Nicht-kommerziell - Keine Bearbeitung 4.0 International Lizenz. Weitere Informationen finden Sie unter https://creativecommons.org/licenses/by-nc-nd/4.0/.

Die Creative Commons-Lizenzbedingungen für die Weiterverwendung gelten nicht für Inhalte (wie Grafiken, Abbildungen, Fotos, Auszüge usw.), die nicht im Original der Open-Access-Publikation enthalten sind. Es kann eine weitere Genehmigung des Rechteinhabers erforderlich sein. Die Verpflichtung zur Recherche und Genehmigung liegt allein bei der Partei, die das Material weiterverwendet.

Library of Congress Control Number: 2022942746

Bibliografische Information der Deutschen Nationalbibliothek
Die Deutsche Nationalbibliothek verzeichnet diese Publikation in der Deutschen Nationalbibliografie; detaillierte bibliografische Daten sind im Internet über http://dnb.dnb.de abrufbar.

© 2022 bei den Autoren, publiziert von Walter de Gruyter GmbH, Berlin/Boston
Dieses Buch ist als Open-Access-Publikation verfügbar über www.degruyter.com.

Coverabbildung: Encyclopédie Larousse, Ausgabe von 1898: Aufriss des Globus von Martin Behaim aus dem Jahr 1492
Satz: Integra Software Services Pvt. Ltd.
Druck und Bindung: CPI books GmbH, Leck

www.degruyter.com

Vorwort

Das Thema der Auffindung wie der Erfindung der Amerikas faszinierte mich schon zu einem sehr frühen Zeitpunkt. Wissenschaftlich äußerte sich dieses starke Interesse in verschiedenen Seminaren an der Katholischen Universität Eichstätt sowie in einer ersten Publikation zur Funktion von Mythen und Legenden um die *Conquista* großer Teile des amerikanischen Kontinents.[1] Lehrveranstaltungen bildeten stets für mich eine wichtige Plattform zur Diskussion und Weiterentwicklung meiner Überlegungen; und gerade bei diesem Thema der Erfindung der Amerikas waren das Interesse und der Enthusiasmus meiner Studierenden überwältigend. Am Anfang dieses Bandes danke ich daher meinen Eichstätter Studierenden sehr herzlich für die vielen offenen Diskussionen, deren Spuren manche Seite dieses Bandes trägt.

Auf diese Erfahrungen konnte ich zurückgreifen, als ich an der Universität Potsdam meine erste Vorlesung zur Geschichte und den zahlreichen Fiktionen rund um die Amerikas hielt. Mit den rasch anwachsenden Studierendenzahlen in der damals aufblühenden Potsdamer Romanistik und dem sich immer stärker öffnenden Fächerkanon der Fakultät gab es auch mehr Studierende aus anderen Fachbereichen, für die ich das inhaltliche und thematische Spektrum weiter ausdehnte. Der damals zur Stützung der gefährdeten anglistischen Amerikanistik ins Leben gerufene *Tag der Amerikas* und dessen alljährliche Wiederholung sorgte für eine zusätzliche Dynamik.

Bei den Amerika-Vorlesungen habe ich es so wie bei all meinen Vorlesungen bis weit in die zweite Hälfte des zweiten Jahrzehnts unseres Jahrhunderts gehalten: Ich habe zwar Veranstaltungen zu ähnlichen Themen in einem gewissen Zyklus angeboten, dabei aber stets darauf geachtet, mich nicht zu wiederholen und neue Lehrinhalte zu erarbeiten, um auf diese Weise die Vorlesungen kontinuierlich inhaltlich auszuweiten. Auch der vorliegende Band zum Finden und Erfinden der sogenannten Neuen Welt ist eine Frucht dieser über zweieinhalb Jahrzehnte beständigen Arbeit an den Lehrveranstaltungen am Institut für Romanistik der Universität Potsdam. Daher schließe ich in meinen Dank selbstverständlich meine Potsdamer Studierenden, aber auch die Teilnehmerinnen und Teilnehmer an meinen Lehrveranstaltungen in verschiedenen Ländern Europas, in den USA, in zahlreichen Ländern Lateinamerikas und in China ein.

---

1 Vgl. Ette, Ottmar: Funktionen von Mythen und Legenden in Texten des 16. und 17. Jahrhunderts über die Neue Welt. In: Kohut, Karl (Hg.): *Der eroberte Kontinent. Historische Realität, Rechtfertigung und literarische Darstellung der Kolonisation Amerikas*. Frankfurt am Main: Vervuert Verlag 1991, S. 161–182.

Amerika und vor allem der sich an die USA südlich anschließende Teil des Kontinents war – ich gebe es gerne zu – lange Zeit für mich ein Sehnsuchtsort, an dem ich immer gerne lehrte, zu dem ich reiste, über den ich reflektierte und schrieb. So sind auch einige Teile der in diesem Band vorgelegten Potsdamer Vorlesungen zur Neuen Welt in den Amerikas selbst entstanden. Dabei gab es in den langen Jahren trotz aller langfristigen Projekte immer wieder Verschiebungen, die dazu führten, dass ich verschiedene Areas in mein Amerika-Bild, wie es in den Vorlesungen entstand, Stück für Stück integrieren konnte. Dass hierzu nicht alle Gebiete und Länder gehören und sich einige schmerzliche Lücken auftun, kann dieser Band nicht verschweigen. Vielleicht wird sich in Zukunft die eine oder andere Lücke durch künftige Reisen und Veranstaltungen noch schließen lassen. Doch mögen andererseits die Seitenverweise auf weitere meiner Potsdamer Vorlesungen die Gewähr dafür bieten, dass sich auch in dieser Vorlesung unterschiedliche areale Gesichtspunkte mit transarealen verbinden.

Denn mit diesen Vorlesungen über die Amerikas verbindet sich auch die Einsicht in die wissenschaftliche Notwendigkeit der TransArea-Studien.[2] Gerade die von Sympathie getragene akademische Zusammenarbeit mit Forscherinnen und Forschern an Zentren für Area-Studien im Berliner Raum führte mir eindrücklich vor Augen, wie dringlich es ist, die Spezialisierung auf eine bestimmte Area zu öffnen und auf transareale Fragestellungen zu erweitern. Ganz so, wie es mir auch wichtig erschien, meine Venia legendi für Romanische Philologie während meiner Potsdamer Jahre durch eine zweite Habilitation für Allgemeine und Vergleichende Literaturwissenschaft nochmals zu erweitern. Dies bedeutete freilich nicht – und der Band mag dies belegen –, dass ich der Romanistik untreu geworden wäre.

Wir verstehen viele politische und soziale, vor allem aber auch kulturelle und literarische Phänomene erst dann, wenn wir die Bewegungen zwischen verschiedenen Areas präziser erfassen und unseren Horizont über eine anfängliche Spezialisierung – sei es auf Großbritannien, Lateinamerika oder Südostasien – hinaus erweitern. Aus diesem Grunde scheint es mir gegen Ende meiner Potsdamer Zeit auch unabdingbar, als Romanist wie als Komparatist den Blick für die Kulturen und Literaturen Asiens zu weiten. Die im abendländischen Diskurs epistemisch im 20. Jahrhundert vorherrschende Identitäts- und Alteritätsphilosophie mit ihrer obsessiven Suche nach der eigenen Identität und nach dem ‚Anderen', nach der *Question de l'Autre*, wie Tzvetan Todorov dies formu-

---

2 Vgl. hierzu Ette, Ottmar: *TransArea. Eine literarische Globalisierungsgeschichte*. Berlin – Boston: Walter de Gruyter 2012.

lierte,³ schien mir notwendig durch ein Weiter-Denken, durch ein Denken der Erweiterung wo nicht zu ersetzen, so doch zumindest zu ergänzen zu sein.⁴

Diese letztlich unverzichtbare Weitung und Erweiterung des Blicks gilt gerade in Bezug auf ein so zentrales kulturelles Phänomen wie demjenigen der Literaturen der Welt, die in unserer digitalen Massenmedienwelt nur scheinbar an Boden verloren haben. Auch wenn es in diesem Falle vorwiegend der Romanist in mir war, der Auswahl und Analyse der für diesen Band herangezogenen Texte übernahm, so gilt es doch im Hinterkopf zu behalten, dass diese Literaturen die Jahrtausende wie die Räume, unterschiedlichste kulturelle wie natürliche Landschaften, aber auch die verschiedensten Ethnien und Überlieferungen sprachlich verdichtend queren. Manche dieser Ethnien, manche dieser Sprachen, manche dieser Kulturen mögen im Verlauf langer Jahrhunderte verschwunden oder vollständig transkulturiert sein: In den Literaturen der Welt sind sie als Vergangenheit präsent und werden durch diese Präsenz in ein Präsens gehoben, dessen Gegenwärtigkeit sich stets prospektiv auf die Zukunft öffnet. Immer hat mich an den Literaturen das fasziniert, was nicht mehr ist und doch nicht aufhören kann zu sein. Daher sind alle Erfindungen Amerikas in unseren heutigen Bildern und Vorstellungen von *den* Amerikas omnipräsent: Dies gilt es sich kreativ vor Augen zu halten!

Die mit diesem neuen, siebten Band der Reihe „Aula" vorgelegten Vorlesungen versuchen, transareal eine Erweiterung der auf die Romanistik bezogenen und beziehbaren Objekt-Areas ebenso vorzunehmen wie den zeitlichen Radius der hier behandelten Literaturen zu erweitern. Dabei wurden die Texte stets vor dem Halten der jeweiligen Vorlesung verschriftlicht und nach der Präsentation überarbeitet: Ausgelöste Diskussionen, aber auch Gedanken, die sich beim wie immer freien Vortrag der Vorlesungen einstellten, wurden eingearbeitet. Die so entstandenen Skripte, die Woche für Woche erarbeitet wurden, speisten mitunter Artikel oder Veröffentlichungen, so wie diese umgekehrt in die Vorlesungen Eingang fanden. Für mich war dies vital: Systole und Diastole des wissenschaftlichen Lebens.

Mit der Veröffentlichung der drei Bände *Von den historischen Avantgarden bis nach der Postmoderne. Potsdamer Vorlesungen zu den Hauptwerken der romanischen Literaturen des 20. und 21. Jahrhunderts*, *Romantik zwischen zwei Welten. Potsdamer Vorlesungen zu den Hauptwerken der romanischen Literaturen der Welt*

---

3 Vgl. Todorov, Tzvetan: *Die Eroberung Amerikas. Das Problem des Anderen*. Aus dem Französischen von Wilfried Böhringer. Frankfurt am Main: Suhrkamp 1985.
4 Vgl. Ette, Ottmar: Weiter denken. Viellogisches denken / viellogisches Denken und die Wege zu einer Epistemologie der Erweiterung. In: *Romanistische Zeitschrift für Literaturgeschichte / Cahiers d'Histoire des Littératures Romanes* (Heidelberg) XL, 1–4 (2016), S. 331–355.

im 19. Jahrhundert sowie *Aufklärung zwischen zwei Welten. Potsdamer Vorlesungen zu den Hauptwerken der romanischen Literaturen des 18. Jahrhunderts* ist die Reihe der literarhistorischen Vorlesungen in dem Sinne abgeschlossen, dass in diesen Bänden zum Ausdruck kommt, was der Verfasser zu diesen literaturgeschichtlichen Fragestellungen sagen wollte. Dabei handelt es sich um Bände, die meiner transarealen Konzeption der romanischen Literaturen der Welt ebenso entsprechen wie meinem archipelischen Verständnis der Romanistik.

Doch nicht allein die literarhistorischen, sondern auch die thematischen Bände sind transarchipelisch und stets aus der Bewegung aufgebaut. Dies gilt für den ersten Band der Reihe „Aula", der sich vordringlich dem Verhältnis von Reisen und Schreiben wie in einer Art Grundlagenbuch widmete, wie für den zweiten Band, der die Beziehung zwischen Lieben und Lesen untersuchte. Mit dem Band *Geburt Leben Sterben Tod. Potsdamer Vorlesungen über das Lebenswissen in den romanischen Literaturen der Welt* wurde ein weiterer thematischer Band eingefügt, an den sich nun der siebte Band der Reihe „Aula" zu den Amerikas anschließt.

Markus Alexander Lenz gilt mein freundschaftlicher Dank für die wie immer stets umsichtige und zielführende redaktionelle Bearbeitung, für kluge Ideen und viele anregende Gespräche, die wir am Rande der Vorlesungen führten. Mein Dank gilt ihm umso mehr, als die Durchsicht des ersten Teiles dieses Bandes noch in sein herausragend absolviertes Habilitationsverfahren an der Universität Potsdam fällt. Für den vorliegenden Band hat Markus erneut die Illustrationen besorgt, wofür ich ihm ebenfalls sehr dankbar bin. Mein Dank gilt des weiteren Ulrike Krauß, die sich von Beginn an beim Verlag Walter de Gruyter für die einzelnen Bände und die Gesamtidee der Reihe „Aula" eingesetzt hat, sowie Gabrielle Cornefert, die auch diesen Band verlagsseitig und gemeinsam mit zahlreichen Mitwirkenden wieder bestens betreute. Meiner Frau Doris gebührt mein Dank für den initialen Anstoß, die Manuskripte meiner Vorlesungen in Buchform zu veröffentlichen, und für die liebevollen Ermutigungen, das Vorhaben der Reihe in den abschließenden Jahren an der Universität Potsdam weiterzuführen.

Ottmar Ette
Potsdam, 16. Juli 2022

Inhaltsverzeichnis

Vorwort —— V

Zur Einführung: Schiffbruch mit Überlebenden —— 1

TEIL 1: **Erfunden, dann gefunden: Die Anfänge einer europäischen Sehnsucht**

Christoph Columbus, der Schiffbruch und das Vizekönigreich der Friktion —— 25

TEIL 2: **Gefunden und erfunden: Entwürfe und Entdeckungen einer (Neuen) Welt**

Benedetto Bordone, Juan de la Cosa oder die (Er-)Findungen der Welt auf einer Ochsenhaut —— 105

Fray Bartolomé de las Casas oder die (Un)Heilserfahrung —— 173

Amerigo Vespucci oder der Name Amerika —— 184

TEIL 3: **Erfunden, gefunden, erobert: Die *Conquista* der Neuen Welt**

Hernán Cortés, Bernal Díaz del Castillo oder die Blicke der Konquistadoren —— 207

Vom Auftauchen und Erfinden Neuspaniens —— 240

TEIL 4: **Erfunden und erobert – Die *Conquista* aus anderen Perspektiven**

Die spanische Invasion und die Sicht der Besiegten —— 311

Transareale Fiktionen, Legenden Und Mythen: Erfindungen in der Neuen Welt —— 333

Garcilaso de la Vega el Inca oder die Konvivenz der Kulturen —— 370

Michel de Montaigne oder die Versuche eines selbstkritischen Umdenkens —— 388

Hans Staden, Alvar Núñez Cabeza de Vaca oder die Lehren der Schiffbrüche —— 401

TEIL 5: Vorgefunden und neu erfunden – Die Amerikas im 18. und zu Beginn des 19. Jahrhunderts

Findung und Erfindung der Amerikas durch die europäische Aufklärung und die amerikanischen Kreolen —— 425

Bernardin de Saint-Pierre, Alexander von Humboldt und die Entdeckung des Weltbewusstseins —— 458

TEIL 6: Die Erfindung zweier Amerikas: Die Amerikas von der Mitte des 19. bis Anfang des 20. Jahrhunderts

Zur Entstehung eines neuen zweigeteilten Amerika-Bildes im 19. Jahrhundert —— 533

Domingo Faustino Sarmiento, José Martí und die zweigeteilte Modernität —— 555

TEIL 7: Die Erfindung der Zukunft – Die Amerikas im 20. Jahrhundert I

José Enrique Rodó oder Schreiben im Bewusstsein einer geteilten Geschichte und einer neuen Vision —— 605

Rubén Darío oder die Grundlagen für Erfindungen (der) Amerikas im 20. Jahrhundert —— 652

José Carlos Mariátegui, José Vasconcelos oder Integration und Utopie marginalisierter Kulturen —— 666

TEIL 8: **Die Erfindung der vergangenen Gegenwart – Die Amerikas im 20. Jahrhundert II**

Claude Lévi-Strauss oder das Erleben des Vergangenen in der Gegenwart —— 715

Michel Butor, Jean-Marie Gustave Le Clézio, Jean Baudrillard oder ein postmodernes Vergleichzeitigen und Verschwinden von Geschichte —— 738

Amin Maalouf, José Lezama Lima oder die allgegenwärtigen Archipele Amerikas —— 757

Epilog: Arnold Stadler oder am Ausgang aller Welten —— 790

Die Zitate in der Originalsprache —— 815

Bildquellenverzeichnis —— 857

Personenregister —— 865

Zur Einführung: Schiffbruch mit Überlebenden

Der Titel unserer Vorlesung in diesem Semester geht von einer im Grunde einfachen Tatsache aus: Die Erfindung der Amerikas ist nicht mit der Findung Amerikas gleichzusetzen. Die Erfindung geht dem Auffinden der ‚Neuen Welt' zugleich voraus und entwickelt sich aus diesem als ein jahrhundertelang und letztlich bis heute anhaltender Prozess. Vermeintlich einfache Tatsachen haben nicht selten komplexe Folgen, die sich aufzuklären lohnen. Denn das Erfundene und das Gefundene bilden in ihrem Zusammenspiel etwas, das nicht mehr ist und doch nicht aufhören kann zu sein. Diesem ebenso realen wie konkreten Phantasma wollen wir literatur- und kulturwissenschaftlich nachspüren und uns dabei auf die Grundlagen der *TransArea Studies* beziehen.[1]

Die Vorlesung versucht, die spannenden und sich ständig kreuzenden und variierenden Geschichten der Erfindung dessen, was wir heute als die Amerikas bezeichnen, in ihrer faszinierenden Entwicklung nachzuzeichnen. Sie tut dies vor dem Hintergrund eines Verständnisses von Literatur als einem Lebenswissen, Erlebenswissen, Überlebenswissen und Zusammenlebenswissen,[2] das in den unterschiedlichsten Sprachen und aus verschiedensten Perspektiven viellogisch[3] aufgehäuft wurde und einen mobilen, dynamischen Wissensspeicher bildet, den wir immer wieder befragen und hinterfragen werden. Dabei werden Quellen und Texte aus dem Bereich des Spanischen, Italienischen und Französischen, aber auch in lateinischer, englischer und deutscher Sprache herangezogen, um den komplexen Prozess herauszuarbeiten, der über verschiedene Phasen beschleunigter Globalisierung – aber auch über zwischengeschaltete Phasen der Entschleunigung – bis in unsere Gegenwart fortdauert: von der abendländischen Antike bis in die Epoche nach der Postmoderne, von Columbus bis Castro, von De Pauw bis Baudrillard, von den frühen Entdeckern, Reisenden und Chronisten bis zu heutigen Vertreter*innen von Literatur, Philosophie, Kultur- und Globalisie-

---

1 Vgl. hierzu Ette, Ottmar: *TransArea. Eine literarische Globalisierungsgeschichte*. Berlin – Boston: Walter de Gruyter 2012.
2 Vgl. hierzu Ette, Ottmar: *ÜberLebenswissen. Die Aufgabe der Philologie*. Berlin: Kulturverlag Kadmos 2004; ders.: *ZwischenWeltenSchreiben. Literaturen ohne festen Wohnsitz (ÜberLebenswissen II)*. Berlin: Kulturverlag Kadmos 2005; sowie ders.: *ZusammenLebensWissen. List, Last und Lust literarischer Konvivenz im globalen Maßstab (ÜberLebenswissen III)*. Berlin: Kulturverlag Kadmos 2010.
3 Vgl. hierzu Ette, Ottmar: *Viellogische Philologie. Die Literaturen der Welt und das Beispiel einer transarealen peruanischen Literatur*. Berlin: Verlag Walter Frey – edition tranvía 2013.

ᐅ Open Access. © 2022 bei den Autoren, publiziert von De Gruyter. (cc) BY-NC-ND Dieses Werk ist lizenziert unter der Creative Commons Namensnennung - Nicht-kommerziell - Keine Bearbeitung 4.0 International Lizenz.
https://doi.org/10.1515/9783110724097-001

rungstheorie. Wir begeben uns auf eine Reise quer durch unsere Geschichte und zugleich quer durch die Geschichten der Literaturen der Welt.[4]

In einer Art Vorspiel zu unserer Vorlesung möchte ich versuchen, einige Überlegungen zur Eröffnung von Perspektiven und Blickwinkeln zu entwickeln, welche die Beziehung zwischen uns Heutigen mit unseren Problemen und Herausforderungen nach dem Ende der vierten Phase beschleunigter Globalisierung und jenen Texten und Zeiten herstellen, mit denen wir es im Verlauf dieser Vorlesung zu tun haben werden. Ich habe dabei meine Reflexionen unter einen Titel gestellt, der Sie vielleicht zunächst einmal überraschen wird: „Schiffbruch mit Überlebenden. Vom Scheitern (in) der Globalisierung und der Globalisierung des Scheiterns." Doch sind wir nicht auch Schiffbrüchige einer längst historisch gewordenen und doch noch immer anhaltenden Expansionsbewegung über die Meere und Luftmeere?

Die erste große Welle dieser menschheitsgeschichtlichen Expansion soll uns in besonderem Maße im Lichte einiger ihrer Vorbedingungen und Voraussetzungen interessieren, ohne dass dabei die sich anschließenden Wellen beschleunigter Globalisierung ausgeblendet würden. Ich möchte Sie in eine Geschichte einführen, die *eigentlich* längst geschichtlich geworden ist, *uneigentlich* aber noch immer höchst gegenwärtig scheint. In der oszillierenden Bewegung zwischen dem Eigentlichen und dem Uneigentlichen, konsequenterweise also im Bewegungs-Raum dieses *Neigentlichen*, möchte ich unsere Vorlesung ansiedeln. Dabei steht dieses *Neigentliche* nicht nur für die Gleichzeitigkeit beider Bewegungspole und für die sich neigende Bewegung selbst, sondern auch *als Neigung* für das emotionale Leben und Erleben dieser Geschichte, die nicht die Geschichte einer anderen, sondern dieser unserer Welt ist.

Es geht in unserer Vorlesung folglich um eine Neuperspektivierung des Erfindens und des Auffindens der sogenannten ‚Neuen Welt', die transareal mit Europa, Asien und Afrika ebenso transatlantisch wie transpazifisch vielfach verbunden ist. Und dies im Rahmen einer literatur- und kulturwissenschaftlichen Problemstellung, welche sich den Fragen des Zusammenlebens und einer Philologie zuwendet, die keine „Philologie der Weltliteratur" im Sinne des so

---

[4] Vgl. hierzu Ette, Ottmar: *WeltFraktale. Wege durch die Literaturen derWelt*. Stuttgart: J.B. Metzler Verlag 2017.

herausragenden Romanisten Erich Auerbach ist,[5] sondern im Sinne einer Philologie der Literaturen der Welt verstanden werden kann.[6]

Erst nach diesem Vorspiel werde ich versuchen, unseren Parcours innerhalb der Vorlesung genauer abzustecken; eine Vorgehensweise, die es erlauben soll, sowohl jenen, die sich mit der Materie schon etwas beschäftigt haben, als auch jenen, die sich zum ersten Mal in einer Veranstaltung über die Erfindung der Amerikas wiederfinden, gerecht zu werden. Ich freue mich auf unsere ‚Entdeckungsreise', der ich aber zunächst eine Art Kurzdurchgang voranstellen will, der uns binnen kurzer Zeit vom 21. Jahrhundert ein erstes Mal zurück ans Ende des 15. Jahrhundert führen wird, um danach Stück für Stück wieder zum Beginn des 21. Jahrhunderts zu gelangen. Lassen Sie sich also auf diese Reise und die mit ihr verbundene(n) Geschichte(n) mitnehmen, von der und von denen ich hoffe, dass sie Ihnen viele neue Erkenntnisprozesse ermöglichen werden: nicht allein auf dem Gebiet Ihres Studiums und Ihrer Studienleistungen, sondern auch hinsichtlich Ihres Lebens in einer der westlichen Gesellschaften, welche sich ohne die Erfindung und die Auffindung der Amerikas mit Sicherheit nicht zu dem entwickelt hätten, was sie heute sind!

Kennen Sie Globi? Wenn Sie nicht in der Schweiz sozialisiert wurden, dann wird die Antwort wahrscheinlich negativ ausfallen, es sei denn, Sie wären ein Fan der *Bandes dessinées* und würden eine Figur verehren, die zumindest in der Schweiz Kultstatus besitzt. Bei einem seiner unzähligen Abenteuer gelangt *Globi der Seefahrer* im Verlauf seiner Weltumsegelung nach Asien und lernt „Hongkong – eine Welthandelsstadt" kennen.[7] Mit unverkennbar europäischem Blick nimmt er die ihm fremde und zugleich vertraute Szenerie in einer chinesischen Küstenstadt wahr, die sich damals noch in britischem Besitz befand:

Welch Getümmel, welch Gewimmel,
unter Chinas blauem Himmel -
alles sieht so anders aus,
bunter als bei uns zu Haus.[8]

---

5 Vgl. hierzu Auerbach, Erich: Philologie der Weltliteratur. In: *Weltliteratur*. Festgabe für Fritz Strich. Bern 1952, S. 39–50; wieder aufgenommen in Auerbach, Erich: *Gesammelte Aufsätze zur romanischen Philologie*. Herausgegeben von Fritz Schalk und Gustav Konrad. Bern – München: Francke Verlag 1967, S. 301–310, hier S. 304.
6 Vgl. Ette, Ottmar: Die Literaturen der Welt und die Chancen Lateinamerikas. Zu einem neuen Verständnis weltumspannender literarischer Zirkulation. In: *Romanistische Zeitschrift für Literaturgeschichte / Cahiers d'Histoire des Littératures Romanes* (Heidelberg) XLV, 1-2 (2021), S. 203–225.
7 *Globi der Seefahrer*. Bild-Geschichten und Zeichnungen: Peter Heinzer. Verse: Guido Strebel. Zürich: Globi-Verlag [5]2003, S. 85.
8 Ebda., S. 84.

Abb. 1 und 2: *Globi der Seefahrer*, Cover und Rückseite.

Schnell findet sich unser Globi zurecht, der weltgewandte Schweizer, degustiert die verschiedensten Waren (darunter „Pfeffer, Nelken, Muskatnuss")[9] und fertigt schließlich eine Liste der zu tätigenden Einkäufe an, die einer recht einfachen Regel gehorcht:

> Will man kaufen viele Sachen,
> muss man eine Liste machen,
> weil man sonst am End' vergisst,
> was vielleicht sehr wichtig ist.
>
> Wichtig ist vor allen Dingen,
> solche Sachen heimzubringen,
> die man in Europa liebt,
> die es aber dort nicht gibt.[10]

Viel deutlicher und einfacher könnte das Prinzip des europäischen Kolonialismus, außerhalb Europas koloniale Ergänzungsräume aufzubauen, nicht ausge-

---

9 Ebda.
10 Ebda.

drückt werden: Man strebt nach Gütern und Waren, die man in Europa nicht finden oder produzieren kann, und versucht, sich Gebiete zu sichern, in denen diese Güter erzeugt werden können. Dass dies nicht ohne Widerstand der ortsansässigen Bevölkerung geschehen kann, ist offenkundig, aber kein Hemmnis für den Aufbau von Kolonialsystemen, die an verschiedenen europäischen Ländern rund um den Planeten aufgebaut werden. Globi hat folglich – auch wenn bei der Erfindung dieser Figur der Begriff ‚Globalisierung' im Deutschen noch nicht zur Verfügung stand – etwas mit Globalisierung zu tun.

Nachdem man die beim Feilschen auf dem Markt erstandenen Waren unter Deck verstaut und mit viel Glück auch einen Angriff von Seeräubern überstanden hat, wird die Heimreise um das Kap der Guten Hoffnung angetreten. Als man die auf einer Weltkarte[11] eingetragene Umschiffung des Kaps der Guten Hoffnung endlich hinter sich gebracht hat und sich schon fast im sicheren Hafen Europa glaubt, bricht plötzlich ein Sturm los und wirft das Schiff auf ein Felsenriff. Nur mit knapper Not entgehen Globi, sein Kapitän und die Mannschaft dem sicheren Tod, da sie nach ihrem Schiffbruch glücklich in ihrem Boot von den Naturgewalten an Land gespült werden. Wir sehen: Der europäische Kolonialismus ist mit Risiken verbunden, aber auch mit Hoffnungen, wie sie in der erstmaligen portugiesischen Benennung dieses Kaps der Guten Hoffnung zum Ausdruck kommen.

Zwar sind die eingekauften Waren für den europäischen wie den Weltmarkt verloren, doch konnte immerhin eine Schatztruhe gerettet werden, aus der Globi seinen Teil an Gold erhält, so dass er reich belohnt in sein europäisches Ursprungsland zurückkehren kann (Abb. 3). Dort schließen die gerührten Eltern in ihrem einfachen Bauernhof den nach langer Abwesenheit reich an Erfahrungen, aber auch an Gold nach Hause zurückgekehrten Sohn in die Arme. Und so liest man auf der letzten Seite des Bandes:

> In dem kleinen Stübchen drinnen
> sieht man Freudentränen rinnen,
> als das viele, schöne Gold
> klingend auf den Esstisch rollt.[12]

Fast nebenbei wird uns eine Geschichte mit Schiffbruch offeriert: Schiffbruch ist eines der Risiken, denen sich die kolonialen Herrscherfiguren bis hinunter zum einfachen Schiffsjungen stellen müssen. Doch ihre Belohnung dafür, sich auf diese lebensgefährdenden Risiken eingelassen zu haben, ist das schöne, reine Gold, das man zuhause gut brauchen kann. Wie es das glückliche Ende des

---

11 Ebda., S. 93.
12 Ebda., S. 98.

Alle Not hat nun ein Ende

Abb. 3: *Globi der Seefahrer*, Ende, S. 99.

Schiffbruchs mit Zuschauer schon andeutete: Die ganze Geschichte ist noch einmal glimpflich, ja glücklich ausgegangen. Globi kehrt von seiner Abenteuerfahrt mit reichem, goldenen Ertrag nach Hause und als nur zeitweise verlorener Sohn zu seinen Eltern zurück.

Alle Elemente dieser Abenteuer- und Erfolgsgeschichte sind uns wohlvertraut, auch wenn wir vom historisch-technologischen Setting im Zeitalter der stets von Piraten bedrohten Segelschiffe heute durch mehrere Jahrhunderte getrennt sind (oder vielleicht auch nur getrennt zu sein scheinen). Doch die Karavellen des 15. und 16. Jahrhunderts wie die Fregatten und Segelschiffe des 18. Jahrhunderts sind tief ins kollektive (Bild-)Gedächtnis der Europäer eingebrannt und jederzeit abrufbar. Denn begründete nicht jene Zeit die Herrschaft der Europäer über die Meere und damit auch die Herrschaft über weit entfernte Länder, die zum eigenen Nutzen ausgebeutet werden können?

Europa sucht seine Liebe für Gewürze und unterschiedlichste exotische Luxuswaren durch einen wohlgesteuerten Welthandel zu befriedigen, dessen Infrastruktur auf der Ebene des kartographisch gesicherten Weltverkehrs zwar von Naturgewalten wie von Konkurrenten und Räubern immer wieder gefährdet ist, letztlich aber doch satte Gewinne anzuhäufen hilft. Das Geschäft mit – wie es bis vor kurzem noch in Europa hieß – ‚Kolonialwaren' lohnt sich. Zugleich wird die Erfahrung des ‚Anderen', das wirtschaftlich in komplementäre Strukturen eingepasst wird, in bunte Bilder übersetzt, die eine spatio-temporelle Situation schaffen, in welcher der räumlich distante ‚Fremde' nur vorübergehend besucht zu werden braucht. Denn die dominante Bewegungsfigur des Europäers bleibt stets einer Kreisstruktur[13] verpflichtet: Reich an Gold und reich an Geschichten kann man in der vertrauten Heimat zum Zuschauer seines eigenen zeitlich begrenzten Schiffbruchs werden, der als Daseinsmetapher wie in einer *mise en abyme* den Verlauf des eigenen Lebens semantisch kondensiert. Die Vektoren der Weltkarten führen stets in die Heimat zurück, in jenes Zentrum der Macht, von dem aus die Geschicke des gesamten Globus gelenkt und beherrscht werden können.

Aber wie sieht dieses globale Machtzentrum in Europa aus? Hier tritt – wie Roland Barthes gesagt hätte – die „Suissité", das schweizerische Understatement in den Vordergrund. Das bescheidene Elternhaus, von dem Globi zu Beginn eher unfreiwillig aufbricht und in das er am Ende seines überstandenen Abenteuers wieder zurückkehrt, lässt sich in seiner Provinzialität und Abgeschiedenheit, die

---

[13] Zur hermeneutischen Figur des Kreises und ihrer Semantik im Kolonialen Verbund vgl. den ersten Band der Reihe „Aula" in Ette, Ottmar: *ReiseSchreiben. Potsdamer Vorlesungen zur Reiseliteratur*. Berlin – Boston: Walter de Gruyter 2020, S. 196 ff.; sowie ders.: *Literatur in Bewegung. Raum und Dynamik grenzüberschreitenden Schreibens in Europa und Amerika*. Weilerswist: Velbrück Wissenschaft 2001, S. 21–84.

in scharfem Kontrast zur weiten Welt der Meere und der Welthandelsstädte steht, in keiner Weise als Teil eines Global Village erahnen.

Seien wir ehrlich: Auch der Name des in der Schweiz so berühmten Helden, dessen Geschichten freilich anders als jene Harry Potters nicht globalisiert um die Welt gingen, hat zumindest auf den ersten Blick etymologisch wie semantisch nichts mit der Globalisierung zu tun – wenn sich auch bereits das erste, 1935 erschienene Globi-Buch dem Thema *Globis Weltreise* verschrieb. Doch sind beide Elemente, wie unsere kurze Analyse zeigen soll, tief in ein historisch vom Zeitalter der Segelschiffe und von der Suche nach Gewürzen und Spezereien geprägtes europäisches Selbstverständnis eingesenkt, das jedem Handeln, jedem Abenteuer Globis fast schon unfreiwillig eine globale Dimension verleiht. Dass sich all dies in der Schweiz gerade in den dreißiger Jahren in der Schaffung dieser Figur verkörperte, ist ganz gewiss kein Zufall.

Mag ‚Globi' auch eine in der deutschsprachigen Schweiz verbreitete und wenig schmeichelhafte Bezeichnung für einen Tölpel sein und daher – zumindest auf den ersten Blick – nichts mit Globalisierung zu tun haben: Die in der Schweiz so weitverbreitete Figur des Globi selbst ist unlösbar mit Erfahrungen und mehr noch mit dem schweizerischen und abendländischen „imaginaire", ja Phantasma der Globalisierung verbunden und trägt in den Köpfen der kleinen wie der großen Leserinnen und Leser auch weiter zu deren Tradierung und Ausgestaltung bei. Globi steht so eher unfreiwillig für ein Weltbewusstsein im Zeichen einer Globalisierung, deren Bilder, Bedingungen und Botschaften freilich noch das abgelegenste Bauernhaus im Zentrum Europa(s) erreichen. Globalisierung ist überall – und gerade auch im Schweizer Mittelland, in einer Schweiz, deren globale Machtzentralen seit den dreißiger Jahren des 20. Jahrhunderts nicht zu wachsen aufhörten.

Man könnte gegen eine solche Deutung einwenden, dass wir es in diesem Zusammenhang nicht mit Phänomenen der Globalisierung, sondern allenfalls mit Restbeständen von Bilderwelten einer längst abgeschlossenen Phase des europäischen Kolonialismus zu tun hätten. So etwa argumentierte die Enquête-Kommission des Deutschen Bundestages, die in ihrem Bericht vom 13. September 2001 – wenn auch nicht mit Blick auf Globi – von „den Jahrhunderten der (europäischen) Seefahrer" sprach, die sich – gewiss „auf tragische Weise – während der Kolonialzeit des 19. Jahrhunderts" fortgesetzt hätten,[14] die es aber doch scharf von der heutigen Globalisierung abzugrenzen gelte. Doch hören wir die Enquête-Kommission selbst:

---

14 *Zwischenbericht der Enquête-Kommission des Deutschen Bundestages „Globalisierung der Weltwirtschaft – Herausforderungen und Antworten".* Drucksache 14/6910 vom 13.9.2001, S. 2.

> Globalisierung ist zunächst die weltweite wirtschaftliche Verflechtung. Vor 1990 war das Wort Globalisierung kaum in Gebrauch. Vielleicht wurde von der Internationalisierung der Wirtschaft gesprochen, die schon früher einsetzte. Sie hatte ihre Ursprünge in den Jahrhunderten der (europäischen) Seefahrer und setzte sich – auf tragische Weise – während der Kolonialzeit des 19. Jahrhunderts fort. [...] Mit dem technischen Fortschritt beim Verkehr und der Kommunikation wurde die wirtschaftliche Verflechtung der Staaten, Regionen und der Erdteile immer intensiver. Später haben auch politische Zielsetzungen der regionalen Integration und der Friedenssicherung die wirtschaftliche Verflechtung gefördert.[15]

Dies ist eine Abgrenzung, die man aus politischen Gründen zweifellos zur Beruhigung des eigenen Gewissens gerne ziehen würde, die aber historisch wie wirtschaftlich oder biopolitisch in die Irre führt. Längst sind nicht zuletzt aus der Geschichtswissenschaft – aber auch aus anderen Disziplinen – Vorstellungen entwickelt und Belege dafür vorgelegt worden, dass Globalisierung als ein langanhaltender Prozess und nicht als kurzfristige Erfindung westlicher Medien verstanden werden muss. Eine Abtrennung der dunklen Jahrhunderte des Kolonialismus soll den Blick auf die historischen wie ökonomischen oder biopolitischen Kontinuitäten verstellen und den Begriff der Globalisierung im hellsten Lichte erstrahlen lassen. Die Ergebnisse der bundesdeutschen Enquête-Kommission können folglich schlicht als einer der zahlreichen Versuche gewertet werden, diese realen Kontinuitäten zu verschleiern.

Globalisierung ist ein Faktum und *zugleich* eine Fiktion, besser noch: eine Inszenierung. Ich möchte dies kurz erläutern; denn nichts hat dies anschaulicher als das vor zwei Jahrzehnten weltweit grassierende Millenniumsfieber gezeigt. Die Übertragung des sich mit planetarischer Rotationsgeschwindigkeit vorwärtsbewegenden Jahrtausendwechsels bot eine gigantische Szenerie, deren eigentliche Hauptfigur die weltweit vernetzten Medien selbst waren. Waren es Chöre von Schulkindern in der Südsee oder Riesenradinstallationen in Paris, Jubelfeste in Asien, Riten von Schamanen in den Anden oder Feuerwerksorgien in den Vereinigten Staaten: stets handelte es sich um eine *von* den westlichen Medien und *für* die westlichen Medien in Szene gesetzte Globalschau der Superlative. Das Global Village feierte ‚seine' Medien. Die weltweite Übertragung zeigte die Globalisierung und mehr noch deren Scheinhaftigkeit, insoweit die unterschiedlichsten Kulturen zu partizipieren schienen, die doch mit der hinter den Chiffren und ihrer Zahlensymbolik versteckten abendländisch-christlichen Verankerung des weltweiten und unaufhaltsamen Expansionsprozesses nichts gemein haben außer der zugegebenermaßen fundamentalen Tatsache, dass sie in diesen Strudel mithineingezogen wurden. Das war freilich Tat-Sache genug! Sie manifestierte sich in der Art und Weise selbst, wie die unterschiedlichsten Kulturen telegen und datenübertra-

---

15 Ebda.

gungsfähig weltweit in Bewegung gesetzt wurden. Globalisierung kann folglich auch ein westlich gelenktes Medienspektakel sein – und eine imaginäre Globalisierung mit eigens dafür ausgesuchten Staffagen ohnehin.[16]

Vor einigen Jahren schon untersuchten Jürgen Osterhammel und Niels P. Petersson aus historiographischer Sicht nicht nur am Beispiel der „durch Reiterkrieger und Mikroben" begünstigten Ausbreitung der Beulenpest im 14. Jahrhundert die von einer sich erhöhenden Mobilität erzeugte Entstehung dessen, was sich als „eurasischer Kamalitätenzusammenhang"[17] bezeichnen ließe, sondern sahen auch über die altweltlichen Zusammenhänge hinaus verschiedene Schübe einer Entwicklung globalisierter Beziehungsgeflechte sich entwickeln, die insbesondere seit der Mitte des 18. Jahrhunderts eine besondere Intensität aufwiesen.[18] Und während sich der argentinische Kulturtheoretiker Néstor García Canclini – rhetorisch nicht ungeschickt – darüber erstaunt zeigte und fragte, warum gerade eine Zeit als Epoche der Globalisierung bezeichnet werde, in der unter anderem „las migraciones masivas y los enfrentamientos interétnicos y regionales" unerhört an Stärke gewannen,[19] seien doch zu diesem Zeitpunkt massive Migrationen und interethnische Konflikte zuhauf aufgetreten, unternahm es der französische Kulturhistoriker Serge Gruzinski, den Zeitraum der Herrschaft der vereinigten iberischen Mächte Spanien und Portugal zwischen 1580 und 1640 als Zeit einer intensiven „mondialisation" zu porträtieren.[20] Verschiedene Wissenschaftsdisziplinen ließen sich mit unterschiedlichem Geschick auf die Veränderungen im Zeichen dessen ein, was man zunehmend und mit einiger Verspätung auch im Deutschen als Globalisierung kennzeichnete.

Dabei war es kein Zufall, dass Gruzinski *seine* „Geschichte einer Globalisierung" im argentinischen Buenos Aires und im brasilianischen Belém beginnen ließ, um vor dem Hintergrund einer katholischen Bittprozession am Amazonas auf eine ‚mestizische' Dimension der Attentäter vom 11. September 2001 aufmerksam zu machen:

---

16 Vgl. hierzu García Canclini, Néstor: *La globalización imaginada*. México – Buenos Aires – Barcelona: Paidós 1999, S. 10.
17 Vgl. Osterhammel, Jürgen / Petersson, Niels P.: *Geschichte der Globalisierung. Dimensionen, Prozesse, Epochen*. München: Verlag C.H. Beck 2003, S. 32.
18 Vgl. ebda., S. 46 f.
19 Vgl. García Canclini, Néstor: *La globalización imaginada*, S. 10.
20 Gruzinski, Serge: *Les Quatre Parties du monde. Histoire d'une mondialisation*. Paris: Editions de La Martinière 2006. Bereits 2004 war eine sehr schön illustrierte Fassung dieses Bandes im selben Verlag erschienen.

Sie haben mit der Börsenspekulation, den Technologien der Digitalisierung und der Luftfahrt spekuliert, während sie von *in real time* erhaltenen Bildern des gesamten Planeten profitierten. Die Globalisierung lässt alle Arten von Vermischungen zur Welt kommen, selbst die gegen sie gerichteten Listen, welche auf ihre Zerstörung abzielen, sind ebenso mestiziert. Indem sie auf „alle zugänglichen modernen Mittel" zurückgriffen, haben die Terroristen eine beispiellose symbolische Durchschlagskraft erreicht.[21]

Die Arbeitshypothese von Serge Gruzinski stellt die Kontinuitäten her und wirft eine wichtige Frage auf: Die barbarischen Handlanger und Hintermänner eines fundamentalistisch ausgerichteten Islamismus als medienbewusste Verwerter westlich-spätkapitalistischer High-Tech-Strukturen? Gewiss, und überdies mit einer Rhetorik ausgestattet, die an jene revolutionärer lateinamerikanischer „Comandantes" und „Sub-comandantes" erinnert!

Die vom französischen Kulturhistoriker mit Recht betonte symbolische Effizienz und Durchschlagskraft, die eine globalisierte abendländische Moderne an ihrem emblematisch verdichteten Ort der Zwillingstürme des World Trade Center mit den Mitteln dieser abendländischen Globalisierung selbst zu zerstören sucht, sollte man aber vielleicht weniger in den eher ungelenken und vorbelasteten Begriffen eines „Métissage" als in der Terminologie einer zugleich transhistorischen und transarealen Kopräsenz verschiedener ‚Geschichten' und Phasen weltumspannender Globalisierung zu fassen versuchen. Denn markiert gerade der bildeträchtige Einsturz der New Yorker Zwillingstürme das Scheitern eines Globalisierungsmodells, das nur allzu gerne seine eigene (koloniale und imperiale) Geschichte ‚vergisst' und eskamotiert, so erweist sich an diesem symbolisch so aufgeladenen Beispiel unübersehbar die Notwendigkeit eines Verständnisses von Globalisierung, das in der gegenwärtigen „Mondialisation" stets auch die Anwesenheit früherer Phasen einer von Serge Gruzinski am Beispiel der iberischen Mächte aufgezeigten Globalisierung begreift und für ein historisch wie kulturell adäquateres Verständnis von Globalisierung fruchtbar macht.

Wir sollten Globalisierung daher als einen lange Jahrhunderte überspannenden und in verschiedenen Schüben verlaufenen welthistorischen Prozess verstehen, der keineswegs nur wirtschaftliche und politische, sondern auch kulturelle, soziale und biopolitische Dimensionen in den Vordergrund rückt. Mit unserer Vorlesung können wir am Beispiel der Erfindung wie der Auffindung der sogenannten ‚Neuen Welt' erkunden, wie dieser Prozess auf einer ebenso transarealen wie transkulturellen Ebene verlaufen ist.

---

21 Ebda., S. 12. Alle Übersetzungen ins Deutsche stammen in diesem Band, wo nicht anders angegeben, vom Verfasser. Die Prosa-Zitate in der Originalsprache finden die Leser*innen im Anhang des Bandes (O.E.).

Die uns gestellte und selbstgestellte Aufgabe ist folglich eine höchst komplexe und richtet sich nicht ausschließlich auf das Erfinden und Auffinden Amerikas. Um das im menschenverachtenden Angriff auf das World Trade Center weltweit augenfällig gewordene und gemachte Scheitern eines bestimmten Modells und Verständnisses der Globalisierung – und eines damit einhergehenden Modells und Verständnisses eines nationale Grenzen überspannenden Zusammenlebens – zu begreifen und analytisch umzusetzen, bedarf es meiner Ansicht nach eines historisch fundierten und zugleich transhistorischen, zwischen den jeweils spezifischen Perioden ‚durchlässigen' Modells für den Ablauf globaler Prozesse. Und zugleich eine tiefe Einsicht in die Tatsache, dass es ohne den Rückgriff auf die Literaturen der Welt nicht möglich ist, das Leben und Erleben, das Überleben und Zusammenleben innerhalb eines Prozesses zu verstehen, den wir heute als Globalisierung definieren. Denn quer zu den unterschiedlichsten Sprachen und Kulturen, queer zu den unterschiedlichsten Zeiten und Areas verschaffen uns die Literaturen der Welt Einblick in die Arten und Weisen, wie diese Prozesse durch verschiedenste Bevölkerungsgruppen *gelebt* und *erlebt* werden konnten.

Es gilt dabei, zwischen vier Phasen beschleunigter Globalisierung zu unterscheiden, deren erste mit dem ebenso globalen wie globalisierenden Projekt des Christoph Columbus beginnt, deren zweite – wie auch die Analyse des von Osterhammel und Petersson beobachteten Schubs etwa belegt – um die Mitte des 18. Jahrhunderts einsetzt, deren dritte sich im letzten Drittel des 19. Jahrhunderts entfaltet und deren vierte und vor mehr als einem halben Jahrzehnt abgeschlossene Phase sich in der zweiten Hälfte der achtziger Jahre des 20. Jahrhunderts mit aller Macht abzuzeichnen beginnt.[22]

Standen die beiden ersten Phasen beschleunigter Globalisierung im Zeichen zunächst der iberischen Mächte und dann von Frankreich und England, so prägte ab der dritten Phase mit den Vereinigten Staaten von Amerika erstmals eine außereuropäische – wenn auch europäisch programmierte – Macht die Spezifik beschleunigter Globalisierung. Den jeweiligen Phasen eigentümlich ist ebenso die Globalisierung bestimmter europäischer Sprachen (etwa Spanisch, Portugiesisch und Latein in der ersten, Französisch und Englisch in der zweiten) wie die der

---

22 Ich habe dieses Modell in wenigen Zügen erstmals erwähnt und vorgestellt in Ette, Ottmar: *Weltbewußtsein. Alexander von Humboldt und das unvollendete Projekt einer anderen Moderne.* Weilerswist: Velbrück Wissenschaft 2002, S. 26–28; sowie in Wege des Wissens. Fünf Thesen zum Weltbewusstsein und den Literaturen der Welt. In: Hofmann, Sabine / Wehrheim, Monika (Hg.): *Lateinamerika. Orte und Ordnungen des Wissens. Festschrift für Birgit Scharlau.* Tübingen: Gunter Narr Verlag 2004, S. 169–184. ein Überbllick über diese vier Phasen findet sich unter Rückgriff auf Beispiele aus den Literaturen der Welt in meinem bereits angeführten Band *TransArea*, der auch in englischer und französischer Übersetzung vorliegt.

Technologien der Wissenszirkulation und Wissensrepräsentation, wie sie gegen Ende der zweiten Phase die Wissensordnungen der europäischen Moderne bestimmten. Hierauf wird zurückzukommen sein.

Wäre die erste Phase beschleunigter Globalisierung ohne die vorherige Erfindung des Buchdrucks und die Zirkulation gedruckter Flugblätter und bald auch Kartenblätter nur schwerlich vorstellbar, so sind der zweiten Phase die neuen Wissenskonfigurationen nach dem Ende der Naturgeschichte zuzurechnen.[23] Waren für die dritte Phase etwa die die Kontinente miteinander verbindenden Überseekabel entscheidend, so sind dies für die vierte Phase die weltweiten elektronischen Datenautobahnen, die uns und unsere Kapital- und Wissensströme in Echtzeit miteinander verbinden. Sie tun dies selbstverständlich auch noch nach dem Ende der vierten Phase, die glücklicherweise anders als andere Phasen nicht mit einem neuerlichen Weltkrieg zu Ende ging. wir haben nur wie andere Phasen auch dieses Ende im Zeichen neuer Pandemien vor Augen geführt bekommen: nicht mehr der sogenannten ‚Spanischen Grippe', wohl aber von Covid-19.

Militärische Technologien wie Krankheiten und Seuchen sind in all diesen Phasen jeweils unterschiedlich ausgeprägt, tragen aber zu jenem Kamalitäten-Zusammenhang bei, den jede beschleunigte Globalisierung – von der Syhpilis über Gelbfieber und „small pockes" bis zu Aids – ebenfalls heraufführt. Ein Blick in die Geschichte zeigt: Globalisierungsphasen ohne Globalisierungsängste gibt es nicht. Da macht auch die vor einem guten Jahrfünft ausgeklungene Beschleunigungsphase keine Ausnahme. Es beeindruckt zutiefst, wie sich die Geschehnisse in gänzlich verschiedenartigen historischen Kontexten und innerhalb grundlegend veränderter Zusammenhänge mit hoher Regelmäßigkeit wiederholen, wobei die Menschheit nur bedingt und verzögert im Rahmen ihrer Möglichkeiten in der Lage ist, auf die jeweiligen Globalisierungsherausforderungen adäquate Antworten zu finden.

Was sagen uns diese Einsichten in historisch-kulturelle Prozesse *de longue durée*? Ohne an dieser Stelle die vier genannten Phasen weiter differenzieren und auch auf anderen Ebenen ausführlicher erläutern zu können, sei doch ganz generell festgehalten, was uns bereits *Globi der Seefahrer* vor Augen führte: In jeder jeweils aktuellen Phase sind die vorgängigen Phasen gegenwärtig, ja deren sorgsame Einbeziehung erlaubt es erst, ein ausreichend komplexes Verständnis von der jeweils präsenten Beschleunigungs- (aber auch Entschleunigungs-) Phase zu erhalten. Die Abrufbereitschaft geradezu selbstverständlicher, jedem Kind in der

---

23 Vgl. hierzu etwa Lepenies, Wolf: *Das Ende der Naturgeschichte. Wandel kultureller Selbstverständlichkeiten in den Wissenschaften des 18. und 19. Jahrhunderts*. Frankfurt am Main: Suhrkamp 1978.

Schweiz und in Europa geläufiger Bilderwelten der Globalisierung zeigt, in welchem Maße sich die Realität wie das Phantasma der Globalisierung aus ebenso diffusen wie allgemein verbreiteten historischen Quellen speisen. Diese Bilder-Welten gehen nicht notwendig mit einer Einsicht in historische Prozesse und schon gar nicht in kulturelle und transkulturelle Verstehensprozesse einher. Diese sollen im Rahmen unserer Vorlesung jedoch zumindest angestoßen und befördert werden.

Die globalisierten und global geteilten Bilder-Welten beinhalten eine okzidental zentrierte Symbolik, auf die es die Attentäter vom 11. September 2001 nicht weniger abgesehen hatten als auf das World Trade Center (das aus eben diesem Grunde auch wieder in veränderter Form errichtet werden musste). Gerade *weil* Globi sich nicht von der Globalisierungsbegrifflichkeit herleitet und auf den ersten Blick nichts mit Globalisierung zu tun zu haben scheint, kann er für uns zum zuverlässigen Zeugen einer Globalität werden, die noch den abgelegensten Winkel nicht nur der Schweiz erreicht, einen nicht unerheblichen Teil unseres (europäischen) Lebenswissens gebildet und eine Komplexität entfaltet hat, in welcher immer auch die Möglichkeit des Schiffbruchs, des Scheiterns unvermeidlich angelegt ist. Schiffbruch ist überall – selbst dort, wo er vor allem metaphorisch etwa im Finanzkapitalismus angelegt ist.

Aus diesem Blickwinkel erscheint es mir als charakteristisch, dass sich die farbigen Illustrationen von Umschlagseite und Umschlagrückseite in *Globi der Seefahrer* wie die beiden Seiten ein und derselben Münze zueinander verhalten: Zeigt die Vorderseite Globi (Abb. 1) als den zufrieden lächelnden und Kurs haltenden Steuermann, der alle Prozesse auf den Weltmeeren im Griff hat, so sehen wir ihn auf der Rückseite (Abb. 2) mit den Überlebenden der Mannschaft den Naturgewalten ausgeliefert im Rettungsboot sitzen, während das Symbol der europäischen Expansion und Weltherrschaft, das große Segelschiff, mit wehenden Fahnen im Meer versinkt. Es versinkt freilich nur – und davon legt die gerettete Schatztruhe ein beredtes Zeugnis ab –, um größeren Schiffen, um stärkeren und technologisch aufgerüsteten Symbolen Platz zu machen.

Der Schiffbruch ist als philosophisch-kulturelle Denkfigur keineswegs unschuldig. Die hintergründige und durchaus widersprüchliche Metaphorik des Schiffbruchs mit Zuschauer ist – wie Hans Blumenberg eindrucksvoll gezeigt hat – ein Grundbestandteil tradierter antiker Vorstellungen und lässt sich bis auf Lukrez zurückverfolgen, der diese „Konfiguration geprägt" und das zweite Buch seines Weltgedichtes mit der „Imagination" beginnen lässt, „vom festen Ufer her die Seenot des Anderen auf dem vom Sturm aufgewühlten Meer zu betrachten".²⁴ Im Zentrum dieser Metaphorik steht dabei von Beginn an das „Verhältnis des Philosophen zur Wirklichkeit"²⁵ – und die Paradoxie, „dass der Mensch als Festlandlebewesen dennoch das Ganze seines Weltzustandes bevorzugt in den Imaginationen der Seefahrt sich darstellt".²⁶ So kann sich auch in einem Land, das noch bis vor kurzem nicht für große Erfolge in der Hochseeschifffahrt berühmt war, ein nautisches „imaginaire" verbreiten – und damit spiele ich nicht auf die sportlichen Erfolge der Schweiz etwa in der einunddreißigsten Auflage des America's Cup an! Das kollektive Bilder-Gedächtnis Europas ist global geschärft und global gebildet.

Denn das Ganze der individuellen wie kollektiven Erfahrung dieses Weltzustandes aber ist für uns Heutige dank der langen und keineswegs kontinuierlich verlaufenen Geschichte der Globalisierung so eng und selbstverständlich mit einer so ambivalenten Wahrnehmung von Globalität verknüpft, dass die Rede von der Globalisierung ohne die verzweigte Metaphorik des Schiffbruches wohl kaum noch vorstellbar ist oder gedacht werden kann. Dabei ist weniger die auch bei Montaigne sich im unmittelbaren Dialog mit der Antike entwickelnde Formel vom universellen Schiffbruch der Welt, vom „universel naufrage du monde"²⁷ als jenes globalisierte und globalisierende Weltbewusstsein gemeint, das die Imaginationen und Phantasmen des europäischen Sich-Denkens und Repräsentierens in so starkem Maße durchzieht. Beispiele für diese nautische Metaphorologie ließen sich (mit wie ohne Blumenberg) leicht häufen.

Auch die in der genuesischen Zeit Nietzsches beobachtbare Identifizierung mit Christoph Columbus²⁸ hat das stets mit Risiko (und Schiffbruch) behaftete Erkenntnisstreben der Philosophie in eine nautische Metaphorik übersetzt, in welcher sich noch immer (und immer wieder) neue Welten entdecken lassen. Es dürfte kein Zufall sein, dass sich die Anfang der achtziger Jahre entstandenen Formulierungen aus Nietzsches *Fröhlicher Wissenschaft* dieser Metaphorik just zu einem Zeitpunkt bedienten, der – bis spätestens zum Ausbruch des Ersten Weltkriegs – im Zeichen einer sich erneut beschleunigenden Globalisierung stand:

> In der Tat, wir Philosophen und ‚freien Geister' fühlen uns bei der Nachricht, dass der ‚alte Gott tot' ist, wie von einer neuen Morgenröte angestrahlt; unser Herz strömt dabei über von Dankbarkeit, Erstaunen, Ahnung, Erwartung, – endlich erscheint uns der Horizont wieder frei, gesetzt selbst, dass er nicht hell ist, endlich dürfen unsere Schiffe wieder auslaufen,

---

24 Blumenberg, Hans: *Schiffbruch mit Zuschauer. Paradigma einer Daseinsmetapher.* Frankfurt am Main: Suhrkamp 1979, S. 31.
25 Ebda.
26 Ebda., S. 10.
27 Vgl. hierzu ebda., S. 20.
28 Vgl. hierzu ebda., S. 27.

auf jede Gefahr hin auslaufen, jedes Wagnis des Erkennenden ist wieder erlaubt, das Meer, *unser* Meer liegt wieder offen da, vielleicht gab es noch niemals ein so ‚offnes Meer'.[29]

Zweifellos schwingen hier antike Vorbilder wie Francis Bacons Denken mit. Mir geht es hier jedoch vor allem um das Eine: Nietzsches Aufruf an die Adresse der Philosophen, die Schiffe wieder zu besteigen und „auf jede Gefahr hin" auszulaufen, verbindet die nautische mit der Globalisierungsmetaphorik – und in dieser ist stets das mögliche Scheitern und die damit verbundene Frage des eigenen wie des kollektiven Überlebens mitgedacht. Dass sich die Welt der europäischen Philosophie dabei der Entdeckungsmetaphorik bediente, war nicht überraschend: Schon Simon van der Passe hatte 1620 in seinem Frontispiz zu Francis Bacons *Instauratio Magna* die Schiffe der Erkenntnis nicht länger an den antiken Säulen des Herkules Halt machen lassen, sondern ins offene Weltmeer geführt.[30] Bisweilen ist das europäische Denken gerade dort eng mit der Globalisierung verknüpft, wo man dies am wenigsten erwarten würde.

Abb. 4: Sebastiano del Piombo: Porträt von Cristóbal Colón (1451?–1506). Posthumes Ölporträt, 1519.

---

29 Nietzsche, Friedrich: Die fröhliche Wissenschaft („La gaya scienza"). In (ders.): *Werke in vier Bänden.* Bd. IV. Salzburg: Verlag Das Bergland-Buch 1985, S. 108.
30 Vgl. Hulme, Peter. Beyond the Straits: Postcolonial Allegories of the Globe. In: Loomba, Ania / Kaul, Suvir / Bunzl, Matti / Burton, Antoinette / Esty, Jed (Hg.): *Postcolonial Studies and Beyond.* Durham – London: Duke University Press 2005, S. 46 f.

Das aus der hier gewählten Perspektive erste im eigentlichen Sinne globale Projekt, das in die weltgeschichtlich relevante Tat umgesetzt wurde, ist das des Christoph Columbus – und dass dies auch von anderen so gesehen wurde, mögen die soeben genannten Beispiele vergegenwärtigen. Denn der Genuese hat erstmals die seit der Antike bekannte Vorstellung von der Kugelgestalt der Erde unter Rückgriff auf die berühmten Berechnungen Paolo Toscanellis in einen ebenso konkreten wie wagemutigen Plan übersetzt: Indien, die Gewürzinseln und das Cipango Marco Polos nicht wie die portugiesischen Seefahrer auf dem Weg nach Osten – und dies bedeutete: durch eine Umrundung Afrikas und damit des Kaps der Guten Hoffnung – zu erreichen, sondern den Osten über den Westen gleichsam ‚verkehrt herum' anzusteuern.

Dass Columbus bei seinem zutiefst *globalen* und von Beginn an *globalisierenden* Vorhaben nicht – wie erhofft – zu den Reichen und Reichtümern Asiens und an jene Orte gelangte, die mit Europa nur über lange, unsichere und vom arabischen Zwischenhandel und den türkischen Flotten kontrollierte Karawanenwege kostspielig verbunden waren, war gewiss nicht vorauszusehen gewesen. Die nach China führende Seidenstraße war ein wichtiges, ja entscheidendes Projekt aus der Vorgeschichte der Globalisierung – ganz so, wie es uns heute als ein von China her globalisierendes Vorhaben wieder in anderer, zeitgenössisch transformierter Form erscheint. Mit allem hatte der Genuese gerechnet, nur nicht mit einem neuen Kontinent: Amerika stand Columbus gleichsam im Wege – „In the beginning, America was in the way".[31] Bis zu seinem Lebensende war Columbus felsenfest davon überzeugt, in Asien angekommen zu sein, in etwa in jener Region, die Globi im Eingangszitat erreicht hatte. Und wie dieser sah er für sich die Chance, immense Reichtümer und Gold in Hülle und Fülle aufhäufen zu können.

Doch auch ohne es richtig wissen oder einschätzen zu können: Der Genuese vollbrachte eine Leistung, die von enormer historischer Tragweite war. Columbus – so ließe sich sagen – entdeckte keine Neue Welt (und schon gar nicht deren Bewohner), sondern *schuf* eine Neue Welt: eine Welt der globalisierten Beziehungen, basierend auf dem globalisierenden Projekt direkter transozeanischer Kommunikation. Sein ursprüngliches Vorhaben, Europa auf dem Seeweg über den Westen mit Indien zu verbinden, aber scheiterte zunächst: Christoph Columbus kam nie in China oder in Indien an. Seine Ankunft situierte sich in einer Welt, die

---

31 Cressy, David: Elizabethan America: "God's Own Latitude?" In: *History Today* (London) 36 (1986), S. 44. Vgl. hierzu auch Nünning, Vera: „Writing Selves and Others": Zur Konstruktion von Selbst- und Fremdbildern in Reiseberichten der Frühen Neuzeit. In: Gymnich, Marion / Nünning, Ansgar / Nünning, Vera / Waghäll Nivre, Elisabeth (Hg.): *Points of Arrival: Travels in Time, Space, and Self / Zielpunkte: Unterwegs in Zeit, Raum und Selbst*. Tübingen: Narr 2007, S. 61.

er selbst erfunden und später aufgefunden hatte. Columbus zählte selbst zu den ersten Rezipienten einer Fiktion, die er selbst ersann und der er selbst erlag.

Was aber ist im Rahmen unserer Vorlesung mit dem Begriff ‚Erfindung' gemeint? Und in welcher Beziehung steht dieses ‚Erfinden' mit dem Begriff des ‚Findens' oder ‚Auffindens'? Dies sind Fragen, die in aller gebotenen Kürze am Ausgang dieser Einführung behandelt seien. Aus der schier unendlichen Fülle unterschiedlicher Deutungsmöglichkeiten möchte ich an dieser Stelle einige wenige Vorstellungs- und Verwendungsweisen des ‚Erfindens' aufzeigen und aufzählen.

Erstens sei auf einer eher abstrakten Ebene die Integration des neuen Wissens in die aus der griechisch-römischen Antike überlieferten Muster und Modelle genannt. Als beispielhaft für eine derartige Integration kann der erfindungsreiche Einbau neuer Karten, Kartographien und Bezeichnungen in neue Ptolemäus-Ausgaben gelten. Wir werden dies etwa anhand des Rückgriffs von Martin Waldseemüller auf Texte des Amerigo Vespucci und in diesem Zusammenhang bei der Benennung des neuen Kontinents als ‚Amerika' sehen. Damit ging eine Übersteigung des antiken Wissenshorizontes einher, wie er von vielen gebildeten Zeitgenossen enthusiastisch begrüßt wurde. Wir werden am Beispiel des Bernal Díaz del Castillo aber auch sehen, dass ein Übertreffen von Modellen der Antike nicht nur von den Gebildeten begeistert gefeiert wurde. In dieser bewussten Erweiterung des antiken Wissenshorizontes kann man im 16. Jahrhundert durchaus eine Vorform und Vorwegnahme jener *Querelle des Anciens et des Modernes* erkennen, die im 17. Jahrhundert den Startpunkt gab für das „Siècle des Lumières", für das lange Jahrhundert der *Aufklärung zwischen zwei Welten*.[32]

Zweitens ist eine der stärksten und folgenreichsten Erfindungen die von einem paradiesischen Amerika, von einem Amerika als tropischem *locus amoenus*, von einem Amerika, wie es sich noch in unseren Werbebroschüren der Tourismusindustrie findet. Diese Erfindung geht aus von der Überzeugung des Christoph Columbus, vor der Mündung des gewaltigen Orinoco-Flusses ganz dem Irdischen Paradiese – wenn auch nicht dem Himmlischen Paradies – nahe zu sein. Unterschiedlichste Paradiesvorstellungen durchqueren die gesamte Amerika-Literatur und sind ein immer wieder aktualisiertes Phänomen bei der ständigen Neu-Erfindung der Neuen Welt. Durch die Nacktheit der indigenen Bevölkerung auf den Inseln der Antillen sah sich Columbus bestätigt, stand diese Nacktheit doch in seinen Augen für Unschuld und Naivität dieser Menschen, die auch darin den ersten Menschen im Irdischen Paradiese glichen.

---

32 Vgl. zur *Querelle* die Ausführungen im fünften Band der Reihe „Aula" in Ette, Ottmar: *Aufklärung zwischen zwei Welten. Potsdamer Vorlesungen zu den Hauptwerken der romanischen Literaturen des 18. Jahrhunderts.* Berlin – Boston: Walter de Gruyter 2021, S. 111 ff.

Dass diese Vorstellung sich rasch in eine Kippfigur verwandeln und aus dem Paradiese unvermittelt eine Hölle werden konnte, werden wir gleich im weiteren Verlauf unserer Vorlesung sehen.

Drittens können wir ebenfalls ausgehend vom Bordtagebuch des Christoph Columbus von einer Erfindung eines orientalischen Amerika sprechen, insofern der Genuese bis zu seinem Lebensende überzeugt davon war, im fernen Orient angekommen zu sein, in Japan oder China oder Indien. Auch die aus der Lektüre des Marco Polo gewonnenen orientalischen und gewiss auch orientalistischen Versatzstücke auf die Neue Welt bestärkte diese Erfindung, durch die sich in der weiteren Geschichte unterschiedlicher Perspektivierungen immer wieder Orientalisierungen Amerikas ausmachen lassen, die sich selbst noch bei so grundverschiedenen Schriftstellern wie Alexander von Humboldt oder Domingo Faustino Sarmiento finden. Nicht immer gingen die Orientalisierungen auch mit Inferiorisierungen einher, wie wir sie etwa in den *Cartas de relación* des Konquistador Hernán Cortés ausmachen können, der die großen Tempel der Azteken als „mezquitas" bezeichnete – als Moscheen.

Viertens können wir in Anknüpfung an den ersten Punkt von der Erfindung eines Amerika sprechen, wie es sich etwa bei Pietro Martire d'Anghiera findet, dem ersten Chronisten der ‚Entdeckungen' der europäischen Seefahrer. Er berichtete etwa von euphorischen Reaktionen auf die Nachrichten von neuen Inseln und Festländern, die im Westen aus dem Meere aufgetaucht seien. Diese Euphorie sei deshalb ausgebrochen, weil man nun endlich die Grenzen des Wissens der Antike überschritten und sich damit gleichzeitig auch von einer Last der Antike befreit habe, die zweifellos auf der abendländischen Zivilisation ruhte. In diesem Sinne sorgt die Erfindung einer Neuen Welt jenseits der Antike für eine Neu-Erfindung Europas, das sich nun seiner eigenen Geschichte wieder bemächtigt und diese weiter als jemals zuvor voranzutreiben begann. An dieser Stelle sehen wir, dass die Erfindung Amerikas mit der Europas einhergeht, das sich nun in seinen eigenen welthistorischen Aufstieg und das ‚Überholen' anderer, konkurrierender Weltzivilisationen zu vernarren anfing. Die christliche Religion stand im Gegensatz zur heidnischen Antike im Zentrum des neuen europäischen Sendungsbewusstseins und bildete die ideologische Basis dieser Erfindung. So war die Erfindung Amerikas von zentraler Bedeutung für die neuen Selbstbilder Europas, das auf vielen Gebieten die Segel gesetzt hatte, um weit über die Säulen des Herkules hinaus zu gelangen und die Weltherrschaft anzustreben.

Wir werden auf unserem Gang durch die relevanten Texte und Schriften sehen, dass diese verschiedenen positiven Bildvorstellungen aber eng verflochten sind mit einer Reihe negativer Erfindungen der Amerikas. Dafür könnte man mit guten Gründen etwa die Werke eines Fray Bartolomé de las Casas heranziehen, insofern er sehr wohl Amerika als *locus amoenus* und die dortigen Eingeborenen als Bewohner eines Paradieses darstellte – eines Paradieses freilich, in welches die Spanier über Nacht eingefallen seien und nicht den Glauben an Jesus Christus, sondern Mord, Totschlag und hemmungslose Bereicherung an den Ressourcen der Neuen Welt verbreitet hätten. Wie kein anderer war Las Casas Teil der von Spanien entfesselten Expansionsbewegung und eines Missionierungsgedankens, für den er sich ein Leben lang hartnäckig einsetzte. Gerade weil er ein Teil dieses Systems war, konnte er zugleich zum wohl berühmtesten *Whistleblower* der Geschichte werden, der die Gräueltaten der Konquistadoren und unzählige Kriegsverbrechen in seinen Schriften wie in seinen Reden anprangerte, der dafür aber nicht – wie in unseren Zeiten Julian Assange – von der (noch) dominierenden Weltmacht mundtot gemacht wurde.

Fünftens konnte auf diese Weise die paradiesische Welt des Neuen Kontinents urplötzlich umgedeutet werden zu einer wahren Hölle, in welcher den Menschen die schlimmsten Peinigungen und Strafen zuteilwerden können. Diese Erfindung insbesondere des tropischen Amerika als Hölle kann dabei nicht selten zu einer auch politisch eingesetzten Kippfigur werden, insoweit etwa in der westlichen Berichterstattung Kuba bisweilen als ein Paradies mit endlosen Stränden und freundlichen Einwohnern, bisweilen aber auch als tropischer GULAG voll Inhaftierter und unschuldig Verfolgter dargestellt wird. Ich möchte Sie mit diesem Exempel einmal mehr darauf aufmerksam machen, dass diese hier nur beispielhaft aufgeführten Erfindungen Amerikas eine nicht selten jahrhundertelange Deutungstradition nicht allein in der westlichen Welt erzeugten.

Sechstens können wir spätestens mit den Berichten der Konquistadoren und spanischen Eroberer von Anáhuac eine Erfindung Amerikas konstatieren, welche die Bewohner dieses Kontinents nicht nur als Götzendiener, sondern als ruchlose Barbaren und als wilde, herzlose Mörder porträtiert. Es ist die Erfindung eines Amerika der Barbarei und des Kannibalismus, den es für die neuen, christlichen Herrscher endlich zu beenden gelte. So findet sich bei Hernán Cortés oder bei Bernal Díaz del Castillo die ausführliche Schilderung kultischer beziehungsweise religiöser Gebräuche, die wie etwa bei den Azteken im Herausreißen des lebendigen Herzens aus der Brust ihrer Opfer gipfelte. Letztere konnten Kinder oder Greise, aber auch Frauen oder Kriegsgefangene sein. Ähnlich wirkten auf die Eroberer aber auch bestimmte Kriegsgebräuche, wobei das Verspeisen seiner Feinde oder Gefangenen als Zeichen einer abgrundtiefen Barbarei und Rohheit gedeutet wurde. Auf eine andere europäische Sichtweise derartiger Gebräuche werden wir erst in Montaignes *Essais* stoßen.

Ich möchte diese Serie von Erfindungen aber nicht beenden, ohne *siebtens* die umgekehrte Erfindung indigener Völker wie der Mexica oder Azteken zu erwähnen, welche etwa das Auftauchen der bärtigen und wie vorausgesagt aus dem Osten kommenden Spanier unter ihrem Führer Hernán Cortés mit der Wiederkehr des Quetzalcóatl identifizierten, der ‚Gefiederten Schlange'. Durch diese religiöse Fiktion, durch diese Identifikation, wurden die aztekischen Krieger so nachhaltig gelähmt, dass ihre militante Gegenwehr gegen die eingedrungenen Konquistadoren zu spät kam, um diese noch rechtzeitig unschädlich zu machen und ihr eigenes Reich, ihre eigene Hochkultur zu erhalten.

Dass *achtens* die nachfolgende Erfindung der weißen Eindringlinge als blutgierige Barbaren und Mörder aus der Erfahrung einer erbarmungslosen und genozidalen Eroberungsgeschichte resultiert, verwundert uns heute nicht, zeigt uns zugleich aber deutlich, dass Erfindungen keineswegs ein Privileg der europäischen Invasoren waren oder sind. Wir werden uns mit diesen Fragen ausführlicher in unseren Überlegungen zur *Visión de los vencidos*, zur Sichtweise der Besiegten, beschäftigen.

Doch wenden wir uns nun dem ersten Teil unserer Vorlesung über die Erfindung und Auffindung der Amerikas zu. Ein langer, stets nur ausschnitthafter, aber zugleich faszinierender Weg durch Geschichte und Geschichten, durch Bordtagebücher und Chroniken, durch historiographische Werke und Schiffbruchberichte, aber auch durch alle *anderen* Formen literarischer Fiktionen beginnt. Wir werden dabei immer wieder auf die untrennbare, unauflösbare Verbindung zwischen den beiden Leitbegriffen dieser Vorlesung, dem Zusammenspiel von Erfundenem und Gefundenem, stoßen und die Geschichtsmächtigkeit des Erfindens reflektieren.

TEIL 1: **Erfunden, dann gefunden: Die Anfänge einer europäischen Sehnsucht**

Christoph Columbus, der Schiffbruch und das Vizekönigreich der Friktion

Wenn wir uns Christoph Columbus zuwenden, so sollten wir es vielleicht am besten tun, indem wir den Genuesen als Schiffbrüchigen vorstellen. Denn Columbus selbst war in der Tat ein Schiffbrüchiger, der in jungen Jahren mit viel Glück ein erstes derartiges Unglück überlebt hatte. Es sollte nicht sein einziger Schiffbruch bleiben. Schiffskatastrophen haben im Leben wie in den Überlegungen des genuesischen Seefahrers stets eine wichtige Rolle gespielt – Auch wenn sie nicht zur späteren Monumentalisierung des großen Mannes und des gefeierten ‚Entdeckers der Neuen Welt' passen wollen.

Wie erwähnt erlitt Columbus schon als junger Mann Schiffbruch vor der Küste Iberiens, gelangte immerhin aber so – mit Müh' und Not sein Leben rettend – nach Portugal, ins Zentrum damaliger Weltkenntnis, wo er sich die Grundlagen seines nautischen wie seines kosmologischen Wissens erarbeiten und verschaffen konnte. Wie kein anderer der vielen literarischen Biographen des Genuesen hat Salvador de Madariaga die Szene des Schiffbruchs zu einem Schiffbruch mit göttlichem Zuschauer stilisiert, hört doch bei ihm der mit den Wellen kämpfende und dem Ertrinken nahe künftige Entdecker eine mächtige Stimme aus dem Himmel zu ihm dringen. Diese göttliche Stimme sprach zum jungen Columbus:

> Was hast du aus deiner Jugend gemacht? Habe ich dich deshalb aus den düsteren Webkammern des Vico dell'Olivella und aus der Schänke von Savona herausgeholt, dass du nun deine Zeit damit verbringst, ohne Ziel zur See zu fahren wie ein unsteter Pirat, oder dass du mit Überfällen auf unschuldige Handelsschiffe zu Gelde kommst, je nachdem wie der König von Frankreich oder Portugal es dir befiehlt? Lehrte ich dich Kosmographie und Astrologie, nur damit du ein Leben führst wie jeder andere auch? [...] Wach auf, Christóforo, erwache und diene mir![1]

In der komplexen Columbus-Rezeption[2] galt der ‚Entdecker' nicht wenigen als ein Gesandter Gottes. Dieses Bild des Heilsbringers und des Verkünders des christlichen Glaubens findet sich schon sehr früh und zu Lebzeiten des Seefahrers, wie wir dies gleich bei unserer Beschäftigung mit Juan de la Cosa feststellen werden. Diese göttliche Überhöhung macht Columbus zum Gottesgesandten und den Schiffbruch zu jenem *turning point* im Leben des Genuesen, von dem aus die Entdeckungsgeschichte ihren eigentlichen Ausgang nehmen konnte. Ein Schiff-

---

[1] Madariaga, Salvador de: *Columbus. Entdecker neuer Welten.* Aus dem Spanischen von Raymond Bérenger. München – Zürich: Droemersche Verlagsanstalt Th. Knaur Nachf. 1966, S. 89.
[2] Vgl. Heydenreich, Titus (Hg.): *Columbus zwischen zwei Welten. Historische und literarische Wertungen aus fünf Jahrhunderten.* 2 Bände. Frankfurt am Main: Vervuert Verlag 1992.

bruch als Auftakt? Und was bedeutet dies für die weitere Geschichte der sogenannten Neuen Welt?

In der abendländischen, speziell der christlichen Tradition und Ikonographie wird der Schiffbruch dann, wenn nicht alles und alle auf Nimmerwiedersehen im Meer versinken, für den oder die Überlebenden zum Lehrstück des göttlichen Eingreifens, gleichsam zu einer himmlischen Aufführung, die *privatissime* den bisherigen Lebenswandel des Überlebenden einem wahrhaftigen Lebens-*Wandel* unterwirft. Es ist die Fiktion eines Eingreifens Gottes, um die Geschichte und Geschicke der Welt zu verändern. Im Überleben des Schiffbruchs manifestiert sich – wie der ins Exil geflohene spanische Diplomat und Schriftsteller Salvador de Madariaga zu verstehen gibt – ein göttlicher Wille, der sich auf das Selbstverständnis des Überlebenden übertragen kann.

Noch in seinem auf den 19. Mai des Jahres 1506 zu Valladolid datierten Testament betonte Columbus den göttlichen Heilsplan, zu dessen Werkzeug er geworden sei – freilich ohne dass dies seine eigenen höchst weltlichen Besitzansprüche auf die von ihm ‚entdeckte' Neue Welt auch nur im Geringsten eingeschränkt hätte:

> Als dem Könige und der Königin, Unseren Herren und Gebietern, ich mit den Indien zu Diensten war, und ich sage zu Diensten war, da es scheinet, dass ich durch den Willen Gottes, Unseres Herren und Gebieters, ihnen diese gab als etwas, das mein war, also kann ich sagen, weil ich Ihre Hoheiten mit ihnen belangte, waren sie doch unbekannt und versteckt der Weg für all jene, die von ihnen gesprochen, um hinzugehen und sie zu entdecken, um Kunde von ihnen zu geben und durch meine Person, da Ihre Hoheiten nichts dafür ausgaben und nichts ausgeben wollten abgesehen von einer Handvoll Maravedís, und so ward es mir nötig, den Restbetrag aufzubringen: Also gefiel es Ihren Hoheiten, dass ich meinen Anteil an besagten Indien haben sollte, an den Inseln wie am Festlande, welche sich im Westen einer Linie befinden, welche sie zu hundert Meilen über die Inseln der Azoren und jene der Kapverden zu ziehen befahlen, eine Linie von Pol zu Pole, dass mein Anteil davon ein Drittel sowie ein Achtel von alledem sei, und dazu der Zehnt auf alles, was darinnen, darob länger sich bezeugen meine besagten Privilegia und Huldschreiben.[3]

Über dem Willen Ihrer Hoheiten, der Katholischen Könige von Spanien, steht in Columbus' Darstellung der Wille Gottes, der ihm rechtmäßig all seine verbrieften Rechte zukommen lassen wollte. Denn alles geschah, so Columbus selbst, nach diesem Willen. Nur göttlichem Heilsplan konnte es aus Sicht des Columbus entspringen, ihn alle Gefahren und Schiffbrüche überleben zu lassen: ebenso den seiner *Santa María*, seines Flaggschiffes, der zum Anlass der Gründung einer ers-

---

[3] Colón, Cristóbal: Testamento y Codicilo. In (ders.): *Los cuatro viajes. Testamento*. Edición de consuelo Varela. Madrid: Alianza Editorial 1986, S. 299 f.

ten befestigten europäischen Siedlung in der Neuen Welt wurde, wie jenen, der zu seiner verzweifelten Lage auf der Insel Jamaica führte – Auch Schiffbrüche waren Bestandteile des göttlichen Heilsplanes.

Doch jenseits der noch am Ende seines Testaments zum Ausdruck kommenden Überzeugung, der „*Christo Ferens*"[4] für eine Welt zu sein, die für ihn keine ‚Neue', sondern nur das andere Ende der ‚Alten' war, waren längst für viele gebildete Zeitgenossen jene Fehler im System des Columbus offenkundig geworden, die bereits Pietro Martire d'Anghiera in seinen *Dekaden* als sicherlich einer der ersten zunächst nur vermutet und dann immer bestimmter angemerkt hatte.[5] Halten wir also unbezweifelbar fest: Am Beginn des ersten im eigentlichen Sinne globalen Projekts der Menschheitsgeschichte stand eine fundamentale Fehleinschätzung, ein Fehler im System des Columbus, welcher seinem Urheber zu Lebzeiten nicht mehr bewusst wurde!

An dieser Stelle machen wir einen historischen Sprung zu jenem Gelehrten, Reisenden und Schriftsteller, der mit guten Gründen als der erste Theoretiker der Globalisierung bezeichnet werden darf.[6] Seine Beschäftigung mit jenem Columbus, den er durch den Namen seiner Mutter – Colomb – förmlich in seinem eigenen Namen trug, war viele Hunderte von Seiten lang; ein vergleichbarer Wissenstand konnte erst in der zweiten Hälfte des 20. Jahrhunderts wieder erreicht werden. Doch er war weit davon entfernt, die Geschichte der Fehleinschätzungen nur bei Christoph Columbus anzusiedeln. Folgen wir daher in der gebotenen Kürze seinem historiographischen Blick!

In seinem *Examen critique*, den *Kritischen Untersuchungen über die historische Entwickelung der geographischen Kenntnisse von der Neuen Welt und die Fortschritte der nautischen Astronomie in dem 15ten und 16ten Jahrhundert*,[7] ging Alex-

---

4 Ebda., S. 302.
5 Vgl. hierzu Mártir de Anglería, Pedro: *Décadas del Nuevo Mundo*. Bd. 1. México: Editorial Porrúa e Hijos 1964, S. 129 und *passim*. Hierauf machte früh schon aufmerksam O'Gorman, Edmundo: Pedro Mártir y el proceso de América. In: Mártir de Anglería, Pedro: *Décadas del Nuevo Mundo. Estudio y Apéndices por el Dr. Edmundo O'Gorman. Traducción del latín del Dr. Agustín Millares Carlo*. Bd. I. México, D.F.: Editorial Porrúa 1964, S. 7–37.
6 Vgl. zu diesem Zusammenhang Ette, Ottmar: *Alexander von Humboldt und die Globalisierung. Das Mobile des Wissens*. Frankfurt am Main – Leipzig: Insel Verlag 2009.
7 Humboldt, Alexander von: *Kritische Untersuchung zur historischen Entwicklung der geographischen Kenntnisse von der Neuen Welt und den Fortschritten der nautischen Astronomie im 15. und 16. Jahrhundert. Mit dem geographischen und physischen Atlas der Äquinoktial-Gegenden des Neuen Kontinents Alexander von Humboldts sowie dem Unsichtbaren Atlas der von ihm untersuchten Kartenwerke. Mit einem vollständigen Namen- und Sachregister*. Nach der Übersetzung aus dem Französischen von Julius Ludwig Ideler ediert und mit einem Nachwort versehen von Ottmar Ette. Frankfurt am Main – Leipzig: Insel Verlag 2009; sowie (ders.): *Geographischer und*

ander von Humboldt ausführlich auf die verschiedenen Traditionen der kartographischen Repräsentation der Neuen Welt ein. Humboldt untersuchte genauestens, welch zentrale Rolle in der Entdeckungsgeschichte Amerikas die Fehler, Irrtümer und fehlerhaften Behauptungen gespielt hatten. Bei seiner Diskussion dreidimensionaler Darstellungsweisen beschäftigte er sich nicht nur mit dem berühmten ‚Erdapfel' des Martin Behaim von 1492, sondern auch mit einer Erdkugel des Johann Schöner, auf der noch im Jahr 1520 eine direkte Meeresverbindung zwischen der Karibischen See und dem Pazifik eingezeichnet war (Abb. 6). Diese Darstellung einer Meerenge anstelle einer Landenge im Bereich des zentralamerikanischen Isthmus kommentierte Humboldt wie folgt: „Die Durchfahrt aus dem Meere der Antillen in den Stillen Ocean, wie sie Schoner angegeben hat, war also nur das Erzeugniß eines systematischen Geistes und falscher Vorstellungen über die Unternehmung des Balboa. Man kann mit Recht darüber staunen, wie der von uns angegebene Irrthum sich so geraume Zeit hindurch hat fortpflanzen können."[8]

Bei Humboldt liest sich die Geschichte der Entdeckung Amerikas wie eine Geschichte von stets weiter tradierten Irrtümern. Er blieb freilich nicht bei einem simplen Konstatieren der Fehler, Irrtümer und falschen Vorstellungen eines „systematischen Geistes" stehen, sondern fragte konsequent ebenso nach den Quellen und Traditionen derartiger ‚Verzeichnungen' wie nach deren produktiven Folgen. Denn: „Die Einzelheiten der Geschichte der Wissenschaften", so erläuterte er im Anschluss, „gewähren nur insofern einen Nutzen, als man sie durch ein gemeinsames Band verknüpft".[9] Wolle man aber zu einer „höheren Ansicht über den Gang der Civilisation" gelangen,[10] so müsse man auch „anscheinend zufällige Ereignisse", in denen sich „eine Nothwendigkeit in den Bestimmungen der Welt" offenbare,[11] unter Einschluss gerade auch irriger Vorstellungen und systematischer Fehler miteinbeziehen. Damit bezog Alexander von Humboldt in seinem *Examen critique* zweifellos eine im engeren Sinne geschichtsphilosophische Position.

---

physischer Atlas der Äquinoktial-Gegenden des Neuen Kontinents.– Unsichtbarer Atlas aller von Alexander von Humboldt in der **Kritischen Untersuchung** *aufgeführten und analysierten Karten.* Frankfurt am Main – Leipzig: Insel Verlag 2009. Beide Bände erschienen gemeinsam im Schuber unter dem Titel „Die Entdeckung der Neuen Welt".
8 Humboldt, Alexander von: *Kritische Untersuchungen über die historische Entwickelung der geographischen Kenntnisse von der Neuen Welt und die Fortschritte der nautischen Astronomie in dem 15ten und 16ten Jahrhundert.* Aus dem Französischen übersetzt von Dr. Jul. Ludw. Ideler, Privatdocenten an der Berliner Universität. 3 Bde. Berlin: In der Nicolaischen Buchhandlung 1836–1852, hier Bd. 1, S. 307.
9 Ebda., Bd. 1., S. 308 f.
10 Ebda., Bd. 1, S. 309.
11 Ebda.

Abb. 5: Johann Schöner: Erster Erdglobus mit Holzgestell, um 1515.

Denn eine solchermaßen veränderte Perspektivik ermögliche ein anderes, tieferes Verstehen der großen Erfolge und Entdeckungen (wie selbstverständlich auch eines großartigen Scheiterns):

> Die Geschichte bewahrt im Allgemeinen nur die Überlieferung glücklicher Unternehmungen und großer Erfolge auf der Bahn der Entdeckungen. Was die Bewegung und den Erfolg vorbereitet, gehört der Verkettung von Ideen und der Verbindung geringfügiger Ereignisse an, welche eine gleichzeitige und gemeinschaftliche Wirkung ausüben. Ihre Wichtigkeit tritt erst dann mit einiger Deutlichkeit hervor, wenn große Erfolge erreicht worden sind, wie die, welche wir Diaz, Columbus, Gama und Magellan verdanken.[12]

Entschieden wandte sich Humboldt gegen jegliches Ansinnen, wie Robertson in seiner Geschichte Amerikas,[13] „den unbestimmten Begriff des Schicksals" dort zu gebrauchen, „wo die gegenseitige Verkettung so vieler Ursachen und Wirkungen zu erkennen nicht schwer" falle.[14] Es ging Humboldt um eine möglichst ‚objektive', auf eine Vielzahl von Fakten gestützte und den gesamten Geschichtsverlauf fokussierende Sichtweise, die für unbestimmbare ‚Platzhalter' wie ‚Schicksal' kei-

---

12 Ebda.
13 Robertson, William: *The History of America*. 2 Bde. London: H. Strahan 1777.
14 Humboldt, Alexander von: *Kritische Untersuchungen*, Bd. 1., S. 311.

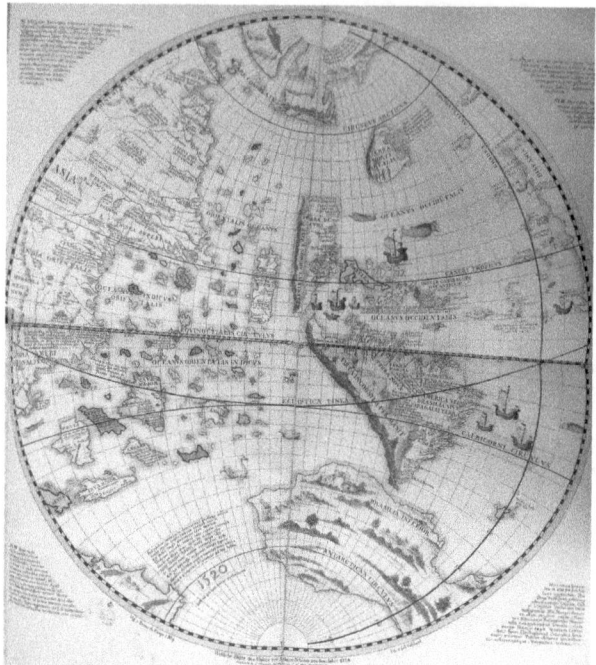

Abb. 6: Westliche Hälfte des Schöner Globus von 1520 mit eingezeichneter Seeverbindung zwischen Atlantik und Pazifik.

nen Raum vorsah. Wolle man ein Ereignis begreifen, welches „das Geschick so vieler in der unermeßlichen Weite des Oceans zerstreuter Völkerschaften [...], die außer dem Bereiche der europäischen Bildung standen",[15] grundlegend veränderte, so waren gerade jene Irrtümer im systematischen Denken, jene *Fehler im System* zu analysieren, welche in so starkem Maße die Beziehungen zwischen dem Zufall, dem Möglichen und der Notwendigkeit bestimmen – und damit einer für die Literatur insgesamt so entscheidenden Dimension.[16] Dies war ein mutiger Schritt weg von einer aufklärerischen Geschichtsvision hin zu einer Historiographie und Geschichtsphilosophie, wie sie das 19. Jahrhundert ausprägen sollte.

Dabei war Humboldt nicht einer genau fixierbaren Ideologie, sondern einer Vorgehensweise mit ihren nachverfolgbaren Metaphern verpflichtet. Im Zentrum von Humboldts epistemologischer Metaphorologie – die Wiederholung des

---

15 Ebda., Bd. 1, S. 306.
16 Vgl. hierzu Köhler, Erich: *Der literarische Zufall, das Mögliche und die Notwendigkeit*. München: Wilhelm Fink Verlag 1973.

Abb. 7: Friedrich Georg Weitsch: Porträt Alexander von Humboldts (1769–1859), 1806.

Lexems in den obigen Zitaten mag es belegen – stehen das Band und vor allem die *Verkettung*, freilich eine „allgemeine Verkettung, nicht in einfacher linearer Richtung, sondern in netzartig verschlungenem Gewebe", wie Humboldt sie gleich auf den ersten Seiten des ersten Bandes der Summa seines Wissens – des *Kosmos* – definierte.[17] Mit Alexander von Humboldt treten wir ein in die Metaphorologie des Netzwerks und damit eines vernetzenden Denkens, wie es das Gesamtwerk des preußischen Kultur- und Naturforschers charakterisierte.[18]

Die beweglich verschlungene Gewebestruktur des Netzwerks kennzeichnet nicht allein die offen angelegte Vielverbundenheit zwischen seinen so unterschiedlichen Büchern und Schriften, sondern vor allem seine Epistemologie der

---

[17] Humboldt, Alexander von: *Kosmos. Entwurf einer physischen Weltbeschreibung.* 5 Bde. Stuttgart – Tübingen: Cotta 1845–1862, hier Bd. 1, S. 33.
[18] Vgl. Ette, Ottmar: Alexander von Humboldt, die Humboldtsche Wissenschaft und ihre Relevanz im Netzzeitalter. In: *HiN – Alexander von Humboldt im Netz. Internationale Zeitschrift für Humboldt-Studien* (Potsdam – Berlin) VII, 12 (2006), S. 31–39 (http://www.hin-online.de).

Relationalität, deren Kernstück eine nur auf den ersten Blick holistische Einsicht ist.[19] Er notierte sie schon früh inmitten der französischsprachigen Passagen seines mexikanischen Reisetagebuchs auf Deutsch – bezeichnenderweise als Einschub in klimatologisch-geoökologische Überlegungen: „L'évaporation, causée par la chaleur, produit le manque d'eau et de rivières, et le manque d'évaporation (source principale du froid atmosphérique) augmente la chaleur. Alles ist Wechselwirkung."[20] Damit hatte Humboldt die Formel gefunden, von der aus er die Geschichte der europäischen ‚Entdeckung' Amerikas und das Tun eines Seefahrers wie Christoph Columbus aus einem geschichtsphilosophisch grundierten Verständnis heraus porträtieren konnte. Dass sich vor einem solchen Hintergrund auch eine Vielzahl geschichtlicher Fakten beurteilen und selbst generieren ließ, wie sie die ‚Entdeckung' oder Auffindung der zuvor unbekannten Weltkarte des Juan de la Cosa darstellt, werden wir später noch sehen.

Dies war die Vorgehensweise einer sich Schritt für Schritt herausbildenden und durch die Arbeit an den amerikanischen Reisetagebüchern beschleunigten Humboldt'schen Wissenschaft, die ihr Wissen durch die transdisziplinäre Vernetzung unterschiedlichster Wissensbereiche erzeugte. Wie sich der zumeist schädliche Einfluss des Menschen auf Klima und Atmosphäre unseres Planeten für Humboldt aus der ‚allgemeinen Verkettung' genereller Faktoren und Bedingungen mit systematischen Fehlern ergibt, deren Konsequenzen schon früh auch in der Geschichte der Entdeckung und Eroberung der Neuen Welt erkennbar geworden seien, so sind die Fehler im System auch prägend für das bewusste und intendierte Handeln des Menschen, wie Humboldt es in seiner Geschichte der Neuen Welt herauszuarbeiten versuchte.

Gestatten sie mir an dieser Stelle eine kleine Randbemerkung, welche die Geschichte der Entdeckung Amerikas mit der aktuellen Klimakatastrophe verbindet. Wie das gehen soll, fragen sie? Nun, hatte Humboldt in seinem Zentralasien gewidmeten und 1843 in Paris erschienenen dreibändigen Werk Christoph Columbus als jenen außerordentlichen Mann gefeiert, als jenen „homme extraordinaire",[21] der gleichsam als Prototyp des modernen Wissenschaftlers auf die negativen Fol-

---

19 Zum Wissenschaftskonzept Alexander von Humboldts vgl. Ette, Ottmar: Unterwegs zu einer Weltwissenschaft? Alexander von Humboldts Weltbegriffe und die transarealen Studien. In: *HiN – Alexander von Humboldt im Netz. Internationale Zeitschrift für Humboldt-Studien* (Potsdam – Berlin) VII, 13 (2006), S. 34–54 <www.hin-online.de>.
20 Humboldt, Alexander von: *Reise auf dem Río Magdalena, durch die Anden und Mexico*. Teil I: Texte. Aus seinen Reisetagebüchern zusammengestellt und erläutert durch Margot Faak. Mit einer einleitenden Studie von Kurt-R. Biermann. Berlin: Akademie-Verlag 1986, S. 358.
21 Humboldt, Alexander von: *Asie Centrale. Recherches sur les chaînes de montagnes et la climatologie comparée*. 3 Bde. Paris: Gide 1843, Bd. 1, S. 537.

gen der raschen Abholzung für den Wasserhaushalt der Antillen hingewiesen habe,[22] so ließ er am Ende des Hauptteils von *Asie centrale* auch keinen Zweifel daran, dass Rodungen und andere massive Eingriffe in den Wasserhaushalt, vor allem aber die „großen Massen an Wasserdampf und gasartiger Substanzen", die vorwiegend in den großen Zentren der „culture industrielle"[23] vermehrt in die Atmosphäre gelangten, erhebliche Auswirkungen auf das Klima haben würden.[24] Das ökologische Denken, das in derartigen Vernetzungen zwischen verschiedenen Wissensbereichen zum Ausdruck kommt und gleichsam in der Entdeckungsgeschichte Amerikas eine – wie wir heute sagen würden – historische Klimafolgenforschung betreibt, ermöglichte es Alexander von Humboldt, Erkenntnisse an den Tag zu bringen, welche die jahrhundertelang ungehörten Warnungen vor Klimaveränderungen ebenso unpolemisch wie eindringlich einer breiten Leserschaft vor Augen führten. Ich gestehe gerne, dass die Humboldt'sche Wissenschaft für mich eine exemplarische Wissenschaft ist.

In der ersten Hälfte des 19. Jahrhunderts waren die Folgen für das Klima auf diesem Planeten noch nicht wissenschaftlich gesichert abschätzbar. Doch auch wenn Humboldt die ganze Wucht dieses Prozesses zum damaligen Zeitpunkt noch nicht abschließend zu beurteilen vermochte: Diese vom preußischen Forscher und Schriftsteller aufgezeigten Fehler im System sind uns heute mehr als vertraut und prägen längst unseren Alltag – sowie selbstverständlich unsere und besonders *Ihre* Zukunft! Das Faszinierende an jeder Form von Wissenschaft ist, dass diese in der Lage ist, sehr frühzeitig Warnschilder aufzustellen; ob diese Warnungen dann wahrgenommen und befolgt werden, steht – wie uns die aktuelle Corona-Krise vor Augen führt – auf einem anderen Blatt.

Unübersehbar ist, dass Alexander von Humboldt in seine Konzeption des Weltbewusstseins[25] gerade die vom Menschen systematisch begangenen Irrtümer und Fehler einbezog, um daraus Rückschlüsse auf künftige Entwicklungen sowie auf Möglichkeiten zu gewinnen, negativen Folgeerscheinungen so früh als möglich und auf Basis einer hochkomplexen Faktoranalyse entgegenzutreten. Was wir heute eher verharmlosend als ‚Technikfolgenabschätzung' bezeichnen, lässt sich aus der hier gewählten Perspektive als Versuch begreifen, die Fehler im System der abendländischen Neuzeit und Moderne systematisch zu analysieren – gleichviel, ob es sich dabei um Fehler im Umgang mit der

---

22 Ebda., Bd. 1, S. 537 f.
23 Ebda., Bd. 3, S. 346.
24 Ebda., Bd. 3, S. 346 f.
25 Vgl. hierzu Ette, Ottmar: *Weltbewusstsein. Alexander von Humboldt und das unvollendete Projekt einer anderen Moderne. Mit einem Vorwort zur zweiten Auflage.* Weilerswist: Velbrück Wissenschaft 2020.

Natur oder bei der geistigen wie materiellen Auseinandersetzung mit anderen Kulturen handelt.

Und Humboldts Idee, diese Fehler gerade an jenem historischen Ereignis aufzudecken, welches wie kein anderes die Grundlagen der Neuzeit schuf, kann man nur bewundern. Freilich begriff Humboldt – wie die obigen Zitate bereits andeuten – Fehler keineswegs nur als mehr oder minder gravierende ‚Störungen' und ‚Betriebsunfälle', sondern in ganz wesentlicher Weise als eine fundamentale Produktivkraft menschlicher Erkenntnis. Denn gerade auch Fehler und Irrtümer können in der Netzwerkstruktur der Wechselwirkungen neues Wissen generieren: Es kam für Alexander von Humboldt aber darauf an, sie ins (Welt-)Bewusstsein zu heben.

Keine andere historische Figur hat Alexander von Humboldt in vergleichbar starkem und anhaltendem Maße fasziniert wie Christoph Columbus.[26] Sein auf jahrzehntelangen Vorarbeiten fußendes *Examen critique* lässt sich als ein einziger großangelegter Versuch verstehen, die Gestalt jenes „außerordentlichen Mannes"[27] zu begreifen, den man „bald für einen edlen Portugiesen ausgegeben, bald für einen Böhmen von slavischer Race, bald für einen Eingebornen der Insel Fayal (in der Gruppe der Azoren), bald für einen Bürger von Nürnberg"[28] hielt. Humboldts historiographische (und literarische) Auseinandersetzung mit diesem europäischen Weltbürger war aber weit davon entfernt, sich ausschließlich mit dem Mut und der Kühnheit, mit dem Scharfsinn und der Intelligenz, mit den fortgeschrittenen nautischen Kenntnissen und der quasi wissenschaftlichen Beobachtungsgabe des Cristóbal Colón alias Christoph Columbus zu beschäftigen.

Es war in erster Linie Alexander von Humboldt darum zu tun, die Fehler im System des genuesischen Seefahrers zu erfassen und diese Fehler und Irrtümer in ihrer produktiven, innovatives Wissen erzeugenden Kraft vor Augen zu führen. Der europäische Entdecker *par excellence* ist für Humboldt folglich weit mehr als der unbeirrbare Held einer abenteuerlichen Entdeckungsgeschichte zum höheren Ruhme Iberiens. Er repräsentiert gerade mit seinen systematischen Fehlern vielmehr jene Übergangszeit, die er so nachhaltig zu beschleunigen vermochte – und an dieser Stelle gilt es zu bedenken, dass große Männer für den Geschichtsphilosophen Humboldt in erster Linie die Beschleuniger von Entwicklungen waren, die

---

26 Vgl. hierzu Ette, Ottmar: Entdecker über Entdecker: Alexander von Humboldt, Cristóbal Colón und die Wiederentdeckung Amerikas. In: Heydenreich, Titus (Hg.): *Columbus zwischen zwei Welten. Historische und literarische Wertungen aus fünf Jahrhunderten*. Band I. Frankfurt am Main: Vervuert Verlag 1992, S. 401–439.
27 Humboldt, Alexander von: *Kritische Untersuchungen*, Bd. 1, S. 221.
28 Ebda.

auch ohne sie, freilich in ‚verzögerter' Form, stattgefunden hätten. Denn „sie beschleunigen und beleben die Kraft der Bewegung".[29]

In diesem Sinne ist der genuesische Seefahrer gewiss – wie Humboldt gleich zu Beginn seiner Vorrede betonte – auf der kulturgeschichtlichen wie der geschichtsphilosophischen Ebene ein Wesen auf der Grenze: „In der Mitte zwischen zwei gänzlich von einander verschiedenen Bildungsstufen sehen wir in ihm gleichsam eine Zwischenwelt, die zugleich dem Mittelalter und der neueren Zeit angehört."[30] Diese geschichtsphilosophisch fundierte Sichtweise des Columbus kann aus heutiger Sicht sicherlich als ‚klassisch' gelten.

Doch Christoph Columbus erscheint nicht nur als der Bewohner einer Zwischenwelt auf der Schwelle zwischen zwei Epochen abendländischer Geistesgeschichte, nicht allein als ein beständiger Reisender zunächst zwischen verschiedenen europäischen Ländern und später zwischen Alter und Neuer Welt; eine Position, die ihn gleichsam zum ZwischenWeltenSchreiben prädestinierte. Vielmehr pendelt er auch auf der Ebene von Wissen und Erkenntnis zwischen Wahrheitssuche und Fehlertreue, zwischen ‚ererbtem' (Vor-)Wissen und dynamischem Erfahrungs- und Erlebenswissen, zwischen der Fehlerhaftigkeit eines (im Humboldt'schen Sinne verstandenen) systematischen Denkens und einem empirisch fundierten Erkenntnisstreben, das sich selbst stets ‚auf dem Weg' weiß. Diese oszillierende Bewegung des Columbus jeweils zwischen zwei Polen machte den Seefahrer für die Untersuchung des Preußen besonders attraktiv.

Man könnte daher mit guten Gründen soweit gehen, das gesamte *Examen critique* als eine auf Hunderten von Seiten durchgeführte Reflexion über die produktive Kraft von Irrtum und Fehler, von Scheitern und Selbsttäuschung zu begreifen, wird Alexander von Humboldt doch nicht müde, immer wieder auf die antiken und zeitgenössischen, abendländischen und außereuropäischen, philosophischen, literarischen und kartographischen *Fehler/Quellen* des Christoph Columbus aufmerksam zu machen, ohne die der große Plan niemals entstanden wäre. Humboldts Arbeit insbesondere an den antiken wie den mittelalterlichen Quellen des Columbus erklärt sich aus seinem Interesse an den Antriebsmitteln, an den *Beweg*-Gründen des Genuesen, wobei sich Fakten und Fiktionen, das Erfundene und bereits schon Gefundene, die Waage hielten.

Nicht umsonst beginnt Humboldt den ‚Ersten Abschnitt' seines Werkes mit der folgenden Überlegung:

> D'Anville hat die geistreiche Bemerkung gemacht, dass der größte aller Irrthümer, welche sich in der Geographie des Ptolemäus vorfinden, die Menschen zu der größten Entdeckung

---

29 Ebda., Bd. 1, S. 311.
30 Ebda., Bd. 1, S. 6.

> in Bezug auf neue Erdstriche geführt habe. [...] Alles was zur Bewegung anregt, möge die bewegende Kraft sein welche sie wolle, Irrthümer, unbestimmte Muthmaßungen, instinktmäßige Divinationen, auf Thatsachen gegründete Schlußfolgen, führt zur Erweiterung des Ideenkreises, zur Auffindung neuer Wege für die Macht der Intelligenz.[31]

Es geht Humboldt um das, was die Geschichte vorantreibt, was sie in Gang setzt und steuert. Und es ist völlig gleichgültig, ob es sich dabei um Realitäten, um irrige Meinungen oder um Erflunkertes handelt, bilden Fiktionen doch nicht nur in unserer Epoche ein wichtiges *Movens* von Gesellschaft und Geschichte. Die klare Unterscheidung zwischen Fakten und Fiktionen, zwischen dem Erfundenen und dem Gefundenen, ist in der Untersuchung der Entdeckungsgeschichte Amerikas also nicht pertinent. Wir könnten folglich von der Wichtigkeit des *Friktionalen* sprechen,[32] des zwischen Fakten und Fiktionen Hin- und Herpendelnden. Ich meine dies in dem Sinne, dass diese Unterscheidung für uns Heutige durchaus wichtig ist, nicht aber für die im 15. Jahrhundert Handelnden. Für unsere Analyse ist es relevant, ob es sich bei den auf Karten eingezeichneten Inseln im Westen um Fiktionen handelt oder um real existierende Eilande. Für die Handelnden des 15. Jahrhunderts aber setzten diese Inseln, ob nun real oder erfunden, Entdeckungsreisen in Bewegung.

Entscheidend – und für Humboldts Denken charakteristisch – ist also die *Bewegung*, mithin die bewegende (und belebende) Kraft, die von einer Vorstellung ausgeht, beruhe sie auf Tatsachen, Erfahrungen, Überlieferungen, Mutmaßungen oder (aus heutiger Sicht unverkennbaren) Irrtümern. Ungezählte Male gelingt es Humboldt, gerade jene die Geschichte vorwärtsstreibende Kraft der Beschleunigung herauszuarbeiten, die Fehlern und Irrtümern innewohnt. Bisweilen könnte man bei seinen *Kritischen Untersuchungen* den Eindruck gewinnen, dass es vor allem die Irrtümer waren, welche die Geschichte der Entdeckungen vorantrieben.

So treiben Fiktionen die reale Geschichte voran. Anders als das stereotype Alltagswissen leisten sie als *Movens* jenes Humboldt'schen Zauberworts der *Bewegung* Vorschub, das ebenso für die Entdeckungen im Raum wie für jene im Denken von alles entscheidender Bedeutung ist. Hätte sich Columbus je den Gefahren einer Atlantiküberquerung ausgesetzt, wäre er nicht fest davon überzeugt gewesen, nach Westen segelnd auf das asiatische Festland, auf die Welt Marco Polos zu stoßen? Wäre der Genuese je aufgebrochen, hätte er nicht ‚gewusst', dass der Anteil des Wassers an der Erdoberfläche nur ein Siebtel ausmacht und

---

[31] Ebda., Bd. 1, S. 34.
[32] Vgl. zum Begriff des *Friktionalen* ausführlicher Ette, Ottmar: *Roland Barthes. Eine intellektuelle Biographie*. Frankfurt am Main: Suhrkamp Verlag (edition suhrkamp 2077) 1998, S. 308–312.

die Distanz zwischen dem westlichen Ende Europas und dem östlichen Ende Asiens gering ist?

Fragen wie diesen geht das *Examen critique* keineswegs nur aus Gründen einer genaueren Kenntnis der sogenannten Entdeckungsgeschichte nach. Vielmehr geht es Humboldt um die Prozessualität (und Widersprüchlichkeit) menschlicher Erkenntnisprozesse überhaupt – insbesondere dann, wenn sie von geschichtlicher Relevanz sind und die Menschheitsgeschichte prägen. Denn was ist eine „Erweiterung des Ideenkreises", was ist die „Auffindung neuer Wege für die Macht der Intelligenz", wenn all diese Bewegungen und Wege auf fehlerhaften und irrtümlichen Beweggründen beruhen?

Kein Zweifel: Fehler waren für Humboldt keineswegs nur ein Ärgernis, sondern vor allem dies: ein Faszinosum, das immer wieder mit Macht seine Intelligenz herausforderte. Begingen die Professoren von Salamanca nicht auch ungeheure Fehler, als sie sich in ihrem Disput mit Columbus den Wegen und Thesen des in ihren Augen nur halb gebildeten Seefahrers entgegenstellten?[33] Und unterliefen Hernán Colón, der dem spanischen Chronisten Fernando González de Oviedo mit Recht eine fehlerhafte Beherrschung des Griechischen nachwies, nicht selbst zahlreiche lexikalische und andere Fehler, die Humboldt – seinerseits keineswegs vor derartigen Irrtümern geschützt – ihm seinerseits nachzuweisen sucht?[34]

Alexander von Humboldts Argumentation lässt immer wieder erkennen, dass er sich selbst zwar ebenso unermüdlich wie unverdrossen um eine akribisch genaue wissenschaftliche Absicherung seiner Argumentation bemühte, zugleich aber wusste, dass Erkenntnis *kein* Ankommen in der Sicherheit ist. Einer Zeit, welche den ‚Code der Natur' endgültig geknackt zu haben und nur noch wenige Schritte von der Aufdeckung der Weltformel entfernt zu sein glaubt, darf man getrost die selbstreflexive Einsicht Alexander von Humboldts entgegenhalten:

> Durch den Glanz neuer Entdeckungen angeregt, mit Hoffnungen genährt, deren Täuschung oft spät erst eintritt, wähnt jedes Zeitalter dem Culminationspunkte im Erkennen und Verstehen der Natur nahe gelangt zu sein. Ich bezweifle, dass bei ernstem Nachdenken ein solcher Glaube den Genuß der Gegenwart wahrhaft erhöhe. Belebender und der Idee von der großen Bestimmung unseres Geschlechtes angemessener ist die Ueberzeugung, dass der eroberte Besitz nur ein sehr unbeträchtlicher Theil von dem ist, was bei fortschreitender Thätigkeit und gemeinsamer Ausbildung die freie Menschheit in den kommenden Jahrhunderten erringen wird. Jedes Erforschte ist nur eine Stufe zu etwas Höherem in dem verhängnißvollen Laufe der Dinge.[35]

---

33 Ebda., Bd. 1, S. 102–104.
34 Ebda., Bd. 1, S. 105 f.
35 Ebda., Bd. 2, S. 398 f.

Humboldts Fortschrittsglaube ist ebenso unerschütterlich wie sein Zweifel an jedem Irrglauben der Menschheit, einem vollständigen Verständnis der gesamten Natur und damit gleichsam der alles erschließenden und alles erklärenden Weltformel nahe zu sein. Humboldts Überlegungen mögen uns auch heute noch vor derlei Allmachtsphantasien schützen. Alexander von Humboldt – dies dürfte deutlich geworden sein – war kein Anhänger einer Null-Fehler-Kultur. Er versuchte vielmehr, Fehler und Irrtümer als *Fehler/Quellen*, *Beweg/Gründe* und Erkenntnisbeschleuniger historiographisch und kartographisch – wie im *Examen critique* am Beispiel der Entdeckungsgeschichte Amerikas – herauszuarbeiten. Und dieser Spur sollten wir noch einen Augenblick folgen, wenn wir uns Columbus nicht als strahlendem Helden und monumentalen Entdecker, sondern als Schiffbrüchigem und Irrendem nähern, den die eigenen Schiffbrüche wie die eigenen Irrtümer dem von ihm erhofften Ziele näherbrachten. Auch wenn dieses Ziel nicht Amerika, sondern Asien war. Doch hätte es Amerika nicht gegeben, den dazwischen gelagerten amerikanischen Kontinent, dann hätte Columbus sein Ziel Asien mit diesem Schiff, mit diesen Mannschaften und mit diesen Vorräten niemals erreichen können, sondern wäre spurlos in den Weiten des Meeres verschwunden.

Doch anders wurden die zeitbedingten Irrtümer des Colón zu Irrwegen, die ihrerseits zu einem nicht gesuchten Ziel führen: Amerika. In der Gestalt des Christoph Columbus *verkettet* sich das Erfundene mit dem Aufgefundenen: Hier führen Fehler im System in eine Neue Welt, welche die bisherige erneuert und Europa neue Möglichkeiten für eine weltweite Expansion schafft. Dass sich daraus der europäische Kolonialismus entfaltete und nicht die kritischen Kräfte – wie etwa Fray Bartolomé de las Casas – obsiegten, war keineswegs von Beginn an ausgemacht. Nur im Rückblick offenbart sich eine Linearität der Geschichte, welche aus dem Blickwinkel der damaligen Zeit die Offenheit der Zukunft ausradiert. Denn wie unsere Zukunft war die vergangene Zukunft fundamental offen – und auch diese Offenheit gilt es zu rekonstruieren. Die Literaturen der Welt sind hierfür das beste Zugangsmedium.

Alexander von Humboldts mit höchster philologischer Akribie vorgetragene Analysen zielen dabei auf Vorstellungswelten, die seinen Zeitgenossen mitunter als wenig erkenntnisfördernd erscheinen mochten. So widmete er sich im *Examen critique* etwa ausführlich den Elementen jener „mythischen Geographie",[36] die im 14. und 15. Jahrhundert anhand imaginärer Inselwelten, die auf vielen Weltkarten der Zeit verzeichnet wurden und die noch über Jahrhunderte immer wieder ihre kartographische Lage wie ihre Umrisse ändern sollten, die

---

36 Humboldt, Alexander von: *Kritische Untersuchungen*, Bd. 1, S. 403.

Einbildungskraft der Seefahrer angestachelt und in der Tat zu vielen tatsächlichen Entdeckungen geführt hatten. Denn Humboldt hatte verstanden – und wir sollten uns seine Einsicht zu eigen machen! –, dass die Fiktionen der Antike und des Mittelalters genauso wirkmächtig waren wie all jene Fakten, welche sich eine auf immer höherem Niveau agierende portugiesische und europäische Navigations- und Seemannskunst erarbeitete.

Am Beispiel der Insel von San Borondón, also der Insel des Heiligen Brandanus, der Insel Antilia oder des noch über Jahrhunderte auf vielen Amerika-Karten eingezeichneten Parime-Sees von El Dorado, des ‚vergoldeten Königs', zeigte er die realitätsschaffende und folgenreichste Unternehmungen anregende Kraft von Vorstellungen auf, die andere als bloße Irrtümer und Chimären abtaten. Doch diese Fiktionen, diese imaginären Inseln, diese erfundenen Schätze machten Geschichte. In diesen chimärischen Kreationen greifen Fehler und Fiktion ineinander und verdichten Lüge und Wahrheit zu neuen Realitäten, die nicht allein den Geschichtsforscher interessieren, sondern stets neue Fakten schufen. Humboldt wusste, wie kurzsichtig es gewesen wäre, derartige kartographische Angaben als bloße „falsche Anwendung klassischer Gelehrsamkeit"[37] und damit als simple Irrtümer abzutun und abzuschreiben. Die Fehler hatten aus seiner Sicht vielmehr System und waren gerade aus diesem Grund systematisch und wissenschaftlich konsistent zu untersuchen. Daran sollten auch wir uns in dieser Vorlesung halten!

Durch seinen Rückgriff auf antike Quellen, jüdisch-christliche Überlieferungen, mystische Texte des Mittelalters, aber auch die Karten und Berechnungen seines Landsmannes Toscanelli war Cristóbal Colón unerschütterlich davon ausgegangen, dass ein sehr viel geringerer Teil der Erdoberfläche von Wasser bedeckt sei, als dies unserem heutigen Kenntnisstand entspricht. Davon ausgehend wiegte er sich auch in der trügerischen Sicherheit, dass die Entfernung, die Indien von Iberien auf dem West-Wege trennt, mit Hilfe der modernen Karavellen leicht zu überbrücken sei, da sie nach seinen Berechnungen weit geringer sein musste, insofern er auch den Erdumfang wesentlich niedriger als den heute bekannten Wert ansetzen zu können glaubte. All dies ließ ihn die Machbarkeit seines Plans, Indien und China auf dem Wege nach Westen, über den Atlantik, zu erreichen, als unzweifelhaft erscheinen.

Doch was wäre gewesen, wenn der Genuese nicht seinen eigenen Berechnungsfehlern aufgesessen wäre? Hätte er es dann gewagt, eine halsbrecherische Fahrt in den Sonnenuntergang zu unternehmen? Hätte Columbus die tatsächliche Entfernung gekannt, die es von der andalusischen bis zur indischen oder chi-

---

37 Ebda., Bd. 1., S. 402.

nesischen Küste zu überwinden galt, so hätte er nur schwerlich einen Weg eingeschlagen, den auf Grund der immensen Entfernungen und dem damaligen Stand der nautischen Techniken und Längenberechnungen keine Schiffsbesatzung überleben konnte. *Mission impossible* – zumindest dann, wenn man von den heute bekannten Fakten ausgeht. Die nautischen Spezialisten und von den Katholischen Königen herangezogenen Akademiker lagen nicht auf ganzer Linie falsch. Doch ihnen fehlten ganz einfach die Fiktionen, welche Christoph Columbus eine so große und unerschütterliche Sicherheit verschafften.

So aber waren es gerade die Fehler in Columbus' System, die es dem Genuesen erlaubten, Land im Westen zu erreichen, nach seiner Rückkehr nach Spanien vertragsgemäß zum *Almirante* aufzusteigen und als „Christo Ferens"[38] zum Ausgangspunkt der christlichen Missionierung des amerikanischen Kontinents zu werden. Gegen die kosmographischen Irrtümer, kartographischen Fiktionen und nautischen Fehlberechnungen, denen der auf Grund vieler Fahrten zwischen dem hohen Norden und der Küste Afrikas sehr erfahrene Kapitän aufsaß, nehmen sich die Entfernungsangaben, die der Genuese in sein Bordtagebuch eintrug und eigenhändig fälschte, um durch verminderte Angaben zur zurückgelegten Wegstrecke seine Mannschaft nicht zusätzlich zu beunruhigen, wie lächerlich kleine Abweichungen aus, die bestenfalls Stellen weit hinter dem Komma betreffen.[39] Columbus schuf als Fälscher für seine Mannschaften seinerseits Fiktionen, an welche die Seeleute glauben und entsprechend Kurs halten sollten.

Das ging eine ganze Zeitlang gut. Doch die Zweifler und Skeptiker, für die gute Gründe sprachen, erhielten immer mehr Zulauf an Bord der drei Karavellen. Selbst die erfahrenen Kapitäne der beiden anderen Schiffe zweifelten immer stärker an den Vorgaben des Colón. Daher mag es nicht unwichtig sein festzuhalten, dass die ‚öffentliche' Seite von Columbus' Projekt, jene Informationen also, die im Bewusstsein eines Herrschaftswissens an die niedere Mannschaft weitergegeben wurden, gezielte Fehlinformationen waren. Die sogenannte Entdeckungsgeschichte Amerikas beginnt als die Geschichte eines fundamentalen Irrtums und einer nachträglichen Fälschung.

Columbus' Rettung vor dem sicheren Schiffbruch, vor dem ihm und seiner Mannschaft gewissen Tod war es, dass sich seinem Kurs die Inselwelt der Antillen und damit die Hemisphäre eines unbekannten Kontinents entgegenstellte, der über Nacht – genauer: von der Nacht des 11. auf den 12. Oktober Anno Do-

---

38 Colón, Cristóbal: Testamento y Codicilo. In (ders.): *Los cuatro viajes. Testamento*, S. 302.
39 Vgl. neben vielen anderen Stellen etwa den Eintrag am 9. September 1492 in Colón, Cristóbal: *Los cuatro viajes*, S. 49: „porque si el viaje fuese luengo no se espantase y desmayase la gente."

mini 1492 – alle seine zum Scheitern verdammten Berechnungen zu Koordinaten eines unerhörten, ja ungeheuerlichen Erfolgs werden ließ. Noch am 3. Oktober 1492 findet sich im Bordbuch – in der Transkription des Dominikanermönchs Las Casas – der folgende Eintrag im *Diario de a bordo*, im Bordtagebuch:

> Er schiffte seinen üblichen Weg weiter. Sie legten 47 Meilen zurück. Für die Leute zählte er 40 Meilen. Sturmtaucher erschienen, und viel Gras, einiges davon sehr alt und manches ganz frisch und mit Früchten oder dergleichen. Hernach sahen sie keine Vögel, und der Admiral glaubte, die Inseln, welche auf seiner Karte eingezeichnet waren, könnten hinter ihm zurückbleiben. An dieser Stelle sagt der Admiral, das er sich vergangene Woche nicht hin- und herkreuzend aufhalten wollte, und an diesen Tagen, an denen er so viele Zeichen von Land sah, obwohl er Nachricht von gewissen Inseln in jenem Seebereich habe, nicht habe verweilen wollen, da es sein Ziel sei, zu den Indien vorzustoßen und, so sagt er, würde er sich aufhalten, dann wäre dies nicht klugen Sinnes.[40]

Kurz eine Bemerkung zum *Bordbuch* des Columbus, das als Original verschwand und nur in dieser Abschrift, die oft zwischen dritter und erster Person oszilliert, noch vorhanden ist. Fray Bartolomé de las Casas, der das Bordbuch des Columbus eigenhändig abschrieb und exzerpierte, spricht von Columbus, den er sehr schätzte, stets anachronistisch als ‚Admiral', ein Titel, den der Genuese aber erst später, nach seiner Rückkehr von der ersten Fahrt, von den Katholischen Königen vertragsgemäß verliehen bekam. Und erlauben Sie mir noch eine zweite Bemerkung vorab: Mit dem Begriff „Indias" sind die Bereiche Asiens und Südostasiens gemeint, die später als *Indias orientales* bezeichnet wurden, während der amerikanische Kontinent die Benennung *Indias occidentales* erhielt. Doch auf die Namen und Benennungen Amerikas komme ich an anderer Stelle noch ausführlicher zu sprechen.

Wir sehen also: Der (künftige) Admiral weicht in der Sicherheit seiner kartographischen Koordinaten nicht von seinem vorgezeichneten Weg ab, verfügt er doch offenkundig über Karten, auf welchen eine Reihe von Inseln eingezeichnet ist und mit welchen er die von seinen Schiffen zurückgelegte Route vergleicht. Columbus' Vorgehen wird getragen von der Unumstößlichkeit seines vermeintlichen Wissens, das ihm in der angeführten Passage vermittelt, an einer Reihe von Inseln vorübergesegelt zu sein, ohne sich dort freilich aufgehalten zu haben, hätte ihn dies doch von seinem Wege zum Kontinent der Gewürze, der Seide und des Goldes abgebracht. Das Wissen des Genuesen basiert ebenso auf Fiktionen wie auf insbesondere ökonomischen Fakten, die sich für ihn zu einem Amalgam zusammenbrauten, das ihm inmitten des Atlantik ein Höchstmaß an Sicherheit verlieh.

---

[40] Ebda., S. 57.

In mehr als einer Hinsicht lässt sich das *Bordtagebuch* des Cristóbal Colón als eine Anleitung zum Schiffbruch, ja als eine wahre Poetik des Scheiterns verstehen, die nur deswegen nicht in die Katastrophe, sondern zum Beginn einer ersten Phase beschleunigter Globalisierung führte, weil die Fehler im System sich auf die bekannte, auf die ‚Alte' Welt bezogen und von keiner ‚Neuen' Welt wussten. Inseln, die es nicht gab, wiesen den Weg und waren Vorboten, Vor-Inseln, *ante-ilhas*, Ant-illen. Die mit auf die Reise genommene Kartographie des Vorwissens war eine – freilich nützliche – Fiktion.

So konnte das globale Projekt des Columbus gelingen, weil er sich den Fehlern im System auf Gedeih und Verderb anvertraute, der sich seinen Augen darbietenden anderen Wirklichkeit misstraute und bis zu seinem Lebensende unerschütterlich davon überzeugt blieb, den ursprünglichen Plan – und damit das asiatische Festland – erreicht zu haben. Es ist ebenso beeindruckend wie berührend, den Genuesen an seinen Glaubensüberzeugungen ein Leben lang festhalten zu sehen. Für ihn gab es weder ein erfundenes noch ein gefundenes Amerika, sondern die ebenso erfundenen wie gefundenen „Indias".

Aus alledem ließe sich zum einen der Schluss ziehen, dass Fehler im System eine ungeheure Produktivität entfalten können, ja zur eigentlichen Produktivkraft zumindest dann zu avancieren vermögen, wenn fehlerhafte Annahmen das objektiv Unmögliche aus dem Bereich des nicht Verwirklichbaren holen und in die Region des Machbaren rücken. Das Unmögliche wird möglich gemacht, weil es in den Bereich der Fiktion und der (fiktiven) Machbarkeit rückt – in einer Konstellation, in welcher sich das historisch Notwendige als das eigentlich Unmögliche verwirklicht. Die gesellschaftliche Wirklichkeit schwankt zwischen dem Eigentlichen und dem Uneigentlichen: Sie oszilliert im ‚Neigentlichen'.

Zum anderen aber könnte man mit Fug und Recht behaupten, dass der Erfolg des ersten globalen Projekts – und damit die Anfänge einer ersten beschleunigten Globalisierung – auf einer Poetik des Scheiterns beziehungsweise auf einem Bordbuch als Chronik eines angekündigten Schiffbruchs beruhen, was die weitere Geschichte sukzessiver Globalisierungsphasen in ein eigenartiges Licht taucht. Denn Amerika wurde auf der Grundlage antiker und mittelalterlicher Quellen zunächst erfunden, bevor es irrtümlich als realer Kontinent aufgefunden wurde.

Denn am Anfang der Globalisierung – verstanden als die Umsetzung eines globalen, unsere Welt folglich als weltumspannenden Globus verstehenden Projekts – stand nicht Amerika im Weg. Am Anfang stand vielmehr der Fehler im System. Es handelte sich um eine Poetik des Scheiterns, die weder von ihrem Urheber noch von dessen Zeitgenossen als gescheiterte Poetik begriffen wurde, sondern als Wegweiser in eine Zukunft, die den Westen Europas angesichts des nur schwer zu stoppenden Vorrückens des Islam im östlichen Mittelmeer zur Expansion nach Westen zwang und die Grundlagen für die Entfaltung jenes Okzidents legte, der die Globalisierung in *seinem* Sinne – und nicht allein gegen den Orient – vorantrieb. Es ist keinesfalls übertrieben zu sagen, dass der Aufstieg des Okzidents mit einer Fiktion und einer Fehleinschätzung begann.

Dass auf der geistigen Weltkarte des Columbus noch immer Jerusalem im Zentrum stand, belegen nicht nur seine wohlbekannten, noch dem mittelalterlichen Kreuzzugsgedanken verpflichteten Pläne, mit dem aus Amerika stammenden Reichtum künftig das ‚Heilige Land' zu befreien; auch in seinem *Libro de las Profecías*, in seinem *Buch der Prophezeiungen*, bildet Jerusalem dem vierfachen Schriftsinn gemäß das eigentliche Zentrum des (fiktionalen) Weltgebäudes:

> Der vierfache Sinn der Heiligen Schrift ist klar in diesem Worte gegenwärtig: Jerusalem. In der Tat: Historisch bedeutet es jene irdische Stadt, zu der sich die Pilger wenden; allegorisch bedeutet es die militante Kirche; tropologisch bedeutet es jegliche getreue Seele; anagogisch bedeutet es das himmlische Jerusalem: die Heimat oder das Königreich der Himmel.[41]

So liegt der westlichen Globalisierung doch (noch immer) eine heilsgeschichtlich bestimmte Bewegung und Rahmung zu Grunde, welche Globalisierung mit einer Pilgerschaft verbindet, ihr eigenes Tun auf eine militante Weise versteht, den Gedanken hieran in der Seele jedes einzelnen verankert sehen will und zugleich ins christliche Himmelreich transzendiert. Gleichsam innerhalb dieses heilsgeschichtlich bestimmten stabilen Raumes eines vierfachen Schriftsinns aber bilden sich die neuen Koordinaten eines europäischen Bewusstseins heraus, wie es sich in der Geographie der Renaissance und in den Weltkarten eines Juan de la Cosa, eines Mercator oder eines Ortelius entfalten wird.

Diese Entwürfe von Kartennetzen, mit denen Europa den Globus überzog und beherrschte, sind darauf gerichtet, ein neues europäisches Raumwissen, „un nouveau savoir de l'espace",[42] zu gestalten und zugleich voranzutreiben. Es ist das Bewusstsein eines vom stets im Zentrum stehenden Europa aus globalisierten Raumes, dessen ‚unbekannte Zonen' mehr und mehr zurückweichen. Rasch wird das iberische und bald schon europäische Zentrum seine Peripherien schaffen und diese schon bald zu kolonialen Ergänzungsräumen umdefinieren. Die Eroberung der Erde im Zeichen des europäischen Kolonialismus hat begonnen.

---

41 Colón, Cristóbal: *Libro de las Profecías*. Volumen preparado por Juan Fernández Valverde. Madrid: Alianza Editorial 1992, S. 8.
42 Besse, Jean-Marc: La géographie de la Renaissance et la représentation de l'universalité. In: *Memorie Geografiche. Supplemento alla Rivista Geografica Italiana* n.s. (Florenz) 5 (2005), S. 147.

Doch man könnte diesen Beginn einer Geschichte – der Geschichte der sogenannten Entdeckung Amerikas, der Geschichte des Aufstiegs des Abendlandes, der Geschichte der Entfaltung des Kolonialismus und der Weltwirtschaft – auch noch auf einer anderen Ebene mit der Heilsbestimmung und der christlichen Heilsgeschichte, mit der Dimension des Kontingenten und Zufälligen, mit der Machart des Prophetischen oder Fiktionalen in Verbindung bringen. Denn am Beginn der heutigen Gestalt Amerikas steht eine Vogelschau, stehen Auspizien. Die religiöse Praxis der Auspizien blühte insbesondere im Römischen Reich auf, als man den göttlichen Willen – und welche Rolle dieser bei Columbus spielte, haben wir gerade erst gesehen – zu bestimmten strittigen Problemen befragte und durch die Auguren den Flug der Vögel deuten ließ, um daraus den Willen der Götter erkennen zu können. Nun, eine derartige Praxis steht ebenfalls am Beginn der europäischen Entdeckung Amerikas.

In dem uns von Bartolomé de Las Casas überlieferten Bordbuch des Cristóbal Colón finden wir, datiert auf den Tag des Herrn, Sonntag den 7. Oktober 1492, den nachfolgenden Eintrag. Wir befinden uns an Bord jener drei Schiffe, die noch immer geradeaus nach Westen segeln und in gespannter Erwartung der Sichtung nahen Landes sind, sich zugleich aber auch am Rande der Verzweiflung befinden, da die Vorräte (für eine möglicherweise notwendige Umkehr) längst auszugehen drohen. Der *Diario de a bordo* des Christoph Columbus vermerkt in der Handschrift des Las Casas das Folgende:

> Er schiffte auf seinem Wege nach Westen. Sie legten 12 Seemeilen zurück für eine Stunde zweie, und hernach 8 Seemeilen pro Stunde; und bis eine Stunde vor der Sonne 23 Meilen; für die Leute zählte er 18. An diesem Tage zog bei Sonnenaufgang die Karavelle *Niña*, die voraus segelte, da sie schneller segeln konnte, und sie segelten um die Wette, um zuerst Land zu sehen, um der Gnade teilhaftig zu werden, welche die Könige dem versprachen, der zuerst Land sähe, eine Flagge an der Spitze des Mastes auf und feuerte eine Lombarde ab, zum Zeichen, dass sie Land sähen, weil es so der Admiral angeordnet hatte. Er hatte auch befohlen, dass bei Sonnenaufgang und Sonnenuntergang alle Schiffe mit ihm zusammenkämen, da diese beiden Zeitpunkte am geeignetsten dafür waren, wegen der Lüfte am weitesten zu sehen.
>
> Da sie am Nachmittag das Land nicht sahen, welches man von der Karavelle *Niña* aus zu sehen gemeint hatte, und da eine große Menge an Vögeln von Norden her nach Südwesten vorbeizog, so dass man glauben durfte, sie würden zum Schlafen in Richtung Land fliegen oder vielleicht vor dem Winter fliehen, der in den Landstrichen, aus denen sie kamen, wohl bevorstand, vereinbarte der Admiral, vom Weg nach Westen abzuweichen, und er setzt Kurs auf Westsüdwest, entschlossen, für zwei Tage jenen Weg einzuschlagen. Dies begann eine Stunde vor Sonnenuntergang.[43]

---

43 Colón, Cristóbal: *Diario de a bordo*. Edición de Luis Arranz. Madrid: Historia 16 1985, S. 86f.

Wir befinden uns an einem entscheidenden Punkt der Entdeckungsfahrt des Christoph Columbus; und Las Casas – der als gläubiger Dominikaner in alledem den göttlichen Willen sich verwirklichen sah – versäumt es nicht, alle Vorgehensweisen wie Befehle und Anordnungen des ‚Admirals' genauestens zu verzeichnen. Die leichte Kursänderung, die Columbus an jenem denkwürdigen Tag ausführen ließ, und welche die Schiffe, die zuvor nach Westen gesegelt waren, nun in eine südwestliche Fahrtrichtung brachten, hatte weitreichende Folgen für die sogenannte Entdeckung Amerikas. Aber nicht nur dies: Sie hatte auch Konsequenzen für die Geschichte der Eroberung und Kolonisation des amerikanischen Kontinents wie auch die geokulturelle und letztlich geopolitische Konfiguration der amerikanischen Hemisphäre.

Eine kleine Kursänderung und die Abweichung vom Segeln geradewegs nach Westen soll all dies ausgelöst haben? Die Antwort auf diese Frage ist ein klares Ja. Denn hätte Columbus den Kurs beibehalten und eine drohende Meuterei auf der bei westlichem Kurs längeren Fahrtstrecke überstanden, dann wäre er wohl nach aller Wahrscheinlichkeit mit Hilfe des starken Golfstroms an jenem Teile Amerikas gelandet, der uns heute als der *Sunshine State* bekannt ist: der Küste Floridas. Er wäre folglich nicht auf einer Insel, sondern am Festland – und zwar am Festland des nördlichen Teiles des amerikanischen Doppelkontinents – angekommen.

Die Konsequenzen einer solchen Ankunft der kleinen spanischen Flotte im Norden Amerikas wären ohne jeden Zweifel weitreichend gewesen. Schon der US-amerikanische Schriftsteller und Biograph Washington Irving war auf diese Stelle des Bordbuchs gestoßen und hatte in seiner berühmten Biographie des Admirals auf die möglichen Folgen einer Fortsetzung der Fahrt nach Westen aufmerksam gemacht. Und Alexander von Humboldt, der sicherlich beste Kenner der damals zugänglichen Literatur zur Entdeckungs- und Eroberungsgeschichte Amerikas, hatte Irvings Überlegungen zur Kenntnis genommen und seinerseits auf diesen „Umstand von unermeßlicher Wichtigkeit" hingewiesen, „da er den Vereinigten Staaten statt einer protestantischen englischen Bevölkerung eine katholische spanische hätte geben können".[44] Ein kleiner Kurswechsel also, ausgelöst durch nach Südwesten ziehende Vögel, sowie der Augur Columbus hatten die künftige Geschichte des Doppelkontinents anders bestimmt und die spanische Kolonisierung südwärts und nicht nordwärts geführt.

---

[44] Humboldt, Alexander von: *Kritische Untersuchungen über die historische Entwickelung der geographischen Kenntnisse von der Neuen Welt und die Fortschritte der nautischen Astronomie in dem 15ten und 16ten Jahrhundert. Aus dem Französischen übersetzt von Dr. Jul. Ludw. Ideler, Privatdocenten an der Berliner Universität*. Bd. 2. Berlin: Nicolai'sche Buchhandlung 1836, S. 111.

Was genau aber war an Bord der spanischen Schiffe vor sich gegangen? Bereits am 6. Oktober – zu einem Zeitpunkt, als die von Columbus eigenhändig vorgenommenen Fälschungen der Angaben über zurückgelegte Distanzen nichts mehr fruchteten und die erschöpften Mannschaften der drei Karavellen an Widerstand gegen eine Fortsetzung der Fahrt nach Westen dachten – hatte Martín Alonso Pinzón, der als erfahrener Seemann bei den Matrosen nicht nur seines Schiffes wohl in höherem Ansehen stand, vorgeschlagen, die Fahrtrichtung nach Südwesten abzuändern. Der Vorschlag war, aus heutiger Sicht betrachtet, wohlbegründet und klug. Doch der Transkription des Bordbuches entnehmen wir an jenem Tag: „al Almirante pareció que no":[45] Columbus war strikt dagegen. Er wollte keine Zweifel an seiner Führung des gesamten Unternehmens aufkommen lassen.

Die von Colón angeführten Gründe für die Ablehnung von Pinzóns Vorschlag waren wenig überzeugend, so dass Luis Arranz in seinem Kommentar zu dieser Passage des Bordbuchs auch zu der Einschätzung gelangte, dass Columbus lediglich dem Eindruck entgegenwirken wollte, er habe diesen Entschluss auf Veranlassung Pinzóns getroffen.[46] Erst am folgenden Tag willigte Columbus, dessen Name zurecht mit einem Vogel, der Taube, in Verbindung gebracht wurde, unter Hinweis auf den Flug der Vogelschwärme in eine Änderung der Fahrtrichtung nach Südwesten ein. Er griff dabei, wie Humboldt anmerkte, auf die Erfahrung der Portugiesen zurück, „welche den größeren Theil der Inseln, die sie besitzen," aufgrund ihrer „Beobachtung des Fluges der Vögel entdeckt" hätten.[47] Sie sehen also, dass sich die Männer an Bord der Karavellen letztlich nur der gängigen Methoden zur Auffindung von Inseln bedienten: Ein wirklicher Augur oder Deuter des Fluges von Vögeln war Christoph Columbus sicherlich nicht.

Die Seeleute an Bord der drei Karavellen willigten zunächst ein, zumal man auch während der folgenden Tage Zeichen nahen Landes wahrnahm. Doch nachdem sie noch während der ganzen Nacht Vögel hatten vorbeifliegen hören, begehrten sie am 10. Oktober gegen Columbus auf, der sie ein letztes Mal mit Versprechungen beruhigen konnte, obwohl die Mannschaft wohl wusste, dass ein *Point of no Return* erreicht war, dass man also nicht mehr mit den an Bord befindlichen Vorräten zurück nach Spanien würde segeln können.

Am folgenden Tag, dem 11. Oktober, aber sah ein Matrose namens Juan Rodríguez Bermejo, der unter dem Namen Rodrigo de Triana in Geschichte und

---

45 Colón, Cristóbal: *Diario de a bordo*, S. 86.
46 Vgl. Colón, Cristóbal: *Diario de a bordo*, S. 87, Fußnote 36.
47 Humboldt, Alexander von: *Kritische Untersuchungen*, Bd. 1, S. 213.

Legendenbildung Eingang fand,⁴⁸ das ersehnte Land; eine Meldung, die sich im Gegensatz zu jener der Niña vom 7. Oktober, bereits am folgenden Tage definitiv bestätigen sollte. Denn an diesem folgenden Tag, am 12. Oktober des Jahres 1492, gingen Columbus und weitere Männer in dem Bereich an Land, den wir heute als die Antillen bezeichnen. Es waren die Vögel gewesen, welche die drei spanischen Schiffe in die Inselwelt der Karibik geführt und damit den weiteren Fortgang der Weltgeschichte nicht unwesentlich mitbeeinflusst hatten. Nicht zu Unrecht kommentierte Alexander von Humboldt in seinem überwiegend der Figur des Columbus gewidmeten und ursprünglich in französischer Sprache erschienenen *Examen critique*: „Niemals hat der Flug eines Vogels gewichtigere Folgen gehabt; Denn die Aenderung des Windstriches am 7. Oktober entschied die Richtung, nach welcher die ersten Ansiedelungen der Spanier in Amerika Statt finden sollten und gefunden haben."⁴⁹ Noch war niemand an Land gegangen; und doch war schon so vieles mit Blick auf die künftige Geschichte Amerikas entschieden.

An einem Freitag, dem 3. August 1492, hatte Columbus die Segel gesetzt und Europa verlassen, und an einem Freitag setzte er erstmals seinen Fuß auf amerikanischen Boden und entfaltete die Zeichen spanischer Macht – nach einem präzise vorgeschriebenen juristischen Ritual. Damit setzte sich die Deutung jener sich dem Blick des Columbus darbietenden Zeichen fort; eine Lektüre, die schon bei Humboldt, vor allem aber dann im Gefolge strukturalistischer und poststrukturalistischer Semiotik und Semiologie ein ums andere Mal ihrerseits gedeutet

---

48 Colón, Cristóbal: *Diario de a bordo*, S. 88 f.
49 Humboldt, Alexander von: *Kritische Untersuchungen*, Bd. 2, S. 114 f. Zur Entwicklung des Columbus-Bildes in den Schriften Alexander von Humboldts vgl. Verf.: Entdecker über Entdecker: Alexander von Humboldt, Cristóbal Colón und die Wiederentdeckung Amerikas. In: Heydenreich, Titus (Hg.): *Columbus zwischen zwei Welten. Historische und literarische Wertungen aus fünf Jahrhunderten*. Bd. I. Frankfurt am Main: Vervuert Verlag 1992, S. 401–439. Was, so bliebe noch zu klären, hatte Pinzón auf den Gedanken einer Kurskorrektur gebracht? Humboldt ging auch dieser Frage in seinen *Kritischen Untersuchungen* (S. 114) nach: „Vallejo, ein aus Moguer gebürtiger Seemann, erzählt ganz naiv in den Proceßverhandlungen, daß ‚Pinzon am Abend habe Papageien vorüberfliegen sehen und gewußt habe, daß diese Vögel nicht ohne besonderen Grund nach Süden hinflögen'." Dass es sich in den Worten des Seemanns um Papageien handelte, dürfte Humboldt, der Papageien viel abzugewinnen wusste, zusätzlich fasziniert haben; vgl. auch den nicht ganz ernsten Aufsatz des Verfs.: Papageien, Schriftsteller und die Suche nach der Identität. Auf den Spuren eines Vogels von Alexander von Humboldt bis in die Gegenwart. In: *Curiosités caraïbes*. Festschrift für Ulrich Fleischmann. Berlin 1988, S. 35–40.

wurde.[50] Denn es ist zweifellos so, dass wir in dieser ‚Begegnung' des Columbus mit anderen, ihm unbekannten Kulturen die Verhaltensweisen studieren können, wie und auf welche Weise ein Vertreter des Okzidents am Ausgang des 15. Jahrhunderts und damit am Beginn der Neuzeit im Abendland – aber noch über weite Strecken bis in die Gegenwart hinein – anderen Kulturen und deren Vertretern gegenübertritt.

Vergessen wir darüber aber nicht die Tatsache, dass es die Deutung eines Vogelfluges und damit ein gelegentlicher Augur – gleichviel, ob es sich dabei um Columbus oder Pinzón handelte – war, der als Interpret der Zeichen am Himmel in gewisser Weise die Konzentration der Spanier auf den Süden und damit die vorübergehende Schaffung eines ‚Leerraumes' im Norden vorgab. Die gesamte weitere Geschichte des amerikanischen Doppelkontinents – und der inneramerikanischen Frontstellung zwischen den ‚beiden Amerikas' – leitet sich aus diesem schicksalhaften Fluge der Vögel ab.

Die sich anschließende Fahrt des künftigen Admirals der Katholischen Könige durch die amerikanische Inselwelt, die noch ihrer europäischen Namen und ihrer Mehrfachbenennungen als „Indias", Antillen, als Karibik, Westindien und so vieler mehr harrte, wurde zur hermeneutischen Bewegung eines Zeichenlesers, der nicht nur seine Lesarten, sondern selbst seine Zeichen aus der Alten Welt mitgenommen hatte und nun auf die Küstensäume einer ihm noch unbekannten und doch so vertrauten Welt projizierte. Das zuvor *erfundene*, auf lange, teilweise bis in die Antike reichende Traditionen zurückgehende Amerika schien endlich *gefunden* und nahm eine Gestalt an, die vom kulturell vorprogrammierten Blick der ‚Entdecker' und baldigen Eroberer dieses Welttteils so gesehen wurde, wie sich diese Visionen nicht allein im Kopfe des Christoph Columbus entfaltet hatten.

Letzterer avancierte damit zur Zentralfigur, nach wenigen Jahren aber zugleich zum in Spanien und bei den Spaniern verhasstesten Seefahrer, der den wagemutigen und auf Fiktionen aller Art beruhenden Plan als erster gefasst hatte, aber einen ausländischen Schatten auf die Spanische Krone warf. Die von den Spaniern als überzogen angesehenen Ansprüche dieses ‚fremden' Genuesen auf weite Besitztümer in der neu ‚entdeckten' Welt störten erheblich, obwohl er doch – wie Voltaire dies im Jahrhundert der Aufklärung einmal trefflich formulierte – für seine Zeitgenossen die Werke der Schöpfung verdoppelt hatte.

---

50 Am erfolgreichsten war dabei sicherlich die Untersuchung von Todorov, Tzvetan: *Die Eroberung Amerikas. Das Problem des Anderen*. Aus dem Französischen von Wilfried Böhringer. Frankfurt am Main: Suhrkamp 1985.

Christoph Columbus, der Schiffbruch und das Vizekönigreich der Friktion — 49

Die Lebensdaten des 1451 höchstwahrscheinlich in der Republik Genua geborenen und am 20. Mai 1506 im spanischen Valladolid verstorbenen Cristoforo Colombo alias Cristóbal Colón alias Christoph Columbus umfassen einen Zeitraum, der für die Ausbildung des Okzidents wie dessen Aufstieg zu der die Weltmeere beherrschenden globalen Macht entscheidend war. Darin ist der Grund zu sehen, warum Columbus vor allem mit wachsendem Abstand zu seiner Zeit eine derartige Monumentalisierung und Verehrung zuteilwurde.

Um die Geburt dieses Mannes wohl im Jahre 1451 in der Nähe von Genua ranken sich zahlreiche Legenden, denen wir allerdings im Rahmen unserer Vorlesung keine Aufmerksamkeit schenken müssen. Wichtiger ist da schon, dass im selben Jahr die künftige Königin Isabel la Católica und Amerigo Vespucci, mit dem wir uns noch ausführlicher beschäftigen wollen, geboren wurden. Und dass im unmittelbar folgenden Jahr Persönlichkeiten wie der künftige spanische König Fernando el Católico, das Universalgenie Leonardo da Vinci oder Savonarola das Licht der Welt erblickten. Gewiss noch entscheidender ist, dass zwei Jahre nach seiner Geburt, im Jahre 1453, der Untergang des Oströmischen Reiches und die Einnahme von Konstantinopel erfolgten; historische Ereignisse, welche die Kontrolle des europäischen Handels mit Asien grundlegend veränderten und wichtige ökonomische Hintergründe für den Versuch bildeten, die Monopolstellung arabischer Händler im Osten des Mittelmeeres durch einen direkten und unabhängigen Zugang zu den Reichtümern Asiens zu umgehen.

Ende der sechziger Jahre des 15. Jahrhunderts finden wir den jungen Columbus an Bord von Handelsschiffen im Mittelmeer. Im Jahre 1476 ereignete sich dann der eingangs erwähnte Schiffbruch vor der Küste Portugals, wo wenige Jahre zuvor der berühmte Heinrich der Seefahrer verstorben war, ein Pionier der Schifffahrtskunst, der Navigation und der nicht allein christlichen, sondern auch arabischen Kartographie: Lehrjahre eines Seefahrers. Schon im folgenden Jahr segelte Columbus nach England und schließlich auch in den hohen Norden, nach Island.

Seine Hochzeit 1479 mit der aus hohem Hause stammenden Filipa Perestrelo e Moniz öffnete dem Seefahrer viele Türen, um seine allgemeine und seemännische Bildung weiter voranzutreiben. Anfang der achtziger Jahre nahmt Columbus an Handels- und Entdeckungsreisen der Portugiesen nach Guinea teil. Die Portugiesen vervollständigten in jenen Jahren Stück für Stück ihre Schifffahrtskenntnisse und stießen entlang der afrikanischen Küste immer weiter nach Süden vor. Columbus konnte seinerseits seine Erfahrungen im Atlantik komplettieren, hatte er doch nun zwischen Island, England, Portugal, den Inseln im Atlantik und Guinea die unterschiedlichsten Meeresregionen besegelt.

Nachdem alle Versuche des Columbus gescheitert waren, den portugiesischen König von seinen Plänen zu überzeugen, nicht Afrika zu umsegeln, sondern auf direktem Wege nach Westen Asien zu erreichen, wandte sich der Genuese an Spanien, wo er im Jahre 1486 die erste Unterredung mit den Katholischen Königen hatte, deren vordringlichstes Ziel freilich zum damaligen Zeitpunkt die endgültige Rückeroberung des letzten Nasriden-Reiches von Granada war. Die portugiesischen Pläne jedoch schienen schneller aufzugehen, denn 1488 umrundete Bartolomé Dias erstmals das Kap der Guten Hoffnung und damit die Südspitze des afrikanischen Kontinents. Der Weg nach Osten war durch die expandierenden muslimischen Reiche, der Weg nach Süden durch Portugal versperrt: So blieb nur noch der Westen eine Hoffnung für das sich modernisierende spanische Machtsystem, das als ‚Bollwerk des Christentums' bei seinem Kampf gegen den Islam zunehmend unter den Einfluss der Inquisition geriet.

Nachdem Gespräche von Columbus' Bruder mit dem französischen König gescheitert waren, gelingt es dem Genuesen schließlich, die spanischen Könige teilweise von seinem Plan zu überzeugen und in den am 17. April 1492 geschlossenen *Capitulaciones de Santa Fe* sein Vorhaben rechtlich abzusichern und zu finanzieren, um Indien und China nicht wie die mit Spanien rivalisierenden Portugiesen auf der langen Route rund um den afrikanischen Kontinent, sondern auf dem vermeintlich kurzen Weg nach Westen zu erreichen und daraus riesige Gewinne zu schlagen. Die Verträge zeigen deutlich, was wir schon im obigen Zitat aus dem Testament des Columbus vermuteten: Beim seinem Projekt handelt es sich um ein frühkapitalistisches Unternehmen. Am 3. August des Jahres 1492 sticht die mit königlichem Risikokapital finanzierte kleine Columbus-Flotte in See und macht auf den zum damaligen Zeitpunkt umkämpften Kanaren, welche die Spanier erst nach der ‚Entdeckung' Amerikas von den Guanchen zu erobern vermochten, Zwischenstation. Den Rest der Geschichte kennen Sie bereits...

Wir sind im Jahr der Wunder: 1492 ist das *Annus mirabilis*, in dem die Katholischen Könige Granada erobern, die jüdische Bevölkerung zwangskonvertieren oder in Massen vertreiben, Columbus ohne es zu wissen eine ‚Neue Welt' entdeckt und Antonio de Nebrija die erste Grammatik einer modernen Vernakularsprache verfasst, des Kastilischen oder Spanischen, die zu einer wichtigen Voraussetzung der Ausbreitung des Spanischen in den bald entstandenen überseeischen Kolonien und Vizekönigreichen wird. Spanien ist binnen weniger Dekaden von einer zerstückelten und marginalen Macht, die an der Peripherie Europas gegen den Islam ankämpft, zu einer der beiden Weltmächte geworden, die schon zwei Jahre später, im Jahre 1494, im Vertrag von Tordesillas die Welt unter sich aufteilen.

Doch wenden wir uns an dieser Stelle unserer Vorlesung nun einigen weiteren konkreten Textpassagen des *Bordbuches* zu, die unsere Aufmerksamkeit verdienen und unter anderem zeigen, dass sich im Denken des Columbus das *Erfundene* und das *Gefundene* unauflöslich miteinander vermischen und in ihrer oszillierenden Friktionalität charakteristisch sind für jene Visionen Amerikas, welche fortan die Geschichte weithin bestimmen sollten.

Nach der wohlinszenierten Hervorhebung der erstmaligen Auffindung von Land auf der anderen Seite des Atlantik folgt in Columbus' (Selbst-) Stilisierung als souveräner Entdecker und Deuter von Zeichen aller Art ein Höhepunkt dem anderen, wobei nicht nur die räumlichen sondern vor allem die fiktionale beziehungsweise mythologische Dimension des *Diario de a bordo* deutlich werden. Die erste Fahrt durch die Karibik wird für den Genuesen zu einem Déjà-vu: Hatte er nicht all dies schon zuvor gesehen? Entsprach diese Inselwelt nicht genau dem, was Toscanelli in seine Karten eingetragen, was Marco Polo einst gesehen, was die Autoren der Antike und ihre mittelalterlichen Vermittler längst mythologisch vorformuliert hatten?

Alles schien vorbestimmt. Nicht allein die Ankunft des Columbus in den „Indias" war es, sondern auch die Rückkehr zu den Katholischen Königen nach Spanien. So findet sich, um nur ein Beispiel anzuführen, unter dem 15. Januar 1493 in Las Casas' Transkription die folgende Eintragung, die uns darauf verweist, dass die Rückkehr immer schon in die Ausfahrt des Columbus eingeschrieben war und daher diese Kreisstruktur stets auch jahrhundertelang die hermeneutische Bewegung und Annäherung der Europäer an die Neue Welt grundlegend prägte und beschrieb. An jenem 15. Januar finden wir also folgenden Eintrag im *Bordbuch* des Christoph Columbus:

> Er sagt, er wolle aufbrechen, da es keinen Sinn mache, sich länger aufzuhalten, insofern man jenes Durcheinander erlebt habe (gemeint ist der Skandal der Indios). Er sagt auch, er habe heute erfahren, dass sich die ganze Kraft des Goldes im Gebiet von Villa de Navidad Ihrer Königlichen Hoheiten befände, und dass es auf der Insel Carib viel Metall gebe und auf Matinino, wobei es schwierig auf Carib sein werde, da jene Leute, wie er sagt, Menschenfleisch essen, und dass von dort aus die Insel dieser Leute auftauche, und er habe beschlossen, dorthin aufzubrechen, da sie auf dem Wege liege, sowie nach Matinino, von dem er sagt, es sei ganz von Frauen ohne Männer bevölkert, und er wolle beide Inseln sehen und, wie er sagt, einige ihrer Bewohner mit sich nehmen. Es schickte der Admiral das Boot an Land, und der König jenes Landes war nicht gekommen, weil, wie er sagt, die Bevölkerung weit weg war, doch schickte er seine goldene Krone, wie versprochen, und andere sahen viele Männer mit Baumwolle und Brot und Pfefferschoten, alle mit ihren Bogen und Pfeilen. Nachdem sie alles erlangt, kamen, wie er sagt, vier Jünglinge zur Karavelle, und dem Admiral schien es, dass sie so gute Kunde gäben von all jenen Inseln, die nach Osten hin lagen, auf demselben Wege, dem der Admiral zu folgen hatte, so dass er beschloss, sie mit sich nach Kastilien zu nehmen. Dort sagt er, dass sie kein Eisen und kein anderes Metall mit sich führten, das man hätte sehen können, obwohl man innerhalb weniger Tage nicht viel von einem Lande wissen könne, sei es durch die Schwierigkeit der Sprache, die der Admiral nicht verstand, sei es aus Zurückhaltung

oder weil sie nicht wissen, was er in wenigen Tagen vorhatte. Die Bogen jener Leute, so sagt er, waren so groß wie die von Frankreich und England; die Pfeile sind eigen wie die Wurfspeere der anderen Leute, die er bis hierher gesehen hatte, sie sind aus den Setzlingen des Rohres gemacht, wenn es samend ist, so dass sie sehr gerade und von der Länge von anderthalb Varas sind [...].[51]

Zunächst beeindruckt in dieser Passage, wie präzise Columbus die ihn umgebenden Menschen und Insellandschaften beschreibt. Es ist eine erstaunlich hohe Vertrautheit, die in diesen Worten des künftigen Admirals zum Ausdruck kommt und die auf sein bereits vorhandenes Wissen Rückschlüsse erlaubt. Columbus versucht, die Bewaffnung der von ihm so genannten Indios ebenso präzise zu beschreiben wie deren Wissen, er entwirft eine mentale Karte all der Inseln dieses Raumes und ihrer Bewohnerinnen und Bewohner, wobei wir an dieser Stelle deutlich sehen können, wie sich aus der Antike ererbte Mythen in seine Beobachtungen mischen. Zugleich sehen wir auch sein Kalkül, seine Entdeckungen gegenüber den Königen Spaniens glaubhaft zu belegen. Denn er ist skrupellos, was das ‚Mitnehmen' von Menschen angeht, die sich ihm keineswegs zur Verfügung stellten, die für ihn aber wichtige Informationsquellen auf dem Wege durch die antillanische Inselwelt und von dort zurück nach Spanien, aber zugleich Objekte darstellen, welche später seinen Entdeckerdiskurs bestätigen werden. Columbus sieht die Welt der Antillen bereits als Unternehmer, als Impressario einer Macht und Herrschaft, aber auch einer Ausplünderung, welche mit diesen ‚neu entdeckten' und alsbald angeeigneten Inseln einhergeht.

Diese Passage zeigt darüber hinaus deutlich, in welcher Weise sich bereits im *Bordbuch* der ersten Reise Bruchstücke geographischer Vorstellungen und Illusionen, etymologischer Fehldeutungen, aus der griechischen Antike stammender Mythen oder ganz materiell orientierter Wunschträume zu einer Bricolage formieren, in welcher Goldgier, Amazonentrauma, Anthropophagieangst und Benennungslust als Stationen und Elemente eines Weges erscheinen, den Columbus zu keinem Zeitpunkt aus den Augen verliert. Denn was wären alle Entdeckungen, wenn sie in der Heimat nicht verkündet würden? Was würden ihm die ausgehandelten Klauseln der *Capitulaciones de Santa Fe* einbringen, wenn er nicht wieder zurück nach Spanien und zu den Katholischen Königen fände?

So musste ihn notwendig sein Weg zurück nach Spanien führen, zur Verkündigung des von ihm Gesehenen – und zum Entwurf jener amerikanischen Träume, die sich von Beginn an als komplexe Verschachtelung und Vergleichzeitigung abendländischer Kulturfragmente zu erkennen geben. Der amerikanische Traum

---

51 Colón, Cristóbal: *Diario de a bordo*, S. 191.

des Columbus steht im Zeichen der Fülle, ja der Überfülle, stets aber auch im Zeichen einer ganz bestimmten Bewegungsfigur. Denn die Ankunft enthält bei Columbus immer schon die Rückkehr, die Fahrt durch die Inselwelt immer schon deren Verlassen: Die Kreisstruktur beherrscht als topographische wie als hermeneutische Figur die gesamte Dynamik dieses ersten Reiseberichts aus Amerika. Columbus ist im Zirkel dieser hermeneutischen Kreisstruktur zugleich Entdecker und Gefangener seiner eigenen *Vorstellungen*.

Der hermeneutische Zirkel[52] ist von Beginn an der europäischen Entdeckungsgeschichte wie den Anfängen des europäischen Kolonialismus eingeschrieben. Man geht von bestimmten vorgefassten Vorstellungen und Erfindungen aus, durchläuft die noch unbekannte Welt und findet letztlich viele dieser Imaginationen bestätigt. Erst die Rückkehr nach Europa – und die sich anschließenden frühen Berichte von jener Entdeckung – machen es möglich, dass sich fortan ein Gutteil der Neuen in der Alten Welt bildet.[53] Die Rückkehr erst gibt der Reisebewegung des Columbus ihren Sinn – und auch ihr juristisches Gewicht. Nicht nur im Zeichen des Kreuzes, sondern auch im Zeichen des Kreises werden die amerikanischen Träume zwanghaft und zwangsweise in amerikanische Wirklichkeiten verwandelt. Der *American Dream*: Er ist – in ganz anderer Form als Jahrhunderte später in den USA – schon im *Bordbuch* des Columbus vorhanden.

Doch was für die einen ein bald schon kolonialer Traum war, erwies sich für die anderen als kolonialistischer Alptraum. Wenn sich die einen zu Subjekten ermächtigten und mit dieser Selbstermächtigung jahrhundertelange Privilegien verbanden, so bedeutete dies für die anderen, wie in der soeben angeführten Passage, zu Objekten degradiert zu werden, die man nach Gutdünken mitnehmen, verpflanzen, versklaven, dem eigenen Machtwillen unterwerfen konnte. Der berühmte Aphorismus des Georg Christoph Lichtenberg, demzufolge der Tag, an dem der Indianer Columbus entdeckte, ein schlechter Tag für den Indianer gewesen sei, erwies sich bald nicht mehr nur in der künftig als Karibik bezeichneten Region als eine grausame Wahrheit, die durch die Umkehrung der Entdeckungsmetaphorik zum Vorschein gebracht wurde.

Binnen kurzer Zeit wurden die Indianer zu Spielbällen des Macht- und Ausbeutungswillens der europäischen Kolonisatoren. Der sich an den Indianern vollziehende Genozid erfasste rasch auch die Bewohner des Festlands – nicht nur

---

52 Vgl. zu den unterschiedlichen Bewegungsfiguren Ette, Ottmar: *Literatur in Bewegung. Raum und Dynamik grenzüberschreitenden Schreibens in Europa und Amerika.* Weilerswist: Velbrück Wissenschaft 2001.
53 Vgl. hierzu Gewecke, Frauke: *Wie die neue Welt in die alte kam.* Stuttgart: Klett – Cotta 1986.

jener Insel Kuba, die Columbus für Festland hielt und seinen Männern den Schwur auf diesen Glauben abverlangte, sondern auch jener Küsten, die ein gewisser Amerigo Vespucci als Küstensäume eines Kontinents, einer Neuen Welt erkannte. Doch mit den Visionen, Erkenntnissen und Imaginationen des Amerigo Vespucci werden wir uns in dieser Vorlesung noch gesondert auseinandersetzen.

Bereits im Jahre 1500 – als weiter südlich aufgrund eines Sturms die nach Osten ragende Spitze des heutigen Brasilien von den Portugiesen eher zufällig ‚entdeckt' und in Besitz genommen wurde – nahmen die amerikanischen Träume kartographische Gestalt an in jener Karte, die Juan de la Cosa entwarf, der Columbus auf dessen zweiter Reise begleitet und zusammen mit Vespucci auch an der Expedition Alonso de Ojedas 1499 teilgenommen hatte. In seinen *Kritischen Untersuchungen*[54] machte Humboldt darauf aufmerksam, dass er zusammen mit dem Baron von Walkenaer 1832 „das Vergnügen" gehabt hatte, „den Urheber und das Datum" dieser Karte der Neuen Welt zu erkennen. Doch auch hierzu wollen wir uns im zweiten Teil der Vorlesung ausführlicher äußern, da es auch an dieser Stelle um zentrale Vermischungen von Erfundenem und Gefundenem geht, welche in diesem Falle in eine hochkomplexe Kartographie des Jahres 1500 Eingang fanden.

An dieser Stelle sei nur so viel erwähnt, dass Juan de la Cosas Weltkarte das Erfundene wie das Gefundene in seinem für die Katholischen Könige Spaniens erstellten Kartenbild auf eine ingeniöse Weise vermischte, die es nicht mehr erlaubte, die kartographischen Fiktionen von den kartographischen Fakten, die präzisen Einzeichnungen von den visionären aufzeichnungen klar zu unterscheiden. In dieser *Carta* entstanden die Umrisse und Konturen einer Weltregion, in deren Zentrum sich eine Inselwelt befindet, deren Erkundung schon weiter fortgeschritten war, und die den südlichen mit dem nördlichen Teil des Kontinents verbindet, von denen zum damaligen Zeitpunkt nur wenig bekannt war. Dabei ist auf der Karte von Juan de la Cosa der Norden des karibischen Beckens, des ‚amerikanischen Mittelmeers', als Besitztum der Katholischen Könige mit Fähnchen markiert und festgehalten. Dieses *Mapping* der Neuen Welt beinhaltete von Beginn an ein neues *Mapping* der Alten Welt. Spätestens seit 1492 ist Europa ohne Außer-Europa nicht mehr denkbar. Eine gewaltige Beschleunigung erfasste alle damals bekannten Weltteile und brachte sie in die Nähe eines Magnetfeldes, das immer stärker von Europa ausging und für Europa pulsierte.

Noch kann man auf Juan de la Cosas Weltkarte jenen Bereich erst erahnen, auf den sich dann zunächst die oftmals spontane, ungesetzliche, sich bisweilen

---

54 Humboldt, Alexander von: *Kritische Untersuchungen*, Bd. I, S. 16f.

Christoph Columbus, der Schiffbruch und das Vizekönigreich der Friktion —— 55

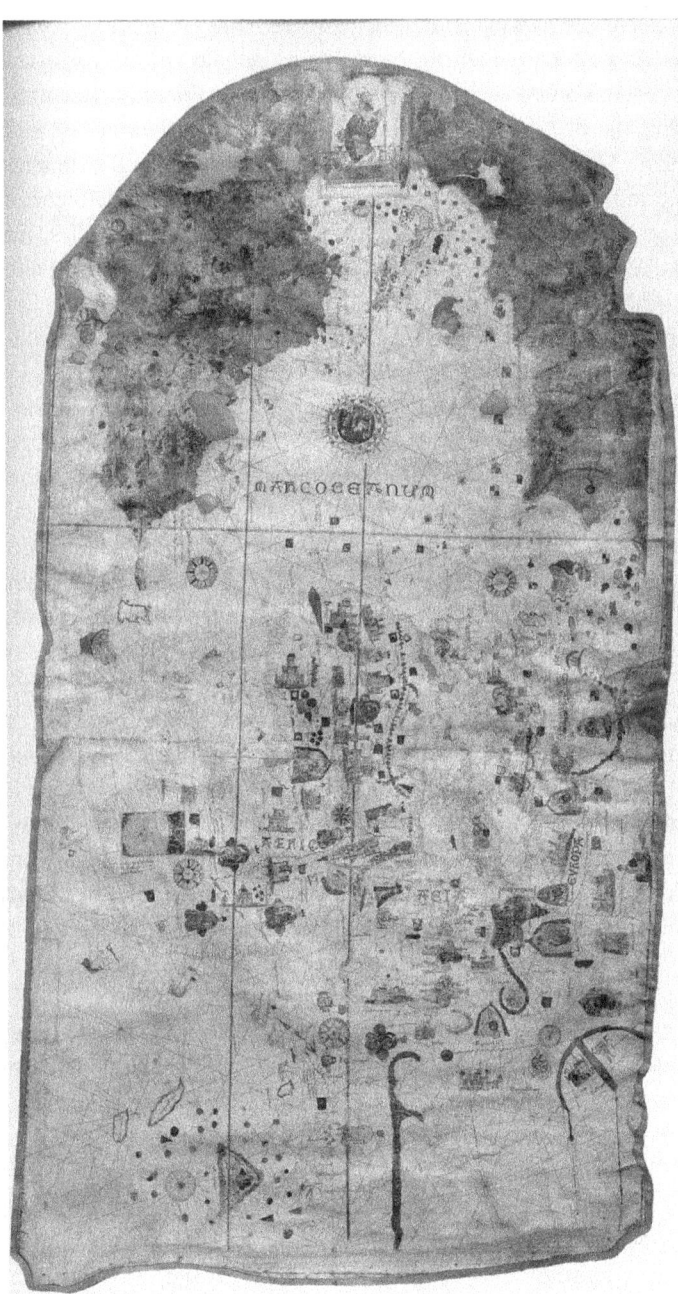

Abb. 8: Mapamundi des Juan de la Cosa, ca. 1500.

explosionsartig vollziehende Expansion der Spanier konzentrieren sollte. Wir werden uns mit dieser Frage noch eingehend beschäftigen, sobald wir die Texte des Hernán Cortés in unsere Vorlesung miteinbeziehen. Doch die Erkundungsfahrten von Francisco Hernández de Córdoba und Juan de Grijalva in den Jahren 1517 und 1518 brachten größere Klarheit über den Küstenverlauf und zugleich die Spanier erstmals in Kontakt mit einer wohlorganisierten und ausdifferenzierten indigenen Gesellschaft. Daraus ergaben sich völlig neue Perspektiven ebenso mit Blick auf eine interkulturelle Begegnung wie mit Blick auf eine mögliche Eroberung, welche eine vervielfachte Anhäufung von Reichtümern versprach. Koloniale Träume florierten, interessierte Unternehmer drängelten sich in den Vorzimmern der spanischen Macht. Die erste Phase beschleunigter Globalisierung war in vollem Gange.

Auch ein gewisser Hernán Cortés hatte ausreichend *Venture Capital* vereinigt, um eine eigene Unternehmung zu starten und Truppen zu finanzieren. Er kam dabei nur anderen Unternehmern und Kapitalgebern zuvor. Denn schon kurze Zeit später vollzog sich die Eroberung jenes Reiches von Anáhuac mit seinem Zentrum Tenochtitlán, das die Männer um Hernán Cortés zwischen 1518 und 1521 unter Ausnutzung der Gegensätze und Feindseligkeiten zwischen den verschiedenen indianischen Völkern in ihre Gewalt bringen und unter dem Namen „Nueva España" dem fast nahtlos von der Reconquista in die Conquista umschwenkenden und umdenkenden Spanien einverleiben sollten. Die Iberische Halbinsel verwandelte sich aus einem Ort vorherrschend zentripetaler in einen Ort zunehmend zentrifugaler Dynamiken, welche immer mehr Teile Amerikas, Afrikas und Asiens in ihr Magnetfeld zogen.

All diese Unternehmungen florierten, da sie von ständig sich erneuernden, unablässig an Vorstellungskraft gewinnenden Imaginationen vorangetrieben wurden, so wie das Venture Capital in unseren Tagen von unerhörten Fiktionen und Gewinnversprechen angezogen wird. Nicht wenige Unternehmungen scheiterten und endeten mit realen oder metaphorischen Schiffbrüchen; viele andere aber warfen enorme Reichtümer ab, so wie sich eine kleine, ebenfalls mit Venture Capital gegründete Mainzer Pharma-Firma in den Zeiten der Corona-Krise gemäß ihrer eigenen Adresse als eine wahre Goldgrube erwies. Die literarischen Zeugnisse jener Epoche berichten uns aus unterschiedlichen Perspektiven ebenso vom Scheitern eines Hernando de Soto wie von den Eroberungen eines Hernán Cortés.

Doch kehren wir zum sogenannten *Diario de a bordo*, jenem Reisetagebuch zurück, das Tag für Tag die Eintragungen des Columbus (zumindest in Las Casas' Transkription) festhielt und uns einen einmaligen Anschauungsunterricht bezüglich des Umgangs der Europäer mit der Erfahrung einer Neuen, ihnen zuvor unbekannten Welt gewährt. Wie sehr dieses *Bordbuch* des Columbus die europäisch-überseeische Begegnung vorprogrammierte[55] und zugleich die Verhaltensweisen und Semantiken abendländischer Vertreter angesichts ihnen fremder Kulturen vor Augen führte,[56] haben erfolgreiche Forschungen vor nunmehr fast vier Jahrzehnten geradezu klassisch herausgearbeitet.

Ich möchte gemeinsam mit Ihnen einen das Projekt des Christoph Columbus als Ganzes erfassenden Blickpunkt einnehmen. Dazu muss ich noch einmal kurz auf einige Biographeme aus dessen Leben zurückkommen. Wir hatten bereits die Tatsache gestreift, dass Columbus' Herkunft letztlich doch recht eindeutig nach Genua weist. Wir glauben, folgendes über seine familiäre Herkunft zu wissen: Seine Vorfahren scheinen 1391 von Spanien nach Italien geflohen zu sein, waren sie doch jüdischer Abstammung und mussten den Verfolgungen und Pogromen in Spanien entkommen. Der weitere Lebensweg der drei Brüder Colombo, wie sie als solche auch in den Registern und Akten stehen, die von einer italienischen Kommission vor gut Hundertzwanzig Jahren aufgetrieben wurden, ist dann freilich ein gesamteuropäischer. Cristoforo Colombo war von Geburt ein Genuese, von seinem zeitgeschichtlichen Kontext her aber ein durchaus typischer Europäer.

Dies scheint mir in der Tat entscheidend zu sein. Insoweit haben die ganzen jahrhundertelangen Streitereien, ob Columbus nun Genuese, Spanier, Katalane, Portugiese, Mallorquiner, Schweizer oder Korse war – und zu letzterer These ist gerade eine umfangreiche Arbeit auf Französisch erschienen[57] –, einen großen Vorteil: Sie machen nicht nur darauf aufmerksam, dass sich die einzelnen europäischen Nationen förmlich um ihn stritten, sondern zeigen auch, dass sein ganzer Lebensbereich letztlich ein gesamteuropäischer war, freilich mit klarem Schwerpunkt im Mittelmeerbereich und in der Romania. Doch führen wir unsere Überlegungen noch ein wenig weiter!

Cristoforo Colombo oder Cristóbal Colón trieb sich schon als Jugendlicher auf Schiffen herum, lernte das Handwerk sozusagen von der Pike auf, fuhr zunächst auf genuesischen Handelsschiffen, stieg dann bald zum Kapitän auf, kannte sich hervorragend aus in den verschiedenen Routen im Mittelmeer. Er schuf sich damit Stück für Stück Erfahrungen und Kenntnisse, die er dann später zu nutzen verstand, als er zum Teil im Sold der Genuesen oder mit diesen verbündeten Königreichen, zum Teil auch wohl auf eigene Rechnung zum

---

55 Vgl. Bitterli, Urs: *Die ‚Wilden' und die ‚Zivilisierten'. Die europäisch-überseeische Begegnung*. München: Deutscher Taschenbuch Verlag 1982.
56 Vgl. hierzu Todorov, Tzvetan: *La conquête de l'Amérique. La question de l'autre*. Paris: Les Editions du Seuil 1982.
57 Vgl. Balutet, Nicolas: *Christophe Colomb et la Corse. La «possibilité d'une île»?* Paris: Classiques Garnier 2022.

Korsaren wurde, der im Mittelmeer auch vor Angriffen auf feindliche Schiffe in einem rechtlichen Niemandsland nicht zurückschreckte. Er hatte damals noch deutlich das Mittelmeer als Zentrum seiner Aktivitäten; doch folgten – wie erwähnt – bereits Fahrten nach Norden, nach England und in den Bereich nördlich der Britischen Inseln, bis in die Höhe von Island und der Färöer. Dies fiel – wie wir sahen – aber bereits in seine portugiesische Zeit.

Die portugiesische Periode begann um das Jahr 1476 und endete im Jahre 1485, als Columbus definitiv nach Kastilien überwechselte. Es hatte ihn förmlich nach Portugal verschlagen, denn sein Schiffbruch war kein einfacher Schiffbruch gewesen. Die Apologeten des Columbus wie etwa sein Sohn Hernando Colón oder auch Bartolomé de las Casas versuchten später zu vertuschen, dass er offenkundig als Korsar vor der portugiesischen Küste in einen Kampf ausgerechnet mit Genueser Schiffen geraten war, die er selbst mitangegriffen hatte. Der Kampf muss sehr heftig gewesen sein, auf beiden Seiten sanken mehrere Schiffe, darunter auch das Schiff, das Colombo befehligte: Es war folglich kein ‚normaler' Schiffbruch. Das Schiff sank, der junge Kapitän klammerte sich an einem Ruder fest und erreichte schwimmend das Festland, also die südportugiesische Küste. Wenn dies mal kein Fingerzeig Gottes war!

Columbus jedenfalls verstand es so und half seiner wahren Bestimmung auf die Sprünge. Er blieb ein ganzes Jahrzehnt in Portugal, jenem Land, das ohne jeden Zweifel über die besten Voraussetzungen für große umfangreiche Expeditionen in unbekannte Gewässer, über die besten Wissenschaftler, ein derartigen Plänen stets offenstehendes Königshaus, über hervorragende Instrumente und nicht zuletzt einen hohen Grad an Geheimhaltung verfügte. Gerade vor Kastilien, das Portugal im Übrigen den Weg zu jedweder territorialen Erweiterung nach Osten verlegte, hütete man sich sehr, da die Rivalität mit dem unruhigen Nachbarn im Osten, der noch immer nicht die letzten Mauren von seinem Staatsgebiet vertrieben hatte, stets etwas für Portugal Bedrohliches ausstrahlte.

So war die einzige Expansionsmöglichkeit für Portugal das Meer; und diese auf das Meer und vor allem den südlichen Atlantik gerichtete Politik, die Portugal konsequent seit Heinrich dem Seefahrer verfolgte, brachte dem Land seine Bedeutung und auch seinen jahrhundertelangen Reichtum ein. Columbus heiratete sich in Portugal gleich in zwei einflussreiche Familien ein, was ihm erlaubte, bald als Portugiese in die portugiesische Seefahrt einzutreten und unter anderem auch Handel mit Zucker und – wie vermutet wird – den noch lukrativeren Handel mit afrikanischen Sklaven zu betreiben. Er machte nun nicht nur Fahrten nach Norden bis an den Rand der befahrbaren See, sondern auch nach Süden, wo er Reisen auf die Azoren, nach Madeira, aber auch an die portugiesischen Faktoreien und Niederlassungen an den Küsten Guineas unternahm.

In Guinea dürfte Columbus ebenso mit radikal anderen Kulturen Bekanntschaft geschlossen und zugleich die Einsicht gewonnen haben, dass es von Vorteil für die Europäer war, andere Völker – wie einst die Griechen oder Römer – zu versklaven. Diese Erfahrungen dürften ihm in Amerika – zynisch gesagt – zugutegekommen sein. Diese Meere waren das alleinige Handels- und Handlungsgebiet für die Portugiesen, die jene Gebiete im Übrigen vom Papst zugesprochen bekommen hatten. Den Kastiliern blieben nur mehr die Kanarischen Inseln übrig, mit deren Eroberung man nun Stück für Stück begann. Der Schwung der Reconquista drängte über die Iberische Halbinsel hinaus. Doch Spanien war in jenen Jahren mit den eigenen Wirren vor der Thronbesteigung der Katholischen Könige und später noch mit dem Abschluss der Reconquista beschäftigt, und die Eroberung der Inseln ging sehr langsam vonstatten. Portugal war unter allen Gesichtspunkten das für Columbus weitaus vielversprechendere Land, Spanien bestenfalls zweite Wahl.

Denn zielstrebiger als die Spanier gingen die Portugiesen vor, die es bald auch verstanden, nicht nur der gefährlichen Route hinunter bis zur Südspitze Afrikas zu folgen, sondern die noch wesentlich gefährlichere Rückreise nach Lissabon sicher zu überstehen. Bei seinen Fahrten lernte Columbus, wie man mit den starken Strömungen in diesen Gewässern, mit den gegenüber dem Mittelmeer wesentlich höheren Wellen und überhaupt mit jenem unermesslichen Meeresbereich umgeht, den die Portugiesen in einem weit nach Westen ausholenden Bogen kreuzen mussten, um in ihr Heimatland zurück zu gelangen. Columbus erfuhr so von den jahreszeitlich sehr konstant wehenden Passatwinden und mehr noch von den Gefahren jener Windstillen, jener Kalmen in den sogenannten ‚Rossbreiten', die Schiffe und Mannschaften oft für Wochen und Monate lahm legten, weil kein Windchen blies und die Mannschaften langsam an Skorbut krepierten.

Der Genuese verstand aber auch, dass alle tradierten Warnungen vor koagulierten Meeren und Seeungeheuern interessegeleitete Illusionen waren und diese Meere sehr wohl zu befahren waren, solange man es verstand, die Schifffahrtskunst mit ihren durch Praxis erworbenen Regeln zu beherzigen und die damals modernsten Navigationsmittel zu benutzen, wie sie dem Fahren nicht in küstennahen Gewässern, sondern auf hoher See entsprachen. Denn das Befahren des Mittelmeeres und ein Befahren des Atlantik bildeten zwei sehr unterschiedliche Herausforderungen an einen Schiffskapitän zur damaligen Zeit: Der Atlantik erforderte ein Höchstmaß an nautischer und kartographischer Praxis.

In jenen Jahren entstand sein Plan, nicht wie die Portugiesen bislang den Seeweg nach Indien über den Osten zu suchen, vorbei an der Südspitze des afrikanischen Kontinents, sondern über den Westweg. Dies setzte selbstverständlich die Vorstellung von einer Kugelgestalt der Erde voraus. Es gab immer wieder Mutmaßungen, dass diese Route über den Westen nicht unbedingt seine eigene Idee gewesen sei, sondern dass er aus direkten Quellen, von Informanten erfahren habe, dass es auf der anderen Seite dieser immensen Meeresfläche in der Tat Länder und Menschen geben müsse. Die vielleicht wahrscheinlichste These ist die, dass Columbus irgendwo auf seinen Reisen, vielleicht aber auch in einer Hafenkneipe in Lissabon, den sogenannten „piloto anónimo" getroffen haben könnte, der diese Überquerung des Ozeans bereits bewerkstelligt hatte und vor seinem Tode sein Geheimnis noch rasch Columbus anvertrauen wollte. Dass diese These nicht zu belegen, sondern reinste Spekulation war, brauche ich an dieser Stelle nicht hervorzuheben.

Eine zweite These geht davon aus, dass Indigene – und vielleicht mehr noch Amazonas-Indianerinnen (denn dies würde seine Kenntnis von nach Westen projizierten Frauengesellschaften begründen) – von einem starken Sturm aufs offene Meer hinausgetrieben worden seien und dank der enormen Strömungen dann irgendwo auf Höhe der Azoren oder wo auch immer im Südatlantik aufgefischt worden wären. Columbus habe dadurch Kunde erhalten von der Existenz größerer Landmassen und ihrer Bewohner im Westen. Ich glaube freilich nicht daran, dass Columbus tatsächlich dieses „Predescubrimiento", die vorherige Entdeckung brauchte, um seine eigenen Pläne von einer Erkundungsfahrt nach Westen zu entwickeln. Denn immer wieder wurden losgerissene Bäume oder Pflanzen, seltener auch menschliche Körper an die Strände der Inseln im Atlantik angespült, deren Herkunft man sich nicht erklären konnte. Vor allem aber hatte Columbus längst damit begonnen, alle vorhandenen Informationen zu sammeln und zugleich auch die antiken und neueren Berichte zu archivieren, in denen die Kosmologen ihre Vorstellungen von der Erde entwickelt hatten. Dabei nahm er auf alle Quellen aus Antike oder Mittelalter Bezug, die in irgend einer Weise als Belege für seine These von Ländern im Westen angesehen werden konnten.

Ich kann an dieser Stelle nicht umfänglich auf dieses autodidaktische und unsystematische Studium der antiken und jüngeren Quellen durch Columbus eingehen. All dies waren unzusammenhängende Kenntnisse, mit denen er selbstverständlich die Fachgelehrten seiner Zeit nicht beeindrucken konnte. Wie sehr all dies von Fiktionen durchdrungen war, haben wir bereits gesehen. Columbus – dies gilt es festzuhalten – war ein Pragmatiker und kein systematisch gebildeter Mann. Dass er die Universität von Pavia besucht haben soll, ist eine Legende, die wohl sein Sohn Hernando Colón später aufgebracht haben dürfte. Hernando wollte seinem Vater nicht nur eine nichtexistente hohe Abkunft bescheinigen – in Wirklichkeit stammte er von einer einfachen, stets in finanziellen Nöten steckenden Familie von Webern jüdischer Herkunft ab –, sondern daneben auch eine hohe universitäre Bildung zuschreiben, welche er nach heutigem Kenntnisstand und nach Auswertung aller Quellen einschließlich seiner selbst verfassten Texte nicht besaß.

Christoph Columbus war vielmehr das, was die Angloamerikaner einen *Self-made man* nennen, mit anderen Worten: Er war ein zweifellos höchst wacher Autodidakt. Er eignete sich seine Kenntnisse selbst an, suchte sie dort, wo er sie gerade fand, vorausgesetzt, sie passten in sein Denksystem. Dabei ging alles durcheinander. Und seine ‚Informationen' waren für ihn nur dann interessant, wenn sie mit seinen eigenen Vorstellungen übereinstimmten oder sich in Übereinstimmung bringen ließen.

So las Columbus beispielsweise von einem berühmten Florentiner Gelehrten namens Toscanelli, dass es sehr wohl Möglichkeiten gebe, den Ozean auf westlichem Kurs zu durchqueren, wobei er freilich die Meilenangaben Toscanellis erheblich absenkte, um überhaupt eine Chance zu sehen, eine so weite Distanz überwinden zu können. Dabei berief er sich auf den Pseudo-Propheten Esdras, der die Behauptung aufgestellt hatte, die Erde bestehe zu fünf Teilen aus Land und nur zu einem Teil aus Wasser. Folglich konnte der Ozean ja nicht so groß sein!

Gleichzeitig glaubte er dem Toscanelli, dass es vor dem asiatischen Festland Inseln gebe, und zwar unter anderem das sagenumwobene Cipango (Abb. 9), in dem wir das heutige Japan erkennen dürfen und von dem bereits Marco Polo berichtet hatte. Christoph Columbus hatte, wie wir gleich sehen werden, sehr aufmerksam und zielgerichtet die berühmten Berichte des venezianischen Reisenden gelesen. Es gebe auch weitere Inseln vor der Küste, darunter die vielberufene Insel Antilia, deren Name so viel wie Vor-Insel oder auch Gegen-Insel bedeutet. Diese Benennung ging, wie Sie wissen, auf die gesamte Inselregion über, die wir heute als die Großen und die Kleinen Antillen bezeichnen.

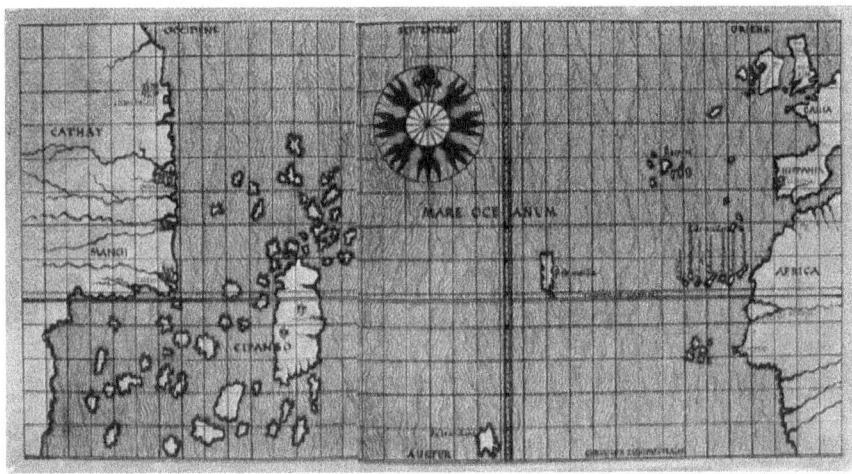

Abb. 9: Paolo dal Pozzo Toscanelli: Mapamundi mit Cipango, 1474.

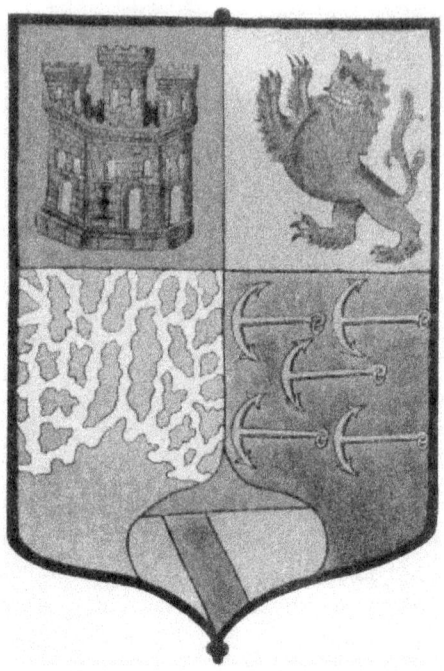

Abb. 10: Wappen des Kolumbus mit den von ihm ‚entdeckten' Inseln.

Freilich konnte man diesem Gerücht von etwaigen Vorinseln nicht unbedingt trauen; denn immer wieder hatten Seeleute im Ozean von einer Insel berichtet, die am Horizont erschienen war, stets aber wieder unauffindbar im Atlantik verschwand. Auf den europäischen Kartenwerken der Zeit gab es eine Vielzahl ‚mobiler' Inseln, die von Karte zu Karte ihren Standort wechselten und bald hier, bald dort am Westrand der Kartenwerke auftauchten. Ich will hier auch nicht von weiteren Legenden berichten, die zum Teil auf den *Imago Mundi* des französischen Kardinals Pierre d'Ailly zurückgingen, oder aber auf Kollektionen und unsystematische Sammlungen, in denen die großen mittelalterlichen Legenden wie die Insel des heiligen Brendan oder Brandanus festgehalten wurden;[58] Legenden und Mythen, die in der Tat auch bei der weiteren Entdeckungs- und Eroberungsgeschichte eine wichtige Rolle spielten.[59] Denn Fiktionen in Gestalt

---

58 Vgl. hierzu auch die schöne spanischsprachige Studie von Vázquez de Parga y Chueca, María José: *San Brandán, Navegación y Visión*. Aranjuez: Doce Calles 2006.
59 Vgl. hierzu Ette, Ottmar: Funktionen von Mythen und Legenden in Texten des 16. und 17. Jahrhunderts über die Neue Welt. In: Kohut, Karl (Hg.): *Der eroberte Kontinent. Historische Realität, Rechtfertigung und literarische Darstellung der Kolonisation Amerikas*. Frankfurt am

Abb. 11: Marco Polo: Il Milione, Kapitel CXXIII und CXXIV, 1298–1299: Der Khan bei der Kriegsführung gegen den rebellischen König von Mien (Burma).

Main: Vervuert Verlag 1991, S. 161–182. Diesen frühen Überlegungen verdankt sich die langfristige Entwicklung und Ausarbeitung dieser Vorlesung.

von Legenden, Mythen oder Sagen spielten eine wichtige Rolle als Antriebskräfte in der weiteren Geschichte des amerikanischen Kontinents. Doch davon später mehr...

Eine für Columbus nicht ganz unwichtige historische Quelle waren neben Ptolemäus und den aktualisierten Karten, die der antiken Kosmologie beigegeben wurden, auch die Aufzeichnungen des Marco Polo, die der genuesische Seefahrer überaus sorgsam durchlas und – wie andere Bücher auch, die sich in seinem Besitz befanden – mit vielen kleinen Randbemerkungen versah. All dies hat die Columbus-Forschung mittlerweile sehr sorgsam zusammengetragen. Ich habe Ihnen als Beispiel hierfür einmal eine neuere, von einem angesehenen spanischen Historiker kommentierte Ausgabe des *Milione* von Marco Polo angeführt,[60] woraus sie erkennen können, wie vielfältig die nicht selten pragmatischen Anmerkungen des Columbus waren.

Es ist ohne jeden Zweifel hochspannend, sich nicht nur die Wege von Columbus durch die Meere, sondern auch durch die unterschiedlichen Bibliotheken und Archive zu vergegenwärtigen. Denn dadurch wird eines klar: Cristoforo Colombo, so sein Taufname, war nicht nur in einem vollen Sinne von seiner Herkunft her Europäer, sondern auch einer, der übrigens überall zugleich als Ausländer erschien. Wir können dies ohne Zweifel am besten nicht an seinen Wegen durch Europa, sondern viel besser an seiner Beherrschung europäischer Sprachen sehen. Denn er schrieb nur auf Kastilisch und dies mit vielen Fehlern; sein Italienisch war rein mündlicher Natur und stark vom genuesischen Dialekt bestimmt sowie von vielen Fehlern durchsetzt; sein Portugiesisch war Spanisch oder eine Frühform des *Portuñol*, sein Spanisch im Gegenzug Portugiesisch. gleichwohl war er mit den mediterranen Vernakularsprachen bestens vertraut und vermochte sich stets zu verständigen.

Die Sprache des Wissens und der Wissenschaft aber war damals das Lateinische. Columbus konnte zwar Latein lesen, er konnte es aber nicht richtig schreiben, sondern durchsetzte es mit allerlei Lusitanismen und Hispanismen, so dass man annehmen darf, dass er es erst in Portugal lernte und nicht schon an der Universität von Pavia, wie sein Sohn später behauptete. Er hatte sich die lateinische Ausgabe des in französischer Sprache diktierten Buches von Marco Polo besorgt, die 1485 in Antwerpen erschienen war. Freilich erhielt Columbus diesen Band wohl erst 1497, hatte aber bereits früher Kenntnis von den Hinterlassenschaften des venezianischen Reisenden.

Der Venezianer Marco Polo reiste 1271 über Bagdad zum Persischen Golf, von Hormus aus durch Iran zum oberen Oxus und durch den Pamir nach Kathai,

---

60 Vgl. hierzu Gil, Juan (Hg.): *El libro de Marco Polo anotado por Cristóbal Colón. El libro de Marco Polo versión de Rodrigo de Santaella*. Edición, introducción y notas de Juan Gil. Madrid: Alianza Editorial 1987.

dem heutigen Nordchina, bis hinüber nach Peking oder Beijing, der ‚Hauptstadt des Nordens' des damaligen Reiches der Mitte. Marco Polo gewann die Gunst des an der Macht befindlichen Mongolenherrschers und machte ausgedehnte Reisen durch das große chinesische Reich. 1292 kehrten die Polos zu Schiff durch das Südchinesische Meer, die Sunda-Inseln, Vorderindien nach Hormus, von hier über Iran, Armenien und Trapezunt nach Venedig zurück, wo die Reisenden großes Aufsehen, aber auch viel Misstrauen erregten. *A beau mentir qui vient de loin* – wer glaubt schon einem, der von so weit her gekommen sein will?

In Genuesischer Gefangenschaft diktierte Marco Polo im Kerker – man wäre versucht, mit Blick auf den *Milione* geradezu von einer Gefängnisliteratur zu sprechen – später einem französischen Mitgefangenen seinen Reisebericht, der sehr bald ins Italienische und Lateinische, später auch in andere Sprachen übersetzt wurde. Lesen wir also Marco Polo aus dem Blickwinkel des Autodidakten Christoph Columbus:

> Gehen wir jetzt dazu über, die Regionen Indiens zu beschreiben; beginnen wir also mit der Insel Ciampagu, welche eine Insel im Osten auf hoher See ist, die von der Küste von Mangi eintausendvierhundert Meilen entfernt liegt. Sie ist äußerst groß und ihre Bewohner sind weiß und von hübscher Gestalt, sie sind Götzenanbeter und haben einen König, sind jedoch niemandem tributpflichtig. Dort gibt es Gold in größter Fülle, doch der Monarch erlaubt es nicht leicht, dass es von der Insel ausgeführt werde, so dass nur wenige Kaufleute dorthin gehen und in ihren Häfen selten Schiffe aus anderen Regionen anlegen. Der König der Insel besitzt einen großen Palast, dessen Dach aus sehr feinem Gold gefertigt ist, so wie bei uns die Dächer der Kirchen mit Blei versehen werden. Die Fenster des Palastes sind allesamt in Gold ausgeführt, und der Boden der Säle und vieler Gemächer ist mit Dielen aus Gold bestückt, welches zwei Finger dick ist. Dort gibt es Perlen in äußerster Fülle, rund und dick und von roter Farbe, die an Preis und Wert selbst weißen Perlmutt übertreffen. Auch gibt es viele Edelsteine, weshalb die Insel Ciampagu wunderbar reich ist.[61]

Dies ist eine berühmte Stelle des Reiseberichts von Marco Polo, welche das Herz jedes kaufmännisch kalkulierenden Entdeckers höher schlagen lassen kann. In der Tat haben in der langen Wirkungsgeschichte des Marco Polo dessen Schilderungen Indiens und Chinas von jeher die Phantasie der Europäer angeregt – und Sie verstehen nun auch das große Interesse, das gerade auch für Händler und Kaufleute darin bestand, zu diesen sagenumwobenen Welten Asiens vorzustoßen und direkte Handelsbeziehungen zu knüpfen. Es ging im Kern also darum, unmittelbar Handel mit Ciampagu und China zu treiben, den lästigen arabischen Zwischenhandel abzuschütteln, die Transportkosten zu senken, indem die teuren Kameltransporte umgangen oder besser: umschifft werden konnten – kurzum, die Nebenkosten so zu verringern, dass die kostbaren Waren aus Fernost entsprechend

---

61 Ebda., S. 132.

gewinnbringend verkauf werden konnten. Denken Sie an dieser Stelle zurück an unseren Globi in unserer Einführung in diese Vorlesung und an die Gewinne und Schätze, die er aus China mit nach Europa und in die Schweiz brachte: Eben darum geht es!

Natürlich war auch Cristoforo Colombo von solchen Ausführungen des venezianischen Reisenden schlicht begeistert. Er schrieb eifrig gerade auch die Überlegungen zum Handelswert auf und notierte bei derlei Passagen am Rande in deutlich lesbarer Schrift: „oro en grandísima abundancia", also Gold im größten Überfluss, sowie später dann kaufmännisch „perlas rojas", rote Perlen. Sie merken, der Mann ging ganz pragmatisch zur Sache! Dies also waren die handfesten Überlegungen, die den ökonomischen Hintergrund für die frühkapitalistische Unternehmung des Christoph Columbus bildeten.

Aber es waren keineswegs nur diese materiellen Aspekte welche seine Phantasie erhitzten: Er las mit größter Aufmerksamkeit auch all jene Passagen nicht nur über Cipango, sondern über den gesamten Verlauf der Reise des Marco Polo, wo vor allem die Schilderungen der Gewohnheiten und Sitten der jeweiligen Bewohner des asiatischen Erdteils dargestellt wurden. So finden wir etwa im siebenunddreißigsten Kapitel bei Marco Polo eine Stelle, die uns nicht unbekannt vorkommt, haben wir derartige Hinweise doch bereits bei Columbus gelesen. Sehen wir uns dies genauer an:

> Jenseits des Reiches von Resmacoron, fünfzig Meilen auf hoher See, finden sich im Mittag zwei Inseln, welche etwa dreißig Meilen voneinander entfernt sind. Auf der einen leben Männer ohne Frauen, und in ihrer Sprache heißt die Insel Männer; auf der anderen hingegen wohnen Frauen ohne Männer, und jene Insel heißt Weiber. Diejenigen, die auf diesen Inseln wohnhaft sind, bilden eine Gemeinschaft und sind Christen. Die Frauen gehen niemals zur Insel der Männer, aber die Männer gehen zur Insel der Frauen und leben während dreier aufeinander folgender Monate mit diesen zusammen. Ein jeder wohnt in seinem Hause mit seiner Ehefrau und kehrt danach auf die Männer-Insel zurück, wo er den Rest des Jahres bleibt. Die Frauen behalten ihre männlichen Kinder bei sich bis zum Alter von vierzehn Jahren, um sie danach zu ihren Vätern zu schicken. Die Weiber geben der Kinderschar zu essen und kümmern sich um einige Früchte der Insel, während die Männer sich selbst, ihre Kinder und ihre Frauen mit Lebensmitteln versorgen.[62]

Sie sehen, wir finden in diesem Zitat von Marco Polo jene beiden Inseln, die Cristóbal Colón bei seiner ersten Fahrt durch die Inselwelt Amerikas bereits beschrieb, ohne diese beiden Inseln auf der Durchfahrt durch jenen Bereich, den wir heute die Karibik nennen, jemals besucht zu haben. Es sind die ausführlichen Lektüren, es sind die intertextuellen Beziehungen zu Schriften anderer

---

62 Ebda., S. 156.

Autoren, welche Columbus die große Sicherheit geben, um sich an einem Ort zuhause zu fühlen, den er zuvor noch nie gesehen hatte. Da erscheint es doch als ein wenig einfältig, mit dem Hinweis auf derartige Beschreibungen die These vertreten zu wollen, dass Columbus entweder selbst schon einmal dort gewesen sei oder eben sehr detaillierte Informationen erhalten habe, die ihm sofort eine Orientierung in dieser antillanischen Inselwelt erlaubt hätten.

Nein, Christoph Columbus brauchte keine zusätzlichen Informationen: Er hatte die Welt in seinem Kopf. Er führte sie gleichsam mit sich, hatte sie bei sich, war mit ihr intim verbunden. Er brauchte diese Weltgegend nie zuvor durchfahren zu haben: Er konnte sich wie zu Hause fühlen, denn er war in der Tat in seiner eigenen Welt. Alles war neu *und* alt, unbekannt *und* bekannt zugleich. Die vielen Bezugstexte, aber auch die Mythen und Legenden, die sich um Länder und Inseln im Westen gesponnen hatten, waren ihm Gewebe, waren ihm Text genug, in dem er sich nach eigenem Gusto bewegen konnte. Columbus war der Entdecker, der sich in dem, was er selbst und was das Abendland erfunden hatte, bereits von allem Anfange an sicher bewegte. Hätte es diese Welt nie gegeben, die Europäer hätten sie gleichsam selbst bauen müssen, so konkret war sie schon für sie geworden. Das längst *ERfundene* brauchte nur noch *gefunden* zu werden.

Christoph Columbus steckte aber – und dies ist seine andere Seite – nicht nur voller Bilder, Legenden und Vorstellungen, die alle europäischen Völker zum damaligen Zeitpunkt miteinander teilten und miteinander vereinten, sondern war – und auch dies ist durchaus ein europäischer Charakterzug – voller Vorstellungen recht präziser Art bezüglich der finanziellen Rentabilität seines Unterfangens. Columbus war in dieser Hinsicht ein kühler Rechner des 15. Jahrhunderts.

Nun, vor Expertenkommissionen konnte Columbus nie bestehen, da sein Wissen nicht mit den wissenschaftlichen Erkenntnissen seiner Zeit direkt kompatibel war und er auch unterschiedlichste Quellen und Vorstellungen miteinander – wie wir sahen – vermischte. Das war für sein Projekt sicherlich von Vorteil, nicht aber für die argumentative Präsentation und Darstellung desselben. In jenen Jahren entschied sich der portugiesische Königshof trotz mancher Vorschläge etwa von Seiten Toscanellis, den Westweg zu erkunden, klar für die afrikanische Route, also für den Ausbau der Wege und Stützpunkte entlang der afrikanischen Küste. Um 1485 gab Columbus sein Unterfangen in Portugal auf; und es folgten sieben lange Jahre des Versuchs, die spanischen Machthaber, die Katholischen Könige, von seinen Plänen zu überzeugen.

Ferdinand und Isabella aber standen erst am Beginn des Weges zu ihrer historischen Berühmtheit. Sie hatten anderes im Sinn, da sie zunächst einmal die inneren Zwistigkeiten der verschiedenen Teile ihres Reiche sowie den Bürgerkrieg in Kastilien um die Thronnachfolge schlichten, die Streitereien mit Portugal und viele weitere Probleme lösen mussten, um einen möglichst einheitlichen, homogenen Staat zu schaffen, der die Voraussetzung für den nachfolgenden Aufstieg Spaniens von einer marginalen europäischen Macht zur Weltmacht bildete. In ihre Zeit fällt die gezielte Einführung der Inquisition, welche die Katholische Kirche in eine Partnerin der unmittelbaren politischen Macht verwandelte, eine Machtvolle Institution, die dazu bereit war, koste es, was es wolle und mit äußerster Brutalität, gegen andere Glaubensrichtungen vorgehend eine religiöse Einheit zu schaffen. Die Hauptfeinde der Katholischen Kirche waren auf spanischem Boden, bald aber auch in den sich herausbildenden Kolonien das Judentum und der Islam als konkurrierende Versionen eines abrahamitischen, monotheistischen Glaubens.

In die Herrschaftszeit der Katholischen Könige fällt eine enorme Straffung und Modernisierung des Staatswesens in Spanien. Der moderne, eigentlich neuzeitliche Staat begann zu entstehen. Wenn dieser Einheitsstaat für bestimmte Probleme keine Lösungen hatte, setzte er – wir kennen das – wissenschaftliche Kommissionen ein, um sich bei Bedarf dann doch über deren Entscheidungen hinwegzusetzen. Columbus mühte sich redlich, aber vergeblich, diese wissenschaftlichen Kommissionen davon zu überzeugen, dass sein Weg nach Westen erfolgversprechend war. Schließlich schreckten auch seine enormen Forderungen ab, die er als Entdecker von überseeischen Gebieten gegenüber den Katholischen Königen einklagen konnte. Tatsächlich kam es zu den sogenannten „Pletos", die freilich für den genuesischen ‚Ausländer' enttäuschend verliefen, die Columbus-Forschung aber mit einer Vielzahl an historischen Einblicken in das colombinische Vorhaben versorgten.

Wir nähern uns dem bereits erwähnten Jahr der Wunder 1492, in welchem die Reconquista durch die Vertreibung der Mauren aus Granada abgeschlossen und damit eine lange Zeit religiös-kultureller Toleranz[63] beendet wurde, in dem – auch das war kein Wunder – die religiöse Einheit des spanischen Staates beschlossen und zugleich die Juden, die nicht zum rechten Glauben übertreten wollten, aus Spanien vertrieben wurden, und in dem des Weiteren auch die Durchsetzung des Kastilischen durch die berühmte Grammatik des Nebrija vorbereitet wurde. Und schließlich gab es da noch immer diesen Ausländer, der auf keinen Fall seine Herkunft verraten wollte, der aber sehr wohl wusste, wohin er wollte: Colombo alias Colón alias Columbus.

Ich erzähle Ihnen die mit vielen Details ausgeschmückte Geschichte der zahlreichen Ablehnungen, der dramatischen Abreise des enttäuschten, gedemütigten und verletzten Colombo vom spanischen Hof in Santa Fe – noch war Granada

---

63 Vgl. hierzu Walter, Monika: *Der verschwundene Islam? Für eine andere Kulturgeschichte Westeuropas*. Paderborn: Wilhelm Fink Verlag 2016.

nicht gefallen – und sein märchenhaftes Zurückholen an den Hof lieber nicht. Alles in diesen Geschichten ist hagiographisch eingefärbt. Entscheidend für uns ist, dass am 17. April 1492 die *Capitulaciones de Santa Fe* geschlossen wurden, der erste rechtsgültige Vertrag – zwischen Europäern wohlgemerkt – über die Aufteilung der erst noch zu entdeckenden Weltteile. Kein Zweifel: Aus dem mittelalterlichen Spanien war ein neuzeitliches, ein modernes Spanien geworden, das den Takt vorgab für viele andere europäische Staaten und für den sich über Jahrhunderte entwickelnden Kolonialismus europäischer Prägung, dessen verheerende Folgen noch immer allgegenwärtig sind!

Bereits in der Präambel der *Capitulaciones* gibt es eine Reihe von Hinweisen, wie sich Columbus diesen Vertrag vorgestellt und schließlich auch durchgesetzt hatte. Es ist eine wahre Aufteilung der Welt, die den neuen Admiral, als der er sich schon sah, auf einen Schlag zu einem Edelmann und einen der reichsten Männer seiner Zeit machen würde, sollte das Unternehmen gelingen. Und gelingen hieß in jedem Falle, erfolgreich und mit Beweisen in der Hand wie etwa Gold, Perlen oder Edelsteinen nach Europa zurückzukehren. So lesen wir in der Präambel in der damaligen kastilischen Rechtssprache:

> Ihre Hoheiten geben und übergeben dies dem Herren Christoph von Columbus in mancherlei Befriedigung dessen, was er in den Ozeanischen Meeren entdeckt, sowie auf der Reise, welche er mit der Hilfe Gottes für sie jetzt machen soll im Dienste Ihrer Hoheiten.[64]

Am Anfang wie am Ende stehen die Königlichen Herrschaften, im Zentrum aber Columbus und die Ausführung seines Vorhabens selbst. Allerdings: Wir wissen, dass am Ende der Geschicht' die Katholischen Könige das letzte Wort haben werden. Columbus hatte wohl nicht mit derartigen Widerständen durch einen erstarkenden Staat und dessen Vertreter gerechnet. Aufschlussreich und bemerkenswert ist in der obigen Wendung die Formulierung, die schon Las Casas für einen Lapsus hielt, dass hier von den Ländern die Rede ist, die Columbus bereits im Ozean entdeckt habe. Dies gab tatsächlich Anlass zu dem Verdacht, dass Columbus auf einer früheren Reise schon einmal die Inselwelt inspiziert hatte und nun deren Besitz sich erst einmal sichern wollte.

Die internationale Columbus-Forschung geht in ihrer Gesamtheit aber nicht davon aus, dass dem so war, sondern dass sich Columbus argumentativ absicherte gegen jedweden anderen Versuch, Ansprüche auf diese Inseln und Festländer anzumelden. Denn die *Capitulaciones de Santa Fe* sprechen stets von Inseln und von Festländern im Plural, also deutlich von sehr unterschiedlichen Gebieten, aber

---

64 Capitulaciones de Santa Fé. Zitiert nach: *Investigaciones y ensayos* (Buenos Aires) 22–23 (1977), S. 59.

Abb. 12: Hochzeitsporträt der ‚Katholischen Könige' Isabella I. von Kastilien und Ferdinand II. von Aragón, 15. Jahrhundert.

wohl nicht aus Kenntnis der Lage des Kontinents, sondern um diskursiv allen Eventualitäten und Rechtsansprüchen anderer Parteien vorzubeugen. Denn dass Columbus von der Lage wie der Form oder gar der Tatsache, dass es sich um eine den Europäern noch unbekannte Welt handelte, Kenntnis gehabt hätte, verneinen letztlich deutlich seine Routen und Verhaltensweisen auf seinen sich anschließenden drei Reisen in die ‚Neue Welt'. Der geschäftstüchtige Genuese sicherte seine Ansprüche gegenüber der spanischen Krone nur rechtlich ab.

Sollte sein durchaus riskantes Unternehmen gelingen, so machte sich Columbus den im Übrigen vererbbaren Titel und Rang eines Admirals des Ozeanischen Meeres zu eigen, avancierte darüber hinaus zum Vizekönig und zum Gouverneur der neu entdeckten Gebiete, konnte in Übersee die eigentlichen Strukturen einschließlich der Rechtsprechung aufbauen und erreichte – dies allerdings nicht in Form eines Vertrags, sondern einer königlichen „Merced", die dann auch später zurückgezogen wurde, dass auch seine Titel als „Virrey" und „Gobernador" vererbbar werden sollten. Columbus wollte zum Begründer einer wahren Dynastie kolonialer Herrscher werden, die ihren Reichtum aus der Ausbeutung dieser neu entdeckten Länder und Inseln im Westen bezöge.

Doch damit nicht genug: Gleichzeitig sollte ihm ein Zehntel aller Einkünfte gehören, die als Gewinn nach Spanien an die Könige transferiert würden; und es stand ihm auch frei, an allen künftigen Expeditionen ein Achtel der Kosten zu tragen, um dann später auch ein Achtel aller Gewinne einstreichen zu können. Dies waren fürwahr fürstliche Bedingungen für einen hartnäckigen, klugen Seefahrer aus letztlich einfachen Verhältnissen. Die entscheidende Fahrt des Columbus konnte nun beginnen. Und sie begann von Palos aus, jenem Hafen, der durch diese Fahrt unsterblich werden sollte, ebenso wie die Namen der Nao, der *Santa María*, wie der beiden Karavellen, der *Pinta* und der *Niña*.

Den letzten schifffahrtstechnisch bekannten Punkt der atlantischen Welt für die Spanier bildeten die Kanarischen Inseln. Diese Inseln weit vor der afrikanischen Küste werden bei der ersten Fahrt wie bei künftigen Routen – einmal freilich muss Columbus weiter südlich auf die portugiesischen Kapverden ausweichen – den Ausgangspunkt für den großen Sprung in den Westen bilden. Während die Insel Tenerife mit dem Vulkan des Teide noch immer nicht erobert ist – die Schiffe fahren am rauchenden und feuerspeienden Wahrzeichen der Insel vorüber –, bilden die kleineren, westlicher gelegenen Inseln Gomera und Hierro bereits feste nautische Stützpunkte. Hierro war der westlichste Punkt überhaupt, und durch diese Insel lief der Nullmeridian jener Kartennetze, welche die Europäer in der Folge über die neu entdeckten Gebiete und die Welt insgesamt auswarfen. Jede Kolonialmacht besaß dabei zunächst ihren eigenen Nullmeridian.

An diesem westlichsten Punkte, den die Europäer damals besiedelt hatten, war es nicht anders als im Westen des nördlichen Europa, beispielsweise in Irland, wo sich eine Vielzahl von Legenden bildeten über die sogenannten Inseln des Sankt Brendan oder, wie es häufiger auf Spanisch hieß, die Inseln von San Borondón. Columbus zeigt in seiner Eintragung im Bordbuch vom 9. August 1492, dass er mit derlei Geschichten und mancherlei Seemannsgarn wohlvertraut war. An dieser Stelle erkennt man auch, wie wichtig es für ihn war, in Portugal Informationen gesammelt und selbst einige Zeit auf den Azoren oder Madeira verbracht zu haben. Er war mit all dem bestens vertraut, gab aber nicht viel auf derlei Geschichten. Denn er war sich seines eigenen Zieles gewiss:

> Es sagt der Admiral, dass viele Männer, spanische Ehrenmänner, die auf Gomera mit Doña Inés Peraza waren [...], und die Bewohner der Insel Hierro waren, schworen, dass sie jedes Jahr Land im Westen der Kanarischen Inseln sähen, gegen Sonnenuntergang, und andere von La Gomera behaupteten Ähnliches durch das Ablegen eines Schwures. Hier sagt der Admiral, er erinnere sich, dass als er im Jahre 1484 in Portugal war, einer von der Insel Madeira zum König gekommen sei, um eine Karavelle zu fordern, um zu diesem Lande, das er sah, zu segeln, und er schwor, dass er dies jedes Jahr sehe und immer auf dieselbe Weise. Und er sagt auch, er erinnere sich, dass sie auf den Inseln der Azoren dasselbe sagten [...]. Schließlich ging er auf der besagten Insel La Gomera mit seinen drei Karavellen unter Segel, an einem Donnerstag, dem sechsten September.[65]

Christoph Columbus kennt diesen Effekt von Lichtreflexen, die im Westen, gegen Sonnenuntergang, Landstriche vortäuschen, wo aber keinerlei Land gesehen werden kann. Er ist mit diesen Affirmationen sicherlich ehrenhafter Männer wohlvertraut, lässt sich aber nicht beirren, weiß sehr wohl um diese mythischen Inseln, die immer wieder im Meer verschwinden, und weiß auch – oder glaubt

---

65 Colón, Cristóbal: *Diario de a bordo*, S. 75.

doch zu wissen –, dass er eine sehr lange Seereise vor sich haben werde. Derselbe Columbus, der die Fiktionen aus der Antike wie aus dem Mittelalter glaubt und in seine Visionen einer asiatischen Welt im Westen einbezieht, ist zugleich kritischer Pragmatiker und erinnert sich an viele Beispiele, wie die Existenz von Land dort behauptet wurde, wo es nichts zu entdecken gab. Es handelt sich um ein kritisches Denken, das – wie so oft in der Geschichte der Menschheit – kritisch gegenüber fremden Fiktionen ist, die eigenen Vorstellungen und Überzeugungen aber von jeglicher Kritik unangetastet belässt. Auch darin ist Christoph Columbus sehr wohl ‚modern', hielten es doch beispielsweise die europäischen Aufklärer gerade mit Blick auf die Neue Welt nicht anders.[66]

In seinem Marschbefehl an die Kapitäne der beiden anderen Schiffe hatte Christoph Columbus bereits darauf aufmerksam gemacht, dass man erst nach etwa siebenhundert Meilen darauf achten müsse, nicht an den vermuteten Inseln (in Gestalt der angenommenen Vor-Inseln) und nicht an Cipango vorbei zu segeln, da ansonsten der Weg zu weit sein könnte, um das asiatische Festland auf direktem Wege zu erreichen. Ab diesem Zeitpunkt, mithin nach dem Zurücklegen der siebenhundert Meilen, durfte dann nachts nicht mehr gesegelt werden, um nicht in der Dunkelheit versehentlich die Inseln zu verpassen.

Angesichts der Überwindung solcher Distanzen war es für Columbus ein Leichtes, wie in seiner Zeit als Korsar seine Mannschaften hinters Licht zu führen und ihnen gegenüber falsche Zahlenangaben bezüglich der zurückgelegten Wegstrecke zu machen. So erweckte er zumindest beim einfacheren Schiffsvolk, bei den einfachen Matrosen, den Eindruck, man komme viel langsamer als ursprünglich geplant vorwärts gen Westen. Dieses trickreiche Verfahren war sicherlich erfolgreich, konnte ihn aber nicht davor bewahren, dass nach etwa dreißig Tagen Seefahrt westwärts – wie wir bereits sahen – die Geduld der Männer erschöpft und die Ängste gewachsen waren, den *Point of no Return* überschritten zu haben und nicht mehr wieder nach Spanien zurückkehren zu können. Im Übrigen war es höchst fraglich, ob es ihm wirklich gelang, mit seinen offiziellen Zählungen die so erfahrenen Kapitäne der anderen Schiffe ebenso simpel hinters Licht zu führen.

Nach der entscheidenden Änderung des eingeschlagenen Kurses von West nach Südwest schien die Zeit des Columbus abzulaufen. Nur mit Mühe gelang es ihm noch, seine Leute von einer Fortsetzung der Fahrt zu überzeugen. Doch gegen Abend des 11. Oktober sahen die Männer tatsächlich Land, nachdem sie

---

[66] Vgl. hierzu Ette, Ottmar: *Aufklärung zwischen zwei Welten. Potsdamer Vorlesungen zu den Hauptwerken der romanischen Literaturen des 18. Jahrhunderts.* Berlin – Boston: Walter de Gruyter 2021.

bereits Wochen zuvor einmal fälschlich geglaubt hatten, auf solches gestoßen zu sein. Die Schiffe segelten daraufhin vorsichtig in die Dämmerung und Nacht hinein, bis man sich gegen Morgen tatsächlich in der sicheren Nähe von Land fühlen konnte. Diese für die weitere Geschichte Amerikas, aber auch Europas wichtige Passage möchte ich Ihnen gerne vor Augen führen, zeigt sie uns doch, wie prekär die damalige Lage an Bord der Schiffe war und wie strahlend die Auffindung von Land die Autorität jenes Mannes wieder herstellte, der dieses *buchstäblich* erfunden hatte:

> Zwei Stunden nach Mitternacht erschien das Land, von dem sie zwei Meilen entfernt waren. Sie holten alle Segel ein und ließen nur das *Treo*, welches das große Segel ist, locker, und legten sich in die Seile, und lavierten bis zum Morgen des Freitag, als sie an eine kleine Insel der *Lucayos* kamen, welche in der Sprache der Indios Guanahani hieß. Danach sahen sie nackte Menschen, und der Admiral ging im bewaffneten Boot an Land zusammen mit Martín Alonso Pinzón und Vicente Yáñez, seinem Bruder, dem Kapitän der *Niña*. Der Admiral zog die Königliche Flagge heraus, und die Kapitäne mit zwei Flaggen mit dem grünen Kreuz, welche der Admiral auf allen Schiffen als Zeichen hatte, mit einem F und einem Y und darüber jeweils einer Krone auf einer jeden Seite. An Land sahen sie sehr grüne Bäume und viel Wasser und Früchte verschiedener Art. Der Admiral rief die beiden Kapitäne und die anderen, die an Land sprangen, sowie Rodrigo de Escobedo, den Schreiber der gesamten Armada, und Rodrigo Sánchez de Segovia, und er sagte, dass sie durch Glauben und Zeugnis bestätigten, wie er vor allen und in der Tat Besitz ergriff von der besagten Insel für den König und für die Königin, seine Herren, wobei er die rechtlichen Schritte (*protestaciones*) erfüllte, die dazu notwendig waren, wie es ausführlicher in den Bezeugungen steht, welche dort schriftlich angefertigt. Danach strömte dort viel Volk von der Insel zusammen. Das Folgende sind formelle Worte des Admirals in seinem Buch über seine erste Schifffahrt und Entdeckung dieser *Indias*: „Ich, sagte er, *da sie uns viel Freundschaft bezeugten, weil ich erkannte, dass es Leute waren, welche sich besser übergäben und zu Unserem Heiligen Glauben überträten mit Liebe und nicht aus Zwang, gab darum einigen von ihnen bunten Tand und einige Glasperlen, welche sie sich um den Hals hängten, sowie viele andere Dinge von geringem Wert, mit denen sie viel Freude hatten und mit denen sie so sehr zu Unsrigen wurden, dass es ein Wunder war. Hernach kamen sie zu den Booten unserer Schiffe, wo wir uns befanden, und schwammen und brachten uns Papageien und Baumwollfäden in Kugeln, und Wurfspeere und andere viele Dinge, und wir tauschten sie gegen andere Dinge ein, die wir ihnen gaben, wie Kügelchen aus Glas und allerlei Schellen. [...] Sie haben keine Waffen und kennen diese auch nicht, denn ich zeigte ihnen Schwerter und sie fassten sie an der Klinge, und so schnitten sie sich aus Unkenntnis. Sie besitzen kein Eisen [...]. Ich werde von hier, Unserem Herren zu Gefallen, sechs von ihnen zum Zeitpunkt meines Aufbruches für Ihre Hoheiten mitnehmen, damit sie sprechen lernen. Keine Tiere von irgendwelcher Art sah ich, abgesehen von Papageien, auf dieser Insel."*! Alles sind Worte des Admirals.[67]

---

67 Colón, Cristóbal: *Diario de a bordo*, S. 89.

Diese Szene einer ersten offiziellen Inbesitznahme amerikanischen, wenn sie so wollen indianischen Landes vollzieht sich nach allen Regeln europäischer Kunst. Es ist eine völlig einseitige juristische Handlung, zu deren Zeuginnen und Zeugen wir literarisch vermittelt werden. Die Frage, was davon die indigene Bevölkerung verstanden haben mag, spielt in keinster Weise eine Rolle. Denn die Indigenen sind nicht Subjekte der Handlung, sondern bestenfalls Objekte, also Gehandelte, über deren Land bestimmt wird, ohne sie überhaupt nach ihrer Meinung zu fragen. Sie werden noch nicht einmal verstanden haben, dass man ihnen gerade ihr Land, ihren Besitz, ihr Hab und Gut, ihre Religion, ihre Kultur raubte.

Abb. 13: Monumentalisierende Darstellung, Ende des 19. Jahrhunderts: Columbus betritt am 12. Okt. 1492 auf der Bahamas-Insel Guanahani den amerikanischen Kontinent.

Was in dieser Szene vonstattengeht und genau beschrieben wird, ist die juristische Praxis des „Requerimiento", der Inbesitznahme von Land mit oder ohne Zustimmung der betroffenen Bevölkerung, die nach ganz bestimmten und genau festgelegten juristischen Formen abzulaufen hatte. Dabei mussten selbstverständlich ein offizieller Schreiber und ein weiterer unparteiischer Zeuge zugegen sein, welche den gesamten Rechtsvorgang beurkunden konnten. Columbus vergaß selbst in seinem *Bordbuch* nicht, diese obligatorischen Bestandteile des Rechtsakts mit Namensnennung zu erwähnen.

Zuallererst werden in diesem rechtlichen Akt die Fahnen der Katholischen Könige und symbolisch all deren Insignien entfaltet als Zeichen dafür, dass nicht etwa zugunsten eines Privatmannes oder einer Gruppe von Abenteurern, sondern im Namen einer Monarchie und eines neuzeitlichen Staates Ansprüche geltend gemacht werden. Aber hatten wir nicht verstanden, dass Columbus der Besitz dieser Inseln und Länder zustehen würde? Ja und nein: Wir hatten in den Abmachungen zwischen Columbus und den Katholischen Königen ja gesehen, dass diese es sind, denen das Land übermacht wird, die es dann ihrerseits aber an Columbus vergeben: „dar" und „otorgar" waren die Verben gewesen, welche die oben angeführten *Capitulaciones de Santa Fe* für diesen anschließenden Schenkungsakt verwendet hatten. Alle vorgeschriebenen Regularien wurden peinlich genau beachtet.

Die dem zweifellos bunten juristischen Treiben sicherlich verwundert zuschauenden Bewohner des Landes, die eigentlichen Eigentümer dieser Inseln, werden nicht als Rechtssubjekte anerkannt. Sie sind gleichsam Luft, sind eine *res nullius*, die keinerlei Beachtung findet. Dies ist von juristischer Seite her vor dem Hintergrund der europäischen Rechtsauffassungen der Zeit durchaus legitim. Denn die Indianer sind, ebenso wie die Afrikaner in Afrika, für die europäische Rechtsauffassung keine Rechtssubjekte in vollem Sinne: Über sie kann ohne vorherige Konsultation abgestimmt und verfügt werden.

Die rechtlichen Voraussetzungen für derartige Inbesitznahmen waren längst eingespielte Verfahren, wie sie die Portugiesen etwa seit Jahrzehnten an den Küsten Afrikas praktizierten. Die Europäer setzten ihr eigenes Völkerrecht als gesetzliche Grundlage voraus. Freilich waren dabei die Spielregeln einzuhalten: Dabei musste etwa die besitznehmende Fahne entrollt werden, es mussten bestimmte Formeln gesprochen werden, der ganze Vorgang musste bezeugt sein und beurkundet werden, die Erde musste berührt worden sein. Alles wurde peinlich genau protokolliert und von den Anwesenden als rechtmäßig festgestellt und unterschrieben. Dadurch ging ein Rechtstitel über in den Territorialanspruch des betreffenden Monarchen, in diesem Falle der Katholischen Könige Spaniens.

Der rechtliche Mechanismus sah vor, dass es ihrerseits die Katholischen Könige waren, welche erst danach die weiteren Rechte und Rechtstitel an Columbus beziehungsweise dessen Rechtsnachfolger vergaben. Was wir in dieser Passage vor uns haben, ist nichts anderes als die erste Umsetzung der Bestimmungen und Vereinbarungen zwischen den beiden europäischen Vertragspartnern, den Katholischen Königen und Columbus, so wie all dies in den *Capitulaciones de Santa Fe* festgelegt worden war. Der zweite Schritt, nämlich die Verleihung der territorialen, administrativen und juristischen Rechte einschließlich des Rechts der Vererbung, erfolgte dann durch die Legitimation von Seiten der Katholischen Könige. Dazu aber musste die Rückkehr des Columbus nach Spanien an den Hof der Könige erfolgen: Erst ab diesem Augenblick durfte er wieder in die Neue Welt aufbrechen, die nun in gewisser Weise zu seiner eigenen Welt geworden war.

All dies war ein juristisch präzise reglementierter Vorgang, der unter Zeugen abzulaufen hatte, um rechtssicher zu sein. Doch eignet diesem Vorgang ohne jeden Zweifel eine hohe Dosis an Fiktionalität, wobei diese europäische Rechtsfiktion die Anwesenheit Dritter – also der zu kolonisierenden Völker – als Rechtssubjekte nicht vorsah. Es wurde über sie verhandelt, aber keinesfalls mit ihnen. Man könnte daher mit Fug und Recht behaupten, dass in diesem Falle zunächst die Länder *gefunden* und aufgefunden wurden, um sie danach in einem juristisch abgesicherten, aber gänzlich *erfundenem* Verfahren auf neue Weise wieder in die außersprachliche Wirklichkeit zurückführen zu können. Die Rechtstitel waren nichts anderes als erfundene Konstruktionen: Fiktionen folglich überall.

Lassen Sie es mich wie folgt ausdrücken: Für die anwesenden Bevölkerungsgruppen der „Lucayos" musste dieses Schauspiel vielleicht so gewirkt haben, wie der indianische Ritus eines Schamanen, der beispielsweise auf der Terrasse von Sanssouci unter allerlei Vorschriften vollzogen wird, auf anwesende Europäer wirken würde: recht hübsch und bunt, aber letztlich nicht nachvollziehbar. Wir haben es bei dieser europäisch-überseeischen Begegnung (im Sinne Urs Bitterlis) mit einer Kulturberührung zu tun, noch keinem Kulturkontakt. Diese Kulturberührung lässt sozusagen das einander Fremde direkt aufeinanderprallen, ohne dass es doch zur Konfrontation, zum direkten Konflikt, zum militärischen Kampf käme.

Doch die europäische Fiktion hat Folgen: Friedlich ist indianisches Land in den Besitz Spaniens übergegangen und wird künftig wiederum von den Herrschern Spaniens zur Beherrschung an Columbus übergeben. In diesem friedlichen Übergang schlummert schon der kommende Konflikt, die künftige Auseinandersetzung: Nicht von ungefähr stellt Columbus befriedigt fest, die indigenen Bevölkerungen wüssten gar nicht, was Waffen seien, und würden sich an den Schwertern der Spanier sogar verletzen. Den Spaniern drohe folglich keinerlei Gefahr. Dieses fiktionale (Rechts-)Modell sorgt im Grunde für einen geradezu direkten Übergang der Reconquista in die Conquista. Wäre die Entdeckung einer ‚Neuen Welt' nicht unmittelbar nach der Eroberung des letzten Maurenreiches von Granada erfolgt, dann wäre die Reconquista gewiss ebenfalls in eine Conquista übergegangen, nur dass in diesem Falle sicherlich Nordafrika zur bevorzugten Beute des spanischen beziehungsweise kastilischen Expansionismus geworden wäre. So aber begann der amerikanische Traum, die „ilusión indiana", mit dem allerersten *Requerimiento* konkrete Gestalt anzunehmen.

Sehr bemerkenswert ist, dass auf den konkreten Akt der Besitznahme in Columbus' *Bordbuch* ein geradezu literarisches Versatzstück folgt. Die Beschreibung der nun in Besitz genommenen Landschaft folgt den Regeln nicht mehr des europäischen Rechts, sondern der europäischen Literatur. Es schließt sich sogleich die literarische Beschreibung eines *locus amoenus* an, eines Lustortes, in dem es weder an grünen, ja sehr grünen Bäumen noch an Wiesen noch an

Flüsschen oder Bächlein und vielen Ingredienzien mehr fehlen darf. Denn genau diese Elemente europäischer Tradition werden im *Diario de a bordo* in der Transkription von Fray Bartolomé de las Casas nachgeliefert. Dieser Ort hätte im Grunde überall sein können: Er ist bevölkert von europäischen Versatzstücken und wird einbezogen in eine abendländisch-europäische Welt, welche sich die Antillen einverleibt hat. Columbus' *Bordtagebuch* wird damit ohne Frage zum ersten literarischen Zeugnis einer in Amerika verfassten Literatur nach europäischem Vorbild und mit amerikanischen Akzenten.

Über alledem vergisst Columbus aber keinesfalls, neben den ästhetischen und naturräumlichen Reichtümern nach Handfesterem Ausschau zu halten. Dabei steht an der obersten Stelle seiner Wunschliste erwartungsgemäß das Gold. Denn es ist die Suche nach Gold und zugleich die Möglichkeit, mit dessen Hilfe die Finanzierung weiterer (kriegerischer) Unternehmungen durchzuführen, welche den Genuesen in spanischen Diensten beseelt:

> *Und ich war aufmerksam und arbeitete daran herauszubekommen, ob es Gold gebe. Und ich sah, dass einige von ihnen ein Stückchen davon besaßen, das sie durch ein Loch an die Nase hängten. Und durch Zeichen vermochte ich zu verstehen, dass gegen Süden oder die Insel umschiffend im Süden es einen König gebe, der große Gefäße voll davon besitze und davon sehr sehr viel habe.*[68]

Derartige Passagen auf der Suche nach Gold und allen Zeichen und Indizien, die für das Vorhandensein von Gold sprechen könnten, durchziehen bereits das *Bordbuch* der ersten Reise des Columbus und werden in späteren Bordbüchern zur Obsession. Damit beginnt die Jagd der Spanier und Europäer nach Gold, nach dem „Vergoldeten König", nach dem „Rey Dorado" – und zugleich die Reaktion der indigenen Bevölkerung, die Spanier immer auf ein Anderswo zu verweisen, wo es Gold in Hülle und Fülle gebe und wo man es sich leicht verschaffen könne. Denn sie erkannten bald, dass dies ein probates Mittel war, sich zumindest kurzfristig die Spanier vom Halse zu schaffen. So entstanden rasch weitere Fiktionen von Ländern und Königen, die über reiche Vorkommen an Gold verfügten – immer weiter in diese, immer weiter in jene Richtung, nach Süden, nach Westen, nein nach Norden, nach Osten! Dazu gab es bald nicht allein reichliche Literatur, sondern auch zahlreiche Karten, die Jahrhunderte hindurch die von Indigenen zuerst erfundenen Reiche des Goldes im Inneren des südamerikanischen Subkontinents verzeichneten. Alexander von Humboldt hat in seinem Reisebericht, in seiner *Relation historique*, später die Bewegungen, die Verschiebungen dieser Regionen auf den Karten durch die Jahrhunderte hindurch nachgezeichnet.

---

[68] Colón, Cristóbal: *Diario de a bordo*, S. 92.

Doch wir wollen nicht diese kartographischen Bewegungen erfassen, sondern uns noch tiefer mit dem Bordbuch des künftigen Admirals beschäftigen! Nach den oben angeführten Passagen lässt Las Casas den Protagonisten, die Hauptfigur der ganzen Ereignisse, erneut selbst zu Wort kommen. Wenn man schematisch die Transkription von Las Casas in drei diskursive Bestandteile – Transkription in indirekter Rede, Kommentar sowie das direkte, unmittelbare Zitat – unterscheidet, so wird deutlich, dass der Dominikaner immer wieder an wichtigen, herausgehobenen Stellen Columbus selbst zu Wort kommen lässt.

Hier nun kommt es zu einem ersten Austausch, einem „trueque", nun nicht zwischen Europäern, sondern zwischen diesen und jenen Bewohnern, die bislang allein Gehandelte waren, jetzt aber – wie wir weiter oben bereits sahen – als Subjekte in Aktion treten. Sie werden dies auch stets auf prekäre Weise bleiben, zugleich aber in die Rolle von Tauschenden gedrängt, also von gleichsam einen Vertrag des wechselseitigen Austauschs Ausübenden, die sich vom Gutdünken der Europäer abhängig machen. Dies alles steht für den künftigen Admiral der ozeanischen Meere im Zeichen des Wunderbaren: In allem vermeint er, die führende Hand des christlichen Gottes zu spüren.

Der Dominikaner Fray Bartolomé de las Casas hebt just diesen Aspekt hervor, indem er darauf hinweist, wie Columbus offensichtlich diese *Indios* als Kinder Gottes und künftige Christen sieht, die im Übrigen leicht zum rechten Glauben zu bekehren seien. Der Genuese hat diese Menschen noch kaum gesehen, und doch weiß er schon, dass man zu ihrer Bekehrung zum Heiligen Glauben, welche als solche außer Frage steht, keine Gewalt werde anwenden müssen. Die Indianer scheinen geradezu auf ihren Erlöser gewartet zu haben, auf Columbus, die Taube, auf den *Christo ferens*, den Gottes-Träger: Und nun erfüllt sich der höchste Wille des Christengottes! Damit rückt Columbus in eine heilsgeschichtliche Legitimation ein.

Es tritt ein ganz spezifisches Deutungsmuster und Selbstdeutungsmuster des Christoph Columbus hervor: Er ist sich seiner Sache sicher, denn er weiß um seinen Namen, in welchem schon alles Heil angelegt ist. Letztlich wird dieser Name noch einen weiteren Aspekt beinhalten: Denn der Genuese ist nicht allein *Colombo*, die Taube Gottes, die über den Wassern schwebt und die Botschaften des christlichen Heiles überbringt, sondern auch *Colón*, jener also, der die Erde, die nun für das Christentum hinzugewonnen wurde, kolonisieren wird. Es rührt seltsam an, wie an diesem Übergang zwischen Mittelalter und Neuzeit die Welt noch einmal geradezu durchsichtig, in ihren innersten Bedeutungen transparent zu werden und den verborgenen Sinn der Geschichte preiszugeben scheint.

Jenseits allen missionarischen Sendungsbewusstseins konzentriert sich das Tauschgeschäft ohne jegliche Vermittlung von Geld auf den Austausch von Naturgütern, Waren und vor allem Naturprodukten. Für diesen Austausch verwendet Columbus völlig korrekt den Fachbegriff „trocar". Dabei werden freilich noch nicht jene Güter und natürlichen Ressourcen sichtbar, an denen die Europäer zuallererst interessiert sind. Doch letztere sind gut vorbereitet und führen jene Glasperlen und jenen billigen Tand mit sich, den etwa die Portugiesen bereits erfolgreich in ihren afrikanischen Faktoreien und deren Hinterland für den erfolgreichen Tauschhandel einsetzten. Die billigen europäischen Produkte, gleichsam europäische Massenware zum Konsum für ‚unzivilisierte' Völkerschaften, werden auf eine durchaus schon kolonialistische Weise eingetauscht gegen Papageien oder Baumwolle, die Columbus ebenfalls bereits bekannt waren: Columbus ist durch seine Zeit in Portugal auch auf diesem Gebiet versiert.

So kommt es zwar noch nicht zu einem wirklich kolonialspezifischen Tausch von Waren, wohl aber zu einem eher symbolischen Handelsbündnis auf Grundlage nicht-monetären Warentauschs. Wider sind dabei Vögel im Spiel – eine Tatsache, die Papageienliebhabern sicherlich auffallen mag![69] Wir haben es mit einer ungeheuer spannenden Dimension der Erfindung und Findung der Amerikas zu tun, dem symbolischen Beginn des Kolonialsystems und ebenso des realen wie asymmetrischen Kolonialhandels. Wichtig ist dabei, dass Columbus im unmittelbaren Anschluss betont, dass es hierbei nichts zu fürchten gebe, verfügten die Indianer doch nicht über Waffen, welche die Europäer ernsthaft gefährden könnten. Im Gegenteil: Sie sind mit deren Waffen nicht vertraut und scheinen – ein Irrtum des Columbus – nicht über ein eigenes ernstzunehmendes Arsenal zu verfügen. Diese Einschätzung des Genuesen sollte sich bitter rächen, wurde doch die erste Niederlassung von Europäern in der ‚Neuen Welt', die kleine Befestigung Navidad, nach der Abfahrt des Columbus vollständig ausgelöscht.

Die im *Bordbuch* des Columbus festgehaltenen Szenen dokumentieren das Machtgefühl der Spanier angesichts einer ihnen scheinbar wehrlos ausgelieferten indigenen Bevölkerung. Doch dieses kippt sofort in ein Macht*kalkül*, wird zur Berechnung dessen, was aus diesen Menschen, aus diesen Kolonien herauszuholen sein wird. Von Anfang an klar ist auch, dass einige Exemplare der indigenen Spezies mitgenommen werden sollen, damit sie sprechen lernten – so als ob die indigenen Sprachen keinerlei Mittel zur Verständigung zwischen Menschen wären. Derlei Anmerkungen machen darauf aufmerksam, dass die jeweiligen Kulturen der indigenen Bevölkerungen in keiner Weise als solche, sondern nur als Ausdrucksmittel einer hoffnungslos unterlegenen Barbarei verstanden werden. Ich werde sogleich auf diese Asymmetrie zurückkommen.

---

69 Vgl. hierzu Ette, Ottmar: Papageien, Schriftsteller und die Suche nach der Identität. Auf den Spuren eines Vogels von Alexander von Humboldt bis in die Gegenwart. In: *Curiosités caraïbes*. Berlin 1988, S. 35–40.

Eine wirkliche Sprache besitzen folglich allein die Europäer. Dabei geht es nicht um das Nicht-Verstehen, denn niemals hätte etwa ein Spanier gegenüber einem Portugiesen oder Engländer den Besitz einer anderen Sprache bestritten. Diese generelle Missachtung indigener Kulturelemente betrifft auch indigene Aufschreibe-Systeme, auf welche die Spanier später stoßen werden: Diese Zeugnisse werden ebenso wenig als Schrift anerkannt. Wir stoßen hierbei auf Vorstellungen, wie sie bereits die Griechen gegenüber anderen, ihnen unbekannten Völkern entwickelt hatten. Es sind Ansichten und Reaktionsweisen, die in der Geschichte dessen tief verwurzelt sind, was wir als ‚Abendland', als ‚Westen' oder ‚Okzident' bezeichnen und verstehen.

Schon die Griechen sprachen davon, dass die Sprachen anderer, aus ihrer Sicht inferiorer Völker nichts als unverständliches Zeug, nichts als ‚baba' waren. Daraus leitet sich etymologisch der Begriff des ‚Barbaren' ab. Unverständliche Sprachen werden nicht eigentlich als solche anerkannt, sind kein Zeugnis einer Zivilisation: ‚Wirkliche' Sprachen sind nur europäisch-abendländische Sprachen! Im Verlauf des 18. und 19. Jahrhunderts werden sich im Abendland (pseudo-)wissenschaftliche Methoden entwickeln, welche – auch und gerade im Bereich der Philologie – die Sprachen nicht-europäischer Völker und deren Verschriftung abqualifizieren. Die Zusammenhänge zwischen Rassedenken, Philologie und Rassismus wurden vor Jahren in einer Potsdamer Forschergruppe genauestens untersucht.[70] Die Aufschriften des Columbus führen vor, wie selbstverständlich die Grundhaltungen eines solchen Denkens im Abendland verwurzelt sind.

Sprache ist zweifellos ein wesentlicher Aspekt bei der Erfindung und Findung der Amerikas. Dabei geht es mir im Rahmen unserer Vorlesung nicht um spezifisch sprachwissenschaftliche Überlegungen. Das Kriterium der Sprache stellt von Beginn der ‚Entdeckungs-' und gleichzeitigen ‚Verdeckungs-Geschichte' an einen wichtigen, ja zentralen Aspekt dar, so wie später das Kriterium der Schrift – und zwar allein der abendländischen Alphabetschrift – zum Kriterium der Unterscheidung zwischen ‚Zivilisation' und ‚Barbarei' werden wird, zwischen den ‚Wilden' und den ‚Zivilisierten'.[71] All diese Vorstellungen (und Vorurteile) sind tief einge-

---

[70] Vgl. hierzu die Ergebnisse des von Markus Messling geleiteten Potsdamer Forschungsprojekts mit der Habilitationsschrift von Messling, Markus: *Gebeugter Geist. Rassismus und Erkenntnis in der modernen europäischen Philologie*. Göttingen: Wallstein Verlag 2016; sowie der Dissertation von Lenz, Markus Alexander: *Genie und Blut. Rassedenken in der italienischen Philologie des neunzehnten Jahrhunderts*. Paderborn: Wilhelm Fink Verlag 2014. Siehe auch Messling, Markus / Ette, Ottmar (Hg.): *Wort Macht Stamm. Rassismus und Determinismus in der Philologie (18. / 19. Jh.)*. Unter Mitarbeit von Philipp Krämer und Markus A. Lenz. München: Wilhelm Fink Verlag 2013.

[71] Vgl. hierzu den 1982 erschienenen klassischen Band von Bitterli, Urs: *Die ‚Wilden' und die ‚Zivilisierten'. Die europäisch-überseeische Begegnung*, op. cit.

senkt in das Bewusstsein und Selbstbewusstsein des Abendlands und lassen sich daraus auch nur mühsam tilgen.

Noch sind wir nicht an einem Punkt, an dem diese abendländischen Vorstellungen systematisch und koordiniert zusammengeführt werden; doch haben wir bereits im Zusammenhang mit der ersten europäisch-amerikanischen Kulturberührung gesehen, dass alle juristisch relevanten Akte aufgeschrieben, protokolliert und beglaubigt sowie tradiert werden müssen, so dass hieran die ganze Bedeutung einer alphabetschriftlich fundierten Kulturauffassung deutlich wird. Aus einem derartigen schriftkulturellen System fallen die indigenen Gruppen heraus, auf die Columbus in der Karibik stieß, später aber selbst die indigenen Hochkulturen, welche sehr wohl über komplexe Schriftsysteme verfügten und ihre eigene Geschichte, die Abfolge ihrer Reiche und Dynastien sowie viele andere Formen kulturellen Gedächtnisses zu fixieren und tradieren verstanden. Doch verfügten sie aus Sicht der Europäer nicht über die Alphabetschrift, welche im Übrigen sicherlich die Mehrheit der spanischen Matrosen an Bord der drei Karavellen ebenfalls nicht beherrschte. Doch lassen wir es mit dieser kleinen Randbemerkung gut sein!

In der oben angeführten Passage sind ein weiteres Zeichen von Kultur die Tiere. Gemeint sind hier bei Columbus hauptsächlich Haustiere, die in Europa bei der Versorgung und beim Verkehr eine so zentrale Rolle spielten. Es geht implizit um Zeichen von Ackerbau und Viehzucht, mithin um eine Kulturstufe, der man die indigene Bevölkerung aus europäischem Blickwinkel zuweisen konnte. Handelt es sich um Nomaden oder um sesshafte Völker? Handelt es sich um Ackerbauern oder um Viehzüchter? Welches sind ihre Anbauprodukte? Wird Baumwolle zur Herstellung von Kleidung benutzt? Gibt es Haustiere, die sie sich gefügig gemacht und domestiziert haben?

All dies – und vieles mehr sind wichtige Fragen, die Christoph Columbus mit einem scharfen Blick sofort abfragt und in seiner eigenen Schrift festhält. Der Genuese war erfahren in diesen Dingen, hatte nicht nur im Mittelmeer, sondern in Portugal und damit im atlantischen Bereich Afrikas sicherlich viel gesehen und gelernt. Eines ist bei all diesen Fragen sicher: Die Papageien zählten für ihn nicht, waren sie doch keine Haustiere in jenem wirtschaftlich wie zivilisatorisch relevanten Sinne, auf den es dem Genuesen vorrangig ankam. Und es war ohne jeden Zweifel ein interessierter Blick, der in diesen und ähnlichen Passagen des *Diario de a bordo* auf die Indianer geworfen wurde.

Mit guten Gründen kann man behaupten, dass die Lektüre des *Bordbuchs* von Columbus vor 1982 eine Sache war und eine andere nach jener so wichtigen kritischen Lektüre durch den bulgarischen Strukturalisten Tzvetan Todorov, der zu jenem Zeitpunkt bereits einer der großen Vertreter französischen Denkens weltweit geworden war. Auch die Columbus-Forschung selbst hat sich seit dem Erscheinen von *La conquête de l'Amérique* gründlich gewandelt. Todorov – keineswegs ein Lateinamerika-Spezialist (was man ab und an bemerkt) – interessierte sich für die Geschichte der Eroberung als Geschichte der Auseinandersetzung mit kultureller Alterität. Dies war die fruchtbare Perspektive, welche der europäische Zeichentheoretiker auf die frühen Texte der Eroberung Amerikas warf, auch wenn er dabei – sicherlich dem zeitgeschichtlichen französischen Kontext wie dem eigenen Werdegang huldigend – die Problematik der Alterität überbetonte.[72]

Todorov nahm sich insbesondere die Texte und damit die weltanschaulichen Vorstellungen des Columbus vor, um daraus allgemeinere Einsichten ableiten zu können über den Umgang der Europäer mit Nicht-Europäern und über die dominanten Diskursstrategien, welche in der Begegnung und Auseinandersetzung von Vertretern des Okzidents mit nicht-okzidentalen Völkern wirksam werden. Ich möchte Ihnen an dieser Stelle gerne einen Auszug aus diesem Buch vorstellen, welcher für unsere Vorlesung über das Erfundene und Gefundene (in) der Neuen Welt insgesamt von Interesse und Bedeutung ist. Es geht um Columbus und dessen Verhältnis zu dem von ihm so genannten ‚Indios':

> Entweder sieht er die Indianer (ohne sich jedoch dieser Begriffe zu bedienen) als vollwertige Menschen, die dieselben Rechte besitzen wie er, betrachtet sie dann jedoch nicht nur als gleich, sondern auch als identisch, nimmt also eine Haltung ein, die zum Assimilationismus, zur Projektion eigener Werte auf die anderen führt. Oder aber er geht vom Unterschied aus, setzt diesen jedoch sofort in die Begriffe der Superiorität und der Inferiorität um (in seinem Fall sind natürlich die Indianer die Unterlegenen): Man leugnet die Existenz einer wirklich anderen menschlichen Substanz, die eben nicht lediglich ein unvollkommenes Stadium der eigenen wäre. Diese elementaren Ausdrucksformen der Erfahrung mit dem Anderssein beruhen beide auf dem Egozentrismus, auf der Gleichsetzung der eigenen Werte mit den Werten allgemein, des eigenen *Ichs* mit dem Universum; auf der Überzeugung, dass die Welt eins sei. [...] Dieser Wunsch, die Indianer zur Übernahme der spanischen Sitten zu bringen, wird nie gerechtfertigt; er versteht sich von selbst.[73]

Es geht also um die Art und Weise der Beziehung zwischen Columbus, dem Europäer, und den ‚Indios', also den Bewohnern der Inseln in Übersee. Dabei filtert Todorov heraus, was *strukturell* diese Beziehung prägt. Und die Verhaltensstrukturen, welche er im angeführten Zitat entwickelt, sind Grundformen einer Kippfigur, die in der Tat die Beziehungen der Alterität oftmals – Todorov meint im Grunde immer – kennzeichnen. Lassen Sie es mich wie folgt zusammenfassen: Entweder wir akzeptieren den anderen als gleichwertig, setzen ihn aber dann als mit uns identisch, löschen also seine Andersheit aus, indem wir ihn als Unseren,

---

72 Dass Todorov später selbst ein wenig die Bedeutung des Konzepts der Alterität zumindest einschränkte und zugleich die Bedeutung der Fiktion hervorhob, zeigt er in Todorov, Tzvetan: Ficciones y verdades. In: *Revista de Occidente* (Madrid) 342 (noviembre 2009), S. 220–228.
73 Todorov, Tzvetan: *Die Eroberung Amerikas*, S. 56f.

als einen von uns, betrachten. Oder aber wir verstehen ihn als anders, setzen ihn aber dann nicht auf dieselbe Ebene mit uns; dies bedeutet in aller Regel, dass wir uns ihm überlegen fühlen dürfen und die Inferiorität dieses Anderen betonen. Im Zentrum dieser Auseinandersetzung steht also die Problematik des Anderen, der Alterität, des Umgangs der Europäer mit dem Fremden, dem Anderen, dem Wilden, das ihm gegenübertritt. Die bange Frage, die dahinter steht: Haben wir wirklich etwas aus der Geschichte gelernt? Oder verfallen wir noch immer in dieselben Muster, wenn uns der Fremde, der Andere entgegentritt? Haben wir etwas gelernt aus Jahrhunderten der Konfrontation, aus dem unendlichen Blutvergießen, oder glauben wir uns noch immer grundsätzlich überlegen und daher auch notwendig mit größerer Macht ausgestattet? Und sollen wir diese Macht – und sei es nur etwa durch die Vergabe von Impfstoff in Coronazeiten – dann auch gegen die Anderen ausspielen?

Selbstverständlich ist *La question de l'autre* eine Fragestellung, die nicht nur für die Begegnung der Europäer mit nicht-europäischen Menschen gilt, sondern auch auf andere Formen von Selbst- und Fremderfahrung übertragen oder doch zumindest kritisch angepasst werden kann. Sie betrifft sicherlich eine Grundstruktur menschlichen Verhaltens in der Beziehung zwischen zwei oder mehr unterschiedlichen Kulturen. Die *Question de l'autre* gilt gerade auch in Bezug auf die Geschlechterbeziehungen, also mit Blick auf die Frage, wie sich die Geschlechter wechselseitig wahrnehmen und inwieweit sich die Anerkennung von Alterität entwickeln kann, ohne doch – und ich meine: auf beiden Seiten – in ein Gefühl von wie auch immer gearteter, aber zumeist als moralisch artikulierter Überlegenheit umzuschlagen. Sie merken: Hier geht es nicht mehr nur um Beziehungen im ausgehenden 15. Jahrhundert! Es geht um den Aufbau menschlicher Beziehungen überhaupt – und implizit auch um die Frage, ob die westliche Menschheit in den zurückliegenden gut fünfhundert Jahren etwas Substanzielles dazugelernt, also Fortschritte im Bereich der Ethik gemacht hat.

Alle diese Fragen haben also miteinander und vor allem auch mit uns heute zu tun. Wie gehen wir mit dem Anderen, wie gehen wir mit der Anderen um? Und ist dieser Appell an die Alterität wirklich die einzige Option, die wir haben? Der Romanist Karl Hölz hat einmal versucht, die geschlechterspezifische Dimension – im Übrigen keineswegs als erster – auf die Frage der Kolonialisierung anzuwenden und fruchtbar zu machen.[74] Im Fortgang derartiger Forschungen halte ich es für ungemein spannend, diesen Gedanken weiterzuspinnen ebenso in Bezug auf den menschlichen Körper und die Unterwerfung menschlicher Körper in der Kolonial-

---

74 Vgl. Hölz, Karl: *Das Fremde, das Eigene, das Andere. Die Inszenierung kultureller und geschlechtlicher Identität in Lateinamerika*. Berlin: Erich Schmidt Verlag 1998.

geschichte insgesamt wie auch hinsichtlich der Problematik eines männlichen Blicks auf das von ihm unterworfene Weibliche, wie es sich in vielen Texten der Eroberer und Chronisten der Eroberung Amerikas darstellt und auch von Karl Hölz nachgewiesen wurde. Kurz zusammengefasst ließe sich dies wie folgt formulieren: Die Kolonie ist im männlichen Blick des Eroberers jenes weibliche Objekt, dem eine männliche Superiorität aufgezwungen werden soll.

Ich möchte Ihnen den Grundgedanken von Tzvetan Todorovs Analyse gerne an einem Beispiel verdeutlichen, das Sie leicht nachvollziehen können. Und ich möchte, dass Sie dabei auch etwas zum Lachen haben! Es handelt sich um Columbus' *Diario de a bordo* einer seiner späteren Reisen und darin um eine interkulturelle Begegnung, die eigentlich keine war. Oder mehr noch, die eine Wahrnehmung von Alterität beinhaltete, die nicht zum Tragen kommen konnte, weil sie sich auf Grund eines fundamentalen Missverständnisses erst gar nicht entwickelte. Auf seiner dritten Reise kam Christoph Columbus zur Küste der von ihm so benannten Insel Trinidad, und er wurde dort einiger Bewohner derselben gewahr. Einmal mehr stellte sich das Problem der Sprache; und Columbus glaubte in diesem Falle, einen möglichen Ausweg aus der Sackgasse gefunden zu haben: die scheinbar einem jeden verständliche Sprache der Musik. Aber sehen wir uns diese Darstellung aus der dritten, zwischen 1498 und 1500 stattgefundenen Reise des Admirals des Ozeanischen Meeres einmal näher an:

> Am folgenden Tage kam aus Osten ein großes Kanu mit vierundzwanzig Männern, allesamt junge Männer und bestückt mit Waffen, Pfeil und Bogen und Holzschilden, und sie alle waren, wie ich sagte, junge Männer von schöner Gestalt und nicht schwarz, sondern weißer als andere [...]. Bei der Ankunft dieses Kanus sprach es aus weiter Entfernung, und weder ich noch irgendein anderer verstanden sie, so dass ich befahl, Zeichen zu machen, dass sie näherkämen; und dabei gingen mehr als zwei Stunden vorbei, und kamen sie einmal etwas näher, so machten sie später wieder Umwege; ich ließ ihnen Armreifen und andere Dinge, die leuchten, zeigen, um sie geneigt zu machen, damit sie kämen, und am Ende einer langen Weile kamen sie näher als jemals zuvor; und ich wünschte sehr, einen Übersetzer zu haben, und ich hatte auch nichts mehr, was ich ihnen hätte zeigen können, damit sie herankämen, so dass ich eine Trommel auf das Achterdeck bringen ließ, damit sie erklänge und einige junge Männer tanzten, damit sie beim Anblick des Festes näherkämen. Doch nachdem sie Musik und Tanz vernahmen, ließen sie ihre Ruder fahren und legten Hand an ihre Bogen und spannten sie, und ein jeder ergriff sein Holzschild und alle begannen, Pfeile auf uns abzuschießen. Darauf hörte das Musizieren und Tanzen auf, und ich befahl darauf, einige Armbrüste zu holen; und sie ließen mich und fuhren schnellstmöglich zu einer anderen Karavelle, und gingen plötzlich unter achtern durch [...]; und nie mehr hab' ich sie gesehen, und auch keine anderen von dieser Insel.[75]

---

[75] Colón, Cristóbal: *Los cuatro viajes. Testamento.* Edición de Consuelo Varela. Madrid: Alianza Editorial 1986, S. 231f.

In dieser tragi-komischen Passage lassen sich eine ganze Reihe überaus aufschlussreicher Aspekte beleuchten. Da ist zum einen die hier noch gekürzte, sehr positive Beschreibung der Körper dieser jugendlichen Indianer aus Trinidad, die selbst noch nicht wissen konnten, dass sie unter der Bezeichnung ‚Indianer' aus ‚Trinidad' in die (Literatur-)Geschichte eingehen würden. Ihre körperliche Erscheinung wird ebenso aus Gründen der späteren Nutzbarkeit als auch aus ästhetisch-rassistischen Gründen sehr positiv bewertet: Sie haben geradezu weiße, hellhäutige Körper, sind vor allem aber nicht schwarz und damit von den Afrikanern in den Augen des Columbus abgetrennt.

Bemerkenswert unterhaltsam ist auch die Beschreibung der stundenlangen Annäherung, die geradezu als wechselseitiges Sich-Belauern verstanden werden kann. Columbus versucht alles, um den Argwohn der ‚Indios' zu zerstreuen und um mit ihnen in einen Dialog kommen zu können. Dabei sind zunächst die Europäer in der aktiven Rolle, wollen sie doch die Indianer zu sich heranlocken und bieten dazu allerlei leuchtende, glitzernde Gegenstände auf. Die jungen Indigenen sind interessiert, bleiben aber auf Distanz und wachsam. Eine erste sprachliche Kommunikation scheitert: Man versteht sich nicht. Dolmetscher, die zwischen beiden Gruppen vermitteln könnten, gibt es nicht. Daher beschließt Columbus, seine Suche nach nonverbalen Zeichen fortzusetzen, um irgendwie in Kontakt mit den Eingeborenen zu kommen.

In der Folge verfällt Columbus auf die Idee, dass ja Musik gleichsam als internationale Sprache verstanden werden kann. So erscheint Musik als erste Form der Kommunikation zwischen Europäern und eingeborenen auf der Insel Trinidad; eine Tatsache, die ein Musikologe aus Trinidad in einem Vortrag sehr bewusst und zugleich ironisch herausstrich. In der Tat sollten künftig – und nicht nur aus dem Blickwinkel eines Musikologen – musikalische Verbindungen eine wichtige Rolle in Bezug auf Trinidad im Besonderen und die Karibik im Allgemeinen spielen. Columbus konnte das damals noch nicht ahnen, doch er lässt Tamburin schlagen und dazu einige Matrosen tanzen. Das muss hübsch artig ausgesehen haben, wie da auf dem Achterdeck dieses großen Holzschiffes plötzlich wohl nicht allzu gelenkige Seeleute einen Tanz zu rhythmischen Schlägen aufführten. Ich überlasse dies Ihrer Phantasie...

Wir werden nie genau erfahren, was die jungen Eingeborenen davon hielten, sehen aber ihre im *Bordbuch* zur dritten Reise verzeichnete Reaktion: Sie greifen zu Pfeil und Bogen und setzen auf diese Weise die Kommunikation von Missverständnissen fort. Auch an dieser Stelle greift Columbus wiederum zu einem nicht weniger nonverbalen Kommunikationsmedium, nämlich dem zeigen überlegener Waffentechnik, in diesem Sinne der Armbrust. Es steht zu vermuten, dass es nicht beim bloßen Zeigen blieb. Denn die aufgeschreckten Jünglinge ergreifen rasch die Flucht: Niemand von der Insel lässt sich mehr blicken.

Klar ist nur, dass nach dieser Begegnung ebenso der Zeichenvorrat wie auch das Kommunikationsbedürfnis im Wesentlichen erschöpft sind. Hier zeigt sich im Grunde die Hilflosigkeit hinsichtlich der Herstellung von Kommunikation und zugleich die Fähigkeit der Spanier beziehungsweise Europäer, auf Grund überlegener Technik – etwa in Bezug auf Schiffe, auf Tauschformen, aber insbesondere in Bezug auf die Waffen – stets die Situation zu beherrschen. Das Ergebnis derartiger Kulturberührungen oder erster ‚Begegnungen' ist aber, wie wir an dieser Stelle des *Bordbuchs* unschwer erkennen können, die Konfrontation, der kriegerische Konflikt, der zumeist zuungunsten der Eingeborenen ausgeht. Denn selbst dort, wo die Indigenen selbst die Feindseligkeiten eröffnen, sind die Europäer vorbereitet und reagieren mit überlegener Waffentechnik.

Hatten die indigenen Jünglinge Musik und Tanz als Bedrohung interpretiert, vielleicht gar als einen Kriegstanz? Wir werden es nicht erfahren. Doch Columbus wurde in dieser Situation sicherlich klar, dass auch die Verwendung von Musik und der Rekurs auf dieses künstlerische Medium keineswegs eine von spezifischen Konventionen freie Sprache darstellt, ja dass selbst die besten Intentionen gänzlich anders gedeutet werden können. Vieles in der Begegnung der ‚Zivilisierten' mit den ‚Wilden' weist eine derartige Abfolge von Missverständnissen auf, die in der Passage gleichsam zeitlupenartig vorgeführt werden.

Doch gehen wir noch einmal zurück zur ersten Fahrt des Columbus! Denn diese Fahrt war von zahlreichen Folgen und Konsequenzen begleitet, wie wir sie später in allen Phasen beschleunigter Globalisierung wieder antreffen werden. Auch in dieser Hinsicht hatte die Reise des Columbus nicht nur etwas Prägendes, sondern auch Paradigmatisches. Und dies gilt auch für den Zusammenhang des ersten, den ganzen Globus umspannenden Plans des Genuesen mit der Verbreitung von Kalamitäten, von Seuchen, Epidemien und Pandemien.

Es ist bekannt, dass die Spanier Viren und Bakterien, in Europa alltägliche Krankheiten, in die Amerikas einschleppten, an denen Millionen von Indigenen zugrunde gingen. Dies wird in einigen Teilen der Welt auch in der zweiten wie – vor allem in Ozeanien – auch während der dritten Phase beschleunigter Globalisierung der Fall sein, als große Teile der einheimischen Bevölkerung nach dem ersten Kontakt mit Europäern Krankheiten erlagen, die bei ihnen zuvor unbekannt, die den Europäern jedoch bestens vertraut und für sie ungefährlich waren. Bisweilen wurde das Wissen um die seuchenhafte Verbreitung und tödliche Wirkung eingeschleppter Krankheiten auch gezielt eingesetzt. Wir wissen beispielsweise aus den Eroberungszügen des Hernán Cortés im Bereich des heutigen Mexiko, dass die Spanier die verheerende Wirkung der von ihnen eingeschleppten Krankheiten sehr wohl verstanden und bewusst in Form infizierter Taschentücher, die in Dörfern ausgelegt wurden, Bakterienherde schufen, welche Erkrankungen verursachten, an denen viele Einheimische ebenso wehr- wie kampflos verstarben. Man könnte dies sehr wohl als einen bakteriologischen, in jedem Falle als einen biopolitisch hochwirksamen Krieg bezeichnen.

Mit Prozessen der Globalisierung gehen stets Globalisierungsängste einher, die sich auch und gerade in Katastrophenzusammenhängen auszudrücken pflegen. Die derzeit weitaus mehr als fünf Millionen Toten, die bislang im Weltmaßstab am Coronavirus offiziell verstarben, und die dank einer weltweit ausgebauten Infrastruktur explosionsartig rasche Ausbreitung dieser Pandemie legt auch in unserer Zeit ein beredtes Zeugnis von derlei Vorgängen als Begleiterscheinungen beschleunigter Globalisierungsprozesse ab. Die Europäer schleppten eine Vielzahl ‚neuer' Krankheiten in die ‚Neue Welt', doch war dies weit davon entfernt, ein einseitiger und nur von Europa nach Amerika weisender Weg zu sein. Denn nicht nur die indigene Bevölkerung in Amerika wurde von Krankheiten erfasst, die zuvor den lokal ansässigen Bevölkerungen noch jeweils unbekannt gewesen waren. Denn umgekehrt infizierten sich auch die Eroberer mit für sie zuvor unbekannten Krankheiten, wobei die iberischen Soldaten, die nicht nur auf dem amerikanischen Kontinent, sondern in den verschiedensten Teilen Europas, in Afrika wie in Asien eingesetzt wurden, rasch diese Krankheiten in weiten Teilen der ‚Alten Welt' verbreiteten.

Zur eigentlichen Leit-Epidemie der ersten Globalisierungsphase wurde die Syphilis, die rasch nicht nur in Spanien und Italien, sondern auch in verschiedenen Teilen Nordafrikas auftrat, wie wir etwa aus den Berichten von Giovan Leone L'Africano[76] sehr genau wissen. Das verstärkte Aufkommen von Seuchen, Epidemien und Pandemien begleitet stets jene Beschleunigungsphasen, die den Prozess der „mondialisation" voranzutreiben pflegen – ganz so, wie wir zu Beginn der vierten Phase beschleunigter Globalisierung die weltweite Verbreitung von Aids und nach dem Ende dieser vierten Phase die rasche Verbreitung des Coronavirus feststellen können.

All dies sind keine Phänomene aus dem 20. oder 21. Jahrhundert. Sie begleiten die verschiedenen Phasen beschleunigter Globalisierung vielmehr ab der allerersten Entdeckungsfahrt des Christoph Columbus und seiner Mannschaften. In seiner Kulturgeschichte der Seuchen hielt Stefan Winkle aus medizingeschichtlicher Sicht sehr prägnant fest:

> Als am 15. März 1493 die zurückgekehrte Flotte des Columbus – nach dem Verlust eines Schiffes – in ihren Ausgangshafen Palos an der Südküste Spaniens ankam, brachte sie außer den Erzeugnissen des neuen Kontinents als besonderes ‚Geschenk' eine bisher unbekannte Geschlechtsseuche mit: die Syphilis. Von Palos aus fuhr man zunächst auf dem

---

[76] Vgl. zu diesem für Studien zur ersten Phase beschleunigter Globalisierung äußerst wichtigen Autor Ette, Ottmar: *TransArea. Eine literarische Globalisierungsgeschichte* (2012).

Guadalquivir in das nahe Sevilla, wo man vier Wochen verweilte. Schon dort muß die nach langer Seefahrt sexuell ausgehungerte Mannschaft die Bordelle reichlich frequentiert und dabei die dort beschäftigten Dirnen mit der bisher gänzlich unbekannten Krankheit infiziert haben. Dasselbe wiederholte sich in Barcelona, wohin sich Columbus mit seinen beiden Schiffen auf dem Wasserweg begab, ohne das übrige Spanien zu berühren.[77]

Dieses ‚Berühren' Spaniens, von dem Winkle spricht, darf an dieser Stelle wortwörtlich verstanden werden. Die Folgen waren ungeheuer schnell beobachtbar, wie ein Augenzeuge, der damals in Barcelona tätige Arzt Ruy Díaz de Isla in seiner 1539 erschienenen Schrift nachträglich festhielt: „Der göttlichen Gerechtigkeit gefiel es, uns eine bisher unbekannte neue Krankheit zu schicken, die 1493 in der Stadt Barcelona auftauchte. Diese Stadt wurde zuerst angesteckt, danach ganz Europa und schließlich die ganze bewohnte Welt."[78] Die Symptome der Krankheit erschienen sofort im zeitgenössisch schnellsten Medium der Kommunikation breiter Massen, auf den damaligen Flugblättern, welche schaurige Abbildungen der Anzeichen dieser Krankheit veröffentlichten. Binnen weniger Jahre hatten Angehörige spanischer Truppenverbände und Verwaltungen in der Tat einen Kalamitäten-Zusammenhang zwischen Amerika und Europa, Asien und Afrika hergestellt.[79] Bereits die allererste Entdeckungsfahrt des Christoph Columbus war der Ausgangspunkt für diese weltweite Verbreitung dieser Krankheit gewesen, der Millionen zum Opfer fielen.

Die Seuche der Syphilis fasziniert bis heute nicht allein deshalb, weil sich Historiker hier einer Epidemie zuwenden können, deren Beginn und Verlauf erstmals in der Geschichte sehr gut dokumentiert ist.[80] Der eigentliche Grund für die anhaltende Faszinationskraft dieser Krankheit ist wohl weit mehr darin zu sehen, dass sie sich – wie schon Albrecht Dürers Darstellung aus dem Jahre 1496 zeigt[81] – mit einem (wohlgemerkt abendländischen) Imaginarium des Globalen untrennbar verbindet (Abb. 14). Dabei nistet sie sich in den intimsten Bereichen menschlichen Zusammenlebens ein und vervielfältigt sich fatal, so wie dies zu Beginn der vierten Phase in den achtziger Jahren des 20. Jahrhunderts das HI-Virus tat. Weder im beginnenden 16. noch im endenden 20. Jahrhundert fehlten dabei jene Stimmen, die sofort von einer ‚Gottesstrafe' sprachen und die Verbreitung der Seuche moralisch kriminalisierten.

---

77 Winkle, Stefan: *Geisseln der Menschheit. Kulturgeschichte der Seuchen.* Düsseldorf – Zürich: Artemis & Winkler 1997, S. 541f.
78 Zit. ebda., S. 542. Zur Ausbreitung der Krankheit vgl. S. 541–575.
79 Vgl. hierzu auch Crosby jr., Alfred W.: *The Columbian Exchange. Biological and Cultural Consequences of 1492.* Westport, Connecticut: Greenwood Press 1973, S. 122–164.
80 Ebda., S. 123.
81 Vgl. Abb. 1 in Ette, Ottmar: *TransArea* (2012).

Abb. 14: Albrecht Dürer zugeschriebener Holzschnitt: Der Syphilitiker, 1496.

Das Jahr 1494, das der große deutsche Künstler in dieser ersten Darstellung eines an Syphilis erkrankten Menschen dem über dem Haupt des Landknechts[82] schwebenden Himmelskörper gut sichtbar einschrieb, zeigt zusammen mit einem den frühen Holzschnitt rahmenden Text in lateinischer Sprache, wie sehr sich die Ereignisse im globalen Maßstab überschlugen und wie rasch sich die Seuche – von der Dürer wenige Jahre später möglicherweise selbst betroffen war –[83] in der Alten Welt ausbreitete. Auch dieses in der Tradition des sogenannten Pestblattes stehende Kunstwerk fängt es mit künstlerischen Mitteln eindrucksvoll ein: Die zeitgenössischen Reaktionen auf die Syphilis prägen alle späteren Reaktionsweisen auf globale Epidemien und Pandemien bis in die vor wenigen Jahren zu Ende gegangene vierte Phase beschleunigter Globalisierung. Dazu zählen auch alle Versuche, die jeweils eigene Region oder Nation von der Außenwelt und vor allem vor den gefährlichen Nachbarn abzuriegeln und zu schützen.

---

82 Vgl. Eisler, Colin: Who Is Dürer's 'Syphilitic Man'? In: *Perspectives in Biology and Medicine* (London) LII, 1 (Winter 2009), S. 48–60.
83 Vgl. ebda., S. 57–59.

Das Bild des schmerzensreichen, mit Pusteln übersäten Mannes auf seiner Wanderschaft durch die Welt vermittelt uns auf künstlerisch verdichtete Weise, was die Einschleppung immer ‚von außen', aus der Ferne kommender Seuchen und Epidemien für die so ruhig daliegenden Landschaften mit ihren Kirchtürmen und Häusern bedeutet: eben der Abgeschiedenheit und vermeintlichen Ruhe des Lokalen im Zeichen des Globalen verlustig zu gehen. In der Globalisierung schwingt immer auch die Angst vor Globalisierungsprozessen mit.

War die erste Entdeckungsfahrt des Columbus zweifelsohne paradigmatisch, so war sie doch bezüglich ihrer Größe, der teilnehmenden Mannschaften wie der Zeitdauer klein und begrenzt. Ich möchte Ihnen dies kurz am Beispiel der vier verschiedenen Reisen vor Augen führen, die Christoph Columbus in jene Welt unternahm, die er – ohne es zu wissen – entdeckt hatte und die doch bis heute den Namen eines anderen Entdeckers tragen sollte, mit dem wir uns noch beschäftigen werden.

Die *erste Reise*[84] des Columbus begann im südspanischen Palos am 3. August 1492 und endete am 15. März 1493. Die Flotte des künftigen Admirals bestand aus einer *Nao*, der *Santa María*, und zwei wendigen Karavellen. An dieser Reise nahm unter anderem der Maestre Juan de la Cosa teil, der auch Besitzer des Flaggschiffes war: Mit ihm werden wir uns noch ausführlich auseinandersetzen. Kapitän der *Carabela Pinta* war Martín Alonso Pinzón, von dem wir schon gehört haben; Kapitän der *Carabela Niña* war Vicente Yáñez Pinzón, der ebenfalls eine wichtige Rolle bei dieser Expedition spielte. Insgesamt belief sich die Besatzung der drei Schiffe auf etwa neunzig Mann, von denen siebenundachtzig der Forschung mittlerweile namentlich bekannt sind, vierzig Mann allein an Bord des Flaggschiffs der kleinen Flotte. An Bord der beiden schnell segelnden Karavellen dürften sich ungefähr jeweils fünfundzwanzig Mann aufgehalten haben.

Die meisten der angeheuerten Matrosen stammten aus Palos, Moguer und Huelva, so dass es insgesamt wohl siebzig Andalusier waren, zu denen sich noch einige Basken und Galizier, aber auch einige Ausländer gesellten, darunter ein Kalabrese, ein Venezianer und auch ein Schwarzer, der ebenfalls an Bord war. Als Dolmetscher fungierte ein konvertierter Jude, Luis de Torres, der ein Experte für orientalische Sprachen – Arabisch und Hebräisch – war. Es gab an Bord vereinbarungsgemäß aber weder Geistliche noch Frauen. Entgegen aller Gerüchte waren nur vier der Matrosen Strafgefangene, denen man als Belohnung für die

---

84 Die Übersichtsdaten zu allen Reisen entnehme ich den Aufstellungen von Varela, Consuelo: Introducción. In: Colón, Cristóbal: *Los cuatro viajes*, S. 7–42; unter Einbeziehung auch anderer Daten orientiere ich mich im Folgenden an dieser Darstellung der vier Reisen.

Mitfahrt die Freiheit versprochen hatte, darunter war ein einziger Mörder (und ich betone dies, weil man bisweilen lesen kann, die meisten der Matrosen seien Strafgefangene und ‚schwere Jungs' gewesen). Sie alle reisten auf Kosten der spanischen Krone und standen in ihrem Sold.

Am 6. September verließ man die Insel La Gomera, am 8. September 1492 begann dann auf Höhe der Insel Hierro die Überfahrt über den Atlantik, die nach genau dreiunddreißig Tagen mit der Landung auf Guanahani am 12. Oktober endete. Am 27. Oktober erblickte man zum ersten Mal die Insel Kuba, welche Columbus aber für das Festland hielt – die Insel ist die größte der Antilleninseln – und seine Mannschaften schwören ließ, dass es sich um das Festland handle. Columbus hielt im Gegenzug bei einer späteren Fahrt das Festland für eine Insel und taufte es *Isla de Gracia*. Auf die Schiffbrüche des Columbus war ich ja bereits eingegangen: Am 24./25. Dezember des Jahres 1492 erfolgte derjenige seines Flaggschiffs, der Santa María; mit den Wrackteilen ließ Colón auf Hispaniola die Befestigung La Navidad errichten, der ersten Ansiedlung von Europäern in der Neuen Welt. Doch als Columbus auf seiner zweiten Reise die dort zurückgelassenen dreiunddreißig Seeleute wieder aufsuchen wollte, fand er keine Überlebenden mehr. Die Hintergründe für die aufgeflammten kriegerischen Handlungen liegen weitgehend im Dunkeln.

Am 16. Januar 1493 begannen die Karavellen Pinta und Niña ihre Rückreise nach Spanien. Bei der Überfahrt wurden die beiden Karavellen durch einen starken Sturm voneinander getrennt. Am 4. März 1493 gelangte die Niña zur Tejo-Mündung. Columbus hatte dadurch Gelegenheit, den König von Portugal im Monasterio das Virtudes zu besuchen und ihm von seinem Erfolg zu berichten. Auch die Pinta fand ihren Weg zurück nach Spanien und langte in Galizien an.

Am 15. März traf Columbus wieder in Palos ein. Seiner erschöpften Mannschaft gewährte er eine Ruhepause in Sevilla. Ende April wurde er dann von den spanischen Königen in Barcelona triumphal empfangen. Sein Bordtagebuch übergab er den Königen in Barcelona, wobei das Original am Hofe verblieb und Columbus eine Abschrift ausgehändigt wurde. Diese Abschrift wurde im Archiv der Familie Colón aufbewahrt und verschwand ebenso wie das Original, da es vermutlich als wichtiges Beweisstück in den juristischen Auseinandersetzungen mit den spanischen Königen für diese gefährlich werden konnte. Das Bordtagebuch von der ersten Reise ist uns glücklicherweise in jener Abschrift erhalten, welche Fray Bartolomé de las Casas zur Abfassung seiner *Historia General de las Indias* anfertigte.

Alle an der Unternehmung Beteiligten waren an der raschen Durchführung einer *zweiten Reise* interessiert, die deshalb nicht lange auf sich warten ließ. Zu dieser brach Christoph Columbus am 25. September 1493 diesmal von Cádiz aus auf und kehrte am 11. Juni 1496 wieder zur Stadt an der spanischen Atlantikküste zurück. An dieser Unternehmung waren insgesamt siebzehn Schiffe beteiligt, unter denen drei Carracas, zwei große Naos und nicht weniger als zwölf Karavellen waren. Da die meisten Aufzeichnungen verschwanden, besitzen wir zu dieser Reise nur fragmentarische Informationen, welche schon ein Alexander von Humboldt in seinem *Examen critique* zusammengeführt hatte. Ich erspare Ihnen aber die genaue Auflistung aller Schiffe sowie ihrer jeweiligen Besatzungen.

Der Generalkapitän der Flotte war Christoph Columbus mit den von ihm gewünschten und vertraglich vereinbarten Titeln eines Admirals, eines Vizekönigs und eines „Gobernador" mit höchst weitreichenden rechtlichen Befugnissen. Columbus war auf der Höhe seiner Macht und seines öffentlichen Ansehens in Spanien. Die Flotte des Admirals langte am 3. Oktober auf Gran Canaria an und verließ die Insel Hierro am 13. Oktober, um die Überfahrt in die neu entdeckten Gebiete zu beginnen. Am 27. November gelangte man zur Insel La Española, wo man das Fort La Navidad völlig zerstört vorfand. Am 6. Januar 1494 unternahm man die Gründung der Stadt La Isabela. Zwölf Schiffe kehrten nach Spanien zurück, wobei deren Leitung Antonio de Torres übertragen wurde, der mehr als vierhundert Sklaven nach Spanien sowie ein *Memorial* von Columbus für die spanischen Könige mitnahm. Ab dem 12. März 1494 drang man systematisch in das Innere der Insel vor und begann mit der Unterwerfung der einheimischen Bevölkerung, wozu man auch die Festung Santo Tomás gründete. Wir haben in einer früheren Vorlesung diese Ereignisse am Beispiel eines historischen Romans aus der Dominikanischen Republik – *Enriquillo* von Manuel de Jesús Galván – bereits näher beleuchtet.[85] Am Ende dieses Jahres trafen die ersten angeforderten Verstärkungen aus Europa ein: Spanien begann damit, eine koloniale Infrastruktur zu errichten.

Am 10. März 1496 begann der Admiral mit zwei Schiffen, der Niña und der bereits auf den Antillen gebauten India, also der ersten in der ‚Neuen Welt' gebauten Karavelle, die Rückreise nach Spanien. Am 11. Juni 1496 traf Cristóbal Colón wieder in Cádiz ein. An der gesamten Expedition nahmen wohl zwischen zwölfhundert und fünfzehnhundert Männer teil. Unter diesem Gesichtspunkt war es die zweifellos aufwendigste und zugleich kostspieligste Reise des Columbus nach den „Indias". Ein Großteil der Expeditionsteilnehmer stammte erneut aus Andalusien, aber es gab auch Basken und Männer aus anderen Regionen Spaniens. Mit dabei war auch Diego Colón, der jüngere Bruder des Admirals, sowie Michele de Cuneo,

---

[85] Vgl. hierzu den vierten Band der Reihe „Aula" in Ette, Ottmar: *Romantik zwischen zwei Welten* (2021), S. 733 ff.

der einen Bericht über diese Reise verfasste. Entgegen anderweitiger Angaben reisten auch erstmals Frauen mit, eine María Fernández ist namentlich bekannt. Neben Verwaltungsbeamten und Schreibern gab es auf dieser Expedition auch Bauern mit Sämereien und Viehzüchter mit Haustieren aus Europa: Dies deutet eine veränderte Stoßrichtung der gesamten Unternehmung an. Daneben aber gab es auch eine bewaffnete Truppe, die berühmten „Lanzas jinetas", da man nicht ohne Grund ebenso portugiesische Überfälle wie eine Eroberung bestimmter Inseln in Betracht zog.

Bei dieser zweiten Reise war wiederum der Kosmograph Juan de la Cosa dabei, mit dessen phantastischem Kartenwerk wir uns noch beschäftigen werden, sowie Juan Ponce de León, der spätere Entdecker von Florida und Puerto Rico. Zu weiteren prominenten und in der anlaufenden Entdeckungs- und Eroberungsgeschichte herausragenden Teilnehmern zählten Diego Velázquez, Pedro de las Casas, der Vater von Fray Bartolomé de las Casas sowie viele weitere spanische Protagonisten mehr: Das Projekt des Columbus war nun mehrheitsfähig.

Die Katholischen Könige erhielten durch die päpstlichen Bullen von Alexander VI. rasch einen anerkannten Rechtsstand, wobei der 1494 geschlossene Vertrag von Tordesillas eine Aufteilung der Welt zwischen Spanien und Portugal vorsah; eine globale Aufteilung, die vielen weiteren derartigen Festlegungen von Interessengebieten in der künftigen Geschichte der Menschheit Vorschub leisten sollte. Die „Indias" wurden nun zum Ziel einer dreifachen Unternehmung, die auf Eroberung territorialer Gebiete, auf Kolonisierung ganzer Reiche und auf christliche Missionierung abzielte, welche die als Ideologem und transzendente Legitimation gerne in den Vordergrund geschoben wurde. Eine erste christliche Mission wurde auf den Antillen gegründet, der Einfluss der Katholischen Kirche wuchs beständig. Die Grundlagen für die Kolonisierung der ‚Neuen Welt' wurden nun gelegt – und mit diesen staatlichen Rahmenbedingungen zugleich die Autorität des aus Genua stammenden Admirals untergraben.

Auch der *Diario de a bordo* des Columbus von dieser zweiten Reise ging verloren. In die Bresche sprangen andere, freilich fragmentarische Berichte, die immer wieder neu ausgewertet wurden. Wie stets aber stammen die umfassendsten Informationen von Hernando Colón und von Bartolomé de las Casas, die beide auf ein mittlerweile ebenfalls verlorengegangenes Itinerar des Christoph Columbus zurückgreifen konnten. Beide für die Entdeckungsgeschichte aus spanischer Sicht so wichtigen Autoren ergänzen sich wechselseitig, wobei auch das erwähnte *Memorial* des Columbus eine wichtige Quelle darstellt. Dieser Bericht an Ferdinand und Isabella enthält bis zu dessen Absendung wichtige Informationen für die Darstellung und das Verständnis des ersten Teils dieser zweiten Reise. Auf dieser erfolgte auch der bereits erwähnte und schriftlich festgehaltene Schwur, dass es sich bei Kuba um Festland handle; ein

Schwur freilich, an den sich ein Juan de la Cosa nicht gebunden fühlte, wusste er es doch besser und fertigte später die erste präzise Karte der Insel Kuba wie der Antillen im Weltmaßstab an.

Bei seiner *dritten Reise* fuhr Columbus vom andalusischen Sanlúcar de Barrameda am 30. Mai 1498 ab und kehrte nach Cádiz am 20. November 1500 zurück. Seine Flotte bestand diesmal aus insgesamt acht Karavellen, was bereits dafür spricht, dass es schwieriger geworden war, für die „Empresa de Indias" Schiffe und Mannschaften – die bei der dritten Reise aus insgesamt etwa dreihundertdreißig Mann bestanden – aufzutreiben und anzuwerben. Einer Reihe von Häftlingen wurde Hafterlass versprochen, wenn sie an dieser Expedition teilnähmen; die Forschung hat unter den Mannschaftsmitgliedern insgesamt zehn Mörder ausfindig machen können. Neben zwei Priestern und mindestens zwei Frauen waren auch ein Dutzend Italiener sowie Portugiesen und ein Franzose an Bord. Insgesamt lässt sich sagen, dass die Mannschaften mehr als jemals zuvor aus niederen sozialen Klassen stammten und für sie die Reise in die Überseegebiete die Hoffnung auf eine rapide Besserung ihrer Lebensverhältnisse darstellte.

Columbus steuerte diesmal die Kapverden an und begann die Überfahrt von dort am 4. Juli 1498. Am 31. Juli kamen die Schiffe in Trinidad an, wo wir Columbus' Bemühungen gesehen hatten, über die Sprache der Musik Kontakt zu den Indigenen aufzunehmen. Am 1. August 1498 wurde erstmals Festland gesichtet, „Tierra firme", das der Genuese freilich für eine Insel hielt; am 5. August landete die Expedition erstmals auf dem Südteil des amerikanischen Doppelkontinents. Am 15. August 1498 kreuzte Columbus vor der Mündung des Orinoco und erkannte, dass Süßwasser auf hoher See für eine ungeheure Wassermasse dieses Stroms sprach. Am 31. August kamen die Schiffe schließlich in der Stadt Santo Domingo auf Hispaniola an, die Bartolomé Colón während der Abwesenheit seines Bruders gegründet hatte. Doch die Brüder Colón waren bei den Spaniern nicht mehr angesehen und beliebt, denn schon 1499 erfolgte unter Francisco Roldán eine tiefgreifende Revolte mit dem Vorwurf, sie hätten unrechtmäßig die souveräne Herrschaft an sich gerissen. Im August 1499 fand eine neuerliche Rebellion unter Adrián de Moxica statt: Columbus war nun in Bedrängnis.

All diese Ereignisse wurden auf der Grundlage von Schriften des Bartolomé de las Casas ausführlich im historischen Roman *Enriquillo* von Manuel de Jesús Galván mit allen literarischen Idealisierungen der Familie Colón dargestellt. Nach der Ankunft des Untersuchungsrichters Francisco de Bobadilla wurde im Oktober des Jahres 1500 Columbus zeitweise in Ketten gelegt und nach Spanien verbracht, wo er am 20 November 1500 in Cádiz ankam; die spanischen Monarchen, die längst auch anderen ‚Unternehmern' Rechte an den neuen Besitzungen vergeben hatten, ließen Gnade walten und riefen ihn an ihren Hof. Columbus sorgte dafür, dass noch vor seiner nächsten Fahrt Truppen nach Hispaniola entsandt wurden, um seinem Bruder bei der Bekämpfung der Indigenen und der Jagd nach Sklaven, die man in Europa verkaufen konnte, zur Seite zu stehen. Es ging für ihn immer stärker darum, die erfolgte Auffindung der Kolonien in bare Münze zu verwandeln.

Diese dritte Reise des Columbus führte zur Entdeckung des südamerikanischen Teilkontinents; zugleich aber schuf man die Grundlagen für die spanische Kolonisierung der Indias, indem man Land und Indianer an Spanier verteilte. Diese sollten für die Christianisierung der Indigenen sorgen, kümmerten sich vor allem aber um deren Ausbeutung. Auf diese Weise schuf man durch derartige „Repartimientos" das System der sogenannten „Encomiendas", welches mit der christlichen Missionierung, der Bekehrung der Indigenen zum ‚wahren Glauben', legitimiert wurde.

Schon seit den letzten Jahren des 15. Jahrhunderts hatte eine Vielzahl insbesondere andalusischer Reisen in die Neue Welt eingesetzt, die sogenannten „Viajes de rescate" oder auch „Viajes menores", welche später von Alexander von Humboldt akribisch rekonstruiert wurden und an denen Männer wie Juan de la Cosa, Ojeda, Vespucci, Diego de Lepe, Bastidas, Vicente Yáñez, Alonso Vélez de Mendoza oder Cristóbal Guerra teilnahmen. Sie erbrachten eine Fülle weiterer ‚Entdeckungen', vergrößerten das Machtgebiet der Katholischen Könige und trugen zu den rechtspolitisch chaotischen Zuständen der Anfangsjahre des spanischen Kolonialreichs in Übersee bei.

Auch für diese dritte Reise verfügen wir nur über ein ausführliches Exzerpt des dritten *Diario de a bordo* vom Columbus stets wohlgesonnenen Dominikaner Bartolomé de las Casas. Von der Insel La Española oder Hispaniola aus war dieser *Diario* den Katholischen Königen zusammen mit einer Karte übersandt worden, doch verschwanden diese Dokumente ebenso wie die vorherigen Bordtagebücher spurlos.

Seine *vierte und letzte Reise* in die überseeischen Gebiete begann Columbus am 9. Mai 1502 in Cádiz, am 7. November 1504 war er wieder zurück in Sanlúcar de Barrameda. Die kleine Flotte des Genuesen bestand aus zwei Karavellen und zwei weiteren Schiffen bei einer Mannschaftsstärke von etwa einhundertvierzig Mann. Wie auf der ersten war auch auf der letzten Reise des Columbus keine Frau an Bord der Schiffe dabei. Die spanischen Seeleute stammten zumeist aus Andalusien und waren blutjung: Nicht wenige waren noch minderjährig. Doch es gab auch mehr als ein Dutzend italienischer Seeleute an Bord. Der Admiral segelte diesmal in Begleitung seines Sohnes Hernando, der – da Columbus' Augenlicht nachließ – als sein Sekretär arbeitete und zu seinem für die Forschung wohl wichtigsten Biographen wurde. Auch Bartolomé Colón sowie sein Neffe Andrea Colombo waren mit an Bord. Von den insgesamt wohl einhundertneununddreißig Männern kehrte nicht einmal die Hälfte mehr nach Spanien zurück. Vierunddreißig Männer wurden im Kampf getötet, mindestens vier Männer desertierten und schlugen sich zu den Indigenen: Das Phänomen der kulturellen ‚Überläufer', von Europäern also, die sich den indigenen Gruppen angeschlossen hatten, sollte fortan die „Empresa de Indias" begleiten.

Am 25. Mai brach die kleine Flotte des Columbus von Gran Canaria auf, doch am 29. Juni verbot bei ihrer Ankunft vor Hispaniola der Gobernador Ovando auf Befehl ihrer Majestäten Columbus den Zugang nach Santo Domingo. Ovando hintertrieb systematisch alle Pläne des Genuesen und führte vor Augen, wie unsicher die rechtlichen Verhältnisse in den spanischen Überseegebieten waren.

An der heutigen Küste von Honduras nahm Colón für die spanischen Könige von diesem Teil des Festlandes Besitz; am 16. Oktober 1502 erfuhr der Admiral, dass er sich auf einem Isthmus befand und nur wenige Tagereisen von einem anderen Meer entfernt war. Doch er verfolgte das eigentliche Ziel seiner Reise nicht weiter, sondern unternahm den fast schon verzweifelten Versuch, Goldminen zu finden. Die Gründung der Stadt Veragua schlug fehl. Am 25. Juni gelangte Colón zur Nordküste von Jamaica, wo die beiden übriggebliebenen Schiffe zerstört wurden. Columbus und seine Männer befanden sich als Schiffbrüchige tief im Indianerland in einer hoffnungslosen Lage. Doch auf Grund geschickten Taktierens, um gegenüber den Indigenen Zeit zu gewinnen, und vor allem dank der unfassbaren Geschicklichkeit von Diego Méndez und B. de Fiesco, die *in einem Kanu* von Jamaica nach Hispaniola übersetzten, konnte die Expedition doch noch gerettet werden – Ovando hatte monatelang jede Hilfe für Colón unterbunden.

Dank der riskanten Rettungsaktion konnten Columbus und seine Mannschaften am 29. Juni 1504 Jamaica verlassen. Bereits am 11. September 1504 reiste er aus Santo Domingo nach Spanien zurück und kam in Sanlúcar de Barrameda am 7. November 1504 wieder an. Das Ziel der Reise – eine Durchfahrt nach Indien zu finden – war nicht erreicht worden. Zwar war der Küstenverlauf Mittelamerikas durch weitere Expeditionen aufgehellt worden, doch noch immer blieb gänzlich unklar, wo es einen Durchgang nach Asien geben könnte. Noch an der Wende zum 19. Jahrhundert träumte ein Chateaubriand davon, die längst erfundene, aber bislang nicht aufgefundene und bei den Seeleuten berühmte – aber leider inexistente – Nordwestpassage durch den amerikanischen Kontinent aufzuspüren. Die Hoffnungen des französischen Revolutionsflüchtlings und Romantikers erfüllten sich nicht.[86]

Doch zurück zum Beginn des 16. Jahrhunderts! Des Genuesen vierte und letzte Reise war sicherlich die sinnloseste – Columbus gab die Erkundung des

---

[86] Vgl. zu Chateaubriand das entsprechende Kapitel im vierten Band der Reihe „Aula" in Ette, Ottmar: *Romantik zwischen zwei Welten* (2021), S. 151 ff.

Isthmus auf, als er diesen unmittelbar vor sich hatte – und im Übrigen auch in jeder Hinsicht verlustreichste. Aus einer völlig hoffnungslosen Lage konnte ihn nur noch ein seemännisches Wunder retten, doch Columbus kehrte krank, mit leeren Händen und hochverschuldet nach Kastilien zurück. Von Jamaica aus schrieb er an die spanischen Könige einen in jeglicher Hinsicht außerordentlichen Brief, der im allgemeinen als *Lettera rarissima* bezeichnet wird. Auch dieser Brief ist uns nur durch eine Abschrift bekannt geworden. Da der 1505 in Venedig gedruckte Brief bibliographisch so selten war, erhielt er die Bezeichnung *rarissima* – es geht folglich nicht um ein höchst seltsames, sondern um ein höchst seltenes Schreiben.

Christoph Columbus, der immer schlechter sah, hatte nach dem Tode der im selben Jahr geborenen Königin Isabel beziehungsweise Isabella am 26. November 1504 bei Hofe keine Fürsprecher mehr und kämpfte verbissen, aber auf verlorenem Posten um seine verbrieften Rechte wie die Rechte seiner Familienmitglieder. Der Tod überraschte Colón im altkastilischen Valladolid anlässlich eines Treffens mit der neuen politischen Führung des Landes. Columbus starb am Himmelfahrtstag, am 20. Mai 1506, im Alter von vierundfünfzig Jahren.

Der Tod machte seine Armut offenkundig: Noch ein letztes Mal hatten ihn die Genueser Geldleiher aus der völligen Verschuldung gerettet, so dass die Bestattungskosten übernommen und Christoph Columbus in der Iglesia de San Francisco zu Valladolid bestattet werden konnte. Von dort aus wurde er im Jahr 1509 nach Sevilla überführt, um schließlich auf seinen eigenen Wunsch hin in Santo Domingo 1544 bestattet zu werden. Wie nicht anders zu erwarten, gab es auch um seine sterblichen Überreste Polemiken, da bis heute unklar ist, was von ihm in Santo Domingo, La Habana oder in Sevilla liegt. Doch lassen wir den Mann, der am Beginn eines einzigartigen Genozids und der beispiellosen Ausplünderung eines Kontinents steht, nun in Frieden ruhen.

Ich möchte Ihnen an dieser Stelle gerne die Wirkung all dieser geschichtlichen Vorgänge in Europa rund um die Auffindung des zuvor Erfundenen aufzeigen. Ich tue dies mit Hilfe eines Zitats des Italieners Pietro Martire d'Anghiera, der nicht zuletzt auch unter seinem spanischen Namen Pedro Mártir de Anglería als ein Schriftsteller bekannt geworden ist, der im Grunde als erster die neuen Berichte – durch seine Vertrautheit mit den Protagonisten und dem Königshof – in einen größeren Zusammenhang einzuordnen verstand.

Es sei daher ein Auszug aus einem in lateinischer Sprache verfassten Brief wiedergegeben, den ich Humboldts *Kritischen Untersuchungen*[87] entnehme und der wohl vom Dezember 1493 stammt, also wenige Monate, nachdem Columbus

---

87 Humboldt, Alexander von: *Kritische Untersuchungen*, Bd. 1, S. 29.

von seiner ersten Reise in die ‚Neue Welt' nach Spanien zurückgekehrt war. Dabei befand sich der Genuese zu diesem Zeitpunkt bereits wieder auf hoher See und war als Admiral, Vize-König und Gobernador mit seiner größten ihm je zu Gebote stehenden Flotte in die amerikanische Inselwelt unterwegs.

An diese Stelle unserer Vorlesung füge ich kurz jenen Brief des Pietro Martire ein, der zugleich auch auf die ungeheure Freude verweist, welche die Entdeckungen bei gebildeten Europäern auslösten. Diese freudige Erregung ging einher mit dem Gefühl einer ungeheuren Beschleunigung, da gleichsam jeden Tag neue Wunder geschahen, was zugleich auf eine Vergleichbarkeit der eigenen Zeit und der eigenen Erfahrungen mit der Antike verwies:

> Jeder Tag bringt uns neue Wunder aus jener Neuen Welt, von jenen Antipoden des Westens, die ein gewisser Genuese (Christophorus quidam, vir Ligur) aufgefunden hat. Unser Freund Pomponius Laetus (derselbe, welcher in Rom seiner religiösen Ansichten halber verfolgt wurde: bekannt als einer der ausgezeichnetsten Beförderer der klassischen römischen Literatur) hat sich kaum der Freudentränen enthalten können, als ich ihm die erste Nachricht von diesem unverhofften Ereignisse erteilte. [...] Wer von uns mag nun noch heutzutage über die Entdeckungen staunen, welche man dem Saturn, dem Triptolemus und der Ceres zugeschrieben hat?[88]

Und an anderer Stelle, um Ihnen ein Zitat aus dem lateinischen Original zugänglich zu machen:

> Prae laetitia prosiluisse te vixque a lacrymis prae gaudio temperasse, quando litteras adspexisti meas, quibus de antipodum orbe latenti hactenus te certiorem feci, mi suavissime Pomponi, insinnasti. Ex tuis ipsis litteris colligo, quid senseris. Sensisti autem, tantique rem fecisti, quanti virum summa doctrina insignitum decuit. Quis namque cibus sublimibus praestari potest ingeniis, isto suavior? quod condimentum gratius? ex me facio conjecturam. Beari sentio spiritus meus, quando accitos alloquor prudentes aliquos ex his qui ab ea redeunt provincia (Hispaniolae insula). Implicent animos pecuniarum cumulis augendis misere avari: nostras nos mentes, postquam Dei aliquando fuerimus, contemplando, huiusce modi rerum notitia demulceamus.[89]

Die Reaktion des Pietro Martire d'Anghiera ist charakteristisch für die Sensation, welche die ersten Berichte von der Fahrt des Columbus in ganz Europa auslösten. Man übertreibt nicht, wenn man von einer Revolution in vielen zentralen Bereichen des damaligen Lebens spricht. Der Kontinent erfuhr durch diese ‚Entdeckungen', die selbstverständlich nur Entdeckungen aus europäischer Sicht waren, eine ungeheure Ausweitung allen Denkens und einen uner-

---

88 Pietro Martire d'Anghiera: *Opus Epistolarum*, cap CLII, S. 84, hier zitiert nach Humboldt, Alexander: *Kritische Untersuchungen*, Bd. 1.,S. 84.
89 Ebda.

hörten Impuls für sowohl wirtschaftliche als auch technologische Fortschritte. Es handelt sich um Fortschritte, die aber bald auch auf die Bereiche der Infrastruktur und der transatlantischen Vernetzung durchschlugen. Immer mehr Europäerinnen und Europäer waren in der Implementierung der transatlantischen Verbindungen als Seeleute und Hafenbeamte, als Soldaten und Söldner, als Packerinnen und Provisionistinnen, als Schreiber und als Verwaltungsbeamte außerhalb der Grenzen Europas tätig.

Waren andere kulturelle Areas wie etwa der chinesische und insbesondere der arabische Kulturkreis der abendländischen Area bis zu diesem Zeitpunkt tendenziell eher überlegen, so veränderte sich nunmehr das Machtgefälle zugunsten der europäischen Führungsmächte Spanien und Portugal. Die iberischen Weltmächte beherrschten von nun an und für eine lange, bis ins 18. Jahrhundert reichende Epoche die Weltmeere und damit den in Entstehung begriffenen Welthandel. Sicherlich gab es gerade im europäischen Raum verschiedene Konkurrenten und Rivalen, von denen sich das unabhängig werdende Holland zu einem späteren Zeitpunkt ebenfalls wichtige Handelsvorteile verschaffte und ökonomische Neuerungen einführte, welche deutlich auf die zweite Phase beschleunigter Globalisierung vorauswiesen. Doch die großen Entdeckungen des Columbus lösten zunächst in den iberischen Ländern, durch den entstehenden Finanzkapitalismus – zu denken wäre etwa an das Augsburger Bankhaus der Fugger – bald aber auch in weiten Teilen Europas einen wirtschaftlichen *Boom* aus, der von nachhaltiger Natur war und Europa macht- wie wirtschaftspolitisch an die Spitze der Kontinente katapultierte.[90]

Am Ende unserer Beschäftigung mit Christoph Columbus, zu dessen Figur und Aktion wir freilich im Verlauf unserer Vorlesung immer wieder zurückkehren werden, will ich nun einen Brief vorstellen, den ich bereits erwähnt habe. Er soll uns über den Verlauf der dramatischen vierten Reise des Genuesen informieren, zugleich aber auch einen Einblick in die tieferen *Beweg*-Gründe des Admirals verschaffen.

Wir hatten bereits in unserer kurzen Übersicht zu den vier Reisen des Columbus gesehen, welche Bedeutung diese Reise eigentlich haben sollte, sahen aber auch, dass Columbus nunmehr nicht mehr die Kraft besaß, um sich gegenüber seinen zahlreichen Konkurrenten noch mit seinen Zielen und Visionen durchsetzen zu können. Doch waren seine kulturell verankerten Visionen stärker als je zuvor. In einer völlig verzweifelten Situation, festgehalten auf Jamaika, wo er nach seinem Schiffbruch nicht länger über Schiffe verfügt, sondern darauf hoffen

---

90 Vgl. zu diesen historischen wie kulturellen Entwicklungen Ette, Ottmar: *TransArea. Eine literarische Globalisierungsgeschichte*. Berlin-Boston: De Gruyter 2012.

muss, dass zwei seiner Männer sich mit einem Kanu nach Santo Domingo, zur Insel Hispaniola, durchschlagen würden, um Verstärkung und vor allem Schiffe zu holen, schrieb er am 7. Juli 1503 jenen Brief, der wegen seiner Seltenheit – wie erwähnt – als *Lettera rarissima* bezeichnet worden ist.

Dieser Brief des Columbus war allerdings auch in manch anderer Hinsicht äußerst selten und seltsam; er gewährt uns zugleich aber Einblick in den Menschen Cristóbal Colón, der uns in diesen Zeilen in seiner visionären Kraft und seiner ganzen Abgründigkeit entgegentritt. Ich möchte Ihnen gerne mehrere kurze Passagen aus dem Schlussteil dieses eigentümlichen Briefs präsentieren, welcher ohne den erneuten Schiffbruch sicherlich nicht entstanden wäre:

> Als ich die Überseegebiete (*las Indias*) entdeckte, sagte ich, dass sie der größte, reichste Herrschaftsbesitz seien, den es auf der Welt gibt. Ich berichtete vom Gold, von den Perlen, von den Edelsteinen, von den Spezereien, und weil mit den Handlungen und Märkten nicht alles so rasch erschien, erregte man sich über mich und sprach von Skandal. Diese Bestrafung bewirkt jetzt, dass ich nichts sage außer dem, was ich von den Eingeborenen des Landes höre. Von einem wage ich zu sagen, weil es hierfür so viele Zeugen gibt, und es ist, dass ich in diesem Lande von Beragua an den beiden ersten Tagen ein größeres Zeichen von Gold sah als in La Española in vier Jahren, und dass die Länder des Bezirks nicht schöner und nicht angebauter und dass die Leute nicht feiger sein können, mit einem schönen Hafen und einem schönen, in der Welt leicht zu verteidigenden Fluss. [...] Genuesen, Venezianer und alle Leute, welche Perlen, Edelsteine und andere Dinge von Wert besitzen, alle nehmen diese bis ans Ende der Welt mit, um sie einzutauschen (*trocar*), in Gold zu verwandeln. Das Gold ist hervorragend; aus dem Golde entsteht der holde Schatz, und mit diesem macht, wer ihn besitzt, was auch immer er will in der Welt, und schafft selbst die Seelen ins Paradies. [...] David hinterließ in seinem Testament dreitausend Zentner Gold aus den *Indias* für Salomon als Hilfe, den Tempel zu errichten, und laut Josephus war er aus diesen selben Ländern. Jerusalem muss mit dem Berge Zion von Christenhand wiedererrichtet werden; Wer wird es sein, Gott sagt es durch den Propheten im vierzehnten Psalme. [...] Wer wird sich dafür anbieten? Wenn Unser Herr mich nach Spanien zurückführt, so verpflichte ich mich, mit dem Namen Gottes diese Leute, die mit mir kamen, dorthin zu führen; sie haben unglaubliche Gefahren und Mühen überstanden. [...] Isoliert bin ich in diesem Leide, krank, an jedem Tage auf den Tod wartend und von einer Vielzahl von Wilden voller Grausamkeit und von unseren Feinden umzingelt, und so weit von den Heiligen Sakramenten der Heiligen Kirche entfernt, welche diese Seele vergessen wird, sobald sie sich hier vom Körper löset. Es beweine mich, wer Barmherzigkeit, Wahrheit und Gerechtigkeit besitzt. Ich ging nicht auf diese Seereise, um Ehre oder Besitz zu gewinnen [...].[91]

In dieser langen und verzweifelten Passage, sich dem Tode nahe wähnend, einem Tode ohne den Segen und das Heil der Katholischen Kirche, spricht Christoph Columbus noch einmal von seinen *Beweg*-Gründen und schwört, nicht um des eigenen Raumes und des eigenen Reichtums willen jene Fahrten unternom-

---

[91] Colón, Cristóbal: *Los cuatro viajes*, S. 292 ff.

men zu haben, die ihn ans ‚Ende der Welt' führten. Es ist das Bekenntnis eines Christen, eines noch immer mittelalterlichen Menschen, der sein Heimatland aus höheren Beweggründen verlassen hatte. Ganz am Ende der *Lettera rarissima* taucht zugleich jener Columbus auf, der wohl im Kern des Renaissancemenschen steckt, der im Kern jenes Mannes fortbesteht, der versucht, sich auf dem Stand der Wissenschaft zu halten, alle Neuerungen mitzuberücksichtigen, stets die Kenntnisse weiterzutreiben und damit zugleich jene räumliche und geistige Expansion Europas fortzusetzen, die im Bereich der Wissenschaften noch heute nicht zu einem Ende gekommen ist. Christoph Columbus verkörpert eine historische Gestalt, die im Spannungsfeld zwischen Mittelalter und Neuzeit, zwischen christlicher Gottergebenheit und wissenschaftlich fundierter Neugierde seinen Weg innerhalb eines aufstrebenden Staates geht, der die durch die Reconquista des iberischen Territoriums verursachten hohen Kosten und Schulden mit Hilfe frühkapitalistischer Unternehmungen zu lösen sucht.

Wir haben es in diesem Auszug mit einem Columbus zu tun, der das Hohelied des symbolisch so aufgeladenen Goldes singt, weil er hierin die Möglichkeit erblickt, letztlich das Heilige Land zurückzuerobern, auch die Heilige Stadt Jerusalem wieder in christliche Hand zu bringen und den großen Tempel wiedererrichten zu lassen. Columbus zeigt sich in derlei Passagen noch immer dem Ziele der Kreuzritter und damit einem mittelalterlichen Ideal verpflichtet, das den Konflikt zwischen Orient und Okzident, zwischen den ‚Gläubigen' und den ‚Ungläubigen', ins Zentrum aller Auseinandersetzungen rückt. Nicht umsonst verpflichtet er sich, als Dank für seine mögliche Errettung durch ein Wunder – das dann tatsächlich in Form des Wagemutes zweier Männer auch stattfand – gemeinsam mit seinen Leuten eine Pilgerfahrt ans oberste Pilgerziel der Christen durchzuführen und letztlich Jerusalem, diesen ehemaligen Mittelpunkt der Welt, ins Christentum zurückzuholen.

Die Fahrt nach Westen: Diente sie also letztlich doch, wie vermutet worden ist,[92] der Pilgerreise nach Jerusalem, letzten Endes der Fortführung eines mittelalterlichen Kreuzzuges nun mit neuen, neuweltlichen Mitteln, die vom Gold Amerikas finanziert werden sollten? Columbus sieht sich in der *Lettera rarissima* als Schiffbrüchigen und zugleich einmal mehr als Vollstrecker des geheimen Willens Gottes. Wie bei seinem Schiffbruch vor der portugiesischen Küste steht er wie zu Beginn unserer Ausführungen zumindest laut Salvador de Madariaga in direktem Kontakt und Austausch mit seinem Gott. Er nötigt diesem

---

[92] Vgl. hierzu etwa Wiesenthal, Simon: *Segel der Hoffnung. Die geheime Mission des Christoph Columbus.* Gerlingen: Bleicher Verlag 1984.

einen letzten Tauschhandel ab: das Überleben und die Rückfahrt nach Spanien gegen die Rückeroberung des heiligen Landes.

Der Mittelaltermensch Columbus weiß, dass ihn nur noch Gott aus dieser ausweglosen Situation auf Jamaika herausführen könnte. Gott ist des Schiffbrüchigen letzte Hoffnung. Bei seiner vierten Fahrt brach Columbus die Suche nach einer Durchfahrt in Richtung Indien ab, um sich ganz derjenigen nach den ersehnten Goldminen zu verschreiben. Die Obsession des Goldes wird im obigen Zitat christlich sublimiert; eine Bewegung und Verbindung, die sich durchaus nicht nur beim Genuesen findet. Denn es spricht erneut das Sendungsbewusstsein eines Menschen, dem durchaus bewusst war, wie weitreichend seine eigene Tat – ebenso als ‚Findung' wie als ‚Erfindung' – sein würde: eine Tat, welche er freilich in ihren Konsequenzen weniger auf die Errichtung einer Neuen Welt bezog, als auf die Wiedererrichtung einer Alten Welt, einer alten, dem Christengott gefälligen Ordnung.

An dieser Stelle seiner *Lettera rarissima* glimmt noch einmal der grundlegende Widerspruch des Columbus auf, an dem sich die wissenschaftlichen Kommissionen gerieben haben und der ihn zugleich in die Lage versetzte, gegen die geltenden Vorstellungen und die damals abschätzbaren Wahrscheinlichkeiten seine Idee einer Fahrt gen Westen durchsetzen zu können. Es handelte sich jedoch um eine Tat, die von Europa aus für Europa gedacht war, letztlich die Christenheit als eine Einheit verstand, welche zu ihrem religiösen Zentrum, zu ihrem Mittelpunkt zurückkehren müsse: nach Jerusalem ins Heilige Land!

Es war ein wahrhaft seltsamer, nicht nur seltener Brief, den Columbus für die Nachwelt aus Jamaika schrieb, eben jenem Jamaika, von dem aus Simón Bolívar ebenfalls eine *Carta de Jamaica* schreiben sollte, mit der wir uns im weiteren Fortgang dieser Vorlesung noch beschäftigen werden. Es bleibt erstaunlich, wie immer wieder die Bewegungen Europas aus Europa herausführen und wie in gewisser Weise Europa sogar seine Zentren, ja sein eigentliches Zentrum außerhalb seines eigenen Territoriums – in diesem Falle in Jerusalem – sucht. Europa lässt sich nicht nur von seinen außereuropäischen Herkünften im griechischen Mythos ohne Außereuropa nicht denken. Und auch die Sehnsucht Europas nach einem Zentrum erscheint aus dieser Perspektive und vor diesem Hintergrund seltsam dezentriert. Diese vektoriellen Dynamiken sollten wir mitdenken, wenn wir uns auf die weitere Geschichte der Erfindungen und Findungen Amerikas einlassen.

TEIL 2: **Gefunden und erfunden: Entwürfe und Entdeckungen einer (Neuen) Welt**

Benedetto Bordone, Juan de la Cosa oder die (Er-)Findungen der Welt auf einer Ochsenhaut

Zu Beginn dieses zweiten Teiles unserer Vorlesung müssen wir ein klein wenig ausholen, um das nun Folgende gut einordnen und mit unserer eigenen Tätigkeit verbinden zu können. Grundfragen der Literatur und damit Grundfragen des Lebens zu stellen, zählt zu den herausragenden Aufgaben einer Philologie, die sich der lebenswissenschaftlichen Relevanz von Literatur und Literaturwissenschaft bewusst ist.[1] Antworten auf das, was man mit Werner Krauss als Grundprobleme der Literaturwissenschaft bezeichnen könnte,[2] bietet das zweifellos wichtigste und wohl auch folgenreichste Buch der deutschsprachigen Romanistik des 20. Jahrhunderts, das ein Produkt des Exils, ein Zeugnis eines literaturwissenschaftlichen Dagegenhaltens gegen Gleichschaltung und Verfolgung durch das nationalsozialistische Deutschland ist. Die Grundfrage dieses am Bosporus verfassten philologischen Grundlagenbuchs ließe sich wie folgt formulieren: Über welche Traditionsstränge, über welche diskursiven und narrativen Mittel verfügt die abendländische Literatur, wenn sie uns von der Welt erzählen und von der Totalität des Universums berichten will?

Im ersten, der „Narbe des Odysseus" gewidmeten und mit vielerlei autobiographischen Elementen gespickten Kapitel seines zwischen Mai 1942 und April 1945 im Istanbuler Exil verfassten Bandes *Mimesis. Dargestellte Wirklichkeit in der abendländischen Literatur* hat der aus Marburg geflohene Romanist Erich Auer-

---

[1] Vgl. hierzu Ette, Ottmar: Literaturwissenschaft als Lebenswissenschaft. Eine Programmschrift im Jahr der Geisteswissenschaften. In: *Lendemains* (Tübingen) XXXII, 125 (2007), S. 7–32. Übersetzungen dieser Programmschrift finden sich u. a. in Ette, Ottmar: Literature as Knowledge for Living, Literary Studies as Science for Living. Edited, translated, and with an introduction by Vera M. Kutzinski. In: Special Topic: Literary Criticism for the Twenty-First Century, coordinated by Cathy Caruth and Jonathan Culler, in: *PMLA. Publications of the Modern Language Association of America* (New York) CXXV, 4 (october 2010), S. 977–993; bzw. Ette, Ottmar: La filología como ciencia de la vida. Un escrito programático en el Año de las Humanidades. In: Ette, Ottmar / Ugalde Quintana, Sergio (Hg.): *La filología como ciencia de la vida*. México, D.F.: Universidad Iberoamericana 2015, S. 9–44. Eine erste Phase der Diskussion dokumentiert der Band von Asholt, Wolfgang / Ette, Ottmar (Hg.): *Literaturwissenschaft als Lebenswissenschaft. Programm – Projekte – Perspektiven*. Tübingen: Gunter Narr Verlag 2010.
[2] Vgl. Krauss, Werner: *Grundprobleme der Literaturwissenschaft. Zur Interpretation literarischer Werke. Mit einem Textanhang. Erweiterte Neuauflage*. Reinbek bei Hamburg: Rowohlt ⁴1973; vgl. hierzu auch Ette, Ottmar / Fontius, Martin / Haßler, Gerda / Jehle, Peter (Hg.): *Werner Krauss. Wege – Werke – Wirkungen*. Berlin: Berlin Verlag 1999.

∂ Open Access. © 2022 bei den Autoren, publiziert von De Gruyter. Dieses Werk ist lizenziert unter der Creative Commons Namensnennung - Nicht-kommerziell - Keine Bearbeitung 4.0 International Lizenz.
https://doi.org/10.1515/9783110724097-003

bach den Versuch unternommen, der Welt Homers kontrastiv und vergleichend zugleich die Welt der Bibel gegenüberzustellen und anhand dieser Konstellation die beiden fundamentalen Möglichkeiten aufzuzeigen und auszuloten, wie das Abendland von der Welt in ihrer Gesamtheit zu erzählen vermag. Wie also fügen wir im Okzident die unterschiedlichen Teile der Erde zusammen? Wie bilden wir eine Einheit aus dem, was uns in unserem eigenen Leben erfahrbar wird, und jenem anderen, das wir nur aus anderen Quellen kennen? Der „biblische Erzählungstext", so Auerbachs kluge Bemerkung, wolle uns nicht einfach in das Reich der Fiktion entführen und uns unterhalten:

> [Der biblische Erzählungstext wolle] ja nicht nur für einige Stunden unsere eigene Wirklichkeit vergessen lassen wie Homer, sondern er will sie sich unterwerfen; wir sollen unser eigenes Leben in seine Welt einfügen, uns als Glieder seines weltgeschichtlichen Aufbaus fühlen. Dies wird immer schwerer, je weiter sich unsere Lebenswelt von der der biblischen Schriften entfernt [...]. Wird dies aber durch allzustarke Veränderung der Lebenswelt und durch Erwachen des kritischen Bewußtseins untunlich, so gerät der Herrschaftsanspruch in Gefahr [...]. Die homerischen Gedichte geben einen bestimmten, örtlich und zeitlich begrenzten Ereigniszusammenhang vor, neben und nach demselben sind andere, von ihm unabhängige Ereigniszusammenhänge ohne Konflikt und Schwierigkeit denkbar. Das Alte Testament hingegen gibt Weltgeschichte; sie beginnt mit dem Beginn der Zeit, mit der Weltschöpfung, und will enden mit der Endzeit, der Erfüllung der Verheißung, mit der die Welt ihr Ende finden soll. Alles andere, was noch in der Welt geschieht, kann nur vorgestellt werden als Glied dieses Zusammenhangs [...].[3]

Auerbach schneidet in diesem Auftakt zu seinem Epoche machenden Buch eine der Grundfragen von ‚Welt(h)erstellung' an.[4] Dass in dieser Scheidung und Unterscheidung zwischen zwei gegenläufigen Traditionssträngen des Erzählens der Frage nach Macht und Gewalt eine erhebliche Bedeutung zukommt und mit dem Modell des biblischen Narrativs im hier angesprochenen Sinne stets eine ebenso gewaltige wie gewalttätige Weltgeschichtsdeutung einherzugehen pflegt, soll in den nachfolgenden Überlegungen jedoch zunächst nicht im Vordergrund stehen. Erst im weiteren Fortgang unserer Überlegungen wird es in unserer Vorlesung anhand eines kartographischen Texts, der berühmten Weltkarte des Juan de la Cosa, um eine höchst konkrete Situation gewaltvoller Expansion zu Beginn der ersten Phase beschleunigter Globalisierung an der Wende zum 16. Jahrhundert gehen.

---

3 Auerbach, Erich: *Mimesis. Dargestellte Wirklichkeit in der abendländischen Literatur.* Bern – München: Francke Verlag [7]1982, S. 18.
4 Zu dieser Problematik vgl. den Band von Nünning, Vera / Nünning, Ansgar / Neumann, Birgit (Hg.): *Cultural Ways of Worldmaking. Media and Narratives.* Berlin – New York: Walter de Gruyter 2010.

Ich möchte in erster Linie gerne dem Vorschlag des Verfassers von *Mimesis* folgen und eine schematische Zweiteilung vorschlagen, welche die Darstellungsmuster der Welt im Abendland beherrscht. Die höchst signifikante Tatsache, dass Erich Auerbach – der Romanistik niemals als ein Untersuchungsareal mit festen Grenzen verstand und bereits in diesen Überlegungen einer „Philologie der Weltliteratur"[5] auf der Spur war – die homerische und die alttestamentarisch-biblische Welt als die beiden fundamentalen Ausgangs- und Bezugspunkte begriff, deren Kräftefelder die dargestellte Wirklichkeit in der abendländischen Literatur bis in die Gegenwart prägen, führte den Philologen zur Einsicht in eine auf den ersten Blick paradoxe Struktur: „Das Alte Testament ist in seiner Komposition unvergleichlich weniger einheitlich als die homerischen Gedichte, es ist viel auffälliger zusammengestückt – aber die einzelnen Stücke gehören alle in einen weltgeschichtlichen und weltgeschichtsdeutenden Zusammenhang."[6] Mit dieser Zweiteilung schuf Auerbach ein theoretisches *Tool*, das nicht nur für seine eigene Untersuchung über die Literaturen im Abendland Gültigkeit beanspruchen darf.

Doch versuchen wir zunächst, den Leitgedanken Auerbachs noch schärfer zu fassen. Der raum-zeitlich eng begrenzten Diegese von *Ilias* und *Odyssee*, die gleichsam Erzähl-Inseln bilden, entspricht folglich eine große erzählerische Geschlossenheit und Abgeschlossenheit, während umgekehrt die einheitliche „religiös-weltgeschichtliche Perspektive"[7] des Alten Testaments sich auf der Textebene in einer zwar aus unterschiedlichen Bestandteilen zusammengestückelten, aber gleichsam kontinentalen Beschaffenheit niederschlägt. Man könnte diese letztere als kontinuierlich-kontinentale, die erstgenannte aber als diskontinuierlich-archipelische Erzählweise charakterisieren, wobei Totalität entweder als homogen konzipiertes Fraktal[8] oder als heterogene Kontinuität erzähltechnisch umgesetzt wird. Treibt also eine zweipolige Motorik von kontinentalem

---

5 Vgl. Auerbach, Erich: Philologie der Weltliteratur. In: *Weltliteratur*. Festgabe für Fritz Strich. Bern 1952, S. 39–50; wieder aufgenommen in Auerbach, Erich: *Gesammelte Aufsätze zur romanischen Philologie*. Herausgegeben von Fritz Schalk und Gustav Konrad. Bern – München: Francke Verlag 1967, S. 301–310. Vgl. hierzu auch Ette, Ottmar: Erich Auerbach oder Die Aufgabe der Philologie. In: Estelmann, Frank / Krügel, Pierre / Müller, Olaf (Hg.): *Traditionen der Entgrenzung. Beiträge zur romanistischen Wissenschaftsgeschichte*. Frankfurt am Main – Berlin – New York: Peter Lang 2003, S. 21–42.
6 Auerbach, Erich: *Mimesis*, S. 19.
7 Ebda.
8 Zum Begriff des Fraktals und damit einer posteuklidischen Geometrie vgl. Mandelbrot, Benoît B.: *Die fraktale Geometrie der Natur*. Herausgegeben von Ulrich Zähle. Aus dem Englischen übersetzt von Reinhilt Zähle und Ulrich Zähle. Basel – Boston: Birkhäuser Verlag 1987, S. 13. Zur Umsetzung der fraktalen Geometrie in die Literaturwissenschaften vgl. Ette, Ottmar: *WeltFraktale. Wege durch die Literaturen der Welt*. Stuttgart: J.B. Metzler Verlag 2017.

und archipelischem Erzählen die abendländische Literatur bis heute an und voran?

Vieles, ja sehr vieles spricht dafür! Erich Auerbachs kontrastiver Deutung, der man auch aus heutiger Sicht gewiss zustimmen kann, bliebe freilich hinzuzufügen, dass das Charakteristikum des ‚Zusammengestückt-Seins' dann nicht so sehr ins Gewicht fällt, wenn wir uns nicht mit dem Gesamtaufbau etwa des Alten Testaments in seiner Gänze, sondern mit spezifischen Episoden und Elementen etwa der Schöpfungsgeschichte, der *Genesis*, beschäftigen. An dieser Stelle greift – ohne dass dies der Zweiteilung Auerbachs Abbruch täte – die erzählerische Gewalt, die weitestgehend unabhängig von sicherlich bedenkenswerten Veränderungen in der Lebenswelt ihrer Leserschaft zum Tragen kommt, durchaus auf das Mittel einer Geschlossenheit dargestellter Welt zurück. Und dies insbesondere dann, wenn einzelne Teile des alttestamentarischen oder biblischen Narrativs als (im Sinne von André Gide) erzähltechnische *mise en abyme* die Totalität weltgeschichtlichen beziehungsweise heilsgeschichtlichen Geschehens zum Fraktal und damit zu einem *modèle réduit* (gemäß Claude Lévi-Strauss) verdichten. Der „biblische Erzählungstext"[9] ist mit derartigen Verdichtungsformen des Erzählens aber gespickt.

So funktioniert beispielsweise die Geschichte von Adam und Eva und ihrer Vertreibung aus dem Paradies[10] wie eine *mise en abyme* der gesamten Schöpfungs- und Heilsgeschichte – und dies im Abendland weitgehend unabhängig von sprachlichen und geokulturellen Grenzen, wie uns Werke von Dante Alighieri über Milton und Proust bis Lezama Lima eindrucksvoll vor Augen führen. War nicht des Christoph Columbus' Suche nach dem Irdischen Paradies und seine unbeirrbare Überzeugung, sich an der Mündung des Orinoco nicht nur am Ausgang eines gewaltigen Stromes, sondern im Angesicht eines der Ströme dieses Paradieses zu befinden,[11] ein wesentliches Movens der Entdeckungs- und Expansionsgeschichte Europas? Auf diese Beziehung zwischen weltgeschichtlicher und heilsgeschichtlicher Dimension wird noch zurückzukommen sein, berührt sie doch die Frage nach dem Verhältnis von Wissenschaft und Transzendenz unmittelbar. Für Christoph Columbus war die präzise Beobachtung naturkundlicher Phänomene wie des Auffindens von Süßwasser weit draußen vor der Mündung des Orinoco auf hoher See sehr wohl kompatibel mit der heilsgeschichtlichen Deutung, sich an der Mündung eines der biblischen Flüsse zu befinden, die zum Irdischen Paradiese führen. Und er glaubte sich diesem Paradiese sehr nahe.

---

9 Auerbach, Erich: *Mimesis. Dargestellte Wirklichkeit in der abendländischen Literatur*, S. 18.
10 Vgl. hierzu ausführlicher das erste Kapitel von Ette, Ottmar: *Konvivenz. Literatur und Leben nach dem Paradies*. Berlin: Kulturverlag Kadmos 2012.
11 Zur verbreiteten Auffassung, dass ein Zugang zum Paradies nur von Osten her möglich sein würde, vgl. Scharbert, Josef: *Die neue Echter Bibel*, S. 62.

Die häufig untersuchte Dialektik von Fragment und Totalität[12] wird in den angeführten Eingangspassagen von Auerbachs *Mimesis* von einer nicht minder wirkungsmächtigen Wechselbeziehung zwischen – wie sich formulieren ließe – raumzeitlicher Begrenztheit und raumzeitlicher Entgrenzung sowie von lebensweltlich fundierter Geschichtenwelt und religiös fundierter Weltgeschichte komplettiert. Für unsere Fragestellung rund um die Erfindung der Amerikas, die letztlich eine nochmalige Weitung und Erweiterung der Auerbach'schen Grundfrage darstellt, ist die Tatsache aufschlussreich, dass sich die weltgeschichtliche Dimension nicht nur mit einem absoluten Herrschaftsanspruch und christlichen Deutungsmonopol verbindet, das selbst die räumlich und zeitlich entferntesten Phänomene auf die eigene (Heils-) Geschichte zu beziehen sucht, sondern sich aus einer Abstraktion, einem Abgezogen-Sein von konkreten spatio-temporellen Bedingungen entfaltet, welches die Voraussetzungen einer Erzeugung von Totalität kontrolliert. Dies aber sorgt für Übertragbarkeit, sichert den transgenerationalen Wissensfluss auch dann, wenn sich starke Veränderungen oder scharfe Brüche innerhalb der jeweiligen lebensweltlichen Kontexte ereignen. *Eine* Geschichte wird so zur Form *der* Geschichte selbst und erhält (auf der ideologischen Ebene) die Züge einer christlichen Heilsgeschichte, die stets Weltgeschichte ist.

Diese Überlegungen deuten an, in welch grundlegendem Maße es seit jeher zu einer Verbindung – wenn auch nicht notwendigerweise Vermischung – von kontinentalen und archipelischen Erzähl- und Schreibweisen kommen konnte. Der von Erich Auerbach herausgearbeitete doppelte Traditionsstrang dargestellter Wirklichkeit in der abendländischen Literatur kann in seiner Wirkmächtigkeit auch dann bestätigt werden, wenn man von allem Anfang an – und auf den ersten Blick gegenläufig zu der *Mimesis* zugrunde liegenden These – das enge, intensive Verwoben-Sein weltlicher und religiöser Weltdeutung betont; ganz so, wie wir diese beiden Ebenen in der Weltdeutung des Christoph Columbus erkennen konnten. Doch dieser Befund wird gerade mit Blick auf die Weltkarte des Juan de la Cosa von eminenter Bedeutung sein.

Doch bleiben wir für einen Augenblick noch im Bereich der Literaturen der Welt! Das früheste Beispiel für ein derartiges Verwoben-Sein jener beiden Traditionsstränge, die Erich Auerbach anhand des von ihm gewählten Korpus abendländischer Literatur seit der Antike unterschied, bildet zweifellos das *Gilgamesch-Epos*, dessen Tontafeln auf das Mesopotamien des letzten Drittels des zweiten vorchristlichen Jahrtausends zurückgehen, dessen früheste Fassungen

---

12 Vgl. u. a. Dällenbach, Lucien / Nibbrig, Christiaan L. Hart (Hg.): *Fragment und Totalität*. Frankfurt am Main: Suhrkamp 1984.

zugleich aber auf das dritte vorchristliche Jahrtausend zurückverweisen[13] und somit nicht den Ursprung, wohl aber einige der maßgeblichen Ursprünge abendländischer Literatur repräsentieren.

In Auerbachs Zweiteilung abendländischer Erzähltraditionen und Welt(h)erstellungen ist nun die Verbindung beider Erzählweisen keineswegs als zufällig zu begreifen, ließe sich hierin doch nicht nur die Koexistenz, sondern *Konvivenz* unterschiedlicher Logiken und damit *eine* der Ausdrucksformen des Viellogischen erblicken, das die inkludierenden, integrierenden Formen der Reflexion von Zusammenleben zu begleiten pflegt. Und bereits im *Gilgamesch*-Epos kommt gerade der Dimension eines sich verändernden Zusammenlebens zwischen den Göttern, den Menschen, den Tieren, Pflanzen und Dingen innerhalb eines menschheitsgeschichtlichen Prozesses der Zivilisation eine fundamentale Bedeutung zu.[14] Schon in den ersten Versen des Epos ist die Frage der Konvivenz am Beispiel des begrenzten Raumes einer Stadtkultur allgegenwärtig.

Abb. 15: Tontafel V des Gilgamesch-Epos. Mesopotamien, Irak, 2000–1600 v. Chr.

Dabei gilt es zu betonen, dass im Herzen dieses Texts nicht ein ländlichparadiesischer Raum, sondern eine Stadtlandschaft steht, wie sie sich im Zweistromland modellhaft in ihrer soziokulturellen und geopolitischen Ausdifferenzierung entwickelte. Literatur ist von Anfang an ein wesentlich urbanes

---

13 Vgl. hierzu Maul, Stefan M.: Einleitung. In: *Das Gilgamesch-Epos*. Neu übersetzt und kommentiert von Stefan M. Maul. München: C.H. Beck 2005, S. 13 f.
14 Vgl. hierzu Ette, Ottmar: *ZusammenLebensWissen. List, Last und Lust literarischer Konvivenz im globalen Maßstab (ÜberLebenswissen III)*. Berlin: Kulturverlag Kadmos 2010, S. 34–36.

Phänomen und in der Regel mit Urbanität verbunden.[15] So ist die große Stadt Uruk als Mikrokosmos eines gesamten Weltentwurfs die eigentliche Protagonistin dieses Epos: Von ihr gehen alle Wege des Gilgamesch aus, zu ihr führen alle Wege der Helden wie der Götter hin: Sie steht im Mittelpunkt eines sternförmig von ihr ausstrahlenden und wieder zu ihr führenden Bewegungsmusters, das auf allen Tontafeln des Epos präsent ist. Urbanität und Literatur sind mithin seit den frühesten Zeiten aufs Engste miteinander verbunden.

Der Anspruch dessen, was wir heute als Literatur bezeichnen, auf die Erfassung einer Totalität alles Geschaffenen und Gewordenen, sowie auf die Entfaltung eines darauf gegründeten Weltbewusstseins manifestiert sich bereits auf den ersten Tontafeln dieses Werks, welche die sternförmigen Bewegungen des großen Gilgamesch skizzieren, der die Räume und die Zeiten an ihrer Oberfläche, vor allem aber in ihrer Tiefe quert:

> Der, der die Tiefe sah, die Grundfeste des Landes,
> der das *Verborgene* kannte, der, dem alles bewußt -
> Gilgamesch, der die Tiefe sah, die Grundfeste des Landes,
> der das *Verborgene* kannte, der, dem alles bewußt -
>
> *vertraut sind ihm die Göttersitze* allesamt.
> Allumfassende Weisheit *erwarb* er in jeglichen Dingen.
> Er sah das Geheime und deckte auf das Verhüllte,
> er brachte Kunde von der Zeit vor der Flut.[16]

Es geht, wie Sie unschwer sehen, keineswegs nur um die mesopotamische Stadt Uruk, die – wie betont – im Zentrum des Epos steht; vielmehr geht es um die gesamte Welt! Eine weltumspannende, weltweite[17] Dimension ist von Beginn an deutlich erkennbar. Literatur entwirft sich auf diesen uralten Tontafeln als ein in ständiger Bewegung befindliches Weltbewusstsein, dessen Bezugs- und Durchgangsort freilich immer der urbane (Bewegungs-)Raum in Mesopotamien ist. Doch sie zielt auf das Ganze der Welt und will das Ganze der Welt.

---

15 Vgl. hierzu Ette, Ottmar: Urbanity and Literature – Cities as Transareal Spaces of Movement in Assia Djebar, Emine Sevgi Özdamar and Cécile Wajsbrot. In: *European Review* (Cambridge) XIX, 3 (2011), S. 367–383.
16 *Das Gilgamesch-Epos*, S. 46. Die Kursivierungen geben in dieser Edition erschlossene, nicht gesicherte Ergänzungen an.
17 Zur epistemologischen Deutung und Bedeutung dieses Begriffs vgl. Ette, Ottmar: „Worldwide" – „weltweit" – à l'échelle mondiale: vivre dans des mondes transarchipéliques. In: Lassalle, Didier / Weissmann, Dirk (Hg.): *Ex(tra)territorial. Reassessing Territory in Literature, Culture and Languages / Les Territoires littéraires, culturels et linguistiques en question*. With an essay by Yoko Tawada. Amsterdam – New York: Rodopi 2014, S. 159–194.

Der urbane Bewegungsraum wird gleich zu Beginn in seiner schieren Spatialität, in seiner beeindruckenden räumlichen Erstreckung immer wieder (und noch ein letztes Mal ganz am Ende des Epos) voller Stolz eingeblendet, wobei das Ineinandergreifen von Urbanität, Natur und vom Menschen bebauter Natur sowie der Dimension von Transzendenz überdeutlich markiert wird. Uruk ist der Mikrokosmos eines Makrokosmos, für den es kein ‚Außerhalb' gibt und geben kann. Der Stadtraum – vergessen wir dies nicht! – ist dabei der Raum der Literatur und ihres ZusammenLebensWissens:

> Eine (ganze) Quadratmeile ist Stadt,
> eine (ganze) Quadratmeile Gartenland,
> eine (ganze) Quadratmeile ist Aue,
> eine halbe Quadratmeile der Tempel der Ischtar.
> Drei Quadratmeilen und eine halbe, das ist Uruk, das sind die Maße![18]

Die Stadt Uruk liegt mit ihrer Stadtstruktur und ihrer territorialen Landverteilung vor den Augen der Leserschaft – vor *unseren* Augen! Dies bedeutet keineswegs, dass wir es in dieser textuellen Modellierung mit einem statischen Weltentwurf zu tun hätten, welcher jeglicher Bewegung fremd gegenüberstünde. Der in diesen Versen aufgespannte Raum ist fraglos im bewegungsgeschichtlichen Sinne ein Bewegungsraum, wird Uruk doch durch die Reisen und Wanderungen des Gilgamesch konfiguriert, die es immer wieder von neuem queren und dadurch mit den entferntesten Enden der Erde verbinden. Denn die Stadt ist – ganz im Sinne eines Stadtnamens wie ‚Strassburg' – ein Kreuzungspunkt unterschiedlicher Verbindungsstraßen.

Das Weltbewusstsein dieses im mesopotamischen Raum ersonnenen Epos konzentriert sich in der großen Stadt des Gilgamesch, in der sich alle Wege kreuzen. Diese Welt des Gilgamesch ist mithin vektoriell bestimmt: Wissen ist vom Reisen, Reisen ist vom Wissen nicht zu trennen. So überrascht es nicht, dass die Gattung des Reiseberichts (bei einem Marco Polo oder bei einem Ibn Battuta) zu einer besonders erfolgreichen Form der Anordnung des Wissens einer bestimmten Zeit über die Welt werden konnte: Reiseberichte *verkörpern* das Wissen einer Zeit über einen gegebenen (Bewegungs-)Raum. Reisen lässt sich aus epistemologischem Blickwinkel als Anordnungsform von Wissen verstehen.

Die Stadt (Uruk) ist eine Insel im Archipel ihrer die ganze Welt umfassenden Relationen: Die Formel *urbi et orbi* erweist sich hier in ihrer ganzen Tiefgründigkeit. Die strahlende, von Mauern geschützte Stadt ist das Reich des Menschen und das der Zeichen: gerade auch der Zeichen der Literaturen der Menschen – aus Tonziegeln wie aus Tonscherben zusammengestückt und aneinandergereiht. In der

---

[18] *Das Gilgamesch-Epos*, S. 46.

überschaubaren Struktur der Stadt entsteht ein verständlicher Entwurf einer nicht mehr überblickbaren Welt: Das *Worldmaking* ist mit Urbanität verbunden.

So eröffnet das *Gilgamesch-Epos* mit all seinen Vorläufern[19] und mit all seinen literatur- und religionsgeschichtlich so wirkmächtigen Modellierungen eine lange künstlerische Tradition, innerhalb derer in der literarischen Langform die Darstellung des Allumfassenden häufig mit der Darstellung der Stadt verknüpft und in eine Beziehung zwischen Mikrokosmos und Makrokosmos übersetzt wird. Dabei schreiben sich Stadt wie Literatur – die sich zu allen Zeiten der Herausforderung stellen musste, das Unendliche in begrenzter, endlicher Form darzustellen – jeweils auf der Seite des Mikrokosmos ein, in dem das vom endlichen Menschen endlich Geschaffene seine eigene Form gewinnt und sich zugleich *fraktal* auf eine Transzendenz hin öffnet. Sind nicht Garten und Tempel Teile der Stadt? Bilden sie nicht zählbare, begrenzte Anteile an einer Stadtstruktur und damit an einem Modell der Welt?

Mit dieser Endlichkeit aller weltlichen Dinge muss sich gegen Ende des *Gilgamesch-Epos* schließlich auch der Held selbst abfinden. Nach dem Scheitern seines letzten Versuches, die physische Unsterblichkeit zu erringen – also gleichsam Zugang zu den Früchten des Lebens-Baums zu erhalten –, kehrt er nach Uruk zurück: „Nach zwanzig Meilen brachen sie das Brot, / nach dreißig Meilen hielten sie die Abendrast. / Dann aber erreichten sie Uruk, die Hürden(umhegte)."[20]

Bereits bevor die elfte und letzte Tontafel wortgleich mit dem Bild der Stadt Uruk aus der ersten Tontafel endet, schließt sich der Kreis[21] für den Helden Gilgamesch, kehrt er auf diese Weise doch von seinen den ganzen Erdkreis, ja das gesamte Universum erfassenden weltweiten Wanderungen in seine Stadt zurück. Es ist eine Heimkehr, die als hermeneutische Bewegungsfigur nicht nur den Kreis des Narrativs schließt, sondern der gesamten Bewegung des Epos ihren Sinn (und ihren so faszinierend vieldeutigen Eigen-Sinn) verleiht. Als ein zutiefst Veränderter kehrt Gilgamesch in seine Stadt zurück: Er weiß nun, dass er der Unsterblichkeit nicht teilhaftig werden kann, ja ahnt vielleicht auch, dass das von ihm noch einmal inspirierte gigantische Verteidigungswerk der Stadt Uruk als „Ziegelwerk"[22] nicht allen Stürmen der Zukunft trotzen kann, sondern wie er selbst vergehen wird.

---

19 Vgl. hierzu die genealogischen Überlegungen in Maul, Stefan M.: Einleitung. In: *Das Gilgamesch-Epos*, S. 9–18.
20 Ebda., S. 152.
21 Zur Bewegungsfigur des Kreises vgl. Ette, Ottmar: *Literatur in Bewegung. Raum und Dynamik grenzüberschreitenden Schreibens in Europa und Amerika*. Weilerswist: Velbrück Wissenschaft 2001, S. 21–84.
22 *Das Gilgamesch-Epos*, S. 152.

Doch Gilgamesch wird in ‚seinem' Epos weiterleben: Sein *WeltErleben* geht in sein *WeiterLeben* über und eröffnet die intime Beziehung zwischen Wissen und Transzendenz. Seine Gestalt ist für die Deutung kommender Geschlechter geschaffen und für diese unterschiedlichen Sichtweisen offen. Und ließen sich Kunst und Literatur in diesem vom *Gilgamesch-Epos* abgeleiteten Sinne nicht vor allem auch als spezifisch ästhetische Formen (und Normen) eines *WeiterLebens-Wissens*[23] begreifen?

Die Rückkehr des weltbewussten Wanderers Gilgamesch zeigt, dass die Rückkehr in das Eigene nicht die Rückkehr in das Selbe sein kann. Der Wanderer wie die Stadt haben sich verändert, haben sich in der abgelaufenen vierten Dimension der Zeit transformiert. Gilgamesch kann bei seiner Heimkehr nicht mehr sein, was er bei seinem Aufbruch einst gewesen war. Dabei ist er nicht notwendigerweise zu einem Anderen, sondern zu einem *Weiteren* (und einem Geweiteten) geworden. Genau an dieser Stelle, die auch den Übergang vom Wissen zur Weisheit markiert, eröffnet sich die Möglichkeit, das WeltErleben zu einem WeiterLeben zu erweitern und damit doch noch den Traum von Unsterblichkeit zu verwirklichen.

Der Migrant Erich Auerbach, der vor den Nationalsozialisten in die Türkei nach Istanbul fliehen musste, war sich in seinem literaturwissenschaftlichen Schreiben dieser Perspektivik sehr wohl bewusst. So ist es gewiss kein Zufall, dass er sein im Exil verfasstes Hauptwerk *Mimesis* mit der Szene der Heimkehr eines Odysseus beginnen lässt, der als im doppelten Sinne ‚Gezeichneter' an seiner Narbe von der Dienerin Eurykleia erkannt wird. Auch Odysseus musste es erst verstehen: Rückkehr ist niemals Heimkehr zum Selben. Erich Auerbach aber, wie Odysseus vom Exil gezeichnet, wird nicht aus Istanbul nach Marburg zurückkehren, in sein von den Nationalsozialisten zerstörtes Deutschland. Er wird ein weiteres Mal migrieren und nicht die Rückkehr, die Heimkehr wählen: Sein Weg wird ihn notwendig in jenen Raum weiter-führen, der in seinem Buch *Mimesis* überhaupt nicht vorkommt – in die Welt des amerikanischen Kontinents!

Auerbach, der von der Schönheit der Inselwelt und Insel-Welt[24] des klassischen, namengebenden Archipelagus im östlichen Mittelmeer zutiefst beein-

---

23 Vgl. zum Weiterlebenswissen Ette, Ottmar: Welterleben / Weiterleben. Zur Vektopie bei Georg Forster, Alexander von Humboldt und Adelbert von Chamisso. In: Drews, Julian / Ette, Ottmar / Kraft, Tobias / Schneider-Kempf, Barbara / Weber, Jutta (Hg.): *Forster – Humboldt – Chamisso. Weltreisende im Spannungsfeld der Kulturen.* Mit 44 Abbildungen. Göttingen: V&R unipress 2017, S. 383–427.

24 Ich komme auf diese Unterscheidung zurück; vgl. hierzu auch Ette, Ottmar: Von Inseln, Grenzen und Vektoren. Versuch über die fraktale Inselwelt der Karibik. In: Braig, Marianne / Ette, Ottmar / Ingenschay, Dieter / Maihold, Günther (Hg.): *Grenzen der Macht – Macht der Grenzen. Lateinamerika im globalen Kontext.* Frankfurt am Main: Vervuert Verlag 2005, S. 135–180.

druckt war, richtete sein Hauptwerk *Mimesis* wie eine Welt aus einzelnen Inseln ein: Jedes Kapitel lässt sich separat lesen und besitzt seine eigene Logik, und doch bildet es eine archipelische Inselwelt, in der es mit allen anderen Kapiteln verbunden ist. Der ins Exil geflohene Migrant wird sich in der Geschichte seines eigenen Lebens mutig *gegen* das homerische Epos, gegen die Rückkehr des Odysseus, und zugleich entschlossen *für* die Weitung und Erweiterung der Diegese seines Lebens entscheiden. Er wird die Narbe des Odysseus an amerikanische Gestade tragen, um sein letztes Lebensjahrzehnt fernab einer ungastlichen Heimat ganz der philologischen Forschung zu widmen.

Die Anrufung der Leserfiguren gleich am Anfang wie am Ende von *Mimesis* zeigt, dass die von dem aus einem nationalsozialistischen Deutschland Vertriebenen erstrebte Gemeinschaft nicht länger national sein kann: Es ist die Gemeinschaft der Lesenden weltweit, an die sich auch seine Philologie der Weltliteratur wendet. Erich Auerbach weiß, wie sehr die Orientierung am Nationalen eine Illusion, ja eine Selbsttäuschung ist. Seine *Arbeit am Mythos*[25] des Heimkehrers Odysseus mündete gerade nicht in einen Mythos der Heimkehr ein, sondern weitete sich hin auf die ihm zeitgenössisch mögliche Dimension des Weltweiten. War er in die Ränder Europas vor der Verfolgung geflohen, so gestaltete er nun bewusst seine Zukunft, die ihn aus jenem Europa, dem er mit jeder Faser seines Wesens wie seines Lesens verbunden blieb, heraus und nach Amerika führte.

Wenn wir mit der epischen Langform des *Gilgamesch*-Epos über den zeitlichen Rahmen der in Auerbachs *Mimesis* behandelten Werke historisch zurückgegangen sind, so sollten wir durchaus im Sinne von Auerbachs Philologie der Weltliteratur gleichfalls eine räumliche Erweiterung vornehmen, die uns mit dem altchinesischen *Shijing* zugleich in der literarischen Kurzform entgegentritt. In diesem *Buch der Lieder* stoßen wir fraglos auf jenen anderen Traditionsstrang nicht mehr nur innerhalb der Literaturen des Abendlands, sondern innerhalb der Literaturen der Welt, der im Modus des Fraktalen noch immer die Totalität einer Welt zu repräsentieren sucht. Folgen wir also kurz dieser Sammlung von Liedern und Gedichten, die uns ins Herz eines anderen, in keiner Weise transatlantischen Weltentwurfs führen!

Ohne damit behaupten zu wollen, dass sich die Literaturen der Welt – ein bei Erich Auerbach kurz aufblitzender, von ihm aber nicht ausgearbeiteter Begriff[26] – auf die beiden in *Mimesis* benannten Traditionsstränge literarischer

---

25 Vgl. hierzu Blumenberg, Hans: *Arbeit am Mythos*. Frankfurt am Main: suhrkamp [4]1986.
26 Vgl. Auerbach, Erich: Philologie der Weltliteratur, S. 302; zu den höchst unterschiedlichen Konzeptionen von „Weltliteratur" und „Literaturen der Welt" vgl. Müller, Gesine: Literaturen Amerikas und ihre Rezeption in Deutschland. In (dies., Hg.): *Verlag Macht Weltliteratur. Lateinamerikanisch-deutsche Kulturtransfers zwischen internationalem Literaturbetrieb und Über-*

Weltentwürfe reduzieren ließen, sei doch die poetische Strahlkraft des Fraktalen im *Shijing* betont. Denn beim *Shijing* handelt es sich um eine Sammlung von Liedern, Gesängen und Gedichten, die aus den unterschiedlichsten Städten und Regionen des altchinesischen Raums stammen und die in kurzen, höchst kunstvoll und rätselhaft verdichteten Formen eine Welt entwerfen, welche wohl kaum aus der Perspektive eines einzigen Helden, einer einzigen (Erzähler-)Figur erfasst werden kann. Diese Entwürfe von Welt aus unterschiedlichen Klimazonen sind daher von einer starken Multiperspektivität geprägt.

Ganz wie im *Gilgamesch-Epos* die Konvivenz, folglich die Frage des Zusammenlebens zwischen Menschen und Göttern, zwischen Menschen und Menschen, Menschen und Tieren, Menschen und Pflanzen wie auch Menschen und Gegenständen im eigentlichen Zentrum dieses Weltentwurfes steht, so findet sich auch in den fraktalen Ausdrucksformen des *Shi Jing* immer wieder die Frage nach dem Zusammenleben in all seinen Formen, aber auch göttlichen wie menschlichen Normen. Immer wieder wird diese Frage aus sehr menschlichen Gesichtspunkten thematisiert, ohne dass auf den ersten Blick weltumspannende Fragestellungen damit einher gingen. Greifen wir hier ein Beispiel aus dem 10. Buch dieser Sammlung heraus, aus dem „Tangfeng – Lieder aus Tang":

Die Schlingbohne wächst.

Die Schlingbohne wächst deckt die Dornen
die Winde will übers Brachland
mein Schönster ging fort von hier
mit wem leben? – allein wohnen.

Die Schlingbohne wächst deckt die Brustbeere
die Winde will übers Grenzland
mein Schönster ging fort von hier
mit wem leben? – allein bleiben.

Hornkissen so prall
Brokatdecke so blank
mein Schönster ging fort von hier
mit wem leben? – einsamer Morgen.

---

setzungspolitik. Berlin: Verlag Walter Frey – edition tranvía 2014, S. 117–132; Ette, Ottmar: Vom Leben der Literaturen der Welt. In Müller, Gesine (Hg.): *Verlag Macht Weltliteratur*, S. 289–310; sowie Müller, Gesine: ¿Literatura mundial o literaturas mundiales? Un estudio de caso de las letras latinoamericanas en la editorial Suhrkamp. In: Müller, Gesine / Gras, Dunia (Hg.): *América Latina y la Literatura Mundial: mercado editorial, redes globales y la invención de un continente*. Madrid: Vervuert – Iberoamericana 2015, S. 81–98.

Des Sommers Tage, des Winters Nächte
nach hundert Jahren
finde ich bei ihm Zuflucht.

Des Winters Nächte, des Sommers Tage
nach hundert Jahren
finde ich in seine Arme.[27]

Anders als im dominant kontinuierlichen, gleichsam kontinentalen Weltbewusstsein des *Gilgamesch*-Epos entfaltet sich in den literarischen Kurzformen des *Shijing* eine Welt des Diskontinuierlichen, des Voneinander-getrennt-Seins, das sich selbst auf inhaltlicher Ebene zumeist nur prospektiv oder retrospektiv des direkten, unmittelbaren Verbunden-Seins erfreut. Die vieldimensionale Symbolik der Pflanzenwelt umschreibt – wie auch in vielen anderen Gedichten der altchinesischen Sammlung – eine zwar genau fokussierte Einzelsituation, ermöglicht aber gerade dadurch eine Verallgemeinerbarkeit für verschiedenartigste Situationen des In-der-Welt-Seins. Wie in einem Brennspiegel raum-zeitlich begrenzter Bewegungen (als „motions" und „emotions") präsentiert uns das *Shijing* eine Welt unablässigen Wandels, in der sich die Bezugspunkte immer wieder verändern. Alles in dieser Welt ist in Bewegung, quert vorhandene Grenzen, wächst und überwuchert, erscheint und entschwindet wieder. Das Wachstum der Pflanze versinnbildlicht gemeinsam mit den Zeitangaben die zunächst unmerkliche, dann aber zupackende Veränderbarkeit aller Verhältnisse und Bedingungen des menschlichen Lebens und des Zusammenlebens zwischen unterschiedlichen Teilen der Natur. Auch das *Shijing* ließe sich als ein *Yijing* auffassen, als ein Buch der Wandlungen, in welchem alles – vergleichbar mit dem Vorsokratiker Heraklit – immer im Fluss ist.[28]

In dieser Welt der diskontinuierlichen Bewegungen erscheinen Menschen wie Pflanzen, Tiere oder Gegenstände in hoher semantischer Verdichtung, verweisen stets wechselseitig aufeinander, leben aber doch in ihrer Eigen-Logik, die nicht nur ihre Isolierung, ihre Inselhaftigkeit, sondern auch ihre Relationalität, ihre Vielverbundenheit mit einer Gesamtheit des zwischen Himmel und Erde Existierenden, bedingt und begründet. Bereits im Wesen der Schlingbohne ist dieses Verwoben-Sein deutlich gegenwärtig, das in der Pflanzenwelt vorexerziert und in der Menschenwelt ersehnt und nachgelebt wird.

---

27 *Das Liederbuch der Chinesen. Guofeng*. In neuer deutscher Übertragung von Heide Köser. Philologische Bearbeitung von Armin Hetzer. Frankfurt am Main: Insel Verlag 1990, S. 103.
28 Vgl. hierzu Pohl, Karl-Heinz: *Ästhetik und Literaturtheorie in China. von der Tradition bis zur Moderne*. München: K.G. Saur 2007, S. 109–119.

Aber nichts verbindet all diese Elemente auf dauerhafte Weise, nichts erzeugt eine gesicherte Kontinuität, welche die angesprochene Relationalität in eine Kontinentalität überführen würde. Mit anderen Worten: Nichts verwandelt die Inseln in Festland. Alles steht mit allem in Verbindung, ohne doch zu einer Einheit zu verschmelzen – und damit ohne die jeweilige und je eigene Insularität aufzugeben und aufzuheben. Zusammenleben ist hier allein aus dem Bewusstsein eigener Diskontinuität bei gleichzeitigem Eingebundensein in einen übergreifenden Weltzusammenhang möglich. Konvivenz setzt in einer Welt der Kontingenz auf fundamentale Weise Koinzidenz voraus.

Der Kontingenz sind vor allem die Geschicke der Menschen ausgeliefert, welche sich vor diesen zweifellos menschengemachten Zufällen nicht zu schützen vermögen. Ihr Leben wird nicht allein von einem stetigen Werden und Vergehen bestimmt. So heißt es etwa im Zyklus „Beifeng – Lieder aus Bei" mit der explizit markierten Stimme der Ehefrau, die von ihrem in den Krieg gezogenen Ehemann getrennt ist, am Ende von „Die Trommel dröhnt", das sich auf historische Ereignisse und Kriegszüge bezieht, die in den Zeitraum zwischen 720 und 719 v.u.Z. fallen[29]:

> Tot und lebendig getrennt wir Einsamen
> wir waren uns doch einig
> ich faßte nach deiner Hand
> mit dir wollte ich alt werden.
>
> So weit weg von dir
> ist schlecht leben
> so weit fort von mir
> hältst du nicht Wort.[30]

Die Menschen werden auseinander gerissen, werden voneinander durch Kriege und Kriegszüge, aber auch durch andere Katastrophen getrennt, welche ein Leben in Kontinuität, in Konvivenz nicht zulassen. Stets erscheint die erhoffte, ja ersehnte Kontinuität und Einheit als Trugschluss – ebenso im Raum wie in der Zeit und damit der (sich kreuzenden und wieder verlierenden) Bewegung. Weltentwurf und Leben sind von Diskontinuitäten geprägt, auf welche der einzelne Mensch keinen Einfluss besitzt.

Daher werden auch die Liebenden rasch voneinander getrennt, unvorhersehbar voneinander entfremdet. Was zählt da noch das gegebene menschliche Wort? Das individuelle Leben erscheint im Zeichen der Einsamkeit, der eigenen

---

[29] Vgl. hierzu den Kommentar in *Das Liederbuch der Chinesen*, S. 31.
[30] Ebda.

Inselhaftigkeit: Selbst der Tod verspricht nicht deren Überwindung. Immer wieder tauchen neue Kräfte auf, die ein Zusammenleben unterlaufen, weil die Bewegungen der Lebenden von fremden Gewalten auseinandergetrieben werden. Kontinuität ist nicht in Sicht, Diskontinuität ist das Maß des Lebens und des Weiterlebens. Das Leben ist vom Disruptiven geprägt!

Das Lebenswissen in den Gedichten des *Shijing* weiß folglich den Zuhörerinnen und Zuhörern ein Lied (und viele Lieder) davon zu singen, wie sehr sich alles in unsteter, unvorhersehbarer Bewegung befindet. Nichts ist planbar, nichts verlässlich; alles ist wandelbar, alles verändert sich. So benennt das Gedicht „Die Eintagsfliege" aus dem „Caofeng – Lieder aus Cao" den Entwurf einer Konvivenz aus der Kontingenz, aus der Bewegung eines so sehr begrenzten Tanzens: „Die Flügel der Eintagsfliege / tanzen in Farben / mein Herz fürchtet sich so sehr / sei meine Frau, sollst mit mir leben."[31]

Anders als in der Langform des *Gilgamesch-Epos* bieten uns die lyrisch verdichteten Kurzformen des *Shijing* eine Welt des Abrupten, des Diskontinuierlichen: eine Welt des Inselhaften und mehr noch Archipelischen, das sich aus den wechselseitigen Beziehungen zwischen den so unterschiedlichen Liedern und Gedichten speist. Zugleich aber beruht es auch auf jenen Figuren, Figurationen und Konfigurationen, die sich in den jeweiligen Kurzformen in stetig unsteter Bewegung befinden und dabei kotextuell aufeinander verweisen. Der narrativen, epischen Kontinuität steht auf diese Weise eine lyrische Diskontinuität gegenüber, welche die von Erich Auerbach so feinsinnig beobachtete Zweigleisigkeit abendländischer Weltdarstellung auch auf einer Ebene jenseits des Okzidentalen zu bestätigen scheint.

Versuchen wir, aus diesem Befund Konsequenzen für eine Darstellung und Inszenierung der Welt zu ziehen, die zugleich Rückwirkungen auf die Darstellungs- und Inszenierungsformen von Amerika besitzt: Denn ich möchte bei Ihnen erst gar nicht die Frage aufkommen lassen, was denn dies alles mit dem Erfinden und Finden von Amerika zu tun habe! Dem dominant kontinentalen, wenn auch mit fraktalen Formen ausgestatteten Weltentwurf des *Gilgamesch*-Epos ließe sich auf diese Art und Weise ein archipelisches Weltbewusstsein gegenüberstellen, das in den transareal miteinander über Jahrhunderte und Jahrtausende vernetzten Literaturen der Welt innerhalb höchst unterschiedlicher kultureller Kontexte entstanden ist.

Dabei gibt es auch eine Vielzahl von Übereinstimmungen zwischen diesen Textfiliationen, die wir in diesen jahrtausendealten Texten leicht konstatieren können. Nomadische Bewegungen und Querungen entfalten sich im *Gilgamesch-*

---

31 Ebda., S. 123.

Epos wie im *Shijing*: Menschen, welche die Welt erkunden, Menschen, die mit ihren Herden fortziehen, Menschen, die der Krieg auseinander treibt, Menschen, die sich unablässig in Zeit und Raum bewegen und niemals an Ort und Stelle bleiben (können). Stets werden alle vom Fluss der Geschichte mitgerissen, glauben sich als Handelnde, sind letztlich aber doch nur Gehandelte angesichts einer bestenfalls bruchstückhaft lebbaren Konvivenz. Man könnte dies mit jenem Zitat von Hugo von St. Victor verbinden, jener Formel des „*mundus totus exilium est*",[32] das in Auerbachs Philologie der Weltliteratur alles zu überragen und alles zu überleben scheint. Das im Begriff des ‚Exils' noch immer die Insel gegenwärtig ist, die vom Isoliert-Sein im Exil spricht, ist ganz gewiss kein Zufall!

Der Inselhaftigkeit entsprechen bestimmte literarische Formen: Im *Shijing* ist es die kleine, die gedrängte, die verdichtete Form, die sich der Fusion widersetzt und aus ihrem ästhetischen Widerstand die Widerstandskraft und vielleicht mehr noch die Widerständigkeit ihrer Ästhetik als Form verdichteter Bewegung gewinnt. So können nicht allein auf Ebene der abendländischen Literatur im Sinne Auerbachs, sondern auch auf jener der Literaturen der Welt jene beiden Traditionsstränge ausgemacht und voneinander unterschieden werden, die sich als ein *kontinentales* beziehungsweise als ein *archipelisches* Erzählen, Singen und Schreiben benennen und begreifen lassen. Lassen sich diese beiden Modi, die Welt in ihrer Totalität zu präsentieren und zu repräsentieren, aber auch in anderen Darstellungsformen der Welt im Abendland identifizieren?

Das Epochen- und Lebensgefühl der sich herausbildenden Frühen Neuzeit ist ohne die innerhalb kürzester Zeit am Ausgang des 15. und zu Beginn des 16. Jahrhunderts erfolgende Expansion der iberischen Mächte Spanien und Portugal im Gefolge ihrer Vielzahl an geographischen Auffindungen und Eroberungen, aber auch nautischen Erkenntnissen und neuen Handelsrouten nicht zu verstehen.[33] Binnen weniger Jahrzehnte wandelte sich das Gesicht der Erde im Spiegel Europas. Mit welcher Freude und welchem Lebensgefühl die europäischen Zeitgenossen die Entdeckungen und Veränderungen ihres Weltbilds begrüßten, hatten wir im Zitat von Pietro Martire d'Anghiera eindrucksvoll gesehen.

Die Entdeckung Amerikas für die europäischen Zeitgenossen ging einher mit einer Aufbruchstimmung, welche sich auf den unterschiedlichsten Ebenen und keineswegs allein in Spanien oder in Portugal manifestierte. Im Zeichen der rasch zirkulierenden und in die unterschiedlichsten Sprachen Europas übersetz-

---

32 Auerbach, Erich: Philologie der Weltliteratur, S. 310.
33 Vgl. hierzu ausführlich das Kapitel „Globalisierung I" in Ette, Ottmar: *TransArea. Eine literarische Globalisierungsgeschichte*. Berlin – Boston: Walter de Gruyter 2012; sowie die längst klassische Arbeit von Belting, Hans: *Florenz und Bagdad. Eine westöstliche Geschichte des Blicks*. München: Beck 2008.

ten Berichte von der sogenannten ‚Neuen Welt' entstand eine Atmosphäre, in der die vorbildgebende Antike im Zeichen ihrer Wiedergeburt, ihrer Renaissance, zugleich durch fundamentale Erweiterungen des Wissens nicht nur korrigiert, sondern mehr noch übertroffen und grundlegend transformiert wurde.

Es war, als ob man die Säulen des Herkules durchschifft und sich bei der weiteren Navigation nicht länger an atlantischen Küstenstreifen orientiert, sondern als ob man auf allen Ebenen des Geistes und des Denkens in unbekannte Weiten aufgebrochen wäre. Nichts schien die Expansion der aufsteigenden Weltmächte, aber auch des Wissens, der Wissenschaften und Fertigkeiten des Menschen in Europa aufhalten zu können. Wir hatten gesehen, auf welche Weise Chronisten wie der Italiener Pietro Martire d'Anghiera, der als Pedro Mártir de Anglería[34] in die Geschichtsbücher einging, in engem Kontakt mit den großen Protagonisten der iberischen Erkundungsfahrten die neuen Kenntnisse und die neuen Reichtümer festhielten, welche aus Übersee nach Europa gelangten. Es waren diese Chronisten, deren Schriften und Publikationen wesentlich dafür verantwortlich waren, dass und wie sich die Expansion der iberischen Mächte in den Köpfen ganz Europas widerspiegelte. Ein Goldenes Zeitalter in den Wissenschaften und Künsten begann – und es ist nicht ganz von der Hand zu weisen, das Goldene dieses Zeitalters mit dem schließlich in Amerika zunächst von den ‚Entdeckern' erfundenen, aber dann endlich aufgefundenen, geraubten und nach Europa gebrachten Gold in Verbindung zu bringen.

Selbstverständlich war die Fahrt des Columbus nicht der Ausgangspunkt aller späteren Aufbrüche, sondern selbst schon eine Konsequenz jener Veränderungen, die sich überall in Europa gezeigt und sich auch in den Forschungen von Heinrich dem Seefahrer in Portugal niedergeschlagen hatten. Unter korrigierendem Rückgriff auf die *Geographia* des Ptolemäus, die um das Jahr 1400 in Gestalt eines heute verlorenen Exemplars von einer Gruppe für das griechische Altertum entflammter Florentiner aus Konstantinopel in die Stadt am Arno gebracht worden war,[35] begann Europa, seine Kartennetze über die Welt auszuwerfen und immer weiteren Landstrichen und Inseln ihre an Europa rückgebundenen Koordinaten zuzuweisen.

---

34 Vgl. etwa Mártir de Anglería, Pedro: *Décadas del Nuevo Mundo*. Estudio y Apéndices por el Dr. Edmundo O'Gorman. Traducción del latín del Dr. Agustín Millares Carlo. 2 Bde. México, D.F.: Editorial José Porrúa e hijos 1964.
35 Vgl. hierzu Edgerton, Samuel Y.: *Die Entdeckung der Perspektive*. Aus dem Englischen von Heinz Jatho. München: Wilhelm Fink Verlag 2002, insbes. S. 85–112. Die Originalausgabe erschien ein gutes Vierteljahrhundert früher unter dem Titel *The Renaissance Rediscovery of Linear Perspective*. New York: Basic Books 1975.

All dies betraf selbstredend die Darstellungsweisen und kartographischen Projektionen der Erde selbst. Nicht nur die drei von Ptolemäus angegebenen Möglichkeiten der Projektion der Erdkugel auf eine plane, zweidimensionale Fläche waren von enormer Bedeutung für die Experimente und Traktate, für die Bau- und Denkformen der – wie man heute sagen würde – Florentiner ‚Stararchitekten' Leon Battista Alberti und Filippo Brunelleschi, die im Zeichen einer alles beherrschenden linearen und zentralisierenden Perspektive den modernen okzidentalen Blick grundlegend umformten, ja geradezu neu erfanden. Denn waren diese Neu-Erfindungen nicht auch deutliche Zeichen einer Zeit, die es wagte, im Bewusstsein der Antike weit über die Antike hinauszudenken; so wie Christoph Columbus es gewagt hatte, auf Grundlage antiker wie mittelalterlicher Quellen mit Hilfe der insbesondere nautischen Technologien seiner Zeit über die Grenzen der Antike hinaus zu segeln?

Nicht allein die Technologien des Segelns oder die Schiffe selbst, die wie die neuartigen Karavellen nicht mehr nur für ein landnahes Navigieren, sondern für ein Segeln auf hoher See geeignet waren, hatten sich verändert. Auch das Gitternetz selbst, das der große alexandrinische Geograph über die ihm bekannte Welt zwischen den Inseln der Glückseligen und China ausgeworfen hatte, ließ sich – wie der Florentiner Paolo dal Pozzo Toscanelli zeigte – nicht nur nach Süden, Norden oder Osten, sondern vor allem nach jenem unbekannten Westen hin erweitern, an dessen Horizont man schon seit langer Zeit immer wieder die Bilder oder Trugbilder mehr oder minder naher Inseln zu erblicken geglaubt hatte. All dies hatten wir im Umfeld unserer Beschäftigung mit Christoph Columbus gesehen, in dessen Figur all diese Entwicklungen in unfertiger und zweifellos ungeschulter, aber doch autodidaktischer und wagemutiger Weise zusammenliefen. Nicht vorgefundene, sondern erfundene Inseln wie St. Brendan (span. San Borondón), Antilia oder Brazil tauchten im Westen der mittelalterlichen Karten auf und wiesen bereits jenen Weg, den die kleine Flotte des Christoph Columbus alias Cristóbal Colón im *Annus mirabilis* 1492 nach Westen einschlagen sollte.

Die Findung und *Erfindung* der Zentralperspektive, die – wie Hans Belting[36] in seiner pointierten Zusammenfassung früherer Forschungen aufgezeigt hat – ohne das Zusammenspiel zwischen Florenz und Bagdad, zwischen Okzident und Orient undenkbar gewesen wäre, bildete in diesem Prozess der Weltaneignung die oftmals unterschätzte nicht allein geometrische, sondern epistemologische Voraussetzung für die sich anbahnende Machtentfaltung. Eine neue Phase des

---

36 Vgl. Belting, Hans: *Florenz und Bagdad. Eine westöstliche Geschichte des Blicks.* München: C.H. Beck ³2009.

Worldmaking war erreicht. Doch sie bildete lediglich die Grundlagen für das Kommende, das Künftige!

Die kartographischen Setzungen Europas bildeten die Voraus*setzungen* für die ebenso gewaltige wie gewalttätige Ausbreitung europäischer Machtfülle zunächst im Bereich des Atlantik. Ohne die „Geburt der geometrischen Perspektive",[37] ohne die kartographische Eroberung der Welt, wäre deren militärische, biopolitische, wirtschaftliche und kulturelle Beherrschung, die wir als erste Phase beschleunigter Globalisierung bezeichnen dürfen, nicht vorstellbar gewesen. Es ist durchaus vorstellbar, dass diese Vorherrschaft des Westens für ein halbes Jahrtausend gesichert blieb, aber dann – in unserer Zeit – langsam, sehr langsam anderen Machtkonstellationen Vorrang einräumen könnte. Dass jeglicher Blick in die Zukunft an der wachsenden Rolle Chinas, des Reiches der Mitte, nicht vorbeikommen kann, darf als gesichert gelten.

Das im Europa des Übergangs zwischen Mittelalter und Früher Neuzeit weiterentwickelte Gitternetz stellt dabei nicht allein den „*modus vivendi* des 15. und 16. Jahrhunderts"[38] bereit, sondern bildet die Grundlage für Perspektivierung, Projektion und Projektierung einer Welt, die auch in unserer zu Ende gegangenen vierten Phase beschleunigter Globalisierung nicht ohne diese niemals auf ihre wirtschaftlichen Faktoren zu reduzierende Globalisierungsgeschichte denkbar gewesen wäre. Es ist unzweifelhaft, dass von diesen Projektionen nicht nur das Auffinden, sondern auch das Erfinden der ‚Neuen Welt' wie auch neuer Welten abhängig war. Wie aber stellt sich dieser welthistorische Expansionsprozess auf Weltkarten und in Kartenwelten des Übergangs zum 16. Jahrhundert dar? Mit anderen Worten: Lassen sich auf diesem Gebiet ähnlich wie im Bereich der Literatur unterschiedliche Traditionsstränge voneinander unterscheiden? Wird die Geschichte dieser Expansion und zugleich die Totalität der Welt unterschiedlich erzählt?

Die Antwort auf diese Fragen und die ihnen zugrunde liegende These ist ein klares, eindeutiges Ja; und dieses Ja hat unmittelbare Folgen ebenso für die Auffindung wie für die Erfindung Amerikas. Denn nicht allein in den Literaturen des Abendlandes oder den Literaturen der Welt, sondern auch im Bereich okzidentaler Kartographie ist es möglich, einen *kontinentalen* von einem *archipelischen* Erzähl- und Repräsentationsmodus zu unterscheiden und kartographiegeschichtlich zu untersuchen. Dies möchte ich im Folgenden in aller gebotenen Kürze tun.

Die in ganz Europa zirkulierenden Berichte über die allenthalben getätigten Entdeckungen und Seefahrten ließen bald nicht nur in den Zentren der Macht,

---

[37] Edgerton, Samuel Y.: *Die Entdeckung der Perspektive*, S. 111.
[38] Ebda.

sondern auch an ihren scheinbar marginalen ‚Rändern' die unterschiedlichsten kartographischen Entwürfe einer ‚Neuen Welt' entstehen. Sie stimulierten ein neues Bild von der Welt, wie es sich beispielsweise in den berühmten Weltkarten von Martin Waldseemüller (der seinen Namen mit ‚Hylacomylus' gräco-latinisierte) zeigte, das nicht länger in den der Antike verpflichteten Raum-Begriffen des Ptolemäus zu denken möglich war. Die Identität dieses ehemaligen Freiburger Studenten aufgedeckt zu haben, gehört zu den großen Verdiensten von Alexander von Humboldts *Examen critique*; doch mit dem preußischen Gelehrten und ersten Theoretiker der Globalisierung[39] werden wir uns noch beschäftigen!

Nicht zufällig findet sich gerade bei Waldseemüller, dem ehemaligen Studiosus aus Freiburg – die Stadt im Breisgau warb für sich mit dem Slogan „Amerika wurde in Freiburg erfunden!" –, erstmals im Jahr 1507 die ins Kartenbild eingezeichnete Bezeichnung für den ‚neuen' Kontinent *Amerika*, eine Benennung, welcher der Eingang in die offizielle Kartographie des spanischen Weltreichs für lange Zeit verwehrt bleiben sollte. Nicht immer war man in Spanien über die wichtige Rolle, welche die Italiener Colombo, Vespucci, Caboto oder Martire d'Anghiera in der spanischen Kolonialgeschichte spielten, fürderhin erfreut. Doch war es schlicht eine Tatsache, dass auch andere Europäer – und allen voran die Italiener – eine wichtige und gewichtige Rolle bei der Expansionsgeschichte der iberischen Mächte spielten.

Ganz Europa war an der Expansion insbesondere Spaniens in die ‚Neue Welt' beteiligt – und dabei keineswegs nur die italienischen Bankhäuser, die neben den bereits erwähnten Fuggern für die Finanzierung der überseeischen Unternehmungen eine herausgehobene Bedeutung besaßen. Auch die sich fast überall in Europa herausbildenden frühneuzeitlichen Gelehrtenzirkel spielten eine maßgebliche Rolle. Die bekanntlich auf die von Waldseemüller in der französischen Provinz verschlungenen Berichte des Amerigo Vespucci zurückgehende kartographische Bezeichnung ‚Amerika' ist freilich eine kartographische Erfindung, die ohne die Notwendigkeit neuer, die Antike übersteigender Horizonte nicht gefunden worden wäre. Und sie war eine Erfindung, die man in einem Städtchen machte, das aus deutscher Sicht kurz hinter den Vogesen liegt, das Saint-Dié heißt und mit der Entdeckungsgeschichte des von hier aus benannten amerikanischen Kontinents rein gar nichts zu tun zu haben schien.

In Saint-Dié hatte sich unter dem namen *Gymnasium Vosagense* ein kleiner Kreis von Humanisten zusammengefunden, der unter der Protektion des Herzogs von Lothringen stand, René II, der in dieser Ausgabe als Adressat fungierte. Die-

---

[39] Vgl. Ette, Ottmar: *Alexander von Humboldt und die Globalisierung. Das Mobile des Wissens.* Frankfurt am Main – Leipzig: Insel Verlag 2009.

Abb. 16: Martin Waldseemüller: Weltkarte, 1507.

ser Kreis entfaltete eine rege Forschungs- und Publikationstätigkeit, die weit über die lothringische Stadt hinaus wirksam war. Die wissenschaftlich führende Position kam dabei Martin Waldseemüller zu, der das kosmographische Kompendium verfasste und auch für den kartographischen Anhang die berühmt gewordene Plankarte und einen Globus entwarf.

Dabei muss uns in Zusammenhang mit der Bezeichnung ‚Amerika' nicht in allen Details interessieren, auf Grund welcher wohlbekannten Irrtümer und Missverständnisse der ehemalige Freiburger Student, junge Geograph und ambitionierte Kartograph im Jahr 1507 in seiner *Cosmographiae universalis introductio* den Vornamen des Florentiner Reisenden Vespucci als Benennung für den von diesem diskursiv in die Welt gesetzten ‚neuen Kontinent' vorschlug und in seine Weltkarte übertrug. Mit großer Akribie und auf Hunderten von Seiten wurde auch diese Geschichte eindrucksvoll dargestellt von Alexander von Humboldt in seiner französischsprachigen *Kritischen Untersuchung zur historischen Entwicklung der geographischen Kenntnisse von der Neuen Welt und den Fortschritten der nautischen Astronomie im 15. und 16. Jahrhundert.*[40]

Hilacomylus' alias Waldseemüllers ‚Erfindung' Amerikas war bereits ein Resultat jener Bewegung, in der die abendländisch genordete Karte mit aller Macht ein neues Weltbild und damit eine *neue* Welt zu schaffen begonnen hatte. Das neue Wissen von der Welt wurde kartographiert und in die Gitternetze eingetragen, deren Nullmeridiane durch Hierro wie bei den Spaniern oder durch andere Orte in Europa liefen. Dabei fand nicht nur eine Verräumlichung, sondern – wie noch zu zeigen sein wird – eine Vektorisierung allen Wissens statt, die ganz im Sinne Europas war.

Wie aber sind die jeweils von Europa aus entworfenen Kartenbilder einzuordnen? Martin Waldseemüllers erstmals die Kontinentalbezeichnung ‚Amerika' auf die Darstellung der gerade erst von den Europäern aufgefundenen Weltteile im Westen der nunmehr ‚Alten' Welt heftende Weltkarte steht aus der in den vorliegenden Überlegungen gewählten Perspektive für die erstgenannte Traditionslinie einer *kontinentalen* Erzähl- und Darstellungsweise ein. Martinus Ilacomilus, Hylacomylus oder Martin Waldseemüller benannte nicht nur den Kontinent, er konzentrierte sich auch auf das Kontinentale. Sein nicht nur kartographiegeschichtlich höchst folgenreicher Entwurf ist durch eine stark die Kontinente und das Kontinentale hervorhebende Darstellungsweise geprägt, die seinem kartographischen Weltbild trotz aller historischen Beschleunigung der Entdeckungs-

---

40 Vgl. hierzu auch Schwamborn, Ingrid: *AMERIGO VESPUCCI. Der SODERINI-Brief aus LISSABON (1504) – „Für 32 Seiten Unsterblichkeit" (Stefan Zweig). Wie MARTIN WALDSEEMÜLLER den Namen AMERICA erfand und damit BRASILIEN meinte (1507).* Mit einem Essay von Ottmar Ette. Bonn – Fortaleza: Tatubola Editora 2019.

fahrten seiner Zeit etwas sehr Statisches vermittelt – auch wenn seine ‚Neue Welt' sich erst am äußersten Rand der zuvor den Europäern bekannten ‚Alten Welt' herauszuschälen beginnt. Nicht die isolierten Insel-Welten und archipelischen Inselwelten, sondern die kontinentalen Landmassen prägen das Bild seiner Weltprojektion. Diese kontinentale Repräsentationsform sollte nicht nur in Europa die bis in unsere Tage dominante Traditionslinie bleiben.

Aber gab es überhaupt eine kartographische Alternative zu dieser Linie? Wie hätte eine solche Alternative überhaupt aussehen können? Und von wo aus hätte sie entworfen werden sollen? Die Antwort auf die erste dieser Fragen wäre wiederum ein klares Ja. Denn eine zweite, gleichsam als Unterströmung die vorherrschende kontinentale Repräsentationsweise begleitende Traditionslinie gewann gerade am Ausgang des 15. und bis in die Wende zum 17. Jahrhundert an Relevanz, vermochte sie doch, das Wissen von der Welt auf eine gleichsam archipelische Weise neu zu ordnen und neu zu erzählen. Wie sah diese *archipelische* Darstellungsweise im Vergleich zur kontinentalen aus?

Die zweite Traditionslinie stellt eine zunächst literarisch-kartographische Gattung dar und ist mit der Bezeichnung *Isolario* oder ‚Inselbuch' verknüpft. Auch wenn es im iberischen Raum durchaus gewichtige Vertreter wie den in den vierziger Jahren des 16. Jahrhunderts entstandenen *Islario general de todas las islas del mundo* von Alonso de Santa Cruz gab,[41] so ist diese Gattung doch weitaus mehr der Einflusssphäre der vom direkten fernöstlichen Handel abgeschnittenen Seemacht Venedig zuzuordnen.[42] In der Lagunenstadt mit ihrer archipelischen, nach unterschiedlichen Funktionen strukturierten Inselwelt liegt gleichsam die Matrix dieser historisch so reichen, aber nur auf den ersten Blick auch historisch gewordenen Gattung der Insel-Bücher. Dabei war es kein Zufall, dass die selbst archipelisch strukturierte Lagunenstadt zur Heimstätte einer archipelischen Sichtweise der Welt wurde: Venedig war selbst bereits eine Art Modell eines solchen Weltentwurfs.

Wir hatten mit Blick auf Marco Polo oder Ibn Battuta vom Reisebericht als von einer Anordnungsform des Wissens über einen bestimmten Teil der Welt gesprochen. Genau dies ließe sich auch von Weltkarten sagen. Die über lange Jahrzehnte höchst erfolgreiche und im Grunde bis heute keineswegs verschwundene Gattung und Repräsentationsweise des *Isolario* soll als eine spezifische Anordnungsform von Wissen verstanden werden, die das jeweils vorhandene Wissen von der Welt in einer gegenüber der hier erstgenannten kontinentalen Traditionslinie zweifellos

---

[41] Vgl. hierzu Conley, Tom: Virtual Reality and the "Isolario". In: *Annali d'Italianistica* (Chapel Hill) 14 (1996), S. 126 f.
[42] Vgl. hierzu Serafin, Silvana: Immagini del mondo coloniale nella cultura veneziana dei secoli XVI e XVII. In: *Rassegna Iberistica* (Venezia) 57 (Juni 1996), S. 39–42.

komplementären, zugleich aber auch alternativen Form *als Epistemologie* einer anderen Visualisierung, einer veränderten kartographischen Sichtbarmachung zuführte. Das Verständnis unserer Welt ändert sich, wenn wir sie als Insel verstehen, die aus einer Vielzahl unterschiedlicher Inseln gebildet wird. Welche Grundlagen des Denkens, welche epistemologischen Referenzpunkte aber führt uns die Gattung des ‚Insulariums' vor Augen?

Der Reigen großer venezianischer Insel-Bücher – so ließe sich die Wirkungsgeschichte dieser hybriden Gattung rekonstruieren – wurde von Bartolomeo dalli Sonetti eröffnet, der im Jahre 1485 einen *Isolario* über die Inseln der Ägäis veröffentlichte. Dieser *Isolario* bestand aus neunundvierzig Karten von Inseln sowie ebenso vielen den jeweiligen Insel-Karten zugeordneten Sonetten und kann als komplexer Ikonotext aufgefasst werden.[43] In diesem in Venedig veröffentlichten

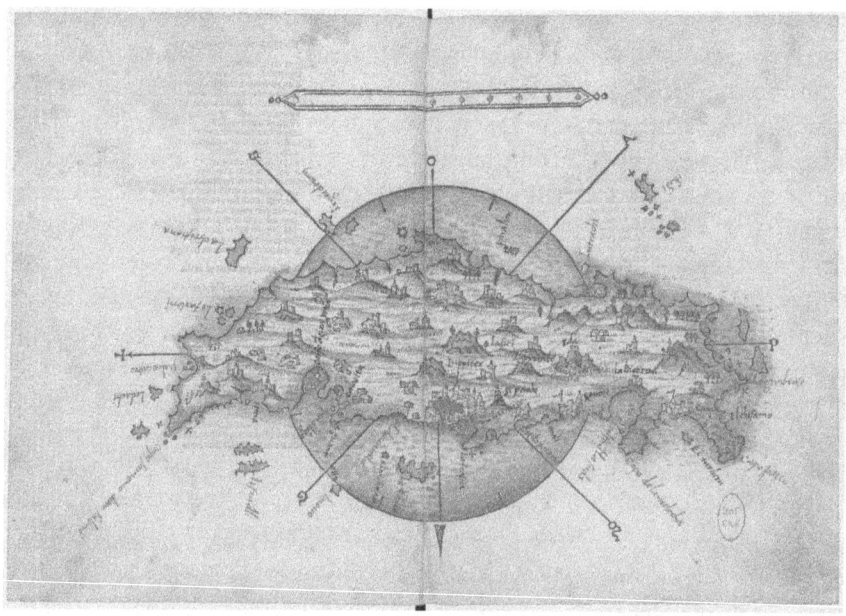

Abb. 17: Bartolomeo dalli Sonetti: Karte der Insel Kreta aus seinem Isolario, 1485.

---

43 Vgl. Conley, Virtual Reality and the "Isolario", S. 121. Diese Traditionslinie bleibt weitestgehend unreflektiert in der Übersicht von Billig, Volkmar: *Inseln. Geschichte einer Faszination.* Berlin: Matthes & Seitz 2010. Die dort zu findende Aussage, dass es „vor dem Ende des 18. Jahrhunderts niemandem in den Sinn gekommen zu sein [scheint], von einer *Insel der Poesie* oder *Fantasie* zu reden, wie es seit der Goethezeit und der Romantik in einer Fülle von Textstellen bezeugt ist" (ebda., S. 13), ist zweifellos nicht haltbar.

Werk ging es weniger um handgezeichnete Karten von praktischem Nutzen, als vielmehr um eine – wie sich zeigen sollte – künstlerisch produktive und erfolgreiche Kombinatorik von Bild und Schrift, die sich wechselseitig beleuchten.

Das *ikonotextuelle* Aufeinander-bezogen-Sein von Schrift-Bild und Bilder-Schrift, das sich nicht auf eine wechselseitig illustrierende Funktion beschränkt, brachte die lyrische Form des Sonetts als Verdichtungsform einer Abgeschlossenheit in einen unmittelbaren Zusammenhang mit jener *Isolation*, wie sie die Insel selbst als in sich abgeschlossene, rundum von Wasser umgebene topographische beziehungsweise landschaftliche Struktur charakterisiert. Insel-Karten korrespondierten in diesem für die Entwicklung des Genres so wichtigen Werk auf ästhetisch gelungene Weise mit Insel-Texten, die sich als Ausdrucksformen der Lyrik verdichteter Schreibweisen bedienten. Es erweist sich mithin bereits an dieser Stelle als keineswegs gewagt, sondern als ebenso wohlbegründet wie vielversprechend, literarische und kartographische Traditionsstränge miteinander in Verbindung zu bringen. Sonett und Karte schreiben und beschreiben, zeichnen und bezeichnen ihre jeweiligen Inseln, die sich zu einer ganzen Welt (oder auch einem Teil der Welt) zusammenfügen.

Es gibt damit in der abendländischen Literatur eine tiefe Beziehung zwischen der kartographischen Form der Insel beziehungsweise eines abgeschlossenen Eilands und einer abgeschlossenen Gedichtform wie der des Sonetts. Dass diese Affinität zwischen Gedicht und Insel keineswegs als ein historisch wie geographisch begrenztes Phänomen der Frühen Neuzeit angesehen werden darf, wird durch die Tatsache belegt, dass der große Dichter der englischsprachigen Karibik, Derek Walcott, am 7. Dezember 1992 in seiner Rede aus Anlass der Entgegennahme des Literatur-Nobelpreises die Dichtkunst mit der Insularität gleichsetzte und pointiert betonte: „Poetry is an island that breaks away from the main."[44] Gerade im Kontext von Archipelen gelte es, die Besonderheit jeder einzelnen Insel zu begreifen und sie nicht allesamt – wie etwa die Inseln der Karibik – in homogenisierenden Werbediskursen miteinander verwechselbar und austauschbar zu machen.[45] Jede Insel – wie jedes Gedicht – besitzt ihren Eigen-Sinn, ihre Eigen-Logik. So entsteht eine Individualität jeder einzelnen Insel und zugleich eine bewegliche archipeli-

---

44 Walcott, Derek: The Antilles, Fragments of Epic Memory. The 1992 Nobel Lecture. In: *World Literature Today* (Oklahoma) LXVII, 2 (Spring 1993), S. 261–267; hier zitiert nach Walcott, Derek: The Antilles: Fragments of epic Memory. In (ders.): *What the Twilight Says. Essays.* New York: Farrar, Straus and Giroux 1998, S. 70. Vgl. hierzu im Kontext insularer Epistemologie Ette, Ottmar: Von Inseln, Grenzen und Vektoren. Versuch über die fraktale Inselwelt der Karibik. In: Braig, Marianne / Ette, Ottmar / Ingenschay, Dieter / Maihold, Günther (Hg.): *Grenzen der Macht – Macht der Grenzen. Lateinamerika im globalen Kontext,* S. 135–180.
45 Walcott, Derek: The Antilles, Fragments of Epic Memory. The 1992 Nobel Lecture, S. 81 f.

sche Strukturierung auf Grundlage der Beziehungen zwischen diesen unverwechselbaren Eilanden.

Eine andere Form ikonotextueller Relationen, eine andere Beziehung zwischen Schrift-Bild und Bild-Schrift demonstrierte über vierzig Jahre nach Bartolomeo dalli Sonettis *Isolario* der ursprünglich aus Padua stammende Benedetto Bordone, der ebenfalls in Venedig erstmals (und zwar im Jahre 1528) sein eigenes Insel-Buch erscheinen ließ. Dieses kann durchaus als Ausgangspunkt einer eigenen Darstellungstradition des amerikanischen Kontinents, aber auch der Welt insgesamt angesehen werden. Der Band erschien Jahrzehnte *nach* den Fahrten der Columbus, Pinzón oder Vespucci zu einem Zeitpunkt sich deutlich intensivierender literarischer Insel-Produktion, für die Thomas Morus' *Utopia* (1516) stellvertretend stehen mag.[46] *Utopia* war nur eine – allerdings höchst fruchtbare – Variante oder Traditionslinie unterschiedlicher Insel-Imaginationen, welche Zukunftskonzepte an die Bedingungsform einer Insel knüpften. Keine Frage: Inseln bilden Landschaften der Theorie,[47] die weit über die Theorie ihrer Landschaften hinausgehen!

Bordones Inselbuch beinhaltete zahlreiche Neuerungen ebenso auf Ebene der Darstellungsformen wie auf jener grundlegenderen der Epistemologie. Er aktualisierte jene Zweigleisigkeit abendländischer Weltdarstellungen, von der Erich Auerbach mit Blick auf die biblische Tradition einerseits und die homerischen Dichtungen andererseits gesprochen hatte. Benedetto Bordones Werk entwirft die ganze Welt[48] – und nicht nur das östliche Mittelmeer – als eine Welt von Inseln, folglich als ein Archipel von vielgestaltigen Beziehungen. Er visualisierte Möglichkeiten, die ganze Weltkugel als Insel von Inseln zu denken und damit von der Fixierung auf Kontinente, auf Fest-Länder, abzurücken. Wir hatten bei Christoph Columbus gesehen, wie schwer es für die Seeleute der damaligen Zeit war, auf ihren Wegen zwischen Inseln und „Tierra firme" zu unterscheiden, ließ Columbus doch seine Mannschaften schwören, dass Kuba das Festland sei.

Bordone entwarf die Möglichkeit, Festländer als Inseln zu denken und damit anders zu relationieren. Wie brüchig die Grenze zwischen Festland und Insel ist, mag uns aus heutiger Sicht der ‚fünfte Kontinent' vor Augen führen, lässt sich Australien doch wegen seiner ungeheuren Größe ebenso als Kontinent wie als Insel

---

46 Vgl. hierzu Billig, Volkmar: *Inseln. Geschichte einer Faszination*, S. 81–88.
47 Vgl. zu diesem Begriff Ette, Ottmar: *Roland Barthes. Landschaften der Theorie*. Konstanz: Konstanz University Press 2013.
48 Für das Erscheinungsjahr 1528 sind im Englischen die ersten Belege für ein Reden von „der ganzen Welt" (*the whole world*) nachgewiesen: vgl. hierzu Connor, Steven: „I Believe That the World". In: Nünning, Vera / Nünning, Ansgar / Neumann, Birgit (Hg.): *Cultural Ways of Worldmaking. Media and Narratives*. Berlin – New York: Walter de Gruyter 2010, S. 30.

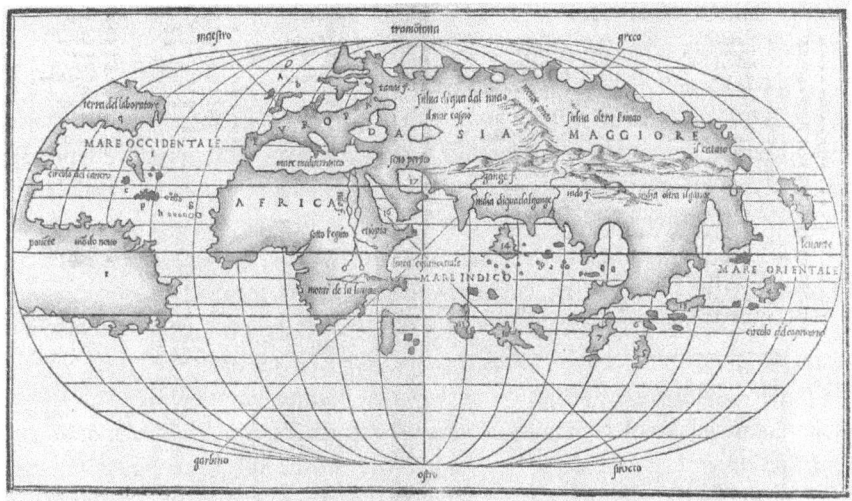

Abb. 18: Benedetto Bordone: Mappamundi. In: Benedetto Bordone: *Libro di Benedetto Bordone*, Venedig 1528.

begreifen. Das Werk dieses um 1460 geborenen „Intellektuellen aus Padua",[49] das unter dem Titel *Libro di Benedetto Bordone nel qual si ragiona de tutte l'isole del mondo, con li lor nomi antichi & moderni, historie, favole, & modi del loro vivere & in qual parte del mare stanno, & in qual parallelo & clima giacciono*[50] erschien, präsentiert im Spiel von Insel-Welten und Inselwelten eine Welt, die sich durch eine aufregende Vielfalt an Sprach-, Religions-, Gesellschafts- und Gemeinschaftsformen auszeichnet. Denn jede einzelne Insel ist von allen anderen sehr verschieden. Bordones Insel-Buch zeigte auf, dass nicht allein die Grenze zwischen Inseln und

---

49 Serafin, Silvana: Immagini del mondo coloniale, S. 39.
50 Bordone, Benedetto: *Libro di Benedetto Bordone nel qual si ragiona de tutte l'isole del mondo, con li lor nomi antichi & moderni, historie, favole, & modi del loro vivere & in qual parte del mare stanno, & in qual parallelo & clima giacciono. Con il breve di papa Leone. Et gratia & privilegio della Illustrissima Signoria com' in quelli appare*. Vinegi [Venezia]: per Nicolo d'Aristotile, detto Zoppino 1528. Im Folgenden beziehe ich mich auf diese Ausgabe, die überdies als elektronische Fassung 2006 im Harald Fischer Verlag in Erlangen erschien. Die Übersetzung des Titels ins Deutsche könnte lauten: *Buch des Benedetto Bordone, worin von allen Inseln der Welt berichtet wird, mit ihren alten & modernen Namen, ihren Geschichten, Erzählungen & Arten ihres Lebens & in welchem Teil des Meeres sie sind & unter welchem Breitenkreis & Klima sie liegen*. Nachfolgende Editionen, die noch zu Lebzeiten des Autors ebenfalls in Venedig erschienen, trugen seit 1534 den bündigeren Titel *Isolario*, der auch hier benutzt werden soll.

Kontinenten, sondern auch jene zwischen Findungen und Erfindungen äußerst durchlässig war und ist. Wie aber ist Bordones Welt aufgeteilt?

Ohne an dieser Stelle eine ausführliche Analyse vorlegen zu können,[51] sei doch betont, dass Bordones Insel-Buch aus drei schon in ihrem Umfang sehr ungleichen Teilen besteht, deren erster mit insgesamt neunundzwanzig Karten die atlantische Inselwelt einschließlich der Ostsee enthält, deren zweiter mit dreiundvierzig Karten die Inseln des Mittelmeers beleuchtet, und deren dritter mit nur mehr zehn Karten die Inseln des Fernen Ostens evoziert. Zweifellos war die geographische Herkunft des Mannes, der seine Karten von Venedig aus entwarf, für die Präzision der Darstellung verschiedenster Inseln zentral. Doch war dies keineswegs der entscheidende Gesichtspunkt bei diesen Darstellungen der Welt als Insel von Inseln.

In der Gesamtanlage seines ‚Atlas' versucht Bordone, in einer sich im Aufbau wiederholenden Abfolge gleichsam wissenschaftlich geordnet Informationen zur geographischen Lage, zu Klima und Geschichte, zur Bevölkerung, zu Fauna oder Flora und vielen weiteren Aspekten von allgemeinem Interesse für seine europäische Leserschaft zu geben. Schematische Zeichnungen zur Gradeinteilung der Erdkugel (die ohne die zeitgenössischen Diskussionen um Ptolemäus' kartographische Projektionen gewiss nicht so umfangreich ausgefallen wären), Angaben zu den Wendekreisen sowie zur Schiefe der Ekliptik des Globus, zur Segmentierung der Windrose in Antike und Gegenwart, aber auch Überblickskarten von Europa, dem östlichen Mittelmeer sowie der gesamten zum damaligen Zeitpunkt bekannten Welt runden Bordones *Isolario* ab und vermitteln der zeitgenössischen Leserschaft – und darin dürfte ein Gutteil der Attraktivität des Werkes gelegen haben – ein ebenso anschauliches wie farbenfrohes Bild von unserem Planeten.

Abb. 19: Benedetto Bordone: Karte der Insel Kuba aus seinem *Isolario*, Venedig 1528.

---

51 Ausführlicher hierzu Ette, Ottmar: *TransArea*, S. 66–72.

Gerade die ‚wissenschaftliche' Rahmung signalisiert den Anspruch des *Isolario*, seinen Betrachtern und Leserinnen verlässliche, faktenbezogene Informationen und damit ein ‚wahres' Wissen über die unterschiedlichsten Weltteile auf durchaus unterhaltsame Weise zu vermitteln. Der ‚Insel-Atlas' bot sowohl den venezianischen Händlern und Kaufleuten als auch einem allgemeinen Publikum ausreichend Stoff, sich mit diesem Werk und seinen unzähligen Inseln auseinanderzusetzen.

Bordone erweist sich in seinem berühmten Werk als Kartograph, der sich der wesentlich von Florenz ausgehenden Diskussionen um die (Zentral-) Perspektive bewusst ist und diese in sein eigenes Kartenbild zu integrieren versteht. Wir werden auf die enorme Bedeutung der Zentralperspektive für ein abendländisch geprägtes Weltbild noch ausführlicher eingehen können. Trotz aller angestrebten Detailfreudigkeit stößt man im *Isolario* auf eine Fülle von Ungenauigkeiten, Fehlern und Widersprüchen, die sich unter dem Blick eines aufmerksamen Betrachters leicht zu erkennen geben. Recht wenig hat etwa die historisch gesehen erste kartographische Einzeldarstellung der Insel Kuba[52] (Abb. 19) mit dem Kartenbild der Insel auf der im selben *Isolario* entfalteten Weltkarte zu tun (Abb. 18). In Bordones *Isolario* zeigt sich einmal mehr, wie eng miteinander verbunden das *Erfundene* und das *Gefundene* sind und in welch grundlegendem Maße es zumindest schwierig ist, das Erfundene vom Aufgefundenen zu unterscheiden. Denn unser Blick bleibt auch nach der konkreten Auffindung vor-perspektiviert.

Die reiche Auswahl an von Bordone offenkundig erdachten oder erfundenen Küstenlinien zeigt uns mithin das Insularium als Imaginarium. Das Vor-Gestellte geht in das Dar-Gestellte mit ein. Doch der Schwerpunkt des 1528 erschienenen Karten-Werkes wurde bewusst darauf gelegt, die Dimension des Weltweiten nicht aus einer homogenisierenden Perspektive zu betreiben, sondern naturgeschichtliche, klimatische, historische und kulturelle Diversität plastisch vor Augen zu führen. Darin liegt die Besonderheit der dieser transmedialen Gattung eingeschriebenen Traditionslinie, welche unzweifelhaft der archipelischen Darstellungsweise verpflichtet ist. Denn sie beharrt auf einer *Polyperspektivität*, die sich aus der Diversität der einzelnen Inseln, der Diskontinuität zwischen ihnen, aber auch der beweglichen Relationalität innerhalb dieser breit gefächerten Inselwelten ergibt.

---

52 In der von ihr kuratierten Ausstellung „Faszination Kuba", die erstmals an der Württembergischen Landesbibliothek Stuttgart vom 7. März bis 19. Mai 2007 gezeigt und am 23. April 2009 an der Universität des Saarlandes in Saarbrücken wiedereröffnet wurde, hat Birgit Oberhausen die Bedeutung dieser Karte zurecht hervorgehoben. Vgl. den Ausstellungskatalog von Oberhausen, Birgit: *Faszination Kuba in der Landesbibliothek: Literatur und Kultur 1492–2006*. Stuttgart: Württembergische Landesbibliothek 2007.

Benedetto Bordones *Isolario* modelliert auf seinen zahlreichen Kartenbildern eine farbenprächtige Welt, die sich aus den verschiedenartigsten Formen und Größen, Lagen und Beschaffenheiten von Inseln zusammensetzt, welche sich in immer wieder neuen Konjunktionen und Relationen befinden. Folglich dominiert keine kontinentale, kontinuierliche Sichtweise der Welt, wie sie etwa durch die untereinander zusammenhängenden altweltlichen Kontinente Asien, Europa und Afrika im Sinne von Martin Waldseemüllers Weltkarte von 1507 vor Augen geführt wird, sondern eine hochgradig diskontinuierliche und fragmentierte Weltsicht, die eine gleichsam zersplitterte, in einzelne Scherben zerborstene Welt repräsentiert. Für einen in Venedig lebenden Künstler freilich musste diese Aufsplitterung in unterschiedlichste Inseln mit ihren jeweiligen Funktionen und Qualitäten noch immer einem Sinn-Bild der Zusammengehörigkeit und Einheit verpflichtet sein.

Doch fragen wir jenseits der venezianischen Herkunft dieser Kartographie nach der dieser zu Grunde liegenden Epistemologie! Es ist – um es mit einer Formel von Clifford Geertz[53] zu sagen – eine Welt in Stücken: eine höchst komplex in Inseln zerstückte Welt, die nur sehr schwer einer einzigen Macht zu unterwerfen und auf diese Weise ‚zusammengestückt' in eine menschheits- oder heilsgeschichtliche Kontinuität zu bringen ist. Denn jede Insel ist zwar Teil einer zusammenhängenden Welt, eröffnet aber eine je besondere Perspektive auf diesen definitiv zur Erdkugel gerundeten Planeten im Zeichen einer grundlegend archipelischen Polyperspektivität. Bordones Inselbuch lebt von der Diskontinuität, dem archipelischen Erzählmodus, welcher seinen Schwerpunkt nicht auf Ebene des Kontinuierlichen und Festen, sondern des Mobilen einer fundamentalen Multirelationalität besitzt.

Bordones *Libro* oder *Isolario* führt eindrucksvoll vor Augen, warum diese Gattung eine ‚Spezialität' der Lagunenstadt war,[54] ist diesem Werk doch eine großmaßstäbliche Karte Venedigs beigegeben (Abb. 20), welche die auf Pfählen errichtete *urbs* als Archipel-Stadt mit ihrem Lido in Kreisform entwirft.[55] *Urbi et orbi*: Einmal mehr wird die Stadt zum Mikrokosmos einer Welt, die in ihrer Diversität den gesamten Weltkreis in seiner Gänze repräsentiert. Es ist eine Welt nicht der Einheitlichkeit und Kontinuität, sondern der Vielgestaltigkeit und Diversität. In einem zutiefst transarealen Sinne erscheint die ganze Welt als Archipel, das verschiedensten Insel-Logiken als Eigen-Logiken gehorcht und aus diesem Grund als zutiefst *polylogisch* zu bezeichnen ist.

Ohne an dieser Stelle auf die spezifischen Machtansprüche der Lagunenstadt Venedig eingehen und erforschen zu können, auf welche Weise im *Isolario* ein

---
53 Vgl. Geertz, Clifford: *Welt in Stücken. Kultur und Politik am Ende des 20. Jahrhunderts.* Aus dem Englischen übersetzt von Herwig Engelmann. Wien: Passagen Verlag 1996.
54 Karrow, Robert W.: Benedetto Bordone, S. 93.
55 Bordone, Benedetto: *Libro*, Bl. XXX.

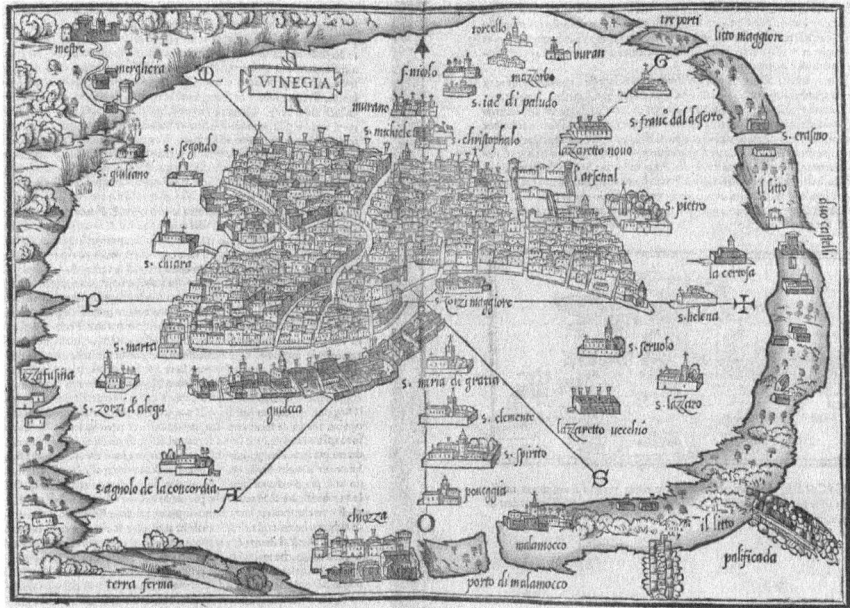

Abb. 20: Benedetto Bordone: Karte der Stadt Venedig aus seinem *Isolario*, Venedig 1528.

Weltbild entworfen wird, das gleichsam nach einer Führungsrolle Venedigs im weltweiten Maßstab verlangt, so sei doch hervorgehoben, in welch fundamentalem Sinne sich Bordones Weltentwurf in jenen zweiten Traditionsstrang einschreibt, der sich als *archipelisches* Erzählen und Entwerfen von Weltgeschichte verstehen lässt. Venedig und der Neu-Venezianer Bordone wissen sich im Schnittpunkt der unterschiedlichsten Wissensströme über die Welt, auch wenn die Stadt durch das Vorrücken des Islam im östlichen Mittelmeer zunehmend von ihren Handelsverbindungen und Wissensströmen von Osten her abgeschnitten wurde.

Immer wieder ist in Bordones ‚Welt-Atlas' der ganze Stolz eines Menschen der Renaissance herauszuhören, nicht nur die Werke, sondern auch die Fehler der „antichi"[56] beurteilen und in das eigene Denken miteinbeziehen zu können. Die Begegnung mit der Antike ist eine Begegnung auf Augenhöhe, stets dazu in der Lage, deren begrenzten Wissensstand korrigieren und übertreffen zu können. Nicht nur das alte, sondern auch das neue Wissen wird nun in der Form eines Insel-Buches zur Verfügung gestellt, das freilich nicht mehr nur die Inseln einer alten Welt, sondern *tutte l'isole del mondo* einschließt. Umfassender hätte dieser

---

56 Ebda., unpaginierter Auftakt, S. 3.

Totalitätsanspruch im Titel kaum ausgedrückt werden können: Die Frühe Neuzeit ist dem Mittelalter entwachsen.

Doch weder Benedetto Bordones Weltentwurf von 1528 noch Martin Waldseemüllers Weltkarte von 1507, auf der sich erstmals der Name für den ‚neuen' Kontinent verzeichnet findet, stehen am Beginn der Kartographie Amerikas. Denn die erste Weltkarte, auf der sich ebenso die Alte wie die Neue Welt verzeichnet finden,[57] ist das Werk eines jener großen Seefahrer, die – mit den avanciertesten nautischen Techniken vertraut – den amerikanischen Kontinent wie auch die amerikanische Inselwelt aus eigener Erfahrung, aus eigenem Erleben kannten. Wir fanden diesen berühmten Kartographen bereits an Bord der ersten Fahrt des Christoph Columbus und erblickten in ihm einen ausgezeichneten Navigator und Beobachter der Natur. So ist die erste Weltkarte im eigentlichen Sinne das Werk eines Pragmatikers, erschöpft sich aber keineswegs in seinen pragmatischen Aspekten: Denn der Verfasser und Zeichner der ersten Karte Amerikas als Teil eines die gesamte bekannte Welt darstellenden *Mappamundi* war ein vielseitig gebildeter Mann.

In seiner faszinierenden, heute im *Museo Naval* zu Madrid aufbewahrten und auf zwei zusammengeklebten Pergamenten in der Größe von 183 x 93 Zentimeter ausgeführten Weltkarte des Jahres 1500 (Abb. 8) hat der wohl um 1449, nach anderen Quellen aber erst im Jahre 1460 im kantabrischen Santoña geborene Juan de la Cosa[58] den zum damaligen Zeitpunkt höchst innovativen Versuch unternommen, nur wenige Jahre nach seiner Rückkehr von der ersten Entdeckungsfahrt des Christoph Columbus, an der er selbst als Miteigner des Flaggschiffs der kleinen Flotte, der *Santa María*, und als ausgezeichneter Navigator teilgenommen hatte, den Katholischen Königen[59] und ihren politischen Beratern eine Übersicht über die in rascher Folge gemachten ‚Entdeckungen' im Weltmaß-

---

57 Vgl. hierzu O'Donnell, Hugo: La carta de Juan de la Cosa, primera representación de América. In: *Historia 16* (Madrid) XV, 163 (1990), S. 84–94; sowie allgemein Silió Cervera, Fernando: *La Carta de Juan de la Cosa (1500). Análisis cartográfico*. Santander: Fundación Marcelino Botín – Instituto de Cultura Naval 1995.

58 Vgl. hierzu u. a. Dascano, Antonio: Ensayo biográfico del célebre navegante y consumado cosmógrafo Juan de la Cosa y descripción e historia de su famosa carta geográfica. Obra impresa en español, francés e inglés para acompañar al Mapa-Mundi de Juan de la Cosa que como recuerdo del Cuarto Centenario del Descubrimiento de América han publicado en Madrid los Sres. Cánovas, Vallejo y Trayner. Madrid: Tipo-Litografía de V. Faure 1892; wiederabgedruckt in der Zeitschrift *Topografía y Cartografía* 101 (2000), S. 18–23.

59 Zu den politischen Hintergründen vgl. Varela Marcos, Jesús: Los reflejos políticos en la carta de Juan de la Cosa. In (ders., Hg.): *Descubrimientos y cartografía IV: Grandes viajes descubridores*. Valladolid: Seminario Iberoamericano de Descubrimientos y Cartografía – Instituto Interuniversitario de Estudios de Iberoamérica y Portugal 2001, S. 61–79.

stab zu verschaffen. Er tat dies gerade auch im Vergleich mit den nicht weniger erfolgreichen Portugiesen. Es handelt sich folglich bei dieser Weltkarte von Beginn an um ein Politikum. Dieser Versuch kartographischer Politikberatung führte zu einem Meilenstein abendländischer Kartographie an der Schwelle zwischen Mittelalter und Neuzeit.

Das Erstellen einer derartigen Weltkarte verlangte neben hohem zeichnerisch-wissenschaftlichem Talent vertiefte Kenntnisse in höchst unterschiedlichen Bereichen des damaligen Wissens. Kein anderer als Juan de la Cosa, der Columbus nicht nur auf der ersten, sondern auch auf der zweiten, möglicherweise sogar auf der dritten Fahrt begleitet und an weiteren prominenten Atlantiküberquerungen teilgenommen hatte, wäre für eine solche Aufgabe besser geeignet und vorbereitet gewesen. Seine mutige Erstellung einer Weltkarte für die Katholischen Könige zeigte ihn auf der Höhe eines Wissensstandes, welcher denjenigen des von ihm durchaus bewunderten Columbus deutlich übertraf. Denn De la Cosa wusste nicht nur, dass Kuba kein Festland, sondern eine Insel mit präzise fixierbaren Konturen war, sondern weit mehr noch auch, dass man weder in Indien noch in China angelangt, sondern auf eine Neue Welt gestoßen war.

Das Resultat seiner aufwendigen Arbeit war eine ungeheuer komplex angelegte und das Wissen ihrer Zeit verzeichnende Weltkarte, die sogenannte *Carta*, deren überragende Bedeutung bereits Alexander von Humboldt, der Juan de la Cosas lange Zeit verschollenes und gerade erst im Jahre 1832 wiederentdecktes Werk zum ersten Mal wissenschaftlich auswertete, in seinem schon erwähnten *Examen critique* ausführlich würdigte und zur Geltung brachte.[60] Doch auf Alexander von Humboldts außergewöhnliche Leistung nicht nur mit Blick auf Juan de la Cosa, Martin Waldseemüller oder Amerigo Vespucci werde ich im weiteren Verlauf unserer Vorlesung – wie schon angekündigt – noch ausführlich zurückkommen.

De la Cosa, der nicht nur mit Cristóbal Colón, sondern neben anderen auch mit Amerigo Vespucci oder Alonso de Ojeda[61] auf gefahrvollen Fahrten die Küstenverläufe des amerikanischen Kontinents untersuchte und bei der letzten sei-

---

60 Vgl. hierzu ausführlich Ette, Ottmar: Nachwort: Zwischen Welten – Alexander von Humboldts Wege zum Weltbewußtsein. In: Humboldt, Alexander von: *Geographischer und physischer Atlas der Äquinoktial-Gegenden des Neuen Kontinents. – Unsichtbarer Atlas aller von Alexander von Humboldt in der **Kritischen Untersuchung** aufgeführten und analysierten Karten*. Frankfurt am Main – Leipzig: Insel Verlag 2009, S. 227–241. Zur Geschichte der Ersteigerung der Karte durch das *Depósito Hidrográfico* von Madrid und zur Übersiedlung ins dortige *Museo Naval* auch O'Donnell, Hugo: La carta de Juan de la Cosa, primera representación de América, S. 94.
61 Vgl. hierzu u. a. Mesenburg, Peter: Die Weltkarte des Juan de la Cosa (1500 n. Chr.). In: *Die Hanse. Deutsches Schiffahrtsarchiv* (Wiefelstede) 21 (1998), S. 429–438.

ner wohl insgesamt sieben transatlantischen Erkundungsfahrten am 28. Februar 1510 an der heute kolumbianischen Karibikküste von indigenen Kriegern getötet wurde, gelang es, jene beeindruckende Verräumlichung *und* ebenso gewaltige wie gewaltsame Vektorisierung des Wissens seiner Zeit von der Welt kartographisch wie in einer verdichteten Momentaufnahme festzuhalten. Denn selbstverständlich war ihm bewusst, dass seine *Carta* angesichts der raschen Abfolge weiterer Entdeckungen durch die iberischen Mächte nichts anderes als eine Momentaufnahme am Ausgang des 15. Jahrhunderts sein konnte.

Der spanische Seemann und Kartograph, der als „piloto" und später „Piloto Mayor"[62] an der Expansion Spaniens in den karibischen Raum und entlang der Küstenlinien Südamerikas entscheidenden Anteil hatte und sich als der wohl versierteste Navigator der spanischen Flotte auszeichnete, darf mit seinem kartographischen Meisterwerk wohl als einer der maßgeblichen Schöpfer eines frühneuzeitlich europäischen Welt-Bildes verstanden werden. Und als solchen wollen wir ihn auch würdigen, wobei unser Augenmerk erneut auf das Verhältnis zwischen dem *Erfundenen* und dem *Aufgefundenen* gerichtet sein wird. Denn Juan de la Cosas Weltkarte birgt viele Erkenntnisse, die auf das bisweilen erstaunliche Zusammenspiel von wissenschaftlicher Präzision und tradierter Imagination bezogen sind. Doch welche ‚Quellen' benutzte Juan de la Cosa für seine kartographischen Findungen und Erfindungen?

Nicht allein die eigenen Reisen, sondern auch die Ergebnisse einer Fülle anderer Entdeckungsfahrten, etwa der Cabots oder Cabotos, der Pinzones, von Ojeda, Cabral oder Lepe[63] flossen in sein Kartenbild ein. Sein Entwurf der Welt aus dem Jahr 1500 diente zur Anfertigung des seit 1508 geschaffenen und fortlaufend verbesserten *Padrón General*, dessen Kopie als geheime Generalkarte allen spanischen Schiffen auf ihre Entdeckungsfahrten mitgegeben wurde.[64] Die Wirkung dieses Werks erfolgte in den Schaltzentralen der Casa de Contratación von Sevilla folglich ebenso direkt wie indirekt und lässt sich noch bis in unsere heutigen Kartendarstellungen des Planeten Erde hinein verfolgen. Die Kurzzeit- wie die Langzeitwirkung der *Carta* kann folglich kaum überschätzt werden: Sie bildet so etwas wie die Geburtsurkunde der neuzeitlichen Kartendarstellung unserer Erde.

---

62 Zum ersten *Piloto Mayor* in der Geschichte dieses wichtigen Postens war kein Geringerer als Amerigo Vespucci ernannt worden; vgl. zu diesem Kontext der *Carta* auch Martín-Merás, Luisa: La Carta de Juan de la Cosa: interpretación e historia. In: *Monte Buciero* (Santoña) 4 (2000), S. 73.

63 Eine auflistung der für Juan de la Cosas Weltkarte wichtigen Entdeckungsreisen findet sich in Varela Marcos, Jesús: Los reflejos políticos en la carta de Juan de la Cosa, S. 61–63.

64 Vgl. hierzu ausführlich Silió Cervera, Fernando: *La Carta de Juan de la Cosa (1500). Análisis cartográfico*, S. 136–138.

Die Weltkarte des Juan de la Cosa zeigt es darüber hinaus mit aller Deutlichkeit: Eine neue Welt und neue Welt-Ordnung waren am Ausgang des 15. Jahrhunderts in rascher Entstehung begriffen. Die erste von bislang vier Phasen beschleunigter Globalisierung wirkte weltweit mit einer Wucht, die man – um den von Goethe geprägten Begriff zu verwenden – sehr wohl als *velociferisch*, als teuflisch schnell bezeichnen könnte.[65] Die *Carta* vergegenständlicht jene Beschleunigung, welche diese erste Phase auf vielen Ebenen des Wissens am Ausgang des 15. Jahrhunderts für die Zeitgenossen spürbar machte.

Dass dieser rasant sich beschleunigende Prozess – von dem Alexander von Humboldt, der wohl erste Globalisierungstheoretiker im eigentlichen Sinne, behaupten konnte, dass binnen sechs Jahren, zwischen 1492 und 1498, die „Verteilung der Gewalt über die Erdoberfläche" entschieden und eine „Übermacht der Völker des Westens" verankert worden sei[66] – nicht allein die nautischen und kartographischen, sondern auch die wissenschaftlichen und religiösen Bereiche abendländischen und nicht-abendländischen Wissens implizierte und transformierte, führt diese Weltkarte wie keine andere anschaulich vor Augen. Sie zeigt die Asymmetrie der europäisch-außereuropäischen Herrschafts- und Wissensbeziehungen in aller wünschenswerten Deutlichkeit und macht uns klar, wie sehr die Übermacht dieses ‚Westens' wissensbasiert war.

Eine Weltkarte erweckt zweifellos den Eindruck, dass sie ein raumgeschichtliches Wissen visualisiert. Doch die Karte des spanischen Navigators und späteren „Piloto Mayor" beinhaltet wesentlich *bewegungs*geschichtliche Aspekte. Denn sie ist eine Bewegungskarte, zeichnet sie sich doch etwa gegenüber der Karte Martin Waldseemüllers durch ihren hohen, in die Karte auf vielfältige und noch zu erhellende Weise eingearbeiteten Bewegungskoeffizienten und durch eine beeindruckende Vektorizität aus, die nicht nur den Katholischen Königen, die die Weltkarte wohl im November des Jahres 1500 erhielten, einen plastischen Eindruck von der Geschwindigkeit der Expansion – insbesondere der iberischen, aber daneben auch anderer europäischer Mächte – vermitteln sollte und vermittelte.

---

65 Vgl. zu der bei Goethe insbesondere zwischen 1825 und 1827 wiederholt auftauchenden Rede von einem „velociferischen Zeitalter" im Zusammenhang mit Goethes Konzept einer Weltliteratur Bohnenkamp, Anne: „Den Wechseltausch zu befördern". Goethes Entwurf einer Weltliteratur. In: Goethe, Johann Wolfgang: *Ästhetische Schriften 1824–1832. Über Kunst und Altertum V–VI*. Hg. v. Anne Bohnenkamp. Frankfurt am Main: Deutscher Klassiker Verlag 1999, S. 937–964.
66 Vgl. hierzu auch die Originalausgabe von Humboldt, Alexander von: *Examen critique de l'histoire de la géographie du Nouveau Continent et des progrès de l'astronomie nautique aux quinzième et seizième siècles*. Bd. I. Paris: Librairie de Gide 1836, Bd. IV, S. 21.

Die Weltkarte aus dem Jahr 1500 enthält nicht nur das erste kartographische Bild Amerikas, das auf uns gekommen ist, sie entwirft nicht nur das avancierteste, mit ungeheurer Präzision das damalige kartographische, nautische und geographische Wissen integrierende Kartenbild der Neuen Welt als Teil einer in Aufbau befindlichen neuen Weltherrschaft, sondern verschränkt dieses Wissen auch mit den seit der Antike tradierten abendländischen Bildvorstellungen von außereuropäischen Regionen.[67] Wir werden diese Verschränkung und Verflechtung im Lichte des Verwoben-Seins von *Erfundenem* und *Gefundenem* gleich näher inspizieren.

Für seine Weltkarte, die er – wie er in der *Carta* selbst festhielt – im andalusischen Puerto de Santa María angefertigt hatte, konnte Juan de la Cosa auf die unterschiedlichsten Bezugstexte und Quellen zurückgreifen. Mit Blick auf die transatlantischen Dimensionen waren dies an erster Stelle seine eigenen, mit Hilfe der neuesten Instrumente durchgeführten Messungen und Berechnungen, die seinen Darstellungen etwa der karibischen Inselwelt eine noch heute verblüffende Frische und Genauigkeit vermitteln. Diese Präzision lässt die Zuverlässigkeit der kartographischen Darstellungen nicht nur bei Waldseemüller 1507, sondern auch bei Bordone 1528 weit hinter sich. Juan de la Cosas Aufzeichnungen, Berechnungen und Visualisierungen haben in jener Zeit nichts Vergleichbares – und so müssen wir Alexander von Humboldt doppelt dankbar sein, dass er diese Weltkarte zu Beginn der dreißiger Jahre des 19. Jahrhunderts auffand, ,entdeckte' und in ihrem Wert sogleich erkannte.

Doch dies waren beileibe nicht alle Quellen, deren sich der Kartenzeichner bedienen konnte. Juan de la Cosa, der häufiger als Columbus den Atlantik überquerte, griff selbstverständlich nicht allein auf eigene Erkenntnisse zurück; er hatte Zugang zu Informationen, die er durch die Befragung anderer in spanischen Diensten wirkender Seefahrer, aber auch durch zeitweilige Spionagetätigkeit in Portugal immer wieder ausgebaut und erweitert hatte. Dank der großzügigen Hilfe des Bischofs Juan Rodríguez de Fonseca,[68] der für die Katholischen Könige die Aktivitäten und Wissensflüsse der spanischen Expansion politisch sehr erfolgreich koordinierte, vermochte Juan de la Cosa zusätzlich auf eine Vielzahl geheimer Informationen zurückzugreifen, die Kartographen in anderen Ländern fernab der spanischen Machtzentrale schlicht nicht zur Verfügung standen. Diesen politi-

---

67 Zu diesen Bilderwelten vgl. u. a. die zahlreichen Abbildungen in Rojas Mix, Miguel: *América imaginaria*. Barcelona: Editorial Lumen – Quinto Centenario 1992.
68 Vgl. hierzu ausführlich etwa Varela Marcos, Jesús: Los reflejos políticos en la carta de Juan de la Cosa, insbes. S. 63f und S. 68–74; sowie O'Donnell y Duque de Estrada, Hugo: El Mapamundi denominado "Carta de Juan de la Cosa": Cuestiones fundamentales. In: *Topografía y Cartografía* (Madrid) 101 (2000), S. 11.

schen, in die Expansionspolitik integrierten Kontext der *Carta* gilt es im weiteren Verlauf unserer Vorlesung nicht aus den Augen zu verlieren.

Gerade mit Blick auf die asiatischen Regionen seiner Karte, die für die portugiesische Macht- und Einflusssphäre der im Entstehen begriffenen iberischen Weltreiche so wichtig waren, bezog der kantabrische Kartograph neben neuesten portugiesischen Quellen ebenso vorgängige Kartendarstellungen wie jene großen Weltreisenden mit ein, die wie Marco Polo[69] oder Ibn Battuta[70] das Wissen ihrer Reisen wie ihrer Zeit in der Form des Reiseberichts angeordnet und strukturiert hatten. Wir sahen bereits, wie wichtig gerade der venezianische Reisende Marco Polo für die Vorstellungen und Erfindungen im Kopf des Christoph Columbus geworden waren.

Die Fülle an direkt oder indirekt vermittelten Informationen, kartographischen Darstellungen, literarischen oder reiseliterarischen Quellen ist verblüffend und belegt, dass nicht nur aufgrund der Schrift (etwa von Ortsnamen und anderer Toponyme) in der Karte die Karten-Schrift als Schrift-Bild und Bild-Schrift aufs Engste mit den verschiedensten Formen von Textualität verbunden ist. Ohne die transmediale Verschiedenartigkeit von nicht nur kartographischen, sondern auch literarischen Bezugstexten wäre die Karte des Juan de la Cosa nicht vorstellbar. Wie aber sind diese Informationen angeordnet? Und welche Schlüsse erlauben die Formen und Normen der Anordnung im gewählten Karten-Bild?

Es wäre zu erwarten, dass ein mit der Kartographie des Mittelmeeres notwendig vertrauter Kartograph besonders dieser Region eine erhöhte Genauigkeit in der Kartendarstellung angedeihen lässt. Doch die bereits erwähnte kartographische Präzision mit Blick auf den karibischen und (zumindest teilweise) auch zirkumkaribischen Raum steht in bestimmten Bereichen der Genauigkeit der Kartenaufnahme der Region des Mittelmeeres nur wenig nach. Der mediterrane Raum wird mit Hilfe von Portulanen erschlossen, jener Form mittelalterlicher Bewegungskarten, die als ‚Hafenkarten' die Berechnungen für die Wege von Hafen zu Hafen wesentlich genauer gemacht hatten und damit die Routen im Mittelmeer seit dem 13. Jahrhundert so viel sicherer hatten werden lassen. Portulane (Abb. 21) vermitteln vektorisierte Raumentwürfe, die für

---

[69] Vgl. das bereits zitierte und von Columbus mit Anmerkungen versehene Exemplar des venezianischen Reiseberichts in *El libro de Marco Polo anotado por Cristóbal Colón. Versión de Rodrigo de Santaella*. Edición, introducción y notas de Juan Gil. Madrid: Alianza Editorial 1987; sowie zum Rückgriff Juan de la Cosas auf Marco Polo etwa O'Donnell, Hugo: La carta de Juan de la Cosa, primera representación de América, S. 11.
[70] Vgl. Ibn Battuta: *Die Wunder des Morgenlandes. Reisen durch Afrika und Asien*. Nach der arabischen Ausgabe von Muhammad al-Bailuni ins Deutsche übertragen, kommentiert und mit einem Nachwort versehen von Ralf Elger. München: Verlag C.H. Beck 2015.

die Schifffahrt im Bereich des Mittelmeeres, aber auch entlang der westafrikanischen Küste – die Informationen für diese Küstenstriche stammten zweifellos aus portugiesischer Hand[71] – hervorragende Dienste leisteten. Portulane sind in diesem Sinne Bewegungskarten.

Abb. 21: Vesconte Maggiolo: Portulankarte. Europa, Mittelmeer und Nordafrika (1541).

Auf welch präzise Berechnungen und Erfahrungen Juan de la Cosa für die mediterranen wie die westafrikanischen Küstensäume zurückgreifen konnte, vermittelt der Gegensatz zwischen der Genauigkeit der Küstenverläufe im Westen und der Ungenauigkeit der Küsten im Osten des afrikanischen Kontinents. Hier wären portugiesische Kartenwerke zweifellos präziser und aussagekräftiger gewesen. Die Informationslücken des Kantabriers im andalusischen Puerto de Santa María sind auf diesem Gebiet eklatant, zeigen aber auch, wie ungleich die unterschiedlichen Wissensstände mit Blick auf verschiedene Weltregionen bei spanischen beziehungsweise portugiesischen Kartographen waren.

Ein genaueres Studium der *Carta* lohnt sich auch mit Blick auf die Wissenslücken. Dem genauen Verzeichnis aller Küstenverläufe und Kaps steht etwa die völlig verzeichnete Lage der Inseln Madagaskar oder Sansibar[72] gegenüber,

---

71 Vgl. hierzu Mesenburg, Peter: Die Weltkarte des Juan de la Cosa (1500 n. Chr.), S. 435–438.
72 Vgl. O'Donnell, Hugo: La carta de Juan de la Cosa, primera representación de América, S. 91.

wobei bei genauerem Studium deutlich wird, dass der gesamte indische Subkontinent, dessen Form und Küstenverlauf in Europa noch weitgehend nicht bekannt war, in Juan de la Cosas Karte als solcher nicht auszumachen ist. Doch selbst die Küstenlinien im Baltikum sind mit der Präzision der Angaben zum Mittelmeer oder zur Insel Kuba (die er anders als Columbus nicht als Kontinent missverstand, sondern als Insel kartographierte) nicht zu vergleichen. Juan de la Cosas Ort des Schreibens beziehungsweise Kartenzeichnens ist zusammen mit dem Fokus der herangezogenen Informationen und Wissensflüsse offenkundig. Doch es ging in dieser Weltkarte für die Katholischen Könige ja auch in erster Linie um die neu entdeckten Gebiete im Westen, mithin um den amerikanischen Kontinent. Sie sollten sich einen Überblick über die geographische Lage und Beschaffenheit ihrer neuen Besitzungen verschaffen.

Man darf davon ausgehen, dass die Katholischen Könige und deren Berater durchaus mit Portulanen vertraut waren. Letztere erfassen folglich jene Bereiche mit hoher Präzision, die der iberischen Schifffahrt (wie im Mittelmeer) durch lange Jahrhunderte vertraut oder (wie in der Inselwelt der Karibik) durch erstaunlich genaue Aufnahmen der spanischen Navigatoren bekannt waren. Betrachtet man die *Carta* von Juan de la Cosa in ihrer Eigenschaft als Rumbenkarte, die auf den charakteristischen „Rumbos" und „Vientos" beruht,[73] so zeigt sich freilich rasch, dass eine Vielzahl von Elementen, welche die gesamte Karte überziehen, nicht aus nautischen oder kartographischen, sondern aus spezifisch ästhetischen[74] Notwendigkeiten so angeordnet wurden, dass der Eindruck einer zusammenhängenden Weltkarte entstand. Juan de la Cosas offenkundiges Ziel war es, auf der Grundlage neuester Informationen und Kenntnisse die Totalität der (ihm bekannten) Welt zu erfassen und von dieser Totalität unter Rückgriff auf zahlreiche Fakten, aber auch eine Vielzahl von Fiktionen und Erfindungen ästhetisch ansprechend zu erzählen.

Auch wenn die Verbindungslinien zwischen den einzelnen „Vientos" oder Windrosen nicht selten ins Leere gingen: Mit künstlerischen Mitteln wurde der Gesamteindruck einer einzigen, zusammenhängenden Welt bewusst erzeugt. Dass dies keineswegs ausschließlich nautischen, politischen oder militärischen Zielsetzungen entsprach, wird sich im weiteren Verlauf unserer Analyse zeigen. Denn die Ästhetik der *Carta* zielte auf eine Überzeugungskraft ab, welche die kartographische Erzählung des Juan de la Cosa als glaubhaft erscheinen ließ. In dieser Hinsicht ist seine *Carta* ein vollendetes Kunstwerk.

---

[73] Vgl. zu den technologischen Entwicklungen u. a. Martín-Merás, Luisa: La Carta de Juan de la Cosa: interpretación e historia. In: *Monte Buciero* (Santoña) 4 (2000), S. 72; Näheres zum Rumbensystem findet sich auch in Mesenburg, Peter: Die Weltkarte des Juan de la Cosa (1500 n. Chr.), S. 429–438.
[74] Vgl. Varela Marcos, Jesús: Los reflejos políticos en la carta de Juan de la Cosa, S. 67.

Dabei spielte es eine durchaus untergeordnete Rolle, dass sie naturgemäß – und dies muss ihrem Verfasser klar vor Augen gestanden haben – mit zahlreichen Fehlern behaftet war. Die kartographischen Inkongruenzen gelten für den asiatisch-pazifischen Raum, aber auch für Europas transatlantische Gegenküsten in Amerika, die keineswegs – worauf vielfach hingewiesen wurde – im selben Maßstab eingezeichnet wurden. Vielmehr wählte Juan de la Cosa für die am Westrand seiner Karte gelegenen Regionen eine großmaßstäblichere Auflösung, die eine Vergleichbarkeit von Maßen und Entfernungen zwischen den Kontinenten nicht erlaubt. Doch die neuen Besitzungen der spanischen Könige erschienen im maßstäblichen Vergleich größer, als sie es in Wirklichkeit waren.

Die unterschiedlichen Maßstäbe brachten umgekehrt zahlreiche Schwierigkeiten und Probleme mit sich. Eine praktische Nützlichkeit für die Navigation ist für die Weltkarte folglich nur in einzelnen Bereichen gegeben, so dass es sich nur in bestimmten Bereichen um eine wirkliche „carta de marear" handelt.[75] Hingegen herrscht die ästhetische Dimension nicht allein in der Ausmalung der altweltlichen Kontinente, sondern auch in den Strukturen der Rumbenkarte vor. Sie erst verleiht der Weltkarte ihre Einheit und den Eindruck, es handle sich um die Totalität der ganzen irdischen Welt. Damit aber entsteht, was die Weltkarte gewiss nicht allein ihren königlichen Betrachtern vermittelt haben dürfte: Zum ersten Mal erscheint die Welt im Jahr 1500 als *eine* Welt, in der potentiell alles mit allem in Verbindung stehen kann. Denn nunmehr lag es nahe, die einzelnen Teilregionen miteinander in Beziehung zu setzen, auch wenn die sich westlich von Amerika anschließenden Räume und Routen noch gänzlich unbekannt waren.

Doch wir haben noch nicht die *Carta* in ihrer ganzen kartographischen Komplexität ausgeleuchtet. Denn die im Mittelmeer des Mittelalters entfaltete Technologie der Portulankarten mit ihren „Rumbos" und „Vientos" war keineswegs die einzige kartographische Logik, auf die der Navigator in seiner andalusischen Handels- und Hafenstadt zurückgriff. Vielmehr zeichnet er zum ersten Mal in eine Weltkarte die Äquatoriallinie sowie die nördliche Begrenzungslinie der Tropen, den Wendekreis des Krebses, in starker Hervorhebung ein. Man kann die Wichtigkeit dieser Einzeichnung kaum überschätzen!

Denn diese Eintragung der Äquatoriallinie stellt eine wichtige Etappe in der Geschichte der abendländischen Kartographie unseres Planeten dar. Zum einen wird damit für die Kugelgestalt der Erde eine zentrale ost-westlich verlaufende Linie geometrisch über die Landmassen und Meere hinweg ins Kartenbild projiziert; und zum anderen eröffnet der Raum zwischen dem Wendekreis des Krebses

---

75 Vgl. hierzu etwa O'Donnell y Duque de Estrada, Hugo: El Mapamundi denominado «Carta de Juan de la Cosa»: Cuestiones fundamentales, S. 12.

und dem Wendekreis des Steinbocks jenen *Bewegungs-Raum* der Tropen, auf dessen Bedeutung noch zurückzukommen sein wird.

Doch die Weltkarte des Juan de la Cosa verzeichnet auch politische Trennlinien. Senkrecht zur Linie des Äquators und der nördlichen Begrenzung der Tropen trägt der spanische Seefahrer weit draußen im Atlantik etwa auch die Grenzlinie von Tordesillas ein, mit deren Festlegung im Jahr 1494 unter päpstlicher Vermittlung die Welt zwischen Portugiesen und Spaniern bekanntlich aufgeteilt wurde. Das sich daraus auf Juan de la Cosas Weltkarte abzeichnende Gradnetz macht deutlich, auf welch fundamentale Weise das von Europa aus über die Welt geworfene Gitternetz ein Machtinstrument darstellt, in welches keineswegs unschuldig die Frage nach der Herrschaft über die Welt eingetragen ist. Im noch rudimentären Gitternetz der Weltkarte ist das Begehren nach Weltherrschaft immer schon gleichsam mathematisch mitgedacht. Mit anderen Worten: In die Weltkarte des Juan de la Cosa ist die Frage nach der Weltherrschaft ganz selbstverständlich eingetragen.

Der Begriff der Weltherrschaft versteht sich in diesem Zusammenhang aber immer auch als Herrschaft über eine Geschichte, die spätestens mit dem Beginn der ersten Phase beschleunigter Globalisierung zu einer Weltgeschichte im neuzeitlichen Sinne geworden ist. Und ganz so, wie es im Sinne Auerbachs aus der Weltgeschichte, für die der „biblische Erzählungstext"[76] einsteht, kein Entrinnen geben kann, da es zu dieser Weltgeschichte kein ‚Außerhalb' geben darf, zeigt sich auch in der Kartographie einer von Europa aus betriebenen Weltgeschichte iberischer beziehungsweise europäischer Expansion, dass es auch für die Weltkarte kein für den Menschen erreichbares ‚Außerhalb' gibt – es sei denn, wir würden hier die Räume einer christlichen (oder auch von anderen Religionen angenommenen) Transzendenz miteinbeziehen. Wir werden diesen Gedanken sofort weiterspinnen.

Weltgeschichte im christlichen Sinne vollzieht sich vollgültig als Heilsgeschichte, deren heilige Orte wie Jerusalem, Rom oder Santiago de Compostela in die Weltkarte gut sichtbar eingetragen sind. Die christliche Semantik ist in die *Carta* in mehr als einem Sinne eingetragen und markiert mit Jerusalem den höchsten Pilger- und Wallfahrtsort der Christenheit, dessen Bedeutung wir für die Tat des Christoph Columbus in dessen *Lettera rarissima* bereits gesehen hatten. Damit treten neben die Wissensbereiche von Wissenschaft und Technik (etwa die von Navigation oder Kartographie) nicht nur jene der Ästhetik beziehungsweise der Kunst, sondern selbstverständlich auch jene von Religion und Transzendenz. Auch sie sind Juan de la Cosas *Carta* unübersehbar eingeschrieben, insofern sich die Semantiken des Ästhetischen und des Transzendenten im Sinne christlicher Glaubenslehren leicht miteinander verbinden ließen. Aber auch die Wissenschaft

---

[76] Auerbach, Erich: *Mimesis. Dargestellte Wirklichkeit in der abendländischen Literatur*, S. 18.

steht in dieser Karte von der Wende des 15. zum 16. Jahrhundert nicht der Transzendenz entgegen. Das Wissenschaftliche, das Ästhetische und das Transzendente bilden vielmehr die drei fundamentalen Pfeiler, auf denen diese Weltkarte aufruht.

Halten wir an dieser Stelle noch einmal fest: Mit einer beeindruckenden wissenschaftlichen Präzision ist an Juan de la Cosas Weltkarte bis heute abzulesen, wie im Weltentwurf des spanischen Navigators und Steuermanns nicht nur ein detailreiches Kartenbild der Antillen und einiger zirkumkaribischer Festlandsäume skizziert, nicht nur die geostrategische Bedeutung dieser Region im Zentrum des sich abzeichnenden amerikanischen Kontinents vor Augen[77] geführt wird, sondern verschiedene kartographische, militärische, politische, religiöse und ästhetische Logiken miteinander verbunden sind! Auf diese Weise dringen die unterschiedlichsten Wissensbereiche in das Kartenbild ein und verschmelzen folglich das Wissenschaftliche und Heilsgeschichtliche mit dem und im Ästhetischen. Die Kunst der Karte und deren ästhetische Kraft[78] bestehen darin, diese unterschiedlichen Logiken miteinander in immer neue, viellogische Beziehungen zu setzen.

Juan de la Cosa griff tief in das Reservoir von Mythen und Legenden hinein, um seine Weltkarte mit zahlreichen Erzählungen zu bevölkern. Gut sichtbar tauchen all jene abendländischen und zum Teil nicht-abendländischen Projektionen wieder auf, die sich in das Innere der verschiedenen Kontinente der Alten Welt (anders als in der Neuen Welt auf hellem Grund!) eingezeichnet finden. So stoßen wir in dieser Weltkarte nicht allein auf das avancierteste Kartenbild, das zum damaligen Zeitpunkt aus vielfältigsten Quellen gespeist überhaupt möglich war, erkennen die militärische Bedeutung all jener Entdeckungsfahrten, die auf eine Beherrschung der Welt nicht bloß in einem wirtschaftlichen oder politischen Sinne abzielen, sehen nicht allein die Umrisse einer Welt sich abzeichnen, die in ihren Asymmetrien auch noch am Ausgang der vierten Phase beschleunigter Globalisierung die unsere ist. Denn dies ist nur die eine Seite jenes *Mappamundi*, den uns der spanische Navigator präsentiert.

Vielmehr blicken wir auch auf die sorgfältig ausgemalten Figuren der Heiligen Drei Könige (Abb. 23), die nach Bethlehem ziehen, auf die Königin von Saba, die uns mit ihrem Krummschwert anblickt, auf die beeindruckende Herrscherfigur des Negus, der Afrikas Herrschaftsstrukturen verkörpert, auf den (auf der Höhe des heutigen Äthiopien eingezeichneten) sagenumwobenen Priesterkönig Johannes, der sein christliches Reich in Afrika verteidigt, sowie – um nur noch ein wei-

---

77 Vgl. hierzu auch Cerezo Martínez, Ricardo: *La Cartografía Náutica Española de los Siglos XIV, XV y XVI*. Madrid: Centro Superior de Investigaciones Científicas 1994, S. 82–83 sowie die dazugehörigen Kommentare.
78 Im Sinne von Menke, Christoph: *Kraft. Ein Grundbegriff ästhetischer Anthropologie*. Frankfurt am Main: Suhrkamp 2008.

teres Beispiel zu nennen – auf die am äußersten nördlichen Ende Asiens geradezu liebevoll aufgemalten Figuren Gog und Magog (Abb. 22.), die nicht nur im Christentum für die Apokalypse stehen, sondern auch im Judentum wie im Islam als Verkörperungen des Bösen, des Anderen schlechthin, von großer Symbolkraft sind. Gog und Magog haben ihren Sitz in unserer Welt!

Abb. 22: Juan de la Cosa: Mappamundi, Detail: Gog und Magog.

Abb. 23: Juan de la Cosa: Mappamundi, Detail: Die Heiligen Drei Könige.

Das Böse ist folglich Teil dieser unserer Erde und wohnt unter uns. Mit ihren Augen auf der Brust (also „sin cabeza", wie in der Weltkarte mit roter Tinte gut lesbar hinzugefügt ist)[79] und mit ihrem Hundekopf blicken uns diese Figuren, die kurze Zeit später schon auf die fast noch leere Fläche des amerikanischen Kontinents projiziert werden sollten, genauso getreulich an wie die Küstenlinien dessen, was auf dieser Karte noch nicht definitiv als eigenständiger Kontinent erkannt und erkennbar ist. Es wäre eine eigene Untersuchung wert, diese Bildtraditionen in Juan de la Cosas Weltkarte ausführlicher zu untersuchen und in ihrer ästhetischen Kraft funktional in die Analyse der *Carta* miteinzubeziehen. Denn auf diese bildhafte Weise werden uns Geschichten erzählt, ohne deren Narration die Totalität der Welt nicht gedacht werden kann. Das *Erfundene* begleitet stets untrennbar damit verbunden das *Gefundene*.

Die narrative Bewegung verstärkt den marinetechnischen Bewegungs-Raum. So navigieren wir auf dieser Karte des Jahres 1500 durch einen neuen und zugleich seltsam vertrauten Raum, der von den Flotten der großen Seemächte Europas mit ihren emblematisch aufgemalten Karavellen ausgemessen wurde. Die Fahnen dieser Mächte sind bereits in den Boden von Inseln und Festlandssäumen gestoßen, die zur *terra nullius* erklärt und der indigenen Bevölkerung mit nach europäischem Recht guten Gründen entwendet werden konnten. Wir haben die juristischen Hintergründe dieses kolonialistischen Diebstahls von Land bei der Vorgehensweise des Christoph Columbus bereits am 12. Oktober des Jahres 1492 gesehen, einer Unternehmung, bei welcher Juan de la Cosa Augenzeuge des „Requerimiento" und bei dieser oben breit ausgeführten Szene sicherlich zugegen war. Die eingerammten Fahnen verweisen nicht nur auf konkrete Besitzansprüche einzelner europäischer Mächte, sondern auf das juristisch genau festgelegte Procedere jener kolonialen ‚Landnahme', die jeweils den ersten Schritt eines erbarmungslosen Eroberungskrieges darstellte.

Die Vorgehensweise der Kolonialmächte genügte juristisch dem internationalen Recht der Europäer. Gleichwohl handelte es sich objektiv um Diebstahl. Sie verstehen nun vielleicht besser die Bedeutung der Restitution von Kulturgütern, die bisweilen einfach geraubt, nicht selten aber nach europäischen Rechtsnormen ihren Besitzer wechselten. Dass wir heute, nach Hunderten von Jahren, in der Lage sind, diese Gegenstände in Absprache und Vereinbarung mit den Nachfahren der Bestohlenen zurückzugeben, kann man aller Schwierigkeiten und Widerstände zum Trotz getrost als ethisch-moralischen Fortschritt in der diesbezüglich so lang-

---

[79] Zur Geschichte und den unterschiedlichen Kategorien derartiger „acéfalos" vgl. Rojas Mix, Miguel: *América imaginaria*, S. 67–70.

samen und trägen Menschheitsgeschichte bezeichnen. Denn so schnell die erste und alle weiteren Phasen beschleunigter Globalisierung auf technologischer oder militärischer Ebene verliefen: Auf den Ebenen von Ethik und internationaler Verantwortung dümpelt die Menschheitsgeschichte in einem windlosen Meer ohne Segel.

Wir können der Weltkarte des Juan de la Cosa die um ein Vielfaches schneller voranschreitende Technologiegeschichte entnehmen. Denn wir bewegen uns durch das im Verlauf vieler Jahrhunderte in großen Sammlungen zusammengeführte und immer wieder veränderte technologische und mythologische Wissen, das – von vielen Weltgegenden herkommend – in jenem kleinen Erdteil Europa gesammelt worden war, dessen begrenzte räumliche Dimensionen erstmals im globalen Maßstab überraschend deutlich werden. Ganz Europa wirkt wie ein kleiner, an den eurasischen Raum angehängter Zipfel. Die verschiedenen europäischen Seemächte erscheinen im Weltmaßstab geradezu winzig. Europa musste erst lernen, sich in diesen Größenverhältnissen wiederzuerkennen. Doch umso schneller wuchs in Europa das Bewusstsein eigener militärischer, technologischer und zivilisatorischer Überlegenheit.

Auf der *Carta* des Juan de la Cosa wird die Differenz zu anderen Weltteilen von einem angehäuften Wissen markiert, das die Karte selbst repräsentiert: Erst auf der Grundlage dieses Wissens, dieses über den Planeten geworfenen Herrschaftsanspruchs, *macht diese Karte Welt*. Mit Rumben und Windrosen, mit Äquatoriallinie und Meridianen wird die Welt von Europa aus vermessen und in jeglicher Hinsicht erfasst. Dies kann nicht ohne Verweis auf göttliche Transzendenz, auf das Bewusstsein einer religiösen Sendung, vor sich gehen.

Auch dieses christliche Sendungsbewusstsein ist, wie wir gleich sehen werden, in der Weltkarte des künftigen „Piloto Mayor" enthalten. Die aufmerksame Lektüre des auf unterschiedlichsten Ebenen Gesammelten – und damit ist im etymologischen Sinne eine Verdoppelung gemeint, insofern sich ‚Sammeln' und ‚Lesen' aus derselben Quelle speisen[80] – erzeugt in Juan de la Cosas historischer Momentaufnahme eine fast schwindelerregende Tiefenschärfe, die nicht nur durch ihre geographisch-historiographische Ausleuchtung, sondern mehr noch durch ihre *bewegungs*geschichtliche Dynamik sowie ihr ebenso rationales wie religiöses Sendungsbewusstsein beeindruckt. Überall sind Zeichen des christlichen Glaubens angebracht. Auch wenn uns dies auf den ersten Blick paradox anmuten mag: Wir haben es bei diesem spatialen Entwurf weniger mit einer Raumgeschichte als einer Bewegungsgeschichte zu tun, die weniger einen Zustand als ein Geworden-Sein,

---

80 Vgl. hierzu Sánchez, Yvette: *Coleccionismo y literatura*. Madrid: Ediciones Cátedra 1999.

weit mehr aber noch ein Werden, genauer: ein *Welt-Werden* signalisiert. Dass dieses *Welt-Werden* eine transzendente Legitimation benötigte, war nicht nur in den Augen der die Karte betrachtenden Katholischen Könige offenkundig.

Wie aber passen technologisches und mythologisches Wissen, geographische und literarische Kenntnisse, Navigations- und Glaubensvorstellungen, Rationalität und Religiosität zusammen? Es wäre gänzlich unbefriedigend und überdies irreführend, wollte man diese Gegensatzpaare abendländischen Wissens künstlich voneinander trennen und anachronistisch den einen Bereich der Faktizität, den anderen hingegen der Fiktionalität zuordnen. Einmal mehr ist das *Erfundene* nicht vom *Aufgefundenen* abzuspalten.

Versuchen wir, ein Zwischenergebnis unserer bisherigen Analyse zu formulieren. Bei Juan de la Cosa ist auf eine für seine Zeit gänzlich selbstverständliche Weise das *Vorgefundene* mit dem *Erfundenen* verwoben, so dass man sehr wohl die Auffassung vertreten könnte, dass Amerika im Grunde von Europa aus erfunden worden ist, bevor es von denselben Europäern aufgefunden und in die eigenen Kartennetze eingetragen werden konnte.[81] Auf die unverrückbare *Fakten* schaffende Wirkkraft des Erfundenen, der Mythen, Legenden und Glaubensüberzeugungen ebenso der Seefahrer wie der Theoretiker, ebenso der Reisenden wie der Daheimgebliebenen, hat wie kaum ein anderer schon früh Alexander von Humboldt aus globalisierungstheoretischer Sicht aufmerksam gemacht.[82] Rationalität und Religiosität, Wissenschaft und Transzendenz sind vielmehr unauflöslich in dieser Weltkarte wie im Expansionsprozess der europäischen Mächte während der ersten Phase beschleunigter Globalisierung miteinander verflochten.

Dieses Verflochten-Sein von Faktizität und Fiktionalität, von Rationalität und Religiosität, von Vorgefundenem und Erfundenem scheint mir im *Mappamundi* des spanischen Kartographen besonders klar erkennbar am Beispiel jenes Teils von Amerika zu werden, den wir heute als Mexiko bezeichnen. Denn noch vor seiner geographischen Auffindung und Eroberung ist Neuspanien oder das spätere Mexiko – wie sich bei einer genaueren Lektüre der entsprechenden Kartensegmente bei Juan de la Cosa erschließt – bereits Teil eines weltweiten geschichtlichen Prozesses *de longue durée*. Es gibt noch kein Neuspanien; und

---

81 Vgl. hierzu das Standardwerk von O'Gorman, Edmundo: *La invención de América*. México: Fondo de Cultura Económica 1958.
82 Vgl. Humboldt, Alexander von: *Kritische Untersuchung zur historischen Entwicklung der geographischen Kenntnisse von der Neuen Welt und den Fortschritten der nautischen Astronomie im 15. und 16. Jahrhundert*. Vgl. zu dieser Dimension des Humboldt'schen Schaffens Ette, Ottmar: *Alexander von Humboldt und die Globalisierung. Das Mobile des Wissens* (2009).

doch ist bei Juan de la Cosa Neuspanien bereits buchstäblich *on the map*. Es wurde erfunden, bevor es aufgefunden beziehungsweise erobert wurde.[83]

Denn Mexiko – beziehungsweise das Vizekönigliche Neuspanien – existiert an der Wende vom 15. zum 16. Jahrhundert selbstverständlich weder realgeschichtlich noch auf den Kartenwerken der Europäer; und doch ist es auf diesen Weltentwürfen bereits global vernetzt und in eine neue Welt-Ordnung einbezogen, die noch im Entstehen ist und sich auf der *Carta* des Juan de la Cosa bereits abzeichnet. Jahrzehnte vor dem Erscheinen von Hernán Cortés im Hochtal von Anáhuac zeichnen die Kartenwelten der Spanier ein erstes Bild dessen, was das künftige Mexico erst noch sein wird: ein Teil jener gewaltigen und gewalttätigen „Empresa de Indias",[84] jener ersten Phase beschleunigter Globalisierung, die in den *Capitulaciones de Santa Fe* zwischen den Katholischen Königen und Christoph Columbus sowie im Vertrag von Tordesillas zwischen Spaniern und Portugiesen unmittelbar vor und nach der ersten Landung der drei spanischen Schiffe an jenen Küsten, die erst Amerigo Vespucci als „Mundus Novus" bezeichnen wird, die Formen und Normen der anstehenden, aber nicht anständigen Verteilung der Weltherrschaft für lange Jahrhunderte festlegte. Es ist kaum glaubhaft, aber auch dies wird bereits in Cosas *Mappamundi* für die Katholischen Könige sichtbar.

So ist die von Juan de la Cosa vorgenommene erste Sichtbarmachung Mexikos auf europäischen Karten, von der wir wissen, die Visualisierung dessen, was es noch nicht gibt, das aber in seinem Noch-nicht-Sein oder Noch-nicht-so-Sein längst zu existieren begonnen und konkrete Gestalt angenommen hat. Fiktionen haben einen gewissen Drang nach Faktizität: Sie sehen sich gerne in Fakten verwandelt und wirken schon als Fakten, lange bevor sie es gegebenenfalls geworden sind. Die *Erfindung* geht der *Findung* mithin voraus – ganz so, wie Columbus oder die spanischen Konquistadoren Menschen mit Hundsköpfen oder dem Gesicht auf der Brust in Amerika zu erkennen oder eigentlich wiederzufinden glaubten. Sie sahen eine Republik von Frauen, von ‚Amazonen', von denen sie in Europa gelesen und aus der Antike gehört hatten. Diese prospektive Dimension der Karte ist gerade mit Blick auf ihre transzendenten Isotopien von großer Bedeutung und hoher Relevanz für unsere Vorlesung.

---

83 Vgl. hierzu ausführlich Ette, Ottmar: Imágenes del mundo transarchipiélico novohispano. De las letras y las artes visuales entre Europa y Asia, el Caribe y Japón. In: Borsò, Vittoria / Gerling, Vera Elisabeth (Hg.): *Colonia – Independencia – Revolución. Genealogías, latencias y transformaciones en la escritura y las artes de México*. Madrid – Frankfurt am Main: Iberoamericana – Vervuert 2017, S. 45–89.
84 Zur Aktualität dieses Themas vgl. den Roman von Orsenna, Erik: *L'Entreprise des Indes*. Roman. Paris: Stock – Fayard 2010.

Die einfache Scheidung zwischen Faktizität und Fiktionalität, gleichsam zwischen Wahrheit und Lüge, ist – dieses Fazit können wir nach so vielen Beispielen ziehen – bei weitem zu schlicht, um der Komplexität jener Wahrheit der Lügen – und der Lügen der Wahrheit – gerecht werden zu können, von der die jahrtausendealte Wissenszirkulation dessen, was wir heute als Literatur bezeichnen, im Spannungsfeld von Dichtung und Wahrheit zu berichten weiß.[85] Die Kartographie ist geradezu natürlich in diese Traditionsstränge eingebunden, ohne freilich auf sie reduzierbar zu sein.

Jenseits einer seit geraumer Zeit um sich greifenden Verarmung des Vokabulars, die sich zunehmend auch über die Grenzen des englischsprachigen Raumes hinaus der Unterscheidung zwischen „fiction" und „non-fiction" bedient, ist es aus heutiger Sicht entscheidend, dass sich das vor Ort Vorgefundene und das Erfundene miteinander in einem Erleben und *Erlebten* verbinden oder – mit anderen Worten – im Zusammenhang eines *Erlebenswissens* stehen, das auch die Rezeptionsvorgänge selbst prägt. Denn es ist im selben Maße möglich, nicht nur das in Amerika ‚Gefundene', sondern auch das auf Amerika Projizierte und damit ‚Erfundene' zu leben und – ganz im Sinne Wilhelm Diltheys – mit aller Intensität als Teil des Lebens ‚durchzuerleben'. Gelebte Findungen und Erfindungen also, wie sie die Literatur seit ihren Anfängen kennt und wie sie die Karten-Welten immer wieder in ihren Bild-Welten und Bilder-Welten projizieren.[86]

Der kostbare Kartenentwurf von Juan de la Cosas *Carta* wird damit zum vielgestaltigen, Bild-Schrift und Schrift-Bild miteinander transversal verbindenden Medium des Wissens, das die wechselseitigen Verschränkungen von Vorgefundenem, Erfundenem und *Erlebtem*, welches der Seefahrer, Steuermann und Kartograph festhielt, auf eindrucksvolle Weise sichtbar macht. Subjektiv entscheidend ist, wie wir etwas erleben und danach leben.

Ich möchte an dieser Stelle noch gerne eine Präzisierung einfügen: Zum Vorgefundenen zählt nicht nur das in einer außersprachlichen Wirklichkeit realiter Vorgefundene, sondern auch das, was auf Bildern erblickt oder in Büchern aufgefunden und gelesen werden kann. Dabei bilden Finden, Erfinden und Erleben zwar keine Dimensionen, die in diesem kartographischen Meisterwerk scharf und eindeutig voneinander abgrenzbar wären, wohl aber einen wechselseitigen Verweisungszusammenhang, der noch heute auf faszinierende Weise in seiner

---

85 Ich spiele hier selbstverständlich nicht nur auf Goethes berühmte Titelfindung an, sondern auch auf Vargas Llosa, Mario: *La verdad de las mentiras*. Barcelona: Seix Barral 1990.
86 Vgl. hierzu auch die Parallelen zu Alexander von Humboldt in Ette, Ottmar: Einführung: Die Bilder-Welten Alexander von Humboldts. Als die Bilder laufen lernten. In: Ette, Ottmar / Maier, Julia: *Alexander von Humboldt: Bilder-Welten. Die Zeichnungen aus den Amerikanischen Reisetagebüchern*. München: Prestel 2018, S. 9–25.

Relationalität erlebbar und nacherlebbar ist. Würde sich Columbus je auf den Weg gemacht haben, hätte er seine ‚Lügen' – etwa die von Marco Polo über Cipango beziehungsweise Japan – nicht intensiv gelebt?[87] Wäre er von Palos aufgebrochen, hätte er gewusst, dass die Welt nicht so klein ist, wie er dem Pseudo-Propheten entnahm, sondern in ihrem Umfang so groß, dass eine Fahrt nach Westen – ohne die Existenz des ihm unbekannten Neuen Kontinents – in die Weiten des Meeres und notwendig in sein eigenes Lebensende geführt hätte?

Doch der Realist Juan de la Cosa wusste: Das ‚Unternehmen Indien' ist kein bloßes Gedankenspiel, sondern Machtpolitik, die aufs Engste mit den Politiken der Katholischen Kirche und ihrer Repräsentanten auf Erden verwoben ist. Und dies selbstverständlich keineswegs so, dass zwischen weltlicher und kirchlicher Macht die Grenzen zwischen Rationalität und Religiosität verliefen. Fiktion ist keine Eigenschaft allein des Ästhetischen, sondern ist nicht weniger der Transzendenz wie der Wissenschaft zugehörig. Und Wunder gehören nicht allein der Sphäre des Transzendenten zu, sie zeichnen ebenso das Ästhetische wie auch die Geschichte der Wissenschaften aus.[88] Vergessen wir aber darüber nicht: Juan de la Cosas Karte ordnet die Welt im Sinne von Rationalität *und* Religiosität nicht nur anders *an*, sie ordnet sie in nicht geringen Teilen auch bereits *unter*.

Die Weltkarte des Jahres 1500 ist folglich eine Demonstration der Stärke, der Macht jenes Spanien der Katholischen Könige, das erst kurze Zeit zuvor von der *Reconquista* zur *Conquista* übergegangen war und sich noch immer in einem kriegerischen Eroberungsmodus befand, der sich nun nicht nach Süden, auf die arabische Gegenküste, und auch nicht nach Osten hin zum ‚Heiligen Land', sondern entschlossen nach Westen wandte, wo man sich zurecht lukrative Ausdehnungsmöglichkeiten und eine Stabilisierung der angeschlagenen Finanzen des Staates erhoffte. Kein Zweifel: Die Weltkarte ist zugleich eine geostrategische Selbstbestimmung im Land der Katholischen Könige!

War die kartographisch so erstaunlich gut erfasste Karibik nicht schon auf dem Wege, für die Europäer zu einem ‚amerikanischen Mittelmeer' zu werden? In die Findung der karibischen Inselwelt wird die geostrategische Erfindung dieses Raumes im globalen Maßstab teilweise kryptographisch, teilweise aber auch mit aller wünschenswerten Deutlichkeit eingeschrieben. Die Weltkarte wird so zu einer Anordnungsform des Wissens, aber auch der Macht, die in der transmedia-

---

[87] Bei Orsenna klingt dies in der letzten Frage seines Erzählers an den Genuesen ähnlich an: „Hättest Du nicht gelogen und zuallererst Dich selbst belogen, würdest Du den Mut gehabt haben, dich so weit gen Westen einzuschiffen?" Orsenna, Erik: *L'Entreprise des Indes*, S. 372.
[88] Vgl. hierzu Daston, Lorraine: *Wunder, Beweise und Tatsachen. Zur Geschichte der Rationalität*. Aus dem Englischen von Gerhard Herrgott, Christa Krüger und Susanne Scharrowski. Frankfurt am Main: Fischer Taschenbuch 2001.

len Verschränkung von Bild und Schrift die grundlegenden Konfigurationen des Wissens von der Welt – und der Beherrschung der Welt – am Übergang vom 15. zum 16. Jahrhundert machtvoll und globalisierend zugleich vor Augen führt. Sie steht nicht im Zeichen der Globalisierten, sondern der Globalisierer.

Die ganze Geschwindigkeit, die ganze Wucht dieses Prozesses wird in diesem ungeheuer präzise ausgeführten *Mapping* deutlich. Doch die *Carta* ist, wie an dieser Stelle noch einmal betont werden soll, weit mehr: Juan de la Cosas Karten- und Schriftbild der damals bekannten und zum Teil vermuteten Welt reflektiert nicht allein das Bild einer gegenwärtigen Welt, die sich ihrer Vergangenheiten auf verschiedensten Ebenen bewusst ist. Sie modelliert auch in einem prospektiven Sinne ein künftiges Weltbild, das in der Tat das Antlitz unserer Erde seit der frühen Neuzeit entscheidend prägen sollte. Aus abendländischer Perspektive können wir uns in dieser Karte nicht nur wegen ihrer Nord*n*ung – ihrer Nordung und Ordnung – noch wiedererkennen.

In die komplexe Relationalität zwischen dem Aufgefundenen und Vorgefundenen, dem Erfundenen und Imaginierten sowie dem Erlebten und Gelebten schreibt sich die Existenz des Noch-Nicht-Existierenden, die Präsenz des für die Europäer noch unzugänglichen Mexiko und all jener Gebiete, die nur erahnbar sind, im prospektiven Sinne ein. Die von den Europäern vorgefundenen und für sich entdeckten Gebiete bilden eine grüne, weitgehend unausgefüllt bleibende Fläche am äußersten westlichen Rand des gewaltigen Kartenausschnitts, fast schon in Reichweite jener durch Fähnchen markierten europäischen Besitzungen im karibischen Raum, welche die Karte mit präzisen Umrissen stolz verzeichnet: eine *Terra incognita*, die sich dem Zugriff der Spanier, dem Zugriff der Europäer geradezu verlockend anbietet.[89] Diese Weltkarte bildet die Ausgangsbasis für die „Empresa de Indias", für die „Ilusión indiana" wie für die frühkapitalistisch organisierte Conquista der Überseegebiete in Amerika.

Wir haben es hier mit einer Visualisierung, einer kartographischen Sichtbarmachung Neuspaniens beziehungsweise Mexikos noch vor dessen ‚Entdeckung' und Findung, nicht aber – auch im Sinne Ernst Blochs[90] – vor dessen eigentlicher *Er*findung zu tun. Die vom „Piloto Mayor" der spanischen Flotte in seine Weltkarte eingetragenen Zeichen, Flaggen und Insignien geostrategischen Kalküls machen es überdeutlich: Die Karibik wurde für die Spanier sehr rasch zum

---

89 Zu dieser „Vergeschlechtlichung" des Eroberungsprozesses vgl. Hölz, Karl: *Das Fremde, das Eigene, das Andere. Die Inszenierung kultureller und geschichtlicher Identität in Lateinamerika*. Berlin: Erich Schmidt Verlag 1998.
90 Vgl. hierzu Bloch, Ernst: *Das Prinzip Hoffnung*. 2 Bde. Frankfurt am Main: Suhrkamp 1973, S. 874.

militärischen Ausgangspunkt ihrer erfolgreichen Eroberungszüge in den Norden, in die Mitte und in den Süden dessen, was man erst Jahrzehnte später – auf einer Weltkarte Mercators[91] aus dem Jahre 1538 – als amerikanischen Doppelkontinent begreifen sollte.

Mithin präsentiert sich in Cosas *Carta* bereits die Karibik als jener tropische Bewegungsraum, über dessen gigantische Drehscheibe nur wenige Jahre beziehungsweise Jahrzehnte später zunächst die Sklaventransporte, danach dann die Schätze der Gold- und Silberflotten der Spanier weiterverschifft und weiterverteilt werden sollten. Kein Zufall also, dass die zentralen Achsen der Weltkarte auf das amerikanische Mittelmeer der von Spanien weitgehend bereits beherrschten Karibikinseln abzielen. Auch hier erweist sich die *Carta*, die im Übrigen eine beeindruckende Fülle von Inseln kartographisch aufnahm, als bewegungsgeschichtliche Projektionsfläche für einen gerade erst richtig in Gang gekommenen Prozess.

Die neuweltliche Hemisphäre des amerikanischen Doppelkontinents entstand folglich aus ihrer asymmetrischen Beziehung zu Europa. Diese Asymmetrie der Beziehungen[92] ist in der Weltkarte Cosas nicht zuletzt farblich kodiert. Die Vektorizität dieser Karte des Juan de la Cosa beleuchtet aus zeitgenössischer Perspektive die Asymmetrie dieses Machtgefüges mit scharfem, fixierendem Licht, in dem die grün belassenen Flächen der transatlantischen Gebiete wie ein Anderes erscheinen und sich der hellen Grundierung der altweltichen Hemisphäre entgegenstellen.

Zugleich macht die *Carta* deutlich: Wenn es eine Area auf unserem Planeten gibt, die in höchst verdichteter Form keine eigentliche Raumgeschichte, sondern eine Bewegungsgeschichte repräsentiert, dann ist es die sich hier erstmals abzeichnende Welt des transozeanisch wie binnenamerikanisch verknüpften Archipels der Karibik. Die Tropen sind die Bewegungswelt *par excellence*.[93] In diesem Bewegungs-Raum laufen alle (noch vorwiegend militärischen und flottenspezifischen, aber auch biopolitischen) Leitlinien der spanischen Expansion zusam-

---

91 Vgl. hierzu Zweig, Stefan: Amerigo. Die Geschichte eines historischen Irrtums. In (ders.): *Zeiten und Schicksale. Aufsätze und Vorträge aus den Jahren 1902–1942*. Frankfurt am Main: S. Fischer Verlag 1990, S. 423.
92 Vgl. hierzu auch Ette, Ottmar: Asymmetrie der Beziehungen. Zehn Thesen zum Dialog der Literaturen Lateinamerikas und Europas. In: Scharlau, Birgit (Hg.): *Lateinamerika denken. Kulturtheoretische Grenzgänge zwischen Moderne und Postmoderne*. Tübingen: Gunter Narr Verlag 1994, S. 297–326.
93 Vgl. hierzu Ette, Ottmar: Diskurse der Tropen – Tropen der Diskurse: Transarealer Raum und literarische Bewegungen zwischen den Wendekreisen. In: Hallet, Wolfgang / Neumann, Birgit (Hg.): *Raum und Bewegung in der Literatur. Die Literaturwissenschaften und der Spatial Turn*. Bielefeld: transcript Verlag 2009, S. 139–165.

men. Gleichzeitig aber ist die karibische Inselwelt, wie noch zu zeigen sein wird, Drehscheibe in die Transzendenz.

Es dürfte deutlich geworden sein: Juan de la Cosas Weltkarte bietet uns vor dem Hintergrund des bislang Analysierten keinen raumgeschichtlichen, sondern einen bewegungsgeschichtlichen Weltentwurf, in welchem den Inseln und Archipelen eine wichtige, weltumspannend transareale Funktion zukommt. Dabei stellen die Verbindungsfunktionen zwischen Norden, Westen und Süden des Kontinents, vor allem aber transarchipelisch über die Archipele der Kanaren, der Kapverden, der Azoren oder Madeira die transatlantischen Verbindungsrouten sicher. Mit ihren Umrissen zeichnen diese atlantischen Insel-Welten und Inselwelten, zu denen auch die mythischen, zumeist auf mittelalterliche Legenden zurückgehenden und auf den Karten des europäischen Mittelalters ‚wandernden' Inseln von San Borondón, von Brazil, Antilia oder der Insel der Sieben Städte zählen, nicht nur die militärischen Insel-Strategien einer iberischen Eroberung der Welt nach, sondern verwandeln die gesamte Welt in eine *Inselwelt*, die über die Meere miteinander verbunden ist und eine sich abzeichnende Relationalität aufweist. Diese Archipelisierung aber wird von Europa, von der iberischen Halbinsel aus, transkontinental gebündelt, gesteuert und zentriert. Insofern wird diese Multirelationalität machtpolitisch sehr wohl kontrolliert und begrenzt.

Auf keiner anderen Karte der Frühen Neuzeit wird die Dynamik des europäischen Expansionsprozesses, wird die Geschwindigkeit und historisch-mythologische Tiefenschärfe der ersten Phase beschleunigter Globalisierung in ihrer Rationalität, aber auch in ihrer Verhaftung in einer religiös bestimmten Vorstellungswelt so eindrucksvoll vor Augen geführt wie auf diesem anspruchsvoll komplexen, sich aus unterschiedlichsten Teilen zusammensetzenden und ganz im Auerbach'schen Sinne aus heterogenen Bestandteilen ‚zusammengestückten' Weltentwurf, der ganz bewusst Weltgeschichte entwirft. Die *Carta* Juan de la Cosas evoziert und dokumentiert die Vieldimensionalität eines makrohistorischen Prozesses, der allein aus seiner Rationalität heraus gewiss nicht adäquat verstanden werden kann. *Auffindung* und *Erfindung* müssen stets neu zusammengedacht werden. Die erste Phase beschleunigter Globalisierung entfaltete sich nicht gemäß einer quasi naturgesetzlichen Logik; vielmehr waren hier sehr unterschiedliche Logiken im Spiel, die in Juan de la Cosas Meisterwerk auch meisterhaft ins Spiel gebracht werden.

Die angesichts des historischen Verlaufs der Conquista unbestreitbare militärische Überlegenheit der spanischen Eroberer gründete sich nicht allein auf ihren gleichsam wissenschaftlich (oder protowissenschaftlich) verankerten Umgang mit dem Vorgefundenen, sondern in gewiss nicht geringerem Maße auf ihre Projektionen und die Formen des Gelebten und Erlebten, die dem Eroberten sogleich einen Platz im eigenen Wissen und Erleben zuwiesen – gleichsam in den

Koordinaten vorab existierender geistiger Gittersysteme.[94] Das vorab Erfundene und Vorgestellte gab den Spaniern einen Mut, eine Sicherheit und ein Zuvertrauen, welche in ihrer Bedeutung für die Durchführung ihrer Eroberungszüge schwerlich überschätzt werden können.

Von der Karibik aus – jener Area, an deren Rändern Christoph Columbus den Ort des irdischen Paradieses vermutete, den er dann vor der Mündung des Orinoco eindeutig lokalisiert zu haben glaubte – erfolgte die bewegungsgeschichtliche Übersetzung der spanischen beziehungsweise europäischen Expansion im Zeichen ihrer heilsgeschichtlichen Legitimation. In ihrem Verlauf ging es nicht zuletzt darum, die Ordnungen, Anordnungen und Unterordnungen, aber auch die Verschränkungen ihres Wissens wenn nicht durchzusetzen, so doch weltweit beherrschend zu positionieren. Wissen und Glaube, Rationalität und Religiosität gehen in dieser kartographierten Makrohistorie Hand in Hand. Es ist diese Verbindung, die wir als grundlegend für die Konzeption Amerikas während der ersten Phase beschleunigter Globalisierung annehmen dürfen.

Die vektoriell ausgerichteten Portulankarten, deren Windrosen mit Marien- oder Heiligendarstellungen geschmückt zu sein pflegten, gehen in Juan de la Cosas Weltkarte eine polylogische Verbindung mit jenem Gitternetz ein, in dessen Kern hier die geometrische Konstruktion der Tropen in ihrer Verbindung mit dem Tordesillas-Meridian steht, also dem Längengrad der Welt- und Machtteilung schlechthin. War nicht die politische Aufteilung der Welt zwischen den Sphären Portugals und Spaniens transzendent, durch die Hände des Papstes gesegnet? In diesem Sinne kann man vom Gitternetz in der Tat als von einem *modus vivendi* ebenso auf individueller wie mehr noch auf kollektiver Ebene sprechen, da die religiöse Dimension in ihm ebenso präsent ist wie die Marienbildnisse. Anders formuliert: Das Netz koordiniert eine Lebensform selbstverständlicher, da religiös fundierter Weltaneignung.

Denn dieses über die Welt ausgeworfene wissenschaftliche Netz regelt mit seiner Möglichkeit, jedem Ort auf der Erde eindeutige und einmalige Koordinaten zu geben, das bereits Erlebte wie das noch zu Erlebende auf eine zugleich verortende und an ein Zentrum des Sinns – und zwar eines ebenso rationalen wie transzendenten Sinns – rückgebundene Weise. Die eigene Geschichte – etwa die Machtentfaltung Spaniens – wird dokumentiert: Und genau darin lag ja auch die erste Aufgabe, die Rodríguez de Fonseca im Auftrag von Fernando und Isabel an den kantabrischen Kartographen übermittelte. Dieser wurde der ihm gestellten

---

94 Vgl. hierzu die bereits angeführte Arbeit von Todorov, Tzvetan: *Die Eroberung Amerikas. Das Problem des Anderen.* Aus dem Franzüösischen von Wilfried Böhringer. Frankfurt am Main: Suhrkamp 1985.

Aufgabe vollumfänglich gerecht und enthüllte zugleich die Lebensformen und Lebensnormen abendländischer, westlicher Weltaneignung und Weltherrschaft.

Die verdoppelte Logik vektorieller Bewegungskarten und statischer Gitternetze belegt nicht nur, dass sich diese Karte in einem Übergangszeitraum zwischen einer mittelalterlichen und einer frühneuzeitlichen Entwicklung im Bereich des Kartenzeichnens wie auch der Geographie[95] ansiedelt. Diese Weltkarte konfiguriert in ihrer Erfassung und Verfügbarmachung einer ganzen Welt zugleich ein Lebenswissen, das in der Verortung der je eingenommenen eigenen Position ein (nautisches, technologisches, ideologisches oder religiöses) Überlebenswissen, gleichzeitig aber auch ein Erlebenswissen programmiert, das alles neu Erlebte räumlich anordnet, zuordnet und einem zentrierenden, globalisierenden Sinnmittelpunkt unterordnet – sei er weltlicher oder transzendenter Natur. Diese hervorragend ausgestattete und ästhetisch konzipierte Weltkarte ist heilsgeschichtlich von der Weltgeschichte und ihrer Sinnhaftigkeit zutiefst überzeugt.

Die Welt des Juan de la Cosa ist sinnhaft zentriert. Dieses Sinnzentrum lässt sich gleichsam im Abstand zum jeweiligen Nullmeridian, den die europäischen Mächte jeweils einzeln bestimmten – der Greenwich-Meridian setzte sich erst bei der Meridian-Konferenz von 1884 und damit in der dritten Phase beschleunigter Globalisierung weltweit durch – sehr präzise angeben. Schon die Tordesillas-Linie lässt sich so verstehen, konstituierte sie doch nicht etwa ein neues Zentrum, sondern erhielt umgekehrt ihren Sinn als Grenz- oder Demarkationslinie erst durch jenen genau gemessenen Abstand, der sie von ihrem iberischen Bezugsmeridian trennte: vereinbart und gleichsam ‚abgesegnet' durch die höchsten religiösen Instanzen der christlichen Welt, durch die Kurie und den Medici-Papst.

An dieser Stelle unserer Überlegungen ist es erforderlich, den Begriff der Zentrierung weiter zu erläutern. Auf den ersten Blick mag überraschen, dass Juan de la Cosas Weltkarte wiederum nicht von einer einfachen, sondern einer doppelten Zentrierung geprägt ist. Zum einen rückt der spanische Kartograph ganz selbstverständlich in west-östlicher Richtung jenes Iberien und damit jenes Europa in den Mittelpunkt, von dem aus die Gebiete im Osten („Indias Orientales") wie im Westen („Indias Occidentales"), aber auch das von den Portugiesen längst umrundete und mit Handelsplätzen und Befestigungen aller Art versehene Afrika in einen in Entstehung begriffenen weltweiten Kolonisierungs- und Handelsverkehr unter europäischer Führung einbezogen werden konnten. Im Zentrum beider Indien, beider kolonialer Ergänzungsräume der heraufziehenden

---

[95] Vgl. hierzu den Sammelband von Besse, Jean-Marc / Blais, Hélène / Surun, Isabelle (Hg.): *Naissances de la géographie moderne (1760–1860). Lieux, pratiques et formation des savoirs de l'espace.* Lyon: Ecole Normal Supérieure Editions 2010.

neuen Weltordnung hatten folglich die iberischen Weltmächte zu stehen. Diese Zentralstellung Iberiens wird selbst anhand der Präzision, mit welcher diese Kartenteile ausgeführt sind, und anhand der Nebensächlichkeit deutlich, mit der etwa das Baltikum gezeichnet wurde.

Die im südspanischen Puerto de Santa María angefertigte Karte des Jahres 1500 zeigt, wie sehr hier ein geographisch kleiner und randständiger, aber hochdynamischer Teil der Erde als Machtzentrum der Globalisierung den um ein Vielfaches größeren Regionen des Planeten mit unbedingtem Herrschaftsanspruch gegenübertritt. Diese Selbstermächtigung wird auf Grund ihrer transzendenten Legitimation nicht hinterfragt. Weite Gebiete der Erdkugel werden, wie die Karte mit ihrer Vielzahl sorgfältig eingetragener Toponyme ausweist, von den Globalisierern in erstaunlich kurzer Zeit in Objekte des Begehrens und einer vehementen Expansion verwandelt. Alles, was die Karte zeigt, kann künftig potentiell begehrt, mit Hilfe des emblematischen Globalisierungsmediums der Karavellen erreicht und militärisch wie kulturell bedroht werden. Auch wenn auf dieser Karte noch der größte Teil des indischen Subkontinents fehlt: Die ganze Welt ist in ein begehrenswertes Expansionsziel verwandelt.

In der genordeten Kartographie ‚liegt' Europa selbstverständlich ‚oben', herrscht als Norden über den Süden, thront räumlich ‚über' den von ihm ins Fadenkreuz genommenen Gebieten, die nicht nur in den Augen ihrer Auftraggeber, der Katholischen Könige Spaniens, zu potentiell kolonisierbaren Ergänzungsräumen geworden sind. Europa, diese kleine, stark untergliederte westliche Erweiterung Asiens, zeichnet sich durch ihre im mehrfachen Sinne *überlegene* Position aus. Ein an den Interessen Europas ausgerichtetes Wissen von der Welt beginnt sich immer stärker in den rasch wachsenden europäischen Machtzentren zu bündeln.

Wie schnell sich dieses dank Rodríguez de Fonseca breit gefächerte Wissen erfassen und in die Gitternetze eintragen ließ, zeigt Juan de la Cosas Meisterwerk: Es verzeichnet kaum sieben Jahre nach der Rückkehr von Columbus und Cosa von ihrer ersten transatlantischen Fahrt die Zirkulationswege des Wissens über die außereuropäische Welt auf ungemein anschauliche Weise und verdeutlicht ein Weltbewusstsein, wie es sich am südwestlichen Ende Europas, in den Hafenstädten der aufsteigenden iberischen Seemacht, binnen weniger Jahre ausgebildet hatte. Auch wenn es sich um eine geheime Karte handelte, deren Wissen allein einer kleinen Führungselite Spaniens zugänglich war, so besaß sie doch über die Verbreitung der spanischen Seefahrern mitgegebenen Karten einen prägenden Wert für Weltkarten zunächst im spanischen Einflussbereich und später weit darüber hinaus. Der erste, der diesen Wert und Vorbildcharakter bereits sehr früh erkannte, war zweifellos der ‚Wiederentdecker' der *Carta*, Alexander von Humboldt.

Doch wir sprachen von zwei Zentrierungen, erwähnten bislang aber lediglich eine erste. Aber dieser ersten ist noch eine zweite Form einer (ebenfalls nicht allein) kartographischen Zentrierung beigegeben. Denn es dürfte schwerfallen, die Bedeutung jener bereits mit Blick auf die Künste wie die Kartographie erwähnten Tatsache zu überschätzen, dass die Weltkarte des Juan de la Cosa eine Entwicklung und mentalitätsgeschichtliche Konstellation repräsentiert, die – zugleich auf arabischen und europäischen Impulsen fußend[96] – im Florenz des 15. Jahrhunderts die Einführung der Zentralperspektive in Malerei und Kunst, in Architektur und Städtebau auf so folgenreiche Weise in die Kartenkunst übersetzte. Im kreativen Schnittpunkt all dieser Entwicklungen standen Portugal und Spanien, vor allem aber die großen Ausstrahlungszentren der italienischen Renaissance. Die zuvor behandelte Inselkarte des Benedetto Bordone, welche in Venedig gefertigt wurde, bezeugt diese prägende Wirkung. Doch die Konstruktion einer quasi-natürlichen Zentralperspektive ist weit mehr als ein rein kunstgeschichtlich aufschlussreiches Verfahren, um dessen Folgen wir uns nicht weiter kümmern müssten.

Mit guten Gründen kann man wohl behaupten, dass neben die Erfindung der kunsthistorisch so epochemachenden Zentralperspektive insbesondere durch Brunelleschi und Alberti[97] eine nicht weniger kunstvolle (und ebenfalls arabische Einflüsse weiterführende) Erfindung trat, für deren Durchsetzung Juan de la Cosas Karte den wohl entscheidenden Schritt tat: die Einführung einer Zentrierung der Welt entlang und mit Hilfe der Äquatoriallinie, flankiert von den Wendekreisen des Krebses und des Steinbocks. Sie begleitet uns auf all unseren aktuellen Atlanten und Globen auf ebenso ‚natürliche' Weise wie die Nordung unserer Karten und eröffnet jenen vektorisierten Raum der *Tropen*, deren Begrifflichkeit sie stets als *Bewegungs*-Raum weltumspannenden Ausmaßes ausweist. Welche Bedeutung aber kommt diesen Tropen im europäisch zentrierten Weltentwurf zu? Und wie lässt sich dieser zentrale Bewegungs-Raum in Bezug auf die anderen Räume begreifen?

Die Tropen bilden auf dieser Weltkarte Mittelpunkt und Übergangsraum, Zentrum des Erdballs (oder Erdapfels wie bei Martin Behaim) und Schwelle zum Anderen einer den Europäern vertrauten Welt *zugleich*: eine Kippfigur, die in der abendländischen Bildtradition immer wieder neu gestaltet und ebenso künstlerisch wie kartographisch ausgemalt wurde. Globalisierung geht seit ihren Anfängen von einer Findung und Erfindung der Tropen aus. Noch heute ist nicht allein für Europäer die Welt der Tropen eine Welt der Projektionen.

Auf diese Weise und mit Hilfe dieser Tropen entstand das für uns noch immer gegenwärtige und alle anderen Projektionen beherrschende abendländi-

---

96 Vgl. hierzu aus kunstgeschichtlichem Blickwinkel Belting, Hans: *Florenz und Bagdad. Eine westöstliche Geschichte des Blicks*, S. 180–228.
97 Ebda.

sche Bild von unserer Erde, ein Welt-Bild, das mit seiner Verknüpfung von Wissen und Macht, aber auch von Vorgefundenem, Erfundenem und schon Erlebtem oder noch zu Erlebenden die bewegungsgeschichtliche Epistemologie jedweder (europäisch geprägten) Globalisierung bildet. Dieses Kartenbild ist für unser Weltbild zentral. Und nicht nur, weil es auf der Erfindung der Zentralperspektive beruht, welche überdies bei der Umsetzung einer dreidimensionalen Kugel, also unserem Erdkörper, in eine zweidimensionale Fläche unterschiedlichen Projektionsarten gehorcht.

An dieser Konstellation wie an dieser rhetorischen ‚Tropik' hat sich bis heute im Grunde wenig geändert. Was *weltweit* ist und wie *weltweit* gedacht werden kann, wird bis heute in einer von Europa kulturell markierten Welt noch immer von jenen Grundlagen des Denkens, Verstehens und Erlebens geregelt, die als Epistemologie in der doppelten Zentrierung jener Weltkarte des Jahres 1500 auf so beeindruckende Weise sichtbar gemacht worden sind. Noch unsere heutigen Nachrichtensendungen, noch unsere „Tagesschau" oder das „heute-journal" – falls Sie überhaupt noch Fernsehen schauen – greifen auf derlei Visualisierungen zurück, um klarzumachen, dass sie weltumspannende Themen bedienen und weltweite Korrespondentennetze unterhalten. Wir haben es mit der Visualisierung einer transarealen Epistemologie zu tun, welche Welt zumindest mit Blick auf Europa nur aus der Zentrierung denken zu können scheint.

Ein Blick auf die Karte von Juan de la Cosa zeigt aber zugleich, welch breiten Raum die Tropen quer über den Planeten in dieser weltweit ausgespannten Kartographie einnehmen. Damit entsteht ein weltumspannender transtropischer Raum, der die unterschiedlichsten Kontinente und Inselwelten miteinander verbindet und zugleich als Projektionsraum Europas mit all seinen Legenden, mit all seinen Mythen verstanden werden muss. Die transtropischen Beziehungsgeflechte eigneten sich vorzüglich als koloniale Ergänzungsräume für das außertropische Europa.

Dieser transtropische Raum ist folglich nicht nur für die Karavellen ein Bewegungs-Raum. Zieht man die einschlägigen Nachschlagewerke der Literaturwissenschaft heran, so erfährt man, dass der Begriff der Tropen sich von gr. *trópos* (‚Wendung', ‚Richtungswechsel') herleitet und „jede Form der Rede" meint, die das Gemeinte nicht direkt ausdrückt, sondern „im Streben nach Ausschmückung und Verlebendigung des Gesagten" durch einen anderen, uneigentlichen Ausdruck wiedergibt.[98] Als wichtiges Element der „rhetorischen Stillehre" sind Tropen „einzelne Wörter oder Wendungen, die im uneigentlichen (übertragenen,

---

[98] Wilpert, Gero von: *Sachwörterbuch der Literatur*. Stuttgart: Alfred Kröner Verlag ⁵1969, S. 807.

figurativen) Sinne gebraucht werden".[99] Man könnte daher formulieren, dass sie eine ständige Bewegung zwischen dem Eigentlichen und dem Uneigentlichen, zwischen dem *proprium* und dem *improprium* auszeichnet, ein Oszillieren, das wir in unserer Vorlesung bereits unter dem Stichwort des ‚Neigentlichen' kennengelernt hatten. Tropen sind folglich in ihrem etymologischen Sinne Bewegungsfiguren *par excellence* und daher für unsere Überlegungen auch epistemologisch von großer Relevanz.

Mit Heinrich Lausberg ließen sich diese Bewegungen und Wendungen der Tropen je nach dem Grad der Distanz zwischen dem eigentlichen und uneigentlichen Ausdruck unterscheiden in „Grenzverschiebungs-Tropen"[100] (wie etwa die Metonymie), in „Sprung-Tropen", für welche die Metapher als beispielhaft angesehen werden darf,[101] sowie in „kombinierte Tropen",[102] die beide Grundtypen miteinander verbinden. Dies impliziert letztlich jedoch nicht allein die Angabe einer bestimmten Distanz innerhalb einer breiten Skalierung von Abständen, sondern auch drei unterschiedliche Bewegungsweisen, die man als kontinuierlich und als diskontinuierlich sowie als eine hybride Verbindung zwischen beiden Bewegungstypen bezeichnen und voneinander abgrenzen könnte. Metapher und Metonymie[103] stehen dabei in einem komplexen Wechselverhältnis, das sich mit jenem zwischen dem Archipelischen und dem Kontinentalen vergleichen lässt. Auch in diesem Zusammenhang geht es mir nicht um Gegensatzpaare, die sich ausschließen, sondern um einen Doppelcharakter, der Bewegung ins feste *Tableau* bringt.

Dies fügt sich in die literatur- und kulturtheoretischen Grundüberlegungen unserer Vorlesung hervorragend ein. Ja mehr noch: Die Nähe der von Heinrich Lausberg auf die literarischen Tropen bezogenen Unterscheidung, aber im Übrigen auch von Roman Jakobsons Rede vom Doppelcharakter von Metapher und Metonymie zu der von Erich Auerbach in *Mimesis* vorgeschlagenen Differenzierung zwischen zwei grundlegenden Traditionssträngen in der abendländischen Literatur ist frappierend. In der Tat ließe sich Lausbergs Unterscheidung sehr wohl mit jener zwischen kontinuierlichen kontinentalen und diskontinuierlich

---

[99] Nünning, Ansgar (Hg.): *Metzler Lexikon Literatur- und Kulturtheorie. Ansätze – Personen – Grundbegriffe.* Vierte, aktualisierte und erweiterte Auflage. Stuttgart – Weimar: Metzler 2008, S. 732.
[100] Vgl. Lausberg, Heinrich: *Elemente der literarischen Rhetorik.* München: Hueber ³1967, S. 66.
[101] Ebda., S. 78.
[102] Ebda., S. 79.
[103] Vgl. hierzu Jakobson, Roman: Der Doppelcharakter der Sprache und die Polarität zwischen Metapher und Metonymie (1956). In: Haverkamp, Anselm (Hg.): *Theorie der Metapher.* Darmstadt: Wissenschaftliche Buchgesellschaft 1983, S. 163–174.

archipelischen Erzähl- und Schreibweisen in Verbindung bringen, wobei es in seinem Modell zwischen den „Grenzverschiebungs-Tropen" und den „Sprung-Tropen" noch Raum gibt für „kombinierte Tropen", in denen Elemente beider Traditionsstränge miteinander fruchtbar verbunden sind. Auf die Bewegungen zwischen zwei Polen wird es auch künftig ankommen.

Eben dies aber ließe sich für die *Carta* des Juan de la Cosa behaupten: Wie im *Gilgamesch-Epos* finden sich in dieser frühneuzeitlichen Karte stets unterschiedliche Logiken zusammen, die sich niemals auf eine der beiden ausschließlich zurückführen lassen, selbst wenn eine der Logiken als dominant erscheinen mag. Das doppelte Register des Begriffs der ‚Tropen' ermöglicht es uns, ganz wie in Claude Lévi-Strauss' *Tristes Tropiques*[104] eine intime Verbindung zwischen den Tropen in unseren Literaturen und jenen auf unseren Karten herzustellen. Es geht letztlich um ein tieferes, epistemologisch reflektiertes Verstehen der von uns beobachteten Phänomene.

Bekanntlich hat der Geschichts- und Kulturtheoretiker Hayden White in seinen einflussreichen Schriften nicht allein auf die Bedeutung der Form und insbesondere der Narrativität in der und für die Geschichtsschreibung hingewiesen,[105] sondern in einem ganz allgemeinen Sinne auf das Oszillieren der Historiographie zwischen den (Fehl-) Deutungen der Dokumente und der Rekonstruktion mit dem Anspruch aufmerksam gemacht, die ‚wahre Geschichte' herauszuarbeiten.[106] Historiographie aber habe sich größtenteils der Einsicht in die Tatsache verschlossen, dass diese Rekonstruktionen weniger Defigurationen als Refigurationen darstellen,[107] eine zutreffende Beobachtung, an deren Richtigkeit sich auch nach Whites bahnbrechenden Arbeiten leider ebenso wenig grundsätzlich geändert zu haben scheint wie am Wahrheitsanspruch historiographischer Diskurse.

In seinem sicherlich wirkungsmächtigsten Werk, seinen *Tropics of Discourse*, entwickelte der Geschichtstheoretiker seine zentrale These von der Prägung allen historiographischen Erzählens durch vorgängige, in wesentlicher Weise literarisch vorstrukturierte Denk- und Darstellungsmuster, was für die Sinngebung (empi-

---

104 Vgl. Lévi-Strauss, Claude: *Tristes Tropiques*. Paris: Plon 1955.
105 Vgl. etwa die Aufsatzsammlung von White, Hayden: *Die Bedeutung der Form. Erzählstrukturen in der Geschichtsschreibung*. Aus dem Amerikanischen von Margit Smuda. Frankfurt am Main: Fischer 1990.
106 White, Hayden: The Real, the Truth, and the Figurative in the Human Sciences. In: *Profession* (New York) (1992), S. 15. Vgl. zu dieser Passage meine Überlegungen zu Beginn von Ette, Ottmar: Diskurse der Tropen – Tropen der Diskurse: Transarealer Raum und literarische Bewegungen zwischen den Wendekreisen. In: Hallet, Wolfgang / Neumann, Birgit (Hg.): *Raum und Bewegung in der Literatur. Die Literaturwissenschaften und der Spatial Turn*. Bielefeld: transcript Verlag 2009, S. 139–165.
107 Ebda.

risch) erhobener Fakten von entscheidender Bedeutung sei. So hieß es bereits in Whites Einleitung zu seinem weithin diskutierten Hauptwerk bedeutungsvoll: „It is here that discourse itself must establish the adequacy of the language used in analyzing the field to the objects that appear to occupy it. And discourse effects this adequation by a *pre*figurative move that is more tropical than logical."[108]

Der Begriff der Bewegung („move") greift zweifellos auf die Hayden White überaus bewusste etymologische Dimension der Wendung (*trópos*) zurück, wobei uns vor dem Hintergrund der hier gewählten Fragestellung weniger die vier von White unterschiedenen Arten des „emplotment" (nämlich Komödie, Tragödie, Romanze und Satire) oder die vier aus seiner Sicht für die Historiographie des 19. Jahrhunderts zentralen Tropen (Metapher, Metonymie, Synekdoche und Ironie) interessieren. Denn nicht weniger spannend und aufschlussreich als diese Zuordnungen ist die Tatsache, dass es aus einer derartigen Perspektive insbesondere die Bewegungen selbst sind, die immer wieder in den Fokus der Untersuchung rücken. Und diese historiographischen Untersuchungen eines renommierten US-amerikanischen Geschichtswissenschaftlers sind gerade für Literaturwissenschaftlerinnen und Literaturwissenschaftler höchst relevant.

Genau hier aber siedeln sich erneut wie schon in Lausbergs Modell die tiefgreifenden Verbindungslinien zwischen literarischen und kartographischen *Mappings* an, zwischen literarischen und kartographischen Erzählweisen und Sinngebungsprozessen. Denn – wie wir sahen – erzählen auch die Weltkarten Geschichte(n). Und Juan de la Cosas *Mappamundi* erzählt zahlreiche spannende Geschichten.

Bei diesen Zusammenhängen wird selbstverständlich vorausgesetzt, dass die Tropen im geographisch-planetarischen Sinne mit den Tropen im literarisch-rhetorischen Sinne eine gemeinsame etymologische Herkunft und damit dieselbe Rückbindung an die Semantiken von ‚Wendung' und ‚Bewegung' teilen. Denn jene mathematisch bestimmbare Zone unseres Planeten, in der die Sonne im Zenit stehen kann, erstreckt sich in einem auch kartographiehistorisch aussagekräftigen Sinne zwischen dem Wendekreis des Krebses und dem Wendekreis des Steinbocks, Benennungen, die ihrerseits gewiss keine mathematischen Bezeichnungen darstellen. So ergibt sich eine breite, äquidistant zu den Polen verlaufende Bewegungszone, welche einen gewaltigen Teil der Erdoberfläche sowie der Gesamtbevölkerung unseres Globus umschließt.

Dies war die Zone, in der sich die Europäer eine Unmenge an Gold erhofften, das als umgewandelte Sonneneinstrahlung in diesen Breiten – so die damals

---

108 White, Hayden: *Tropics of Discourse. Essays in Cultural Criticism.* Baltimore – London: the Johns Hopkins University Press 1978, S. 1.

verbreitete ‚Theorie' – notwendig konzentrierter vorkommen musste. Doch es gab Gesichtspunkte, die mit Risiken behaftet waren. Diese Bewegungszone kann wiederum aus klimatologischer Perspektive auch als Zone einer Zirkulation feucht-labiler Luft um den Äquator (bei stärker tageszeitlichen als jahreszeitlichen Temperaturschwankungen) beschrieben werden – selbstverständlich im Verein mit Phänomenen jener tropischen Wirbelstürme oder gewaltigen tropischen Niederschläge, für welche die Tropen ebenso berühmt wie berüchtigt sind; Phänomene freilich, die uns hier nicht weiter interessieren müssen, auch wenn sie die Entdeckungsfahrten eines Cristóbal Colón, Alonso de Ojeda oder Juan de la Cosa des Öfteren durcheinanderwirbelten. Dies waren eben Risiken, welche die Europäer in Kauf nehmen mussten...

Für die in unserer Vorlesung gewählte Perspektive ist entscheidend, dass sowohl die astronomisch-mathematische als auch die klimatologisch-naturräumliche Ausstattung die Tropen als einen *Bewegungsraum* erscheinen lassen, der schon früh als eine Art eigene Welt zwischen den Wendekreisen erschien und als Projektionsfläche für die unterschiedlichsten kulturell bestimmten und kodierten Konstruktionen diente. Nicht umsonst sollten die Figuren von Gog und Magog, die in Juan de la Cosas Karte noch aus europäischer Perspektive an den äußersten Rand der Alten Welt gedrängt waren, rasch in die neuweltlichen Bereiche zwischen den Wendekreisen übergesetzt und projiziert werden. Nicht nur das Irdische Paradies, auch das Böse bekam seinen Ort auf dem amerikanischen Doppelkontinent zugewiesen.

Die riesige Land- und Wasserfläche diesseits und jenseits des Äquators zwischen den Wendekreisen, die einer langen, aus der Antike stammenden und bis in die Neuzeit hinein wirksamen Tradition gemäß auf Grund der starken Sonneneinstrahlung für den Menschen unbewohnbar schien und daher der *anoekumene* zugerechnet wurde, markiert im abendländischen Bildgedächtnis den Übergang in eine Welt, die das Andere der eigenen Welt repräsentierte, die Antipoden. Diese waren – wie Gog und Magog für Judentum, Christentum und Islam – gleichwohl nicht aus der Welt zu schaffen. Den Europäern erschienen die Tropen bald als Paradies, bald aber auch als Hölle, auch dies ein von Gegenpolen geschaffener Bewegungsraum, der mit seinen gegenläufigen Semantisierungen bis in unsere Gegenwart anhält. Die Tropen erschienen bald als Fülle, bald aber auch als Falle.[109]

Die Tropen bilden folglich – wie bereits betont – das Zentrum des Erdballs (oder Erdapfels) und randständige Schwelle zum Anderen einer den Europäern

---

[109] Vgl. hierzu Ette, Ottmar: Diskurse der Tropen – Tropen der Diskurse: Transarealer Raum und literarische Bewegungen zwischen den Wendekreisen, S. 139–165.

vertrauten Welt *zugleich*: jene Kippfigur also, in der das Abendland einen fernen Spiegel erkannte, in dem sich viele der eigenen Ängste, der eigenen Obsessionen, der eigenen Wünsche prächtig spiegeln ließen.[110] Dass Juan de la Cosa in seiner Weltkarte aus dem Jahr 1500 erstmals die Äquatoriallinie sowie den Wendekreis des Krebses einführte, beinhaltet angesichts der vor Augen geführten doppelten Zentrierung der Welt durchaus auch eine semantische Komplexität, die im Zeichen der neuweltlichen Expansion Europas keineswegs die Tropen lediglich zum kolonialen Ergänzungsraum herabzustufen bereit war. Betrachten wir den *Mappamundi* in seiner Gesamtheit, so fällt auf, wie komplex all jene Kodierungen waren, die der spanische Navigator seiner Weltkarte verlieh.

Vervollständigten sich hier nicht die Welt und die Menschheit, wie Columbus dies immer wieder auf so ambivalente Weise heilsgeschichtlich fundiert betonte? Hören wir den Admiral der ozeanischen Meere in seiner Glaubensüberzeugung von der räumlichen Ausdehnung der Welt:

> Die Welt ist wenig; ihre Gesamtheit zerfällt in sechs Teile, der siebte allein ist von Wasser bedeckt. Die Erfahrung ist schon gesehen, und ich schrieb sie mit anderen Buchstaben und im Schmucke der Heiligen Schrift mit dem Sitze des Irdischen Paradieses, den die Heilige Kirche anerkennt.[111]

Die Verankerung der Vorstellungen des Christoph Columbus einerseits in seiner empirischen Erfahrung und andererseits in Literatur und Tradition, in realer Findung *wie in kulturell bedingter Erfindung*, war ausführlich Gegenstand des ersten Teiles unserer Vorlesung. Für Juan de la Cosa bilden die Tropen, wie dies auch deren altweltliche Regionen belegen, nicht mehr wie in den antiken Vorbildern den Bereich der *anoekumene*, sondern einen Erfüllungsraum, der sich in seiner Weltgeschichte – wie abschließend zu zeigen sein wird – durchaus heilsgeschichtlich und mit Blick auf eine christlich bestimmte Transzendenz deuten lässt.

Angesichts der von Juan de la Cosa vor Augen geführten und in unserer Vorlesung bereits analysierten polylogischen Strukturierung von mittelalterlicher Rumbenkarte und frühneuzeitlichem Gitternetz, von polyperspektivischer Anordnung und doppelter Zentrierung dürfte es deutlich geworden sein, dass die *Carta* weder in einer kontinentalen noch in einer archipelischen Erzählweise aufgeht, sondern auch auf dieser Ebene unterschiedliche Logiken anbietet, insofern Inseln und Kontinente in einem gegenseitigen Wechselverhältnis stehen. Ästhetik wie Epistemologie seiner Weltkarte sind in einer viellogischen Strukturierung

---

110 Hier sei nochmals verwiesen auf Rojas Mix, Miguel: *América imaginaria* (1992).
111 Colón Cristóbal: *Los cuatro viajes. Testamento*. Edición de Consuelo Varela. Madrid: Alianza Editorial 1986, S. 283.

ausgeführt, welche die unterschiedlichsten Semantiken, Disziplinen und Seins-Bereiche zusammenführt und beobachtungsbasierte Wissenschaft, kulturelle Traditionen wie transzendente Heilserwartung miteinander zu einem Gesamtbild verbindet.

Auch die unterschiedlichen Maßstäbe der altweltlichen und neuweltlichen Kartographien verweisen darauf, dass sich dieses Kartenwerk durchaus dagegen sträubt, auf eine einzige Bewegungsrichtung, auf eine einzige Logik reduziert werden zu können. Doch bereits die große Bedeutung ästhetischer Phänomene und künstlerischer Kraftlinien hatte uns darauf verwiesen, dass wir Juan de la Cosas Werk aus der Mitte des zweiten Jahrtausends nach Christus auch und vor allem als Kunstwerk lesen müssen, das in seiner Komplexität die Verbindung unterschiedlichster Wissensformen und Wissensnormen miteinander bewerkstelligt. Sehen wir uns dieses Zusammenwirken noch ein letztes Mal genauer an!

Die *Carta* ist als Meisterwerk frühneuzeitlicher Kartographie in ihrer künstlerischen wie in ihrer pragmatischen Strukturierung nicht nur polyperspektivisch angelegt, sondern auch multidirektional aufgebaut. Die Weltkarte ist zwar fraglos genordet, doch sollte sie keineswegs als Wandkarte Verwendung finden, sondern sich ihren Betrachtern als plan liegende bemalte Fläche präsentieren, ganz so, wie sie historisch korrekt heute auch im *Museo Naval* zu Madrid den Besucherinnen und Besuchern präsentiert wird. Dies bedeutet, dass die Toponyme und andere Eintragungen in der Regel in einer Schreibrichtung aufgetragen sind, die einem an die plane Karte herantretenden Betrachter von allen Seiten eine gute Lesbarkeit gewährleistet. So sind etwa die Goldbuchstaben der drei Kontinente Afrika, Asien und Europa jeweils von Süden, Osten und Norden her lesbar, ohne den Kopf drehen zu müssen. Dies wäre bei einer Verwendung als Wandkarte sicherlich nicht so ausgeführt worden. Die *Carta* des späteren „Piloto Mayor" bezieht durch diese unterschiedliche Vektorisierung der Schrift gleichsam die Bewegungen und Leserichtungen ihrer an sie herantretenden Betrachter und Betrachterinnen mit ein.

Dies gilt jedoch nicht für den zentralen Bereich des äußersten westlichen Randes, der geographisch gesehen eine erste Kartographie des tropischen (und im Norden subtropischen) Amerika umfasst. Gegenüber der Weltkarte von Martin Waldseemüller zeigt sich bei einem Vergleich der gewaltige Wissensvorsprung, den Juan de la Cosa im Zentrum der spanischen Macht gegenüber einem Kartographen im fernen Saint-Dié, fernab der nautischen Informationsquellen, besaß.

Zugleich finden wir in der *Carta* die künstlerisch besonders sorgfältig und auch in ihren Dimensionen außergewöhnliche Darstellung des Heiligen Christophorus, der das Christuskind von einem Ufer an das andere trägt (Abb. 24) und so von einer Seite der Welt auf die andere übersetzt. In dieser Figur des Christusträgers überschneiden sich einmal mehr die unterschiedlichsten Isotopien beziehungsweise Sinnebenen jener Expansionsgeschichte, deren Geschichten uns Juan de la Cosa erzählt.

Abb. 24: Juan de la Cosa: Mappamundi, Detail: Christophorus.

Unmittelbar unterhalb dieses sinnstiftenden Ortes findet sich – und diese Anordnung ist nicht weniger außergewöhnlich – die bereits erwähnte, gut lesbare Angabe „Juan de la Cosa la fizo en el Puerto de Santa María en el año de 1500".[112] Doch sind die Christophorus-Figur mit dem Jesuskind ebenso wenig wie die Einschreibung von Autor, Ort und Datum der Karte – und diese Vektorisierung ist überaus aufschlussreich – nicht vom westlichen Rande der *Carta*, sondern nur von Osten her lesbar. Dies ist auffällig und bedarf mit Blick auf das Sinnpotential der Vektorisierung einer Deutung, die der gesamten Analyse dieses kartographischen Reichs der Zeichen noch eine letzte, aber wichtige Drehung vermitteln soll.

Zweifellos darf man in der Figur des Christus-Trägers, des Christo-phorus oder Cristóbal, eine direkte Anspielung auf jenen Genuesen namens Cristoforo Colombo oder Cristóbal Colón sehen, der den Träger Christi, die Taube und den Kolonisten gleichermaßen – wie er selbst sehr wohl wusste – in seinem Namen führt. Nicht umsonst war Juan de la Cosa schon an Bord der ersten Fahrt des Columbus gewesen und hatte als Schiffseigner der *Santa María* sein Teil zum Gelingen der gesamten Entdeckungsfahrt beigetragen. Die große Verehrung Juan de la Cosas für den Wagemut, aber auch die nautischen Kenntnisse des Admirals in

---

112 Vgl. hierzu Dascano, Antonio: Ensayo biográfico del célebre navegante y consumado cosmógrafo Juan de la Cosa y descripción e historia de su famosa carta [...], S. 19; sowie O'Donnell, Hugo: La carta de Juan de la Cosa, primera representación de América, S. 90 f.

spanischen Diensten ist bekannt. Nicht umsonst wird auf der Weltkarte der Hafen von Genua besonders hervorgehoben.[113] Angesichts der aufgezeigten prospektiven Dimension der *Carta* ist es sehr wohl nachvollziehbar, dass hier Christoph Columbus zur nicht nur kartographischen Legitimationsfigur einer die Weltgeschichte fundamental verändernden Expansionsbewegung wird. In dieser Figur konkretisiert sich, so ließe sich das Kunstwerk sehr wohl deuten, die weltgeschichtliche Mission Spaniens und die heilsgeschichtliche Legitimation der gesamten Unternehmung.

Mit Blick auf diese ebenso legitimatorische wie prospektive Dimension enthält und verbirgt die Figur des Christophorus zugleich das Versprechen einer just an dieser Stelle von Columbus erhofften Meerenge, einer Teilung der sich abzeichnenden Landmassen Zentralamerikas, welche den Spaniern beziehungsweise Europäern die Durchfahrt zu jenem anderen Meer gestatten könnte, das sich im äußersten Osten des *Mappamundi* ausbreitet und mit seinen tropischen Ländern der Gewürze und Spezereien von besonderem wirtschaftlichem Interesse ist. Sollte sich hier an dieser zentralen Stelle nicht – wie ersehnt – der Zugang zu jenem Meer eröffnen, von dem Marco Polo so eindrucksvoll berichtete und das die ungeheuren Schätze von Cathay und Cipango für die Europäer erreichbar machen sollte? Sollte hier nicht der Schlüssel zu jenen den Europäern bereits bekannten reichen Landen liegen, welche über eine mögliche Meerenge im Herzen des Kontinents in Greifweite ihrer Macht rücken würden?

Zweifellos ist Juan de la Cosas Karte unmittelbar in eine Pragmatik eingebunden, in der das vor Ort *Vorgefundene*, das in einer anderen Zeit und in einem anderen Raum *Erfundene* sowie das eigene, von den Teilnehmern der Erkundungsfahrten selbst *Erlebte* in eine nautisch-militärische wie auch wirtschaftliche Zielsetzung integriert werden, die man mit Fug und Recht als expansionistische Weltpolitik der spanischen Krone – in Konkurrenz zu anderen Weltmächten (und insbesondere der Seemacht Portugal) – bezeichnen muss. Zugleich aber wäre es verfehlt, die Weltkarte allein auf diese ‚weltliche' Pragmatik herunterzubrechen. Denn darauf reduzierte sich weder das Erleben noch das Erfinden oder das Auffinden in diesem geschichtlichen Expansionsprozess, mit dem uns noch heute, in unserer aktuellen globalisierten Gegenwart, so viel verbindet.

In der Juan de la Cosa gewidmeten Forschung ist oft auf die materiellen Grundlagen seiner *Carta* hingewiesen worden, die einige Besonderheiten aufweist. Die Karte wurde auf zwei Ochsenhäuten ausgeführt, die nach der üblichen technischen Behandlung vor der Bemalung und Beschriftung miteinander ver-

---

113 Vgl. O'Donnell, Hugo: La carta de Juan de la Cosa, primera representación de América, S. 88.

bunden wurden.[114] Dabei verlief die Trennlinie zwischen beiden Teilen keineswegs – wie man vielleicht vermuten könnte – zwischen Alter und Neuer Welt, sondern quer durch Italien und Afrika durchaus sichtbar von Norden nach Süden; eine Tatsache, die allen immer wieder einmal geäußerten Spekulationen zuwiderläuft, welche den Verdacht vorbrachten,[115] die altweltliche und die neuweltliche Kartographie könnten separat oder gar von verschiedenen Kartographen ausgeführt worden sein. Dies war mit Sicherheit nicht der Fall.

Die beiden Pergamente sind freilich nicht symmetrisch und in rechteckiger Form miteinander verbunden, sondern weisen die Besonderheit auf, dass am westlichen Ende der Hals des Tieres in der Ausformung der Kartenränder noch deutlich erkennbar ist. Die daraus entstehende Rundung hat Juan de la Cosa mit jenen tropischen Landflächen mit grüner Farbe ausgemalt, die seiner Karte bis heute eine klar asymmetrische Grundstruktur verleihen. Aber folgte er damit nur einfach – wie in der Forschung zumeist zu lesen – der natürlichen Form der für ihn vorbereiteten Ochsenhaut?[116]

Setzen wir diese Rundung mit ihrer auffälligen Farbmarkierung jedoch in Beziehung zur obligatorischen Blick- und Leserichtung der Christophorus-Figur und ihrer Autor-Einschreibung, so ergibt sich innerhalb des multidirektionalen Systems dieser genordeten Karte eine zusätzliche Vektorisierung, die – wie wir schon anhand der im Bereich der in der Karibik zusammenlaufenden Linien und Bewegungsrichtungen sahen – von Osten nach Westen verläuft. Wir müssen die gesamte Karte mit ihrer westlichen ‚Spitze' folglich nach Norden drehen, wollen wir sie und ihre Schriftzeichen ‚korrekt' lesbar machen.

Dies freilich verändert die gesamte Vektorisierung der Weltkarte mit ihren orientierten Blickrichtungen, welche wie bei einem Gemälde die ‚Leserichtung' vorgeben. Daraus ergibt sich eine kartographische Strukturierung, in der die Figur des Christophorus, welche mit der separat angefertigten und sorgfältig ausgemalten Marienfigur in der größten der zehn Windrosen in direkter Beziehung steht, die gesamte Karte von ‚oben' her dominiert. Der Christusträger, der Christophorus, würde somit in eine die gesamte Weltkarte stark zentrierende Position einrücken. Die nicht allein nautischen, sondern vor allem ästhetischen, aber auch religiösen Kraftlinien bündeln sich dergestalt auf neue Weise und gipfeln in jener Figur, die den Heiland übersetzt, also über das Wasser trägt. Die Drehung der gesamten Karte um 90 Grad ist die Drehung in die Transzendenz: eine Fundierung

---

114 Vgl. hierzu Mesenburg, Peter: Die Weltkarte des Juan de la Cosa (1500 n. Chr.), S. 429.
115 Vgl. hierzu etwa O'Donnell y Duque de Estrada, Hugo: El Mapamundi denominado "Carta de Juan de la Cosa": Cuestiones fundamentales, S. 10–16.
116 Diese ganz selbstverständlich scheinende These findet sich sehr häufig, u. a. in O'Donnell, Hugo: La carta de Juan de la Cosa, primera representación de América, S. 84 f.

der Rationalität in der Religiosität, im Glauben an eine heilsgeschichtliche Sendung, welche den tropischen Raum zum Erfüllungsraum, zum Bewegungsraum dieser Mission macht. Die heilsgeschichtliche Drehung offenbart die transzendente Fundierung eines globalgeschichtlichen Prozesses, welcher in dieser spanischen Weltkarte aus dem Jahre 1500 nicht allein den Katholischen Königen vor Augen geführt wird.

Es kann keinen Zweifel daran geben, dass Christophorus, der das Christuskind und damit den christlichen Glauben von der einen Seite des Atlantiks auf die andere Seite übergesetzt (und übersetzt) hat, in einen umfassenden heilsgeschichtlichen Zusammenhang eingebunden ist. Diese Geschichte wird von der Weltkarte erzählt. Der Hals der Ochsenhaut bildet mit seiner Rundung gleichsam eine Kuppel, in die das Werk des Heilsbringers, des Christophorus, an höchster Stelle – nicht allzu weit von der Tordesillas-Linie entfernt – eingetragen ist. Die expansions- und weltgeschichtliche Bedeutung öffnet sich durch die Drehung der Karte folglich auf eine christliche Heilsgeschichte, in der – mit großer künstlerischer Meisterschaft vorbereitet – die unterschiedlichen geschichtlichen und religiösen Entwürfe zusammenlaufen. Welt- und Heilsgeschichte verbinden sich unauflöslich miteinander. Diese Verbindung konnte zumindest von einem gläubigen Christen buchstäblich erlebt und gelebt werden.

In dieser heilsgeschichtlichen Wendung, die mehr ist als eine bloße ‚Drehung' der Karte, hat eine *Orient*ierung am Osten einer Ausrichtung an den neuen Tropenländern im Westen, gleichsam einer *Okzident*ierung, Platz gemacht. Die spanische Geschichte wird fortan – und noch für Jahrhunderte – vorwiegend nach Westen blicken. Alle anderen Vektorisierungen des Wissens, alle anderen polylogisch angelegten Verstehens-Strukturen sind damit in keiner Weise aufgehoben, werden aber heilsgeschichtlich insofern überhöht, als die rationale Mission der Expansion in einer religiösen, sakralen Mission einer Christianisierung aufgeht und das höhere weltgeschichtliche Recht Spaniens begründet. Damit wird zugleich der Machtanspruch der Katholischen Könige untermauert, der direkten Adressaten dieser Weltkarte.

So ist Juan de la Cosas kartographisches Meisterwerk ein Kunstwerk, das im besten, kreativsten Sinne aus unterschiedlichen materiellen Teilen, verschiedenartigen Schichten und Geschichten, aus den verschiedensten erzählerischen Logiken und Bewegungslinien ‚zusammengestückt' ist und wie der „biblische Erzählungstext"[117] im Sinne Erich Auerbachs schlicht eine heilsgeschichtlich verankerte Weltgeschichte bietet, die uns mit ihrer Gewalt wie mit ihrer Faszinationskraft bis

---

117 Auerbach, Erich: *Mimesis. Dargestellte Wirklichkeit in der abendländischen Literatur*, S. 18.

heute beeindruckt. Es handelt sich um visualisierte Geschichte(n), auf Ochsenhäute gespannt.

Die *Carta* des Juan de la Cosa enthält und entfaltet auf höchst künstlerische und polylogische Weise die Widersprüche, aber auch das Faszinosum einer Welt, die um das Jahr 1500 in einen ebenso asymmetrischen wie irreversiblen Prozess der Globalisierung eingetreten ist. Diese Globalisierung, dies muss dem Verfasser der Karte vor Augengestanden haben, war nicht mehr zurückzudrehen, war nicht mehr reversibel. Dieser in der Tat globalgeschichtliche Vorgang sollte sich mit der ganzen Unumkehrbarkeit, aber auch mit der gesamten Wucht asymmetrischer kolonialer Beziehungen über diese Epoche der beginnenden Globalisierung wie über die folgenden Jahrhunderte erstrecken. Wir sind noch immer Teil dieses Prozesses und damit Teil einer Karte, deren ‚Außerhalb‘, deren viellogische Weitung und Erweiterung auch in unserer Epoche noch nicht gefunden sind: Teil einer Karte, welche noch immer nicht die einer Konvivenz aller Kulturen in Frieden und Differenz auf unserem Globus ist. Wir sind auf Juan de la Cosas Ochsenhaut gespannt!

Fray Bartolomé de las Casas oder die (Un)Heilserfahrung

Dass dem Europäer *par excellence* – Cristoforo Colombo – die Fehleinschätzungen und mangelhaften Berechnungen, ja die Fehler im System und die zahlreichen Erfindungen nachträglich in den Schulbüchern der Franco-Diktatur in Spanien massiv angekreidet wurden, um die Bedeutung dieses ‚Ausländers' innerhalb des zutiefst spanischen Werks der Entdeckung und Missionierung Amerikas zu minimieren,[1] ist eine aufschlussreiche Randnotiz der Geschichtsschreibung, die aufzeigt, wie noch in jüngerer Zeit das missionarische Werk und damit die heilsgeschichtliche Legitimation des „Descubrimiento" wie der Conquista aus nationaler Perspektive betont werden konnte. Doch das geschichtliche Bild des sogenannten ‚Entdeckers der Neuen Welt', der von seiner Entdeckung rein gar nichts wusste, bleibt bis in unsere Epoche schillernd und zwiespältig.

Auch der für die Biographie und die Reisetagebücher des Columbus so wichtige Bartolomé de las Casas hatte – bei aller Sympathie – mancherlei Kritik an dem Genuesen zu üben. Doch zweifelte er ebenso wenig wie dieser an der Gottgefälligkeit der spanischen Expansionsbewegung, die das Vorhaben des Columbus gleich mehrfach mit der Rückeroberung Granadas und dem Kampf gegen den Islam verknüpfte.[2] Auch Las Casas hätte zweifellos das zentrale Bildnis in Juan de la Cosas *Mappamundi*, die Figur des Christophorus, bekräftigt und hervorgehoben, welch außerordentliche Position der ligurische Seefahrer innerhalb der christlichen Heilsgeschichte einnahm.

Dabei war in den Augen des Las Casas die Rolle des Columbus ganz so, wie sie der Genuese selbst in seiner *Lettera rarissima* verstand: eine auch weltgeschichtlich zentrale, da Columbus durch seine Entdeckungen den weltweiten Kampf des Christentums gegen den Islam in eine weitaus günstigere Lage versetzt hatte. Der im Osten des Mittelmeeres weiterhin gefährlich vordringende Islam, der ein halbes Jahrhundert zuvor das Oströmische Reich zum Einsturz gebracht und Konstantinopel erobert hatte, konnte nicht zuletzt dank der wachsenden Einnahmen der christlichen Mächte infolge ihrer amerikanischen Kolonialgebiete zunehmend verlangsamt und schließlich gestoppt werden.

---

[1] Vgl. hierzu ausführlich Greßmann, Ulrike: *Die ‚Entdeckung' Amerikas. Eine diskurstheoretische Analyse am Beispiel von spanischen Schulbüchern der Franco-Zeit*. Magisterarbeit Universität Potsdam 2007.
[2] Vgl. hierzu Las Casas, Bartolomé de, *Historia de las Indias*. Edición de Agustín Millares Carlo y estudio preliminar de Lewis Hanke. 3 Bde. México, D.F.: Fondo de Cultura Económica ²1965, Bd. I, S. 179f.

Wie sehr dieser Kampf der abrahamitischen, an das Judentum anschließenden Religionen nicht nur im Mittelmeerraum, sozusagen an der Frontlinie, ausgetragen wurde, sondern sich im Zuge der iberischen Expansion als eine Auseinandersetzung von wahrhaft weltumspannenden Dimensionen erwies, welche trotz aller Unterdrückungsversuche der Inquisition dank immer wieder in Erscheinung tretender Konvertiten auch die Iberer selbst betreffen konnte, wurde nicht nur im Verlauf des 16. Jahrhunderts überdeutlich:

> Die Renegaten sind aus diesem Blickwinkel vielleicht weniger bedeutsam, denn die Konvertierung von Iberern zum Islam, vom Mittelmeer über Indien bis hin zu den Philippinen, bedeutet im muslimischen Universum vielmehr einen Sprung ohne Rückkehr als kontinuierlich verfolgte Verbindungen.[3]

Und weiter:

> In drei Teilen der Welt stößt die Katholische Kirche auf eine ebenso planetarische Rivalin wie sie selbst, auf den Islam, ohne den man nicht das Maß der iberischen Globalisierung und ihrer Grenzen nehmen könnte. Die Muslime beunruhigen und faszinieren zugleich.[4]

Die Expansion der Spanier und Portugiesen situiert sich daher weltweit in einem Konkurrenzkampf zwischen zwei (religiösen) Blöcken: auf der einen Seite dem Christentum und auf der anderen dem Islam. Diese religionspolitische Konkurrenzsituation gilt es nicht aus den Augen zu verlieren: Sie wirft ein bedeutsames Licht auf die angeführten Aussagen des Christoph Columbus in seiner *Lettera rarissima*. Im Kontext dieses weltumspannenden Kampfes der Religionen hatte auch für den Dominikanermönch Bartolomé de las Casas,[5] der sich in seiner *Historia de las Indias* gerne auch portugiesischer Quellen versicherte, die Ausbreitung der Iberer letztlich allein der Ausbreitung des christlichen Glaubens zu dienen. Die Kampfzonen zwischen Christentum und Islam, zwischen Abendland und Morgenland, zeichneten sich längst nicht mehr allein im Mittelmeer ab, sondern hatten globale Größenverhältnisse angenommen.

Gleich zu Beginn des ersten Bandes seiner *Historia de las Indias* stellte Las Casas diese ebenso global- wie heilsgeschichtliche Kampfsituation in den Fokus seiner auf Amerika bezogenen Reflexionen. Denn es gelte, in der Nachfolge Christi, seiner Apostel und Schüler die unterschiedlichsten Völker des Weltkrei-

---

3 Gruzinski, Serge: *Les Quatre Parties du monde*, S. 162.
4 Ebda., S. 168.
5 Zu Entwicklung des Dominikaners vgl. auch Saint-Lu, André: Introducción. In: Las Casas, Bartolomé: *Brevísima Relación de la Destrucción de las Indias*. Edición de André Saint-Lu. Segunda edición. Madrid: Cátedra 1984, S. 11–61.

ses „a la cristiana religión en todo tiempo y en todo lugar"[6] zuzuführen. Zu allen Zeiten und an allen Orten musste die Katholische Kirche das Endziel für alle Bevölkerungen des Erdkreises sein: es galt mithin, mit aller Kraft den Kampf voranzutreiben und möglichst viele Menschen vor allem dem Islam abzujagen sowie zum ‚rechten Glauben' zu bekehren.

Der weltweite Missionsauftrag und Anspruch des Christentums beginnt, sich in den nunmehr globalen Koordinaten des europäischen Weltbewusstseins eine neue, konkrete und christliche Gestalt zu schaffen, welche nach Amerika übergesetzt werden müsse. Daher seien auch alle schädlichen Irrtümer gegenüber den natürlichen Bewohnern dieses amerikanischen Weltkreises, alle „nocivos errores que acerca de los naturales habitadores deste Orbe"[7] streng zu kritisieren, gelte es doch, alles dem von Gott befohlenen Ziele unterzuordnen: die ganze Welt zu christianisieren und die Macht der Katholischen Kirche zu vergrößern. Selbst bei einem so ausgleichenden und friedliebenden Menschen wie Las Casas kam die Frage eines wechselseitig toleranten Zusammenlebens der Religionen nicht wirklich in Betracht: Der Kampf um die Weltherrschaft der Religionen war entbrannt!

Jene historische Expansionsbewegung, die wir heute als Globalisierung bezeichnen, ist aus der Perspektivik des Dominikaners Las Casas folglich die von Gott selbst in Auftrag gegebene weltweite Erlösung aller Völker durch das Christentum. Diesem providentiellen, göttlichen Auftrag, in dessen Diensten er auch die Entdeckungsfahrten des Christoph Columbus sah, fühlte er sich selbst zutiefst verpflichtet. Die Entdeckungsgeschichte ist daher ein heilsgeschichtlich[8] fundierter und motivierter Prozess, der zugleich die bisherigen und von der Antike verbürgten Grenzen des Wissens radikal zu sprengen begonnen hatte:

> Da der menschliche Gewerbefleiß, die Neugierde und auch die Boshaftigkeit mit jedem Tage mehr und mehr wachsen, und da dieses selbst dem Leben in der Häufigkeit von Notwendigkeiten oder in der Vermeidung von Bösem geschieht, oder auf der Suche nach der Ruhe, Güter wohl zu erwerben, auf der Flucht vor Gefahren, wie auch bei den Tauschgeschäften oder dem Naturalientausch und Verhandlungen bestehen zwischen Königreichen und Königreichen, zwischen Provinzen und Provinzen, zwischen Städten und Städten, auf hoher See wie an Land, von dem fortführend, was im Überflusse vorhanden, und herbeiholend, woran es fehlt, so haben sie es gewöhnlich, wenn gesammelt, oder auch die natürliche Zuflucht nutzend, mit Gewalt der Gewalt der Aggressoren widerstehend und Weite suchend, um sich auszudehnen, wie auch Distanz, um in Sicherheit zu sein, und so ward es notwendig, die Türen zu öffnen, welche die Dunkelheit des Verges-

---

6 Las Casas, Bartolomé de: *Historia de las Indias*, Bd. I, S. 17.
7 Ebda.
8 Vgl. hierzu auch ebda., Bd. I, S. 160.

sens und die Nebel der Antike verschlossen hielten, endlich das Unbekannte zu entdecken und Nachricht von dem zu erhalten, was man nicht wusste.[9]

In dieser weitgespannten Satzkonstruktion wird im Alterswerk des Dominikaners so etwas wie ein Programm erkennbar, das aus abendländisch-christlicher Perspektive eine weltweite Zirkulation nicht nur der Güter und Waren, sondern vor allem des Wissens skizziert, das ständig neue Türen öffnet und neue Horizonte sich erschließt. Was am Ausgang einer wahrlich komplexen Satzkonstruktion sich endlich dem Lesepublikum auftut, ist nicht nur das von Tag zu Tag ansteigende Tun des Menschen, seine beständig steigende Aktivität in allen Dingen des Handels und des Austausches, sondern der Stolz darauf, die Nebel der Antike durchstoßen und jene Grenzen des Wissens überschritten zu haben, welche die Welt der griechisch-römischen Antike noch umhegten und beengten. Die Menschheit steht am Beginn einer neuen Epoche, deren Wissen über das der Antike weit hinausgeht.

Wie bei den großen europäischen Kartographen des 16. Jahrhunderts entsteht ein deutliches Bewusstsein davon, weit über den Stand des geographischen Wissens der Antike hinaus zu gehen und die Grenzen der bewohnbaren (und damit letztlich auch christianisierbaren) Welt neu zu fassen. Denn überall dort, wo Menschen wohnen, sind Menschen evangelisierbar, in wahre Christenmenschen verwandelbar. Ungeheure Gebiete tun sich in der Neuen Welt für diese schier unendliche Missionierung auf.

Fällt es auch nicht schwer, in dieser Passage die christlichen Quellen eines später desakralisierten Aufklärungsdiskurses zu erkennen, so gilt es doch zugleich zu berücksichtigen, dass es die (globalisierende) Erfahrung eines Ausgreifens über die Grenzen der abendländischen Antike und damit ihres Wissens ist, welche die Erfahrung beschleunigter Globalisierung auch bei anderen Zeitgenossen in ein neues Lebensgefühl übersetzte. Wir haben bereits gesehen, wie beispielsweise ein Pietro Martire d'Anghiera das Lebensgefühl seiner Epoche auf den Punkt brachte. Denn er vermochte schon unmittelbar nach der Kunde von ersten Entdeckungen im Westen Europas zu erkennen, wie mit dem Strom neuer Erkenntnisse, mit dem Auftauchen immer neuer Inseln und Festländer jenseits der bisherigen Grenzen des Wissens mit ungeheurer Geschwindigkeit eine Welt zu entstehen begann, welche in ihrer Gesamtheit eine *neue*, von der bisherigen stark differierende Welt sein würde. Der erste Chronist der Neuen Welt besang enthusiastisch „die bewundernswerte Eröffnung neuer geistiger Horizonte".[10] In

---

9 Ebda., Bd. I, S. 24.
10 Mártir de Anglería, Pedro: *Décadas del Nuevo Mundo*, Bd. I, S. 201.

Windeseile begann sich ein neues Lebensgefühl in Europa auszubreiten, das sich einer immer weiter wachsenden eigenen Machtfülle erfreute.

Doch sehr bald schon zeigte sich zumindest in den Augen einer kritischen Minderheit die andere Seite dieser ersten Phase beschleunigter Globalisierung. Wie sehr diese Kehrseite eines scheinbar lichtvollen Prozesses, der vielen Europäern die neuzeitlich-humanistischen Freudentränen in die Augen trieb, die Zerstörung weiter Landstriche, die Auslöschung ganzer Völkerschaften, ja eine Katastrophe kontinentalen Ausmaßes bedeuteten, war wohl keinem anderen Denker früher bewusst geworden als dem mehrfach zwischen Spanien und Amerika pendelnden Bartolomé de las Casas selbst. Der Dominikaner träumte von der Evangelisierung des gesamten amerikanischen Kontinents, sah aber, dass die indigene Bevölkerung rasch von den eindringenden Europäern dezimiert wurde. Was war gegen die häufig an den Indigenen begangenen Massaker zu tun?

Abb. 25: Porträt des Bartolomé de las Casas (1484 oder 1485–1566), 16. Jahrhundert.

Las Casas versuchte, das Medium der durch den Buchdruck leicht zu verbreitenden Schrift für sich und seine Sache zu nutzen. Denn er wollte massiv für die in seinen Augen unschuldige, dem Christentum leicht zuführbare indigene Bevölkerung werben und gegen die kriminelle Brutalität seiner spanischen Landsleute eintreten. Seine aus dem direkten Erleben der ‚dunklen Seite' der iberischen Expansion entstandene und ihrerseits rasch globalisierte Streitschrift der *Brevísima Relación de la Destrucción de las Indias* ließ es nicht an geradezu apokalyptischen Bildern fehlen, um die enorme Beschleunigung nicht nur der Entdeckungsgeschichte, sondern auch der damit verbundenen Zerstörungsgeschichte drastisch zum Ausdruck zu bringen. Es handelte sich um eine Anklageschrift, die wenige Jahre nach dem Beginn der europäischen Kolonisierung eine Grauen erregende Bilanz zog und dringend staatliche Reformen forderte.

Der Bilderreichtum des lascasianischen Diskurses entwirft ein gleichsam teuflisches Gegenbild zur oben angeführten christlichen Globalisierung, um den Lauf der Geschichte noch zu verändern und eine friedliche Evangelisierung der indigenen Bevölkerung zu erreichen:

> Der Grund dafür, warum die Christen so viele und so geartete und eine so unendliche Zahl an Seelen ermordet und zerstört haben, lag allein darin, dass sie als ihr letztes Ziel das Gold und die Absicht hatten, sich binnen weniger Tage die Taschen mit Reichtümern zu füllen, um auf diese Weise einen sehr hohen und ihren Personen nicht angemessenen gesellschaftlichen Stand zu erreichen, und es ist wichtig zu wissen wegen ihrer unstillbaren Habgier und der Ambitionen, die sie gehabt haben, dass all dies größer war, als es in der Welt sein kann, insoweit jene Länder so glücklich und so reich und die Menschen so bescheiden, so geduldig und so leicht zu unterwerfen waren, indes hatten sie gegenüber ihnen keinerlei Respekt, und sie machten ihnen gegenüber kein Aufhebens und hatten nicht die geringste Achtung (ich spreche die Wahrheit auf der Grundlage dessen, was ich weiß und die ganze Zeit über gesehen habe), und sie behandelten sie nicht als Tiere (möge es Gott gefallen, dass sie sie wie Tiere behandelt und wertgeschätzt hätten), sondern so wie und schlimmer noch als öffentliche Misthaufen.[11]

Die *Brevísima Relación* des Las Casas ist ein Aufschrei gegen eine entfesselte Meute, die sich in möglichst kurzer Zeit auf Kosten der Indianer bereichern möchte und alles an Brutalität aufbietet, um durch den Umweg über die Kolonien möglichst rasch gesellschaftlich aufzusteigen. Das Seelenheil der Indigenen und deren Hinführung zum Christentum spielten dabei keinerlei Rolle: Es ging allein um eine möglichst bestialische Ausbeutung der unterworfenen Bevölkerung. Die Grausamkeiten und Bestialitäten der Spanier und Christen überstiegen dabei jegliches Maß, das sich der Dominikaner vorstellen wollte und konnte.

Der schriftliche Hilferuf des Las Casas erreichte nicht nur die Ohren der Katholischen Könige, sondern wurde rasch in andere Sprachen übersetzt und als Pamphlet gegen Spanien verwendet. Insbesondere Frankreich und vor allem England nutzten diese Schrift, um die ‚schwarze Legende' gegen die Ausplünderungssucht der rivalisierenden und mächtigeren Kolonialmacht Spanien zu

---

11 Las Casas, Bartolomé de: *Brevísima Relación de la Destrucción de las Indias*. Edición de André Saint-Lu. Madrid: Ediciones Cátedra ²1984, S. 74.

wenden, obwohl die eigenen Ausbeutungsabsichten in keiner Weise menschlicher und humaner waren als jene der Iberer. Las Casas' *Brevísima Relación de la Destrucción de las Indias* war bald schon eine in ganz Europa bekannte Streitschrift, die zum Ausgangspunkt der „Leyenda negra" wurde und zugleich die andere Seite der europäischen Globalisierung aufzeigte. Denn deren Anfänge gingen mit dem Genozid an der indigenen Bevölkerung einher.

Fray Bartolomé de las Casas schuf einen Amerika-Diskurs, der keineswegs nur von der dichotomischen, die gegen Spanien gerichtete *Leyenda negra* inspirierenden Struktur geprägt war, sondern einen janusköpfigen Globalisierungs-Diskurs darstellt, innerhalb dessen die Beziehungen zwischen Europa und Amerika im selben Maße durch die christliche Heilsgeschichte wie durch einen Kalamitäten-Zusammenhang geprägt sind. Bereits kurze Zeit nach dem Beginn der europäischen Kolonisierung weiter Gebiete des amerikanischen Kontinents gab es dramatische Warnungen vor der Brutalität dieses entmenschlichten Prozesses, bei dem es nicht nur zahlreiche Gewinner, sondern noch weitaus zahlreichere Verlierer gebe. Gnadenlos asymmetrische Beziehungen beherrschten von Beginn an diese erste, grundlegende und jahrhundertelang wirksame Strukturen schaffende Globalisierungsphase.

Die Möglichkeit einer hemmungslosen Bereicherung an materiellen wie symbolischen Gütern stellt aus der Sicht von Las Casas jenen Fehler im System einer ins Globale ausgeweiteten Heilserwartung dar, den der Dominikaner in unermüdlicher Arbeit ebenso an gesetzgeberischen Initiativen wie an der Schaffung konkreter gesellschaftlicher Gegenmodelle zu beheben suchte. Heilserwartung und Unheilserfahrung, Paradies und Apokalypse, aber auch Steuerung und Schiffbruch ließen sich auch für Las Casas nicht voneinander trennen: Der Fehler lag (und liegt noch immer) im System. Und Las Casas war keineswegs erfolglos: Er fand immer wieder Gehör bei den Katholischen Königen, Gehör bei den Mächtigen innerhalb dieses ausufernden Kolonialsystems. Seine Kritik und seine Initiativen zur christlichen Verbesserung der Fehler im System blieben aber letztlich wirkungslos.

Zumindest in der Geschichte der Kolonisierung sind jedoch die Klagen des Las Casas nicht verstummt: Sie sind zu einem Teil dieser Geschichte geworden. Die Literatur hat sie aufbewahrt als Zeugnis der Anfänge eines Systems, das auf der Ausbeutung weiter Kolonialgebiete und ihrer Bevölkerungen beruhte. Ich möchte Ihnen an dieser Stelle nur noch einen weiteren Auszug präsentieren, der vor Augen führen soll, wie die Kriegszüge der Spanier gegen die indigene Bevölkerung mit Hilfe der Indigenen selbst durchgeführt wurden. So schrieb Las Casas etwa vom spanischen Heerführer, mit welchen Taktiken und Strategien er in der damaligen Provinz Gautimala seine Eroberungs- und Vernichtungszüge durchführte:

Er brachte unendlich viele Menschen um, indem er Schiffe bauen ließ. Vom Meer des Nordens führte er die Indios über hundertdreißig Meilen weit zum Meer des Südens, und sie waren bepackt mit Ankern und drei oder vier Zentnern, so dass sich ihnen die Nägel durch ihre Rücken und Nacken bohrten. Und auf dieselbe Weise führte er schwere Artillerie auf den Schultern der Traurigen und Nackten mit, und ich sah viele mit Artillerie Bepackte voller Angst auf den Wegen. Viele Verheiratete riss er auseinander und beraubte sie, indem er ihnen die Frauen und die Töchter nahm und sie seinen Seeleuten und Soldaten gab, um diese bei Laune zu halten, damit sie in seinen Armadas dabei wären. Er füllte die Schiffe mit Indios, von denen alle an Durst und Hunger krepierten. Und es ist die Wahrheit, denn sagte man insbesondere seine Grausamkeiten, dann würde ein großes Buch damit entstehen, das der Welt Angst einjagen müsste. Zwei Armadas baute er, eine jede aus vielen Schiffen bestehend, mit denen er, als fiele Feuer vom Himmel, all jene Landstriche in Brand schoss. Oh, wieviele Waisenkinder schuf er, wieviele beraubte er ihrer Kinder, wievielen nahm er ihre Frauen weg, wieviele Frauen ließ er ohne ihre Männer; wieviel Ehebruch und Unzucht und Gewalt rief er hervor![12]

Die *Brevísima Relación de la Destrucción de las Indias* ist, wenn Sie so wollen, das Werk eines recht erfolgreichen Whistleblowers, eines Mannes, der als Teil des Systems, als Teil der kirchlichen Seite dieses Systems, alles mit eigenen Augen sah und die politisch Verantwortlichen dadurch aufrütteln wollte, dass er detailliert all jene Grausamkeiten und Massaker beschrieb, denen insbesondere die indigene Bevölkerung ausgesetzt wurde. Denn die Kriegszüge der Spanier waren nur möglich, indem die Arbeitskraft der ihnen ausgelieferten Indios rücksichts- und gnadenlos ausgebeutet wurde und man zuließ, dass sie nach verrichteter Zwangsarbeit an Hunger und Durst ums Leben kamen. Sie sehen nun genauer, was hinter jener kleinen Anmerkung steht, mit der ich mich im ersten Teil unserer Vorlesung auf das erste Schiff bezog, welches ‚die Spanier' in Übersee gebaut hatten.

Bartolomé de Las Casas fand bei den Mächtigen seiner Zeit durchaus Gehör und erwirkte manch wichtige gesetzliche Änderung, welche freilich auf die Realität in den so weit vom Hofe entfernten Kolonien keine tiefgreifenden und nachhaltigen Auswirkungen hatte. Las Casas war ein Whistleblower, der auch die Kriegsverbrechen offen anprangerte: Und er flog dafür nicht ins Gefängnis wie in unserer Zeit, in der Whistleblower Julian Assange mit falschen, erkauften Anschuldigungen juristisch überzogen wird, um ihn aus dem Verkehr zu ziehen und im Gefängnis zu halten. Denn in unserer Zeit wird einer, der Kriegsverbrechen aufdeckt, im ‚freien Westen' strafrechtlich verfolgt. Und toleriert von allen westlichen Regierungen geht gegen ihn die Führungsmacht des Westens vor, die international auf die Menschenrechte pocht – und die sich gleichzeitig juristisch verpflichten muss, einen Gefangenen wie Assange ‚menschlich' zu behan-

---

12 Las Casas, Bartolomé de: *Brevísima Relación de la Destrucción de las Indias*, S. 116.

deln, weil offenkundig ist, dass die Vereinigten Staaten von Amerika auf allen Ebenen Menschenrechtsverletzungen begehen. Bitte schauen Sie sich nur einmal an, auf welche Weise die USA mit ihrer indigenen Bevölkerung umgehen! Im Spanien des 16. Jahrhunderts jedenfalls hat man einen Bartolomé de las Casas nicht einfach mundtot gemacht. Haben wir uns, die Länder des Westens zumal, wirklich ethisch, moralisch und kulturell so stark weiterentwickelt?

Angesichts dieser Tatsachen vermag es nur wenig zu trösten, dass der Dominikaner Las Casas mit einer gewissen Altersweisheit zu Beginn des siebenunddreißigsten Kapitels seiner großen *Historia de las Indias* festhielt, es sei „una de las leyes inviolables"[13] auf der von Gott geschaffenen Erde, dass alles Große, gerade auch, wenn es gottgefällig sei, von „innumerables dificultades, contradicciones, trabajos y peligros"[14] gekennzeichnet sei. Doch schauen wir uns dieses Zitat einmal näher an:

> Die Dinge, die groß sind und von denen Gott eine hohe Wertschätzung hat wie etwa diejenigen, welche zu seiner Ehre und zu seinem Ruhme und zum universellen Nutzen seiner Kirche geschehen, wie endlich zum Wohle und zum Schlusse derer, welche der Vorsehung teilhaftig sind, all diese Dinge werden kaum erreicht, wie wir in einem der vorherigen Kapitel sagten, es sei denn mit unzähligen Schwierigkeiten, Widersprüchen, Mühen und Gefahren, da es so das göttliche Wissen und die göttliche Macht anordnen, weil dies eines der unverbrüchlichen Gesetze ist, die in seiner Welt in allen Dingen erlassen sind, welche nach seinem Geiste und seiner Natur gut sind, alldieweil sie zeitlich sind, und um vieles mehr in jenen Dingen, welche die Menschen zum wahren Leben und zur ewigen Güte führen, da es der Wille ist, dass dem großen Fest eine große Nachtwache vorausgehe. Also erscheint es, und daher sprach der Sohn Gottes durch seinen göttlichen Mund in den Worten des Heiligen Lukas späterer Kapitels: „Nötig war es, dass Christus leidet, um so durch die Leidenschaft in seinen eigenen Ruhm einzutreten"; denn was werden wir zu leiden haben, um in den fremden einzutreten? Und die Apostel sprachen *Actuum 14:* „Durch vielerlei Drangsale ist es uns nötig, in das Königreich Gottes einzutreten." Folglich erlaubt es der Feind der menschlichen Natur, dass er gemäß seines Officium diesem widerspricht, oder damit seine Wunder, in welchen er so wunderbar zu sein pflegt, noch mehr leuchten und gelobet seien, wenn die Geschäfte auch noch so sehr verloren scheinen, diese zu tun begünstige, selbst wenn auch der Gegner daran arbeiten mag, sie zu unterbinden, damit die menschliche Schwäche und Anmaßung sich erkenne und an sich, mit sich selbst, Kenntnis erhalte, so sie unterdrücket sei, wie sie doch klare Erfahrung habe, und zwar nicht ein, sondern viele Male, nämlich von sich durch sich nichts zu vermögen, es sei denn, es geschähe unter Beistand der gütigen Hand des Allmächtigen, und auch durch die Geduld in den Verzweiflungen und Erregungen und der Verzögerung beim Erreichen des Begehrten, so dass das Verdienst seiner Auserwählten wachse, und dies nicht weniger, als die aufgezeigten Gaben des allerhöchsten Gebers umso begehrter sind und umso schwieriger und niedergeschlagener die Erwartungen, so wie es würdig

---

[13] Las Casas, Bartolomé de: *Historia de las Indias*, Bd. 1, S. 187.
[14] Ebda.

> und recht ist, allen, zu denen Nachricht gelänge, noch um vieles mehr gewertschätzt seien. Aus diesen Gründen stürzte Gott dem Christoph Columbus in unvergleichliche Ängste und Versuchungen, womit er ihn auf die Probe stellen wollte [...].[15]

Ich wollte ihnen diese lange und gewiss auch verwinkelte Passage nicht vorenthalten, da sie erstens ein Licht darauf wirft, wie sehr alles bei diesem Dominikanermönch in der göttlichen Heilsgeschichte verortet und verankert ist. Alles hat hier seinen Ort, alles hat hier seinen Sinn: Gerade die unendlichen Schwierigkeiten belegen, dass alles nach dem Willen und Ratschlusse Gottes geschehe.

Zweitens beleuchtet dieses Zitat sicherlich auch, woraus der Dominikaner die Kraft für jene bisweilen unglaubliche Beharrlichkeit schöpfte, mit welcher er immer wieder seine Stimme erhob, für die versklavten Indigenen eintrat, zu ihren Gunsten und gegen alle Widerstände bessere juristische Rahmenbedingungen für das Leben der Indios erstritt. Denn er sah es als ein göttliches Gesetz an, dass auch dem Gerechten und Auserwählten nichts in den Schoß falle, dass alles erstritten werden müsse, um Gottes Probe zu bestehen und um schließlich doch mit dem hart erkämpften Sieg belohnt zu werden. So ist Las Casas nie an seiner schier unendlichen Aufgabe verzweifelt, als Kämpfer für die Rechte der indigenen Bevölkerung zu streiten.

Drittens aber sehen wir am Ausgang dieser Passage, dass er die Schwierigkeiten, denen Christoph Columbus auf seinem Weg begegnete, ebenfalls als Konsequenzen des Ratschlusses des Allmächtigen ansah, das Werkzeug seines göttlichen Handelns immer und immer wieder zu erproben, bevor es dann das eigentliche Ziel dieser Geschichte erreichen durfte. Insofern waren die vielen Schwierigkeiten, denen Christoph Columbus in Portugal und Spanien begegnete, nur Teil des göttlichen Heilsplanes, an den er mit Blick auf die Neue Welt und deren Bewohner fest glaubte.

Auf diese Weise erlebte Bartolomé de las Casas die Entdeckung und beginnende Kolonisierung des amerikanischen Kontinents durch die spanischen Konquistadoren als Teil einer Heilsgeschichte, an welcher er immer festhielt. Und wie für einen Juan de la Cosa war Christoph Columbus auch für ihn jener Christophorus, der das göttliche Kind zu den Bevölkerungen dieser Neuen Welt gebracht hatte. Wie hätte er je jene große Tat des Genuesen vergessen können?

Doch die unendlichen Leiden der Indigenen ließen diese Heilsgeschichte für Las Casas zugleich zu einer Unheilsgeschichte werden, deren realgeschichtliche Bedingungen er zeitlebens bekämpfte. Die Heilserfahrung wird von einer Unheilserfahrung komplettiert. Wir sehen auf diese Weise, dass Las Casas sehr präzise die Realitäten der Conquista erkannte und das von ihm in der Wirklich-

---

15 Las Casas, Bartolomé de: *Historia de las Indias*, Bd. 1, S. 186f.

keit *Vorgefundene* sehr wohl zu beurteilen vermochte, zugleich aber an die Deutungen einer göttlichen Heilsgeschichte und damit an jenes in den Texten des Christentums *Erfundene* glaubte, so dass sich auch bei ihm das Gefundene wie das Erfundene zu einem Gesamtbild Amerikas vermischten.

Las Casas' *Kurzgefasster Bericht* über die Massaker an der indigenen Bevölkerung bleibt ein geschichtliches Mahnzeichen, das die Zeiten überdauert und uns mit einer Stimme konfrontiert, welche sich schon früh gegen alle Ausbeutungsversuche erhob. Mag man ihn auch später als den schuldigen dafür bezeichnet haben, schwarze Sklaven aus Afrika als Ersatz für die körperlich schwachen Indios herbeigeschafft zu haben: wir hatten diese Vorstellung bereits in einem obigen Zitat des Christoph Columbus gesehen und dürfen getrost davon ausgehen, dass es nicht eines Las Casas bedurfte, um die Gräueltaten rund um den „Black Atlantic" zu schaffen.

Wie auch immer man die aus heutiger Sicht wohl zu hoch angesetzten Zahlenangaben des Las Casas zur misshandelten und massakrierten indigenen Bevölkerung bewerten mag: Spätestens seit der Veröffentlichung der *Brevísima Relación de la Destrucción de las Indias* konnte die Menschheit wissen, welch zerstörerische Kräfte eine beschleunigte Globalisierung binnen kürzester Frist freizusetzen vermochte. Kein anderer Text hat das Scheitern der heilsgeschichtlichen Erwartungen an die Globalisierung unerbittlicher auf den Punkt gebracht: Von nun an hatte der Schiffbruch der Globalisierung Zuschauer, die von Europa, vom sicheren Land aus diese Szenerie reflektierten. Las Casas verdanken wir daher nicht nur eine genaue Kenntnis der Bordtagebücher des Christoph Columbus, wir sehen in ihm nicht nur den Chronisten einer geschichtlichen Beschleunigung, welche die asymmetrischen Beziehungen zwischen Europa und den Amerikas prägt; er war vor allem jene historische Figur, die mit ihrem Schreiben vor den Abgründen einer globalgeschichtlich verankerten Ausbeutung warnte, die – wenn auch mit anderen Mitteln – in der zu Ende gegangenen vierten Phase beschleunigter Globalisierung noch immer anhielt und anhält.

Amerigo Vespucci oder der Name Amerika

Dem Genuesen Christoph Columbus kommt sicherlich das große Verdienst und zugleich die fundamentale Ambivalenz zu, einerseits einen neuen Kontinent, eine ‚Neue Welt' entdeckt und damit in den Worten Voltaires die Werke der Schöpfung verdoppelt, aber andererseits die Muster des Umgangs mit dieser außereuropäischen Welt ebenso vorgeprägt zu haben wie deren Ausbeutung zum höheren Ziele der Christenheit – jedenfalls dann, wenn die Rückeroberung von Jerusalem das geheime Ziel der Mission des Columbus war, wie er uns dies in seiner *Lettera rarissima* nahelegte. Die Gestalt des Columbus ist schillernd und vieldeutig, weil sich in ihr uns schon in seinem Namen der Christusträger, die Taube und der Kolonisator präsentieren. So ist viel bereits im Namen des Cristoforo Colombo alias Cristóbal Colón angelegt, doch hat nicht er den seinen diesem Kontinent gegeben: nur Kolumbien ist nach ihm benannt, nicht aber ein Kontinent, der sich seiner Fahrt nach Indien, China und Cipango in den Weg stellte.

Denn als eine wirklich *Neue Welt* im Sinne eines neuen Kontinents, der gleichsam ‚zwischen' Europa sowie China und Japan liegt, hat Columbus die von ihm auf seinen verschiedenen Expeditionen ‚entdeckten' Inselwelten und Festländer zeit seines Lebens nicht erkannt und bis zu seinem Tode auch nicht mehr begriffen. Die klare Erkenntnis dieser für die Europäer recht neuen, die bisherigen geographischen Kenntnisse umstürzenden Wissenssituation und Bewusstseinslage kommt einem anderen Italiener zu, dessen Name – wie der stets auf Seiten des Columbus stehende Bartolomé de las Casas später meinte – völlig unverdient mit diesem für die Europäer neuen Kontinent verbunden wurde: Amerigo Vespucci. Doch wie kam es dazu?

Wesentliche Knotenpunkte dieser historiographisch spannenden Namensgeschichte hat Alexander von Humboldt in seinem bereits angeführten *Examen critique* erstmals beleuchtet, wobei ich die von ihm unternommenen Forschungen nicht an dieser Stelle unserer Vorlesung hervorheben möchte. Wir alle sind an den schönen Namen ‚Amerika' gewöhnt und machen uns wenig Gedanken dazu, wie dieser Name – angeglichen an die anderen kontinentalen Bezeichnungen wie Europa, Afrika oder Asien – entstanden ist. Gestatten Sie mir daher einige Überlegungen zur Entstehung dieser Bezeichnung.

Schuld an jener Namensgebung war ein Deutscher namens Martin Waldseemüller, der in seinen jungen Jahren einst in Freiburg studierte, wo man auch heute noch diesen frühen Studenten ehrt und ihm gleich auf dem Terrain der Universität einen Gedenkort, einen „lieu de mémoire", eingerichtet hat. Selbst die Werbung für die Stadt Freiburg war – wie schon erwähnt – nicht untä-

Abb. 26: Porträt des Amerigo Vespucci (1454–1512). Kopie aus dem 17. Jahrhundert.

tig, schrieb man doch, dass Amerika in Freiburg entdeckt worden sei. Schwarzwälder neigen nicht zu Übertreibungen. Doch eine solche Behauptung ist – wie nicht selten bei Werbung – maßlos übertrieben!

Aber wahr ist doch so viel, dass es dieser ehemalige *Studiosus* Waldseemüller war, der in einer Gruppe von Gelehrten Männern, die in dem von Freiburg nicht sehr weit entfernten und ‚hinter' den Vogesen liegenden Saint-Dié zusammenkamen, sich sehr intensiv mit den Nachrichten über die jüngst entdeckten Inseln beschäftigte und bald schon versuchte, in die tradierte Kosmographie des Ptolemaeus diese neue Lage der Dinge einzuzeichnen. Entscheidend war für Martin Waldseemüller die Erkenntnis des Amerigo Vespucci, dass es sich bei diesen Gebieten in Übersee in der Tat um eine Neue Welt handelte, deren erste Karte – wie wir bereits sahen und analysierten – Juan de la Cosa gezeichnet hatte.

Martin Waldseemüller hatte gegenüber dem spanischen Navigator und „Piloto Mayor" einen enormen Wissensrückstand, der sich nicht allein auf seiner Weltkarte, sondern auch bezüglich seiner Kenntnis der Quellenlage bemerkbar machte. Denn dieser Juan de la Cosa war nicht nur schon bei der ersten Reise des Columbus mit an Bord der *Santa María* (die ihm gehörte) gewesen, sondern war darüber hinaus an der ersten Reise jenes Mannes beteiligt, dessen Vorname – lautete er nun Alberrigo oder Amerigo – später dem Kontinent den Namen geben sollte. Doch nicht immer spielen Kenntnis- und Wissensstand die entscheidende Rolle, wenn es um die Verbreitung von Wissen und Bezeichnungen geht.

Martin Waldseemüller entwarf also ein neues und folgenreiches Kartenbild, das die Gelehrten wie die breite Öffentlichkeit außerhalb der Iberischen Halbinsel beeindruckte und zweifellos zu den berühmtesten Kartendarstellungen der europäischen Entdeckungsgeschichte gehört (Abb. 16).[1] Sie können aus diesen

---

[1] Ich habe im „Unsichtbaren Atlas" als Zusatz zur bibliophilen deutschen Ausgabe des Humboldt'schen *Examen critique* die von Humboldt erarbeitete Geschichte kartographischer Darstellungen wiedergegeben; vgl. hierzu Humboldt, Alexander von: *Geographischer und physischer Atlas der Äquinoktial-Gegenden des Neuen Kontinents. – Unsichtbarer Atlas aller von Alexander*

Weltkarten ersehen, wie sich langsam eine Welt herauszuschälen begann, die unserem Begriff von der Erde immer näher rückt, auch wenn die sogenannte „Terra Australis" auf ihnen natürlich noch nicht verzeichnet ist.

Die Weltkarte von Martin Waldseemüller gab bereits einige Konturen und Umrisse dieser Neuen Welt preis, die wir noch immer auf aktuellen Kartendarstellungen erkennen können. Er übersetzte in Ergänzung seiner neuen Kartographie einige Texte des italienischen Kaufmanns und Seefahrers Amerigo Vespucci, wobei nicht alle dieser Texte tatsächlich aus der Feder Vespuccis stammen. Doch dies konnte der ehemalige Freiburger Student, für den ich als ebenfalls ehemaliger Freiburger ein gutes Wort einlegen möchte, noch nicht wissen.

Mischen wir uns lieber nicht in den Streit ein, welche Texte aus der Feder des Italieners selber und welche aus der Feder eines in der Forschung so bezeichneten Pseudo-Vespucci stammten![2] Denn Waldseemüller hatte zumindest aus seiner Sicht gute Gründe dafür, in die weiße, leere Fläche des nun entworfenen, erfundenen Kontinents jenen Namen einzuschreiben, den diese freilich heute größer gewordene Fläche noch immer trägt: *America*. Doch lesen wir die Worte Waldseemüllers in deutscher Übersetzung selbst:

> Jetzt aber sind auch diese Teile schon weiter erforscht und ein anderer vierter Teil ist durch Americus Vesputius – wie man im folgenden hören wird – gefunden worden. Da sowohl Europa als Asien ihre Namen von Frauen erhalten haben, sehe ich nicht, wie jemand mit Recht dagegen sein könnte, diesen Teil nach dem Entdecker Americus, einem Mann von scharfsinnigem Verstand, „Americe", gleichsam Land des Americus, oder eben „America" zu benennen.
>
> Dessen Lage und die Sitten des Volkes kann man aus den vier Seefahrten des Americus, die unten folgen, klar erkennen.
>
> So weiß man nun, dass die Erde in vier Teile eingeteilt ist.[3]

So also kommt es zu dem Ausdruck *Les Quatre Parties du Monde*, welchen Serge Gruzinski als Titel für seine bereits angeführte historiographische Arbeit

---

von Humboldt in der **Kritischen Untersuchung** aufgeführten und analysierten Karten. Frankfurt am Main – Leipzig: Insel Verlag 2009.

2 Zur Aufklärung dieser Fragen vgl. Schwamborn, Ingrid: *AMERIGO VESPUCCI. Der SODERINI-Brief aus LISSABON (1504) – „Für 32 Seiten Unsterblichkeit" (Stefan Zweig). Wie MARTIN WALDSEEMÜLLER den Namen AMERICA erfand und damit BRASILIEN meinte (1507)*. Mit einem Essay von Ottmar Ette. Bonn – Fortaleza: Tatubola Editora 2019.

3 Waldseemüller, Martin: *Cosmographiae Introductio*, Kap. IX; zitiert nach Bitterli, Urs (Hg.): *Die Entdeckung und Eroberung der Welt. Dokumente und Berichte. Bd. 1: Amerika, Afrika*. München: Verlag C.H. Beck 1980, S. 43.

wählte.⁴ Bei der kartographischen Umsetzung des nun neu entworfenen Bildes von Amerika finden wir bei Waldseemüller eine Reihe interessanter und für den damaligen Wissenstand aufschlussreicher Elemente. So handelt es sich bei der Weltkugel nicht um eine wirkliche Kugel, sondern eher um einen Apfel, der an Martin Behaims kurz vor der tatsächlichen Auffindung Amerikas gefertigten und heute in Nürnberg ausgestellten Erdapfel erinnert (Abb. 27).

Abb. 27: Martin Behaim: Erdapfel, 1492/94.

Dabei war der mit dem portugiesischen Kenntnisstand bestens vertraute Martin Behaim nicht der einzige, der mit allerlei Obst hantierte. Columbus selbst sprach von einer Birne, der eine Frauenbrust aufgesetzt sei, eine wahrlich eigenwillig hybride Beschreibung unserer Erdkugel. Darauf erblickte der Entdecker eine aufgerichtete Brustspitze, welche mit dem von Dante Alighieri folgenreich in Szene gesetzten Paradies identifizierbar sein könnte. Eben diese aufgesetzte und aufgerichtete Frauenbrust finden wir in gewisser Weise bei Waldseemüller wieder im

---

4 Vgl. Gruzinski, Serge: *Les Quatre Parties du monde. Histoire d'une mondialisation*. Paris: Editions de La Martinière 2006.

Bereich des Nordpols, eine von der Formgebung natürlich an den Läuterungsberg erinnernde Gestaltung mittelalterlicher Provenienz. Wir hatten bereits bei Benedetto Bordone wie bei Juan de la Cosa gesehen, wie sich auch in den Kartenbildern das Erfundene mit dem Gefundenen verband und zu eigenen kartographischen Traditionslinien bei der Darstellung unserer keineswegs kreisrunden Erdkugel führte.

Im obigen Zitat ging Martin Waldseemüller auch auf die Geschlechterdifferenz ein, insoweit Namen von Kontinenten, selbst wenn sie sich wie in diesem Fall von Männern herleiten, einen weiblichen Charakter tragen müssen. Diese Geschlechterdifferenz ist bedeutsam und lässt sich mit der männlichen Eroberung weiblicher Territorien in Verbindung bringen.[5] Zugleich ist es aufschlussreich, wie in der Tat die Geschlechtlichkeit dienstbar gemacht wird für einen Akt männlicher Benennung, die Erstellung einer bestimmten Serie von Erdteilen und die Übertragung des männlichen Vornamens auf ein weibliches Territorium. Sie merken: Ganz unabhängig von der Benennung des ‚neu entdeckten' Kontinents nach Amerigo ist die Namensgebung ein geschlechterspezifisch spannender Akt.

In der Forschung ist der schöne Gedanke aufgetaucht, dass der vermeintlich italienische Vorname von Vespucci vielleicht doch einen indigenen amerikanischen Bezug haben könnte, wäre es doch durchaus denkbar, dass Vespucci ursprünglich Alberrigo hieß und er später seinen Namen in Amerigo veränderte. Denn er könnte – was ebenfalls als möglich erscheint – im mesoamerikanischen Sprachraum mit einem indigenen Ausdruck in Verbindung gekommen sein, welcher mit der Existenz eines lokalen Windes verbunden ist: America. Schöne Spekulationen, welche sehr wohl zur Erfindungsgeschichte Amerikas passen!

Wie dem auch immer sei: Bartolomé de las Casas kam mit seinem Vorschlag zu spät, den neuen Kontinent nach dem ‚eigentlichen' Entdecker zu benennen! Zu Beginn des 19. Jahrhunderts tat dies lediglich einer der sich herausbildenden unabhängigen Nationalstaaten, welcher den Namen des italienischen Seefahrers selbstverständlich in weiblicher und zugleich italienisierter Form zu dem seinen machte: *Colombia*. So wählte eine spanische Kolonie den Namen desjenigen Europäers, der am Beginn der spanischen Kolonialgeschichte stand und schon in seiner spanischen Namensform die Kolonisierung bedeutete: *Colón*. Da war es nur zu verständlich, dass es wenig später ein weiteres aus der Kolonialzeit entlassenes Land dieses Kontinents gab, welches diesmal den Namen jenes Mannes

---

5 Vgl. hierzu Hölz, Karl: *Das Fremde, das Eigene, das Andere. Die Inszenierung kultureller und geschlechtlicher Identität in Lateinamerika*. Berlin: Erich Schmidt Verlag 1998.

verewigte, der dem kolonialen Zustand zumindest im politischen Bereich ein Ende setzte: eben Simón Bolívar und das nicht vom Vor-, sondern vom Nachnamen abgeleitete und feminisierte *Bolivia*. Sie sehen: „What's in a name?" Das Schöne und Gemeinsame ist dabei, dass beide Namensgeber in der Tat mit den jeweiligen Ländern, die stolz ihre Namen tragen, eher wenig zu tun haben. Sie sehen schon: Mit den Namen und Benennungen ist das so eine Sache...

Um das Jahr 1503 oder 1504 erschien in Paris die wohl erste Fassung eines Briefes in lateinischer Sprache, dessen Titel – wie Frauke Gewecke in ihrer Habilitationsschrift zurecht anmerkte – keinen Hinweis darauf enthielt, welche sensationellen Nachrichten in ihm enthalten waren. Später freilich wurde der Titel *Mundus Novus* vorangestellt. Und in der Tat war es zumindest für die Europäer eine Neue Welt, da mit diesem Erdteil Asien nicht mehr zu identifizieren war. Rasch wurde klar, was zuvor einigen wie Juan de la Cosa wohl schon bewusst geworden war: Dass es nämlich außerhalb jener der Christenheit bekannten Welt noch einen weiteren Erdteil gab.

Der Italiener Amerigo Vespucci hatte an seiner ersten Reise gen Westen nur in untergeordneter Position teilgenommen, vermutlich als Kosmograph und Astronom. Er war somit für den Erfolg dieses Unternehmens keineswegs verantwortlich. Vespucci stand im Gegensatz zu Columbus nicht unter dem Zwang oder der Bringschuld, die neue Realität im Zeichen ihrer unmittelbaren ökonomischen Verwertbarkeit darzustellen. Sein Brief richtete sich latinisiert an Laurentius Petrus Franciscus de Medicis und versuchte in eindringlichen Worten, die eigene Leistung und die vollendete Schifffahrt darzustellen, die in der Tat für die Europäer nun eine Neue Welt eröffnete und stark auf das Bewusstsein der europäischen Zeitgenossen einwirken sollte. Beschäftigen wir uns also zunächst mit einer Passage aus diesem *Mundus Novus*:

> Ich hatte vergessen, Dir zu schreiben, dass seit dem Vorgebirge der Kapverden bis zum Anfange dieses Kontinents beinahe 700 Meilen liegen, obgleich ich annehme, dass wir mehr als eintausend achthundert Meilen segelten, zum Teil aus Unwissen über die Orte und von Seiten des Steuermannes, zum Teil auf Grund der Stürme und der Winde, welche eine gerade Reise für uns verhinderten, indem sie uns von einem Winkel in einen anderen stießen: Wenn die Gefährten nicht auf mich und darauf zurückgegriffen hätten, dass mir die Kosmographie bekannt war, so hätte es keinen Steuermann oder guten Führer für die Schifffahrt gegeben, der nach 500 Meilen noch gewusst hätte, wo wir uns befanden, denn wir hatten uns verfahren und irrten umher, und die Instrumente gaben uns mit Genauigkeit die wahre Position der hohen Himmelskörper an: Und zu diesen zählten der Quadrant und das Astrolabium, wie es alle wissen. [...] Aus diesem Grunde schifften wir der Küstenlinie folgend etwa 600 Meilen, und oftmals gingen wir an Land und sprachen und unterhielten uns mit den Leuten aus dem Land, und wir wurden von jenen brüderlich empfangen, und bisweilen waren wir 15 und 20 Tage am Stück freundschaftlich und gastfreundlich bei ihnen, wie Du später erfahren wirst. Von diesem Kontinent befindet sich ein Teil in der heißen Zone

jenseits der Äquinoktiallinie zum antarktischen Pole hin, da sein Anfang bei 8 Grad jenseits selbiger Tagundnachtgleiche liegt. Indem wir diesem Strande für eine so lange Zeit folgten, schifften wir über den Wendekreis des Steinbocks hinaus und fanden den antarktischen Pol 50 Grad höher als der Horizont, und wir kamen dem antarktischen Zirkel auf 17 ein halb Grad nahe. Und was ich dort gesehen und von der Natur jener Leute und von ihren Sitten und von ihrer Freundlichkeit kennengelernt habe sowie von der Fruchtbarkeit der Erde, von der Sauberkeit der Luft, von der Disposition des Himmels und der Himmelskörper, und zuletzt auch von den Fixsternen der 8ten Sphäre, welche von unseren Vorfahren niemals gesehen und niemals behandelt wurden, all dieses werde ich unten erzählen.[6]

Amerigo Vespucci stellt in dieser Passage seines Reisebriefes seine eigene seemännische und kosmographische Leistung in ein helles Licht, macht zugleich aber auch auf die ungeheuren Distanzen aufmerksam, welche diesen (womöglich neuen) Kontinent, aber auch seine große Entfernung von Europa auszeichnen. Noch waren die europäischen Seefahrer weder mit den vorherrschenden Windrichtungen noch mit dem im Atlantik herrschenden Meeresströmungen vertraut, so dass sie viele Meeresgebiete erst aus Erfahrung kennenlernen mussten, bevor sie für sich und ihre Schiffe sichere Wege festlegen konnten. Dies waren dann Routen, welche die transatlantische europäische Schifffahrt über lange Jahrhunderte benutzen sollte.

An diese Berichte und Erörterungen schließen sich allgemeine Überlegungen eines erfahrenen Kosmographen an, dann aber auch Beobachtungen hinsichtlich der Bewohner dieser neu entdeckten Landstriche, mit denen die Europäer erstaunlicherweise ohne Schwierigkeiten ins Gespräch gekommen sein wollen. Überall seien sie freundschaftlich, brüderlich und gastfreundlich aufgenommen worden, bevor man sie wieder weitersegeln ließ. Leider berichtet uns Amerigo Vespucci nichts über die Sprachen sowie über die Möglichkeiten der Verständigung mit den Indigenen: Es ist, als hätte Unmittelbarkeit der Konversation und Brüderlichkeit des Austausches zwischen Indigenen und Europäern geherrscht.

Letztere segeln entlang der südamerikanischen Küste, eine Vorgehensweise, die nach dem italienischen Entdecker Caboto als *Cabotage* bezeichnet wird und den Vorteil bietet, diese Küstenstriche von See aus kartographisch aufnehmen zu können. Es handelt sich folglich um die typische Küstenfahrt der Europäer immer entlang der von ihnen besuchten Küsten, um zunächst die Umrisse und Konturen der neu entdeckten Länder aufnehmen und kartographisch erfassen zu können. Zugleich dienen eher kurze Besuche an Land dazu, sich einen Eindruck von den dortigen Menschen zu verschaffen. Darüber hinaus kann man von den Küstenbewohnern vieles über die Situation im Landesinneren erfahren.

---

6 Vespucci, Amerigo: *Cartas de viaje*. Introducción y notas de Luciano Formisano. Madrid: Alianza Editorial 1986, S. 92.

Wir haben es folglich mit relativ kurzen Kulturberührungen zu tun, die den europäischen Seefahrern erste Informationen über diese für sie noch unbekannten Länder verschaffen.

Amerigo Vespuccis Ausführungen machen gerade vor dem Hintergrund seiner Expertise, seiner Beherrschung der Instrumente und seiner klaren, rationalen Vorgehensweise bei der Erkundung und ersten Aufnahme des vor ihm liegenden Kontinents deutlich, dass er der ansässigen Bevölkerung mit großem Selbstbewusstsein und ausgestattet mit all dem gegenübertritt, was wir ohne Zweifel als Zeichen einer *instrumentellen Vernunft* ausmachen dürfen. Die europäische Welt tritt der amerikanischen von Beginn an in der Form einer zum damaligen Zeitpunkt hochtechnisierten, die weitestgehenden Entwicklungen technologischer Art repräsentierenden Weise entgegen und tastet zunächst die Sitten und den Zivilisationsgrad der von ihnen besuchten Völkerschaften ab. So erst kann Vespucci deutlich erkennen, dass es sich bei diesen Regionen um Gebiete handelt, welche von abendländischen Menschen seit der Antike noch niemals inspiziert, ja noch nicht einmal diesen dem Namen nach bekannt gewesen waren. Dies sind wichtige Einsichten, welche der Italiener zu seinen Auftraggebern nach Florenz und an den Machtapparat der Medici schickt.

Aufschlussreich ist durchaus, dass Amerigo Vespucci – wie schon Christoph Columbus vor ihm und Hernán Cortés nach ihm, aber auch ein einfacher Soldat wie Bernal Díaz del Castillo – aus jeweils unterschiedlichen Gründen darauf bedacht sein musste, die eigene Leistung bei diesen Heldentaten der ersten Phase, jener nicht der Eroberung, sondern der Entdeckung, gebührend hervorzuheben. Denn alle standen in Abhängigkeitsverhältnissen, mit denen sie durchaus unterschiedlich umgingen, die sie gleichwohl aber im Auge behalten mussten, um erfolgreich sein zu können.

Die bisherige Forschung[7] hat vielfach herausgearbeitet, wie die Beschreibungen aus und von dieser ‚Neuen Welt' im Grunde dem literarisch tradierten Topos des *locus amoenus* aus der Alten Welt bis ins Detail entsprachen. Ich hatte dies bereits bei Christoph Columbus aufgezeigt; doch es ließe sich eine Vielzahl von Beispielen für derartige weniger den tatsächlichen Wirklichkeiten, als vielmehr den erfundenen und tradierten Wirklichkeitsdarstellungen entsprechenden ‚Beschreibungen' anführen. Das Bild einer paradiesisch anmutenden Landschaft entsteht, das sich noch heute, weit mehr als fünfhundert Jahre später, in allen bebilderten wie ausformulierten Unterlagen der Reisebüros, in allen in Umlauf befindlichen Reiseführern, mit mehr oder minder gelungenen Variationen und Varianten finden lässt.

---

7 Vgl. hierzu Gewecke, Frauke: *Wie die neue Welt in die alte kam*. Stuttgart: Klett – Cotta 1986.

Wir haben es folglich – doch dies ist nur die *eine* Seite der Tradition – mit einem idyllischen *locus amoenus* zu tun! Entsprechend schienen diese noch unbekannten Länder auch nicht von Krankheiten heimgesucht: Ihre Bewohner erfreuten sich eines langen, ungestörten und kerngesunden Lebens, das bisweilen an die hundertfünfzig Jahre andauerte. Die indigene Bevölkerung erreichte – folgen wir zahlreichen europäischen Reiseberichten – ein geradezu biblisches Alter. Die Verweisstellen auf die Bibel, auf das Alte Testament, wären in vielen Texten leicht ausfindig zu machen: Sie sind fester Bestandteil der abendländischen Alltagskultur und werden unmittelbar auf die Neue Welt projiziert. Auf diese Weise entstand ein neuweltliches Bild all dessen, was in der Alten Welt nur in tradierten Vorstellungen vorhanden war, aber in der gelebten Wirklichkeit der Menschen fehlte.

Der Gedanke an die Nähe des Irdischen Paradieses, dem ja auch Christoph Columbus freien Ausdruck seiner christlichen Phantasien gewährt hatte, lag gewiss nicht fern und prägte die *eine* Seite des Amerika-Bildes entscheidend mit. Für eine Bestätigung dieses Bildes sprach auch die Nacktheit seiner Bewohner, welche die europäischen Besucher zugleich als Zeichen der Unschuld interpretierten. Der Entwurf eines pittoresk anmutenden Menschenbildes durch Amerigo Vespucci lässt noch vieles erraten von jener ursprünglichen Faszination, die ein Mann wie Vespucci – zweifellos noch stärker als ein Columbus in der italienischen Renaissance verhaftet – beim Anblick der indigenen Bevölkerungen empfunden haben muss.

Während die Menschenbeschreibungen eher ausführlich ausfielen, widmete Vespucci kaum einmal der sozialen, politischen oder religiösen Ordnung seine Aufmerksamkeit, so dass diese als gleichsam inexistent erschien. Wir dürfen an dieser Stelle unserer Überlegungen natürlich hinzusetzen, dass diese Problematik letztlich eine Folge der gewählten Vorgehensweise war, sich per *Cabotage* mit Hilfe der Schiffe entlang der Küsten Südamerikas zu bewegen und diese Bewegung nur für mehr oder minder sporadische und zufällige Aufenthalte an Land zu unterbrechen. Wie hätten da Einblicke in die gesellschaftliche Ordnung entstehen können, welche sich nur aus längeren Aufenthalten bei indigenen Bevölkerungen wie etwa bei Hans Staden ergaben? Vespucci konstatierte jedenfalls keinen Tempel und kein Gesetz, kein Privateigentum und keinen Handel; der Italiener konnte folglich schreiben und nach Florenz melden, dass die Eingeborenen ganz nach den Gesetzen der Natur lebten.

Auf Grund der europäischen Lebensnormen und sittlichen Gewohnheiten aber mussten Amerigo Vespucci vor allem Inzest und Kannibalismus schockieren und seine literarische Darstellungsgabe herausfordern. Kannibalische Praktiken, dies dürfen wir nicht vergessen, hatte schon der Geschichtsschreiber Herodot an den Enden der Welt angesiedelt. Seine zur damaligen Zeit wohlbekannten Behauptungen schienen sich durch die empirisch fundierten ‚Beobachtungen' mancher Reisender zu bestätigen. Die in der abendländischen Antike wohlbekannte

Tradition lässt sich weiterverfolgen über die indischen Menschenfresser Strabons und die Kannibalen Marco Polos oder Mandevilles bis hin zu den vielen europäischen Reisenden, welche dann vorrangig die afrikanischen Völker dieser Sitte verdächtigten. Der Kannibalismus-Vorwurf blieb noch, wie wir wissen, bis weit ins 19. und 20. Jahrhundert lebendig und sollte etwa in der Anthropophagie-Bewegung der brasilianischen Avantgarde eine gänzlich neue, selbstbewusste Färbung annehmen.

Abb. 28: Erste Darstellung von Kannibalismus in der Neuen Welt. Gravur von Johann Froschauer für eine Edition von Amerigo Vespuccis *Mundus Novus*. Augsburg 1505.

Gleichwohl möchte ich an dieser Stelle hinzufügen, dass für keine der amerikanischen Kulturen nach meinem Kenntnisstand die Anthropophagie als erwiesen gelten kann. In der Forschung wurde verschiedentlich betont, dass Amerigo Vespucci eine ausgesprochene Vorliebe für teils makaber, teils obszön anmutende Details bewies. Zweifellos schaute er auch mit einem Auge auf ein mögliches gesamteuropäisches Lesepublikum, das an derartigen Details ein besonderes Interesse haben würde – und in der Tat sollte ihm die spätere Veröffentlichungs- und Rezeptionsgeschichte seiner Briefe in dieser Hinsicht Recht geben. Nicht allein in kosmographischer Hinsicht war der Italiener zweifellos einer jener wenigen großen Autoren, welche die gebildete Bevölkerung Europas über die durch die Entdeckungen in Übersee entstandene neue Situation aufklärten.

Die mehr oder minder begrenzten Aufenthalte an Land ermöglichten es dem mit seinen nautischen Kenntnissen prahlenden Vespucci, mitunter in die Rolle eines interkulturellen Voyeurs zu schlüpfen. Sicherlich wirft gerade aus heutiger Sicht all dies Fragen auf, von wo aus derartige Einschätzungen entwickelt, Werturteile getroffen und wie die Bewertungsmuster in der Geschichte verankert werden können. Vespucci führte mit aller Deutlichkeit Details des Kannibalismus vor, die auch vor den eigenen Familienangehörigen und vor der eigenen Frau, so der Reisende, nicht Halt machten. Es scheint mir jedoch unsinnig, derartige Darstellungen beim Wort zu nehmen: nicht allein, weil Reiseberichte seit jeher eine *friktionale* Gattung sind,[8] sondern weil wir mit Blick auf die Entdeckung der Amerikas bereits vielfach gesehen haben, wie Fakten und Fiktionen, wie das Vorgefundene und das Erfundene sich vermischten.

Vespucci schreckte in der Tat nicht vor Aussagen zurück, die seine europäische Leserschaft erschüttern musste. Er sprach nicht etwa nur allgemein von Anthropophagie, sondern ging in zahlreiche Details: so habe er überall an den Balken der Häuser aufgehängt gesalzenes Menschenfleisch gesehen, das von den Eingeborenen als eine Delikatesse behandelt werde. Diesen drastischen Bildern entsprechend waren dann auch alle Ausgaben Vespuccis mit der Visualisierung derartiger Leckereien und gastronomischer Details garniert (Abb. 28).

Äußerst ausführlich kam Amerigo Vespucci auf die indigenen Frauen zu sprechen, wobei er ebenso deren Schönheit pries wie er auch ihre übermäßig ausgeprägte Libido in allen Farben leuchten ließ. So mangelt es in seinen Texten auch nicht an Darstellungen des weiblichen Sexualverhaltens, wobei wir auf diesem Feld nicht selten die Projektionen von Männerphantasien bei dem italienischen Reisenden beobachten können. Weder die Mutterschaft noch das Alter hinterließen zu seinem Erstaunen jene Spuren, die im eigenen Kulturkreis das ästhetische Vergnügen an der nicht mehr ganz jugendlichen Weiblichkeit – so Frauke Gewecke in ihrem bereits angeführten Band – erheblich beeinträchtigten. Bisweilen wurden in bestimmten Ausgaben die Darstellungen der Sexualpraktiken einfach weggelassen, schlicht also zensiert – vermutlich aus Gründen der Schicklichkeit und mit Rücksicht auf ein weibliches Lesepublikum.

Ich möchte Ihnen an dieser Stelle unserer Vorlesung freilich einen kleinen Einblick in dieses so folgenreiche Bild einer auch in dieser Hinsicht ‚wilden' (weiblichen) Natur geben, die gleichzeitig auch auf die geschlechterspezifische Dimension der Entdeckung durch den männlichen europäischen Blick verweist.

---

8 Vgl. hierzu ausführlich den ersten Band der Reihe „Aula" in Ette, Ottmar: *ReiseSchreiben. Potsdamer Vorlesungen zur Reiseliteratur*. Berlin – Boston: Walter de Gruyter 2020.

Schauen wir uns deshalb eine weitere Passage aus dem Mundus-Novus-Brief des Amerigo Vespucci an:

> Eine andere Sitte gibt es bei ihnen, welche sehr grauenhaft ist und außerhalb jeglicher menschlichen Glaubwürdigkeit steht, denn da ihre Frauen voller Wollust sind, so lassen sie die Glieder ihrer Ehemänner auf solche Weise anschwellen, so dass diese unförmig und brutal erscheinen, und dies mit ihrer gewissen Kunstfertigkeit und dem Biss gewisser giftiger Tiere; und aus diesem Grunde verlieren es viele und werden zu Eunuchen. Sie haben keine wollenen Tücher und auch keine aus Leinen oder selbst aus Bombast, weil sie nichts davon benötigen; und sie besitzen auch keine eigenen Güter, denn alle Dinge sind im Gemeinbesitz. Sie leben zusammen ohne einen König und ohne Autorität, und jeder Einzelne ist sich selbst der Herr. Sie nehmen so viele Frauen, wie sie wollen, und der Sohn vermischt sich mit der Mutter, und der Bruder mit seiner Schwester, und der Erstbeste mit der Erstbesten, und der Vorübergehende mit einer jeden, die er findet. Jedes Mal, wenn sie es wünschen, lösen sie die Ehe wieder auf, und darin beachtet keiner irgend eine Ordnung. Darüber hinaus haben sie keinerlei Kirche und haben auch keinerlei Gesetz, nicht einmal Götzenanbeter sind sie. Von welchen anderen Dingen soll ich sprechen? Sie leben nach der Natur, und sie können gerechterweise eher Epikureer als Stoiker genannt werden.[9]

Diese Passage aus dem Brief Vespuccis an seinen Auftraggeber ist in vielerlei Hinsicht aufschlussreich. Zum einen zeigt sich, dass hier der männliche ‚Beobachter' – wenn wir den Verfasser dieses Stückes fiktionaler Reiseliteratur so nennen dürfen – die Sexualität in ihren normüberschreitenden Dimensionen allein auf die Frauen projiziert. Denn es ist ihre Wollust, ihr Verlangen, das dazu führt, dass die männlichen Glieder deformiert und zu rein weibliche Lust erzeugenden Instrumenten umfunktioniert werden – auf die Gefahr hin, dass die Männer nach solchen Transformationen als Eunuchen enden oder gleichsam entmannt werden. Das Interessante dabei ist, dass bei einer derartigen Überschreitung der weiblichen *luxuria* Männer die Leidtragenden sind und in dieser Sexualphantasie des Amerigo Vespucci völlig zu Instrumenten weiblicher Sexualität degradiert werden. Konkrete Ansatzpunkte für diese Phantasien mag es gegeben haben; doch ihre Projektion erstens auf die noch unbekannten Überseegebiete und zweitens auf die Frauen zeichnet ein Bild der bestehenden Machtverhältnisse und der damit verbundenen geschlechterspezifischen Ängste.

Schon wenige Zeilen später freilich geht die sexuelle Aktivität gepaart mit der patriarchalen Macht nicht mehr von Frauen, sondern wieder traditionell von Männern aus, die sich jederzeit und nach Belieben ihre Frauen nehmen können. Dabei ist dieses Geschlechterverhalten nach europäischen Maßstäben deutlich normüberschreitend und tabuverletzend, insofern die matrimonialen Verhältnisse ohne jegliche rechtliche Bindung scheinen und ein Inzesttabu

---

9 Vespucci, Amerigo: *Cartas de viaje*, S. 93.

nach Aussage des männlichen Berichterstatters nicht besteht. Bei der Problematik des evozierten Inzests steht im Mittelpunkt sowohl die sexuelle Beziehung zwischen Müttern und ihren Söhnen – was durchaus spannend ist, da die Darstellung des Inzests zwischen Vätern und ihren töchtern etwa im Alten Testament sehr wohl dargestellt wird – wie auch zwischen Brüdern und Schwestern, zwischen denen keine nennenswerte Altersdifferenz besteht.

Alle Grenzen des geordneten gesellschaftlichen Zusammenlebens und einer Form der Konvivenz, wie sie in christlich-abendländischen Ländern vorherrscht, werden in diesem Bericht von einem kulturellen Anderswo abgeschafft. Konstruiert wird ein absolut Anderes, das den christlichen Ordnungsvorstellungen entgegengesetzt ist. Dabei entsteht eine Alterität, die überwiegend negativ gekennzeichnet und vorwiegend von Abweichungen von der europäischen ‚Norm' charakterisiert ist. Anders als in Europa gibt es bei den indigenen Völkern keine Ordnung, gibt es keinen König, gibt es keine Gesetze, welche das gesellschaftliche wie das geschlechtliche Zusammenleben regeln würden, so tischt uns Vespucci auf. In derlei Überlegungen ist dem Renaissance-Menschen und italienischen Humanisten Vespucci der Gegensatz zwischen Natur und Kultur völlig selbstverständlich und in seinen Grenzziehungen ebenso ‚natürlich' wie absolut. Denn da, wo die Herrschaft fehlt, dort, wo die pure Natur herrscht, gibt es für ihn keine Ordnung und kein Gesetz.

Aus diesem Grunde kann ein jeder die Frau nehmen, die ihm gerade gefällt und die er gerade will und begehrt. Dieses Wollen, das Unbedingte des jeweiligen männlichen Willens, ist das brisante Faszinosum dieser zweiten, eher gesellschaftspolitisch angehauchten Passage, die natürlich viel den Überlegungen der Antike zur Konstituierung von Herrschaft und Gesellschaft verdankt und geschlechterspezifisch beziehungsweise phallogozentrisch verankert ist.

So erklärt sich auch, warum nun inmitten dieser Wildnis reichlich unvermittelt die Unterscheidung zwischen Epikureern und Stoikern auftaucht und die ‚Wilden' natürlich den ersteren, am Genuss des Lebens orientierten Menschen zugerechnet werden, während die Stoa als Unterdrückung und Meisterung von Gefühlen und Trieben – um dies einmal etwas holzschnittartig auszudrücken – die Sache der Indianer und mehr noch der Indianerinnen nicht sein kann. Denn dazu wäre eine höhere zivilisatorische Leistung, ein Weiter-fortgeschritten-Sein innerhalb eines nach europäischen Vorstellungen ablaufenden zivilisatorischen Prozesses vonnöten.

Allerdings sehen wir am Beispiel der sexuell ausschweifenden Frauen schon, was Männern droht, die in deren Gewalt geraten und zu simplen sexuellen Werkzeugen degradiert sind. Auch auf dieser Ebene zeigt sich, wie sehr dieser erste Blick auf die Neue Welt vorperspektiviert ist und uns mindestens so viel sagt über die Alte Welt, wie er über die Neue Welt zu berichten vorgibt. Denn die Maßstäbe,

Normen und Wertvorstellungen stammen allesamt aus der Alten Welt, während die Neue Welt dafür die von anthropologischen oder kulturellen Kenntnissen noch weitgehend ‚unbefleckte' Projektionsfläche liefert.

Die Wirkung dieses Briefes über die Neue Welt war in Europa fulminant. Innerhalb von nur zwei Jahren verbreitete sich die lateinische Fassung des Vespucci-Briefes in West- und Mitteleuropa in mindestens fünfzehn verschiedenen Fassungen. In der Forschung wurden unterschiedliche Textfiliationen aufgestellt, welche eine verschiedenartige Verbreitung zeigen,[10] die uns im Rahmen unserer Fragestellung nicht vordringlich zu interessieren braucht. Man kann daraus vor allem die komplexe Situation sich wechselseitig verändernder und generierender Varianten und Textkorpora ersehen, um sich auf diese Weise der Tatsache bewusst zu werden, in welchem Maße die Entdeckung Amerikas auch ein wesentlich textueller und literarischer Vorgang war. All dies zeigt in aller wünschenswerten Deutlichkeit auf, in welchem Maße die verschiedensten *Texte* die Eroberung und (geistige) Inbesitznahme des amerikanischen Kontinents steuerten.

So dürfen wir einmal mehr folgern: Amerika entstand und wurde erfunden sicherlich in der Realität, aber nicht weniger auch in der Literatur. Dabei waren dies nicht zwei scharf voneinander getrennte, sondern untrennbar miteinander vermengte Sichtweisen. Denn Tatsachen und Darstellungen, vorgestellte ‚Natur' und inszenierte ‚Wildheit', Dichtung und Wahrheit lassen sich weder leicht noch endgültig voneinander trennen. Wir dürfen im Falle Vespuccis auch nicht die zahllosen vulgärsprachlichen Übersetzungen, Ausgaben und Auflagen vergessen, welche diesem Brief eine zusätzliche Verbreitung bescherten. Die deutsche Übersetzung trug den bemerkenswerten Titel *Von der neu gefundenen Region so wol ein welt genennt mag werden, durch den Christenlichen künig, von Portugal, wunderbarlich erfunden*. Etymologisch sind das *Auffinden* oder *Finden* wie das *Erfinden* nicht voneinander geschieden.

Die gesamte Rezeptions- und Wirkungsgeschichte des Vespucci-Briefes profitierte natürlich von der raschen Verbreitungsgeschwindigkeit von Flugschriften, so dass die Neue Welt wahrlich rasch in der Alten erfunden oder doch weiter erfunden werden konnte. Eine Zusammenfassung aller hier besprochenen Elemente findet sich auf einem Flugblatt, das um 1505 im deutschsprachigen Raum zirkulierte und das ich Ihnen gerne auszugsweise vorstellen möchte:

> Dise figur anzaigt uns das volck und insel die gefunden ist durch den christenlichen künig zu Potigal oder von seinen underthonen. Die leüt sind also nacket hübsch, braun wolgestalt von leib, ir geübter [Häupter], halss, arm, scham, füss, frawen und mann ain wenig mit federn

---

[10] Vgl. hierzu etwa das entsprechende Kapitel in der angeführten Habilitationsschrift von Frauke Gewecke.

> bedeckt. Auch haben die mann in iren angesichten und brust vid edel gestain. Es hat auch nyemantz nichts sunder sind alle ding gemain. Unnd die mann habendt weyber welche in gefallen, es sey mütter, schwester oder freüudt, darinn haben sy kain underschayd. Sy streyten auch mit einander. Sy essen auch ainander selbs die erschlagen werden, und hencken das selbig fleisch in den rauch. Sy werden alt hundert und fünftzig jar. Und haben kain regiment.[11]

Dieser Auszug mag Ihnen vor Augen führen, dass das Flugblatt zum Zeitpunkt der ersten Phase beschleunigter Globalisierung in Europa so etwas wie das Internet darstellte und für eine rasche Verbreitung von Nachrichten sorgte. Die Genauigkeit und Präzision der übermittelten Nachrichten – und auch deren autorschaftliche Treue – leiden unter dieser Form der Popularisierung ganz selbstverständlich: Dies wird Ihnen nicht ganz unbekannt sein!

Anhand dieses Textbeispiels wird deutlich, inwieweit die schnelle Verbreitung auch zu einer gewissen Verdichtung und Konkretisierung führen musste, die hier spezifische Äußerungen zum Alter, der Hautfarbe, den Sexualpraktiken, dem Inzest, dem Kannibalismus, aber auch zum Fehlen von Ordnungs- und Wertprinzipien und selbst Hinweise auf möglichen Reichtum (hier der begehrliche Reichtum an Edelsteinen) zusammengefügt werden, um so ein anschauliches, bei einer breiten Bevölkerung möglichst weiter zu verbreitendes Bild von dieser Neuen Welt, in der wir so viele Elemente der Alten erkennen können, zu entwerfen. Über mehr als zwei Jahrzehnte hinweg blieb die Popularität des Mundus-Novus-Briefes von Vespucci im Übrigen ungebrochen: Zu anschaulich und zu plakativ waren die Darstellungen, welche der Italiener für sein Lesepublikum entwarf.

Ich möchte Ihnen aus diesem Brief noch ein abschließendes Zeugnis vorstellen, welches die Dimensionen des Kannibalismus noch potenziert, indem es die Anthropophagie in die Familien selbst projiziert und damit umgekehrt die Übertretungen des Inzesttabus nochmals beleuchtet. Dabei dürfen am Ende auch die wichtigen Hinweise auf die Waffen der Eingeborenen und deren Benutzung nicht fehlen, waren dies doch wichtige Informationen für künftige Eroberer, welche sich auf die Übermacht europäischer Waffensysteme verlassen konnten. Doch sehen sie selbst:

> Dies ist wahrhaftig und gewiss, da man gesehen hat, wie der Vater seine Kinder und seine Frauen aß, und ich habe einen Mann kennengelernt, mit dem ich gesprochen habe und von dem man sagte, er habe mehr als 300 menschliche Körper aufgegessen, und außerdem war ich 27 Tage lang in einer gewissen Stadt, wo ich in den Häusern gesalzenes Menschen-

---

[11] Flugblatt um 1505; zit. nach Gewecke, Frauke: *Wie die neue Welt in die alte kam*, S. 108.

fleisch sah, das an den Balken hing, wie man bei uns den Speck und das Schweinefleisch aufhängt. Ich sage noch viel mehr: Dass sie sich darüber wundern, warum wir unsere Feinde nicht töten und nicht ihr Fleisch für unsere Essen nutzen, denn sie sagen, dieses Fleisch sei über die Maßen lecker. Ihre Waffen sind der Bogen und die Pfeile, und wenn sie sich in Schlachten gegenübertreten, dann bedecken sie keinen Teil des Körpers, um sich zu verteidigen, so dass sie selbst in diesem Belange den Tieren ähnlich sind. Wir haben uns, wenn es uns möglich war, nach Kräften bemüht, sie davon abzubringen und diese perversen Sitten zu verändern, und sie versprachen uns, diese aufzugeben. Obwohl die Frauen, wie ich Dir gesagt habe, nackend gehen und wollüstig sind, so sind dennoch ihre Körper schön und sauber, und sie sind auch nicht hässlich, wie jemand dies vielleicht vermuten könnte, denn obwohl sie fleischlich sind, erscheint ihre ‚Hässlichkeit' nicht, welche zum größten Teil durch ihren guten Teint verschleiert wird.[12]

Amerigo Vespucci betont immer wieder die Schönheit der indigenen Frauen und hebt neben ihrer Libido ihre Reize hervor. Es ist ein männlicher Blick auf die Nacktheit der Frauen, ein deutlich gegenderter Blick. Vespucci stellt nicht nur die begrenzte und für europäische Verhältnisse rudimentäre aktive Bewaffnung der Indigenen heraus, sondern macht auch darauf aufmerksam, dass sie keine passive Bewaffnung verwenden und somit ihre Körper ungeschützt lassen. Dies sind zweifellos wichtige Informationen für spätere Konquistadoren! Seine Anmerkung, sich nach Kräften bemüht zu haben, die indigenen Gruppen vom Kannibalismus abzubringen, nehmen spätere Versuche der Missionierung und Evangelisierung vorweg. Aus heutiger Sicht bildet das mehr oder minder freie Erfinden von Kannibalismus wie von nur in den Augen der Europäer „perversen" Sitten einen wichtigen Hintergrund für die später vehement vorgetragenen Ansprüche der ‚Entdecker', sich diese Bevölkerung untertan zu machen und der eigenen Zivilisation zuzuführen. Denn selbst das Fehlen einer passiven Bewaffnung indigener Männer wird als Zeichen dafür gewertet, dass diese ‚Indianer', dass diese ‚Wilde' den Tieren näherstehen als den Christenmenschen.

Der angeführte Brief ist keineswegs die einzige Schrift, mit welcher Amerigo Vespucci seine Landsleute in Europa auf den Stand der vor allem spanischen Entdeckungen bringen wollte. Dem Verlangen nach umfassenderer und differenzierterer Information entsprach ein anderes Werk des Italieners, das bereits 1505 beziehungsweise 1506 unter dem Titel *Lettera di Amerigo Vespucci delle isole nuovamente trovate in cuattro suoi viaggi* erschien. Das Original dieses Briefes, der wohl an einen Bannerträger in Florenz gerichtet war, ist nicht erhalten geblieben. Es wurde jedoch angenommen, dass es mit der vorliegenden italienischen Fassung weitgehend übereinstimmte, wobei nicht alle Zweifel an der Autorschaft ausgeräumt werden konnten. In der Vespucci-Forschung wurden diese Fragen

---

12 Vespucci, Amerigo: *Cartas de viaje*, S. 94f.

nach meinem Kenntnisstand ebenso wenig abschließend gelöst wie andere Rätsel, die sich mit dem Namen des Italieners verbinden.

Andere und für uns wesentlich wichtigere Aspekte der verschiedenen transatlantischen Reisen des Amerigo Vespucci sind hingegen befriedigend geklärt. So wissen wir, dass die erste Reise sicherlich apokryph war und die vierte und letzte wohl niemals stattgefunden hat. Gleichwohl wird dieser Text auch in lateinischer Sprache allgemein als die *Quatuor Navigationes* zitiert. Sie erschienen, in den Rang eines wissenschaftlichen Traktats erhoben, im Jahre 1507 in lateinischer Sprache im Anhang zur Kosmographie des bereits erwähnten Martinus Ilacomilus, Hylacomylus oder Martin Waldseemüller im lothringischen Saint-Dié. Die Herausgabe des Vespucci-Briefes freilich war eine Gemeinschaftsarbeit des Gymnasium Vosagense, wobei der Humanist und Poet Matthias Ringmann als Initiator gewirkt haben dürfte. Er hatte eine Fassung des Briefs in italienischer Sprache in Florenz erhalten; diese Fassung wurde durch diesen Humanisten-Zirkel ins Lateinische übersetzt.

In den *Quatuor Navigationes* aber vollzog sich die Aufspaltung des im Mundus-Novus-Brief noch einheitlichen Menschenbildes in zwei klar voneinander gespaltene Stereotype. Auf der einen Seite stand der freundliche, wenn auch ungesittete, einer naiven Unschuld jedoch nicht entbehrende ‚Gute Wilde', wie er bisweilen bereits im Bericht über die erste Reise auftaucht. Auf der anderen Seite taucht nun aber auch der hinterhältige und grausame, einer Bestie vergleichbare Wilde auf, den Vespucci und seine Begleiter in der zweiten Reise erscheinen ließen und mit dem sie wohl einige schmerzhafte Erfahrungen machten.

So wurde beispielsweise geschildert, wie diese der Schilderung nach kaum noch der menschlichen Spezies zugehörigen Wesen vor den Augen der Schiffsmannschaft einen gefangenen Christenmenschen zerlegten, rösteten und unter sichtbaren Anzeichen des Wohlgefallens verspeisten, ohne dass die Europäer dies hätten verhindern oder auch nur rächen können. In Vespuccis Reisetexten deutet sich bereits jene Zweiköpfigkeit des Menschenbildes an, das auf die ‚Indianer' projiziert und später auch auf andere außereuropäische Völkerschaften übertragen wurde. Wir haben es mit der Entstehung einer charakteristischen Kippfigur zu tun, welche im Nichteuropäer, im ‚Indianer', im ‚Amerikaner' letztlich entweder den ‚Guten Wilden' oder schlicht den (letztlich grundtief bösen, unzivilisierten) Wilden erkennen will und erkennt. Auf diese zwiegespaltene *Figura* werden somit entweder die Sehnsüchte und Träume oder aber die Ängste und Alpträume projiziert. Dabei ist dies in aller Regel mit den Superioritätsgefühlen der Europäer verbunden.

In jedem Falle ist dieses Bild des Indianers, des ‚Wilden', von Europa und den Europäern initiiert und im Wesentlichen für Europa projiziert und reflektiert, eine Bewegung also, die Amerika einmal mehr, aber diesmal auch in Bezug auf das entsprechende Menschenbild, zur Projektionsfläche von Mythen, Legenden und Stereotypen der Alten Welt macht. Die Nachhaltigkeit und Dauerhaftigkeit derartiger Projektionen nach Übersee ist erstaunlich und lässt sich selbst noch in unserer Gegenwart beobachten und nachweisen.

Amerika und der ‚Neue Kontinent' waren aber keineswegs allein die Projektionsflächen für Träume und Traumata, sondern auch der Raum für sehr konkrete herrschaftliche und territoriale Machtansprüche. Die ersten *Capitulaciones* von Santa Fe hatten gezeigt, dass man durchaus Verträge zwischen dem Staat, in diesem Falle den spanischen Monarchen, und einem Privatmann abschließen konnte und dass diese Verträge rechtlich durchaus von einem gewissen Bestand (zumindest im Erfolgsfalle) sein konnten. Andererseits aber mussten Rahmenbedingungen für diese dann in der Tat 1492 möglich gewordene Expansion europäischer Großmächte geschaffen werden; und dazu bedurfte es ebenso überstaatlicher Schiedsrichter – wie etwa des Papstes – wie zwischenstaatlicher Regelungen, die von größter Bedeutung für die Aufteilung der noch zu entdeckenden überseeische Neuen Welt in einzelne Machtsphären waren.

Es ist eine für den territorialen Heißhunger des Abendlandes oder – wenn Sie so wollen – des Westens charakteristische Tatsache, dass gerade einmal die äußersten Zipfelchen von Überseegebieten erkennbar wurden und schon eine Aufteilung der Welt in die Machtsphären der damaligen Führungsmächte der heraufziehenden Beschleunigungsphase der Globalisierung erfolgte. Diese ‚Neue Welt' war noch bei weitem nicht ‚entdeckt' und *gefunden*, wenn auch längst schon *erfunden* worden, als man sie ohne jede Rücksicht auf deren noch zu entdeckende Bewohner und deren Kulturen unter den Westmächten aufteilte. Die Schnelligkeit bei der Schaffung dieser rechtlichen Voraussetzungen für eine koloniale Expansion des Abendlandes raubt einem noch heute den Atem. Es war, als wäre auch dies längst und mit großer Selbstverständlichkeit in den Traditionen des Okzidents hinterlegt gewesen: Das christliche Abendland teilte die Welt unter ihren mächtigsten seefahrenden Nationen auf.

Dieser Aufteilung der Welt verdanken wir nicht zuletzt auch die Tatsache, dass es eine spanisch- und eine portugiesischsprachige Welt in den Amerikas gibt. Aber davon später mehr. An dieser Stelle unserer Vorlesung möchte ich Ihnen zumindest im Auszug die vertragliche Seite einer Weltaufteilung näherbringen: Sie nimmt alle späteren Aufteilungen von Kontinenten wie etwa Afrikas bei der Berliner Afrika-Konferenz oder der Zweiteilung der Welt nach dem Ende des zweiten Weltkrieges vorweg und lässt erahnen, dass wir nach dem Ende der vierten Phase beschleunigter Globalisierung, dass wir nach dem Ende der uneingeschränkten globalen Herrschaft der Vereinigten Staaten von Amerika, dass wir mit dem Heraufziehen einer neuen, multipolaren Weltordnung uns darauf vorzubereiten haben, dass die Welt wieder erneut in voneinander abgrenzbare Einflusssphären eingeteilt werden wird. Eine Zweiteilung unseres Planeten in eine chinesische und eine US-amerikanische Einflusssphäre zeichnet sich längst ab. Doch schauen wir uns diesen sogenannten Vertrag über die Aufteilung der Welt, der in Tordesillas Anno Domini 1494 zwischen Portugal und Spanien ausgehandelt wurde, kurz an:

> [...] Es wurde beschlossen, dass keiner der beiden Teile in den dem anderen Teil hiernach zufallenden Bereich künftig Schiffe entsenden, Länder oder Inseln entdecken und suchen oder dort in irgendeiner Weise Handel treiben, Sklaven kaufen oder Gebiet erwerben wird; sollte es sich aber ereignen, dass die Schiffe der spanischen Herrscher jenseits der beschriebenen Linie, in dem für den König von Portugal vorbehaltenen Bereich, Inseln oder Länder entdecken, so sollen sie dem König von Portugal und Seinen Erben auf immer gehören und Ihm von den spanischen Herrschern alsbald übergeben werden. Entsprechendes gilt für etwaige portugiesische Entdeckungen auf der spanischen Seite der Linie. [...]
> Was den Schiffverkehr der beiden Vertragsschließenden betrifft, so ist, da die spanischen Schiffe den portugiesischen Bereich passieren müssen, um in das spanische Gebiet jenseits der Linie zu gelangen, von den Vertragsschließenden vereinbart und festgelegt worden, dass die Schiffe des Königs und der Königin von Kastilien, León, Aragonien usw. diesseits der Linie auf den bei dem König von Portugal verbleibenden Meeren jederzeit frei, sicher und friedlich ohne jede Behelligung in beiden Richtungen verkehren können, und zwar so oft Ihre Hoheiten und Deren Nachfolger es wollen und für richtig halten; die spanischen Schiffe haben von ihren Heimathäfen bis zum Erreichen der Demarkationslinie geraden Kurs auf ihre jenseits derselben gelegenen Ziele zu halten, wo sie entdecken, erobern oder Handel treiben wollen, und dürfen von diesem Kurs nicht abweichen, es sei denn, dass widriges Wetter die Abweichung veranlasst.[13]

Mit diesem Vertrag, mit diesem beiderseitigen Abkommen über unbeteiligte Dritte ist die Aufteilung der Welt bereits zwei Jahre nach der ersten Entdeckung von Land im Westen durch Columbus beschlossene Sache. Der Vertrag von Tordesillas bildet die rechtliche Grundlage für die erste Phase beschleunigter Globalisierung und kann in seiner Bedeutung für die nachfolgende Rechtsgeschichte wie Realgeschichte – auch wenn er bei weitem nicht immer eingehalten und befolgt wurde – auf globaler Ebene als Fundament eines internationalen Rechts schwerlich überschätzt werden. Und er bildet den Ausgangspunkt für alle kolonialen Eroberungen, welche sich in seiner Nachfolge anschließen werden.

Für dieses Vertragswerk waren die vorherigen Expansionsvorgänge hilfreich für eine relativ deutliche, juristisch fundierte Festlegung gewesen, nur dass nun die Richtung der Aufteilung der Welt nicht mehr von Europa aus gesehen in nord-südlicher, sondern in west-östlicher Richtung vorgenommen wurde. Auf der Basis dieses Abkommens fiel Portugal vor mehr als fünfhundert Jahren das

---

13 Vertrag von Tordesillas zwischen Spanien und Portugal 1494; zit. nach: Die Aufteilung der Welt. In: Bitterli, Urs (Hg.): *Die Entdeckung und Eroberung der Welt*, Bd. 1, S. 46.

eher zufällig entdeckte Festland zu, das wir heute als Brasilien kennen und das so weit östlich in den Atlantik hineinragt, dass es bei einer Fahrt, die Cabral eigentlich entlang der afrikanischen Küste durchführen sollte, verstärkt durch ein Verschlagen-Werden seiner Flotte auf Grund eines Sturmes nun plötzlich im Westen, aber immer noch innerhalb der portugiesischen Zone, von den Portugiesen entdeckt werden konnte. Sie sehen schon: Der Vertrag von Tordesillas hatte nicht nur mit Blick auf dieses Ereignis des Jahres 1500 weitreichende Folgen.

Vor allem aber beinhaltete dieses Vertragswerk der spanischen und portugiesischen Diplomatie ein Prinzip, das in der Folge immer wieder in neuen Konstellationen zum Tragen kam und verwirklicht werden sollte. Es handelte sich dabei um die (zumeist vertraglich vereinbarte oder auch stillschweigende) selbstverständliche Aufteilung der Welt unter den jeweils vorherrschenden europäischen Groß- oder Weltmächten. Von nun an konnte eine wirkliche Weltpolitik beginnen, deren erste Parameter – nämlich das Entdecken, Erobern, Versklaven und Handel-Treiben – im Vertragstext ganz selbstverständlich benannt und verbindlich zugesichert wurden. Der rapide ökonomische, militärische und folglich weltpolitische Aufstieg des Okzidents hatte begonnen.

Dabei kam der Infrastruktur und den Verkehrsmitteln und mehr noch ihrer Sicherheit eine hohe Bedeutung zu, so dass sie vor allem vertraglich geschützt werden mussten. Kein Zweifel: Damit war eine entscheidende Bedingung für die Entwicklung der Neuzeit – nämlich die Kontrolle der Verkehrsströme, die Sicherheit und Herrschaft über die Weltmeere und damit die Weltherrschaft, die Weltpolitik und vor allem der Welthandel – eingelöst und gewonnen! Von nun an wurde Globalgeschichte in Europa geschrieben, auch wenn die realpolitische Herrschaft über weite Kolonialgebiete außerhalb der Amerikas zum Teil noch lange auf sich warten ließ. Europa jedenfalls beabsichtigte, sich möglichst große Teile unseres Planeten zu unterwerfen.

Diese verschiedenen global ausgerichteten Dimensionen werden dann, basierend auf einer immer effizienteren Infrastruktur und einer immer schnelleren Kommunikationsstruktur, zu Beginn der Moderne ein weiteres Mal ab der Mitte des 18. Jahrhunderts beschleunigt, bevor im letzten Drittel des 19. Jahrhunderts die Akzeleration nun auch von einem außereuropäischen, aber europäisch modellierten *Global Player* ausgehen wird und sich in den achtziger Jahren des 20. Jahrhunderts ein viertes Mal eine beschleunigte Globalisierungsphase anschließt, an deren Ende wir heute stehen. An die Phase einer fast unumschränkten Herrschaft der USA, die keineswegs – um es vorsichtig zum Ausdruck zu bringen – eine gerechtere Weltordnung heraufführte, wird sich eine Epoche anschließen, deren Konturen wir langsam erkennen können.

All dies kann man im Vertragswerk von Tordesillas – zumindest im Rückblick – schon ein klein wenig erkennen. Wer die Weltherrschaft will, muss für die Sicherheit seiner Verkehrswege wie seiner Nachrichten- und Datenwege sorgen: Dies gilt gegen Ende des 15. Jahrhunderts wie zu Beginn des 21. Jahrhunderts. Dabei ist es weltgeschichtlich unerheblich, dass die europäischen Zentren längst schon von außereuropäischen Mächten auf den meisten Gebieten abgelöst wurden. Selbst hinsichtlich der Geschichte der Sklaverei, welche im Vertragswerk von Tordesillas unverblümt angesprochen wurde, wissen wir heute, dass es seit langer Zeit schon neue Formen von Sklaverei gibt, auf deren Grundlage ein guter Teil der Wirtschaftsprozesse ablaufen.[14] Selbst die menschenverachtende Sklaverei ist nichts, was uns von der Geschichte des ausgehenden 15. Jahrhunderts und damit den Anfängen der europäischen Neuzeit trennen würde.

Mit guten Gründen könnte man sich fragen, warum bis heute noch immer kein Gleichgewicht dieses zumindest andeutungsweise mehrpoligen Systems eingetreten, ja noch nicht einmal am Horizont erkennbar geworden ist. Im Gegenteil: Die wirtschaftlichen, militärischen und politischen Asymmetrien scheinen sich während der vergangenen Jahrzehnte eher noch verschärft zu haben und nehmen zusätzlich zu, seit die Berliner Mauer fiel und die Welt des real existierenden Sozialismus zumindest in Europa der Vergangenheit angehört. Die Aufteilung der Welt ist, freilich in anderer Konstellation, noch immer eine Tatsache, auch wenn unsere Welt komplexer geworden und weitaus weniger territorial organisiert ist. Sie leben nach dem Ende der vierten Phase beschleunigter Globalisierung in eine Phase der Weltgeschichte hinein, in welcher die Aufteilung der Welt wieder neu verhandelt wird. Und man kann nur hoffen, dass dazu möglichst wenige Kriege den Soundtrack liefern. Der Vertrag von Tordesillas aber lieferte die Grundlage für die sich anschließende lange Periode von Eroberungen in den Amerikas wie im Weltmaßstab.

---

14 Vgl. hierzu Zeuske, Michael: *Handbuch Geschichte der Sklaverei. Eine Globalgeschichte von den Anfängen bis zur Gegenwart*. 2., überarbeitete und erweiterte Auflage. 2 Bände. Berlin – Boston: Walter de Gruyter 2019.

TEIL 3: **Erfunden, gefunden, erobert:
Die *Conquista* der Neuen Welt**

Hernán Cortés, Bernal Díaz del Castillo oder die Blicke der Konquistadoren

Mit der Figur des Konquistadoren Hernán Cortés nähern wir uns einer weiteren großen Gestalt dieser Zeit der nicht nur in Spanien mythisierten Heroen und zugleich einer historischen Gestalt an, die für die rücksichtslose Machtpolitik mit durchaus nachhaltigen Folgen im Sinne einer europäischen Weltmachtpolitik steht. Denn der 1485 in Medellín, mithin in der rückständigen Extremadura geborene und 1547 in Castilleja de la Cuesta in der Provinz Sevilla gestorbene Spanier gehört zweifellos zu den schillerndsten Figuren der Geschichte, an dem sich freilich die Geister scheiden.[1]

Abb. 29: Unbekannter Künstler: Portrait des Hernán Cortés, 18. Jahrhundert.

Und dies aus einem einfachen Grunde: Jener Mann, der zwischen dem Geist der spanischen Reconquista einerseits und jenem der italienischen Renaissance andererseits, zwischen einem mittelalterlichen Erfahrungsschatz einerseits und einer Mischung aus Erasmus und Machiavelli andererseits stand, ist für die einen (die sich vor allem historisch in Spanien finden) der Inbegriff des großen Machtpolitikers schlechthin, der es verstand, zielstrebig und kompromisslos ein riesiges Reich als siegreicher Cäsar zu unterjochen und seine Machtvorstellungen in die Tat umzusetzen; für die anderen ist er der gnadenlose Tyrann in einer langen Reihe grausamer Konquistadoren, die bis hin zu Pizarro reicht, bei denen sich Blut- mit Goldgier, Unbarmherzigkeit mit unmenschlichem Genozid verbinden.

Für die Generation der Unabhängigkeitskämpfer in den ehemals spanischen Kolonien war er ein Symbol rücksichtsloser spanischer Unterdrückung, das Zeichen jener Ursünde im Umgang mit Amerika, die jede respektvolle Form des Zu-

---

[1] Zu Hernán Cortés vgl. auch das Vorwort von Hernández, Mario: Introducción. In: Cortés, Hernán: *Cartas de relación*. Madrid: Historia 16 1985, S. 7–32.

sammenlebens und einer friedvollen Konvivenz unmöglich machte. Noch ein Alexander von Humboldt wunderte sich darüber – ein durchaus erstaunliches Faktum! –, dass man auf dem amerikanischen Kontinent keine einzige Stadt finden könne, die dem Eroberer aus Extremadura zu Ehren ein Denkmal errichtet hätte. Und doch ist vieles, was wir auch heute noch in Amerika – und weit über Mexiko-Stadt hinaus – finden, diesem Mann zwischen zwei Zeitaltern geschuldet, einem Manne, der wie kaum ein anderer für den unbedingten Eroberungs- und Herrschaftswillen Spaniens in seiner Blütezeit stand. Hernán Cortés wurde bald zur Symbolfigur eines brutalen und barbarisch ausgetüftelten Machiavellismus. Und als solchen sehen wir ihn auch in jener Oper des jungen Friedrich des Großen, in welcher der philosophisch aufgeschlossene Preußenkönig über die Anwendung staatlicher Macht in der Zeit des Montezuma wie in seiner eigenen Zeit eines aufgeklärten Absolutismus reflektierte.[2]

Hernán Cortés stammte aus einfachen Verhältnissen, war der Sohn verarmter Hidalgos aus Extremadura. Daher war er auch eng vertraut mit dem Geist der iberischen Rückeroberung und mit einem starken Expansionswillen sozusagen von Geburt an ausgestattet. Immer wieder wurde mit Recht darauf verwiesen, wie wichtig für ihn die beiden Jahre gewesen seien, welche er an der Universität von Salamanca verbrachte. In der renommierten Universitätsstadt vervollständigte er seine ausgezeichneten Kenntnisse nicht nur des Lateinischen, sondern auch der Rechtsprechung und eines politischen Verständnisses für die Entwicklungen seiner Zeit.

Hernán Cortés war ein Mann von ungeheuer schneller Auffassungsgabe, mit den Entwicklungen seiner Zeit vertraut, nach Macht strebend, aber doch niemals die Unterordnung unter die spanische Krone in Frage stellend, wie viele nach ihm dies tun sollten. Er war von einer unbändigen Neugier getrieben, welche ihn selbst bei seinen Eroberungszügen – wie Alexander von Humboldt beeindruckt anmerkte – nach den Gründen für den starken Vulkanismus oder das Vorkommen von Schnee in den Kordilleren von Anáhuac forschen ließ. Hernán Cortés verkörpert das Paradebeispiel eines Mannes, der durch seine Tatkraft in Amerika zu Ruhm und einem gewissen Reichtum kam, ja sogar als Marqués del Valle de Oaxaca in die hohe Aristokratie aufgenommen wurde, was ihm freilich der spanische Hochadel nie verzieh. Denn die dortigen Granden machten sich stets über den ‚indianischen' Emporkömmling aus dem von Spanien so weit entfernten wunderschönen Tal von Oaxaca lustig.

---

2 Vgl. hierzu die Coverabbildung des Aztekenfürsten sowie das dazu gehörende Kapitel im fünften Band der Reihe „Aula" in Ette, Ottmar: *Aufklärung zwischen zwei Welten. Potsdamer Vorlesungen zu den Hauptwerken der romanischen Literaturen des 18. Jahrhunderts.* Berlin – Boston: Walter de Gruyter 2021, S. 296 ff.

Mit Hernán Cortés beginnt die große Welle der Eroberungen auf dem Kontinent, wird die Logik der Reconquista, wird der Krieg und das Genozid der spanischen Conquista auf das Festland selbst übertragen, das da so verlockend und rätselhaft vor den Augen goldhungriger spanischer Soldaten lag. Noch kann man auf Juan de la Cosas Karte jenen Bereich erst erahnen, auf den sich dann zunächst die oftmals spontane, ungesetzliche, sich bisweilen explosionsartig vollziehende Expansion der Spanier und ihrer Truppen konzentrieren sollte.

Lange Zeit blieb dieses Festland für die Spanier absolute *Terra incognita*, von der man nur wenig erfahren konnte. Doch die riskanten Erkundungsfahrten von Francisco Hernández de Córdoba und Juan de Grijalva in den Jahren 1517 und 1518 brachten größere Klarheit über den Küstenverlauf und zugleich die Spanier erstmals in Kontakt mit einer wohlorganisierten und ausdifferenzierten indigenen Gesellschaft. Die Widerstandskraft dieser Gesellschaften schien zwar zweifellos größer, aber deren Reichtümer auch wesentlich attraktiver. Die Verlockungen, aber auch die Gefahren waren groß; die Risiken schienen nur schwer abschätzbar; doch eben dies forderte die Risikofreude eines Draufgängers heraus, der alles, was er zuvor auf den Antilleninseln erbeutet hatte, in die Waagschale warf, um Truppen für mögliche Eroberungszüge auszuheben und an sich zu binden. Im Sinne des Kapitalismus war all dies frühneuzeitliches Risikokapital und die Unternehmung ‚Eroberung' ein veritables *Unternehmen*. Sollte dieses Erfolg haben, dann waren die damit verbundenen Chancen für eine persönliche Bereicherung nahezu unbegrenzt.

Bereits kurze Zeit nach den erfolgversprechenden Erkundungsfahrten vollzog sich die Eroberung jenes Reiches von Anáhuac mit seinem Zentrum Tenochtitlán, das die Männer um Hernán Cortés zwischen 1518 und 1521 unter Ausnutzung der Gegensätze und Feindseligkeiten zwischen den verschiedenen indianischen Völkern in ihre Gewalt brachten und unter dem Namen „Nueva España" dem fast nahtlos von der Reconquista in die Conquista umschwenkenden und umdenkenden Spanischen Reich einverleiben sollten. Die Iberische Halbinsel verwandelte sich gleichzeitig aus einem Ort vorherrschend zentripetaler in einen Ort zunehmend zentrifugaler Dynamiken. Das Entdecken ging nunmehr in ein Erobern über, so wie noch immer das Erfinden insbesondere für die Richtungen des Eroberns von fundamentaler Bedeutung war.

Hernán Cortés' radikaler Bruch mit dem uns bereits bekannten Diego Velázquez, Gouverneur von Kuba, und die Gründung der Stadt Veracruz an der Karibikküste des heutigen Mexico, das geographisch gesehen bekanntlich zu Nordamerika zählt, reichen nicht aus als Sockel der amerikanischen Träume, der amerikanischen Fiktionen und Friktionen des Mannes aus der Extremadura. Denn diese Träume des Cortés beinhalteten zugleich das Projekt einer Eroberung sowie eines Staates und stellten vermittels dieses wegweisenden

Vorhabens einer veritablen Staatsgründung, welche den späteren Vizekönigreichen Spaniens bereits den Weg wies, nicht allein militärische, sondern eminent politische Projektionen dar.

Im Grunde befand sich Diego Velázquez nicht in der rechtlichen Position, um Expeditionen auszurüsten, welche Landgebiete erobern und besetzen durften. Es stand ihm lediglich zu, Erkundungsfahrten zu erlauben und auszurüsten, welche auf den „Rescate" ausgerichtet waren, also die beschränkte Erzielung von Gewinnen insbesondere durch Tausch. Erst später sollte er den Titel eines „Adelantado" erhalten, der ihn zu einem solchen aktiven Tun das Recht verleihen sollte. All dies bildete keine gute Voraussetzung für die hochfliegenden Pläne des Hernán Cortés.

So lief er denn ohne jegliche Erlaubnis von Santiago de Cuba zur Erkundung und Eroberung nicht weiterer Teile der antillanischen Inselwelt, sondern des angrenzenden Festlandes aus. Der Mann aus der Extremadura setzte alles auf eine Karte und investierte den Löwenanteil seiner Einkünfte in eine Expedition, die anzutreten er keinerlei Erlaubnis besaß, die zu leiten und anzuführen er noch weniger das Recht hatte als ein Diego Velázquez. Cortés hatte zuvor nur eine ganz bescheidene, untergeordnete Rolle im entstehenden spanischen Kolonialsystem gespielt; nun aber rückte seine Gestalt urplötzlich in den Vordergrund. Die Großartigkeit und unzweideutige Vermessenheit seiner Pläne und ‚Erfindungen' beeindruckt vor diesem Hintergrunde doppelt.

Hernán Cortés hatte zwar mit dem Gouverneur von Kuba einen für diesen sehr günstigen Vertrag, mithin *Capitulaciones*, abgeschlossen, wie sie zwischen Privatleuten, also „socios", üblich waren; doch machte er später eine andere Rechtsauffassung geltend, entwickelte sein eigenes Rechtsverständnis und griff zu jenem Mittel, das er von Beginn seines Vorgehens an immer wieder sehr erfolgreich einsetzen sollte: Er schuf am liebsten vollendete Tatsachen und verfolgte eine Politik des „hecho consumado". Da scheint es mir zwar überaus interessant, das Verankert-Sein von Cortés in ganz bestimmten Rechtstraditionen zu untersuchen; wir dürfen darüber aber nicht vergessen, dass er derartige Rechtsvorstellungen immer dann bis an die Grenze oder darüber hinaus belastete, wenn es seinen eigenen Interessen nützlich war. Hernán Cortés war Pragmatiker und gewissenlos darauf aus, sich in möglichst kurzer Zeit zu bereichern.

Gleichwohl ging er nie über eine fundamentale Grenze hinaus: Niemals stellte er die Herrschaft der spanischen Krone in Frage. In dieser Hinsicht bilden seine Träume und Visionen eines künftigen Staates auf amerikanischem Boden durchaus eine neuzeitliche Projektion und keine mittelalterliche Glaubensvision. Sie gehen vom Machtgedanken und einem Einheitsstaat aus, auch wenn eine solche Homogenität in jenen Ländern und Regionen, deren indigene Bevölkerungen er erobern sollte, natürlich nicht in die Tat umzusetzen waren. Denn in den Amerikas waren solche Staatsvorstellungen stets mit der Realität unterschiedlichster Bevölkerungsgruppen, Religionsvorstellungen, Sprachen und Kulturen konfrontiert, welche es im Grunde zu integrieren galt. An eine derartige Integration aber dachte Cortés nicht: Es ging ihm allein darum, die spanische Macht und insbesondere seine eigene mit Gewalt durchzusetzen und sein hauptsächlich von ihm selbst finanziertes Unternehmen möglichst profitabel werden zu lassen.

Um seine Visionen vom Erfolg dieses Unternehmens in die Tat umzusetzen, musste er den Europäern, den spanischen Soldaten, nicht nur die eigenen Träume vermitteln und glaubhaft machen, sondern ihnen auch den Rückzug abschneiden und damit die von Columbus nach Amerika übertragene Kreisstruktur kurzschließen. Denn eine Rückkehr nach Spanien war keinesfalls die Voraussetzung für eine Anerkennung seiner Rechte, setzte er doch in erster Linie auf von ihm geschaffene Tatsachen und erst in zweiter Linie auf deren juristische Absicherung.

Nicht der Kreis, der hermeneutische Zirkel, sondern die direkte Linie schuf das neuspanische Imperium des Hernán Cortés. In seinem zweiten Brief an den „Emperador Carlos V" stellte er am 30. Oktober 1520 trocken seine von ihm selbst verantwortete Vorgehensweise dar:

> Und da es zusätzlich zu jenen, die zu den Gefolgsleuten und Freunden von Diego Velázquez zählten und daher beabsichtigten, das Land zu verlassen, andere gab, denen dieses Land so groß und von so vielen bevölkert schien und wir dagegen so wenige Spanier waren, so dass sie denselben Vorsatz fassten, glaubte ich, dass sie sich gegen mich erheben und die Schiffe nutzen würden, wenn ich diese dort ließe, so dass alle verschwänden, die diesen Wunsch gefasst hätten, wodurch ich fast alleine zurückbliebe und so der große Dienst zunichte würde, den ich für Gott und Eure Hoheit in diesem Lande getan, sorgte ich dafür, dass die besagten Schiffe nicht mehr zu benutzen waren, indem ich sie auf die Küste warf, wodurch alle die Hoffnung verloren, dieses Land wieder zu verlassen. Und ich ging meinen Weg sicherer und ohne den Argwohn, mir könnten die Leute abhanden kommen, die ich in der Stadt zurücklassen musste, hätte ich ihnen erst einmal den Rücken gekehrt.[3]

In diesen eher lakonischen Worten beschreibt Hernán Cortés, wie er seine Schiffe zerstörte und damit all seinen Männern den Rückweg abschnitt. Er machte damit allen klar, dass es keine Kreisstruktur geben würde, sondern allein ein Vorwärts auf einem Weg, der erst noch gefunden werden musste, eine Vorwärtsbewegung auf einer Linie, welche direkt ins Zentrum der fremden Macht des ihm noch unbekannten indigenen Reiches führen musste. Damit verwehrte er seinen von ihm der Fahnenflucht verdächtigen Leuten, aber natürlich

---

3 Cortés, Hernán: *Cartas de relación*. Edición de Mario Hernández. Madrid: Historia 16 1985, S. 84.

auch sich selbst jegliche Rückkehr- und Fluchtmöglichkeit. Diese Tat war sicherlich ebenso dreist wie kühn!

Denn es ging Cortés darum, eine Ausgangsbasis in einer ersten Befestigung auf dem Festland zu schaffen, die ihm als Rückzugsbereich bei seinem bevorstehenden Feldzug dienen könnte. Und dabei wollte er tunlichst vermeiden, dass die dort zurückgelassenen Spanier ohne sein Einverständnis die Befestigung verlassen und wieder nach Kuba zurückkehren könnten. Sein Ziel war es, alle sich ihm entgegenstellenden Mächte und Kräfte zu besiegen und sich selbst in den Besitz all jener Reichtümer zu bringen, welche dem fremden Imperium gehörten, von dessen Kultur, von dessen Gesellschafts- und Militärstruktur er allerdings nur wenig wissen konnte.

Entscheidend für Cortés Vorgehensweise war die in seinem Kopf allein vorhandene ‚Sicherheit' eines Weges, eines „camino", von dessen Verlauf er keinerlei klare Vorstellung hatte. Wir können ihn auf dieser Ebene sehr wohl mit Christoph Columbus vergleichen, der mit ebenso schlafwandlerischer Sicherheit vorging und seine Segel gen Westen setzte, obwohl er von der Größe des zu überquerenden Meeres wie von den Winden und Meeresströmungen so gut wie nichts wusste. Doch war er von der Gangbarkeit seines Weges nicht weniger überzeugt als Cortés. Die Sicherheit, mit welcher der Genuese vorging, und die Sicherheit, mit welcher der Mann aus der Extremadura seine Ziele festlegte, waren auf dieselbe Erfindungskraft gebaut, welche diese Männer vorantrieb. Nicht die Fakten und empirischen Erfahrungen waren dafür ausschlaggebend, sondern die Fiktionen und Erfindungen, die Bilder und Imaginationen, welche das Handeln ebenso eines Columbus wie eines Cortés bestimmten.

Auch letzterer war sich folglich seines Weges sicher, der ihn ins Innere eines großen und dicht bevölkerten indigenen Reiches führen sollte. Zugleich setzte er seine Männer fest, die ebenso wenig Gefallen wie jene Seeleute des Columbus verspürt zu haben scheinen, dem ihnen vorgegebenen Weg weiter zu folgen. Sie ahnten die Gefahren, welche mit diesem Weg ohne Rückkehr verbunden waren. Die Abweichungen von der befohlenen Route aber waren Abweichungen von der Verstehens-Bewegung und Dynamik, die seit den Schriften und Taten von Columbus und Cortés für Entdeckung und Eroberung sowie eine gleichsam gottgewollte heilsgeschichtliche Bewegung stehen.

Und doch könnten beide Bewegungen, jene des Entdeckens und jene des Eroberns, kaum unterschiedlicher sein: Christoph Columbus hielt gegen alle sich abzeichnenden Meutereien seine Seeleute auf den Schiffen fest, während Hernán Cortés jedweden Aufstand sofort gewaltsam und geschickt im Keim erstickte und seine Soldaten von den Schiffen abschnitt. Denn durch die Zerstörung der Schiffe wollte er verhindern, dass sich hinter seinem Rücken Widerstand gegen ihn formieren oder seine Hilfstruppe einfach das Weite suchen könnte.

Columbus zwang seine Männer zu Entdeckern zu werden, wobei er es auch förderte, dass einer seiner Seeleute, der unter dem Namen Rodrigo de Triana in die Geschichtsbücher einging, weil er als erster Mann an Bord Land gesehen haben wollte, von den Katholischen Königen seinen gerechten Lohn empfing. Hernán Cortés zwang seine Männer, nicht nach Kuba zurückzugehen, sondern als kleine Gruppe spanischer Soldaten sich einem ganzen Reich entgegenzustellen, dessen Eroberung nach menschlichem Ermessen nicht von einem solchen Häuflein bewerkstelligt werden konnte.

Doch wie im *Diario de a bordo* von Columbus zeichnet sich in den *Cartas de relación* von Cortés eine Welt ab, die sich als *bricolage* von Elementen verschiedenster (und nunmehr, nicht zuletzt dank der von Cortés ,benutzten' Übersetzerin Malinche, auch autochthoner) Herkunft erweist. Die Rolle der Malinche nicht nur als Geliebte, sondern als „Lengua", als Dolmetscherin und transkulturelle Übersetzerin des Cortés, kann in der Eroberungsgeschichte Anáhuacs schlechterdings nicht überschätzt werden,[4] konnte er sich doch ihren eingefleischten Hass auf die Mexica oder Azteken zunutze machen, insofern sie ihn in viele Konzeptionen und Vorstellungen der indigenen Hochkulturen einführte, mit denen es der spanische Heerführer zu tun bekommen sollte. Die indigene Kulturübersetzerin von Cortés ist daher bis heute eine umstrittene Figur geblieben, da sie aus indigener Sicht als Verräterin gesehen werden muss, als europäischer Sicht hingegen als Verbündete, die wesentlich dazu beitrug, dass sich der Mann aus Medellín mit zunehmender Klugheit und List auf seine indigenen Gegner und deren Denkweise einstellen konnte.

Vergessen wir also nicht, dass ebenso beim Vorgang des Entdeckens wie beim Vorgang des Eroberns gegenüber den eigenen Leuten Gewalt und Zwang eingesetzt wurden. Wie bei Columbus werden auch in den unablässigen Feldzügen und Manövern des Cortés diese Elemente in beständiger Bewegung gehalten und je nach Bedarf geschickt eingesetzt. Ihre Präsenz, aber vor allem die Selbstsicherheit ihrer Anführer sorgt und bürgt für die Dynamik von Entdeckung und Eroberung.

---

4 Vgl. neuerdings die Hervorhebung dieser sichtbaren Übersetzerin zwischen den Kulturen in Buschmann, Albrecht: Bilder des Übersetzens. Wie Übersetzer allmählich sichtbar werden. In: Gwozdz, Patricia A. / Kraft, Tobias / Lenz, Markus Alexander (Hg.): *Bilder in Bewegung. Ansichten des Bildlichen zwischen Kunst und Wissenschaft*. Berlin – Boston: Verlag Walter de Gruyter 2021, S. 103–106. Dort wird auf die visuelle Sichtbarkeit der Malinche auf zeitgenössischen und späteren Abbildungen aufmerksam gemacht, während im allgemeinen Übersetzer – zumal wenn weiblichen Geschlechts und indigen – nicht sichtbar sind. Dies mag ein weiterer Hinweis auf die außergewöhnliche und überragende Rolle sein, welche die Malinche in der Eroberung Neuspaniens spielte.

Abb. 30: Die Eroberung Mexikos: La Malinche und Hernán Cortés Altmexikanische Bilderhandschrift der Tlaxcalteken aus dem 16. Jahrhundert (Lienzo de Tlaxcala).

„Descubrimiento" und Conquista, Entdeckung und Eroberung sind als hermeneutische Bewegungsmuster einander wesensverwandt: Die Parallelen zwischen beiden Vorgängen und Bewegungen sind offenkundig. Ihre jeweiligen Bezugspunkte und Orte aber haben – die Zerstörung der Schiffe zeigt es geradezu emblematisch an – gewechselt. Von nun an sollte der Binnenraum Amerikas zur Projektionsfläche für die amerikanischen Träume der iberischen Eroberer werden. Nicht die Kreisbewegung, sondern die Linie versinnbildlicht die Phase spanischer (und damit abendländischer) Expansion: Ihre Dynamik sorgt für eine ständige Grenzüberschreitung, die sich der kolonialen Literatur aus und über Amerika einprägt. Denn wir haben es in diesem Zusammenhang mit Texten, mit aus dem Blickwinkel der Literatur zweifellos *literarischen* Texten zu tun, ohne welche die frühen Formen kolonialer Literatur in den Amerikas nicht adäquat verstanden werden können.

Mit der Zerstörung und Verbrennung der Schiffe, mit dem Abschneiden des Rückwegs, ist der Marsch nach vorwärts eingeschlagen und erzwungen. Hernán Cortés schätzte als guter Menschenkenner und Psychologe seine Männer richtig ein. Er schlug einen hochriskanten Weg ein, der durch militärische Macht und durch technische Überlegenheit alleine nicht zu bewältigen gewesen wäre. Denn das kleinen Häuflein an Spaniern war angesichts des großen Imperiums der Azteken notwendig auf Hilfe und Unterstützung angewiesen. Woher aber sollten diese kommen?

Hernán Cortés suchte in der Folge in seinen *Cartas de relación* zunächst einmal die juristische Grundlage dafür zu legen, dass seine künftigen Eroberungen auch von der spanischen Monarchie anerkannt werden konnten. Wir treffen bei dem künftigen Eroberer mithin auf dieselbe Sorge wie bei Christoph Columbus, aus einer rechtlich sehr unsicheren Position heraus agieren zu müssen und auf die Gunst der Monarchie angewiesen zu sein. Die rechtliche Situation von Entdeckung und Eroberung war zu diesem frühen Zeitpunkt tatsächlich noch recht prekär und keineswegs gesichert. Durch seine geschickte Argumentation sollte es Cortés jedoch gelingen, die spanische Krone hinter sich zu bringen, sein Vorgehen allen Anfeindungen zum Trotz rechtlich abzusichern. Denn konnte er im Gegenzug der Krone nicht erhebliche Territorialzuwächse versprechen?

Zuvor war Hernán Cortés nichts weiter als ein Beauftragter und Geschäftspartner von Diego Velázquez gewesen, eingebunden in die klare Hierarchie der entstehenden „Empresa de Indias". Der Gouverneur von Kuba hätte ihn jederzeit hinauswerfen und den Vertrag mit ihm kündigen können, während auf der nächsthöheren Ebene Columbus' Familie in Gestalt des Admirals Diego Colón seinerseits Velázquez jederzeit die Vollmacht über etwaige Eroberungen hätte entziehen können. Doch selbst die Position von Diego Colón war, wie die weiteren Ereignisse zeigen sollten, rechtlich keineswegs gesichert. So bestand eine vielfache juristische und politische Unsicherheit für ein Unternehmen, das Cortés zielstrebig und im Hauruckverfahren durchführen wollte. Dazu aber musste er auch juristisch und politisch den Rücken frei haben.

Dies war die Haupttriebfeder für die Abfassung seiner berühmten *Cartas de relación*. Mit ihrer Hilfe versuchte Cortés, sich gleichsam mit dem jungen Monarchen auf dem spanischen Thron kurzzuschließen, welcher seinerseits in anderen Schwierigkeiten steckte und Anfang der zwanziger Jahre die für seine Herrschaft brandgefährliche Rebellion der „Comuneros", der Comunidades de Castilla, überstehen musste, bevor er eine ‚moderne', entschlossen neuzeitliche Umgestaltung des entstehenden spanischen Nationalstaates angehen konnte. Dieses politische Unternehmen, auf dessen historische Details ich an dieser Stelle nicht eingehen kann, glückte und bildete letztlich die Voraussetzung für das weitere Vorgehen des Mannes, der aus so bescheidenen Verhältnissen in der Extremadura urplötzlich zum großen Heerführer aufgestiegen war.

Ich kann und will hier ebenso wenig auf die vielfältigen Topoi eingehen, die auch Cortés in seiner freilich realistischeren Beschreibung der Länder und Territorien schon in seinem ersten Brief an Carlos I einfügte. Er blieb aber durchaus in der Tradition des Columbus sowie anderer Entdecker und Chronisten, welche die Vorzüge der jeweiligen Länder rühmen mussten, um weiterhin Unterstützung durch den Monarchen finden zu können. Cortés ließ in seinen *Cartas* manches seiner vorrangig in Salamanca erworbenen Bildung einfließen. Er versuchte, sich dabei möglichst an die Gepflogenheiten der schriftlichen Kommunikationsformen seiner Epoche zu halten.

Weitaus wichtiger erscheint mir jedoch die Tatsache, dass Hernán Cortés in bemerkenswerter Weise die kulturelle Dimension seines Unternehmens mit Blick auf eine indigene Bevölkerung begriff, die sich in einem differierenden kulturellen Kontext befand, welchen Cortés – ganz in der Tradition der Reconquista denkend – mit der ihm zur Verfügung stehenden Alterität identifizierte, also mit der arabischen beziehungsweise islamischen Kultur. Aus diesem Grunde bezeichnete er die Tempelanlagen der indigenen Bevölkerungen auch als ‚Moscheen' und stellte ihre Religionen auch als konkurrierende Glaubensformen des Unglaubens dar.[5] Man könnte durchaus bei Cortés von einer Orientalisierung der indigenen Bevölkerungen sprechen.

Wir sollten uns eine derartige Passage einmal ausführlicher anschauen, denn sie zeigt zugleich auch eine bewusste Legitimationsstrategie auf, welche nun nicht nur auf sein eigenes Unternehmen, sondern auf die Rechtfertigung der spanischen Eroberung insgesamt abzielt. Das folgende Zitat stammt aus dem ersten Brief vom 10. Juli 1519 an die Noch-Königin Doña Juana, bekannter unter ihrem Beinamen Juana la Loca, und ihren Sohn, den hier schon als Kaiser titulierten Emperador Carlos V., den künftigen Kaiser des Heiligen Römischen Reiches:

> Diese Häuser und Moscheen, in denen sie sie haben, sind die größten und besten und am besten ausgearbeiteten, welche es in den Ansiedlungen gibt, und sie haben sie sehr stark mit Federschmuck und sehr bearbeiteten Stoffen verkleidet und mit jeglicher Eleganz, und alle Tage, bevor sie ihr Tagwerk beginnen, verbrennen sie in ihren besagten Moscheen Weihrauch, und bisweilen opfern sie dabei ihre eigenen Personen, wobei sich die einen ihre Zunge abschneiden, andere ihre Ohren, und wieder andere durchbohren sich den Körper mit Messern. Das ganze Blut, das aus ihnen läuft, opfern sie jenen Götzenbildern, wobei sie es überall in jenen Moscheen verteilen, und andere Male werfen sie es gen Himmel und machen noch viele weitere Arten von Zeremonien, so dass sie kein Werk beginnen, ohne dort nicht zuerst geopfert zu haben. Und sie haben noch etwas anderes, grässlich und verachtenswert, ja wert, bestraft zu werden, das wir bis heute noch nirgendwo gesehen hatten, und es besteht darin, dass sie alle Male, wenn sie irgend etwas von ihren Götzenbildern erbitten wollen, damit diese ihren Bitten noch stärker entsprächen, viele kleine Mädchen und Jungen nehmen und selbst Männer und Frauen von höherem Alter, und in Gegenwart jener Götzenbilder öffnen sie ihnen lebendig die Brust und reißen ihnen das Herz und die Eingeweide heraus, worauf sie die besagten Eingeweide und die Herzen vor ihren Götzen verbrennen, und sie bieten ihnen als Opfergabe den entsprechenden Rauch dar. Dies haben einige von uns gesehen, und diejenigen, die es gesehen, sagen, dass es das Krudeste und Fürchterlichste zum Anschauen ist, das sie jemals gesehen. [...] Mögen Ihre Königlichen Majestäten sehen, ob sie ein

---

[5] Zur Dimension der Alterität vgl. auch das Cortés gewidmete Kapitel in Todorov, Tzvetan: *La conquête de l'Amérique. La question de l'autre*. Paris: Les Editions du Seuil 1982.

so großes Übel und solchen Schaden vermeiden, und gewisslich wird Gott, Unserem Herren, sehr gedienet sein, wenn diese Leute durch die Hand Ihrer Königlichen Hoheiten zu unserem hochheiligen katholischen Glauben geführt und Verehrung, Glaube und Hoffnung, welche sie in diese ihre Götzen setzen, in die göttliche Macht unseres Gottes überführet werden; weil es gewiss ist, dass wenn sie mit so viel Glauben und solcher Inbrunst und solcher Verehrung Gottes dienten, dann würden sie vielerlei Wunder wirken. Es steht zu glauben, dass nicht ohne Grund Gott, Unser Herr, gedienet ward, als diese Landstriche im Namen Ihrer Königlichen Hoheiten entdeckt wurden, damit ein so großer Gewinn und Verdienst für Gott von Euren Majestäten erzielet, damit sie in Kenntnis gesetzt und durch ihre Hand diese barbarischen Leute zum Glauben bekehret, von welchen wir gemäß all der Dinge, die uns von ihnen bekannt, glauben, dass wenn wir Übersetzer und Personen haben, welche ihnen die Wahrheit des Glaubens und den Irrtum, in dem sie leben, zu verstehen geben, sich viele von ihnen und sogar alle binnen kurzer Zeit von jener irrigen Sekte lösten [...].[6]

Ich habe diese lange Passage aus dem ersten Brief des Cortés an die spanischen königlichen Hoheiten, welche vor allem eine propagandistische Darstellung aztekischer Menschenopfer enthält, deswegen fast in voller Länge angeführt, damit Sie einen Einblick bekommen in die Legitimations- und Argumentationsstrategie von Cortés, der sich – gerade im ersten Brief – sehr wohl der Notwendigkeit ständiger Rechtfertigungen seines eigenen ungesetzlichen Tuns bewusst ist. Der kluge Vergleich mit den Moscheen der Ungläubigen, der Araber und Muslime, stellt den Feldzug des Cortés geradezu in einen direkten Zusammenhang mit dem siegreichen Feldzug der Katholischen Könige während der Reconquista, der mit den Siegesfeiern der Eltern von Doña Juana vor den Toren Granadas und mit dem Auftrag an Columbus, mit seinen Schiffen gen Westen aufzubrechen, abgeschlossen wurde. Alle Geschehnisse scheinen in einem providentiellen Heilszusammenhang zu stehen: Die Conquista ist die logische Folge und Fortsetzung der Reconquista und verlängert den Kampf der Christenheit gegen die Ungläubigen und konkurrierende Religionen in einen weltweiten Maßstab hinein.

Hernán Cortés stilisiert seine eigenen Feldzüge als logische Fortsetzung der für Gott gemachten Entdeckungen des Kolumbus und für die dem göttlichen Willen entsprechenden Eroberungen der spanischen Herrscher. Längst hat ein neues Jahrhundert begonnen; und längst herrschen andere Könige über Spaniens Reich; doch der Kampf gegen die Ungläubigen scheint noch immer derselbe zu sein. Denn mit dem Kampf gegen die Moscheen der indigenen Götzenanbeter erreicht der Kreuzzug gegen die Ungläubigen, die auf der Seite des Teufels stehen, eine geradezu globale Dimension.

Das Argument der Einheit des Glaubens, das im aus Sicht der Spanier gerechten christlichen Kampf gegen die Mauren, aber auch gegen die Juden die Einheit des spanischen Staates begründete, ist in diesen das eigene auf Erobe-

---

6 Cortés, Hernán: *Cartas de relación*, S. 66 f.

rungen und Bereicherungen abzielende Tun veredelnden Passagen ebenso unterschwellig vorhanden wie die Anrufung der Vorsehung, welche Columbus und die Entdeckung Amerikas geradezu zum Werkzeug Gottes hatte werden lassen. So erscheint das Christentum denn auch in seiner Rolle nicht nur als allein seligmachende Religion, sondern auch als Weltreligion. Mit anderen Worten: Weltpolitik und Weltreligion gehen hier Hand in Hand und bilden die beiden Seiten ein und derselben Medaille.

Dies entspricht voll und ganz den historischen Erfahrungen und Selbstdeutungen Spaniens in jener Epoche, die sich an das *Annus Mirabilis* anschließt. Die Könige Spaniens sind dafür zuständig und verantwortlich, das Reich Gottes auf Erden nach Kräften auszuweiten und immer mehr Völker und Völkerschaften dem allein seligmachenden katholischen Glauben zuzuführen. Spanien ist zu jener Zeit im Vollbesitz der ideologischen Überzeugungen, welche das zuvor eher marginale und kraftlose Land am Rande Europas in eine Weltmacht von globaler Bedeutung verwandelten.

Die von Hernán Cortés gewählte Textstrategie ist in dieser Passage nicht weniger deutlich, gibt es doch in der Darstellung der Opfer und Opferungen eine klar erkennbare Steigerung. Denn bei der Schilderung der – aus Sicht der Spanier – Gräueltaten der fremden Priester erkennen wir zunächst Formen einer Selbstopferung von eigenen Körperteilen wie etwa der Ohren oder der Zunge, dann aber auch Selbsttötungen, an deren Stelle schließlich Aufopferungen durch Götzendiener stehen. Am Ende sind es die Unschuldigen Kindlein, die gemeinsam mit älteren Männern und Frauen den Götzen bei lebendigem Leibe geopfert werden und denen man das Herz aus der Brust reißt und den Göttern darbringt. Das musste als schauerliche Darstellung und als Beleg für das Barbarentum dieser amerikanischen ‚Wilden' genügen.

Zugleich werden diese Menschen aber auf einer höheren Kulturstufe dargestellt, verfügen sie doch über große ‚Moscheen' und besitzen sie doch teuer geschmückte Tuche und Kleidungsstücke, welche sie ebenfalls von den meist nackt dargestellten Indianern der Inseln unterscheiden. In den Augen der spanischen Eroberer waren diese Menschen sicherlich gefährlicher, doch war bei ihnen auch wesentlich mehr zu holen. All dies bedeutet nicht, dass Hernán Cortés eine historische und kulturelle Entwicklung zwischen den verschiedenen indigenen Gruppen und Kulturen gesehen hätte. Er erblickte vielmehr die statische Differenz, welche zugleich die Möglichkeit beinhaltete, dass diese in ihrem Glauben so aktiven Indianer ebenfalls dem wahren Glauben der Katholischen Kirche zugeführt werden und in ihm dann wahre Wunder vollbringen könnten. Allerdings darf man mit guten Gründen bezweifeln, dass es ihm vordringlich um eine christliche Rettung der indigenen Seelen zu tun war. Seine Aufgabe sah er vielmehr in der Eroberung und Ausplünderung des Landes.

Abb. 31: Darstellung eines Menschenopfers der Azteken zu Ehren des Huitzilopochtli. Gezeichnet von einem Spanier. Aus dem „Codex Florentino", um 1570.

Die Rechtfertigung der Eroberung ist im obigen Zitat aus Cortés' erstem Brief an die spanischen Monarchen auf ihrer höchsten, religiösen und zivilisatorischen Stufe mit der Betonung des Kampfes gegen die Ungläubigen und Barbaren angekommen. Die Entdeckung war Ausdruck von Gottes Wille gewesen, die Eroberung sollte ebenfalls dessen Ausdruck sein. Die Rechtfertigungsstruktur bezieht sich hier nicht mehr auf die kleinlichen regionalen Auseinandersetzungen mit Diego Velázquez und auch nicht mehr auf die notwendige Legitimation mit Hilfe allein der spanischen Krone, sondern erhält einen prononciert transzendenten und mehr noch heilsgeschichtlichen Charakter. Denn so erscheinen die Taten und Eroberungszüge des Cortés als Wegzeichen und beschleunigende Hilfen auf dem Weg zu einer einzigen einigen Menschheit, die vom weltweiten rechten Glauben umspannt wird. Charakteristisch für Cortés ist hierbei die Tatsache, dass er mit Blick auf die notwendige Evangelisierung der Indigenen sogleich pragmatisch an die Dringlichkeit von Übersetzern, von „Lenguas", denkt.

In diesen Überlegungen des Eroberers aus dem spanischen Hinterland sehen wir letztlich eine Auslöschung von Alterität, von kultureller Andersheit, perspektivisch heraufziehen: Der Andere, in diesem Falle die Vertreter der indigenen Kulturen, soll seinen eigenen Glauben verlieren und zum Eigenen gemacht werden, folglich zum Christenmenschen. Die krude Darstellung anderskultureller Praktiken führt geradewegs zur Befürwortung von deren Auslöschung und nicht zu deren Stärkung und Stabilisierung im kulturell Anderen. Dass das kulturell Andere ohne Zweifel inferior ist und weit unter den christlich-abendländischen Spaniern steht, versteht sich für den spanischen Konquistadoren von selbst.

Die radikale Alterität, gepaart mit der Überzeugung von der eigenen Superiorität, verlangt nach einer Auslöschung dieser Andersheit und nach einem Aufgehen des Anderen im Eigenen, das in der obigen Passage vehement verfochten wird und (mit Feuer und Schwert) durchgesetzt werden soll. Das Eigene setzt sich an die Stelle des Anderen und rechtfertigt sich transzendent, aber auch vor dem Hintergrund einer konkreten historischen Erfahrung, jener der iberischen Reconquista, welche letztlich heilsgeschichtlich begründet ist. Im Übrigen wird die aus der Reconquista ererbte Legitimationsstruktur auf die Darstellung der Kämpfe mit fremden Kulturen und Religionen selbst übertragen, greife doch immer wieder einmal der Christengott höchstselbst oder bisweilen die Jungfrau Maria ein, um sich auf die Seite der Spanier zu schlagen und den Teufel in Gestalt der indigenen Anderen siegreich zu bekämpfen. Das Konzept des Anderen sorgt dafür, dass die stabile, statische Identität eines vorgeblich ‚Eigenen' gewahrt bleibt und zugleich die Rechtfertigung dafür gefunden wird, dieses Andere zu bekämpfen und wo irgend möglich auszurotten. Für ein Weiteres[7] ist kein Platz: Das Eigene duldet das Andere nur um den Preis, dieses selbstverständlich inferiore Andere zu bekämpfen, vernichtend zu schlagen und zu versklaven!

Einer der Höhepunkte der (literarischen) Darstellungen des Hernán Cortés und sicherlich der Höhepunkt des zweiten Briefs an den Kaiser, datiert auf Segura de la Frontera am 30. Oktober 1520. Er stellt jene erste Begegnung dar, die zwischen dem Spanier und dem Herren der Mexica stattfand: Moctezuma. Der Herrscher dieses kriegerischen Volks, das die umliegenden Völker unterjocht und zu Tributzahlern gemacht hatte – Spannungen und interethnische Gegensätze, die Cortés sehr früh und dank der Malinche erkannte und für sich zu nutzen wusste –, hatte dem spanischen Heerführer geradezu eine Auswahl seiner immensen Reichtümer vor Augen geführt. Gleichzeitig wurde auch dem direkten Adressaten des Briefs, nämlich Carlos I., deutlich signalisiert und bedeutet, über welche Reichtümer die Azteken verfügten.

Zu diesem Zeitpunkt wusste Cortés bereits, wie sehr die kriegerischen Mexica zum Gegenstand des Hasses für die von ihnen unterjochten Völker geworden waren. Er versuchte, seine ganze Vorgehensweise und Kriegsstrategie an diesem für ihn entscheidenden Umstand auszurichten. Moctezuma wiederum hatte früh schon durch seine Späher von den Spaniern erfahren, wusste aber nicht, wie er sich ihnen gegenüber verhalten sollte. Einen strategischen Plan,

---

[7] Vgl. hierzu Ette, Ottmar: Weiter denken. Viellogisches denken / viellogisches Denken und die Wege zu einer Epistemologie der Erweiterung. In: *Romanistische Zeitschrift für Literaturgeschichte / Cahiers d'Histoire des Littératures Romanes* (Heidelberg) XL, 1–4 (2016), S. 331–355.

wie er mit dem kleinen Heer des Cortés umgehen sollte, besaß er nicht und unterschätzte dessen Möglichkeiten, andere Völker gegen die Azteken aufzuwiegeln. Dann aber inszenierte Hernán Cortés die literarische Darstellung seiner Begegnung mit dem Aztekenherrscher so, dass nun Moctezuma in seinem Brief das Wort ergreift und zu Cortés und dessen Lesern zugleich spricht. Es handelt sich um die Rede eines machtbewussten Herrschers, die kaum geschliffener und gleichzeitig für die Ziele des spanischen Eroberers zweckdienlicher hätte ausfallen können. Tzvetan Todorov sprach in seiner klassisch gewordenen Analyse dieser Passagen mit Blick auf die *Cartas de relación* von einem Bauchrednertum. Literarisch geschickt ließ Cortés das Andere in Form der Verkörperung des Herrschers der Azteken zu Wort kommen, aber eben nicht als Ausdrucksform des Anderen, sondern als Bestätigung des eigenen Diskurses und seines unbedingten Machtanspruches. Schauen wir uns dieses schöne Beispiel der Rhetorik (und vielleicht auch Homiletik) einmal näher an:

> „Seit vielen Tagen haben wir in unseren Schriften von unseren Vorfahren Kunde, dass weder ich noch all jene, die wir in diesem Lande leben, aus diesem Lande selbst stammen, sondern Fremdlinge sind und von sehr fremden Gebieten hierher gekommen sind, und wir wissen ebenfalls, dass unsere Generation in diese Gebiete ein Herr brachte, dessen Vasallen alle waren, welcher in seine natürliche Umgebung zurückkehrte und danach von dort nach langer Zeit und so sehr wiederkommen wollte, dass schon verheiratet waren, die bei den eingeborenen Frauen dieses Landes blieben und es viel Nachkommenschaft gab, und Ansiedlungen entstanden, wo sie lebten und mit sich nehmen wollten, und so wollten sie nicht gehen und weniger noch, ihn als Herren anerkennen, so dass er zurückkehrte, und immer hielten wir für gewiss, dass jene, die von ihm abstammten, wiederkehren würden, um dieses Land und uns als ihre Vasallen zu unterwerfen, und gemäß des Teiles, von dem Ihr saget, von diesem großen Herren oder König, der Euch hierher entsandt, glauben wir und halten es für gewiss, dass er unser natürlicher Herr sei, insonderheit da Ihr uns saget, dass er seit vielen Tagen Kunde von uns hatte, und seid darum gewiss, dass wir Euch gehorchen und für unseren Herrn, von dem Ihr saget, anstelle dieses Herren halten werden, und darin wird es kein Fehlverhalten noch Betrug geben, und dieses Euch im ganzen Lande, so sag ich, dass in jenem Lande, dessen Herrschaft ich besitze, zu Eurem Willen befohlen sei, da Ihr alsbald befolget seid [...]."[8]

Mit wohlgesetzten Worten betont Moctezuma selbst in seiner Rede, dass er in seinem eigenen Land – wie alle Angehörigen seines Volkes – Ausländer, also ein „extranjero", und aus einem anderen Gebiet ‚hierher' gekommen sei. Die überlieferten alten Schriften – und dies ist durchaus nicht falsch – sagten eindeutig, dass sein Volk der Azteken vor langer Zeit geführt von einem großen Herren in dieses Land Anáhuac eingewandert sei, also gar nicht von hier stamme. Und in der Tat findet sich bei den Mexica oder Azteken die Überzeugung, einst aus

---

8 Cortés, Hernán: *Cartas de relación*, S. 116 f.

einem sagenumwobenen Land im Norden, das man Aztlán nennt, zu den Seen des Hochtales von Mexiko migriert zu sein. Dieses mythische Ursprungsland der Azteken, das wir irgendwo auf dem heutigen Territorium der südlichen Vereinigten Staaten verorten dürfen, könnte vielleicht im Bereich des heutigen nördlichen Texas gelegen haben. In jedem Fall handelt es sich um einen Mythos, der bei den gegenwärtigen Migrationen von Mexikanern in die USA noch immer eine Rolle spielt, kehren sie doch auf diese Weise heim in ihr ursprüngliches Siedlungsgebiet. Die Arbeit am Mythos[9] ist folglich noch nicht zu Ende...

Diese Argumentation in der von Cortés arrangierten Rede des Moctezuma hat durchaus Folgen für den territorialen Anspruch auf das Herrschaftsgebiet des Führers der Mexica, konnte Cortés doch auf diese Weise ein Territorium fordern, in welches diese Volksgruppe selbst erst vor nicht allzu langer Zeit eingewandert sei. Auf diese Weise erscheinen auch die Mexicas oder Azteken als Eindringlinge, die das Land rund um das Hochtal von Tenochtitlán zuvor unterworfen hatten. Mit seinen juristisch belastbaren Worten legt Moctezuma – im Bauchrednerdiskurs des Cortés – selbst die Grundlagen für den Übergang der indigenen auf die europäische Souveränität seines Landes. Doch diese ausgefuchste Argumentationskette ist noch nicht zu Ende buchstabiert!

Denn zugleich macht der oberste Anführer der Indigenen – natürlich wiederum unter der Feder des Cortés – auf einen Mythos aufmerksam, der sich in der Tat in den Überlieferungen mehrerer indianischer Kulturen und Völker im Zentralbereich des amerikanischen Doppelkontinents findet. Denn um wen handelt es sich bei jenem „Señor", jenem hohen Herren, dem die indigenen Völkerschaften bei ihren Migrationen folgen und dessen Vasallen sie sind?

Es geht um die Figur des *Quetzalcóatl*, eine sagenumwobene Mittlerfigur zwischen Himmel und Erde, die später, nach einer neuspanischen Überlieferung und Tradition, gegen Ende des 18. Jahrhunderts von den Kreolen dazu benutzt wurde, die Christianisierung Amerikas in die Zeit vor der Ankunft und Eroberung der Spanier zu legen. Damit entfiel jegliche heilsgeschichtliche Legitimation und juristische Rechtfertigung der bei der Trägerschicht der Unabhängigkeit verhassten spanischen Herrschaft. Wir haben uns ausführlich bei unserer Vorlesung über die *Aufklärung zwischen zwei Welten* mit diesem Mythos beschäftigt[10] und kommen an späterer Stelle nochmals auf jene politisch intendierte Arbeit am Mythos zurück.

Doch zurück zum Beginn des 16. Jahrhunderts und damit zur ersten Begegnung zwischen Hernán Cortés und Moctezuma. Denn an dieser Stelle dient der

---

9 Vgl. Blumenberg, Hans: *Arbeit am Mythos*. Frankfurt am Main: Suhrkamp 1979.
10 Vgl. den fünften Band der Reihe „Aula" in Ette, Ottmar: *Aufklärung zwischen zwei Welten* (2021), S. 516 ff.

Mythos des Quetzalcóatl dazu, den Volksgründer und großen, götterartig verehrten Herren, dessen Namen wir mit ‚Gefiederte Schlange' übersetzen dürfen, letztlich mit dem großen vermeintlichen Auftraggeber von Cortés zu identifizieren, mit Kaiser Karl V., Kaiser des Heiligen Römischen Reiches. Cortés gibt sich so in den Worten des Moctezuma als ein Heerführer zu erkennen, dessen Auftraggeber die Spitze des spanischen Staates sei, der spanische Monarch höchstselbst. Es ist unnötig zu erläutern, dass dies eine glatte Lüge und interessengeleitete ‚Beschönigung' der tatsächlichen Situation war, in welcher Cortés höchst eigenmächtig und ohne jede höhere Weisung zu Werke gegangen war.

Alle indigenen Überlieferungen, welche die Figur des Quetzalcóatl bisweilen mit einem Bart wie die Spanier ausstaffierten, stimmen darin überein, dass der große Führer des Zuges in das Hochtal von Anáhuac nach Osten entschwunden war, also ins Land der aufgehenden Sonne. Just von dort waren die den Indigenen unbekannten Schiffe der Europäer erschienen. Wir wissen heute, dass Moctezuma sehr gut unterrichtet war über die einzelnen Vorkommnisse, über das Auftauchen fremdFer Schiffe vor der Küste und später dann auch über das Vorrücken der Spanier auf seinem eigenen Territorium. Zu diesem Zeitpunkt noch wäre es ein Leichtes gewesen, die spanischen Angreifer zu schlagen und aus dem Lande zu werfen.

Hernán Cortés erfuhr im weiteren Fortgang seines Vordringens zum Hochtal von Tenochtitlán zweifellos nicht allein von diesem Mythos, sondern auch von der Tatsache, dass man ihn mit Quetzalcóatl identifizierte. In der von Cortés gesteuerten Rhetorik des Moctezuma übertrug die ‚Gefiederte Schlange' gleichsam mythologisch alle Gewalt und Herrschaft auf den spanischen König und Kaiser des Heiligen Römischen Reiches. An dieser Stelle drückt sich Moctezuma in der Terminologie des europäischen Feudalstaates aus, spricht von ‚König' und ‚Vasallen', von ihm übertragenem Land und lässt – jenseits des hier abgedruckten Zitats – auch noch seinen eigenen Körper sehen, um glaubhaft zu belegen, dass auch er nur ein Mensch aus Fleisch und Blut sei – und keine Gottheit. Auf der symbolischen Ebene haben damit von Beginn an die spanischen Eroberer mit ihrer Vorstellungswelt die Überhand. Nicht nur in der Phase der Entdeckungen, nein, auch in der Phase der Eroberungen selbst sehen wir überdeutlich, dass *Erfindungen*, dass Fiktionen von zentraler Bedeutung für den konkreten, faktischen Ablauf der Conquista waren!

In der Moctezuma in den Mund gelegten Rede dekonstruiert sich mit Hilfe indianischer Mythen die indianische Herrschaft in den Worten des indianischen Oberhauptes selbst. Hernán Cortés war in der Formulierung über die zugleich dem spanischen Herrscher dargebotenen Länder sehr geschickt. Die daraus abgeleiteten Machtansprüche des spanischen Heerführers lagen damit klar auf der Hand, zumal die von dem gefangenen Moctezuma herbeibefohlenen Reichtümer sicherlich diesen Wunsch der Machtübernahme bei Cortés und seinen Männern zusätzlich bestärkt haben dürften. In der Tat handelte es sich um wunderbare Besitztümer, *Marvelous Possessions*, wie Stephen Greenblatt dies einmal formulierte.[11]

Diese Wunder und das Wunderbare, das sich von den Bordbüchern und Chroniken des Übergangs zum 16. Jahrhundert bis hin zu den Darstellungen des „real maravilloso" in Texten lateinamerikanischer Autorinnen und Autoren der zweiten Hälfte des 20. Jahrhunderts zieht, könnten wir anhand der in Texten der spanischen Eroberer und Chronisten entworfenen Berichte und am Beispiel derartiger Darstellungen des Wunderbaren verfolgen. In meiner Vorlesung über die Literaturen des 20. und des beginnenden 21. Jahrhunderts habe ich mich wiederholt mit dem „real maravilloso", mit Alejo Carpentier und anderen Vertreterinnen und Vertretern des lateinamerikanischen Wunderbaren auseinandergesetzt und dabei die kontinuierliche Produktivität des Magisch-Wunderbaren in den Literaturen der Welt konstatieren können.[12]

Wir könnten aber auch in Europa selbst einen deutschen Künstler an derlei Wunderbarem sich ergötzen lassen und seinen Eindruck in die Betrachtungen unserer aktuellen Vorlesung einfließen lassen. So finden wir im *Tagebuch der Niederländischen Reise* von Albrecht Dürer eine wichtige, aufschlussreiche Notiz anlässlich jener Schätze, die erstmals in Europa die Pracht der aztekischen Reichtümer entfalteten und anhand jener Stücke vor Augen führten, welche Cortés 1519 als Geschenke Moctezumas an Kaiser Karl V. hatte verschiffen lassen.[13] Sie wurden zunächst in Sevilla und Madrid ausgestellt und gelangten dann 1520 nach Brüssel, wo sie Albrecht Dürer im Sommer 1520 zu Gesicht bekam. Er notierte seine intensiven Eindrücke:

> Auch hab ich gesehen die dieng, die man dem könig auß dem neuen gulden land hat gebracht: ein gancz guldene sonnen, einer ganczen klaffter braith, deßgleichen ein gancz silbern mond, auch also groß, deßgleichen zwo kammern voll derselbigen rüstung, deßgleichen von allerley ihrer waffen, harnisch, geschucz, wunderbahrlich wahr, selczamer klaidung, pettgewandt und allerley wunderbahrlicher ding zu manigliche brauch, das do viel schöner an zu sehen ist dan wunderding. Diese ding sind alle köstlich gewesen, das man sie bescházt umb hundert tausent gulden werth. Und ich hab aber all mein lebtag nichts gesehen, das mein hercz also erfreuet hat als diese ding. denn ich hab darin gesehen wunderliche künstliche ding und hab mich verwundert der subtilen ingenia der men-

---

11 Vgl. Greenblatt, Stephen: *Marvellous Possessions: the wonder of the New World* (1992).
12 Vgl. hierzu den fünften Band der Reihe „Aula" in Ette, Ottmar. *Von den historischen Avantgarden bis nach der Postmoderne. Potsdamer Vorlesungen zu den Hauptwerken der Romanischen Literaturen des 20. und 21. Jahrhunderts.* Berlin – Boston: Walter de Gruyter 2021.
13 Vgl. hierzu Gewecke, Frauke: *Wie die neue Welt in die alte kam.* Stuttgart: Klett – Cotta 1986, S. 150.

schen in frembden landen. Und der ding weiß ich nit außzusprechen, die ich do gehabt hab.[14]

Wie stark muss der Künstler Albrecht Dürer auf jene Kunst reagiert haben, die in völlig anderen Denk- und Gestaltungstraditionen entstand! Und wie sehr schätzte er jenseits des materiellen Werts, den er durchaus notierte, die Kunstfertigkeit und die künstlerische Erfindungsgabe der indigenen Künstler, welche diese von ihm bestaunten ‚Wunder' verfertigt hatten! Dürer pries an ihnen gerade das ‚Wunderbare', das ihm zugleich ‚wunderlich' vorkam. In diesen Passagen seines Tagebuches wird die Verblüffung des Europäers Dürer deutlich angesichts der Konfrontation mit außereuropäischen Erzeugnissen einer fremdländischen *Ingenia*, der er nicht nur handwerkliches Können bescheinigt, sondern auch eine künstlerische Dimension zuspricht. Es ist wahrlich beeindruckend, wie die künstlerische Sensibilität des Ausnahmekünstlers Dürer auf die ausgestellten Werke reagiert und wie diese Kunstwerke in ihm eine noch nie zuvor gekannte (ästhetische) Freude auslösen.

Kennzeichnend ist dabei in Dürers Notiz das häufige Wiederkehren von Formeln, die das Wort ‚Wunder' enthalten, die also das Wunderbare, wunderliche, ja auch wundervolle dieser Schätze aufzeigen. Diese Lexemrekurrenz ist auffällig und entspricht der Reaktion der spanischen Heerführer und Soldaten, als sie zum ersten Mal mit der ihnen noch unbekannten Welt der indigenen Kulturen, aber auch mit der Natur in der für sie ‚Neuen Welt' konfrontiert werden.

Anhand seiner umfassenden Reaktion wird kurz bilanzierend deutlich, dass Albrecht Dürer nicht nur den exotischen Charakter, sondern auch den Kunstcharakter der Ausstellungsstücke sehr wohl wahrnimmt, dass er nicht beim Gold, also beim Wert und bei den wertvollen Materialien, stehenbleibt, sondern die ganz andere Behandlung, Bearbeitung, Beschaffenheit, Formung dieser Schätze bestaunt. Die Differenz ist für ihn freilich so absolut, die interkulturelle Distanz so groß, dass derartige Eindrücke auf seine eigene Kunst wohl nicht einwirken konnten. Doch wäre dies auf Grund der radikalen Verschiedenartigkeit der künstlerischen Traditionen auch nicht zu erwarten gewesen.

Gleichwohl ist dies ein Zeugnis eines ästhetisch gebildeten Europäers, der sehr wohl die ihm dargebotenen Gegenstände in ihrer Andersheit *und zugleich* in ihrem nicht nur materiellen, sondern mehr noch geistigen, spirituellen und künstlerischen Wert anerkennt, mithin nicht zurückfällt in die Kippfigur des von Tzvetan Todorov aufgezeigten Schemas, entweder die Differenz zu bestäti-

---

14 Dürer, Albrecht: *Tagebuch der Niederländischen Reise*, zit. nach Gewecke, Frauke: *Wie die neue Welt in die alte kam*, S. 150.

gen und dann in Begriffe von Superiorität und Inferiorität zu übertragen, oder die Gleichheit anzuerkennen und dann in Identität umzusetzen, welche die Andersheit der Anderen tilgt und auslöscht. Für Albrecht Dürer sind diese Kunstschätze anders; doch seine geradezu euphorische Bereitschaft, sie auf sich einwirken zu lassen – und dafür kaum Worte jenseits des Wunderbaren und zugleich Wahren finden zu können – kippt nicht um in ein Auslöschen des ‚Anderen'. Dies ist eine fürwahr wunderbare Reaktion und Haltung eines geistesoffenen Künstlers aus Deutschland.

In seinem dritten Brief an Kaiser Karl V. – bereits von seinem neuen Wohnsitz in Coyoacán aus, noch heute einem besonders hübschem Viertel von Mexiko-Stadt – am 15. Mai 1522 entfaltete Cortés das Bild der kriegerischen Auseinandersetzungen mit den indigenen Kämpfern in Tenochtitlán. Dabei stellte er immer wieder seine eigenen Kriegslisten und die Notwendigkeit heraus, im Straßenkampf seiner Soldaten gegen die aztekischen Krieger zu bestehen und diese ganz strategisch Stück für Stück von allen Versorgungsmöglichkeiten abzuschneiden. Doch hören wir den grausamen Feldherrn selbst:

> [...] wir stießen auf keinen Widerstand, und so nahmen wir dies ein, und so hatten wir weniger Mühe; auf allen Wegen, die ich fand, tat ich scheinbar so, als hätte ich es nicht, obwohl ich ihnen den Grund dafür verbarg, und dies auf Grund der Nachteile und Gefahren, die sich für mich darstellten, denn um in den Markt hineinzukommen, gab es unendlich viele Sonnenterrassen, Brücken und kaputte Dämme, und dies in solchem Maße, dass ein jedes Haus, zu dem wir gelangen mussten, wie eine Insel inmitten von Wasser erschien. [...] Und da die Spanier dabei eine solche Verzögerung sahen, insofern es schon mehr als zwanzig Tage dauerte, dass sie zu kämpfen nicht mehr aufgehört, da lagen sie mir, wie ich oben schon sagte, derart in den Ohren, dass wir in den Markt hineingelangen und Besitz davon ergreifen sollten, denn wäre er erst einmal gewonnen, dann würde den Feinden wenig Raum bleiben, um sich noch zu verteidigen, und selbst wenn sie sich nicht ergeben würden, dann würden sie doch an Hunger und an Durst sterben, weil sie nichts zu trinken hatten außer dem salzigen Wasser der Lagune.[15]

Ohne jeden Zweifel versuchte Hernán Cortés in diesem Brief an den Kaiser, sich als herausragender Stratege im Häuserkampf darzustellen. Denn Tenochtitlan musste gegen den erbitterten Widerstand der indigenen Bevölkerung Straße für Straße, Haus für Haus erobert werden. Wie ein Columbus in seinem Bordtagebuch gestand, seinen Männern nicht reinen Wein eingeschenkt zu haben, sondern sie über die wahren Entfernungen im Unklaren gelassen zu haben, so benutzt auch Cortés bei diesem Kampf die notwendigen Mittel, um seine Leute bei der Stange zu halten. Die indigenen Hilfstruppen, über welche die Spanier bei ihrem Kampf gegen Moctezuma und die Mexica verfügten, wurden von Cor-

---

15 Cortés, Hernán: *Cartas de relación*, S. 246f.

tés eher nur randlich erwähnt, um den eigenen Anteil der Spanier am Kampf gebührend hervorheben zu können. Tatsächlich aber war der Anteil dieser ‚Hilfstruppen' am Kampf gegen die ihnen verhassten Herrscher von Tenochtitlán ein zweifelsohne entscheidender.

Es geht in dieser gedrängten, ein wenig atemlosen Passage um das strategisch wichtige Ziel, den Markt der Hauptstadt Tenochtitlán einzunehmen, um die aztekischen Krieger auf diese Weise von ihrer letzten Versorgungsbasis abzuschneiden.

Abb. 32: Gemälde der Stadt Tenochtitlán-Tlatelolco im Texcoco-See.

Dabei erläuterte Cortés seinem kaiserlichen Briefpartner, dass jedes einzelne Haus der Hauptstadt sich durch die Zerstörung von Brücken und Dämmen in eine Insel verwandelt hatte, welche stets nur schwer einzunehmen war. Hernán Cortés sollte daher auch nicht zögern, die archipelische Struktur von Tenochtitlán zu zerstören, um alles Aquatische daraus zu entfernen: Er ließ die Wasserstraßen zuschütten, die Dämme erweitern und das Wasser aus dem Stadtkern verdrängen, worauf später noch von den Spaniern Entwässerungssysteme gebaut wurden, um die großen Seen des Hochtales schneller austrocknen zu können. Cortés schuf auf diese militärstrategisch begründete Weise die Grundlage für die heutige Stadtstruktur von Mexiko-Stadt, die über einen schwierigen baulichen Untergrund verfügt, aber ihre Kanäle und Wasserstraßen verloren hat, die für jegliche Art von Widerstand vorteilhaft gewesen wären. Dies ist ein noch wesentlich radikaleres Vorgehen als jenes, das der Stadtstruktur von Potsdam nach dem Ende des Zweiten Weltkriegs zugefügt wurde, als man nahezu alle Kanäle und kleinen Wasserstraßen der ehemaligen Residenzstadt zuschütten ließ und an ihrer Stelle jene Straßenzüge errichtete, auf denen Sie heute alle Tag für Tag im Stau stehen. Gewiss möchte ich Tenochtitlán nicht mit Potsdam vergleichen; aber das Zuschütten von Kanälen stand noch immer für einen radikalen Wechsel der Machtstrukturen.

Lassen Sie uns an dieser Stelle die Eroberung Tenochtitláns und des Reiches der Azteken nicht länger mit Hilfe der *Cartas de relación* des Hernán Cortés verfolgen, sondern eine Stimme zu Gehör bringen, welche jene eines einfachen Soldaten des spanischen Kriegsführers im Reiche Moctezumas war. Wie? Sie wundern sich darüber, dass ein einfacher Soldat seine Erinnerungen an diese Kriegszüge aufgeschrieben hätte? Dass er der Schrift und des Schreibens kundig gewesen wäre? Ja, es gibt diesen Glücksfall, der es uns erlaubt, ein wenig die Perspektive zu wechseln und – noch bevor wir die Stimmen der Unterlegenen in diesem Kampfe hören wollen – besser jene Sichtweise zu verstehen, wie sie den ‚einfachen' Spaniern wohl in ihrer überwiegenden Mehrzahl eigen war. Hören wir also auf einen ‚einfachen' Mann, der die spanischen Truppen nicht befehligte, der nicht der frühkapitalistische Unternehmer war, der sein ganzes Vermögen in diese Unternehmung investierte, sondern vielmehr für all diejenigen stand, die von Cortés angeheuert worden waren, die später von diesem durch die Zerstörung der Schiffe von jeglicher Rückzugsmöglichkeit abgeschnitten worden waren und die als einfache Soldaten einen Kriegszug durchführten, von dessen Verlauf und noch weniger von dessen Ergebnis sie zu Beginn nicht das Geringste ahnen konnten!

Bernal Díaz del Castillo hat Jahrzehnte nach jenen bewegten Jahren einer lang schon vergangenen Jugend seinen eigenen Bericht über die Eroberung des Aztekenreiches verfasst und damit seine eigene Geschichte geschrieben. Er tat dies nicht zuletzt aus Wut und Verbitterung über all jene Geschichtsschreiber, die – wie vor allem Francisco López de Gómara – darüber berichteten und damit sozusagen die offizielle Geschichte festhielten, obwohl sie an den Ereignissen und Kämpfen selbst niemals teilgenommen und auch die amerikanische Welt nicht aus eigener Anschauung kennengelernt hatten. Doch es waren diese Geschichtsschreiber, welche die offizielle Version der spanischen Geschichte verfassten, wobei ihnen nicht in den Sinn gekommen wäre, die Sichtweisen und Eindrücke der sogenannten ‚einfachen Leute', der einfachen Soldaten also, zu sammeln oder zu berücksichtigen.

Wir stoßen in diesem Zusammenhang auf den grundsätzlichen Konflikt zwischen jenen, die in der Neuen Welt waren und als Augenzeugen berichteten einerseits und den Daheimgebliebenen andererseits, welche die Informationen von Europa aus sammelten und zu einer kohärenten Geschichte verbanden. Es handelt sich dabei um eine grundsätzliche Fragestellung, welche sich im Grunde bis in unser aktuelles Jahrhundert weiterverfolgen lässt und vieles von ihrer Brisanz gerade in der Zeitenwende zur Neuzeit hin hat spüren lassen. Bernal Díaz del Castillo jedenfalls nannte seine eigene Geschichte im Gegensatz zu jener von Francisco

Abb. 33: Titelseite von Bernal Díaz del Castillos „Historia verdadera de la conquista de la Nueva España", 1632.

López de Gómara nicht *Historia general de las Indias*, sondern eine wahre Geschichte, die *Historia verdadera de la conquista de la Nueva España*. Er bezog aus der Tatsache, als einer der Augenzeugen dieser Geschichte vor Ort gewesen zu sein, den höheren Wahrheitsanspruch für seine eigene Darstellung und übte Kritik an jenen, welche ihre Geschichte nur aus zweiter Hand bezogen hätten.

Daraus ergibt sich ein einfacher Schluss: Bernal Díaz del Castillo war bei allen Ereignissen zugegen, von denen Hernán Cortés berichtete – freilich eher als ein Befehlsempfänger. Doch war er deshalb nicht weniger ein Handelnder und aktiver Teilnehmer jener Conquista von Neuspanien, die sich Hernán Cortés zum überwiegenden Teil selbst an seine Brust geheftet hatte. Mit dem Bericht des einfachen Soldaten wurden die Dinge aus anderer Blickrichtung dargestellt und in einem gewissen Maße fraglos auch zurecht gerückt.

Im achtundachtzigsten Kapitel seiner umfangreichen *Historia verdadera de la conquista de la Nueva España*, die sich letztlich als ein sehr bewusster Augenzeugenbericht auffassen lässt, präsentiert uns Bernal Díaz seine Version und Vision des Einzugs in Tenochtitlán, die selbst noch heutigen Leserinnen und Lesern auf beiden Kontinenten vielfältige historiographische wie emotionale Impulse und Anregungen vermittelt. Die Spanier gingen von Iztapalapa, begleitet von aztekischen Führern, auf einer breiten Calzada nach Tenochtitlán, wo man sie schon abwartend, aber friedlich erwartete:

> Wir gingen auf unserem Damme vorwärts, der acht Schritte breit war und so gerade in die Stadt Mexiko hineinführt, so dass mir scheint, dass er kein bisschen krumm ist; und da er sehr breit war, war er doch voll jener Leute, die kaum noch darauf passten, mit einigen, die nach Mexiko hineingingen, und anderen, die von dort herauskamen, die uns zu sehen kamen, so dass wir uns nicht mit so vielen umgeben konnten, wie hierher kamen, zumal auch die Türme voller Leute waren [...]; und über all dies konnte man sich nicht verwundern, weil sie noch nie Pferde oder Menschen wie uns gesehen. Und wir sahen so bewundernswerte Dinge, das wir nicht wussten, was wir uns davon sagen konnten, und ob es die Wahrheit wäre, was uns vor Augen stand, denn es gab auf der einen Seite an Land große Städte und in der Lagune noch viele andere, und wir sahen diese voller Kanus, und auf dem Damme gab es Stück für Stück viele Brücken, und vor uns lag die große Stadt Mexiko, und wir waren noch nicht einmal vierhundertundfünfzig Soldaten stark, und wir hatten noch sehr gut im Gedächtnis die Gespräche und Hinweise, welche uns jene aus Guaxocingo und Tlascala und Tamanalco mitgaben, zusammen mit anderen vielen Ratschlägen, welche sie uns gaben, damit wir uns davor hüten sollten, nach Mexiko hineinzugehen, da sie uns töten würden, wenn sie uns erst drinnen hätten. Mögen die neugierigen Leser das sehen, was ich schreibe, ob es hier ein gutes Abwägen gäbe; welche Männer gab es im Universum, die solchen Wagemut besaßen?[16]

Diese Passage aus dem Bericht von Bernal Díaz del Castillo zeigt uns, wie gewagt und halsbrecherisch jenes Unternehmen der Spanier war, mit ihrer nur kleinen Truppe entgegen aller Ratschläge der mit den Azteken verfeindeten und von diesen unterjochten Indianer aus Guaxocingo, Tlascala und Tamanalco in die riesige und dicht besiedelte Hauptstadt des Aztekenreiches selbst vorzudringen. Denn auf der einen Seite wären alle bisherigen Eroberungen der Spanier im Grunde nichtig gewesen, hatte man doch nur tributpflichtige Völkerschaften erobert, die nicht über jene Reichtümer verfügten, auf die

---

[16] Díaz del Castillo, Bernal: *Historia verdadera de la conquista de la Nueva España*. Edición de Miguel León-Portilla. Tomo A. Madrid: Historia 16 1984, S. 312f.

es die Spanier abgesehen hatten; und auf der anderen Seite riskierte man durch das Vorstoßen in die riesige Hauptstadt, plötzlich von Unmengen von Kriegern umgeben und hilflos der Übermacht der Mexica ausgeliefert zu sein. Der ehemalige Soldat Bernal Díaz del Castillo betont, dass sich alle Männer dieser unkalkulierbaren Situation bewusst gewesen seien, aber doch einen Wagemut an den Tag gelegt hätten, der in der Geschichte noch ohne Beispiel gewesen sei. Auch an dieser Stelle bemerkt man selbst bei einem einfachen Soldaten den unübersehbaren Stolz, weit über die großen Vorbilder der Antike hinausgelangt zu sein.

Bernal Díaz del Castillo macht zwar ständig klar, wie gut sich die Spanier für eventuelle Angriffe der Azteken vorbereitet hätten. Immer wieder hätten die Männer um Cortés verschiedene Möglichkeiten der Angriffe durchgespielt, um stets selbst bei Überraschungsangriffen auf der Hut zu sein. Doch die Wendung an die ‚neugierigen' Leser führt vor Augen, dass wir es hier mit der Variante einer literarischen Textgattung zu tun haben, welche sozusagen den fiktionalen Abenteuerroman mit dem faktischen Augenzeugenbericht verknüpft und zugleich den Mut der eigenen Leute, der Spanier, angesichts vielfältiger Gefahren herausstreicht, um auf diese Weise das gesamte Heer des Cortés – und nicht nur diesen selbst – als Helden erscheinen zu lassen.

Damit kommen diesem Augenzeugenbericht auch Elemente eines nationalen Epos zu, das die spanische Identitätskonstruktion im Kontext der Conquista rund um die Vorstellung festigte, dass sich seit der Reconquista ein Volk mannhafter Krieger herausgebildet habe, die sich selbst gegen eine große feindliche Übermacht an Ungläubigen im Vertrauen auf ihren Christengott durchsetzen würden. Häufig ist in diesem Zusammenhang in der Forschungsliteratur darauf hingewiesen worden, wie sehr die Schreibstrategien des Bernal Díaz del Castillo auch einer anderen Gattung entsprach, die damals noch auf dem Höhepunkt ihrer Beliebtheit stand. Dabei handelt es sich selbstverständlich um den Ritterroman, dessen Darstellung des Wunderbaren in der Tat auf die Neue Welt im Zeichen des Augenzeugenberichts übertragen wurde.

Auch bei Bernal Díaz del Castillo findet sich das Element der Rede des Moctezuma, und es zeigt sich deutlich, dass auch bei ihm diese Rede letztlich die Unterwerfung des Aztekenreiches unter die Herrschaft des Heiligen Römischen Reiches legitimiert. Ich möchte Ihnen diese Passage hier nicht vorführen, obwohl sie in ihrer Argumentationsstrategie recht aufschlussreich und interessant ist, sondern überlasse sie Ihrer unabhängigen Lektüre. Es könnte sich bei ihr freilich um eine Nachahmung der schlauen schriftlichen Vorgehensweise des Hernán Cortés handeln, zumal der einfache spanische Soldat wohl kaum in die Reichweite der mündlichen Ausführungen des Moctezuma gekommen sein dürfte. Bernal Díaz del Castillo hatte zweifellos ‚seinen' Cortés gelesen: und zwar nicht allein, um sich davon mit seiner *wahren* Geschichte der Eroberung Neuspaniens abzusetzen, sondern auch, um vieles aus der Darstellung des ehemaligen Anführers des kleinen spanischen Heeres zu übernehmen.

Ebenso aufschlussreich wie bemerkenswert ist die Beschreibung und Darstellung, wie Cortés mit seinen Truppen den Hauptplatz der Stadt und den Haupttempel besuchte. Denn in diesen Ausführungen wird deutlich, mit welcher Präzision Bernal Díaz del Castillo, dieser relativ einfache spanische Soldat, der später im Heer noch aufsteigen sollte, die Aufgliederung einer Großstadt wahrnahm, die er zum damaligen Zeitpunkt mit nichts vergleichen konnte, was das spanische Reich besaß. Denn wie schon bei der Reconquista mit Blick auf die großen arabischen Städte gab es in Spanien keine Stadt, die sich mit der Hauptstadt der Azteken hätte vergleichen oder messen können. Nicht umsonst fügte Bernal Díaz in seinen obigen Bericht die unter den spanischen Soldaten kursierende Frage ein, ob es denn wahr und wirklich sei, was man da vor sich habe und mit eigenen Augen sehe: konnte es denn so gewaltige Städte mit einer derartigen Infrastruktur wie diesen breiten „Calzadas" geben? Und konnte eine Gesellschaft so entwickelt sein, dass sie es vermochte, von einer derart ausgestalteten Hauptstadt aus ein so großes Reich zu kontrollieren? Und waren die überall sichtbaren Reichtümer der Stadt wirklich wahr und nicht ein flirrendes Trugbild, das den Spaniern durch irgendeine magische Kunst vorgegaukelt wurde?

Ich möchte Ihnen gerne die Detailliertheit und Genauigkeit, aber auch die gewaltige Verwunderung des Bernal Díaz del Castillo vorführen, die in den nachfolgenden Passagen trotz aller zeitlichen Distanz zu den Geschehnissen viel deutlicher noch als bei Hernán Cortés wird, wenn er als Begleitung von Moctezuma und Cortés das Zentrum von Tenochtitlán und den Markt von Tlatelolco besucht. Dabei zählt Bernal Díaz, der aus der Nähe der kastilischen Kleinstadt Medina del Campo stammt, die verschiedensten Waren auf, die auf dem berühmten Markt von Tlatelolco zum Kaufe feilgeboten werden, nicht ohne seine eigene Herkunft mit ins Spiel zu bringen:

> Vor Montezuma gingen die Herren, seine Vasallen, her und trugen zwei Stöcke, die wie Szepter aussahen und die Nähe des großen Montezuma als Zeichen ankündigten; und in der Sänfte trug er immer einen kleinen Stab, halb Gold, halb Holz, der wie ein Richterstab aussah. und so ging er und er bestieg den großen Tempel in Begleitung von vielen Papas und brachte in anderen Zeremonien dem Huichilobos, dem Kriegsgotte, Rauchopfer dar. Lassen wir Montezuma, der schon vorausgegangen war, wie ich bereits gesagt, und kehren wir zu Cortés und unseren Kapitänen und Soldaten zurück, die wir aus Gewohnheit des Tages wie der Nacht bewaffnet bei uns hatten, und so sahen sie uns, und wir gingen zum Montezuma, und als wir ihn zu sehen begannen, hielten wir ihn nicht für etwas Neues. Ich sage dies, weil unser Kapitän, der zu Pferde war, und mit ihm all jene, die Pferde hatten, und der größte Teil unserer sehr aufmerksamen Soldaten in Richtung Tlatelulco ging, und es gingen viele Kaziken, die der Montezuma uns schickte, damit sie

uns begleiteten; und als wir auf den großen Platz kamen, den man Tlatelulco nennt, da wir so etwas noch nie gesehen, und wir waren voller Bewunderung für die große Menge an Leuten und an Verkaufsständen und für die gute Ordnung und Führung, die sie in allem hatten; und die Vornehmsten, die mit uns gingen, zeigten uns alles: Jede Warengattung hatte ihren Platz, und sie hatten ihre jeweiligen Orte genau bezeichnet und angewiesen. Beginnen wir mit den Verkaufsständen von Gold- und Silberarbeiten, Juwelen, Stoffe aller Art, Federn, Decken und Baumwollenes, und andere Waren auch, männliche und weibliche Sklaven: Ich sage, dass sie so viele zu verkaufen auf diesen großen Platz führten, wie die Portugiesen an Negern aus Guinea herbeiführen, und damit sie nicht fliehen konnten, waren sie mit Halsbändern an lange Stangen geschnallt, mit Halsbändern zusammen, damit sie sich nicht zusammenrotten, und andere liefen frei umher. Danach kamen andere Verkaufsstände mit einfacheren Waren, mit grobem Zeug, mit Baumwolle, mit Zwirn und Kakao, und danach Kakaohändler, die Kakao verkauften; und auf diese Weise waren es verschiedene Warenarten, und ganz Neuspanien bot hier seine Erzeugnisse an, und ich kam mir vor wie auf der großen Messe zu Hause, in meiner Heimat Medina del Campo, wo auch jede Ware ihre eigene Straße hat [...].[17]

Es entbehrt nicht eines komischen Effekts, wenn Barnal Díaz del Castillo mitten in seiner Aufzählung aller Waren, die auf dem Markt von Tlatelolco angeboten werden, seine Heimatstadt Medina del Campo in Erinnerung ruft, die sich freilich mit Blick auf das große Tenochtitlan als geradezu winzig ausgenommen haben dürfte. Doch der Markt von Tlatelolco – ich habe die von Bernal Díaz benutzten Bezeichnungen einschließlich jener für den Kriegsgott Huitzilopochtli in meiner Übersetzung nicht korrigiert – ist wie die großen Messen in den kastilischen Städtchen, nur dass dieser indigene Markt unendlich viel größer war und andere Waren enthielt. Es fanden sich zum Beispiel die Gewürze und Spezereien, an welchen Columbus so ausgerichtet war – oder jene Kakaopflanzen, deren Gebrauch die Soldaten des Cortés bald als Stärkung für ihre Waffengänge mit den indigenen Kriegern für sich selbst entdeckten. Sie wissen ja, dass das Wort ‚Schokolade' aus dem Náhuatl stammt und sich von dort in die verschiedenen Sprachen dieser Welt begab, vom Deutschen über das Spanische, Französische und Englische bis hin zum Chinesischen.

Der Spanier bewundert die Vielfalt der zu verkaufenden Waren und erwähnt zugleich die Sauberkeit und Ordnung, die er in allem deutlich erkennen kann; es ist zweifellos die Ordnung und Hierarchie einer indigenen Hochkultur, welche den Spaniern mehr als bloße Bewunderung abverlangte. Zugleich erblickt er auf diesem Markt auch Sklaven, die meistbietend verkauft werden, und bringt sie mit den Sklavenmärkten der Portugiesen in Verbindung, welche Menschen von der Küste Guineas nach Europa brachten, wo die Sklaverei bereits eine vieltau-

---

17 Díaz del Castillo, Bernal: *Historia verdadera de la conquista de la Nueva España*, Tomo A, S. 330.

sendjährige Tradition hatte. Die ersten Sklavenmärkte mit afrikanischen Sklaven wurden in den Amerikas – etwa auf Kuba – im Übrigen schon im ersten Jahrzehnt des beginnenden 16. Jahrhunderts errichtet.

In seiner weiteren Beschreibung gerät Bernal Díaz del Castillo immer mehr ins Schwärmen, erwähnt er doch Öle und Düfte, aber auch Heilkräuter und Pflanzen, deren Wirkungen ihm noch nicht bekannt sein konnten. er bewundert ebenso die unterschiedlichen Arten von Messern und Klingen, welche den Indigenen auf den antillanischen Inseln noch völlig unbekannt geblieben waren, aber auch die unterschiedlichen Lebensmittel und das ihm noch nicht vertraute Essen, dessen Ingredienzien Sie noch heute in der so reichen mexikanischen Küche genießen können, welche übrigens als erste Küche der Welt und noch vor der französischen den Status des kulturellen Welterbes erhielt.

Bernal Díaz del Castillo ist in der Folge dann aber auch Teil jener Gruppe, die Montezuma und Cortés begleitet und auf den „Templo Mayor" der Hauptstadt steigt, wo der spanische Heerführer die aztekischen Gottheiten schmäht sowie die Herrschaft des eigenen Christengottes preist und anruft. Mitten auf dem größten Tempel der Azteken will er zum größten Ärgernis der Priesterklasse ein Kreuz errichten sowie ein Marienbildnis, das den einheimischen Götzenbildern gewiss einen gehörigen Schrecken einjagen und diese falschen Götzen verjagen werde. Denn die von den Azteken angebeteten Götter seien nichts anderes als böse Geister und Teufel. Das ideologische beziehungsweise religiöse Sendungsbewusstsein der Spanier kommt in diesen Passagen zum Tragen.

Doch Moctezuma kannte bereits das Madonnenbild, das die Spanier mit sich trugen. Ich darf an dieser Stelle die Äußerungen des Bernal Díaz kurz zusammenfassen: Moctezuma antwortete Cortés in Gegenwart von zwei Papas, die sehr böse dreinblickten, mit nur schlecht verhaltenem Zorn. Und er wandte sich dabei nicht an Cortés direkt, sondern an dessen Geliebte und Dolmetscherin, die Malinche: „Hätte ich gewusst," so soll er laut Bernal Díaz gesagt haben, „welche Schmähreden Du hier halten würdest, ich hätte Dir meine Götter keineswegs gezeigt! In unseren Augen sind es gute Götter. Sie schenken uns Leben und Gedeihen, Wasser und gute Ernten, gesundes und fruchtbares Wetter, und wenn wir sie darum bitten, auch Siege. Deshalb beten wir zu ihnen, und deshalb opfern wir ihnen. Ich muss dich bitten, kein unehrerbietiges Wort mehr gegen sie zu sagen!"

Es gibt in Bernal Díaz del Castillos *Historia verdadera de la conquista de la Nueva España* viele derartige Beispiele öffentlicher Reden und Gegenreden, welche die Konfrontation zwischen den Religionen der Einheimischen und den mit Fanatismus vorgebrachten Standpunkten der an Christus, die Jungfrau Maria und die christlichen Heiligen glaubenden Spanier zeigen. Ich möchte diesen Glaubensaspekt freilich an diesem Punkt unserer Vorlesung noch zurückstellen und werde mich in einem gesonderten Abschnitt mit diesen Aspekten von ‚Religionskriegen' und ‚Glaubensakten' noch einmal spezieller beschäftigen. Das Ich aus Bernal Díaz' Bericht von der Ersteigung des Templo Mayor in Tenochtitlán betont diese konfrontativen Glaubensaspekte, nutzt aber auch die Höhe der Pyramide, die man im heutigen Mexiko-Stadt ganz in der Nähe der barocken Kathedrale in ihren Fundamenten und Ausmaßen noch erahnen kann, um sich einen Überblick über die Hauptstadt der Azteken zu verschaffen. Dies ist ein wichtiger Augenblick, denn es ist die Darstellung des ganzen Aufbaus einer Stadtstruktur, die wir im Häuserkampf zwischen den Spaniern, ihren verbündeten Truppen und den Azteken nur mehr in voller Zerstörung gesehen hatten. Das Ich in dieser ‚Wahrhaftigen Geschichte' aber rekonstruiert im Geiste von der Spitze der Pyramide aus den Blick auf die Lage der bevölkerungsreichen Stadt in der Lagune und lässt auf diese Weise eine Urbanität neu erstehen, die wir in ihrem quirligen Marktleben wenige Seiten zuvor kennengelernt hatten und die wir uns später auf andere Weise in einem verschiedenste Kulturen querenden historischen Gemälde vor Augen führen werden:

> Und Cortés sagte ihm mit unseren Übersetzern, die mit uns gingen, dass weder er noch wir bei irgendeiner Sache müde würden; und danach nahm er ihn an der Hand und sagte ihm, dass er seine große Stadt und alle anderen Städte anschauen könne, welche es im Wasser gebe, und viele andere Ansiedlungen in dem Lande um die selbige Lagune; und ob er nicht gut ihren großen Platz gesehen hätte, den er von dort viel besser sehen könne; und so betrachteten wir alles, weil jener große und verfluchte Tempel so hoch war, dass er alles überragte; und von dort erblickten wir die drei Dammstraßen (*calzadas*), die nach Mexiko hineinführen, und zwar zum einen die von Iztapalapa, über die wir vor vier Tagen hineingekommen waren; und zum anderen die von Tacuba, über welche wir acht Monate später in der Nacht unserer großen Verwirrung fliehen sollten, als Coadlabaca, der neue Herr, uns aus der Stadt hinauswarf, wie wir weiter unten noch sagen werden; und die von Tepeaquila; und wir sahen das Süßwasser, das von Chapultepec kam und von dem sich die Stadt alimentierte; und auf jenen drei Dammstraßen die Brücken, welche von Stück zu stück eingefügt waren, durch welche das Wasser der Lagune von der einen Seite auf die andere hinein- und herausfließen konnte; und wir sahen in jener großen Lagune eine solche Menge an Kanus, einige die mit Lieferungen kamen und andere, welche mit Lasten und allerlei Waren beladen waren; und wir sahen, dass jedes Haus jener großen Stadt wie auch von allen anderen Städten, welche ins Wasser hineingebaut waren, so beschaffen war, dass man von Haus zu Haus nur über Zugbrücken kam, welche aus Holz gefertigt waren, oder aber mit Hilfe von Kanus; und wir sahen in jenen Städten Tempel und Anbetungsstätten in der Art von Türmen und Festungen, und alle blinkten so weiß, dass es ein Ding der Bewunde-

rung war, und die Häuser hatten Sonnenterrassen, und auf den Dammstraßen gab es weitere Türmchen und Anbetungsstätten, welche wie Festungen waren.[18]

Der Aztekenherrscher Moctezuma gewährt in dieser strategisch wichtigen Passage Cortés und dessen Männern Zutritt zum zentralen Tempel, der die Stadt überragt, und verschafft ihnen auf diese Weise ungewollt einen hervorragenden Überblick über die gesamte Anlage von Tenochtitlán und dessen Umgebung. Das militärisch geschulte Auge des Spaniers aus Medina del Campo erkennt sofort die kriegstechnisch relevanten Aspekte einer Stadtanlage, in der sich in regelmäßigen Abständen auf den drei verschiedenen Dammstraßen, welche die Stadt mit dem Festland verbinden, aber auch anderswo Türme erheben, die entlang der drei *Calzadas* wie Festungen strategisch nutzbar sind.

Doch damit nicht genug! Denn Bernal Díaz erkennt sogleich die strategische Anlage der Häuser, die nur über Zugbrücken miteinander verbunden oder ansonsten nur durch Kanus erreichbar sind, was bei Angriffen einen enormen Vorteil gegenüber Truppen bildet, die sich im Häuserkampf, im Kampf um jedes einzelne Haus, aufreiben müssen. Und er erblickt auch jene Sonnenterrassen, die militärtechnisch gut genutzt werden können und von denen zuvor schon die Rede war, als die großen Zerstörungen geschildert wurden, ohne die man innerhalb der Stadt nicht mit den zahlreichen Hilfstruppen und mit den mitgebrachten (und den Azteken noch unbekannten) Pferden vorrücken musste. Bernal Díaz del Castillo sieht und erkennt so auf einen Blick, wie sich die Spanier im Falle kriegerischer Auseinandersetzungen verhalten müssten, um militärisch die Oberhand zu behalten. Denn der große strategische Vorteil von Pferden könnte in einer urbanen Umgebung, die zusätzlich noch von Kanälen und kleinen oder größeren Wasserstraßen, aber auch von zahlreichen Brücken und Zugbrücken durchzogen ist, rasch zu einem Nachteil werden.

In all diesen Zitaten wird deutlich, mit welcher Leichtigkeit sich die Spanier unter der Herrschaft Moctezumas in dem ihm fremden Tenochtitlán bewegen und sich mit Informationen aller Art versorgen konnten. Gleichzeitig können wir aus diesen Passagen ersehen, wie diese nur auf eines – nämlich reiche Beute zu machen – ausgerichteten Männer sozusagen von innen eine funktionierende indianische Gesellschaft wahrnahmen. Es wäre ein Leichtes, eine Vielzahl weiterer Zitate aufzufinden, in denen diese Gesellschaft einer indigenen Hochkultur mit Gesellschaften der Araber, also des wehrhaften Islam und damit der Alterität der Christenheit, identifiziert und gleichgesetzt wird.

Mit den Freiheiten der Spanier in Tenochtitlán aber ist es bald vorbei, sobald der überwiegenden Mehrheit der Azteken klar geworden ist, was die feindlichen

---

18 Ebda., Bd. A, S. 333.

Eroberer im Schilde führen und warum sie sich ihres Herrschers bemächtigt haben. Bernal Díaz del Castillo verweist auf den von ihm wie stets etwas anders bezeichneten Cuauhtémoc, der den Aufstand gegen die Truppen des Cortés organisiert, zum neuen Herrscher der Azteken avanciert und den Spaniern in einer denkbaren Nacht, der sogenannten „noche triste", herbe Verluste beibringt. Nur ungern erinnert sich Bernal Díaz dieser Nacht der ‚Verwirrung' und der eigenen Flucht aus einem Tenochtitlán, das für die Spanier – wie von den Indigenen aus Tlascala und anderen Städten vorausgesagt – zu einer tödlichen Falle geworden ist. Es wird freilich dieselbe Stadt Tenochtitlán sein, über die wir hoch oben von der Pyramide aus gerade den Überblick gewonnen haben, das die Spanier freilich unterstützt von ihren indigenen Hilfstruppen Stück für Stück und unter jenen Bedingungen, welche in dieser Passage schon erkennbar werden, den Azteken abtrotzen und erobern werden.

Bernal Díaz del Castillo kennt die weitere Geschichte von Anáhuac, das er konsequent bereits als „Nueva España", als Neuspanien bezeichnet, schreibt er doch aus einem Rückblick von mehreren Jahrzehnten über all jene Ereignisse, die sich seinem Gedächtnis, unterstützt freilich von den Aufzeichnungen des Cortés oder auch der Geschichtsschreibung von Francisco López de Gómara, eingeprägt haben. Wir stoßen in seinem umfangreichen Bericht immer wieder auf den präzise erinnernden Beobachter, der stets versucht, in seiner Erinnerung jene Elemente aufzurufen, welche ihn als jungen Mann beeindruckten.

So finden wir in der *Historia verdadera de la conquista de la Nueva España* durchaus neben einer Einkleidung in den Abenteuerroman die Dimension des gesellschaftlich wie politisch wachen, ja bisweilen gesellschaftssoziologischen Blickes, der sich durchaus bemüht, für seine vorwiegend spanische Leserschaft ein umfassendes Bild der unterworfenen indigenen Gesellschaften zu entfalten. Es geht folglich nicht nur um die Übertragung von Vorstellungen der Reconquista auf die Conquista oder um Elemente des mittelalterlichen Ritterromans, sondern um die ausführliche und detailreiche Schilderung eines Eroberungsgeschehens, welches die Höhe und Komplexität der zerstörten Kulturen keineswegs vernachlässigt oder verschleiert. Auch bei Bernal Díaz del Castillo gehen das Erfundene und das Vorgefundene Hand in Hand und sind nur schwerlich voneinander zu trennen.

Bei seinen umfangreichen Erzählungen findet Díaz del Castillo meist nur schwerlich ein Ende, wenn er damit beginnt, von den gewaltigen Reichtümern, aber auch der großen Ordnung des Staatswesens der beeindruckenden Hauptstadt zu berichten. Wir hatten dies bereits anhand seiner Schilderung des Marktes von Tlatelolco gesehen, wo er über lange Seiten von den unterschiedlichsten Waren und Köstlichkeiten berichtet, die an dieser zentralen Stätte feilgeboten werden. Hübsch ist – wie erwähnt – in diesem Zusammenhang natürlich, dass er immer wieder diese Stadt mit dem vielleicht damals fünfundzwanzigmal kleineren Medina del Campo in Kastilien zu vergleichen sucht, auch wenn er an anderer Stelle auf die einzigartige und unvergleichliche Lage und Größe der Hauptstadt des Aztekenreiches aufmerksam macht. Größenverhältnisse macht der Spanier jedenfalls an den autobiographischen Erlebnissen in seinem im Vergleich wahrhaft winzigen Heimatort fest.

Gleichzeitig wird in Bernal Díaz' Worten deutlich, dass die Spanier, und allen voran ihr Anführer Cortés, ihre eigene kulturelle Überlegenheit niemals in Frage stellen. Die große Bedeutung der Malinche, die in Mexiko bis heute Inbegriff des Verrats ist, ebenso als Dolmetscherin wie als transkulturelle Vermittlerin wird in diesem Zusammenhang deutlich, dient sie doch Cortés und Moctezuma dazu, unmissverständlich ihre jeweiligen Standpunkte zu markieren und dem anderen vor Augen zu führen. Für Hernán Cortés ist es geradezu eine Selbstverständlichkeit, dem vermeintlich kulturell Unterlegenen die eigene Religion anzubieten und ihn sogar aufzufordern, die Zeichen der fremden Religion auf der Spitze der eigenen Tempel zu platzieren. Eine größere kulturelle Arroganz und Nicht-Achtung einer anderen Kultur und ihrer Ausdrucksformen ist kaum vorstellbar.

Im Grunde handelt es sich bei einem derartigen Agieren um eine ungeheure Kurzsichtigkeit des eigenen Überlegenheitsglaubens. Gleichzeitig wird auch verständlich, dass die positiven Werte der Azteken von den Christen mit den negativen Werten des eigenen Glaubens identifiziert werden, also gleichsam eine Umpolung der Wertewelt vorgenommen wird. Die Übersetzung des Fremden in das Eigene identifiziert dieses Fremde mit dem Schlechten, mit dem Bösen des Eigenen. So werden die aztekischen Götter schlicht dem christlichen Teufel gleichgesetzt, was den Vorteil besitzt, die eigene Weltordnung, das eigene Weltbild in keinerlei Weise anpassen zu müssen: Das Andere ist immer schon als das Böse in ihm enthalten und damit Teil der eigenen Wertewelt.

Dies ist sicherlich der bestens erprobte Hauptmechanismus, wie eine andere Kultur zunächst scheinbar verstanden und in der Folge dann radikal dem eigenen Denken, den eigenen Werten unterworfen werden kann. Mit guten Gründen könnten Sie sich aus den bisherigen Überlegungen und mehr noch der vorgängigen Textlektüre sehr gut die Frage stellen, warum sich die Azteken denn nicht entschlossener und nachhaltiger gegen die spanischen Eindringlinge und Invasoren wehrten. Sie sollten es unter der Führung von Cuauhtémoc – bis heute ein beliebter männlicher Vorname in Mexiko – ja auch noch tun; doch dies geschah viel zu spät, um in ihrem Kampf noch erfolgreich sein zu können. Denn es lässt sich bei ihnen so etwas wie eine Lähmung beobachten, die im Grunde kaum erklärbar zu sein scheint.

Aber aus der Perspektivik unserer Vorlesung können Sie ein klar erkennbares Verhaltensmuster erkennen: Denn auch die Azteken begegneten den Usurpatoren und Invasoren mit einer Mischung aus Fiktionen und Fakten, aus Erfindungen und Findungen. Ich denke, dass die zentrale Erklärungsmöglichkeit die ist, die Funktionsweise von Mythen und Legenden näher zu untersuchen und vor diesem Hintergrund genau zu analysieren, inwieweit bestimmte Vorstellungen und Ideologeme, festverankerte Glaubensüberzeugungen und Fiktionen das Handeln der Menschen auf beiden Seiten dieser Kulturbegegnung bestimmten – oder besser: dieses Kulturzusammenstoßes. Ich werde dies in einem späteren Teil unserer Vorlesung zusammenfassend zu erläutern suchen.

Wir nähern uns an dieser Stelle einem ganz zentralen Themenbereich: dem des Kampfes der Religionen, der Wertevorstellungen und – in einem vielleicht etwas anderen Rahmen – der Funktionalisierung von Mythen und Legenden, die sozusagen die Ideologeme darstellten, mit deren Hilfe der Kampf um die Herrschaft über die sogenannte ‚Neue Welt' entschieden wurde. Es ist daher notwendig, in den folgenden Abschnitten die Perspektiven zu wechseln und unterschiedliche Blickpunkte einzunehmen, von denen aus das von Hernán Cortés wie von Bernal Díaz del Castillo geschilderte Geschehen ebenfalls gesehen werden konnte. Beginnen wir dabei nicht mit der genau entgegengesetzten Blickrichtung, sondern mit einer Perspektivik, welche zusätzliche erhellende Gesichtspunkte in unsere Diskussion der spanischen Conquista und Erfindung Neuspaniens einbringt!

Vom Auftauchen und Erfinden Neuspaniens

Denn noch vor seiner geographischen Auffindung und Eroberung ist – wie wir schon bemerkt haben – Mexiko bereits Teil eines weltweiten geschichtlichen Prozesses *de longue durée*. Mexiko beziehungsweise das vizekönigliche Neuspanien existiert an der Wende vom 15. zum 16. Jahrhundert selbstverständlich noch nicht auf den Kartenwerken der Europäer, die damit beginnen, sich die Welt zu unterwerfen und anzueignen – und doch ist es auf diesen bereits global vernetzt.

So ist die erste Sichtbarmachung Mexikos auf europäischen Karten, von der wir wissen, die Visualisierung dessen, was es für das Weltbewusstsein der Europäer noch nicht gibt, ja noch nicht geben kann, das aber in seinem Noch-nicht-Sein oder Noch-nicht-so-Sein längst zu existieren begonnen und konkrete Gestalt angenommen hat. Betonen wir in dieser Vorlesung noch einmal: Die Erfindung der Neuen Welt und die Erfindung Mexikos geht der Findung voraus! Es handelt sich um jene Erfindung, die sich im Sinne Edmundo O'Gormans[1] auf die Schaffung, auf die Hervorbringung, auf die Geburt einer neuen, da anderen Welt bezog. Neuspanien existierte schon, noch bevor die Augen der Männer um Hernán Cortés und Bernal Díaz del Castillo die Ebenen und großen Seen des Hochtales von Anáhuac zum ersten Male erblickten.

Im Zentrum der großen Weltkarte des Jahres 1500 von Juan de la Cosa, mit der wir uns ausführlich beschäftigt haben, steht in der Ost-West-Erstreckung der Kontinent Europa, der sich geostrategisch bedeutsam zwischen den *Indias Orientales* und den *Indias Occidentales* ansiedelt (Abb. 8 u. 24). Hinsichtlich der Nord-Süd-Erstreckung aber stehen die Tropen im Mittelpunkt. Die Tropen bilden auf dieser heute im Museo Naval zu Madrid aufbewahrten Weltkarte *zugleich* Mittelpunkt und Übergangsraum, Zentrum des Erdballs (oder Erdapfels wie bei Martin Behaim) und Schwelle zum Anderen einer den Europäern vertrauten: eine Kippfigur, die in der abendländischen Bildtradition immer wieder neu gestaltet und ebenso künstlerisch wie kartographisch ausgemalt wurde.[2] Amerika und Mexiko sind Teile eines Imaginariums, das von Europa aus entworfen wurde und zunehmend weltweite Züge trägt.

Die enge Verzahnung derartiger Bilderwelten mit möglichst exakter kartographischer Arbeit wird an kaum einer anderen der frühen kartographischen Dar-

---

[1] Zur Begrifflichkeit der Erfindung in diesem Zusammenhang vgl. O'Gorman, Edmundo: *La invención de América*. México: Fondo de Cultura Económica 1958.
[2] Vgl. die zahlreichen Beispiele derartiger Darstellungsformen im ebenso ansichten- wie einsichtenreichen Band von Rojas Mix, Miguel: *América imaginaria*. Barcelona: Editorial Lumen – Quinto Centenario 1992.

stellungen der ‚Neuen Welt' so anschaulich und plastisch vor Augen geführt wie in dieser prächtigen Karte des Juan de la Cosa, die mit dem Jahre 1500 in der Tat eine neue Zeitrechnung in der Darstellung unseres Planeten markiert.[3] Juan de la Cosa, der erfahrene Navigator und Steuermann, der hochtalentierte Kartograph jener Neuen Welt, die er ab der ersten Reise des Christoph Columbus mit eigenen Augen gesehen und vermessen hatte, verkörperte im eigentlichen Sinne – wie nur wenige andere mit ihm – das avancierteste geographische und kartographische Wissen seiner Zeit.

Seine Karte bot bereits wenige Jahre nach den ersten Entdeckungs- und Erkundungsfahrten von Spaniern und Portugiesen, an denen Juan de la Cosa als „piloto" und später „piloto mayor" wesentlichen Anteil hatte, ein erstaunlich präzises Bild der heute als Karibik bezeichneten Inselwelt im Zentrum der Neuen Welt. Es war das erste Kartenbild jenes Archipels also, das für die Spanier zum militärischen Ausgangspunkt ihrer raschen Eroberungen auch auf dem Kontinent wurde. Denn nicht zufällig war Hernán Cortés von Kuba aus in das riskante Abenteuer neuer Eroberungen aufgebrochen, die ihn nach Anáhuac und ins Reich der Mexica führen sollten. Die Inseln der Karibik waren für die Spanier in der ersten Phase beschleunigter Globalisierung in etwa das, was in der vierten Phase für die dann herrschende westliche Weltmacht die Flugzeugträger waren.

Zunächst entstand ein Bild der Erde, innerhalb dessen den Inseln und Archipelen eine entscheidende Bedeutung zukam. Sie zeichnen nicht nur die militärischen Insel-Strategien einer iberischen Eroberung der Welt nach, sondern verwandeln die gesamte Welt in eine *Inselwelt*, die über die Meere miteinander verbunden ist und eine sich abzeichnende Relationalität aufweist, welche von Europa, von der Iberischen Halbinsel aus gebündelt wird. Wir hatten diese implizite strategische Dimension mit dem *Isolario* des Benedetto Bordone näher untersucht. Auf keiner anderen Karte wird die Dynamik des europäischen Expansionsprozesses, wird die Geschwindigkeit und historisch-mythologische Tiefenschärfe der ersten Phase beschleunigter Globalisierung jedoch mit solcher Kraft, ja mit solcher Wucht vor Augen geführt wie auf diesem anspruchsvollen kartographischen Weltentwurf des Juan de la Cosa. Die sogenannte *Carta* des Juan de la Cosa war das zu seiner Entstehungszeit fortgeschrittenste Bild der Erde. Kartographische Bildwelten und Weltbilder verschränken sich, wie wir bereits gesehen haben, am Beginn der frühen Neuzeit unauflöslich.

---

3 Vgl. auch die Wiedergabe dieser faszinierenden Weltkarte in Cerezo Martínez, Ricardo: *La Cartografía Náutica Española de los Siglos XIV, XV y XVI*. Madrid: Centro Superior de Investigaciones Científicas 1994, S. 82–83.

In diese komplexe Relationalität zwischen dem Aufgefundenen und Vorgefundenen, dem Erfundenen und Imaginierten sowie dem Erlebten und Gelebten schreibt sich die Existenz des Noch-Nicht-Existierenden, die Präsenz des für die Europäer noch unzugänglichen Mexiko ein. Es ist eine dunkle Fläche am äußersten westlichen Rand des gewaltigen Kartenausschnitts, fast schon in Reichweite jener durch Fähnchen markierten europäischen Besitzungen im karibischen Raum, welche die Karte mit präzisen Umrissen stolz verzeichnet (Abb. 8). Es handelt sich um eine *Terra incognita* im Zeichen jenes Christophorus, der in deutlicher Anspielung auf jenen Genuesen, der den Christusträger, die Taube und den Kolonisten gleichermaßen in seinem Namen trägt, zur nicht nur kartographischen Legitimationsfigur einer die Weltgeschichte fundamental verändernden Expansionsbewegung wurde. Wir haben es mit einer Visualisierung, einer Sichtbarmachung Neuspaniens beziehungsweise Mexikos noch vor dessen ‚Entdeckung' und Findung, nicht aber – auch im Sinne Ernst Blochs[4] – vor dessen eigentlicher *Er*findung zu tun.

Kein Zweifel: Juan de la Cosas Welt-Entwurf ist eine hochgradig vektorielle Karte, die uns ein kartographisches Bild jener ungeheuren Beschleunigung zeichnet, welche viele der Bildvorstellungen revolutionierte, die sich das Abendland von seiner *Ökumene* und *Anökumene* machte! Denn nicht nur das Anknüpfen an die Vorbildhaftigkeit der Antike, sondern auch das Hinaustreten über die Grenzen des dem Altertum bekannten Wissens brachte ein neues Lebensgefühl hervor, das die Renaissance aus dem Blickpunkt eines so vieles, auch so viele Völker und Kulturen mit sich gewaltsam fortreißenden Globalisierungsprozesses beleuchtet. Wir haben am Beispiel des akademisch gebildeten Hernán Cortés, aber auch anhand der gewaltigen *Historia verdadera de la conquista de la Nueva España* gesehen, dass sich auch ein einfacher Soldat zu Beginn des 16. Jahrhunderts als ein Mensch fühlen konnte, der über alle vorherigen Vorbilder und Modelle, die aus der Antike überliefert waren, hinausging und voller Stolz darauf war.

Alles ist in Gang, ist in Bewegung gekommen! Und verbirgt auf Juan de la Cosas Weltkarte die Christophorus-Figur mit dem Christuskind nicht auch noch das mögliche Versprechen einer Meerenge, einer Teilung der sich abzeichnenden Landmassen, die den Europäern die Durchfahrt zu jenem anderen Meer gestatten könnte, das sich im äußersten Osten der *Mappamundi* ausbreitet? Zu jenem Meer, von dem den Europäern erstmals Marco Polo ausführlich berichtete, jenem Meer, aus dem sich die Umrisse des sagenumwobenen Cipango erheben, das Columbus so sehr in seinen Bann schlug?

---

4 Vgl. hierzu Bloch, Ernst: *Das Prinzip Hoffnung*. 2 Bde. Frankfurt am Main: Suhrkamp 1973, S. 874.

Finden, Erfinden und Erleben bilden auf der Weltkarte des Jahres 1500 einen wechselseitigen Verweisungszusammenhang, der noch heute auf faszinierende Weise in seiner Relationalität erlebbar und nacherlebbar ist. Die drei Termini, die an die Stelle einer allzu simplen Unterscheidung und Trennung zwischen Faktizität und Fiktionalität treten, sind nicht fein säuberlich voneinander zu scheiden. Weltkarten sind bis heute nicht nur in einem kartographischen Sinne Projektionsflächen des Anderen im Eigenen: Sie erweisen sich auch als ideal, um das autobiographische Erleben auf ein Zukünftiges hin zu öffnen, auf ein noch zu Erlebendes, welches weit über die eigenen Lebensumstände und Erlebensmöglichkeiten des zeichnenden, kartographierenden Subjekts hinausgeht.

Die oft schon kritisch dargestellte Geschichte der Projektion dieser Bilderwelten insbesondere auf die Zone zwischen den Wendekreisen soll uns hier freilich weniger beschäftigen als die lang anhaltende Wirkkraft von Vorstellungen, welche die Tropen zum Ort nicht allein beständiger Wendungen, sondern auch erstaunlicher Wandlungen und Metamorphosen des Anderen im Eigenen machen. In diesem weltumspannenden Zusammenhang bildet das über den nördlichen Wendekreis hinausragende Neuspanien beziehungsweise Mexiko sicherlich keine Ausnahme, sondern hält die Diskurse der Tropen wie die Tropen der Diskurse in Gang.[5]

Von größter Relevanz für den uns interessierenden Zusammenhang zwischen dem Erfundenen und dem Gefundenen sowie den Orten dieses Erfindens ist fraglos die Tatsache, dass die Weltkarte des Juan de la Cosa für eine Entwicklung und mentalitätsgeschichtliche Konstellation stehen darf, die – zugleich auf arabischen Impulsen fußend – im Florenz des 15. Jahrhunderts die Einführung der Zentralperspektive in Malerei und Architektur antrieb. Wir sollten dabei nicht übersehen, dass die Einführung der Zentralperspektive in wesentlicher Weise machtpolitische Inhalte und Vorstellungen transportierte, welche bei der weltweiten Verbreitung der Technik bald in der Reibung mit anderen Kulturen virulent wurden. Denn gerade machtpolitisch wie militärisch wirkte die Zentralisierung der Perspektivik keineswegs harmlos!

Vor diesem Hintergrund ließe sich formulieren, dass neben die Erfindung der kunstgeschichtlich so folgenreichen Zentralperspektive insbesondere durch Brunelleschi[6] eine nicht weniger kunstvolle (und ebenfalls arabische Einflüsse

---

5 Vgl. hierzu Ette, Ottmar: Diskurse der Tropen – Tropen der Diskurse: Transarealer Raum und literarische Bewegungen zwischen den Wendekreisen. In: Hallet, Wolfgang / Neumann, Birgit (Hg.): *Raum und Bewegung in der Literatur. Die Literaturwissenschaften und der Spatial Turn.* Bielefeld: transcript Verlag 2009, S. 139–165.
6 Vgl. hierzu Belting, Hans: *Florenz und Bagdad. Eine westöstliche Geschichte des Blicks.* München: C.H. Beck ³2009, S. 180–228.

weiterführende) Erfindung trat: die Zentrierung der Welt entlang und mit Hilfe der Äquatoriallinie, flankiert von den Wendekreisen des Krebses und des Steinbocks: Das für uns noch immer gegenwärtige und alle anderen Projektionen beherrschende abendländische Bild von unserer Erde war entstanden. Dieser Entstehungsprozess – und mit ihm unter anderem auch der Generierungsprozess der amerikanischen Hemisphäre – lässt sich in Juan de la Cosas Weltkarte, deren Bedeutungszusammenhänge wir zuvor bereits entfaltet haben, sehr anschaulich nachvollziehen.

So entstand um das Jahr 1500 nicht nur eine neue kartographische Welt, eine Welt aus kolonialer Sicht eng miteinander verzahnter Inseln, die aus geostrategischer Perspektive für die Spanier zum militärischen Ausgangspunkt ihrer raschen Eroberungen auf dem amerikanischen Kontinent wurden. Die erste Karte Amerikas, ja die erste Weltkarte im eigentlichen Sinne zeichnete neben den soeben von den in spanischem Auftrag ‚entdeckten' Gebieten darüber hinaus auch mit verblüffend hoher Präzision die korrekte Position des Äquators sowie des Wendekreises des Krebses ein, so dass es zu der bereits erwähnten doppelten ost-westlichen und nordsüdlichen Zentrierung kam – einer zweifachen Zentrierung, welche den Interessen Europas und seines über die Welt ausgeworfenen Kartennetzes voll und ganz entsprach. Denn dieses Kartennetz gehorcht dem Schema der Verbindung zwischen dem Machtzentrum und seinen kolonialen Ergänzungsräumen. Die *Carta* verdeutlicht zugleich, dass es keinen Sinn macht, Europa auf sich selbst beschränkt zu denken, dass es folglich immer gilt, Europa *transareal* und im Weltmaßstab zu begreifen.

Kartographische Bildwelten und ideologische Weltbilder verschränken sich zu Beginn der frühen Neuzeit so unauflöslich miteinander, dass die empirische Grundlage zum Ausgangspunkt der Darstellung einer ‚Natur' wird, die als ‚Kultur' (und damit als spezifische kulturelle Konstruktion) nicht mehr erkannt werden, sondern als ‚natürlich' angesehen und betrachtet werden will. Wir sind selbst Gefangene dieser Konstruktion, halten dieses Bild der Erde folglich für ‚natürlich'. Noch heute, so darf man mit guten Gründen behaupten, sind unsere Kartenbilder dem kartographischen Weltbild des Juan de la Cosa sowie der Konstruktionstechnik der Zentralperspektive verpflichtet. Und so erscheint Neuspanien als weltweit – wohlgemerkt: von Europa aus! – vernetztes insulares Festland: Seit seinem Auftauchen in den Kartenwelten der Europäer ist Mexiko einer von Europa aus doppelt zentrierten transarchipelischen Inselwelt zugehörig. Und diese Zugehörigkeit wollen wir nun weiter erkunden mit Blick auf die Eroberung Anáhuacs, aber nun aus transareal veränderter Perspektive!

Eine junge Frau erblickt am Anfang eines langen Zuges schwerbewaffneter Männer, die teils hoch zu Ross, teils zu Fuß mit ihren aufgerichteten Lanzen von rechts in den Bildausschnitt drängen, die Figur des stolzen Anführers, der sich

Vom Auftauchen und Erfinden Neuspaniens — 245

Abb. 34: Biombo de la Conquista y de la Muy Noble y Leal Ciudad de México, ca. 1690.

Abb. 35: Biombo de la Conquista y de la Muy Noble y Leal Ciudad de México, ca. 1690. Details: Indigene auf Booten, Moctezuma II. unter einem Herrscherbaldachin und Hernán Cortés in Rüstung und mit Standarte.

inmitten seiner Schar unter der Fahne Kastiliens und Leóns auf eine unmittelbar bevorstehende Begegnung vorbereitet – eine historische Begegnung (Abb. 35)! Es ist der 8. November des Jahres 1519 christlicher Zeitrechnung. Die junge Frau weiß weder etwas von dieser christlichen Zählung noch von deren Stifter. Wir befinden uns auf der Calzada de Iztapalapa, jenem prachtvollen Damm, der quer durch den riesigen See nach Tenochtitlán führt, der Hauptstadt des Aztekenreiches. Und als wären sie *orientiert*, auf einer kartographischen Darstellung verortet, dringen die Eindringlinge von Osten, von Europa her ins Bild – in ein Bild, das uns von einer hochmobilen Fläche an entgegenblickt, uns förmlich anspringt, im Museum nicht mehr loslässt. Wir befinden uns am Vorabend des Zusammenbruchs der alten Ordnung der Neuen Welt, die unter dem Ansturm der Alten Welt in eine neue Ordnung überführt wird.

Es ist eine Szene, die wir schon kennen, von der wir bei Hernán Cortés in den *Cartas de relación* und bei Bernal Díaz del Castillo in dessen *Historia verdadera de la conquista de la Nueva España* schon gehört haben. Der spanische Konquistador, auf den die gespannten Blicke seiner Soldaten geheftet sind, reitet auf Moctezuma zu, der – mit allen Insignien der Macht und des Reichtums ausgestattet – von seinen Untertanen in einer Sänfte getragen langsam näherkommt, dem Spanier entgegentretend. Der über das Auftauchen der Spanier an den Küsten seines Reiches frühzeitig unterrichtete Aztekenherrscher hatte zuvor vergeblich versucht, die direkte Begegnung mit jenen bärtigen Männern zu vermeiden, die nach seinem Verständnis nur die Abgesandten Quetzalcóatls sein konnten und bald schon ihr Land zurückfordern würden. Er vermag sich noch immer nicht zu entscheiden, wie mit den bärtigen Besuchern zu verfahren ist. Doch schon bald wird ihm das Heft des Handelns aus der Hand genommen – ein wenig so, wie der gütige Montezuma in Friedrich des Großen gleichnamiger Oper zu einem Opfer des grimmigen Machtmenschen Cortés werden sollte. Denn es geht um die Macht!

Es handelt sich um eine fürwahr historische Begegnung zwischen dem mit einer abendländischen Krone ausgestatteten, aber mit gleichsam orientalischem Pomp repräsentierten Aztekenherrscher und dem im Grunde widerrechtlich, gegen den ausdrücklichen Willen der spanischen Autoritäten ins Innere des Kontinents, ins Hochtal von Anáhuac vordringenden Hernán Cortés; eine Begegnung, die zu dem hier dargestellten Zeitpunkt noch ganz im Zeichen eines freundlichen Austauschs von Gastgeschenken steht. Doch die Zeit der vertrauensbildenden Maßnahmen wird bald schon an ihr blutiges, fatales Ende gelangen. Der Maler ist sich der welthistorischen Bedeutung der von ihm dargestellten Szenerie bewusst, mehr noch: Er weiß sich selbst und seine Kunst als ihr distantes Resultat. Denn er ist Teil jener weltumspannenden Expansion, ohne deren globalisierende Beschleunigung seine Kunst und auch er selbst nicht zu denken sind.

Wir können das Gesicht der jungen Frau, die ein Kind auf ihrem Rücken trägt, nicht erkennen. Sie blickt – uns abgewandt – zusammen mit drei weiteren indigenen Figuren und ihrem Kind von einer Piroge aus auf die wie eine Wand vorrückenden spanischen Reiter und Infanteristen, auf das historische Geschehen, das letztlich ihren eigenen Untergang besiegeln wird. Und in der Tat nimmt sich die kleine Gruppe der vier Indianerinnen und Indianer, die sichtlich bewegt und staunend von ihrem schwankenden Boot, von einem der vielen Kanus in der Lagune von Tenochtitlán aus auf das sich ihnen bietende Schauspiel starren, angesichts der massigen Leiber der Pferde, von deren Existenz die Azteken vor der Ankunft der Spanier nichts wissen konnten und die sie bald fürchten lernen sollten, geradezu winzig aus. Sie ist nichts als ein kleiner Klecks inmitten eines großen historischen Gemäldes, vor dem wir tief bewegt in einem der wunderbaren Museen von Mexiko-Stadt stehen. Ahnen die vier indigenen Betrachter der historischen Begegnung schon, dass sie in diesem Unheil bringenden Jahr ihres eigenen Kalenderzyklus der fast unvermeidlichen Katastrophe entgegentreiben?

Es ist, als wären die in dieser Szenerie so liebevoll wiedergegebenen Indianer auf ihrem eigenen Territorium längst auf der Flucht, als wären sie bereits zu Opfern jenes Macht- und Gewaltkalküls geworden, das Cortés schon bald zum Herrscher über eine gewaltige Landmasse und riesige Reichtümer machen sollte: *Marvellous possessions*, in der Tat![7] Denn die Spanier sind nicht gekommen, um nur Gastgeschenke entgegenzunehmen, um mit der indigenen Bevölkerung friedlich zusammenzuleben und Handel im beiderseitigen Interesse zu treiben.

Das Wissen der abendländischen Eroberer, für welche die jahrhundertelange Reconquista Spaniens gegen die Mauren seit dem *Annus mirabilis* 1492, dem Fall Granadas und der ‚Entdeckung' Amerikas, längst in die Conquista der ‚Neuen Welt' umgeschlagen war, ist allein auf die Vergrößerung der eigenen Macht, des eigenen Reichtums, der eigenen Gewalt über die Subjekte wie die Objekte Amerikas gerichtet. Und dieses Wissen sollte sich erfolgreich mit Gewalt durchsetzen: Die junge Frau, deren Gesicht wir nie mehr erkennen werden, wird mitsamt ihrer Gemeinschaft für lange Jahrhunderte als Subjekt von der Bildfläche der Geschichte verschwinden. An ihrem Schicksal, daran lassen die Größenverhältnisse der Szenerie keinerlei Zweifel, ist nicht zu rütteln, ist nichts mehr zu ändern: Es ist in der unmittelbaren Zukunft ihrer dargestellten Vergangenheit besiegelt. Sie wird, vom Wirbel der Eroberung erdrückt, von der Geschichte an irgendeinem marginalen Punkte wieder ausgespuckt.

---

[7] Vgl. hierzu Greenblatt, Stephen: *Marvellous possessions: the wonder of the New World*. Oxford: Clarendon Press 1992.

Das Ölgemälde, das diese so oft entworfene historische Begegnung zweier Welten zeigt, ist kein einfaches Gemälde, sondern Teil eines hochkomplexen Kunstwerks, das sich heute unter der Bezeichnung *Biombo de la Conquista de México y la Muy Noble y Leal Ciudad de México* mit all seiner Pracht im Museo Franz Mayer in Mexico-Stadt bewundern lässt. Es handelt sich um einen beidseitig höchst kunstvoll bemalten, 2130 cm hohen und 5500 cm breiten Paravent, den ein anonym gebliebener Künstler im letzten Drittel des 17. Jahrhunderts im damaligen Vizekönigreich Neuspanien geschaffen hat. Es ist ein Kunstwerk, das sich deutlich nach der ersten Phase beschleunigter Globalisierung, aber nicht *nach* der Globalisierung ansiedelt. Im Gegenteil: Es ist ein Werk, in dem sich die Kunst-, Bild- und Denktraditionen Amerikas, Asiens und Europas ebenso *transareal* wie *transkulturell*[8] vereinigen: ein Werk aus jenem transarchipelischen Beziehungsgeflecht Neuspaniens zwischen Europa und Asien, das zu Beginn des 16. Jahrhunderts real zu existieren begann.

Die spanische Bezeichnung „Biombo", für die man im Deutschen bisweilen auch den Ausdruck ‚Spanische Wand' hören kann, weist uns den Weg zu dieser transarchipelischen Konfiguration.[9] Sie ist mit der ersten Phase beschleunigter Globalisierung verknüpft, für die das bereits mehrfach beschworene Epochenjahr 1492 symbolhaft stehen kann. Denn die Vokabel stammt aus dem Japanischen, wurde vom Portugiesischen zu einem Zeitpunkt übernommen, als Portugal Japan noch in seine Handelsinteressen miteinbeziehen konnte, und hielt bald auch ins Spanische Einzug, wo sie sich gegen andere, konkurrierende Bezeichnungen durchsetzte. So deuten sich schon in den verschiedene kulturelle Areas miteinander verknüpfenden *transarealen* Wegen des Begriffs die Wege des Wissens an, ohne welche die Geschichte der spanischen Wand – und nicht nur sie allein – in Neuspanien unverständlich bleiben muss. Denn im 16. Jahrhundert entwickelte sich das, was ab der nächsten Phase beschleunigter Globalisierung dann die Bezeichnungen ‚Welthandel' und ‚Weltverkehr' erhalten sollte.

Die Herkunft des Lexems aus dem Japanischen bedeutet freilich nicht, dass der Paravent eine japanische Erfindung wäre. Die ersten Hinweise auf derartige Möbelstücke finden sich vielmehr in der chinesischen Literatur des zweiten Jahrhunderts vor unserer Zeitrechnung, so dass man wohl China die Erfindung dieses – wie die französische Vokabel es ausdrückt – ‚Windschut-

---

[8] Der Begriff der *transculturación* wurde bereits 1940 in Opposition zum Akkulturationsbegriff in die wissenschaftliche Debatte eingeführt von Ortiz, Fernando: *Contrapunteo cubano del tabaco y el azúcar*. Prólogo y Cronología Julio Le Reverend. Caracas: Biblioteca Ayacucho 1978.

[9] Zur historischen und kulturellen Dimension der Biombos vgl. Baena Zapatero, Alberto: Nueva España a través de sus biombos. In: Navarro Antolín, Fernando (Hg.): *Orbis Incognitus: avisos y legajos del Nuevo Mundo*. Huelva: Universidad de Huelva 2007, S. 441–450.

zes' zuschreiben darf. Das chinesische Reich war gewaltig, seine Hauptstädte des Nordens (Beijing), des Südens (Nanjing) und des Ostens (wie selbst Tokyo heute noch genannt wird) lagen weit auseinander. Wohl erst im siebten nachchristlichen Jahrhundert gelangten die mobilen und klappbaren Raumteiler nach Japan, wo sie allerdings rasche Verbreitung fanden und in der Folge eine hohe künstlerische Perfektion in der Ausführung erreichten.[10] Doch es sollte noch viel Zeit vergehen, bis die Biombos ihren beeindruckenden Siegeszug auf dem amerikanischen wie auf dem europäischen Kontinent antreten konnten. Dazu bedurfte es der von Europa ausgehenden ersten Phase beschleunigter Globalisierung, die sich zunächst transatlantisch, mit einiger Verzögerung dann aber auch transpazifisch auszuwirken begann.

Denn erst nachdem im Jahre 1566 Miguel de Legazpi im Rahmen seiner Expedition eine Route gefunden hatte, die nicht nur von der neuspanischen Pazifikküste zu den Philippinen, sondern von diesen auch wieder nach Neuspanien und dessen Pazifikhafen Acapulco zurückführte, erst nach der Gründung der künftigen philippinischen Hauptstadt Manila im Jahre 1571 und der Einrichtung eines regelmäßigen Schiffsverkehrs zwischen Acapulco und den Philippinen im Jahre 1573 – eine Route, die über zweihundertfünfzig Jahre bestand – wurde es möglich, *von Neuspanien aus* (und damit gleichsam dem von Juan de la Cosa erträumten ‚Durchgang' folgend) mit Japan, dem Cipango Marco Polos, in Verbindung und kontinuierlichen Austausch zu treten. Es war gelungen, nicht nur einmalige, sondern kontinuierlich aufrecht erhaltene Schiffsverbindungen weltweit in Gang zu setzen und mit entsprechendem Personal auszustatten: eine ungeheure Leistung ebenso auf nautischem wie infrastrukturellen Gebiet, die da von den kleinen iberischen Seefahrtsnationen bewerkstelligt wurde.

Die Koordinaten der Weltkarte des Juan de la Cosa waren nochmals in Bewegung geraten, auch wenn sich die zentrale Stellung Europas und damit die in ihr propagierte Zentralperspektive nur mehr verstärkte. Ostindien war nun über Westindien erreichbar und umgekehrt. Ab diesem Zeitpunkt begannen Luxusgüter asiatischer Herkunft – und darunter sicherlich auch Paravents – in Neuspanien einzutreffen, wobei es freilich für immer offen bleiben dürfte, ob die ersten Biombos, die Neuspanien, das künftige Mexico erreichten, chinesischen oder japanischen Ursprungs waren.[11] In jedem Falle handelt es sich um hochgradig transareale Erzeugnisse, die schon bald einen spezifisch amerikani-

---

10 Vgl. Curiel, Gustavo: Los biombos novohispanos: escenografía de poder y transculturación en el ámbito doméstico. In: Curiel, Gustavo / Navarrete, Benito (Hg.): *Viento detenido. Mitologías e historias en el arte del biombo. Colección de biombos en los siglos XVII al XIX de Museo Soumaya*. México: Museo Soumaya 1999, S. 12.
11 Ebda., S. 11f.

schen Markt erreichten und auf Käuferschichten trafen, über die wir noch sprechen müssen. Eine weltumspannende kapitalistische Weltordnung war aus den frühkapitalistischen Unternehmungen des Christoph Columbus wie des Hernán Cortés entstanden.

Von großer Bedeutung für die europäische Rezeption derartiger Möbelstücke war zweifellos eine Delegation christianisierter Japaner, die unter der Leitung des Jesuiten Diego de Mésquita 1585 zum spanischen König Philipp II. sowie zu Papst Gregor XIII. aufbrach. Die Delegation kam keineswegs mit leeren Händen. Als Gastgeschenke überreichte man unter anderem japanische Paravents, welche großen Eindruck nicht nur im Vatikan, sondern gerade auch am mächtigen und einflussreichen spanischen Hof hinterließen. Nicht umsonst also wurde es angesichts des Erfolgs, den dieses mobile Möbelstück im spanischen Einflussbereich hatte, im deutschen Sprachraum üblich, mit Blick auf den Paravent von der ‚Spanischen Wand' zu sprechen. In dieser Bezeichnung ist noch die spezifische Handelsverbindung mit Asien gegenwärtig. Dass die asiatische Geschichtsschreibung eine eigene Sichtweise der Globalisierung entwickelte, ist nur allzu sehr verständlich; dass die europäische wie die asiatische Perspektivik aber leicht miteinander zu verbinden sind, zeigte ein Dialog, den ich mit einem chinesischen Geschichtswissenschaftler führen durfte.[12]

Für die sehr spezifische Entwicklung der neuspanischen Biombos war die Tatsache entscheidend, dass mit der 1638 beziehungsweise 1639 beschlossenen und durchgeführten Abschottung Japans gegenüber dem okzidentalen Einfluss gerade auch jene japanischen Künstler und Handwerker den Archipel verlassen mussten, welche die kunstvolle Bemalung der Paravents im Rückgriff auf fernöstliche wie auf abendländische Bildvorstellungen und Traditionen weiterentwickelt hatten und die sogenannte Namban-Kunst[13] – der Begriff ‚Namban' stand für die Barbaren des Südens – begründeten. Damit erhielt der direkte Austausch zwischen Japan und Neuspanien, der im Wesentlichen über zwei Kanäle – auf oftmals informelle Art über die Galeone von Acapulco sowie durch die direkten Gesandtschaften der japanischen Shoguns ab dem Jahre 1610 – verlief, einen entscheidenden Auftrieb.[14] Die in Japan durchgeführten Zwangsmaßnahmen, Ermordungen und Exilierungen waren folglich – wie auch zu anderen Zeiten und in anderen Areas unseres Planeten – von großer Bedeutung für die Entstehung transkultureller Phänomene in Kunst und Kultur. Und wieder einmal war daran

---

12 Vgl. hierzu Ette, Ottmar / Ruan, Wei: Globalization: A Dialogue. In: *Journal of Foreign Languages and Cultures* (Changsha, China) 2 (2019), S. 147–153.
13 Vgl. hierzu den eindrucksvollen Band von Rivero Lake, Rodrigo: *Namban Art in Viceregal Mexico*. México: Estilo México Editores – Turner 2005.
14 Ebda., S. 295.

jene Welt beteiligt, die sich seit Mitte des 19. Jahrhunderts als ‚Lateinamerika' zu bezeichnen begann.[15]

So entstand die transkulturelle Namban-Kunst. Diese überaus eindrucksvolle, aber für lange Zeit in eine relative Vergessenheit geratene Kunst brachten die japanischen Künstler – allen voran Emonsaku – bei ihrer Übersiedlung zunächst auf die kolonialspanischen Philippinen und dann nach Neuspanien mit. Die Wirkung dieser Namban-Schule auf die Kunst der spanischen Kolonie, vorbereitet von einem so beeindruckenden Maler wie Kano Domi, der wohl als erster Namban-Künstler zu Beginn des 17. Jahrhunderts Neuspanien erreichte,[16] war ebenso verblüffend wie langanhaltend. Die europäische, die iberische Globalisierung hatte den asiatischen mit dem amerikanischen Kontinent dauerhaft verbunden.

Wenn *TransArea Studies* gerade auch jene Austausch- und Transformationsprozesse miteinschließen und fokussieren, die im globalen Maßstab direkt zwischen unterschiedlichen kulturellen Areas und ohne eine unmittelbare Zentrierung durch Europa verlaufen, dann ist die Namban-Kunst für eine derartige wissenschaftliche Ausrichtung, ohne die auch der spezifische Bewegungsraum europäischer Kunst, Literatur und Kultur wohl kaum bestimmt werden kann, von höchstem Interesse. Die nur aus transarchipelischen Relationen erklärbare Namban-Kunst macht klar: Neuspanien war längst zu einem essentiellen Bestandteil jener weltumspannenden iberischen Maschinerie geworden, die nicht nur die Zirkulation der Macht und des ökonomischen Reichtums, sondern auch die des Wissens und der Kunst auf eindrucksvolle Weise beherrschte.

In Neuspanien verbanden sich in der Ausstrahlungskraft dieser aus Japan stammenden Künstler europäische, amerikanische und asiatische Bildtraditionen auf so komplexe Weise, dass sich mit Recht von einer grundlegenden Transkulturation im Bereich der Malerei sprechen lässt. Das zum spanischen Weltreich gehörende Vizekönigreich hatte damit nicht nur eine wichtige Position innerhalb der amerikanischen Beziehungsgeflechte in Nord-Süd-Richtung, nicht nur eine Brückenfunktion in Ost-West-Richtung zwischen den Archipelen der Karibik und der Philippinen eingenommen, sondern darüber hinaus weltumspannende Relationen aufgebaut, die in den neuspanischen Biombos mit ihrer wechselseitigen Stimulierung asiatischer, amerikanischer und europäischer Sehweisen ihren vielleicht verdichtetsten künstlerischen Ausdruck fanden. Aus dieser transkulturell entstandenen Perspektivik begann sich schon bald, eine sehr spezifische Sichtweise auf die eigene neuspanische Geschichte zu entwickeln.

---

15 Vgl. hierzu den vierten Band der Reihe „Aula" in Ette, Ottmar: *Romantik zwischen zwei Welten* (2021), S. 251 ff.
16 Vgl. Rivero Lake, Rodrigo: *Namban Art in Viceregal Mexico*, S. 297.

Im novohispanischen Biombo falten sich folglich weltweite Zirkulationen künstlerischen wie handwerklichen Wissens auf. Die Globalisierung nambankünstlerischer Ausdrucksformen legte von Beginn an die Behandlung transarealer, weltumspannender Themen nahe. Es überrascht daher nicht, dass das Thema der „Vier Weltteile"[17] gerade auf den neuspanischen Biombos außerordentlich beliebt war, vermochten sich doch auf diese Weise die Kreolen als universal gebildete, ja als im eigentlichen Sinne universale Elite zu inszenieren. Denn es waren vorzüglich reiche Kreolen, welche für diese Art extrem teurer Kunstproduktionen in Neuspanien einen eigenen Markt zu bilden begannen.

Erlauben Sie mir ein Wort mit Blick auf diese gesellschaftliche Gruppe, deren Bedeutung man in den kolonialen wie den postkolonialen Gesellschaften des spanischen Amerika kaum überschätzen kann! Die soziale Situation der Kreolen war eine besondere – nicht umsonst werden sie ab dem Ende des 18. Jahrhunderts zur gesellschaftlichen Trägerschicht der sich anbahnenden Unabhängigkeit werden. Doch bis dahin sollte noch eine Menge Zeit vergehen. Blieben den Kreolen, mithin den in den amerikanischen Kolonien geborenen Spaniern, die höchsten Ämter in Politik, Verwaltung und Klerus verwehrt, weil diese allein den in Spanien Geborenen vorbehalten waren, so eröffnete sich in Neuspanien gerade auf diesem künstlerischen und kulturellen Gebiet ein weites Feld, um die eigenen Machtansprüche legitimieren und durch die Einführung positiver Differenzkriterien eindrucksvoll in Szene setzen zu können. Der Biombo ist in diesem Sinne als Kunst des Zwischenraums stets auch politische, ökonomische und soziale Machtentfaltung.

Dies sind Traditionslinien einer Selbstverständigung und eines Selbstverständnisses, wie sie als Phänomene *de longue durée* etwa zu Beginn des 20. Jahrhunderts in der Kulturtheorie des mexikanischen Schriftstellers und zeitweiligen Kultusministers José Vasconcelos im Begriff der ‚kosmischen Rasse', deren Kultur alles in sich aufnehme, wieder auftauchten. Die latente Präsenz eines derartigen universalen Selbstbewusstseins, dessen Genealogie tief in das koloniale Neuspanien zurückreicht, findet sich folglich unter den Bedingungen des modernen, unabhängig gewordenen Mexiko in überaus prägnanter (und im Übrigen einflussreicher) Form. So heißt es bei Vasconcelos unter Einbeziehung auch der afrikanischen Traditionen in seinen Überlegungen zum kulturell (und nicht etwa rassistisch) bestimmten Begriff der *raza cósmica*, der ‚kosmischen Rasse':

---

17 Vgl. hierzu auch Curiel, Gustavo: Biombo: entrevista de Cortés y Moctezuma y las cuatro partes del mundo. In: *Imágenes. Revista electrónica del Instituto de Investigaciones Estéticas* (México) (2009), S. 1–5.

So haben wir also vier Etappen und vier Stämme: den schwarzen, den indigenen, den mongolischen und den weißen. Dieser letztgenannte, erst einmal in Europa organisiert, verwandelte sich in den Invasoren der Welt und glaubte sich ebenso zur Vorherrschaft berufen, wie dies die vorherigen Rassen, eine jede in der Zeit ihrer Machtentfaltung, glaubten. Es ist klar, dass auch die Vorherrschaft des Weißen zeitlich begrenzt sein wird, doch seine Mission ist von derjenigen seiner Vorgänger verschieden; seine Mission ist es, als Brücke zu dienen. Der Weiße hat die Welt in eine Situation gebracht, in der alle Typen und alle Kulturen miteinander verschmelzen können. Die von den Weißen eroberte und von unserer Epoche organisierte Zivilisation hat die materiellen und moralischen Grundlagen für eine Vereinigung aller Menschen in einer fünften universellen Rasse gelegt, welche die Frucht der vorausgehenden und die Überwindung alles Vergangenen ist.[18]

Diese Fiktion eines Schriftstellers des 20. Jahrhunderts, der seine Vision der Menschheitsgeschichte mit den vier erfundenen Rassen gleichsam in einer Apotheose der Rassenfusion gipfeln lässt und Lateinamerika als den bevorzugten Ort für einen frühzeitigen Vollzug dieser Vereinigung präsentiert, mag uns die Einsicht in ein Selbstverständnis lateinamerikanischer Kreolen vermitteln, die in sich selbst so etwas wie die Verbindung des Besten all jener Bestandteile sahen, die sich in ihnen selbst als einer universalen, *kosmischen* ‚Rasse' vereinigten. Anders als die dominanten Visionen und Kulturtheorien an der Wende zum 21. Jahrhundert in Lateinamerika ging der Mexikaner José Vasconcelos dabei nicht von einer fundamentalen Hybridität aus, sondern von der Fusion, gleichsam vom *melting pot* all jener Bestandteile, welche die einzelnen menschheitlichen Traditionsstränge ausmachten. Ein derartiges Denken lässt sich in den spanischen Kolonien Amerikas schon recht früh erkennen.

Zum Ausgangspunkt dieser zweifellos im kreolischen Selbstbewusstsein der Bewohner Neuspaniens wurzelnden Auffassung von einer eigenen Geschichte, einem eigenen Blickpunkt der Kreolen, in denen die unterschiedlichsten Traditionslinien sich vereinigten, wurde nicht die Ankunft von Hernán Cortés an der heute mexikanischen Karibikküste oder der Zeitpunkt der Verbrennung seiner Schiffe, mit denen er seinen Männern den Rückweg nach Kuba unmöglich machte. Ausgangs- und Kristallisationspunkt war auch nicht die Eroberung Tenochtitláns oder die Gründung der neuen Stadt Mexiko, sondern jenes im *Biombo de la Conquista* so großartig festgehaltene erste Treffen zwischen Moctezuma und Cortés,[19] das gleichsam im Zeichen einer friedlichen Begegnung zweier Kulturen stand, an denen die Kreolen doppelt zu partizipie-

---

18 Vasconcelos, José: La raza cósmica (Fragmento, 1925). In (ders.): *Obra selecta*. Estudio preliminar, selección, notas, cronología y bibliografía de Christopher Domínguez Michael. Caracas: Biblioteca Ayacucho 1992, S. 88.
19 Vgl. hierzu Curiel, Gustavo: Biombo de la conquista de México y la muy noble y leal Ciudad de México, S. 4.

ren vorgaben. Wir haben dieses Treffen aus der Perspektive des Hernán Cortés, aber auch eines ‚einfachen Soldaten' namens Bernal Díaz del Castillo gesehen. Nirgends aber tauchte dabei die Vorstellung auf, dass es sich bei diesem Treffen um den Beginn einer Vereinigung, einer Zusammenführung verschiedener Elemente, verschiedener ‚Ingredienzien', handeln könnte. Eine solche Vorstellung lag den Spaniern, lag den Invasoren (in den Worten Vasconcelos') fern.

Nicht so aber bei den Kreolen, deren Selbstverständnis sich aus einer anderen Zusammenstellung von ‚Herkünften', von unterschiedlichen Traditionssträngen alimentierte. Denn wie kaum eine andere Episode der Eroberungsgeschichte von Nueva España war diese Szenerie eines ersten Treffens zwischen Moctezuma und Cortés dazu geeignet, den Anspruch der Kreolen auf die Teilhabe an beiden kulturellen Traditionslinien zu untermauern und sich damit stolz von den Spaniern im positiven Sinne als spezifisch *amerikanische* Elite abzugrenzen. Bei ihnen ging es nicht wie bei den Spaniern um die Aufrechterhaltung einer „limpieza de sangre", einer Blutreinheit, welche in der Geschichte der Reconquista und der Errichtung eines modernen spanischen Nationalstaates eine so große und langfristig wirksame Rolle gespielt hatte.

Kehren wir vor diesem Hintergrund noch einmal – und ausführlicher – zur kunstvollen Gestaltung des *Biombo de la Conquista de México y la Muy Noble y Leal Ciudad de México* zurück und nähern wir uns dem bemalten Paravent von seinen beiden Seiten! Die eine Seite dieses Biombo (Abb. 36) präsentiert uns über die Gesamtheit seiner zehn beweglichen Teile einen großartigen Überblick über die Stadt Mexiko, die sich machtvoll in die sie umgebende Landschaft der Hochfläche Anáhuacs mit ihren Bergen und Vulkanen einfügt. Der Blickpunkt für dieses urbane Panorama des neu gegründeten Mittelpunktes des Hochtals von Anáhuac ist Chapultepec, das wir im obigen Zitat aus der Feder des Bernal Díaz del Castillo bereits als einen herausragenden Standort kennengelernt hatten. Von diesem Blickpunkt der späteren Befestigungen, vom ‚Schlosse' von Chapultepec aus sollte in der historischen Folge jedem neuen, in sein Amt einzuführenden neuspanischen Vizekönig erstmals der Überblick über eine wohlgeordnete Gesellschaft gewährt werden, die sich buchstäblich zu seinen Füßen erstreckte.

Mexiko-Stadt erscheint auf dem Biombo als zusammenhängende Stadtstruktur, ganz so, wie Bernal Díaz del Castillo die Stadt Tenochtitlán von der Spitze der Pyramide des Templo Mayor aus beschrieben hatte. Doch vergessen wir nicht, dass der Plan erst die eine Seite des Biombo umfasst. Dieser Plan, der auf einer ‚eingeblendeten' Tafel an der unteren linken Seite die großen Sehenswürdigkeiten der Stadt auflistet, entfaltet den geradezu idealtypischen Anblick eines wohlgeordneten Gemeinwesens, dessen urbane Struktur klar und rational gegliedert ist. Der gewaltige Stadtplan dieser *urbs nova* entwirft mit seiner Fülle an De-

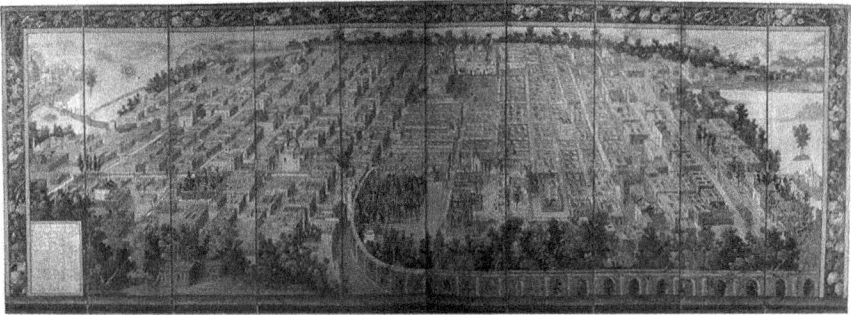

Abb. 36: Biombo de la Conquista y de la Muy Noble y Leal Ciudad de México, ca. 1690. Rückseite: Plan der Stadt Mexiko.

tails, die uns noch heute wichtige Einsichten in den damaligen Zustand der Hauptstadt Neuspaniens gewähren, das Bild der Wohltaten einer guten Regierung – und nicht umsonst wurden derartige Stadtansichten von Chapultepec aus angelegt, wo die neuen, von Spanien entsandten Vizekönige jeweils empfangen wurden, bevor sie im Triumphzug in die Stadt Mexiko einzogen und Besitz von der nun zu der ‚ihren' gewordenen Stadt ergriffen. Der politische Charakter eines derartigen Plans ist evident: Es geht um die Frage der Macht, ihrer möglichst rational begründeten Ausübung und ihrer kolonialspanischen Zentrierung auf eine fundamentale Achse.

So bietet diese Seite der spanischen Wand die Projektion einer perfekten und durchdachten städtischen Gemeinschaft, die ideale Voraussetzungen für ein gedeihliches und friedvolles Zusammenleben all ihrer Bewohner offeriert. Nichts ist in dieser Stadt dem Zufall überlassen, alles ist von der Ratio des Menschen durchdrungen. Dabei fällt gleichwohl ins Auge, dass wir auf diesem Plan nirgendwo die Bewohner der Stadt selbst entdecken können: Straßen und Plätze sind entvölkert und kommen allein in ihrer ruhigen, im heiteren Sonnenlicht daliegenden architektonischen Ausführung zur Geltung. Diese Ansicht der Hauptstadt Neuspaniens ist das exakte Gegenteil jener quirligen, von Menschen wimmelnden Stadt, welche uns ein Bernal Díaz del Castillo bei der Darstellung der Hauptplätze Tenochtitláns und des riesigen Marktes von Tlatelolco dargeboten hatte. Diese *urbs nova* ist eine künstlerische Inszenierung: Sie kombiniert das Vorgefundene mit dem Erfundenen, das Vorzufindende mit dem zu Erfindenden, ist Projekt und Projektion in einem. Die Darstellung konkreter Menschen auf den Straßen oder Plätzen der Stadt stört dabei nur.

Ganz anders das Bild ‚derselben' Stadt, das auf der anderen Seite des Biombo in durchaus differenten, oft ins Bräunlich-Rötliche spielenden Farbtönungen entfaltet wird (Abb. 34). Auf dieser Seite blicken wir nicht auf die Hauptstadt des

Vizekönigreiches Neuspanien, sondern auf die Hauptstadt des Reiches der Mexica, folglich nicht auf die Stadt Mexiko, sondern auf ihre Vorgängerstadt Tenochtitlán. Vor den Augen der Betrachter entfaltet sich über die zehn Teile des Paravent hinweg das Bild einer chaotischen Stadt, die inmitten ihres weit ins Umland ausgreifenden Sees von großen und kleinen Kanälen unregelmäßig durchzogen, von scheinbar wirr über die Stadt verteilten und verschiedenartig angeordneten Plätzen durchsetzt sowie von winkligen Straßen und Gassen unterteilt wird, die keinerlei ordnende Vernunft zu verraten scheinen. Mächtige Straßendämme, gewaltige „Calzadas" führen durch die Lagune in die Stadt. Und diese Stadt versinkt in Feuer und Zerstörung, geht im gnadenlosen Kampf der Spanier mit den Azteken unter. Auf dieser Seite verdient der *Biombo de la Conquista* seinen Namen!

Wir werden zu Augenzeugen des Kollapses jeglicher Konvivenz:[20] Ein Gemälde des grauenhaften Abschlachtens, der menschlichen Katastrophe schlechthin, entrollt sich vor unseren Augen. Denn vor allem spielen sich in dieser Stadt grauenvolle Szenerien des wechselseitigen Gemetzels ab, die in verschiedenen Episoden – auf deren Anordnung noch zurückzukommen sein wird – die Geschichte ihrer Eroberung durch die spanischen Truppen unter Hernán Cortés darstellen. Die unterschiedlichen Kriegstechniken und Strategien werden leicht auf den Gemälden des Biombo erkennbar. Es ist eine Stadt, in der nach der noch friedvollen ersten Begegnung zwischen den beiden amerikanischen und europäischen Kulturen Massaker, Hinrichtungen und Opferungen einander ablösen und den Eindruck einer allgegenwärtigen und geradezu infernalischen Gewalt vermitteln. Hätte der Zusammenbruch des Zusammenlebens in drastischeren Farben und in grausameren Choreographien, die an mittelalterliche Darstellungen der Hölle gemahnen, repräsentiert werden können?

Fest steht: In dieser Stadt ist kein Zusammenleben möglich! Die Spanier, ganz von ihrem Willen nach Macht und Gold beseelt und keineswegs nur in heroischen Posen, sondern auch in ihrer Habgier und Brutalität dargestellt, nehmen in langen und verlustreichen Kämpfen, von ihren tlaxkaltekischen Hilfstruppen unterstützt, die Hauptstadt der ehemals mächtigen aztekischen Krieger in Besitz. Das Ende des Aztekenreiches und damit Tenochtitláns ist gekommen. Doch in den Lobgesang auf Heldenmut und Heroismus der spanischen Eroberer mischen sich auch andere Töne, die sich auf den zweiten Blick erkennen lassen. Schärfer freilich könnte der Kontrast zwischen den beiden Seiten des Biombo kaum ausfallen!

---

20 Vgl. hierzu Ette, Ottmar: Angst und Katastrophe / Angst vor Katastrophen. Zur Ökonomie der Angst im Angesicht des Todes. In: Ette, Ottmar / Kasper, Judith (Hg.): *Unfälle der Sprache. Literarische und philologische Erkundungen der Katastrophe*. Wien – Berlin: Verlag Turia + Kant 2014, S. 233–270.

Doch es sind die beiden Seiten ein und desselben Paravents. Auf der einen Seite die friedlich sich im Zentrum der Hochfläche ausbreitende Stadt Mexiko, in der die Vielzahl an Kanälen längst durch ein schachbrettartiges System an Straßen und Plätzen ersetzt wurde; und auf der anderen Seite jenes Tenochtitlán, das gleichsam als eine Stadt unter der Stadt, als eine Geschichte unter der Geschichte in seiner blutigen, an Massakern reichen Historie erscheint.

Einen Zweifel kann es nicht geben: Dies ist auf der einen Seite ein durchaus staatstragendes Bild der „sehr edlen und loyalen Stadt Mexiko", wie es die Tafel auf der Seite des Stadtplans verheißt. Doch zugleich ist es eine die kreolische Sichtweise der Geschichte ins Bild setzende Inszenierung, die Anspruch auf die Herleitung der eigenen Macht aus zwei imperialen Traditionen – der spanischen wie der aztekischen – erhebt und die Position der zwar reichen, aber von den höchsten, den geborenen Spaniern vorbehaltenen Ämtern ausgeschlossenen kreolischen Elite affirmiert. Und all dies dargestellt in einer Kunst, deren Künstler zuvor aus Japan verjagt worden waren, weil sie sich der europäischen Zentralperspektive bedienten und damit auf eine Technik zurückgriffen, die – wie die damaligen Machthaber in Japan wahrgenommen zu haben scheinen – keineswegs harmlos ist, sondern sehr wohl klare machtpolitische Vorstellungen transportiert.

Der *Biombo de la Conquista* ist ein hochkomplexes Kunstwerk im vollen Sinne und glänzt durch seine Zusammenführung polysemer und polylogischer Elemente. Die spanische Wand *verbirgt und zeigt zugleich* den Blick jener Kreolen, die ein gutes Jahrhundert später zur Trägerschicht der neuspanischen Aufklärung und der sich an sie verschiedenartig anschließenden Unabhängigkeitsbewegung der Independencia werden sollten. So mag dieser neuspanische Biombo für eine Kunst des Zwischenraumes stehen, eines dynamischen Zwischenraumes aus der Bewegung, der niemals zur Ruhe kommen kann. In der verdoppelten Ansicht der Stadt zeichnet sich auf diese kunstvolle Weise in vielerlei Hinsicht eine Aussicht ab: die Hoffnung auf den Aufbau eines künftigen Gemeinwesens, das – sich seiner blutigen Herkunft sehr wohl bewusst – im Zeichen der Konvivenz zwischen verschiedenen Kulturen, zwischen verschiedenen Ethnien (ent)steht.

Es lohnt sich daher, dieses hintergründige, widersprüchliche, vor allem aber viellogische Bild des neuspanischen Gemeinwesens, des Zusammenlebens verschiedener Kulturen, Gemeinschaften und Gruppen, nochmals aus anderer Perspektive zu untersuchen. Denn auf der Seite der Stadtansicht breitete der anonyme, von der Namban-Kunst stark geprägte Künstler im letzten Drittel des 17. Jahrhunderts eine sich über die Gesamtheit des Paravent erstreckende Stadtlandschaft aus, deren umfassende Betrachtung die Einnahme einer zentralen Betrachterposition vor der spanischen Wand erforderlich macht.

Ganz in der Tradition der Erfindung der Zentralperspektive im Florenz des 15. Jahrhunderts und ihrer spezifischen „Vermessung des Blicks",[21] positioniert und stellt diese Stadtansicht ihre Betrachter mittig an einen genau bestimmten Ort, von dem aus das Panorama der Stadt seine ganze Kraft und Dynamik entfaltet. Auf den ersten Blick könnte es irgendeine Stadt auch der Alten Welt sein, die hier zentralperspektivisch in Szene gesetzt und den westlichen Sehgewohnheiten entsprechend als geschichtete Geschichte des urbanen Raumes vor Augen geführt wird. Es handelt sich um eine Stadtansicht in abendländisch eingefärbter Rationalität.

Und doch ist es nicht irgendeine Stadt. Denn die andere Seite der Stadtansicht ist immer präsent, wenn auch nicht immer sichtbar: Auf Schritt und Tritt stoßen wir gleichsam ‚unter' der modernen *urbs nova* auf das nur scheinbar verschwundene Tenochtitlán, von dessen Eroberung und Zerstörung uns die andere Seite der spanischen Wand raumgeschichtlich erzählt. Sehen wir uns dieses künstlerische Zusammenspiel zweier verschiedener Logiken, welche wie in Juan de la Cosas Kartographie kunstvoll ineinander verflochten werden, einmal näher an!

Die andere Seite des *Biombo de la Conquista* tut dies in jenen zehn Teilen, die den Paravent bilden, und bietet daher keine alles umspannende Zentralperspektive mehr, sondern eine in gewisser Weise multiperspektivische Auffächerung, in der das Geschichtete auf andere Weise und jenseits einer alles beherrschenden Zentralperspektive auftaucht. Denn die Betrachterin oder der Betrachter müssen sich zentral vor jede einzelne der dargestellten geschichtlichen Episoden stellen, um deren Anlage, aber auch die Vielzahl an Details adäquat erfassen zu können.

Auf diese Weise wird jeder Betrachter, jede Betrachterin unvermeidlich in Bewegung gesetzt und vollzieht nach, welche historischen, militärischen, sozialen oder kulturellen Bewegungen für die Herausbildung dieser Stadt (als Stadt unter der Stadt) entscheidend waren. Ist die Stadtansicht ohne ihre Bewohner von einem genau bestimmbaren Punkt, einem „punto fijo" aus zu erfassen, so zwingt die Anlage der ‚Stadt unter der Stadt' dazu, von Bild zu Bild zu gehen, ohne dabei – wie wir gleich sehen werden – im eigentlichen Sinne raum-zeitlich beziehungsweise chronologisch voranzuschreiten. Wir haben es mit einer Bewegung im Raum und weit weniger mit einer solchen in der Zeit zu tun. Die Zeit tritt erst dadurch hinzu, dass dieser Raum als ein archäologischer, als Stadt unter der Stadt, Stück für Stück erkennbar wird.

Denn es ist ausgesprochen spannend nachzuvollziehen, auf welche Weise die zuvor skizzierte Raumgeschichte in diesem Möbelstück, das weit mehr ist als ein Möbelstück, *mobilisiert* und dynamisiert wird, so dass bestimmte Di-

---

21 Belting, Hans: *Florenz und Bagdad*, S. 180.

mensionen einer *Bewegungs*geschichte erkennbar werden. Die Geschichte der ‚Stadt unter der Stadt', die Historie des transarealen Zusammenpralls der amerikanischen mit der über sie mit aller Wucht hereinbrechenden europäisch-abendländischen Kultur und Zivilisation, wird in diesen ausgemalten Flächen des Paravents weder linear noch chronologisch erzählt. So nimmt das bereits besprochene historische Zusammentreffen von Moctezuma und Cortés, das aus chronologischer Sicht den Auftakt einer jeden Erzählserie bilden müsste, nicht den – bei einer westlichen Leserichtung von links nach rechts – ersten der zehn Teile des Paravents ein, sondern füllt die Teile 8 (Moctezuma) und 9 (Hernán Cortés) aus (Abb. 35). Wie lässt sich dies erklären und mehr noch deuten?

Bringen wir die Szenerien im alten Tenochtitlán mit der Darstellung der neuen Stadt Mexiko in Übereinstimmung, dann begreifen wir, dass das Anordnungsschema der einzelnen Episoden ein räumliches ist.[22] Der Einzug der Truppen von Cortés erfolgt von Iztapalapa her und damit aus einer eigentlich südlichen Richtung, was der oberen rechten Seite der Stadtansicht entspricht. Diese räumliche Anordnung nimmt die hier gewählte Rede von der ‚Stadt unter der Stadt' also ernst: Denn *unter* der bemalten Fläche der *Vista* ist die entsprechende historische Episode spatial dem auf der anderen Seite aufgemalten Stadtraum direkt zugeordnet. Und dieses System der wechselseitigen Verweisung der beiden Seiten des Biombo – die man aufgrund ihrer intensiven Verklammerung nicht als Vorder- und Rückseite bezeichnen sollte – macht deutlich, wie intensiv und gewalttätig, zerstörerisch und selbstzerstörerisch die Bewegungen waren, die diesem modernen Stadtraum zugrunde liegen. Oder anders formuliert: Dieser neuzeitliche, moderne Stadtraum verbirgt eine blutige Geschichte der Eroberung und genozidartigen Auslöschung.

Wenn die Zentralperspektive der Stadtansicht ihren Betrachtern folglich einen genau bestimmten Ort, einen geometrisch berechenbaren Blick-Punkt, durch die zentral(perspektivierend)e Macht zuweist, so setzt sie die Darstellung der Eroberung Tenochtitláns unausweichlich in Bewegung. Auf diese Weise wird ein Abschreiten des aufgespannten Raums der Stadt notwendig, der unter der heiteren, wohlgeordneten Oberfläche eine blutige Geschichte von Gewalt und Massakern spatial eröffnet. Damit sich die Betrachterinnen und Betrachter hier nicht in den chronologischen Abläufen der Conquista des Hochtals von Mexico verirren, ist in einer Tafel wiederum am linken unteren Teil des Biombo eine Auflistung angebracht, die den einzelnen Episoden eine alphabetische Reihenfolge zuordnet (Abb. 37). So wird der ersten Begegnung von Spaniern und Azteken in

---

22 Vgl. hierzu sehr knapp Sarabia, Antonio: Mappamundi: The Screen of the Conquest. In: *FMR* (Mailand) 7 (2005), S. 6.

der Tat der Buchstabe A zugewiesen, der in der Darstellung selbst – und dies dürfte nicht überraschen – zu Füßen des hoch zu Ross sitzenden Cortés eingetragen ist. Denn er stellt gleichsam das Alpha, den Ausgangspunkt vizeköniglicher Geschichte in Neuspanien dar.

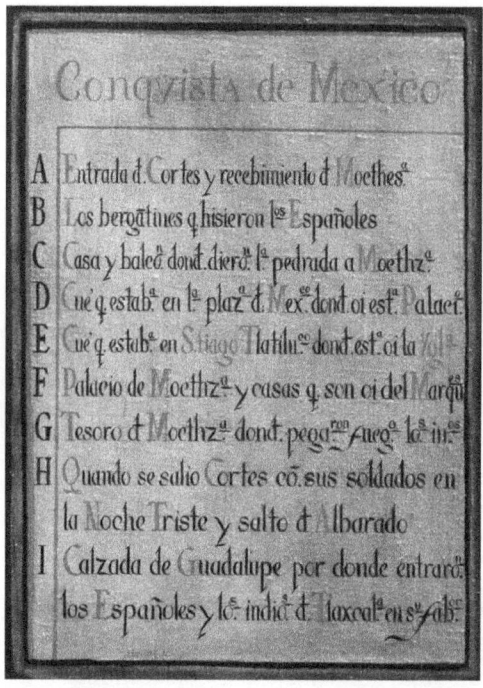

Abb. 37: Biombo de la Conquista y de la Muy Noble y Leal Ciudad de México, ca. 1690. Detail: Alphabetische Bildlegende mit der Auflistung des Dargestellten.

Nicht zufällig bringen die Kurzkommentare der erläuternden Tafel oft einen längst historisch gewordenen Ort in Tenochtitlán mit dem zeitgenössischen Ort in Mexiko-Stadt (gemäß der Formel „X, wo sich heute Y befindet") in Verbindung. Damit wird die räumliche Verankerung der Episoden innerhalb des Stadtplans der Hauptstadt des Vizekönigreichs Neuspanien unübersehbar hervorgehoben und zugleich eine Archäologie der Stadt entfaltet. Die Angabe des Ortes etwa einer Schlacht erlaubt die leichte Identifizierung der entsprechenden Stelle in der zeitgenössischen Stadtansicht. Der Raum erweist sich als ein von vielfältigen Bewegungen gequerter, gekreuzter Raum: Die Raumgeschichte öffnet sich auf eine Bewegungsgeschichte, welche die Betrachterinnen und Betrachter durch ihre Bewegungen vor der spanischen Wand nachvollziehen und in ihrem Ablauf abbilden oder buchstäblich ablaufen.

Durch die Spatialisierung der Eroberungsgeschichte wird folglich umgekehrt eine Vektorisierung einer Stadtansicht ausgelöst, die eine gleichsam archäologische (und konfliktive) Tiefen*schärfe* erhält. Unter der scheinbar statischen Oberfläche eines für die Zeit hochmodernen städtischen Gemeinwesens der *urbs nova* werden gleichsam bewegungsgeschichtlich die höchst gewalttätigen Bewegungen eines kulturellen Zusammenstoßes erkennbar, der unter der vermeintlichen Bewegungslosigkeit im ausgehenden 17. Jahrhundert (aber auch heute) noch immer präsent ist. Der Zusammenstoß war mit all seinen Nachwirkungen zu heftig, als dass ihn das nachfolgende Zusammenleben jemals hätte ausblenden können. Der Konvivenz fehlt Konsistenz: Sie gründet auf einer Asymmetrie der Macht und bleibt prekär – bis heute. Denn die Conquista ist mit ihren Machtasymmetrien keineswegs zu Ende!

Durch diese verdichtete Vektorisierung der Geschichte Mexikos wird zugleich die Geschichte der Kreolen anschaulich gemacht, lässt sie sich doch nicht von einer einzigen zentralen Perspektive her erfassen und in das europäische Muster einer die Totale panoramatisch ausleuchtenden Zentralperspektive überführen. Die kreolische Geschichte fordert und erfordert als amerikanische Geschichte ihren eigenen Ort, ihre eigene Tiefenschärfe. Die Herleitung der eigenen Geschichte aus der Partizipation an zwei verschiedenen, ineinander verhakten kulturellen Traditionen wird in die künstlerische Form eines zweiseitig bemalten Paravents übersetzt, dessen Seiten miteinander in einer engen Wechselbeziehung stehen und nicht im imperialen Blick auf die Hauptstadt der spanischen Kolonie Neuspanien allein miteinander zu verschmelzen sind. Das Auftauchen der Geschichte unter der Geschichte zeigt, dass die große spanische Kolonie nur aus mehreren Perspektiven *zugleich* – und keineswegs in einem harmonischen ‚Auftauchen' von Geschichtetem – verstehbar und weiter deutbar ist. Denn das Untergegangene ist, was nicht mehr ist und doch nicht aufhören kann zu sein. In diesem Sein, das zu sein nicht aufhören kann, ist es ein Faszinosum oder – im Sinne Roland Barthes' – ein veritables Phantasma,[23] wie es jede Form von Erkenntnis antreibt.

Lassen wir uns freilich nicht täuschen: Der *Biombo de la Conquista de México y la Muy Noble y Leal Ciudad de México* präsentiert in keinem Fall die Sichtweise der Besiegten und Eroberten, mithin der verschiedenen indigenen Völker, seien es die Bewohner des aztekischen Tenochtitlán oder die mit den Azteken verfeinde-

---

[23] Vgl. hierzu Ette, Ottmar: *LebensZeichen. Roland Barthes zur Einführung*. Hamburg: Junius Verlag 2011.

ten und als Hilfstruppen Cortés unterstützenden Tlaxkalteken – und schon gar nicht die zeitgenössische indigene Bevölkerung von Nueva España. Wir werden uns mit dieser Sicht der Besiegten in der Folge noch detailliert auseinandersetzen. Die kreolische Sichtweise der Geschichte ist zwar amerikanisch, aber ganz gewiss nicht indigen.

Dies wäre auch nicht zu erwarten gewesen, haben wir es hier doch mit Möbelstücken als Ausdrucksformen höchsten Sozialprestiges und großer (zumindest wirtschaftlicher) Machtfülle einer Elite zu tun. Denn Biombos konnten sich nur wenige leisten. Der Biombo präsentiert nicht die indigene Sicht, aber auch nicht die des spanischen Mutterlandes. Mögen hier auch die Zeugnisse spanischer beziehungsweise europäischer Literatur und Geschichtsschreibung – von den Briefen des Hernán Cortés an Kaiser Karl V. über die *Wahrhaftige Geschichte der Eroberung Neuspaniens* aus der Feder von Bernal Díaz del Castillo bis hin zur damals noch nicht veröffentlichten, aber gleichwohl zirkulierenden *Historia de las Indias* von Bartolomé de las Casas – unmittelbar auf die künstlerische Darstellung bestimmter Szenen eingewirkt haben: Es kann kein Zweifel daran bestehen, dass wir es hier mit einer transarealen kulturellen Produktion und einer Sichtweise der Eroberungs- und Kolonialgeschichte zu tun haben, wie sie im kolonialen Mutterland selbst nicht hätte entstehen und verbreitet werden können. In seiner Art der asiatisch-amerikanisch-europäischen Transarealität ist dieser Biombo kreolisch in Amerika verankert.

Als Möbelstück eines luxuriösen Alltagslebens[24] diente der *Biombo de la Conquista* zweifellos in einem hochherrschaftlichen Haus Neuspaniens dazu, auf transitorische und flexible Weise Innenräume zu unterteilen, etwa in Salons oder repräsentativen Empfangsräumen, aber auch in Schlafzimmern Bereiche des Öffentlichen von solchen privater Nutzung abzutrennen, jeweils wieder veränderbare Unterteilungen vorzunehmen oder auch dank seiner Größe den Luftzug – der französische Ausdruck *Paravent* spielt, wie bereits betont, darauf an – entweder fernzuhalten oder zu kanalisieren. Ein Biombo ist die genuine Ausdrucksform einer Kunst des Zwischenraums, dem nichts Statisches anheftet, sondern der aus ständigen Bewegungen lebt.

Aus dieser bewegungsgeschichtlich ausgerichteten Perspektive erzählt der Paravent nicht nur eine (höchst konfliktive und prekäre) Geschichte des Zusammenlebens, sondern *ist* seinerseits ein Möbelstück der Konvivenz, mithin repräsentativer Bestandteil einer komplexen Kultur des Zusammenlebens auf dem

---

24 Vgl. hierzu Pichardo Hernández, Adria Paulina Milagros: Pintura y vida cotidiana: un biombo del siglo XVIII en Nueva España. In: *Revista Multidisciplina*, tercera época (México) II, 4 (septiembre – diciembre 2009), S. 29–38.

amerikanischen Kontinent. Als höchst mobiles Mobiliar eines ZusammenLebensWissens[25] aber verkörpert dieser Paravent das Leben einer Gesellschaft wie ihrer Mitglieder zwischen den Welten, zwischen den Traditionen, zwischen den Kulturen. Der Biombo führt gleichsam am eigenen Objekt, am eigenen Körper vor, auf welche bis heute beeindruckende Weise dieses Leben und Erleben zwischen den Räumen, zwischen den gesellschaftlichen Gruppen, zwischen den verschiedenen Herkünften eine künstlerische Produktivität entfalten kann, die zur Signatur einer Konvivenz, eines ZusammenLebensWissens im Zwischen-den-Welten-Leben, wird.

Wenn sich auf beiden Seiten des Biombo Schrift und Bild immer wieder überkreuzen und die Buchstaben vor allem in ordnender, identifizierender oder dokumentarischer Absicht in die Bilder eingeschrieben sind und ‚eingreifen', dann erinnert dieses intermediale Spiel nicht von ungefähr an die zweifellos wesentlich komplexeren Wechselbeziehungen zwischen Schrift und Bild, Bilderschrift und Schriftbild, die in den *Codices* Neuspaniens in so vielfältiger Form präsent sind. Dieses Ineinandergreifen beider medialen Systeme macht klar, wie sehr sich das Bild unter den Bedingungen der „ciudad letrada",[26] der alphabetisierten gebildeten Stadt in den spanischen Kolonien Amerikas, als entzifferbare, als im vollen Wortsinne *lesbare* Einheit versteht, die jederzeit identifiziert werden kann. Schrift und Bild, Bild-Schrift und Schrift-Bild stehen sich nicht fremd gegenüber, sondern durchdringen einander und bilden niemals klar voneinander zu scheidende und unterscheidende Einheiten.

Dabei dominieren im Biombo die identifizierenden Hinweisfunktionen, die erläuternden Charakters sind. Diese identifizierende Funktion der Schrift legt fest, fixiert, lässt keine Zweifel: Hier ist Moctezuma, dort kämpft Alvarado, da hinten erscheint die neue Führungsfigur der Mexica nach Moctezumas Tod und kämpft sich ihren Weg frei: Cuauhtémoc. Doch so sehr auch die schriftlichen Zeugnisse oder historiographischen Entwürfe von Cortés oder Solís, von Bernal Díaz del Castillo oder Bartolomé de las Casas die Bild-Szenerien geprägt und die großen, in die Geschichte eingegangenen Figuren herauspräpariert haben mögen: Die weit überwiegende Mehrzahl der dargestellten Figuren, seien es Handelnde oder Gehandelte, bleibt anonym und erzählt daher Geschichten, die auf keinen Namen und auf keinen eindeutigen Begriff zu bringen sind. Auf eine dieser möglichen Geschichten, welche die Gemälde nahelegen, bin ich am Beispiel der jungen Frau mit dem Kind eingegangen, deren Gesicht wir nicht sehen, weil sie gerade wie wir das

---

25 Vgl. hierzu auch Ette, Ottmar: *Konvivenz. Literatur und Leben nach dem Paradies*. Berlin: Kulturverlag Kadmos 2012.
26 Vgl. zu diesem kulturtheoretisch wichtigen Konzept Rama, Angel: *La ciudad letrada*. Hanover: Ediciones del Norte 1984.

erste Zusammentreffen von Cortés und Moctezuma auf der Calzada de Iztapalapa beobachtet. Dieses Zusammentreffen wird für sie unmittelbare Auswirkungen haben...

Abb. 38: Frida Kahlo. Porträt der Lucha María, Mädchen aus Tehuacan. Öl auf Leinwand, 1942.

Vielleicht hat die mexikanische Malerin Frida Kahlo die andere, die ihre Zuschauer anblickende Seite des Gesichts dieser jungen Indigenen gemalt, als sie ihr wunderschönes Gemälde Lucha María, Mädchen aus Tehuacán oder Sonne und Mond entwarf (Abb. 38). In diesem 1942 abgeschlossenen Gemälde inszeniert die mexikanische Malerin, deren Werk auch die massenkulturelle Kommerzialisierung der Frau an der alles überstrahlenden Seite Diego Riveras überlebte, eine junge Indigene im Raum zwischen der Sonnen- und der Mondpyramide in Teotihuacán. Frida Kahlo griff in ihrer Komposition ebenso auf Bernardino de Sahagúns Untersuchungen wie auf Maya-Mythen, aber auch auf die komplementäre Gegensätzlichkeit von Yin und Yang aus der chinesischen Mythologie zurück. Sie erzielte damit die Konfiguration einer *Expresión americana*, eines Ausdrucks des Amerikanischen, wie wir dies nur ein Jahrzehnt später bei dem großen kubanischen Dichter José Lezama Lima gegen Ende unserer Vorlesung noch beobachten werden. Das Amerikanische erweist sich als das, was die kulturellen und mythologischen Vorstellungen des gesamten Planeten zusammenzuführen vermag.

Die junge Indigene, die zwischen die Spannungsfelder von Sonne und Mond, von „La luna" und „El sol" eingespannt ist, blickt den Betrachter vor einem bedrohlichen Hintergrund durchaus ernst an, schickt sich die Sonne doch an, die ganze Erde zu verbrennen.[27] Die Sonne fordert die ihr zustehenden Menschenopfer ein. Im Titel des Gemäldes wird der Name der christianisierten Indigenen, die den Namen der christlichen Jungfrau Maria trägt, noch die Aufforderung ‚Kämpfe!', „Lucha", beigegeben, womit die Passivität der indigenen Bevölkerung als eine zu überwindende Haltung und nur scheinbare *Condition humaine* indigener Bevölkerungen aufgerufen wird. Dazu passt auch die Tatsache, dass das junge Mädchen ein Kriegsspielzeug in ihren Händen hält und in einer durchaus spannungsvollen, keineswegs entspannten Haltung auf einem Felsbrocken sitzt. Auf ihrem Umhang kehren die Symbole der Sonnen- und der Mondpyramide von Teotihuacán wieder. Wir haben hier das Gemälde einer jungen indigenen Frau vor uns, die im Zusammenstoß zweier gegensätzlicher Kräfte, die wie Sonne und Mond aufeinander prallen, aktiv werden und die bisherige Zurückhaltung und Passivität überwinden soll. In der *Konfluenz* – ein Begriff Lezama Limas – verschiedenartiger Mythen und unterschiedlicher Kulturen zeigt sich die Vision eines Amerika, das alle Traditionen weltumspannend in sich vereint. Ich werde auf diese *Erfindung* Amerikas ausführlich im weiteren Verlauf unserer Vorlesung zurückkommen.

Doch zurück zu unserem *Biombo de la Conquista*, dessen erster Anblick in dem kleinen, aber schönen Museum im Herzen von Mexiko-Stadt für mich eine Begegnung von außerordentlicher Tiefe war! Selbstverständlich ist die junge indigene Frau, die wir nicht nur am Rande der ersten Begegnung zwischen Moctezuma und Cortés, sondern auch am Rande des gesamten historischen Geschehens bemerkt haben, nicht zu identifizieren, nicht auf ein bestimmtes Schicksal festzulegen. Sie ist passiv und willenlos in den Kampf zweier Kräfte eingespannt, begreift das Geschehen nicht.

Doch sie kann für das Schicksal von Millionen einstehen, die – scheinbar unbeteiligt – zu Opfern des heraufziehenden Krieges zwischen Azteken und Spaniern beziehungsweise eines mangelnden ZusammenLebensWissens wurden und werden. Sie trifft keine Schuld daran, dass die Mächtigen ihres Volkes die umliegenden Völker unterjochten und diesen gewaltige Tributzahlungen abverlangten, welche den Hass zwischen den verschiedenen indigenen Völkerschaften anstachelten; einen Hass, der letztlich für den Untergang des Aztekenreichs ausschlaggebend war. Weiß sie, dass ihr Schicksal davon abhängen könnte, sich mit

---

[27] Vgl. hierzu auch *Frida Kahlo Retrospektive*. Ausstellungskonzeption von Helga Prignitz-Poda. Herausgegeben von Martin-Gropius-Bau und Bank Austria Kunstforum. München – Berlin – London – New York: Prestel 2010, S. 134.

ihrem Kind zum falschen Zeitpunkt am falschen Ort zu befinden? Weiß sie, dass sie zum Opfer einer Vergewaltigung werden kann, wenn sie sich mit ihrem Kind nicht rechtzeitig vor den Blicken und den Zugriffen der bärtigen Spanier in Sicherheit zu bringen vermag?

Sie scheint als indigene Frau die immer nur Gehandelte zu sein, die nicht einmal ein eigenes Antlitz besitzt; sie scheint als Mutter die immer nur Beschützende zu sein, die aber stets weitgehend hilflos der äußersten Bedrohung aller Formen und Normen des Zusammenlebens ausgesetzt ist. Unvermittelt drohende Gewalt ist ihrem Lebensweg eingeschrieben: Über eigene Vermeidungsstrategien von sexistischer Gewalt verfügt die junge Frau nicht. Verbirgt sie deshalb vor uns ihr Gesicht?

Die anonyme junge Frau mit ihrem Kind im Kanu ist jener anderen jungen Frau und Mutter gleich, die am unteren Bildrand des dritten Teiles verzweifelt versucht, mit ihrem Kind auf dem Arm – und man könnte dies zurecht mit Darstellungsformen in Verbindung bringen, wie sie Raffaello modellhaft für die Mutter-Sohn-Beziehung von Maria mit dem Jesuskind entwickelt hat[28] – ihren Verfolgern wie auch immer zu entgehen. Sie ist auf der Flucht, weil die Spanier gerade auch der Zivilbevölkerung Gewalt antun. Der Biombo stellt Szenerien dar, die sich als Andeutungen von Vergewaltigungen und anderer Taten lesen lassen, welche nichts anderes als Kriegsverbrechen an der Zivilbevölkerung darstellen. Selbstverständlich gab es den Begriff des Kriegsverbrechens noch nicht, und auch nicht all die zahlreichen Unterzeichnerstaaten der Genfer und anderer Konventionen, die sich darauf spezialisiert haben, nicht etwa die eigenen Kriegsverbrechen aufzuspüren und auszumerzen, sondern die schriftliche, ikonische oder akustische Darstellung eigener Kriegsverbrechen und anderer Menschenrechtsverletzungen zu unterdrücken. Der moralisch-ethische Fortschritt der Menschheit ist mehr als zweifelhaft.

All diese Gesichtspunkte legen uns nahe, dass der *Biombo de la Conquista* nicht etwa den Standpunkt der spanischen Kolonialmacht und damit die offizielle Sichtweise der spanischen Eroberung Amerikas darstellt, sondern eine davon differierende Position einnimmt, welche *grosso modo* der Perspektivik der begüterten Schicht der Kreolen entspricht. Dabei ist die Darstellung indigener weiblicher Zivilpersonen nicht als Parteinahme für die indigene Bevölkerung zu bewerten. Die junge indigene Mutter ist vielmehr die Frau, deren Antlitz wir nicht sehen, weil wir es immer sehen, weil es allgegenwärtig ist, weil es stets im Hintergrund all unserer Photographien aufleuchtet und wieder verschwindet.

---

28 Vgl. hierzu Sarabia, Antonio: Mappamundi: The Screen of the Conquest, S. 21.

Unabhängig davon, ob wir in ihrer mit dem Kind vereinigten Figur, in ihrem Bildnis, in ihrem Blick, der uns entgeht, das Bild des Lebens selbst erkennen wollen oder nicht, lässt sich an diesem Punkt in der Tat die Frage stellen, ob eine eindringlichere Darstellung jener Geschichte unter der Geschichte vorstellbar ist, die sich im Namenlosen abspielt und doch immer Menschen mit Namen trifft: Menschen, die zu Opfern einer Gewalt werden, die unter der Oberfläche der vizeköniglichen *urbs nova* ebenso vor wie nach der Unabhängigkeit, ebenso vor wie nach der Mexikanischen Revolution allgegenwärtig ist. Hier leuchtet das Konzept von Miguel de Unamunos *Intrahistoria* auf:[29] Die indigenen Frauen *verkörpern* buchstäblich diese Geschichte unter der Geschichte, die Arbeit und das Leiden weit unterhalb der offiziellen Geschichte der großen Heldentaten. Sie verschwinden namenlos wieder in der großen Lagune der Menschheitsgeschichte.

Die Parallelen zwischen der ersten und der vierten Phase beschleunigter Globalisierung, zwischen der ersten Hälfte des 16. Jahrhunderts und den jeweils anderthalb Jahrzehnten vor und nach der Wende zum 21. Jahrhundert sind offensichtlich. Denn noch in der vierten Phase beschleunigter Globalisierung sind die Kraftlinien, aber auch die Vektoren der Gewalt allgegenwärtig, welche die Weltkarte des Juan de la Cosa im Jahre 1500 uns allen so plastisch vor Augen führte. Demonstriert der Stadt-Plan des Biombo nicht, was der Welt-Plan des Juan de la Cosa projizierte?

Bevor die neu ernannten Vizekönige Neuspaniens in ihre Hauptstadt einzogen und von ihrem „Virreinato" im Namen der spanischen Krone Besitz ergriffen, wurden sie traditionellerweise zum Castillo de Chapultepec geführt, von wo aus man einen herrlichen Blick über die zu Füßen des neuen Vizekönigs inmitten der Seenlandschaft des Hochtales liegende Stadt mit den berühmten Vulkanen im Hintergrund genießen konnte. Von diesem Ort, von diesem genauen Punkt aus ist die Zentralperspektive aus gedacht, die sich – wenn auch aus künstlerischen Gründen von einem deutlich erhöhten Standpunkt aus – im *Biombo de la Conquista de México y la Muy Noble y Leal Ciudad de México* eröffnet. Noch heute sind im Museum des Castillo de Chapultepec einige der von dort aus angefertigten Biombos zu besichtigen.

Von Chapultepec aus bot sich nicht irgendein Blick, irgendeine beliebige *Vista* über die Hauptstadt von Anáhuac. Dies ist der Blick des Herrschers über seine Stadt, wie er immer wieder von neuem mit vielen künstlerischen Varianten wiedergegeben wurde. Immer wieder bezeugen die verschiedensten Biombos diese Pers-

---

[29] Vgl. zu diesem Konzept und seiner historisch-literarischen Einbindung das Kapitel im sechsten Band der Reihe „Aula" in Ette, Ottmar: *Geburt Leben Sterben Tod. Potsdamer Vorlesungen über das Lebenswissen in den romanischen Literaturen der Welt*. Berlin – Boston: Verlag Walter de Gruyter 2022, S. 765 ff.

pektive mit exakt denselben Sichtachsen. Im Nationalmuseum des Castillo de Chapultepec wird noch heute unter anderem ein Biombo von Diego de Correa (Abb. 39 u. 40) mit eben dieser Zentralperspektive aufbewahrt, der mit ähnlicher Detailtreue die zentrale Sichtachse auf die Plaza de Armas, den Zócalo mit seinen repräsentativen Gebäuden weltlicher und kirchlicher Machtentfaltung richtet und dabei die umgebende Landschaft noch stärker als im *Biombo de la Conquista* transareal ausgestaltet.

Abb. 39: Diego Correa: Biombo, plano de la Ciudad de México, 1692.

Abb. 40: Diego Correa: Biombo, plano de la Ciudad de México, 1692. Detailausschnitt mit Menschen auf Booten.

Diego de Correa hat mit großer Detailversessenheit auf seinem um 1692 fertiggestellten Paravent *La mui noble y leal Ciudad de México* die auch bei ihm menschenleere Stadt ausgestaltet, zugleich aber auch eine Landschaft konstruiert, die er durchaus mit einigen wenigen Menschen wenn nicht bevölkert, so doch immerhin mit menschlichem Leben erfüllt. Vor allem aber fällt auf, dass die Vulkane des Hochtales von Mexico in einer ungeheuren Übersteilung der Hänge wiedergegeben sind, so dass sie sich – und dies ist sicherlich kein Zufall – jenen Vulkandarstellungen annähern, die uns aus der japanischen Kunst bekannt und vertraut sind.

Anders als bei der – im Übrigen deutlich behutsamer vorgenommenen – Übersteilung der Hänge im Gestus der europäischen Romantik des 19. Jahrhunderts, eine Übersteilung, an der sich auch unter wissenschaftlich-künstlerischen Gesichtspunkten ein Alexander von Humboldt erfreute,[30] haben wir es hier jedoch nicht mit künstlerischen Filiationen zu tun, die uns nach Europa führen, sondern mit Landschaftskonzeptionen, die ohne die Präsenz japanischer Modelle und Vorlagen sowie der Modellierungen der Namban-Kunst wohl kaum ausführbar gewesen wären. So scheint im Horizont des Herrscherblicks über die vizekönigliche Hauptstadt im Norden des amerikanischen Doppelkontinents einmal mehr nicht allein die künstlerische Bezugswelt Europas, sondern auch diejenige Asiens auf. Neuspanien bildete einen privilegierten kulturellen Kreuzungspunkt, an dem sich die verschiedensten Kulturen schon früh auf transkulturellen Wegen miteinander verbanden. Die transarchipelische Welt Neuspaniens gewinnt in jener Seenlandschaft, in deren Mitte sich die alte Insel von Tenochtitlán befindet, künstlerische Gestalt und überzeitliche Multiperspektivität.

Gestatten Sie mir an dieser Stelle einen etwas ausführlicheren, der Thematik unserer Vorlesung angemessenen prospektiven Blick in die weitere Geschichte der Findungen und Erfindungen der Amerikas am Beispiel vor allem Neuspaniens. Denn im Museo Nacional de Historia von Chapultepec findet sich auch ein gewaltiges Wandgemälde, das der mexikanische Künstler und Architekt Juan O'Gorman, der Bruder des bereits erwähnten Edmundo O'Gorman, auf die 1960 erfolgte Einladung des damaligen Museumsdirektors Antonio Arriaga Ochoa hin ausgeführt hat: der berühmte *Retablo de la Independencia* (Abb. 41).[31] In diesem gewaltigen Werk, das ursprünglich von dem bereits 1957 verstorbenen Diego Rivera ausgeführt werden sollte,[32] entfaltete Juan O'Gorman eine von links nach rechts chronologisch fortschreitende Geschichte der mexikanischen Unabhängigkeit, die in vier Stationen zwischen 1795 und 1815 aufgeteilt ist und eine besondere Signifikanz den Vordenkern der „Independencia" einräumt. Wir befinden

---

30 Vgl. hierzu den vierten Band der Reihe „Aula" in Ette, Ottmar: *Romantik zwischen zwei Welten* (2021), S. 586 ff.
31 Für die Mithilfe bei der Erkundung dieses wichtigen mexikanischen „Mural" danke ich Sergio Ugalde und Rosa María Sauter de Maihold.
32 Vgl. hierzu Lara, María Eugenia de (Hg.): *Tesoros del Museo Nacional de Historia en el Castillo de Chapultepec*. México: Instituto Nacional de Antropología e Historia 1994, S. 93.

uns folglich auf historiographisch gesichertem Terrain, aber im Bereich der Künste.

Abb. 41: Juan O'Gorman: El retablo de la Independencia, 1960.

Die Gruppe derer, die man als die Köpfe, als die „Autores intelectuales" der Unabhängigkeitsrevolution bezeichnen könnte, siedelt sich unmittelbar rechts oberhalb der Figur eines gekreuzigten Indianers an und ist sofort durch die dunkle, gleichzeitig akademische und klerikale Kleidung ihrer Protagonisten gekennzeichnet. Dieser Gruppe der dunkel Gewandeten gehören – diesmal von rechts nach links gelesen – Fray Servando Teresa de Mier, José Joaquín Fernández de Lizardi (mit seinem Roman *El Periquillo Sarniento*), José Juan Eguiara (der eine Liste der Namen dieser Intellektuellen *avant la lettre* in Händen hält), José Mariano Michelena, Juan Ignacio Castorena, José Antonio Alzate, Francisco Javier Alegre, Benito Díaz de Gamarra, Francisco Javier Clavijero (mit seiner ob ihrer Liebe zum mexikanischen Vaterland besonders hervorgehobenen *Historia antigua de México*), Fausto de Elhuyar, Andrés del Río und der mit den beiden zuletzt Genannten eine langjährige Freundschaft pflegende Alexander von Humboldt[33] an, der unmittelbar hinter dem bereits erwähnten Indianer am Kreuz und neben einem Globus steht, ohne seinen *Ensayo político sobre el Reino de la Nueva España* aus der Hand zu lassen. Fürwahr eine illustre Gruppe, welche die intellektuellen, aber auch politischen Geschicke Neuspaniens weit über die Zeit hinaus bestimmte und programmierte!

Die verbindende Stellung, die diesen Denkern, Wissenschaftlern und Schriftstellern zwischen den geknechteten, gefolterten und verzweifelten Indianern und den aufbegehrenden, entschlossen ihre Waffen tragenden Akteuren der Unabhängigkeitsrevolution zukommt, unterstreicht die direkte Verbindung, die Juan

---

[33] Zu vielen dieser großen Gestalten des 18. beziehungsweise 19. Jahrhunderts vgl. den fünften Band der Reihe „Aula" in Ette, Ottmar: *Aufklärung zwischen zwei Welten* (2021) sowie den vierten Band, *Romantik zwischen zwei Welten* (2021).

O'Gorman in seiner Vision der Independencia zwischen menschenverachtender Unterdrückung und antikolonialistischer, die Menschenwürde verteidigender Unabhängigkeitsbewegung sah und herstellte. Diese bildhafte Darstellung vertritt im Grunde die in der spanischen Tradition noch immer starke Verbindung der „Armas y Letras" und damit jene Vorstellung, dass die Waffen des Geistes ebenso wie die Waffen des Militärs die Zukunft der Welt zu bestimmen vermögen.

Man könnte diesen *Retablo de la Independencia*, der in etwa zum gleichen Zeitpunkt wie *La invención de América* – der Band des Bruders Edmundo O'Gorman – entstand, als Juan O'Gormans eigene *Erfindung* Mexikos bezeichnen. Diese Erfindung kombiniert die auf der Grundlage ihres Reichtums an historischen Bezügen und Verweisen das gleichsam Vorgefundene mit dem Erfundenen auf eine solche Weise, dass es ganz in der Traditionslinie der mexikanischen Muralisten zu einem intensiven Erleben mexikanischer Geschichte durch ein nicht notwendigerweise vorgebildetes Publikum führt. Man muss nicht in alle Feinheiten neuspanischer Geschichtsschreibung eingeweiht sein, um die Grundzüge des *Retablo* unmittelbar verstehen zu können.

Einer derartigen Einschätzung entspricht im Übrigen die von Juan O'Gorman selbst so stolz kolportierte Anekdote, dass der französische Schriftsteller und zeitweilige Kultusminister André Malraux beim Anblick jener Figuren, die der mexikanische Maler gerade an die Wand aufzutragen begonnen hatte, wegen des angeblich so völlig aus der Mode gekommenen Realismus den Saal in Chapultepec fluchtartig verlassen habe, während wenig später ein mexikanisches Pärchen „de clase humilde" über lange Zeit aufmerksam mit der Dechiffrierung dieser „lección de historia patria" beschäftigt gewesen sei.[34] Die von vielen mexikanischen Muralisten geteilte und mitgeteilte Botschaft, mit ihren Werken eine *Biblia pauporum*, eine ‚Bibel der Armen' schaffen zu wollen, ist nicht schwer zu entziffern und knüpft an die langen Traditionen christlicher Ikonographie innerhalb eines nunmehr weitgehend entsakralisierten historischen Kontextes an.

Ich möchte dem *Retablo de la Independencia* zum Anlass nehmen, dieser Verzahnung von Kunst und Malerei, Wissenschaft und Religion, Philosophie und Literatur anhand ausgewählter Beispiele nachzugehen, um dadurch die Komplexität dieser Bild-Text-Beziehungen gerade auch vor dem Hintergrund der in unserer Vorlesung angesprochenen und zentral gestellten *Erfindung* Mexikos vorzuführen. Dabei soll die Fruchtbarkeit, aber auch die Widersprüchlichkeit der jeweiligen Konzeptionen einiger der hier genannten Autoren aufgezeigt werden, um auf diese Weise die sich daraus ergebenden sozialen, kulturellen und philosophischen Pro-

---

34 Zitiert nach Rodríguez Prampolini, Ida: *Juan O'Gorman, arquitecto y pintor*. México: Universidad nacional Autónoma de México 1982, S. 57.

blematiken buchstäblich vor Augen treten zu lassen. Denn es ist evident, dass die *Erfindungen* der ‚Neuem Welt' keineswegs mit der Mitte des 16. Jahrhunderts endeten oder sich im Kontext wissenschaftlicher Betrachtungsweisen einfach in Luft auflösten. Diese Erfindungen gingen nicht nur historisch weiter, sie siedelten sich überdies innerhalb von Traditionslinien an, welche sich leicht mit jenen der am Ausgang des 15. Jahrhunderts beobachteten Fiktionalisierungen und dem Erfindungsreichtum jener für den neuzeitlichen Aufbruch dieser geschichtlich so wichtigen Epoche verbinden lassen.

Dies sind allesamt Überlegungen und Problemstellungen, die sich gerade auch mit Blick auf das Zusammenleben, auf die Konvivenz unterschiedlicher Kulturen und Ethnien, Gemeinschaften und Klassen, Philosophien und Ideologien im neuspanischen Archipel beziehen lassen. Dass die sich hieraus ergebenden Spannungen und Konflikte weder zur Zeit von O'Gormans Erfindung mexikanischer Unabhängigkeit noch in unserer Gegenwart als gelöst betrachtet werden können, versteht sich von selbst.

Einer jener Autoren, die zwar auf dem *Retablo de la Independencia* von Juan O'Gorman nicht als ‚geistige Urheber' der Unabhängigkeit Mexicos erscheinen, dessen Schriften und Veröffentlichungen aber durchaus zu jener Bewegung wesentlich beigetragen haben, welche zur politischen Independencia des ehemaligen Neuspanien führten, ist die Zentralfigur jener ersten Kolonialenzyklopädie,[35] die unter dem Titel einer *Histoire philosophique et politique des établissemens et du commerce des européens dans les deux Indes* auch weit über die Grenzen Europas hinaus zu einem Bestseller der *Lumières* wurde.[36] Dort heißt es im letzten Abschnitt des sechsten Buches, mit dem geographisch korrekt die Beschäftigung mit Nordamerika abgeschlossen wird, um sich im weiteren Verlauf des Werkes dann dem Süden des Kontinents zuzuwenden:

---

35 Vgl. hierzu Lüsebrink, Hans-Jürgen / Tietz, Manfred (Hg.): *Lectures de Raynal. L'Histoire des deux Indes en Europe et en Amérique au XVIIIe siècle*. Oxford: The Voltaire Foundation 1991; sowie unter dem Einfluß neuerer Globalisierungstheorien Bancarel, Gilles: «L'Histoire des deux Indes» ou la découverte de la mondialisation. In. *HiN – Alexander von Humboldt im Netz* (Potsdam – Berlin) XII, 22 (2011), S. 23–34. Zu einer ersten Annäherung an die im folgenden skizzierte Problematik vgl. Ette, Ottmar: „Tres fines de siglo" (Teil I). Kulturelle Räume Hispanoamerikas zwischen Homogenität und Heterogenität. In: *Iberoromania* (Tübingen) 49 (1999), S. 97–122.

36 Vgl. hierzu auch den fünften Band der Reihe „Aula" in Ette, Ottmar: *Aufklärung zwischen zwei Welten* (2021), S. 405 ff.

> Dem Anscheine nach wird der Hof von Madrid niemals die Anzahl der Truppen vermindern, die er in Neuspanien unterhält: Aber der Anteil des öffentlichen Einkommens, welchen die Befestigungen absorbierten, sollte bald schon seine Schätze vergrößern, zumindest dann, wenn in den Kolonien selbst investiert wird, um nützliche Unternehmungen zu begründen. Schon eröffnen sich an den Ufern des Alvarado-Flusses, wo es große Mengen an Bauholz gibt, große Baustellen. Diese Neuigkeit sagt Glückliches für die Zukunft voraus. Denn weitere werden ihnen zweifellos folgen. Nach drei Jahrhunderten der Unterdrückung oder der Lethargie wird Mexiko die hohen Bestimmungen erfüllen, zu denen die Natur dies Land so lange vergeblich gerufen.[37]

Unschwer können wir in diesen Wendungen erkennen, dass die „hautes destinées", zu denen die Natur Mexiko rief, nicht der Natur, sondern den Imaginationen und Vorstellungen des Verfassers entsprechen. Wir sind nicht mehr allzu weit von Hegels Wort von Amerika als einem ‚Kontinent der Zukunft' entfernt und werden darauf zurückkommen. Diese markante Passage, in der sich die Erzählerfigur, die so gerne und leicht mit dem Abbé Raynal verwechselt wird, einer „douce espérance"[38] hingibt, verdient unsere Aufmerksamkeit nicht nur aufgrund ihres Übergangscharakters, sondern vor allem, weil hier ein eigener territorialer Raum konstruiert wird, für den die Bezeichnung „le Mexique" an die Stelle des kolonialspanischen „Nouvelle-Espagne" tritt. Eine vehemente Aufbruchstimmung breitet sich in diesen Zeilen aus, welche bald schon dafür sorgen sollte, dass der Hof von Madrid sich vermehrten Versuchen gegenübersah, der spanischen Kolonialherrschaft ein schnelles Ende zu bereiten.

Mit dieser mentalgeschichtlich bedeutsamen Verschiebung wird zugleich einem Geschichtsraum von drei Jahrhunderten, der die Kolonialzeit als Zeit des Stillstands, der Untätigkeit und der Unterdrückung charakterisiert, der Bewegungs-Raum einer zukünftigen eigenen Entwicklung entgegengestellt, innerhalb dessen – ob in kolonialer Abhängigkeit oder politischer Eigenständigkeit bleibt hier noch offen – unter dem Impuls einer sich entwickelnden Industrie die naturräumliche Ausstattung und Infrastruktur endlich genutzt und zum Wohle des künftigen Mexiko in Wert gesetzt werden könne. Repräsentiert der Begriff ‚Neuspanien' paradoxerweise das zu überwindende Alte, so steht mit ‚Mexiko' ein alter Begriff für die zukünftige Entwicklung ein, der auf die vor der spanischen Eroberung liegende präcortesianische Zeit zurückverweist und damit einen Geschichtsraum entstehen lässt, in welchem *Conquista* und *Colonia* im Grunde als Unterbrechung, ja als Fremdkörper innerhalb eines eigenen historischen Seins

---

37 Raynal, Guillaume-Thomas: *Histoire philosophique et politique des établissemens et du commerce des européens dans les deux Indes*. Genève: Chez Jean-Léonard Pellet 1781, Bd. 3, S. 344.
38 Ebda.

stehen, das sich aus der präkolumbischen Zeit ableitet und sich optimistisch auf eine strahlende Zukunft hin öffnet.

In einer Vielzahl von Schriften – nicht zuletzt im Anfangskapitel von *Sor Juana Inés de la Cruz o las trampas de la fe* mit seiner Interpretation des Vizekönigreiches – hat der mexikanische Dichter und Essayist Octavio Paz eine derartige, in seinen Augen bis heute anhaltende Geschichtsvision diagnostiziert und harte Kritik an ihr geübt. In früheren Vorlesungen, etwa in jenen zu den Literaturen des 20. und beginnenden 21. Jahrhunderts wie auch über *Geburt Leben Sterben Tod*,[39] habe ich mich ausführlich mit diesem großen Intellektuellen Mexikos auseinandergesetzt. Doch in Guillaume-Thomas Raynals Kolonialenzyklopädie ist die Zielrichtung deutlich: Eine Abkopplung von den Beharrungskräften der Unfähigkeit Spaniens, des ‚Feindes des Menschengeschlechts' im Sinne der *Encyclopédie méthodique*, um im Verbund mit anderen interessierten Partnern eine neue Seite im Buch der Geschichte dieser Weltregion aufzuschlagen.

Diese Imagination einer Weltgeschichte, auf der nun eine neue Seite eingetragen werden sollte, entfaltete im Zeitalter der Revolutionen – und damit nach der industriellen Revolution in England, der politischen Revolution in Frankreich, der kolonialen Revolution in den Vereinigten Staaten und der gegen die Sklaverei gerichteten Revolution auf Haiti[40] –, eine prospektive Vorstellungswelt, der gemäß sich eine strahlende Zukunft für die spanischen Kolonien in Amerika eröffnen sollte. Ist in der wenige Jahrzehnte später losbrechenden Unabhängigkeitsrevolution der bewusste wie unbewusste Rückgriff auf die Zeit vor der Eroberung in der politischen Symbolik überall mit Händen zu greifen, ja gelingt es den politischen Führern beziehungsweise den kreolischen Eliten, die indianischen Mythen neu für ihre eigenen Interessen dienstbar zu machen und – etwa bei Fray Servando Teresa de Mier – eine wahre aztekisierende Mode[41] auszulösen, mit welcher die Kolonialzeit sichtbar zum Verschwinden gebracht und die neue Nationalität im alten „Imperio Mexicano" verankert werden sollte, so ist in Raynals erstmals 1770 erschienener *Histoire des deux Indes* eine derartige Zeitstruktur inhaltlich nicht verankert. Denn diese Geschichte beider Indien aus der

---

39 Es handelt sich um die Bände 3 und 6 der vorliegenden Reihe „Aula".
40 Vgl. zu diesem Zeitalter der Revolutionen auf der einen wie der anderen Seite des Atlantik den fünften Band der Reihe „Aula" in Ette, Ottmar: *Aufklärung zwischen zwei Welten* (2021).
41 Vgl. hierzu O'Gorman, Edmundo: Prólogo. In: Teresa de Mier, Fray Servando: *Ideario político*. Caracas: Biblioteca Ayacucho 1978, S. xxv f. Nicht zu Unrecht ist dort auch in politischer Hinsicht die Rede von einem damals angestrebten „imperio azteca liberal y parlamentario" (S. xxvi).

Perspektive Frankreichs orientiert sich an Paradigmen ausschließlich europäischer Provenienz. Gerade das Zeitalter der amerikanischen und insbesondere neuspanischen Aufklärung war eine Zeit neuer *Erfindungen* von Visionen, welche sich der konkret erfahrbaren und lebbaren Wirklichkeit der kolonialen Lebenswelten radikal entgegenstellten. Aus französischer Perspektive kam hierzu noch ein vor allem zivilisatorischer und technologischer Dünkel der Europäer, welcher diese Geschichtsvisionen wiederum relativierte. Hatte am Ende des siebten Kapitels im sechsten Buch im Übergang zur Beschäftigung mit Geschichte und Gegenwart Neuspaniens die für die Geschichtsschreibung der *Histoire des deux Indes* zentrale narrative Instanz die barbarischen Grausamkeiten der spanischen Eroberer im karibischen Raum mit scharfen Worten gegeißelt und heiße Tränen vergossen über die längst verschwundene indigene Bevölkerung,[42] so wurde wenige Seiten danach durch diese Erzählinstanz selbst die Vergangenheit der indianischen Völker und ihre differenzierten kulturellen Formen mit einem Federstrich beseitigt und ausgelöscht.

Es ist noch heute ebenso faszinierend wie lehrreich, diese Auslöschung der in allen Schriften der Spanier bestätigten und von allen Zeitzeugen beglaubigten Existenz indigener Hochkulturen durch aufgeklärte französische Geister zu analysieren, deren scheinbar materialistisch fundierte Visionen alles an anderskulturellen Errungenschaften leugneten, was doch allen unvoreingenommenen Beobachtern unmittelbar vor Augen stehen musste. Denn mit der Geste des aufgeklärten Philosophen und des erfahrenen Geschichtsschreibers, der es gewohnt ist, seine Quellen nicht für bare Münze zu nehmen, sondern einer tiefgründigen philologischen[43] Kritik zu unterziehen, werden alle Berichte der Spanier über jene für die europäischen Leser wundersame Welt, die sie eroberten

---

42 Raynal, Guillaume-Thomas: *Histoire*, Bd. 3, S. 223: „Leur race n'est plus. Il faut que je m'arrête ici un moment. Mes yeux se remplissent de larmes, & je ne vois plus ce que j'écris." Zur epistemologischen Bedeutung der Augen, die auch in dieser Passage nicht der Aufnahme fremder Informationen (von außen nach innen) dienen, sondern den Informationsfluss umkehren und (von innen nach außen) dem Leser Hinweise über die so geschaffene explizite Autorfigur geben, vgl. Ette, Ottmar: Diderot et Raynal: l'oeil, l'oreille et le lieu de l'écriture dans l'«Histoire des deux Indes». In: Lüsebrink, Hans-Jürgen / Strugnell, Anthony (Hg.): *L'«Histoire des deux Indes»: réécriture et polygraphie*. Oxford: Voltaire Foundation 1996, S. 385–407.
43 Vgl. zur Bedeutung der Philologie in diesem Kontext u. a. Ette, Ottmar: Wörter – Mächte – Stämme. Cornelius de Pauw und der Disput um eine neue Welt. In: Messling, Markus / Ette, Ottmar (Hg.): *Wort Macht Stamm. Rassismus und Determinismus in der Philologie (18. / 19. Jh.)*. Unter Mitarbeit von Philipp Krämer und Markus A. Lenz. München: Wilhelm Fink Verlag 2013, S. 107–135.

und zugleich zerstörten, ins Reich der Phantasie und der absichtsvollen Übertreibung verwiesen.

Maßgebliche Köpfe der französischen Aufklärung, wie dies Guillaume-Thomas Raynal und insbesondere Denis Diderot, aber auch andere französische „Philosophes" der *Histoire des deux Indes* zweifellos waren, stellten damit die Grundlagen anderer Hochkulturen ebenso fundamental wie radikal in Frage und beriefen sich dabei auf ihren kritischen (und selbstverständlich universalen) Verstand. Was bleibt dann noch übrig von der zivilisatorischen Leistung der indigenen Bevölkerung des Kontinents, von der Baukunst, dem Staatswesen, den Handelsverflechtungen, den kulturellen Errungenschaften der indigenen Hochkulturen? Was bleibt da noch von den von Albrecht Dürer verwundert betrachteten Künsten, von der von Hernán Cortés geschilderten Bau- und Verteidigungskunst, von der von Bernal Díaz del Castillo dargestellten Vielfalt und zugleich Ordnung des Marktgeschehens in Tlatelolco? Die Antwort auf diese Frage ist denkbar simpel und mechanisch, gegründet auf das Selbstbewusstsein jener universalistischen Kategorien, die in Europa, insbesondere in Frankreich, entwickelt wurden und mit der größten Selbstverständlichkeit Anspruch erhoben, weltumspannend gültig zu sein:

> Ohne die Wissenschaft von der Mechanik & die Erfindung ihrer Maschinen gibt es keinerlei große Monumente. Ohne Viertelkreise & ohne Teleskope gibt es keinerlei wunderbare Fortschritte in der Astronomie, keinerlei Präzision in den Beobachtungen. Ohne Eisen gibt es keinerlei Hämmer, keinerlei Zangen, keinerlei Ambosse, keinerlei Schmieden, keinerlei Sägen, keinerlei Äxte, keinerlei Beile, keinerlei Werke in Metall, die es verdient hätten, betrachtet zu werden, kein Mauerwerk, keine Zimmermannskunst, keine Schreinerei, keine Architektur, keine Gravur, keine Skulptur. [...]
>
> Entkleiden wir Mexiko von allem, was ihm fabelhafte Erzählungen andichteten, & so werden wir herausfinden, dass dieses Land, das weit über den wilden Gegenden stand, welche die Spanier bis zum damaligen Zeitpunkt in der Neuen Welt angetroffen, nichts war im Vergleich mit den zivilisierten Völkern des Alten Kontinents.[44]

Wir haben hier aus dem „Siècle des Lumières" ein Lehrstück in gelehrtem, gebildetem Eurozentrismus vor Augen, aus dem wir für unsere eigene Zeit lernen sollten. Diese Passage aus der Feder keines Geringeren als Denis Diderots[45] zeigt mit aller wünschenswerten Deutlichkeit, wie eine (hier materialistisch fundierte) eurozentrische Sichtweise nicht nur die eigene Kultur beziehungsweise Kulturge-

---

44 Raynal, Guillaume-Thomas: *Histoire*, Bd. 3, S. 248 f.
45 Vgl. hierzu die grundlegende Arbeit von Duchet, Michèle: *Diderot et l'Histoire des deux Indes. L'Ecriture Fragmentaire*. Paris: Nizet 1978, S. 73.

schichte und insbesondere deren Techniken zum Maß aller Dinge macht, sondern mehr noch die andere ‚Kultur' als solche negiert und nur durch den Mangel, durch das Fehlen bestimmter für essentiell gehaltener Elemente charakterisiert. Die eigenen Werte und Techniken werden für universal gültig erklärt und in einem zweiten Schritt das Fehlen bestimmter Werte, das Fehlen bestimmter Techniken als fundamentaler Mangel gebrandmarkt.

Auf diese Weise werden der anderen Kultur dank eines einfachen, Diderot gewiss nicht bewussten Tricks jegliche Entwicklungsmöglichkeiten abgesprochen. Mag sein, dass es derartige Positionen waren, wie sie sich des Öfteren in der *Histoire des deux Indes* finden, welche O'Gorman bewogen haben, den kämpferischen Abbé Raynal nicht in sein Monumentalgemälde zur Unabhängigkeit Mexicos miteinzubeziehen. Was hätte er in einem solchen Monumentalgemälde auch zu suchen gehabt? Denn jene Autoren der novohispanischen Aufklärung, die sich in seinem *Retablo de la Independencia* als eine geschlossene, homogene Gruppe abzeichnen, liefen in der Tat Sturm gegen derartige Ausführungen, welche unbesehen die verschiedenen indigenen Kulturen zur menschheitsgeschichtlichen Irrelevanz verurteilten und damit gleichsam ein zweites Mal zum Verschwinden brachten. Die europäische Aufklärung hinterließ, wenn wir sie in Europa wie so oft alleine betrachten, bei den indigenen Kulturen ein finsteres Werk der Zerstörung. An einer derartigen Ungleichgewichtigkeit kranken alle Forschungszentren für Europäische Aufklärung. Gegen eine solche unilaterale Betrachtungsweise dessen, was ‚Aufklärung' ist, habe ich mich in meiner Vorlesung über die *Aufklärung zwischen zwei Welten* aus guten Gründen gewandt.

Bereits im 18. Jahrhundert gab es auf dem amerikanischen Kontinent eine Vielzahl aufklärerischer Gegenstimmen, die freilich zumeist – und von wenigen europäischen Philosophen abgesehen – ungehört verhallten. Wir sollten endlich zur Kenntnis nehmen, dass der Begriff ‚Europäische Aufklärung' zwar seine wissenschaftliche Legitimation besitzt, aber gerade bei dem versagt, was dieser Begriff zumindest in den Augen europäischer Forschung verspricht: über die jeweils nationale Perspektive hinauszugehen und eine Weite des Blickes zu erreichen, welche ohne jede Frage sicherlich notwendig ist. Wir müssen mit erheblichen Mitteln daran arbeiten, eine *transareale* Aufklärungsforschung zu betreiben, deren Grundlagen durchaus gelegt sind. Vor allem aber dürfen wir dabei nicht bei Konstrukten Europas stehenbleiben und diese mit vorgeblich universalen Fragestellungen verwechseln.

Nehmen wir das Paradigma einer Aufklärungsforschung zwischen zwei Welten also ernst und wechseln wir in der gebotenen Kürze auf die amerikanische Seite der Philosophiegeschichte wie eines Denkens über das indigene Amerika! Geradezu paradigmatisch für eine derartige amerikanische beziehungsweise protomexikanische Gegenposition scheint mir das gesamte Schaffen von Francisco

Javier Clavijero zu sein, dessen drei erste Bände der *Historia antigua de México* im Jahre 1780 in Italien, im Zufluchtsland des jesuitischen Geistlichen, in italienischer Übersetzung erstmals erschienen.

Abb. 42: Unbekannter Künstler: Portrait des Francisco Xavier Clavijero (1731–1787), 19. Jahrhundert.

In der seiner Geschichte vorangestellten „Noticia de los escritores de la historia antigua de México" listete der belesene Jesuit, der 1731 in Neuspanien geboren wurde, das Land aber bei der Ausweisung seines Ordens aus den spanischen Kolonien 1767 verlassen und wie viele seiner Ordensbrüder seine Tage in Italien beenden musste, nicht etwa – wie dies ein europäischer Leser hätte erwarten können – die in Europa bekannten Autoritäten auf. Er erweiterte bereits in dieser vorangestellten „Notiz" vielmehr nicht nur die Basis schriftlicher Quellen, indem er eine große Zahl bislang weitgehend unbekannter, in Mexiko verfasster Texte einbezog, sondern auch den Begriff von Schrift und Schriftlichkeit selbst. Die neuspanische Aufklärung versuchte – und Clavijero ist ein leuchtendes Beispiel dieser Unternehmung –, die Gegenwart durch die Veränderung der Geschichte zu transformieren, um damit eine zukunftsgerichtete Politik auf den Weg bringen zu können.

Direkte Angriffe auf die maßgeblichen Vertreter einer europäischen Aufklärung waren dort vonnöten, wo sich diese mit der Geschichte der amerikanischen Kulturen beschäftigten. Und es galt, den Erfindungen der Europäer faktenbasiertes Material beziehungsweise die eigene Augenzeugenschaft entgegenzustellen. So warf Clavijero etwa William Robertsons einflussreicher Geschichte[46] nicht allein vor, eine Vielzahl in alphabetischer Schrift vorliegender Texte übergangen und aus Unkenntnis ihre Existenz geleugnet zu haben. Er unterstrich vielmehr mit Nachdruck, dass es nicht angehen könne, die indianischen Bilderhandschriften als unverständlich („de significación ambigua") abzuqualifizieren, gelte dies doch nur „para Robertson y para todos aquellos que no entienden los caracteres y figuras de los mexicanos, ni saben el método que tenían para representar las cosas, así como son de significación ambigua nuestros escritos para aquellos que

---

46 Vgl. Robertson, William: *The History of America*. 2 Bde. London: W. Strahan 1777.

no saben leer."[47] Man müsse also, um es mit wenigen Worten zu sagen, die Bilderhandschriften dieser Kulturen schon lesen können, um sich darüber ein Urteil zu bilden, stünde es doch auch einem des Lesens nicht kundigen Betrachter abendländischer Bibliotheken nicht an, über diese ein Urteil zu fällen.

Diese grundlegende Veränderung der für all jene zwingend zu konsultierenden Bibliothek, die kompetent über Amerika und die amerikanischen Kulturen schreiben wollten, kann in ihrer nicht allein epistemologischen Bedeutung kaum unterschätzt werden. Von all jenen, die über die Geschichte Amerikas schreiben wollten, wurden Kenntnisse in den Lesarten amerikanischer Schriftsysteme und indigener Sprachen eingefordert. Wir sehen uns hier einer entschlossenen Neubewertung und zugleich Aufwertung indigener Aufschreibesysteme gegenüber, den Prinzipien der Aufklärung treu und konsequent gegen die eurozentrischen wie alphabetzentrierten Deutungsmuster europäischer Aufklärer argumentierend.

Der belesene und in verschiedenen amerikanischen Sprachen bewanderte neuspanische Jesuit Clavijero stellt in diesen Bemerkungen explizit die Kulturtechnik der ihm bekannten Bilderhandschriften aztekischer, tlaxcaltekischer oder anderer Herkunft neben die Kulturtechnik der Alphabetschrift, derer sich im Übrigen auch indianische Autoren ganz selbstverständlich bedient hätten. Nach einer langen Zeit des Vergessens und Verschweigens kamen im 18. Jahrhundert wieder verstärkt die indigenen Quellen und *Códices* ans Licht und gingen in Sammlungen und Kollektionen ein, welche im nachfolgenden Jahrhundert zu Grundlagen einer emergierenden altamerikanistischen Forschung wurden. So erweitert der neuspanische Geschichtsschreiber auf signifikante Weise die Quellenbasis, indem er die nicht weniger eindeutige Lesbarkeit derartiger „pinturas" oder Bilderhandschriften unterstreicht und sie dem Bereich der Schrift (und damit der zu konsultierenden Schriften) zurechnet. Dies hätten ein Raynal oder ein Diderot niemals für notwendig gehalten, schienen ihnen doch die indigenen Hochkulturen im Vergleich zu den Völkern des ‚zivilisierten' Europa als ein Nichts.

Der in dieser „Noticia" aufgespannte explizite literarische Raum, der durch die ausdrückliche Erwähnung von und Bezugnahme auf literarische beziehungsweise naturhistorische Schriften und Dokumente gebildet wird, ist unverkennbar als Gegenraum zu jenem der europäischen „Philosophes" konstruiert, auch wenn es der gebildete und an den Konventionen seiner Zeit orientierte Jesuit schon mit Rücksicht auf seine Autorität bei einem traditionell an Europa orientierten Lesepubli-

---

47 Clavijero, Francisco Javier: *Historia antigua de México*. Prólogo de Mariano Cuevas. Edición del original escrito en castellano por el autor. México: Editorial Porrúa [7]1982, S. xxxiv.

kum nicht unterlassen konnte, seine Leserschaft darauf aufmerksam zu machen, dass er ungeachtet der großen Kosten, die die Literaturbeschaffung von Europa aus verursacht habe, alles gelesen habe, was zum Thema veröffentlicht worden sei. Die europäische Aufklärung ist und bleibt ein wichtiger Bezugspunkt für Clavijero, ist sie es doch, welche den internationalen Forschungsstand weltweit markiert und zweifellos bei einer internationalen Leserschaft über das größte Renommee verfügt. Doch verknüpft Clavijero diesen Bezug mit anderen Wissens-Inseln, die sich nicht im Horizont der europäischen Gelehrten befinden, sondern weit über deren bestenfalls an Europa ausgerichteten Kenntnisstand hinausreichen.

Francisco Javier Clavijero unterstreicht dabei durchaus – ganz wie Raynal und in Befolgung der diskursiven Normen seiner Zeit – seine stets quellenkritische und damit an der Philologie ausgerichtete Haltung. Diese bezog sich aber auf die Wissens-Inseln nicht allein europäischer Bibliotheken:

> Sorgsam habe ich alles gelesen und untersucht, was bis zum gegenwärtigen Zeitpunkt über diesen Gegenstand veröffentlicht worden ist; ich habe die Berichte der Verfasser miteinander konfrontiert und habe ihre Autorität mit der Waage der Kritik abgewogen; ich habe sehr viele historische Bilderhandschriften der Mexikaner studiert; ich habe mich ihrer Manuskripte versichert, habe sie zuvor, als ich noch in Mexiko war, gelesen und habe viele Experten jener Länder konsultiert.[48]

Auch wenn wir uns an dieser Stelle unserer Vorlesung der in epistemologischer Hinsicht wichtigen Tatsache nicht ausführlicher zuwenden können, dass sich der neuspanische Jesuit in der Folge ebenso auf die Befragung von Schrifttexten und Informanten wie auch auf sein sechsunddreißig Jahre lang währendes Leben in verschiedenen Landesteilen („provincias") Mexikos aufmerksam macht und beruft, so bleibt doch erneut festzuhalten, dass der so ausgespannte literarische Raum archipelartig strukturiert und zugleich wesentlich breiter angelegt und stärker plurikulturell zusammengesetzt ist als der entsprechende Bezugshorizont europäischer Denker der Aufklärung. Der Raum des Eigenen ist für den amerikanischen Autor ein gegenüber dem der europäischen Autoren *anderer*; vor allem aber ist er ein wesentlich *weiterer*,[49] umfasst er doch auch das Europäisch-Okzidentale, das Clavijero als Jesuit ebenso im Bereich der Religion und christlichen Glaubenslehre nicht weniger selbstverständlich vertrat. Francisco Javier Clavijeros Konstruktion einer

---

48 Ebda., S. xxii.
49 Vgl. hierzu Ette, Ottmar: Weiter denken. Viellogisches denken / viellogisches Denken und die Wege zu einer Epistemologie der Erweiterung. In: *Romanistische Zeitschrift für Literaturgeschichte / Cahiers d'Histoire des Littératures Romanes* (Heidelberg) XL, 1–4 (2016), S. 331–355.

eigenen Geschichte, einer eigenen Antike Neuspaniens beging nicht den grundlegenden Irrtum, das Amerikanische scharf vom Europäischen abzutrennen; er setzte vielmehr unterschiedliche Denktraditionen und Geschichten miteinander in einen wechselseitigen Bezug.

Vor der überraschenden Ausweisung der Jesuiten verfügte Clavijero über das Privileg, die besten Bibliotheken des Landes wie auch gelehrte Vertreter der Universität von Mexiko konsultieren zu können; ihnen eignete er folglich seine *Storia Antica del Messico*[50] auch zu.[51] Buffon, Robertson, de Pauw, Raynal, Montesquieu und Rousseau waren selbstverständliche, aber keineswegs ausschließliche Dialogpartner seines Schreibens, das diese europäischen Autoritäten mehr als einmal scharf kritisierte und argumentativ in Bedrängnis brachte. Ihre Schriften werden nicht nur mit Vertretern der spanischen und neuspanischen Aufklärung, sondern auch mit indigenen Quellentexten und eigenen Erfahrungen wie Erlebnissen vor Ort konfrontiert und relationiert. Francisco Javier Clavijeros Denkraum übersteigt bei weitem den der zeitgenössischen europäischen Philosophie der Lumières: Er bildet eine signifikante *Ausweitung* jener Denkmöglichkeiten, welche der Aufklärung in Spanien, Frankreich, England, Schottland oder Deutschland zur Verfügung standen. Diesen Mehr-Wert haben nur wenige Zeitgenossen, darunter auch Alexander von Humboldt, zu erkennen vermocht.

Francisco Javier Clavijero positionierte sich innerhalb eines wissenschaftlichen Neulands. Dies brachte Schwierigkeiten mit sich. Aus der Distanz des Exils, die Clavijero zu erwähnen nie vergisst, konnten diese außereuropäischen Bezugstexte oftmals nicht erneut überprüft werden. Doch konnten sie gleichwohl in die Konstituierung eines eigenen kulturellen Raumes ebenso in Hinblick auf das Objekt wie auf das Subjekt (und die Subjekte) dieser Geschichtsschreibung Amerikas einbezogen werden. Denn der neuspanische Jesuit entfaltete die Komplexität seiner eigenen amerikanischen Herkunft gleich mit.

So entstand ein kultureller und literarischer Bewegungsraum, der nicht nur die Alphabetschrift, sondern auch die Bildtexte der Bilderhandschriften berücksichtigte und in kultureller Hinsicht weitaus komplexer aufgebaut war als die ausschließlich durch Lektüre erzeugten spekulativen Entwürfe europäischer „Philosophes", deren politisch-appellative Funktion in den spanischen Kolo-

---

50 Clavijero, Francisco Javier: *Storia Antica del Messico*. 4 Bde. Cesena: Ed. Giorgio Bisiani 1780.
51 Vgl. hierzu auch Buche, Irina: Mexikos Dialektik der Aufklärung in den Diskursen von Fray Francisco Javier Clavijero und Fray Servando Teresa de Mier y Guerra. In: Schönberger, Axel / Zimmermann, Klaus (Hg.): *De Orbis Hispani linguis et litteris historia moribus*. Festschrift für Dietrich Briesemeister zum 60. Geburtstag. Bd. 2. Frankfurt am Main: Domus Editoria Europaea 1997, S. 1300.

nien zwar breiten Widerhall fand, deren monokulturell-eurozentrische Konzeption aber bei den kreolischen Eliten nachhaltigen Widerstand hervorrief. Juan O'Gormans *Retablo de la Independencia* blieb noch immer dieser letztlich kreolischen Position verpflichtet und setzte sie in nachvollziehbare Bilderfolgen um.

Die kreolischen Eliten in den amerikanischen Kolonien Spaniens beriefen sich zwar auf die vorwiegend französischen beziehungsweise französischsprachigen „Philosophes", fühlten sich zugleich aber von deren allein an Europa ausgerichteten Wertmaßstäben abgestoßen. Man schätzte die zu Aufstand und Revolution aufrufenden Passagen etwa in Raynals *Histoire des deux Indes*, lehnte zugleich aber alle Vorstellungen ab, die mit einem eurozentrischen hierarchischen Bewertungssystem zu tun hatten. Ein geschichts- und kulturphilosophischer Entwurf, der die Kreolen bestenfalls als Marginalie innerhalb eines evolutiven Prozesses der „histoire universelle" verstand, deren Impulse vollumfänglich und alleine von Europa ausgingen, konnte ihren Ansprüchen und Bedürfnissen nach einer Legitimierung jener Protagonisten-Rolle nicht gerecht werden, die zu spielen sie sich in eben jenen Jahrzehnten des letzten Jahrhundertdrittels anschickten. Ihre Differenz, die von den französischen Philosophen des 18. Jahrhunderts fast ausschließlich negativ konnotiert und als Degenerierung gedeutet worden war, sollte nicht etwa verschwinden, sondern positiv gewendet werden und ihren eigenen gesellschaftspolitischen sowie intellektuellen Führungsanspruch untermauern.

Es ging für die Kreolen nicht zuletzt darum, sich mit Blick auf eine neu zu gestaltende Zukunft mit einer glänzenden Vergangenheit zu versehen, welche zugleich den Machtanspruch zu legitimieren vermochte. Dazu aber eignete sich die eigene, die nicht mehr neuspanische, sondern alt-mexikanische Antike vorzüglich. Die Kreolen hatten zwar gewichtigen Anteil an der Unterdrückung der gegenwärtigen indigenen Bevölkerung, verstanden sich zunehmend selbst aber als Nachfahren der großen indigenen Reiche, deren Hochkulturen sie zunehmend in der Vergangenheit feierten. Diese Funktionalisierung des Indigenen durch den kreolischen Gelehrten dürfen wir bei aller Bewunderung für die umfangreichen, ja epochemachenden Studien und Überlegungen Clavijeros nicht aus den Augen verlieren, handelte es sich doch um eine „historia polémica, una respuesta a la mirada de los europeos":[52] Es ging nicht zuletzt darum, dem europäischen Blick mit durchaus polemischen Akzenten eine amerikanische Perspektive entgegenzusetzen.

---

52 Gallardo Cabrera, Salvador: La disputa por la diferencia: acerca de Clavijero, Buffon y la historia natural. In: *Cuadernos Americanos* (México) XI, 61 (enero – febrero 1997), S. 153.

Die Konstruktion eines grundsätzlich *anderen* und vor allem *weiteren* kulturellen Raumes wird von Beginn der *Historia antigua de México* an sehr bewusst nicht nur in den Paratexten, sondern auch im Hauptteil dieser ‚Geschichte des alten (oder vielleicht besser noch des antiken) Mexiko' betrieben. Sehen wir von weiteren paratextuellen Elementen wie Illustrationen und der Beigabe einer Karte einmal ab, die dem Lesepublikum das „Anáhuac o Imperio Mexicano con los Reinos de Acolhuacán y de Michuacán &c." präsentierte, dann schlug sich dies bereits im ersten Satz des ersten Kapitels der *Storia Antica del Messico* nieder: „Der Name Anáhuac, der gemäß seiner Etymologie zu Anfang alleine dem Hochtal von Mexiko vorbehalten war, insofern seine hauptsächlichen Ansiedlungen an den Ufern zweier Seen lagen, dehnte sich später auf fast den gesamten Raum jenes Landes aus, welches heute unter dem Namen Neuspanien bekannt ist."[53]

Mit diesen initialen Worten spannt Francisco Javier Clavijero zunächst jenen geographischen Raum auf, in dem er die historischen und kulturellen Ereignisse und Phänomene situieren wird, mit denen er sich in seiner *Historia antigua de México* auseinandersetzt. Es ist der Raum einer *longue durée*, innerhalb dessen die indigene Geschichte von entscheidender Bedeutung ist, zugleich aber auch ein versteckt *protonationaler* Raum, in dem die Vergangenheit zur Projektionsfläche des Künftigen werden kann. Denn der protonationale Raum knüpft an die Grenzen von Neuspanien, also des spanischen Vizekönigreiches, an. Clavijero buchstabiert mit seinen Leserinnen und Lesern die verschiedenen Benennungen dieses „espacio de tierra" durch, um unter der kolonialspanischen Bezeichnung ‚Nueva España' gleichsam archäologisch die historischen Tiefenschichten freizulegen, welche die Türen zu einem künftigen (mexikanischen) Staatswesen in der Zukunft aufstoßen.

So entsteht ein Raum, der einerseits – wie es die Verschiedenartigkeit seiner Benennungen schon andeutet – heterogen ist, der sich aber andererseits als historisch-politische Einheit erhalten zu haben scheint. Die Vorstellungen dieses Raumes sind gerade mit Blick auf dessen prospektive Gestaltung alles andere als harmlos: Clavijero muss sich dieser Tatsache sehr bewusst gewesen sein. Innerhalb dieser quer zur kulturellen Heterogenität verlaufenden politischen Kontinuität zeigt sich ein expansiver geschichtlicher Prozess, der von den Ufern zweier Seen, vom Hochtal von Mexiko ausgeht und von diesem Zentrum aus eine Einheit

---

53 Ebda., S. 1: „El nombre de Anáhuac que según su etimología se dio al principio a sólo el valle de México, por estar situadas sus principales poblaciones en la ribera de dos lagos, se extendió después a casi todo el espacio de tierra que hoy es conocida con el nombre de Nueva España."

schafft. Kern oder Keimzelle dieses von unzähligen Migrationen durchzogenen Bewegungsraumes ist Anáhuac, ist Tenochtitlán-México, jene Stadt also, die ihren imperialen Gestus nie verloren hat und sich bis heute als eine der größten – und in ihrer Vielfalt übrigens auch anziehendsten – Städte unserer Erde bewährt.

Der Akzent dieses ersten Satzes, dieses Incipit, liegt mithin weniger auf der Heterogenität als auf einer Kontinuität, die in grundlegender Weise auf eine Differenz gründet, in der das Eigene ohne das Andere nicht zu denken ist. Denn eine klare Scheidung lässt sich zwischen beiden nicht etablieren. Die Bezeichnung Neuspanien legt sich nur über die zuvor bereits gegebene Einheit, die das Ergebnis eines historischen Prozesses der Expansion einer bestimmten indigenen Gemeinschaft ist. Das koloniale Vizekönigreich Neuspanien hat diese imperiale Größe aus seiner indigenen Vergangenheit ererbt.

Damit wird eben jene Bruchlinie unterlaufen, die die bisherige europäische Geschichtsschreibung mit der Conquista ansetzte und die alles zuvor Dagewesene aus dem Bereich der Zivilisation, ja aus dem Bereich der Geschichte und des geschichtlich Relevanten verbannt. Der historische Ausgangspunkt dieses Raumes wird um Jahrhunderte zurückverlegt in die präcortesianische Zeit, die zum Orientierungspunkt für eine aktuelle Geschichte wird, welche nun zunehmend als transitorisch und ephemer erfahren werden kann. Neuspanien kann aus einer derartigen Perspektivik als ein Interregnum, als eine Zwischenzeit erscheinen. Ohne die indigene Geschichte ist die *urbs nova* der Gegenwart wie der Zukunft nicht zu denken.

Die Bezeichnung ‚Neuspanien' erscheint dem nach Italien ins Exil geflohenen und damit aus seiner Heimat vertriebenen Jesuiten folglich als Usurpation, ist dem bereits bestehenden Raum nur übergestülpt, aber nicht wesenhaft verbunden. Ergebnis dieser folgenschweren Umgewichtung ist nicht Heterogenität, sondern kulturelle Differenz und eine damit verbundene Legitimation kultureller und letztlich auch politischer Selbständigkeit, die in der Tat die letztgenannte Bezeichnung („*hoy* es conocida con el nombre de Nueva España") abstoßen und verdrängen wird. So hat Clavijero für sein Buch auch nicht diese kolonialspanische, sondern die autochthone Bezeichnung ‚México' beziehungsweise „Messico" gewählt. Häufig findet sich in seiner *Historia* nach der Einführung einer indigenen Bezeichnung der Hinweis auf den spanischen Ortsnamen, der zumeist mit der Formel „que los españoles dicen..." eingeleitet wird. All dies belegt, welch große Aufmerksamkeit der Exilant auf die Bezeichnungen seines Heimatlandes richtete.

Damit ist die Aussparung der amerikanischen Kultur(en), wie wir sie bei Raynal, aber auch vielen anderen europäischen Autoren des 18. Jahrhunderts wie etwa in besonders starkem Maße bei dem Holländer Cornelius de Pauw[54] konstatieren können, zugunsten einer Konzeption überwunden, die das spezifisch Amerikanische zum Element der Gründung und Begründung eines ‚Eigenen' werden lässt. Analog kann man dies auch auf den literarischen Raum übertragen, der nicht so sehr als Raum des Heterogenen als vielmehr der Differenz in Szene gesetzt wird. Clavijero ist sich der Eigenständigkeit jenes Raumes, den er als Mexiko bezeichnet, höchst bewusst.

All dies sichert auch auf dieser Ebene eine Einheit, die zusammen mit der Differenz überhaupt erst die Grundlage für eine eigene (protonationale) Identitätskonstruktion und einen sich anschließenden Nationenbildungsprozess schafft. Das unbestrittene Zentrum dieses Raumes aber ist das *Valle de México*, das häufig wie etwa im zweiten Kapitel des ersten Buches herausgestellt wird: „Der beste Teil dieses Landes, und zwar sowohl durch seine vorzügliche Lage als auch durch seine großen Ansiedlungen, war das selbige Tal von Mexiko, das von allen Seiten von grünen und schönen Gebirgen gekrönt wird."[55]

Diese privilegierte Ausrichtung am Hochtal von Anáhuac hat von Beginn an kulturelle wie politische Implikationen, werden doch schon auf den ersten beiden Seiten andere indigene Völker als ‚barbarisch' abqualifiziert. So ist etwa von den „bárbaros chichimecas"[56] oder von einem vom Hochtal entfernten Gebiet die Rede, das „estaba ocupado de bárbaros que ni tenían domicilio alguno ni reconocían soberanos":[57] Clavijero bezeichnet derartige Völkerschaften als Barbaren, weil sie nicht sesshaft seien und keinerlei Herrschaftsstruktur bei sich zuließen. Damit wird auf Ebene der amerikanischen Völker eine kulturelle Hierarchie eingeführt, deren Unterscheidung zwischen ‚zivilisierten' und ‚barbarischen' Stämmen an Kriterien ausgerichtet bleibt, die – wie etwa Sesshaftigkeit, feste politische Struktur, Schriftlichkeit oder Geschichtsschreibung – von den europäischen Autoren des 18. Jahrhunderts zwar nicht erfunden, wohl aber mit dem Neologismus „civilisation" fest verbunden worden waren. Der neuspanische Jesuit war nicht umsonst in jeglicher Hinsicht ein Kind seiner Zeit.

All diese unterschiedlichen Aspekte mögen die Richtigkeit der Bemerkung Salvador Gallardos belegen, der darauf aufmerksam machte, dass sich nicht nur

---

54 Vgl. das de Pauw gewidmete Kapitel im fünften Band der Reihe „Aula" in Ette, Ottmar: *Aufklärung zwischen zwei Welten* (2021), S. 422 ff.
55 Clavijero, Francisco Javier: *Historia*, S. 2: „La porción mejor de esta tierra, así por su ventajosa situación como por sus grandes poblaciones, era el mismo valle de México, coronado por todas partes de verdes y hermosas montañas."
56 Ebda., S. 2.
57 Ebda., S. 1.

die europäischen, sondern alle an der *Disputa del Nuovo Mondo*[58] um die Deutung der Neuen Welt beteiligten Autoren auf dieselbe Vernunft berufen, und dass auch ein Clavijero noch weit entfernt von der Einsicht gewesen sei, dass dieser abendländischen Vernunft durchaus – auch im Sinne von Max Horkheimers und Theodor W. Adornos *Dialektik der Aufklärung* – totalitäre Züge zukommen.[59] Kritisiert Francisco Javier Clavijero auch bitter die Haltung der Europäer, alle amerikanischen Völker über denselben Leisten zu schlagen – „los críticos de Europa, acostumbrados a medir por un rasero a todas las naciones americanas"[60] –, so nutzt er die dadurch ermöglichte Differenzierung doch nur wieder, um innerhalb der amerikanischen Völker Hierarchien (etwa zwischen „cultos" und „bárbaros") zu errichten und damit kulturelle Scheidungen einzuziehen, die angesichts der wissenschaftlichen Entwicklungen im Bereich von Ethnologie und Anthropologie heutzutage selbstverständlich keinerlei Bestand haben.

Andererseits aber unterliegt der Jesuit und amerikanische Altertumsforscher immer wieder der Versuchung, eine von ihm konstatierte Heterogenität im Kontrast zu den Spaniern zumindest tendenziell in Homogenität umzudeuten. Charakteristisch hierfür ist der Beginn des siebzehnten Kapitels seiner Naturgeschichte des Landes Anáhuac, die das erste Buch seiner *Historia* bildet:

> Die Nationen, welche diese Länder vor den Spaniern innehatten, waren, obwohl sie untereinander in ihrer Sprache und zum teil auch in ihren Sitten differierten, fast von einem selben Charakter. Die physische und moralische Konstitution der Mexikaner, ihr Geist und ihre Neigungen, waren dieselben wie die der Acolhuas, der Tlaxkalteken, der Tepaneken und der übrigen Nationen, ohne eine andere Unterscheidung als jene, welche verschiedenartige Erziehung hervorruft.[61]

In diesen Überlegungen erscheint zugleich die Perfektibilität, die – kaum überraschend für einen Jesuiten – Formbarkeit des menschlichen Geistes durch Bildung und Erziehung, am Horizont eines evolutionistischen Denkens, das Heterogenität nicht als Reichtum und Chance, sondern als Gefahr für die Einheit versteht. In der polemischen, bisweilen hitzigen Auseinandersetzung mit Guillaume-Thomas Raynal, William Robertson und Cornelius de Pauw – wobei letzterer als bevorzugte (da am leichtesten zu treffende) Zielscheibe die schärfste Kritik auf sich zog –,

---

58 Vgl. hierzu das Standardwerk von Gerbi, Antonello: *La Disputa del Nuovo Mondo. Storia di una Polemica: 1750–1900*. Nuova edizione a cura di Sandro Gerbi. Mailand – Neapel: Riccardo Ricciardi Editore 1983.
59 Gallardo Cabrera, Salvador: La disputa por la diferencia, S. 155. Vgl. zur Dialektik der Aufklärung und ihrer notwendigen Erweiterung auch die Ausführungen im fünften Band der Reihe „Aula" in Ette, Ottmar: *Aufklärung zwischen zwei Welten* (2021), S. 1–108.
60 Clavijero, Francisco Javier: *Historia*, S. 50.
61 Ebda., S. 44f.

ohne deren Kontext die *Historia antigua de México* nicht adäquat verstanden werden kann, dient der Rückgriff des kreolischen Jesuiten auf die ‚eigene', die amerikanische Antike gerade nicht der Ausgestaltung einer Mannigfaltigkeit von Kulturen amerikanischer und europäischer Provenienz. Es geht ihm vielmehr um die Errichtung einer spezifisch *amerikanischen* Vergangenheit, von deren heroischer und hochkultureller Größe die Spanier und alle anderen Europäer mit ihren kolonialistischen Machtansprüchen definitiv und auf immer getrennt wären.

Francisco Javier Clavijeros letztlich erfolgreich und überzeugend geführter Kampf gegen die Ausgrenzung, Verdrängung und Leugnung der amerikanischen Hochkulturen durch Raynal – die er polemisch als „la franqueza de un filósofo del siglo XVIII"[62] brandmarkt – verfolgt das uneingestandene Ziel, eine kulturelle Differenz und politische Legitimität der Bewohner Neuspaniens und insbesondere der Kreolen zu begründen. Dass diese Selbstlegitimation der kreolischen Eliten durch den Rückgriff auf eine heroische indigene Vergangenheit – die selbstverständlich eine reine *Erfindung* blieb – überaus erfolgreich war, werden wir in einem späteren Abschnitt unserer Vorlesung noch einmal genauer untersuchen. Auch an dieser Stelle unserer Überlegungen sehen wir jedoch, wie nahe sich *Finden* und *Erfinden* hinsichtlich des kreolischen Blickes auf eine amerikanische Selbständigkeit sind.

All dies beinhaltete bei Clavijero nicht die kulturelle und politische Einbeziehung der präsenten (und nicht historischen) indigenen Völker, sondern machte eine Differenzposition gegenüber Europa auf, deren *Ratio* sich der neuspanische Jesuit als Bewohner der „ciudad letrada" gleichwohl verpflichtet wusste. Der Verfasser der *Historia antigua de México* blieb den epistemischen Grundlagen der Aufklärungsphilosophie des 18. Jahrhunderts insgesamt treu. So wurde jenseits aller Polemik ein Europäern und Kreolen gemeinsamer diskursiver (und kultureller) Raum nicht verlassen: Das Wiederauftauchen der indigenen Kulturen verhinderte nicht, dass unter dem neuen Mexiko noch immer das alte Neuspanien – und mit ihm die iberische, von einem Zentrum her konzipierte archipelische Koloniallogik – dominant zum Vorschein kam. Doch Francisco Javier Clavijeros *Storia Antica del Messico* veränderte nicht nur die geschichtliche und kulturelle Tiefenschärfe novohispanischen Denkens, sondern führte im Dialog mit unterschiedlichen amerikanischen Kulturen Grundmuster eines Denkens ein, das archipelischen Zuschnitts war und die zuvor dominante Position europäischen Schrifttums vehement und nachhaltig in Frage stellte.

---

62 Ebda., S. xxxiii.

Doch greifen wir an dieser Stelle noch einen weiteren Vertreter jener neuspanischen Aufklärungsphilosophie heraus, der seinerseits ebenfalls unverkennbar der kreolischen Elite des Vizekönigreichs Neuspanien entstammt! Auch die Schriften von Fray Servando Teresa de Mier y Guerra siedeln sich innerhalb des kolonialspanisch ererbten, aber zunehmend in Frage gestellten Raumes an, und auch sie sind – jenseits ihrer autobiographischen Dimension, ihrer romanhaft-pikaresken Grundstruktur und der permanenten Selbstinszenierung ihres Protagonisten[63] – Zeugnisse jener transatlantischen Amerika-Debatte, die gegen Ende des Jahrhunderts im Vorfeld der Independencia erheblich an Schärfe zunahm.

Der neuspanische Dominikaner Teresa de Mier schrieb – ebenso engagiert in der *Disputa del Nuovo Mondo* wie der neuspanische Jesuit Clavijero – nicht nur immer wieder an gegen „todos los absurdos y desatinos de Paw y sus secuaces Raynal, Robertson y Laharpe, como si no estuviesen ya pulverizados por Valverde, Carli, Clavijero, Molina, Iturri, Madisson, etc."[64] Auch er hatte in seiner berühmten und für ihn so folgenreichen Predigt[65] vom 12. Dezember 1794 in der Kathedrale der vizeköniglichen Hauptstadt den Geschichtsraum seiner Heimat, die er mit Vorliebe „México" oder „Anáhuac" nannte, in Rückgriff auf vorhandene und verbreitete Traditionen grundlegend erweitert, wenn er dies auch nicht auf Ebene der weltlichen Geschichte von *Conquista* und *Colonia*, sondern auf jener der christlichen Heilsgeschichte tat, die im offiziellen Diskurs der Kolonialmacht die erstere begründete und legitimierte. Doch ‚seine' Heilsgeschichte war eine andere und unterlief aus kreolischer Sicht die Machtansprüche der spanischen Kolonialherrschaft ebenso, wie dies Clavijero in seinem wichtigen und ergebnisreichen Rückgriff auf die Geschichte eines antiken indigenen Mexiko getan hatte. Es ist spannend, die Denkweise der beiden neuspanischen Kreolen auf unterschiedlichen Wissens- und Wissenschaftsgebieten miteinander zu vergleichen.

Denn durch die von ihm vorgetragene Rückverlegung der christlichen Missionierung Mexicos in die prächortesianische Zeit der Apostelgeschichte entzog Fray Servando Teresa de Mier der spanischen Eroberung jedwede heilsgeschichtliche Fundierung; eine Tatsache, die – erst einmal von der Kanzel verkündigt – den

---

[63] Vgl. die Ausführungen zu Fray Servando Teresa de Mier im entsprechenden Kapitel des fünften Bandes der Reihe „Aula" in Ette, Ottmar: *Aufklärung zwischen zwei Welten* (2021), S. 516ff.
[64] Mier, Fray Servando Teresa de: *Memorias*. Bd. II. Edición y prólogo de Antonio Castro Leal. México: Editorial Porrúa 1946, S. 187.
[65] Vgl. hierzu die schöne Arbeit von Kraume, Anne: „Desorden, angostura, enredijo y tortuosidad de calles". Urbaner Raum und Zeitlichkeit in Fray Servando Teresa de Miers *Memorias*. In: Gwozdz, Patricia A. / Kraft, Tobias / Lenz, Markus Alexander (Hg.): *Bilder in Bewegung. Ansichten des Bildlichen zwischen Kunst und Wissenschaft*. Berlin – Boston: Verlag Walter de Gruyter 2021, S. 159–175.

Abb. 43: Unbekannter Künstler: Portrait des Fray Servando Teresa de Mier (1763–1827).

offiziellen Diskurs subvertierte und in der Tat wesentlich begünstigt durch die Gegenreaktionen des hohen Klerus und insbesondere des Erzbischofs von Mexiko einen handfesten Skandal auslösen musste. Denn dass es zu einem Skandal im Herzen des neuspanischen Christentums bei einer herausgehobenen Predigt in Anwesenheit sogar des Vizekönigs von Neuspanien kommen musste, war nicht verwunderlich, sondern hätte dem begabten jungen Prediger bewusst sein müssen.

Teresa de Mier war sicherlich von der Härte der Gegenreaktion überrascht und bezahlte diesen Skandal mit Verbannung, Gefängnis und jahrzehntelangen Verfolgungen, ohne freilich jemals von seiner bewusst in politischer Frontstellung zur spanischen Kolonialmacht eingenommenen Position abzuweichen. Sein Schreiben zielte auf ein Ausbrechen aus bisherigen Asymmetrien und Hierarchien der Macht, so wie er sich in seinem Leben auf immer wieder glückende Ausbruchsversuche aus spanischen Gefängnissen konzentrieren musste: Man darf ihn auf beiden Gebieten, dem diskursiv-machtpolitischen wie dem konkret-gefängnishaften, durchaus als einen hochbegabten Ausbruchskünstler bezeichnen.

Servando Teresa de Mier wie Francisco Javier Clavijero betonten – wenn auch aus unterschiedlicher Perspektive – die zweifellos identitätsstiftende Bedeutung der *Virgen de Guadalupe* für eine zunächst nur symbolische Konstituierung eines unabhängigen beziehungsweise nationalen Raums für Mexiko. Der künftige unabhängige Nationalstaat war für den einen am Horizont und für den anderen zum Greifen nahe. Für beide stand dabei die Befreiung vom spanischen Kolonialjoch im Vordergrund. Und diese Befreiung musste sich sowohl auf der militärischen als auch auf der intellektuellen Ebene vollziehen.

Die Berufung auf die *Virgen de Guadalupe* – ihr Name ist noch heute in Mexiko ein beliebter Frauenvorname – spielte nicht allein auf der intellektuellen Ebene für die angestrebte Befreiung eine wichtige Rolle. Die ungeheure politische Bedeutung derartiger Rückgriffe auf Mythen und Legenden konnte zwanzig Jahre nach Teresa de Miers Predigt von keinem Geringeren als dem „Libertador" Simón

Bolívar in seiner berühmten *Carta de Jamaica* recht nüchtern in ihrer Zweckmäßigkeit eingeschätzt werden:

> Glücklicherweise haben die Führer der Unabhängigkeitsbewegung in Mexiko den Fanatismus bestmöglich ausgenutzt, indem sie die berühmte Jungfrau von Guadalupe zur Königin der Patrioten ausriefen; indem sie sich in allen heiklen Fällen auf sie beriefen und auf ihren Fahnen mit sich führten. Dadurch hat der politische Enthusiasmus eine Vermischung mit der Religion gebildet, welche eine vehemente Inbrunst für die geheiligte Sache der Freiheit heraufgeführt hat. Die Anbetung dieses Bildnisses in Mexiko ist noch größer als die exaltierteste, die selbst der geschickteste Prophet auslösen könnte.[66]

Es ist offenkundig, dass der künftige ‚Befreier' Simón Bolívar, mit dem wir uns später noch beschäftigen werden, die Berufung auf die heilige Jungfrau von Guadalupe für einen geschickten Schachzug hält, sich den volksreligiösen Glauben an die Erscheinung dieser Jungfrau, auf die sich Fray Servando in seiner Predigt bezog, für die Sache der Unabhängigkeitsrevolution nutzbar zu machen. Er wusste um die große Bedeutung der Volksreligiosität, der *Religiosidad popular*,[67] für das öffentliche Leben und die Mobilisierbarkeit der Massen in Neuspanien beziehungsweise im künftigen Mexiko. Und sein Denken zielte darauf ab, sich diesen Volksglauben zugunsten der angestrebten Revolution dienstbar zu machen und damit die Sache der Independencia in eine sakrosankte zu verwandeln.

Ob Simón Bolívar von Fray Servando Teresa de Miers Predigt vor dem Vizekönig von Neuspanien und dem spanischen Erzbischof gehört hatte, kann man durchaus bezweifeln. Wenig wusste man zum damaligen Zeitpunkt über diesen jungen Dominikaner, der in spanischen Gefängnissen verschwunden war, aus denen ihm immer wieder Ausbruchsversuche gelangen. Doch war Bolívar sicherlich im Bilde, dass insbesondere der niedere kreolische Klerus in der Unabhängigkeitsrevolution in Mexiko eine wichtige Rolle spielte und vor allem volksreligiöse Glaubensvorstellungen mit Ideen der politischen Unabhängigkeit verschmolz. Daraus war sehr rasch eine explosive Mischung entstanden. Jenseits der von den Protagonisten der Independencia selbst sehr klar gesehenen Wirksamkeit der symbolischen Aneignung neuer kultureller und geschichtlicher Bewegungsräume, wie sie beispielsweise die politischen Schriften von Teresa de Mier vorführen, stellt sich die Frage, wie und in welcher Weise die in einer anders begründeten, gegen den offiziellen kolonialspanischen Diskurs konstruierten und in der Vergangenheit verankerten Räume ihrerseits Entwürfe und Projekte

---

66 Bolívar, Simón: *Carta de Jamaica. The Jamaica Letter. Lettre à un Habitant de la Jamaïque.* Caracas: Ediciones del Ministerio de Educación 1965, S. 41.
67 Vgl. hierzu Kohut, Karl (Hg.): *Religiosidad popular en América Latina.* Frankfurt am Main: Vervuert 1988.

für die Gegenwart und Zukunft der emergierenden Nationalstaaten bereitzustellen vermochten. Wie konnte also der Übergang von der kolonialen in die postkoloniale Situation am besten bewerkstelligt werden?

Dem aufmüpfigen jungen Dominikaner, der noch vor dem Vizekönig gepredigt hatte, wurde die Möglichkeit zuteil, an den ersten politischen Entwicklungen des jungen Nationalstaats Mexiko teilzuhaben und einen aktiven Part in der Neugestaltung seines Landes zu übernehmen.

Die spanischen Gefängnisse schienen ein für alle Male vergessen. Dabei war Fray Servando Teresa de Mier y Guerra als Abgeordneter der Ersten wie der Zweiten Verfassunggebenden Versammlung (*Congreso Constituyente Mexicano*), der er 1822 und 1823 als Vertreter von Nuevo León angehörte, nicht mehr der Anhänger einer Monarchie nach britischem und nicht mehr der Vertreter eines föderativen Systems nach US-amerikanischem Vorbild. Seine politischen Vorstellungen hatten sich gewandelt. Er versuchte vielmehr – wenn auch letztlich vergeblich –, als Politiker die spezifische postkoloniale Situation seines nunmehr unabhängigen Landes so zu erfassen, dass die Gefahren neuer Abhängigkeiten von modernisierten kolonialen Mächten möglichst gering blieben. Denn Teresa de Mier hatte schnell begriffen, dass die Unabhängigkeit von Spanien noch längst nicht mit Unabhängigkeit überhaupt gleichzusetzen war. Doch war dies ein Denkfehler, der in den meisten Areas des politisch auf den ersten Blick unabhängigen Amerika überaus verbreitet war.

Nicht so der ehemalige Dominikaner: Fray Servando Teresa de Miers politische Weitsicht war in vielerlei Hinsicht außergewöhnlich! Dabei trat freilich angesichts der unmittelbar (post-)kolonialen Problematik in charakteristischer Weise der kulturelle Raum in seiner Vielpoligkeit deutlich hinter den politischen zurück. Teresa de Mier musste sich in seinen Schriften zunehmend mit jenen Fragen beschäftigen, die die politische Agenda des ersten Drittels des 19. Jahrhunderts deutlich beherrschten: Wie könnte eine politische Neugliederung der spanischen Kolonien in Amerika, ja der amerikanischen Hemisphäre überhaupt aussehen? Wie sollte die politische Struktur beschaffen sein, die in Neuspanien an die Stelle des alten Systems treten musste? Wie konnte all dies bewerkstelligt werden, ohne zugleich ein erfolgreiches militärisches Zurückschlagen der alten Kolonialmacht befürchten zu müssen?

Hinsichtlich der ersten Frage erweiterte Fray Servando Teresa de Mier immer wieder erkennbar seinen zunächst auf die neuspanische Situation beschränkten Horizont. Sein Blick weitete sich angesichts der überall auf dem Kontinent aufflammenden Gegenwehr kolonialer oder ultrakonservativer Kräfte schnell. Denn nur durch kontinentale Ausbreitung war ein Erfolg der Unabhängigkeitsbewegung möglich; und nur eine alle spanischen Besitzungen in Amerika umfassende Lösung konnte, so schien es ihm wie vielen Zeitgenossen, eine auf Dauer tragfähige Lösung für die ehemals abhängigen Gebiete bilden.

In diesem Zusammenhang lässt sich bei dem mexikanischen Intellektuellen und Politiker eine deutliche begriffliche Ausweitung von Nueva España hin zu „nuestra América"[68] beobachten. So heißt es lange vor dem Sieg der Unabhängigkeitsrevolution in seiner im britischen Exil verfassten und stark von dieser Situation geprägten *Historia de la revolución de Nueva España, antiguamente Anáhuac, o verdadero origen y causa de ella, con la relación de sus progresos hasta el presente año de 1813*:

> Viel wird über die Organisation der Regierung diskutiert, die es in unserem Amerika aufzubauen gelte, falls dessen absolute Unabhängigkeit zustande käme. Eine allgemeine föderative Regierung erscheint als unmöglich, sie wäre am Ende schwach und elendig. Kurzatmige ‚Republikchen' wären die Beute von Europa oder der unmittelbar stärksten, und am Ende würden wir noch in wechselseitige Kriege verwickelt. Die geographische Lage Amerikas zeigt die Notwendigkeit dreier Regierungen an, welche sehr respektabel wären. Die eine würde über alles herrschen, was das Vizekönigreich von Santa Fe ist, wobei man Venezuela mit hinzurechnen müsste. Die zweite würde über Buenos Aires, Chile und Peru regieren. Und die dritte vom Isthmus von Panamá bis nach Kalifornien: Alle drei wären miteinander aufs Engste verbunden.[69]

Teresa de Mier versucht, nicht eine große supranationale und föderale Regierungsform zu entwerfen, die auf Grund ihrer Größe scheitern müsste, sondern eine Unterteilung vorzuschlagen, welche dieses gewaltige spanische Kolonialreich in drei unabhängige Republiken untergliedern würde. Er geht dabei von der geographischen Situation und damit von einem Vorgefundenen aus, welches nach seiner Auffassung stabile Zusammengehörigkeiten erzeugen müsste. In seinen Ausführungen klingen jedoch bereits die Namen der künftigen Republiken an, welche sich diesen umfassenderen politischen Einheiten entgegenstellen sollten.

Bedenkt man freilich die Unterschiedlichkeit der geographischen Ausgangssituationen, welche beispielsweise eine Regierung über die argentinischen Pampas, die chilenischen Anden oder Peru zu bewältigen gehabt hätte, so wird einem schnell klar, dass dieses ‚Vorfinden' geographischer ‚Tatsachen' bestenfalls einer abstrakten politischen Kartographie entlehnt ist. Die vorgeschlagenen Grenzziehungen werden bei Teresa de Mier noch immer größtenteils von den ko-

---

[68] Zur Vorgeschichte des Begriffs in Neuspanien vgl. Almarza, Sara: La frase "Nuestra América": historia y significado. In: *Caravelle* (Toulouse) 43 (1984), S. 5–22. Zur Umprägung des Begriffs bei José Martí siehe den vierten Band der Reihe „Aula" in Ette, Ottmar: *Romantik zwischen zwei Welten* (2021), S. 1010 ff.

[69] Hier zitiert nach Teresa de Mier, Fray Servando: *Ideario político*, S. xlvii.

lonialen Strukturen geprägt. Dies soll jedoch nicht als wohlfeile Kritik an dem neuspanischen Dominikaner aus heutigem Blickwinkel verstanden werden: Seine Überlegungen verweisen uns darauf, wie beliebig und unklar die generellen Vorstellungen und mehr noch die faktenbasierten politischen Einschätzungen zu seiner Zeit waren. Die indigenen Bevölkerungen spielten in diesen Überlegungen eines Kreolen – wie stets bei den kreolischen Trägerschichten der Unabhängigkeitsrevolution – eine völlig untergeordnete Rolle: Die indigenen Bevölkerungen und Kulturen waren noch immer die Besiegten eines Machtsystems, das nicht einmal daran dachte, sie bei der Independencia mit ins Kalkül zu ziehen. Denn die Unabhängigkeit galt nicht für alle!

Wir wollen dem mexikanischen Politiker keineswegs eine beeindruckende geostrategische Weitsicht absprechen: Die von ihm vorgeschlagene grundsätzliche Neugliederung der ehemals spanischen Welt Amerikas soll nicht nur die geographische Gliederung, sondern auch die Gefährdung durch äußere Mächte berücksichtigen, zu denen der mexikanische Dominikaner in dieser prospektiven hemisphärischen Konstruktion[70] bereits auch die Vereinigten Staaten, den erstarkenden Nachbarn im Norden, zählt. Sein vordringliches Ziel ist die Schaffung einer Hemisphäre, die sich nicht in zahllose Kriege verstrickt, wie sie tatsächlich das hispanoamerikanische 19. Jahrhundert durchzogen und den ehemaligen Kolonien einen schlechten Start in die politische Unabhängigkeit bescherten. Es ging ihm vielmehr darum, eine politisch einvernehmliche Lösung anzubahnen, die von einem Höchstmaß an politischer Eigenständigkeit sowie einem hohen Wissen um Konvivenz geprägt sein sollte. Für dieses künftige „nuestra América" galt es die Grundlagen zu schaffen: Die Independencia allein – dies wusste Teresa de Mier – reichte nicht. Einem Auseinanderfallen der ehemals spanischen Kolonien musste folglich vorgebeugt werden!

Auch die europäischen Kolonialmächte, die begehrlich nach Amerika blickten, waren noch längst nicht aus dem Spiel. Wenn schon eine Untergliederung in verschiedene politische Teilgebiete der ehemaligen Kolonien notwendig war, so durfte dies keinesfalls die innere Verklammerung und Einheit dieses gigantischen Landstrichs gefährden, der von Kalifornien im Norden bis nach Feuerland im Süden reichte. Mit der *Virgen de Guadalupe* allein, dies stand unbezweifelbar fest, waren diese ebenso revolutionären wie epochalen Auseinandersetzungen nicht zu gewinnen.

---

[70] Vgl. hierzu Birle, Peter / Braig, Marianne / Ette, Ottmar / Ingenschay, Dieter (Hg.): *Hemisphärische Konstruktionen der Amerikas*. Frankfurt am Main: Vervuert Verlag 2006.

Eine unbeirrbar auf Einheit abzielende Strategie findet sich in den politischen Schriften und Aktivitäten des streitbaren Dominikaners trotz aller Veränderungen in anderen Fragen mit großer Insistenz. Wir werden später noch bei Simón Bolívar sehen, wie unterschiedlich die Konzepte und Herangehensweisen waren, welche eine Zukunft für die ehemaligen Kolonien Spaniens in Amerika unter dem Druck der historischen Ereignisse, aber auch unter jenem eines Eingreifens europäischer Kolonialmächte oder des immer größer werdenden Nachbarn im Norden entwarfen.

Vor diesem Hintergrund überrascht es nicht, dass Fray Servando Teresa de Mier ebenfalls mit Blick auf das künftige Mexiko, dessen Struktur es erst noch zu schaffen galt, ähnlich klare Forderungen erhob. In seiner *Carta al Ayuntamiento de Monterrey* vom 20. August 1823, also nach den Erfahrungen der Auseinandersetzungen in der Verfassunggebenden Versammlung, hieß es bei ihm ebenso eindringlich wie beschwörend: „Vereinigen wir uns, vereinigen wir uns, und lassen wir lächerliche Souveränitäten beiseite, denn wenn wir uns nicht mit der Regierung vereinigen und dieser dergestalt Stärke verschaffen, dann wird unsere ganze Unabhängigkeit wieder wie eine Theaterdekoration verschwinden, und wir werden unter einem spanischen Joche ächzen, das noch wilder als jemals zuvor wäre, insofern die unersättliche Rache der Spanier über uns hereinbrechen müsste."[71]

Noch immer ist in diesem Bild eines künftigen Mexiko, das auf Grund kleinlicher Souveränitätsforderungen auseinanderzufallen droht, die alte spanische Bedrohung präsent. Noch ist die wahre Unabhängigkeit nicht erreicht. Unverkennbar tritt in diesen Aussagen des neuspanischen Kreolen die Frage der indigenen Vergangenheit und ihrer Konsequenzen für die Gründung eines fundamental anderen kulturellen und politischen Raumes zurück hinter tagespolitische Dringlichkeiten: Denn es ging um die Macht! Für die kreolische Führungsschicht war es kein politisches Ziel, die größtmögliche Unabhängigkeit auch für die indigene Bevölkerung zu erzielen und zu garantieren; es ging den Kreolen vielmehr darum, die lästige spanische Herrschaft abzuschütteln, aber die Herrschaftsstrukturen im Inneren aufrecht und intakt zu erhalten.

Die indigene Vergangenheit verschwindet zwar nicht als Differenzmerkmal eines Kreolen, der sich selbst nicht nur vom spanischen Adel, sondern auch von

---

[71] Ebda., S. xlviii: „Unámonos, unámonos, y dejémonos de soberanías ridículas, porque si no nos unimos al gobierno y le damos vigor, toda nuestra independencia desaparecerá como decoración de teatro, y sufriremos el yugo español más fiero que antaño, como que crujirá sobre nosotros la venganza insaciable de los españoles."

Cuauhtémoc und den Aztekenherrschern abzuleiten suchte,[72] doch bleibt sie eben dies: Vergangenheit und aztekisierendes Beiwerk ohne jene Dimension der „futuridad", die Lezama Lima zurecht im Denken Teresa de Miers erkennen wollte.[73] Der große kubanische Dichter und Essayist begriff sehr wohl die Denkmöglichkeiten dieses Vertreters der neuspanischen Aufklärung; aber Fray Servando Teresa de Mier war an das mit der kreolischen Herrschaftsschicht politisch Machbare gebunden. Und da war eine genealogische Abkunft von Cuauhtémoc nicht wirklich förderlich.

Alles, was die angestrebte Schaffung eines einheitlichen, homogenen Staates gefährden oder verzögern konnte, wurde aus Fray Servando Teresa de Miers Projektion, aus seinem Projekt eines künftigen nationalen und unabhängigen Raumes verdrängt. Trotz der Offenheit geschichtlicher Sinnhorizonte, die sich aus der Epochenerfahrung geglückter Revolutionen speist, erweisen sich die kulturellen Konzepte Teresa de Miers als relativ geschlossene Konstrukte, innerhalb derer dem Indigenen eine letztlich untergeordnete Rolle zukommt. In seiner Erfindung eines neuen Mexiko und eines neuen Amerika kommen die indigenen Kulturen – auch nicht die aztekischen oder inkaischen – bestenfalls marginal vor.

Eine durchaus andere Perspektivik auf die Formen und Normen des Zusammenlebens innerhalb eines protonationalen Raumes Mexikos eröffnete José Joaquín Fernández de Lizardi.[74] Mit seinem im Jahr 1816 in zensierter und daher noch unvollständiger Form erstmals veröffentlichten Roman *El Periquillo Sarniento* legte er einen Erzähltext vor, der bekanntlich Anspruch darauf erheben darf, der erste in Hispanoamerika von einem Hispanoamerikaner verfasste Roman zu sein. Eine literarische Unabhängigkeitserklärung also?

Unabhängig davon, dass dieser „texto fundador" des hispanoamerikanischen Romans in Hispanoamerika aufgrund der Gleichzeitigkeit seiner Entstehung und der mexikanischen Nationenbildung immer wieder als der Roman der Unabhängigkeit, als „la novela de la independencia mexicana",[75] bezeichnet worden ist, sollten wir unser Augenmerk vor allem darauf richten, dass es sich bei diesem in der Tradition des spanischen Schelmenromans stehenden Erzähltext um eine in-

---

72 Vgl. O'Gorman, Edmundo: Prólogo, S. x und xxiv.
73 Vgl. Lezama Lima, José: El romanticismo y el hecho americano. In (ders.): *La expresión americana*. Madrid: Alianza Editorial 1969, S. 92.
74 Vgl. zu diesem Autor das ausführliche Kapitel im vierten Band der Reihe „Aula" in Ette, Ottmar: *Romantik zwischen zwei Welten* (2021), S. 285 ff.
75 So etwa Salomon, Noël: La crítica del sistema colonial de la Nueva España en "El Periquillo Sarniento". In: *Cuadernos Americanos* (México) XXI, 138 (1965), S. 179. Vgl. auch Iñigo Madrigal, Luis: José Joaquín Fernández de Lizardi. In (ders., Hg.): *Historia de la literatura hispanoamericana*. Bd. 2: *Del neoclasicismo al modernismo*. Madrid: Cátedra 1987, S. 143, wo von der „primera novela propiamente hispanoamericana" die Rede ist.

nerhalb neuer kultureller, sozialer und politischer Kontexte resemantisierte literarische Gattungsform spanischer Provenienz handelt. Nicht umsonst ist es dabei eine Gattungsform, welche der Erfindung, der Fiktion, den obersten Rang zuweist.

Ihr Transfer nach Amerika eröffnete nicht nur in Bezug auf Neuspanien dem Genre der *novela picaresca* neue Wirkkraft und neue Funktionen, sondern brachte zugleich auf sehr verschiedenen Ebenen einen schöpferischen Dialog zwischen Europa und Amerika ästhetisch in Gang. Als dialogischer, ja im Grunde polylogischer Text ergänzt *El Periquillo Sarniento* Francisco Javier Clavijeros *Historia antigua de México* wie Servando Teresa de Miers autobiographische und historiographische Schriften, indem er im Übergang von Neuspanien zu Mexiko zum narrativen Erprobungsraum der Möglichkeiten und Grenzen friedvollen Zusammenlebens in Differenz avancierte. Es ist gerade dieser Übergang zwischen dem Kolonialen und dem Postkolonialen, der uns an diesem neuspanisch-mexikanischen Schelmenroman hier interessiert.

Denn wie ließ sich in einem politisch, gesellschaftlich, ökonomisch, ethnisch und nicht zuletzt kulturell völlig zersplitterten Territorium, innerhalb dessen die Hauptstadt als „ciudad letrada" kolonialspanischer Prägung eine zugleich herausgehobene und isolierte Insel-Lage einnahm, friedlich zusammenleben? Zweifellos wäre es zur Klärung dieser fundamentalen Frage aufschlussreich, die Proliferation paratextueller Elemente (wie verschiedene Vorworte, Widmungen, Leserhinweise, Titelgebungen, eingeschobene Texte und vieles mehr) mit der paratextuellen Komplexität in Clavijeros *Historia antigua de México* in Verbindung zu bringen. Ist diese Ausgestaltung in *El Periquillo Sarniento* auch wesentlich kunstvoller, so lässt sich doch in beiden Texten der bisweilen obsessiv wiederkehrende Versuch beobachten, sich innerhalb bestimmter Diskurstraditionen Europas zu situieren und sich – diese zutiefst transformierend – zugleich in den amerikanisch-europäischen Dialog einzuschalten. So ist in die literarische Formgebung selbst eingegangen, was an Herausforderungen gerade auch auf der politischen (und natürlich kulturellen) Ebene an der Tagesordnung war.

Transfer und Transformation gehen Hand in Hand – ebenso in diesem Roman wie in der Geschichte überhaupt. Wurde Clavijero dank der Veröffentlichung seines Buches in Italien und einer sich anschließenden Übersetzung ins Englische in der Alten Welt zumindest wahrgenommen, so blieb der Aufklärer und Moralist Fernández de Lizardi, der seine Texte unter großen Schwierigkeiten in Neuspanien publizierte und dies auch in seinen Vorworten weitsichtig und bisweilen selbstironisch thematisierte, in Europa im Grunde bis heute weitestgehend unbekannt. Dies hat ganz wesentlich mit der Asymmetrie der literarischen und kulturellen Beziehungen,[76] aber auch mit der Tatsache zu tun, dass José Joaquín Fernández de Lizardi für ein neuspanisches Publikum in einer ganz spezifischen historischen Situation schrieb.

Dieses neuspanische Lesepublikum mit seinem protonationalen Raum eines künftigen Mexiko war in *El Periquillo Sarniento* eine entscheidende Vorgabe dafür, dass dieser ‚mexikanische' Schelmenroman innerhalb der Literaturgeschichte des nordamerikanischen Landes stets präsent blieb. Lesen und Gelesen-Werden sind zweifellos Grundpfeiler von Lizardis Verständnis jeglicher zukunftsträchtiger Gemeinschaft. Bereits im Paratext seines sicherlich berühmtesten Romans wird aus der kolonialen Situation heraus die Schaffung eines nationalliterarischen Raums propagiert, was über die Erziehung eines eigenen Lesepublikums hinaus innerhalb einer im Übergang zur postkolonialen Situation befindlichen Gesellschaft auch die Entfaltung aller Instrumente und Bestandteile eines national am Zentrum Mexiko-Stadt orientierten Literaturbetriebs erforderlich macht. Doch *El Periquillo Sarniento* sollte nicht als bloße ‚Widerspiegelung' einer Gesellschaft im Übergang, sondern als literarischer Bildungsroman verstanden werden, welcher auf diesen Übergang von einer kolonialen zu einer postkolonialen Situation entscheidend Einfluss zu nehmen sucht.

Zugleich erscheint es aus Sicht des in gewisser Weise zwischen Neuspanien und Mexiko schreibenden Schriftstellers als unabdingbar, ein Publikum außerhalb der traditionellen „ciudad letrada" zu *erfinden* und zu *finden*.[77] Die beeindruckende Vielfalt im Roman verwendeter Sprachen lässt jenseits eines traditionellen Publikums bereits die Umrisse einer Nation und einer emergierenden nationalen Gesellschaftsstruktur erkennen. Das noch zu schaffende ist im Gegensatz zum traditionellen Publikum von einer grundsätzlichen Heterogenität charakterisiert, was im Text selbst thematisiert wird.[78] Fernández de Lizardi kennt sein Publikum genau: Denn er ist von diesem unmittelbar abhängig!

Nur durch die aufmerksame Betrachtung und Beobachtung des heimischen, des amerikanischen Publikums könne es den „talentos americanos" gelingen, innerhalb des „teatro literario"[79] nicht nur das eigene Überleben, sondern auch die Wirkung der eigenen Schriften sicherzustellen. Diese Fähigkeit einer genauen

---

76 Vgl. hierzu Ette, Ottmar: Asymmetrie der Beziehungen. Zehn Thesen zum Dialog der Literaturen Lateinamerikas und Europas. In: Scharlau, Birgit (Hg.): *Lateinamerika denken. Kulturtheoretische Grenzgänge zwischen Moderne und Postmoderne*. Tübingen: Gunter Narr Verlag 1994, S. 297–326.
77 Vgl. im Sinne von Rama, Angel: *La ciudad letrada*. Hanover: Ediciones del Norte 1984.
78 Vgl. Fernández de Lizardi, José Joaquín: *El Periquillo Sarniento*, beispielsweise S. 3f und 187.
79 Fernández de Lizardi, José Joaquín: *El Periquillo Sarniento*. Prólogo de Jefferson Rea Spell. México: Editorial Porrúa [11]1970, S. 2.

Kenntnis seines Lesepublikums ist für den neuspanischen und mexikanischen Schriftsteller ein Überlebenswisssen, das ihm im ‚literarischen Theater' zur Verfügung stehen und weiterhelfen muss.

Fernández de Lizardis kluge Strategien als Publizist wie seine Geschicklichkeit in der Grundlegung eines noch nicht vorhandenen literarischen Feldes verhalfen dem neuspanischen Autor dazu, die vorhandenen Chancen zu nutzen und zum wohl ersten wirklichen Berufsschriftsteller Hispanoamerikas zu avancieren.[80] Dies war eine ungeheure Leistung! Was aber war vom zwar weltweit vernetzten, aber doch nur schwach in Neuspanien institutionalisierten Archipel der Literatur her auszurichten? Oder mit anderen Worten: Konnte die Literatur in der Übergangsepoche von einer kolonialen zu einer postkolonialen Gesellschaft eine strategisch wichtige Rolle übernehmen und diesen Übergangsprozess moderieren und selbst verändern?

El Periquillo Sarniento – und hierin liegt die Bedeutung des Romans – bot gerade mit Blick auf die insulare Situation Mexicos, auf die Chancen und Risiken, ein Zusammenleben zwischen den so unterschiedlichen Inseln gesellschaftlich zu organisieren, eine ganze Reihe innovativer Anstöße.[81] Und dies geschieht bereits auf der durch Transfer und Transformation geprägten literarischen Ausdrucksebene. Ich möchte gerne einige dieser Elemente und Impulse kurz benennen und reflektieren!

Die architextuelle Erweiterung des Genres der *novela picaresca* durch hagiographische Darstellungsformen, durch romandiegetisch verankerte Gedichte, welche die Bewusstseinsprozesse des Protagonisten gleichsam hermeneutisch punktieren, aber auch durch die Utopie – die hier wohl zum ersten Mal als literarisches Genre Eingang in die hispanoamerikanische Literatur findet – sowie durch nicht-fiktionale und nicht-narrative Schreibformen (wie Essay oder Traktat) erzeugen eine komplexe Textstruktur, die durch Friktionalität, mithin ein Pendeln zwischen Fiktion und Diktion, grundlegend gekennzeichnet wird. Die so entstehende friktionale Textur des *Periquillo Sarniento* lässt sich, so scheint mir, mit den Spezifika eines Schreibens in Verbindung bringen, das sich explizit in Amerika ansiedelt und von hier aus versucht, einen eigenen kulturellen und literarischen Bewegungsraum – so bedroht dieser auch immer sein mochte – in der

---

[80] Vgl. hierzu auch Franco, Jean: La heterogeneidad peligrosa: Escritura y control social en vísperas de la independencia mexicana. In: *Hispamérica* (Gaithersburg) XII, 34–35 (1983), S. 12 ff.

[81] Vgl. hierzu auch Ette, Ottmar: Fernández de Lizardi: El Periquillo Sarniento. Dialogisches Schreiben im Spannungsfeld Europa – Lateinamerika. In: *Romanistische Zeitschrift für Literaturgeschichte / Cahiers d'Histoire des Littératures Romanes* (Heidelberg) XXII, 1–2 (1998), S. 205–237.

Hoffnung auf ein künftiges Gemeinwesen zu entwerfen. Auf diese Weise erfindet der mexikanische Schelmenroman diese Welt Amerikas neu und implantiert ein transatlantisch reflektiertes Wissen, das die Grundlagen für mexikanische und amerikanische Ausdrucksformen in der Literatur, aber auch im kulturellen Bereich legte. Die Literatur des José Joaquín Fernández de Lizardi erkundete diesen spezifisch amerikanischen Bewegungsraum mit einem besonderen Gespür für die so unterschiedlichen Lebensformen und Lebensnormen, welche die verschiedenartigen Bevölkerungsgruppen im protonationalen Mexiko auszeichneten.

Das literarische Genre des Schelmenromans, der *novela picaresca*, leistete hierbei hervorragende Dienste. Denn die gattungskonform vom „Pícaro" in ihrer Gesamtheit durchlaufene kolonialspanisch-feudale Gesellschaft des Vizekönigreichs Neuspanien erscheint im Roman nicht nur in ihrer hierarchischen Schichtung, sondern auch in ihrer ethnischen wie biopolitischen Komplexität. Ein komplexes und panoramatisches Fresko der gesamten neuspanischen Gesellschaft im Übergang zu einem mexikanischen Gemeinwesen entsteht!

Denn unser Periquillo hat es mit Indigenen und Mestizen, mit Kreolen und mit Schwarzen, mit aus dem spanischen Mutterland stammenden „gachupines" oder Einwanderern nicht-hispanischer Provenienz wie Franzosen, Angelsachsen oder auch Chinesen zu tun. In Neuspanien kreuzen sich nicht nur nordsüdlich, sondern auch westöstlich verlaufende Wege, die über die Häfen von Veracruz und Acapulco die Karibik und Europa, Japan, China beziehungsweise die Philippinen und Asien mit dem Hochtal von Anáhuac verbinden. Wir hatten dies bereits eindrucksvoll am Beispiel der Namban-Kunst gesehen, die sich im transpazifischen Beziehungsgeflecht zwischen Japan, den Philippinen und Neuspanien entfaltete und mit den Biombos einen künstlerisch hochentwickelten Luxusartikel hervorbrachte, der stellvertretend für das kulturelle wie gesellschaftspolitische Empfinden der kreolischen Eliten stand.

Die von José Joaquín Fernández de Lizardi gezeichnete neuspanische Gesellschaft ist zugleich extrem diversifiziert und abgeschlossen, migratorisch und statisch: Dynamische Elemente gehen in ihr fast ausschließlich von Angehörigen nicht-spanischer handeltreibender Gruppen aus. Die Frage des Zusammenlebens, der Konvivenz begleitet das Lesepublikum auf Schritt und Tritt. Im geographischen Zentrum dieses Raumes und aller Bewegungen des Protagonisten jedoch steht von Beginn des Romans an „México", wobei hierunter nicht ein künftiger nationalstaatlicher Raum, sondern die Hauptstadt des Vizekönigreichs (und Heimatstadt Periquillos) verstanden wird: „Ich wurde in Mexiko, der Hauptstadt von Nordamerika, in Neuspanien geboren. Keine Lobpreisungen würden aus meinem Munde genügen, um sie meinem geliebten Vaterlande zu widmen; doch eben darum wären sie auch alle nur umso verdächtiger."[82]

Dieses Mexiko aber ist noch immer, so scheint es auf den ersten Blick, die vizekönigliche *urbs nova*, die sich als Insel aus der sie umgebenden Landschaft heraushebt. Fernández de Lizardis *El Periquillo Sarniento* füllt aber die menschenleeren Stadtansichten der vizeköniglichen Hauptstadt dank seiner erzähltechnischen Mittel mit einem überbordenden Leben und verleiht so der beeindruckenden Stadtlandschaft der Hauptstadt eine Lebendigkeit und Vitalität, wie wir sie auch heute noch in der Gegenwart der kapitale Mexikos erleben dürfen.

Die unterschiedlichsten Formen und Normen des Zusammenlebens erscheinen im Roman. Die Formen gewaltfreier, kultureller oder sprachlicher Konvivenz müssen sich innerhalb eines so modellierten literarischen Erprobungsraumes geradezu notwendig als prekär erweisen: Nur die Bewegungen des Pícaro verbinden die einzelnen Inseln innerhalb der Stadt wie innerhalb eines protonationalen Territoriums miteinander. Denn sowohl innerhalb der Hauptstadt selbst als auch zwischen dieser einerseits und den Provinzen andererseits stehen sich von unterschiedlichen sozialen, ethnischen und kulturellen Gruppen bewohnte Räume unverbunden und fast feindselig gegenüber. Es gibt keinen kontinuierlichen Bewegungsraum, alles ist in Inseln mit ihrer jeweiligen Eigenlogik zersplittert. Sie werden allein durch die Wege und Reisen des Pícaro miteinander in Beziehung gesetzt und gleichsam zu einem Archipel vielfältiger Relationen verbunden. Wie aber wäre hieraus ein moderner Staat zu machen?

Die literarische Gattungsvorgabe des pikaresken Protagonisten wird vom neuspanischen Schriftsteller klug dazu genutzt, die im kolonialen System miteinander kaum kommunizierenden Bestandteile eines künftigen Nationalstaats in ihrem Isoliert-Sein anschaulich zu machen und aufeinander zu beziehen. Die weiten Landgebiete des Vizekönigreichs erscheinen zwar als autonome Regionen, sind aber im Gegensatz zum urbanen Raum der Hauptstadt keine Träger von Kultur(en) und damit im eigentlichen Sinne keine kulturellen Räume. Die von der Stadt Mexiko abgekoppelten, isolierten Landstriche erheben im Gegensatz zu Domingo Faustino Sarmientos[83] späterem Modell einer Auseinandersetzung zwischen ‚Zivilisation' und ‚Barbarei' jedoch keine Herrschaftsansprüche

---

[82] Fernández de Lizardi, José Joaquín: *El Periquillo Sarniento*, S. 12: „Nací en México, capital de la América Septentrional, en la Nueva España. Ningunos elogios serían bastantes en mi boca para dedicarlos a mi cara patria; pero, por serlo, ningunos más sospechosos."

[83] Vgl. zu dem nicht allein für das argentinische 19. Jahrhundert maßgeblichen Modell von ‚Zivilisation' und ‚Barbarei' das entsprechende Kapitel im vierten Band der Reihe „Aula" in Ette, Ottmar: *Romantik zwischen zwei Welten* (2021), S. 627 ff.

gegenüber den urbanen Kulturräumen, sondern sind von diesen in *El Periquillo Sarniento* gänzlich abgetrennt. Der emergierende mexikanische Nationalstaat entsteht auf fundamentale Weise aus einer derartig isolierten Situation.

Ein kulturelles Gegenmodell zur kolonialspanischen Urbanität bilden die rural strukturierten Räume mit ihren Bewohnern, Lebensformen und alltagskulturellen Praktiken ebenfalls nicht. Für den Hauptstädter Periquillo Sarniento sind sie wenig mehr als binnenkoloniale Ergänzungsräume, die vorrangig der Nutzung (und Ausplünderung) durch Kolonialstadt und Metropole dienen. Die Reisen des Pícaro kommen Bewegungen durch Räume gleich, die es bestenfalls in jeglicher, vor allem aber auch in kultureller Hinsicht an die Hauptstadt anzubinden und im abendländisch-aufklärerischen Sinne zu modernisieren gilt. Dies sind zweifellos strukturelle Probleme, die selbst der mexikanische Nationalstaat des 21. Jahrhunderts nicht in den Griff bekommen hat und an denen Mexiko heute noch krankt.

Gleichwohl werden in *El Periquillo Sarniento* die Umrisse eines künftigen zentralisierten Nationalstaates sichtbar, in dem die semantische Ausweitung des Namens der Hauptstadt für die Homogenisierungstendenz einer sich ankündigenden sozioökonomischen und politischen Modernisierung steht. Die indigene Bevölkerung, dies legt der literarische Erprobungsraum gesellschaftlicher Konvivenz schonungslos offen, wirkt darin wie ein Fremdkörper: Keinerlei Versuche einer gesellschaftlichen oder politischen Integration werden erkennbar.

So wird mit den Mitteln einer Literatur, die das *Vorgefundene* und das *Erfundene* in einem spezifischen *Erleben*, dem des Pícaro, wie im Nacherleben des Lesepublikums fundiert, sichtbar gemacht, was das Leben und Zusammenleben auch in einem künftig unabhängig gewordenen Mexiko notwendig behindern musste. Im Transfer der für die spanische Literatur vielleicht charakteristischsten Gattung zeichnen sich die Grenzen des politischen Entwurfs der Independencia Neuspaniens ab. Damit wird ein grundlegender Geburtsfehler der spanischamerikanischen Republiken sichtbar und erkennbar. Die Literatur als eine politisch wie gesellschaftlich seismographische künstlerische Ausdrucksform hat auf diesen Geburtsfehler früh hingewiesen, ohne dass freilich entsprechende Gegenmittel in Anschlag gebracht wurden.

Dabei ist es auch in Bezug auf die anderen, bereits behandelten Texte des ausgehenden 18. und beginnenden 19. Jahrhunderts aufschlussreich, *El Periquillo Sarniento* auf zumindest fünf zum damaligen Zeitpunkt voneinander zu unterscheidende Pole eines inter- und transkulturellen Beziehungsgeflechts zu beziehen.[84] Unter diesem Aspekt schreibt sich der Roman unverkennbar ein in einen ersten Pol der vorbildgebenden iberischen Kultur im Kontext ihrer abendländischen Traditionsstränge. Die verschiedenen indianischen Kulturen, aber auch die Kulturen der schwarzen Bevölkerung in den tropischen Tieflandregionen des Vizekönigreichs, finden zwar (etwa auch in Fußnoten) immer wieder Erwähnung, erscheinen aber nicht als kulturtragende Systeme geschweige denn als kulturelle Gegenentwürfe oder Alternativen. Gattungstechnisch wie literarästhetisch ist *El Periquillo Sarniento* vielmehr maßgeblich an diesem ersten ‚iberischen' oder ‚abendländischen' Pol ausgerichtet.

Es gilt nun, das Verhältnis dieses neuspanischen Schelmenromans zu den kulturellen Polen Nummer vier und Nummer fünf zu definieren. Literarisch vermittelte Ausdrucksformen kultureller Mestizisierung wie Hybridisierung werden in die Romandiegese genauso aufgenommen wie die Volkskultur iberischer Herkunft; doch bleiben sie wie im kolonialspanischen System marginalisiert. Die potentiellen Inselwelten kultureller Vielfalt bleiben oft in sich abgeschlossene Insel-Welten, welche mit der Außenwelt nur wenig in Kontakt stehen. Dass der Raum der Utopie hierbei nicht länger in die Inselwelt der Karibik, sondern nach Westen in jene Asiens projiziert wird, erscheint in diesem Zusammenhang als besonders signifikant. Dies ist nicht nur der Fall, weil der transatlantische im Gegensatz zum transpazifischen Raum keine geographischen Leerstellen mehr aufwies, in welche man die utopischen Vorstellungen hineinprojizieren konnte, sondern auch weil in einer westwärts gerichteten weltweiten Bewegung der *Translatio Imperii* wie der *Translatio Studii* in einer erstaunlich kontinuierlichen „Mouvance" aus dem asiatischen Mesopotamien über Ägypten, Griechenland, Spanien und Portugal, Frankreich und England nun die Zentralachse ebenso der Reiche wie der Hochkulturen von Amerika aus bereits wieder nach Osten und damit nach Asien zu weisen begann.

Somit entsteht in Fernández de Lizardis *El Periquillo Sarniento* ein kulturelles Beziehungsgeflecht, das verglichen mit den beiden zuvor behandelten neuspanischen Autoren komplexer und – allen Bewegungen des Pícaro zum Trotz – zugleich zentrierter ist. Der literarische Text des in Neuspanien geborenen Autors präpariert die disperse Strukturierung beziehungslos nebeneinander existierender Räume heraus und verhilft dem Beziehungslosen, Unverbundenen zu schärferem Profil. Die Darstellung gesellschaftlicher Totalität schlägt um in die Repräsentation eines nationalen Raumes, in dem kulturelle Vielfalt marginalisiert bleibt und isoliert nebeneinander steht. Es fällt schwer, in diesen voneinander getrennten und

---

84 Vgl. das historisch um einen sechsten Pol ergänzte Schema kultureller Pole für das 19. Jahrhundert im entstehenden Lateinamerika den vierten Band der Reihe „Aula" in Ette, Ottmar: *Romantik zwischen zwei Welten* (2021), S. 278.

isolierten *Insel-Welten* jene Vorformen künftiger multirelationaler *Inselwelten* zu erblicken, die sich als ein dynamisches Geflecht kultureller Relationalitäten transarchipelisch entwickeln könnten. Die Geburtsfehler des sich herauskristallisierenden Nationalstaates sollten, von der Kolonie ererbt und von der politisch-kulturellen Trägerschicht der Unabhängigkeitsrevolution vorsätzlich nicht beseitigt, schwer auf der späteren soziokulturellen Entwicklung lasten.

Der innerliterarische Raum von Fernández de Lizardis Roman ist in seinen archi- und intertextuellen Verflechtungsmomenten – wie dies bereits die Gattungsbeziehungen nahelegen – von expliziten intertextuellen Relationen zu spanischen Vorbildern (des Siglo de Oro und insbesondere zur Filiation, die vom *Lazarillo de Tormes* zum *Guzmán de Alfarache* und darüber hinaus ins Jahrhundert der Aufklärung führt) geprägt.[85] Auf einer eher impliziten Ebene aber lässt sich eine Vielzahl von Bezügen zur französischen Literatur herausarbeiten,[86] wodurch sich in diesem Text von 1816 jener geokulturelle Dominantenwechsel andeutet, der die Verschiebung des intellektuellen und kulturellen Meridians von Madrid nach Paris anzeigt. In der neuspanischen Aufklärungsphilosophie hatte sich dieser geokulturelle Dominantenwechsel hin zur französischen Aufklärungsliteratur bereits früher angedeutet.

Diese grundlegende Veränderung weg vom kulturellen Mutterland Spanien ist schon für die neuspanische Literatur, Philosophie und Geschichtsschreibung beobachtbar, kommt aber vor allem im Roman der hispanoamerikanischen Romantik mit aller Deutlichkeit zum Ausdruck: an die Stelle der spanischen Dominanz tritt dann die Vorherrschaft einer ‚Bibliothek', die vornehmlich von den Werken französischer und englischer Autoren gebildet wird.[87] Die Vielfalt an Bibliotheken, die in den Schriften Clavijeros auftauchte, geht jedoch kaum in die hispanoamerikanischen Literaturen des 19. Jahrhundert ein, des Jahrhunderts

---

85 Vgl. u. a. Skirius, John: Fernández de Lizardi y Cervantes. In: *Nueva Revista de Filología Hispánica* (México) XXXI, 2 (1982), S. 257–272; Mora Escalante, Sonia Marta: Le picaresque dans la construction du roman hispano-américain. In: *Etudes littéraires* (Québec) XXVI, 3 (1993–94), S. 81–95, oder González Cruz, Luis F.: El Quijote y Fernández de Lizardi: revisión de una influencia. In: Criado de Val, Manuel (Hg.): *Cervantes: su obra y su mundo*. Actas del I Congreso Internacional sobre Cervantes. Madrid: EDI 1981, S. 927–932.
86 Vgl. u. a. Strosetzki, Christoph: Fénelon et Fernández de Lizardi: De l'absolutisme au libéralisme. In: *Oeuvres et Critiques* (Tübingen) XIV, 2 (1989), S. 117–130, oder Janik, Dieter: "El Periquillo Sarniento" de J.J. Fernández de Lizardi: una normativa vacilante (sociedad – naturaleza y religión – razón). In: *Ibero-Amerikanisches Archiv* (Berlin) XIII, 1 (1987), S. 49–60. Die literarischen Beziehungen dieses Romans zu Raynal wären eine eigene Untersuchung wert.
87 Vgl. hierzu die ausführliche Darstellung dieser Veränderung geokultureller Dominanten in den Literaturen des 19. Jahrhunderts im vierten Band der Reihe „Aula" in Ette, Ottmar: *Romantik zwischen zwei Welten* (2021), passim.

der politischen Unabhängigkeit. Es herrscht – auch wenn sich ein geokultureller Dominantenwechsel von Spanien zu Frankreich vollzogen hat – wieder eine einzige Bibliothek vor: jene Europas. Und die Vielfalt an Entwürfen und Erfindungen, die von diesem Europa aus nach Westen, nach Amerika projiziert werden, ist in den Literaturen des beginnenden 19. Jahrhunderts von Chateaubriand über Victor Hugo bis Heinrich von Kleist fürwahr gewaltig.[88]

Man könnte Alexander von Humboldts amerikanisches Werk, das zum größten Teil in französischer Sprache erschien und zirkulierte, durchaus diesem geokulturellen Dominantenwechsel zuordnen, welcher den Prozess der Independencia begleitete. Sein *Opus Americanum* erschien in einer Epoche, in welcher sich von den ersten Unabhängigkeitskämpfen an die gesamte Geschichte der Revolution dieser Independencia und Staatenbildung dokumentierte. Denn der preußische Gelehrte war ein französischer Schriftsteller, der in den zweieinhalb Jahrzehnten nach seiner Rückkehr aus dem tropischen Amerika von der französischen Hauptstadt aus agierte und schrieb.

Insofern lassen sich aus einem derartigen Blickwinkel und angesichts der Tatsache, dass das sich herausbildende Mexiko zu jenen neuen Staaten der hispanoamerikanischen Welt zählt, die wohl am tiefgreifendsten von Alexander von Humboldts neuem Diskurs über die Neue Welt geprägt wurden, gute Gründe dafür finden, den Autor der *Ansichten der Natur* und der *Tableaux de la nature* – wie in O'Gormans *Retablo* – dem Pantheon jener großen Autoren zuzurechnen, welche die Independencia wesentlich vorbereitet haben. Ohne selbst ein Revolutionär zu sein, gehört er doch zu den „autores intelectuales", zu den geistigen Urhebern und Begleitern jener tiefgreifenden Revolution, die auf der amerikanischen Seite des Atlantik vor sich ging.[89]

Denn in der Tat ließe sich sein *Essai politique sur le royaume de la Nouvelle-Espagne*[90] als die eigentliche Geburtsurkunde jenes Staates verstehen, der an die Stelle Neuspaniens trat und sich zugleich aus jener langen Tradition heraus ver-

---

88 Vgl. hierzu die Einzeldarstellungen in ebda.
89 Zum Verhältnis Alexander von Humboldts zu Revolutionen vgl. auch Ette, Ottmar: ‚Para edificar el templo de la libertad.' París – Berlín – Haiti – México: Alexander von Humboldt, de revolución en revolución. In: Leyva, Gustavo / Connaughton, Brian / Díaz, Rodrigo / García Canclini, Néstor / Illades, Carlos (Hg.): *Independencia y Revolución. Pasado, Presente y Futuro*. México: Fondo de Cultura Económica – Universidad Autónoma Metropolitana 2010, S. 591–619.
90 Humboldt, Alexandre de: *Essai politique sur le royaume de la Nouvelle-Espagne*. Avec un Atlas physique et géographique, fondé sur des observations astronomiques, des mesures trigonométiruqes et des nivellemens barométriques. 2 Bde. Paris: Chez F. Schoell 1808–1811.

stand, die das Hochtal von Anáhuac als den welthistorischen Kreuzungspunkt der großen in nordsüdlicher wie ostwestlicher Richtung verlaufenden Handels- und Machtwege begriff. Das umfangreiche Werk über Neuspanien erschien wie Fernández de Lizardis *El Periquillo Sarniento* zu einem Zeitpunkt, als sich die Kolonie in einen eigenständigen und souveränen Staat zu verwandeln begann. Und wie ein Pícaro durchstreifte der Reisende aus Preußen die unterschiedlichsten gesellschaftlichen Ebenen, speiste mit dem neuspanischen Vizekönig und tauschte sich mit dem Erzbischof von Mexiko ebenso aus wie mit jenen Indigenen, mit denen er in die Bergwerke des damaligen Neuspanien hinabstieg.

Wir sollten an dieser Stelle unserer Vorlesung zweifellos besser der Versuchung widerstehen, in Alexander von Humboldts Denken und Schreiben jenen Prozess kulminieren zu lassen, der in diesem Teil unserer Überlegungen mit der Weltkarte des Juan de la Cosa begann – jener großartigen Karte, die Humboldt im Übrigen gemeinsam mit seinem Freund, dem Baron von Walckenaer, in des letztgenannten Privatbibliothek mehr als drei Jahrhunderte nach der Entstehung dieses Schmuckstücks frühneuzeitlicher Kartographie wieder auffand und erstmals analysierte. Sicherlich kam innerhalb des weltumspannenden Verständnisses, das der Verfasser des *Kosmos* etwa anhand seines Begriffs des Weltbewusstseins entfaltete,[91] der Frage nach den anhaltenden Folgen und Konsequenzen des Humboldt faszinierenden Prozesses einer beschleunigten Globalisierung, deren Theorie er wohl als erster entwarf, eine maßgebliche, ja entscheidende Rolle zu.

Denn nicht umsonst hielt er noch im zweiten, fast ein halbes Jahrhundert nach seiner Reise durch die Amerikas erschienenen Band seiner wissenschaftlichen Summa fest: „Die Fortschritte des kosmischen Wissens wurden durch alle Gewaltthätigkeiten und Gräuel erkauft, welche die sogenannten *civilisirenden Eroberer* über den Erdball verbreiten."[92] Alexander von Humboldt war weit davon entfernt, ähnlich wie Cornelius de Pauw, der Abbé Raynal, Denis Diderot oder andere europäische „Philosophes" einer amerikanischen Barbarei die europäische Zivilisation gegenüberzustellen. Er begriff die Schandtaten der Kolonisierung, verstand deren langanhaltende Wirkungen, wandte sich entschieden gegen alle Versuche, koloniale Abhängigkeiten von Europa aus wiederbeleben zu wollen. Als aufmerksamer Leser Clavijeros wusste er von jenen anderen Bibliotheken, die

---

91 Vgl. hierzu Ette, Ottmar: *Weltbewußtsein. Alexander von Humboldt und das unvollendete Projekt einer anderen Moderne*. Weilerswist: Velbrück Wissenschaft 2002; die zweite Auflage erschien unter dem orthographisch angeglichenen Titel Zweite Auflage: *Weltbewusstsein. Alexander von Humboldt und das unvollendete Projekt einer anderen Moderne. Mit einem Vorwort zur zweiten Auflage*. Weilerswist: Velbrück Wissenschaft 2020.
92 Humboldt, Alexander von: *Kosmos. Entwurf einer physischen Weltbeschreibung*. 5 Bde. Stuttgart – Tübingen: Cotta 1845–1862, hier Bd. II, S. 337.

er in seinen *Vues des Cordillères et Monumens des Peuples Indigènes de l'Amérique* kenntnisreich vor Augen führte. Und er wusste davon, dass die Problematik der indigenen Bevölkerungen schwer auf der künftigen Entwicklung der politisch unabhängig gewordenen Nationalstaaten genauso lasten würde – wie die Sklaverei auf jenen Kolonien und Staaten einschließlich der Vereinigten, in welchen sie zu seinem Leidwesen noch immer fortbestand.

Mag sein, dass Juan O'Gorman vor dem Hintergrund der Einsichten eines langen, sich über mehr als sieben Jahrzehnte erstreckenden Lebenswerks überraschenderweise nicht den jungen, auf seiner amerikanischen Reise befindlichen, sondern den schon gereiften Humboldt in seinem *Retablo de la Independencia* portraitierte. Dies ist durchaus aufschlussreich für eine Rezeption des Preußen, welche sich weniger auf seine konkrete Reisetätigkeit in den Amerikas als vielmehr auf seine umfangreichen Schriften bezog. Doch nicht umsonst platzierte der mexikanische Maler den ‚Ausländer' und dezidierten Sklaverei-Gegner, der seinen politischen Versuch über Neuspanien gut sichtbar dem Betrachter präsentiert, in unmittelbarer Nähe zu den geschundenen und versklavten, ja gekreuzigten *Indios*.

Denn schon in seinem *Essai politique sur le royaume de la Nouvelle-Espagne* hatte Alexander von Humboldt jene Sätze niedergeschrieben, die nur wenig von ihrer Aktualität verloren haben, die noch immer – aller Jubelfeiern zum „Bicentenario" und allen sich anschließenden Feierlichkeiten zum Trotz – ihrer Erfüllung harren und damit einer künftigen Geschichte aufgegeben sind:

> Mexiko ist das Land der Ungleichheit. Nirgendwo sonst vielleicht existiert eine erschreckendere in der Verteilung der Reichtümer, der Zivilisation, der Kultur des Bodens und der Bevölkerung. [...] Betrachtet man die mexikanischen Indianer als eine Masse, so zeigen sie das Gemälde eines großen Elends. In die am wenigsten fruchtbaren Landesteile verdrängt, von ihrem Charakter her und mehr noch durch ihre politische Lage nicht arbeitsam, leben die doch hier Geborenen von Tag zu Tag.[93]

Dieses Gemälde großen Elends ist auch heute noch in und hinter der mexikanischen *urbs nova* unserer Tage – wie einst auf dem *Biombo de la Conquista de México y la Muy Noble y Leal Ciudad de México* – unübersehbar. Das Gesicht der jungen indigenen Frau bleibt uns bis heute verborgen.

Doch ist dies der geeignete Augenblick, um in unserer Vorlesung vom späten 18. und vom beginnenden 19. Jahrhundert drei ganze Jahrhunderte zurückzugehen und erneut die Perspektive, unseren Blickpunkt, polyperspektivisch zu wechseln. Und dieses Mal wird es nicht die Perspektive der siegreichen spanischen Eroberer

---

93 Humboldt, Alexander von: *Essai politique sur le royaume de la Nouvelle-Espagne*. Bd. 1. Paris: Schoell 1811, Buch II, S. 428.

und auch nicht jene der in der Independencia siegreichen Kreolen, sondern jene der indigenen Völker sein, welcher wir uns nun zuwenden wollen! Wir werden dadurch erfahren, wie das welthistorische Ereignis der iberischen und europäischen Expansion von den besiegten Völkern des amerikanischen Kontinents wahrgenommen und erlebt wurde und mit welchen Findungen und Erfindungen sie auf diesen Vorgang reagierten.

TEIL 4: **Erfunden und erobert – Die *Conquista* aus anderen Perspektiven**

Die spanische Invasion und die Sicht der Besiegten

Lassen Sie uns an dieser Stelle einen kleinen Sprung in der Zeit rückwärts vollziehen und zugleich von der Seite der Sieger und ihrer historischen Vollstrecker auf die Seite der Besiegten wechseln, die ja bekanntlich selten in der Lage sind, ihre eigene Version, ihre eigene Vision der Geschichte durchzusetzen! Genau so erging es den indigenen Kulturen der Amerikas, deren Schweigen immer wieder in den Vordergrund gerückt wurde – und dies übrigens aus den verschiedensten Gründen, von denen wir gleich einige kennenlernen werden.

Man könnte mit dem am 1. Juli 1742 im hessischen Ober-Ramstadt geborenen Physiker, Naturforscher, Aufklärungsphilosophen und Begründer des deutschsprachigen Aphorismus Georg Christoph Lichtenberg formulieren, dass der Tag, an dem der Indianer am Strand Christophorus Columbus entdeckte, kein guter Tag für den Indianer war. Vielleicht war dieser Beginn einer neuen Epoche der Menschheit aber nicht nur für die indigenen Völker Amerikas ein schlechter Tag, denn man hätte sich durchaus historisch andere Formen der ,Begegnung' vorstellen können.

Von den Rückwirkungen der sogenannten ,Entdeckung' Amerikas, die Lichtenberg mit seinem Aphorismus persiflierte, auf die europäische Welt und deren Auseinandersetzungen insbesondere mit dem erstarkenden Orient haben wir bereits ausführlich gesprochen. Wir konnten dabei auch sehen, dass bereits die europäischen Zeitgenossen erstaunlich präzise begriffen und erfassten, um welch historischen, ja menschheitsgeschichtlichen Vorgang es sich bei der ,Entdeckung' dieser ,neuen Lande' handelte. Aber begriffen auch die indigenen Völker inmitten ihrer Katastrophe, welche geschichtlichen Dimensionen da im Spiele waren? Konnte etwa auch die in ihrem Kanu und mit ihrem Kind den Ereignissen des ersten Aufeinandertreffens von Cortés und Moctezuma auf dem *Biombo de la Conquista* gebannt zuschauende indigene Frau und Mutter bereits verstehen, welcher historische und biopolitische Tsunami da auf sie und ihr gesamtes Volk zulief?

Zweifellos war die sich anbahnende Katastrophe nicht das Resultat eines einzigen geschichtlichen Augenblickes, der sich in diesem Kontext aufgestaut und mit einem Male entladen hätte. All dies war vielmehr die Folge einer historischen Entwicklung *de longue durée*, wie wir bereits mehrfach gesehen haben. Heißt dies, dass sich alles mit geschichtlicher Notwendigkeit in dieser Form vollzog? Wir müssen die Frage etwas anders stellen, um die vergangene Zukunft wieder in den Blick bekommen zu können und um zu begreifen, dass die Geschichte der Menschheit auch hätte anders verlaufen können. Denn der weitere historische Verlauf war zum Zeitpunkt des Eintreffens der Schiffe des Hernán Cortés vor der heute mexikanischen Küste noch offen.

Der europäisch-amerikanische Kulturzusammenstoß, wenn wir ihn einmal so bezeichnen wollen, hätte auch gänzlich anders verlaufen können. Und dies selbst dann, wenn sich die geschichtlichen Ereignisse nicht nur mit einer gewissen Folgerichtigkeit, sondern auch mit historischer Notwendigkeit vollzogen: Andere Möglichkeiten der ‚Begegnung' – wie etwa das Beispiel des Las Casas zeigte – waren durchaus vorhanden. Schon Columbus hätte sein Ziel nicht erreichen können, wenn die Männer an Bord seiner Schiffe das Kommando übernommen hätten und nach Spanien zurückgesegelt wären. Der Genuese wäre niemals zum Admiral der Meere ausgerufen worden und alles wäre anders gekommen. Auch Hernán Cortés hätte in der berüchtigten „Noche triste" von einem Pfeil getroffen werden können; und schon zuvor hätte er die Malinche verfehlen können. Dadurch hätte er eine wesentliche Quelle für das Verständnis der indigenen Kulturen nicht zu seiner Verfügung gehabt. Hernán Cortés wie Bernal Díaz del Castillo wären dann vielleicht zu einer leichten Beute der aztekischen Krieger geworden, die sich bestenfalls noch über soviel Unverfrorenheit eines kleinen Grüppchens fremder Krieger gewundert hätten, nahezu unbeschützt in Feindesland vorzudringen.

Wir müssen daher die historische Notwendigkeit in ihrer Beziehung mit dem damals Möglichen, aber nicht zuletzt in ihrem Zusammenspiel mit dem Zufall verstehen, der bei so vielen Ereignissen Regie führt.[1] Stets legt das Spiel des Zufalls und des Zufälligen die jeweils gegebenen Möglichkeiten frei, die sich nicht ohne geschichtliche Notwendigkeit vollzogen. Geschichte ist ohne den Zufall schlechterdings nicht vorstellbar, wenn wir verstehen wollen, wie an jedem historischen Zeit-Punkt – ganz wie in unserer Epoche auch – die Zukunft eine stets radikal offene ist und eine Vielzahl an Möglichkeiten gegeben ist, wie die Geschichte weitergehen könnte. Was wäre geschehen, wenn aus Adolf Hitler ein erfolgreicher Maler geworden wäre? Die Literaturen der Welt haben Antworten auf derartige Fragen gefunden.

Wenn wir also die Entdeckung und Eroberung der Neuen Welt aus verschiedenen Blickwinkeln heraus verstehen wollen, müssen wir unbedingt die Perspektive der indigenen Völker miteinbeziehen und begreifen, inwieweit die Vision der Besiegten die anderen, die von den Siegern erzählten dominanten Sichtweisen und Narrative komplettiert oder radikal in Frage stellt. Wir stoßen

---

[1] Vgl. hierzu die literarische Versuchsanordnung dieser drei Bestandteile in der kleinen, aber erhellenden Studie von Köhler, Erich: *Der literarische Zufall, das Mögliche und die Notwendigkeit.* München: Fink 1973.

dabei freilich wie stets auf das Problem, dass die Sieger die Geschichte, *ihre* Geschichte schreiben und die Quellen der Besiegten im Sande verrinnen.

Doch es gibt Quellen und Zeugnisse, auf die ich mich im Folgenden beziehenmöchte. Erstaunlich ist für mich dabei noch immer, dass ein französischer Schriftsteller und späterer Literaturnobelpreisträger, der lange Jahre in Mexiko lebte und sehr wohl von den indigenen Kulturen wusste, doch letztlich mehr den Beschreibungen eines Bernal Díaz del Castillo folgte als jenen Chroniken und Texten, welche Vertreter und Angehörige der indigenen Völker verfasst hatten. In einer Reihe von Publikationen, die sich mit außereuropäischen Kulturen und speziell mittel- und nordamerikanischen Indianern beschäftigen, zu denen er seit den sechziger Jahren direkte Kontakte pflegte, hat Jean-Marie Gustave Le Clézio die Herausforderung kultureller Alteritätserfahrung künstlerisch wie kulturtheoretisch auf nicht ganz unproblematische Weise fruchtbar gemacht.

Im Jahr 1988 erschien *Le rêve mexicain*, ein Buch, das sich unter anderem gestützt auf die *Historia verdadera de la conquista de la Nueva España* des Bernal Díaz del Castillo, die wir in unserer Vorlesung bereits kennenlernen konnten, mit jenem Traum beschäftigt, der zwar ein ‚amerikanischer Traum' ist, aber nicht als *American Dream*, als Tellerwäscher-Traum vom gesellschaftlichen Aufstieg im Sinne der USA missverstanden werden darf. Es handelt sich vielmehr um einen Traum, der sich aus den Projektionen abendländisch-europäischer Fiktionen auf den amerikanischen Kontinent speist und Traumgebilde entfaltet, die viel mit der Frage unserer Vorlesung nach dem Erfundenen (in) der Neuen Welt zu tun haben.

Le rêve mexicain spezifiziert diese abstrakten Traumgebilde: Vom Traum der spanischen Konquistadoren und Eroberer bis hin zum Traum der französischen Surrealisten, die wie der sich von André Breton abtrennende Antonin Artaud Mexiko aufsuchten, um ihr bisheriges Lebenswissen völlig umzukrempeln, aber auch vom eigenen Amerika-Traum des französischen Schriftstellers ist in Le Clézios Band die Rede. Schon der Klappentext von *Le rêve mexicain* stellte die Kernfrage des französischen Autors:

> Der mexikanische Traum, das ist auch die Frage, die sich unsere gegenwärtige Zivilisation mit Dringlichkeit stellt: Was wäre unsere Welt, wenn es diese Zerstörung, wenn es dieses Schweigen der indianischen Völker nicht gegeben hätte? Wenn die Gewalttätigkeit der modernen Welt diese Magie, dieses Licht nicht abgeschafft hätte?[2]

Die Zerstörungswut der europäischen Moderne seit der Conquista ist zugleich Folge und Bedingung jener nach Amerika projizierten Träume, die in Neuspa-

---

2 Le Clézio, Jean-Marie Gustave: *Le rêve mexicain ou la pensée interrompue*. Paris: Gallimard 1988, U4.

nien, die in Mexiko mit seiner konstitutiven Präsenz indigener Bevölkerungen wie in einem Brennspiegel zusammenzulaufen scheinen. Das kulturell Andere, das schon im Untertitel als unterbrochen aber nicht abgebrochen apostrophierte Denken der Indianer, der „Indiens", wird dabei zur Herausforderung des abendländisch geprägten Menschen, zur Verheißung einer Wiederkehr des Verdrängten, Ausgegrenzten, Vernichteten, zu dem an diesem konkreten geographischen Ort noch immer geheime Zugänge wiederauffindbar zu sein scheinen.

Der ‚mexikanische Traum' ist dabei zutiefst widersprüchlich, enthält er doch für Jean-Marie Gustave Le Clézio von Beginn an nicht nur die Träume von Eroberung, Gold und Reichtum, welche wir ausführlich im vorherigen Kapitel dargestellt und untersucht haben, sondern auch jene der Azteken von einer Wiederkehr Quetzalcóatls und einer angedrohten Auslöschung ihrer Herrschaft und ihres eigenen Reiches. *Le rêve mexicain* ist zweifellos ein kultur- und zivilisationskritischer Text über die Zerstörungswut der abendländischen Welt. Dabei geht es immer wieder um das europäische Projekt der Moderne, das als ein Mechanismus sukzessiver Ausgrenzungen im Weltmaßstab erscheint. Mit seinen Ausführungen ging der französische Schriftsteller in seinem panoramatischen Blick weit über die Dimensionen jenes Projekts der Moderne hinaus, die der deutsche Philosoph Jürgen Habermas nicht viel später umschrieb:

> Die Conquista ist nicht allein die in einer seltsamen Mischung aus Barbarei und Kühnheit durch eine Handvoll von Männern ausgeführte Inbesitznahme von Ländern, von Lebensmittelreserven, von Straßen, von politischen Organisationen, von der Arbeitskraft der Männer und den genetischen Reserven der Frauen. Sie ist die Inwerksetzung eines Projekts, das am Ursprung der Renaissance selbst mit Blick auf die Beherrschung der Welt konzipiert wurde. Nichts von alledem, was die Vergangenheit und den Ruhm der indigenen Nationen ausmachte, darf überleben: Die Religion, die Legenden, die Sitten und Gebräuche, die Familien- oder Stammesorganisationen, die Künste, die Sprachen und selbst die Geschichte, all das muss verschwinden, um den Platz einer neuen Fundamentalform zu überlassen, welche von Europa auferlegt wurde.[3]

Jean-Marie Gustave Le Clézio macht klar, dass die Zerstörung der indigenen Herrschaft nicht bloß die Zerstörung eines Machtapparates, sondern die völlige Vernichtung einer Kultur, ihrer Religionen und Sprachen beinhaltete sowie die Ermächtigung, über die Arbeitskraft der indigenen Männer und die Gebärfähigkeit der indigenen Frauen verfügen zu können. Das Ende der Herrschaft der Mexica oder Azteken ging einher mit dem Versuch einer totalen Auslöschung all ihrer kulturellen Zeichen und Symbole, all ihrer Werte- und Glaubenssysteme. Der Aufstieg der europäischen Moderne zur Grundform jeglicher Entwicklung

---

[3] Ebda., S. 209.

wurde weltweit so programmiert, dass von den vorherigen Kulturen möglichst keinerlei Rückstände bleiben sollten und alle in ein einziges hierarchisches System von Abhängigkeiten einbezogen werden konnten. Man darf hinzufügen: So war zumindest der Plan.

In diesem bisweilen sehr manichäistisch strukturierenden Text zählt es zu den Glanzpunkten, dass Le Clézio der Funktion der Träume in den indigenen Kulturen eine wichtige Rolle zuweist.[4] Der im Buch dargestellte gnadenlose Exterminationskrieg der Spanier, der bereits auf jenen der Angloamerikaner im 19. Jahrhundert vorausweise, konnte freilich den auch über unsere Zeit fortbestehenden ‚mexikanischen Traum', an die Ursprünge der Zivilisation zurückkehren zu können, in seiner dauerhaften Existenz nicht gefährden. Mit den Mitteln von Anthropologie und Literatur versucht Jean-Marie Gustave Le Clézio, an den unterbrochenen Traum wieder anzuknüpfen, dazu beizutragen, dass auch diese Elemente vergangener Jahrhunderte und Kulturen nicht gänzlich verschwinden. Sie sollten vielmehr im 20. Jahrhundert, so die Zielstellung dieses durchaus widersprüchlichen Bandes, in lebendige kulturelle Formen überführt werden können. Der mexikanische Traum – folgen wir dem französischen Schriftsteller auf den Spuren der französischen Surrealisten – geht also weiter!

Vergegenwärtigen wir uns die Gesamtheit von *Le rêve mexicain*, so könnten wir formulieren: Le Clézios Traum ist letztlich das Projekt einer Prämoderne, die in die Schule der Moderne gegangen ist und sich deshalb sehr wohl mit den Vergleichzeitigungsprozessen der Postmoderne in Verbindung bringen lässt. Der Band steht am Anfang eines literarischen Vorhabens, das auf die radikale Ausweitung der zeitgenössisch begrenzten Gegenstands- und Sinnhorizonte der französischen Literatur setzt und versucht, nicht allein die amerikanischen, sondern auch die asiatischen und pazifischen Sinnpotentiale zu erschließen und in ein Schreiben in französischer Sprache zu integrieren.[5] Man könnte vor allem darin das große Verdienst der *écriture* des französischen Literaturnobelpreisträgers erkennen und damit auch die Vergabe der höchsten literarischen Auszeichnung an Le Clézio rechtfertigen.

Jean-Marie Gustave Le Clézio beklagt in seinem Band immer wieder das Verstummen der indigenen Stimmen, als wären diese gleichsam von der Erdoberfläche verschwunden. Über lange Zeit wurden in der Tat die zahlreichen Stimmen der Indianer gerade bezüglich ihrer eigenen Sichtweise der Eroberung durch die Spanier überhaupt nicht zur Kenntnis genommen. Insbesondere der

---

4 1 Ebda. S. 169 ff.
5 Vgl. insbesondere zur Ausweitung auf den pazifischen Raum den dritten Band der Reihe „Aula" in Ette, Ottmar: *Von den historischen Avantgarden bis nach deer Postmoderne* (2021), passim.

Katholischen Kirche kam mit Blick auf deren Institutionen wie auf deren Vertreter eine zentrale Rolle bei der Auslöschung wie zugleich paradoxerweise bei der Aufbewahrung vieler indigener Stimmen zu. Hatte sich ein Bernardino de Sahagún zunächst vor allem mit der Vernichtung indigener Quellen hervorgetan, da diese Götzen dienten, wurde er später zu einem der großen Bewahrer indigenen Kulturguts, wobei er gegenüber der Inquisition stets behauptete, man müsse diese indigenen Kulturen gut kennen, um deren Angehörige besser zum allein seligmachenden Christentum bekehren zu können.[6]

Auf diese Weise blieben viele Quellen erhalten, so dass es zu einem späteren Zeitpunkt durchaus möglich wurde, diesen Stimmen wieder Gehör zu verschaffen. Verschiedenste Codices, Bilderhandschriften oder Manuskripte wurden nach Spanien, vor allem nach Italien und in andere Länder Europas verschickt beziehungsweise verkauft und erweckten erst wieder gegen Ende des 18. Jahrhunderts, bisweilen aber noch deutlich später das Interesse der entstehenden Forschung. Doch über eine lange Zeit blieben all diese verschiedenen Stimmen indigener Völker ungehört und ihre eigene Sichtweise auf die Conquista verschollen.

So konnte noch 1937 der mexikanische Philosoph José Vasconcelos, der sich doch vehement nicht zuletzt auch als Bildungsminister der Mexikanischen Revolution für die Berücksichtigung und Einbeziehung indianischer kultureller Elemente und des indianischen Erbes überhaupt einsetzte – freilich stets orientiert am Boden der antiken abendländischen Kulturen – in einer bis heute erstaunlichen Blindheit behaupten, dass es generell und allgemein derartige Zeugnisse indianischer Autoren gar nicht gegeben habe. Hier irrte der mexikanische Literat, den wir als Schöpfer des Konzepts der ‚Kosmischen Rasse' in unserer Vorlesung bereits kennengelernt haben. Ich möchte Ihnen gerne an dieser Stelle kurz die Behauptungen von Vasconcelos vorführen, um die von ihm benutzte Argumentationsweise besser kennenzulernen:

> Alle zielführenden Tatsachen werden uns durch Schriftseller unserer Sprache, durch Chronisten und Geschichtsschreiber aus Spanien, durch Kommentatoren und Denker aus Mexiko präsentiert: Bernal Díaz del Castillo, Hernán Cortés, Solís, Las Casas und, in der Epoche der Moderne, Alamán oder Pereyra. Und wo ist, so werdet Ihr fragen, die Version der Indios, die doch von Geburt an ein Teil unseres eigenen Fleisches sind? Es ist leicht, darauf mit einer anderen Frage zu antworten: Wie hätten die armen präcortesianischen Indios irgendeine kongruente Version geben können, wo sie doch im eigentlichen Sinne weder über eine Sprache verfügten, insofern sie ja nicht schrieben, noch wussten, was

---

6 Vgl. das Vorwort zur schönen Ausgabe von Sahagún, Bernardino de: *El México antiguo. Selección y reordenación de la HISTORIA GENERAL DE LAS COSAS DE NUEVA ESPAñA de fray Bernardino de Sahagún y de los informantes indígenas*. Edición, prólogo y cronología José Luis Martínez. Caracas: Biblioteca Ayacucho 1981.

auf ihnen lastete, weil sie in ihrer Gänze keine eigene starke Vision ersannen, ja nicht einmal eine Karte besaßen oder wussten, welches die Länder ihres Mexiko waren, und weit weniger noch ein Bewusstsein von der weiten Welt, von wo die Spanier hergekommen waren, oder von der Neuen Welt hatten, welche diese der weltweiten Geographie und Kultur eingliederten?[7]

José Vasconcelos hätte es eigentlich besser wissen müssen! Doch seine *Kurze Geschichte Mexikos* ist fürwahr allzu kurz geraten. Bereits die Geschichtsschreiber des 16. Jahrhunderts waren in jenen Streit eingetreten, der auch die Frage der indianischen Aufzeichnungen berührte. José Vasconcelos bestritt, das die Mexica, dass die Azteken oder andere indigene Völker über eine Sprache und vor allem eine Schrift verfügten, weil er ihre Bilderhandschriften nicht als Schrift anerkannte: Sie entsprachen nicht einem Verständnis von Schrift, das diese mit der Alphabetschrift identifizierte. Eine solche Vorstellung war in den dreißiger Jahren des 20. Jahrhunderts gänzlich abwegig und absurd, behauptete sich aber noch immer, selbst in gebildeten Kreisen in Lateinamerika. Doch wir hatten in dieser Frage freilich schon verstanden, dass etwa ein Francisco Javier Clavijero jenen Europäern wie William Robertson, Cornelius de Pauw oder Guillaume-Thomas Raynal im 18. Jahrhundert mit guten und wohlfundierten Gründen darlegte, dass die indigenen Kulturen sehr wohl über eine Schrift verfügten, mit deren Hilfe sie ihre eigene Geschichte ebenso aufzeichnen konnten wie ihre Sitten, Gebräuche, religiösen Vorstellungen oder kulturellen Grundlagen. Es komme nur darauf an – so argumentierte der neuspanische Jesuit gut anderthalb Jahrhunderte vor Vasconcelos' peinlichen Äußerungen –, diese Bilderhandschriften lesen zu lernen, um zu erkennen, dass sie vollumfängliche Formen von Schrift darstellten.

Wir hatten bereits am Beispiel von Francisco López de Gómara und Bernal Díaz del Castillo und des letzteren Behauptung, nur als Augenzeuge die *wahrhaftige* Geschichte der Eroberung Neuspaniens bieten zu können, gesehen, dass ein grundlegender Streit entbrannt war zwischen jenen, die als testimoniale Augenzeugen den Ereignissen beigewohnt oder sie sogar geprägt hatten wie Cortés, Columbus oder Bernal Díaz einerseits und jenen anderen, die in Europa geblieben waren und von Europa aus ohne Kenntnis der tatsächlichen Verhältnisse vor Ort ihre Geschichte verfasst hatten. Es war ein Streit, den wir verkürzt als eine Auseinandersetzung zwischen Reisenden und Daheimgebliebenen charakterisieren können.[8]

---

7 Vasconcelos, José: *Breve historia de México*. México: Ediciones Botas 1938, S. 19 f.
8 Vgl. zu dieser jahrhundertelangen Auseinandersetzung, welche auch die Reiseliteraturen durchzieht, den ersten Band der Reihe „Aula" in Ette, Ottmar: *ReiseSchreiben. Potsdamer Vorlesungen zur Reiseliteratur*. Berlin – Boston: Walter de Gruyter 2020, passim.

Nun handelt es sich bei beiden freilich völlig unabhängig von der Frage, ob sie den historischen Ereignissen testimonial beigewohnt hatten oder nicht, um Vertreter nur der einen Seite, jener der Sieger nämlich. Doppelt schwierig ist also innerhalb dieses gänzlich an Europa beziehungsweise dem Mutterland Spanien ausgerichteten Informationssystems die Existenz jener (zu dokumentieren), die nicht nur vor Ort und fernab des europäischen Literaturbetriebs – um es einmal etwas aktualisierend zu sagen – schrieben, sondern auch Angehörige der unterlegenen Kultur, des unterlegenen Volkes waren. Dass all die Vorbehalte, welche José Vasconcelos ihnen gegenüber ins Feld führte, ebenso absurd wie nichtig waren, dass diese indigenen Völker also sehr wohl über präzise Kartendarstellungen, etwa über fällige Tributzahlungen unterworfener Völker und ihrer Gebiete, wenn auch nicht über Kenntnisse bezüglich der geographischen Herkunft der Spanier besaßen, ist eine Tatsache, die uns daher sehr wohl nach der Existenz einer indigenen Version der Geschichte der Eroberung von Anáhuac fragen lässt. Bereits zu Zeiten eines Alexander von Humboldt, also mehr als dreizehn Jahrzehnte vor den Äußerungen des mexikanischen Literaten, waren all diese Fragen nach der Existenz von indigenen Stimmen und indigenen Darstellungen der Eroberung längst faktenreich erörtert und dargelegt worden.

Die Kenntnisse über die Existenz indigener Stimmen aber gehen in weit frühere Epochen zurück. Auf diese frühen Erkenntnisse konnte auch ein Francisco Javier Clavijero sein Wissen in seiner *Historia antigua de México* im 18. Jahrhundert aufbauen. Schon im 16. Jahrhundert gab es eine illustre Reihe von Geschichtsschreibern, die wussten, dass es indianische Zeugnisse gegeben hatte und dass diese Zeugnisse nicht gänzlich vernichtet worden waren, sondern fortbestanden.

Da waren zum einen spanische Geschichtsschreiber, die sich Kenntnisse indigener Sprachen wie des Náhuatl als Mönche angeeignet hatten und entweder bestimmte Aufzeichnungen als Piktogramme, als indigene Chroniken oder als Gedichte sammelten, um sie dann ihrer eigenen Geschichtsdarstellung einzuverleiben wie etwa ein Diego Durán oder Diego de Landa.[9] Oder man denke an den bereits erwähnten Fray Bernardino de Sahagún, der mit Hilfe von indianischen Informanten versuchte, die Geschichte und die Weltsicht der Indianer zu rekonstruieren und auf diese Weise ein anderes, aus dem Blickwinkel der Náhuatl sprechenden Völker gezeichnetes Bild der Eroberung entstehen zu lassen.

Zu den wichtigsten und einflussreichsten Geschichten Amerikas, in welchen indigene Geschichtsschreiber zu Wort kamen, zählte jene von José de Acosta,

---

[9] Vgl. etwa Landa, Diego de: *Relación de las cosas de Yucatán*. Edición de Miguel Rivera. Madrid: Historia 16 1985.

einem hochbegabten Jesuiten, der seine *Historia natural y moral de las Indias* 1590 in Sevilla erscheinen ließ.[10] Er sprach zwar selbst wohl keine indigenen Sprachen, griff aber auf unveröffentlichte Manuskripte etwa von Diego Durán oder von Tovar zurück, die ihren Darstellungen indianische Chroniken und Berichte oder „Relaciones" hinzugefügt hatten. So handelte es sich bei Acostas Text in der Tat um eines der einflussreichsten Geschichtswerke, in welchen auch indianische Stimmen in begrenztem Umfang zu hören waren.

Auf einen wichtigen zeitgenössischen Forscher möchte ich Sie an dieser Stelle aufmerksam machen: Der Mexikaner Miguel León-Portilla, der Altmeister der Erforschung dieser Stimmen, betonte, dass an der Wende zum 17. Jahrhundert noch einmal zwei sehr unterschiedliche Konzeptionen von der Geschichtsschreibung der Eroberung Mexikos aufeinanderprallten. Da war zum einen Antonio de Herrera, der große spanische Humanist und Historiker, der im Auftrag des spanischen Königs Geschichtsschreiber Kastiliens, aber wenig später auch Geschichtsschreiber und Chronist der iberischen Überseegebiete wurde, ohne dass er diese jemals selbst betreten hätte. So ließ er nicht nur eine Geschichte Portugals erscheinen, sondern ab 1601 auch eine Geschichte der Entdeckung und Eroberung der Neuen Welt, welche auch die Welt der Mexica miteinschloss. Es darf in seinem Falle als sicher gelten, dass er keine Vorstellung davon haben konnte, dass es überhaupt dauerhafte Zeugnisse von indigener Seite gab. Hätte er es gewusst, hätte er sie dann berücksichtigt?

Zum gleichen Zeitpunkt arbeitete in Neuspanien oder Mexiko andererseits ein Mönch mit dem wenig schönen, da an den berüchtigten Großinquisitor erinnernden Namen Torquemada an einer großen Geschichte der indianischen Kulturen mit dem Titel *Monarquía Indiana*, die dann in der Tat im zweiten Jahrzehnt des 17. Jahrhunderts unter diesem Titel erscheinen sollte. Er hatte nicht nur die unterschiedlichsten unveröffentlichten Manuskripte von spanischen Chronisten und Geschichtsschreibern eingesehen, sondern hatte dank seiner Sprachkenntnisse auch Zugang zu den Aufzeichnungen der Azteken und anderer indigener Völker und Völkerschaften gehabt. Er betonte im Vorwort zu seiner Darstellung, dass ohne die Berücksichtigung der indianischen Stimmen das Bild unvollständig bleiben müsste, das wir uns von der Eroberung Mexikos machen. Wir sehen, dass die kritischen Stimmen, welche die indigenen Stimmen in der Geschichtsschreibung hörbar machen wollten, bereits im 17. Jahrhundert zahlreich und vernehmbar waren. Wie aktuell sich derartige Überlegungen noch heute anhören!

---

10 Vgl. Acosta, José de: *Historia natural y moral de las Indias*. Edición de José Alcina Franch. Madrid: Historia 16 1986.

Nun, Tatsache ist, dass sich seit Antonio de Herreras Dekaden diese Art spanischer Geschichtsschreibung durchsetzte, die die indianischen Stimmen in den Hintergrund treten ließen – und dies gleich für mehrere Jahrhunderte, wie wir soeben selbst konstatieren konnten. Denn die von José Vasconcelos aufgeführte Liste an Quellentexten und Autoren reicht von Antonio de Solís y Rivadeneyra, dem Verfasser einer berühmten, 1684 zu Madrid erschienen *Historia de la conquista de México*, bis hin zu dem uns bereits aus der Columbus-Literatur bekannten Salvador de Madariaga um die Mitte des 20. Jahrhunderts. Dies ist eine fast bis in unsere Gegenwart anhaltende Kette und Texttradition, in welche sich Vasconcelos auch selbst einreiht, hat er diese Filiation doch durch kreolische Autoren noch um einige Nuancen ergänzt. Der gemeinsame Nenner dieser von Vasconcelos zur einzigen vorhandenen Perspektivik proklamierten Textkette besteht darin, dass es sich hierbei allein um spanische Geschichtsschreiber – ergänzt um einige kreolische Autoren – handelt, die uns ganz gewiss kein vollständiges Bild von der Conquista Anáhuacs, Neuspaniens oder Mexikos vermitteln können.

Überblicken wir die Geschichtsschreibung über Amerika, so war gerade das aufklärerische Jahrhundert, also das 18. Jahrhundert, ein Jahrhundert des Vergessens. Die aufklärerische europäische Geschichtsschreibung grenzte überdies die spanische Historiographie aus, weil diese die historischen Ereignisse voreingenommen und verfälschend dargestellt habe, während man in Frankreich oder England eine objektivere Sichtweise der Eroberung entwickelt habe. Tatsächlich aber berief man sich gerne auf Bartolomé de las Casas' Schriften, da es sich bei England und Frankreich um konkurrierende europäische Seemächte handelte, denen sehr an einer Verbreitung der „Leyenda negra" gelegen war.[11] Indigene Quellen lehnte man ebenso ab wie andere Stimmen aus den Amerikas, denen man aus französischer oder englischer Perspektive Parteilichkeit unterstellte.

Dabei ist es faszinierend zu sehen, dass die Argumente und Argumentationen eines Francisco Javier Clavijero und dessen Kritik der europäischen Aufklärungsphilosophie keinen Eingang in die Geschichtswerke europäischer Aufklärer fanden und dass erst mit Alexander von Humboldt eine Epoche einsetzte, in welcher die indigenen Quellen seriös untersucht und wissenschaftlich – nach dem begrenzten Kenntnisstand der Epoche – aufgearbeitet wurden. Dass sich derartige Positionen aber noch im 20. Jahrhundert bei einem mexikanischen Intellektuellen wie José Vasconcelos finden lassen, belegt, welche Langzeitwirkung die erprobten Ausschließungsmechanismen auf die dominante Darstellung der Er-

---

[11] Vgl. hierzu den fünften Band der Reihe „Aula" in Ette, Ottmar: *Aufklärung zwischen zwei Welten* (2021), S. 538f.

oberungszüge der spanischen Conquista hatten. Die Sichtweise der Sieger beherrschte über weite Strecken geradezu monopolistisch das Bild, das man sich auch in Lateinamerika von der Eroberung machte.

Mehr oder minder bewusst wurden indigene Quellen – wo man überhaupt von deren Existenz wusste – nicht in die geschichtlichen Darstellungsweisen miteinbezogen, da man schon den spanischen Quellen mit Misstrauen begegnete. So bildete man sich gleichsam eine eigene ‚quellenkritische',[12] aber nicht allzu selbstkritische Sichtweise und Historiographie der Eroberung, in der man zwar den verschwundenen Indios wie etwa bei Guillaume-Thomas Raynal viele bittere Krokodilstränen nachweinte, ihnen aber dennoch nicht den Status als Subjekte der Geschichte zuerkannte und ihre eigenen Quellen missachtete. Bei dem in Amsterdam geborenen Cornelius de Pauw, der seine Geschichte der europäischen Expansion übrigens zum Teil am Hofe Friedrichs des Großen in Potsdam verfasste, finden wir auch deutliche Sätze gegen den von ihm als Mestizen disqualifizierten Garcilaso de la Vega el Inca.

Diesem großen aus dem peruanischen Cuzco stammenden Schriftsteller und Historiographen, dem de Pauw nur deshalb die Fähigkeit des sprachlichen Ausdrucks zugesteht, weil dieser einen spanischen Vater gehabt habe und daher kein ‚reiner' Indianer sei, wird hingegen kein einziges Wort geglaubt. Ein klares Rassedenken ist in derlei Vorstellungen leicht auszumachen, insofern protorassistische Vorurteile gegen die indigene Bevölkerung im de Pauw'schen Diskurs vielfach zu Tage treten. Wir werden uns mit Garcilaso de la Vega el Inca in unserer Vorlesung noch ausführlich beschäftigen, können aber bereits zu diesem Zeitpunkt feststellen, dass indigene Stimmen in der Geschichtsschreibung des *Siècle des Lumières* absichtsvoll verschwiegen wurden. Auch dies ist eine Erfindung der Amerikas, die freilich ohne die „Pueblos primitivos", ohne die indigene Urbevölkerung auskommt.

Ich kann an dieser Stelle unserer Vorlesung nicht auf die Entwicklung der sogenannten Altamerikanistik näher eingehen, der wissenschaftlichen Beschäftigung mit den präkolumbischen Kulturen Amerikas, will aber deutlich darauf verweisen, dass ihre Ursprünge bis ins 16. Jahrhundert – zu Autoren wie etwa Bernardino de Sahagún – zurückreichen, wonach sich dann im 18. Jahrhundert insbesondere in Neuspanien wie in Peru Versuche ausmachen lassen, Zeugnisse dieser Kulturen zu sammeln, zu Sammlungen zusammenzufügen und

---

[12] Vgl. zur philologischen Seite dieser vorgeblichen Quellenkritik Ette, Ottmar: Wörter – Mächte – Stämme. Cornelius de Pauw und der Disput um eine neue Welt. In: Messling, Markus / Ette, Ottmar (Hg.): *Wort Macht Stamm. Rassismus und Determinismus in der Philologie (18. / 19. Jh.)*. Unter Mitarbeit von Philipp Krämer und Markus A. Lenz. München: Wilhelm Fink Verlag 2013, S. 107–135.

wissenschaftlich zu bearbeiten. Ich werde auf diese Zusammenhänge noch später zurückkommen. Eine wichtige Verbindung zwischen dem 18. und dem 19. Jahrhundert stellten dann die Forschungen eines Alexander von Humboldt dar, auf dessen Vision Amerikas wir ebenfalls noch eingehen werden.[13]

Wir dürfen zur Kenntnis nehmen, wie im 20. Jahrhundert das Bild der indigenen Kulturen wieder präziser vor unser Auge tritt und sich zumindest einen Teil des eigenen Rechtes auf eine eigene Geschichtssicht wiedererobert. Dies war ein ungemein langer und keineswegs widerspruchsfrei verlaufender Prozess. Zwar hatten wir gesehen, dass noch der mexikanische Denker und Politiker José Vasconcelos, der an aztekischen Opferstätten an die Hochkulturen der Indianer erinnerte, dabei zugleich auch Schulklassen in langen Togen vorbeidefilieren ließ, den *Indios* eigentlich keine eigene Stimme, ja noch nicht einmal eine eigene Weltsicht oder gar ein Verständnis der globalen Vorgänge einräumte, deren Opfer die indigenen Völker geworden waren. Doch gab es durchaus wissenschaftliche und publizistische Arbeiten, die im Grunde in einer Fortführung des *Indigenismo* in den Literaturen Lateinamerikas und des gewachsenen Interesses an den indigenen und den schwarzen Kulturen danach fragten, ob es nicht noch immer wichtige historische Quellen zur Geschichte der indigenen Völker und ihrer Sichtweise der Conquista gebe.

Dabei griff man auch auf Arbeiten und Untersuchungen wie jene des Jesuiten Francisco Javier Clavijero zurück, der in der zweiten Hälfte des 18. Jahrhunderts versucht hatte, in seiner *Historia antigua de México* die präkolumbische beziehungsweise prähispanische Geschichte Amerikas wieder ins Licht zu rücken und gegen die Verunglimpfungen durch europäische Aufklärungsphilosophen in Schutz zu nehmen. Aber in dieser durchaus illustren Traditionslinie war es dann ein Buch des mexikanischen Anthropologen Miguel León-Portilla, das 1959 wirklich ein neues Licht warf auf das, was dann in der Folge in ein gutes Dutzend Fremdsprachen übersetzt werden sollte: Denn León-Portilla arbeitete ebenso strategisch wie akribisch die bislang beiseite gelassene Sicht der Besiegten, die *Visión de los vencidos*, heraus.[14]

Natürlich kann ich an dieser Stelle nicht in allen Details und Verästelungen auf diese vom mexikanischen Anthropologen in der zweiten Hälfte des 20. Jahrhunderts herausgearbeitete Sichtweise eingehen. Aber ein gut Teil unserer nun

---

13 Vgl. zu Alexander von Humboldt auch die beiden Monographien von Ette, Ottmar: *Weltbewußtsein. Alexander von Humboldt und das unvollendete Projekt einer anderen Moderne.* Weilerswist: Velbrück Wissenschaft 2002; sowie (ders.): *Alexander von Humboldt und die Globalisierung. Das Mobile des Wissens.* Berlin: Suhrkamp Verlag (suhrkamp taschenbuch, 4967) 2019.
14 Vgl. die neuere Version in León-Portilla, Miguel (Hg.): *Crónicas indígenas. Visión de los vencidos.* Madrid: Historia 16 1985.

folgenden Überlegungen soll dieser Sicht gewidmet sein und versuchen, Ihnen ein Bild der Conquista aus einer anderen, noch ungewohnten Perspektive zu entfalten. Dabei wird ganz nebenbei auch deutlich werden, in welch hohem Maße diese Texte, Bilderhandschriften und Piktogramme einen historischen, dokumentierenden Charakter mit einer Vielzahl an allgemein menschlichen, literarischen, überzeitlichen Werten zu verbinden wissen.

Die historische Überlieferung erfolgte in verschiedenen Formen. Neben Chroniken der aztekischen Seite in Náhuatl, aber bald auch schon in spanischer Sprache, finden sich Piktogramme und nicht-alphabetische Schriftsysteme sowie Kombinationen von verschiedenen Formen und Schreibweisen, welche intelligent miteinander kombiniert wurden und die bewundernswerten Fähigkeiten ihrer Verfasser zeigen, sich in verschiedenen Schrift- und Zeichensystemen auszudrücken. Es gibt auch Gedichte, eigentliche Gesänge, „Cantares", die in diesem Zusammenhang einen dokumentarischen und zugleich spezifisch literarischen Status besitzen.

Ich möchte Ihnen zunächst einige Zeilen beziehungsweise Verse eines anonymen Gedichts aus Tlatelolco präsentieren, das wohl um 1524 entstand, also unmittelbar nach dem Abschluss der ersten Phase der Eroberung Zentralmexicos, des *Valle de México* oder Anáhuac, durch die Truppen unter Führung von Hernán Cortés. Wir haben das quirlige Tlatelolco mit seinem Markt ja in der *Historia verdadera de la conquista de Nueva España* des Bernal Díaz del Castillo bereits gesehen. Das Häuflein der spanischen Soldaten um Cortés wurde von zahlreichen Truppen mit ihm verbündeter indianischer Völker unterstützt. Es handelt sich um aktuelle Übersetzungen aus dem Náhuatl, der Sprache der Azteken, die Sie heute wieder erlernen können:

> Auf den Wegen liegen gebrochene Pfeile,
> überall verstreut finden sich Haare.
> Keine Dächer haben die Häuser mehr,
> und rot gefärbt sind ihre Mauern.
> Würmer wimmeln über Plätze und Straßen,
> und an den Wänden klebt verspritztes Gehirn.
> Rot sind nun alle Wasser,
> sind wie mit Farbe gefärbt,
> und wenn wir aus ihnen trinken,
> Schmeckt's, als tränken wir Salpeter.
> Mitunter schlagen wir gegen Adobewände,
> und unser Erbe ward ein Netz aus Löchern.
> Mit Schilden ward es bewacht, doch
> nicht einmal Schilde stützen Einsamkeit.

> En los caminos yacen dardos rotos,
> los cabellos están esparcidos.
> Destechadas están las casas,
> enrojecidos tienen sus muros.
> Gusanos pululan por calles y plazas,
> y en las paredes están salpicados los sesos.
> Rojas están las aguas,
> están como teñidas,
> y cuando las bebimos,
> es como si bebiéramos agua de salitre.
> Golpeábamos, en tanto, los muros de adobe,
> y era nuestra herencia una red de agujeros.
> Con los escudos fue su resguardo,
> pero ni con escudos puede ser sostenida su soledad.[15]

Es sind Bilder des Todes, ja des Genozids an den aztekischen Völkern. Wo einst ein geschäftiger, wohlgeordneter Markt in Tlatelolco war, wimmelt es nun vor Würmern, die sich alles einverleiben. Überall sind Reste menschlicher Körper verstreut, überall ist alles blutrot gefärbt, überall nur Zerstörung und Tod. Sie sehen, wie sehr in diesen Strophen die Grausamkeit der Eroberer und die radikale Auslöschung der indianischen Kulturen dargestellt wird in einer Sprache, die noch immer einen lyrischen Ton besitzt – ein lyrischer, poetischer Ton, der uns Jahrhunderte später noch trifft!

Diese Bilder des Grauens zeigen die dunkle, grauenvolle Kehrseite der heroischen Eroberung von Anáhuac durch die Spanier auf. Ich möchte an dieser Stelle unserer Vorlesung darauf verzichten, indianische Darstellungen etwa des Abschlachten von Indigenen einzufügen, wie sie zu Hunderten und Tausenden etwa in jener grässlichen Szene umgebracht wurden, in welcher Pedro de Alvarado grundlos, im Grunde bluttrunken, barbarisch und terroristisch, in den heiligen Innenhof des Haupttempels von Mexiko-Stadt eindrang, um alles hinzumetzeln, was ihm – und das waren die meisten dieser Unbewaffneten – nicht mehr rechtzeitig entfliehen konnte. Von all diesen Szenen ebenso sinnloser wie hemmungsloser Gewalt berichten die indigenen Quellen und werfen ein Licht auf die barbarischen Vorgehensweisen, derer sich die ‚zivilisierenden', offiziell den christlichen Glauben bringenden Eroberer bedienten. Die abendländische Zivilisation zeigt ihre barbarische Seite.

Miguel León-Portilla griff bei seiner Rekonstruktion der Sichtweise der Besiegten auch auf die Berichte der zahlreichen Informanten zurück, die Bernardino de Sahagún um sich geschart hatte, um die Vorstellungswelt der unterworfenen indigenen Völker besser zu begreifen. Es handelte sich um Zeitzeugen und um zahlrei-

---

[15] Ebda., S. 29.

che hochgebildete Menschen, die dem Kleriker berichten konnten, was es an Vorzeichen des künftigen Erscheinens der Spanier – lange vor deren tatsächlichem Auftauchen – gegeben habe.

Ich möchte hierbei nicht erneut auf den zentralen Mythos von Quetzalcóatl, von der Gefiederten Schlange, zurückgreifen, sondern Ihnen ein Beispiel für die ersten schrecklichen Zeichen geben, die bei den Azteken für eine große Angst vor dem sorgten, was sie in Zukunft erwarten würde. So sprachen die Informanten des Sahagún von Feuerzeichen am Himmel, die man nicht konkret zu deuten vermochte, die aber nichts Gutes verhießen und das Volk in Angst und Schrecken versetzten:

> *Erstes schreckliches Vorzeichen:* Zehn Jahre, bevor die Spanier kamen, zeigte sich erstmals ein schreckliches Vorzeichen am Himmel. Wie eine Ähre aus Feuer, wie eine Flamme aus Feuer, wie ein heller Lichtschein am Morgen: Dieser Feuerschein zeigte sich, als ob er tropfen, als ob er stechen würde im Himmel. [...]
> Als er sich zu zeigen begann, erhob sich ein allgemeiner Lärm: Die Menschen schlugen sich auf die Lippen; es gab einen großen Aufschrei; und es gab unendliche Kommentare.[16]

Diese Berichte zeigen uns eindeutig, wie fundamental diese und nachfolgende Zeichen die Glaubensvorstellungen der doch so mächtigen Azteken beeinflussten und ihre späteren Reaktionen auf die Spanier vorbereiteten, welche sie von Beginn an mit den Göttern im Bunde glaubten. So wie man Hernán Cortés für den in sein Reich zurückkehrenden Gott-Mensch Quetzalcóatl hielt, so maß man auch all diesen Zeichen eine tiefere Bedeutung zu, welche die Azteken lange Zeit zögern ließen, gegen die immer dreister auftretenden spanischen Truppen vorzugehen. Als dieser offene Kampf endlich erfolgte, war es angesichts der von Cortés mit großer taktischer Finesse gebildeten Übermacht mit ihm verbündeter indigener Truppen bereits zu spät, so dass sich aus aztekischer Sicht nur mehr Bilder des Grauens in die Berichte der indigenen aztekischen Informanten mischten.

Ich möchte Ihnen gerne an dieser Stelle unserer Vorlesung ein weiteres Zeugnis dieser von Miguel León-Portilla zu Recht hervorgehobenen, dann aber vielleicht allzu sehr mit seinen Vor-Bildern aus der abendländischen Antike verglichenen Texten geben. Denn selbstverständlich sind viele dieser Texte durch ihren Kontakt mit Vertretern der abendländischen Zivilisation beeinflusst, so wie auch die Perspektive des mexikanischen Anthropologen keine ‚neutrale', keine ‚objektive' sein konnte. Bei meinem Exempel handelt es sich um einen von León-Portilla ausgewählten Auszug der Darstellung jener Wundertiere, die die ‚Mexikaner' – wie Clavijero gesagt hätte – nicht kannten, die

---

16 Ebda., S. 50.

auf dem gesamten amerikanischen Kontinent unbekannt waren und die von den Indianern folgerichtig mit den ihnen vertrauten Hirschen verglichen wurden.

Es geht in dieser Darstellung folglich um Pferde (Abb. 44), jene neben den mitgeführten Kanonen wohl wichtigste konkrete, aber vor allem symbolische Waffe der Spanier bei ihrem Eroberungskrieg gegen die Herrscher über Anáhuac. Wir haben es dabei mit einem Auszug aus dem sogenannten *Codex Florentino* zu tun, der Texte aus den Reihen jener indigenen Informanten von Bernardino de Sahagún enthält, die bereits oben eindrucksvoll für uns berichtet haben:

> Es kommen die Hirsche, die auf ihren Rücken die Männer tragen. Mit ihrem Baumwollmänteln, mit ihren Lederschilden, mit ihren Eisenlanzen. Ihre Schwerter, sie hängen an den Hälsen ihrer Hirsche.
>
> Diese tragen Schellen, sie sind voller Schellen, sie kommen herbei mit Schellen, sie machen lauten Lärm, die Schellen, die Schellen hallen wider.
>
> Diese ‚Pferde', diese ‚Hirsche', sie wiehern, sie schnauben. Sie schwitzen ganze Meere: Der Schweiß perlt von ihnen wie Wasser. Und der Schaum aus ihren Nüstern fällt Tropfen für Tropfen zu Boden: wie mit Mole versetztes Seifenwasser: Dicke Tropfen fallen.
>
> Rennen sie, so machen sie laute Geräusche: Sie machen Lärm, man hört das Prasseln, so als ob Steine zu Boden fielen. Danach ist die Erde löchrig, danach füllt sich die Erde mit Löchern, wohin sie ihre Beine gelenkt. Von alleine reißt sie auf, wohin sie Hand oder Fuß gesetzt...[17]

Auch dies ist, wenn Sie so wollen, eine Beschreibung des Wunderbaren, nur dass es diesmal nicht die Spanier sind, für welche die amerikanische Wirklichkeit sehr viel Wunderbares enthielt, sondern die Indigenen, die das Wunderbare in Form von Tieren entdecken, die sie niemals zuvor gesehen hatten. Das Wunderbare wirkt auf die indigenen Krieger offenkundig furchterregend: Gerade zu Beginn der Conquista verbreiteten diese Wundertiere mit ihren vielen Schellen und Glöckchen Angst und Schrecken bei den gegnerischen Völkern. Denn das Pferd der Spanier ist aus indigener Sicht ein Tier, das bis zu diesem Zeitpunkt den Indianern gänzlich unbekannt war, das für sie später aber – aktivieren Sie für einen Augenblick mal Ihre Lektüren von Karl May oder Ihre Erfahrungen mit Western – zum vertrautesten aller Tiere wurde. Hernán Cortés wusste sehr wohl um die Macht und den Schrecken, den der Anblick dieser Pferde – er verfügte anfänglich nur über knapp zwanzig Exemplare – auf die gegnerischen Indianer haben mussten.

Wir waren schon mehrfach auf die Tatsache gestoßen, dass die benachbarten indigenen Völker, welche die Azteken ihrerseits erobert und ausgepresst hatten, nur allzu gerne bereit waren, unter tätiger Vermittlung der Malinche mit den

---

17 Ebda., S. 34.

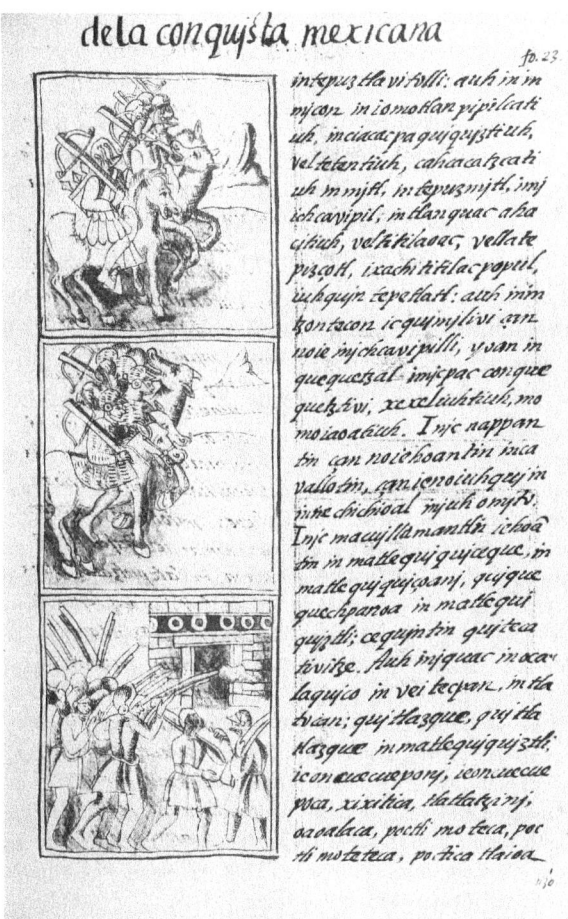

Abb. 44: Bernardino de Sahagún: Codex Florentinus, zwischen 1540 und 1569. Schlachtszenen mit spanischen Soldaten auf Pferden.

Spaniern zu paktieren, um sich nun ihrerseits an den Azteken zu rächen und sie für ihre blutige Herrschaft teuer bezahlen zu lassen. Auch diese Sichtweise der Geschichte zwischen den einzelnen indigenen Völkern ist vielfach durch Zeugnisse belegt. Miguel León-Portilla hat mit guten Gründen darauf verwiesen, dass auch diese Zeugnisse letztlich eine Sichtweise der Besiegten darstellen. Denn auch ihre Kultur und ihre Macht sollten nur wenig später genauso vernichtet oder marginalisiert werden wie die der zuerst unterlegenen und von ihnen mitbesiegten Azteken.

Ich möchte Ihnen an dieser Stelle eine Darstellung aus dem sogenannten *Lienzo de Tlaxcala* zeigen sowie einige Passagen aus einem Bericht, der nun aus Sicht der siegreichen Tlaxcalteken die Eroberung und das Massaker von Cholula darstellen. Dieses Massaker ist außerordentlich berühmt und berüchtigt geworden, auch wenn es nur ein Massaker der Spanier unter vielen an der indigenen Bevölkerung war. Sie können noch heute in Lateinamerika an Ortsnamen die „Matanzas" (was soviel wie ‚Morde', ‚Tötungen' oder ‚Massaker' heißt) feststellen, wo derartige Ereignisse stattgefunden haben (Abb. 45). Das Massaker von Cholula aber stellte einen außerordentlich wichtigen Schritt dar für Cortés auf dem Weg zur Macht über das Reich der Azteken, ging ihm doch fortan der Ruf des Terrors, des Schreckens voraus, den er und seine Männer verbreiteten. Der Originaltext ist übrigens in kastilischer Sprache verfasst, beruht also nicht auf einer Übersetzung:

> Erst einmal durch die Provinz von Cholula hereingekommen, wurde diese in kürzester Zeit durch viele große Gelegenheiten zerstört, welche die Eingeborenen dieser Stadt dafür gaben und hervorriefen. Diese wurde zerstört und bei diesem Einfall eine große Menge an Volk der Cholulteken umgebracht, und so verbreitete sich der Ruf über das ganze Land bis nach Mexiko, wohin er furchtbaren Schrecken trug, und dieses war umso mehr zu sehen und zu hören, als die Tlaxcalteken sich mit den ‚Göttern' verbündeten, denn so nannte man im allgemeinen die Unsrigen (die Spanier) in dem ganzen Lande dieser Neuen Welt, ohne ihnen einen anderen Namen geben zu können.
>
> Die Cholulteken hatten soviel Vertrauen in ihren Götzen Quetzalcohuatl, dass sie verstanden, dass es keine menschliche Macht gebe, welche sie erobern oder verletzen könne, vielmehr würden sie mit den Unsrigen in kurzer Zeit Schluss machen, zum einen, weil diese wenige waren, und zum anderen, weil die Tlaxcalteken sie aus Täuschung dorthin gebracht hatten, damit sie mit diesen Schluss machten, denn sie vertrauten so sehr auf ihren Götzen, dass sie glaubten, dass sie diese mit Blitz und Feuer vom Himmel aufreiben und fertigmachen und mit Wassern ersäufen würden. [...]
>
> Doch da unsere Tlaxcalteken sahen, dass unsere Spanier Santiago, den heiligen Jakobus, anriefen und die Spanier die Tempel der Götzen anzündeten und diese auf den Boden schmetterten, wobei sie diese mit großer Entschiedenheit profanierten, und da sie nicht sahen, dass sie etwas täten und auch keine Blitze herniederfuhren und keine Flüsse voll Wasser hervorbrachen, so verstanden sie die Narretei und kamen darauf, wie alles verfälscht und Lüge war.
>
> Auf diese Weise fassten sie soviel Mut, so dass es in dieser Stadt, wie wir berichtet haben, ein so großes Massaker und Zerstörung gab, wie man es sich nicht vorstellen kann; wodurch unsere Freunde bestens unterrichtet waren vom Werte unserer Spanier, und von nun an in alle Zukunft hielten sie es nicht für ratsam, größere Verbrechen zu begehen, worin sie geführt vom göttlichen Befehle, so dass Unserem Herren gedienet, dass nämlich dieses Land gewonnen und zurückerstattet und von der Macht des Teufels erlöset sei.[18]

---

18 Ebda., S. 82.

Aus diesen Passagen aus dem Munde der Indigenen erhellt, welch große Rolle den Götzen und Göttern, den Glaubensvorstellungen und den Fiktionen bei der Conquista zukam, riefen doch nicht nur die Spanier ihren Heiligen, den heiligen Jakob, zu ihrem Schutze an, wenn sie die Tempel der fremden Religionen zerstörten, sondern glaubten doch vor allem auch die indigenen Völker, in diesem Falle die Cholulteken, von ihren Göttern geschützt zu werden und gleichsam unverwundbar zu sein. Erst wenn sich derartige Vorstellungen als reine Imaginationen, ja als gefährliche Trugbilder erwiesen, sahen sie in den Spaniern nun die neuen Götter, die nach ihrem Willen und nach ihrem Gutdünken Zerstörung und Tod verbreiteten und alles zu ihrem eigenen Vorteile taten. Wer sich diesen neuen Göttern zu widersetzen wagte, der war des Todes!

Abb. 45: La Matanza de Cholula, dargestellt auf dem Lienzo de Tlaxcala, 1552.

In diesem etwas längeren Zitat werden vielerlei Aspekte deutlich. Zum einen zeigt sich, wie sehr die unterschiedlichen indigenen Völker gegensätzliche Interessen hatten, und wie all dies die Spanier radikal und gewissenlos, aber stets machiavellistisch zu ihren eigenen Gunsten in ihr Kalkül einbezogen. Aus Sicht der Tlaxcalteken scheint es fast, als seien die Spanier – unsere Spanier – nur eine Art Wunderwaffe, die man gegen die verhassten Azteken einsetzen konnte. Doch diese vermeintliche Wunderwaffe sollte sich bald gegen die Tlaxkalteken selbst wenden. Aus der Sicht von Tlaxcala oder von Tezcoco mochten die Spanier mächtige und wirkungsvolle Verbündete sein; für die Spanier aber stellte sich die Sachlage gänzlich anders dar. Denn ihr Bündnis mit Tlaxcala und anderen Städten und Völkerschaften war nicht strategischer, sondern nur rein taktischer Art.

Zum zweiten wird deutlich, wie sehr auch die indianischen Bundesgenossen auf die Wirkung des Terrors, des Schreckens vertrauten, den die spanischen wie die eigenen Massaker und Gewalttaten verbreiteten. Bei Cholula handelt es sich, wie wir ja bereits sahen, um ein Zentrum der indigenen Hochkulturen und ganz nebenbei um die von ihren Ausmaßen her größte Pyramide im heutigen Mexiko überhaupt. Auf diese Pyramide werden die Spanier später selbst ihre Kirchen bauen, die immer wieder – verhext, wie das nun war – Erdbeben zum Opfer fallen sollten. Letztmalig geschah dies im Juni 1999, und ich kann mich noch gut an den Gottesdienst neben der Kirche oben auf der Pyramide erinnern, mit einem gewaltigen Blick, der weit bis zum Vulkankegel des Orizaba reichte.

Ein dritter Aspekt betrifft die Übernahme bestimmter Vorstellungen der Spanier durch die indigene Bevölkerung, darunter insbesondere Glaubensvorstellungen der siegreichen Götter. Als ‚Götter' wurden die Spanier anfänglich in der Tat von verschiedenen indianischen Gruppen angesehen; Götter aber waren auch ihre symbolischen Bundesgenossen, allen voran der Apostel Santiago, also Jakobus, der den Spaniern schon im Krieg gegen die Mauren in der Reconquista Beistand geleistet hatte. In vielem setzte die Conquista in Amerika für die spanischen Soldaten die Kriege gegen den Islam, gegen die letzten arabischen Teilreiche, fort.

Von indigener Seite übernahm man beim Zusammenbruch der eigenen Götterwelt mehr oder minder bewusst Elemente oder Gottheiten der siegreichen Kultur, eben weil sie über die eigenen Götter triumphiert und sie, darunter auch etwa Quetzalcóatl, auszulöschen vermag. An diesem Punkt erweitert sich die „Visión de los vencidos", also die Weltsicht der Besiegten, zugleich zum künftigen Prozess des „Mestizaje", der in den Lexemen oder der Aussprache der kastilischen Sprache, aber auch der Vermischung europäischer und indigener Glaubensvorstellungen zum Ausdruck kommt. Wir werden uns sogleich mit den Funktionen von Mythen, Legenden und Glaubensvorstellungen in diesem

Bereich noch einmal gesondert auseinandersetzen. In der Abbildung aus dem *Lienzo de Tlaxcala*[19] können sie diesen zentralen Prozess ganz aus der Nähe auf eine sehr anschauliche Art beobachten.

Abschließen möchte ich unsere Auseinandersetzung mit der Sicht der Besiegten, die wir stets in unserem Verständnis der Conquista präsent haben müssen, auch wenn es sich dabei naturgemäß um eine Geschichte handelt, welche von der Geschichte der Sieger überlagert, stellenweise sogar ausgelöscht wurde, mit einem indigenen Gesang zu Ehren des aztekischen Kriegsgottes Huitzilopochtli und dergestalt mit indigenen Stimmen, die nicht einem christlichen Gotte, sondern einer indigenen Gottheit Respekt und Verehrung zuteilwerden lassen:

> Huitzilopochtli, der Kriegführer: Niemanden gibt es, der mir gleicht.
> Nicht umsonst habe ich mich geschmückt mit Kleidern und gelben Federn,
> wie durch mich ja die Sonn' ihren Lauf nimmt.
>
> Ein todbringendes Wunder ist, wer zwischen Wolken wohnt:
> Dem Bewohner der Region der Kälte riss aus er 'nen Fuß.
>
> Die Mauer setzt er in Brand: Verteilt sind die Federn,
> mit denen sich der Kriegsherr schmücken darf.
> Mein Gott, der nennet sich ‚Beherrscher der Menschen'.
>
> Er füllte mit Schreck den Gott von Tlaxotla: Der Staub stieg in Kreisen auf.
> Der Gott von Tlaxotla im Staube: Der Staub stieg in Kreisen auf.
>
> Die Federkünstler sind unsere Feinde: Führ' mich zu ihnen;
> in ihrem Hause führen wir Krieg: Führ' mich zu ihnen.
>
> Die von Pipitlan sind unsere Feinde: Führ' mich zu ihnen;
> in ihrem Hause führen wir Krieg: Führ' mich zu ihnen.
>
> Huitzilopochtli el batallador: nadie hay que me iguale.
> No en vano me he ataviado con ropaje de amarillas plumas,
> como que por mí ha salido el sol.
>
> Prodigio funesto es el que mora entre nubes:
> al morador de la región del frío le arrancó un pie.
>
> Prende fuego a la muralla: se reparten las plumas
> con que se ha de ataviar el caudillo de la guerra.
> Mi dios se llama 'dominador de las gentes'.

---

19 Ebda., S. 83.

> Llenó de pavor el dios de Tlaxotla: el polvo subía en giros.
> El dios de Tlaxotla en el polvo: el polvo subía en gieros.
>
> Los artistas plumarios son nuestros enemigos: llévame hasta ellos;
> en su casa se hará la guerra: llévame hasta ellos.
>
> Los de Pipitlan son nuestros enemigos: llévame hasta ellos;
> en su casa se hará la guerra: llévame hasta ellos.[20]

Dieser Hymnus an den Kriegsgott Huitzilopochtli mag uns noch ein letztes Mal darauf verweisen, dass die Schwäche der indigenen Hochkulturen darin bestand, dass sie alle uneins und miteinander verfeindet waren. Ihr Zusammenlebenswissen war, so scheint es aus verschiedensten Perspektiven, nur schwach ausgeprägt. Darin lagen – einmal abgesehen von ihren Fiktionen und Glaubensvorstellungen an einen kommenden Gott in Gestalt von Quetzalcóatl – wesentliche Gründe für ihren fast augenblicklichen Kollaps und Untergang. Nur durch die strategische Ausnutzung der wechselseitigen Feindschaften zwischen den indigenen Völkern konnte es den Spaniern gelingen, mit Hilfe einer kleinen, zahlenmäßig weit unterlegenen Truppe die Macht im Aztekenreich an sich zu reißen.

---

20 Garibay, Ángel María (Hg.): *Poesía Indígena de la Altiplanicie. Divulgación literaria*. Selección, versión, introducción y notas Ángel María Garibay K. México, D.F.: Universidad Nacional Autónoma de México 1982, S. 5 f.

Transareale Fiktionen, Legenden Und Mythen: Erfindungen in der Neuen Welt

Ich möchte an dieser Stelle unserer Vorlesung die von uns gemachten Befunde bezüglich Erfindungen und Projektionen der Alten Welt auf die Neue Welt noch einmal zusammenfassen und systematisieren.[1] Dabei geht es mir darum, die gesellschaftsverändernden Kräfte von Fiktionen und Erfindungen heraus zu präparieren, diese Erfindungen also ganz im Sinne dieser Vorlesung nicht im Bereich der Fiktion zu belassen, sondern als ein wirklichkeitsveränderndes Element, als eine direkte Wirkkraft der Wirklichkeit, vor Augen zu stellen. Denn unsere Wirklichkeit, die Realität, die uns umgibt, ist aus vielen Fiktionen gemacht – auch ohne dass wir uns dessen stets bewusst sind. In diesem Zusammenhang möchte ich zu Beginn auf eine Filmgattung zurückgreifen, die zu meiner Zeit als Studierender noch *en vogue* war, die in der gegenwärtigen Epoche aber aus guten Gründen völlig *out* ist: Beginnen wir also mit einem *Western* – und zwar mit einem der berühmtesten!

Ethan Edwards zieht seinen Colt und drückt zweimal ab. Zum Entsetzen der Texas Rangers, die mit ihm gekommen sind, um einen blutigen Überfall auf eine Farm zu rächen und ein entführtes weißes Mädchen aus der Gewalt der Indianer zu befreien, schießt er dem toten, bereits von seinen Stammesbrüdern bestatteten Komantschen die Augen aus. Auf die reichlich verdaddelte Frage von Captain Reverend Samuel Clayton, ‚wozu das denn gut sein solle', antwortet ihm Edwards: „Nach unserem Glauben zu nichts! Aber nach dem Glauben dieser Komantschen geht er nicht in die ewigen Jagdgründe ein, wenn er keine Augen hat. Er muss ewig zwischen den Winden wandern. Verstehst du, Pastor?"

Diese Antwort des von John Wayne verkörperten Revolverhelden in einem der berühmtesten Western der Filmgeschichte, *The Searchers* von John Ford, erläutert eine besonders brutale psychologische Kriegsführung, welche sich die Mythen beziehungsweise – wie Edwards sehr richtig bemerkt – den *Glauben* der Indianer für die eigenen militärischen Interessen zunutze macht. Erfindungen allein reichen nicht aus, wir brauchen auch den unbedingten Glauben an

---

[1] Eine frühe Fassung dieser Überlegungen habe ich zu Beginn meiner wissenschaftlichen Laufbahn formuliert und meine damaligen Lektüren zur Erfindung der Amerikas, denen sich auch die Ausarbeitung dieser Vorlesung verdankt, an dieser Stelle auf einen vorläufigen Punkt gebracht in Ette, Ottmar: Funktionen von Mythen und Legenden in Texten des 16. und 17. Jahrhunderts über die Neue Welt. In: Kohut, Karl (Hg.): *Der eroberte Kontinent. Historische Realität, Rechtfertigung und literarische Darstellung der Kolonisation Amerikas.* Frankfurt am Main: Vervuert Verlag 1991, S. 161–182.

diese Fiktionen. Dies macht uns der Schauspieler John Wayne, den Sie sicherlich nicht mehr kennen, der in seiner langen und erfolgreichen Filmkarriere aber für den Tod Tausender von Indianern verantwortlich war, mit seinen Äußerungen wie mit seinem Handeln unmissverständlich klar.

Wie aber funktioniert eine Nutzung von Fiktionen oder Mythen zum eigenen Vorteil? Voraussetzung dafür ist, kurz gesagt, dass der Weiße über die indianischen Vorstellungen informiert ist, nicht aber selber an sie *glaubt*. Nur so, in der Funktionalisierung des Mythos gegen seinen Urheber, verleiht die Verwendung des Mythos auch jene Macht, deren Darstellung im Zentrum einer Filmgattung steht, die nicht nur aus Perspektive des beginnenden 21. Jahrhunderts rückblickend die Eroberung des amerikanischen Westens mythisierte, sondern auch selbst – und gerade in ihrer Ford'schen Variante – mit der Erzählstruktur des Mythos einiges gemein hat.

Gestatten Sie mir hier eine kleine Anmerkung für Western-Freunde! Gerade unter dem Regisseur John Ford griff der Western zunehmend mythische Erzählstrukturen auf, welche die gesamte Handlungsebene beherrschten. Ford brachte dem Western damit eine leicht verstehbare, aber dennoch komplexe Lesart von Geschichte bei, welche dieser Gattung noch einmal einen neuen Schub gab. Es wiederholten sich nicht allein bestimmte (stereotype) Handlungs- und Personenkonstellationen, Ford schuf zudem beispielsweise durch die Verwendung von *Monument Valley*, das insgesamt neun Filmen dieses Filmemachers als Ort der Handlung diente, gleichsam einen mythischen Ort für seine filmischen Erzählungen.[2]

Die erwähnte Szene mit dem toten Komantschen mag uns als kurze Einstimmung auf das Thema der Funktionalisierung von Fiktionen und Erfindungen dienen, zu denen ich hier kurzerhand auch Elemente des Glaubens und der Religionen zählen will. Sie soll uns zugleich einen ersten Hinweis darauf geben, dass die Geschichte der Funktionalisierung von Mythen und Erfindungen kein Phänomen einer auch räumlich entrückten Vergangenheit ist, sondern bis in die Unterhaltungsindustrie unserer Gegenwart reicht – und selbstverständlich darüber hinaus in unsere heutige, nur scheinbar rundherum rationale Realität...

Doch kehren wir vom *Western* des 20. Jahrhunderts zum Themenbereich dieses Teiles unserer Vorlesung im Verbund mit den vorgängigen Teilen zu „Descubrimiento" und Conquista zurück! Welche Funktionen erfüllten Mythen,

---

2 Auf eine Reihe thematischer Invarianten macht aufmerksam Faulstich, Werner: *Einführung in die Filmanalyse*. Tübingen: G. Narr Verlag 1980, S. 81–84; eine gute Analyse des Films nebst Hinweisen auf mythische Strukturen bietet Place, J.A.: *The Western Films of John Ford*. Secaucus, N.J.: Citadel Press 1974, S. 160–173.

Legenden und Fiktionen in den Texten des 16. und beginnenden 17. Jahrhunderts über die Neue Welt? Bevor ich thesenartig und ohne den Anspruch auf Vollständigkeit einige Überlegungen zu diesem komplexen Themenbereich vorstelle, sind zwei Präzisierungen nötig: Die erste betrifft das Korpus der untersuchten Werke. Wir wollen aus literaturwissenschaftlicher und kulturwissenschaftlicher Perspektive erkunden, welche Funktionen Mythen in Texten so verschiedener Diskurstypen[3] wie *Cartas relatorias, Relaciones, Crónicas* oder *Historias*, aber auch zum Teil innerhalb von Werken erfüllen, die nicht-alphabetischen Schriftsystemen angehören oder erst nachträglich verschriftlichte beziehungsweise übersetzte orale Diskurse darstellen. Walter Mignolo wies schon früh und mit guten Gründen darauf hin, dass die Literaturgeschichten Lateinamerikas bislang den Blick auf nichtspanischsprachige Werke verstellt hätten und häufig unbeachtet bliebe, dass die Literatur im europäischen Sinne während der Kolonialzeit eine „práctica discursiva relativamente menor", also eine kleinere und nachgeordnete literarische Praxis, darstellte.[4]

Unsere zweite Präzisierung gilt dem Begriff des Mythos, der den folgenden Ausführungen zu Grunde gelegt und in einen Zusammenhang mit Begriffen wie Erfindungen oder Fiktionen gebracht wird. An dieser Stelle unserer Vorlesung sind gewiss nicht mehr als einige Eingrenzungen des überaus kontrovers diskutierten Begriffs des Mythos möglich.[5] Eine zusätzliche Schwierigkeit entsteht dadurch, dass es kaum praktikabel sein dürfte, eine Definition des Mythos zu finden und anzuwenden, die dem jeweiligen zeitgenössischen Verständnis dieser beiden so verschiedenartigen kulturellen Systeme, die in Amerika beziehungsweise im späteren Lateinamerika aufeinander prallten, in gleichem Maße entspräche. An dieser Überlegung mag deutlich werden, dass die nachfolgenden Ausführungen zur Funktion und Nutzbarmachung von Mythen und Erfindungen eine Relativierung der häufig missbrauchten Verschmelzungsmetaphorik des „Mestizaje" beinhalten und darauf insistieren, dass es sich bei den hier behandelten Vorgängen in der ‚Neuen Welt' um einen – wie wir oben bereits mehrfach gesehen haben – brutalen Kulturzusammenstoß und um komplizierte Herrschafts- und Beherrschungsprozesse handelt.

---

3 Vgl. den für diesen Zeitraum berechneten weiten Begriff der *tipos discursivos* bei Mignolo, Walter D.: Cartas, crónicas y relaciones del descubrimiento y la conquista. In: Luis Iñigo Madrigal (coord.): *Historia de la literatura hispanoamericana*. Tomo I: *Epoca colonial*. Madrid: Ediciones Cátedra 1982, S, 57–116.
4 Vgl. Mignolo, Walter D.: La lengua, la letra, el territorio (o la crisis de los estudios literarios coloniales). In: *Dispositio* (Ann Arbor) XI, 28–29 (1986), S. 137f sowie 142f.
5 Vgl. hierzu auch die pragmatische Lösung bei Frank, Manfred: *Der kommende Gott. Vorlesungen über die Neue Mythologie. 1. Teil*. Frankfurt: Suhrkamp 1982, S. 78f.

Dabei ist eines von Beginn an deutlich: Weder würde ein Azteke oder Mexica die Geschichte des Gottes Quetzalcóatl noch ein christlicher Spanier die Heldentaten der Heiligen Jungfrau als Mythos verstanden oder bezeichnet haben. In ihrem Versuch einer Eingrenzung des Mythos wies Brigitte Simon de Souza zurecht darauf hin, dass die Mythen „die heiligen Texte der Indianer dar[stellen], vergleichbar mit der Bibel der Christen".[6] Bei den in der Folge behandelten und analysierten Mythen handelte es sich überwiegend nicht um ein abgehobenes, nur einer kleinen kulturellen ‚Elite' bekanntes Wissen; vielmehr ermöglichte die Teilhabe breiter Bevölkerungskreise zumindest an Teilen dieses Wissens erst die Verwendung des Mythenpotentials zur Lenkung von Herrschaftsprozessen, welche möglichst eine gesamte Gemeinschaft erfassten. Wir haben dies etwa anhand der Zeugnisse indigener Informanten mit Blick auf die Verwendung des Glaubens an ihre eigenen Götter gesehen, die in dem Augenblick, in dem sie von anderen Göttern besiegt wurden, erheblich an Glaubenszuspruch einbüßten. Dennoch aber gibt es eine Vielzahl von Elementen, die beide Kulturkreise und Glaubensbestände auf transareale Weise miteinander verbinden.

Als eine erste Eingrenzung hinsichtlich der formalen Struktur des Mythos mag die Beobachtung Hans Blumenbergs dienen, Mythen seien „Geschichten von hochgradiger Beständigkeit ihres narrativen Kerns und ebenso ausgeprägter marginaler Variationsfähigkeit".[7] Dabei kommt es aus unserer Sicht ebenso auf den Glauben an diesen narrativen Kern wie auf die Fähigkeit des Mythos an, sich den unterschiedlichsten Kontexten – auch im transarealen Zusammenhang – anpassen zu können. Das angeführte Blumenberg-Zitat verweist uns auf eine intertextuelle Struktur, innerhalb derer – und dies gilt ebenso für vorherrschend orale wie für Schriftkulturen – bestimmte inhaltliche Grundmuster über lange Zeiträume beibehalten werden, die aufeinander bezogenen und miteinander kommunizierenden einzelnen Texte aber in verschiedene Kontexte eingebettet werden können, ohne dass eine bestimmte, den Mythos identifizierende Konstellation von Themen, Problemen oder Personen verloren ginge. Diese Arbeit am Mythos ist Zeichen seiner Lebendigkeit. Und die Übertragung von Fiktionen oder Mythen von einem Kontinent auf den anderen, von einer kulturellen Area auf die andere, wäre ein derartiges Zeichen, dass der bearbeitete Mythos am Leben ist.

Für unser Erkenntnisinteresse wichtig ist ferner die Überlegung Mircea Eliades, dass Mythen vom Ursprung, von der Herkunft von Dingen berichteten,

---

6 Simon de Souza, Brigitte. 1987. ‚Don Patrón' – Die Weißen in der oralen Tradition bolivianischer Indianer. Erzählungen-Lebensberichte-Reden. Frankfurt/Bern/New York/Paris: Lang 1987, S. 310.
7 Blumenberg, Hans: *Arbeit am Mythos*. 4a.ed. Frankfurt: Suhrkamp 1986, S. 40.

und dass diese damit für den Menschen beherrschbar, ja manipulierbar würden.[8] Dies gilt etwa auch für den Mythos von Quetzalcóatl bei den Mexica oder bei den Cholulteken. Eliades Definition des Mythos als ‚heilige Geschichte', die dadurch immer auch als ‚wahre Geschichte' verstanden werde, gilt für viele, aber nicht für alle der folgenden Fallbeispiele. Wir wollen diese Überlegungen im Hinterkopf behalten, wenn es um die Frage des *Glaubens* an den Mythos oder an die Erfindung geht. Jedenfalls verfüge der Mythos dadurch über eine Dimension, die über die jeweilige historische Zeit hinausweise; er bilde folglich Paradigmen jeglichen bedeutsamen menschlichen Handelns aus – hinzuzufügen bliebe: innerhalb der jeweiligen kulturellen Formation und ihrer kulturellen oder sozialen Kontexte.

Auch der französische Anthropologe Claude Lévi-Strauss, auf den wir im weiteren Verlauf unserer Vorlesung noch zurückkommen werden, charakterisierte mehrfach in seinen Werken die Struktur des Mythos als die eines reduzierten Modells (*modèle réduit*) von Strukturen der Wirklichkeit. Dabei erhebe der Mythos im Gegensatz zum analytischen wissenschaftlichen Denken allerdings Anspruch auf Erfassung einer Totalität,[9] biete also das verkleinerte, ‚reduzierte Modell' einer totalen Gesamtheit. Zwar könne er dem Menschen dadurch keine größere Macht über die Natur bieten, wohl aber wirksam die Illusion vermitteln, das Universum in seiner Gesamtheit zu verstehen.

In ihrer Untersuchung der oralen Traditionen bolivianischer Indianer wies Brigitte Simon de Souza darauf hin, dass die große Bedeutung der Oralliteratur auf ihrer „totalisierende[n] Funktion" beruhe: „sie vermittelt die in der Mythologie aufgearbeitete Erklärung von Welt und Mensch, erzählt und erläutert die Geschichte des Volkes, erhellt die gegenwärtige Situation in allen ihren Widersprüchen und weist den Weg in die Zukunft, der ausgeht von den dargelegten Grundwerten und Normen."[10] Beim Mythos handelt es sich folglich um Welterklärungsmodelle, denen keine überprüfbare Theorie zugrunde liegt, sondern die nicht experimentell überprüfbare, aber *geglaubte* Ideologien beinhalten.

Diese Modellfunktion des Mythos wird ebenfalls von Manfred Frank hervorgehoben, der Mythen nicht nur als narrative Formen und soziale Gebilde charakterisiert, sondern gleichzeitig darauf aufmerksam macht, dass sie „mit Metaphern und wissenschaftlichen Modellen die Eigenschaft [teilen], Paradigmata oder Vorschläge

---

8 Vgl. Eliade, Mircea: *Kosmos und Geschichte. Der Mythos der ewigen Wiederkehr.* Frankfurt am Main: Suhrkamp 1986, S. 25.
9 Vgl. Lévi-Strauss, Claude: *La pensée sauvage.* Avec 11 illustrations dans le texte et 13 illustrations hors texte. Paris: Plon 1962, S. 29 und passim.
10 Simon de Souza, Brigitte. 1987. *‚Don Patrón' – Die Weissen in der oralen Tradition bolivianischer Indianer. Erzählungen-Lebensberichte-Reden,* S. 105.

zu einer allgemeinen oder systematischen Weltdeutung an die Hand zu geben".[11] Der an den Mythos glaubende Mensch ist folglich nicht länger der Notwendigkeit ausgeliefert, seine eigene Position im Universum zu überdenken: Der Mythos liefert ihm als narratives Weltmodell ein gesamtes Erklärungsmuster für alle Bereiche seines Lebens.

Mit guten Gründen zählt Manfred Frank den Mythos zu den symbolischen Ausdrucksformen; symbolische Zusammenhänge und Sprachhandlungen aber würden – im Gegensatz zu einem Sprechen, in dem nur die Zeichenfunktion eine Rolle spielt – wie rituelle Sprachhandlungen *geglaubt*.[12] Daraus ergibt sich eine pragmatische Dimension, die über die zunächst erwähnte formale Beschaffenheit des Mythos hinaus für unsere Überlegungen von großer Bedeutung ist. So begründet und beglaubigt nach Auffassung Franks der Mythos „eine soziale Ordnung durch Diskurse, die – rein auf ihre Zeichenfunktion reduziert – gar nichts Rechtfertigendes an sich haben, sondern es von den gesellschaftlichen Subjekten durch eine wertverleihende Zusprechung zugewiesen bekommen. Alle Mythen erzeugen den Schein einer Ordnung und liefern teleologische Rechtfertigungen des Lebens sowohl der Individuen wie der Gesellschaften [...]".[13] Sie sind damit im eigentlichen Sinne gemeinschaftsbildend *und* welterklärend.

Der Mythos steht damit als ordnende kosmische Struktur in einem grundlegenden Gegensatz zum Chaos. Der Mythos schafft ganz im Sinne des Kosmos Ordnung und Schönheit zugleich. Er legitimiert menschliche Ordnung, indem er über das jeweilige Konkrete und Historische weit hinausgreift. Gerade dadurch aber, so lässt sich folgern, kann er wieder geschichtlich begriffen und analysiert werden. Wir könnten es anders formulieren und sagen: Erzählt der Mythos auch keine wahre Geschichte, so wird an ihm doch geschichtliche Wahrheit ablesbar und mehr noch *lebbar*. Dies um so mehr, als seine Verknüpfung mit politischer, militärischer oder religiöser Macht ebenso in der abendländischen wie in der ‚amerikanischen Antike' zahlreich belegt werden kann, die Verkettung zwischen Mythos und Macht also so alt wie der Mythos selbst sein dürfte.[14] Zur Macht gehören Fiktionen der Macht essentiell dazu.

---

11 Frank, Manfred: Die Dichtung als ‚Neue Mythologie'. In: Karl-Heinz Bohrer (Hg.): *Mythos und Moderne. Begriff und Bild einer Rekonstruktion*. Frankfurt: Suhrkamp 1983, S. 19.
12 Frank, Manfred. 1982. *Der kommende Gott. Vorlesungen über die Neue Mythologie. 1. Teil*, S. 108. Vgl. hierzu ebenso Frank, Manfred: Die Dichtung als ‚Neue Mythologie', S. 18.
13 Frank, Manfred. 1982. *Der kommende Gott. Vorlesungen über die Neue Mythologie. 1. Teil*, S. 110.
14 Zur politischen Verwendung des Mythos in der römischen Antike, insbesondere in der kaiserzeitlichen Propaganda, vgl. Petersmann, Gerhard: Mythos und Macht. Gestalten antiker Mythen als Integrationsfiguren moderner politischer Systeme. In: *Informationen zum Altsprachlichen Unterricht* (Graz) 8 (1986), 42–56.

Der Mythos darf daher auch mit Hans Blumenberg keinesfalls als Gegenteil, sondern muss vielmehr als „eine der Leistungsformen des Logos"[15] aufgefasst werden. Gerade auch in Bezug auf Amerika und die sogenannte ‚Neue Welt' erscheint die Annahme eines geschichtlichen Fortschritts vom Mythos zum Logos, insbesondere im impliziten Verweis auf Schellings bekannten und häufig wiederaufbereiteten Gedanken vom mythischen Zeitalter als der Kindheit der Völker, als irreführend, ja als überaus gefährlich. In ihm manifestiert sich überdeutlich ein eurozentrisches Denken, welches die Entwicklungsgeschichte der Menschheit nur als Fortschritt nach (jeweils zeitbedingtem) europäischem Vorbild denken kann. Von derartigen Teleologien und damit verbundenen Ideologien aber gilt es schon seit langem, Abstand zu nehmen.

In einer treffenden Formulierung wies Hans Blumenberg darauf hin, dass erst die Arbeit *am* Mythos die Arbeit *des* Mythos erkennen lasse.[16] Diese Aussage trifft selbstverständlich auch für den transarealen Weltzusammenhang zu. Im intertextuellen Funktionieren des Mythos – und damit ist auch die bloße Übertragung auf andere geographische, kulturelle oder geschichtliche Kontexte gemeint – werden seine Funktionen erst richtig deutlich. Die noch wenig ausdifferenzierten Übertragungsweisen des ausgehenden 15. oder 16. Jahrhundert machen gerade im transatlantischen Zusammenhang auf diese Tatsache aufmerksam.

Dabei soll es nun nicht um *den* Mythos schlechthin, sondern um die Erforschung bestimmter singulärer Mythen aus der Alten und der Neuen Welt und damit um ganz bestimmte Erfindungen gehen, die zumindest von der einen Gruppe geglaubt werden. Ausgangsort dieses Versuchs kann freilich nicht eine angenommene überhistorische, überkulturelle Position eines ‚objektiven Beobachters' sein, die herzustellen vielleicht nicht einmal wünschenswert wäre, in jedem Falle aber unmöglich ist. Der unbewussten Versuchung eurozentrischen Denkens mag wohl nur dadurch streckenweise erfolgreich begegnet werden, dass die eigene Geschichte, der eigene Standpunkt und die eigene Beziehung zur berichteten Geschichte – unter Einschluss der persönlichen Betroffenheit – mitgedacht werden. Eine neutrale, objektive Position als unbeteiligter *Observer* ist in diesem Zusammenhang nicht möglich: Zu stark sind die Fäden und Betroffenheiten, die alle Seiten mit ihren Vergangenheiten verbinden.

Vor diesem Hintergrund möchte ich in der Folge einige wichtige Funktionen von Mythen in Texten über die sogenannte ‚Neue Welt' – vorwiegend des nördlichen Bereichs der spanischen Eroberungen – untersuchen und voneinan-

---

15 Blumenberg, Hans: *Die Arbeit am Mythos*, S. 34.
16 Ebda., S. 133.

der abgrenzen. In diesem Zusammenhang will ich die folgenden zehn Funktionen voneinander unterscheiden und zunächst kurz erläutern:

Erstens die Erzielung von Sicherheit im Umgang mit der fremden Wirklichkeit. Dabei geht es in gewisser Weise aus Sicht der Europäer um eine ‚Europäisierung des Anderen' und damit um den Versuch, das noch Unbekannte als etwas dem eigenen Blickpunkt durchaus Bekanntes, ja Vertrautes darzustellen.

Zweitens die Sicherheit des Mythos, erkauft durch die unbewusste und ungewollte Lähmung eigenständigen Handelns. Diese Lähmung können wir sehr gut auf der Seite der indigenen Völker beobachten, welche mit Hilfe des Mythos eine Einordnung der unbekannten und fremden Invasoren vornehmen und dadurch in eine Problematik geraten, gegen diese für sie zunächst gottähnlichen Invasoren nicht mit aller gebotenen Macht vorgehen zu können.

Drittens eine kulturelle Subversion durch Unterwerfung unter fremde Mythen. Diese Funktion ist in allen Kulturkontakten beobachtbar, insoweit sich hinter oder unter der Geste der Unterwerfung – wie etwa bei den aus Afrika deportierten Sklaven, die in ein ihnen fremdes Plantagen- und Wirtschaftssystem gewaltsam als Arbeitskräfte integriert werden – der Versuch verbirgt, etwa die alten Götter unter den Namen neuer, christlicher Heiliger beziehungsweise Götter weiterhin zu verehren.

Viertens die Verwendung fremder Mythen als Werkzeuge der Errichtung eigener Macht. So lassen sich auf Grund der stetigen interkulturellen Übersetzungs- und Vermittlungsarbeit der Malinche, die dadurch zu einer erstrangigen Waffe im Kampf um Deutungshoheit wurde, die Versuche der Spanier erkennen, sich bestimmter Mythen der indigenen Völker zu versichern beziehungsweise sich in diese Mythen einzuschleichen und sie zum eigenen Vorteil gleichsam umzulenken.

Fünftens eine Sichtweise des Mythos beziehungsweise der christlichen Religion als oberste Legitimationsinstanz (in der literarischen Darstellung) der Conquista. Innerhalb eines *heilsgeschichtlichen* Rahmens, den das Christentum mit seinem Verständnis von Geschichte und speziell von Weltgeschichte aufspannt, werden alle Ereignisse – und wir haben dies mit Erich Auerbach und dessen Analyse des von ihm so genannten ‚biblischen Erzählungstextes' gesehen – als vom christlichen Gott vorgesehene und geplante Gegebenheiten verstanden und dementsprechend in die historiographischen Erklärungsmodelle integriert.

Sechstens dienen Mythen als Legitimation der Herrschaft über die Neue Welt. So werden wir beispielsweise sehen, wie alte christliche oder weltliche Erzähltexte plötzlich aktualisiert werden und durch den Rückgriff auf diese Berichte in der eigenen literarischen beziehungsweise religiösen Tradition Legitimationsmuster erstellt werden, denen zufolge etwa durch die Narrationen von der Flucht von Bischöfen oder Königen nach Westen zu früheren Zeiten Ansprüche auf diese Länder und Landstriche in der Gegenwart abgeleitet und erhoben werden können.

Siebtens Die Aufwertung des Kulturraums der Neuen Welt durch den Vergleich mit der abendländischen Antike. Wir haben im bisherigen Verlauf unserer Vorlesung bereits gesehen, dass ab einem bestimmten Zeitpunkt die Geschichte der altamerikanischen Völker etwa bei Francisco Javier Clavijero oder bei Fray Servando Teresa de Mier mit Elementen einer Geschichte der abendländischen Antike gleichgesetzt werden und die amerikanische damit auf Augenhöhe der europäischen Antike erscheint.

Achtens wird in religiösen Interpretationsstrategien das mythische Andere zum Bösen des Eigenen. Die Konfrontation der Spanier mit anderen Religionen und anderen Göttern erlaubt diesen, diese Gottheiten der Anderen als Inkarnationen des Teufels der eigenen Religion zu deuten und damit einen *heilsgeschichtlich* fundierten Sinn aus einem Kampf gegen diese Gottheiten und deren Anbeter zu schlagen, so dass diese Schlachten insofern zu Verkörperungen des Kampfes des Guten gegen das Böse werden. Dieses Deutungsmuster ist jederzeit invertierbar.

Neuntens der Mythos als Überbrückung der Kluft zwischen verschiedenen kulturellen und historischen Traditionen. Die Integration des Anderen und des Fremden in eigene Konzeptionen ermöglicht es, die Erscheinung wie die kulturellen Ausdrucksformen des Anderen gleichsam zu familiarisieren und damit das Fremde im vertrauten Gewand erscheinen zu lassen, wodurch die eigene Weltsicht lediglich erweitert, aber nicht völlig verändert werden muss und die Kluft zwischen dem ‚Eigenen' und dem ‚Anderen' überbrückt werden kann.

Zehntens und letztens der Rückgriff auf eigene Mythen zur Durchsetzung emanzipatorischer politischer Ziele, so dass von einer ‚aufgeklärten' Mythenverwendung gesprochen werden kann. So können etwa im Zeichen der anhebenden Independencia christliche Symbole und Heilige, die einer eigenen, lokalen oder regionalen Tradition entstammen, gegen eine vorgeblich universale Deutung von Heilsgeschichte oder Mythos ins Feld geführt werden, so dass auf diese Weiße bewusst – und ohne notwendigerweise selbst daran zu glauben – der eigene Mythos umgelenkt und umkanalisiert werden kann. So kann etwa eine eigene Bevölkerung von den geistigen Führern der Unabhängigkeitsbewegung durch den Rückgriff auf ihr vertraute regionale Traditionen zum militanten Kampf gegen eine universale Vorherrschaft animiert werden.

Diese verschiedenen Funktionen möchte ich gerne im weiteren Fortgang unserer Vorlesung eine nach der anderen ausführlicher erläutern und mit Beispielen untersetzen. Dabei werden wir einigen der von uns zuvor analysierten Exempla wieder begegnen und in einen systematischeren Horizont integrieren, der uns dabei helfen soll, das komplexe Zusammenspiel von *Erfundenem* und *Gefundenem* bei der Er/Findung der Amerikas noch besser zu verstehen.

1. Sicherheit im Umgang mit der fremden Wirklichkeit: Die Europäisierung des Anderen. Sieht man einmal von den Mythen ab, die vor der Kunde von einer ‚Neuen Welt' von Europa aus nach Westen ins Ungewisse projiziert wurden, wie etwa der antike Mythos von den Inseln der Seligen oder der mittelalterliche Mythos der Insel des Heiligen Brandanus, so war Christoph Columbus der Erste und sicherlich auch Wirkungsreichste, der Mythen und Legenden der abendländischen Welt auf Amerika übertrug. Er knüpfte pragmatisch an die mittelalterlichen europäischen Seekarten an, in deren Westen stets eine Reihe von Inseln auftauchten, deren genauer Standort ungewiss war und von Karte zu Karte variierte, die aber immer an bestimmte Mythen und Erzählungen rückgekoppelt blieben, welche europäische Vorstellungen und Erfindungen in den äußersten Westen projizierten.

Columbus verleibte als erster den von ihm aufgefundenen Teil der ‚Neuen Welt' der europäischen Schriftkultur ein, wodurch seine Briefe, die zunächst nur die Funktion hatten, sein Handeln gegenüber den Katholischen Königen zu legitimieren und diese für künftige Unternehmungen zu gewinnen, bis in die Gegenwart hinein als Ursprung der späteren lateinamerikanischen Literaturen verstanden werden konnten. Dieses Schreiben *in* Amerika beziehungsweise bei der Betrachtung von Amerika aus der Perspektive eines Europäers legte den Grund für eine Schriftpraxis und literarische Filiation, die Jahrhunderte später noch immer diesen Ausgangspunkt mitdenken muss. Wir können daraus den Schluss ziehen, dass die lateinamerikanischen Literaturen genuin *transareale*, aus dem intensiven Kontakt verschiedener kultureller Areas entstandene Literaturen sind.

Notwendige Voraussetzung für diese Übertragung von Legenden und Mythen durch Columbus auf die Welt jenseits des Atlantik war zum einen die Tatsache, dass das Handeln des Genuesen in gewisser Weise einen Glaubensakt darstellte, den er später auch als Christusträger, als ‚Christophorus', für sich reklamierte. Ein Juan de la Cosa stimmte mit dieser Selbsteinschätzung des Columbus überein und präsentierte ihn in seiner ebenso präzisen wie mythengesättigten Kartographie des Jahres 1500 als den Überbringer des heilsbringenden Christentums.

Zum andern war diese Übertragung nur möglich, weil die Projektionsfläche selbst, zumindest für die Europäer, noch leer war und letztlich, trotz der sogenannten ‚Entdeckung', auch als Projektionsfläche leer blieb. Die treffende Bemerkung Tzvetan Todorovs, Columbus habe zwar Amerika, nicht aber die Amerikaner entdeckt,[17] beleuchtet sein Nicht-Verstehen des Anderen, seine Unfähigkeit, das Andere überhaupt zu denken. Und zugleich die Gewissheit, welche ihm die vertrauten Legenden, Mythen und Erfindungen des Abendlandes vermittelten, sich inmitten des Fremden mit traumwandlerischer Sicherheit, von zeitweiligen Schiffbrüchen einmal abgesehen, bewegen zu können.

Hielt dieses Nicht-Verstehen den Leerraum offen, in den die eigenen Mythen, Legenden und geographischen Träume projiziert werden konnten, so war umgekehrt sein Denken angefüllt mit den Vorstellungen jener Texte, deren Lektüre sein Unternehmen erst angeregt hatten. Columbus' Denken lässt sich als ein Kreuzungspunkt verschiedenster Texte – oder Textautoritäten – verstehen, die sich, vom Glauben und Willen des Sendungsbewussten getragen, miteinander verbinden und zu einer wahren *Mythenbricolage* formieren. Die Sicherheit des Columbus ist ein direktes Ergebnis dieser Bricolage, die im Grunde transareal funktioniert und damit auch transareal fundiert ist.

Im Grunde liegt der gesamten Entdeckung ein Glaubensakt zu Grunde – und zwar weniger ein Glaubensakt gegenüber dem Christentum, als gegenüber den zurecht gelegten Mythen und Erfindungen. Dieser Glaubensakt bestand darin, die Wirklichkeit der Texte der Wahrnehmung außertextlicher Wirklichkeit überzuordnen, ja mehr noch, letztere nur mehr als Beleg des Vor-Gewussten aufzunehmen. Die Texte – und damit auch die Mythen – sind deshalb keine Instrumente der Macht; *sie selbst* sind es vielmehr, die die Macht über den Menschen Columbus angetreten haben. In dieser Hinsicht kann das Subjekt abdanken: Es weiß von vornherein, dass sich das Irdische Paradies vor seinen Augen befindet: „Doch mein Mut ist sehr beruhigt, denn dort, wo ich sagte, ist das Irdische Paradies, und ich ruhe auf den zuvor genannten Gründen und auf den Autoritäten."[18] Das spanische „descansar" meint in der Tat, dass Christoph Columbus auf diesen Textautoritäten buchstäblich *ruhte*.

Die konkreten Erfahrungen, die empirischen Erkenntnisse stehen nicht im Vordergrund der Wahrnehmung der *neuen* Welt. Erfahrung wird nur auf der Grundlage des Gelesenen ausgewertet. Dazu nicht Passendes wird ebenso ausgeschieden wie Mehrdeutiges: die Fraueninsel *ist* der Ort der Amazonen, die Seekühe *sind* Sirenen, die Eingeborenen *sind* Bewohner Indiens, der Orinoco *ist*

---

17 Todorov, Tzvetan: *Die Eroberung Amerikas. Das Problem des Anderen*. Übersetzt von Wilfried Böhringer. Frankfurt: Suhrkamp 1985, S. 65.
18 Colón, Cristóbal: *Los cuatro viajes. Testamento*. Edición de Consuelo Varela. Madrid: Alianza Editorial 1986, S. 245: „Mas yo muy assentado tengo el ánima que allí, adonde dixe, es el Paraíso Terrenal, y descanso sobre las razones y auctoridades sobre escriptas."

einer der Flüsse des Irdischen Paradieses. Columbus buchstabiert mit Hilfe *seiner* Autoritäten die Gegenstände seiner Beobachtung durch und identifiziert sie eindeutig.

Mythen und Legenden haben die Macht über die ‚Neue Welt' angetreten, schaffen eine historische und kulturelle Kontinuität, indem das Andere zum verlorenen Ort der eigenen Geschichte werden kann.[19] Sie projizieren das Eigene auf das Andere, dessen wirkliche Entdeckung erst einmal vertagt wird. Insoweit sind Einschätzungen, die Neue Welt sei nicht entdeckt, sondern verdeckt worden, keineswegs abwegig.

Mythen sind Welterklärungsmodelle; sie haben mit religiösen Glaubensvorstellungen gemein, dass sie geglaubt werden. Und im Sinne der zuvor von Erich Auerbach ins Spiel gebrachten Deutungen des biblischen Erzählungstextes bilden sie Welterklärungsmodelle, in denen es kein ‚Außen' geben kann, kein ‚Außen' geben darf. Der Mythos schafft die Voraussetzungen für die Illusion, die Totalität der Welt zu erfassen; die Welt erscheint auf diese Weise eins. Das Unbekannte erhält einen Namen und wird mit dem woher auch immer Bekannten identifiziert: die Welt wird erklärbar und der Mensch ist aller gegenteiligen Erfahrungen zum Trotz in ihr aufgehoben und heimisch. An dieser Stelle lohnt sich ein Rückblick auf ein bereits angeführtes Columbus-Zitat: „Die Welt ist wenig; ihre Gesamtheit zerfällt in sechs Teile, der siebte allein ist von Wasser bedeckt. Die Erfahrung ist schon gesehen, und ich schrieb sie mit anderen Buchstaben und im Schmucke der Heiligen Schrift mit dem Sitze des Irdischen Paradieses, den die Heilige Kirche anerkennt."[20] Die ganze Welt ist klein und überschaubar: Die Erfahrung ist ‚gesehen', ist gemacht, noch bevor sie erfahren wurde.

2. Sicherheit des Mythos, erkauft durch Lähmung eigenständigen Handelns. Wie das Denken des Columbus innerhalb eines geschlossenen Areals bekannter und miteinander kombinierbarer Vorstellungen verlief, dem Neuen also nur Koordinaten innerhalb des Alten und Bekannten zugewiesen wurden, so war auch die Reaktion der Azteken auf die Ankunft der Spanier unter Cortés der Versuch, dem Neuen einen Platz innerhalb des Bekannten zuzuweisen. Der französische Kulturtheoretiker und Archäologe der Grundlagen des Denkens Michel Foucault hat bekanntlich im zweiten Kapitel seines Buchs *Les mots et*

---

[19] Vgl. hierzu Pupo-Walker, Enrique: *La vocación literaria del pensamiento histórico en América. Desarrollo de la prosa de ficción: siglos XVI, XVII, XVIII y XIX*. Madrid: Editorial Gredos 1982, S. 48 f.
[20] Colón, Cristóbal: *Los cuatro viajes. Testamento*, S. 283: „El mundo es poco; el injuto d'ello es seis partes, la séptima solamente cubierta de agua. La experiencia ya está vista, y la escreví por otras letras y con adornamiento de la Sacra Escritura con el sitio del Paraíso Terrenal que la Sancta Iglesia aprueba."

les choses die Grundlagen der menschlichen Erkenntnis im 15. beziehungsweise 16. Jahrhundert dargestellt. Sichtbare Zeichen erlauben es dem Menschen, ein System von Ähnlichkeiten zwischen den Dingen herzustellen, deren Netz die Welt überzieht.

Auf der Basis zyklischer Zeit- und Entwicklungsvorstellungen erschien den Azteken (wie den Europäern des Mittelalters) die Ankunft des Neuen als Rückkehr des Alten. Ein bärtiger Europäer tauchte mit seinen Truppen von Osten kommend auf: Das musste Quetzalcóatl sein! Die Befragung der Autoritäten – in diesem Falle nicht der Schriften, sondern der Priester – ließ Cortés in den Augen Moctezumas als Abgesandten oder als Verkörperung des Gottes und Kulturheroen Quetzalcóatl erscheinen, der seine Rückkehr und die Übernahme seiner rechtmäßigen Herrschaft in den Überlieferungen angekündigt hatte. Das Neue erschien, doch so erfüllten sich die Weissagungen aus alter Zeit. Der Mythos erklärt den Azteken zwar vollständig, was vor sich geht, lähmt aber – und dies ist entscheidend! – ihr Handeln. Doch auch für sie bietet das Geglaubte zunächst Sicherheit und Schutz im Vertrauten.

Die uns überlieferten, nachträglich, also nach der Conquista verschriftlichten Texte der besiegten Indianer berichten übereinstimmend von Prophezeiungen und Vorzeichen, welche den nahenden Untergang angekündigt hätten. wir haben derartige Zeichen in den Berichten der Informanten von Bernardino de Sahagún bereits gesehen. Es handelt sich um Zeichen, wie sie von Menschen aller Kulturen stets als *Vor-Zeichen* verstanden und gedeutet wurden. Kosmische wie irdische Koinzidenzen[21] stellen hier eine Bedeutsamkeit her, deren präzise Bedeutung sich aus dem Bezug zum Text des Mythos erhellt.

Zum Teil wurden diese uns überlieferten Prophezeiungen zu einem Zeitpunkt festgehalten, als das Vorhergesagte längst eingetreten, die Macht des Mythos also bereits gegen die indigenen Hochkulturen ausgespielt worden war. Sie lassen sich als rückwärtsgewandte Prophezeiungen deuten, deren tieferen Sinn Tzvetan Todorov darin erblickt, dass sie die Indianer in ein „Netz natürlicher, sozialer und übernatürlicher Beziehungen" integrierten, wobei das Geschehene „einer bereits existierenden Ordnung von Glaubensvorstellungen" zugeordnet und die Gegenwart „begreifbar und gleichzeitig weniger unnahbar" werde.[22] Der Mythos übernimmt in dieser Funktion nun auf einer zweiten Ebene die Rolle, die indianische Bevölkerung zu trösten und mit ihrer Umwelt,

---

21 Auf die Herstellung von Bedeutsamkeit durch Koinzidenzen in der römischen Geschichte und der christlichen Lehre macht aufmerksam Blumenberg, Hans: *Die Arbeit am Mythos*, S. 117.
22 Todorov, Tzvetan: *Die Eroberung Amerikas. Das Problem des Anderen*, S. 93.

ja mit dem Geschehen, unter dem sie leidet, zu versöhnen. Es handelt sich um Imaginationen und Erfindungen, die einer als grausam erlebten Wirklichkeit trotz allem noch immer Sinn verleihen.

Abb. 46: Darstellung des Quetzalcoatl im Codex Telleriano-Remensis, 16. Jahrhundert.

Die Lähmung eigenständigen Handelns durch den Mythos erfasst – dies sei hier nur am Rande bemerkt – mitnichten nur die indigenen Völker. Die Eroberung und Inbesitznahme des amerikanischen Kontinents wurde immer wieder von Mythen verschiedenster Herkunft vorangetrieben. Dabei handelte es sich ebenso um Mythen, welche die Europäer aus der Alten Welt mitgebracht hatten wie um solche, die aus dem reichen Traditionsschatz der indigenen Kulturen stammten. Spielte für die Erforschung des Binnenbereichs Südamerikas der Mythos vom *Dorado* eine entscheidende Rolle, war zugleich insbesondere der Mythos des Jungbrunnens, also des Quells ewiger Jugend, Motor für Eroberungszüge im Bereich des heutigen Florida. Viele derartige Fiktionen und Erfindungen ließen sich für andere Bereiche der amerikanischen Besitzungen der Spanischen Krone benennen. Stets jedoch fußte die Wirkungsweise auf einer wechselseitigen *transarealen* Durchdringung europäischer und amerikanischer Vorstellungen, welche diesen Fiktionen ihren eigentlichen Charakter vermittelte. Dabei besitzt diese Transarealität auch unleugbare Dimensionen von Transkulturalität.

Das Scheitern einer Vielzahl von Expeditionen, welche sich die Eroberung geographisch verorteter Mythen zum Ziel gesetzt hatten, lässt sich auf obsessives, dem Mythos ausgeliefertes Handeln der jeweiligen Konquistadoren zurückführen, die zu Opfern jener unbestreitbaren kollektiven Mythifizierungstendenz, der „tendencia mitificadora colectiva"[23] ihrer Ursprungsgesellschaft wurden. Auch in diesem Zusammenhang befindet sich der Mensch in der Gewalt des Mythos, eine Auslieferung, der ein Glaubensakt vorangegangen sein muss. Vor diesem Hintergrund lässt sich der Versuch mancher Chronisten begreifen, derlei Vorstellungen zu entmythisieren und, wie etwa der spanische Historiograph Francisco López de Gómara, davor zu warnen, dem Geschwätz von den Amazonen, der „hablilla de amazonas",[24] noch weiter Glauben zu schenken und Eroberungszüge dorthin zu unternehmen. Der Glaube an bestimmte Mythen war längst zur Gefahr für eine effiziente Eroberungs- und Kolonisationspolitik geworden.

3. Kulturelle Subversion durch Unterwerfung unter fremde Mythen. Die Funktion des Mythos als tröstendes, den Menschen mit seiner Umwelt versöhnendes Element, das zugleich dem furchterregenden Neuen die Züge des wohlvertrauten Alten gibt, erhält durch einige Aussagen der Informanten von Bernardino de Sahagún noch eine zusätzliche Dimension des Mythos. Bekanntlich schickte Moctezuma den vorrückenden Spaniern in einem zaghaften Versuch einige Priester und Magier entgegen, die mit ihren Kräften die Konquistadoren am weiteren Vormarsch hindern sollten. Es war ein Versuch, den Mythos mit den Mitteln des Mythos selbst zu bekämpfen. Moctezumas Priestern aber erschien auf ihrem Weg ein Betrunkener, der ihr Tun in Frage stellte und von ihnen als der Gott Tezcatlipoca identifiziert wurde.[25]

Auch dieser Text wurde erst nach der Conquista verschriftlicht, lässt aber nun einen indianischen Gott zugunsten des neuen, christlichen Gottes in das Geschehen eingreifen und die Weichen der Geschichte anders stellen. In dieser Unterwerfung wird auch ein Gutteil zumindest impliziter Subversion deutlich, da die alten Götter zwar die neuen legitimieren, durch diesen Akt aber gerade ihre eigene Existenzberechtigung unterstreichen. Denn sie sind nach wie vor vorhanden und verfügen über Mächte, die den anderen Göttern vielleicht unbekannt sind. Die Verschmelzung der indianischen Götter mit den christlichen Heiligen wird auf diese Weise vorbereitet, wobei es hierbei nicht wirklich um eine Verschmelzung, eine Fusion, sondern vielmehr um eine Hybridisierung geht, in welcher beide Bereiche noch voneinander getrennt wahrgenommen werden können.

---

23 Vgl. Pastor, Beatriz: *Discurso narrativo de la conquista de América*. La Habana: Casa de las Américas 1983, S. 372; siehe hierzu auch den Abschnitt „Una colectiva propensión al mito" desselben Bandes auf S. 237 ff.
24 López de Gómara, Francisco: *Historia general de las Indias*. 2 tomos. Barcelona: Editorial Iberia 1965, hier Bd. 1, S. 154.
25 Léon-Portilla, Miguel (Hg.): *Crónicas indígenas*, S. 91.

In dem ebenfalls in die Textsammlung *Visión de los vencidos* aufgenommenen Auszug aus der Geschichte des tlaxkaltekischen Mestizen Diego Muñoz Camargo[26] wird von der Zerstörung Cholulas mit Hilfe tlaxkaltekischer Truppen berichtet, die im Augenblick höchster Gefahr zu einem christlichen ‚Gott', dem Apostel Santiago, Zuflucht nehmen und ihn anrufen. Wir haben diese Geschichte bereits aus anderer Perspektive betrachtet – und im Anschluss an diese Überlegungen werde ich Ihnen die Geschichtssicht eines weiteren Mestizen vorstellen, der freilich aus einer differenten kulturellen Area Amerikas stammt, nämlich Garcilaso de la Vega el Inca. Doch zurück zur Geschichte der Eroberung Cholulas!

Der Apostel Jakobus war ein in der Reconquista im Kampfe gegen die Mauren häufig bemühter und angerufener Heiliger, der den Spaniern oft genug beigestanden haben soll. So riefen sie ihn auch während der Conquista in Situationen der Bedrängnis an – ein Beispiel, das schnell Schule machte! Denn das Vorbild der Spanier, die im Kampf den Namen des Heiligen Jakobus riefen, führte dazu, dass der Apostel spontan von den Indianern in die eigene Götterwelt, möglicherweise als ein Kriegsgott wie Huitzilopochtli, integriert wird. Die christliche Ordnung, welche die Macht übernommen hat, wird durch diese hybride Verbindung zweier religiöser Inventare freilich untergraben: Hieran wird der Anteil der „subversión" an der „sumisión"[27] beim Zusammenprall verschiedener mythischer Welten und beim Übergang in ein synkretistisches Glaubensgebäude deutlich. Vermittels neuer Kontexte entfalten die Texte der Mythen und Glaubensvorstellungen neue, nicht mehr von ihrem ursprünglichen ‚Besitzer' kontrollierbare Bedeutungen und Funktionen: Sie geraten gleichsam außer Kontrolle und entbinden ein Potential der Subversion.

Wechseln wir an dieser Stelle kurz die Area auf dem amerikanischen Kontinent und gehen wir nach Südamerika! Bei Guamán Poma de Ayala, im andinen Raum also, wird die christliche Vorstellung von der göttlichen Bestrafung der Heiden für ihre Sünden, aber auch die christliche Heilserwartung mit der inkaischen Vorstellung des „Pachakuti", der zyklischen Abfolge von Weltuntergang

---

26 Vgl. auch dessen wunderbare Geschichte Tlaxcalas in Muñoz Camargo, Diego: *Historia de Tlaxcala*. Edición de Germán Vázquez. Madrid: Historia 16 1986.

27 Zum Verhältnis zwischen diesen beiden gegenläufigen Bewegungen bemerkt Lienhard, Martin: Las huellas de las culturas indígenas o mestizo-arcáicas en la literatura escrita de Hispanoamérica. In: López de Abiada, Juan Manuel / Peñate Rivero, Julio (Hg.): *Perspectivas de comprensión y de explicación de la narrativa latinoamericana*. Bellinzona: Suiza 1982, S. 88: „La sumisión/subversión parece ser, en definitiva, un rasgo característico de la transculturación indo-hispánica en sus fases agudas o de enfrentamiento, tanto durante los siglos XVI y XVII como hoy todavía en las zonas con importante población indígena o mestiza arcáica."

und -erneuerung, verbunden. Wie kaum ein anderer Autor vermochte es Guamán Poma de Ayala, beide Vorstellungswelten transareal und transkulturell ebenso miteinander in eine komplexe Beziehung zu verwickeln wie die Relationen zwischen Bild und Text, welche seinem Werk eine besondere intermediale Note geben.

Denn orale Traditionen des Andenraums werden bei ihm mit der Schriftkultur der Bibel entnommenen Vorstellungen zu einem teils hybriden, teils synthetischen Gebilde verbunden.[28] Dieses Erklärungsmuster versagt bei Guamán Poma jedoch explizit in Bezug auf die Zerstörung des Inkareichs und die folgende mörderische Ausbeutung der indigenen Bevölkerung durch die spanischen Eroberer. Das von Guamán Poma de Ayala konstatierte Fehlen Gottes führt hier zur Frage nach den eigenen Göttern, und letztlich zur Subversion christlicher Glaubenselemente.

Wenn wir erneut die kulturelle Area wechseln, so findet sich diese Verbindung der indianischen Vorstellung zyklischer Erneuerung mit der christlichen der Strafe Gottes im Übrigen auch im mesoamerikanischen *Chilam Balam de Chumayel*:

> So heißt es, dass wenn zu Ende geht die Zeit dieses *Katún*, Gott es bewirken wird, dass eine weitere Sintflut und die Zerstörung der Erde erfolgt. Und wenn dieses zu Ende ist, dann wird unser Vater Jesus Christus in das Tal von Josafat herabsteigen, nahe der Stadt Jerusalem, wo uns einstens sein heiliges Blut erlöste.[29]

Die Verbindung unterschiedlichster Religionen ist in dieser Passage offensichtlich, lässt sich die Sintflut doch bereits im mesopotamischen *Gilgamesch-Epos* ebenso finden wie in weit späteren Überlieferungen aus indigenen Quellen in Amerika. Auch das Christentum partizipiert nur in vielen Dingen an religiösen Glaubensvorstellungen unter anderem des Judentums, die weitaus älteren Datums sind. Würde man die biblischen Namen durch indigene ersetzen, so ließe sich leicht feststellen, wie wenig Substantielles der christliche Intertext, die Predigten und Katechismus-Stunden der „Padres", bei der mittelamerikanischen Bevölkerung letztlich hinterlassen haben. Unter dem Deckmantel christlicher ‚Blendwörter' erscheinen die indianischen Vorstellungen mit großer Stärke und Lebhaftigkeit: Die christlichen Glaubensvorstellungen wirken wie ein Schonbezug, welcher zwar das Aussehen grundlegend verändert, unter dem die ursprünglichen Mythen, Fiktionen und Erfindungen aber umso lebendiger und vitaler sind.

---

28 Vgl. hierzu Adorno, Rolena: Literary Production and Suppression: Reading and Writing about the Amerindians in Colonial Spanish America. In: *Dispositio* (Ann Arbor) XI, 28–29 (1987), S. 1–25.
29 Rivera, Miguel (Hg.): *Chilam Balam de Chumayel*. Madrid: Historia 16 1986, S. 99.

4. Verwendung fremder Mythen als Werkzeuge der Errichtung eigener Macht. Auf seiner vierten Reise nutzte Columbus sein Wissen um eine unmittelbar bevorstehende Mondfinsternis, um den Indianern seine Macht über deren Götter vorzugaukeln – mit großem, wahrscheinlich lebensrettendem Erfolg, „pues no sabían astrología", denn sie hätten von Sternenkunde keine Ahnung gehabt, wie Francisco López de Gómara dazu trocken anmerkt.[30] Auch war die Verschleppung der Lukayer in die Sklaverei nur möglich gewesen, weil die Spanier auf deren Mythen zum eigenen Vorteil zurückgriffen. Der schon des Öfteren von uns bemühte Historiograph Francisco López de Gómara spricht von 40.000 Indianern, die den Spaniern gefolgt seien, „denn die Indios von dort glaubten, dass die Toten ihre Sünden in den kalten Ländern des Nordens büßten, um hernach in das Paradies zu gelangen, das sich in mittäglichen Gefilden ansiedelt; auf diese Weise brachten sie die Lukayer zur Strecke, wobei sie die Mehrzahl von diesen in die Minen verschleppten."[31] Die Hinweise auf ein genozidähnliches Vorgehen der Spanier, das Bartolomé de las Casas so vehement öffentlich brandmarkte, ließen sich häufen: Es war nicht übertrieben, wenn der Dominikaner und öffentlichkeitswirksame *Whistleblower* von der ‚Zerstörung der Indien' sprach.

Das deutlichste und auch am besten dokumentierte Beispiel einer solchen machiavellistischen Refunktionalisierung von Mythen bietet zweifellos der Eroberer von Anáhuac Hernán Cortés. Bei der Conquista von Mexiko durch Cortés spielte bekanntlich der Quetzalcóatl-Mythos – wie wir schon mehrfach sahen – eine nicht unwesentliche Rolle. Hernán Cortés verstand es, den Glauben der Azteken an die Rückkehr dieser gleichzeitig göttlichen und irdischen Gestalt seinen Plänen dienstbar zu machen, indem er die zeitliche Koinzidenz seiner Ankunft mit den diesbezüglichen Voraussagen dazu nutzte, sich selbst in die Erzählsubstanz des Mythos ‚einzuschleichen'. In aktueller Metaphorik ließe sich sagen, dass es sich hierbei um das Einschleusen eines Computervirus in ein fremdes Programm handelte. Doch sollten wir Cortés nicht nur als einen sehr erfolgreichen Hacker verstehen. Von großer Wichtigkeit war bei dieser Einschleusung die Tatsache, dass der Quetzalcóatl-Mythos eine zentrale Legitimationsfunktion für das Aztekenreich besaß, es sich folglich keineswegs um einen marginalen Mythos handelte. Die *Tlatoani* der Mexica verstanden sich als Erneuerer des Reiches von Tula, das mit der Flucht Quetzalcóatls zu Ende gegangen war.

---

30 López de Gómara, Francisco: *Historia general de las Indias*, Bd. 1, S. 47.
31 Ebda., Bd. 1, S. 67: „Pues los indios de allí creían que los muertos purgaban los pecados en tierras frías del norte, y después entraban en el paraíso, que estaba en tierras del mediodía; de esta manera acabaron con los lucayos, la mayoría trayéndolos a las minas."

Indigene wie spanische Quellen belegen eindeutig, wie effektiv Cortés diese Situation zu seinen Gunsten ausnutzte. In seinen *Cartas de relación* macht Cortés den von ihm intendierten Umbesetzungsprozess mit machiavellistischen Untertönen deutlich. Die in direkter Rede ‚wiedergegebene' Ansprache Moctezumas ist ein hervorragendes Beispiel für eine rücksichtslose rhetorische Strategie. Zurecht wies beispielsweise Stephanie Merrim darauf hin, dass gerade in den in direkter Rede wiedergegebenen Passagen die Manipulation des Cortés am stärksten spürbar ist: „When Cortés makes textual room for others, it is in service of his own designs."[32] Denn der Aztekenführer Moctezuma erscheine nur mehr „as a ventriloquist, textually emptied of voice and power".[33] Moctezuma ist damit rhetorisch zu einer Figur des Bauchredners Cortés verkommen, der seine Marionette so bewegt, wie er es wünscht. Cortés' Moctezuma ist ganz gewiss nicht die Stimme der Besiegten!

Doch das Bauchrednertum von Moctezuma legitimiert die Machtübernahme von Cortés in doppelter Weise: Zum einen erscheinen die Azteken in den Moctezuma in den Mund gelegten Worten in ihrem Land nicht als „naturales", sondern (ebenso wie die Spanier) als „extranjeros", die von „partes muy extrañas"[34] ins Land gekommen seien; wir haben diese wichtige Bedeutungsverschiebung bei Cortés bereits untersucht. Zum anderen sei die Herrschaft der Spanier rechtmäßig, wie wir bereits im oben angeführten Zitat gesehen haben, trete der Repräsentant Spaniens doch als Vertreter des Nachfolgers der Katholischen Könige und damit nicht allein als Vertreter eines Staates, sondern auch im Namen des obersten Glaubensherrn der Christenheit auf. Er sei gekommen, um die Azteken von ihrem Irrglauben an blutgierige Götzen zu erlösen und dem allein seligmachenden Glauben zuzuführen.

Auch und gerade in der direkten Rede Moctezumas wird Cortés' Sprache der Macht, seine interessegeleitete Verwendung des Quetzalcóatl-Mythos deutlich, geben doch die Aussagen des Spaniers die Leitlinien von Moctezumas Worten und Argumentationen vor. Der Konquistador erscheint hier freilich nicht als der Gott selbst, sondern nur als Gesandter von Quetzalcóatl, der mit dem spanischen König identifiziert wird. Ich meine, dass sich dies nicht als früherer Stand der Transformation des Mythos begreifen lässt, wie Todorov[35] dies tat; es handelt sich vielmehr um eine geschickte Wendung des sich rechtlich

---

32 Merrim, Stephanie: Ariadne's thread: auto-bio-graphy, history, and Cortés' "Segunda Carta-Relación". In: *Dispositio* (Ann Arbor) XI, 28–29 (1986), S. 57–83, hier S. 77.
33 Ebda., S. 75.
34 Cortés, Hernán: *Cartas de relación*, S. 116.
35 Vgl. Todorov, Tzvetan: *Die Eroberung Amerikas*, S. 145.

auf unsicherem Terrain bewegenden Cortés gegenüber seinem Herrn Carlos V., dem eigentlichen Adressaten der *Cartas de relación*.

Zweifellos wäre es für den Konquistadoren vermessen gewesen, sich selbst in diesem Text an die Stelle des Gottes zu setzen und, wenn auch nur im Diskurs der Indianer, den spanischen König von der höchsten Stelle zu verdrängen. Überdies hätte dies den Argwohn der spanischen Inquisition erregen können. Die Lösung sah wie folgt aus: Im Diskurs Moctezumas nun – und nur im Diskurs des Indianers, nicht im eigenen, war dies möglich – rückt an die Stelle des (indianischen) Gottes der christliche König, an die Stelle des Königs aber Cortés als Stellvertreter des weit entfernten Gottes in diesem Land. Durch den literarischen beziehungsweise rhetorischen Kunstgriff, das eigene Wollen in die direkte Rede des Anderen zu kleiden, dient der Quetzalcóatl-Mythos Cortés ein weiteres Mal dazu, die eigenen Machtansprüche zu begründen und implizit Carlos V. nahezulegen, ihn mit der Herrschaft über Neuspanien zu betrauen. Dies wäre gleichsam ein Teilbereich der Mythenfunktion, die wir im gegenwärtigen Abschnitt zur vierten Funktion des Mythos behandeln. Schon der Erforscher der Geschichte Amerikas Alexander von Humboldt machte auf die Verwendung des Mythos durch einen ‚Konquistadoren' zur Überzeugung der königlichen Macht aufmerksam, als er davon berichtete, wie Sir Walter Raleigh den Mythos vom *Dorado* dazu benutzte, Königin Elizabeth zu der von ihm geplanten Guayana-Expedition zu überreden.[36]

Ich möchte Ihnen gerne an dieser Stelle die Rede des Moctezuma in den Worten von Bernal Díaz del Castillo präsentieren, da dort die legitimatorische Funktion nochmals sehr deutlich wird. Díaz del Castillo ließ ebenso wie sein Kriegsführer Cortés den Moctezuma oft zu Wort kommen, freilich stets als Ergebnis eines doppelten Übersetzungs- und Verfälschungsprozesses, welcher auf der Übersetzung der Malinche sowie der eigenen Interessenlage beruhte:

> Denn ich träume nicht, ich fahre nicht aus dem Schlaf auf, ich sehe es nicht im Traum, ich träume nicht, dass ich dich gesehen, dir ins Angesicht geschaut habe. Ich war bekümmert, eine ganze Reihe von Tagen, wie ich hinschaute nach dem unbekannten Land, aus dem du gekommen bist, aus den Wolken heraus. Denn das haben uns die Häuptlinge überliefert, dass du kommen wirst, deine Stadt aufzusuchen, dass du dich auf deine Matte, deinen Stuhl setzen wirst, dass du wiederkommen wirst, und jetzt ist es wahr geworden. Du bist zurückgekehrt. Mit Mühsal, mit Ermüdung hast du es erreicht. Sei nun wohl angekommen! Ruhe dich aus! Besuche deinen Palast.[37]

---

36 Vgl. Humboldt, Alexander von: *Relation historique du Voyage aux Régions équinoxiales du Nouveau Continent...* 3 Bde. Stuttgart: Brockhaus 1970, Bd. 2, S. 486; der preußische Forschungsreisende schloss sich dabei der Meinung des Historikers Southey an.
37 Bernal Díaz del Castillo: *Historia verdadera de la conquista de la Nueva España*, Bd. 1, S. 133.

Auch die indigenen Völker benutzten in einigen seltenen Fällen erfolgreich Mythen, an welche die spanischen Eroberer glaubten. Die Herkunft dieser Mythen war unterschiedlich; einige entstanden erst im Verlauf der Conquista. Darüber hinaus brachte das Auftauchen der weißen Europäer eine „Veränderung und Erweiterung indianischer Mythologien" mit sich, nicht zuletzt auch weil die „Begegnung mit den Weißen und ihrer Kultur selbst [...] mythenbildend" gewirkt hatte.[38] Ihre Versuche dienten aber meist nur dazu, sich die fremden Herren vom Hals zu schaffen oder in die Irre zu führen.[39] Insbesondere der Mythos vom Goldland und der sagenumwobene Ort des amerikanischen Jungbrunnens boten den Indianern reichlich Gelegenheit, ganze Expeditionen von Spaniern, die an diese Mythen glaubten oder zumindest auf ihren Wahrheitsgehalt setzten, ins Leere laufen zu lassen: Zahlreich sind die Hinweise, die uns auf derartige Vorgehensweisen indigener Gruppen aufmerksam machen.[40] Doch das Ziel solcher Irreführungen war es nur, sich europäische Expeditionsheere möglichst rasch wieder vom Halse zu schaffen. Politische oder militärische Macht errangen die indigenen Völker dadurch nicht.

5. Mythos beziehungsweise christliche Religion als oberste Legitimationsinstanz (in der literarischen Darstellung) der *Conquista*. In seinem Bericht von der Eroberung des Inkareichs lässt Francisco López de Gómara den Dominikaner Valverde in berühmt gewordener Darstellung eine Art Theogonie entwerfen, in welcher in wenigen Worten die Schöpfungsgeschichte des Menschen mit der Heilsgeschichte, der Einsetzung der Päpste und deren Machtübergabe an den spanischen König und letztlich mit der Rechtmäßigkeit der Eroberung durch Francisco Pizarro verbunden wird.

---

38 Gerhards, Eva: *Mythen im Wandel. Veränderungen in der Mythologie verschiedener Ethnien des außerandinen Südamerika durch den Kontakt mit den Weißen*. Hohenschäftlarn: Münchner Beiträge zur Amerikanistik 4, 1981, S. 30.
39 Alexander von Humboldt erwähnt den Versuch der Indianer, im 16. Jahrhundert den Mythos vom *Dorado* zu ihren Gunsten auszunutzen: „Les peuples indigènes, pour se défaire de leurs hôtes incommodes, dépeignoient sans cesse le *Dorado* comme facile à atteindre, et situé à une distance peu considérable. C'était comme un fantôme qui semblait fuir devant les Espagnols et qui les appeloit sans cesse. Il est de la nature de l'homme errant sur la terre, de se figurer le bonheur au-delà de ce qu'il connoit. Le *Dorado*, semblable à l'Atlas et aux îles Hespérides, sortit peu à peu du domaine de la géographie et entra dans celui des fictions mythologiques." Humboldt, Alexander von: *Relation historique*, Bd. 3, S. 696f. Auch López de Gómara berichtet von einem Rey Bogotá, der die Habgier der Spanier auf diese Weise auszunutzen suchte; vgl. López de Gómara, Francisco: *Historia general de las Indias*, Bd. 1, S. 129.
40 Vgl. hierzu u. a. Pastor, Beatriz: *Discurso narrativo de la conquista de América*, S. 242ff. sowie S. 259ff. Dort findet sich auch die Kritik Fernández de Oviedos an den Spaniern, die solchen Mythen Glauben schenkten und Truppen zur Eroberung dieser Gebiete ausschickten.

Es handelt sich um einen biblischen Erzählungstext ganz in dem alles umschließenden Sinne, den wir von Erich Auerbach und seiner Analyse in *Mimesis* her ausführlich kennen: Es kann keine Geschichte außerhalb der biblischen Weltgeschichte geben. Überdies sind die Parallelen zu Ideologie und Formulierung des juristischen „Requerimiento" überdeutlich, das wir ebenfalls bereits näher untersucht haben. Die Berufung auf göttliches Recht ermöglicht eine Legitimationsstruktur, deren Kernstück eine Hierarchie bildet, die von der Heiligen Dreifaltigkeit über Papst und spanischen König bis zum einzelnen Konquistadoren hinunter reicht[41] und diesen als Teil eines göttlichen Heilsplans ausweist. Dieser heilsgeschichtlich legitimierten Hierarchie ist dann wiederum die indigene Struktur untergeordnet, deren eigene Hierarchien mehr oder minder intakt blieben.

Es handelt sich dabei um eine Legitimationsstruktur, die als göttlich fixierte keiner weiteren Begründung mehr bedarf. Dieser Art der Rechtfertigung bedient sich auch Cortés in seinen Briefen und in seinen *Cartas de relación* sehr häufig. Gerade bei der Darstellung militärischer Auseinandersetzungen versäumt er selten, seine Heldentaten und Erfolge letztlich der Hilfe Gottes zuzuschreiben, wofür unter anderem die häufigen Redewendungen „plugo a Nuestro Señor", „quiso Nuestro Señor", also „Es gefiel unserem Herrn Jesus Christus" oder Ähnliches, als Belege stehen.[42] Der Leserschaft wird ganz bewusst vermittelt: Wer Gott auf seiner Seite hat, kann keine ungerechte Sache vertreten!

Dies betrifft nicht nur das Verhalten gegenüber den nicht an den christlichen Gott glaubenden Indios, sondern auch gegenüber spanischen ‚Christenmenschen'. Gerade in der gegenüber dem spanischen König schwierigen Rechtfertigung seines militärischen Vorgehens gegen Narváez scheut sich Cortés nicht, als wirksamstes Mittel der Legitimation mehrfach auf die Hilfe Gottes zu verweisen. Als Stellvertreter des Herrn erscheinen auch mehrfach die Jungfrau Maria – etwa in der „Noche Triste"[43] – oder der Apostel Jakobus,[44] dessen Kampfschrei ‚Santiago' die Eroberung Mexikos – wie wir sahen – mit der Tradition der Reconquista in Verbindung bringt und auch von verbündeten indigenen Hilfstruppen übernommen wurde.

So heißt es etwa in der dritten *Carta-relación* vom 15. Mai 1522 in der Darstellung und Rechtfertigung einer kriegerischen Auseinandersetzung mit den Indios:

---

41 López de Gómara, Francisco: *Historia general de las Indias*, Bd. 1, S. 203f.
42 Cortés, Hernán: *Cartas de relación*, beispielsweise S. 87, 93, 150, 152, 159, 166, 169, 198, 231 etc.; vgl. hierzu auch Pastor, Beatriz: *Discurso narrativo de la conquista de América*, S. 182.
43 Cortés, Hernán: *Cartas de relación*, S. 159.
44 Ebda., S. 210 u. 212.

> Da dies der besagte Vorsteher sah und sich die Spanier entschlossen, entweder zu sterben oder sie alle gewaltsam hoch in das Dorf zu drängen, und sie mit dem Kampfrufe des Herren Santiago hinaufzusteigen begannen; und es gefiel Unserem Herren, ihnen so viele Kräfte zu verleihen, dass sie, wenngleich die Gegenwehr und der Widerstand gegen sie heftig waren, bei ihnen einfielen, obwohl es dabei zahlreiche Verwundete gab. Und da unsere Freunde die Indianer ihnen folgten und die Feinde sich bald besiegt sahen, war das Abschlachten von ihnen durch die Hand der Unsrigen doch so gewaltig, zumal viele von ihnen von der Höhe herabgestürzt wurden, dass alle, die sich dort befanden, behaupten, dass ein kleiner Fluss entstand, welcher gleichsam jenes Dorf umgab, und dass alles für mehr als eine Stunde mit Blut gefärbt war, und so hinderte es sie am Trinken, dessen sie auf Grund der großen Hitze bedurften.[45]

Die Anrufung von Maria und Jakobus im Kampf war bei den Spaniern allgemein so verbreitet, dass beide für die Indianer zum göttlichen Paar schlechthin wurden[46] und ihr Kampfesschrei überall ertönte. Diego de Landa berichtet in seiner *Relación de las cosas de Yucatán* allerdings auch davon, dass die Indianer von einer ‚Predigt' von Hernán Cortés derart begeistert waren, dass sie danach „María, María; Cortés, Cortés" riefen.[47] Ein Bekenntnis zum Christentum bedeuteten derartige Kampfesschreie in keinem Falle, eher das Bekenntnis zu einer Kraft, die im Kampfe siegreich wirken könnte.

Der Eroberer Mexikos gehört sicherlich zu den historischen Figuren, die sowohl auf spanischer wie auch auf indianischer Seite die stärkste Mythologisierung erfahren haben. Auf die Indigenen muss Cortés bisweilen wie die Inkarnation eines Kriegsgottes gewirkt haben, zumal ihn selbst das Kriegsglück – sogar in den düstersten Stunden rund um die ‚Noche Triste' – niemals verließ.

In Francisco López de Gómaras historiographischer Darstellung der Eroberung Mexikos tauchen Maria und Santiago mehrfach gemeinsam auf, gerade auch im Zeugnis der Ungläubigen, welche die militante Präsenz der beiden christlichen Heiligen dem Lesepublikum häufig zusätzlich vor Augen führen:

> Aber in der größten Hitze des Kampfes erfolgte der Schuss, ohne doch mehr zu erwischen und von neuem Feuer zu legen, mit einem furchterregenden Klang; und da er groß war und an der Kugel Ausbuchtungen besaß, schlug er stark ein, tötete viele und erschütterte alle; und auf diese Weise zogen sie sich verblüfft zurück; und es kämpften auf der Seite der Spanier die Heilige Maria und Jakobus (Santiago) auf einem Schimmel, und die Indios sagten, dass das Pferd mit seinem Maul und seinen Händen und Füßen viele verletzte

---

45 Ebda., S. 211f.
46 Vgl. hierzu insbesondere Lafaye, Jacques: *Quetzalcóatl et Guadalupe. La formation de la conscience nationale au Mexique (1531–1813)*. Préface d'Octavio Paz. Paris: Gallimard 1974, S. 266f.
47 Landa, Diego de: *Relación de las cosas de Yucatán*. Ed. Miguel Rivero. Madrid: Historia 16 1985, S. 47.

und tötete, so wie der Reiter mit seinem Schwerte, und dass die Frau vom Altar ihnen Staub ins Gesicht warf und sie blendete [...].[48]

So sind die christlichen Heiligen direkt am Kampfesgeschehen beteiligt; ihre Gestalten wirken wie Gottheiten auf die beteiligten Indios, die in Maria und Santiago kampfesfreudige Götter erblicken. Offenkundig übernehmen sie die christlichen Gottheiten als Kriegsgötter in ihren eigenen Pantheon, so dass sie im Kampf gegen die verhassten Azteken – folgen wir dem spanischen Geschichtsschreiber, der niemals vor Ort war und alles nur durch Erzählungen und Quellenstudien kannte – die einheimischen Gottheiten zumindest zeitweise verbannen.

Alle spanischen Quellen, ebenso jene, die von den ‚Reisenden' wie die von den ‚Daheimgebliebenen' stammen, betonen das große Gewicht und die hohe Bedeutung der Heiligen für die iberischen Krieger. Der häufige Rückgriff auf den der Reconquista entlehnten Apostel Jakobus belegt, wie wichtig eine solche Legende, in der auch das Sendungsbewusstsein der Spanier zum Ausdruck kam, für das Selbstverständnis der spanischen Eroberung war: Die Männer des Cortés sahen sich als Kämpfer gegen alle Arten von Ungläubigen.

6. Mythen als Legitimation der Herrschaft über die Neue Welt. Die Legitimation der Eroberung und Inbesitznahme Amerikas durch die Spanier erfolgte nicht nur über eine religiöse Argumentation unter Zuhilfenahme bestimmter historisch erprobter Legenden oder das, was wir mit Erich Auerbach als den ‚biblischen Erzählungstext' bezeichnen können. Schließlich musste der Herrschaftsanspruch der spanischen Krone auch gegenüber anderen europäischen Rivalen abgesichert werden, konnte man sich doch auf diesem Gebiet gegenüber anderen christlichen Mächten nicht einfach auf das Christentum berufen. Die Adressaten dieser Art von Legitimation waren daher rivalisierende europäische Mächte oder Einzelpersonen und nicht die Indianer, die in juristischer Hinsicht als Objekte und nur sehr selten als Subjekte behandelt wurden. Die dafür stellvertretende Prozedur des „Requerimiento" etwa erschien schon Gonzalo Fernández de Oviedo als absurde Farce.[49]

Den Besitzanspruch der spanischen Könige versuchte derselbe Fernández de Oviedo in seiner *Historia general y natural de las Indias* dadurch zu begründen und zu festigen, dass er die westindischen Inseln mit den Hesperiden gleichsetzte. Dieses

---

[48] López de Gómara, Francisco: *Historia general de las Indias*, Bd. 1, S. 196. Vgl. auch das den Indianern in den Mund gelegte Zeugnis zum Erscheinen Santiagos ebda., S. 46.
[49] Bataillon, Marcel: *Fernández de Oviedo y la crónica oficial de las Indias*. Buenos Aires: ECUMENE 1954.

,Westland' der Antike[50] habe einst unter der Herrschaft des spanischen Königs Hesper gestanden; es handle sich bei den Inseln mithin um altspanischen Besitz, der zwar vergessen, nun aber wiederentdeckt worden sei[51] und sich erst seit seiner Eroberung durch die Spanier wieder in den Händen seiner rechtmäßigen Herren befände. Auf diese Weise konnten aus historischen Texten (und Fiktionen) aktuelle Besitzansprüche abgeleitet werden. Die transatlantische Übertragung oder Projektion vom Westland der Antike auf den neuen Kontinent im Westen war hier offenkundig. Man begann, allenthalben die vorhandenen Archive nach Texten durchzusehen, aus denen man Besitz- und Herrschaftsansprüche ableiten konnte.

Insbesondere die spanische Krone hatte ein großes Interesse an derlei Bemühungen, die Legitimität ihrer Herrschaft historisch zu verankern;[52] auch scheint Karl V. Fernández de Oviedo für diesen Versuch sehr dankbar gewesen zu sein, erlaubte er ihm doch, Rechtsansprüchen der Erben des Columbus entgegenzutreten.[53] Dass diese dem Bereich abendländischer Fiktionen der Antike entstammten, tat nichts zur Sache: Die Rechtsprechung arbeitete damals – und hat sie je aufgehört, dies zu tun? – mit allen erreichbaren Fiktionen, um reale Besitzansprüche zu untermauern. In unserer Zeit werden die Besitzansprüche Groß-Serbiens oder Chinas nicht anders konstruiert.

Inwieweit Gonzalo Fernández de Oviedo, der Autor dieser *Bricolage* verschiedener Mythen und Legenden, allerdings selbst an diese Rechtfertigung glaubte, darf heute wohl mit Skepsis beurteilt werden; eine längerfristige Wirkung dürfte dieser Legitimationsversuch, der sich nur auf die Inselwelt und nicht auf das Festland Amerikas bezog, wohl ohnehin nicht ausgeübt haben. Denn schon zwanzig Jahre später, Mitte des 16. Jahrhunderts, kam ihm bei Francisco López de Gómara keinerlei Bedeutung mehr zu. López de Gómara seinerseits identifizierte nämlich in nicht weniger assoziativer Ableitung die Neue Welt mit Platons Atlantis: „Así

---

50 *Der Kleine Pauly. Lexikon der Antike.* 5 Bde. München: Deutscher Taschenbuch Verlag 1979, Bd. 2, S. 1117.
51 Vgl. hierzu Kohut, Karl: Humanismus und Neue Welt im Werk von Gonzalo Fernández de Oviedo. En: Wolfgang Reinhard (Hg.): *Humanismus und Neue Welt*. Weinheim: Acta Humaniora 1987, S. 84 f.; dort finden sich auch Hinweise zur Funktion dieses „Geschichtsmythos", der „aus zumeist sehr fragwürdigen mittelalterlichen Quellen" konstruiert worden war (ebda., S. 85).
52 Vgl. hierzu die informative Einführung von Ballesteros Gaibrois in Fernández de Oviedo, Gonzalo: *Sumario de la natural historia de las Indias*. Ed. Manuel Ballesteros. Madrid: Historia 16 1986, S. 29 und 34; sowie Marcel Bataillon: *Fernández de Oviedo y la crónica oficial de las Indias* (1954).
53 Pupo-Walker, Enrique: *La vocación literaria del pensamiento histórico en América. Desarrollo de la prosa de ficción: siglos XVI, XVII, XVIII y XIX*, S. 49.

que podemos decir que las Indias son la isla y tierra firme de Platón, y no las Hespérides, ni Ofir y Tarsis, como muchos modernos dicen; pues las Hespérides son las islas de Cabo Verde y las Gorgonas, de donde trajo Hanón monas."[54] So können wir also sagen, so meinte er, dass die amerikanische Inselwelt wie das Festland nichts anderes sind als Platons Atlantis, und nicht etwa die Hesperiden oder Tharsis und Ophir, wie manche modernen Schriftsteller annehmen; denn die Hesperiden seien nichts anderes als die Kapverdischen Inseln. Aus all diesen Beispielen – und wir könnten noch weitaus zahlreichere aufhäufen – wird deutlich, wie auch entlegene und willkürlich zusammengefügte Mythen und Fabeln politische Bedeutung erlangen und wie aus diesen historischen Texten und Vorstellungen konkrete und aktuelle Ansprüche abgeleitet werden konnten.

7. Die Aufwertung des Kulturraums der Neuen Welt durch den Vergleich mit der abendländischen Antike. Der Verweis auf Autoren der Antike findet sich in den meisten Chroniken des 16. und 17. Jahrhunderts und erfüllt dort eine *diskursstützende und -legitimierende* Funktion. Der in den Chroniken häufig anzutreffende Vergleich mit Phänomenen der abendländischen Antike konnte neben der Aufgabe, dem Lesepublikum eine kulturelle Vergleichsmöglichkeit anzubieten, noch eine weitere Funktion erfüllen, bei der das Prestige zum Tragen kam, welches die griechisch-römische Welt im Zeitalter des Humanismus genoss. Der Vergleich der amerikanischen Hochkulturen diente folglich im allgemeinen dazu, eine Betrachtung der indigenen Geschichte auf Augenhöhe mit der europäischen Geschichte und Kultur anzuregen und zu befördern.

Gleich zu Beginn seiner *Comentarios Reales*, im „Proemio al lector", stellt sich der Autor Garcilaso de la Vega el Inca seinen Lesern als „natural de la ciudad del Cozco, que fue otra Roma en aquel imperio" vor:[55] Der selbstbewusste Mestize, mit dessen Werk wir uns in der Folge ausführlicher auseinandersetzen wollen, präsentierte sich auf diese Weise seiner Leserschaft auf Augenhöhe mit der Antike, sei seine Geburtsstadt Cuzco in den Anden doch ein anderes, ein weiteres Rom gewesen. Der Sohn eines spanischen Konquistadoren und einer ‚peruanischen Inka-Prinzessin' greift auf die beim europäischen Publikum legitimierte, vorbildhafte Welt der abendländischen Antike zurück, um die von den Spaniern im Allgemeinen missachtete eigene Vergangenheit des Inkareiches, und damit auch seine eigene Herkunft, aufzuwerten. Er brauchte sich seiner Abkunft väter- wie mütterlicherseits nicht zu schämen!

---

54 López de Gómara, Francisco: *Historia general de las Indias*, Bd. 1, S. 377.
55 Garcilaso de la Vega el Inca: *Comentarios reales*. Selección y prólogo Augusto Cortina. Madrid: Espasa-Calpe 1985, S. 17.

Der bewusste, strategische Vergleich mit der Hauptstadt des Römischen Reiches wird unter anderem im zwanzigsten Kapitel seines Werks näher ausgeführt, in welchem die Ähnlichkeiten zwischen Inka- und Römerreich, aber auch Unterschiede (insbesondere das von Garcilaso de la Vega el Inca bei den Inkas schmerzlich konstatierte Fehlen von Alphabetschrift und Literatur, welche allein ebenso die Feldherrn wie die Schriftsteller verewige) diskutiert werden.[56] Vergleiche zwischen Inka- und Römerreich finden sich an einer Vielzahl weiterer Stellen in diesem Werk, wodurch von Beginn an die transareale Partizipation des Verfassers an zwei sehr unterschiedlichen Kulturkreisen hervorgehoben wird. Entscheidend dabei ist, dass Garcilaso nun auch dem amerikanischen Kontinent „su antigüedad" zuspricht,[57] eine eigene, kulturell bedeutungsvolle Antike. Im Selbstverständnis des Mestizen tritt damit die amerikanische gleichberechtigt neben die abendländische Antike, wodurch das Imperium der Inkas, von denen der Schriftsteller stolz selbst abstammt, mit dem Imperium Romanum auf ein und dieselbe Stufe gestellt wird.

Diese Gleichstellung der eigenen Antike aber hat Folgen für die Bewertung amerikanischer Mythen durch die Bewohner der Neuen Welt. Sie bildet gleichsam die Voraussetzung für eine kulturelle Identitätsfindung, die stolz und selbstbewusst auf die Mythen der eigenen Welt rekurriert. Dieser Erkenntniszusammenhang, der erst ab der zweiten Hälfte des 18. Jahrhunderts der Beschäftigung mit dem Mythos neue Funktionen im entstehenden Lateinamerika zuweisen sollte – wir werden in den Punkten 9 und 10 darauf zurückkommen –, konnte freilich von Garcilaso de la Vega el Inca noch nicht vollständig entfaltet werden. In seiner Selbsteinschätzung wie in seinem Denken aber ist die Grundlage für diese neue Funktionalisierung der Mythen angelegt.

Insoweit steht der Rückgriff auf die Antike auch in einem anderen Zusammenhang als etwa bei Fray Bartolomé de las Casas, der mehrfach die Indianer mit den Griechen und Römern verglich und in seinem Eintreten für die Bewohner der Neuen Welt behauptete, deren Vorstellung von Gott sei jener der antiken Welt überlegen und dem Christentum näher gewesen.[58] Bei Garcilaso de la Vega el Inca entstammt die Revalorisierung der indianischen Vergangenheit gegenüber der abendländischen Antike erstmals dem Denken eines ‚Amerikaners'.

Die wachsende Identifizierung mit der eigenen Herkunft, mit der amerikanischen Tradition neben der europäischen, ist freilich nicht mit einem unkriti-

---

56 Ebda., S. 76.
57 Ebda., S. 36.
58 Vgl. hierzu Salas, Alberto M.: *Tres cronistas de Indias. Pedro Mártir de Anglería, Gonzalo Fernández de Oviedo, Fray Bartolomé de las Casas*. Segunda edición corregida y aumentada. México: Fondo de Cultura Económica 1986, S. 306 ff.

schen Verhältnis gegenüber dieser Vergangenheit gleichzusetzen. Garcilaso de la Vega el Inca steht in seiner transarealen Herkunft zugleich *in* beiden Kulturen und *zwischen* beiden Kulturen, die er jeweils von innen und zugleich von außen betrachtet. Deutlich wird dies an Garcilasos Einsicht in die Zusammenhänge zwischen Mythos und Macht. Im zehnten Kapitel seiner *Comentarios Reales* erörtert er, wie der erste Inka Manco Cápac an einen frühen Zivilisationsmythos („viendo que los indios la [=la fábula antigua] creían y tenían el lago y la isla por lugar sagrado"),[59] einen sekundären Mythos anschloss, der die Macht seiner Dynastie befestigte. Der aus Cuzco stammende Mestize erkennt, dass der Glaube der Indianer an diese ‚alte Fabel' unbedingt notwendig ist, um es dem ersten Inka zu erlauben, seine Macht von einem Ort aus aufzubauen, der von den Indios als ein heiliger Ort, eine heilige Insel, angesehen wird. Garcilaso erweist sich an dieser Stelle als außerordentlich kundiger Philologe und Mythenkritiker, der sich über die Funktionsweise von Mythen grundsätzlich im Klaren ist.

In der Beschreibung und Diskussion dieses Vorgangs macht der ‚Inka' Garcilaso de la Vega auf eine machtpolitisch interessierte Funktionalisierung von Mythen im Inkareich aufmerksam. Handelt es sich hierbei auch um eine mythenkritische Hinterfragung der Legitimation der *inkaischen* Herrschaft, also der den spanischen Konquistadoren unterlegenen Macht, so scheint mir doch außer Frage zu stehen, dass der Verfasser der *Comentarios Reales* auf die Funktionsweise von Legitimationsmythen überhaupt aufmerksam machen möchte – wäre doch eine Diskussion von Mythen mit ähnlicher Funktion für die spanische Herrschaft, zumal gegenüber einem spanischen Publikum, gewiss aufgrund von Zensur und Inquisition überaus gefährlich wenn nicht unmöglich gewesen. Ich werde auf diese Gefährdungspotentiale des peruanischen Mestizen im Rahmen der ausführlichen Besprechung seiner Texte nochmals zurückkommen.

Begünstigt durch die Erfahrung zweier gegensätzlicher kultureller Welten, eine Erfahrung, welche Einsicht in die Funktionsweise symbolischer Zusammenhänge und Sprachhandlungen gewährte, entsteht bei Garcilaso de la Vega el Inca augenfällig ein mythenkritisches Bewusstsein, welches einer Reihe von Funktionen des Mythos in der Alten wie in der Neuen Welt den Boden entziehen sollte. Die Schriften dieses herausragenden Schriftstellers sind freilich für unsere am Transarealen ausgerichtete Vorlesung von einer solchen Bedeutung, dass wir ihre komplexen Sinnebenen in der Folge noch eingehender untersuchen müssen, um dabei erkennen zu können, wie vielgestaltig und vieldeutig die eigene Zuwei-

---

59 Garcilaso de la Vega el Inca: *Comentarios reales*, S. 51.

sung des Garcilaso zu verschiedensten Religionszugehörigkeiten und verschriftlichten Mythentraditionen ist.

8. Religiöse Interpretationsstrategien: Das mythische Andere ist das Böse des Eigenen. Die Rechtfertigung der spanischen Conquista, ja sogar des Genozids an der indigenen Bevölkerung mit dem Hinweis auf die sittliche und religiöse Verderbtheit der Urbevölkerung erfreut sich in den spanischen Chroniken des 16. Jahrhunderts großer Beliebtheit. Beispielsweise ruft der spanische Chronist Gonzalo Fernández de Oviedo der fast vollständig ausgerotteten indianischen Bevölkerung Hispaniolas noch nach, selbst die Schuld an ihrem Untergang zu tragen, hätte sie es doch in all den Jahrhunderten vor und selbst während der Zeit nach der Eroberung versäumt, den ihr gepredigten wahren Glauben anzunehmen.[60] Derlei Rechtfertigungen der Massaker, ja des Genozids an bestimmten indigenen Völkern finden sich nicht selten in jenen spanischen Geschichtswerken, die sich mit dem Fortgang der spanischen Eroberungen in Amerika auseinandersetzen. Stimmen wie die eines Bartolomé de las Casas sind dagegen klar in der Minderheit.

Interessant und aufschlussreich an dieser heilsgeschichtlich verankerten Deutung Fernández de Oviedos ist unter anderem, dass er von einer christlichen Missionierung der Indianer lange vor der spanischen Eroberung ausgeht und mithin auf ein Argument zurückgreift, das im 18. Jahrhundert gerade gegen die christliche Rechtfertigung der spanischen Conquista ausgespielt werden sollte. Wir hatten dies bereits in unserer Vorlesung anhand der Predigt des neuspanischen Dominikanermönches Fray Servando Teresa de Mier y Guerra gesehen und verstanden, welche Sprengkraft in einem derartigen Argument liegen konnte, das der spanischen Conquista jegliche heilsgeschichtliche Legitimation entzog. Die indigenen Völker, so argumentiert der spanische Chronist des 16. Jahrhunderts, hätten den ihnen gepredigten Glauben vergessen. So konnte ihr Land wieder zu einem Reich des Bösen werden, welchem nun aber Dank Gottes Hilfe ein Ende bereitet werden konnte:

> Und Satan ward von dieser Insel verbannt; denn schon hörte alles auf mit dem Ende des Lebens der meisten Indianer, und weil diejenigen, die von diesen geblieben sind, bereits sehr wenige und in den Diensten der Christen oder mit diesen in freundschaftlichen Beziehungen sind.[61]

Fernández de Oviedos zynische Rechtfertigung des Genozids ruht auf seiner Identifikation der indianischen Götter mit dem christlichen Teufel auf: „En esta Isla Española, cemí, como he dicho, es el mismo que nosotros llamamos diablo" –

---

60 Fernández de Oviedo, Gonzalo: *Historia general y natural de las Indias*, Bd. 1, S. 111.
61 Ebda., Bd. 1, S. 124.

Semí ist also kein anderer als der leibhaftige (christliche) Teufel.[62] Vergleicht er in der Folge auch die indianischen „Areítos" mit den spanischen „Romances" und stellt die Indianer diesbezüglich auf eine Stufe mit den spanischen Bauern, so weisen die Sexualpraktiken der Insulaner für ihn doch unzweifelhaft auf ihre tierische Natur und die Herrschaft Satans.

Die Haltung Fernández de Oviedos gegenüber den Indianern ist freilich nicht durchgängig so düster, wie es anhand der zitierten Passagen den Anschein haben mag. So führte er an anderer Stelle auch mildernde Umstände zugunsten der Indianer ins Feld, indem er darauf verwies, dass diese, „tan pobres de defensa", es in ihrer Wehrlosigkeit mit einem übermächtigen Gegner zu tun hätten.[63] Auch wandte sich der spanische Chronist immer wieder gegen einzelne, aus Machtgier von Spaniern an Indianern verübte Gräueltaten, die dem heilsgeschichtlichen Auftrag zuwiderliefen.

Doch erlaubt es die Identifizierung der fremden Religion mit dem Bösen der eigenen Religion Gonzalo Fernández de Oviedo, christliche Moral und Ethik, die gegenüber dem Teufel wie seinen Anhängern unangebracht sind, als Grundlagen des eigenen Handelns gegenüber der amerikanischen Bevölkerung auszublenden. Die weltgeschichtlichen Sichtweisen der christlichen Heilsauffassung geben dem spanischen Chronisten ganz im Sinne unserer Analyse von Erich Auerbach die Möglichkeit, sich innerhalb einer alles umfassenden Weltgeschichte gleichsam ‚zuhause' zu fühlen und sich nicht mit dem bedrohlichen Anderen konfrontieren zu müssen.

Die Gleichsetzung der indigenen Götter mit dem christlichen Teufel ermöglicht es andererseits einer Reihe spanischer Chronisten, indianische Mythen, Vorstellungen und Praktiken in ihren Werken überhaupt darstellen zu können. Mit dem Hinweis, es handle sich um ein für die erfolgreiche Christianisierung dieser dem Teufel verschriebenen Völker notwendiges Wissen, rechtfertigen eine Vielzahl von Autoren des 16. und 17. Jahrhunderts, unter ihnen etwa Fray Bernardino de Sahagún oder José de Acosta – wenn auch nicht immer erfolgreich gegenüber der Zensur oder der spanischen Inquisition – ihre Rekonstruktion der indianischen Lebens- und Glaubenswelt oder die bloße Behandlung indigener Themen.

So schickt beispielsweise auch Fray Toribio de Benavente Motolinía seiner *Historia de los indios de la Nueva España*[64] voran, dass Gottes gerechte Strafe in Form von zehn Plagen das Land der Indianer heimgesucht habe. Er schreibt

---

62 Ebda., Bd. 1, S. 112.
63 Fernández de Oviedo, Gonzalo: *Sumario de la natural historia de las Indias*, S. 81.
64 Motolinía, Fray Toribio de: *Historia de los indios de la Nueva España*. Edición de Georges Baudot. Madrid: Castalia 1985.

dazu, Gott habe alle in diesem Lande, Einwohner wie Ausländer mit diesen Plagen bestraft: „Hirió Dios y castigó esta tierra, y a los que en ella se hallaron, así naturales como extranjeros, con diez plagas trabajosas."[65] Die zehn Plagen waren die Pocken, der Tod durch die Waffen der Eroberer, eine große Hungersnot, die Gewaltherrschaft der Aufseher, die hohen Steuern und Frondienste, der Tod in den Goldminen, der Bau der großen Stadt Mexiko, die Versklavung der Indianer für die Minenarbeit, die Versorgung der Minengebiete und die Auseinandersetzungen zwischen verfeindeten Gruppen der Spanier. Der Vergleich mit der biblischen Bestrafung Ägyptens ist, wie Tzvetan Todorov ausführte,[66] offensichtlich und gewiss auch gewollt.

Betrachtet man die bei Gonzalo Fernández de Oviedo beobachtete religiös motivierte Interpretationsstrategie, so lässt sich behaupten, dass der Teufel (als christliche Entsprechung der fremden Götter) gleichsam zu jenem Element wurde, das – wenn auch negativ – die Alte und die Neue Welt zu einer gemeinsamen Geschichte verband, zu einer gemeinsamen Weltgeschichte, die ganz im Sinne des ‚biblischen Erzählungstextes' alles und alle auf Erden in ihren Denkkreis und in ihre heilsgeschichtlichen Grundlagen miteinbezieht. Dazu gehören nicht nur Gott, die Heiligen und die Christenheit, sondern auch die Ungläubigen, deren Priester und nicht zuletzt der nach Schwefel stinkende Teufel selbst.

9. Mythos als Überbrückung der Kluft zwischen verschiedenen kulturellen und historischen Traditionen. Die Ausstrahlungskraft des Mythos von Quetzalcóatl war während der spanischen Kolonialherrschaft, vor allem in den Kreisen der gebildeten Kreolen, enorm. Man übertreibt kaum, wenn man behauptet, dass die Kreolen den Quetzalcóatl-Mythos zu *ihrem* Mythos umarbeiteten. Für Indianer wie für Spanier und Kreolen war in einem allgemeinen Sinne Quetzalcóatl ein verbindendes kulturelles Element, welches den Kreuzungspunkt der Geschichte dieser Gruppen – deren Interaktion wir auf dem *Biombo de la Conquista* verfolgten – markierte. So konnte Quetzalcóatl unter anderem auch bei dem Dominikaner Diego Durán zum gemeinsamen Vater der Spanier und der Tolteken avancieren.[67]

Die Identifikation von Quetzalcóatl mit dem Apostel Thomas und der Kampf um die Frage, ob Amerika *vor* der spanischen Eroberung bereits christianisiert worden sei, wurden zu wichtigen Elementen der Ausbildung und Konstruktion

---

65 Ebda., S. 116.
66 Todorov, Tzvetan: *Die Eroberung Amerikas*, S. 165.
67 Durán, Diego: *Historia de las Indias de la Nueva España e Islas de la Tierra Firme*. 2 tomos. México: Porrúa 1967, Bd. I, S. 6; vgl. hierzu auch Todorov, Tzvetan: *Die Eroberung Amerikas*, S. 248; sowie Lafaye, Jacques: *Quetzalcóatl et Guadalupe. La formation de la conscience nationale au Mexique (1531–1813)*, S. 250.

einer kreolischen Identität in Mexiko, führen uns allerdings über den Zeitraum des 16. und 17. Jahrhunderts hinaus. Gerade die These der frühen Christianisierung, welche Gonzalo Fernández de Oviedo noch gegen die Indianer gerichtet hatte, warf eine Problematik auf, welche zunehmend eine mehr politische denn theologische Dimension erhielt. Es ging letztlich in den Kämpfen zwischen dem ‚spanischen' Apostel Jakobus und dem ‚mexikanischen' Apostel Thomas beziehungsweise zwischen der spanischen *Virgen de los Remedios* und der neuspanischen *Virgen de Guadalupe* nicht um Glaubensfragen, sondern um die Forderung der Kreolen nach Gleichberechtigung der amerikanischen Kolonien und damit nach einer insbesondere politischen Gleichstellung der kreolischen Trägerschichten der sich anbahnenden Unabhängigkeitsrevolution.

Der Dominikaner Fray Servando Teresa de Mier griff in seiner berühmt gewordenen Predigt von 1794 auf die Identifikation von Quetzalcóatl mit dem Heiligen Thomas zurück, um der spanischen Eroberung durch den Verweis auf die frühe Christianisierung jegliche heilsgeschichtliche Legitimation zu entziehen. Wir haben die Bedeutung dieser Predigt und deren Wirkung insbesondere auf die Unabhängigkeitsbewegung, aber auch auf das weitere Leben des neuspanischen Dominikaners bereits in dieser Vorlesung untersucht und müssen auf unsere Ergebnisse und Einsichten nicht nochmals zurückkommen.

Der Quetzalcóatl-Mythos hatte damit eine wichtige Funktion für jene übernommen, welche die religiöse, kulturelle und politische Unabhängigkeit der Kolonien von Spanien betrieben und sich gegen den alleinigen Zugang der Spanier beziehungsweise in Spanien Geborenen zur Macht auflehnten. Quetzalcóatl, der neue „Fénix de Occidente",[68] wurde zum Symbol des Kampfes um die politische Macht in Mexiko. In diesem Zusammenhang ist es aufschlussreich zu beobachten, auf welch lange Tradition die Verknüpfung des Phönix-Mythos mit der Macht zurückblicken kann. Dessen Entstehung, seine politische Verwertung in der Propaganda der römischen Kaiserzeit oder in der italienischen Renaissance, aber selbst noch während der Militärregierung im Griechenland der sechziger Jahre bilden spannende Stationen einer jahrtausendealten Arbeit am Mythos.[69]

10. Rückgriff auf eigene Mythen zur Durchsetzung emanzipatorischer politischer Ziele: ‚aufgeklärte' Mythenverwendung. In seiner berühmten *Carta de Jamaica* vom 6. September 1815 diskutiert der später selbst zum Mythos gewor-

---

68 Lafaye, Jacques: *Quetzalcóatl et Guadalupe. La formation de la conscience nationale au Mexique (1531–1813)*, S. 251 ff.
69 Vgl. hierzu Petersmann, Gerhard: Mythos und Macht. Gestalten antiker Mythen als Integrationsfiguren moderner politischer Systeme. In: *Informationen zum Altsprachlichen Unterricht* (Graz) 8 (1986), S. 42–56.

dene „Libertador" Simón Bolívar offen die Frage, wie sinnvoll eine politische Funktionalisierung des Quetzalcóatl-Mythos für die Independencia wäre.[70] Dabei wägt er kühl ab, dass „Quetzalcóatl, el Hermes o Buda de la América del Sur", eher bei Geschichtsschreibern und Literaten als beim einfachen mexikanischen Volk bekannt sei; die Diskussion um die wahre Bedeutung Quetzalcóatls erscheint ihm daher als zweitrangig, da es ein viel zugkräftigeres und erfolgversprechenderes Symbol kreolischer Einheit gebe, welches wesentlich größere Volksmassen auf die Seite der Unabhängigkeitsrevolution treiben könne:

> Aber es ist nicht der Held, der große Prophet oder Gott von Anáhuac, also Quetzalcóatl, der dazu fähig wäre, die wunderbaren Vorteile zu bewirken, welche Sie in Aussicht stellen. Diese Figur ist kaum beim mexikanischen Volke bekannt und dies auch nicht vorteilhaft, denn so ist das Schicksal der Besiegten, auch wenn es sich dabei um Götter handelt. Allein die Geschichtsschreiber und Literaten haben sich aufmerksam mit ihm beschäftigt und bemüht, seine Herkunft, seine wahre oder falsche Mission, seine Prophezeiungen und das Ende seiner Laufbahn zu erforschen. Man streitet sich darum, ob er ein Apostel Christi oder ganz und gar heidnisch war. [...]
> Glücklicherweise haben die Führer der Unabhängigkeitsbewegung in Mexiko *den Fanatismus bestmöglich ausgenutzt*, indem sie die berühmte Jungfrau von Guadalupe zur Königin der Patrioten ausriefen; indem sie sich in allen heiklen Fällen auf sie beriefen und auf ihren Fahnen mit sich führten. Dadurch hat der politische Enthusiasmus eine Vermischung mit der Religion gebildet, welche eine vehemente Inbrunst für die *geheiligte Sache der Freiheit* heraufgeführt hat. Die Anbetung dieses Bildnisses in Mexiko ist noch größer als die exaltierteste, die selbst der geschickteste Prophet auslösen könnte.[71]

Der Kreole Simón Bolívar ist mit Blick auf Mythen oder volksreligiöse Elemente allein an deren Wirkung beim breiten Volke interessiert, also daran, was ein bestimmter Mythos, ein bestimmtes Glaubensfragment zur Sache der Independencia konkret beitragen kann. Dabei ist er sich der Tatsache bewusst, dass ein vorwiegend akademisches Interesse an einer mythischen Figur, deren Herkunft und Funktion in gelehrten Studien oder auch in Predigten erforscht werden kann, noch keine Volksbewegung in Gang zu setzen vermag und konstatiert genüsslich, dass der Gott Quetzalcóatl das Schicksal aller Besiegten teile, nach und nach in Vergessenheit zu geraten. So wird ganz nebenbei auch deutlich, dass Bolívar nicht die indigene Bevölkerung, sondern die für die Unabhängigkeitsrevolution entscheidende kreolische Trägerschicht im Blick hatte. Und für diese Schicht war, abgesehen von den Gebildeten und Literaten, die *Virgen de guadalupe* wichtiger als der alte Mythos von Quetzalcóatl.

---

70 Bolívar, Simón: Contestación de un Americano Meridional a un caballero de esta isla. In (ders.): *Escritos políticos*. Selección e introducción de Graciela Soriano. Madrid: Alianza Editorial 1982, S. 61–84, hier S. 82f.
71 Ebda., S. 83; Hervorhebungen vom Verf.

Das obige Zitat verdeutlicht eindrucksvoll, wie Simón Bolívar, selbst von keiner eigenen Glaubensbindung an derlei Vorstellungen belastet, bestimmte Mythen und Legenden allein auf ihre Durchschlagskraft beim gläubigen Volk hin untersucht. Die Macht über den Mythos ist dabei umso effizienter, je verbreiteter der Glaube an einen bestimmten Mythos im Volk ist. Erst der beim breiten Volk festzustellende Glaube an den Mythos bildet die Grundlage für die Arbeit am Mythos, für die insbesondere politische Funktionalisierung des Mythos.

Die Mythen erfüllen für den Libertador konkrete Funktionen bei der Durchsetzung politischer Ziele, zum vorgeblichen Wohle des einfachen Volkes, das über keine Distanz zu den Mythen verfügt, sondern einfach an diese glaubt. Gleichwohl blitzt auch hier die Gefährlichkeit der Funktionalisierung von Mythen auf, wird doch eben dieser Glaube des einfachen Volkes refunktionalisiert und den aufgeklärten Zwecken eines Führers dienstbar gemacht. Simón Bolívar freilich vertritt, vielleicht sogar als erster in einem sich politisch noch herausbildenden Lateinamerika, eine ‚moderne', aufgeklärte, gleichwohl *patriarchalische* Form der Funktionalisierung von Mythen und Legenden zu einem politisch emanzipatorischen Zweck. Wie Simón Bolívar und Fray Servando Teresa de Mier beispielhaft zeigen, haben sich die Hispanoamerikaner nun, an der Schwelle zum 19. Jahrhundert, des Glaubens beziehungsweise der Mythen amerikanischen wie europäischen Ursprungs bemächtigt und setzen sie für ihre Zwecke und Ziele höchst bewusst ein. Diese erfolgreiche populistische Aufwiegelungstechnik sollte im weiteren Fortgang des 19. Jahrhunderts, aber auch im 20. Jahrhundert und bis heute höchst erfolgreich bleiben. Die heutigen populistischen Führer lateinamerikanischer Nationen legen hiervon beredtes Zeugnis ab.

Seit dem Beginn der Kolonialzeit waren die iberischen Kolonien in Amerika auch in kultureller Hinsicht Europa zugeordnet gewesen, gehörten folglich einem gemeinsamen wenn auch widersprüchlichem, ja gegensätzlichem Kulturraum zu.[72] Zwischen Europa und dem iberischen Amerika bestand von daher auch auf kulturellem Gebiet eine scharfe Asymmetrie, da in Literatur und Kunst allein die Modelle der Alten Welt Vorbildcharakter besaßen.

Diese Asymmetrie blieb freilich historisch nicht konstant, sondern erfuhr insbesondere seit dem beginnenden 19. Jahrhundert entscheidende Veränderungen, die in der zweiten Hälfte des 20. Jahrhunderts zu einer Situation führten, in der ein egalitärer weltliterarischer Raum zwar nicht verwirklicht wurde, zugleich aber eine Entwicklung hin zum viellogischen System der *Literaturen*

---

72 Vgl. hierzu Ette, Ottmar: Asymmetrie der Beziehungen. Zehn Thesen zum Dialog der Literaturen Lateinamerikas und Europas. In: Scharlau, Birgit (Hg.): *Lateinamerika denken. Kulturtheoretische Grenzgänge zwischen Moderne und Postmoderne*. Tübingen: Gunter Narr Verlag 1994, S. 297–326.

*der Welt*⁷³ absehbar wird. Daraus ergeben sich vielfältige Chancen für die Literaturen Lateinamerikas und damit für die literarischen Ausdrucksformen eines Kontinents, der wie kein anderer mit nahezu allen Kontinenten und Kulturen in einem intensiven Austausch steht, dessen Intensität sich durch verschiedene Phasen beschleunigter Globalisierung hindurch immer mehr verstärkte. Ob diese Chancen von den Literaturen Lateinamerikas freilich genutzt werden können, wird erst die Zukunft zeigen.

Die an dieser Stelle nur skizzierte, in anderen Vorlesungen aber breit ausgeführte Entwicklung⁷⁴ ermöglichte einen zunehmend freieren Umgang lateinamerikanischer Autoren mit Mythen sowohl europäischer wie amerikanischer Provenienz, welcher eine wichtige Rolle bei der literarischen und kulturellen Selbstverständigung und Selbstfindung des Kontinents spielte und spielt. Bei dieser Art der Aneignung und kreativen Umgestaltung des kulturellen Erbes dienten die Mythen als Paradigmen eigener Weltsicht und eigenen Weltbewusstseins. Zu Beginn meines wissenschaftlichen Weges habe ich diese Fragestellungen am Beispiel zweier wichtiger Schriftsteller an der Grenze zwischen dem 19. und dem 20. Jahrhundert erprobt und dabei wichtige Scharnierfunktionen aufgedeckt,⁷⁵ die für meine weiteren wissenschaftlichen Fragestellungen grundlegend waren.

Bei beiden hispanoamerikanischen Autoren, beim Kubaner José Martí wie beim Mexikaner Alfonso Reyes, wird das Bemühen deutlich, den griechischen Mythos auf den spezifischen Kontext Lateinamerikas zu übertragen und eine kreative Arbeit am Mythos zu leisten, welche den fremden Mythos als Paradigma der eigenen Situation für die eigene Identitätskonstruktion fruchtbar zu machen vermag. Dieser Verwendung von Mythen in der modernen Literatur lag zwar nicht mehr der Glaube an das vom Mythos Berichtete, wohl aber dessen Prestige und dessen Ausstrahlungskraft zugrunde, die den Mythos ebenso zu einem Verständnismodell der Vergangenheit wie zu einem Paradigma der eigenen Zukunft werden ließen. Die Arbeit am Mythos zählt nach wie vor zu den zentralen Aufgaben des Schreibens in Lateinamerika, wobei diese Mythen heute aus den unter-

---

73 Vgl. hierzu ausführlich Ette, Ottmar: Die Literaturen der Welt und die Chancen Lateinamerikas. Zu einem neuen Verständnis weltumspannender literarischer Zirkulation. In: *Romanistische Zeitschrift für Literaturgeschichte / Cahiers d'Histoire des Littératures Romanes* (Heidelberg) XLV, 1–2 (2021), S. 203–225.
74 Vgl. hierzu die literarhistorisch ausgerichteten Bände 3, 4 und 5 der Reihe „Aula" in Ette, Ottmar: *Aufklärung zwischen zwei Welten* (2021); *Romantik zwischen zwei Welten* (2021); sowie *Von den historischen Avantgarden bis nach der Postmoderne* (2021).
75 Vgl. hierzu Ette, Ottmar: Orest und Iphigenie in Mexico. Exilsituation und Identitätssuche bei José Martís und Alfonso Reyes' Beschäftigung mit dem Mythos. In: *Komparatistische Hefte* (Bayreuth) 14 (1986), S. 71–90.

schiedlichsten in den Amerikas transkulturell existierenden Kulturen stammen können.

Als letzte erfuhren die Mythen und Legenden der schwarzen Bevölkerung in Amerika eine Aufwertung ihres Prestiges und ihrer Ausstrahlungskraft innerhalb von Literaturen, welche vorwiegend von kreolisch geprägten Schriftstellerinnen und Schriftstellern verfasst wurden. In seinem Romanerstling *Ecué-Yamba-O!* verarbeitete beispielsweise der kubanische Schriftsteller Alejo Carpentier die afrokubanischen Dimensionen der Kulturen seiner Insel,[76] und in *Los negros brujos* verglich der kubanische Ethnologe und Kulturtheoretiker Fernando Ortiz die Vorstellungen und Riten der Schwarzen auf Kuba mit den Mythen der abendländischen Antike.[77] Die Mythen der schwarzen Kulturen waren hoffähig geworden, nicht zuletzt aufgrund des großen Interesses und der Aufwertung Afrikas durch die avantgardistischen europäischen Literaten, Künstler und Ethnologen während der ersten Jahrzehnte des 20. Jahrhunderts.

Bis zum heutigen Tage allerdings verläuft die Legitimation nicht-europäischer Mythen über den Vergleich mit der noch immer mustergültigen griechisch-römischen Antike. Als Beispiel hierfür könnte selbst Miguel León-Portilla dienen, der die europäischen Leserinnen und Leser von der ‚literarischen' Qualität indigener Texte der *Visión de los vencidos* durch den Vergleich mit Homer und die Parallele zum Trojanischen Krieg zu überzeugen sucht.[78] An dieser Prestige- und Orientierungsfunktion der abendländischen Mythen wie der griechisch-römischen Antike insgesamt lässt sich noch heute die Asymmetrie der kulturellen und literarischen Beziehungen im transarealen Maßstab ablesen.

Diese in aller gebotenen Kürze dargestellte Entwicklung einer bestimmten Funktionalisierung von Mythen im 19., 20. und beginnenden 21. Jahrhundert darf uns allerdings nicht zu der Annahme verleiten, andere, im Rahmen der Conquista häufig eingesetzte Verwendungsarten des Mythos hätten ausgedient. Es ist ebenso faszinierend wie bedrückend zu beobachten, wie wenig sich in der Geschichte der Menschheit im Bereich der Konvivenz, im Bereich eines friedlichen Zusammenlebens in Differenz geändert hat – und wie wenig die

---

[76] Vgl. ausführlich zu Alejo Carpentier und den afrokubanischen Dimensionen seines Werks den sechsten Band der Reihe „Aula" in Ette, Ottmar: *Geburt Leben Sterben Tod. Potsdamer Vorlesungen über das Lebenswissen in den romanischen Literaturen der Welt.* Berlin – Boston: Walter de Gruyter 2022, S. 153 ff.

[77] Vgl. zum Werk von Fernando Ortiz die Bände 3 und 6 der Reihe „Aula" in Ette, Ottmar: *Von den historischen Avantgarden bis nach der Postmoderne* (2021), S. 741 ff.; sowie *Geburt Leben Sterben Tod* (2022), S. 784 ff.

[78] Vgl. beispielsweise die Einleitung von León-Portilla aus dem Jahre 1985 zu der angeführten spanischen Ausgabe der *Visión de los vencidos* (S. 33 u. 36).

Menschheit bereit ist, aus den Fehlern der Vergangenheit Schlüsse für die Zukunft zu ziehen! Ich möchte Ihnen für diese bisweilen sprachlos und verzweifelt machende Tatsache ein Beispiel aus unserer Gegenwart geben.

Denn wie zu Zeiten des Hernán Cortés steht heute vor dem militärischen Einsatz von fremden Mythen gegen deren Ursprungsvölker die detaillierte Information, in welche Mythen man sich unter welchen Bedingungen ‚einschleichen' könnte. So besitzt das Pentagon – und es steht zu vermuten, dass die Geheimdienste anderer Länder über ähnliche Datenbanken verfügen – beispielsweise eine Aufstellung all jener Tage, die im Glauben aller Völker Glück oder Unglück verheißen und daher emotional aufgeladen sind. Auf diese Weise ist die Luftwaffe der USA in der Lage, den Zeitpunkt ihrer Bombenangriffe mit den Voraussagen lokaler Gottheiten und anderen mythologischen Weissagungen abzustimmen.[79] Die Stimmen dieser Götter sind auf Tonband gespeichert und können vom Hubschrauber aus abgespielt werden. Ziel einer derartigen Vorgehensweise ist es, „primitive Eingeborenenguerillas"[80] zu erschrecken und möglichst kampfunfähig zu machen. Die Wirkung dieser psychologischen Kriegsführung kann noch durch spezielle Projektoren erhöht werden, welche auf tiefliegende Wolkendecken das schreckerregende Bild dieser Gottheiten projizieren.

All dies ist nichts anderes als die dreiste Übertragung jener Erfahrungen, welche beispielsweise die spanischen Konquistadoren bei den Eroberungen der indigenen Reiche der Azteken oder der Inkas machten. Alle philanthropische Kritik an den Gräueltaten der spanischen Eroberung und an den raffinierten Mechanismen der Zerstörung fremder Kulturen scheint mit Blick auf das konkrete, pragmatische Kriegshandeln nichts gefruchtet zu haben. Bis zum heutigen Tag wird im Konfliktbereich zwischen europäisch geprägten und anderen Kulturen bei Bedarf eine machtorientierte Umfunktionalisierung fremder Mythen praktiziert, welche auf eine jahrhundertelange Tradition zurückblicken kann. Noch nie aber waren diese Methoden technisch so hoch entwickelt wie heute. Die Conquista, daran kann kein Zweifel bestehen, dauert nicht nur mit Blick auf die Situation der indigenen Völker im Norden, in der Mitte oder im Süden des amerikanischen Doppelkontinents an.

---

[79] Vgl. hierzu etwa Watson, Peter: *Psycho-Krieg. Möglichkeiten, Macht und Mißbrauch der Militärpsychologie*. Düsseldorf/Wien: Econ Verlag 1982, S. 29 u. 366.
[80] Ebda., S. 29 sowie S. 371.

Garcilaso de la Vega el Inca oder die Konvivenz der Kulturen

Mit einem solchen Bild, mit einem derartigen Ausklang unserer Beschäftigung mit den Mythen und Legenden, mit den Religionen und Glaubensvorstellungen, mit den Erfindungen und Fiktionen des 15. 16. und 17. Jahrhunderts und deren Verlängerung in die Jetztzeit möchte ich Sie nicht aus unserer Vorlesung gehen lassen. Denn eine viellogische Philologie hat stets auch die Aufgabe, nicht nur vergangene Texte aufzuschlüsseln und einem Lesepublikum in der Gegenwart näherzubringen, sondern zugleich aktuellen Leserinnen und Lesern Bilder eines in der Vergangenheit gelebten besseren Lebens mit Blick auf eine mögliche und keineswegs utopische Zukunft vor Augen zu führen. Dies ist die prospektive Seite der Philologie und selbstverständlich auch die prospektive Dimension von Literatur. In unserem Falle heißt dies, aus der längst vergangenen Zukunft Bilder und Texte auszuwählen, welche prospektiv in der Vergangenheit aufbewahrte Möglichkeiten für die Zukunft aufzeigen.

Nähern wir uns mithin ein weiteres Mal, wenn auch nun auf andere Weise, der Epoche der Conquista und speziell dem peruanischen Andenraum! Wir tun dies diesmal von spanischem Boden aus, von jenem südspanischen Bewegungsraum, der so stark von den Einflüssen des Islam geprägt ist und noch immer den Charakter von Al-Andalus in sich trägt. Begeben wir uns in einen Innenraum. der wie kaum ein anderer die Geschichte dieses Raumes und die Geschichte der Reconquista in sich aufgenommen hat und uns noch heute viel von jener Zeit berichten kann: Es ist der Innenraum einer Moschee und zugleich eines christlichen Gotteshauses; und doch kann uns von hier aus der Weg in die Anden führen! Wir befinden uns in der Capilla de las Animas in der Mezquita-Catedral zu Córdoba. Es handelt sich um eine Kapelle, ohne deren Besuch zumindest für mich keine Reise in die südspanische Stadt vollständig wäre. Und ich gestehe Ihnen gerne, dass es sich bei der Capilla de las Animas um einen meiner Lieblingsorte in Europa handelt.

In einer der prachtvollsten Moscheen der islamischen Welt, in die mit ganzer Wucht und selbstsicherer Gewalt voller Siegerstolz eine mächtige christliche Kathedrale hineingebaut wurde, erwarb im Jahre 1613 ein gewisser Don Gómez Suárez de Figueroa jene Kapelle, von der nun die Rede sein soll. Als der in den Anden Südamerikas geborene spanische Edelmann im Jahre 1616 verstarb, ließ er sich in dieser Kapelle beisetzen. Und eine Inschrift weist uns noch heute auf diesen Menschen und einen Namen hin, unter dem er bis heute großen Ruhm genießt:

Hier ruhet der Inka Garcilaso de la Vega, ein berühmter Edelmann, eines ewigen Andenkens würdig und wert. Hochberühmt von seinem Blute. Experte in den Schreibkünsten. Von Tapferkeit bei den Waffen. Sohn von Garcilaso de la Vega. Aus dem Hause der Herzöge von Feria e Infantado, und von Elisabeth Palla, der Schwester von Huayna Capac, dem letzten Kaiser der Indien. Er kommentierte La Florida. Übersetzte León Hebreo [Leone Ebreo] und verfasste die Comentarios Reales. Lebte zu Córdoba in vieler Religion. Starb beispielhaft. Stiftete diese Kapelle. Er ward in ihr bestattet. Verband sein Wohl mit den erwählten Seelen des Fegefeuers. [sie sind die ständigen Patrone des Dekans und des Domkapitels dieser Heiligen Kirche. Er verstarb am 22. April 1616. Betet zu Gott für seine Seele.][1]

Der hohe Herr, der hier begraben liegt und der das kunstvolle Gitter am Eingang zu seiner Kapelle mit den Ehrenzeichen seiner inkaischen Abkunft verzieren ließ, ist kein anderer als der Verfasser jener großen literarischen Werke, die auf dieser Tafel ebenso Erwähnung finden wie seine inter- und transkulturelle Übersetzungstätigkeit.[2] Das bekannteste Ergebnis seiner gelehrten Übersetzungstätigkeiten war seine 1590 zu Madrid erschienene Übertragung der *Dialoghi* des Dichters und Arztes Leone Ebreo oder Leo Hebraeus alias Jehuda ben Isaak Abravanel war. Es ist bedeutungsvoll, dass Garcilaso de la Vega el Inca nicht nur seine großen eigenen Werke wie insbesondere die *Comentarios Reales* oder *La Florida del Inca*, sondern auch seine Übertragungstätigkeit zwischen verschiedenen Sprachen und Kulturen auf dieser Inschrift seiner *Capilla de las Animas* in Erinnerung ruft.

Auf enggedrängtem Raum finden wir so an der Grabesstätte des Inca Garcilaso de la Vega die Präsenz inkaischer, islamischer, christlicher und jüdischer Spuren, Verweise auf Peru und Florida, Italien und Spanien, auf den letzten Inka-Herrscher und die Seelen im Fegefeuer, auf die Vertreter der katholischen Kirche und der weltlichen Macht, auf die Insignien von Schwert und Feder; einer wahrlich unermüdlichen Feder, die stets – und noch ein letztes Mal in dem in Stein gemeißelten Text – darum bemüht war, die Vektoren eines Lebens auszumessen, das wie kaum ein zweites die Alte und die Neue Welt in all ihren unterschiedlichen Traditionssträngen zu denken und in wechselseitige Beziehung zu setzen suchte. Garcilaso de la Vega el Inca ist als transkultureller, un-

---

1 Inschrift in der Capilla de las Animas, zit. n. Mataix, Remedios: Inca Garcilaso de la Vega: apunte biográfico. In: <http://www.cervantesvirtual.com/bib_autor/incagarcilaso/pcuartonivel.jsp?conten=autor>.
2 Vgl. hierzu López-Baralt, Mercedes: *El Inca Garcilaso: traductor de culturas*. Madrid – Frankfurt am Main: Iberoamericana – Vervuert 2011; Jakfalvi-Leiva, Susana: *Traducción, escritura y violencia colonizadora: un estudio de la obra del Inca Garcilaso*. Syracuse: Maxwell School of Citizenship and Public Affairs 1984; Zamora, Margarita: *Languages, authority, and indigenous history in the Comentarios reales de los Incas*. Cambridge: Cambridge University Press 1988.

terschiedlichste Kulturen transareal miteinander verbindender Schriftsteller im 16. und beginnenden 17. Jahrhundert sicherlich eine Ausnahmefigur, die jedoch gleichzeitig einen neuen Typus von künftigem Autor, von einem Intellektuellen konfiguriert, welcher sich durch die komplexe Verbindung verschiedenster kultureller Traditionen auszeichnet. War sich der in Cuzco geborene und auf seine doppelte hohe Abkunft stolze Mestize dieser Tatsache bewusst (Abb. 47)? In jedem Falle formulierte er auf dieser Inschrift noch ein letztes Mal und voller Stolz, was ihn in seinem (Schriftsteller-)Leben von allen anderen unterschieden hatte.

Abb. 47: Wappen des Garcilaso de la Vega el Inca (1539–1616).

Die selbstbewusst in dieser Inschrift am Eingang zur *Capilla de las Animas* aufgelisteten Biographeme mit dem genealogischen Verweis auf den spanischen Vater, den wie so viele iberische Eroberer in Badajoz geborenen Konquistador Sebastián

Garcilaso de la Vega, dessen unmittelbare Vorfahren noch in der Reconquista gekämpft hatten, sowie die inkaische Mutter, die „ñusta" oder Prinzessin Isabel Chimpu Ocllo, die Nichte des Inca Túpac Yupanqui und Enkelin des Inca Huayna Cápac, setzt jeglichem Versuch entschiedenen Widerstand entgegen, den Inca Garcilaso de la Vega auf eine einzige kulturelle Herkunft zu reduzieren. Nicht umsonst schreibt er noch in seinem letzten Text von der „mucha religión", die ihn als tiefreligiösen Menschen auszeichne; eine Formulierung, die aber auch so verstanden werden könnte, als habe der hier Bestattete an vielen unterschiedlichen religiösen Traditionen partizipiert. Die Mehrdeutigkeit, ja mehr noch: Die Polylogik ist ein charakteristisches Kennzeichen eines Schreibens, das sich weder in Cuzco noch in Córdoba, weder in den Anden noch in Andalusien situiert, sondern sich in ständiger, unaufhaltsamer Bewegung zwischen unterschiedlichen kulturellen Areas der Neuen wie der Alten Welt befindet.

In unseren Überlegungen zu Garcilaso de la Vega el Inca soll es in dem hier vorgeschlagenen Denkzusammenhang weniger um die längst kanonisch gewordene Bezeichnung des am 21. April 1539 in Cuzco Geborenen als „primer mestizo de personalidad y ascendencia universales que parió América" gehen,[3] also um den ersten Mestizen von universaler Ausrichtung, den Amerika hervorbrachte, als um die Tatsache, dass noch am Ort der letzten Ruhestätte die Vektoren eines Lebens ausgespannt werden, welches sich innerhalb eines Kräftefelds zwischen den Religionen, zwischen den Reichen, zwischen den Kulturen und zwischen den Sprachen[4] in einer ständig erneuerten Bewegung befand. Sicherlich war der Verfasser der *Comentarios Reales* eine erstmals auf dieser kulturellen Höhe erscheinende Vermittlerfigur, doch als Mensch wie als Schriftsteller kündigte er prospektiv an, wie sich die weitere Entwicklung insbesondere in den Amerikas gestalten sollte. Der ‚Inka' war in jeglicher Hinsicht ein Vorläufer, der seine Sonderstellung bereits in seinem Namenszusatz signalisierte.

Garcilaso de la Vega el Inca verbrachte die ersten beiden Jahrzehnte seines Lebens in seiner Geburtsstadt Cuzco, in der Folge aber, nach dem Tod seines Vaters, der zu den großen Feudalherren der jungen Kolonie zählte und durch ein großes „Repartimiento" in der Nähe von Cochabamba sorgenfrei war, lebte er ab dem Jahr 1560 insgesamt sechsundfünfzig Jahre im andalusischen Mon-

---

[3] Sánchez, Luis Alberto: La literatura en el Virreynato. In (ders.): *Historia del Perú*. Bd. 6: *Perú colonial*. Lima: Editorial Mejía Baca 1980, S. 353.
[4] Vgl. Fritz, Sabine: Reclamar el derecho a hablar. El poder de la traducción en las crónicas de Guamán Poma de Ayala y del Inca Garcilaso de la Vega. In: Feierstein, Liliana Ruth / Gerling, Vera Elisabeth (Hg.): *Traducción y poder. Sobre marginados, infieles, hermeneutas y exiliados*. Frankfurt am Main – Madrid: Iberoamericana – Vervuert 2008, S. 101–120.

tilla sowie in Córdoba.[5] Sein von verschiedenen Kulturen und Religionen gebildetes Kräftefeld führte er dem Leser in einem „Proemio al lector" vor Augen, das er seinen berühmten und überaus einflussreichen[6] *Comentarios Reales* voranstellte. In diesem Vorwort wird sein Stolz auf die doppelte Abkunft ebenso deutlich wie seine kluge Einschätzung der Kräfteverhältnisse, in denen eine Kritik an spanischen Geschichtsschreibern nicht zu weit getrieben werden durfte, wollte man nicht ins Visier der spanischen Institutionen und insbesondere der Heiligen Inquisition geraten. Seine Argumentation ist daher eine von Vorsicht und Beharrlichkeit zugleich getragene:

> Wenngleich es neugierige Spanier gegeben hat, welche über die Republiken der Neuen Welt wie die von Mexiko oder die von Peru oder anderer Reiche jener Abkunft schrieben, so geschah dies doch nicht mit der ganzen Beziehung, welche sich zwischen diesen ergeben könnte, und ich habe dies insbesondere in jenen Dingen geschrieben gesehen, welche über Peru verfasst wurden, über das ich, als ein aus jener Stadt Cuzco Gebürtiger, die in jenem Reiche ein anderes Rom war, längere und klarere Nachricht gegeben als jene, welche die Schriftsteller bis heute veröffentlicht. Es ist die Wahrheit, dass sie viele der sehr großen Dinge berühren, welche jene Res publica besaß: Doch sie schreiben darüber so kurz, dass die sehr bemerkenswerten Dinge selbst für mich (in der Art, wie sie sie sagen) nur schwer verständlich sind. Von der natürlichen Liebe zum Vaterlande getrieben, bot ich mich daher zur Arbeit an, diese *Comentarios* niederzuschreiben, in denen man klar und präzise die Dinge sehen wird, welche es in jener Republik vor den Spaniern gab, und dies ebenso in den Riten ihrer eitlen Religion wie in der Regierung, welche ihre Könige in Frieden und im Kriege ausübten, sowie all das Übrige, was man von jenen Indios sagen kann, vom Allerkleinsten in der Ausübung der Vasallen bis zum Höchsten der königlichen Krone. Wir schreiben allein über das Reich der Inkas, ohne auf andere Monarchien einzugehen, da ich von diesen anders als von meinem Gegenstande keine Nachricht besitze. Im Diskurse der Geschichte behaupten wir deren Wahrheit und dass wir nicht große Dinge sagen werden, wenn sie nicht von den spanischen Geschichtsschreibern selbst autorisiert wären, welche darüber in Teilen oder im Ganzen geschrieben: Denn meine Absicht ist es nicht, diesen zu widersprechen, sondern ihnen als Kommentar

---

5 Vgl. hierzu Lavalle, Bernard: El Inca Garcilaso de la Vega. In: Iñigo Madrigal, Luis (Hg.): *Historia de la Literatura Hispanoamericana*. Bd. 1: *Época colonial*. Madrid: Ediciones Cátedra 1982, S. 135–143; sowie Hilton, Sylvia L.: Introducción. In: Garcilaso de la Vega: *La Florida del Inca*. Madrid: Historia 16 1996, S. 7–52.

6 Vgl. González Acosta, Alejandro: Dos visiones de la integración americana: "Comentarios reales" del Inca Garcilaso de la Vega y "Crónica mexicana" de Fernando Alvarado Tezozómoc. In: *América Latina. Historia y destino. Homenaje a Leopoldo Zea*. Bd. 3. México: Universidad nacional Autónoma de México 1993, S. 49–62; oder Iniesta Cámara, Amalia: Inca Garcilaso de la Vega y José Carlos Mariátegui: dos fundadores de la peruanidad. In: *Revista del Centro de Letras Hispanoamericanas* (Mar del Plata) V, 6–8 (1996), S. 149–160; Montiel, Edgar: El Inca Garcilaso y la independencia de las Américas. In: *Cuadernos Americanos* (México) 131 (2010), S. 113–132.

und Glosse zu dienen und als Übersetzer bei vielen indigenen Vokabeln, die sie als Ausländer in jener Sprache außerhalb ihres eigentlichen Gebrauches deuteten, so dass man ausführlich im Diskurs der *Geschichte*, welche ich dem Erbarmen dessen anheimstelle, der sie lesen möge, sehen wird, und dies nicht mit dem Anspruche, einem anderen Interesse als der christlichen Republik zu dienen, damit Unserem Herren Jesus Christus und der Jungfrau Maria, seiner Mutter, gedanket sei, durch deren Verdienste und Vermittlung sich die Ewige Majestät herabließ, aus dem Abgrunde der Götzenanbeterei so viele und so große Nationen herauszuholen und sie dem Schoße ihrer römisch-katholischen Kirche als unserer Mutter und Herrin zuzuführen. Ich erhoffe mir, dass man sie mit derselben Absicht wie der meinigen empfange, insofern dies die Beziehung ist, welche mein Wille verdient, auch wenn das Werk selbst sie nicht verdiente. Zwei weitere Bücher werden derzeit über die Ereignisse geschrieben, welche zwischen den Spaniern in jenem meinem Lande vorgingen, bis zum Jahre 1560, als ich jenes verließ: Wir wünschten, sie wären vollendet, um aus ihnen dieselbe Ehrengabe wie aus diesen zu machen. Unserem Herren usw.[7]

Wenn das „Proemio" an dieser Stelle unserer Vorlesung in seiner Gesamtheit abgedruckt wurde, dann deshalb, weil hier in gedrängtester Form eine mobile, sich beständig verändernde Position des Ich und seiner Beziehung zu den dargestellten Gegenständen entfaltet wird – und dies in einer Komplexität, die durch keine Transfergeschichte, durch keine *Histoire croisée* adäquat wiedergegeben werden könnte. Die Geschicklichkeit des Inka Garcilaso de la Vega ist beeindruckend, insofern es ihm gelingt, für seine ‚Kommentare' zugleich eine völlig gegenüber der spanischen Geschichtsschreibung untergeordnete Rolle zu wählen und auf der anderen Seite klarzumachen, dass er allein über die Kenntnisse verfüge, diese Republiken – ein Begriff, der aus der römischen Antike stammt und daher für die amerikanischen Hochkulturen dieselbe ‚Flughöhe' wie die abendländische Antike beansprucht – adäquat beurteilen und darstellen zu können.

Die zahlreichen in den Text eingestreuten Biographeme dieser Ich-*Figur* erlauben es, nicht nur einen von Amerika nach Europa führenden Lebensweg nachzuzeichnen, sondern weit mehr noch die Oszillationen, die eine vielperspektivische Präsentation der Objekte bedingen und ermöglichen. Durch die Einblendung dieser Biographeme schon im „Proemio" wird der spanischen und europäischen Leserschaft nicht nur die weitaus größere Kompetenz mit Blick auf den Untersuchungsgegenstand signalisiert, sondern auch eine große Vertrautheit mit den notwendigen kirchlichen wie weltlichen Reverenzen und eine völlige Kenntnis aller spanischen Geschichtsschreiber, die sich jemals über die Eroberung des Inkareiches geäußert hätten.

---

[7] Garcilaso de la Vega el Inca: *Comentarios reales de los Incas*. 2 Bde. Prólogo, edición y cronología Aurelio Miró Quesada. Caracas: Biblioteca Ayacucho 1985, hier Bd. 1, S. 5 f.

Es lassen sich an dieser Stelle deutliche Parallelen zur späteren Argumentation von Francisco Javier Clavijero aufzeigen, der in seiner *Historia antigua de México* im 18. Jahrhundert nicht nur die höhere Kompetenz durch die eigenständige, vor Ort erworbene Kenntnis des Untersuchungsgegenstandes, sondern auch eine absolute Kenntnis aller Veröffentlichungen nicht nur in der Alten Welt, sondern auch aller Schriften und Bilderhandschriften in der Neuen Welt für sich reklamierte. Garcilaso de la Vega el Inca ist auch in dieser Hinsicht ein Vorläufer: Seine Argumentationsstrategie macht klar, dass er über den europäischen Kenntnisstand hinaus über unabdingbares Wissen verfügt, welches den europäischen Autoren nicht so einfach zur Verfügung steht. Durch seinen Titel als bloße *Comentarios* getarnt, erhebt sein Werk doch den Anspruch, eine *Historia* mit großem H, ja der Leserschaft die wahrhaftige Geschichte des Inkareichs zu bieten.

Dabei gelingt es dem Inka Garcilaso de la Vega, durch die ständige Verbindung zwischen Schreiben und Leben die von ihm entworfene Geschichte aus der Perspektivik einer erlebten und gelebten Geschichte so zu re-präsentieren, dass das eigene Lebenswissen der Ich-Figur in einen intimen Bezug zu abstrakten, von einer direkten, empirischen Kenntnis der Gegenstände also ‚abgezogenen' Wissens- und Darstellungsformen tritt. Laut „Proemio" endet seine Geschichte in dem Jahr, in dem der Autor sein Heimatland verließ. Das Leben der inkaischen Herrschaft und das Leben des Garcilaso de la Vega el Inca sind folglich aufs Engste miteinander verwoben. Es geht folglich um wesentlich mehr als um den ‚transandinen' Lebenslauf eines herausragenden Schriftstellers: Die *Comentarios Reales* sind vom transkulturellen Lebenswissen dieses inszenierten Ich nicht abzulösen, nicht zu abstrahieren.

Zugleich ist dieses Lebenswissen aber auch ein Überlebenswissen, weiß sich der inszenierte Autor doch in einem Machtgefüge in Spanien, das ihm als einem Nachkömmling von adliger spanischer Herkunft zwar seine Tore geöffnet hat, das ihn gleichzeitig aber mit einer unilateralen Weltsicht und einer inquisitorischen Orthodoxie bedroht, deren Einsprachigkeit sehr wohl in die Diskursivität des Vorworts eingeblendet wird. Garcilaso de la Vega el Inca versteht es meisterhaft, diese Diskurse einer weltlichen wie einer kirchlichen Macht in Spanien so einzublenden, dass die Angriffsfläche seiner *Historia* minimiert wird. So wird etwa die Religion der Inka von Beginn an mit Götzendienst gleichgestellt und deutlich gemacht, dass die Bevölkerung des Inkareiches nicht nur glücklicherweise, sondern auf göttlichen Ratschluss hin in den Schoß der Heiligen Römisch-Katholischen Kirche geführt wurde.

Grundlage dieses Überlebenswissens ist die uneingeschränkte Einschreibung des Ich in einen heilsgeschichtlichen Zusammenhang, insofern die allein seligmachende Religion der römisch-katholischen Kirche so viele große Nationen und deren Mitglieder – und damit auch das Ich selbst – vor dem Abgrund des Aberglaubens und des Götzendienstes gerettet habe.[8] Dieser in der Heilsgeschichte fundierten Position schließt sich der Verfasser der *Comentarios Reales* vorbehaltlos an.

Das uneingeschränkte Bekenntnis zu dieser christlichen Heilsgeschichte, das sich auch im Kauf der Capilla de las Animas in der zur christlichen Kathedrale umgebauten Moschee von Córdoba niederschlug, ermöglicht zugleich eine Vielzahl von Bewegungen, die sich zwischen Spanien und „aquella mi tierra", zwischen „los españoles" und der indigenen Bevölkerung Perus nicht in einer festen Zwischenstellung manifestiert, sondern in ständigen Bewegungs-Figuren zum Ausdruck kommt. Garcilaso verankert von Beginn an seine eigene Geburt in Cuzco in einer Geschichte indigener Hochkulturen, die auf Augenhöhe mit dem Römischen Reich und dessen Institutionen stehen. Es gibt für ihn folglich keinen Grund, seine mestizische Herkunft und die Abkunft von der Schwester des letzten Inka-Herrschers zu verheimlichen: Er präsentiert diese Biographeme vielmehr ebenso offensiv wie selbstbewusst.

Gegenüber den spanischen Geschichtsschreibern nimmt Garcilaso nur scheinbar eine subalterne Stellung ein, indem er sein eigenes Werk als bloßen ‚Kommentar', ja als ‚Glosse' zu den großen Werken spanischer Historiographie deklariert. Er betont nicht etwa, dass kein Mensch die Argumentationen dieser Historiographen verstehen könne, sondern nur, dass es ihm selbst als in Cuzco Geborenem schwerfalle, den Sinn vieler Äußerungen zu verstehen, da sie im Allgemeinen verkürzt und in Unkenntnis der Sprache der Inkas, des Ketschua, verfasst worden seien. Während seiner Kindheit und Jugend sprach Garcilaso de la Vega mit seiner Mutter zumeist auf Ketschua, da der spanische Vater auf Grund seiner Amtspflichten oftmals auf Reisen war; auch dürfte der Junge mit seinen inkaischen Verwandten überwiegend auf Ketschua gesprochen haben, so dass man ihm in dieser Sprache sicherlich ein muttersprachliches Niveau zuschreiben darf. Während der ersten beiden Jahrzehnte seines Lebens lernte Garcilaso die inkaische Gesellschaft intensiv und von innen kennen. Für sich selbst nimmt er folglich mit guten Gründen in Anspruch, ebenso die Regierungsgeschäfte einschließlich der sozialen Hierarchien mit verschiedensten sozialen Schichten wie vor allem die Gewohnheiten oder

---

[8] Vgl. Brading, David A.: The Incas and the Renaissance: The Royal Commentaries of Inca Garcilaso de la Vega. In: *Journal of Latin American Studies* (Cambridge) XVIII, 1 (1986), S. 1–23; MacCormack, Sabine: Religion and Philosophy: Garcilaso de la Vega and some Peruvian readers, 1609–1639. In (ders.): *Religion in the Andes: vision and imagination in early colonial Peru*. Princeton: Princeton University Press 1991, S. 332–382.

Riten und damit das alltägliche religiöse und kulturelle *Leben* der indigenen Bevölkerungen im Inkareich, im „Tawantinsuyo", darstellen zu können.

Nicht zufällig verweist bereits der Name der Capilla de las Animas in der Mezquita-Catedral von Córdoba auf die Seelen im Fegefeuer und damit auf jenen christlichen Bewegungs-Raum des Purgatoriums, der sich ‚zwischen' den Fixpunkten von Himmel und Hölle situiert. Das Oszillieren zwischen der Welt Spaniens, in der sich das Ich seit langen Jahrzehnten bewegt und in der auch die explizit angesprochene Leserschaft des vorgestellten Textes situiert wird, und jener ‚Neuen Welt', als deren Teil Peru erscheint, ermöglicht es, von einem „amor natural de patria" zu sprechen, einer Vaterlandsliebe, in welcher der Gegenstand dieser Liebe aus verschiedenen Perspektiven gleichzeitig erfasst wird. Denn dieser Begriff lässt sich ebenso auf das Vizekönigreich Peru wie auf das prähispanische Reich der Inka, zugleich aber auch auf ein Spanien beziehen, das als das Land des Vaters durch die Eroberung von Tawantinsuyo ein transatlantisches Reich geschaffen hat. Die Vaterlandsliebe verbindet den Mestizen somit transareal nicht allein mit seiner ‚zweiten Heimat' Spanien, wo er den größten Teil seines Lebens zubrachte, sondern auch mit dem andinen Hochland, das er stets in lebendiger Erinnerung behielt.

Drückt sich das Lebenswissen Garcilasos in einem literarisch klug orchestrierten Überlebenswissen aus, das von der festen Grundlage eines Bekenntnisses zur römisch-katholischen Kirche gerade in einer Epoche protestantischer Häresie und der Kriegszüge gegen die Aufständischen in den Alpujarras geprägt ist, so lässt sich schon in seinem „Proemio al lector" auch der Entwurf eines Zusammenlebenswissens erkennen, das mit den Ausdrucksformen dieses oft als ‚mestizisch' bezeichneten Schreibens einhergeht. Es geht hierbei aber weniger um eine feste Positionierung etwa als „mestizo" innerhalb der herrschenden Gesellschaft als vielmehr um das Geltend-Machen einer zumindest doppelten Herkunft, die schon im Beinamen ‚el Inca' wie in so vielen anderen bereits genannten Biographemen nicht nur zum Ausdruck kommt, sondern zum Ausdruck gebracht wird. Garcilaso de la Vega el Inca erhebt Anspruch nicht auf einen festen Platz, sondern auf einen fundamentalen Bewegungsraum zwischen verschiedenen Kulturen und Traditionen, mit deren Erbe er sich kreativ auseinandersetzt.

Das vom Inka Garcilaso de la Vega projektierte und zugleich entfaltete ZusammenLebensWissen beharrt daher auf einer Bewegungsposition, bei der die Ich-Figur sich als *Bewegungs-Figur* selbst in Szene setzt. Nicht eine einzige Sprache,[9]

---

[9] Vgl. hierzu Scharlau, Birgit: Abhängigkeit und Autonomie. Die Sprachbetrachtungen von Inca Garcilaso de la Vega. In: *Iberoamericana* (Frankfurt am Main) 25-26 (1985), S. 53-64.

wie dies bei den spanischen Autoren der Fall ist, sondern eine Vielsprachigkeit stellt die Voraussetzung dafür dar, dass die unterschiedlichsten sprachlichen und kulturellen Übersetzungstätigkeiten durchgeführt werden können. Nicht eine einzige Abkunft, sondern komplexe Herkünfte bilden die Voraussetzung dafür, dass die unterschiedlichsten Gesellschaften und ‚Republiken' von ihren Spitzen bis hinab zum einfachen Volk zugleich von innen und von außen sowie in einer transversalen Bewegung verstanden und literarisch dargestellt werden können. Damit basiert das in den *Comentarios Reales* entworfene Zusammenleben und Zusammenlebenswissen auf der Fähigkeit, in unterschiedlichen Logiken *zugleich* zu denken – und selbstverständlich auch zu leben.

Dies zeigt sich auch bei der Bezeichnung des eigenen Geburtsortes, „la ciudad del Cozco, que fue otra Roma en aquel imperio", womit das prähispanische Cuzco – wie bereits betont – auf Augenhöhe mit der ‚Ewigen Stadt' Rom gebracht wird.[10] Das Verfahren einer buchstäblichen Ineinander-Blendung beider Städte verweist nicht nur auf deren jeweilige religiöse Bedeutung, sondern stellt den Bezug zwischen dem Reich der Inka und der römischen Antike, folglich zwischen altweltlichem und neuweltlichem Altertum her. Der hiermit verbundene Anspruch auf historische Dignität lässt über den Vergleich und den Transfer hinweg eine Bewegung ständigen Oszillierens entstehen, in der die eigene Herkunft im doppelten Licht des antiken wie des zeitgenössischen Rom in ihrer Andersheit erscheint, ohne doch zugleich zum Anderen zu werden. Cuzco wird als Stadtraum nicht zum Raum des Eigenen *oder* des Anderen, sondern zum *Bewegungs*-Raum eines Eigenen als Anderem und zugleich eines Anderen als Eigenem, wobei sich das Lexem „otra" in seiner Bewegung niemals stillstellen lässt. Es steht weder für eine feste Identität noch für eine fixe Alterität ein. Vielmehr erzeugt es in der Bewegung zwischen Eigenem und Anderem ein *Weiteres*,[11] das in jeglicher Hinsicht eine Erweiterung der Denkräume des Garcilaso de la Vega el Inca bezeichnet.

Die hochgradige Vektorizität dieses Begriffs „otra Roma" lässt sich an allen räumlichen Koordinaten nachweisen, die sich auf die „patria", auf „mi tierra", auf den Ort der ‚eigenen' Herkunft beziehen: auf Territorialitäten also, die stets in ihrer Vektorizität durchbuchstabiert werden. Garcilaso bekennt sich zu sei-

---

10 Vgl. MacCormack, Sabine: The Inca and Rome. In: Anadón, José (Hg.): *Inca Garcilaso de la Vega: An American Humanist. A Tribute to José Durand*. Notre Dame: University of Notre Dame 1998, S. 8–31; sowie dies.: *On the wings of time: Rome, the Incas, Spain, and Peru*. Princeton: Princeton University Press 2007.
11 Vgl. hierzu Ette, Ottmar: Weiter denken. Viellogisches denken / viellogisches Denken und die Wege zu einer Epistemologie der Erweiterung. In: *Romanistische Zeitschrift für Literaturgeschichte / Cahiers d'Histoire des Littératures Romanes* (Heidelberg) XL, 1–4 (2016), S. 331–355.

ner geographischen und kulturellen Herkunft und erweitert diese zugleich auf bedeutsame Weise. Denn Rom steht nicht allein für das Zentrum des Römischen Reichs, sondern auch für das der Christenheit, jener Kirche, die sich als ‚römisch-katholische' bezeichnet, was der Inka selbst in seinem letzten Text in der Capilla de las Animas anzumerken nicht vergaß. ‚Mein Land' und ‚Vaterland' werden so zu Wendungen, die keine festen Orte, sondern Bewegungsräume als Teile einer transatlantischen Landschaft markieren, die man fraglos auch als *transandin* bezeichnen darf. Und damit ist – wie wir sahen – keineswegs nur die geographisch-topographische Seite gemeint.

Denn wer sich dieser Landschaft, dieser vom Inca Garcilaso entworfenen Stadt-Landschaft eines ‚anderen Rom' annähert, kann diese *Cityscape* nicht aus der Perspektive einer einzigen Logik und einer einzigen Kultur erfassen. Und anders als in den weithin den Ton angebenden Schriften der spanischen Autoren und Historiographen, die der Inka Garcilaso de la Vega deutlich, aber behutsam kritisiert, werden alle Gegenstände von verschiedenen Logiken her und aus der Bewegung selbst entworfen, niemals aber fest- und stillgestellt. Sie werden nicht einfach objektiviert, sondern mit Leben erfüllt. So entfaltet sich aus dem Erleben ein ErlebensWissen, das als Lebenswissen des Inca Garcilaso nicht die Grenzen, sondern die Grenzverschiebungen, nicht die Territorien, sondern die Bewegungs-Bilder dieser *Places* und *Spaces* im Sinne hat.

Ausgehend von dieser neuen, hochmobilen Landschaft der Theorie entsteht ein innovatives Geschichtsverständnis, das sich bemüht, die bisher von den spanischen Historiographen beherrschte Geschichte umzudeuten und eine polyperspektivische Sichtweise in die Geschichtsschreibung selbst hineinzutragen. Es geht nicht um eine Raumgeschichte, die statisch auf dem Gegensatz zwischen Mutterland und Kolonie beruht, sondern um eine *Bewegungs*geschichte, mit welcher Garcilaso de la Vega el Inca eine Episteme berührt, welche erst Jahrhunderte später, seit der zweiten Hälfte des 20. Jahrhunderts, in signifikantem Maße und doch noch immer rudimentär entfaltet werden konnte. Die heilsgeschichtlichen Grenzen einer solchen Historiographie sind im Zeichen der spanischen Inquisition offenkundig, weisen aber prospektiv auf die Möglichkeiten eines polyphonen Geschichtsentwurfs, der sich nicht in die simple Opposition zwischen spanischem Zentrum und andiner Peripherie oder, wie wir heute sagen würden, zwischen *The West* und *The Rest* einpferchen ließe. Noch ein Band wie beispielsweise *Civilization* des in den USA renommierten Historikers und Anglopamphleten Niall Ferguson[12] steht für einen derartigen statischen Gegensatz ein und versucht, den Begriff der

---

12 Vgl. Ferguson, Niall: *Civilization. The West and the Rest.* New York: Penguin Books 2011.

Zivilisation allein noch für die englisch geprägte Welt gelten zu lassen. Für *The Rest* bleibt da nur mehr die Barbarei.

Doch lassen wir derartige barbarische und in ihrer Zielsetzung leicht zu durchschauende Gegensatzpaare beiseite und kehren wir zum wesentlich differenzierter und polylogisch denkenden Garcilaso de la Vega ins ausgehende 16. und beginnende 17. Jahrhundert zurück! Zwischen dem Römischen Reich und dem Reich der Incas steht gerade nicht der abgrenzende Vergleich, sondern eine gemeinsame und gemeinschaftliche transandine Verstehens-Landschaft, in welche die Biographeme des Verfassers in Form von Trajektorien eingetragen sind. Dem Schreiben von Spanien aus entspricht nicht eine unilaterale Sichtweise allein vom Mittelpunkt Spanien aus. Wir sollten uns also von den rhetorischen Verbeugungen Garcilasos vor den spanischen Autoritäten, die Teil seines Überlebenswissens sind, nicht täuschen lassen: Eine neue, vielperspektivisch transandine Geschichtsschreibung zeichnet sich bereits in den *Comentarios Reales* als Antwort auf die erste Phase beschleunigter Globalisierung ab. Es wird zu diesem frühen Zeitpunkt bereits erkennbar, was spätere Phasen beschleunigter Globalisierung zu Tage fördern werden und was seit Fernando Ortiz' Begriffsschöpfung ‚Transkulturalität' einen konzeptuellen und nicht zufällig in den Amerikas geschaffenen Namen hat.

Garcilaso schreib stetig, aber sehr langsam; die Entstehung seiner Werke zieht sich stets über Jahrzehnte hin. Wenn diese lebenszeitlich späten, erstmals 1609 in ihrem ersten Teil in Lissabon erschienenen *Comentarios Reales*, die davon zeugen, wie sehr sich Garcilaso de la Vega el Inca im weiteren Verlauf seines Lebens in zunehmendem Maße mit der inkaischen Dimension seiner Herkünfte befasste, auch erst zu einem Zeitpunkt entstanden, als sich – geschüttelt von langanhaltenden Auseinandersetzungen und Bürgerkriegen – ein Vizekönigreich Peru Stück für Stück zu konsolidieren begann, so erweist sich hieran ein doch vielleicht entscheidender Umstand. Denn gerade durch die räumliche und zeitliche Distanz zum Cuzco seiner Jugend *hindurch* bedingt Garcilasos Leben, das sich selbst der kriegerischen Expansion der Spanier in der ersten Phase beschleunigter Globalisierung verdankt, jene Einsicht in die Möglichkeit, ja die unumstößliche Notwendigkeit, ein polyperspektivisches Geschichtsbild zu entwickeln, das freilich in der Folge immer wieder zum Gegenstand vehementester Angriffe wurde. Dies darf uns nicht verwundern, brachte der ‚Inka' doch etwas Neues in die Geschichtsschreibung ein: ein Denken aus mehreren Perspektiven, die nur in ihrer wechselseitigen Ergänzung ein dem Gegenstande adäquates Gesamtbild ergeben.

So überrascht es im Lichte der hier vorgetragenen Überlegungen nicht, dass Garcilaso de la Vega el Inca zu einem Hauptangriffsziel von Cornelius de

Pauw wurde,[13] der die unbedingte Logik seiner Sicht der europäischen Zivilisation nicht durch die aus seinem Blickwinkel unerhörte Behauptung gefährdet sehen wollte, die Geschichte der Amerikaner (im Sinne der indigenen Bevölkerung Amerikas) könne mit der abendländischen Antike vergleichbar sein, ja mit ihr rivalisieren. Für den in Amsterdam geborenen de Pauw konnte nicht sein, was nicht sein durfte: eine Betrachtung der Geschichte Europas und Amerikas auf Augenhöhe!

Und doch sollte Francisco Javier Clavijero in seinem italienischen Exil nur wenige Jahre später, im Jahre 1780 und damit im Kern der zweiten Phase beschleunigter Globalisierung, aus neuspanischer Sicht eine Geschichtsschreibung vorlegen, die – auf einer Reihe von Vorläufern beruhend – eine *Storia Antica del Messico*, folglich eine Geschichte des alten, des antiken Mexico[14] entwickelte. Wir haben wesentliche Elemente seiner Sichtweise der amerikanischen Geschichte vor Columbus und Cortés in unserer Vorlesung bereits gesehen. Alle Kritik von Seiten europäischer Autoren an den *Comentarios Reales* konnte ohnedies nichts an der Tatsache ändern, dass dieses Werk die eigentliche literarische und intellektuelle Krönung von Inca Garcilasos Leben blieb und zweifellos bis in unsere Gegenwart hineinwirkt. Denn Garcilaso de la Vega el Inca steht stellvertretend für ein Denken, das zutiefst transareal, polylogisch und polyperspektivisch ist.

Aus dem ungeheuren transandinen Feld, das die *Comentarios Reales* eröffnen, sei an dieser Stelle unserer Überlegungen ein weiterer wichtiger Punkt herausgegriffen, der für unsere Vorlesung von Bedeutung ist. Eine Passage aus dem neunzehnten Kapitel dieses schillernden Werkes verdeutlicht das Bemühen des ‚Inka', sich gleichsam in den beweglichen Knotenpunkt von Informationsflüssen zu setzen, um aus dieser mobilen Position heraus (s)eine eigene Vision, eine eigene (Er-)Findung Amerikas zu entfalten. Einmal mehr geht es dabei um die Legitimierung des eigenen Wissens wie um die Überlegenheit der eigenen Bewegungs-Position, verdeutlicht der Verfasser der *Comentarios Reales* doch im Folgenden auf eindrucksvolle Weise, wie er die Informationen für seine Vision (und Version) der Geschichte sammelte:

---

13 Vgl. Ette, Ottmar: Die Berliner Debatte um die Neue Welt. Globalisierung aus der Perspektive der europäischen Aufklärung. Zur Wirkungsgeschichte vgl. des weiteren auch Castro Morales, Belén: Humboldt y el Inca Garcilaso de la Vega: un encuentro poético en Cajamarca. In: Cuesta Domingo, Mariano / Rebok, Sandra (Hg.): *Alexander von Humboldt. Estancia en España y viaje americano.* Madrid: CSIC 2008, S. 241–256.

14 Vgl. das zunächst im italienischen Exil in italienischer Sprache erschienene Werk von Clavijero, Francisco Javier: *Storia Antica del Messico.* 4 Bde. Cesena: Gregorio Biasani 1780. Siehe hierzu auch Ette, Ottmar: *TransArea. Eine literarische Globalisierungsgeschichte*, S. 105–112.

Alles in allem sage ich, dass sie mir Kunde gaben von allem, was sie in ihrer Republik hatten; dass wenn ich diese schriebe, dann wäre diese Geschichte umfangreicher. Über das hinaus, was mir die Indios gesagt haben, erreichte ich und sah ich mit meinen eigenen Augen einen großen Teil jener Götzenanbetung, ihre Feste und ihren Aberglauben, die selbst in meinen Zeiten, bis ich in einem Alter von zwölf oder dreizehn Jahren war, noch nicht gänzlich zu Ende gegangen waren. Ich wurde acht Jahre, nachdem die Spanier mein Land gewannen, geboren und, wie ich bereits sagte, wuchs dort bis zum Alter von zwanzig Jahren auf, und so sah ich viele Dinge von denen, welche die Indios unter ihren Leuten taten, und von denen ich erzählen und dabei betonen werde, dass ich sie sah. Ohne die Berichte, welche meine Verwandten mir zu den besagten Dingen gaben, und ohne das, was ich sah, habe ich viele andere Berichte über die Eroberungen und Ereignisse jener Könige zur Kenntnis genommen; denn als ich mir später vornahm, diese Geschichte niederzuschreiben, da schrieb ich den Mitschülern der Grammatikschule, indem ich ihnen den Auftrag gab, dass mir ein jeder mit dem Bericht helfe, den er von den jeweiligen Eroberungen machen könne, welche die Inkas von den Provinzen ihrer Mütter gemacht; weil jede Provinz ihre Zählungen und Knoten mit ihren Geschichten, Annalen und ihren jeweiligen Überlieferungen besitzt; und auf diese Weise behält sie besser, was in ihr vorgegangen ist, als das, was in fremden vor sich ging.[15]

Diese Passage belegt, wie mobil die Position des Garcilaso de la Vega el Inca gegenüber der Geschichte des Inkareiches ist und wie sehr er sich darum bemüht, unterschiedlichste Quellen in seiner *Historia* zum Sprechen zu bringen. Aus der doppelten Innerhalb- und Außerhalbbefindlichkeit der Ich-Figur gegenüber „los indios" wie gegenüber „los españoles" entfaltet der Autor eine ständige Bewegung der Informationsbeschaffung von allen Seiten. Seine Geschichte sollte nicht nur umfangreich, sondern vielperspektivisch sein, indem sie sich um unterschiedlichste Blickpunkte bemüht.

Dabei spielen die mündlichen Berichte der Mitglieder seiner eigenen Familie, die Zugang zum Herrschaftswissen der inkaischen Elite besaß, ebenso eine bedeutsame Rolle wie der geschickte Rückgriff auf die spanische Geschichtsschreibung seiner Zeit; ebenso sind die mündlichen Erzählungen und in nichtalphabetischer Schrift („nudos") abgefassten Informationen[16] wie die Berichte all jener Mitschüler und Zeitgenossen von Gewicht, die der Inka Garcilaso gleichsam als seine Gewährsmänner anschrieb und vergleichbar mit Korrespondenten aus

---

15 Garcilaso de la Vega el Inca: *Comentarios reales*, Bd. 1, S. 45.
16 Vgl. No, Song: La oralidad garcilasista en los Comentarios reales de los Incas. In: *Perspectivas Latinoamericanas* (Nagoya) 3 (2006), S. 161–172; Mazzotti, Juan Antonio: *Coros mestizos del Inca Garcilaso: resonancias andinas*. México: Fondo de Cultura Económica 1996; Sempat Assadourian, Carlos: Narrative Accounting and Memory According to the Colonial Sources. In: Quilter, Jeffrey / Urton, Gary (Hg.): *Narrative Threads: Accounting and Recounting in Andean Khipu*. Austin: University of Texas Press 2002, S. 119–150; Urton, Gary: Recording Signs in Narrative-Accounting Khipu. In: Quilter, Jeffrey / Urton, Gary (Hg.): *Narrative Threads*, S. 171–196.

der Ferne für seine in Spanien niedergeschriebene Geschichte arbeiten ließ. Diese sollten sich bemühen, aus den jeweiligen Provinzen des Reiches, aus denen sie stammten, die entsprechenden Informationen zu sammeln, da man vor Ort, so Garcilaso, wesentlich genauere Kenntnis von den historischen Ereignissen gehabt habe als in der Hauptstadt des damaligen Reiches der Inkas.

Doch Garcilaso de la Vega el Inca betont, dass er auch von vielen Dingen als Augenzeuge berichten könne – selbst von der inkaischen Religion, die er notwendigerweise als Götzendienst bezeichnen muss, der er aber auf den Seiten seiner *Historia* breiten Raum gibt. Zu den unterschiedlichsten Tradierungswegen sowie den verschiedenen Formen von Mündlichkeit und Schriftlichkeit kommt so die immer wieder herausgestellte Augenzeugenschaft hinzu, welche der Dimension des Selbst-Gehörten die vielleicht noch wichtigere des Selbst-Gesehenen an die Seite stellt. Der große Reichtum an Beobachtungen aus dem Alltagsleben, der die Schriften Garcilasos, vor allem aber seine *Comentarios Reales* auszeichnet, vermittelt dem Schreiben dieses Autors ein Höchstmaß an Lebendigkeit, da sich seine Texte immer wieder auf das Erlebte und Gelebte beziehen. Der Interaktion mit seinen Verwandten, die ihn in die Kultur seines Heimatlandes einführten, kommt dabei zusammen mit der ganz anderen Tradition der spanischen „escuela y gramática" eine wichtige, vielleicht sogar entscheidende Rolle zu, was sein Verständnis von Sitten und Riten der Inkas angeht.

Die hier nur in gedrängter Form geschilderten Informationsflüsse lassen so die transareale Landschaft eines Wissens entstehen, das auf keine Art stabiler Territorialität reduziert werden könnte. Garcilaso de la Vega el Inca ist weit davon entfernt, in seinem eigenen Schreiben Hierarchien von Informationsquellen einzuführen, auch wenn er – wie wir in seinem Vorwort sahen – die Autorität der spanischen Geschichtsschreiber formal anerkennen und seine eigene *Geschichte* auf den Status von ‚Kommentaren' und ‚Glossen' reduzieren muss. Doch lässt sich diese Position aus heutiger Sicht leicht als diskursive Vorsichtsmaßnahme und als Teil seines stark ausgeprägten Überlebenswissens in der spanischen Gesellschaft, in der Gesellschaft der Sieger also, verstehen.

Es ist im Übrigen interessant und aufschlussreich, dass selbst bei Garcilaso de la Vega el Inca das Wunderbare als Beschreibungskategorie keineswegs fehlt. Das Wunderbare entstand in den Amerikas entweder aus der völligen Fremdartigkeit des Anderen oder aber aus der ‚Vermarktung', der interessierten Darstellung dieses Fremdartigen für eine mit diesem nicht vertraute Leserschaft. Das ist noch heute, wenn Sie mir die Bemerkung gestatten, in der Touristikwerbung zumindest im Westen im Grunde nicht sehr viel anders, geht es doch darum, dieses ‚Wunderbare' käuflich an den Mann oder an die Frau zu bringen.

Beim Inka Garcilaso de la Vega liegen die Dinge selbstverständlich anders, dringt hier doch unverkennbar der Stolz des Mestizen, der sich auch als Teil der indigenen kulturellen Traditionen weiß, aus allen seinen Zeilen. Ich möchte Ihnen als letztes Zitat zu Garcilaso ein Beispiel aus dem einundzwanzigsten Kapitel präsentieren, in dem es um die großen inkaischen Bauten in Cuzco geht:

> Wunderbare Bauten errichteten die Inkas, die Könige von Peru, im Bereich der Festungen und Tempel, der königlichen Häuser und Gärten, der Brunnen und der Wege sowie anderen Fabriken von großer Exzellenz, wie sich noch heute an den Ruinen zeigt, welche von diesen Bauten übrig blieben; obwohl man wegen der Bindemittel schlecht sehen kann, was das ganze Bauwerk war.
>
> Das größte und kühnste Werk, das sie aufführen ließen, um ihre Macht und Majestät zu zeigen, war die Festung von Cuzco, deren Größenverhältnisse für alle, die sie nicht gesehen, unglaublich scheinen, und sie lassen denjenigen, der sie sah und aufmerksam betrachtete, sich vorstellen und sogar glauben, dass sie auf dem Wege der Verzauberung entstanden und dass sie von Dämonen und nicht von Menschen errichtet wurden [...].[17]

Diese Passage belegt einmal mehr den großen Stolz des Mestizen auf die Vergangenheit der indigenen Hochkulturen seines Herkunftsraumes. Dieser Stolz kann sich an dieser Stelle auf sehr konkrete und erhaltene Bauwerke beziehen und gleichsam am Bauobjekt vorführen, wie entwickelt doch die Technik und wie bedeutend das Staatswesen war, welche die inkaische Kultur in Amerika entfaltet hatten. Das Wunderbare wird in diesem Zusammenhang aus europäischer Dimension und für den europäischen Blick dargestellt. Zugleich bedeutet es aber auch das Einrücken dieser Zeugnisse der inkaischen Zivilisation in die Reihe nicht allein der großen Bauwerke der Antike, sondern auch der großen Wunder dieser Erde.

Auch wenn dies Garcilaso de la Vega el Inca an keiner Stelle seiner *Comentarios Reales* explizit einfordert: Er fügt den Weltwundern der abendländischen Antike zweifellos ein achtes Weltwunder hinzu, das sich diesmal auf amerikanischem Boden befindet und einer amerikanischen Hochkultur entstammt. Mit diesem Stolz des Amerikaners auf die eigene indigene Zivilisation verbindet sich aber eine generelle Entwicklung, die in der Tat im weiteren Verlauf der Kolonialgeschichte und spätestens seit Anfang des 17. Jahrhunderts zu einer wachsenden Identifikation nun auch der Kreolen mit dem amerikanischen Raum führte, und dies so sehr, dass etwa in Neuspanien seit diesem Zeitpunkt der später noch so wichtige Ausdruck „Nuestra América" eine wachsende Identifikation mit Amerika bezeugt.

---

17 Garcilaso de la Vega el Inca: *Comentarios reales*, Bd. 1, S. 82.

Diese Identifikation führt zu einer neuen Basis für ein sich entwickelndes Selbstbewusstsein, das zweifellos hybride Züge enthält und entfaltet, zugleich aber nun in einen Raum des Eigenen integriert ist. Es entwickelt sich das, was wir als eine ‚amerikanische Identität' bezeichnen könnten, wäre der Begriff der Identität nicht so ungeheuer statisch aufgeladen und würde er nicht seit langem von politischen Ideologien vielerlei Couleur – und hauptsächlich der politischen Ultrarechten – gekapert.

Dieses wachsende Selbstbewusstsein lässt sich im Grunde in allen Bereichen des spanischen Kolonialreichs beobachten, am stärksten vielleicht aber just an jenen Orten, wo die verschiedenen Bevölkerungsgruppen auf eine eigenständige und hohe vorspanische Kulturentwicklung hinweisen konnten. Dies gilt in ganz besonderem Maße für die Vizekönigreiche Neuspanien und Peru sowie für jene vizeköniglichen Höfe, die sich in den Hauptstädten oder – wie es damals auch hieß – „cabezas" des Kolonialreiches befanden.

Es scheint mir vor diesem Hintergrund wichtig zu sein, diese weitere Entwicklung gerade auch im Bereich der Literaturen und des sich immer deutlicher herausbildenden literarischen Feldes nachzuvollziehen, ist diese Entwicklung – die hier freilich nur punktuell und exemplarisch erwähnt und angeführt werden kann – doch in hohem Maße mitbeteiligt an der Ausprägung und Ausbildung eines eigenen amerikanischen Selbstwertgefühls und eines wachsenden Nationalbewusstseins, das dann schließlich zu Beginn des 19. Jahrhunderts zu all jenen Bewegungen führen sollte, die wir als „Independencia" zu bezeichnen pflegen und die nunmehr ganz Hispanoamerika als eine Einheit erscheinen ließen. Bei einer genaueren Analyse, die wir in einer anderen Vorlesung vornehmen konnten und auf die ich hier nur verweise,[18] würde deutlich werden, dass es sich hierbei um eine hochgradig heterogene Einheit handelte, innerhalb derer rasch neue Grenzziehungen um sich griffen. Die Literatur als zentrales Medium der Selbstvergewisserung und der Selbstbestimmung war ein Vehikel, aber auch ein wichtiger Impulsgeber für diese aus damaliger Sicht künftige Entwicklung Spanisch-Amerikas.

Doch kehren wir ein letztes Mal zurück zur faszinierenden Figur des Garcilaso de la Vega el Inca! Gerade weil die Biographeme der Ich-Figur sich in den *Comentarios Reales* auf beide Seiten des Atlantiks – auf die Anden wie auf Andalusien – beziehen, finden sich geradezu notwendig auch Zirkulationen eines Wissens, das transandine Bewegungs- und Denkräume eröffnet. Das Autobiographische verknüpft sich unentwirrbar mit dem Historiographischen – das

---

[18] Vgl. hierzu den fünften Band der Reihe „Aula" in Ette, Ottmar: *Romantik zwischen zwei Welten* (2021), S. 251–492.

Schreiben der Geschichte Perus und das Schreiben des eigenen Lebens sind auf fundamentale Weise miteinander verbunden und entfalten aus der transarealen Bewegung einen transandinen Raum, dessen Konstruktion ohne diese Choreographien gewiss nicht möglich gewesen wäre. Im Medium des Schreibens entstehen Innenansichten der andinen Welt, die wiederum ohne die kontrastreiche Außenposition gerade auch im Spannungsfeld von arabischer und jüdischer Kultur nicht denkbar gewesen wären. All diese Positionen werden durch den Akt des Schreibens in eine unablässige Bewegung versetzt. Sie alle in einem letzten Text in der Capilla de las Animas in der Mezquita-Catedral von Córdoba zusammengeführt zu haben, bezeichnet eine letzte List und sicherlich auch eine letzte Lust des in Cuzco Geborenen.

Eines ist gewiss: Der ‚Inka' Garcilaso de la Vega hätte als letzte Ruhestätte keinen besseren Bewegungs-Ort wählen können, um die anzustrebende Konvivenz der Kulturen zum Ausdruck zu bringen. Denn mit seiner transkulturellen Sicht- und Schreibweise inauguriert er eine neue und wegweisende Art der Geschichtsbetrachtung der Amerikas, welche im Grunde einer Neu-Erfindung dieses Kontinents und seiner verschiedenartigen Kulturen gleichkommt. Garcilaso de la Vega el Inca zählt zu den wirklich Großen in der Geschichte der amerikanischen Literaturen, erfand er doch eine neue und spezifisch amerikanische Sichtweise jener Welt, die Christoph Columbus zugleich entdeckt und verdeckt hatte.

Michel de Montaigne oder die Versuche eines selbstkritischen Umdenkens

Fray Bartolomé de las Casas war nicht der einzige, der die Mordtaten der spanischen Eroberer vehement angriff, sich gegen die Ausplünderung der indigenen Bevölkerung durch neue spanische Feudalherren aussprach und für eine prinzipielle Aufwertung indigener Kulturen stark machte. Wir haben bei dem in Cuzco geborenen Mestizen Garcilaso de la Vega el Inca gesehen, dass so etwas wie eine Konvivenz der Kulturen, wie sie sich in seiner Capilla de las Animas in der Moschee und Kathedrale zu Córdoba ausdrückt, an der Wende vom 16. zum 17. Jahrhundert denkbar wurde. Wie aber verliefen die Debatten über die Neue Welt, deren Bewohner und Kulturen bei den Iberern und – in einem allgemeinen Sinne – bei den Europäern?

Auch unter letzteren gab es schon früh Gegenstimmen gegen die einseitige Verurteilung der indigenen Kulturen. Wir finden diese gewiss minoritären Stimmen insbesondere unter jenen Europäern, die sich mit den Schriften über die außereuropäische Expansion Europas juristisch, literarisch und philosophisch beschäftigten und mit Blick auf ihre eigene abendländische Kultur selbstkritisch auseinandersetzten. Die gewichtigste dieser Gegenstimmen war sicherlich jene des Franzosen Michel de Montaigne, der sich in seinen *Essais* mehrfach mit der Frage einer außereuropäischen, in Amerika angesiedelten Alterität beschäftigte.

Gewiss waren diese Fragen lediglich ein marginales Thema innerhalb der Gesamtheit seiner *Essais*;[1] doch sie stellen höchst aussagekräftige Zeugnisse eines offenen, kritischen Denkens in Europa und von Europäern dar, Zeugnisse, die lange Zeit überhört wurden. Um die Äußerungen Michel de Montaignes in seinen *Essais* adäquat verstehen zu können, ist es notwendig, Ihnen an dieser Stelle unserer Vorlesung einige wenige Erläuterungen zu dieser neuen Gattung an die Hand zu geben, mit Blick auf diese *Versuche*, die Montaigne berühmt machten. Sie schufen eine neue Form des Schreibens, führten zugleich aber eine originelle Form der Selbstreflexion ein, welche bis heute – und nicht zuletzt in den Amerikas – von größter Bedeutung ist und Montaigne ebenso wie Garcilaso de la Vega el Inca als einen Vorläufer des Denkens in verschiedenen Logiken zugleich ausweisen.

Das literarisch-philosophische Hauptwerk von Michel Eyquem, Seigneur de Montaigne erschien in der ersten Ausgabe mit insgesamt vierundneunzig Kapi-

---

1 Vgl. Montaigne, Michel de: *Essais. Livres I–III*. Paris: Garnier-Flammarion 1969–1979.

teln in zwei Büchern im Jahr 1580, also zu einer Zeit, in der Garcilaso bereits an seinen literarischen Werken arbeitete. Während die nächsten Auflagen nur geringfügige Veränderungen enthielten, bietet die fünfte Auflage aus dem Jahr 1588 zahlreiche neue Essais in einem dritten Buch sowie einige zum Teil sinnverändernde Korrekturen und Zusätze zu den schon vorhandenen Essais. Montaignes *Versuche* waren folglich keineswegs ein für alle Mal abgeschlossenes Werk, sondern veränderten sich stetig und zeigten diese unabschließbare Bewegung, diese hochgradige Mobilität auch deutlich an.

Abb. 48: Thomas de Leu: Portrait des Michel de Montaigne (1533–1592), um 1578.

Bis zu seinem Tode am 13. September 1592 auf Schloss Montaigne trug der Seigneur de Montaigne in seinem eigenen Handexemplar weitere Veränderungen, Verbesserungen und Ergänzungen ein. Die letzte Fassung der *Essais* mit insgesamt einhundertsieben Kapiteln veröffentlichte seine Adoptivtochter Marie de Gournay posthum im Jahr 1595. Erst die kritische Ausgabe von Pierre Villey ermöglichte 1922 den genauen, philologisch präzise überprüfbaren Vergleich der drei Fassungen, deren erhebliche Divergenzen Montaignes geistige, literarisch-philosophische und stilistische Beweglichkeit, aber auch seine Abneigung gegen jede endgültige Fixierung seiner Gedanken verraten. Die Offenheit der *Essais* ist in jeglicher Hinsicht radikal.

Gegenstand der ab 1572 – dem Jahr der historisch für Frankreich so bedeutsamen Bartholomäus-Nacht – über einen Zeitraum von zweiundzwanzig Jahren verfassten Betrachtungen sind nahezu alle sittlichen Fragen, die den damaligen Menschen beschäftigen und vielleicht mehr noch *bewegen*. Seine Tugenden und Laster, seine Stärken und Schwächen als individuelles wie als soziales Wesen wie auch die Formen und Normen, Traditionen, Einrichtungen oder Gesetze, die ein geordnetes Zusammenleben in der Familie, in der Gemeinde und im entstehenden Nationalstaat schaffen und damit die Grundlagen einer gedeihlichen Konvivenz bilden und aufrechterhalten, stellen wesentliche Gegenstände dieser viellogischen *Versuche* dar.

Es ist noch heute faszinierend, in das Universum des Michel de Montaigne einzudringen und sich mit einer intensiven Lektüre einzelner *Essais* zu beschäftigen. Gerne erinnere ich mich an ungeheuer intensive Sitzungen eines

Seminars des Schweizer Romanisten Hans Staub zu den *Essais*, in dem der Seminarleiter immer wieder tief durchatmete und nach dem von ihm oder von Studierenden Gesagten minutenlang schwieg. Man musste sich daran gewöhnen, denn dieses Schweigen war nicht bequem, sondern förderte – wie auch in Hans Staubs Doktorandenseminaren in seiner häuslichen Wohnung – eine offene, bisweilen schonungslose Auseinandersetzung. Selten blieb dieses Schweigen stumm! Ich behaupte damit nicht, dass ich dieses Schweigen als Idealform eines Seminars betrachten würde; aber es zeigte doch verlässlich an, mit welcher Geschwindigkeit oder besser: mit welcher behutsamen Langsamkeit[2] man diese zerbrechlichen, in ihrer Denkoffenheit radikalen ‚Stücke' dieses großen französischen Schriftstellers noch immer lesen muss. Nicht immer sind die heutigen akademischen Strukturen der nun lange schon funktionierenden Bologna-Universität[3] und die universitären Sozialisierungen vieler Studierender für eine derartige vorsichtige Tast-Leistung zur Erkundung vieldeutiger Text- und Denkstrukturen gemacht.

Ich spreche mit guten Gründen von einem Universum, in das man sich beim Aufschlagen der *Essais* ohne Zweifel einlässt. Die Vielfalt der Themen ist schon deswegen überraschend und sogar verwirrend, weil die verschiedenartigsten Themenstellungen und Problematiken ohne jede erkennbare Ordnung behandelt werden und scheinbar willkürlich in separate Kapitel aufgeteilt sind, welche wiederum in offenbar beliebiger Reihenfolge zusammengestellt wurden. Wer soll sich in diesem Text-Labyrinth von Borgesianischer Güte zurechtfinden? Vielleicht könnte man auf Montaignes *Essais* das münzen, was Humboldts Freund François Arago über den preußischen Natur- und Kulturforscher sagte: Dieser wisse nämlich nicht, wie man ein Buch mache, denn alles gehe in den seinen drunter und drüber und besitze keinen wirklichen Rahmen. Es war schon immer schwer, eine radikale Komplexität zu begreifen und anzuerkennen, dass man für ein vielschichtiges und vieldeutiges Denken auch komplexe und viellogische literarische Formen finden muss.

So bewegen wir uns in den Texten Montaignes wie in einem ‚Wirrgarten', in welchem wir auf alles Mögliche stoßen – und in erster Linie auf das, was wir hier nicht erwartet hätten: Literarisches, Alltägliches, Naheliegendes und Sonderbares steht bunt gemischt nebeneinander und verbindet sich mit Philosophischem,

---

2 Vgl. hierzu Ette, Ottmar: Veloziferische Exzellenzen. In: *Lettre International* (Berlin) 97 (Sommer 2012), S. 124–125.
3 Vgl. hierzu Ette, Ottmar: Exzellenz(en), velociferische. Zum Bestiarium blendender Bologna-Eliten. In: Horst, Johanna-Charlotte / Kaulbarsch, Vera / Kreuzmair, Elias / Kuhn, Léa / Severin, Tillmann / Tkachenko, Kyrylo (Hg.): *Unbedingte Universitäten. Bologna-Bestiarium*. Zürich – Berlin: diaphanes 2013, S. 105–110.

Apodiktischem, Anekdotischem oder literarischen Kurz- und Kürzestformen. Die Überschriften sagen im Allgemeinen nicht viel über den Inhalt der einzelnen Kapitel aus und verwirren die geneigte Leserschaft mehr, als dass sie ihr Halt und Orientierung gäben. Das ist nicht etwa ein Betriebsunfall des Montaigne'schen Schreibens, sondern durchaus intendiert und absichtsvoll.

Doch auch hier gibt es wieder Ausnahmen. Denn manche Essai-Überschriften verraten die Absicht des Autors – zum Beispiel „Von der Unsicherheit unserer Urteile" oder „Von der Eitelkeit der Worte" – und einige enthalten bereits die Quintessenz des Essays, zum Beispiel „Philosophieren heißt lernen wie man stirbt". Im zweiten Buch werden die Überschriften deutlich kürzer und allgemeiner, zum Beispiel „Von Büchern", „Über das Gewissen" oder „Über die Tugend". Ob Michel de Montaigne aber nun über Kindererziehung schreibt oder von der Absurdität der Folter, über die klassischen Redner oder über die Trunksucht: Er lässt sich von seinen Bewegungen treiben, von Einfall zu Einfall hüpfend, zitiert viel und resümiert geschichtliche, gesellschaftliche oder philosophische Entwicklungen. Vor allem aber unterbricht er den logischen Gedankengang immer wieder, um von sich selbst zu erzählen. Diese Unterbrechungen des logischen Gedankenganges bewerkstelligen es, eine bestimmte Logik zu durchbrechen und andere Logiken miteinzubeziehen. „Ich selbst", so bekennt Michel de Montaigne, „bin der einzige Inhalt meines Buches". Und natürlich stimmt auch dieser Satz nicht vollständig, denn Montaigne meint ihn ernst und entwirft zugleich ein ganzes Universum viellogischer Relationen.

Im *Versuch* „Über die Kannibalen",[4] die vermeintlichen ‚Barbaren der Neuen Welt', verteidigt er – mit einer gewissen Vorläuferschaft gegenüber Jean-Jacques Rousseau[5] – die ‚Wilden', die im Urzustand leben und bei denen die Gesetze der Natur noch Geltung haben. Dieser *Essai* mit der französischen Überschrift „Des cannibales" zeigt den vorurteilsfreien Geist des französischen Schriftsteller-Philosophen und verdeutlicht, dass er sich – ganz wie dies ein Albrecht Dürer tat – anderen, ihm gänzlich unbekannten Kulturen unvoreingenommen anzunähern versteht: „Wir haben den Reichtum und die Schönheit ihrer Werke durch unsere Empfindungen so überdeckt, dass wir sie vollständig erstickt haben." Die Europäer stehen diesen indigenen Kulturen also nicht einfach als unbeteiligte Beobachter gegenüber, sondern haben sie bereits durch ihre Wahrnehmung und durch ihre Absichten so verändert, dass diese zu keinem normalen Atmen, zu keinem gewohnten Leben mehr fähig sind.

---

4 Montaigne, Michel de: *Essais*, Bd. 1, S. 30.
5 Vgl. zum Denken dieses Genfer Aufklärers ebenso die Bände 2 wie 4 der Reihe „Aula" in Ette, Ottmar: *LiebeLesen* (2020), S. 346 ff. und *Romantik zwischen zwei Welten* (2021), S. 7 ff.

In diesem *Essai* geht Montaigne von allgemeinen Betrachtungen aus und verknüpft sie mit der Tatsache, dass er für längere Zeit Bekanntschaft mit einem Mann hatte, der für zehn oder zwölf Jahre an jenem Kolonisationsprojekt der Franzosen teilgenommen hatte, das für die Geschichte des Kulturkontakts mit den Eingeborenen der Tupí-Indianer in Brasilien von so großer Bedeutung ist. Gerne würde ich in dieser Vorlesung noch auf dieses französische Vorhaben von Villegaignon und der *France Antarctique* zu sprechen kommen. Doch fürchte ich, den Rahmen unserer Vorlesung nun deutlich zu sprengen, so dass ich es leider bevorzugen muss, mich der indigenen Welt Brasiliens mit Hilfe der Texte von Hans Staden anzunähern.

An diese Bekanntschaft und an dieses letztlich gescheiterte Kolonisierungsvorhaben der Franzosen schließen sich bei Montaigne noch für uns heute im höchsten Maße aktuelle sozialkritische und mehr noch kulturkritische Überlegungen an, die ich Ihnen nicht vorenthalten will. Sie zeigen sehr klar, was im Europa des 16. Jahrhunderts mit Blick auf die Neue Welt und auf andere Kulturen bereits gedacht werden konnte und wie sehr es irreführend wäre, eine profunde Infragestellung der Kolonialkritik, aber mehr noch der eigenen Zivilisationskritik allein späteren Jahrhunderten zuzuschreiben.

Richtig ist freilich, dass derartige Stimmen, welche die Barbarei der eigenen Zivilisation ins Blickfeld zu nehmen wagten, stets minoritär waren. Dies ist im 16. Jahrhundert bei Michel de Montaigne in etwa so, wie es im 19. Jahrhundert bei Alexander von Humboldt war: Jene Stimmen bildeten niemals die Mehrheit. Nein, die Annahme einer tiefgreifenden Infragestellung der europäisch-abendländischen Zivilisation ist keineswegs das Werk von Denkern der Postmoderne, sondern erschließt sich unter gewiss anderen Vorzeichen bereits im Jahrhundert der Eroberung der indigenen Hochkulturen in Mexiko und Peru! Es gibt in dieser Frage in Europa eine durchgängige, aber teilweise stark verschüttete Tradition. Aufgabe einer kritischen Philologie muss es sein, derartige Stimmen wieder zu Gehör zu bringen.

Die *Essais* des Michel de Montaigne, diese *Versuche* in einem eigenständigen, beweglichen, viellogischen Denken gehören in diese kostbare Tradition. In Bezug auf die Wahrnehmung dieser anderen Welt, wie Montaigne sagt, die man in unserem Jahrhundert entdeckte, fügte er sogleich hinzu:

> Ich fürchte, dass unsere Augen größer sind als unser Magen, und dass wir mehr Neugierde als Befähigung besitzen. Wir werfen uns auf alles, doch in unseren Händen bleibt nur Wind. [...]
>
> Dieser Mann, den ich hatte, war ein einfacher und grobschlächtiger Mann, was eine eigentliche Bedingung dafür ist, ein wahrhaftiges Zeugnis abzulegen; denn die feinen Leute bemerken neugierig mehr und zahlreichere Dinge, doch sie versehen diese mit ihren Glossen; und um ihre Interpretation in Wert zu setzen und von ihr zu überzeugen,

können sie sich nicht zurückhalten, die *Geschichte* ein wenig zu verändern; sie stellen einem niemals die Dinge rein dar, sondern beugen und maskieren sie, gemäß des Antlitzes, das sie davon gesehen [...]. So begnüge ich mich mit dieser Information, ohne noch zu ergründen, was die Kosmographen davon halten.[6]

Diese Überlegungen von Montaigne sind höchst interessant, behandeln sie im ersten Teil dieses Auszuges doch zunächst einmal das Problem, dass wir zur Wahrnehmung von Alterität, von Fremdheit vielleicht nicht aufnahmefähig genug sind und dass uns hierfür die Voraussetzungen fehlen. Wenn bei den Europäern aber die *concupiscentia* der Augen weit größer ist als das, was ihr Bauch – auch mit Blick auf die Berichte über Kannibalen – zu verdauen vermag, dann gelte es, mit äußerster Vorsicht zur Kenntnis zu nehmen, was gerade aus gebildeter (und daher stark mit Vorwissen ausgestatteter) europäischer Sicht über die Anthropophagen gesagt werde. Wir bemühen uns, alles Mögliche zu erfahren und zu erfassen, vermögen aber nichts festzuhalten und wirklich zu ergründen, weil uns dafür die notwendige Kapazität, das notwendige Fassungsvermögen fehlt. Unser Hunger nach Neuem ist also wesentlich größer als unsere Voraussetzungen dafür, diesem Neuen und uns noch Unbekannten dann entsprechend gewachsen zu sein. Alles zergleitet uns zwischen den Fingern, und von allen Dingen bleibt uns nur Luft.

Im zweiten Teil des obigen Zitats kommt Michel de Montaigne dann auf seine Informationsquellen zu sprechen, die gerade *nicht* die Gebildeten und die ‚feinen Leute' sind, da diese ständig alles in ihrem Sinne und nach ihren bisherigen Kenntnissen umdeuten, mithin ihr Vorwissen in die Betrachtung des noch Unbekannten einfließen lassen und damit alles leicht verändern und nach ihrem Gusto hinbiegen. Seine Informationsquellen sind vielmehr die einfachen Leute, die sich als Zeugen und Augenzeugen am besten eigneten. Sie sind nicht in ständiger Versuchung, das vorab Erfundene auf alle möglichen Dinge zu projizieren.

Sie sehen, wir sind an diesem Punkt bei der zentralen Problematik unserer Vorlesung! Inwieweit stehen nämlich das Erfundene und das Vorgefundene miteinander in einer wechselseitigen Beziehung und wovon hängt dieses Verhältnis ab? Wollten wir Montaignes Beobachtung auf einen Christoph Columbus anwenden, der zweifellos zu den Gebildeten und in diesem Sinne zu den „fines gens" und den Kosmographen gehörte, von denen Montaigne spricht, dann dürften wir nicht ihn selbst, sondern einen seiner ungebildeten Seeleute und Matrosen fragen, damit dieser uns als Augenzeuge der Ereignisse vom Ge-

---

6 Montaigne, Michel de: *Essais*, Bd. 1, S. 251.

schehenen berichte, ohne noch das von ihm Erfundene oder vorab Gelesene der Geschichte beizumengen.

Gerade den Kosmographen scheint Montaigne nicht gewogen zu sein und nicht sehr zu trauen; eine Tatsache, die zwar diesem Berufsstand nicht ganz gerecht wird, gleichwohl aber in gewisser Weise zutreffend ist, da in der Tat noch die verschiedensten alten Traditionen in der Literatur wie auf den Karten herumspuken. Man könnte auch sagen, dass Montaigne einem gebildeten Wissen misstraut – wenn sie so wollen einem akademischen Wissen –, da es stets in die Beobachtung viel vorweg Gedachtes und Gelesenes mischt. Michel de Montaigne jedoch würde am liebsten möglichst direkte Informationen über diese Neue Welt und deren indigene Bewohner erhalten, ohne dass diese Informationen schon mit dem Vorgewussten vermischt wären.

Allein diese Tatsache schon weist auf die möglichst vorurteilsfreie Herangehensweise des französischen Denkers an Fragen der Auseinandersetzung mit anderen Kulturen, versucht er doch all jene ‚Interferenzen' als störend auszuschalten, welche durch ein vorab existierendes Wissen notwendig erzeugt werden. Mit anderen Worten: Er ist sich sehr wohl bewusst, dass dieses Wissen und damit das in unserer Vorlesung bereits vielfach angesprochene *Erfundene* möglichst von ihm herausgefiltert werden müsste, um eine ‚reine' und nicht durch tradierte Sichtweisen verfälschte Wahrnehmung der Neuen Welt auswerten zu können. Aber wäre eine derartige Wahrnehmung der „choses pures" überhaupt denkbar? Wäre nicht immer schon der Blick auf das ‚Andere' ein perspektivierter, ein verfälschender, in den stets das Vorwissen der Betrachterinnen und Betrachter eingehen müsste?

Wie dem auch immer sei: Die Unvoreingenommenheit, wenn auch nicht Traditionslosigkeit seines Blickes auf eine ihm fremde Welt kommt im weiteren Verlauf dieses Versuches über die Kannibalen sehr schön und überzeugend zur Geltung. Sehen wir uns daher gemeinsam die nachfolgende Passage genauer an, die ich wie immer gleich für Sie übersetzen werde:

> Um zu meinem Gegenstande zurückzukommen, so finde ich nun, dass es nichts Barbarisches und nichts Wildes bei dieser Nation gibt, soweit man mir davon berichtet, sondern dass ein jeder Barbarei das nennt, was nicht zu seinen Gebräuchen gehört; und wie wahr will es scheinen, dass wir kein anderes Maß der Wahrheit und der Vernunft haben als Beispiel und Vorstellungen von Meinungen und Gewohnheiten aus jenem Land, in welchem wir uns befinden. Dort findet sich immer die vollkommene Religion, die vollkommene Ordnung, der vollkommene und vollendete Gebrauch von allen Dingen. [...]
>
> Denn mir scheint, dass das, was wir aus Erfahrung in jenen Nationen sehen, nicht nur alle Gemälde übertrifft, welche die Dichtkunst mit dem Goldenen Zeitalter und allen ihren Erfindungen verschönert hat, um uns eine glückliche Seinsweise des Menschen vorzugaukeln, sondern auch Begriff und Begehren selbst der Philosophie. Sie haben eine so reine und einfache Naivität nicht imaginieren können, wie wir sie aus Erfahrung sehen;

und sie haben nicht glauben können, dass unsere Gesellschaft sich mit so wenig Kunstfertigkeit und menschlichem Zusammenhalt erhalten könne.[7]

Es ist verblüffend, wie klar und durchdacht der französische Schriftsteller die Berichte über die Neue Welt und deren Bewohner von allem Barbarischen und allem vorgeblich Wilden entkleidet und daraus eine erkenntnistheoretische Position gewinnt, welche das vorgeblich so vollkommene Eigene mit guten Gründen hinterfragt. Der Herr von Schloss Montaigne entkommt in diesen Überlegungen ganz ohne Zweifel der von Tzvetan Todorov aufgezeigten Zwickmühle, entweder das Andere als Anderes anzuerkennen und dann jeweils positiv oder zumeist negativ zu bewerten, oder aber von einer Gleichheit von Eigenem und Anderem auszugehen, welche dann zum Auslöschen der Andersheit, der Alterität des Anderen führt.

Vielmehr führt Montaigne hier – und dies ist ein entscheidender Punkt – einen die eigene Kultur und deren Vorstellungen und Gebräuche relativierenden Gedanken ein, der einen wichtigen Schritt zur Überwindung eines völlig selbstverständlich an europäischen Normen und Konventionen ausgerichteten Projektionsapparates darstellt. Er wagt in seinem *Essai* über die Kannibalen den Versuch, auf eine wahrnehmungs- und erkenntnistheoretisch begründete Weise ein kulturelle Grenzen überschreitendes Wissen vom Leben des Menschen zu formulieren, das in sich die Möglichkeiten eines Zusammenlebens in Differenz birgt.

Allen Europäern aber, die sich weit über der Stufe der Kannibalen glauben, schreibt er mit Blick auf die nicht enden wollenden Kriege und Bürgerkriege europäischer Machart seine mahnenden Worte ins Stammbuch. Er macht unmissverständlich klar, dass als das Barbarische stets das erscheint, was nicht in jenem Land vorherrscht, in welchem wir uns befinden, von wo aus wir also den Rest der Menschheit betrachten und bewerten. Damit zeigt er auf, dass unsere Bewertung des Anderen von unserem Beobachterstandpunkt und dieser von den zufällig eigenen Werten, Sitten und Gebräuchen abhängt, denen wir uns verpflichtet glauben. Denn wir glauben zwar, das Andere als mehr oder minder unbeteiligte Beobachter betrachten zu können, bemerken aber nicht, dass wir mit unserem Blickpunkt in den eigenen Werten verankert und keinesfalls bereit sind, diese Werte (und diese Perspektivik) in ihrer vermeintlich perfekten Ordnung in Frage zu stellen.

Der Begründer der Essayistik Michel de Montaigne aber stellt diese Gewissheiten radikal in Frage und mit ihnen die Bewertungen anderer Kulturen, welche seine Epoche – und nicht nur diese – auf die außereuropäischen Völker

---

[7] Ebda., Bd. 1, S. 254.

projizierte. Der Franzose des Jahres 1580 war hier weiter als viele, die über vierhundertvierzig Jahre später sich mit Fragen der Alterität auseinandersetzen. In diesen ebenso behutsam und tastend wie ethisch fundiert und selbstkritisch vorgetragenen Überlegungen führt die Auseinandersetzung mit dem Anderen bei Montaigne notwendig zu einer Veränderung des Standpunkts gegenüber der eigenen Kultur, der eigenen Religion, den eigenen Werten. Durch kritische Selbstreflexion wird die Besonderheit – und gerade nicht die Allgemeinverbindlichkeit – dieser Kultur erkennbar: Deren scheinbare Universalität wird vehement in Frage gestellt und erschüttert. Dies betrifft, glauben wir Montaigne, nicht allein die großen Vorstellungen (und wie wir aus heutiger Perspektive hinzufügen könnten: die großen Erzählungen von Zivilisation und Barbarei), sondern offenkundig gerade die unterschiedlichsten Wertsysteme des Alltagslebens, also alles, was zwischen Religion und Ordnung den Lebensrhythmus und die Glaubensvorstellungen der Menschen prägt. Hier stellt einer all diese Erfindungen und Findungen in Frage, welche das Abendland aus der Perspektive der Alten auf die Neue Welt projizierte.

Eine große Herausforderung für die altweltliche Wahrnehmung neuweltlicher Praktiken war stets das Argument der Anthropophagie, mithin des Kannibalismus oder der Menschenfresserei, von dem wir bereits sahen, wie brutal es von Beginn an gegen die indigenen Kulturen ins Feld geführt worden war. Der (vorgebliche) Kannibalismus war einer der Hauptvorwürfe der Europäer gegen die indigenen Völker und von daher ein überaus wichtiges Argument, wenn es darum ging, die Indianer überhaupt in das Menschengeschlecht mitaufzunehmen oder sie als Wilde und Barbaren gänzlich aus der Menschheit auszuschließen. Konnten Menschen, die andere Menschen aufessen, überhaupt als Menschen gelten? Durften indigene Völker, die Menschen bei lebendigem Leibe das Herz aus der Brust rissen, überhaupt als Menschen gesehen werden?

Es gab von Beginn an eine Vielzahl von Stimmen, welche diese Fragen verneinten und die eigene Mission damit legitimierten, die indigenen Völker von diesen abnormen Praktiken wegzuführen und dem so sanften und herzensguten Christentum anzunähern. Wir haben ebenso bei den spanischen Konquistadoren wie Bernal Díaz del Castillo oder Hernán Cortés wie bei den Geschichtsschreibern wie Francisco López de Gómara gesehen, dass derlei Vorwürfe sehr wohl dazu dienten, die Conquista und damit die Unterwerfung solch barbarischer und ungläubiger Menschen zu rechtfertigen.

Diesem wichtigen Diskurselement abendländischer Bewertungen und Erfindungen widmete sich Montaigne gerade nicht aus verurteilender, sondern aus philosophischer und der eigenen Kultur gegenüber kritischer Distanz:

> Indem wir ihre Fehler beurteilen, sind wir so blind gegenüber unseren eigenen. Ich denke, dass mehr Barbarei darin liegt, einen lebendigen Menschen aufzuessen als einen toten, einen noch vollständig empfindenden Körper durch Folter und Peinigungen auseinanderzureißen, ihn kleinteilig am Spieß zu braten, ihn von Hunden und Schweinen zerbeißen und zerfleischen zu lassen (wie wir es nicht nur gelesen, sondern in frischer Erinnerung gesehen, und nicht zwischen Feinden von Alters her, sondern zwischen Nachbarn und Mitbürgern und, was noch schlimmer ist, unter dem Vorwande der Pietät und der Religion) als ihn vielmehr nach seinem Hinscheiden zu braten und aufzuessen. [...]
>
> Wir können sie daher sehr wohl Barbaren nennen, wenn wir die Regeln der Vernunft anwenden, aber nicht, wenn wir sie mit uns vergleichen, die wir sie doch in jeglicher Art von Barbarei übertreffen. Ihr Krieg ist gänzlich edel und großzügig und hat so viel Ausrede und Schönheit, wie diese menschliche Krankheit erhalten kann [...]. Sie sind noch an diesem glücklichen Punkte, nichts mehr zu begehren als das, was ihnen ihre natürlichen Notwendigkeiten befehlen; und alles, was jenseits davon liegt, ist für sie überflüssig.[8]

Die von Michel de Montaigne in dieser Passage seines *Versuchs* über die Kannibalen eingeschlagene Argumentationsstruktur ist überaus kühn und zugleich raffiniert. Denn zunächst scheint er sich auf die Bezeichnung der Indianer als Barbaren und Menschenfresser einzulassen, indem er nur intern Unterschiede macht zwischen jenen, die tote Menschen und jenen, die lebendige Menschen essen beziehungsweise am Spieße braten. Doch der Schein trügt. Denn spät, sehr spät erst wird den Leserinnen und Lesern seines *Essai* deutlich, dass es sich bei letzteren um Europäer handelt; und Montaigne lässt hier die gerade im Südwesten Frankreichs so grausamen Ereignisse der Religionskriege einfließen, um zu zeigen, wie gnadenlos unmenschlich und barbarisch gerade auch in seiner nächsten Umgebung mit Feinden, die eigentlich nur Nachbarn anderen Glaubens gewesen waren, umgegangen wurde. Er schildert die Morde und Gräueltaten der beiden französischen Parteien in den Religionskriegen als Augenzeuge und „de fresche memoire", um seinem Lesepublikum jene Barbarei vor Augen zu führen, deren sich die christlichen Europäer schuldig machten. Wie sollte man angesichts dieser Hinrichtungen, dieser sadistischen Foltertaten und dieser gnadenlosen Mordlust im Namen der Religion gegenüber den Indianern einen Glauben propagieren, der zu solchen Bluttaten aufstachelt?

Denn darüber, dass die von ihm selbst gesehene und bezeugte Barbarei der Christenmenschen schlimmer ist als alles, was die indigenen Völker im Krieg an Mordtaten begehen können, lässt Montaigne seine Leserinnen und Leser nicht im Zweifel. Der diskursive Trick des Seigneur de Montaigne beruht in diesem Teil seines *Versuchs* darauf, zunächst eine Verwechslung bei seinem Lesepublikum zu produzieren, die dann in eine umso deutlichere und nachhaltigere

---
[8] Ebda., Bd. 1, S. 258.

Aufklärung umschlägt und zu verstehen gibt, dass der europäische Kannibalismus, der seine Feinde ebenfalls am Roste brät, noch weitaus schlimmer ist als der indigene. Denn die indigenen Völker seien (noch) an einem Punkte, an welchem sie keinerlei Bedürfnisse hätten, welche über das ihnen Notwendige hinausgehen. Und ihre Kriege seien noch von aufrechtem Kampfesmut geprägt, der bei den Christen in den Religionskriegen Frankreichs längst in blinde Zerstörungswut und in schreckliche Massaker umgeschlagen sei.

Ich möchte gerne bei der Deutung dieser Passage, in welcher Michel de Montaigne gegen Ende des 16. Jahrhunderts Dinge formuliert, die weit über den Horizont seiner Zeitgenossen hinausgehen und die ähnlich ihrer Epoche voraus sind, wie wir dies im Rahmen unserer Vorlesung etwa bei Garcilaso de la Vega el Inca oder auch bei Albrecht Dürer gesehen haben, noch einen Schritt weiter gehen. Die sich aus den hier vorgetragenen Überlegungen ableitende Position besteht nun darin, die „raison", den Verstand als eine Richtschnur zu errichten, wobei diese *Raison* sicherlich europäisch sein mag, sich aber nicht am tatsächlichen Verhalten dieser Europäer ausrichtet. Es handelt sich folglich um eine zunehmend abstrakte Größe, mit der wir es in diesen Formulierungen zu tun haben – eine gleichsam desakralisierte Richtschnur eines ethisch fundierten und wahrhaft *menschlichen* Verhaltens überhaupt. Montaigne umkreist hier geradezu spielerisch ein universalistisches Prinzip, das der Vernunft – und es handelt sich um eine Richtschnur, die er nicht aufgeben will –, weiß dabei aber, dass keine der ins Auge gefassten Kulturen diesem Prinzip entspricht. Es handelt sich gleichsam um einen Universalismus, welcher nicht im Namen einer bestimmten Area spricht, sondern transareal fundiert *zwischen* den Kulturen Anwendung finden kann.

Montaigne lässt sich kurz auf dieses universalistische Prinzip in seiner raffinierten Argumentation ein. Barbaren könne man diese Kannibalen sehr wohl nennen, wenn wir sie mit dieser Richtschnur einer abstrakten Vernunft vergleichen oder in Beziehung setzen. Dann aber müssten wir auch uns selber als Barbaren bezeichnen, denn auch die Europäer sind weit – und noch weiter als die indigenen Völker – davon entfernt, diesen Vorstellungen, ja diesem Ideal zu genügen.

Das zusätzliche, hier abschließende, im *Essai* selbst aber keineswegs beendende Argument ist dabei wiederum der allzu große Appetit der Europäer, deren Augen größer als ihr Magen sind. Denn die indigenen Völker stillen ihre Bedürfnisse selbst und gehen nicht über ihren eigenen Raum hinaus, während die Europäer mit ihrer Expansion alles zu unterwerfen suchen und damit weit mehr beanspruchen, als sie jemals verdauen können. Dies ist ein weiteres Argument, mit dem Montaigne seiner Leserschaft klarmacht, dass hierin nicht etwa ein natürliches Fortschreiten zu sehen ist, sondern eine sehr kritisch zu beurteilende kulturelle, militärische und politische Entwicklung, die dazu führt, dass die Europäer in allen möglichen Weltteilen Menschen massakrieren – selbst wenn sie sie nicht immer zu verspeisen pflegen.

Diese Argumentationsstruktur zielt also nicht darauf, bei den indigenen Völkern irgendein blutiges und unmenschliches Geschehen herunterzuspielen oder nicht als solches in Betracht zu ziehen, gar zu leugnen, sondern die historisch so erhöhte und asymmetrische Position der Europäer zu unterminieren. Dass dies in Montaignes *Essais* ein anhaltendes Diskursschema ist, steht außer Frage. Montaigne verstand sehr wohl, dass seine Epoche auf weltumspannender Ebene von einem ausgreifenden europäischen Kolonialismus geprägt war, der freilich seit der zweiten Hälfte des 16. Jahrhunderts durch innenpolitische Ereignisse in verschiedenen europäischen Ländern etwas entschleunigt schien. Selbst noch zu Beginn des 21. Jahrhunderts fühlen sich die Europäer und auch die Deutschen in einer moralisch so überlegenen Position gegenüber den Vorkommnissen in den ehemaligen Kolonien, schildern in drastischen Farben anklagend die ständige Gewalt in Kolumbien oder Peru, die gnadenlose Drogenmafia in Mexiko oder die Menschenrechtsverletzungen in China oder Nordkorea, dass man glauben könnte, es hätte in Europa schon lange keine Gewalttaten mehr gegeben.

Leider ist das genaue Gegenteil der Fall. Denn das zu Ende gegangene 20. Jahrhundert hat fraglos die größte Vernichtungswelle von Menschen seit Menschengedenken überhaupt erzeugt, wobei sich die Gräueltaten der Bartholomäus-Nacht und der französischen Religionskriege klein dagegen ausnehmen. Auch hierzulande wurden mit beispielloser Barbarei Juden, Kommunisten, Homosexuelle, Behinderte verfolgt, Nachbarn also und nicht – wie Montaigne dies formulierte – Feinde von Alters her. Die Zahl der Toten, der Ermordeten, der Vergasten erreichte ein Vielfaches dessen, was mit Schaudern aus diesen Staaten der Gewalt und der Grausamkeit, aus den ehemaligen Kolonien also, berichtet wurde. Die mit akribisch durchgeführter und aufgezeichneter Vernunft geplanten Massenmorde in Europa und ausgehend von Europa stellten im zurückliegenden Jahrhundert alles in den Schatten, was an Grausamkeiten in der Menschheitsgeschichte vorgefallen war.

In Europa ist unsere Wahrnehmung noch immer von der Conquista, vom Kolonialismus, von der europäischen Expansion geprägt. Wir Europäer fühlen uns noch sehr häufig in einer überlegenen moralischen Position, auch wenn wir – dies zeigte Montaigne seinen Landsleuten wie den Europäern insgesamt wohl zum ersten Male überdeutlich auf – nicht den geringsten Grund dazu haben. Längst sind die Vereinigten Staaten von Amerika und zum Teil andere Weltmächte in die neokoloniale Rolle Europas gerückt, so dass es keinen vernünftigen Grund dafür gibt, an einer durchgängigen blutroten Traditionslinie dieses Geschehens zu zweifeln. Von einer egalitären Welt, von einer auf gegenseitiger Achtung und Respekt fundierten Weltgesellschaft sind wir weiter denn je entfernt. Denn die Barbaren, die Menschenfresser, sitzen nicht nur in Übersee, sie sind vor allem unter uns. Wir tun nur so, als gäbe es sie nicht, als säßen sie nicht in den Chefetagen unserer großen Konzerne. Daher projizieren wir diese Visionen, diese Erfindungen des Schreckens noch immer auf andere Länder, möglichst weit von uns entfernt...

Hans Staden, Alvar Núñez Cabeza de Vaca oder die Lehren der Schiffbrüche

Wir haben uns gleich zu Beginn unserer Vorlesung mit der Aussicht auf enorme Gewinne, ja auf riesige Schätze beschäftigt, in deren Besitz man durch den internationalen Handel gelangen kann. An diesem enormen Abzug von Reichtümern aus vorgeblich peripheren Staaten und Gebieten in die Zentren der Weltwirtschaft und des Welthandels hat sich im Verlauf der mehr als fünfhundertunddreißigjährigen Geschichte von Phasen beschleunigter Globalisierung nichts wesentlich geändert. Wir haben dabei aber auch gesehen, dass der Schiffbruch – und auch der philosophisch perspektivierte Schiffbruch mit Zuschauer[1] – mit zum kolonialen beziehungsweise neokolonialen Szenario gehört, ja von diesem nicht zu trennen ist.

Von zahlreichen Mühen und Gefahren, aber auch mehreren Schiffbrüchen konnte auch der zwischen 1525 und 1528 geborene Hans Staden aus Homberg bei Kassel berichten. Sie haben noch nie etwas von diesem Hans Staden gehört? Nun, in Brasilien kennen ihn viele. Und selbst eine Zeitschrift trägt dort noch heute stolz seinen Namen. Die Gründe dafür lassen sich in einem Satz zusammenfassen: Seine *Warhaftige Historia und Beschreibung eyner Landtschafft der Wilden, Nacketen, Grimmigen Menschfresser Leuthen* war im Jahre 1557 erschienen, wurde in der Folge in zahlreiche Sprachen übersetzt und gilt bis heute als einer der Grundlagentexte zur Geschichte Brasiliens und des europäisch-überseeischen Kulturkontakts.[2]

Hans Stadens *Historia* erschien folglich noch lange vor Michel de Montaignes *Essai* über die Kannibalen jenseits wie diesseits des Atlantik. Der Franzose dürfte freilich von dem Deutschen und dessen Geschichte nichts gehört haben. Dieser Text des Hans Staden hat eine lange und durchaus spannende Rezeptionsgeschichte aufzuweisen. Darin lassen sich eine prä-anthropologische, eine anthropologische, eine literarische und eine literaturkritische Lesart voneinander

---

1 Vgl. Blumenberg, Hans: *Schiffbruch mit Zuschauer. Paradigma einer Daseinsmetapher.* Frankfurt am Main: Suhrkamp 1979.
2 Vgl. hierzu die faksimilierte Ausgabe von Staden, Hans: *Warhaftige Historia und Beschreibung eyner Landtschafft der Wilden, Nacketen, Grimmigen Menschfresser Leuthen [...]*. Marpurg. Faksimile-Ausgabe. Frankfurt am Main 1925; ich benutze im Folgenden die leichter zugängliche Edition von Staden, Hans: *Brasilien 1547–1555*. Mit 62 Abbildungen und 1 Karte. Herausgegeben und eingeleitet von Gustav Faber. Aus dem Frühneuhochdeutschen übertragen von Ulrich Schlemmer. Stuttgart: Edition Erdmann im K. Thienemanns Verlag 1982.

unterscheiden.³ Der Text bietet eine Elemente des pikaresken Romans – der sich zeitgenössisch auch in Deutschland zu verbreiten begann – aufnehmende, zugleich aber gerade die indigenen Kulturen der Tupi-Indianer beschreibende Struktur an, die ihren Erfolg gewiss den eher ‚abenteuerlichen' Passagen seiner *Historia* verdankt. Denn das Buch lässt sich mit guten Gründen als ‚Bestseller' des 16. Jahrhunderts bezeichnen.⁴

Gehen wir kurz auf die biographischen Hintergründe von Hans Stadens *Historia* ein, da sie uns doch einen kleinen Einblick in die europäische Kolonialgeschichte auf der Ebene nicht einer Global- oder Makrogeschichte, sondern auf jener einer ‚kleinen', ja alltäglich zu nennenden Mikrohistorie vermittelt. Denn nach einer ersten, zwischen 1547 und 1549 unter portugiesischer Führung nach Brasilien unternommenen Reise geriet der hessische Armbrustschütze und Kanonier 1554, nach dem Schiffbruch seines spanischen Schiffes und einem waghalsigen Rettungsversuch, bei seinem zweiten Aufenthalt an der heute brasilianischen Küste für etwa neun Monate in die Gefangenschaft der Tupinambás und musste zusehen, wie diese einige seiner Mitgefangenen verspeisten. Hans Staden war im Grunde in einer aussichtslosen Lage gefangen, doch er überlebte aus Gründen, die wir noch erörtern werden, und gab ein noch heute wertvolles Zeugnis ab vom Leben der indigenen Bevölkerung in jenem Teile der Amerikas, welcher der Kolonialmacht Portugal zugefallen war.

Dieses Zeugnis eines Augenzeugen der indigenen Anthropophagie bezog die unterschiedlichsten Sinneswahrnehmungen mit ein. Das Verspeisen des gekochten Fleisches eines zuvor gebratenen Christen brannte sich in Hans Stadens Schilderung des dafür veranstalteten Gelages ebenso stark in das Gedächtnis seiner Erzählerfigur ein wie die ergänzenden Bemerkungen, dass man „das Fleisch des anderen, des Jeronimo", noch in jener Hütte aufbewahrte, „in der auch ich lebte", und „fast drei Wochen lang in einem Korb über dem Feuer"⁵ konservierte. Erfahrung und Inszenierung von Alterität gehen in der *Warhaftigen Historia* Hand in Hand und bringen einen Text hervor, der das Vorgefundene sehr detailreich schildert und dokumentiert, aber es zugleich nicht an erfundenen Textelementen fehlen lässt. Wir könnten mit Blick auf Hans Stadens *Wahrhaftige Historia* folglich von einem *friktionalen* Text sprechen,⁶ der ständig zwischen dem Vorgefundenen und dem Erfundenen oszilliert.

---

3 So Münzel, Mark: Vier Lesarten eines Buches: Zur Rezeption von Hans Stadens „Warhaftige Historia". In: *Martius-Staden-Jahrbuch* (Sao Paulo) 53 (2006), S. 9–22.
4 Ebda., S. 9.
5 Staden, Hans: *Brasilien*, S. 186.
6 Vgl. zum Begriff des Friktionalen ausführlicher Ette, Ottmar: *Roland Barthes. Eine intellektuelle Biographie*. Frankfurt am Main: Suhrkamp Verlag (edition suhrkamp 2077) 1998, S. 308–312.

Abb. 49: Hans Staden, aus H. J. Winkelmann: Der Amerikanischen Neuen Welt Beschreibung, Oldenburg 1664.

Der Lebenslauf Hans Stadens, der viermal den Atlantik überquerte, ist trotz der Aufsehen erregenden Schilderungen des von ihm Erlebten durchaus charakteristisch für jene zahlreichen Europäer, die – um das Jahr 1600 geht man von ungefähr zweihunderttausend Menschen aus Europa aus, die sich innerhalb des iberischen Kolonialreiches weltweit niedergelassen haben[7] – unterschiedlichste Posten innerhalb der Kolonialverwaltung einnahmen oder sich wie Staden als Söldner anwerben ließen. Die meisten dieser Menschen machten sich keinen Namen, erwarben keine Schätze, ließen sich nicht später wohlhabend und begütert in ihrer Heimat nieder und setzten sich dort nicht zur Ruhe. Es sind die Menschen, welche jenem Teil der Geschichte angehören, den Miguel de Unamuno als *Intrahistoria* bezeichnete,[8] ein Terminus, der jene Geschichte meint, die zwar alles bewegt und vorantreibt, ja in der ‚großen Geschichte' allgegenwärtig ist, aber doch im Verborgenen und namenlos bleibt.

Die Kolonisierung Amerikas beschränkte sich nicht auf die kolonialen Mutterländer Spanien und Portugal: Es handelte sich vielmehr um eine Expansion des gesamten Europa! Die enorme Zahl an Menschen nicht nur aus Portugal, Spanien oder Italien, sondern aus vielen anderen Ländern Europas, die über transkontinentale Erfahrungen verfügten und – anders als Hans Staden – oftmals nicht mehr in ihre Heimat zurückkehrten, wird auch in der *Warhaftigen Historia* erkennbar, tauchen dort doch nicht nur portugiesische oder spanische „Adelantados" auf, Kapitäne oder einfache Beamte, sondern auch Landsleute wie Heliodorus Hessus, der es zum Faktor und Aufseher einer Zuckermühle brachte, oder Peter Roesel, der die Faktorei des ursprünglich aus Aachen stammenden Amsterdamer Bankiers und Kaufmanns Schetz leitete, der von Sao Vicente aus eine eigene Schiffsverbindung nach Antwerpen unterhielt.[9] Es waren nicht nur die mutigen Schiffskapitäne und Kosmographen, die Konquistadoren

---

7 Zu diesen Schätzungen von Pierre Chaunu (Chaunu, Pierre: *La Civilisation de l'Europe des Lumières*. Paris: Flammarion 1982) vgl. Gruzinski, Serge: *Les Quatre Parties du monde*, S. 251.
8 Zu Miguel de Unamuno und dessen Deutung der *Intrahistoria* vgl. das entsprechende Kapitel im sechsten Band der Reihe „Aula" in Ette, Ottmar: *Geburt Leben Sterben Tod* (2022), S. 740 ff.
9 Vgl. hierzu Faber, Gustav: Vorwort. In: Staden, Hans: *Brasilien*, S. 43.

und Eroberer, die hohen Erzbischöfe und Vertreter des Papstes, sondern auch die einfachen Packerinnen und Marketenderinnen, die des Schreibens unkundigen Seeleute und simplen Söldner, aber auch die zahlreichen Übersetzerinnen und Schriftsetzer, welche die Geschichte der kolonialen Expansion Europas vorantrieben. Doch die allermeisten von ihnen hinterließen keine schriftlichen Berichte, noch nicht einmal Briefe und Dokumente und so versinken sie wieder im Dunkel und in den Tiefen einer namenlosen *Intrahistoria*.

Diese Europäerinnen und Europäer bewegen sich bereits um die Mitte des 16. Jahrhunderts – also in einer Phase fortgesetzter, sich konsolidierender Globalisierung – in einem globalisierten Horizont, innerhalb dessen die noch für lange Zeit mit hohen Risiken behafteten Schiffsverbindungen dafür sorgen, dass Schiffbrüche oder die Angriffe von Piraten, Korsaren und Freibeutern im Bewusstsein der Zeitgenossen an der Tagesordnung sind. Schiffbruch ist überall!

Auch die Auseinandersetzungen mit den zum damaligen Zeitpunkt zahlenmäßig noch weit überlegenen Tupi-Indianern führen zu Verlusten unter den europäischen Invasoren und Eindringlingen, weist doch auch Hans Stadens Bericht auf mehrfache Begegnungen mit anderen gefangenen ‚Christen' – wie Staden sie bevorzugt nennt – sowie mit regelmäßig auftauchenden Franzosen hin, die sich mit den Indianern verbünden, um sich im portugiesischen Kolonialreich festzusetzen. Die Verluste waren erheblich, doch die Wellen immer neuer Ankömmlinge und Eindringlinge ebbte nicht ab, sondern nahm immer noch zu. Rasch wurden von Anfang an auf dem gesamten amerikanischen Kontinent verschiedene indianische Völker und Gemeinschaften in die feindlichen Auseinandersetzungen zwischen miteinander rivalisierenden europäischen Nationen hineingezogen. Gerade im portugiesischen Kolonialbereich versuchten sich unterschiedlichste europäische Mächte wie die Holländer oder die Franzosen mit Siedlungen und Befestigungen niederzulassen.

Aus dieser chaotischen Lage leiten sich eine Reihe von Konsequenzen ab, welche für die einfachen Leute direkte Auswirkungen besaßen. Die Frage nach dem eigenen Überleben war daher gerade für zwar gebildete, aber gesellschaftlich nicht privilegierte Leute vom Schlage eines Hans Staden schon lange vor der Gefangennahme durch die Tupinambá allgegenwärtig. Diese Gefangennahme durch indigene Völkerschaften – eine Art Schiffbruch an Land ‚zwischen' den wenigen Zentren europäischer Macht an der Ostküste Brasiliens – lässt den Homberger Söldner dann aber zu einem wahren Überlebenskünstler werden. Dieser Überlebenskunst verdanken wir seine *Wahrhaftige Historia*. In seinem späteren Bericht wurde der in den Diensten Portugals wie Spaniens arbeitende hessische Söldner nicht müde, gerade klimatische, aber auch viele andere Phänomene als Zeichen Gottes zu deuten und sein eigenes Überleben auf die Hilfe Gottes zurückzuführen. Und doch bietet der Text zugleich Anhaltspunkte dafür, warum gerade

Hans Staden seine gefährliche Gefangenschaft überleben konnte und damit – ähnlich wie der zu Beginn der Conquista Neuspaniens einfache Soldat Bernal Díaz del Castillo – zu einem Sprecher all jener Menschen und jener Geschichten wurde, von denen man im Allgemeinen nichts hört. Deswegen wollen wir uns mit seinem Bericht etwas näher befassen, selbst wenn Hans Staden keiner war, der die große Geschichte bestimmte und veränderte.

Mit gutem Grund habe ich von dem Mann aus Homberg bei Kassel als einem Überlebenskünstler gesprochen. Denn zweifellos war Staden auch ein ausgezeichneter Beobachter all jener Zeichen, die ihm vieles über die Lebensgewohnheiten, die Vorstellungen und Denkweisen der indigenen Gruppen verrieten, deren Gefangener er war oder bei denen er sich aufhielt. Zog der narrative erste Teil seines Bestsellers auch die meiste Aufmerksamkeit auf sich, so verfügt der zweite, diskursiv angelegte Teil über Qualitäten, die insbesondere seit dem 20. Jahrhundert vorzugsweise ins Zentrum der wissenschaftlichen (und disziplinären) Auseinandersetzungen um Hans Staden rückten.

Dabei scheint mir eine Deutung gerade dieses zweiten Teils im Sinne eines prä-anthropologischen Wissenschaftsprogramms[10] ebenso zutreffend zu sein wie die Überzeugung, dass „die detaillierte Beschreibung ethnographischer Einzelheiten so genau mit heutiger wissenschaftlicher Kenntnis der Kultur der damaligen Tupinambá" übereinstimmt, dass man sie getrost einem „Augenzeugen" zuordnen könne.[11] Im Übrigen zeigten auch die Holzschnitte, die selbstverständlich innerhalb des historischen, wissenschaftlichen und künstlerischen Horizonts ihrer Zeit verstanden werden müssten, „künstlerisch unbeholfen, aber mit großer ethnographischer Genauigkeit indianisches Leben, etwa Hütten oder Pflanzbau."[12] Dies war eine Perspektive auf indigene Kultur, wie sie kaum einmal ein anderer aufmachen konnte oder wollte. Wir erfahren von Hans Staden unschätzbare Details über das damalige Leben der Tupí, aber auch anderer indigener Gruppen im Bereich des heutigen Brasilien. Dies ist einer der Gründe dafür, warum der Homberger Söldner auch heute in Brasilien geschätzt wird und sein Name noch immer bekannt ist.

Hans Staden war am *Leben* der indigenen Völker interessiert. Hingegen nahm die Darstellung der Fauna und vor allem der Flora an der brasilianischen Ostküste seinem Reisebericht eine deutlich untergeordnete Rolle ein. Im Zentrum des zweiten Teiles stand ganz unverkennbar das alltägliche gemeinschaftliche

---

10 Münzel, Mark: Vier Lesarten eines Buches, S. 10 f.
11 Ebda., S. 19.
12 Ebda.

Leben der Indianer, mit denen Staden auf für ihn unabsehbare Zeit zusammenleben musste. Mit großem Detailreichtum präsentierte der erfahrene Soldat die Konstruktionsweise der Wohnungen der Tupinambá, ihre Art Feuer zu machen oder zu schlafen, ihre Geschicklichkeit bei der Jagd, beim Umgang mit ihren Waffen oder beim Anbau von Nutzpflanzen. Man kann den Wert derartiger Beschreibungen heute kaum überschätzen!

Doch ging er nicht nur auf Werkzeuge oder Kochgewohnheiten, auf Trinksitten oder Schmuck ein, sondern fragte auch danach, „was bei ihnen Recht und Ordnung heißt",[13] welches ihre Glaubensvorstellungen sind,[14] welchen Ehrbegriff sie pflegen[15] oder wie Männer und Frauen zusammenleben. Mit anderen Worten: Hans Staden erforschte die Eckpunkte indigener Konvivenz, die Grundlagen eines gemeinschaftlichen und gesellschaftlichen Zusammenlebens, das zum damaligen Zeitpunkt noch niemand je erforscht hatte. So heißt es etwa unter der Überschrift „Wie viele Frauen ein Mann hat und wie er sich zu ihnen verhält":

> Der größte Teil der Männer hat nur eine Frau, einige auch mehr. Manche Häuptlinge jedoch haben dreizehn bis vierzehn Frauen. Der Häuptling Abatí-poçanga, dem ich zum Schluß geschenkt wurde und von dem mich die Franzosen freikauften, hatte viele Frauen. Seine erste Frau hatte unter ihnen das höchste Ansehen. Jede hatte ihren eigenen Platz in der Hütte mit ihrem eigenen Feuer und ihren eigenen Maniokpflanzen. Mit welcher er gerade zusammen war, an deren Platz hielt er sich auf, und sie gab ihm zu essen. So ging das reihum. Die Knaben unter ihren Kindern ziehen auf die Jagd. Alles was sie erbeuten, bringen sie ihrer Mutter, die es kocht und mit den anderen Frauen teilt. Die Frauen vertragen sich recht gut untereinander. Es ist auch üblich, dass ein Mann seine Frau, wenn er ihrer überdrüssig ist, einem anderen schenkt. Ebenso schenken sie einander oft ihre Töchter oder Schwestern.[16]

Die vollständige Wiedergabe dieses Kapitels zeigt, wie detailliert die Beziehungen zwischen den Geschlechtern dargestellt und wie aufmerksam dabei die Formen des gemeinschaftlichen Zusammenlebens präsentiert werden. Staden entfaltet hier ein recht komplexes Wissen über das Leben der Indianer, das sich insbesondere auf ihre spezifischen Lebensformen und die Spielregeln des Zusammenlebens erstreckt. Dabei ist auffällig, mit welchem Respekt er immer wieder die Formen und Normen indigener Konvivenz darstellt. Dieses von ihm zusammengestellte Lebenswissen war – so darf vermutet werden – für ihn ein *ÜberLebenswissen*,[17] das es

---

13 Staden, Hans: *Brasilien*, S. 230.
14 Ebda., S. 242.
15 Ebda., S. 241.
16 Ebda., S. 238.
17 Vgl. hierzu Ette, Ottmar: *ÜberLebenswissen. Die Aufgabe der Philologie*. Berlin: Kulturverlag Kadmos 2004.

ihm ermöglichte, als Gefangener seinen Platz innerhalb der indianischen Gemeinschaft zu verstehen und sich an die nunmehr auch für ihn als Gefangenen geltenden Spielregeln zu halten. Wir haben es folglich nicht allein mit dem Blick eines überaus präzise beobachtenden Europäers zu tun, sondern auch mit einem Pragmatiker, der sich den Lebensgewohnheiten und Sitten der indigenen Gruppe anzupassen sucht, um auf diese Art überleben zu können.

Zahlreich sind die Passagen, in denen von Interaktionen zwischen der Ich-Figur und den Indianern – seien sie sprachlicher oder nicht-sprachlicher Art – die Rede ist. Gerade die Normen und möglichen Formen von Kommunikation und aktiver Interaktion mit seinen Beherrschern standen im besonderen Fokus der Aufmerksamkeit des in Gefangenschaft geratenen Homberger Söldners. Daraus entfaltet sich die Einsicht in ein komplexes gemeinschaftliches Netzwerk, in welches sich Hans Staden nach Möglichkeit nicht als Frischfleisch, sondern als ein aktives Mitglied der Gemeinschaft einzubauen sucht. So entstehen Formen des Zusammenlebens, innerhalb derer auch die Glaubensüberzeugungen der Ich-Figur selbst relevant werden und von den Indianern – etwa zur Beendigung eines ihre Pflanzungen gefährdenden Dauerregens – in ihrem Sinne funktionalisiert werden: Sie fordern Staden auf, seinen Gott um Hilfe anzuflehen.

Was für die Ich-Figur ein Zeichen göttlichen Beistands ist, wird – als Bittgebet des Europäers an die Adresse seines Gottes – zu einem Element innerhalb der Ökonomie des Zusammenlebens in der Gemeinschaft. Dies ist ein erster Schritt hin zu einer friedlichen und auf dem Respekt vor dem Anderen und seiner Religion basierenden Konvivenz, die letztlich auch das Überleben des Deutschen sicherstellen wird. Als Antwort auf die oft und bisweilen misstrauisch gestellte Frage, warum unter den zahlreichen Europäern gerade Hans Staden nicht verspeist wurde, böte sich daher an, dieses *ZusammenLebensWissen* als ein Lebenswissen zu deuten, das der Ich-Figur – und wohl auch dem Autor selbst – das Überleben innerhalb einer anthropophagen Gemeinschaft ermöglichte, bevor sein Freikauf erneut eine Funktion innerhalb der indigenen Ökonomie der Tupinambá erfüllte. Der Bericht des Hans Staden belegt, wie aufmerksam der Söldner gegenüber diesen Signalen und Zeichen war und wie sensibel er sie zu interpretieren wusste.

Dass sich das von Hans Staden in literarischer Form gespeicherte und entfaltete ZusammenLebensWissen vorrangig auf eine individuelle Erfahrung und das Ziel eines Überlebens innerhalb einer zunächst gänzlich fremden und feindlichen Gemeinschaft, nicht aber auf generelle Formen und Möglichkeiten eines friedlichen Zusammenlebens zwischen Europäern und Indianern richtete, wird man dem Verfasser der *Warhaftigen Historia* wohl kaum vorwerfen können. Man könnte es auf eine einfache Formel bringen: Staden verstand es, in einer

Gruppe anthropophager Indigener zu überleben, weil er die Logiken der indigenen Anthropophagen verstand (Abb. 50).

Abb. 50: Hans Staden: Kannibalistische Feier bei den Tupinamba mit Hans Staden als Beobachter (rechts mit Initialen). Eigener Holzschnitt zur Illustration der Wahrhaftigen Historia 1557.

Als angeheuerter Söldner in spanischen oder portugiesischen Diensten war er selbst Teil des Fehlers im System der kolonialen Ausbreitung Europas über die Welt. Doch zeigt Stadens Reisebericht auf faszinierende Weise, in welcher Form ein von seiner Zeit und ihren ästhetischen Formen und Normen geformter literarischer Text nicht nur für heutige Anthropologen überzeugende ethnographische Elemente, sondern auch ein Lebenswissen mit unterschiedlichsten Formen des ZusammenLebensWissens speichern kann, die bis heute von großer Relevanz und Faszinationskraft sind. Hans Staden fasziniert immer noch seine Leserschaft, weil er sich dem *Leben* zuwendet und den unterschiedlichsten Formen und Normen dieses Lebens gegenüber neugierig ist. Dabei weiß er, dass sein eigenes Leben und Überleben vom Verstehen des Lebens der Anderen abhängig ist.

Dabei beschäftigt sich Hans Staden selbst mit jenen Aspekten gemeinschaftlichen Zusammenlebens, die für ihn höchst gefährlich und lebensbedrohend sind. Doch er versucht, die verschiedensten Elemente des Krieges und der Gefangennahme von Feinden möglichst präzise zu schildern, um dadurch die verschiedenen Beweg-Gründe für das Handeln der Indianer zu begreifen. So heißt es etwa im achtundzwanzigsten Kapitel seiner *Wahrhaftigen Historia*:

> Wenn die Wilden ihre Gefangenen heimbringen, dürfen die Frauen und Kinder sie zunächst schlagen. Dann schmückt man sie mit grauen Federn und rasiert ihnen die Augenbrauen ab. Sie tanzen um den Gefangenen herum, fesseln ihn recht, damit er nicht entkommen kann. Sie geben ihm eine Frau, die ihn versorgt und auch mit ihm zu tun hat. Wird sie schwanger, so ziehen sie das Kind auf, bis es groß ist, um es dann, wenn es ihnen in den Sinn kommt, zu töten und aufzuessen. Dem Gefangenen geben sie gut zu essen, halten ihn so eine Zeitlang am Leben und rüsten sich derweilen zum Fest. Sie stellen viele Gefäße her für die Getränke und noch besondere für die Sachen, mit denen sie ihn bemalen und schmücken. Sie machen Federquasten für die Keule, mit der sie ihn töten, und auch eine lange Schnur, mit der er gefesselt wird, bevor sie ihn töten. Ist alles vorbereitet, bestimmen sie den Tag, an dem der Gefangene sterben soll, und laden Leute aus anderen Dörfern zu diesem Fest ein. Ein, zwei Tage vor der festgesetzten Zeit wird in allen Gefäßen der Trank angesetzt. Ehe die Frauen aber die Getränke bereiten, führen sie den Gefangenen ein paar Mal auf den Platz und tanzen um ihn her.
> Sind alle Leute angekommen und versammelt, so begrüßt sie der Häuptling und heißt sie mit folgenden Worten willkommen: „Nun kommt und helft euren Feind essen." Am Tag bevor sie das Trinkgelage abhalten, binden sie dem Gefangenen die Mussurana-Schnur um den Hals. An diesem Tag wird auch die Ibira-Pema, die Keule, mit der sie ihn töten, bemalt. Sie ist mehr als einen Klafter lang und wird mit einer klebrigen Masse eingestrichen. Anschließend nehmen sie die grauen Eierschalen eines Macaguá genannten Vogels, zerstoßen sie staubfein und bestreichen damit die Keule. Dann setzt sich eine Frau hinzu und kritzelt etwas in den angeklebten Staub. Während sie malt, stehen um sie herum lauter Frauen, die singen. Ist die Ibira-Pema dann mit Federquasten und anderen Sachen so geschmückt, wie es Brauch ist, so wird sie in einer leeren Hütte an einer Stange über dem Boden aufgehängt, und die Wilden tanzen und singen die ganze Nacht darum herum.[18]

Es ist höchst bemerkenswert, mit welcher Akribie sich Hans Staden um jeden einzelnen Aspekt der Aufnahme von Gefangenen in die Gemeinschaft der Indigenen kümmert und jedes Detail, das er bemerken konnte, präzise und geradezu teilnahmslos darstellt. Er bezeichnet die Indigenen zwar als ‚Wilde', ist aber weit davon entfernt, die Rituale der Anthropophagie – was so naheliegend gewesen wäre – zu skandalisieren und die Kannibalen in dieser Szene der Barbarei zu beschuldigen. Er hat sich offenkundig in die Sprache der Tupinambá beziehungsweise in zentrale Begriffe der Tupí-Sprachen eingearbeitet und versucht durchaus respektvoll, den genauen Ablauf der Szenerie, die sich über

---

18 Staden, Hans: *Brasilien*, S. 251.

Tage und Wochen hinzieht, zu rekonstruieren und für sein europäisches Lesepublikum nachvollziehbar zu gestalten.

Das gemeinschaftliche Vorgehen der Indianer wird an allen Stellen betont. Dies beginnt schon mit dem gemeinschaftlichen Schlagen des Gefangenen, aber auch mit dessen Versorgung durch eine ihm zugewiesene Frau, die sich seiner auch sexuell annimmt und von ihrem Gefangenen möglicherweise schwanger wird. Auch vom weiteren Schicksal eines so gezeugten Kindes weiß Staden distanziert zu berichten. Dies sind Aspekte eines gemeinschaftlichen Lebens mit den todgeweihten Gefangenen, wie wir sie später vielfach in der Literatur – etwa in den Romanen von Chateaubriand – wiederfinden können. So ist in Chateaubriands *Atala* beim Erscheinen der schönen jungen Protagonistin bei dem sorgsam gefesselten Gefangenen von dessen Ansicht die Rede, er habe es mit der „vierge des derniers amours" zu tun, mit der Jungfrau seiner letzten Liebe.[19] Wie anders aber ist doch zu Beginn des 19. Jahrhunderts die gewaltige Kluft zwischen den ‚Wilden' und dem heilsbringenden Christentum dargestellt!

Hans Staden nimmt sich Zeit und zeigt seiner Leserschaft genau, mit Hilfe welcher Werkzeuge und Utensilien die Gefangennahme und die Tötung des Gefangenen vorgenommen werden. Er spricht beispielsweise von einer speziellen Schnur, die für die letzte Lebensphase des Gefangenen dient, ebenso wie von der für den festlichen Anlass speziell hergerichteten Keule, die mit größter Sorgfalt von der Dorfgemeinschaft geschmückt und mit rituellen Tänzen religiös aufgeladen wird: Alles ist ein Werk der Gemeinschaft. Staden präsentiert nicht nur mehrfach die genauen indigenen Begriffe, sondern auch deren geschlechtergetrennte Behandlung und Aufladung, lange bevor er dann auf die Verwendung dieser Keule eingeht – deren Wirkung ich Ihnen erspare.

Nicht ersparen möchte ich Ihnen aber die weitere Verwendung des nun toten Gefangenen, also die Weiterverarbeitung des menschlichen Körpers zu einem Lebensmittel. Auch dies erfolgt wiederum in der Gemeinschaft, wie wir gleich sehen werden:

> Ist dann die Haut abgemacht, so nimmt ihn ein Mann und schneidet ihm die Beine über dem Knie und die Arme am Leib ab, worauf die vier Frauen kommen, diese vier Teile nehmen und unter großem Freudengeschrei damit um die Hütte laufen. Daraufhin trennen sie den Rücken mit dem Hintern vom Vorderteil ab. Dieses teilen sie unter sich auf. Die Eingeweide aber behalten die Frauen, die sie kochen und aus der Brühe einen Brei, Mingáu genannt, herstellen. Den trinken sie und die Kinder. Sie essen die Eingeweide und auch das Fleisch vom Kopf; das Hirn, die Zunge und was sonst noch daran genießbar ist,

---

[19] Vgl. hierzu die Bände 2 und 4 der Reihe „Aula" in Ette, Ottmar: *LiebeLesen* (2020), S. 389 ff. sowie *Romantik zwischen zwei Welten* (2021), S. 151 ff.

Abb. 51: Théodore de Bry: Os Filhos de Pindorama. Kannibalismus in Brasilien 1557, gemäß der Darstellung und dem Holzschnitt des Hans Staden. Gravur 1562.

bekommen die Kinder. Ist das alles geschehen, gehet jeder wieder heim und nimmt seinen Anteil mit. Derjenige aber, der den Gefangenen getötet hat, gibt sich noch einen Namen. Der Häuptling ritzt ihm mit dem Zahn eines wilden Tieres ein Zeichen in den Oberarm. Ist die Wunde verheilt, so sieht man die Narbe, und das gilt als Ehrenzeichen. Dieser Mann muss am Tage des Totschlags still in seiner Hängematte liegen. Er bekommt einen kleinen Bogen mit Pfeilen, um sich die Zeit zu vertreiben, indem er auf ein Ziel aus Wachs schießt. Das geschieht, damit ihm die Arme vom Schrecken des Totschlags nicht unsicher werden. Dies alles habe ich mit eigenen Augen gesehen, ich habe es selbst miterlebt.[20]

Auch die weitere Verarbeitung des menschlichen Körpers erfolgt nach genau festgelegten, ritualisierten Regeln und Normen, die von allen beachtet werden müssen. Hans Staden lässt nicht den Hauch eines Zweifels daran bestehen, dass er alles selbst und mit eigenen Augen gesehen hat: Er bürgt für seine Dokumentation und ist bemüht, jeglichen Verdacht auf eine mögliche Fiktion, auf ein Erfinden oder Flunkern, in der narrativen Darstellung auszuschließen, die er seiner Leserschaft bietet. Aus diesem Grunde ist diese erzählerische Darstellung auch so deskriptiv und nüchtern wie irgend möglich.

Alle Mitglieder der indigenen Gemeinschaft haben bei diesem Fest ihre Obliegenheiten und Pflichten, aber auch ihre Rechte, bis hinab zu den Kindern, die ebenfalls am Festmahl beteiligt werden und auf diese Weise an der Gemeinschaft

---

[20] Staden, Hans: *Brasilien*, S. 254.

partizipieren. Das Freudengeheul der Frauen ist ebenso zeremoniell festgelegt wie die Stille, die dem ‚Totschläger', jenem Indigenen aus der Gemeinschaft also, der mit der Tötung des Gefangenen beauftragt ist, verordnet wird. Alle erfüllen dabei ihre Aufgabe, wobei demjenigen, dem die Ehre zuteilwird, den Gefangenen umzubringen, ein zusätzlicher Ehrentitel aus dieser Tat erwächst. Im Übrigen gibt sich dieser Mann – man könnte ihn nach westlichem Gebrauch einen Henker nennen – auch einen wohl zusätzlichen Namen, der sicherlich mit dem Namen des Umgebrachten zu tun hat. So kann man auch darin noch ein Zeichen der Ehrung dessen erkennen, dessen Fleisch da verspeist und dessen Blut da getrunken wird. Und dass es sich bei dem, der mit der Tötung des Gefangenen beauftragt wurde, keineswegs um einen Henker, sondern um ein besonders verdientes Mitglied der Gemeinschaft handelt, dürfte wohl durchaus Konsens sein.

So wird dem bald schon verspeisten Gefangenen im Grunde eine Ehrbezeugung zuteil, wie sie Gefangenen nur selten zukommt – selbst in unseren ‚humanen' Zeiten der vereinbarten, aber selten eingehaltenen Genfer Konventionen. Es ist diese ritualisierte und zugleich Respekt bekundende Verhaltensnorm, welche seit jeher die Europäer beeindruckt hat, die in ihren Kriegen etwas anderes gewohnt waren, wo die Gefangenen zwar nicht nach ihrem Tode verspeist, aber zuvor gefoltert, misshandelt und malträtiert zu werden pflegten. Auch in unserer Epoche hat sich – blicken wir den Fakten ins Auge! – an den Kriegsführungen, die mit Vergewaltigungen und brutalsten Menschenrechtsverletzungen einher gingen oder mit ferngesteuerten, oft zwischen Militärs und Zivilisten nicht unterscheidenden Drohnen ausgeführt werden, nichts Grundsätzliches verändert.

Aus dieser Sicht sind die erkenntnistheoretischen Fragezeichen mehr als berechtigt, die ein Michel de Montaigne in seinem besprochenen *Essai* „Des cannibales" gegenüber der Kriegsführung in Europa im Vergleich mit jener der sogenannten ‚Barbaren' anbrachte.

Vielmehr hinterfragt der Franzose um 1580 meisterhaft die an Europa und den tradierten abendländischen Überzeugungen ausgerichteten und daher gleichsam ‚natürlich' scheinenden Prämissen jeglicher Bewertung von Anthropophagie. Ich rufe Ihnen nochmals das französische Originalzitat in Erinnerung: „Or je trouve, pour revenir à mon propos, qu'il n'y a rien de barbare et de sauvage en cette nation, à ce qu'on m'en a rapporté, sinon que chacun appelle barbarie ce qui n'est pas de son usage; comme de vray, il semble que nous n'avons autre mire de la verité et de la raison que l'exemple et idées des opinions et usances du païs où nous sommes. Là est toujours la parfaicte religion, la parfaicte police, perfect et accomply usage de toutes choses."[21]

---

21 Montaigne, Michel de: *Essais*, Bd. 1, S. 254.

Montaigne führt den Europäern vor Augen, dass ihr eigener Kannibalismus, wie er etwa in den französischen Glaubenskriegen zum Ausdruck komme, um ein vielfaches schlimmer sei als die Sitten der sogenannten Wilden, ihre Feinde nach ganz bestimmten Vorschriften und Ehrbezeugungen nach ihrem Tode zu rösten und die Bratenstücke unter den Teilnehmern am Festgelage zu verteilen. Ich rufe Ihnen auch hier nochmals die französischen Formulierungen Montaignes ins Gedächtnis, die nichts an Klarheit und Deutlichkeit zu wünschen übriglassen: „Jugeans bien de leurs fautes, nous soyons si aveuglez aux nostres. Je pense qu'il y a plus de barbarie a manger un homme vivant qu'à le manger mort, à deschirer par tourmens et par geénes un corps encore plein de sentiment, le faire rostir par le menu, le faire mordre et meurtrir aux chiens et aux pourceaux (comme nous l'avons non seulement leu, mais veu de fresche memoire, non entre des ennemis anciens, mais entre des voisins et concitoyens, et, qui pis est, sous pretexte de pieté et de religion), que de le rostir et manger après qu'il est trespassé."[22] So haben wir in den Schriften des Hans Staden ein eindrucksvolles Beispiel und eine bemerkenswerte Grundlegung der philosophischen und erkenntnistheoretischen Überlegungen, welche der Franzose Michel de Montaigne gegen Ende des 16. Jahrhunderts in seinen literarisch-philosophischen *Essais* formulierte.

Ein neben der *Wahrhaftigen Historia* des Söldners aus Homberg weiteres eindrucksvolles Beispiel für einen Schiffbruch mit Überlebenden bietet Alvar Núñez Cabeza de Vaca, der an der berühmten oder besser berüchtigten Expedition des Pánfilo de Narváez teilnahm. Diese Expedition fand im Juni 1527 vom andalusischen Hafen von Sanlúcar de Barrameda aus – wo sich später auch Staden zu seiner zweiten Reise nach Amerika einschiffen sollte – ihren Auftakt, an dem man noch nicht ahnen konnte, welch grausames Schicksal den Teilnehmern dieser großen Expedition beschieden sein sollte. Anders als etwa Hernán Cortés, den Pánfilo de Narváez noch an seinem illegalen Vordringen ins Zentrum des Aztekenreiches hatte hindern wollen, ging der spanische Expeditionsführer mit rechtlicher Billigung des Kaisers Karl V. und im Einvernehmen mit der Spitze des spanischen Staates vor und machte sich mit seinem Heer an die Eroberung des 1512 von Europäern ‚entdeckten' Florida.

Doch die Expedition des glücklosen Narváez geriet – anders als der Siegeszug des ebenso entschlossenen wie durchtriebenen Hernán Cortés – rasch zur Katastrophe. Dort, wo der spanische Konquistador von Anáhuac stets vom Glück begleitet war, wurde Pánfilo de Narváez vom Pech verfolgt. Bald schon wurde das aus rund sechshundert Mann bestehende Heer der Spanier durch Schiff-

---

22 Ebda., S. 258.

bruch, Krankheiten und die ständigen Angriffe nomadisierender Indianer so stark dezimiert und in alle Winde zerstreut, dass von der ursprünglichen Armada nur noch ganze vier Männer übrig blieben. Zu diesen wenigen Überlebenden der einst furchteinflößenden Expedition, die weit größer war als die von Hernán Cortés weitgehend mit seinen eigenen Mitteln ausgestattete, zählte Alvar Núñez Cabeza de Vaca.[23] Auf die Zusammensetzung dieser Gruppe komme ich sogleich zurück.

Alvar Núñez Cabeza de Vaca stellte in seinen Schriften letztlich einen Schiffbruch dar – oder besser: eine ganze Abfolge von Schiffbrüchen. Dabei handelte es sich ganz im Sinne des mehrfach angeführten Hans Blumenberg um Schiffbrüche mit Überlebenden. Anstelle der blendenden Eroberungen, die ein Hernán Cortés mit seinen Truppen in Neuspanien gelangen, erlitt der einfache Soldat Alvar Núñez Cabeza de Vaca als einer unter vielen zunächst Namenlosen jenes Schicksal, das auch – wie so viele – Hans Staden ereilt hatte. Das Schicksal dieser Männer repräsentiert die Kehrseite der machtvollen Conquista und bezeugt die Präsenz dessen, was wir mit Miguel de Unamuno als *Intrahistoria* bezeichnen können. Doch Alvar hatte das Glück, seinen Schiffbruch zu überleben, seine Erlebnisse niederschreiben zu können und damit aus der Namenlosigkeit der Geschichte der kleinen Rädchen im großen Getriebe herauszutreten.

Kein anderer Titel hätte Cabeza de Vacas Bericht daher nachträglich besser auf den Punkt bringen können als jener der *Naufragios*, also der *Schiffbrüche*. Literarisch und historiographisch war dieser Text keineswegs ein Schiffbruch. Diese Berichte, ja in gewisser Weise *Reise*berichte entstanden zwischen 1537 und 1540 und damit kurz nach seiner glücklichen Rückkehr nach Spanien, von wo aus er sich später erneut nach Amerika einschiffen sollte.[24] Sie lagen erstmals im Jahr 1542 veröffentlicht vor.[25] Das Interesse an diesen Berichten, welche die Kehrseite des Eroberungsprozesses der Amerikas aufzeigen, war von Beginn an beträchtlich.

Die *Naufragios* wollten gewiss keine ästhetische Glanzleistung sein. Sie sind vielmehr der Bericht eines – ähnlich wie Bernal Díaz del Castillo – einfachen Soldaten, der in der ersten Phase beschleunigter Globalisierung plötzlich

---

[23] Vgl. hierzu sowie zu den reiseliterarischen Bewegungsfiguren seines Berichts ausführlicher Ette, Ottmar: *Literatur in Bewegung. Raum und Dynamik grenzüberschreitenden Schreibens in Europa und Amerika*. Weilerswist: Velbrück Wissenschaft 2001, S. 92–97.

[24] Vgl. hierzu Ferrando, Roberto: Introducción. In: Núñez Cabeza de Vaca, Alvar: *Naufragios y Comentarios*. Edición de Roberto Ferrando. Madrid: Historia 16 1984, S. 27 f.

[25] Der Titel der erstmals im Oktober 1542 veröffentlichten *Naufragios* lautet: *Relación que dió Alvar Núñez Cabeza de Vaca de lo acaescido en las Indias en la armada donde iva por governador Pánfilo de Narvaez [...]*.

seiner Rolle als glanzvoller spanischer Konquistador verlustig geht, einer ihm völlig fremden Umgebung schutzlos preisgegeben ist und unter schwierigsten Bedingungen – hier ist die Parallele zu Hans Staden offensichtlich – zu einem wahren Überlebenskünstler avanciert. Wie der protestantische Deutsche Hans Staden hat der katholische Spanier Alvar Núñez Cabeza de Vaca sein Gottvertrauen nicht verloren, ist aber (wie der Verfasser der *Warhaftigen Historia* in Brasilien) vor allem darauf angewiesen, das Leben der nomadisierenden Indianer im östlichen, mittleren und westlichen Teil der heutigen USA zu verstehen, um dieses Wissen als Überlebenswissen für sich nutzen zu können. Und dieses Wissen transferiert der Spanier in seinen Bericht, der dadurch ebenso wie die *Wahrhaftige Historia* zu einer Fundgrube für Anthropolog*innen und Amerika-Historiker*innen wird.

Die Leistung dieser ‚Reise' eines Schiffbrüchigen durch den Süden der heutigen USA sprengt im Grunde alle Vorstellungen. In einem unvorstellbar mühevollen und oft monatelang unterbrochenen Marsch wird er den gesamten Süden Nordamerikas von den Küsten Floridas bis zu denen Kaliforniens durchqueren, bevor es ihm gelingt, sich mit seinen Gefährten in das von Cortés eroberte Neuspanien und zu dessen Hauptstadt México durchzuschlagen, wo man die Gruppe 1535 – gleichsam im Zentrum eines gerade erst globalisierten Raumes – triumphal empfängt (Abb. 52). Wie Hans Stadens Bericht waren auch die *Naufragios* von unschätzbarem ethnographischem Wert, um die Lebensbedingungen der unterschiedlichen und in der Folge ausgelöschten indianischen Völker und Kulturen in dem von Núñez Cabeza de Vaca durchquerten und mit literarischen Mitteln dargestellten Raum rekonstruieren zu können. Niemals ist je von einem Schiffbrüchigen berichtet worden, der einen längeren Weg zurück zu den Seinen zurückgelegt und dabei mit so unterschiedlichen indigenen Gruppen zusammengelebt hätte. Auch Alvar Núñez Cabeza de Vaca ist wie Bernal Díaz del Castillo oder Hans Staden eine Ausnahmefigur, insofern alle drei historischen Gestalten vor dem Hintergrund sehr unterschiedlicher Erfahrungen das Wort ergreifen, zur Feder greifen und uns Zeugnisse einfacher Menschen hinterlassen, welche uns einen tiefen Einblick in das nicht im Rampenlicht der Eroberung stehende Geschehen der europäischen Expansion erlauben.

Es kann keinen Zweifel daran geben: Alvar Núñez Cabeza de Vaca verdankt sein Leben wie Hans Staden seiner Sensibilität im Umgang mit verschiedensten indigenen Gruppen und der Tatsache, dass er Fragen der Konvivenz zwischen den indigenen Völkerschaften und der eigenen Konvivenz mit den Indianern größte Aufmerksamkeit schenkte. Es verwundert daher nicht, dass in die narrativen Grundstrukturen des Berichts immer wieder längere beschreibende Ausführungen eingelassen sind, in denen die Lebensformen und Lebensnormen der Indianer dargestellt werden, die den Überlebenden der Expedition zunächst mit Lebensmitteln aushalfen – viel Fisch und vor allem sonderbare Wurzeln,

Abb. 52: Expeditionsroute des Álvar Núñez Cabeza de Vaca, 1528 bis 1536.

welche die Indigenen essen und die wie Nüsse, einige größer oder kleiner, seien, also „unos raíces que ellos comen, y son como nueces, algunas mayores o menores".[26] Offenkundig erweiterte der Spanier seinen Ernährungsplan und lernte auf diese Weise einige Sorten der Kartoffel kennen.

Von Beginn an schildert der Schiffbrüchige stets aufmerksam die Interaktionsformen mit den Indianern, die – wie der Ich-Erzähler glaubt – durch ihr Weinen großes Mitleid mit dem Häuflein versprengter Spanier bekunden, die noch nicht wissen können, auf welchen Wegen sie wieder zu den Ihrigen zurückkehren können. Auch wenn es sich bei den „indios" aus Sicht des Erzählers um „hombres tan sin razón y tan crudos, a manera de brutos"[27] handelt – also um so vernunftlose und rohe Menschen, die dem Vieh gleichen –, werden doch bei aller Distanz die Lebensformen der Indianer so genau beobachtet, dass hieraus ein Überlebenswissen und auch ein ZusammenLebensWissen gewonnen werden kann, das in den *Naufragios* später literarisch festgehalten wird. Auch auf dieser Ebene sind die Parallelen zu Hans Stadens Bericht aus dem heutigen Brasilien offensichtlich.

Sowohl in den *Naufragios* wie in der *Wahrhaftigen Historia* steht das Zusammenleben der Indianer immer wieder im Vordergrund, wobei nicht nur wie bei Hans Staden ein besonderes Augenmerk den Beziehungen zwischen Männern und Frauen geschenkt wird, sondern gerade auch Konfliktlösungsstrategien bei Auseinandersetzungen von großem Interesse für den Spanier sind. Ich möchte Ihnen für diesen Schwerpunkt des Berichts ein Beispiel vor Augen führen:

---

26 Núñez Cabeza de Vaca, Alvar: *Naufragios y Comentarios*, a.a.O., S. 71.
27 Ebda., S. 73.

> Und wenn in einigen Dorfgemeinschaften die einen mit den anderen über Fragen streiten und sich auslassen, so hauen und schlagen sie aufeinander ein, bis sie erschöpft sind, wonach sie auseinander gehen; einige Male bringen auch die Frauen sie auseinander, indem sie sich zwischen sie stellen, da dies die Männer nicht tun; und für keine Leidenschaft, die sie auch haben mögen, würden sie Pfeile und Bogen dafür verwenden; und nachdem sie sich geschlagen haben und ihre Frage durchgegangen sind, nehmen sie ihre Häuser und Frauen und machen sich auf, auf den Feldern und getrennt von den anderen zu leben, bis die Wut wieder abgeklungen ist; und wenn sie keine Wut und keinen Hass mehr verspüren, kehren sie wieder in die Dorfgemeinschaft zurück, und von da an sind sie Freunde, als ob niemals etwas zwischen ihnen vorgefallen, und so ist es auch nicht nötig, dass jemand die Freundschaften anbahne, da sie es auf diese Weise machen [...].[28]

Alvar Núñez Cabeza de Vaca registriert genau, auf welche Weise sich die Indianer bei Dissens verhalten und wie sie ihren Streit austragen, wobei es dabei nicht zum Äußersten kommt und Pfeil und Bogen, also tödliche Waffen, nicht zugelassen werden. Hält die Auseinandersetzung zwischen einzelnen Indianern der Dorfgemeinschaft an, so verlassen diese die Gemeinschaft, um einzeln und voneinander getrennt zu leben, bis der Zorn und die Wut verraucht sind. Auf diese Weise werden die meisten Streitigkeiten gelöst, ohne dass sich die Gemeinschaft selbst zerfleischen würde und auf diese Weise jemand zu Schaden käme oder Blut flösse. Die Streithähne werden nach einer gewissen Zeit wieder zu Freunden und werden erneut in die Dorfgemeinschaft integriert. Dies sind nicht nur Formen, sondern auch Normen der Konvivenz innerhalb indigener Gruppen wie auch zwischen verschiedenen Gemeinschaften; und diese Regeln des Zusammenlebens erscheinen dem Spanier als überaus erfolgreich.

Auch Grausamkeiten und Morde unter den Indianern werden während der langen Jahre ständigen Kontakts mit immer wieder wechselnden indigenen Gruppen genau registriert, wobei die „Cristianos" – auch hier ist wie bei Staden die Religionszugehörigkeit das entscheidende distinktive Merkmal – selbst auch wichtige Funktionen für die indianischen Gemeinschaften übernehmen und etwa mit der Heilung von Kranken beauftragt werden. Nachdem sich einige erkrankte Indianer nach einer eher rituellen Behandlung durch die Christen bekreuzigt und Gott anvertraut haben, also „santiguado y encomendado a Dios",[29] und später als geheilt empfinden, beginnen auch hier Austauschprozesse zwischen „Indios" und „Cristianos", insofern letztere zumindest vorübergehend auch in die (symbolische) Ökonomie indigener Gemeinschaften eingebaut werden. Sie bieten Dienste an, die ein – wie man im heutigen Bürokratendeutsch sagen würde – Alleinstellungsmerkmal aufweisen. Und auf eben diese Weise

---

28 Ebda., S. 104.
29 Ebda., S. 95.

werden sie zu wichtigen Stützen der indigenen Ordnung eines gedeihlichen Zusammenlebens.

Anders als andere Versprengte oder Schiffbrüchige, die in den indigenen Gruppen blieben und nicht mehr zu den ‚Christen' zurückkehrten, gaben weder Hans Staden noch Alvar Núñez Cabeza de Vaca ihre Hoffnung auf, einen Weg zurück zu den Europäern und in ihre Heimat zu finden. Nicht wenige Christen, die bei indigenen Gemeinschaften aus welchen Gründen auch immer Zuflucht fanden, lernten bald die indigenen Sprachen und gingen in den indigenen Gemeinschaften auf – oder sie wurden später zu gesuchten Übersetzern wie jener Jerónimo, der Hernán Cortés noch vor der Malinche als Übersetzer diente.

Doch Hans Staden wie Alvar Núñez Cabeza de Vaca wollten unter allen Umständen in ihre angestammten weißen Gesellschaften zurück. Beider Berichte entwerfen globalisierte Lebensläufe, in denen – zumindest temporär – nicht nur interkulturelle, sondern auch transkulturelle Verhaltensweisen und Prozesse deutlich erkennbar werden. Es ist gerade diese Fähigkeit der beiden deutschen und spanischen Schiffbrüchigen, sich auf diese transkulturellen Prozesse einzulassen und die Formen der Konvivenz der Indigenen nicht nur zu erkunden, sondern auch in ihr eigenes Leben aufzunehmen, wo sie sich für die beiden Schiffbrüchigen letztlich lebensrettend auswirkte.

Die Popularität derartiger Berichte von Schiffbrüchen mit Überlebenden verdankt sich – wie mir scheint – nicht nur einem gewissen Sensationsbedürfnis eines oftmals weit gestreuten europäischen Publikums oder der Vertrautheit breiter Leserschichten mit literarischen Formen, die vom mittelalterlichen Ritter- und Abenteuerroman bis zum frühneuzeitlichen Schelmenroman reichen. Vielmehr entwerfen diese Berichte *friktionale* (also zwischen Diktion und Fiktion[30] oszillierende) Erfahrungsräume, die vor dem globalisierten Horizont des 16. Jahrhunderts den Schiffbruch mit Zuschauer als konkrete Daseinsmetapher von Überlebenden präsentieren, welche sich als aktive Mitglieder einer weltweit expandierenden europäischen Gesellschaft plötzlich unter gänzlich anderen Lebens- und Überlebensbedingungen wiederfinden können. Berichte von Schiffbrüchigen stellen hier gleichsam eine Refunktionalisierung von Elementen des Abenteuerromans unter den zeitgenössischen Bedingungen globalisierter Lebensläufe im Weltmaßstab dar.

Wie sehr sich das Lokale und das Globale längst durchdringen, mag das nur auf den ersten Blick überraschende Ende der *Naufragios* belegen, mit dem

---

30 Vgl. zum gattungsspezifischen Hintergrund der *Naufragios* u. a. Maura, Juan Francisco: Introducción. In: Núñez Cabeza de Vaca, Alvar: *Naufragios*. Edición de Juan Francisco Maura. Madrid: Ediciones Cátedra 2000, S. 35–41.

die vier Überlebenden des Schiffbruchs der Armada von Pánfilo de Narváez vorgestellt werden. Es ist aufschlussreich, sich abschließend mit dieser sicherlich zufälligen, aber keineswegs vom geschichtlichen Kontext getrennten Zusammenstellung der Gruppe dieser Überlebenden zu beschäftigen:

> Und dann gab ich Bericht von den Schiffen und tue gut daran zu sagen, wer sie sind und von welchem Orte dieser Königreiche diejenigen stammen, denen unser Herr gestattet, all diesen Mühen und Nöten zu entkommen. Der erste ist Alonso de Castillo Maldonado, aus Salamanca gebürtig und Sohn des Doktors Castillo und von Doña Aldonza Maldonado. Der zweite ist Andrés Dorantes, der Sohn von Pablo Dorantes, gebürtig aus Béjar und wohnhaft in Gibraleón. Der dritte ist Alvar Núñez Cabeza de Vaca, der Sohn von Francisco de Vera und Enkel von Pedro de Vera, der Canaria gewann, und von seiner Mutter mit Namen Doña Teresa Cabeza de Vaca abstammt, gebürtig aus Jerez de la Frontera. Der vierte heißt Estebanico; er ist ein arabischer Schwarzer gebürtig aus Azamor.[31]

Diese Formulierungen sind überaus aufschlussreich und erlauben uns einen tiefen Einblick in die Zusammenhänge zwischen der Reconquista, der Eroberung der Kanarischen Inseln und der Conquista der Amerikas. Denn die Überlebenden und ihre Namen beziehungsweise Herkunftsorte lassen Schlussfolgerungen hinsichtlich der Zusammensetzung jener Truppen zu, die Pánfilo de Narváez nach Florida und zur Eroberung dieses Teils des amerikanischen Festlandes geführt hatte. Die in dieser Schlusspassage aufgerufenen Orte – von der ehemaligen Grenzstadt zum Nasridenreich Jerez de la Frontera bis hin zur erst vor kurzem eroberten Hauptinsel der Kanaren –, nicht zuletzt aber auch der „negro alárabe" machen uns darauf aufmerksam, mit welcher Gewalt und Geschwindigkeit in dieser Phase beschleunigter Globalisierung Europa, Afrika und Amerika, die Welt des Islam, der Guanchen, der amerikanischen Religionen und des Christentums hier aufeinander stoßen.

Denn die Geschwindigkeit, mit der sich Spanien veränderte, mit der sich seine immer schneller wachsenden Besitzungen veränderten und mit der sich auch die Zusammensetzung jener Truppen veränderten, die in die Conquista geführt wurden, lässt zwar nicht auf Transformationen in der sozialen Hierarchie schließen – die peinlich genau fixierende Aufzählung von Alvar Núñez Cabeza de Vaca respektiert genau den jeweiligen gesellschaftlichen Stand der erwähnten Überlebenden –, wohl aber auf Transformationen biopolitischer Art, welche auf der Iberischen Halbinsel nunmehr an der Tagesordnung waren. Die für diese Entwicklung geradezu emblematische Erwähnung von Estebanico wirkt ganz am Ende des Berichts wie ein Wasserzeichen der Globalisierung –

---

31 Núñez Cabeza de Vaca, Alvar: *Naufragios y Comentarios*, S. 142 (der Druckfehler „Estabanico" wurde hier getilgt).

ein erstes Indiz für die so lange von der Forschung vernachlässigten arabamerikanischen Beziehungen seit der Conquista.[32]

Doch vergessen wir eines nicht: Alle vier sind nur knapp dem Schicksal der anderen sechshundert Männer entgangen, die aus Sanlúcar de Barrameda aufbrachen, um ihr Glück in der Neuen Welt zu versuchen! Dass sie sich über Tausende von Kilometern quer durch den gesamten Süden der heutigen Vereinigten Staaten von Amerika schlagen, sich von indigenem Stamm zu indigenem Stamm retten und schließlich den Bereich des sich rasch ausdehnenden kolonialen Neuspanien erreichen konnten, grenzt bei aller Überlebenstüchtigkeit und Zähigkeit der vier Männer an ein rational kaum mehr nachzuvollziehendes Wunder. Und eines, das uns detaillierte Berichte über die längst ausgerotteten indigenen Gruppen im Süden des nördlichen Amerika schenkte. Wie hätten wir sonst von deren Formen und Normen gemeinschaftlicher Konvivenz erfahren sollen?

Der Schiffbruch erscheint an dieser Stelle einmal mehr wie die Kehrseite der Globalisierung: Wie die beiden Seiten ein und derselben Münze sind „Mondialisation" und „Naufrage", sind Globalisierung und Schiffbruch untrennbar miteinander verbunden. Die *Naufragios* des von einem der Eroberer der Kanarischen Inseln abstammenden Alvar Núñez Cabeza de Vaca wie die *Warhaftige Historia* des aus Homberg bei Kassel stammenden deutschen Söldners Hans Staden sind Zeugnisse vom Überlebenswillen wie vom ÜberLebenswissen in einer sich globalisierenden Welt, die jenseits der Kriegszüge, Massaker und Epidemien noch immer – die Figur des Las Casas zeigt dies ebenso eindringlich wie die späteren Debatten um die rechtliche Stellung der Indianer – nach dem Wissen für ein wie auch immer zu regelndes Zusammenleben zwischen Globalisierern und Globalisierten sucht. Wir haben es mit einer Epoche und mit einer Welt zu tun, die notwendig nach neuen Formen und nach neuen Normen internationalen Rechts und eines Zusammenlebens im Weltmaßstab sucht, für welches es in diesem Prozess einer sich mit ungeheurer Schnelligkeit entladenden europäischen Expansion keine einfachen Lösungen mehr gibt. Wir sind heute die Erben dieser fast ungebremsten Expansion Europas.

In der Schiffbruch-Literatur werden Texte wie die hier stellvertretend behandelten zu Zeugnissen des eigenen Überlebens – und stehen zugleich für das Verstummen der Verschwundenen ein, für das Verstummen all derer, die namenlos in diesem Prozess ums Leben kamen und vom tiefen Meer der Unamuno'schen *Intrahistoria* aufgenommen wurden. Denn dass die weitere Ausbreitung der Europäer

---

32 Vgl. Ette, Ottmar / Pannewick, Friederike (Hg.): *ArabAmericas. Literary Entanglements of the American Hemisphere and the Arab World*. Frankfurt am Main – Madrid: Vervuert Verlag – Iberoamericana 2006.

über die Welt in der völligen Katastrophe enden konnte, ist in diesen Berichten und ihrem narrativ wie diskursiv in Szene gesetzten Wissen immer schon mitgedacht. Aus der oftmals gebrochenen, zum Schweigen gebrachten Zukunft in der Vergangenheit präsentiert uns diese Form der Literatur eine Sichtweise und ein Verständnis der Eroberung, welche uns auch heute noch – und weitaus mehr als die strahlenden Berichte von Eroberungen, wie sie uns ein Hernán Cortés hinterließ – vielfältige Anstöße zur Bewältigung dieses Erbes der Conquista geben.

TEIL 5: **Vorgefunden und neu erfunden – Die Amerikas im 18. und zu Beginn des 19. Jahrhunderts**

Findung und Erfindung der Amerikas durch die europäische Aufklärung und die amerikanischen Kreolen

Im bisherigen Verlauf unserer Vorlesung haben wir uns bereits ein wenig mit dem Blick der europäischen wie der amerikanischen Aufklärung auf die Geschehnisse des ausgehenden 15. und beginnenden 16. Jahrhunderts beschäftigt. Ich möchte an diesem Punkt unserer Überlegungen und nach dem Abschluss unserer Beschäftigung mit Zeugnissen der ersten Phase beschleunigter Globalisierung nun einen Überblick über das gewinnen, was eine spätere, eine zweite Phase beschleunigter Globalisierung über diese erste Epoche dachte und in welcher Form sie die historischen, militärischen, politischen und kulturellen Entwicklungen deutete, welche die Phase des ‚Take-off' der europäischen Expansion charakterisierten.

Wir werden dabei erkennen, dass das Siècle des Lumières die von Spanien und Portugal angeführte Eroberungsbewegung nicht einfach nur vorfand und mit ihren eigenen Mitteln beschrieb, sondern dass die Perspektivierung dieses für Europa und die Weltgeschichte so entscheidenden und bis heute fortwirkenden Zeitalters mit sehr eigenen Deutungen und Erfindungen in einer Weise auflud, die langanhaltende Konsequenzen für das Bild der Amerikas haben sollte. Ich greife dabei unter anderem auf Erkenntnisse zurück, die wir in unserer Vorlesung über die Epoche des 18. Jahrhunderts sammelten,[1] möchte diese Elemente aber im Sinne der Perspektivierung unserer aktuellen Vorlesung weiterentwickeln und hinsichtlich ihres Verhältnisses von Finden und Erfinden kritisch befragen.

Mit dem Werk eines der ehemals berühmtesten Protagonisten dessen, was Antonello Gerbi den ‚Disput um die Neue Welt' nannte,[2] den wir aus der hier gewählten Perspektive aber genauer als zentralen Teil der Debatten des 18. Jahrhunderts über die Globalisierung begreifen dürfen, hat es ein schlechtes Ende genommen. Denn die beiden 1768 und 1769 auf Französisch in Berlin zunächst unter dem Autornamen „Mr. de P***" erschienenen Bände der *Recherches philosophiques sur les Américains* sind heute entweder völlig in Vergessenheit geraten und selbst Spezialisten kaum mehr bekannt oder bestenfalls noch als

---

[1] Vgl. hierzu den fünften Band der Reihe „Aula" in Ette, Ottmar: *Aufklärung zwischen zwei Welten* (2021), insb. Teil 5: Zwischen den Welten, S. 405ff.
[2] Vgl. Gerbi, Antonello: *La Disputa del Nuovo Mondo. Storia di una Polemica: 1750–1900*. Nuova edizione a cura di Sandro Gerbi. Mailand – Neapel: Riccardo Ricciardi Editore 1983.

Zeugnisse eines forcierten Eurozentrismus und einer bornierten und durch nichts begründeten These von der Inferiorität allen Lebens in Amerika im Gespräch. Die Schlachten des Autors dieser *Philosophischen Untersuchungen über die Amerikaner* scheinen geschlagen, und doch wirken sie – nicht zuletzt über den Umweg des dieses Werk rezipierenden Hegel – bis in die Gegenwart fort. Wozu sich also noch mit diesem Autor namens Cornelius de Pauw beschäftigen?

Gewiss sollte nicht verschwiegen werden, dass der 1739 in Amsterdam geborene de Pauw, der an Jesuitenkollegs in Lüttich und Köln eine sehr gute Ausbildung genossen hatte und zeitweise vielleicht auch an der Göttinger Universität eingeschrieben war,[3] eine extreme Abwertung der Neuen Welt – die er selbstverständlich niemals betreten hatte – betrieb und sich die Frage stellte, wie es denn möglich sei, dass sich zwei so ungleiche Hemisphären auf demselben Planeten befänden. Ich möchte diese Frage zum Ausgangspunkt unserer kurzen Beschäftigung[4] mit dem sich im Spannungsfeld zwischen Holland und Preußen und in französischer Sprache schreibenden „Philosophe" der europäischen Aufklärung nehmen:

> Amerika umfasst etwa 2140212 Quadratmeilen; & auf dieser unglaublichen Fläche fand man lediglich zwei Nationen, die in einer Art politischer Gesellschaft vereinigt waren: Der ganze Rest irrt umher & lebt zerstreut in Horden oder Familien, die nur ein wildes Leben kennen, im Schatten der Urwälder vegetieren & kaum ausreichend Intelligenz aufweisen, um sich Nahrung zu besorgen.
>
> Der Unterschied zwischen einer Hemisphäre und der anderen war folglich total und so groß, wie dies nur sein oder wie man sich dies nur vorstellen konnte. Ich bin der Ansicht, dass es schwierig ist, eine so erstaunliche Disparität zwischen den beiden konstituierenden Bestandteilen ein und desselben Globus nachzuvollziehen.[5]

Cornelius de Pauw war niemals in Amerika gewesen. Er war über den holländischen Raum, den Niederrhein und das Gebiet um Xanten, wo er den größten Teil seiner Werke verfasste, sowie das zentrale preußische Gebiet mit den Zentren

---

3 Vgl. hierzu Church, Henry Ward: Corneille de Pauw, and the controversy over his "Recherches philosophiques sur les Américains". In: *PMLA* (New York) LI, 1 (March 1936), S. 180 f.; sowie Beyerhaus, Gisbert: Abbé de Pauw und Friedrich der Große, eine Abrechnung mit Voltaire. In: *Historische Zeitschrift* (München – Berlin) 134 (1926), S. 465–493.
4 Vgl. ausführlicher zu de Pauw Ette, Ottmar: Wörter – Mächte – Stämme. Cornelius de Pauw und der Disput um eine neue Welt. In: Messling, Markus / Ette, Ottmar (Hg.): *Wort Macht Stamm. Rassismus und Determinismus in der Philologie (18. / 19. Jh.)*. Unter Mitarbeit von Philipp Krämer und Markus A. Lenz. München: Wilhelm Fink Verlag 2013, S. 107–135.
5 Pauw, Cornelius de: *Recherches philosophiques sur les Américains, ou Mémoires intéressants pour servir à l'Histoire de l'Espèce humaine*. 2 Bde. Berlin: Chez Georges Jacques Decker, Imp. du Roi 1768–1769, hier Bd. 1, S. 95.

Berlin und Potsdam, wo er sich mehrfach aufhielt, nur selten hinausgekommen. Doch er schrieb mit einer Sicherheit und einem staatsmännischen Aplomb über die amerikanischen Gebiete, als würde er sie aus eigener Anschauung kennen und genau beurteilen können. De Pauw war kein Reisender, sondern ein Daheimgebliebener,[6] wie wir unsere bereits angesprochene und seit dem ausgehenden 15. Jahrhundert sich zuspitzende Grundunterscheidung benennen könnten. Und damit verfügte er über eine Position, die ihm im 18. Jahrhundert gegenüber dem Reisenden, gegenüber dem „Voyageur" als Philosoph oder „Philosophe" ein höheres Prestige einräumte.

Im obigen Zitat konstatiert dieser „Philosophe" der Lumières aus Amsterdam die radikale Ungleichheit zwischen den beiden Hemisphären, zwischen Alter und Neuer Welt, indem er lediglich zwei indigene Gesellschaften – die der Azteken im Norden und die der Inkas im Süden des Neuen Kontinents – überhaupt als Gesellschaften anerkannte und alle anderen indigenen Völker disqualifizierte, ja in späteren Schriften bisweilen sogar aus der Familie des Menschengeschlechts als den Tieren gleiche ‚Wilde' ausschloss. Von diesem fundamentalen Gegensatz ging de Pauw aus, um seine Sichtweise auf einen einzigen und gesamtheitlichen Globus, auf unseren Planeten Erde, zu entfalten.

Doch gilt es über dieser Schwarzweiß-Sicht der menschlichen Gattung nicht zu vergessen, dass der – auf Grund der Tatsache, dass er sich zweimal längere Zeit am preußischen Hofe Friedrichs des Großen sowie später lange Jahre in Xanten aufhielt – scherzhaft von Gerbi als „abbate prussiano"[7] bezeichnete de Pauw ein ebenso scharfzüngiger wie scharfer Denker der Globalität war. Schon zu Beginn des „Discours Préliminaire", des Vorworts seiner *Recherches philosophiques sur les Américains* machte er auf die ungeheure weltgeschichtliche Wucht aufmerksam, die binnen kürzester Zeit, in einer unerhörten Beschleunigung, von der ‚Entdeckung' der Neuen Welt ausgegangen war:

> Es gibt kein denkwürdigeres Ereignis unter den Menschen als die Entdeckung von Amerika. Wenn man von den gegenwärtigen Zeiten in die entferntesten Zeiten hinaufsteigt, gibt es keinerlei Ereignis, das man mit diesem vergleichen könnte; & ohne Zweifel ist es ein großes & schreckliches Schauspiel, die eine Hälfte dieses Globus derart von der Natur benachteiligt zu sehen, insofern alles dort entweder degeneriert oder monströs war.
>
> Welcher Naturforscher der Antike hätte jemals vermutet, dass ein und derselbe Planet zwei so unterschiedliche Hemisphären haben würde, von denen die eine von der anderen besiegt, unterworfen & gleichsam verschlungen wurde, sobald ihr die andere

---

6 Vgl. zu dieser Unterscheidung auch den ersten Band der Reihe „Aula" in Ette, Ottmar: *Reise-Schreiben* (2020), S. 396 ff.
7 Gerbi, Antonello: *La Disputa del Nuovo Mondo*, S. 117.

bekannt, nach einem Ablauf von Jahrhunderten, die sich in der Nacht & in den Abgründen der Zeit verlieren?

Diese erstaunliche Revolution, welche das Antlitz der Erde & das Schicksal der Nationen veränderte, war absolut augenblicklich, weil es auf Grund einer fast unglaublichen Fatalität keinerlei Gleichgewicht zwischen Angriff und Verteidigung gab. Alle Gewalt & alle Ungerechtigkeit waren auf Seiten der Europäer: Die Amerikaner hatten nur ihre Schwäche, so mussten sie ausgelöscht werden & wurden ausgelöscht in einem Augenblick.[8]

Cornelius de Pauw erblickt in der sogenannten ‚Entdeckung' der Neuen Welt den Auftakt zu einem in der Menschheitsgeschichte unerhörten und ungeheuerlichen Vorgang: Er eröffnet ein Aufeinanderprallen zweier ungleicher ‚Welten', wobei sich zwischen diesen keine Formen einer friedlichen Konvivenz hätten bilden und entwickeln können, sondern nur die Entfesselung der Macht des Stärkeren. Diese sei es gewesen, welche die amerikanischen Völker im Zeichen der Gewalt der Europäer zum Untergang verurteilt habe. Und so seien sie innerhalb kürzester Frist nicht nur besiegt und unterworfen, sondern auch exterminiert worden. De Pauw versucht folglich nicht, dieses Aufeinanderprallen zweier Welten als eine Begegnung zu beschönigen, sondern spricht direkt von Extermination, also von einem Genozid an der amerikanischen Bevölkerung.

Damit wird von Anfang an nicht nur auf die vor allem von de Pauws gelehrtem Zeitgenossen Buffon vertretene Überzeugung von einer grundlegenden Inferiorität der amerikanischen Hemisphäre (einschließlich ihrer Bewohner) hingewiesen, sondern zugleich auch – und dies ist bis heute weitestgehend ausgeblendet worden – die alles zerstörende Kraft, Macht und Gnadenlosigkeit der europäischen beziehungsweise iberischen Expansion betont. Die erste Phase beschleunigter Globalisierung erscheint so im doppelten Zeichen einer fundamentalen Ungleichheit zwischen den Welten und einer brutalen Extermination der indigenen Bevölkerung, die den europäischen Entdeckungs- und Eroberungsprozess begleitet habe. Dabei beeindruckt die Tatsache, dass de Pauw noch nicht einmal die Möglichkeit eines friedfertigen Zusammenlebens erwähnt: Für ihn vollzog sich alles mit einer fast naturgesetzlichen Gewalt.

Doch blieb de Pauw bei dieser Kritik an einer scheinbar längst vergangenen Zeit keineswegs stehen, die in ihrer Polemik uneingestanden noch vieles der *Brevísima Relación de la Destrucción de las Indias* von Fray Bartolomé de las Casas verdankt. Denn in seinen Analysen – die jeglicher empirischer Grundlage entbehren, dafür aber sehr selektiv die vorhandene Literatur zum Thema plündern – der weiteren Entwicklungen auf einer Erde, die als ein Planet unüberbrückbarer Gegensätze erscheint, ist der von „la cruauté, l'avarice, l'insaciabilité des Eu-

---

[8] Pauw, Cornelius de: *Recherches philosophiques sur les Américains*, Bd. 1, S. a2v f.

ropéens"⁹ angetriebene Prozess noch immer nicht zum Stillstand gekommen. Ihn treiben die Grausamkeit, die Habsucht und die Unersättlichkeit der Europäer immer weiter voran.

Sind wir heute nicht die Erben dieses historischen Prozesses und noch immer aufs Engste mit der ersten Phase beschleunigter Globalisierung verwoben? Im Sinne de Pauws aber deuten sich aus der Perspektive der zweiten Phase beschleunigter Globalisierung in der zweiten Hälfte des Jahrhunderts der Aufklärung verstärkte Gefahrenmomente für Gegenwart und Zukunft im Weltmaßstab an.

Bereits die Ereignisse, die wir der ersten Phase beschleunigter Globalisierung zurechnen, hätten – so Cornelius de Pauw – mit ihren ständigen Massakern und Exterminationen die Welt an den Rand einer Katastrophe planetarischen Ausmaßes gebracht. Denn dem europäischen Völkermord an den Indianern ‚antwortet' gleichsam eine scheinbar unaufhaltsame Epidemie, auf deren Ausbreitung über die gesamte Erde Cornelius de Pauw auch im weiteren Verlauf seiner *Recherches philosophiques sur les Américains* immer wieder aufmerksam machte. Wir würden, vom Coronavirus nach dem Ende unserer aktuellen Globalisierungsphase heimgesucht, diese Epidemie sicherlich als eine Pandemie bezeichnen – die Syphilis:

> Nach dem unverzüglichen Massaker an einigen Millionen von Wilden fühlte sich der grausame Sieger von einer epidemischen Krankheit erfasst, welche zugleich die Prinzipien des Lebens & die Quellen der Fortpflanzung beeinträchtigte und sich schon bald in die furchtbarste Plage der bewohnbaren Welt verwandelte. Der schon von der Last seiner Existenz niedergedrückte Mensch fand zum Übermaße seines Unglückes die Keime des Todes in den Armen der Lust & am Busen der Wollust: Er glaubte sich hoffnungslos verloren: Er glaubte, dass die verärgerte Natur seinen Untergang geschworen habe.
> Die Annalen des Universums bieten keine vergleichbare Epoche & werden vielleicht nie mehr eine solche bieten. Wenn solche Desaster öfter als einmal geschehen könnten, dann wäre die Erde ein gefährlicher Aufenthaltsort, an dem unsere Gattung ihren Übeln erliegen oder vom Kampfe gegen ihr Schicksal ermüdet zu einer totalen Auslöschung kommen würde & diesen Planeten glücklicheren oder weniger verfolgten Wesen überließe.¹⁰

Amerika wird zum Ausgangspunkt einer Pandemie, die gemäß der Vision des Klerikers aus Amsterdam zu einer völligen Auslöschung des Menschengeschlechts führen könnte und eine Welt entstehen ließe, in welcher der Mensch nicht mehr vorkommt. Hatte sich mit der von Cornelius de Pauw ebenfalls mehrfach vermerkten Ausbreitung der Beulenpest im 14. Jahrhundert ein „eurasischer

---

9 Ebda., Bd. 1, S. a4r.
10 Ebda., Bd. 1, S. a3r f.

Kalamitäten-Zusammenhang"[11] herausgebildet, so war nun, an der Wende vom 15. zum 16. Jahrhundert, eine Situation entstanden, in welcher sich dank der neuen Schiffsverbindungen eine Epidemie rasch zwischen Neuer und Alter Welt verbreiten konnte und sofort pandemische Ausmaße annahm. In der Fiktion, in der Erfindung des Cornelius de Pauw wird diese Vision mit den Massakern und der Auslöschung der amerikanischen Völker durch die Europäer verbunden und erscheint gleichsam als eine furchtbare Rache für all die Grausamkeiten, welche die Europäer nicht-europäischen Völkern angetan haben.

Diesen nunmehr planetarischen Kalamitäten-Zusammenhang malte der holländische Abbé zwar in den grellsten Farben aus, indem er das Bild eines Planeten zeichnete, von dem das Menschengeschlecht fortan vollständig getilgt wäre. Doch begriff der aufmerksame Beobachter und Zeitgenosse der Cooks und Bougainvilles – einer neuen Entdeckergeneration also, die nicht mehr im Auftrag der iberischen Mächte, sondern Frankreichs und Englands die europäische Expansion im Interesse ihrer jeweiligen Staaten *und* der Wissenschaft vorantrieb – sehr genau, dass sich in der zweiten Hälfte des 18. Jahrhunderts eine neue Entwicklung im Sinne einer zweiten Phase beschleunigter Globalisierung anzubahnen begann, die nicht weniger mit gewaltigen Risiken für die gesamte Menschheit behaftet sei.

Die Ausbreitung der Syphilis im weltweiten Maßstab war nur ein Vorzeichen für alle Bedrohungen, die mit der Verbreitung von Krankheiten und Viren im Gefolge von Phasen beschleunigter Globalisierung einhergingen und die internationale Ordnung in Frage stellten. Auch das 18. Jahrhundert sollte nur wenige Jahrzehnte später mit dem Gelbfieber, der berüchtigten „fièvre jaune" eine weitere Pandemie kennenlernen, die sich direkt auf die globalen Zusammenhänge auswirkte. Die ‚Spanische Grippe' der dritten sowie Aids und Corona zu Beginn und am Ende der vierten Phase beschleunigter Globalisierung zeigen auf, dass – wie dies die Literaturen der Welt in schöner Regelmäßigkeit vor Augen führen – Pandemien stets diese Beschleunigungsphasen begleiten. In einem anderen Band habe ich versucht, diese Entwicklungen seit der Syphilis systematischer zu erfassen und die Literaturen der Welt als Seismographen für derartige Bedrohungen der Menschheit zu analysieren.[12]

Erst aus heutiger „globalisierungsgeschichtlicher Sicht"[13] beginnt sich die Einsicht durchzusetzen, dass sich die weltgeschichtlich relevanten Ereignisse

---

11 Vgl. Osterhammel, Jürgen / Petersson, Niels P.: *Geschichte der Globalisierung*, S. 32.
12 Vgl. hierzu Ette, Ottmar: *TransArea. Eine literarische Globalisierungsgeschichte*. Berlin – Boston: Walter de Gruyter 2012.
13 Osterhammel, Jürgen / Petersson, Niels P.: *Geschichte der Globalisierung*, S. 46.

keineswegs auf die sogenannte ‚Doppelrevolution' beschränken – also die fundamentalen wirtschaftlichen und politischen Veränderungen, welche die ab 1760 von England ausgehende Industrielle Revolution sowie die Französische Revolution von 1789 *in Europa* auslösten. Vielmehr zeichne sich bereits zuvor ein weiteres weltgeschichtlich relevantes Phänomen ab: „Um die Mitte des 18. Jahrhunderts ist ein weiterer solcher Schub zu registrieren. Er beginnt bereits *vor* der ‚Doppelrevolution' und speiste sich aus der Dynamik von Staatsbildung und vorindustriellem Kolonialismus."[14]

Ich möchte an dieser Stelle nicht erörtern, dass dies unzweifelhaft eine sehr eingeschränkte und eurozentrische Sichtweise ist. Ich habe dazu ausführlich in meinen beiden Vorlesungen über das 18. sowie über das 19. Jahrhundert[15] Stellung bezogen und aus meiner Sicht sowie mit Hilfe der Literaturen der Welt – einer unentbehrlichen und prospektiv Vergangenheit und Gegenwart ausleuchtenden Hilfe, wollen wir nicht allein etwas über die historische Oberfläche, sondern weit mehr über die *erlebte* Geschichte lernen – die im nachfolgenden Absatz kurz skizzierte Sachlage klargestellt.

Denn in der Tat war das 18. Jahrhundert nicht allein in Europa von einer Doppelrevolution gekennzeichnet. Auch in den Amerikas können wir mit der Unabhängigkeitsrevolution der Vereinigten Staaten von Amerika eine antikoloniale, nicht aber gegen die Sklaverei gerichtete Revolution und mit der Haitianischen Revolution eine Revolution gegen Sklaverei und Kolonialismus zugleich konstatieren, welche fraglos weltweite Konsequenzen heraufführte. Die Nicht-Beachtung gerade auch der letztgenannten Revolution besitzt in der europäischen Geschichtsschreibung freilich eine lange und schmerzliche Tradition.

Doch kehren wir zur *europäischen* Doppelrevolution und ihren Konsequenzen zurück. Wie stark dieser von England und Frankreich ausgehende Schub war, lässt sich nicht zuletzt auch anhand der Tatsache aufzeigen, dass mit den Werken von de Pauw, Raynal oder Robertson über die außereuropäische Welt – die beim zeitgenössischen Publikum in Europa, aber auch jenseits der Grenzen der Alten Welt, auf ein unerhört großes Interesse stießen – eine auch öffentlichkeitswirksame Diskussion über die Expansion im Siècle des Lumières in Gang gekommen war. Cornelius de Pauw jedenfalls ließ von Beginn an keinen Zweifel an seiner skeptischen Haltung gegenüber diesem deutlich konstatierbaren Globalisierungsschub:

---

14 Ebda.
15 Vgl. hierzu den vierten sowie den fünften Band der Reihe „Aula" in Ette, Ottmar: *Aufklärung zwischen zwei Welten* (2021); sowie *Romantik zwischen zwei Welten* (2021), passim.

Währenddessen hören bestimmte projektorientierte Politiken nicht auf, mit ihren aufrührerischen Schriften die Fürsten darin zu bestärken, die australischen Länder des Südens zu überfallen. Es ist traurig, dass einige Philosophen die Gabe einer Inkonsequenz besaßen, welche sie bis zu dem Punkte trieben, höchstselbst einer so verbrecherischen Unternehmung allen Erfolg zu wünschen: Sie haben in der Theorie die Route vorgegeben, welche das erste Schiff nehmen müsste, um nach dem Verlassen unserer Häfen den friedfertigen Bewohnern eines noch unbekannten Landes die Ketten zu bringen. [...] Die weit von uns entfernten Völker haben mittlerweile nur allzu viele Gründe, sich über Europa zu beklagen: Denn dieses hat mit Blick auf diese Völker eigenartiger Weise seine Überlegenheit missbraucht.[16]

Mit klaren Worten distanziert sich Cornelius de Pauw in dieser Passage von einem europäischen Kolonialismus, in welchem er nur den Missbrauch einer Überlegenheit und einer Ungleichheit erblickt, die zur Abhängigkeit und zur Gefangenschaft ganzer Kontinente und vieler Völker des globalen Südens – wie wir heute sagen würden – führen werde. Dabei sieht er die Urheber einer solchen Expansionspolitik verschiedener europäischer Fürsten nicht allein bei den politisch Mächtigen, sondern auch bei den Mächtigen des Wortes und jener Gruppe von Menschen, die im Siècle des Lumières unbestritten die Macht über das Wort haben.

Diese scharfe Kritik an den „Politiques" wie an den „Philosophes", die ohne Rücksicht auf eine weitere Beschädigung des schändlichen Renommees der Europäer und die längst erkannten katastrophalen Folgewirkungen sich bei ihren jeweiligen „Princes" für eine neuerlich verstärkte Expansion einsetzten, weitete Cornelius de Pauw in der Folge noch aus. Der zeitweise am Hofe von Friedrich dem Großen in Berlin und Potsdam weilende Abbé befleißigte sich dabei einer rhetorisch ausgefeilten Sprache, mit welcher er die europäischen Zeitgenossen beeindruckte.

Besonders spannend und bemerkenswert ist dabei, dass er es nicht mit einer Kritik an den Fürsten und ihren politischen oder philosophischen Ratgebern bewenden ließ. Beim illustren Preußenkönig, kurz vor dessen Amtszeit die kolonialen Aktivitäten Brandenburgs ein vorläufiges Ende gefunden hatten, um erst im Deutschen Reich im ausgehenden 19. Jahrhundert – und damit während der dritten Phase beschleunigter Globalisierung – mit neuer Kraft wieder aufzuflammen, zielte er auch auf andere, die eine wesentliche Mitverantwortung für die Eroberung der Welt und die Ausbeutung des globalen Südens trügen. Denn konsequenterweise schloss er auch die Wissenschaft und deren Vertreter mit in seine Kritik ein, betätigten sie sich doch auch als Motoren eines zerstörerischen

---

16 Pauw, Cornelius de: *Recherches philosophiques sur les Américains*, Bd. 1, S. a3v.

(und letztlich selbstzerstörerischen) kolonialen Ausgriffs Europas über die ganze Welt:

> Wenn das Genie der Verzweiflung & der blutgetränkten Ströme stets unseren Eroberern vorausgehen, so erkaufen wir nicht die Aufhellung von einigen Fragen der Geographie durch die Zerstörung eines Teiles unseres Globus, und massakrieren wir nicht die Papua, um auf dem Thermometer von Réaumur das Klima von Neu-Guinea zu erkunden.
> Nachdem wir soviel gewagt, fällt kein Ruhm mehr auf derlei Erwerbungen, und wär's durch jene Mäßigung, welche uns fehlt. Setzen wir endlich jener Wut Grenzen, alles zu verheeren, um alles zu erfahren.[17]

Die Anklage des Cornelius de Pauw gegen die Wissenschaft und deren erobernde Tendenzen, ja deren Mitverantwortung am Kolonialismus des 18. Jahrhunderts, wiegt schwer. Sicherlich zielt dies nicht auf die Expansion Europas während der ersten Phase beschleunigter Globalisierung im ausgehenden 15. und in der ersten Hälfte des 16. Jahrhunderts. Der in Amsterdam geborene Kleriker hat hier vielmehr seine eigene Zeit im Visier. Gewiss spricht in diesem Auszug ein „Philosophe" (und weder ein Wissenschaftler noch ein Reisender), der für seine ‚Recherchen' über Amerika und die Amerikaner (im Sinne der indigenen Völker) auf keine eigenen Erfahrungen vor Ort und keine empirischen Grundlegungen seiner Behauptungen zurückgreift. Doch auch wenn de Pauw epistemologisch damit nicht den Reisenden, sondern den Daheimgebliebenen, nicht den Vertretern einer sich entwickelnden Feldforschung, sondern den Kompilatoren und „armchair travellers" zuzuordnen ist, greift seine Kritik an der destruktiven Macht einer europäischen Wissenschaft, die ihre wissenschaftliche Conquista zunehmend mit universalistischen Zielen begründete, die der gesamten Menschheit zugute kämen, doch einen charakteristischen (und neuralgischen) Punkt der Expansion Europas an.

Denn allzu gerne versuchten Frankreich und England, die beiden westeuropäischen Führungsmächte der zweiten Phase beschleunigter Globalisierung, ihre kolonialen Zielsetzungen innerhalb dieser Globalisierungsphase hinter allgemein philantropischen und spezifisch wissenschaftlichen Zwecken zu verschleiern. Uns sind heute derartige Argumentationen keineswegs fremd, wird doch häufig mit Verweis auf von westlichen Forschungslaboren erstellte Wissenschaftspläne betont, sie würden zum Nutzen *aller* Menschen auf diesem Planeten durchgeführt. Dass dieser Drang nach Wissen aber zugleich auch die Zerstörung dessen beinhaltete, was da ‚besucht' und ‚erforscht' werden sollte, stand dem Abbé aus Amsterdam schon im Siècle des Lumières klar vor Augen.

---

17 Ebda., Bd. 1, S. a4r.

Die erstaunlich lange anhaltende Wirkung seiner *Recherches philosophiques sur les Américains*, die sich gerade mit Blick auf seine an Buffon anschließende These von der Inferiorität Amerikas (zumindest in seinen tropischen Teilen) noch in Georg Wilhelm Friedrich Hegels weltgeschichtlichen Entwürfen nachweisen lässt, schloss freilich die gewiss rhetorisch kalkulierte, aber gleichwohl scharfsinnige Kritik an der zweiten Phase beschleunigter Globalisierung und des in ihrer Entwicklung beobachtbaren wissenschaftlichen Begründungsdiskurses *nicht* mit ein. Und doch hat der noch im 18. Jahrhundert weltweit diskutierte, heute aber längst vergessene de Pauw eine Problematik entfaltet, die auch heute noch nichts von ihrer Aktualität verloren hat.

Denn das „tout envahir, pour tout connoître" verschmilzt die Globalisierung (und die mit ihr verbundene Ausweitung und Restrukturierung des Wissens) mit ihrer Kehrseite, gleichsam ihrem Schiffbruch: der rücksichtslosen, von Europa ausgehenden Zerstörung dessen, was später mühevoll von der Wissenschaft desselben Europa wieder rekonstruiert werden soll. Es ist immer gut, sich diese zutiefst paradoxe und beunruhigende Situation vieler Wissenschaften klarzumachen. Zu diesem Zeitpunkt aber ist das Werk der Zerstörung schon zumeist vollendet und das Leben des Anderen – wir werden darauf noch mehrfach zurückkommen – weitgehend ausgelöscht. Und bereit dafür, wissenschaftlich rekonstruiert, im Museen ausgestellt und mit Künstlicher Intelligenz zu neuem, virtuellen Leben wiedererweckt zu werden.

Der Logik der Globalisierung fehlt es nicht nur an „modération", an Mäßigung: Ihr fehlen zentrale Elemente eines Lebenswissens und – vielleicht mehr noch – eines ZusammenLebensWissens, die es (um auf de Pauws eindrückliches Bild zurückzugreifen) erlauben würden, mit Hilfe des Thermometers Réaumurs die Temperaturverläufe in Neu-Guinea zu bestimmen, ohne die dort lebende Bevölkerung im gleichen Atemzug zu massakrieren. Auch die Wissenschaften haben – insbesondere in der zweiten und dritten Phase beschleunigter Globalisierung – ihren Anteil an der Conquista, ihren Anteil an Eroberung und Unterwerfung der Welt. Dies betrifft auch Disziplinen, die scheinbar so weit von jeder militärischen Intervention entfernt zu sein scheinen wie die Ethnologie oder die Philologie.[18]

Die europäische Wissenschaft hat vielfach Anteil am zunächst von Europa aus gesteuerten Globalisierungsprozess: Sie ist Teil einer kulturellen Konstruktion, deren einzelne Elemente aus sehr vielen verschiedenen Kulturen stammen,

---

[18] Vgl. hierzu auch Messling, Markus / Ette, Ottmar (Hg.): *Wort Macht Stamm. Rassismus und Determinismus in der Philologie (18. / 19. Jh.)*. Unter Mitarbeit von Philipp Krämer und Markus A. Lenz. München: Wilhelm Fink Verlag 2013.

die aber dennoch von Europa geprägt und mit Europa untrennbar verbunden sind und kraft ihrer Geschichte kein ‚wertfreies' universalistisches Werkzeug darstellen. Cornelius de Pauw hat diese Problematik, die noch heute nicht selten tabuisiert und akademisch ausgeklammert wird, sehr wohl erkannt.

Auch in de Pauws *Recherches philosophiques sur les Américains* finden immer wieder auch Schiffbrüche Erwähnung. Deren strukturelle Bedeutung haben wir seit dem Auftakt unserer Vorlesung aus verschiedenen Perspektiven beleuchtet, zuletzt auch bezüglich der Gewinnung einer prä-anthropologischen Perspektive, insofern Schiffbrüchige wertvollste Informationen über indigene Völkerschaften ebenso in Nord- wie in Südamerika lieferten.

So vermerkt der „Philosophe", auf dessen in französischer Sprache ausgetragene und weltweite Reaktionen hervorrufende Berliner Debatte[19] mit Antoine-Joseph Pernety hier nicht näher eingegangen werden kann,[20] etwa den Untergang eines englischen Schiffes in einem Sturm vor der patagonischen Küste.[21] Die Mannschaft habe sich retten können, so heißt es bei de Pauw, doch seien auf Grund eines Streits, der diesen „abyme de calamités"[22] noch vertieft habe, acht Mitglieder der Mannschaft in den Händen der patagonischen Indianer zurückgeblieben. Die Zeugnisse dieser Männer hätten uns zweifellos erlaubt, wesentlich mehr über die Sitten der Patagonier im tiefen Süden des Doppelkontinentes zu erfahren.

Dient diese Episode Cornelius de Pauw auch vor allem als Beweis dafür, dass es auf Grund der prinzipiellen (und auf die wissenschaftlichen Theorien Buffons gestützten)[23] Inferiorität der Amerikaner entgegen aller Behauptungen keine riesenhafte Patagonier geben könne, so sehen wir zugleich, dass auch in dieser zweiten Phase beschleunigter Globalisierung noch Situationen entstanden, wie sie ein Hans Staden oder ein Alvar Núñez Cabeza de Vaca im 16. Jahrhundert zu überstehen gehabt hatten. Wir werden beim französischen Anthropologen und Strukturalisten Claude Lévi-Strauss noch sehen, dass die Phase der ‚Entdeckung' bislang ‚unentdeckter' Völkerschaften und ethnischer Gruppen bis

---

[19] Vgl. hierzu Ette, Ottmar: Die Berliner Debatte um die Neue Welt. Globalisierung aus der Perspektive der europäischen Aufklärung. Zur Wirkungsgeschichte vgl. des weiteren auch Castro Morales, Belén: Humboldt y el Inca Garcilaso de la Vega: un encuentro poético en Cajamarca. In: Cuesta Domingo, Mariano / Rebok, Sandra (Hg.): *Alexander von Humboldt. Estancia en España y viaje americano*. Madrid: CSIC 2008, S. 241–256.
[20] Vgl. hierzu Ette, Ottmar: "Not just brought about by chance": reflections on globalisation in Cornelius de Pauw and Alexander von Humboldt. In: *Studies in Travel Writing* (Nottingham) XV, 1 (February 2011), S. 3–25.
[21] Pauw, Cornelius de: *Recherches philosophiques sur les Américains*, Bd. 1, S. 305.
[22] Ebda.
[23] Ebda., S. 307.

weit ins 20. Jahrhundert hinein andauerte. Auch noch für das ‚Jahrhundert der Aufklärung', für das Jahrhundert einer Aufklärung zwischen zwei Welten, gilt: Globalisierung und Schiffbruch bilden noch immer eine Einheit, wobei letzterer freilich immer häufiger auf Grund oft langer Aufenthaltszeiten bei fremden Völkern auch als Quelle für wissenschaftliche (oder pseudo-wissenschaftliche) Auswertungen dient.

Den eigentlichen Schiffbruch, den fundamentalen Fehler im System der europäischen Globalisierung wie der von Europa aus gesteuerten Wissenszirkulation hat Cornelius de Pauw wie kaum ein anderer rhetorisch auf den Punkt gebracht: Denn das „tout envahir, pour tout connoître" zielt auf eine europäische Gier nach Besitz und Wissen, die der Entfaltung eines ZusammenLebensWissens im globalen Maßstab zutiefst abträglich ist, ja der wechselseitigen Achtung kaum eine Chance lässt. Die europäische Expansion und die mit ihr verbundenen Globalisierungsschübe stellen Fragen und Herausforderungen des Zusammenlebens zwar nicht ins Zentrum ihrer Interessen, Reflexionen und Forschungen, deuten implizit aber auf jene Lücken, welche gegenwärtige Wissenschaften auszufüllen sich bemühen.

Ich hatte mich in dieser Vorlesung bereits zu einem früheren Zeitpunkt mit einem Perspektivenwechsel befasst, der mir in diesem Zusammenhang von grundlegender Bedeutung zu sein scheint. Ich möchte nun an diese Überlegungen anknüpfen, ohne sie doch an unserem eigentlichen Thema vorbei ins Zentrum meiner aktuellen Vorlesung zu rücken. Denn eine derartige Fokussierung des Themas habe ich bereits in einer anderen, früheren Vorlesung vorgenommen, welche sich explizit mit der *Aufklärung zwischen zwei Welten*[24] und den notwendigen Blickwechseln beschäftigt, die es uns nicht nur erlauben, die Aufklärung als ein keineswegs französisches, deutsches, englisches oder bestenfalls europäisches Phänomen zu sehen, sondern die über lange Phasen ausgeblendeten Aufklärer in den Amerikas in unser Denken miteinzubeziehen. Ich möchte dies im Folgenden in einem kleinen Ausschnitt tun, um dabei die spezifisch kreolische Seite der „Ilustración" in den Amerikas zu beleuchten.

Die große neuspanische Barockdichterin Sor Juana Inés de la Cruz ist – weit über ihre ungeheure Leistung als Dichterin und als Schriftstellerin hinaus – von ungeheurer Wichtigkeit und zugleich Repräsentativität, um die Entwicklung der neuspanischen und zugleich auch der kolonialspanischen Gesellschaften im ausgehenden 17. und mehr noch im 18. Jahrhundert adäquat einzuschätzen. Es ist sicherlich kein Zufall, dass die wohl herausragende Stimme einer Lyrikerin des

---

24 Vgl. hierzu den fünften Band der Reihe „Aula" in Ette, Ottmar: *Aufklärung zwischen zwei Welten* (2021), S. 1 ff. sowie S. 45 ff.

amerikanischen wie europäischen Barock gerade aus Neuspanien stammt und zugleich eine Position als selbstbewusstes weibliches Subjekt und als Kreolin im Vizekönigreich Nueva España vertritt.

Denn Sor Juana Inés de la Cruz steht zumindest für zwei Elemente, die gerade das später als Epoche der Aufklärung bezeichnete Jahrhundert, das sich an ihr Wirken anschloss, so sehr prägen sollte: Sie verkörpert – in einem Satz gesagt – zum einen den Drang der Kreolen zum Wissen, zu einem eigenständigen Wissen und der Stillung dieses Wissensdurstes an den verschiedensten Quellen; und zum anderen für die große Bedeutung, die nun der Selbstreflexion gerade auch im Bereich der Autobiographie oder auch des autobiographischen Schreibens insgesamt zukommt. In gewisser Weise könnten wir davon sprechen, dass nun das kreolische Kolonialsubjekt sich zunehmend vom kolonialen Joch befreit und eine eigene, unabhängige Subjektivität entwickelt, welche von größter Tragweite gerade auch für die Entfaltung einer eigenständigen Subjektivität ist. Diese wird in der Folge dann auch zur politischen Unabhängigkeit von Spanien streben. Es sind diese beiden Punkte, die ich im Folgenden näher – wenn auch nur in der gebotenen Kürze – beleuchten möchte.

Der prägnanteste und zugleich fundierteste Kritiker von Cornelius de Pauw war im ausgehenden 18. Jahrhundert zweifellos kein anderer als Francisco Javier Clavijero, der 1731 in Mexiko geboren wurde, aber 1767 bei der Ausweisung der Jesuiten Neuspanien in Richtung Italien verlassen musste. Clavijero war einer der profiliertesten Denker der Aufklärung in Neuspanien, den wir in unserer Vorlesung bereits kennengelernt haben. Mit seiner nach der Vertreibung der Jesuiten aus Neuspanien zunächst im italienischen Exil und in italienischer Sprache publizierten *Storia Antica del Messico*[25] legte er eine grundlegende, ja bahnbrechende Arbeit zu den präkolumbischen Kulturen auf dem Territorium des damaligen spanischen Vizekönigreichs Neuspanien und zugleich eine Studie des antiken Mexiko vor. Clavijeros Werk ist dabei im Kontext der neuspanischen Aufklärung nicht nur wissenschaftsgeschichtlich von höchstem Interesse: Seine Schrift wollte dazu beitragen, durch eine Neubestimmung der Vergangenheit dieses Raumes auch eine Neubestimmung der Zukunft des künftigen Mexiko anzubahnen. Wir müssen die *Storia* daher als einen kreolischen Akt der Verselbständigung verstehen und begreifen, dass die Findung und Erfindung einer anderen Vergangenheit den Weg in eine neue, von Spanien unabhängige Zukunft ebnen helfen sollte.

Doch in seiner auf Bologna, den 13. Juni 1780 datierten Wendung an die 1553 gegründete Universität von Mexiko und deren aktuelle Repräsentanten

---

25 Clavijero, Francisco Javier: *Storia Antica del Messico*. 4 Bde. Cesena: Gregorio Biasani 1780.

betonte Clavijero nicht nur seinen „sincerísimo amor a la patria",[26] seine tiefaufrichtige Vaterlandsliebe, sondern schon im ersten Satz seine Vorgehensweise, sich dem „cuerpo literario más respetable de ese Nuevo Mundo" zuzuwenden.[27] Es ging ihm folglich um die Erstellung eines neuen Korpus, um die Zusammenstellung einer neuen Bibliothek, auf deren Grundlage sich das Mexiko der Zukunft erheben sollte.

Der literarische und wissenschaftliche Raum der *Storia antica del Messico* ist damit bewusst und geradezu ostentativ mit der geistigen Welt Neuspaniens, den präcortesianischen Traditionen dieses Raumes und daher spezifischen Filiationen und Zirkulationsformen des Wissens in der Neuen Welt verknüpft. Clavijero legte damit den Finger in die Wunde jener an Europa ausgerichteten und von Europa kontrollierten Wissenszirkulation, die sich in dieser Phase der Globalisierung noch immer fast ausschließlich an europäischen Autoritäten orientierte. Das kreolische Selbstbewusstsein gründete sich dabei auf ein Selbstverständnis, das die indigenen Traditionen als Teil der eigenen Geschichte begriff, zu welcher die Nachfahren der spanischen Eroberer und Zerstörer dieser Kulturen keinen legitimen Zugang besaßen. Dass die Kreolen dabei genetisch nicht die Nachfahren der indigenen Kulturen und Völker, sondern jener Konquistadoren, Beamten und Buchhalter aus Spanien waren, blieb als historische Tatsache in dieser so wirksamen ‚Selbsterfindung' der Kreolen unberücksichtigt.

Im sich anschließenden „Prólogo del autor" wandte er sich vehement gegen jene „turba increíble de escritores modernos",[28] gegen jene unglaubliche Masse an modernen Schriftstellern, welche die Wahrheit verschleiere, und betonte, er habe „todo cuanto se ha publicado hasta ahora sobre la materia" gelesen, die „pinturas históricas de los mexicanos", also die Piktogramme, Codices usw. zur Kenntnis genommen und aufmerksam studiert. Wir haben uns in unserer Vorlesung bereits mit diesem Punkt einer signifikanten Ausweitung des Korpus auf Werke, die nicht-alphabetischen Schriftsystemen angehören, beschäftigt und gesehen, welch enorme Bedeutung dieser fundamentalen Erweiterung zukommt.

Francisco Javier Clavijero betonte aber auch, dass er bei der Abfassung seines Werkes nicht allein viele Manuskripte konsultiert, sondern auch auf die sechsunddreißig Jahre seines Lebens in Neuspanien bis zur für viele überraschenden Ausweisung der Jesuiten und dem Beginn seines Exils in Europa

---

26 Ich zitiere nach dem der italienischen Erstausgabe zu Grunde liegenden spanischen Originaltext in Clavijero, Francisco Javier: *Historia antigua de México*. Prólogo de Mariano Cuevas. Edición del original escrito en castellano por el autor. México, D.F.: Editorial Porrúa [7]1982, S. xix.
27 Ebda., S. xvii.
28 Ebda., S. xxi.

zurückgegriffen habe. Der gebildete neuspanische Jesuit machte damit eine jahrzehntelange Lebenserfahrung in der spanischen Kolonie Nueva España geltend, die selbstverständlich keiner der europäischen Geschichtsschreiber in den Amerikas aufweisen konnte.

Damit ergänzte Clavijero in einer epistemologisch wichtigen Überlegung nicht nur die Archiv- und Bibliotheksstudien durch die empirische Feldforschung und Augenzeugenschaft, sondern erweiterte zugleich erstere durch die Einbeziehung nicht-abendländischer Quellen, Dokumente und Zeugnisse, so dass er in der Lage sei, mit der *Storia antica del Messico* eine umfassende Geschichte des ‚antiken Mexiko' vorzulegen:

> Nicht so sehr, um meine Geschichte aufzuhübschen als um vielmehr das Verständnis einiger in ihr beschriebener Dinge zu erleichtern, habe ich bis zu zwanzig Tafeln stechen lassen. Die mexikanischen Schriftzeichen und die Figuren der Städte, der Könige, der Waffen, Gewänder und Wappen, des Jahrhunderts, des Jahres, des Monats und der Sintflut sind verschiedenen mexikanischen Bilderhandschriften entnommen. Die Ansicht des größten Tempels ist aus jener des Anonymen Konquistadoren abgekupfert, wobei die Proportionen der Figuren durch die Maße korrigiert wurden, welche dieser selbst angibt, wobei das Übrige gemäß der Beschreibung anderer alter Autoren hinzugefügt wurde. Die Darstellung des anderen Tempels ist eine Kopie von jener, welche Valdés in der *Retórica cristiana* publizierte. Die Figuren der Blumen und Tiere sind zum größten Teile eine Kopie der von Hernández gegebenen. Das Portrait von Moctezuma wurde auf der Grundlage einer Kopie angefertigt, die Gemelli vom Original veröffentlichte, das Sigüenza besaß. Die Portraits der Konquistadoren sind Kopien derer, welche man in den *Décadas* von Herrera findet. Alle anderen Figuren wurden gemäß dessen gezeichnet, was wir mit eigenen Augen gesehen und worauf sich die alten Geschichtsschreiber beziehen.[29]

Clavijeros einladende, die Quellen seiner Abbildungen und Illustrationen wissenschaftlich benennende Geste zeigt, dass Amerika nicht länger bloßes Objekt europäischer Forschungen sein will, sondern im Kontext der amerikanischen (hier: neuspanischen) Aufklärung selbst zum Subjekt des Forschens wird. Dabei kann sich der Jesuit bereits auf eine Reihe von Autoren vor Ort stützen, die man als Vorläufer jener Altamerikanistik ansehen darf, welche zu Beginn des 19. Jahrhunderts aus der Taufe gehoben wurde.

Mit dem Stolz des Forschers, aber auch des Kreolen listet Clavijero ausführlich seine Quellen auf, die von den spanischen und amerikanischen Chronisten und Geschichtsschreibern des 16., 17. und 18. Jahrhunderts bis zu den berühmtesten Codices und Piktogrammen sowie den weitberufenen, aber in der Zwischenzeit auch weit verstreuten Sammlungen von Sigüenza y Góngora oder

---

29 Clavijero, Francisco Javier: *Historia antigua de México*, S. xxiii.

Boturini[30] in der Neuen wie in der Alten Welt reichen.[31] An diese Schätze und Sammlungen sollte nur wenige Jahre später auch ein Alexander von Humboldt anknüpfen, der mit seinen *Vues des Cordillères et Monumens des Peuples Indigènes de l'Amérique* als einer der Mitbegründer der wissenschaftlichen Erforschung präkolumbischer Kulturen angesehen werden darf.

Mit seiner *Storia antica del Messico* eröffnet der kreolische Jesuit die Take-off-Phase für die wissenschaftliche Erforschung der präkolumbischen Kulturen im ehemaligen Anáhuac und korrigiert auf grundlegende Weise all jene Erfindungen der Neuen Welt, die von Europa aus im sogenannten Jahrhundert der Aufklärung entwickelt worden waren, um eine hochkulturelle Vergangenheit der indigenen Völker des amerikanischen Kontinents zu verdecken und gleichsam ‚wegzulügen'. Damit lagen Welten zwischen der Datenbasis eines Clavijero und dem – wie der Jesuit mit einem kritischen Seitenblick nicht nur auf Cornelius de Pauw oder Guillaume-Thomas Raynal[32] meinte – „estilo brillante y elocuente, con reflexiones filosóficas y políticas, y con hechos inventados por el capricho, como veo lo hacen no pocos autores de nuestro ponderado siglo."[33]

Vehement also griff Clavijero in diesem so wohlgewichteten Jahrhundert den brillanten und eloquenten Stil jener „Philosophes" aus Europa an, die vermischt mit allerlei politischen und philosophischen Überlegungen die Tatsachen einfach und kapriziös *erfunden* hätten, ohne sich noch darum zu kümmern, was bereits zum Zeitpunkt ihrer Stellungnahmen über die Kulturen in Amerika bekannt gewesen sei. Es scheint mir wichtig zu verstehen, dass mit der europäischen Aufklärung – und ganz im Sinne von Max Horkheimers und Theodor W. Adornos *Dialektik der Aufklärung*[34] – eine Verdeckung der außereuropäischen Welt einherging, welche erst mit dem Auftreten eines Alexander von Humboldt der Vergangenheit angehören sollte.

Immer wieder rechnet der Kreole Francisco Javier Clavijero dabei mit den Entstellungen und Übertreibungen ab, wie sie der „señor de Paw en sus *Investigaciones filosóficas sobre los americanos*" oder „el señor de Marmontel en sus

---

30 Vgl. etwa ebda., S. xxxii.
31 Ebda., S. xxv–xxxvii.
32 Zu Raynal vergleiche die Ausführungen in den Bänden 1 und 5 der Reihe „Aula" in Ette, Ottmar: *ReiseSchreiben* (2020), S. 156 ff. sowie *Aufklärung zwischen zwei Welten* (2021), S. 24–29 u. 410 ff.
33 Clavijero, Francisco Javier: *Historia antigua de México*, S. xxii.
34 Im fünften Band der Reihe „Aula" wird der Versuch unternommen, diese Dialektik der Aufklärung mit dem europäischen Kolonialismus und der Abwertung außereuropäischer Kulturen in Amerika in Verbindung zu bringen in Ette, Ottmar: *Aufklärung zwischen zwei Welten* (2021), passim.

Incas" vorgetragen hätten.[35] Damit wird deutlich: Längst wurde auch die Wissenschaft von einer Phase beschleunigter Globalisierung erfasst, auch wenn dies von den Zeitgenossen und insbesondere den „Philosophes" in Europa kaum wahrgenommen wurde. Doch die Asymmetrie dieser globalisierten Wissenschaftsbeziehungen kann nicht darüber hinwegtäuschen, dass sich nunmehr neue, zukunftsweisende Formen und Wege weltweiter Wissenszirkulation abzuzeichnen begannen. Wir werden uns mit diesen Problematiken im Umfeld unserer Beschäftigung mit Alexander von Humboldt noch ausführlicher auseinandersetzen.

Bartolomé de las Casas erfand in einer denkwürdigen Szene seiner *Historia de las Indias* in einem bemerkenswerten Perspektivenwechsel auch einmal die Ankunft der Spanier am 12. Oktober 1492 aus indianischer Sicht: „Sie waren voller Verwunderung, als sie jene Schiffe sahen, und sie mussten denken, dass es Tiere seien, die vom Meer herkämen oder wieder in diesem verschwanden."[36] Auf eine ähnliche Weise findet sich gegenüber der stets europäischen Perspektive von de Pauw bei Clavijero eine stärker oszillierende Blickrichtung, wie sie sich auch bereits anhand der von ihm benutzten Quellen nachweisen lässt. Zugleich macht Clavijero auf die Diversität unterschiedlicher indigener Völker aufmerksam, was umgekehrt – wie der Autor der *Historia antigua de México* immer wieder anhand von Beispielen belegt – zu ständigen Auseinandersetzungen und Zersplitterungen unter den Indigenen geführt habe, welche die Spanier bei der Eroberung hätten ausnutzen können.[37]

Diese Argumentationsweise, die noch der kubanische Essayist und Revolutionär José Martí[38] in seinen Schriften und auch in seinem berühmten Essay „Nuestra América"[39] ein gutes Jahrhundert später als Erklärungsmuster für den raschen Zusammenbruch der indigenen Reiche und Hochkulturen benutzen sollte, stellte gegenüber der statischen, von Cornelius de Pauw vorgetragenen Gegenüberstellung von grundsätzlicher amerikanischer Inferiorität und europäischer Superiorität eine klare Historisierung und Dynamisierung historiographischer Deutungsmuster dar. Die Konturen einer möglichen neuen, amerikanischen Geschichtsschreibung mit

---

35 Clavijero, Francisco Javier: *Historia antigua de México*, S. xxxiii.
36 Las Casas, Bartolomé de: *Historia de las Indias*, Bd. 1, S. 201: „admirados de ver aquellos navíos, que debían pensar que fuesen algunos animales que viniesen por la mar, o saliesen della."
37 Clavijero, Francisco Javier: *Historia antigua de México*, S. 65.
38 Vgl. hierzu Ette, Ottmar: *José Martí. Teil I: Apostel – Dichter – Revolutionär. Eine Geschichte seiner Rezeption*. Tübingen: Max Niemeyer Verlag 1991. Ein zweiter Teil findet sich derzeit in Vorbereitung.
39 Vgl. zu José Martí den vierten Band der Reihe „Aula" in Ette, Ottmar: *Romantik zwischen zwei Welten* (2021), S. 1010 ff.

anderen Zäsuren und anderen Erklärungsmustern begannen sich am Ausgang des 18. Jahrhunderts in den kolonialen Literaturen abzuzeichnen, lange bevor sich die Bewegung der Unabhängigkeitsrevolution in den spanischen Kolonien in Amerika Gehör verschaffte.

Auch wenn Clavijeros Werk in Europa erschienen war und vielleicht aus diesem Grund in Europa leichter wahrgenommen werden konnte: Die *Storia Antica del Messico* steht für sich abzeichnende Veränderungen innerhalb eines globalen Zirkulationsraums des Wissens, welche die fundamentalen Asymmetrien etwa zwischen Alter und Neuer Welt zwar nicht auflösten, wohl aber thematisierten und zum Ausgangspunkt für die Schaffung veränderter Formen und Inhalte der Wissenszirkulation machten. Zugleich war diese *Historia* Clavijeros Teil jener längst herausgebildeten Aufklärung zwischen zwei Welten, welche eine transatlantische „République des Lettres" bekräftigte.

So war es kein Zufall, dass sich Clavijero am Ende seiner *Historia antigua de México* auch auf der Ebene einer anderen Zirkulationsform vehement von de Pauw und den anderen europäischen Aufklärungsphilosophen, die sich mit Amerika beschäftigten, distanzierte. Dabei ging es um nichts Geringeres als um jene Pandemie, welche die Europäer in Atem hielt und die sich sehr rasch über Europa, aber auch den Nahen Osten und Afrika verteilte.[40] Denn die Syphilis, so erläuterte er in einer separaten wissenschaftlichen Abhandlung, sei keineswegs aus Amerika nach Europa eingeschleppt worden. Als Kreole wies er stolz jegliche Behauptung zurück, sie stamme aus den in Amerika eroberten Gebieten. Auch wenn er sich mit Blick auf Afrika nicht zu einer Konkretisierung seiner Verdachtsmomente hinreißen ließ, stellte er doch klar, dass der Ursprung des „morbo gallico" nach damaligem Forschungsstand nicht in Amerika gesucht werden dürfe: „Daher ist Amerika nicht das Vaterland dieses Übels, wie man vulgärerweise geglaubt hat, noch sollte man denken, dass dieses Übel, wie etwa de Pauw will, eine Infektion des korrumpierten Blutes oder des schlechten Temperaments der Amerikaner wäre."[41]

Auch wenn wir heute sehr präzise über Herkunft und Verbreitung der Syphilis Bescheid wissen und wir Clavijero in seinen Zurückweisungen nicht bestätigen können: Diese Beispiele mögen zeigen, dass es längst an der Zeit ist, die Zirkulationsformen des Wissens in der Aufklärung – eines Zeitraums, der nicht unwesentlich von den Phänomenen der zweiten Phase beschleunigter

---

40 Vgl. zur Ausbreitung der Syphilis u. a. das entsprechende Kapitel in Ette, Ottmar: *Trans-Area* (2012), S. 12 ff.
41 Clavijero, Francisco Javier: *Historia antigua de México*, S. 591: „No es pues América la patria de ese mal, como vulgarmente se ha creído, ni debe considerarse, como quiere Paw, una infección de la sangre corrompida y del mal temperamento de los americanos."

Globalisierung geprägt wurde – nicht länger ausschließlich an Europa ausgerichtet zu betrachten. Aus diesem Grunde habe ich meine Vorlesung über die Aufklärung zwischen zwei Welten so konzipiert, dass Sie einen Eindruck von jener transatlantischen Wissenszirkulation erhalten, die oftmals in keiner Weise in der Forschung Berücksichtigung findet. Denn längst hatten sich vielfältige Formen des Austauschs, aber auch der kritischen Auseinandersetzung zwischen den unterschiedlichen Welten der „mondialisation" entfaltet. Das Aufklärungszeitalter und die Aufklärung selbst sind unbestreitbar transatlantisch fundiert.

Wir hatten bereits gesehen, dass die treibende Kraft der neuspanischen Aufklärung ohne Zweifel der Klerus, genauer: der niedere kreolische Klerus war. Die 1780 beziehungsweise 1781 erschienene *Storia antica del Messico* stellte einen Beitrag zu einer grundlegend veränderten Sichtweise der ‚amerikanischen Antike' dar. Als sie 1826 in London in spanischer Sprache erschien, waren bereits einige der maßgeblichen Schriften Alexander von Humboldts wie die *Vues des Cordillères et Monumens des Peuples Indigènes de l'Amérique* erschienen. Auf den preußischen Reisenden hatte die italienische Fassung der Forschungen Clavijeros sehr stark eingewirkt: Humboldt vergaß nie, das Werk des neuspanischen Jesuiten immer wieder lobend zu erwähnen.

Bereits 1748 war Clavijero in den Jesuitenorden eingetreten und hatte sich mit den grundlegenden Schriften europäischen Denkens seit Descartes vertraut gemacht. Doch früh hatte er sich den Schriften von Carlos de Sigüenza y Góngora zugewandt und versuchte, sich anhand unterschiedlichster Zeugnisse ein eigenes Bild von den kulturellen und geistigen Entwicklungen in Anáhuac zu machen und zugleich mit seinen Vorstellungen von Aufklärungsphilosophie zu verbinden. In jenen Jahren unterrichtete er an den Universitäten in Puebla, Morelia und Guadalajara und versuchte, für seine Studierenden ein möglichst vollständiges Bild der europäischen Aufklärungsliteratur zu entwerfen. Dabei fand er für die neuspanische Aufklärungsphilosophie wichtige Schüler, die wie José Antonio Alzate zu den führenden Philosophen des Vizekönigreiches avancierten.

Hauptziel der philosophischen und anthropologischen Bemühungen Clavijeros war es zweifellos, die europäische Philosophie in Gestalt zahlreicher „Philosophes" von der irrigen, aber höchst verbreiteten Meinung abzubringen, dass es sich bei den amerikanischen Hochkulturen schlicht um Ausdrucksformen der Barbarei handele. Für derartige irrige Ansichten lassen sich sehr leicht viele Beispiele finden. In diesem transatlantischen Kampf waren seine Hauptgegner der aus Amsterdam stammende Philosoph Cornelius de Pauw, den wir breit besprochen haben, der Schotte Robert Williams und der Franzose Guillaume-Thomas Raynal, dessen *Histoire philosophique et politique des établissements et du commerce des Européens dans les deux Indes* in unzähligen Auflagen kursierte und eine große Breitenwirkung selbst in den amerikanischen Kolonien des Nordens wie des Südens erzielte.[42] William Robertsons einflussreicher Geschichte[43] warf Clavijero nicht nur vor, eine Vielzahl in alphabetischer Schrift vorliegender Texte übergangen und aus Unkenntnis ihre Existenz geleugnet zu haben; er unterstrich vielmehr mit Nachdruck, dass es nicht angehen könne, die indianischen Bilderhandschriften als unverständlich zu bezeichnen, gelte dies doch nur für die europäischen Philosophen wie Robertson, die nicht wüssten, wie man diese Handschriften lesen und verstehen müsse. Und in der Tat hatten weder de Pauw noch Raynal noch Robertson irgend einen Zugang zu den indigenen Schriftsystemen.

Man könnte durchaus behaupten, dass Clavijero mit dem bis zum 18. Jahrhundert unhinterfragten Gegensatz zwischen *Indios* und Kreolen, also den in Amerika geborenen Nachfahren von Spaniern, brach. Ich würde freilich zu bedenken geben, dass er dies vor allem aus strategischen Gründen tat, um die Kreolen in die bevorzugten legitimen Erben der indigenen Traditionen und Machtansprüche der Azteken zu verwandeln. Doch war Clavijero zweifellos ein offener Denker, der sich jenseits von Lehrmeinungen und politischen Zielen seine eigenen Denkspielräume schuf. Der Preis für den intellektuellen Spagat, den er zwischen dem jesuitisch beeinflussten Christentum, der europäischen Aufklärungsphilosophie, den neuspanischen Aufklärern und vor allem den von ihm erforschten indigenen Traditionen bewerkstelligte, war zweifellos ein grundlegender Eklektizismus, also die wenig abgestimmte Verbindung unterschiedlichster philosophischer Ansätze, was seinem Denken freilich auch eine gewisse Polylogik verschaffte.

Clavijero war gewiss auch Jesuit genug, um die Vorherrschaft der kirchlichen Lehrmeinung nicht grundsätzlich in Frage zu stellen. Insofern sind seinem Denken, das sich zur Moderne öffnet, im Sinne der Katholischen Kirche klare Grenzen gesetzt. Das letzte Drittel des 18. Jahrhunderts ist zweifellos seit den Forschungen von Michel Foucault[44] und Wolf Lepenies[45] als die Sattelzeit

---

42 Vgl. zu den epistemologischen Grundlagen von Raynal Ette, Ottmar: Diderot et Raynal: l'oeil, l'oreille et le lieu de l'écriture dans l'«Histoire des deux Indes». In: Lüsebrink, Hans-Jürgen / Strugnell, Anthony (Hg.): *L'«Histoire des deux Indes»: réécriture et polygraphie.* Oxford: Voltaire Foundation 1996, S. 385–407; sowie ders.: La mise en scène de la table de travail: poétologie et épistémologie immanentes chez Guillaume-Thomas Raynal et Alexander von Humboldt. In: Wagner, Peter (Hg.): *Icons – Texts – Iconotexts. Essays on Ekphrasis and Intermediality.* Berlin – New York: Walter de Gruyter 1996, S. 175–209.
43 Vgl. Robertson, William: *The History of America.* 2 Bde. London: W. Strahan 1777.
44 Vgl. Foucault, Michel: *Les mots et les choses.* Paris: Gallimard 1966.
45 Vgl. Lepenies, Wolf: *Das Ende der Naturgeschichte. Wandel kultureller Selbstverständlichkeiten in den Wissenschaften des 18. und 19. Jahrhunderts.* Frankfurt am Main: Suhrkamp 1978.

der Moderne zu betrachten, doch sollten wir darüber nicht die Tatsache aus den Augen verlieren, dass es keine Moderne im europäischen Sinne ist, die sich in Clavijeros Schriften abzeichnet. In den sich emanzipierenden amerikanischen Kolonien entwickelten sich andere, alternative Konzepte von Moderne, welche nicht mit den Begrifflichkeiten und Definitionen von Moderne in Europa gleichgesetzt werden sollten. Es geht schlicht aus unserer Sicht darum, hispanoamerikanische Deutungen des Modernekonzepts in unser Denken zu integrieren, um die *Vielfalt der Modernen* zu begreifen.

Francisco Javier Clavijero lässt sich vor diesem Hintergrund durchaus als einer der Väter der neuspanischen Unabhängigkeitsrevolution begreifen. Denn in seinen Schriften vermittelte er nicht nur aufklärerisches Denken aus Europa, sondern entwickelte ein eigenständiges amerikanisches Denken, das auf einer Wieder-in-Wert-Setzung der indigenen Hochkulturen fußte. Letztere erforschte er in ihren Traditionen und kulturellen Ausdrucksformen, wobei er auf die Arbeiten eines Sigüenza y Góngora und die von diesem freigelegten Filiationen zurückgriff. Durch die Verbindung zwischen den indigenen Hochkulturen und den Positionen der Kreolen stärkte er ohne Zweifel das kreolische Selbstbewusstsein, das sich in den folgenden Dekaden zu einem Nationalbewusstsein entwickeln sollte.

Die Kreolen wollten aus einer subalternen Rolle innerhalb der kolonialspanischen Gesellschaften des 18. Jahrhunderts so rasch wie möglich heraus und suchten nach Möglichkeiten, ihre eigene Legitimationsbasis gegenüber den spanischen ‚Usurpatoren' zu erweitern. Die Differenzqualität alles ‚Amerikanischen', die von den französischen und europäischen Philosophen des 18. Jahrhunderts fast ausschließlich negativ konnotiert und als Degenerierung gedeutet worden war, sollte nicht verschwinden, sondern positiv umgedeutet werden. Dazu eignete sich die altmexikanische Antike, auf deren Schultern nun die Kreolen zu stehen wünschten, ganz vorzüglich.

Clavijero behandelte zwar Raynal, Diderot, Robertson, Voltaire oder Montesquieu als Vertreter der Aufklärung, trug Sorge, das in den spanischen Kolonien verleumdete und negierte Kopernikanische System nicht zu erwähnen, zielte vor allem aber darauf ab, eine kreolische Sichtweise der Geschichte, die wir seit unserer Analyse des *Biombo de la Conquista* reflektieren, ins Zentrum seines Denkens zu rücken. Dabei orientiert sich Clavijero mit Blick auf die Keimzelle des Künftigen am Hochtal von Mexiko, an dem indigenen Raum von Anáhuac, an dem sich auch noch ein Alfonso Reyes zu Beginn des 20. Jahrhunderts in Gestalt der *Región más transparente del aire* ausrichten sollte. Unter der Bezeichnung ‚Nueva España' legt Clavijero die historischen Tiefenschichten frei, um daraus einen neuen Wurzelgrund für ein an das Indigene anknüpfende kreolische Selbstbewusstsein zu schaffen.

Denn die Bezeichnung ‚Neuspanien' legt sich nur verhüllend über die zuvor bereits gegebene Einheit des indigenen Anáhuac der Mexica, die das Ergebnis eines historischen Prozesses der Expansion einer bestimmten hochkulturellen indigenen Gruppe ist. Damit wird eben jene Bruchlinie unterlaufen, welche die bisherige europäische Geschichtsschreibung mit der Conquista ansetzte und die alles zuvor Dagewesene aus dem Bereich der Zivilisation, ja aus dem Bereich der ins Kalkül zu ziehenden Geschichte verbannt. Das Verwoben-Sein der Kreolen mit den indigenen Kulturen wird auf diese Weise zugleich hergestellt und (protonationalistisch) beleuchtet. Die Bezeichnung ‚Mexiko' wird gegenüber der Bezeichnung ‚Neuspanien' aufgewertet und nicht nur zum Titelbegriff der *Historia antigua de México*, sondern zum politischen Zielbegriff für die künftige kreolische Trägerschicht der Independencia.

Doch hören wir noch ein letztes Mal den kreolischen Verfasser der *Storia antica del Messico*, der gleich zu Beginn seiner Geschichte, wenn auch noch nicht in einem modernen Sinne, auf diese Dimension des Nationalen, ja einer künftigen Gemeinschaft dieser in diesem Raum Geborenen aufmerksam macht und im gleichen Atemzug – wie es einem Philosophen des Jahrhunderts der Aufklärung ziemt – seine eigene Vorurteilsfreiheit und Unvoreingenommenheit betont:

> Verschiedene Autoren, ebenso des Altertums wie der Moderne, haben es unternommen, von diesen Nationen zu berichten; doch unter so vielen hat sich nicht einer gefunden, der in allem exakt und getreu gewesen wäre. Die Leidenschaft und die Vorurteile bei einigen Autoren sowie das Fehlen von Kenntnissen oder Überlegungen bei anderen hat dazu geführt, dass sie andere Farben verwendeten, als sie hätten verwenden müssen. [...] Ich erkenne in mir nichts, was mich für oder gegen sie einnähme. Weder die Gründe meiner Landsmannschaft beeinflussen meine Unterscheidungsfähigkeit zu ihren Gunsten noch meine Liebe zu meiner Nation, noch drängt mich der Eifer zur Ehre der Angehörigen meiner Nation, sie zu verurteilen; und so werde ich frisch und frei und ernsthaft sagen, was ich bei ihnen an Gutem und schlechtem erkannt.[46]

In dieser Passage wird zweifelsfrei die aufklärerische, vorurteilsfreie, von keinen Interessen als dem Willen nach Wissen geleitete Position des unbestechlichen „Ilustrado" eingenommen, der sich zuallererst auf die empirisch nachprüfbare Geschichte besinnt und damit jene historische Dimension in das Denken der protonationalen Räume Amerikas einbringt, das sich zeitgleich in Europa zu entwickeln beginnt. Es geht hier um die verschiedenen indigenen Völker und Bevölkerungsgruppen, die Clavijero auf dem protonationalen Raum Neuspaniens unterschiedlich zu gewichten versucht und dabei seine eigene Zugehörigkeit als in keiner Weise ausschlaggebend deklariert.

---

46 Clavijero, Francisco Javier: *Historia antigua de México*, S. 44.

Die von Michel Foucault und Wolf Lepenies beobachtete Historisierung und Verzeitlichung aller Bereiche des Wissens im letzten Drittel des 18. Jahrhunderts zeigt sich auch bei dem aus Neuspanien stammenden Jesuiten sehr deutlich. Die Zeitverschiebung oder -verzögerung ist auf dieser Ebene nur gering. Für Clavijero bedeutet diese Verzeitlichung aller Wissensbereiche nicht zuletzt, dass damit auch eine Formbarkeit und Bildbarkeit des menschlichen Geistes einhergeht, was bei einem Jesuiten kaum überraschen dürfte, dominierte dieser Orden doch bis zu seiner Ausweisung im Jahre 1767 das gesamte Bildungssystem in den spanischen Kolonien. Die Verschiedenartigkeit der ‚Nationen' innerhalb des künftigen Staatsgebietes und gegenwärtigen Neuspanien erscheint jedoch nicht als Chance, sondern als eine Behinderung – eine Einsicht, mit welcher der ebenfalls den Kreolen zugehörige José Joaquín Fernández de Lizardi in seinem erstmals 1816 erschienenen *El Periquillo Sarniento*[47] konform geht, entwarf er doch in seinem erstmals auf dem amerikanischen Kontinent angesiedelten Schelmenroman jenen protonationalen Raum des künftigen Mexiko, der sich bei Francisco Javier Clavijero noch wesentlich versteckter abzeichnet.

Lassen Sie mich auch noch ein letztes Mal auf den 1763 geborenen Dominikanermönch Fray Servando Teresa de Mier zurückkommen, mit dem wir uns bereits kurz beschäftigten und der in meiner Vorlesung über die *Aufklärung zwischen zwei Welten* eine wichtige Rolle spielte! Denn auch er vertritt die kreolische Trägerschicht der Independencia, erlebte freilich diese politische Unabhängigkeitsrevolution in den ehemaligen spanischen Kolonien noch selbst mit. Wir hatten bereits darauf verwiesen, dass der Dominikaner Mier nicht anders als der Jesuit Clavijero ständig gegen die aus seiner Sicht absurden Behauptungen europäischer Philosophen wie Raynal oder de Pauw anschreiben musste, auch wenn diese Philosophen nach seinem Dafürhalten schon längst durch amerikanische Vertreter der Aufklärung wie Valverde, Carli, Clavijero, Molina, Iturri oder auch Madisson[48] widerlegt worden seien. Auch auf seine berühmte Predigt vom 12. Dezember 1794 in der Kathedrale der vizeköniglichen Hauptstadt waren wir schon eingegangen, die ihm ein Leben ständiger Verfolgungen, zahlreich geglückter Ausbruchversuche, erneuter Gefangennahmen und philosophisch-politischer Auseinandersetzungen einbrachte. Durch den Rückgriff auf präkolumbische Traditionen hatte er jegliche heilsgeschichtliche Fundierung der spanischen Conquista untergraben und subvertiert.

---

47 Vgl. eine ausführliche Analyse und Deutung dieses ersten Romans eines Hispanoamerikaners in Hispanoamerika im vierten Band der Reihe „Aula" in Ette, Ottmar: *Romantik zwischen zwei Welten* (2021), S. 285 ff.
48 Teresa de Mier, Fray Servando: *Memorias*. Edición y prólogo de Antonio Castro Leal. México: Editorial Porrúa 1946, Bd. 2, S. 187.

Lassen wir an dieser Stelle zum ersten Mal in unserer Vorlesung den kubanischen Dichter und Romancier José Lezama Lima zu Wort kommen, der in einem seiner Vorträge aus seinem späteren Essayband *La expresión americana* Fray Servando Teresa de Mier ein literarisches Denkmal setzte und die Optionen des Dominikaners klug beleuchtete. Dabei betonte der Kubaner mit Blick auf den immer wieder überraschenden Dominikaner die Kommentierung und Schaffung des Künftigen:

> Wenn ihn der frenetisch gewordene Erzbischof verfolgt, so gelingt es ihm mit seinem Rhythmus an Kerkern und Verließen, sich alles in der Totalität der mexikanischen Unabhängigkeit klarzumachen. Seine Projektion an Zukünftigkeit ist so großmütig und vollkommen, dass er, wenn wir sein Leben von heute aus bis zum finsteren romantischen Kerker rückwärtsgewandt überblicken, uns vorkommt wie ein Leser von Schicksalen, wie ein Augur des Besten von jedem Augenblicke. Als Schöpfer inmitten der versagenden Tradition zwingt er sich zur Synthese des Bruches und des Säkularen, zur Trennung von der Tradition, die sich bewahrt, um sich in der Tradition wiederzufinden, die sich ausdehnt, spielt und Schicksale erläuft.[49]

José Lezama Lima situiert mit seinen poetischen Formeln den neuspanischen Dominikanermönch in einer Tradition ständiger Neuschöpfung und unentwegten Entstehens, selbst oder gerade unter den Bedingungen des „calabozo americano", des Kerkers in den Kolonien. Die Dimension des Künftigen ist somit nur aus der Neu-Schöpfung des Vergangenen, des Tradierten möglich. Im gewollten Bruch mit Spanien kehrt sich paradoxerweise gerade – wie Lezama Lima wenige Zeilen zuvor unterstrich – das Spanische hervor: „Cree romper con la tradición, cuando la agranda."[50] Der Dominikaner glaube, mit der Tradition zu brechen, wo er sie doch gerade verlängert.

So ist Fray Servando Teresa de Mier, der Abgeordnete der Ersten wie der Zweiten Verfassunggebenden Versammlung, also des *Congreso Constituyente Mexicano*, dem er 1822 und 1823 als Vertreter von Nuevo León angehört, keineswegs mehr der Anhänger einer Monarchie nach britischem und nicht mehr der Vertreter eines föderativen Systems nach nordamerikanischem Vorbild. Er unternimmt den letztlich gescheiterten Versuch, die Lage seines politisch unabhängig gewordenen Heimatlandes auf der Grundlage einer ruhigen Analyse aller politischen Abhängigkeiten auf eine Weise zu definieren, welche künftige Dependenzen von neuen kolonialen oder neokolonialen Mächten möglichst gering halten müsste. Mit anderen Worten: eine nachhaltige Independencia ins

---

49 Lezama Lima, José: El romanticismo y el hecho americano. In (ders.): *La expresión americana*. Madrid: Alianza Editorial 1969, S. 92.
50 Ebda., S. 91.

Werk zu setzen. Servando Teresa de Miers politische Weitsicht ist dabei in vielerlei Hinsicht außergewöhnlich, soll uns an dieser Stelle unserer Vorlesung aber nicht mehr über das bereits Gesagte hinaus interessieren.

Ich möchte Ihnen vielmehr die veränderten Bedingungen des Schreibens in den Amerikas im Umfeld der sich anbahnenden Unabhängigkeitsrevolution vor Augen führen, bezüglich derer wir in einer anderen Vorlesung bereits das Beispiel von José Joaquín Fernández de Lizardi mit dem Beginn des Romans in Hispanoamerika kennengelernt hatten. Mit Blick auf Fray Servando Teresa de Mier y Guerra aber meine ich die mit dem Testimonialen verbundene autobiographische Funktion. Wir hatten sie bereits sehr deutlich bei Garcilaso de la Vega el Inca gesehen. Bei unserem novohispanischen Dominikanermönch können wir eine weitere Dimension dieses autobiographischen Schreibens erkennen.

Bei Fray Servando Teresa de Mier wird die individuelle Subjektwerdung, welche letztlich – und hierin stimme ich gänzlich mit José Lezama Lima überein – von den Verfolgungen und Einkerkerungen nach seiner großen Predigt ausging, zu einer gleichsam kollektiven Subjektwerdung eines kreolischen Selbstbewusstseins. Dieses Selbstbewusstsein gründet sich auf eine Subjektivierung, welche mit Blick auf die Aneignung der eigenen kreolischen Geschichte im Bereich des Lebensweltlichen wie des Politischen voranschreitet. Politisch wirkmächtig wird dies im langen Prozess der sich anbahnenden Unabhängigkeitsrevolution und der von den Kreolen getragenen staatlichen Implementierung der Independencia.

Ich möchte Ihnen gerne an diesem Schlusspunkt unserer Beschäftigung mit dem neuspanischen Dominikaner lediglich eine kurze von vielen sich anbietenden Passagen aus dem zweiten Band der *Memorias* von Fray Servando Teresa de Mier vor Augen führen, in welcher es wieder einmal um ein Verhör geht, dem der neuspanische Kreole unterworfen wird. Dabei kommt seine Lebensgeschichte zu Wort, die in einer weiteren Selbstreflexion geradezu die epischen Dimensionen eines umfangreichen Romans und damit den Bereich der Fiktion erreicht. Vergessen wir dabei nicht, dass es just jene Jahre sind, in denen Fernández de Lizardi seinen *Periquillo Sarniento* (1816) erscheinen ließ.

Die spanischen Behörden hatten Fray Servando ins Gefängnis geworfen; und die wieder einmal unmenschlichen Verhältnisse, die Dunkelheit und Finsternis der Räume sowie die Vielzahl an Wanzen und Flöhen drängten den Gefangenen schließlich dazu, einen Gefängniswärter zu rufen und seine „Confesión", sein „Geständnis", für das nächste Verhör anzukündigen. Am nächsten Tag waren „Alcalde", „Vicario" und „Escribano" da und notierten fleißig, was der Mann aus Neuspanien zu Protokoll gab. Sehen wir uns diese Stelle einmal genauer an:

> Als ich schließlich dazu kam, dass mein Vater Gouverneur und Generalkommandant des neuspanischen Reiches von León war, drehte mir der *Alcalde* überrascht sein Gesicht zu, weil man mich als Kleriker anklagte, und nun plötzlich erschien, dass ich ein distinguiertes Subjekt sei. Nachdem er mir fortgesetzt sehr lange Fragen stellte und ich ihm antwortete, dass ich ihm mein ganzes Leben erzählen würde; und da ich es so tat, befahl er dem Schreiber, er solle alles notieren, was ich ihm diktierte. Meine Geschichte schien ihm ein Roman und sei bestimmt erfunden, weil nichts mit der Anklage der königlichen Order übereinstimmte. So kehrte ich in meinen Flohzirkus zurück, um auf den Backsteinen zu schlafen ohne ein anderes Leinen als das, was ich selbst am Leibe trug, mit meinem Taschentuch als Kopfkissen. Der *Alcalde* ordnete eine Durchsuchung um sieben Uhr abends und eine weitere um zwölf Uhr an. Ich machte mich in der Mitte des Kerkers lang, um vor den Flöhen zu fliehen; doch stiegen sie zum Geruch meines Körpers herunter und griffen mich von allen Seiten an. Der *Alcalde* tötete bei seiner Visite um zwölf Uhr mit seinen Füßen die Prozession, denn sie fielen in Reih und Glied über mich her.[51]

In dieser Passage überkreuzt sich die Gattung der Memoiren mit jener der Autobiographie und geht eine Verbindung ein, welche sowohl dem Erzählen der Vorfälle und Begegnungen wie der autobiographischen Ausschmückung dieses ‚distinguierten Subjekts' freien Lauf lässt. Hinzu tritt die Erwähnung des Romans als rein fiktionaler Gattung, als „seguramente fingida", die sich des Testimonialen und Zeugnishaften einer Lebensgeschichte bemächtigt. Das Subjekt schreibt nicht selbst, sondern diktiert einem Schreiber, befindet sich folglich in der Position eines ‚distinguierten Subjekts', aus welcher es unmittelbar danach wieder in die erniedrigendste Stellung innerhalb seines Kerkers katapultiert wird. Dieses Subjekt befindet sich folglich in einer ständigen und letztlich unabschließbaren Bewegung, da es noch nicht einmal in seinem Verließ Ruhe finden kann: Es wird ebenso von Alkalden und Schreibern wie von Flöhen und Wanzen unablässig attackiert.

In dieser Passage geht die Autobiographie in gleichsam zweifacher Weise reflexiv in eine Erzählung ein, die auf der einen Seite Anklage gegen den spanischen Despotismus und andererseits stets anekdotenschwangeres freudiges, unbändiges Erzählen ist, das sich in einem klaren Selbstbewusstsein, aber auch in hyperbolischen Wendungen literarisch ausdrückt. Im Medium der *Memorias* entsteht gleichsam die Geschichte eines Kreolen, der auszog, für seine Ideen zu kämpfen und feststellen musste, dass ein Kampf mit der Kolonialmacht ebenso unausweichlich wie langwierig war. Leider steht uns das von Fray Servando Teresa de Mier dem Schreiber Diktierte, also diese als ‚Roman' apostrophierte Lebensgeschichte des Dominikaners in der von einem „Escribano" protokollarisch niedergeschriebenen Fassung nicht zur Verfügung. Doch wir verfügen ja über seine *Memorias*, die uns ein lebhaftes Bild dieses in

---

51 Teresa de Mier, Fray Servando: *Memorias*, Bd. 2, S. 205.

irgendwelchen Gefängnisarchiven verschwundenen Textes vermitteln. Fray Servando Teresa de Miers hinterlassene Lebensgeschichte ist ein Zeugnis kreolischer Selbstfindung und zugleich hochgradig friktional. Und aus dieser Friktion nährt sich der Funke, der den Widerstand des kreolischen Subjekts in seinem Kampf gegen alle Oppression nährt.

Für den langen und von vielen Rückschlägen gekennzeichneten, aber letztlich erfolgreichen Kampf der Kreolen gegen die spanische Kolonialmacht steht bekanntlich kein anderer in der Geschichte des entstehenden Lateinamerika wie Simón Bolívar, dessen Figur bereits im 19. Jahrhundert zu einem Mythos wurde. Wir haben uns bereits mit seiner *Carta de Jamaica* in Zusammenhang mit jener Funktionalisierung christlicher Mythen und Legenden beschäftigt, die ihn mit vielen der Vordenker und Köpfe der Independencia verbinden. Dass seine *Figura* selbst zu einem des Öfteren politisch missbrauchten Mythos wurde, um vom Denken Bolívars differierende Positionen populistisch zu legitimieren, konnte der „Libertador", der gegen Ende seines Lebens den Eindruck hatte, im Meere gepflügt zu haben,[52] zu Lebzeiten freilich noch nicht ahnen.

Ich kann an dieser Stelle unserer Vorlesung nicht auf die großen, unbestreitbaren Verdienste dieses 1783 geborenen kreolischen Proto-Lateinamerikaners eingehen, der sicherlich wesentlich dazu beitrug, dass politische Pläne auch militärisch siegreich umgesetzt werden konnten. Auch wenn es am Ende nicht seine eigenen Vorstellungen von der Zukunft der ehemals spanischen Kolonien waren, welche die künftigen Strukturen der Protonationen prägen sollten. Doch der in Caracas zur Welt gekommene Sohn aus einer reichen Großgrundbesitzerfamilie leitete aus seiner Berührung mit der europäischen Aufklärungsphilosophie den zwingenden Vorsatz ab, zum Befreier und Erlöser aus der spanischen Unterdrückung zu werden.

Simón Bolívar verwies mehrfach auf die riesige Ausdehnung der amerikanischen Hemisphäre und beurteilte die Entwicklung des Unabhängigkeitskampfes in den verschiedenen Regionen der hispanoamerikanischen Welt nicht ohne Skepsis. Sein Augenmerk widmete er in seinen hemisphärischen Überlegungen besonders dem Río de la Plata, dem „Reino de Chile", dem „Virreinato del Perú" sowie „Nueva Granada" und nicht zuletzt „Nueva España", ohne freilich die Antillen und vor allem seine Heimat, „la heroica y desdichada Venezuela", zu vergessen. Das Wissen Bolívars über Amerika war bemerkenswert, seine Weitsicht schlicht bewundernswert. Seine Forderungen nach einer Emanzipation der spanischen Kolonien von ihrem Mutterland garnierte er gerne mit

---

52 Vgl. hierzu den Simón Bolívar gewidmeten Teil des vierten Bandes der Reihe „Aula" in Ette, Ottmar: *Romantik zwischen zwei Welten* (2021), S. 335 ff.

Verweisen auf Buffon, Raynal, Walton und Humboldt, dessen in Entstehung begriffenes amerikanisches Reisewerk gerne von den kreolischen Eliten als die Geburtsurkunde der neuen Länder des amerikanischen Kontinents verstanden wurde.

Abb. 53: José Gil de Castro: Portrait von Simon Bolívar (1783–1830), ca. 1823–1825.

Bolívar wusste, dass von anderen europäischen Staaten ebenso wenig Hilfe für die Unabhängigkeitsrevolution erwartet werden konnte wie von den unabhängigen Vereinigten Staaten im Norden, die vordringlich mit sich selbst beschäftigt waren. Doch zusammen mit den Plänen für das weitere militärische Vorgehen gegen die spanischen Truppen und die Bündelung der eigenen Kräfte bedrängten Bolívar in seiner *Carta de Jamaica* vor allem Fragen wie die folgenden: Was wird die Zukunft den riesigen Kolonien Spaniens bringen? Was wird das Schicksal der Neuen Welt sein? Wie ließe sich eine künftige Regierung für die gewaltigen Gebiete des ehemals spanischen Kolonialreiches denken? Sehen wir uns einige der Überlegungen des „Libertador" zu diesen drängenden Fragekomplexen an, sehr wohl darum wissend, dass sich seine eigenen Vorstellungen politisch nicht verwirklichen sollten:

> Es ist noch schwieriger, das künftige Schicksal der Neuen Welt vorherzusagen, Prinzipien bezüglich seiner Politik zu etablieren und gleichsam die Natur seiner Regierung zu prophezeien, welche es einmal übernehmen wird. Jede auf die Zukunft dieses Landes gerichtete Idee scheint mir gewagt. Konnte man es denn vorhersehen, als das Menschengeschlecht sich noch in seiner Kindheit befand und von soviel Unsicherheit, soviel Ignoranz und so vielen Irrtümern umgeben war, welches die Regierungsform sein könnte, die es für seine Selbstbewahrung einmal wählen würde? Wer hätte es damals gewagt zu sagen, welche Nation eine Republik und welche eine Monarchie, ja dass dieses Land einmal klein und jenes andere groß sein werde? Nach meinem Dafürhalten ist dies aber das Bild unserer Situation. Wir sind ein kleines Menschengeschlecht; wir besitzen eine eigene Welt; wir sind von weiten Meeren umgeben, neu in fast allen Künsten und Wissenschaften, und doch auf eine gewisse Art alt in den Gebräuchen der Zivilgesellschaft. Ich halte den aktuellen Zustand von Amerika für vergleichbar mit jenem Augenblick, als das Römische Reich zusammengebrochen war und jede Abspaltung ein politisches System ergab, in Übereinstimmung mit den jeweiligen Interessen und der Lage, aber auch in Abhängigkeit von den besonderen Ambitionen mancher ihrer jeweiligen politischen Führer, Familien oder Korporationen; mit

dem bemerkenswerten Unterschied freilich, dass jene verstreuten Glieder ihre alten Nationen mit jenen Veränderungen wiederherstellten, welche die Dinge oder die Ereignisse erforderlich machten; wir aber, die wir kaum noch die Trümmer dessen bewahren, was in einer anderen Zeit einmal war, und die wir auf der anderen Seite weder Indianer noch Europäer sind, sondern eine mittlere Spezies zwischen den legitimen Eigentümern des Landes und den spanischen Usurpatoren darstellen: Wenn wir alles zusammengenommen folglich Amerikaner durch Geburt und unsere Rechte die von Europa sind, so müssen wir diese mit jenen des Landes konfrontieren und gegen die Invasion der Invasoren aufrecht erhalten; so befinden wir uns in dem außerordentlichsten und kompliziertesten Falle; dessen ungeachtet ist es eine Art Weissagung, wollte man angeben, welches das Ergebnis der politischen Linie sein könnte, welche Amerika einschlagen wird, und doch will ich es wagen, einige Vermutungen zu äußern, welche ich selbstverständlich für arbiträr halte, sind sie doch von einem rationalen Wunsche und nicht von einer Wahrscheinlichkeitsrechnung diktiert.[53]

In dieser die Weltgeschichte befragenden Passage der *Carta de Jamaica* finden sich entscheidende Fragestellungen und Lösungsansätze, die das gesamte 19. Jahrhundert in grundlegender Weise bestimmen werden. Die Verwendung des Begriffs ‚Neue Welt' ist erkennbar bewusst gesetzt, denn *neu* ist diese Welt im Sinne Bolívars nicht etwa deshalb, weil sie später und von der sogenannten Alten Welt aus entdeckt worden wäre, sondern weil sie keine aus der Geschichte bekannten Vorbilder besitzt, auf die sie sich berufen könnte, keine Modelle, an denen sie sich orientieren sollte, um ihren künftigen Weg aschätzen zu können. Die Zukunft, so könnten wir sagen, ist zum Zeitpunkt der Niederschrift dieses Briefes, dieser tiefgreifenden Reflexion über das künftige Schicksal dieser Neuen Welt, auf radikale Weise offen.

Berühmte Geschichtswissenschaftler wie Reinhart Koselleck und vor allem Philosophen wie Michel Foucault haben in den vergangenen Jahrzehnten, seit mehr als einem halben Jahrhundert, auf überzeugende Weise aufgezeigt, inwiefern erst im Umkreis der Französischen Revolution die Erfahrung um sich greift und breiter philosophisch reflektiert wird, dass die Zukunft der politischen Systeme wie der Menschheit insgesamt offen ist und sich nicht an bereits existierenden Regierungsformen orientiert. Simón Bolívar überträgt dieses Gefühl, diese beginnende Erkenntnis seiner Zeitgenossen auf Amerika, auf die Neue Welt, indem er deren Einwohner als ein „kleines Menschengeschlecht" beschreibt und damit nicht nur im übertragenen Sinne eine Art eigener Welt konzipiert, die folglich auch ihre eigene Gesetzlichkeit, ihre Eigengesetzlichkeit und vor allem ihre eigene Zukunft haben werde. All dessen ist er sich gewiss!

Der „Libertador" ist folglich weit davon entfernt, seinen Blick auf seine Heimatregion einzuschränken. Amerika – und Bolívar versteht hierunter zunächst einmal die hispanoamerikanisch kolonisierten Bereiche, im weiteren Sinne

---

53 Bolívar, Simón: *Carta de Jamaica*, S. 69 f.

aber durchaus die gesamte Hemisphäre – erscheint vielmehr als eine Welt für sich, die es in ihrer Komplexität zu verstehen gelte. Seine Konzeption von einem einheitlichen, von anderen Regionen der Welt unterschiedenen Amerika beginnt sich herauszukristallisieren. Dies macht die Beantwortung der zweifellos essentialistischen Frage notwendig, wer die Bewohner dieser Neuen Welt denn eigentlich seien.

Der Begriff „Nuestra América" wird sozusagen mit Händen greifbar, zeigt sich doch auch bei Simón Bolívar die Identifikation mit diesem Teil der Erde, und ist seine Sichtweise doch auch die der von den Vorstellungen der französischen Aufklärung stark mitgeprägten kreolischen Führungsschicht. Stets spricht er in diesen Zeilen in der ersten Person Plural, die keineswegs ein *Pluralis majestatis* ist. Bolívar gibt hier vielmehr metaphorisch einem riesigen Gebiet und dessen Bewohnern Stimme, sein ‚Wir' ist dasjenige Amerikas. Und sein Entwurf der Identitätskonstruktion der Bewohner dieses „mundo aparte" ist durchaus originell, wenn auch noch tastend, bis in die Formulierungen hinein suchend.

Das Neue und das Alte kombinieren und verbinden sich in Amerika. An dieser Stelle führt Simón Bolívar durchaus ein historisches Vorbild ein, vergleicht er doch den Zerfall des kolonialspanischen mit dem des römischen Reiches, von dessen Teilen niemand die jeweilige Zukunft habe voraussagen können. Bedeutet dies, dass der „Libertador" sich doch am Vorbildcharakter der römischen Antike orientiert? Ich denke nicht, denn es geht ihm in diesen Formulierungen ganz offensichtlich nur um einen Vergleich, der die radikale Offenheit der Zukunft aufzeigen soll und nicht etwa den Vorbildcharakter einer abendländischen Antike und deren Geschichtsverlauf.

Damit wird zugleich und in gewisser Weise unwillentlich ein weiterer Gedanke in den Text eingeblendet: Aus dem Zerfall des Römischen Reiches bildete sich keineswegs ein einheitliches, neues, zusammenhängendes Reich oder gar Imperium. Vielmehr entstand ein verwirrendes Mosaik von Ländern und Gebieten, die nie mehr zu einer zusammenhängenden staatlichen Einheit zurückfanden. Gerade in diesem Sinne darf das Beispiel des Römischen Reiches kein Exemplum sein, das auf das in Entstehung begriffene Lateinamerika anzuwenden wäre. Und Bolívar wird einen großen Teil seiner Anstrengungen und seines politischen Lebens darauf verwenden, sich immer wieder aufs Neue gegen die doch unaufhaltsame Gefahr des Zerfalls der ehedem schon prekären Einheit der verschiedenen Vizekönigreiche und „Audiencias" zu stemmen.

Doch all diese Passagen sind rhetorisch wie politisch vom Denker einer lateinamerikanischen und sogar panamerikanischen Einheit wohldurchdacht. Daher auch die Abgrenzung von diesem geradezu klassischen Beispiel mit „mas nosotros": Der Vergleich wird nicht zu Ende gedacht, er darf dem Lesepublikum nicht allzu schlüssig und einleuchtend werden, funktioniert aber dennoch als

Textsignal, das diese semantische Ebene eines drohenden Verfalls und Zerfalls in den bolivarianischen Text einblendet. Die Beziehung wird gleichsam historisch gekappt, da ‚wir' – so Bolívars erläuternder Einschub – in Amerika kaum Überreste und Denkmäler früherer Zeiten besitzen. Bitte vergessen Sie nicht, wenn Sie an die Mayatempel, an die Sonnen- und Mondpyramide von Teotihuacán oder an Machu Picchu denken, dass der größte Teil archäologischer Ausgrabungen in den Amerikas erst in die Epoche einer Verzeitlichung der Vergangenheit und damit in die Zeit ab dem 19. Jahrhundert fällt.

Dies könnte daher aus heutigem Blickwinkel angesichts der Vielzahl vorhandener indigener Tempelbauten, Piktogramme oder Wegenetze zwar als ebenso kühne wie falsche Behauptung erscheinen, doch müssen wir uns vergegenwärtigen, dass eine Vielzahl solcher Denkmäler noch nicht wieder aufgefunden, aus dem Reich der Natur wieder zurückerobert geschweige denn in seiner Bedeutung erfasst und ins öffentliche Bewusstsein gehoben worden war. Amerika war – wie Alexander von Humboldt, mit dem im Grunde erst die Altamerikanistik und eine wissenschaftliche Erforschung der präkolumbischen Epoche und Kulturen beginnt, zu Beginn seiner Reise durch die amerikanischen Tropen noch meinte – eine neue Welt in dem Sinne geblieben, dass in der amerikanischen Hemisphäre nicht historische Bauwerke und Monumente, sondern das Reich der Natur bei weitem vorzuherrschen schien. Noch hatte sich dieses Bild der amerikanischen Hemisphäre als ein bevorzugtes Reich der Natur nicht wesentlich gewandelt. Ist diese indianische Geschichte aber nur eine Prähistorie, von der den Menschen nur wenig bekannt ist, dann kann diese Welt in der Tat – und so dürfte Bolívar diesen Begriff *auch* gemeint haben – als eine *neue* Welt verstanden werden. Die Perspektivik der Kreolen ist dabei evident!

Was aber ist mit den Menschen, die in dieser Welt leben? Die Antwort Simón Bolívars enthält eine doppelte Abgrenzung: Die Bewohner dieser Welt, das kollektive Wir, sind weder Indigene noch Europäer, sondern eine Art mittlerer Spezies. Dabei ist erstaunlich, dass Bolívar die Indigenen zu legitimen Eigentümern des Landes erklärt, denen er die spanischen Usurpatoren entgegenstellt. Diese Argumentation wirkt freilich weniger überraschend, wenn man begreift, dass aus ihr die aktuellen Eigentumsansprüche und Besitzrechte gegenüber den jetzigen spanischen Invasoren abgeleitet werden. Ohne Indianer zu sein oder sich mit der indigenen Bevölkerung vermischt zu haben, können die ‚Amerikaner qua Geburt' doch die rechtliche Nachfolge der indigenen Reiche und Herrschaftsstrukturen antreten. Dies ist der rhetorische Trick des kreolischen Anspruchs auf Übernahme der Herrschaft: Wenn Sie so wollen, handelt es sich dabei um eine Lebenslüge. Denn die Kreolen streben die Übernahme der alten indigenen Macht an, ohne sich um die indigenen Völker zu kümmern und ohne sie am politischen Prozess gleichberechtigt partizipieren zu lassen.

Simón Bolívar benutzt den Begriff der ‚Amerikaner', um damit all jene zu bezeichnen, die in den Amerikas geboren wurden: eine klare Abgrenzung von den in Spanien Geborenen, welche die Kolonialmacht vertraten und innehatten. Noch der europäische Philosoph Cornelius de Pauw hatte – wie wir uns erinnern – in seinen *Recherches philosophiques sur les Américains* den Begriff der ‚Amerikaner' gebraucht, um damit die indigenen Völker zu bezeichnen. Doch die Sprachregelung der Kreolen sollte sich durchsetzen und eskamotierte die Tatsache, dass die indigene Bevölkerung von den die Unabhängigkeitsrevolution tragenden Kreolen schlicht nicht beachtet und weiter marginalisiert wurde.

Der Ausdruck „especie media" ist freilich recht paradox formuliert: Handelt es sich um eine Vermischung, wie der Begriff „media" nahelegen könnte? Oder dominiert vielmehr die Abgrenzung sowohl gegenüber den Indianern als auch den spanischen Eroberern? Das Letztere ist unausgesprochen der Fall. Klar ist in dieser Formulierung vor allem, dass Bolívar hier für die Amerikaner gleichsam einen eigenen Bereich öffnet, eine eigene Spezies einführt, die in sich wiederum als homogen begriffen wird. In dieser amerikanischen Spezies gibt es keine Spanier, aber auch – und das ist wichtig! – keine Indigenen, die ja diskursiv, das heißt in Bolívars Diskurs, als eine Bevölkerungsgruppe auftauchen, die sehr wohl einen Rechtsanspruch – und sogar einen älteren und gewichtigeren Rechtsanspruch – geltend machen könnten.

Werden die Indianer auch als die rechtmäßigen Herren dieses Landes dargestellt, so werden sie doch zugleich aus diesem Konzept wiederum getilgt oder doch zumindest an dessen Ränder verbannt. Sie stellen – für die Spanier, wie für Simón Bolívar – keine Rechtssubjekte dar, sondern dienen nur dazu, die eigenen Rechtsansprüche zu untermauern, sind also Objekte des kreolischen Diskurses. Die „especie media", so scheint es, umschreibt letztlich doch nur den Standpunkt der Kreolen, die in der Tat *zwischen* Spaniern und Indianern stehen.

Es handelt sich bei der oben angeführten Passage also nicht – wie man meinen könnte – um die Formulierung einer mestizischen Identität, auch wenn einige Wendungen in eine solche Richtung deuten. Vielmehr geht es vorrangig um die Formulierung einer kreolischen Identitätskonstruktion, die auf der Grundlage des eben beschriebenen semantischen Tricks vorgenommen wurde. Wieder einmal sind die Leidtragenden dieser Konstruktion nicht nur im abstrakten, sondern auch im konkreten politischen Feld der Macht die Indigenen. Diese kreolische Identitätskonstruktion ist ohne jeden Zweifel gegen die Spanier, gegen die noch auf ihr Recht pochende Kolonialmacht, gerichtet. So zeigt sich hier bereits die ganze Ambivalenz und Begrenztheit der hispanoamerikanischen Unabhängigkeitsrevolution: Sie wird im Namen Amerikas und der in

Amerika Geborenen unternommen, schließt aber keineswegs alle Amerikaner in ihre Vorstellungen ein, sondern grenzt große Bevölkerungsgruppen ihrerseits diskret aus. Mit anderen Worten: Es handelt sich hierbei um eine politisch bis heute überaus erfolgreiche *Erfindung* der Kreolen, die dank ihr Anspruch auf das Land und Macht erheben können.

Damit aber zeigt sich, dass bei weitem nicht alle Vorstellungen und Möglichkeiten, die im neuspanischen Projekt der Moderne – und zugleich einer geistigen Unabhängigkeit – entwickelt wurden, tatsächlich auch in die Realität des langsam entstehenden Lateinamerika Eingang fanden. Es war eine Revolution, die von der Spitze ausging und partikuläre Interessen ihrer Trägerschicht vertrat, aber keineswegs den Umsturz aller politischen und gesellschaftlichen Verhältnisse bezweckte. Lediglich die kleine spanische Führungsschicht sollte durch eine kreolische Elite ersetzt und damit der spanischen Kolonialherrschaft ein Ende bereitet werden, ohne an den gesellschaftlichen oder ökonomischen Strukturen Grundlegendes zu verändern.

Die heutigen Nationalstaaten sind Erben dieser politischen, gesellschaftlichen und wirtschaftlichen Positionierung der Kreolen; doch wesentliche Elemente, die das Projekt der Moderne des ausgehenden 18. Jahrhunderts in den Amerikas entwickelt hatte, blieben unberücksichtigt. Die kreolische Erfindung war wirkungsvoll und nachhaltig, denn sie beruhte darauf, dass diese Selbstdarstellung von weiten Teilen der amerikanischen Bevölkerungen *geglaubt* wurden.

Damit aber sind bis heute dem Kontinent Fragen und Probleme aufgegeben, die sich aus der gesamten Geschichte der ersten Jahrhunderte von Conquista und Colonia ergeben; es sind Fragen und Herausforderungen, die freilich längst auch zu unseren Fragen geworden sind, betreffen sie doch unsere Möglichkeiten, anderskulturelle Erfahrungen in unser Denken zu integrieren und diesen kulturellen Gruppen dann auch Zugang zur Macht und zu politischer Partizipation zu gewähren. Ich könnte am Beispiel Alexander von Humboldts auf die Tatsache aufmerksam machen, wie wenig es heute noch möglich ist, uns selbst als Subjekte und Objekte dieser Geschichte auszuklammern. Denn längst sind auch wir zu einem Teil dieser Geschichte geworden, deren Fragen auch uns zur Beantwortung aufgegeben sind. Doch wir sind noch nicht ganz bei Alexander von Humboldt angekommen, sondern wollen uns zuvor in einer transtropischen Ausweitung kurz einem Roman zuwenden, der für den preußischen Naturforscher prägend war und den er auf seiner Reise durch die amerikanischen Tropen in die Urwälder am Orinoco mitgenommen hatte.

Bernardin de Saint-Pierre, Alexander von Humboldt und die Entdeckung des Weltbewusstseins

In den europäischen Literaturen der zweiten Hälfte des 18. Jahrhunderts ist eine außereuropäische Dimension sehr häufig nachzuweisen,[1] steht aber oft im Hintergrund der zentralen Ereignisstruktur. So begibt sich etwa Saint-Preux, der männliche Held eines der großen Bestseller des 18. Jahrhunderts, auf Anraten seines Freundes Milord Edouard auf eine Weltumsegelung, die ihn vier Jahre lang von der von ihm geliebten, aber mit einem anderen verheirateten Julie trennen und die aufgewühlte Gefühlswelt der beiden Liebenden durch das bewährte Hausmittel der Distanz beruhigen soll. Dass dieses Hausmittel freilich in dem angefachten Herzensfeuer keinerlei Löschung bewerkstelligen kann, versteht sich angesichts der ins Zentrum rückenden präromantischen Liebeskonzeption von selbst.[2]

Frankreich und England zählten bekanntlich zu den wesentlichen Führungsmächten der zweiten Phase beschleunigter Globalisierung, welche den historischen, ökonomischen und sozialen Hintergrund für viele der präromantischen Fiktionen der zweiten Hälfte des Jahrhunderts der Aufklärung liefert. So wird Saint-Preux seinen „tour du monde" auf einem englischen Schiff als „ingénieur des troupes de débarquement" absolvieren, ein augenzwinkernder Hinweis, mit dem Rousseaus 1761 erschienener Briefroman *Julie ou La Nouvelle Héloïse* der weltbeherrschenden Rolle der Seemacht Großbritannien auf allen Weltmeeren Tribut zollt.[3] Der Wunsch des adligen englischen Freundes, Gott möge den jungen Mann „sain de corps et de cœur de ce long voyage", also körperlich wie herzensmäßig gesundet von dieser langen Reise zurückführen,[4] erfüllt sich nur zum Teil. Denn Saint-Preux muss sein „errer dans l'univers", sein Umherirren im Universum,[5] zwar nicht mit einem Schiffbruch bezahlen; doch ungeachtet der größtmöglichen

---

1 Vgl. die Vielzahl an Beispielen im vierten Band der Reihe „Aula" in Ette, Ottmar: *Romantik zwischen zwei Welten* (2021); dort findet sich auch ein ausführliches Kapitel zu Bernardin de Saint-Pierre, S. 69 ff.
2 Vgl. hierzu die Bände zwei und fünf der Reihe „Aula" in Ette, Ottmar: *LiebeLesen* (2020), S. 346 ff., sowie *Aufklärung zwischen zwei Welten* (2021), S. 343 ff.
3 Rousseau, Jean-Jacques: *Julie ou La Nouvelle Héloïse. Lettres de deux amants habitants d'une petite ville au pied des Alpes recueillies et publiées par Jean-Jacques Rousseau*. Paris: Editions Garnier Frères 1960, S. 375.
4 Ebda., S. 376.
5 Ebda.

Open Access. © 2022 bei den Autoren, publiziert von De Gruyter. Dieses Werk ist lizenziert unter der Creative Commons Namensnennung - Nicht-kommerziell - Keine Bearbeitung 4.0 International Lizenz.
https://doi.org/10.1515/9783110724097-014

Distanz ist sein Herz von der Liebe zu Julie nicht genesen, sondern nur umso sehnsuchtsvoller entflammt. Gegen die lodernde Liebe zwischen den beiden verwandten Seelen ist in Rousseaus romanesker Fiktion kein Kraut gewachsen.

Die Episode mag zeigen, wie präsent die Optionen einer beschleunigt sich globalisierenden Welt selbst in der tiefsten Provinz, in einem kleinen Schweizer Dörfchen am Fuße der Alpen, sein konnten. Mit einem solchen hatten wir es schon bei unserem Auftakt zur Vorlesung zu tun, kehrte doch Globi als strahlender und reich gewordener Held in seine ländliche Idylle und zu seinen schweizerischen Eltern zurück. Zugleich ergibt sich in Rousseaus Fiktion eine eigenartige metonymische Verschiebung oder Überkreuzung: Denn nicht Saint-Preux wird auf den Weltmeeren zu Tode kommen, sondern Julie auf dem Genfer See – als Folge ihres Versuches, ihren bei einem Ausflug in den See gefallenen Sohn zu retten.[6] Sie erleidet gleichsam stellvertretend für ihren Geliebten einen fatalen Schiffbruch, der wie stets auf Kosten der Frau – also über ihre Leiche[7] – ausgetragen wird. Der Unfall der schönen jungen Frau und Mutter wird die beiden Liebenden voneinander trennen und Julie endgültig in ein himmlisches Geschöpf, in die „céleste" Julie, verwandeln.[8] Die unsterblich geliebte Frau wird himmelwärts entrückt: Das sollte nachhaltige literarische Folgen zeitigen...

Schiffbruch ist in der Tat überall! Wir haben dies von Beginn unserer Vorlesung an gesehen und dabei auch die Möglichkeiten und Einsichten diskutiert, die ein Schiffbruch zu generieren vermag – und vor allem ein solcher mit Zuschauer.[9] Das schiffbrüchige Scheitern der Liebe zwischen der neuen Héloïse und dem neuen Abélard findet freilich nicht auf den Weltmeeren, nicht in den Kolonien, sondern in der europäischen Provinz und konkret auf den schillernden Flächen des Genfer Sees statt.

Anders jedoch bei einem weiteren der großen französischen Bucherfolge des ausgehenden 18. Jahrhunderts. Jacques-Henri Bernardin de Saint-Pierre, der – freilich mit zunächst geringem Erfolg – mit seinem Reisebericht *Voyage à l'île de France* eine Darstellung seiner zwischen 1768 und 1770 in den französischen Kolonien im Indischen Ozean gemachten Erfahrungen präsentiert hatte,[10] legte mit seinem ursprünglich 1788 der dritten Ausgabe seiner *Etudes de la nature* beigege-

---

6 Ebda., S. 691.
7 Vgl. hierzu Bronfen, Elisabeth: *Nur über ihre Leiche. Tod, Weiblichkeit und Ästhetik.* München: Kunstmann 1994.
8 Rousseau, Jean-Jacques: *Julie ou la Nouvelle Héloïse*, S. 704.
9 Hingewiesen sei erneut auf die klassische Studie von Blumenberg, Hans: *Schiffbruch mit Zuschauer. Paradigma einer Daseinsmetapher.* Frankfurt am Main: Suhrkamp 1979, S. 31.
10 Zu den reiseliterarischen Bewegungsmustern dieses bis heute faszinierenden Reiseberichts vgl. das erste Kapitel in Ette, Ottmar: *Literatur in Bewegung*, insbes. S. 60–64.

benen und im Folgejahr, wenige Monate vor der Französischen Revolution, erstmals separat publizierten Roman *Paul et Virginie* einen Text vor, dessen Ruhm bis heute den Blick auf die Gesamtheit seiner anderen Werke verstellt.[11] *Paul und Virginie* wurde rasch in andere europäische Sprachen übersetzt und prägte das Bild seines Autors ebenso wie das Imaginarium der Tropen, die sich einer am Exotischen und Fernen interessierten und vor allem europäischen Leserschaft präsentierten.

Abb. 54: Naufrage de Virginie. In: Jacques-Henri Bernardin de Saint Pierre: *Paul et Virginie*. Paris: Didot 1806, gegenüber S. 160.

Den Höhe- und definitiven Wendepunkt dieses kleinen Romans bildet in geradezu klassischer Anlage ein Schiffbruch mit Zuschauer, der das Schiff, das die schöne Virginie von ihrem erzwungenen Aufenthalt im (eher kalten) Herzen des französischen Kolonialreichs wieder zurück auf ihre weitgehend als Idylle dargestellte Tropeninsel und zum Herzen ihres geliebten Paul bringen soll, kurz vor Erreichen des rettenden Hafens mit aller geballten tropischen Wucht

---

11 Eine fundierte Bewertung liefert König, Torsten: *Wissenschaft, Ästhetik und Religion in Bernardin de Saint-Pierres „Etudes de la nature"*. Phil. Diss. Berlin: Humboldt Universität 2007.

erfasst (Abb. 54). Alles spielt sich blitzschnell und in größter räumlicher Nähe zur Insel ab.

Folglich kann man von Land aus – und der verzweifelte, tief ins Herz getroffene Paul verfolgt dieses Schauspiel hilflos mit – den Ablauf dieser Tragödie genauestens beobachten und erkennen, wie die Mannschaft das sinkende Schiff verlässt. Wo aber ist die wunderschöne Virginie? Der Fokus des Erzählers liegt zu Beginn der Szenerie auf dem Land, wo sich zahlreiche Zeugen des Untergangs versammelt haben, und richtet sich auf den zunächst schreckensstarren Paul:

> Kaum hatte dieser junge Mann den Gebrauch seiner Sinne wiedererlangt, stand er auf und drehte mit neuer Inbrunst sich dem Schiffe zu, welches das Meer unterdessen mit schrecklichen Schlägen zu öffnen begann. Die ganze Mannschaft, die nun an ihrer Rettung verzweifelte, stürzte sich in ihrer Masse ins Meer, klammerte sich an Kisten, Hühnerkästen und Planken, an Tische und Fässer. Dann aber erblickte man einen Gegenstand, der eines ewigen Mitleids würdig war: Ein junges Fräulein erschien achtern auf der Galerie der Saint-Géran und streckte ihre Arme dem entgegen, der sich so unendlich bemühte, sie zu erreichen. Es war Virginie. Sie hatte ihren Geliebten an dessen Unerschrockenheit erkannt. Der Anblick dieser liebreizenden Person, die einer so grässlichen Gefahr ausgesetzt war, erfüllte uns mit Schmerz und Verzweiflung. Virginie aber, in ihrer edlen und sicheren Haltung, machte uns mit der Hand Zeichen, als wollte sie uns noch ein ewiges Adieu zuwerfen. Alle Seeleute hatten sich ins Meer geworfen. Allein ein einziger war noch auf der Brücke geblieben, gänzlich nackt und muskulös wie Herkules. Respektvoll näherte er sich Virginie: Wir sahen, wie er sich zu ihren Knien warf und sich bemühte, sie ihrer Kleider zu entledigen; sie aber wies ihn mit Würde zurück und wandte ihr Gesicht von ihm ab.. Alsbald waren die verdoppelten Schreie der Zuschauer zu hören: „Retten Sie sie, retten Sie sie; verlassen Sie sie nicht!" Doch in diesem Augenblick türmte sich abgrundtief ein Gebirge an Wasser von furchtbarer Größe zwischen der Insel Ambre und der Küste auf und lief brüllend auf das Schiff zu, das es mit seinen schwarzen Flanken und schaumsprühenden Gipfeln bedrohte. Bei diesem schrecklichen Anblick sprang der Seemann alleine ins Meer; und Virginie, den sicheren Tod vor Augen, legte eine Hand auf ihre Kleider und die andere auf ihr Herz, und als sie ihre heiteren Augen nach oben erhob, glich sie einem Engel, den Flug gen Himmel erhebend.[12]

Diese berühmte Szene von Virginies Untergang hat so mancher nachfolgenden Gestaltung eines Schiffbruchs in den europäischen und amerikanischen Literaturen Pate gestanden. Ein letzter Rettungsversuch, von den Zuschauern an Land mit verzweifelten Schreien begleitet, scheitert an der Weigerung der jungen Frau, sich ihrer schweren Kleider zu entledigen: Virginie versinkt in den Fluten, nicht ohne zuvor noch ein letztes Mal als „un ange qui prend son vol

---

[12] Saint-Pierre, Bernardin de: *Paul et Virginie*. Edition revue et augmentée d'une chronologie. Paris: Editions Garnier Frères 1964, S. 202f.

vers les cieux"[13] zu erscheinen. Sie ist nichts anderes mehr als ein Engel, der ‚virginal' wie ihr Name nun himmelwärts aufsteigt und allem Irdischen entrückt ist.[14]

Wie bei Jean-Jacques Rousseau wird die geliebte Frau sakralisiert und sogleich ins Himmlische entrückt. Wir haben es – zumindest mit Blick auf das weibliche Personal – mit einem Schiffbruch ohne Überlebende zu tun, der eine Liebesbeziehung auf immer zerstört. Auf den realhistorischen Hintergrund in dieser zweiten Phase beschleunigter Globalisierung sowie auf dessen Folgen für eine zwar sicherer als früher gewordene, aber gleichwohl noch immer riskante transozeanische Schifffahrt sei an dieser Stelle lediglich hingewiesen.[15]

In diesem globalgeschichtlichen Zusammenhang ist die Verknüpfung von Schiffbruch und Eros gerade im 18. Jahrhundert ein durchaus häufiges Motiv, das in den unterschiedlichsten Varianten literarisch durchgespielt wird. Doch anders als im Reisebericht des Giacomo Casanova, wo sich in einer Art Variante des Loreley-Motivs bei mancher Schönen, die geringere Schwierigkeiten hat, sich ihrer Kleider zu entledigen, vor den Augen des Erzählers urplötzlich „zwei Klippen" enthüllen, „an denen auch der erfahrenste Lotse Schiffbruch erleiden musste",[16] verbindet sich in der Szenerie des Schiffbruchs bei Bernardin de Saint-Pierre Eros mit Thanatos – assoziiert mit jener engelgleichen Jungfräulichkeit, für die der Name Virginies symbolhaft steht. sie wird ein Opfer der entfesselten Naturgewalt der Tropen, die ihrem Schiff kurz vor dem sicheren Hafen zum tödlichen Schicksal werden. Denn die Tropen sind seit Beginn der ersten Phase beschleunigter Globalisierung für die Europäer eine Kippfigur und zeigen sich einmal als Fülle, ein andermal aber als fatale Falle.[17]

---

13 Ebda., S. 203.
14 Eine ausführlichere Analyse dieser Szenerie findet sich im vierten Band der Reihe „Aula" in Ette, Ottmar: *Romantik zwischen zwei Welten* (2021), S. 80 ff.
15 Vgl. hierzu auch den fünften Band der Reihe „Aula" in Ette, Ottmar: *Aufklärung zwischen zwei Welten* (2021), S. 81 ff.
16 Casanova, Giacomo: *Geschichte meines Lebens*. Mit einem Essay von Peter Quennell „Der Verführer in der Literatur". Herausgegeben und eingeleitet von Erich Loos. Erstmals nach der Urfassung ins Deutsche übersetzt von Heinz von Sauter. Bd. 1. Berlin: Propyläen Verlag 1985, S. 163. Ausführlich hierzu die Analyse im zweiten Band der Reihe „Aula" in Ette, Ottmar: *LiebeLesen* (2020), S. 286 ff.
17 Vgl. hierzu ausführlich Ette, Ottmar: Diskurse der Tropen – Tropen der Diskurse: Transarealer Raum und literarische Bewegungen zwischen den Wendekreisen. In: Hallet, Wolfgang / Neumann, Birgit (Hg.): *Raum und Bewegung in der Literatur. Die Literaturwissenschaften und der Spatial Turn*. Bielefeld: transcript Verlag 2009, S. 139–165.

Abb. 55: Jean-François Ribault: Kupferstich von Jacques-Henri Bernardin de Saint-Pierre (1737–1814).

Bei diesem Schiffbruch mit Zuschauer, der seit der Antike die philosophische Konfiguration par excellence ist, wird die Daseinsmetapher zugleich unübersehbar im Horizont der Globalisierung verortet. Die Liebe der beiden Liebenden am Fuße des tropischen Inselgebirges findet genau dort ein abruptes Ende, wo sich die kolonialen Abhängigkeiten und Kommunikationswege zwischen die beiden Unglücklichen schieben. Insofern gibt es signifikante Veränderungen im globalgeschichtlichen Zusammenhang, welche Bernardins Roman *Paul et Virginie* von Jean-Jacques Rousseaus *Julie ou la Nouvelle Héloïse* unterscheiden.

So ist dieser Schiffbruch aus globalisierungsgeschichtlicher Sicht – jenseits der genderspezifisch relevanten Produktion einer schönen, ins Himmlische entrückten weiblichen Leiche[18] – eine literarhistorisch aufschlussreiche Gestaltungsform eines literarischen Motivs, das vor dem Hintergrund einer beschleunigten Globalisierung (an welcher der französische Autor selbst aktiven Anteil nahm) die mörderische Kehrseite zur unberührten tropischen Inselwelt hervortreibt. Das Imaginarium der Tropen leistet dazu einen relevanten Beitrag, ermöglicht es doch

---

18 Vgl. hierzu nochmals Bronfen, Elisabeth: *Nur über ihre Leiche. Tod, Weiblichkeit und Ästhetik*; sowie dies. (Hg.): *Die schöne Leiche. Weibliche Todesbilder in der Moderne*. München Goldmann 1992.

gerade zu Beginn des „Préromantisme" eine erhebliche Vervielfachung möglicher und literarisch noch nie oder selten gestalteter Landschaften. Bernardin de Saint-Pierre gelingt in seinem Roman über *Paul et Virginie* eine der ersten ästhetischen Gestaltungen von tropischen Bergwelten fernab der europäischen Gestade.

Nicht umsonst hatte der Rousseau nacheifernde französische Schriftsteller in einer parallelen Umkehrung den kolonialen Topos von der persönlichen Bereicherung in den Kolonien – dem auch Globis Geschichte zu Beginn unserer Vorlesung gehorchte – ins Subjektive eigener Erfahrungswelt gewendet. So heißt es in einer Passage, die den Abschluss des letzten, symbolisch auf Paris, den 1. Januar 1773 datierten Briefes seines *Voyage à l'île de France* bildet und in vielerlei Hinsicht bereits auf den kleinen Roman *Paul et Virginie* vorausweist. Und es klingt in den folgenden Worten schon etwas vom „Ende der Reisen", von „La fin des voyages" an, als musikalisches Vorspiel zu einer Symphonie, die großartig orchestriert in Claude Lévi-Strauss *Tristes Tropiques* angestimmt wird, mit denen wir uns später noch beschäftigen werden:

> Von allen Landstrichen würde ich jene meines Landes vorziehen, nicht weil sie schön sind, sondern weil ich dort aufgewachsen bin. Es haftet am Geburtsort ein verborgener Reiz, ich weiß nicht was an Zärtlichem, das kein Vermögen zu geben vermöchte und das kein Land zurückgeben kann. Wohin sind die Spiele unserer frühen Kindheit, diese so vollen Tage ohne Voraussicht und ohne Bitterkeit? Das Fangen eines Vogels erfüllte mich mit tiefer Freude. [...] doch das Leben ist eine nur kurze Reise und das Alter des Menschen nichts als ein rascher Tag. Ich will die Gewitter vergessen, um mich nur mehr an die Wohltaten zu erinnern, an die Tugenden und die Konstanz meiner Freunde. Vielleicht bewahrt diese Schrift ihre Namen auf und lässt sie meine Dankbarkeit noch überleben! Vielleicht werden sie bis zu Euch reichen, Ihr guten Holländer vom Kap! Für Dich, den unglücklichen Schwarzen, der auf den Felsen von Mauritius weint, wenn meine Hand, die Deine Tränen nicht trocknen kann, Deinem Tyrannen Bedauern und Reue einzuflößen vermag, so habe ich nichts mehr zu erbitten von den beiden Indien, denn ich habe dort ein Vermögen gemacht.[19]

So lässt sich fraglos in Virginies Schiffbruch die Einblendung jener zerstörerischen Kraft erkennen, die die Menschen auf ihrer ‚Lebensreise' – so die topische Metapher Bernardins – zu transkontinentalen Reisen zwingt und ihnen die eigene Heimat, die Sicherheit ihrer Herkunft, nimmt. Schiffbruch wird zur Chiffre eines globalen Scheiterns – und avanciert zugleich zum Kreuzungspunkt in Bernardin de Saint-Pierres Poetik des Scheiterns, welche für die gesamte Expansionsbewegung europäischer Globalisierung stellvertretend steht. Nur in der Transzendierung zur ‚himmlischen' Virginie wird – parallel zu Rousseaus

---

[19] Saint-Pierre, Bernardin de: *Voyage a l'île de France. Un officier du Roi à l'île Maurice, 1768–1770*. Introduction et notes d'Yves Bénot. Paris: La Découverte – Maspéro 1983, S. 257.

„céleste Julie"– das Scheitern der irdischen Liebe, ja letztlich aller irdischen Verbindungen ästhetisch produktiv. Auf diese romantisch gespiegelte Weise können aus einer insularen Idylle – wie in Bernardin de Saint-Pierres Rahmenerzählung – fürwahr traurige Tropen werden.

Noch Alexander von Humboldt war von der ästhetischen – wenn auch weniger von der wissenschaftlichen – Kraft und Produktivität Bernardin de Saint-Pierres tief beeindruckt. Wir sollten diese literarische Dimension des Humboldt'schen Projekts stets vor Augen haben. Denn die literarische Anlage mancher Szenerie seines amerikanischen Reisewerks weist unverkennbare Spuren Bernardin de Saint-Pierres wie Rousseaus auf. Störten ihn auch „abenteuerliche Theorien" und „physikalische Irrthümer" in den *Etudes de la nature*,[20] so war er umso mehr von *Paul et Virginie* begeistert, ein Werk, dem nichts Gleichwertiges in anderen Literaturen an die Seite zu stellen sei und das seinen Freund Aimé Bonpland und ihn selbst lange Jahre auf ihrer Amerikareise begleitet habe:

> Dort nun (man verzeihe den Anruf an das eigene Gefühl) in dem stillen Glanze des südlichen Himmels, oder wenn in der Regenzeit, am Ufer des Orinoco, der Blitz krachend den Wald erleuchtete, wurden wir beide von der bewundernswürdigen Wahrheit durchdrungen, mit der in jener kleinen Schrift die mächtige Tropennatur in ihrer ganzen Eigenthümlichkeit dargestellt ist.[21]

Humboldts Faszination dürfte sich wohl kaum auf „das einfache Naturbild einer Insel mitten im tropischen Meere"[22] beschränkt, sondern gerade auch jene Aspekte miteinbezogen haben, welche diese Insel auf so fatale Weise und auf der Ebene so unterschiedlicher Ökonomien mit dem Rest der Welt verbanden. Für jenen preußischen Kultur- und Naturforscher, für jenen Schriftsteller und Philosophen, der wie kein zweiter die Wissenschaften von der Aufklärung zwischen beiden Welten bis in die Mitte des 19. Jahrhunderts überblickte, war der eigentliche Entdecker der Tropenwelt aber jener Genuese, mit dem wir uns ausführlich in einem früheren Teil unserer Vorlesung beschäftigt haben: Christoph Columbus.

Doch beginnen wir unsere Beschäftigung mit dem großen preußischen Natur- und Kulturforscher bei uns um die Ecke, in seiner Geburtsstadt! Der Sockel am Denkmal Alexander von Humboldts vor der Humboldt-Universität zu Berlin (Abb. 56) trägt – auffällig allein schon deshalb, weil die entsprechende Stelle am benachbar-

---

20 Humboldt, Alexander von: *Kosmos. Entwurf einer physischen Weltbeschreibung.* Bd. 2. Stuttgart – Tübingen: Cotta 1847, S. 67.
21 Ebda., Bd. 2, S. 68.
22 Ebda., Bd. 2, S. 67.

ten Denkmal seines Bruders Wilhelm leer blieb – eine Aufschrift in spanischer Sprache: „Al Segundo Descubridor de Cuba / La Universidad de La Habana 1939."[23] Dem zweiten Entdecker! Dieser schlichte Spruch, der einem des Spanischen mächtigen Passanten vielleicht als wenig geschmackvoll oder gar als *contradictio in adjecto* erscheinen könnte – welcher ‚Entdecker' ist schon gerne der zweite? Lässt sich derselbe Gegenstand etwa zweimal entdecken? –, ist nicht nur eines von vielen Zeugnissen für die Verehrung Alexanders in Lateinamerika, sondern bezeugt auch eindrücklich, mit welchem Beinamen man den Schriftsteller nicht nur auf Kuba, sondern allgemein in den von ihm besuchten Gebieten im 20. Jahrhundert zu benennen pflegte.

Wer begann wo und wann damit, Alexander von Humboldt mit diesem ehrenvollen Beinamen zu belegen? Dies sind Fragen, deren Wichtigkeit für die Humboldt-Forschung sicherlich begrenzt ist und deren sichere Beantwortung darüber hinaus heute wohl kaum mehr möglich sein dürfte. Die Spuren führen zurück ins Kuba der ersten Hälfte des 19. Jahrhunderts, und es gibt verschiedene Quellen, die zugleich verdeutlichen, dass dem so Geehrten dieser Beiname zu Lebzeiten bekannt war.

Doch immerhin soviel: Indem die kubanische Gesandtschaft Humboldt als den ‚zweiten Entdecker' feierte, griff sie auf eine Formel zurück, die auf der Karibikinsel längst Fortüne gemacht hatte; dort scheint bereits der 1800 geborene José de la Luz y Caballero, der Humboldt später in Berlin besuchte, als erster den ‚Baron' als ‚zweiten Columbus' bezeichnet zu haben. Freilich verwendete der renommierte kubanische Literat und Philosoph einen Ehrentitel,[24] der in

---

[23] Der Gedenkspruch scheint von der Gesandtschaft Kubas noch kurz vor ihrem Verlassen Berlins zu Beginn des Zweiten Weltkriegs angebracht worden zu sein; vgl. Meyer-Abich, Adolf: Zur Einführung. In: Humboldt, Alexander von: *Vom Orinoko zum Amazonas. Reise in die Äquinoktial-Gegenden des neuen Kontinents*. Wiesbaden: Brockhaus 1958, S. 11. Während des Zweiten Weltkriegs wurden die Goldbuchstaben eingeschmolzen, zu DDR-Zeiten aber dann wieder durch vergoldete Buchstaben ersetzt. Diese Ehrung des preußischen Gelehrten stand in Zusammenhang mit einer Reihe von Ehrungen des kubanischen Nationalhelden José Martí, mit Hilfe derer man in der zweiten Hälfte der dreißiger Jahre in Hitler-Deutschland versuchte, das geostrategisch wichtige Kuba enger anzubinden. Vgl. hierzu Kapitel 4.7 von Ette, Ottmar: *José Martí. Teil I: Apostel – Dichter – Revolutionär. Eine Geschichte seiner Rezeption*. Tübingen: Max Niemeyer Verlag 1991.

[24] Estuardo Núñez nennt den peruanischen Lyriker Manuel Nicolás Corpancho, der in einer Ansprache als Botschafter seines Landes in Mexiko diesen Beinamen als erster verwendet haben soll; vgl. Núñez, Estuardo: *Alejandro de Humbold. Enrique Meiggs*, Lima: Editorial Universitaria 1966, S. 68. Da Corpancho erst 1860 nach Mexiko ging, trifft diese Behauptung des peruanischen Wissenschaftlers nicht einmal für Lateinamerika zu, ist gleichwohl aber für Humboldts Wirkungsgeschichte in Lateinamerika von Bedeutung.

Europa schon bald nach Alexanders Rückkehr aufgekommen zu sein scheint[25] und so sehr Anklang fand, dass man in europäischen Veröffentlichungen jener Zeit auf eine Vielzahl von Belegen stößt,[26] die ich Ihnen zumindest in Teilen nicht vorenthalten möchte.

In diesem Zusammenhang sei darauf verwiesen, dass schon Simón Bolívar, der Humboldt 1804 in den Pariser Salons persönlich kennenlernte (und bei dem Preußen im Übrigen kein vorteilhaftes Bild hinterließ), diesen als den ‚wahren Entdecker Südamerikas' feierte.[27] Der Kubaner Luz y Caballero kann folglich sehr gut auf ein schon überall verbreitetes Stereotyp zurückgegriffen haben. Die Benennung des Forschungsreisenden als ‚zweiter Entdecker' beziehungsweise ‚zweiter Columbus' war bald schon eine liebgewonnene Gewohnheit und zugleich ein fast unvermeidliches Klischee. Noch für unsere heutige Zeit gilt, dass in der reichen, Alexander von Humboldt gewidmeten Literatur

---

25 Vgl. Ortiz, Fernando: Introducción Biobibliográfica. In: Humboldt, Alejandro de: *Ensayo Político sobre la Isla de Cuba*. La Habana: Publicaciones del Archivo Nacional de Cuba 1960, S. 7; sowie – neben vielen anderen Hinweisen – die Biographie von Scurla, Herbert: *Alexander von Humboldt. Sein Leben und Wirken*, S. 7.
26 Als ein kurioses Beispiel sei hier nur eine 1830 in Österreich erschienene Bearbeitung von Humboldts Reisebericht durch einen evangelischen Prediger aufgeführt. Dort wird als Humboldts größtes Verdienst genannt, „der Menschheit Amerika zum zweiten Male entdeckt zu haben" (Bd. 1, S. 7). Gefühlvoll werden die Eindrücke des preußischen Reisenden bei seiner Ankunft auf dem amerikanischen Kontinent geschildert, als „dieser zweite Columbus, der Amerika nochmals entdecken sollte, das erste Zeichen der neuen Welt betrachtete" (Bd. 1, S. 135). *Des Freiherrn Alexander von Humboldt und Aimé Bonplands Reise in die Aequinoctial-Gegenden des neuen Continents, für die reifere Jugend zur belehrenden Unterhaltung bearbeitet von G.A. Wimmer, evangelischem Prediger in Oberschützen*. 4 Bde. Wien: Gedruckt und im Verlag bei Carl Gerold 1830. Als der Mitbegründer der Geographie Carl Ritter 1844, zum 45jährigen Jubiläum des Reisebeginns, von einer epochalen „wissenschaftliche[n] Wiederentdeckung der neuen Welt, die mit ihm für die europäische Culturwelt das Festland betrat", sprach, griff er mithin auf eine Vorstellung zurück, die längst zum Allgemeingut geworden war (zitiert nach Beck, Hanno: *Alexander von Humboldts Amerikanische Reise*. Stuttgart: Edition Erdmann 1985, S. 303). Weitere Hinweise finden sich u. a. in Ortiz, Fernando: Introducción Biobibliográfica, S. 72. Ähnliche Formulierungen gingen in fast alle Biographien, die Humboldts Bild besonders nach seinem Tode prägten, ein; vgl. etwa die frühe, zuerst 1850 erschienene Biographie von Klencke, Hermann: *Alexander von Humboldt. Ein biographisches Denkmal*. Dritte gänzlich umgearbeitete Auflage. Leipzig: Otto Spamer 1859, wo manche biographische Parallele zwischen dem „geographischen Entdecker Amerikas" Columbus und dem „wissenschaftlichen Entdecker" Humboldt gezogen wurde (u. a. S. 82f. u. 409).
27 Vgl. hierzu Scurla, Herbert: *Alexander von Humboldt. Sein Leben und Wirken*. Berlin: Verlag der Nation [11]1985, S. 191.

die Mehrzahl der Autoren kaum dem Reiz widerstehen kann, zumindest einmal die Parallele zum Admiral der Katholischen Könige zu ziehen.[28]

In einer ebenso witzigen wie treffenden Bemerkung wies der kubanische Anthropologe Fernando Ortiz darauf hin, dass der Name des ‚zweiten Kolumbus', wäre er denn in der iberischen Welt geboren, Alejandro de Humboldt y Colón gelautet hätte, trug die aus einer Hugenottenfamilie stammende Mutter der Humboldt-Brüder doch den Nachnamen Colomb.[29] Der Erforscher der afrokubanischen Kulturen und lange Zeit passionierte Strafrechtler, der nicht umhin kam,[30] auf Humboldts Einfluss zugunsten der Einrichtung des ersten Lehrstuhls für Strafrecht an der neu gegründeten Berliner Universität aufmerksam zu machen, spielte hier auf Alexanders stets ein wenig im Schatten stehende, aber für die hervorragende Erziehung und Ausbildung ihrer Söhne verantwortliche Mutter an. Es dürfte Alexander durchaus bewusst gewesen sein, dass er einen Columbus im Namen trug.

Ist also – so lässt sich folgern – Alexander von Humboldts Name im kollektiven Bewusstsein, in populären wie wissenschaftlichen Schriften und Veröffentlichungen weltweit seit langer Zeit mit dem des illustren Genuesen und Entdeckers der Karibik verknüpft, so scheint es gewiss sinnvoller, nicht mehr nach dem Wann und Wo, sondern vielmehr nach dem Warum dieser Verknüpfung zu fragen. Dabei sollte man über die häufig angeführten und allzu simplen Verweise auf die offensichtlichen Kreuzungspunkte bestimmter Reiseabschnitte oder die scheinbare Analogie zwischen einer ‚geographischen' und einer ‚wissenschaftlichen' Entdeckung Amerikas hinausgehen. Dazu muss, als eine Möglichkeit[31] der Beantwortung dieser Frage, untersucht werden, welches Columbus-Bild Alexander von Humboldt selbst

---

28 Dies wird allein an den variationsreichen Titeln vieler Publikationen deutlich: Vgl. z. B. Bayo, Armando: Humboldt, segundo descubridor de Cuba. In: *Universidad de la Habana* (La Habana) XXXIII, 194 (1969), S. 3–12; Giraldo Jaramillo, Gabriel: Humboldt y el descubrimiento estético de América. In: *El Farol* (Caracas) 181 (marzo-abril 1959); oder im deutschsprachigen Raum in älterer Zeit Banse, Ewald: *Alexander von Humboldt. Erschließer einer neuen Welt.* Stuttgart: Wissenschaftliche Verlagsgesellschaft 1953; Meyer-Abich, Adolf: Alexander von Humboldt, der wissenschaftliche Entdecker der amerikanischen Tropen. In: Deutsche Gemeinschaft in Lima (Hg.): *Alexander von Humboldt, dem wissenschaftlichen Entdecker Amerikas.* Lima: Colegio Humboldt 1959, S. 5–12. Eine Zusammenstellung von Teilen des Reiseberichts und der Reisetagebücher trägt den Titel Humboldt, Alexander von: *Die Wiederentdeckung der Neuen Welt.* Herausgegeben und eingeleitet von Paul Kanut Schäfer. Berlin: Verlag der Nation 1989.
29 Vgl. Ortiz, Fernando: Introducción, S. 72.
30 Ebda., S. 49 f.
31 Eine andere Möglichkeit wäre eine diskursanalytische Untersuchung zu Parallelen zwischen Colón und Humboldt, die beide (im Sinne Michel Foucaults), wenn auch zu verschiedenen Zeiten, als ‚Diskursbegründer' eines neuen Sprechens über die Neue Welt verstanden werden können. Eine solche Untersuchung würde den Rahmen unserer Vorlesung und die

in seinen Schriften entwarf und wie es sich im Laufe seines langen schriftstellerischen Lebens entwickelte – auch in Kenntnis des ihm gegebenen Beinamens. Die ausführliche Befragung von Humboldts zum Teil sehr verschiedenartigen Texten wird daher zunächst im Zentrum der folgenden Ausführungen stehen. Unsere dem Zusammenhang zwischen Vorfinden und Erfinden gewidmete Veranstaltung soll nicht zuletzt versuchen, die Starrheit des Gemeinplatzes im heute so verbreiteten Sprechen vom ‚zweiten Entdecker' wieder aufzulösen und dieser Formel ihre in Humboldts Schriften verborgene Lebendigkeit zurückzugeben.

Angesichts der Popularität des Columbus-Vergleichs erstaunt es schon, dass man bei kritischer Sichtung der Forschungsliteratur, zumal in Europa, nur auf wenige Arbeiten zu Humboldts Bild von Cristóbal Colón stößt.[32] Dabei handelt es sich um eine überaus lohnende, spannende und zugleich komplexe Forschungsfrage, welche in unserem Sinne das ausgehende 15. mit dem 19. Jahrhundert verknüpft. Als zu simpel, zu eindimensional scheint diese Sichtweise eingeschätzt, als zu schwierig (wenn nicht unmöglich) aber auch ein Vergleich mit dem ‚wirklichen' Columbus erachtet worden zu sein.[33] Einer solchen Einschätzung kann ich mich nicht anschließen.

Nun soll und kann es nicht Ziel unserer Überlegungen sein, Humboldts Bild mit ‚der historischen Wahrheit' des Christoph Columbus zu vergleichen beziehungsweise dieses Bild vor dem Hintergrund heutiger Interpretationen und des heutigen Forschungsstandes zu be- oder gar zu verurteilen. Ein solches Unterfangen bliebe ebenso idealistisch wie anachronistisch und wäre zudem Alexander von Humboldt gegenüber ungerecht. Ausgangspunkt sollte vielmehr die Frage sein, in welcher Weise Alexander die ihm zum damaligen Zeitpunkt zur

---

Brücke, die zwischen beiden ‚Entdeckungen' des ausgehenden 15. und des beginnenden 19. Jahrhundert gezogen werden soll, deutlich sprengen.

32 Mit dieser Fragestellung haben sich beschäftigt O'Gorman, Edmundo: *La idea del descubrimiento de América. Historia de esa interpretación y crítica de sus fundamentos*. México: Centro de Estudios filosóficos 1951; Minguet, Charles: *Alexandre de Humboldt, historien et géographe de l'Amérique espagnole 1799–1804*. Paris: François Maspéro 1969; sowie, wenn auch aus anderer Perspektive, Pratt, Mary Louise: Humboldt y la reinvención de América. In: *Nuevo Texto Critico* (Stanford) 1 (1987), S. 35–53. Schade ist, dass Cedric Hentschel nur in wenigen Worten – die in der folgenden Arbeit entfaltet werden sollen – auf Humboldts ‚Würdigung' des Columbus „in dreifacher Gestalt – als Persönlichkeit, Entdecker und Schriftsteller" hingewiesen hat; vgl. Hentschel, Cedric: Zur Synthese von Literatur und Naturwissenschaft bei Alexander von Humboldt. In: Pfeiffer, Heinrich (Hg.): *Alexander von Humboldt. Werk und Weltgeltung*. München: Piper 1969, S. 65.

33 Vgl. etwa Minguet, Charles: *Alexandre de Humboldt*, S. 590, der zum einen ein solches Unterfangen, hätte es nicht die ‚kuriose Entstellung' O'Gormans gegeben, als „de peu d'intérêt" qualifiziert, und zum anderen darauf hinweist, dass Columbus keinesfalls „un personnage définitivement installé dans l'histoire" sei. Ein fundierter Vergleich mit der ‚geschichtlichen Wahrheit' stünde daher von vornherein auf unsicherem Fundament.

Verfügung stehenden historischen und literarischen Zeugnisse berücksichtigte und aufarbeitete, wie sehr er also in die Columbus-Forschung eingedrungen ist und ein komplexes Bild des Genuesen entfaltete. In diesem Zusammenhang musste auch ein bislang vernachlässigter Aspekt an Gewicht gewinnen: die Frage nämlich, inwieweit sich (in seinen Texten) sein Columbus-Bild seit der Rückkehr von der Amerika-Reise im Jahre 1804 während langer Jahrzehnte der Niederschrift einzelner Teile seines unvollendet gebliebenen, aber gewaltigen amerikanischen Reisewerks veränderte.

Die bisherigen Arbeiten beschränkten sich im Wesentlichen auf eine mehr oder minder knappe Untersuchung von Humboldts *Examen critique* und seines *Kosmos*. Die ausführliche Interpretation O'Gormans begnügte sich sogar mit wenigen Seiten des *Kosmos*, da der mexikanische Historiker und Philosoph weder die Existenz früherer Schriften zur Kenntnis nahm noch im *Examen critique* mehr als ein erstes ‚Gerüst' für Humboldts Columbus-Bild erblicken konnte. Das amerikanische Reisewerk des preußischen Natur- und Kulturforschers wächst unterdessen immer weiter, sind wir doch beispielsweise in unserem an der Berlin-Brandenburgischen Akademie der Wissenschaften angesiedelten Langzeitvorhaben unter anderem mit der hybriden, also digitalen und buchtechnischen Edierung der Humboldt'schen Reisetagebücher aus den Amerikas beschäftigt, wobei hierzu erste Ergebnisse schon vorliegen.[34]

Im Jahre 1808 berichtete Humboldt zum ersten Male einem breiteren deutschen Publikum ausführlicher von seiner Reise in einem Werk, das kaum einmal Hinweise auf die Figur des Columbus enthielt. Denn seine *Ansichten der Natur*,[35] die er gegenüber Freunden gerne als sein „Lieblingswerk" und als „ein rein auf deutsche Gefühlsweise berechnetes Buch" bezeichnete,[36] wurden erst in späteren, im Übrigen sehr populären Ausgaben mit Hinweisen auf den ‚Weltentdecker' angereichert. Ich werde im Folgenden darauf noch kurz zurückkommen.

---

34 Vgl. etwa Humboldt, Alexander von: *Das Buch der Begegnungen. Menschen – Kulturen – Geschichten aus den Amerikanischen Reisetagebüchern*. Herausgegeben, aus dem Französischen übersetzt und kommentiert von Ottmar Ette. Mit Originalzeichnungen Humboldts sowie historischen Landkarten und Zeittafeln. München: Manesse Verlag 2018; Ette, Ottmar / Maier, Julia: *Alexander von Humboldt: Bilder-Welten. Die Zeichnungen aus den Amerikanischen Reisetagebüchern*. München – London – New York: Prestel 2018; sowie Humboldt, Alexander von: *Geographie der Pflanzen. Unveröffentlichte Schriften aus dem Nachlass*. Herausgegeben von Ulrich Päßler. Mit einem Vorwort von Ottmar Ette. Stuttgart: Metzler – Springer Nature 2020.
35 Humboldt, Alexander von: *Ansichten der Natur*. Stuttgart-Tübingen: Cotta 1808.
36 Vgl. hierzu Borch, Rudolf: *Alexander von Humboldt. Sein Leben in Selbstzeugnissen, Briefen und Berichten*. Verlag des Druckhauses Tempelhof 1948, S. 185f.

Als erster narrativer (und nicht vorwiegend naturwissenschaftliche Fragestellungen erörternder) Teil des eigentlichen amerikanischen Reisewerks erschien 1811 Humboldts berühmter *Essai politique sur le Royaume de la Nouvelle-Espagne*.[37] Diese dem heutigen Mexiko gewidmete Arbeit, die just zu Beginn der Unabhängigkeitsbewegungen erschien und auch aus diesem Grunde auf großes Interesse bei einem internationalen, aber besonders auch kreolischen Publikum stieß, erwähnte die Fahrten des Columbus und seine Berichte nur selten. Von Interesse ist hierbei freilich, dass Humboldt Columbus entweder nach der Sammlung von Reiseberichten des Grynaeus aus dem Jahre 1555 (!) zitiert oder auf die Berichte spanischer Chronisten wie López de Gómara zurückgreift.[38]

Diese Quellen dienen Humboldt fast ausschließlich als Belegmaterial für bestimmte historische Details aus der Zeit der frühen Conquista, mithin als geschichtliche Dokumente für die eigene wissenschaftliche Arbeit,[39] so dass von einem eigentlichen Columbus-Bild noch nicht gesprochen werden kann. Nur zwei Belege aus dem achten Kapitel des dritten Buches weisen auf eine gewisse Wertung der Figur des Entdeckers: So nennt Humboldt den Seefahrer in einem Atemzug mit dem Eroberer Cortés und führt deren in Spanisch-Amerika verbreitete Beinamen „El Marqués" beziehungsweise „El Almirante" als Beweise an für die hohe Wertschätzung beider Persönlichkeiten, für „le respect et l'admiration qui se sont conservés pour la mémoire de ces grands hommes".[40] Wenig später allerdings vermag er seine Verwunderung darüber nicht zu verbergen, dass weder dem einen noch dem anderen bislang ein Denkmal in den spanischen Kolonien errichtet worden sei:

---

[37] Humboldt, Alexander von: *Essai politique sur le Royaume de la Nouvelle-Espagne*. 2 Bde. Mit Atlas. Paris: Schoell 1811; neben dieser sogenannten ‚großen Ausgabe' erschien im selben Jahr beim selben Verleger eine fünfbändige Ausgabe im Oktavformat, die sogenannte ‚kleine Ausgabe', nach der ich hier zitiere. Die gleichfalls fünfbändige deutsche Ausgabe erschien in Tübingen bei Cotta im Übrigen zwischen 1809 und 1814. Zur Geschichte des *Essai politique* über das Vizekönigreich Neuspanien vgl. auch die Ausgabe von Humboldt, Alexander von: *Political Essay on the Island of Cuba. A Critical Edition*. Edited with an Introduction by Vera M. Kutzinski and Ottmar Ette. Translated by J. Bradford Anderson, Vera M. Kutzinski, and Anja Becker. With Annotations by Tobias Kraft, Anja Becker, and Giorleny D. Altamirano Rayo. Chicago – London: The University of Chicago Press 2011.
[38] Vgl. *Essai politique sur le Royaume de la Nouvelle-Espagne*, Bd. 3, S. 21 bzw. 132.
[39] So zum Beispiel im neunten Kapitel des vierten Buches, wo es mehrfach um botanische Fragen beziehungsweise um die Nutzpflanzen der Indigenen zur Zeit der spanischen Eroberung geht. Auf die Textgrundlagen Humboldts und insbesondere auf seine Aufarbeitung von Quellenmaterial zur *Conquista* in Neuspanien wird wiederholt zurückzukommen sein.
[40] Humboldt, Alexander von: *Essai politique*, Bd. 2, S. 107 (Fußnote 1).

> Man durchquere das spanische Amerika von Buenos Aires bis nach Monterrey, von Trinidad und Puerto Rico bis nach Panamá und Veragua und nirgends wird man auf ein nationales Denkmal stoßen, das die öffentliche Dankbarkeit dem Ruhme von Christoph Columbus oder Hernán Cortés errichtet hätte![41]

Dieser für den jungen Europäer zunächst charakteristischen positiven Einschätzung stand bei den amerikanischen Kreolen freilich eine völlig entgegengesetzte Sichtweise dieser beiden historischen Gestalten gegenüber, die symbolisch für Entdeckung und Eroberung, für „Descubrimiento" und Conquista standen.[42] Kam diese auch in dem von Humboldt beobachteten Phänomenen zum Ausdruck, so war sie dem Naturforscher – wie anders wäre sonst sein Erstaunen zu erklären – zum damaligen Zeitpunkt gleichwohl noch fremd. Alexander von Humboldt ließ seiner Beobachtung – recht ungewöhnlich für den immer um die Deutung größerer Zusammenhänge bemühten Gelehrten – daher auch keinerlei Erklärung folgen. Der preußische Kulturforscher und Historiker verstand in der Folge freilich zunehmend die Positionen einer sich herauskristallisierenden Unabhängigkeitsbewegung, für welche Columbus und Cortés die grässliche Seite der spanischen Unterjochung und des systematischen Kolonialismus personifizierten. Es ist überaus spannend, die Veränderungen und Umbesetzungen in Humboldts Denken im Verlauf seiner jahrzehntelangen Arbeit am amerikanischen Reisewerk genau zu studieren, um zu verstehen, warum dieses *Opus Americanum* die amerikanische und spezifisch kreolische Independencia buchstäblich begleitete.

Blieb im *Essai politique sur le Royaume de la Nouvelle-Espagne* über Neuspanien – ein Gebiet also, das erst nach dem Tode des Columbus von den Truppen und Hilfstruppen des Cortés erobert worden war und das der genuesische Seefahrer folglich weder kennen konnte noch betreten hatte – der ligurische Entdecker der Neuen Welt noch gleichsam in den Fußnoten verborgen, so änderte sich dies mit dem Erscheinen des eigentlichen narrativen Kernstücks des *Corpus Americanum*. Der erste Band dieser *Relation historique* erschien 1814, ein zweiter Band folgte1819 und ein letzter Band dieses Fragment gebliebenen Reiseberichts kam laut Titelblatt 1825 heraus, enthielt aber unter anderem statistische Angaben aus dem Jahre 1829, so dass die Arbeit Humboldts an diesem dritten Band sich zweifellos bis in die späten zwanziger Jahre hinein zog. Der

---

41 Ebda., Bd. 2, S. 147.
42 Vgl. hierzu auch Ette, Ottmar: Der Blick auf das Andere. Eine kontrastive Lektüre der Reisen Alexander von Humboldts und Fray Servando Teresa de Miers. In: Schlieben-Lange, Brigitte et al. (Hg.): *Europäische Sprachwissenschaft um 1800*. Bd. 2: *Methodologische und historiographische Beiträge zum Umkreis der „idéologie"*. Münster: Nodus Publikationen 1991, S. 137–171.

Abb. 56: Statue Alexander von Humboldts vor der Berliner Humboldt-Universität. Mit der Widmung der Universität von La Habana an den ‚Zweiten Entdecker Kubas'.

Preuße war dafür berüchtigt, immer weiter an seinen Bänden zu schreiben und unentwegt Korrekturen und Zusätze einzufügen.

Auf Grund ihrer jahrzehntelangen Entstehungszeit, welche den Prozess der Unabhängigkeitsrevolution begleitete, scheint es mir im Sinne einer historischen Entwicklung von Humboldts Columbus-Bild geboten, die relevanten Stellen aus den jeweiligen Bänden dieses Reiseberichts nicht unterschiedslos zu untersuchen, also unabhängig von ihrer Entstehungszeit. Eine große Zahl an Arbeiten zum Reisebericht nahm auf diesen Aspekt jedoch kaum einmal textkritisch Bezug. Denn in der *Relation historique*[43] nimmt Christoph Columbus,

---

[43] Ich zitiere nach der aus Anlass des 200. Geburtstags Alexander von Humboldts erschienenen *Relation historique du Voyage aux Régions équinoxiales du Nouveau Continent fait en 1799, 1800, 1801, 1802, 1803, et 1804 par Al. de Humboldt et A. Bonpland. Rédigé par Alexandre de Humboldt.* Neudruck des 1814–1825 in Paris erschienenen vollständigen Originals, besorgt, eingeleitet und um ein Register vermehrt von Hanno Beck, 3 Bde. Stuttgart: Brockhaus 1970.

wenn auch nicht auf den ersten Blick erkennbar, bereits eine wichtige Stellung ein.

Christoph Columbus' erstes Auftauchen erfolgt gleich im ersten Kapitel des Humboldt'schen Reiseberichts – und überdies an einer höchst bedeutsamen Stelle. In seinem ersten, kurz nach dem Verlassen des europäischen Festlands einsetzenden scheinbaren Exkurs[44] über Meeresströmungen bringt Humboldt die beiden Kontinente miteinander erstmals literarisch in Verbindung und führt auch bereits als Prototyp des europäischen Entdeckers Christoph Columbus ein: „Zu einer Zeit, als die Kunst der Navigation noch wenig fortgeschritten war, lieferte der *Gulfstream* dem Genie des Christoph Columbus gewissliche Indizien über die Existenz der orientalischen Länder."[45]

Es ist das „génie" des „navigateur génevois",[46] welches erstmals die Zeichen der Natur zu deuten und damit beide ‚Welten' miteinander in Beziehung zu setzen weiß. Dabei bleibt Humboldt ganz im historischen Erwartungshorizont des Genuesen und spricht von den orientalischen und nicht von den amerikanischen Ländern, von denen Columbus noch nichts wissen konnte. Doch beide Welten werden durch die Meeresströmungen von der Natur und durch die Überlegungen des Geistes von der menschlichen Kultur bereits in Relation gesetzt. Dies ist ein überaus geschickt in den Reisebericht eingeflochtener Verweis auf jene zwei Welten, zwischen denen auch Humboldt sich in seinem Reisebericht, aber auch in vielen Aspekten seines Lebens und Denkens bewegen wird.

Nur wenige Seiten später bringt Alexander von Humboldt sich selbst, wenn auch indirekt, mit der Entdeckung Amerikas in Verbindung. Die ersten Lichter, welche die Reisenden von ihrem Schiff, der Pizarro, aus auf den Kanaren erblicken, kommentiert er mit den folgenden Worten:

> Wir hatten uns während der gesamten Schiffsroute damit beschäftigt, die alten Reiseberichte der Spanier zu lesen, und diese sich bewegenden Lichter erinnerten uns an jene, welche Pedro Gutiérrez, der Page der Königin Isabella, auf der Insel Guanahani in der denkwürdigen Nacht erblickte, in welcher die neue Welt entdeckt wurde.[47]

---

[44] Die Wichtigkeit dieser Passage für das gesamte amerikanische Reisewerk kann hier nicht herausgearbeitet werden; es sei deshalb verwiesen auf das Nachwort des Verfassers: Der Blick auf die Neue Welt. In: Alexander von Humboldt: *Reise in die Äquinoktial-Gegenden des Neuen Kontinents*. Herausgegeben von Ottmar Ette. Mit Anmerkungen zum Text, einem Nachwort und zahlreichen zeitgenössischen Abbildungen sowie einem farbigen Bildteil. Bd. 2. Frankfurt am Main – Leipzig: Insel Verlag 1991, S. 1563–1597.
[45] Humboldt, Alexander von: *Relation historique*, Bd. 1, S. 71: „Dans un temps où l'art de la navigation étoit encore peu avancé, le *Gulfstream* a fourni au génie de Christophe Colomb des indices certains de l'existence des terres orientales."
[46] Ebda.
[47] Ebda., Bd. 1, S. 82.

Alexander von Humboldt folgt den Spuren des Christoph Columbus und den spanischen Entdeckern folglich zuallererst als Leser, der sich zugleich – auf einer realgeschichtlichen Ebene – auf jener Route bewegt, welche all diese Entdecker auch Jahrhunderte zuvor eingeschlagen hatten. So verdoppeln sich die Reisebewegungen. Die Erwähnung einer solchen Lektüre ist beim preußischen Geographen und Literaten keineswegs – wie es vielleicht scheinen könnte – ein isoliertes Phänomen von zweitrangiger Bedeutung. Humboldt setzte dieses Mittel mehrfach überaus bewusst in seinen Werken ein, um durch die Herstellung intertextueller Verbindungen seinem Text – und damit seinem Lesepublikum – zusätzliche Bedeutungsebenen zu erschließen.

Als eines unter vielen Beispielen sei Humboldts bereits zitiertes Lesevergnügen bei Bernardin de Saint-Pierres Tropenroman *Paul et Virginie* erwähnt. Diese exotisierende, die umgebende Natur gleichsam vor-perspektivierende Lektüre eines europäischen Romans im Angesicht der tropischen Landschaften der Karibik oder Südamerikas erlaubt uns heute nicht nur Rückschlüsse etwa auf Alexanders ästhetische Präferenzen, sondern gab den zeitgenössischen Lesern auch gleichzeitig eine Art Leseanweisung des Humboldt'schen Textes vor. Bezüglich der literarischen Tradierungsmechanismen ist es aufschlussreich, sich mit den verschiedensten literarischen Möglichkeiten auseinanderzusetzen, welche Alexander von Humboldt nicht nur mit Blick auf Bernardin de Saint-Pierre,[48] sondern auf seine eigene Poetik und Ästhetik entfaltete.[49]

Vermittels dieses gewiss nicht ‚unschuldigen' Kunstgriffs gelang es Humboldt hier, bereits zu Beginn der *Relation historique* seine Reise in einen Zusammenhang mit der Entdeckungsfahrt des Columbus zu bringen und damit eine Verbindung herzustellen, die ihn sein gesamtes Leben hindurch begleiten sollte. Zugleich ließ er sein Lesepublikum diskret wissen, dass sein eigenes Vorhaben einer Reise durch die amerikanischen Tropen noch immer am großen Projekt und an den großen Fiktionen des Christoph Columbus partizipierte – freilich keineswegs unkritisch!

Immer wieder taucht der Name des Admirals im ersten Band der *Relation historique* auf, wenn auch nun an weniger bedeutsamen Stellen. Humboldts

---

[48] Vgl. Hudde, Hinrich: Naturschilderung bei den Rousseau-Nachfolgern. In: *Neues Handbuch der Literaturwissenschaft*. Bd. 15: *Europäische Romantik II*. Herausgegeben von Klaus Heitmann. Wiesbaden: Athenaion 1982, S. 135–152.
[49] Vgl. hierzu Ette, Ottmar: Eine ‚Gemütsverfassung moralischer Unruhe' – ‚Humboldtian Writing': Alexander von Humboldt und das Schreiben in der Moderne. In: Ette, Ottmar / Hermanns, Ute / Scherer, Bernd M. / Suckow, Christian (Hg.): *Alexander von Humboldt – Aufbruch in die Moderne*. Berlin: Akademie Verlag 2001, S. 33–55.

Verweise auf den Entdecker zur Absicherung[50] bestimmter historischer Ereignisse oder Fakten gewähren uns (wie bereits im *Essai politique sur le Royaume de la Nouvelle-Espagne*) Einblick in die dem preußischen Gelehrten zum Zeitpunkt der Niederschrift jeweils bekannten Dokumente. Eine besondere Rolle spielen in diesem Zusammenhang Verweise auf zahlreiche spanische Chroniken des 16. und frühen 17. Jahrhunderts (wie die häufig zitierte von Antonio de Herrera) sowie auf den ersten Teil der offiziellen spanischen *Historia del Nuevo Mundo* von Juan Bautista Muñoz, den Humboldt noch vor seiner Abreise 1799 in der spanischen Hauptstadt persönlich kennengelernt hatte und dem er viel verdankte.[51]

So dankte Humboldt Juan Bautista Muñoz in seinem Vorwort zum *Examen critique* für die Einsicht in „kostbare Materialien", welche der spanische Historiker „auf Befehl König Karl 's des IV. in den Archiven von Simancas, Sevilla und Torre do Tombo gesammelt hatte".[52] Welches waren diese „matériaux précieux"? Zeigte Muñoz dem Preußen etwa die damals bereits wieder aufgefundene Abschrift des Las Casas von Colóns Tagebuch der ersten Reise? Wohl eher nicht. Humboldt selbst, sonst keineswegs zurückhaltend in derlei Präzisierungen, erwähnte die Existenz einer solchen Abschrift vor 1825 nicht; und auch sein Kenntnisstand vor diesem Datum spricht eindeutig dagegen.

Der offizielle Auftrag von Juan Bautista Muñoz bestand, dies darf an dieser Stelle nicht vergessen werden, in der öffentlichkeitswirksamen Widerlegung der ‚ausländischen', nicht-hispanischen Werke von William Robertson, Cornelius de Pauw und vor allem des Guillaume-Thomas Raynal, dessen vielbändige polemische, spanienfeindliche Publikation der *Histoire des deux Indes* bei den Zeitgenossen auf ein enormes, Europa weit überspannendes Interesse stieß und eine große Wirkung entfaltete.[53] Mehr und mehr taucht aber auch die Biographie des Admirals aus der Feder seines Sohnes Hernando Colón auf: Sie wird für Humboldt neben den Chroniken anderer Autoren zu einer der wichtigsten Bezugstexte und -quellen, auf die er immer wieder, zunächst auch mit großem Vertrauen, rekurriert.[54]

---

50 Vgl. Humboldt, Alexander von: *Relation historique*, Bd. 1, u. a. S. 297f, 470, 498 u. 506.
51 Vgl. Beck, Hanno: *Alexander von Humboldt*. Bd. 2: *Vom Reisewerk zum ‚Kosmos' 1804–1859*. Wiesbaden: Franz Steiner Verlag 1961, S. 179.
52 Humboldt, Alexander von: *Kritische Untersuchungen aber die historische Entwickelung der geographischen Kenntnisse von der Neuen Welt und die Fortschritte der nautischen Astronomie in dem 15ten und 16ten Jahrhundert*. Aus dem Französischen übersetzt von Jul. Ludw. Ideler. 3 Bde.; hier Bd. 1, Berlin: Nicolai 1836, S. 10.
53 Vgl. hierzu Lüsebrink, Hans-Jürgen: L'Histoire des Deux Indes et ses 'extraits'. Un mode de dispersion textuelle au XVIII siècle. In: *Littérature* (Paris) 69 (février 1988), S. 28–41.
54 Siehe hierzu seine Bemerkung: „Cette Vie rédigée, postérieurement à l'année 1537, d'après les notes autographes de Christophe Colomb, est le monument le plus précieux de l'histoire de ses découvertes." Humboldt, Alexander von: *Relation historique*, Bd. 1, S. 470.

Alexander von Humboldt wusste sehr wohl um die Tatsache, dass es sich bei diesem Werk um eine Übersetzung handelte, doch hielt er den Text, welchen er wiederum nach einer bekannten Sammlung, der *Churchill's Collection*, zitiert, für historisch durchaus glaubwürdig. Im *Essai politique sur le Royaume de la Nouvelle-Espagne* wie auch später in seinem *Examen critique* benutzte er allerdings eine madrilenische Ausgabe aus dem Jahre 1749. Zweifel an der Aufrichtigkeit des Sohnes, der ja ein großes Interesse an einer positiven Darstellung des Admirals haben musste, sind bei Humboldt zu diesem Zeitpunkt noch nicht auszumachen. Doch darf nicht vergessen werden, dass Hernandos Werk Zitate aus den Reisetagebüchern seines Vaters enthielt, deren erhöhte Bedeutung zum damaligen Zeitpunkt allein aus der Tatsache erhellt wird, dass während Humboldts Redaktion des ersten Bandes das Bordbuch von Columbus' erster Reise in der Version von Las Casas noch nicht publiziert war. Auch dies mag belegen, dass Humboldt Colóns „Diario" noch nicht kannte und wohl auch noch nicht kennen konnte. Er befindet sich vielmehr schon früh auf einem absolut bewundernswürdigen historiographischen Forschungsstand.

Alexander von Humboldts durchweg positives Bild des Entdeckers der Neuen Welt – wo die Zivilisation erst mit Christoph Columbus hinkam: „où la civilisation n'a pénétré que depuis Christophe Colomb"[55] – und seiner Qualitäten als Beobachter der Natur wird auch nicht durch Colóns Vorstellung von der Birnenform der Erde getrübt; jener Form, die der Genuese umständlich im Bericht von seiner dritten Fahrt zu beschreiben suchte. So heißt es dort bei ihm: „Und ich fand, dass die Form nicht so rund war, wie sie es beschreiben, außer dass es eine Birnenform ist, die überall sehr rund ist mit Ausnahme des Ortes, wo sie obenauf die Brustspitze hat, oder wie eine sehr runde Kugel, auf der an einer Stelle eine Frauenbrust aufgesetzt ist."[56]

Humboldt kam später immer wieder auf diese sonderbare Stelle zurück. Doch hielt er sie für eine bizarre Hypothese, welche sich dieser große Mann von der Unregelmäßigkeit der Erde gemacht hatte, mithin für eine „hypothèse bizarre que ce grand homme s'étoit faite sur l'irrégularité de la courbure de la terre".[57] Zwar räumt er in einer eigens angefügten Endnote des dritten Buches gewisse Zweifel an den astronomischen Kenntnissen des Columbus ein: „Tout

---

55 Humboldt, Alexander von: *Relation historique*, Bd. 1, S. 461.
56 Colón, Cristóbal: *Los cuatro viajes. Testamento*. Edición de Consuelo Varela. Madrid: Alianza Editorial 1986, S. 238: „fallé que no era redondo en la forma qu'escriven, salvo que es de la forma de una pera que sea toda muy redonda, salvo allí donde tiene el peçón que allí tiene más alto, o como quien tiene una pelota muy redonda y en un lugar d'ella fuesse como una teta de muger allí puesta."
57 Humboldt, Alexander von: *Relation historique*, Bd. 1, S. 498.

ceci n'est pas fait pour nous donner une idée favorable des connoissances astronomiques de Christophe Colomb."[58] Doch zieht er diese zur Entlastung des „großen Mannes" wieder zurück, indem er die Gründe jener fehlerhaften Beobachtungen der Krankheit des Columbus, der Unwissenheit seiner Steuermänner oder aber Darstellungsfehlern seines Sohnes zuschreibt.[59]

Diese positive Darstellung des sogenannten Entdeckers der Neuen Welt hält er gerade auch gegenüber der berühmten Stelle in Columbus' *Lettera rarissima* aufrecht, in welcher der Admiral über die machtvolle, ja seelenrettende Kraft des Goldes nachsinnt. Er entschärft gleichsam diese Stelle, auf die wir bereits in unserer Auseinandersetzung mit dem Admiral gestoßen waren, indem er im Anschluss an das ausführliche Zitat sowohl im italienischen ‚Original' als auch in eigener französischer Übersetzung nicht nur die Verantwortung für derartige Vorstellungen dem zeitgeschichtlichen Kontext zuweist. Humboldt zitierte nach einer 1810 in Bassano gedruckten Ausgabe der *Lettera rarissima*, des neben einer allerdings erst 1842–44 erschienenen dreibändigen Ausgabe der *Documentos inéditos* von Fernández de Navarrete im Übrigen einzigen Textes von Christoph Columbus, den man in seiner umfangreichen Privatbibliothek nach seinem Tode nachweisen konnte.[60] Der preußische Amerika-Historiker scheint, darauf weisen seine Notizen hin, diese Ausgabe antiquarisch erstanden zu haben. Er empfahl diesen Text später, im dritten Band der *Relation historique*, erneut als Quelle für Charakterstudien von Columbus, als Dokument für all jene „qui veulent étudier le caractère e cet homme extraordinaire", und schätzte selbst vor allem die Schilderung der nächtlichen Vision des Genuesen, die dessen Brief an die Katholischen Könige enthält.[61]

Gewisse romantische Züge im Columbus-Bild Alexander von Humboldts werden im Umfeld dieser Vision des ‚großen Mannes' zum ersten Mal deutlich erkennbar. Der zeitgenössische Kontext, in welchem der Preuße seine umfangreiche Studie verfasste, mag darauf entscheidenden Einfluss gehabt haben. Vor allem aber brachte Humboldt seine Überraschung angesichts der sonstigen Untadeligkeit des Admirals der Katholischen Könige zum Ausdruck:

---

58 Ebda., Bd. 1, S. 507.
59 Ebda.
60 Vgl. hierzu die in vielerlei Hinsicht aufschlussreiche Publikation *The Humboldt Library. A Catalogue of the Library of Alexander von Humboldt*. With a bibliographical and biographical memoir by Henry Stevens GMB FSA etc. London: Henry Stevens – American Agency 1863; unveränderter fotomechanischer Nachdruck der Originalausgabe. Leipzig: Zentral-Antiquariat 1967, S. 144 und 512.
61 Humboldt, Alexander von: *Relation historique*, Bd. 3, S. 473.

Diese Worte sind von einer so naiven Offenheit und tragen den Stempel jenes Jahrhunderts, in welchem Columbus lebte; doch ist man überrascht, das großartigste Lob der Reichtümer aus der Feder eines Mannes fließen zu sehen, dessen ganzes Leben von einer edlen Interesselosigkeit geprägt war.[62]

Bei der Lektüre dieses Satzes sieht man mit Staunen, dass Humboldt mit Blick auf das gesamte Leben des Columbus von einem „noble désintéressement" spricht, scheint eine solche Einschätzung doch weder bezüglich der Verhandlungen des Genuesen mit den Katholischen Königen *vor* seiner ersten Reise noch hinsichtlich seiner Forderungen gegenüber der spanischen Krone *nach* dieser ersten Fahrt haltbar. Auch die nachfolgenden „Pleitos" stützen Humboldts Sicht der Interesselosigkeit des Columbus keineswegs. Doch dieses Columbus-Bild wird im zweiten Band der *Relation historique* nicht weiter vervollständigt, werden dort die einmal mehr der Sammlung *Orbis Novus* des Simon Grynaeus entnommenen Berichte des Admirals doch nur hin und wieder einmal als Dokumente für bestimmte Phänomene, Beobachtungen oder historische Vorgänge benutzt.[63]

Anders jedoch im dritten und letzten Band des Humboldt'schen Reiseberichts: Hier kommt Christoph Columbus wieder eine wichtige, ja bestimmende Rolle zu. Zwei Gründe scheinen mir dafür ausschlaggebend zu sein. Zum einen kehrte die Reiseroute Bonplands und Humboldts nach der Flussfahrt auf dem Orinoco gleichsam zu den Spuren des Columbus[64] zurück, und zum anderen konnte der sich selbst häufiger als „historien" bezeichnende Alexander von Humboldt nun auf erstmals veröffentlichte Dokumente des Seefahrers zurückgreifen. Beschäftigen wir uns zunächst mit dem ersten Punkt, ohne darüber den zweiten aus den Augen zu verlieren!

Kurz vor Beginn des achtundzwanzigsten Kapitels, das später in Parallele zum Neu-Spanien-Essay separat als *Essai politique sur l'île de Cuba* herausgegeben wurde,[65] in unmittelbarer Nähe zur Insel Kuba, verspürt der junge Natur-

---

62 Ebda., Bd. 1, S. 613.
63 Vgl. u. a. ebda., Bd. 2, S. 375, 487 oder 702.
64 Humboldt schrieb vor seiner Amerika-Reise, wenn auch in anderem Zusammenhang, einmal, er „liebe es, den Spuren eines großen Mannes zu folgen"; vgl. hierzu Beck, Hanno: *Alexander von Humboldts Amerikanische Reise*, S. 58. Er stand in Bezug auf Columbus damit keineswegs allein: auch sein literarisches Vorbild Chateaubriand scheint sich bei seiner so ganz anderen Amerikafahrt als „neuer Columbus" gesehen zu haben; vgl. hierzu Hudde, Hinrich: Naturschilderung bei den Rousseau-Nachfolgern, S. 143.
65 Humboldt, Alexandre de: *Essai politique sur l'île de Cuba*. Avec une carte et un supplément qui renferme des considérations sur la Population, la richesse territoriale et le commerce de l'archipel des Antilles et de Colombia. 2 Bde. Paris: Gide Fils, J. Renouard 1826 (Oktav-Ausgabe); sowie die mit kritischen Anmerkungen versehene englischsprachige Übersetzung von Humboldt, Alexander von: *Political Essay on the Island of Cuba. A Critical Edition*. Edited

forscher „une délicieuse odeur aromatique", einen wunderbaren Duft in der Luft.[66] Diese Stelle leitet eine ganze Reihe impliziter wie expliziter Anspielungen auf Columbus ein. Auch in anderen Werken finden sich zum Teil nicht oder erst im weiteren Textverlauf aufgelöste Anspielungen auf den genuesischen ‚Entdecker'. Ein schönes Beispiel bildet etwa zu Beginn des Essays „Über die Wasserfälle des Orinoco" der Blick des Erzählers auf die Mündung des Orinoco vom Meer aus – eine Perspektive, wie sie Humboldt nicht kennen konnte, wohl aber dem „kühnen Weltentdecker Colon" bekannt war, dessen Mutmaßungen Alexander erst auf der folgenden Seite aufführt.[67] An dieser Stelle schreibt Humboldt den Namen des Entdeckers einmal in seiner spanischen Form; ansonsten griff er auf die jeweils national verbreiteten Namensgebungen zurück, also ‚Columbus' in deutschen und ‚Colomb' – wenn auch widerstrebend – in französischen Texten. Man darf annehmen, dass ihn eine allzu häufige Nennung des Familiennamens seiner Mutter etwas störte und er zugleich vielleicht fürchtete, man könnte ihm eine allzu dick aufgetragene Parallele mit dem Genuesen übelnehmen.

Doch zurück zur Passage aus dem dritten Band der *Relation historique*! Humboldt spielt dort meiner Ansicht nach deutlich auf die uns heute bekannte Stelle im Bordbuch von Columbus' erster Reise an, als der künftige Admiral am 19. Oktober 1492 von den Bermudas nach Kuba segelte und sich die Nähe einer Insel durch „el olor tan bueno y suave de flores o àrboles de la tierra, que era la cosa más dulce del mundo"[68] ankündigte: durch einen leichten Wohlgeruch von Blumen oder Bäumen des Landes, der süßeste Duft von der Welt.

Derlei Äußerungen waren Humboldt aus der Lektüre spanischer Chroniken, aber auch aus dem sechsundfünfzigsten Kapitel der Biographie Hernando Colóns vertraut. Wir haben uns in unserer Vorlesung bereits mit den Ingredienzien des *locus amoenus* vertraut gemacht und dabei bemerkt, dass dieser von einem Columbus, aber auch einem Las Casas früh schon tropikalisiert wurde. Damit soll die Faktizität des Beschriebenen keineswegs in Zweifel gezogen werden. Vergleichen wir die *Relation historique* mit ihrem „pré-texte" (also Alexanders Reisetagebuch, so findet sich, dass Humboldt tatsächlich in seinem „Bordbuch", allerdings auf dem Weg per Schiff von Batabanó nach Trinidad, notierte: „und der Wind

---

with an Introduction by Vera M. Kutzinski and Ottmar Ette. Translated by J. Bradford Anderson, Vera M. Kutzinski, and Anja Becker. With Annotations by Tobias Kraft, Anja Becker, and Giorleny D. Altamirano Rayo. Chicago – London: The University of Chicago Press 2011.

66 Humboldt, Alexander von: *Relation historique*, Bd. 3, S. 330.
67 Humboldt, Alexander von: *Ansichten der Natur*. 3. verb. u. verm. Auflage. Stuttgart-Tübingen: Cotta 1849, Bd. 1, S. 254 bzw. 255.
68 Vgl. Colón, Cristóbal: *Diario de a bordo*. Edición de Luis Arranz. Madrid: historia 16 1985, S. 102.

wehte uns die lieblichsten Honiggerüche zu. Keine Insel so duftreich als Cuba. Wenn man zwischen Cabo Catoche und Cabo S[an] Antonio durchgeht, riecht man das letztere oft in einer Entfernung, wo man es nicht sieht."[69] Die veränderte Platzierung dieses Dufterlebnisses in der *Relation historique*, nämlich nun *vor* der Ankunft auf Kuba, scheint mir vorwiegend literarischen, insbesondere intertextuellen Motiven zu entspringen, die für unsere Fragestellung zweifelsohne von Bedeutung sind. Ich kann freilich nicht all diesen Spuren in dieser Vorlesung gesondert nachgehen – die ja keine Vorlesung über Alexander von Humboldt, sondern über die Findung und Erfindung der Amerikas ist.

Diese versteckte literarische Reminiszenz – die selbstverständlich auch auf bestimmte Attribute des bereits besprochenen *locus amoenus* verweist – wird anhand mehrerer Passagen manifest, als Humboldt die, wie er betont, von Columbus selbst so getauften[70] „Jardines de la Reina", eine vor der kubanischen Südküste liegende Gruppe von Inselchen, kreuzt. Dabei ruft er die seit den Zeiten des Admirals verschwundene indigene Bevölkerung dieses Raumes in Erinnerung.[71] Erfolgte an dieser Stelle keinerlei Hinweis auf die Gründe dieses Verschwindens, so ist Humboldts *Reisetagebuch* deutlicher: „Kein Licht, kein Mensch an der Küste. Alle, alle Bewohner haben die Europäer ausgerottet! War das Land, diese Küste vor 1492 ebenso einsam? Ich zweifle."[72]

Doch der preußische Kultur- und Naturforscher betont vor allem die besondere Bedeutung des gegenwärtigen Abschnitts seiner karibischen Reiseroute: „Diese Orte besitzen einen Charme, der dem größten Teile der Neuen Welt fehlt; sie bieten Erinnerungen, die mit den großen Namen der spanischen Monarchie verbunden sind, mit denen von Christoph Columbus und Hernán Cortés."[73]

---

69 Humboldt, Alexander von: *Reise auf dem Rio Magdalena, durch die Anden und Mexiko. Teil I: Texte.* Aus seinen Reisetagebüchern zusammengestellt und erläutert durch Margot Faak. Mit einer einleitenden Studie von Kurt-R. Biermann. Berlin (Ost): Akademie-Verlag 1986, S. 44 f. Ich verwende der Einfachheit halber diese nicht immer zuverlässige Ausgabe, da die präzise hybride, also digitale *und* printtechnische Edition des Langzeitvorhabens an der Berlin-Brandenburgischen Akademie der Wissenschaften gerade erst vor ihrem Abschluss steht – ein erster Band erscheint im Frühjahr 2022 im Metzler Verlag.
70 Humboldt, Alexander von: *Relation historique*, Bd. 3, S. 466.
71 Ebda., Bd. 3, S. 468.
72 Humboldt, Alexander von: *Reise auf dem Río Magdalena, durch die Anden und Mexico*, S. 45. Auf die überaus interessanten intratextuellen Relationen zwischen Reisetagebuch und *Relation historique* kann an dieser Stelle aus den besagten Gründen nicht weiter eingegangen werden.
73 Humboldt, Alexander von: *Relation historique*, Bd. 3. S. 473: „Ces lieux ont un charme qui manque à la majeure partie du Nouveau-Monde; ils offrent des souvenirs liés aux plus grands noms de la monarchie espagnole, à ceux de Christophe Colomb et de Hernand Cortés."

Aufschlussreich ist an dieser Stelle nicht allein, dass Alexander von Humboldt erneut den Entdecker Christoph Columbus in einem Atemzug mit dem Konquistador Hernán Cortès nennt. Er tut dies auch, wie bereits im *Essai politique sur le Royaume de la Nouvelle-Espagne*, in Bezug auf ein nie erstelltes Denkmal in La Habana für Columbus, dessen sterbliche Überreste im Übrigen im selben Jahr wie jene des Hernán Cortés eine neue Ruhestätte gefunden hätten: „Man hat in derselben Epoche, am Ausgang des 18. Jahrhunderts, die Beisetzung der beiden größten Männer gesehen, welche die Eroberung Amerikas ins Licht gesetzt."[74] Der preußische Kolonialhistoriker macht auf diese Weise deutlich, dass für ihn Entdeckung und Eroberung keine klar und eindeutig voneinander zu unterscheidenden Vorgänge sind.

Denn zumindest ebenso aufschlussreich ist es, dass er den Genuss seiner Reise durch die Erinnerung an die Geschichte verdoppelt sieht – ein Vorgang, den er in seinem Reisebericht auf der literarischen Ebene durch die Herstellung intertextueller Beziehungen nachzuahmen und damit in seinen Text selbst einzublenden sucht. Auch im weiteren Verlauf seiner Reise greift er immer wieder auf dieses Verfahren und die ‚Erinnerung' an Christoph Columbus zurück, mit dessen Wegen sich seine eigene Route immer wieder kreuzt; denn: „Ein glücklicher Zufall hat mich während des Verlaufes meiner Reisen die beiden extremen Punkte des Festlandes sehen lassen, die gebirgige und grün bewachsene Küste von Paria, wohin Christoph Columbus in seiner poetischen Exaltiertheit die Wiege des Menschengeschlechts gesetzt, und die niederen und feuchten Küsten, die sich von der Mündung des Sinu bis zum Golfe von Darién erstrecken."[75]

Im dritten Band der *Relation historique* finden sich aber auch die – soweit ich sehe – ersten Hinweise auf negativ eingefärbte Elemente im Columbus-Bild des Preußen. Dies betrifft insbesondere die Mitverantwortung des Genuesen für die Behandlung indigener Völker, ja für den Genozid an der indigenen Bevölkerung. In seiner Verteidigung der Kariben etwa weist er dem Entdecker einen gewichtigen Teil der Schuld am Massaker an diesem Volk zu und wendet sich auch gegen eine zu gefühlsbetonte positive Sichtweise des Admirals, wie sie[76]

---

74 Humboldt, Alexander von: *Relation historique*, Bd. 3, S. 350: „on a vu donner de nouveau la sépulture, à une même époque, à la fin du dix-huitième siècle, aux deux plus grands hommes qui ont illustré la conquête de l'Amérique."
75 Ebda., Bd. 3, S. 539: „Un heureux hasard m'a fait voir, pendant le cours de mes voyages, les deux extrémités de la Terre-Ferme, la côte montagneuse et verdoyante de Paria, où Christophe Colomb, dans son exaltation poétique, plaçoit le berceau du genre humain, et les côtes basses et humides, qui s'étendent de l'embouchure du Sinù vers le Golfe de Darien."
76 „La première idée de sévir contre cette nation, et de la priver de sa liberté et de ses droits naturels, est due à Christophe Colomb, qui, partageant les opinions du 15e siècle, n'étoit pas

im 18. Jahrhundert aufgekommen sei. Zu den Gründen für die neuen Akzente in seinem Columbus-Bild zählt sicherlich die umfassende wissenschaftliche Quellenarbeit, die Humboldt während der Niederschrift seiner *Relation historique* leistete und deren Ergebnisse er in die Endredaktion seines Werkes aufnahm. Denn im Verlauf der *jahrzehntelangen* Arbeit Alexander von Humboldts an der Entdeckungs- und Eroberungsgeschichte Amerikas ergaben sich Einsichten und Veränderungen, welche seine Vorstellungen von der Kolonialexpansion Iberiens, aber auch von der Gestalt des Columbus stark modifizierten.

Ein eindeutiges Indiz für den fraglosen Grundcharakter eines *work in progress* ist das Faktum, dass Humboldt beispielsweise in einer Passage des dritten Bandes seiner *Relation historique*[77] die Tatsache bedauerte, dass das spanische Original der sogenannten *Lettera rarissima* noch nicht aufgefunden worden sei, um wenige Seiten später die Auffindung und Publikation dieses Originals durch Fernández de Navarrete bekanntzugeben.[78] Neben der Aufarbeitung anderer Dokumente zum Leben des Columbus war es gerade diese in der Tat erst ‚soeben' erfolgte Publikation von Fernández de Navarrete, welche der Erforschung der spanischen Entdeckungsreisen eine neue Grundlage gab und Humboldt zu wiederholter Beschäftigung mit dem Admiral anregte.

Erlauben Sie mir in diesem Zusammenhang eine kleine Erläuterung zum damaligen Forschungsstand: Die von Martin Fernández de Navarrete aufgefundenen Dokumente erschienen zwischen 1825 und 1837; das Bordbuch der ersten Reise des Columbus in der Abschrift von Las Casas wurde im ersten, 1825 publizierten Band vorgelegt, in demselben Jahre also, welches laut Titelblatt das Erscheinungsjahr des dritten Bandes von Humboldts *Relation historique* ist. Humboldt hielt sich über Jahrzehnte bewunderungswürdig auf dem neuesten Forschungsstand. 1828 lag Colóns Bordbuch in einer Übersetzung bereits Humboldts französischer Leserschaft vor. Die Entdeckung des Textes selbst in der Bibliothek des Duque del Infantado war wohl bereits wesentlich früher, gegen Ende des 18. Jahrhunderts, erfolgt.[79]

---

toujours aussi humain que, par haine contre ses détracteurs, on l'a dit au 18e." (ebda., Bd. 3, S. 17).

77 Ebda., S. 473.

78 „Ces mots sont tirés de la *Lettera rarissima* de Colomb, dont j'ai fait mention plus haut (Tom. III, p. 473), et dont l'original espagnol vient d'être retrouvé et publié par le savant M. Navarrete, dans sa *Coleccion de Viages*, Tom. I, p. 299" (ebda., Bd. 3, S. 540).

79 Vgl. Seco Serrano, Carlos: Introducción. Vida y obra de Martin Fernández de Navarrete. In: Fernández de Navarrete, Martin: *Colección de viajes y descubrimientos que hicieron por mar los españoles desde fines del siglo XV*. Bd. 1, Madrid: Ediciones Atlas (B.A.E., Bd. 75) 1954, S. V–XLV; sowie Zamora, Margerita: "Todas son palabras formales del Almirante": Las Casas y el "Diario" de Colón. In: Tascón, Valentín / Soria, Fernando (Hg.): *Literatura y Sociedad en America Latina*. Salamanca: Editorial San Esteban 1981, bzw. *Hispanic Review* 57 (Winter 1989), S. 28.

Die erwähnte Berichtigung Humboldts wirft zum einen ein Licht auf die bislang selten einmal untersuchte und sicherlich überaus schwer zu rekonstruierende Redaktionsweise insbesondere des dritten Bandes: Erkennbar ist, dass die Seite 473 offensichtlich schon gedruckt war, als Humboldt seine korrigierende Fußnote auf S. 540 niederschrieb. Zum anderen belegt sie auch, wie gewissenhaft der Preuße neue Publikationen zu konsultieren und in sein Werk kritisch (und manchmal auch selbstkritisch) einzubringen pflegte. Man vergleiche hierzu Humboldts eigene Angaben in seiner Einleitung zum *Examen critique de l'histoire de la géographie du nouveau continent*! Mit diesen Hinweisen auf eine überaus komplexe Schreib- und Korrekturweise des Preußen, welche nicht selten die Drucker der einzelnen Lieferungen seiner Werke in arge Bedrängnis brachten, mag es an dieser Stelle aber auch genügen. Alexander von Humboldt war mit seinen unablässigen Korrekturen und Einfügungen zweifellos der Schrecken aller Drucker.

Im letzten Teil der *Relation historique*[80] häufen sich nochmals die Hinweise auf Columbus, insbesondere auf die Vorstellungswelt des Entdeckers und die literarischen Bezugspunkte seiner geographischen ‚Träumereien'. So spricht Humboldt nun von Colóns Leseabenteuern, von seiner durch unentwegte Lektüren entfachten „imagination remplie de ces récits" – „de Benjamin de Tudela, de Rubriquis, de Marco Polo et de Mandeville" – und erwähnt die berühmt gewordene und von uns bereits besprochene Szene, in der Columbus seine Mannschaft schwören ließ, es handle sich bei der Südküste Kubas um die Küste des indischen beziehungsweise asiatischen Festlands. Humboldt ging diesen Verästelungen der Lektüren des Christoph Columbus sorgfältig, ja akribisch nach, um die intertextuelle oder – wie man damals gesagt hätte – quellenbezogene Herkunft vieler Erfindungen des Genuesen herauszuarbeiten.

Schauen wir uns diese Untersuchungen Humboldts mit Blick auf Columbus genauer an! Denn diese Fiktionen seiner Lektüren hätten den Genuesen bis ans Ende seines Lebens mit Bildern und Visionen erfüllt. Der Grund hierfür schien Humboldt eindeutig: „La description des trésors du Catay et de Cipango, de la *ville céleste* de Quinsay et de la province de Mango, qui avoit enflammé ses désirs dans son jeune âge, le poursuivirent comme des fantômes jusqu'au déclin de ses jours."[81] Immer besser und präziser verstand Alexander von Humboldt,

---

[80] Genauer noch: nach der ersten Erwähnung von Fernández de Navarretes Abdruck des, wie Humboldt textkritisch bemerkt, „Journal que Colomb a tenu pendant son premier voyage, et dont Bartholomè de las Casas nous a laissé une copie abrégée" (*Relation historique*, Bd. 3, S. 537).
[81] Ebda., Bd. 3, S. 539.

wie diese Lektüren die Vorstellungswelt und die Fiktionen des Columbus angeregt und über Jahrzehnte hinweg befeuert hatten.

Im Anschluss an diese Passage über Colóns Jugendlektüre kommt er im Übrigen auf die Konquistadoren, „*la fleur des héros castillans*"[82] zu sprechen, als deren ersten er, noch vor Pizarro, Balboa nennt. Hier überlappen sich die Lektüren des Christoph Columbus mit denen des Alexander von Humboldt. Denn von autobiographischer Bedeutung ist dies insoweit, als Humboldt an dieser Stelle implizit eine Figur *seiner eigenen* Jugendträume namhaft macht, die er in den *Ansichten der Natur* („Das Hochland von Caxamarca, der alten Residenzstadt des Inca Atahuallpa. Erster Anblick der Südsee von dem Rücken der Andeskette") seinem deutschsprachigen Publikum ‚verriet': „In die Sehnsucht nach dem Anblick der Südsee vom hohen Rücken der Andeskette mischte sich das Interesse, mit welchem der Knabe schon auf die Erzählung von der kühnen Expedition des Vasco Núñez de Balboa gelauscht: des glücklichen Mannes, der, von Franz Pizarro gefolgt, der erste unter den Europäern, von den Höhen von Quarequa auf der Landenge von Panama, den östlichen Theil der Südsee erblickte."[83]

Ein intratextueller, zwischen den verschiedenen Werken Humboldts vorgenommener Vergleich vermag hier also ein weiteres Mal nicht nur die Bedeutung der Lektüre, sondern vor allem die deutlichen, wenn auch auf den ersten Blick nicht sichtbaren Beziehungen herauszuarbeiten, die an vielen Stellen des Reiseberichts zwischen dem „primer" und dem „segundo descubridor de América", also hier zwischen den Jugendträumen von Columbus und Humboldt, bestehen. Es kann keinen Zweifel daran geben, dass sich Humboldt inmitten seiner präzisen Forschungen einen Spaß daraus machte, seine Leserschaft autobiographisch zu narren und Relationen zwischen seiner Reise und jener des Columbus, zwischen seiner Bildung und jener des Genuesen, augenzwinkernd herzustellen. Zu Alexanders eigener Kindheitslektüre von Colóns Entdeckungen und diesbezüglichen Identifikationsprozessen, die anhand der Textgenese deutlich werden, ließe sich noch vieles sagen. Wir werden kurz darauf zurückkommen.

Alexander von Humboldt hatte – wie gezeigt werden konnte – bereits vor seiner Reise damit begonnen, sich mit der Geschichte der Entdeckung und Eroberung des amerikanischen Kontinents zu beschäftigen und vertraut zu machen. Dass dies in eine jahrzehntelange Auseinandersetzung mit der Entdeckungs- und Kolonialgeschichte der Neuen Welt einmünden würde, war zu Beginn noch nicht abzusehen. Er setzte seine Beschäftigung – denken wir an seinen Hinweis auf die Lektüre „alter spanischer Reiseberichte"! – bereits während seiner Reise fort und

---

82 Ebda., Bd. 3, S. 540.
83 Humboldt, Alexander von: *Ansichten der Natur*, Bd. 2, S. 363.

intensivierte seine Auseinandersetzung mit Berichten und Chroniken seit der Eroberung während längerer Aufenthalte an Bibliotheken und Archiven in Übersee, insbesondere in den Archiven und Bibliotheken Neuspaniens, aber auch in jenen des europäischen Kontinents, vor allem Italiens. In Neuspanien gaben ihm die kolonialspanischen Behörden die unschätzbare Gelegenheit, neben vielen anderen, zum Teil geheimen Dokumenten auch manche Chroniken, die damals noch nicht im Druck vorlagen,[84] in Manuskriptform in den kolonialspanischen Archiven einzusehen.

Übrigens ist die Edition des *Essai politique sur le Royaume de la Nouvelle-Espagne* durch Ortega y Medina in spanischer Sprache trotz der Voreingenommenheit des mexikanischen Herausgebers gegenüber Humboldt sehr hilfreich, enthält sie doch beispielsweise eine Auflistung der Schriften, die Humboldt in seinem ‚Mexiko-Essay' benutzt hat.[85] Auf diese Listen konnten wir in unserer angeführten englischsprachigen Ausgabe zurückgreifen. Zu den von Humboldt in Mexiko konsultierten Werken zählen unter anderem das Original von Hernán Cortés' Testament, ein Auszug aus dem Bordbuch Malaspinas, eine *Chronica histórica de la provincia de Mechoacán*, das 1524 begonnene *Libro del Cabildo* der Stadt Mexiko, Briefe von Túpac Amaru, eine Vielzahl geographischer Karten sowie Manuskripte von Sahagún, Motolinía, Andrés de Olmos, Fernando de Alva Ixtlilxóchitl, Tadeo de Niza und vieles andere mehr.

Vielen dieser von Humboldt erstmals in Neuspanien konsultierten Texte sind wir im bisherigen Verlauf unserer Vorlesung bereits begegnet. Humboldt aber betrat mit der kritischen Einbeziehung dieser Schriften als Geschichtswissenschaftler Neuland. Auf Ortega y Medinas absurde These, Humboldt habe Mexiko verraten, indem er den Vereinigten Staaten von Amerika eine Karte Neuspaniens überlassen habe, bin ich bereits mehrfach in verschiedenen Einzelveröffentlichungen eingegangen. Denn diese Karte – um nur ein einziges Gegenargument zu nennen – war längst in Humboldts amerikanischem Reisewerk veröffentlicht, bevor die USA Jahrzehnte später gegen Mitte des 19. Jahrhunderts ihren Raubkrieg, ihre „Guerra de rapiña", gegen Mexiko führten und dem nordamerikanischen Land fast die Hälfte seines Territoriums raubten.

Die im Verlauf der Arbeit an der *Relation historique* (und vor allem in deren letztem Band) zu beobachtenden Ausweitung des Quellenmaterials zur Conquista im allgemeinen und zu Columbus im Besonderen stand in enger Verbindung mit einer wissenschaftlichen Unternehmung Humboldts, welche seine

---

84 Vgl. hierzu Ortega y Medina, Juan A.: Estudio preliminar. In:Humboldt, Alejandro de: *Ensayo Político sobre el Reino de la Nueva España*. México: Editorial Porrúa ^{4}1984 [^{1}1965], S. XLII ff.
85 Ebda., S. CXXII–CXLII.

jahrzehntelange Sammeltätigkeit und Auswertung von teilweise unzugänglichen Quellenmaterialien krönen sollte. Es handelte sich dabei um eine Publikation, die sich speziell den Fragen der Entdeckungsgeschichte Amerikas widmete. Sie bildet den historischen Abschluss, gleichsam den unabgeschlossenen Schlussstein des gewaltigen *Opus Americanum*, das wir der Feder des preußischen Kultur- und Naturforschers verdanken.

Diese folglich wie die Reisebeschreibung selbst niemals abgeschlossene Arbeit war, ihrem allgemeinen Titel zum Trotz, in so starkem Maße an der historischen Bedeutung des Christoph Columbus orientiert, dass eine Übersetzung, die wohl aus Anlass der Vierhundertjahrfeier des Entdeckers 1892 in Spanien erschien, ohne Scheu unter der Bezeichnung *Cristóbal Colón y el Descubrimiento de América* publiziert werden konnte.[86] Diese spanische Ausgabe war recht erfolgreich, so dass ihr 1914 und 1926 in Madrid sowie 1946 in Buenos Aires weitere Auflagen folgten. Die Übersetzung brach freilich ohne erklärenden Hinweis im vierten Band der zitierten französischen Oktav-Ausgabe ab und verzichtete auf den größten Teil des vierten sowie den gesamten fünften Band von Humboldts Werk; Teile, die zwar vor allem Amerigo Vespucci gewidmet waren, dennoch aber für Humboldts Columbus-Bild wichtige Aussagen enthalten. Über die recht kuriose Geschichte der Übersetzungen Humboldts, die seine Rezeption nicht nur in Deutschland entscheidend prägten, habe ich an anderer Stelle publiziert, um damit klarzumachen, wie wenig die Sichtweise des Preußen oft mit der genauen Kenntnis seiner *wirklichen* Schriften einherzugehen pflegte.[87] An dieser vormals beklagenswerten Situation hat sich freilich in den zurückliegenden drei Jahrzehnten Wesentliches verändert und zum Besseren gewendet.

Rezeptionsgeschichtlich ist es nicht uninteressant, dass der Herausgeber der Schriften von Fernández de Navarrete diese Übersetzung (bezeichnend für die überragende Rolle des Columbus in diesem Werk) als „notable biografía del Almirante", als eine bemerkenswerte Columbus-Biographie, bezeichnete.[88] Um eine Biographie des Admirals war es Humboldt allerdings in keinster Weise zu tun.

---

86 Vgl. Humboldt, Alejandro de: *Cristóbal Colón y el Descubrimiento de América. Historia de la Geografía del Nuevo Continente y de los progresos de la astronomía náutica en los siglos XV y XVI. Obra escrita en francés por Alejandro de Humboldt, traducida al castellano por D. Luis Navarro y Calvo*. Madrid: Librería de la Viuda de Hernando 1892.
87 Vgl. hierzu Ette, Ottmar: Von Surrogaten und Extrakten: Eine Geschichte der Übersetzungen und Bearbeitungen des amerikanischen Reisewerks Alexander von Humboldts im deutschen Sprachraum. In: Kohut, Karl / Briesemeister, Dietrich / Siebenmann, Gustav (Hg.): *Deutsche in Lateinamerika – Lateinamerika in Deutschland*. Frankfurt am Main: Vervuert Verlag 1996, S. 98–126.
88 Vgl. Seco Serrano, Carlos: Introducción, S. L.

Die mehrbändige ‚große' Ausgabe des *Examen critique*, das weit mehr als eine ‚Analyse' des 1814 erschienenen *Atlas géographique et physique du nouveau Continent* darstellte, war insgesamt betrachtet zwischen 1814 und 1834 erschienen.[89] Auf Grund der zwischenzeitlich von Fernández de Navarrete publizierten und bereits mehrfach erwähnten grundlegenden Dokumente ist jedoch die zwischen 1836 und 1839 erschienene französische Quartausgabe von wesentlich größerem Interesse für unsere Fragestellung. Humboldt konnte für diese Ausgabe beispielsweise auch noch die 1837 von Navarrete veröffentlichten Texte berücksichtigen.

Allein aus Gründen der sprachlichen Darstellung beziehungsweise Lesbarkeit zitiere ich nicht nach dieser französischen Ausgabe, sondern nach ihrer bereits angeführten deutschen Übersetzung, die Humboldt bekannt war und deren Qualität ich bei den zitierten Passagen anhand des französischen Originals überprüft habe. In gewissen Fällen semantischer Unschärfe gebe ich in Klammern kursiv die französische Ausdrucksweise Humboldts an, so dass Ihnen ganz gewiss keine Nuance entgeht. Wegen ihrer zentralen Bedeutung für das Columbus-Bild Alexander von Humboldts wird es daher notwendig sein, die nunmehr entstehende Komplexität dieses Bildes in einer genauen Arbeit am Text nachzuvollziehen, um zu begreifen, wie eine höchst differenzierte Sichtweise jenes Vorfindens und jenes Erfindens entstand, welche erstmals in der Historiographie Amerikas all jene Aspekte zur Geltung brachte, die sich nicht auf historisches Faktenwissen reduzieren lassen.

Folgte die *Relation historique*, zumindest hierin ihren gattungsmäßigen Vorbildern gehorchend, noch grob einer Anordnung, die sich am ‚roten Faden' des geographischen Reiseverlaufs itinerarisch orientierte, so änderte sich dies mit dem *Examen critique de l'histoire de la Geographie du nouveau continent* grundlegend. In dieser gleichfalls zum amerikanischen Reisewerk gehörenden Untersuchung bot Humboldt seinen Leserinnen und Lesern ein Ordnungsschema an, das auch die späteren Publikationen des Kultur- und Naturforschers prägen sollte.

Denn Humboldts umfangreiche *Kritische Untersuchung* war, so gliederungslos ihre Anordnung auch scheinen mochte, unverkennbar am Leitprinzip der Geschichte orientiert. Nur aus dieser Perspektive, dem scheinbaren Fehlen pertinenter Kriterien der Anordnung, wird meiner Ansicht nach erklärbar, warum Mary Louise Pratt in ihrer ‚historischen' Darstellung in Bezug auf die *Relation historique* von einer ‚Enthistorisierung' Amerikas sprechen konnte.[90] Doch ich

---

89 Vgl. hierzu die Potsdamer Habilitationsschrift von Drews, Julian: *Examen critique. Alexander von Humboldt und die historische Semantik der ‚Neuen Welt'*. Potsdam: Potsdamer Habilitationsschrift 2021.
90 Pratt, Mary Louise: Humboldt y la reinvención de América, S. 41.

halte dies für eine Aussage, die nichts über den Gegenstand der Forschung, wohl aber über deren Verfasserin sowie manche Aspekte der Postcolonial Studies aussagt, bemühte sich Humboldt doch nach Kräften, eine möglichst komplexe historische Darstellung dieser ersten Phase beschleunigter Globalisierung zu erarbeiten.

Gewiss ist das *Examen critique* von hoher struktureller wie literarischer Komplexität gekennzeichnet; eine Komplexität, die ich an dieser Stelle unserer Vorlesung nur erwähnen kann.[91] Gewiss: Die gesamte Anlage des *Examen critique* ist auf den ersten Blick verwirrend! Bereits Humboldts Freund Arago kritisierte die Form des ihm gewidmeten Werkes recht drastisch: „Humboldt, tu ne sais pas comment se compose un livre; tu écris sans fin; mais ce n'est pas là un livre, c'est un portrait sans cadres."[92] Humboldt, so sein Freund kritisch, wisse nicht, wie man ein Buch mache, er schreibe einfach ohne Ende – und heraus komme ein Gemälde ohne Rahmen, aber kein (abgeschlossenes) Buch.

Es ist zweifellos nicht leicht, die sich über die Jahre entwickelnde Schreibweise Humboldts, bei dem jedes neue Buch eine andere Form erhielt, adäquat zu verstehen. Ich möchte für Sie mit wenigen Worten umreißen, dass das *Humboldtian Writing* epistemologisch genau seinem Denkstil entsprach. Humboldt schrieb relativ kurze Texte, die miteinander nicht linear, sondern relational verbunden waren und ein *archipelisches* Schreibsystem bildeten, in welchem alles mit allem in Beziehung steht. Alexander von Humboldt entwickelte diese avancierte Form des relationalen Schreibens bereits in seinen *Amerikanischen Reisetagebüchern*.[93] Ein solches Schreiben konnte schon verwirren, widersprach es doch den gängigen,

---

91 Vgl. hierzu die Einführung und Begleittexte von Ottmar Ette in Humboldt, Alexander von: *Kritische Untersuchung zur historischen Entwicklung der geographischen Kenntnisse von der Neuen Welt und den Fortschritten der nautischen Astronomie im 15. und 16. Jahrhundert.* Mit dem geographischen und physischen Atlas der Äquinoktial-Gegenden des Neuen Kontinents Alexander von Humboldts sowie dem Unsichtbaren Atlas der von ihm untersuchten Kartenwerke. Mit einem vollständigen Namen- und Sachregister. Nach der Übersetzung aus dem Französischen von Julius Ludwig Ideler ediert und mit einem Nachwort versehen von Ottmar Ette. Frankfurt am Main – Leipzig: Insel Verlag 2009; sowie Humboldt, Alexander von: *Geographischer und physischer Atlas der Äquinoktial-Gegenden des Neuen Kontinents. – Unsichtbarer Atlas aller von Alexander von Humboldt in der* **Kritischen Untersuchung** *aufgeführten und analysierten Karten.* Frankfurt am Main – Leipzig: Insel Verlag 2009. Diese beiden Bände erschienen gemeinsam im Schuber unter dem Titel „Die Entdeckung der Neuen Welt".
92 Vgl. Löwenberg, Julius: Alexander von Humboldt. Bibliographische Uebersicht seiner Werke, Schriften und zerstreuten Abhandlungen. In: Bruhns, Karl (Hg.): *Alexander von Humboldt. Eine wissenschaftliche Biographie.* Neudruck der Ausgabe 1872. Bd. 3. Osnabrück: Otto Zeller Verlag 1969, S. 506.
93 Vgl. hierzu Ette, Ottmar: Insel-Text und archipelisches Schreiben: Alexander von Humboldts „Isle de Cube, Antilles en général". In: *edition humboldt digital.* Hg. von Ottmar Ette. Berlin:

althergebrachten Regeln des Bücherschreibens, zumal in Frankreich, wo eine straffe Ordnungsnorm für das wissenschaftliche Schreiben vorherrschte und noch immer dominiert. Doch das Humboldt'sche Schreiben entsprach sehr exakt seinem eigenen Denk- und Wissenschaftsstil, welcher weniger an linearen Verkettungen als an netzartigen Relationen ausgerichtet blieb.

Die Humboldt'sche „écriture" lag in ihrer denkerischen, relationalen Ausrichtung deutlich jenseits jener von Michel Foucault konstatierten epistemologischen „Diskontinuität" an der Wende zum 19. Jahrhundert, nach welcher die Geschichte zum „Entstehungsort des Empirischen" und zum „Unumgänglichen" des Denkens geworden war.[94] Dabei folgte Humboldt den Grundprinzipien historisch-kritischer Quellenforschung, wie sie im deutschsprachigen Raum die ‚Historische Schule' entwickelte. Bereits Alfred Dove wies darauf hin, dass Humboldt im *Examen critique* die „drei Pflichten, wie sie Ranke gleichzeitig seiner eben aufblühenden Schule ans Herz legte" berücksichtigt habe, nämlich „Kritik, Präcision, Penetration".[95] Nicht zuletzt einer historisch orientierten Philologie kam im *Examen critique* neben der Geschichtswissenschaft eine Sonderstellung als Leitwissenschaft zu, erblickte Humboldt das Modell für seine „Zergliederungsmethode" („esprit d'analyse") doch in der „Philologie, namentlich im Studium der hellenischen Alterthumskunde".[96]

Gleichzeitig schloss sich Alexander den kategorischen Forderungen seines Bruders Wilhelm von Humboldt an, der die folgende Forderung an das Selbstverständnis künftiger Geschichtsschreibung erhob: „Der Geschichtsschreiber, der dieses Namens würdig ist, muß jede Begebenheit als Teil eines Ganzen oder, was dasselbe ist, in jeder die Form der Geschichte überhaupt darstellen."[97] Die Parallelen sind deutlich zur folgenden Stelle aus den *Kritischen Untersuchungen*: „Die Anhäufung vereinzelt dastehender Thatsachen würde eine ermüdende Trockenheit herbeiführen, wollte man sich nicht bestreben, durch

---

Berlin-Brandenburgische Akademie der Wissenschaften. Version 1 vom 10.5.2017. < URL: http://edition-humboldt.de/v1/H0016213>.
94 Foucault, Michel: *Die Ordnung der Dinge. Eine Archäologie der Humanwissenschaften*. Frankfurt: Suhrkamp 1974, S. 269–271.
95 Vgl. Dove, Alfred: Alexander von Humboldt auf der Höhe seiner Jahre (Berlin 1827–59). In: Bruhns, Karl (Hg.): *Alexander von Humboldt*, Bd. 2, S. 253 f.
96 Humboldt, Alexander von: *Kritische Untersuchungen*, Bd. 2, S. 310; zum Zusammenhang zwischen „historischer Kritik" und „Zergliederung" im selben Band S. 421. Vgl. hierzu auch Foucault, Michel: *Die Ordnung der Dinge*, S. 344.
97 Aus Wilhelm von Humboldts Rede von 1821 vor der Berliner Akademie der Wissenschaften „Über die Aufgabe des Geschichtsschreibers", hier zitiert nach Koselleck, Reinhart: Historia Magistra Vitae. Über die Auflösung des Topos im Horizont neuzeitlich bewegter Geschichte. In (ders.): *Vergangene Zukunft. Zur Semantik geschichtlicher Zeiten*. Frankfurt: Suhrkamp 1979, S. 54.

Nachforschung in den Thatsachen zu irgend einem allgemeinen Ergebniß in Bezug auf die Fortschritte der Intelligenz, und zu einer höheren Ansicht über den Gang der Civilisation zu gelangen."[98]

Nicht um eine Reihung oder Summe singulärer Geschichten war es Alexander von Humboldt in diesem Werk zu tun. Es ging ihm keinesfalls um das Auflistende, rein Additive, dem man eine gewisse ‚Enthistorisierung' hätte unterstellen können. Vielmehr sollten seine über einen Zeitraum von dreißig Jahren[99] unternommenen „geschichtlichen Untersuchungen" – wie er schon im ersten Satz seiner Einleitung betonte – eingebettet sein in „den entscheidenden Charakter einer unabänderlichen Bewegung nach einem vorgestreckten Ziele",[100] oder mit anderen Worten: in eine Universalgeschichte der Menschheit. Denn nur innerhalb eines Prozesses von weltgeschichtlichen Dimensionen schienen ihm die Vorbedingungen wie Auswirkungen jenes „Jahrhundert des Columbus"[101] entwickelt und dargestellt werden zu können.

Dabei berücksichtigte Humboldt trotz seiner Absicht im Übrigen kaum einmal die „ökonomischen Voraussetzungen der großen Entdeckungen", wie dies in einer Biographie, die von einem Verfasser mit ehemals nationalsozialistischem Hintergrund und der nun in der Deutschen Demokratischen Republik erfolgreiche biographische Skizzen verfasste, behauptet wurde.[102] Die in seinem Sinne übergreifenden weltgeschichtlichen Zusammenhänge sollte Alexander allerdings erst in seiner ‚Summa', seinem *Kosmos*, ausführlich entfalten. Denn vergessen wir nicht: Selbst die in den dreißiger Jahren publizierte Ausgabe des *Examen critique* zeigt deutliche Spuren der verschiedenen Arbeitsphasen Humboldts, ist also ebenso wie die *Relation historique* ein ‚work in progress'![103]

Dieser wichtige Aspekt ist in der bisherigen Forschung zum *Examen critique* wohl zumeist übersehen worden; Humboldt selbst machte daraus – beispielsweise anlässlich der Untersuchung von Amerigo Vespuccis Reisen – keinen Hehl: „Meine eigenen Ueberzeugungen haben sich erst im Verlaufe der geraumen Zeit festgestellt, die zum Druck dieser *kritischen Untersuchungen über die historische Entwicklung der geographischen Kenntnisse von der Neuen Welt* erforderlich war. Mein Werk selbst verräth Spuren des Zweifels, in welchem ich mich früher über die Identität der ersten und zweiten Reise des Florentiner Seefahrers

---

98 Humboldt, Alexander von: *Kritische Untersuchungen*, Bd. 1, S. 309; vgl. auch Bd. 2, S. 156.
99 Vgl. Humboldts Einleitung in Bd. 1 in ebda., S. 7.
100 Ebda., Bd. 1, S. 7 bzw. 5.
101 Ebda., Bd. 1, S. 13.
102 Vgl. Scurla, Herbert: *Alexander von Humboldt*, S. 279.
103 Vgl. Humboldt, Alexander von: *Kritische Untersuchungen*, u. a. Bd. 1, S. 412 sowie Bd. 3, S. 152.

befand."[104] Wie die *Relation historique* hat auch das *Examen critique* die eigene Entstehungsgeschichte in sich aufgenommen. Eine textkritische beziehungsweise genetische Analyse, die im Zusammenhang des hier behandelten Themas nicht zu leisten ist, wäre die lohnenswerte Aufgabe einer künftigen Untersuchung, welche weit über den zur Verfügung stehenden Raum einer textsicheren Ausgabe, wie ich sie vorzulegen versucht habe, hinausgehen müsste.

Schon an der Formulierung vom „Jahrhundert des Columbus" wird ein weiteres Mal die überragende Bedeutung erkennbar, die Alexander von Humboldt innerhalb dieser Geschichte des menschlichen Fortschritts der Figur des Colomb zuerkannte. Keinesfalls zufällig oder belanglos scheint mir in diesem Zusammenhang die Tatsache zu sein, dass Humboldts erste namentliche Nennung des Admirals in der Einleitung bereits eine Verbindung zu seiner eigenen Reise herstellte;[105] ein Vorgehen, das wir schon in der *Relation historique* hatten beobachten können. Humboldt setzte ganz bewusst dieses Mittel ein, um seine eigene Reise jener des Columbus anzunähern. Doch zu dieser autobiographischen Erfindung später mehr.

Alexander von Humboldts Ziel war es zweifellos, eine geschichtlich entfernte Epoche aus dem Studium ihrer Quellen und Dokumente und damit gleichsam aus sich selbst heraus zu begreifen und darzustellen; ein Unterfangen, dessen hermeneutische Problematik, soweit er sie sah, er dem Lesepublikum keineswegs verbarg:

> Mitten unter den Ideen, welche das neunzehnte Jahrhundert beherrschen, bei dem wunderbaren Aufschwunge einer Civilisation, *welche unaufhaltsam vorwärts schreitet*, und gewissermaßen *nur in der Gegenwart und für die nahe und nächste Zukunft* lebt, hat man Mühe, eine für das Menschengeschlecht ruhmwürdige Epoche zu begreifen, in der man sich, nachdem man große Dinge geleistet hatte, gefiel, die Augen *rückwärts* zu werfen und geduldig nachzuforschen, ob alle diese Dinge nicht *Erfüllungen alter Vorhersagen* wären. Es gehört zur Pflicht des Geschichtsforschers, ein jedes Jahrhundert nach dem eigenthümlichen Charakter und den unterscheidenden Merkmalen seiner intellektuellen Entwicklung zu erforschen, und ich werde keinen Augenblick die Anstrengungen bedauern, welche mir meine mühsamen Bestrebungen verursacht haben, die Richtung der Gedanken des Columbus und seiner Zeitgenossen zu verfolgen, selbst wenn diese Forschungen mit einiger Geringschätzung von denjenigen aufgenommen werden sollten, welche bei einem entgegengesetzten Systeme beharren.[106]

---

104 Ebda., Bd. 3, S. 128.
105 So leitete er den Hinweis auf seine Bekanntschaft mit Juan Bautista Muñoz in Madrid ein mit der Erwähnung seiner „Abreise nach der Küste von Paria, dem ersten Landpunkte, welchen Columbus gesehen" (ebda., Bd. 1, S. 10).
106 Ebda., Bd. 1, S. 174.

Ich habe diese für das gesamte Werk grundlegende Stelle nicht nur aufgrund ihrer methodologischen Bedeutung ausführlich zitiert, sondern auch, um anhand dieser Passage des Humboldt'schen Werkes selbst die mentalitätsgeschichtlich wie geschichtsphilosophisch veränderten Grundlagen einer Zeit herauszuarbeiten, für welche – wie Reinhart Koselleck formulierte – die *Historia* nicht mehr *Magistra Vitae*, sondern Ausgangspunkt einer offenen (und unaufhaltsamen) Bewegung in die Zukunft geworden ist.

Diese fundamentale Differenz zwischen der ersten Phase beschleunigter Globalisierung und jener Epoche, die Humboldt bereits als eine weitere Zeit beschleunigter Globalisierung erkannte, zu der am Ende er selbst durch seine Reise manches beigetragen hatte, war dem preußischen Kulturforscher sehr wohl bewusst. von diesem Bewusstsein aus konnte er erst jenes historische Panorama aufspannen, das sich im Kern seiner Deutung der ersten weltweiten Expansionsphase Europas befindet. Von dieser methodologischen Grundlage aus ging der ‚Geschichtsschreiber Amerikas', wie sich Alexander des Öfteren selbst bezeichnete, seine historisch-quellenkritischen Untersuchungen an. Nach den Arbeiten von Juan Bautista Muñoz und Martín Fernández de Navarrete stand ihm für seine wissenschaftliche Untersuchung eine Textgrundlage zur Verfügung, die unserem heutigen Kenntnisstand der Schriften des Columbus schon recht nahe kam. Auf literarischem Gebiet lag ihm, im Übrigen ebenso auf den Arbeiten der beiden Spanier beruhend, darüber hinaus die Columbus-Biographie von Washington Irving aus dem Jahr 1828 vor, die Humboldt schon im Vorwort dankbar erwähnte und deren Vorbildlichkeit er im weiteren Verlauf seines Werkes gerne herausstrich. Diese Biographie des US-amerikanischen Schriftstellers prägte zweifellos sein Columbus-Bild in seiner Gesamtausrichtung nicht unwesentlich mit.

In seiner eigenen Forschung beleuchtete er zum einen kritisch die Schriften des Admirals selbst.[107] Er machte seine Leserinnen und Leser nicht nur darauf aufmerksam, dass das sogenannte Tagebuch des Columbus lediglich „in einem Auszuge, geschrieben von der Hand des Bischofs von Chiapa, Bartolomé de las Casas", überliefert sei[108] und ging damit aus guter philologischer Tradition über alle (auch späteren) Versuche hinweg, aus der lückenbehafteten Abschrift ein ‚Original' zu fabrizieren. Darüber hinaus meldete er auch gewisse Zweifel gegenüber der Authentizität des Textes an und schrieb: „Casas fügt in diesen Fällen hinzu: ‚Dies sind die Worte des Admirals; aber man fühlt sich unangenehm be-

---

[107] Eine Aufstellung der „Schriften des Christoph Columbus" fügte Humboldt als Anmerkung E dem ersten Band bei; vgl. ebda., S. 524 ff.
[108] Ebda., Bd. 1, S. 531.

rührt [*on voit avec peine*], wenn er bald darauf von dem Admiral wieder in der dritten Person zu reden anfängt."[109]

Textkritischer als viele seiner Nachfolger konnte er auf manche relevanten stilistischen Unterschiede innerhalb des *Diario de a bordo* von Cristóbal Colón in bester philologischer Tradition aufmerksam machen: „Diejenigen, welche sich durch wiederholte Lesung der langweiligen Werke des Casas an seinen farbelosen Stil gewöhnt haben, werden übrigens die wegen ihrer Lebensfrische bezaubernden Stellen leicht herauserkennen, wo Worte des Admirals mit bloßer Umänderung der ersten Person in die dritte beibehalten worden sind, z. B. das Tagebuch vom 14., 25. und 27. November 1492."[110] Überdies machte sich bei ihm gegenüber der Columbus-Biographie des Hernando Colón, die ebenfalls zahlreiche Textpassagen des Admirals enthielt, eine zunehmende kritische Distanzierung unverkennbar bemerkbar.[111] Die historiographische Arbeitsweise Alexander von Humboldts kann man als ebenso quellenkritisch wie philologisch sorgsam bezeichnen.

In diesem Zusammenhang war zum anderen die Unterwerfung der „Quellen" des Admirals[112] einer „gesunden historischen Kritik" („saine critique") von größter Bedeutung.[113] Diesem „examen critique" schickte Humboldt freilich den wichtigen Hinweis voraus, dass das „Verdienst des Columbus […] nicht im Geringsten geschmälert" wurde, „wenn man an jenen Zusammenhang von Meinungen und Vermuthungen erinnert, welchen man von den Kosmographen des Alterthums an bis zum Schlusse des funfzehnten Jahrhunderts, trotz der angeblich allgemeinen Finsterniß, die das ganze Mittelalter bedeckt haben soll, wahrnimmt".[114] Dies im Auge zu behalten ist insoweit wichtig, als gerade die quellenkritischen Studien dem preußischen Gelehrten die Herkunft mancher Vorstellungen des von ihm Porträtierten aufzudecken beziehungsweise nachzuweisen erlaubten, welche aus der Optik des 19. Jahrhunderts zunächst bizarr anmuten mussten.

Zweifelsohne stellten diese ausführlichen, hervorragend recherchierten Untersuchungen die gesamte Columbus-Forschung auf eine neue Grundlage. Eine Vielzahl an Ergebnissen von Humboldts Recherchen ist heute noch gültig,

---

109 Ebda., Bd. 1, S. 533.
110 Ebda., Bd. 1, S. 534.
111 Vgl. ebda., u. a. Bd. 2, S. 62, 100 u. 474.
112 Vgl. ebda., Bd. 1, S. 97–191 sowie die Anmerkung F „Ueber die Bücher, welche Christoph Columbus anführt" (S. 538 ff).
113 Ebda., Bd. 1, S. 310. Die Ergänzung des akademischen Übersetzers (*historische Kritik*) ist nicht minder aufschlussreich.
114 Ebda., Bd. 1, S. 69.

wenn durch die Auffindung neuer Dokumente gewisse Folgerungen auch relativiert oder gänzlich aufgegeben werden müssen. Hierzu zählt, um ein Beispiel zu nennen, Humboldts im *Examen critique* wie später im *Kosmos* nachhaltig geäußerter Zweifel an der Behauptung Fernández de Navarretes und Washington Irvings, Columbus habe Marco Polos Reisebericht gekannt.[115] Wir wissen heute nicht nur, dass Marco Polos Werk sehr wohl, und zwar 1497, in die Hände des Admirals gelangte, wir besitzen sogar die Randnotizen seiner Lektüren.[116] Auch die auf Hernando Colóns Biographie zurückgehende und von Humboldt übernommene These, Columbus habe in Pavia studiert,[117] entspricht dem heutigen Forschungsstand nicht mehr. Noch heute überzeugend ist jedoch seine Abgrenzung der Ideen des Columbus gegenüber den kosmographischen Vorstellungen Dante Alighieris.[118] Insgesamt ist es unbestreitbar, dass Humboldt mit seiner *Kritischen Untersuchung*, seinem *Examen critique*, den internationalen Forschungsstand auf eine völlig neue Ebene katapultierte.

Die im ‚work in progress' erschlossenen neuen Erkenntnisse veränderten das Columbus-Bild des Preußen freilich nicht grundlegend. Wohl vertieften und nuancierten die Aufdeckung oder zumindest Präzisierung von Colóns Vertrauen in die „so äußerst mittelmäßigen Compilationen" des Pierre d'Ailly,[119] seiner „Träumereien", die „nur der Wiederschein einer falschen Gelehrsamkeit" seien,[120] seiner Befangenheit im „Träumen systematischer Geographie",[121] seiner Unerfahrenheit „in den ersten geometrischen Grundbegriffen",[122] seines „Mangel[s] an mathematischen Vorkenntnissen" gepaart mit einer „Verirrung der Einbildungskraft",[123] Humboldts nun erheblich komplexeres Bild des Columbus gegenüber seinen früheren Publikationen in wesentlichen Zügen. Und an dieser Stelle korrigierte Humboldt auch seine einstmals wesentlich positiveren Einschätzungen. Aufschlussreich ist in diesem Zusammenhang, welch großen Einfluss Humboldt einmal mehr der Lektüre auf das reale visuelle Sehen bei Columbus einräumte: „Die lebhafte Phantasie des Admirals ließ ihn alles

---

115 Vgl. ebda., Bd. 1, S. 72 u. 541.
116 Vgl. *El libro de Marco Polo anotado or Cristóbal Colón. El libro de Marco Polo versión Rodrigo de Santaella*. Edición, introducción y notas de Juan Gil. Madrid: Alianza Editorial 1967.
117 Humboldt, Alexander von: *Kritische Untersuchungen*, Bd. 1, S. 92f.
118 Ebda., u. a. Bd. 2, S. 92–94; vgl. hierzu auch Hausmann, Frank-Rutger: Dantes Kosmographie – Jerusalem als Nabel der Welt. In: *Deutsches Dante Jahrbuch* 63 (1988), S. 7–46.
119 Humboldt, Alexandere von: *Kritische Untersuchungen*, Bd. 1, S. 82.
120 Ebda., Bd. 2, S. 81.
121 Ebda., Bd. 2, S. 141.
122 Ebda., Bd. 2, S. 12f.
123 Ebda., Bd. 2, S. 76. Vgl. auch Bd. 3, S. 160, wo Humboldt von den „flatternden Truggebilden einer glühenden Einbildungskraft" spricht.

dasjenige mit eigenen Augen erblicken, was ihm sein Gedächtniß an Erinnerungen aus seiner anhaltenden und mannigfaltigen Lektüre vorführte."[124] Einen grundsätzlichen Unterschied zu „Neueren Reisenden" konnte Humboldt in diesem Phänomen im Übrigen nicht erkennen.[125] Auch er selbst war hiervon sicherlich nicht ausgenommen, spielten doch Humboldts Lektüren bei seinem Blick auf die Neue Welt eine unbestreitbar große Rolle.[126]

Doch vermochte all dies ebenso wenig seine immer wieder geäußerte Bewunderung für die „ausgedehnten wissenschaftlichen Kenntnisse"[127] zu schmälern wie seine Wertschätzung von Columbus' „Ausdehnung und Mannigfaltigkeit wissenschaftlicher Kenntnisse, welche, ohne gerade immer genau oder von ihm aus den ersten Quellen geschöpft zu sein, darum nicht minder unser Erstaunen erregen".[128] Alexander von Humboldt hegte eine unverbrüchliche Hochachtung für Christoph Columbus' Fähigkeiten als „Beobachter der Natur",[129] für „die bewunderungswürdige Folgerichtigkeit seines Denkvermögens",[130] für „die entschiedene Willenskraft des genuesischen Seefahrers"[131] sowie für „die Großartigkeit der Ansichten und den Scharfsinn bei den naturwissenschaftlichen Beobachtungen"[132] und hütete sich davor, all diese positiven Eigenschaften des Columbus grundsätzlich in Frage zu stellen.

Dabei sah Alexander von Humboldt durchaus die häufige Beschäftigung des Admirals „mit seinem Ruhm und mit seinen Geldinteressen"[133] oder gar die schockierende Feststellung, dass der „wahrhaft schauderhafte Vorschlag, einen Sklavenhandel einzurichten", auf Columbus zurückgehe. Doch dies tat Humboldts Überzeugung von den außergewöhnlichen menschlichen Qualitäten des Entdeckers keinen signifikanten Abbruch. Zwar konstatierte Humboldt auch „ein Gemenge von mystischer Theologie und kosmographischer Gelehrsamkeit"[134] sowie eine frappierende Leichtigkeit, „mit welcher er den

---

124 Ebda., Bd. 1, S. 540.
125 Ebda., Bd. 2, S. 465.
126 Vgl. Ette, Ottmar: Der Blick auf die Neue Welt. In: Alexander von Humboldt: *Reise in die Äquinoktial-Gegenden des Neuen Kontinents*. Herausgegeben von Ottmar Ette. Mit Anmerkungen zum Text, einem Nachwort und zahlreichen zeitgenössischen Abbildungen sowie einem farbigen Bildteil. Bd. 2. Frankfurt am Main – Leipzig: Insel Verlag 1991, S. 1563–1597.
127 Humboldt, Alexander von: *Kritische Untersuchungen*, Bd. 1, S. 541.
128 Ebda., Bd. 2, S. 10.
129 Ebdas., Bd. 2, S. 14.
130 Ebda., Bd. 2, S. 157.
131 Ebda., Bd. 2, S. 158.
132 Ebda., Bd. 2, S. 103: „la grandeur des vues et la sagacité d'observations physiques."
133 Ebda., Bd. 2, S. 11.
134 Ebda., Bd. 1, S. 107.

theologischen Mysticismus den Bedürfnissen einer verderbten Gesellschaft und den Forderungen [des] Hofes anpaßte".[135] Hierzu zählte Humboldt insbesondere den Versuch des Columbus, seine Ziele mit Hilfe eines „doppelten religiösen Beweggrund[s]", der Bekehrung der „Inder" und der Eroberung des Heiligen Grabes, „zu adeln".[136] Der christliche Glaube des Columbus als Motor und Mittel des Admirals beschäftigte Humboldt immer wieder: „Es war gewissermaßen ein Glaube des praktischen Lebens, auf wunderliche Weise verbunden mit allen weltlichen Interessen des Jahrhunderts, dem Ehrgeiz und der Habsucht der Hofleute sich anschmiegend: ein Glaube, welcher im Nothfall, unter dem Vorwande eines religiösen Zweckes, die Anwendung der List und das Uebermaß despotischer Gewaltthätigkeit rechtfertigte."[137] Deutlich wird in derartigen Wendungen der Glaube des Entdeckers und auch sein Sendungsbewusstsein mit den späteren blutigen Ereignissen der Conquista verbunden, welche ihrerseits wiederum an die historische Entwicklung Spaniens, die Reconquista beziehungsweise die unmenschliche „Achtserklärung zweier ganzer Völker, der Mauren und Juden",[138] rückgebunden werden. Humboldt unternimmt folglich den Versuch, die schillernde Figur des Columbus auf allen Ebenen und selbst makrohistorisch zu kontextualisieren. Gerade vor diesem geschichtlichen Hintergrund scheint es verständlich, dass Humboldt im *Examen critique*, wie zuvor im *Essai politique* über Neuspanien, Christoph Columbus und Hernán Cortés häufig im selben Atemzug nennt.[139]

Aber im Gegenzug ließ er keinen Zweifel daran, dass all dies „in der glühenden Seele dieses außerordentlichen Mannes eine höhere, mehr geläuterte Bedeutung erlangte, und in das Gebiet eines geheimnisvollen Spiritualismus hinaufgezogen ward."[140] Obwohl es eine solche Äußerung nahelegen könnte, war Humboldts Columbus-Bild gänzlich einer Mystifizierung entgegengesetzt, wie sie sich um die Mitte des 19. Jahrhunderts in Frankreich entwickelte und in der Eröffnung eines kirchlichen Kanonisierungsverfahrens gipfelte.[141] Äußerungen zu dieser Columbus-

---

135 Ebda., Bd. 2, S. 173.
136 Ebda., Bd. 2, S. 175.
137 Ebda., Bd. 2, S. 182.
138 Ebda., Bd. 2, S. 183.
139 Vgl. etwa die für diesen Zusammenhang wichtige Stelle in Bd. 1, S. 317.
140 Ebda., Bd. 1, S. 107.
141 Vgl. hierzu Heydenreich, Titus: ‚El arpa y la sombra' (1979): Alejo Carpentiers Roman vor dem Hintergrund der Columbus-Wertungen seit den Jahrhundertfeiern von 1892. In: Bader, Wolfgang/Riesz, János (Hg.): *Literatur und Kolonialismus I. Die Verarbeitung der kolonialen Expansion in der europäischen Literatur*. Frankfurt (Bayreuther Beiträge, Bd. 4) 1983, S. 294 f. Einen Kommentar aus jüdischer Sicht gibt hierzu Wiesenthal, Simon: *Segel der Hoffnung. Die geheime Mission des Christoph Columbus*. Gerlingen: Bleicher 1984, S. 124 f.

Mystifizierung, die man etwa in den Briefen Humboldts erwarten dürfte, sind mir freilich nicht bekannt. Die „Seelengröße" („grandeur") und „Erhabenheit" („élévation")[142] des Seefahrers galten ihm als unbestreitbar, und er meinte an anderer Stelle: „Am glänzendsten bethätigte sich die Erhabenheit der Gesinnung und der Adel des Charakters, welche Columbus auszeichneten, durch jene Mischung von Kraft und Güte, die wir bei ihm ununterbrochen bis an das Ende seines Lebens wahrnehmen."[143] All dies komme weniger in den Auszügen von Las Casas oder in der Biographie seines Sohnes, als vor allem in seinen Briefen zum Ausdruck.[144] Auch an dieser Stelle zeigte sich Humboldt ein weiteres Mal besonders beeindruckt von den nächtlichen Visionen, die Columbus in der sogenannten – und in unserer Vorlesung analysierten – *Lettera rarissima* schilderte. Die Geistes- und Charaktergröße des Christoph Columbus waren für den Verfasser des *Examen critique*, allen Widersprüchen zum Trotz, nicht hinterfragbar, schrieb er doch die negativen Aspekte gerne dem Charakter des 15. Jahrhundert und damit dem historischen Kontext zu.

Letztlich also zog Humboldt als erklärendes Moment immer wieder den zeitgeschichtlichen Zusammenhang heran, nicht ohne sich dabei selbst – dies sei kritisch angemerkt – in Widersprüche zu verwickeln. Als eines unter vielen Beispielen kann die Erläuterung der Indianergesetzgebung der Katholischen Könige dienen, welche er mit der Härte und Unnachgiebigkeit des Columbus kontrastierte; letztere sei freilich durch ein nicht näher erläutertes „unglückliches Zusammentreffen von Verhältnissen" ausgelöst worden, deren sich der Admiral nicht bewusst geworden sei.[145] Seltener ist Columbus für Humboldt auch in manchen positiven Aspekten Ausdruck seines Jahrhunderts oder – wie es der Preuße metaphorisch formuliert – ein Reflex, „einem Spiegel gleich, [der] Alles zurückstrahlt, was das Mittelalter Erhabenes und Bizarres neben einander hervorgebracht hat".[146]

Alexander von Humboldt betonte immer wieder sein Ziel, seinem Lesepublikum alle Dokumente zu präsentieren, welche dieses zu einem „unpartheilichen Urtheil" zu führen und „jene große geschichtliche Gestalt unter ihren wahren Zügen als einen Mann des funfzehnten Jahrhunderts darzustellen"[147]

---

142 Humboldt, Alexander von: *Kritische Untersuchungen*, Bd. 2, S. 164.
143 Vgl. hierzu auch im selben Band S. 241.
144 Vgl. ebda., Bd. 2, S. 158–164.
145 Ebda., Bd. 2, S. 189.
146 Ebda., Bd. 1, S. 108.
147 Ebda., Bd. 2, S. 290.

erlaubten. Humboldts intellektuelle Redlichkeit, seine „Ehrfurcht vor der Wahrheit",[148] stehen gewiss außer Zweifel. Doch gehorchte sein Verfahren, mit Hilfe einer möglichst umfangreichen Aufarbeitung und Präsentation von Originaldokumenten ein möglichst „wahres Bild" zu entwerfen, zweifellos jener – wie wir heute wissen – Fiktion, welche nicht zuletzt die ‚Historische Schule' zu verbreiten half. Denn sein Bild des Columbus nahm, nicht zuletzt unter dem Einfluss der Lektüre Washington Irvings, gerade in dieser umfangreichen Untersuchung Elemente einer romantischen Heroisierung mit auf, wie sie immer wieder, wie etwa in der folgenden Passage über das Ende des großen Mannes, zum Ausdruck kommen: „Dies ist der Schluß jenes großen und traurigen Dramas eines ohne Aufhören bewegten, von Täuschungen aller Art erfüllten Lebens, welches unermeßlichen Ruhm darbot und kein häusliches Glück gewährte."[149]

Die epochale Bedeutung des Admirals für die Menschheitsgeschichte war in den Augen Humboldts evident. Als Individuum war der Genuese – an diesem Geburtsort zweifelte Humboldt ebenso wenig wie Fernández de Navarrete[150] – für ihn die alle und alles überragende Gestalt ‚seiner' Epoche.[151] Er vermerkte dazu: „Die Majestät großer Erinnerungen scheint sich in dem Namen des *Columbus* zu concentriren. Die Eigenthümlichkeit (*originalité*) seiner kraftvollen Auffassungsgabe, der Umfang seiner Kenntnisse, die Fruchtbarkeit seines Geistes (*génie*), der Muth, mit welchem er einer langen Reihenfolge bitterer Mißgeschicke entgegen trat, sind es, welche den Admiral hoch über alle seine Zeitgenossen erhoben haben."[152]

Humboldt siedelte Columbus realhistorisch wie ideengeschichtlich am „Beginn einer neuen Zeitrechnung" an, zwischen Mittelalter und den „neuen Zeiten".[153] Gleichzeitig stellte er Christoph Columbus als den Prototyp des Entdeckers schlechthin dar.[154] Dies hatte sich bereits – wie wir sahen – in der *Relation historique* angedeutet. Eine zusätzliche Dimension gewinnt gerade der letztgenannte Aspekt allein schon dadurch, dass Humboldt zum damaligen Zeitpunkt selbstverständlich um seinen Beinamen als „zweiter Entdecker" längst wusste. Ein durchaus wohlmeinender Biograph des Preußen ging so weit, Humboldts Vorliebe für die Entdeckungsgeschichte Amerikas und speziell für den Genuesen damit zu begründen, dass er „doch selbst (im Gegensatze zu

---

148 Ebda., Bd. 3, S. 127.
149 Ebda., Bd. 2, S. 167; vgl. hierzu auch S. 294 f.
150 Ebda., Bd. 2, S. 250–258 sowie S. 281.
151 Vgl. ebda., Bd. 3, S. 126.
152 Ebda., Bd. 2, S. 5.
153 Ebda.
154 Ebda., u. a. Bd. 2, S. 5.

Kolumbus, dem geographischen Entdecker der amerikanischen Tropenländer) der wissenschaftliche Entdecker jener Länder genannt" worden sei.[155] Ich vermag dies an diesem Punkt unserer Untersuchung nicht auszuschließen.

Von großer Wichtigkeit scheint mir in diesem Zusammenhang die wiederholte Diskussion des Begriffs der ‚Entdeckung' im *Examen critique* zu sein. Humboldt vergleicht in seinen Erläuterungen zu diesem Begriff zunächst die „geographischen Entdeckungen" mit jenen „auf dem Gebiet der Naturkunde", von denen erst dann eine Wirkung ausgehe, „wenn Entdeckungen auf Entdeckungen folgen und in Verbindung mit einander treten".[156] Das Zusammenspiel von (scheinbarer) Zufälligkeit und historischer Notwendigkeit[157] oder, anders gewendet, das Zusammentreffen von großen Individuen (Entdeckern) mit über lange Zeit vorbereiteten geschichtlichen Prozessen[158] (*de longue durée*, wie wir heute sagen würden) erst ermögliche welthistorische Entwicklungen, die freilich auch ohne die ‚großen Männer', dann allerdings wesentlich langsamer, abgelaufen wären.

Humboldt merkte zu diesem Fragenkomplex an: „Was die Bewegung und den Erfolg vorbereitet, gehört der Verkettung von Ideen und der Verbindung geringfügiger Ereignisse an, welche eine gleichzeitige und gemeinschaftliche Wirkung ausüben."[159] Auch wenn er hier noch den Begriff der ‚Verkettung' benutzt, so ist damit doch bereits jene Vernetzung gemeint, von welcher er in seinem *Kosmos* sprechen wird. Das herausragende Individuum – der Entdecker – lässt sich mithin im Sinne Humboldts als Beschleuniger eines geschichtlich notwendigen (und als unabänderlich gedeuteten) Prozesses verstehen, der mit den unterschiedlichsten Phänomenen vernetzt ist und der in der zweiten Hälfte des 18. Jahrhunderts und damit in der zweiten Phase beschleunigter Globalisierung wieder deutlich an Fahrt aufgenommen hatte. Dass damit eine Veränderung des Columbus-Bildes einher ging, braucht uns wahrlich nicht zu überraschen.

Alexander von Humboldt analysierte in seinem *Examen critique* sorgfältig jenen geschichtlichen Prozess, welcher längst zu einem „Uebergewicht" der „Völker des Westens (*peuples de l'occident*)" geführt hatte: „Die Ereignisse, welche einem kurzen Zeitraum von sechs Jahren (1492–1498) angehören, haben gewissermaßen die Vertheilung der Gewalt über die Erdoberfläche bedingt."[160] Mit

---

[155] Vgl. Klencke, Hermann: *Alexander von Humboldt*, S. 409.
[156] Humboldt, Alexander von: *Kritische Untersuchungen*, Bd. 1, S. 240.
[157] Ebda., Bd. 1, S. 309.
[158] Ebda., Bd. 1, S. 311.
[159] Ebda., Bd. 1, S. 309.
[160] Ebda., Bd. 2, S. 301; vgl. hierzu im selben Band S. 4 f., beziehungsweise zu den Rückwirkungen der Entdeckungen speziell auf Europa ebda., S. 109 ff.

der Untersuchung dieser Beschleunigungsphase innerhalb einer sich allgemein beschleunigenden Epoche kam der Preuße unverkennbar einer ersten Theorie der Globalisierung auf die Spur.[161] Aus einem Brief Alexanders vom 17. Mai 1837 an Varnhagen von Ense, zu einem Zeitpunkt, als Humboldt bereits am ersten Band des *Kosmos* arbeitete und gleichzeitig, neben vielem anderen, die nicht zu beendende Arbeit an der fünfbändigen Ausgabe seines *Examen critique* ‚abschloss', stammt eine keineswegs weniger präzise Fomulierung. Sie bringt gegenüber dem Berliner Freund Humboldts Einschätzung des welthistorischen Prozesses zu jenem Zeitpunkt auf den Punkt:

> Seit der großen Epoche von Columbus und Gama, seitdem ein Theil, eine Seite des Planeten, der andern kund ward, hat das bewegliche Element, das Meer, gleichsam die Allgegenwart einer Gattung der Civilisation (der westeuropäischen) möglich gemacht. Von allen Konturen des Starren aus dringen andre Sitte, andrer Glaube, anderes Lebensbedürfniß auch in die ungegliedertsten Ländermassen ein. Die Südsee-Inseln sind ja schon protestantische Kirchspiele; eine schwimmende Batterie, ein einziges Kriegsschiff verändert das Schicksal von Chili.[162]

Viel deutlicher ließ sich Humboldts Einsicht in die Mechanismen und die globalgeschichtliche Kraft jener Entwicklung nicht zusammenfassen, die wir heute als den langanhaltenden Prozess der Globalisierung bezeichnen, dessen erste und (implizit) zweite Phase beschleunigter Globalisierung der preußische Amerikahistoriker bei seinen Untersuchungen zu begreifen und zu beschreiben begann. Wir können Alexander von Humboldt als den ersten eigentlichen Theoretiker der Globalisierung bezeichnen, insofern er die makrohistorischen Koordinaten dieses welthistorischen Vorganges erfasste und einige seiner Besonderheiten – wie etwa eine Beschleunigung innerhalb der Beschleunigung – sehr präzise umschrieb. Mit seinem Wort von der Verteilung der Gewalt über die Erdoberfläche fokussierte er zugleich jene militärische Dominanz der Völker des Westens, welche sich nach seiner Zeit in der dritten Phase beschleunigter Globalisierung um einen bestimmten amerikanischen Teil dieser Völker des Westens, nämlich um die Vereinigten Staaten von Amerika, erweitern sollte. Es ist faszinierend zu sehen, wie umfassend und global ausgerichtet sich das *Weltbewusstsein*[163] Alexander von Humboldts bereits in der ersten Hälfte des 19. Jahrhunderts zeigte.

---

161 Vgl. hierzu Ette, Ottmar: *Alexander von Humboldt und die Globalisierung. Das Mobile des Wissens*. Frankfurt am Main – Leipzig: Insel Verlag 2009.
162 Humboldt, Alexander von: *Briefe von Alexander von Humboldt an Varnhagen von Ense aus den Jahren 1827 bis 1858*. Leipzig: Brockhaus 1860, S. 41.
163 Vgl. Ette, Ottmar: *Weltbewusstsein. Alexander von Humboldt und das unvollendete Projekt einer anderen Moderne. Mit einem Vorwort zur zweiten Auflage*. Weilerswist: Velbrück Wissenschaft 2020.

Innerhalb der Menschheitsgeschichte sah Humboldt aber auch ein Gegenbeispiel für die in seinem Sinne verstandene *Entdeckung* Amerikas durch Columbus. Denn als klassisches Beispiel eines fehlenden Zusammenspiels zwischen Individuum und historischem Augenblick galt Humboldt die Entdeckung Amerikas durch die Skandinavier. Dabei wandte er sich entschieden gegen die Ansicht des Geographen Abraham Ortelius, der bereits 1570 die Vorstöße der Wikinger gegen den Genuesen ins Feld führte, Columbus' Verdienst hätte allein darin bestanden, die Neue mit der Alten Welt in eine dauernde Handelsverbindung treten zu lassen.[164] Die längst nachgewiesene Tatsache einer früheren Entdeckung bedeutete ihm keinesfalls, dass Columbus seines Anspruchs auf den Titel (und den Ruhm) eines Entdeckers verlustig gegangen wäre. Auf das zeitweilige Verblassen von Columbus' Ruhm, das „wegwerfende Vergessen eines so großen Mannes",[165] machte der Amerikahistoriker übrigens mehrfach aufmerksam. Humboldt hielt dieses Vergessen für eine große historische Ungerechtigkeit, die allerdings nichts mit zu Unrecht behaupteten Machenschaften Amerigo Vespuccis zu tun habe.[166]

Doch halten wir an dieser Stelle fest: Das Auffinden von Inseln allein war für den Naturforscher kein ausreichender Tatbestand, um als ‚Entdeckung' charakterisiert werden zu können. Interessant ist in diesem Zusammenhang unter anderem die Diskussion des Begriffs der Entdeckung in Bezug auf die ‚Entdeckung' der Azoren durch die Portugiesen, die eigentlich eine „erste Landung" gewesen sei.[167] An anderer Stelle sprach er von „Entdeckung, oder besser mehrmalige[r] Auffindung der Azoren" („découvertes, ou plutôt retrouvées plusieurs fois").[168] Hinsichtlich der Entdeckung des (nord)amerikanischen Festlandes durch Cabot, welche vor Columbus' dritter Reise stattgefunden hatte, war die Sachlage freilich eine andere; doch schloss sich Humboldt hier der Meinung Voltaires zu Vespuccis Verdienst an, dass allein Columbus der Ruhm zustünde, die Werke der Schöpfung verdoppelt zu haben: „d'avoir doublé les oeuvres de la création."[169]

In Alexander von Humboldts Augen bestand Colóns größtes Verdienst darin, „nach einem fest beschlossenen Plan, nicht als ein Abenteurer, welcher sich nach Gutdünken dem Zufall überläßt",[170] vorgegangen zu sein. Sein Erfolg

---

164 Humboldt, Alexander von: *Kritische Untersuchungen*, Bd. 1, S. 371.
165 Ebda., Bd. 2, S. 304.
166 Vgl. zu den Gründen ebda., Bd. 1, S. 531.
167 Ebda., Bd. 1, S. 407.
168 Ebda., Bd. 1,S. 430.
169 Ebda., Bd. 2, S. 315–317 u. 455 sowie Bd. 3, S. 129.
170 Ebda., Bd. 2, S. 6 f.

sei daher „eine Eroberung durch Nachdenken": „une conquête de la réflexion."[171] Wie schon beim Vergleich zwischen geographischen Entdeckungen und jenen auf dem Gebiet der Naturkunde ergeben sich, denkt man nur an die zielstrebige Vorbereitung von Humboldts Amerikareise, auch hier überdeutliche Berührungspunkte zwischen Vorhaben und Verdiensten von Columbus und Humboldt. Diese autobiographische Dimension ist in unserem Zusammenhang keineswegs ein bloßes insignifikantes Detail.

Die Entkleidung des Begriffs der ‚Entdeckung' von allem strikt Geographischen, seine Bestimmung als Folge einer zielgerichteten intellektuellen Tätigkeit sowie der wiederholte Hinweis auf eine essentielle Verbundenheit jeder wirklichen Entdeckung mit dem allgemeinen Fortschritt der Menschen ‚befreien' die Entdeckung Amerikas wie auch ihren Protagonisten von jeglichem partikulären, zeitgebundenen Moment. Nur so kann Columbus' Tat zum Paradigma der Entdeckung, der Genuese selbst zum Prototypen des Entdeckers avancieren. Vor allem auf dieser Ebene siedelt Humboldt, ebenso häufig wie versteckt, die Parallelen zwischen seinem eigenen Werk und dem des Columbus an.

Wie es kein Zufall war, dass die erste Namensnennung des Entdeckers mit Humboldts eigener Reise gekoppelt wurde, so war auch die Formulierung keine zufällige, dass „Columbus Entdeckungen die erste Grundlage zu einer physischen Geographie [*Geographie physique*] gelegt"[172] hätten. Es ging hier um eben jene *Geographie physique*, die Humboldt schon auf der ersten Seite des *Examen critique* als Ziel und als Leitgedanken seiner eigenen Arbeit definierte.[173] Aus dieser Perspektive wirkte Columbus geradezu wie ein Vorläufer des preußischen Gelehrten.

Alexander von Humboldt selbst ließ an anderer Stelle keinen Zweifel daran, dass seine Bewunderung für Columbus' „großartige Ansichten in der physischen Geographie" der „Gesammtrichtung meiner eigenen Studien"[174] entsprach. Und Formulierungen, in denen der Tegeler Naturforscher vom Streben des Entdeckers sprach, nicht nur „vereinzelte Thatsachen zu sammeln", sondern „sie mit einander in Verbindung zu setzen",[175] könnten ebenso gut für das eigene Bestreben des Preußen gelten, ja sind letztlich auch auf das eigene wissenschaftliche Werk

---

171 Ebda., Bd. 2, S. 7.
172 Ebda., Bd. 1, S. 91.
173 Ebda., Bd. 1, S. 27; vgl. hierzu besonders Beck, Hanno: Die Geographie Alexander von Humboldts. In: Hein, Wolfgang-Hagen (Hg.): *Alexander von Humboldt. Leben und Werk*. Frankfurt a.M.: Weisbecker Verlag, S. 221–238.
174 Humboldt, Alexander von: *Kritische Untersuchungen*, Bd. 2, S. 8.
175 Ebda., Bd. 2, S. 17.

gemünzt. Denn dieses lässt sich sehr wohl als der epistemologisch begründete Versuch verstehen, nicht nur die unterschiedlichsten Disziplinen miteinander zu verbinden, sondern über diese Verbindung hinaus transdisziplinäre Wechselwirkungen zwischen den unterschiedlichen Wissenschaftslogiken und Wissenslogiken zu erzielen und gleichsam ein interaktives, ökologisches und nachhaltiges Netzwerk des Wissens zu schaffen.

In diesem Bereich lag zweifellos eine ganz bewusste, von Humboldt forcierte Annäherung der Anliegen und Ziele beider ‚Entdecker'. Man könnte es noch schärfer formulieren: Humboldt schätzte vor allem das an Columbus, was er selbst verkörperte. Autobiographische Elemente gingen stark in Humboldts Columbus-Bild ein. Dies beruhte nicht allein auf einer persönlichen Identifikation, die in ihrer Entwicklung selbst auf der intratextuellen Ebene nachweisbar ist; sie machte den Genuesen auch zu einem entscheidenden Meilenstein in der Geschichte jener Wissenschaft, die Humboldt selbst bevorzugt betrieb.

Über das bereits Gesagte hinaus kann anhand eines kurzen Ausschnitts *auf der Textebene* gezeigt werden, in welcher Weise ein solcher Identifikationsprozess die Literarizität des Geschriebenen, aber in diesem Falle auch von ‚Wahrheit' und Genauigkeit der Schilderung aufscheinen lässt. Als Beispiel mag uns eine bereits zitierte Passage der *Relation historique*[176] dienen, die Humboldt zumindest zweifach veränderte. Denn die im ersten Band des Reiseberichts an so bedeutsamer Stelle auftauchenden schwankenden Lichter, welche Pedro Gutiérrez in Guanahani sah, jene „lumières mouvantes [...] que Pedro Gutierrez [...] vit à l'île de Guanahani" erscheinen im *Examen critique* nun als die „beweglichen Lichter, welche *der Admiral* dem Pedro Guttierez in dem Dunkel der Nacht zeigte": „lumières mouvantes que l'amiral montra à Pedro Guttierez dans l'obscurité de la nuit."[177]

In dieser Passage haben wir eine signifikante Umbesetzung oder Repersonifikation vor uns. Denn hier wird Christoph Columbus nicht nur plötzlich zum maßgeblichen Protagonisten, indem er als ‚eigentlicher' Entdecker an die Stelle des Pagen tritt, ganz in der Art und Weise, wie der Genuese sich unrechtmäßig in den Besitz des Geldes bringen konnte, das die Katholischen Könige jenem versprochen hatten, der als erster Land entdecken würde. Sicherlich war dies die zweifellos auch Humboldt vertraute Version der Geschichte, welche Hernando Colón im zweiundzwanzigsten Kapitel seiner Biographie des Christoph Columbus schilderte. Zugleich erscheint die *gesamte* Passage nun nicht länger als Frucht einer Lektüre

---

176 Humboldt, Alexander von: *Relation historique*, Bd. 1, S. 82.
177 Humboldt, Alexander von: *Kritische Untersuchungen*, Bd. 2, S. 117.

während Humboldts Überfahrt nach Amerika, sondern weckt die „freundlichsten Erinnerungen der *Kindheit*" an die „erste Lesung der Entdeckung von Guanahani", welche so mächtig „unsere Einbildungskraft" angeregt habe.[178] Der intratextuelle Vergleich, die konstatierte Nähe der Formulierungen bei gleichzeitig entscheidender Differenz weisen hier meiner Ansicht nach eindeutig auf den Prozess einer *ré-écriture* hin, dem auf biographischer Ebene nur eine verstärkte Identifikation des Autors mit der Gestalt des Columbus, auf intertextueller Ebene allein ein bewusst verstärkter Hinweis auf Parallelen zur Entdeckungsfahrt des Genuesen zugrunde liegen kann. Reiseberichte sind stets ein *friktionales* Genre[179] – und dies gilt bei Alexander von Humboldt und seinem *Humboldtian Writing* in ganz besonderem Maße.

Waren in früheren Veröffentlichungen des preußischen Geschichtsforschers Beobachtungen des Seefahrers nur als vereinzelte Dokumente angeführt worden, so wies Humboldt nun diesen Beobachtungen einen (privilegierten) Ort in einer *Wissenschaftsgeschichte* zu. Christoph Columbus' Platz innerhalb einer Geschichte der geographischen Entdeckungen wurde somit ergänzt durch seinen Ort innerhalb einer Entwicklungsgeschichte von Humboldts zeitweiliger Leitwissenschaft, der „Physischen Geographie" (unter Einschluss des Menschen) beziehungsweise einer „Physik der Welt" oder „Physique du Monde".[180] Dass die Vernetzungsvorstellungen unterschiedlicher Disziplinen bei Alexander von Humboldt mit jedem Band wieder neu und transdisziplinär aus sich veränderndem Blickwinkel perspektiviert wurden, beweist die Veröffentlichung seines an den Geschichtswissenschaften ausgerichteten *Examen critique* selbst und bedarf keiner weiteren Erläuterung.[181]

Die im Grunde unüberbrückbaren Widersprüche in Humboldts Columbus-Bild, sein Versuch, die einander widerstrebenden Beobachtungen, allen neuen Ergebnissen seiner Quellenarbeit zum Trotz, immer wieder zugunsten des Seefahrers aufzulösen und auszulegen, erfahren erst auf einer höheren Ebene ihre Berechtigung. Doch scheinen sie weder allein mit der unbestreitbaren persönlichen Identifikation Humboldts mit Columbus noch mit der Rolle, die nach seiner Ansicht der Genuese innerhalb einer streng linear verlaufenden Geschichte der Menschheit spielte, in Zusammenhang zu stehen.

---

178 Humboldt, Alexander von: *Kritische Untersuchungen*, Bd. 2, S. 117 f. Hervorhebung von mir.
179 Vgl. hierzu den ersten Band der Reihe „Aula" in Ette, Ottmar: *ReiseSchreiben* (2020), S. 141 ff.
180 Vgl. hierzu Humboldt, Alexander von: *Kritische Untersuchungen*, Bd. 2, S. 20 sowie S. 156 f.
181 Vgl. zur Wissenschaftskonzeption des preußischen Kultur- und Naturforschers auch Ette, Ottmar: *Alexander von Humboldt und die Globalisierung. Das Mobile des Wissens*. Frankfurt am Main – Leipzig: Insel Verlag 2009.

Denn zwischen beiden Polen, zwischen der welthistorischen und globalgeschichtlichen Bedeutung des Cristóbal Colón und seiner Funktion als Prototyp und Identifikationsmuster des ‚Entdeckers', ist eine Ebene angesiedelt, auf der beides miteinander verschmilzt. Sie drängt die zu keinem Zeitpunkt von Humboldt geleugneten negativen Aspekte in Denken und Charakter des Entdeckers entschieden in den Hintergrund. Auf dieser Zwischenebene ist die Bedeutung Cristóbal Colóns innerhalb einer Geschichte der *Wissenschaft* angesiedelt, mithin innerhalb dessen, was Humboldt in seinem *Kosmos* – dem wir uns nun diesen Abschnitt unserer Vorlesung abschließend zuwenden wollen – dann mehr oder minder unverändert in einen größeren historischen Zusammenhang integrieren und als die „Hauptmomente" einer „Geschichte der physischen Weltanschauung" bezeichnen wird. Doch sehen wir uns nun die Umbesetzungen des Columbus-Bildes Alexander von Humboldts in seinem letzten großen Wurf, seiner in deutscher Sprache abgefassten wissenschaftlichen ‚Summa', genauer an!

Denn die Kraftlinien von Humboldts ebenso umfassend dokumentiertem wie neuartigem Entwurf eines Bildes von Christoph Columbus im *Examen critique* fanden Eingang in das fälschlicherweise so genannte ‚Alterswerk' des preußischen Gelehrten. Im zweiten Teil des zweiten Bandes, der zwischen Oktober 1845 und Oktober 1847 entstand,[182] entwickelt Humboldt seine „Geschichte der physischen Weltanschauung", die er als die „Geschichte der Erkenntniß eines Naturganzen, die Darstellung des Strebens der Menschheit[,] das Zusammenwirken der Kräfte in dem Erd- und Himmelsraume zu begreifen",[183] definiert.

Angesichts der Ausdifferenzierung des zeitgenössischen Wissenschaftssystems betont er zwar den Unterschied seines Werkes gegenüber einer Geschichte einzelner naturwissenschaftlicher Teildisziplinen,[184] greift aber Vorwürfen von Vertretern dieses neuen arbeitsteiligen Systems vor: „Die ahnende Phantasie, die allbelebende Thätigkeit des Geistes, welche in Plato, in Columbus, in Kepler

---

[182] Vgl. zur Entstehungsgeschichte des *Kosmos* u. a. Engelmann, Gerhard: Alexander von Humboldt über seine Arbeit am 'Kosmos'. In: *Alexander von Humboldt. Eigene und neue Wertungen der Reisen, Arbeit und Gedankenwelt*. Wiesbaden: Franz Steiner Verlag 1970, S. 23–48 hier S. 35; Werner, Petra: *Himmel und Erde. Alexander von Humboldt und sein „Kosmos"*. Berlin: Akademie Verlag 2004; sowie die erläuternden Textteile in Humboldt, Alexander von: *Kosmos. Entwurf einer physischen Weltbeschreibung*. Ediert und mit einem Nachwort versehen von Ottmar Ette und Oliver Lubrich. Frankfurt am Main: Eichborn Verlag (Die Andere Bibliothek) 2004.

[183] Ich zitiere nach der Erstausgabe; Humboldt, Alexander von: *Kosmos. Entwurf einer physischen Weltbeschreibung*. 5 Bde. Stuttgart und Tübingen: Cotta 1845–1862, hier Bd. 2, S. 134 ff. Die 2004 erschienene Neuausgabe des ‚Urkosmos' lässt sich leicht nach diesen Seitenangaben bedienen und bietet das gesamte Werk in gut lesbarer Schriftauflösung.

[184] Ebda., Bd. 2, S. 136.

gewirkt hat, darf nicht angeklagt werden, als habe sie in dem Gebiet der Wissenschaft nichts geschaffen, als müsse sie nothwendig, ihrem Wesen nach von der Ergründung des Wirklichen abziehen."[185] So defensiv diese Passage aus Humboldts *Kosmos* auch wirken mag: Der preußische Natur- und Kulturforscher vertrat seinen transdisziplinären Ansatz durchaus offensiv in einer Welt sich ausdifferenzierender Wissenschaften, deren notwendig transdisziplinäre Vernetzung mehr als ein Jahrhundert noch auf sich warten ließ.

Damit betont Humboldt Cristóbal Colóns Zugehörigkeit (zumindest) zu einer („préhistoire" der) Wissenschaftsgeschichte, die er auf den sich anschließenden Seiten von der Antike bis in die „neueste Zeit" entwickelt und in einer für uns heute verblüffend linearen und gleichzeitig implizit europazentrischen Weise als eine mit der Weltgeschichte gekoppelte Geschichte des Fortschritts erzählt. Innerhalb dieser Geschichte kommt dem 15. Jahrhundert eine herausragende Rolle zu: „Das funfzehnte Jahrhundert gehört zu den seltenen Zeitepochen, in denen alle Geistesbestrebungen einen bestimmten und gemeinsamen Charakter andeuten, die unabänderliche Bewegung nach einem vorgesteckten Ziele offenbaren."[186] Diese Formulierungen belegen im Übrigen zweifelsfrei die Kontinuität von Humboldts (historischem) Denken, greifen sie doch auf eine bereits angeführte Passage in der deutschen Übersetzung des *Examen critique* zurück, deren Gedanke nun im Kosmos globalgeschichtlich entfaltet wird.

Innerhalb des 15. Jahrhunderts aber weist Alexander von Humboldt seinem ‚Namensvetter' Christoph Colomb eine beherrschende Stellung zu. Seine Fähigkeit, Erscheinungen der Außenwelt klar zu erfassen und miteinander zu kombinieren,[187] seine Beobachtungen des Erdmagnetismus,[188] aber auch seine frühen Warnungen vor einer großflächigen Abholzung der Wälder[189] dienen Humboldt als erste Belege für das Auftauchen von Fragestellungen, „die uns noch heute beschäftigen".[190] Schon in den vierziger Jahren des 19. Jahrhunderts klang eine diesbezügliche Anmerkung Alexander von Humboldts aus gutem Grunde dramatisch, wenn er dort formulierte: „Diese Warnung ist drei und ein halbes Jahrhundert fast unbeachtet geblieben."[191] Um wieviel dramatischer klingen diese Warnungen mehr als fünfhundert Jahre nach den Einsichten des Columbus in die Gefährlichkeit unkontrollierter Abholzung heute, wo wir uns einer noch immer ungezügelten

---

185 Ebda., Bd. 2, S. 138.
186 Ebda., Bd. 2, S. 266:.
187 Ebda., Bd. 2, S. 302.
188 Ebda., Bd. 2, S. 317 ff.
189 Ebda., Bd. 2, S. 322.
190 Ebda., Bd. 2, S. 298.
191 Ebda., Bd. 2, S. 483.

Vernichtung der Regenwälder gegenüber sehen? Bisweilen könnte man an der Lernfähigkeit der Menschheit verzweifeln. Alexander von Humboldt tat dies nicht. Dafür integrierte er in die zu seinen Lebzeiten schon gegebene Aktualität derartiger klimatologischer Fragen eine Vielzahl von Beobachtungen spanischer Chronisten des 16. Jahrhunderts.

Greift der preußische Naturforscher in diesem Kapitel seines *Kosmos* auch unverkennbar auf zahlreiche Ergebnisse des *Examen critique* zurück, so finden doch in einigen Punkten gewisse Umbewertungen statt. Die für unsere Fragestellung zweifellos wichtigste Veränderung betrifft das Verständnis des Entdeckungsbegriffs, will Humboldt doch nun die „unbestreitbar erste *Entdeckung* von Amerika" durch die „Normänner" von der „*Wiederauffindung* desselben Kontinents in seinen tropischen Theilen streng geschieden" wissen.[192] Freilich wird im weiteren Verlauf der Ausführungen Humboldts rasch klar, dass es sich hierbei keinesfalls um eine grundlegende Veränderung seiner Einschätzung des zugrundeliegenden historischen Prozesses handelt. Er betont vielleicht nur noch deutlicher als im *Examen critique*, dass „diese erste Entdeckung von Amerika" im Gegensatz zum „Wiederauffinden desselben Continents durch Columbus" „nichts großes und bleibendes zur Erweiterung der physischen Weltanschauung" habe beitragen können.[193]

Vielmehr wird die fundamentale Differenz zwischen beiden historischen Ereignissen nun noch stärker auf der Ebene einer ‚Geschichte der physischen Weltanschauung' und damit innerhalb der Vorgeschichte von Humboldts eigenem Wissenschaftsspektrum angesiedelt. Hinzugekommen ist eine semantisch besonders aussagekräftige Variierung des Entdeckungsbegriffs, wie sie der ‚wissenschaftliche Entdecker Amerikas' zum Abschluss dieser (eher impliziten) Begriffsklärung formuliert. Sehen wir uns diese Humboldt'schen Formulierungen also nochmals genau an:

> Ganz verschieden von der ersten *Entdeckung* des Neuen Continents im 11ten Jahrhundert ist durch ihre weltgeschichtliche [sic!] Folgen, durch ihren Einfluß auf die Erweiterung physischer Weltanschauung die *Wiederauffindung* dieses Continents durch Christoph Columbus, die *Entdeckung* der Tropenländer von Amerika geworden.[194]

Anhand der mehrfachen Gegenüberstellung beider historischer Ereignisse buchstabiert Humboldt – anders würde es sich hier um nicht mehr als um Wiederholungen handeln – mit seinem Lesepublikum eine semantische Ausweitung des Begriffs der ‚Entdeckung' so lange durch, bis dieser schließlich mit dem Begriff der ‚Wiederauffindung' verschmilzt. Auf diese Weise gelingt es ihm, den Schöpfer

---

192 Ebda., Bd. 2, S. 269 (Hervorhebung von mir).
193 Ebda., Bd. 2,S. 275.
194 Ebda., Bd. 2, S. 277.

„eines nach wissenschaftlichen Combinationen entworfenen Planes"[195] zu einem (wie er bereits im ersten Band seines *Kosmos* formulierte) „Wieder-Entdecker der Neuen Welt"[196] werden zu lassen, ohne ihm den Entdeckerruhm auch nur im geringsten streitig zu machen. Dem tut auch die bereits im *Examen critique* herausgearbeitete Tatsache keinen Abbruch, dass Columbus zu keinem Zeitpunkt zu der Ansicht gekommen war, einen anderen Teil der Welt als Asien entdeckt zu haben. Im Gegenteil – erscheint doch die ‚Wiederentdeckung' der Neuen Welt geradezu als eine Entdeckung höherer Art. Die Fehleinschätzung des Humboldt'schen Entdeckungsbegriffs bei Edmundo O'Gorman (als Bezeichnung für ein ‚rein physisches' Auffinden) beruhte möglicherweise auf der Tatsache, dass sich der mexikanische Philosoph wohl nur der französischen und spanischen Übersetzung des *Kosmos* bedienen konnte; sie entstand aber sicherlich auch aus einer fehlenden Untersuchung der historischen Entwicklung von Humboldts Columbus-Bild;[197] eine Entfaltung, die wir nun am Ende dieses Teils unserer Vorlesung zu ihrem Abschluss bringen wollen.

Das semantische Verfahren des den Zeitgenossen längst als ‚Wiederentdecker Amerikas' bekannten Forschungsreisenden scheint mir keineswegs harmlos zu sein. Alexander von Humboldt war ein äußerst gewitzter Schriftsteller! Denn mit der Verleihung des ‚eigenen' Beinamens an Columbus werden die Reisen und Verdienste der beiden ‚Wiederentdecker' – soweit dies innerhalb einer unilinearen Geschichte des menschlichen Fortschritts möglich ist – deckungsgleich und gleichsam *figural*[198] überblendet. Hören wir zu dieser Problematik den preußischen Reiseschriftsteller selbst: „Unserem tiefer forschenden und in Ideenreichthum fortgeschrittenen Zeitalter ist ein Ersatz geworden" für die Überraschung und Faszination in der Zeit der Entdeckungen und Eroberungen – „ein Ersatz, freilich nicht für den großen Haufen, sondern lange noch für die kleine Zahl der mit dem Zustand der Wissenschaften vertrauten Physiker".[199]

Wie die Entdecker unbekannter Welten des 15. Jahrhunderts sind auch die Entdecker jener anderen „Wunderwelt, an deren Eingang wir kaum gelangt sind",[200] eine nur kleine Gruppe von Menschen, eine Elite. Dies mag gelten,

---

195 Ebda.
196 Ebda., Bd. 1, S. 188.
197 Vgl. O'Gorman, Edmundo: *La idea del descubrimiento de América. Historia de esa interpretación y crítica de sus fundamentos*, S. 292.
198 Vgl. hierzu die Potsdamer Habilitationsschrift von Gwozdz, Patricia: *Ecce figura. Anatomie eines Konzepts in Konstellationen (1500–1900)*. Habilitationsschrift Universität Potsam 2022.
199 Humboldt, Alexander von: *Kosmos*, Bd. 2, S. 310 f.
200 Ebda.

auch wenn Humboldt immer wieder die (demokratische) Verpflichtung des Wissenschaftlers zur möglichst breiten gesellschaftlichen Vermittlung seines Wissens betonte. Humboldt war sich sehr wohl der Tatsache bewusst, dass er einer kleinen Spitze von Wissenschaftlern angehörte, die auf beeindruckende Weise globalhistorisch und globalpolitisch dachten und ein eigenes Weltbewusstsein entwickelt hatten. Humboldts Reise in die amerikanischen Tropen setzte – dies machen mehrere Hinweise in seinen Werken deutlich – dort an, wo Colóns Beobachtungen aufgehört hatten, schien es Alexander doch eine „Eigenthümlichkeit wichtiger Entdeckungen, dass sie zugleich den Kreis der Eroberungen und die Aussicht in das Gebiet, das noch zu erobern übrig bleibt, erweitern".[201] Er meinte damit in erster Linie Eroberungen im Bereich der Wissenschaften.

Alexander von Humboldt ging es unausgesprochen, aber folglich umso hartnäckiger darum, seine eigene Reise sukzessiv mit jener des Christoph Columbus in Einklang zu bringen, ja beide Reisen ineinander aufgehen zu lassen. Dieser Aspekt scheint mir wesentlich wichtiger als die von O'Gorman brillant vorgetragene, aber letztlich unbelegte und auch zu simple Behauptung, Alexanders Columbus sei „un romántico científico a semejanza de Alejandro von Humboldt, su creador": ein romantischer Columbus also, der ganz seinem wissenschaftlichen Schöpfer ähnele.[202] Die Verschmelzung beider Reisen auf der Textebene mag zusätzlich eine Stelle aus dem ersten Teil des zweiten Bandes, dem wir uns nun zum Abschluss zuwenden, verdeutlichen. Dort spricht Humboldt von der Fahrt des Genuesen „längs den Küsten von Cuba, zwischen den lucayischen Inseln und den, auch von mir besuchten *Jardinillos*" und erwähnt Colóns Beobachtungen „im undurchdringliche[n] Dickicht der Wälder, in denen man kaum unterscheiden kann, welche Blüthen und Blätter jedem Stamme zugehören."[203] Wer spricht in diesem ganz im Gegensatz zur sonstigen Gewohnheit Humboldts unverorteten Zitat, in diesem „Dickicht", in dem die „Blätter" nur schwer eindeutig einem bestimmten „Stamm" zugeordnet werden können?

Diese Frage muss im Sinne Humboldts absichtsvoll offen bleiben. Ist es Cristóbal, ist es Alexander? Entstammt diese Passage Dokumenten des Columbus über seine zweite oder vierte Reise? Oder der Abschrift des Tagebuches von Las Casas? Entstammt sie der Biographie seines Sohnes Hernando? Oder könnten wir sie im Bericht von Humboldts Reise, in der *Relation historique* fin-

---

201 Ebda., Bd. 2, S. 337.
202 O'Gorman, Edmundo: *La idea del descubrimiento de América*, S. 295.
203 Humboldt, Alexander von: *Kosmos*, Bd. 1, S. 56.

den?²⁰⁴ Alle Antworten, ebenso intertextuelle wie intratextuelle Vermutungen, scheinen gleich wahrscheinlich: eine längere Suche machte in der Tat überall ähnliche Formulierungen ausfindig. Wer spricht also? Das „Dickicht" selbst? Gewiss, ein wenig, vor allem, wenn wir an ein unentwirrbares Text-Dickicht denken. Wenn auch dem unverorteten Zitat eine Beschreibung aus den *Ansichten der Natur* am nächsten kommt, so lässt sich doch nicht übersehen, wie sehr Humboldt in solchen Passagen geradezu eine Fusion seines Textes mit dem des Colón erzeugt. Führen wir daher diese kurze Passage aus seinen „Ideen zu einer Physiognomik der Gewächse" kurz an: „Bei dieser Fülle von Blüthen und Blättern, bei diesem üppigen Wuchse und der Verwirrung rankender Gewächse wird es oft dem Naturforscher schwer, zu erkennen, *welchem Stamme Blüthen und Blätter zugehören.*"²⁰⁵

Bereits im *Examen critique* – vereinzelt sogar noch früher – hatte ein anderer Zug das Bild des Christoph Columbus bereichert. Noch handelte es sich nur um eine Reihe von Skizzen, die erst in Humboldts *Kosmos* ihre eigentliche gestalterische Ausführung erhalten sollten. Sie galten, kurz gesagt, einem ‚literarischen Columbus'. Gewiss war dieser ‚literarische Columbus' – wie wir sehen werden – nicht von anderen, deutlich vorherrschenden Aspekten im Columbus-Bild Humboldts zu trennen. Doch legte der Naturforscher und Literat hier die Grundlagen für eine Deutung, die es ihm wie im Falle der wissenschaftsgeschichtlichen Verortung erlauben sollte, eine direkte Beziehung zwischen seinem eigenen Werk und dem Werk des Seefahrers herzustellen und damit einer Vielzahl von Überschneidungen den Weg zu bereiten.

Nach Alexander von Humboldts Ansicht „zog sich, wie bei allen durch herrliche Entdeckungen oder gewagte Unternehmungen ausgezeichneten Männern, ein poetischer Faden durch sein Leben", dem auf der Ebene des Schreibens eine „Erhabenheit des Stils (*élévations de style*)" und die zuweilen sichtbaren „dichterischen Anlagen (*dispositions poétiques*)" des Columbus entsprachen.²⁰⁶ Dabei trete die „so oft hervorgehobene Verbindung (*la liaison si long-temps signalée*) zwischen dem Charakter und dem Stil am entschiedensten hervor".²⁰⁷ Hierzu passt besonders aus dem dritten Band des *Examen critique* die folgende Ausführung des Gelehrten: „Die Sprache des Columbus zeigt in viel höherem Grade die Gewohnheitssitte eines alten Seefahrers; sie ist ungebildet, ernst und fest, aber

---

204 Oder auch in seinen Briefen: Vgl. etwa das Schreiben Alexanders an seinen Bruder Wilhelm aus Cumaná vom 16.7.1799. Sehr nahe kommt auch das Columbus-Zitat Humboldts in seinen *Kritischen Untersuchungen*, Bd. 2, S. 16.
205 Humboldt, Alexander von: *Ansichten der Natur*, Bd. 2, S. 38 (Hervorhebung von mir).
206 Humboldt, Alexander von: *Kritische Untersuchungen*, Bd. 1, S. 542; vgl. auch Bd. 2, S. 160 f.
207 Ebda., Bd. 2, S. 167.

bisweilen doch belebt durch jene plötzlichen Anflüge von Begeisterung, welche der Anblick großer Naturscenen in einer exotischen Natur hervorruft."[208] Noch ging es Humboldt nicht um das, „was man ziemlich unbestimmt den litterarischen Werth (*le mérite littéraire*) eines Schriftstellers nennt", sondern um eine „ernstere Sache von geschichtlicher Bedeutung": er zielte auf „den Stil als Ausdruck des Charakters, als Spiegelbild des inneren Menschen (*reflet de l'intérieur de l'homme*)",[209] und suchte darin zunächst eine Zugangsmöglichkeit zum Wesen des genuesischen Seefahrers.

Der Naturforscher griff an dieser Stelle – gerade für seine Leserschaft in Frankreich unüberhörbar – auf jene Verbindung von Charakter und Stil zurück, die Buffon in einer folgenreichen Formulierung seines *Discours sur le style* von 1753 hergestellt hatte. Für die französischen Leserinnen und Leser schienen diese Passagen auch kalkuliert gewesen zu sein, schrieb Humboldt doch mit unverhohlener Befriedigung in einem Brief an Varnhagen vom 3. Juni 1839 unter Bezugnahme auf eine solche Stelle: „Es war der Gegenstand einer Lektüre bei Chateaubriand und Madame Récamier, und gefiel, wie der Ausbruch des Gefühls gefällt zwischen den öden Steppen minutiöser Erudition."[210] Alexander legte hierbei Buffons berühmtes Diktum „*le style est l'homme même*" in einem doppelten Sinne aus: zum einen als Ausdruck einer ‚Kompetenz des Beobachtens', zum anderen als Manifestation eines (großen) Individuums.

Der mit der französischen Literatenwelt eng liierte Humboldt[211] griff auf bestimmte stilistisch elegante Ausdrücke des Grafen Buffon explizit zurück.[212] Allein die erste der beiden angeführten Deutungsmöglichkeiten wäre nach der Analyse eines mit Europa gut vertrauten US-amerikanischen Romanisten die ‚richtige', entspräche also den Intentionen Buffons; die zweite jedoch war die schon bei Humboldts Zeitgenossen wesentlich verbreitetere Deutung, die (im Sinne eines kreativen Missverständnisses) fraglos in die Richtung der Romantik wies.[213] Freilich ist die Verbindung zu Goethes Stilbegriff ebenso evident.

---

208 Ebda., Bd. 3, S. 159.
209 Ebda., Bd. 2, S. 168.
210 Humboldt, Alexander von: *Briefe von Alexander von Humboldt an Varnhagen von Ense*, S. 57.
211 Vgl. hierzu den wichtigen und informativen Artikel von Lenz, Markus Alexander: Französische Literaten. In: Ette, Ottmar (Hg.): *Alexander von Humboldt Handbuch. Leben – Werk – Wirkung. Mit 52 Abbildungen*. Stuttgart: J.B. Metzler Verlag – Springer Nature 2018, S. 229–235.
212 Humboldt, Alexander von: *Kritische Untersuchungen*, Bd. 2, S. 156.
213 Vgl. zu Buffons Stilbegriff Gumbrecht, Hans Ulrich: Schwindende Stabilität der Wirklichkeit. Eine Geschichte des Stilbegriffs. In: ders. u. K. Ludwig Pfeiffer (Hg.): *Stil. Geschichten und Funktionen eines kulturwissenschaftlichen Diskurselements*. Frankfurt am Main: Suhrkamp 1986, S. 726–788, hier S. 756.

Sein Verständnis des Stilbegriffs stellte Humboldt im zweiten Band seines *Kosmos* einmal mehr in einen größeren Zusammenhang. Dort nämlich entwickelt er im Kapitel „Anregungsmittel zum Naturstudium" (neben einer Behandlung von Landschaftsmalerei und Kultur exotischer Pflanzen) eine Geschichte der „ästhetische[n] Behandlung der Naturscenen" – ein, wie er hinzufügt, „sehr moderner Zweig der Litteratur".[214] Setzt Humboldt in dieser Darstellung, die von der Naturbeschreibung bei den Griechen bis zu Rousseau, Buffon, Bernardin de Saint-Pierre, Chateaubriand und Goethe reicht, mit dem Ende des 18. Jahrhunderts auch den Beginn dieser „Moderne" an,[215] so wirft er doch den „Blick zurück in die Zeit der großen Entdeckungen, welche jene moderne Stimmung vorbereiteten": Und genau hier siedelt er die Naturschilderungen des Columbus an.[216] Christoph Columbus wird auf diese Weise Teil einer Literaturgeschichte, in welche sich der Preuße auch selbst einreihen würde.

Alexander von Humboldts wiederholten Auseinandersetzungen mit „dem Tagebuche eines litterarisch ganz ungebildeten Seemannes"[217] schienen ihm zur Genüge den hohen literarischen Wert der Schriften des Entdeckers bewiesen zu haben, die er sogar über die Naturschilderungen eines Boccaccio, Sannazaro oder Jorge de Montemayor stellte.[218] Für Humboldt fußte dieser Wert auf der Verbindung von Charakter und Stil einerseits sowie auf der Begabung zu einem tiefen Naturgefühl, also der (ganz romantischen) Spannung zwischen Individuum und Natur/Landschaft, andererseits.[219]

Christoph Columbus erhielt damit im *Kosmos* nicht nur eine Sonderstellung innerhalb der Universalgeschichte wie der Wissenschaftsgeschichte zugesprochen; er wurde nun zusätzlich in dieser Literaturgeschichte der Naturschilderungen als ein wichtiger Vorläufer der Moderne angesprochen. Der Genuese nahm damit also auch innerhalb der Literarhistorie einen wichtigen Platz ein. Wie sehr im Übrigen Michel Foucaults epistemologische Analyse des Übergangs von der Klassik zur Moderne gerade auf das Werk von Humboldt angewendet werden kann, braucht an dieser Stelle nicht mehr betont zu werden. Seinem *Kosmos* lag zweifellos als Leitgedanke schlechthin zugrunde: „Das Sein wird in seinem Umfang und inneren Sein vollständig erst als ein *Gewordenes* erkannt."[220] Dabei

---

214 Humboldt, Alexander von: *Kosmos*, Bd. 2, S. 4.
215 Ebda., Bd. 2, S. 55. Hier ist in erster Linie Bernardin de Saint-Pierre gemeint.
216 Ebda.
217 Ebda.; die Quellenstudien des Admirals scheinen hier vergessen.
218 Ebda., Bd. 2, S. 58.
219 Vgl. hierzu die klassische Studie von Ritter, Joachim: *Subjektivität. Sechs Aufsätze*. Frankfurt am Main: suhrkamp 1974.
220 Ebda., Bd. 1, S. 64.

zeichnete den *Kosmos* schon von seiner Konzeption her im Vergleich zu den anderen Publikationen ein höheres ‚Schweben über den Dingen', eine erhöhte Beobachterperspektive aus, welche sich um eine Bestimmung der großen Entwicklungslinien innerhalb einer globalgeschichtlich ausgerichteten Geschichte der Menschheit bemühte. Die Entdeckungsgeschichte erscheint daher in diesem Werk in einem wesentlich weiteren Kontext als noch im *Examen critique*.

Da Humboldt seinen *Kosmos* ohne Zweifel in der Verlängerung beziehungsweise im Schnittpunkt der von ihm ausgezogenen literarischen Entwicklungslinien situierte,[221] verknüpfte der preußische Schriftsteller einmal mehr, nun freilich auf der Ebene der Literatur, sein Werk mit dem seines Vorläufers Christoph Columbus. Die Modernität dieser ‚literarischen' Deutung des Genuesen, so wenig sie von Humboldt selbst in der Folge auch ausgeführt werden konnte, ist verblüffend. Dies betrifft in gewisser Weise selbst den Begriff des ‚Modernen' bei Humboldt, versteht er diesen Ausdruck doch im Gefolge der deutschen Geschichtsphilosophie eindeutig als einen Epochenbegriff. Der zum Zeitpunkt der Abfassung des zweiten Bandes seines *Kosmos* in Frankreich erkennbare Bedeutungswandel hin zum Transitorischen ist dem damals Achtundsiebzigjährigen gleichwohl fremd.[222] Denn seine Deutung des ‚Wieder-Entdeckers' eröffnete wichtige Ausblicke auf einen ‚literarischen Columbus', der erst im Verlauf der letzten Jahrzehnte verstärkt ins Blickfeld einer Literaturwissenschaft, die ihren Literaturbegriff signifikant erweiterte, geraten ist.

Die Untersuchung der Entwicklung von Humboldts Columbus-Bild hat insgesamt gezeigt, dass dieses im amerikanischen Reisewerk nicht von Anfang an als solches vorhanden war, sondern dass es sich – wie so oft bei dem preußischen Gelehrten – erst im Verlauf von Jahrzehnten einer intensiveren Beschäftigung mit der Entdeckungsgeschichte ausgebildet hat. Dies lässt sich auch anhand der Ausgaben von Humboldts *Ansichten der Natur* nachvollziehen. Die von ihm häufig praktizierte Trennung in einen fortlaufenden Text und einen umfangreichen Anmerkungsapparat, der die Lektüre nicht behindern sollte, erlaubte ihm nämlich, eine Reihe von Forschungsergebnissen seines *Examen critique* zu Columbus nachträglich in die 1849 erschienene dritte Ausgabe seiner

---

[221] Dabei begriff er seine Darstellung aber keinesfalls, wie Edmundo O'Gorman mehrfach fälschlich behauptete, als eine „visión divina y absoluta"; vgl. O'Gorman, Edmundo: *La idea del descubrimiento de América*, S. 271.

[222] Vgl. zum angesprochenen Bedeutungswandel Gumbrecht, Hans Ulrich: Modern, Modernität, Moderne. In: Brunner, Otto / Conze, Werner / Koselleck, Reinhart (Hg.): *Geschichtliche Grundbegriffe. Historisches Lexikon zur politisch-sozialen Sprache in Deutschland*. Stuttgart: Klett-Cotta 1978, Bd. 4, S. 93–131.

vielperspektivischen *Ansichten* zu integrieren.[223] In den Anmerkungen zu den einzelnen Aufsätzen „Über die Steppen und Wüsten", „Über die Wasserfälle des Orinoco bei Atures und Maypures", „Ideen zu einer Physiognomik der Gewächse" und „Das Hochland von Caxamarca" finden wir die überwiegende Mehrzahl der Verweise auf Columbus in diesem Humboldts amerikanistisches Schreiben und Veröffentlichen begleitenden Werk. Sie stammen aus den vierziger Jahren, aus der Zeit also, zu der Humboldt an den ersten beiden Bänden seines *Kosmos* arbeitete.

Diente Alexander von Humboldt der Verweis auf Christoph Columbus in einer ersten Phase überwiegend als Beleg für bestimmte historische beziehungsweise naturhistorische Fakten, so wurde der Entdecker später zunehmend als wichtiger, ja zentraler Faktor innerhalb einer Geschichte der Menschheit sowie der wissenschaftlichen Erkenntnis dargestellt; eine Entwicklung, die ihn schließlich innerhalb literargeschichtlicher Vorgänge als literarischer Autor zu einem Vorläufer der Moderne werden ließ. Die Komplexität dieser Entwicklung von Alexanders Columbus-Bild – ja selbst eine Entwicklung – ist in den bisherigen Untersuchungen bislang nicht oder höchst unzureichend erkannt worden. Charles Minguet beispielsweise resümierte das Ergebnis seiner Untersuchung recht simpel: „Colomb (i. e. le Colomb de Humboldt) n'était donc ni un héros sans tache, ni un aventurier pur et simple. C'était tout simplement un homme de son temps, doté de grandes qualités, mais aussi de faiblesses bien humaines."[224] Columbus sei für Humboldt, kurz gesagt, letztlich ein Mann mit großen Fähigkeiten, aber auch mit großen Schwächen gewesen.

Wir haben gesehen, dass wir an Humboldts Sichtweise des Columbus jenseits derartiger Banalitäten wesentlich mehr ablesen können, wobei der preußische Amerikahistoriker die zeitgenössischen Forschungen zum Descubrimiento wie zur beginnenden Conquista auf eine neue wissenschaftliche Grundlage stellte. Bis hin zur Schaffung eines literarischen Columbus, ja eines großen Schriftstellers, der mit seinen Naturbeschreibungen zu einem Vorläufer der literarischen Moderne wurde, entfaltete Alexander von Humboldt eine Figur, die ihn selbst gleichsam *figural* vorzeichnete. All dies ist bereits in seinen frühen Versuchen allgegenwärtig, die eigene Reise durch die amerikanischen Tropen mit den historischen Entdeckungsfahrten des Columbus in einen direkten Bezug zu setzen.

---

223 Vgl. zu Aufbau, Struktur und Literarizität der *Ansichten der Natur* Ette, Ottmar: Eine ‚Gemütsverfassung moralischer Unruhe' – ‚Humboldtian Writing': Alexander von Humboldt und das Schreiben in der Moderne. In: Ette, Ottmar / Hermanns, Ute / Scherer, Bernd M. / Suckow, Christian (Hg.): *Alexander von Humboldt – Aufbruch in die Moderne*. Berlin: Akademie Verlag 2001, S. 33–55.
224 Minguet, Charles: *Alexandre de Humboldt*, S. 593.

Diese schrittweise Entwicklung im Verein mit einer kontinuierlichen, stets auf dem neuesten Stand der Forschung befindlichen Ausweitung der Dokumentationsbasis beruhte freilich von Anfang an auf einer positiven Einschätzung, deren einzelne Elemente Humboldt sukzessiv in universal-, wissenschafts- und literarhistorische Prozesse integrierte und *figural* gestaltete. Nur durch eine genaue Textanalyse – und ich danke Ihnen an dieser Stelle für Ihre Geduld! – war es möglich, zum einen die wachsende Identifikation Alexander von Humboldts mit Columbus und zum anderen seine verstärkten Bemühungen nachzuweisen, nicht nur den Verlauf seiner eigenen Reise, sondern auch sein Handeln, Denken und Schreiben überhaupt in eine Beziehung mit dem genuesischen Seefahrer und dessen *Eroberung durch Nachdenken* zu bringen. Die Intentionalität dieser Annäherung scheint mir außer Frage zu stehen: Humboldt gestaltete Columbus als einen Vorläufer seiner eigenen *Figur*. Denn so konnte der von seinen Zeitgenossen als ‚Wiederentdecker Amerikas' apostrophierte Humboldt es wagen, seinerseits Columbus als einen ‚Wiederentdecker' zu feiern – ein Prozess, dessen Geschichte freilich zeigte, dass es hierbei um weit mehr als um die kreative Anverwandlung eines Ehrentitels ging.

Diese Parallelisierung betrifft im Übrigen auch das bei Columbus genügend herausgearbeitete Biographem des Schiffbruchs, das – wie wir bereits mehrfach sahen – im Leben des Genuesen eine entscheidende Rolle spielte. Wenn Erwähnungen und Darstellungen von Schiffbrüchen in Humboldts Werken auch eher selten sind, so findet sich doch an einer sehr charakteristischen Stelle etwa seiner *Ansichten der Natur*, am Ende des die Erstausgabe von 1808 abschließenden Essays „Ueber die Wasserfälle des Orinoco, bei Atures und Maypures", ein derartiger Hinweis. In einer den gesamten Band abschließenden Passage berichtet Humboldt anlässlich seines Besuches der Begräbnisstätte des ausgelöschten Volkes der Atures von deren Bestattungsriten und den „Mapires", jenen geflochtenen Körben, in denen die Atures-Indianer ihre Toten zu bestatten pflegten. Dann aber gelangt der Erzähler zur Schilderung jenes im Namen der Wissenschaft begangenen Raubes, der das Ende der einbändig gebliebenen Erstausgabe seiner *Ansichten* überschattet:

> Wir verließen die Höhle bei einbrechender Nacht, nachdem wir mehrere Schädel und das vollständige Skelett eines bejahrten Mannes, zum größten Aergerniß unserer indianischen Führer, gesammelt hatten. Einer dieser Schädel ist von Herrn Blumenbach in seinem vortrefflichen kraniologischen Werke abgebildet worden. Das Skelett aber ist, wie ein großer Theil unserer Sammlungen, in einem Schiffbruch untergegangen, der an der afrikanischen Küste unserm Freunde und ehemaligen Reisegefährten, dem jungen Franziskanermönch, Juan Gunzalez, das Leben kostete. Wie im Vorgefühl dieses schmerzhaften Verlustes, in ernster Stimmung, entfernten wir uns von der Gruft eines untergegangenen Völkerstammes.[225]

---

225 Humboldt, Alexander von: *Ansichten der Natur*, S. 328.

Nicht zufällig bemüht Alexander von Humboldt an dieser Stelle eine doppelte Schiffbruchmetaphorik: Auf der einen Seite spricht er vom Untergang eines Freundes, der einen Teil der Orinoco-Reise mitgemacht hatte, auf der anderen Seite vom Untergang eines Völkerstammes, den es nicht mehr gibt. All dies ist verkoppelt mit jener Ahnung vom künftigen Schiffbruch, der die Wissenschaftler beim Verlassen einer Grabstätte überfiel, die sie ohne jeden Zweifel bei dieser Gelegenheit – wenn auch aus wissenschaftlichen Zwecken, die Humboldt sofort benennt – zum Teil ausraubten. Humboldts Göttinger Lehrer Blumenbach integrierte den Schädel eines aus der Grabstätte entwendeten Indianers in sein kraniologisches Werk und verlieh ihm damit einen wissenschaftlichen Status.

Wenn wir in Humboldts autobiographischen Schriften suchen, so findet sich bei seinem ersten Aufenthalt in London während der Reise mit dem Weltumsegler Georg Forster die Beschäftigung des jungen Preußen mit dem Bild eines Schiffbruches, der den jungen Mann ungeheuer anzog und ihn von weit entfernten Gegenden und von dort zu erlebenden Abenteuern träumen ließ. Bei der Beschäftigung mit der von Humboldt mehrfach geschilderten Szenerie in der Grabstätte des untergegangenen Völkerstamms aber haben wir es mit einer gänzlich anderen Darstellung eines Schiffbruchs zu tun, der nicht mehr für ein zu bestehendes Abenteuer, sondern für die Auslöschung des Lebens steht. Alexander von Humboldt hat selbst immer wieder auf der amerikanischen Reise von seinem eigenen Untergang bei einem Schiffbruch geträumt und ausführlich Szenen beschrieben, in welchen er einem solchen nahe war. Ein letztes Mal erfolgte dies bei seiner Überfahrt von Kuba in die USA, als sein Schiff mit seinem Freund und Reisebegleiter Aimé Bonpland und vielen Sammlungen in einen gefährlichen Sturm kam, wohl einen Hurrikan, welcher um ein Haar das gesamte Schiff zerstört hätte.[226] Alexander von Humboldt sprach in der Darstellung dieser Szenerie sehr lebendig vom Gefühl des eigenen Untergangs; ich möchte Ihnen daher diese lebensbedrohliche Schiffbruchsituation kurz darstellen.

Nachdem also Alexander von Humboldt sich entschlossen hatte, seine Manuskripte und Sammlungen von der gesamten Reise durch die amerikanischen Tropen einem nicht unwahrscheinlichen Zugriff durch spanische Behörden dadurch zu entziehen, dass er nach seinem zweiten Cuba-Aufenthalt nicht nach Spanien zurücksegelte, sondern den Weg über die USA wählte, geriet man am 9. Mai 1804 erneut bei der Überfahrt nach Philadelphia in einen schweren

---

226 Vgl. hierzu Humboldt, Alexander von: *Das Buch der Begegnungen. Menschen – Kulturen – Geschichten aus den Amerikanischen Reisetagebüchern.* Herausgegeben, aus dem Französischen übersetzt und kommentiert von Ottmar Ette. Mit Originalzeichnungen Humboldts sowie historischen Landkarten und Zeittafeln. München: Manesse Verlag 2018.

Orkan, der das Schiff auseinanderzureißen drohte. Humboldt wird zum Zuschauer seines schon fast sicher geglaubten Untergangs:

> Ich bin niemals stärker mit meinem unmittelbar bevorstehenden Tod beschäftigt gewesen als am frühen Morgen des 9. Mai. Ich setzte mich vor 6 Uhr auf das Oberdeck, denn das Aufprallen der Wogen auf die Seitenwände des Schiffes war in der Großen Kajüte ohrenbetäubend. Herr Bollar, ein schweigsamer, sanfter dänischer Steuermann, war an meiner Seite. Außer uns war nur der Zweite Steuermann auf dem Oberdeck. Jede Welle glich einem Felsen. Herr Bollar sagte, unsere Situation werde von Stunde zu Stunde kritischer; er glaube nicht, dass die Wellen uns überfluten würden, aber dass der unentwegte und unregelmäßige Aufprall die Spalten vertiefen würde, dass wir bald schon viel Wasser machen würden, obgleich es zur Zeit nur 1 1/2 Zoll in der Stunde seien. Ich fühlte mich sehr bewegt. Mich zugrunde gehen zu sehen am Vorabend so vieler Freuden, und zusammen mit mir alle Früchte meiner Arbeiten zugrunde gehen zu sehen, die Ursache für den Tod zweier Menschen zu sein, die mich begleiteten, zugrunde zu gehen auf einer Reise nach Philadelphia, die gar nicht notwendig erschien (obgleich sie unternommen wurde, um unsere Manuskripte und Sammlungen vor der perfiden spanischen Politik zu retten)... Andererseits tröstete ich mich damit, ein glücklicheres Leben geführt zu haben als die meisten anderen Sterblichen; es hieße wohl zu viel zu verlangen, nach dem Überleben so vieler Gefahren bei einer Expedition von 5 Jahren den Eumeniden nicht endlich seinen Tribut zu entrichten...[227]

Wie ein *basso continuo* begleitet das Wörtchen ‚Untergang' die ganze Szenerie, in welcher Humboldt den bevorstehenden eigenen Tod und das Verschwinden all seiner Sammlungen und Manuskripte beklagt. Gewiss rücken die Phantasien vom eigenen Untergang, der mehrfach beschworen wird, den eigenen Tod ins Zentrum, mehr aber noch die Zerstörung aller Früchte der eigenen wissenschaftlichen Arbeit und damit die Zeugnisse aller Aktivitäten des Subjekts. Denn das eigene Leben, nun aus der Perspektivik des eigenen Todes beleuchtet, erscheint im Zeichen eines Glückes und einer Intensität, die deutlich im Zusammenhang der eigenen Reise, der eigenen Bewegung stehen. *Motion* und *Emotion*, innere wie äußere Bewegung, gipfeln im „Ich fühlte mich sehr bewegt" – an Bord eines Schiffes, das im Orkan auseinanderzubrechen droht.

Zugleich darf man durchaus behaupten, dass sich die Sichtweise Amerikas nicht so grundlegend verändert hätte, wären alle Sammlungen und Aufzeichnungen des Preußen und dieser mit ihnen untergegangen und auf immer in den Tiefen des Meeres verschwunden. Denn Alexander von Humboldt erfand ohne Zweifel einen neuen Diskurs über die Neue Welt, der bis zum heutigen

---

[227] Ebda., S. 317.

Tage fortwirkt. Mit seinen Schriften entstand zugleich ein komplexer Vernetzungsdiskurs, wie er – die Amerikas mit anderen Areas unseres Planeten weltumspannend vernetzend – das Humboldt'sche Weltbewusstsein prägte.[228]

Noch ein letztes Mal kommt es auf dieser Überfahrt, gleichsam als Abschluss der gesamten Reise in die amerikanischen Tropen, zu einer Begegnung in der Bewegung, auch wenn diese Bewegung in den gemeinsamen Tod führen mochte: Es ist, als wäre der schweigsame, sanfte dänische Steuermann der Überbringer einer fatalen Nachricht, die in ihrer geradezu wissenschaftlichen Begründung des eigenen Untergangs keine Berufung duldet. Alexander von Humboldt wusste auf Grund der ‚Werbekampagne', die er um seine eigene Reise gestartet hatte, sehr wohl, wie wichtig seine Amerika-Reise war und wie sehnsüchtig man in Europa, aber auch in den vor ihm liegenden USA auf die Ergebnisse seiner Expedition wartete.

Der Jüngere der beiden Humboldt-Brüder kleidet sein eigenes Schicksal in die Formen des griechischen Mythos. Die Eumeniden fordern als Erinnyen ihren Tribut ein – und doch sollte ihnen der glückliche Reisende mit all seinen Schätzen noch für mehr als ein halbes Jahrhundert in ein auch weiterhin höchst intensives und vielbewegtes Leben entkommen. Denn Humboldt blieb das Glück treu: Seine *Amerikanischen Reisetagebücher* zeigen mit den vielen Aufzeichnungen und Hinzufügungen des Sechzig-, Siebzig- und Achtzigjährigen die lebendigen Zeichen dieses Glückes nicht nur des Überlebens, sondern mehr noch des Weiterlebens. Alexander von Humboldt wurde ohne jeden Zweifel zu einem der großen Neu-Erfinder einer im 19. Jahrhundert grundlegend veränderten Sicht auf die Neue Welt.

Doch kehren wir noch einmal an den Orinoco zurück und beschäftigen wir uns mit jener Szenerie, die Humboldt auch viele Jahre danach nicht mehr loslassen sollte: der Szene des Raubes zahlreicher Skelette aus der Grabstätte eines untergegangenen indigenen Volkes! Es kann kein Zweifel daran aufkommen, dass Alexander von Humboldt in diesem zweiten seiner ‚Höhlengleichnisse' die Aporien europäischer Wissenschaft aufzeigen und – dies belegen die mehrfachen Wiederaufnahmen und späteren Erinnerungen an diese Ereignisse – den Anteil seines persönlichen Involviert-Seins zumindest reflektieren wollte.[229] Denn anders als der Verfasser der *Ansichten der Natur* gingen die allermeisten Skelette ja

---

228 Vgl. hierzu Ette, Ottmar: *Weltbewusstsein. Alexander von Humboldt und das unvollendete Projekt einer anderen Moderne. Mit einem Vorwort zur zweiten Auflage.* Weilerswist: Velbrück Wissenschaft 2020.
229 Vgl. zu den Höhlengleichnissen ausführlich Ette, Ottmar: *Weltbewusstsein. Alexander von Humboldt und das unvollendete Projekt einer anderen Moderne,* S. 183–196.

für die Wissenschaft nutzlos unter und verschwanden zusammen mit einem befreundeten Kleriker in den Tiefen des Atlantischen Ozeans.

Der Schiffbruch des jungen Franziskaners Juan González im Jahre 1801, also noch während der Fortsetzung der Reise Humboldts und Bonplands, zeigte dem späteren Verfasser des *Kosmos* die Grenzen einer Wissenschaft auf, die von Europa aus und für Europa Daten und Informationen, aber auch Skelette und Schädel sammelte, um das *Sammeln* dieser Gegenstände bei der Feldforschung außerhalb Europas in möglichst vollständige *Sammlungen* verschiedenartigster Objekte in Museen, Archiven und Forschungszentren in Europa zu überführen. Durch den Tod des jungen Missionars, der wie Humboldt ein Vertreter des europäischen Denkens – wenn auch weniger ein Mann des wissenschaftlichen als des christlichen Glaubens – war, wird ein eigentümliches Licht auf den Transport der geraubten Toten geworfen, die letztlich in nichts anderes als in Artefakte, Daten und Materialien einer von Europa aus gesteuerten Wissenszirkulation verwandelt werden.

Der Schiffbruch als die Kehrseite einer globalisierten und doch noch immer scharf asymmetrischen (da europazentrischen) Wissenszirkulation untergräbt eine Wissenschaftskonzeption, deren Ideologeme – nicht anders als bei den Humboldt oft weiterhelfenden Missionaren und Ordensbrüdern – an die Bedürfnisse Europas rückgebunden bleiben. Die Forschung im außereuropäischen Feld wird vom Feld der Forschung in Europa kontrolliert. Die Subjekte in Amerika lebender oder verstorbener Indianer werden zu Objekten einer europäischen ‚Sammelwut', die seit der zweiten Phase beschleunigter Globalisierung keine Grenzen mehr kennt und den eigenen Wissensdurst über alles andere stellt. Wir haben gesehen, dass bereits ein Cornelius de Pauw vor dieser Wut, alles zu wissen und alles zu erfahren, frühzeitig gewarnt und darauf hingewiesen hatte, dass dieses Sammeln von Ergebnissen mit vielfältigen Zerstörungen, aber auch Verstörungen verbunden war. Die Anlage großer Museen überall in den Hauptstädten Europas diente keineswegs nur wissenschaftlichen Zwecken, sondern verkörperte symbolisch die Bedeutung der in ihnen repräsentierten Kolonialmächte.

Alexander von Humboldt war in diese Widersprüche einer Wissenschaft verwickelt, die sich parallel zu den kolonialen Eroberungen überall auf unserem Planeten ausbreitete und gleichsam einen wissenschaftlichen Eroberungsfeldzug durchführte. Diese Situation war ihm unterschwellig sicherlich bewusst, wurde aber immer wieder von seinen eigenen wissenschaftlichen Aktivitäten in den Hintergrund gerückt, ohne doch gänzlich zu verschwinden. So überrascht es nicht, wenn am Ende von Humboldts *Ansichten der Natur* die Ansicht einer Welt sich abzeichnet, in der die Natur sehr gut ohne den frevelnden Menschen auskommt:

So sterben dahin die Geschlechter der Menschen. Es verhallt die rühmliche Kunde der Völker. Doch wenn jede Blüthe des Geistes welkt, wenn im Sturm der Zeiten die Werke schaffender Kunst zerstieben, so entsprießt ewig neues Leben aus dem Schoße der Erde. Rastlos entfaltet ihre Knospen die zeugende Natur – unbekümmert ob der frevelnde Mensch (ein nie versöhntes Geschlecht) die reifende Frucht zertritt.[230]

So klingen Alexander von Humboldts *Ansichten der Natur* in einem durchaus düster anmutenden Gemälde der Menschheit inmitten der sie umgebenden und ständig neues Leben hervorbringenden Natur aus. Die zerstörerische Kraft einer Globalisierung, die schon im Verlauf ihrer ersten Beschleunigungsphase mehr als den Tod nur eines einzigen Indianerstammes zu verantworten hatte, und die nicht weniger wirksame Zerstörungskraft einer europäischen Wissenschaft, deren Anteil an der zweiten Phase beschleunigter Globalisierung – wie schon Cornelius de Pauw erkannte – alles andere als gering war, lassen das Bild eines von der stets zeugenden Natur beherrschten Planeten entstehen, von dem das nie versöhnte Menschengeschlecht eines Tages verschwunden sein könnte. Dies ist nichts anderes als eine späte Antwort Humboldts auf die Ausführungen de Pauws und jene Berliner Debatte, die mit der Akademierede Pernetys gegen de Pauw am 7. September 1769 just eine Woche vor der Geburt Alexander von Humboldts in Berlin begann.

Diese bohrenden, von Humboldt aber immer wieder in den Hintergrund gerückten Fragen gehen ein in seine ebenso an Detailkenntnissen reiche und reflektierte wie hintergründige Sichtweise der ersten Phase beschleunigter Globalisierung wie der menschlichen Entwicklung insgesamt. Führen wir ein letztes Mal einen Auszug aus Humboldts *Examen critique* an:

Wo hat die Geschichte der Völker eine Epoche aufzuweisen, der gleich, in welcher die folgenreichsten Ereignisse: die Entdeckung und erste Colonisation von Amerika, die Schifffahrt nach Ostindien und das Vorgebirge der guten Hoffnung und Magellan's erste Erdumseglung, mit der höchsten Blüthe der Kunst, mit dem Erringen geistiger, religiöser Freiheit und der plötzlichen Erweiterung der Erd- und Himmelskunde zusammentrafen? Eine solche Epoche verdankt einen sehr geringen Theil ihrer Größe der Ferne, in der sie uns erscheint, dem Umstand, dass sie ungetrübt von der störenden Wirklichkeit der Gegenwart, nur in der geschichtlichen Erinnerung auftritt. Wie in allen irdischen Dingen, ist auch hier des Glückes Glanz mit tiefem Weh verschwistert gewesen. Die Fortschritte des kosmischen Wissens wurden durch alle Gewaltthätigkeiten und Gräuel erkauft, welche die sogenannten *civilisirenden Eroberer* über den Erdball verbreiten.[231]

Größe und Gräuel, Glanz und Grauen der Globalisierung als zivilisatorischer Prozess, dessen Expansion die Eroberung involviert, sind in Humboldts Geschichts-

---

230 Humboldt, Alexander von Humboldt: *Ansichten der Natur*, S. 330.
231 Humboldt, Alexander von: *Kritische Untersuchungen*, Bd. 2, S. 337.

bild *und* Wissenschaftsverständnis nicht voneinander zu trennen. Diese Einsicht in die Widersprüchlichkeit der eigenen Situation als Wissenschaftler und als Beförderer einer weiteren wissenschaftlichen Eroberung unseres Planeten bricht sich in seinen Schriften immer wieder Bahn. Alexander von Humboldt war keineswegs ein naiver Vertreter eines unilinearen Fortschrittsglaubens im Sinne der europäischen Aufklärung.[232] Und er sah die europäische Zivilisation durchaus im Verbund mit jener Barbarei, die sie doch eigentlich zu bekämpfen vorgab und von der sie sich selbst so frei fühlte. Dies bedeutet freilich nicht, dass er schon hätte erahnen können, in welch grundlegender Weise Max Horkheimer und Theodor W. Adorno einmal von einer Dialektik der Aufklärung sprechen sollten, um die Barbarei der Zivilisation nach der Shoah und dem Grauen des Zweiten Weltkriegs verständlich zu machen.

Doch bleiben wir noch kurz bei der Humboldt buchstäblich verfolgenden Szenerie des Grabstätten-Raubes! Seiner eigenen glückenden Reise und Reiseliteratur ist – um nur dieses Element zu nennen – der Schiffbruch und Tod des jungen Franziskaners mahnend eingeschrieben. Das faszinierte Interesse Alexander von Humboldts ebenso für die Fehler im System des Christoph Columbus wie für deren geschichtsverändernde Produktivität stellt die Verbindung her zu einer ebenso globalisationsgeschichtlich wie geschichtsphilosophisch fundierten Wissenschaftskonzeption, welche die Widersprüche eben dieser Wissenschaft nicht übergeht. Mit Bedacht entwickelt der Verfasser der *Vues des Cordillères* über Jahrzehnte hinweg eine Epistemologie des (eigenen) Scheiterns, um ein Scheitern der (eigenen) Epistemologie zu verhindern.[233] So erst kann das Nicht-Erreichen eines Zieles oder das Scheitern im Sturm doch noch immer zum trotzigen Triumph einer Wissenschaft werden, die niemals an ihr Ende gelangen will und stattdessen ihr Glück darin sieht, niemals bei einem endgültigen Ziele anzukommen.

Gehen wir noch einmal kurz einen Schritt zurück und vergegenwärtigen wir uns die Ausgangsposition für Humboldts Denken über die Neue Welt im 18. Jahrhundert! Denn der 1769 geborene Alexander von Humboldt war ein Kind des Jahrhunderts der Aufklärung. Der Ehrenbürger der Stadt Potsdam, der freilich an der Universität Potsdam keine besondere *Fama* besitzt und noch immer mit seinem Werk kaum einmal in Lehrveranstaltungen auftaucht, hatte nicht von Anfang an einen intellektuellen Standpunkt besessen, von dem aus

---

232 Vgl. hierzu das Humboldt gewidmete Kapitel im fünften Band der Reihe „Aula" in Ette, Ottmar: *Aufklärung zwischen zwei Welten* (2021), S. 465 ff.
233 Vgl. hierzu Ette, Ottmar: Die Fehler im System und die Kunst des Scheiterns. Alexander von Humboldt oder das Glück, niemals anzukommen. In: Ingold, Felix Philipp / Sánchez, Yvette (Hg.): *Fehler im System. Irrtum, Defizit und Katastrophe als Faktoren kultureller Produktivität*. Göttingen: Wallstein Verlag 2008, S. 35–51.

er ein breites *Weltbewusstsein* entwickeln konnte. In Berlin wurde Humboldt übrigens später noch als in Potsdam Ehrenbürger; und ich durfte mich in meiner Zeit an der Universität Potsdam auch einmal als Ghostwriter für den Präsidenten der Humboldt Universität zu Berlin betätigen, der über eine der beiden Statuen vor seinem Hauptportal etwas Sinnvolles sagen wollte.

Diese Zeiten, in denen Humboldt nichts als ein ‚illustrer Unbekannter' war, sind glücklicherweise vorbei; doch die Erinnerung an Alexander von Humboldt, der ein Vierteljahrhundert lang ausführlichst in der Stadt Potsdam weilte und in einem Zwischengeschoss des mittlerweile wiedererrichteten Stadtschlosses ein stark beheiztes und – wie er es nannte – ‚warmes Loch' besaß, in dem er gut arbeiten konnte, ist weder im Selbstverständnis der Stadt Potsdam noch in der werbenden Außendarstellung unserer Stadt von irgend einer Bedeutung. Von hier aus reflektierte er über die ‚erste Entdeckung' der sogenannten Neuen Welt und mehr noch über deren Folgen, welche das Descubrimiento für die Welt, die Menschheit und insbesondere für Europa bis in seine eigene Zeit, aber auch für die künftige Entwicklung der Menschen auf diesem Planeten haben würde.

Denken wir also noch einmal kurz zurück an Cornelius de Pauw und an den Beginn seines „Discours Préliminaire" zum ersten, 1768 unter dem Namen eines „Mr. de P***" in Berlin erschienenen Bandes der *Recherches philosophiques sur les Américains*! Ein Jahr vor Humboldts Geburt ließ Cornelius de Pauw keinen Zweifel an der gleichsam weltgeschichtlichen Bedeutung der Fahrten des Christophe Colomb. Vergegenwärtigen wir uns noch einmal diese Szene der Bekräftigung der weltgeschichtlichen Bedeutung dieses Augenblicks:

> Es gibt kein denkwürdigeres Ereignis unter den Menschen als die Entdeckung von Amerika. Wenn man von den gegenwärtigen Zeiten in die entferntesten Zeiten hinaufsteigt, gibt es keinerlei Ereignis, das man mit diesem vergleichen könnte; & ohne Zweifel ist es ein großes & schreckliches Schauspiel, die eine Hälfte dieses Globus derart von der Natur benachteiligt zu sehen, insofern alles dort entweder degeneriert oder monströs war.[234]

Wir können an dieser Stelle sehr deutlich die Übereinstimmungen und die Abweichungen des neuen Amerika-Diskurses Alexander von Humboldts zusammenraffend überblicken. Denn mit dem 1739 in Amsterdam geborenen und zeitweise vielleicht ebenfalls an der neu gegründeten Göttinger Universität studierten Cornelius de Pauw[235] verband den ‚zweiten Entdecker' Amerikas sehr

---

234 Pauw, Cornelius de: *Recherches philosophiques sur les Américains*, Bd. 1, S. 2.
235 Vgl. hierzu Church, Henry Ward: Corneille de Pauw, and the controversy over his "Recherches philosophiques sur les Américains". In: *PMLA* (New York) LI, 1 (March 1936), S. 180f. sowie Beyerhaus, Gisbert: Abbé de Pauw und Friedrich der Große, eine Abrechnung mit Voltaire. In: *Historische Zeitschrift* (München – Berlin) 134 (1926), S. 465–493.

wohl die Einstufung des Descubrimiento als welthistorisches Ereignis, dem kein anderes an die Seite zu stellen sei. Aber ihn unterschied in fundamentaler Weise eine Sichtweise auf die Neue Welt, welche bei de Pauw rundweg inferiorisierend, bei Alexander von Humboldt jedoch gleichberechtigt und weder inferior noch superior, sondern schlicht von Europa verschieden und different perspektiviert war. Mit Alexander von Humboldt war auch ein für alle Mal die These von der Neuen Welt als weitaus später aus den Wassern gehobenem Kontinent ausgeräumt, auch wenn wir noch bei dem sich implizit auf de Pauw stützenden Hegel gesehen hatten, dass sich die Vorstellung von einer geologisch ‚neueren' Welt noch lange Zeit halten sollte.

Die von de Pauw ein ums andere Mal betonte und konstruierte Opposition zwischen zwei gänzlich voneinander verschiedenen Hemisphären erstreckte sich auf die naturräumliche Ausstattung des ‚alten' und des ‚neuen' Kontinents ebenso wie auf alles Leben, das sich in diesen beiden ‚Welten' entfalten konnte. Doch wissenschaftlich war diese These mit Humboldt definitiv passé und machte einer anderen, global vernetzten Sichtweise des amerikanischen Kontinents und seiner Bewohner Platz.

In seinem literarisch gestalteten und mit seinem ausgefeilten *Humboldtian Writing* verfassten *Opus Americanum* gelang es Humboldt, den zuvor durch sein rhetorisches Talent herausragenden und darum so einflussreichen Cornelius de Pauw jeglichen Anspruch auf Legitimität seines aufklärerischen Diskurses über die Neue Welt buchstäblich abzuschneiden. Denn während der in Amsterdam Geborene niemals in Amerika gewesen war, konnte Humboldt sich in all seinen Schriften auf eine lange und äußerst fruchtbare empirisch basierte Forschungsreise berufen, welche den Spekulationen eines philosophischen Systems der Aufklärung die ganze Kraft einer auf Erfahrung und beginnender Feldforschung aufruhenden Wissenschaft, die sich einer wohlüberlegten Ästhetik bediente, entgegenstellen konnte.[236]

Auf diese Weise standen sich im Humboldt'schen Amerika-Diskurs die Alte und die Neue Welt nicht länger unversöhnlich gegenüber. In seinem *Kosmos*, den Alexander von Humboldt just hier in Potsdam um die Mitte der dreißiger Jahre des 19. Jahrhunderts begann und dessen erster Band dann 1845, also vor bald einhundertundachtzig Jahren, mit einem auf Potsdam datierten Vorwort erschien, schrieb der in ganz Europa sich zuhause fühlende Berliner Wissenschaftler und Gelehrte also noch ein letztes Mal über die Folgen der Entdeckungen am

---

[236] Vgl. hierzu Ette, Ottmar: Die Geburt der Landschaft aus dem Geiste der Theorie: Alexander von Humboldts wissenschaftlich-künstlerische „Amerikanische Reisetagebücher". In: Ette, Ottmar / Drews, Julian (Hg.): *Landschaften und Kartographien der Humboldt'schen Wissenschaft*. Hildesheim – Zürich – New York: Georg Olms Verlag 2017, S. 13–59.

Ende des 15. Jahrhunderts. Humboldt versuchte im zweiten Bande seines *Kosmos* das neue Gefühl jener Epoche zu beschreiben, die wir heute als Renaissance beziehungsweise Frühe Neuzeit bezeichnen:

> Alles war damals dazu geeignet, den Geist gleichzeitig mit den großen Bildern des plötzlich erweiterten Weltraumes und der Erhöhung menschlicher Kräfte zu erfüllen. Wie in dem Altertume der mazedonische Zug nach dem Paropamisus und den waldreichen Flußtälern von Vorderindien, durch den Anblick einer reich geschmückten exotischen Natur, Eindrücke zuließ, deren Lebendigkeit sich nach Jahrhunderten noch in den Werken hochbegabter Schriftsteller offenbart, so wirkte zum zweitenmal, und selbst in einem höheren Maßstabe als die Kreuzzüge, auf die westlichen Völker die Entdeckung von Amerika. Die Tropenwelt mit der ganzen Üppigkeit ihrer Vegetation in der Ebene, mit allen Abstufungen des Organismus am Abhange der Kordilleren, mit allen Anklängen nördlicher Klimate in den bewohnten Hochebenen von Mexiko, Neugranada und Quito wurde nun zuerst den Europäern eröffnet. Die Phantasie, ohne deren Anregung kein wahrhaft großes Werk der Menschheit gedeihen kann, gab den Naturschilderungen von Columbus und Vespucci einen eigentümlichen Reiz. [...] Ich habe schon an einem anderen Orte, in den kritischen Untersuchungen über die Geschichte der Geographie des 15. und 16. Jahrhunderts, zu zeigen gesucht, mit welchem tiefen Naturgefühle der große Entdecker begabt war; wie er das Erdenleben und den neuen Himmel, die sich seinen Blicken offenbarten, mit einer Schönheit und Einfachheit des Ausdrucks beschrieb, die nur diejenigen ganz zu schätzen vermögen, welche mit der alten Kraft der Sprache jener Zeit vertraut sind.[237]

In dieser Passage seines *Kosmos* setzt sich Humboldt also zugleich mit der Wichtigkeit der räumlichen Erweiterung des Ideenkreises wie mit der spezifisch literarischen Darstellung jener für die Europäer neuen Teile der Weltkugel auseinander. Die sprachliche beziehungsweise literarische Dimension war Alexander von Humboldt, der selbstverständlich auch über eine philologische Ausbildung und einen reichen Wissens- und Erfahrungsschatz auf diesem Gebiet verfügte, überaus wichtig. Der preußische Gelehrte las viele der spanischen Chroniken und Reiseberichte keineswegs nur als historische Dokumente, sondern als sprachlich-literarische Artefakte. Humboldt war in diesen Dingen weiter als viele der Historiker unserer Zeit und dies trotz der Tatsache, dass seine eigenen Forschungen gerade zur Entdeckungsgeschichte einen Stand erreichten, der vielleicht in Deutschland erst wieder um die sechziger Jahre des 20. Jahrhunderts erreicht worden ist. Sein intratextueller Querverweis auf das *Examen critique* macht deutlich, dass sich der Berliner Forscher auf eine jahrzehntelange Publikationstätigkeit auf diesem Gebiet stützen konnte.

Lassen Sie mich nochmals betonen, dass über die historiographische Dimension hinaus sich Humboldt nicht zuletzt für die literarische, sprachliche und mentalitätsgeschichtliche, aber auch für die philosophische und weltgeschichtli-

---

[237] Humboldt, Alexander von: *Kosmos*, Bd. 2, S. 317 f.

che Dimension interessierte! Dies wird überdeutlich in einer späteren Stelle des *Kosmos*, immer noch im zweiten Bande freilich, wo Humboldt versuchte, die Ereignisse des 15. Jahrhunderts in eine Epochengliederung zu integrieren:

> Das 15. Jahrhundert gehört zu den seltenen Zeitepochen, in denen alle Geistesbestrebungen einen bestimmten und gemeinsamen Charakter andeuten, die unabänderliche Bewegung nach einem vorgesteckten Ziele offenbaren. Die Einheit dieses Strebens, der Erfolg, welcher es gekrönt, die handelnde Tatkraft ganzer Völkermassen geben dem Zeitalter des Columbus, des Sebastian Cabot und Gama Größe und dauernden Glanz. In der Mitte von zwei verschiedenen Bildungsstufen der Menschheit, ist das 15. Jahrhundert gleichsam eine Übergangsepoche, welche beiden, dem Mittelalter und dem Anfang der neueren Zeit, angehört. Es ist die Epoche der größten Entdeckungen im Raume, solcher, die fast alle Breitengrade und alle Höhen der Erdoberfläche umfassen. Wenn dieselbe für die Bewohner Europas die Werke der Schöpfung verdoppelt hat, so bot sie zugleich der Intelligenz neue und mächtige Anregungsmittel zur Vervollkommnung der Naturwissenschaften in ihren physischen und mathematischen Teilen dar.[238]

Alexander von Humboldt versucht in Wendungen, die ein implizites Voltaire-Zitat von der Verdoppelung der Schöpfung enthalten, den genauen Ort zu bestimmen, den die Entdeckungen innerhalb einer Globalgeschichte der Menschheit einnehmen. Der Übergang vom 15. zum 16. Jahrhundert wird in französischsprachigen und englischsprachigen Publikationen schon seit langer Zeit als „Les temps modernes" oder „Modern Times" bezeichnet. Wir können jenen Zeitraum, der sich mit Columbus, aber natürlich auch mit vielen anderen seiner Zeitgenossen und deren Erfahrungen eröffnet und dem Mittelalter eine deutliche Grenze setzt, als die *Neuzeit* bezeichnen und zugleich von jener *Moderne* absetzen, die aus meiner Sicht mit dem letzten Drittel des 18. Jahrhunderts beginnt – ganz in der Art, wie Michel Foucault die Episteme der Moderne herausstrich oder Jürgen Habermas das (unvollendete) Projekt der Moderne sich eröffnen sah. Mit diesen Bemerkungen sei an dieser Stelle die Verbindung ebenso zu meiner Vorlesung über ein transareales Verständnis der Aufklärung[239] wie über ein ebensolches der Romantik und des 19. Jahrhunderts insgesamt[240] hergestellt: Denn ich möchte, dass Sie gleichsam auf der Hintergrundfolie der Humboldt'schen Äußerungen den Gegenstand unserer Überlegungen in einer transareal angelegten Kultur- und Literaturgeschichte verorten können!

---

238 Ebda., Bd. 2, S. 382.
239 Vgl. hierzu den fünften Band der Reihe „Aula" in Ette, Ottmar: *Aufklärung zwischen zwei Welten* (2021), passim.
240 Vgl. hierzu den vierten Band der Reihe „Aula" in Ette, Ottmar: *Romantik zwischen zwei Welten* (2021), passim.

Dieses sogenannte *Projekt der Moderne*, bei Jürgen Habermas durchaus europazentrisch gedacht, lässt sich auf politischem Gebiet mit den Modernisierungen in der amerikanischen Hemisphäre in Verbindung bringen, konkret also mit den Unabhängigkeitsbestrebungen und schließlich der Überwindung des europäischen Kolonialismus durch die Umsetzung des Moderne-Projekts der Kreolen. Dieses kreolische Verständnis einer politischen und wirtschaftlichen Modernisierung lief letztlich auf jene Unabhängigkeitsrevolution hinaus, mit der wir uns im thematischen Rahmen dieser Vorlesung ausführlich beschäftigt haben.

Lassen Sie mich am Ausgang dieses Teiles unserer Vorlesung und auf dem Sprung zu anderen literarhistorischen Entwicklungen folglich noch einmal mit Hilfe von Humboldt einige Eckdaten in Erinnerung rufen! Dazu dient der nachfolgende Rückgriff auf eine Passage aus Humboldts zweitem Band des *Kosmos*, die zeigt, dass diese die gesamte Menschheit erfassende Entwicklung nicht aus dem Nichts kam, sondern letztlich in einer geschichtlichen Abfolge immer größerer Expansion im Raume steht, die letztlich vom Becken des Mittelmeeres ausging und sich dann schließlich auch auf eine andere Inselwelt, nicht mehr jene der Ägäis, sondern jene der Karibik, hin ausweiten sollte.

Denn es war kein Zufall, dass gerade die Struktur einer archipelischen *Inselwelt* und *Insel-Welt*[241] den Seefahrern des Mittelmeeres sehr gelegen kommen musste, konnten sie doch mit derartigen Raumstrukturen sehr gut umgehen und sie für ihre weitere Expansion nutzen. Lassen wir an dieser Stelle den Amerikahistoriker, aber auch den Globalhistoriker Alexander von Humboldt zu Wort kommen:

> Was aber, wie schon oft bemerkt worden, die geographische Lage des Mittelmeeres vor allem wohltätig in ihrem Einfluß auf den Völkerverkehr und die fortschreitende Erweiterung des Weltbewußtseins gemacht hat, ist die Nähe des in der kleinasiatischen Halbinsel vortretenden östlichen Kontinents; die Fülle der Inseln des Ägäischen Meeres, welche eine Brücke für die übergehende Kultur gewesen sind; die Furche zwischen Arabien, Ägypten und Abessinien, durch die der große Indische Ozean unter der Benennung des Arabischen Meerbusens oder des Roten Meeres eindringt, getrennt durch eine schmale Erdenge von dem Nildelta und der südöstlichen Küste des inneren Meeres. Durch alle diese räumlichen Verhältnisse offenbarte sich in der anwachsenden Macht der Phönizier und später in der der Hellenen, in der schnellen Erweiterung des Ideenkreises der Völker der Einfluß des Meeres als des verbindenden Elementes. Die Kultur war in ihren früheren Sitzen in Ägypten, am Euphrat und Tigris, in der kleinindischen Pentapotamia und in China in reiche Stromlandschaften gefesselt gewesen; nicht so in Phönizien und Hellas.

---

241 Vgl. zu dieser Unterscheidung Ette, Ottmar: Von Inseln, Grenzen und Vektoren. Versuch über die fraktale Inselwelt der Karibik. In: Braig, Marianne / Ette, Ottmar / Ingenschay, Dieter / Maihold, Günther (Hg.): *Grenzen der Macht – Macht der Grenzen. Lateinamerika im globalen Kontext*. Frankfurt am Main: Vervuert Verlag 2005, S. 135–180.

> In dem bewegten Leben des Griechentums, vorzüglich im ionischen Stamme fand der frühe Drang nach seemännischen Unternehmungen eine reiche Befriedigung in den merkwürdigen Formen des Mittelländischen Meerbeckens, in seiner relativen Stellung zu dem Ozean im Süden und Westen.²⁴²

Ich habe diese Stelle angeführt, um Ihnen zu zeigen, dass Alexander von Humboldt *von Mittelmeer aus* und damit in gewisser Weise altweltlich – wenn auch nicht notwendig europäisch – zentriert seine globalgeschichtliche ‚große Erzählung' beginnt, um auf diese Weise die Expansion der abendländischen Welt in alle Teile unseres Planeten *vektoriell* – und dies heißt: *bewegungs*geschichtlich – zu verorten. Auf diese Weise wird ein *Weltbewusstsein* konfiguriert, wie es sich im Verlaufe eines langen, jahrzehntelangen Forschens herauskristallisierte. Ich wünschte, ein derartiges Weltbewusstsein läge unseren heutigen Wissenschaften, sicherlich in einer aktualisierten Form, zu Grunde. Doch bislang sind diese bestenfalls in mehr oder minder statische *Area Studies* aufgeteilt.

Diesen aber sollten bewegungsgeschichtlich ausgerichtete *TransArea Studies* entgegengestellt werden, die zugleich auch über eine transdisziplinäre Fundierung verfügen, wie wir sie bereits in der *Humboldtian Science* vorgeprägt finden. Unsere ausführliche Beschäftigung mit dem amerikageschichtlichen Werk Alexander von Humboldts sollte uns den Blick für die Anlage unserer Vorlesung wie auch aller anderen Vorlesungen aus meiner Feder nochmals ins Bewusstsein rufen.

Das Humboldt'sche Projekt einer *anderen* Moderne²⁴³ hatte durchaus seine Grenzen, auch wenn der preußische Kultur- und Naturforscher seiner Zeit weit voraus war. Alexander von Humboldt war sich der Widersprüche und Fehler im System der (europäischen) Globalisierung wie seiner eigenen, der Humboldt'schen Wissenschaft wohl bewusst. Mehr noch: Er versuchte sie für sein Denken produktiv werden zu lassen und zu verstehen, wie diese Widersprüche wiederum in ein erneuertes System einzubeziehen wären. Für die Humboldt'sche Wissenschaft spricht, dass sie dieses Bewusstsein in der Form eines kritischen *Weltbewusstseins* ausfaltet, aus dessen Konzeption eines anderen Moderne-Projekts die Widersprüche keineswegs getilgt waren.

Diese Fähigkeit, die Kehrseite der insgesamt als positiv (und im Übrigen als irreversibel eingeschätzten) wissenschaftlichen Prozesse mitzudenken, zeigt sich nicht zuletzt auch an einem Punkt, der mit Blick auf die künftigen Lebensverhältnisse auf unserem Planeten als besonders dringlich erscheint: die Problematik

---

242 Humboldt, Alexander von: *Kosmos*, Bd. 2, S. 339f.
243 Vgl. hierzu Ette, Ottmar: *Weltbewusstsein. Alexander von Humboldt und das unvollendete Projekt einer anderen Moderne. Mit einem Vorwort zur zweiten Auflage.* Weilerswist: Velbrück Wissenschaft 2020.

der Existenz von Klimaveränderungen. Diese erscheint in der Humboldt'schen Wissenschaft nicht allein mit Blick auf die unkontrollierte Abholzung von Wäldern, wie sie historisch – wie wir sahen – bereits von Columbus angemahnt und von Humboldt wieder aufgegriffen und mit großer Dringlichkeit versehen worden war.

So stellte er also nicht nur in seinem *Examen critique* fest, dass schon Christoph Columbus – gleichsam in der doppelten Rolle eines europäischen Entdeckers, mithin als Zerstörer *und* als wissenschaftlicher Beobachter – festgehalten habe, dass die Luftfeuchtigkeit auf Grund der Zerstörung eines Teiles der Wälder in der Karibik spürbar abgenommen hatte.[244] Alexander von Humboldt begann vielmehr damit, einen tieferen Einblick in die *ökologischen* Veränderungen nicht nur der ersten, sondern auch der zweiten Phase beschleunigter Globalisierung zu gewinnen und zu formulieren, wo sich Entwicklungen abzeichneten, die künftig zu größeren Problemen führen müssten.

Ich möchte am Ende unserer Ausführungen zum preußischen Kultur- und Naturforscher Alexander von Humboldt ein einziges Beispiel herausgreifen. So hielt er etwa im Kontext seines Entwurfs (und seiner Praxis) einer weltweit ausgerichteten multiparametrischen Klimaforschung im dritten Band seiner *Asie centrale*, am Ende des eigentlichen Hauptteils, mit großer Entschiedenheit und für uns Heutige als Mahnung fest:

> Ich hätte meine Überlegungen zu den absorbierenden und abstrahlenden Mächten des Erdbodens, von denen im allgemeinen das Klima der Kontinente und der Abnahme der Hitze in der Luft abhängt, mit der Untersuchung der Veränderungen abschließen können, welche der Mensch an der Oberfläche der Kontinente hervorruft, indem er die Wälder abholzt, indem er die Verteilung der Gewässer verändert, indem er in den Zentren industrieller Kultur große Massen an Dämpfen und gasartigen Substanzen in die Atmosphäre entlässt. Diese Veränderungen sind ohne Zweifel wichtiger, als man dies im allgemeinen einräumt, aber in der unermesslichen Veränderbarkeit der Gründe, welche gleichzeitig wirksam sind und von denen der Typus der Klimate abhängt, sind die wichtigsten nicht kleinräumig begrenzt: Sie hängen ab von Parametern der Position, der Konfiguration und der Höhe des Erdbodens, vom Vorherrschen von Winden, über welche die Zivilisation wenig fühlbaren Einfluss ausübt.[245]

Gewiss konnte Alexander von Humboldt vor hundertundachtzig Jahren noch nicht die ganze Wucht jenes komplexen Prozesses überblicken, der durch langanhaltende menschliche Eingriffe, aber auch durch die der Industriellen Revo-

---

244 Vgl. Humboldt, Alexander von: *Examen critique de l'histoire de la Géographie du Nouveau Continent et des progrès de l'astronomie nautique aux quinzième et seizième siècles*. Bd. 1. Paris: Librairie de Gide 1837, S. 537 f.
245 Humboldt, Alexander von: *Asie Centrale*, Bd. 3, S. 346 f.

lution entstammende „culture industrielle" zu damals bereits wahrnehmbaren ökologischen Veränderungen und zu Störungen im Gleichgewicht der natürlichen Kräfte geführt hatte. Auf seiner Reise durch die amerikanischen Tropen hatte Humboldt mehrfach ökologische Schäden konstatiert und analysiert, was lange Zeit von der allgemeinen wie der Humboldt-Forschung vollständig ignoriert wurde. Erst im Verlauf der beiden zurückliegenden Jahrzehnte entstand eine durch die Klimakrise geschärfte Aufmerksamkeit für die vielen Passagen, in denen sich Humboldt in seinen Werken mit ökologischen Problemen und den Veränderungen des Weltklimas auseinandersetzt.

Es ist aber faszinierend zu sehen, wie reflektiert und frühzeitig Humboldt auch auf diesem Gebiet immer wieder die Kehrseite der Globalisierung in sein Denken miteinbezog und zugleich der Wissenschaft eine klare geoökologische Agenda vorlegte. Diese Agenda hat die Wissenschaft sehr spät, vielleicht zu spät, in ihrer Dringlichkeit erkannt. Warnte Alexander von Humboldt nicht vor einem Planeten, von dem das ständig im Streit befindliche Menschengeschlecht gewichen sein würde?

Humboldts Epistemologie des Scheiterns, die Einbeziehung nicht nur der Triumphe, sondern auch der Schiffbrüche macht sein Œuvre, das gleichsam zwischen Alter und Neuer Welt entstand, zu einem Orientierungspunkt für all jene, die Moderne nicht als ein nationales oder bestenfalls klein-gekammert-europäisches Projekt diskutieren, sondern im Kontext aufeinander folgender Phasen beschleunigter Globalisierung verstehen. Im Sinne seines umfassenden Weltbewusstseins lässt sich Alexander von Humboldt als ein ethisch fundierter Forscher begreifen, der mit Hilfe der von ihm entwickelten transdisziplinären Humboldt'schen Wissenschaft die Problematik ökologischen Gleichgewichts auf der Erde begriff und als Thematik definierte, mit der sich die Menschheit schnellstmöglich auseinandersetzen müsse.

Alexander von Humboldts Denken belegt eindrucksvoll, wie wichtig die produktive Einbeziehung gerade jener Aspekte und Phänomene ist, an denen ein Scheitern des Projekts der Globalisierung sichtbar gemacht werden kann. Seine Untersuchungen und Reflexionen über die geschichtlichen, gegenwärtigen und künftigen Lebensbedingungen auf unserem Planeten, die sich bei ihm oft mit dem Gedanken der Migration von Pflanzen wie der von Menschen verbinden, belegen die Relevanz eines Wissens und einer Wissenschaft, welche Globalisierung und Lebensbedingungen im Zeichen der Bewegung zusammenzudenken vermögen.

TEIL 6: **Die Erfindung zweier Amerikas:
Die Amerikas von der Mitte des
19. bis Anfang des 20. Jahrhunderts**

Zur Entstehung eines neuen zweigeteilten Amerika-Bildes im 19. Jahrhundert

Der Amerika-Diskurs Alexander von Humboldts war für die Sichtweise der Neuen Welt aus europäischer Perspektive vom 19. Jahrhundert bis in unsere aktuelle Gegenwart von größter Wichtigkeit. Der ‚Geschichtsschreiber Amerikas', wie Humboldt sich selbst einmal nannte, prägte einen Diskurs, in dem die amerikanische Hemisphäre nicht mehr ein inferiores Objekt im Spiel europäischer Gewalten war – wie dies noch im 18. Jahrhundert der Fall gewesen war –, sondern in dem sich eine Subjekt-Werdung des Kontinents und seiner Bewohner vollzog, welche sich ebenso auf die altamerikanische, präkolumbische Vergangenheit bezog wie sie sich auf Gegenwart und Zukunft der Neuen Welt und ihrer Bewohner richtete.

Ich kann an dieser Stelle nicht darauf eingehen, wie komplex differenzierend Alexander von Humboldt die iberisch geprägte Welt Amerikas dachte und in welchem Maße seine Formulierung von „L'Amérique de l'Europe latine" den sich um die Mitte des 19. Jahrhunderts herausbildenden Terminus *Lateinamerika* vorstrukturierte. Doch Humboldt sprach ebenso von einem iberisch oder slawisch wie von einem angelsächsisch oder germanisch geprägten, ebenso von einem indigen wie von einem ‚afrikanisch' bestimmten Amerika, die in seiner Sicht durchaus grundlegend unterscheidende Merkmale gerade auch mit Blick auf eine künftige Entwicklung aufwiesen.

All diesen Begriffen und Bestimmungen war freilich kein epistemischer Status im Gesamtwerk Alexander von Humboldts zuzuweisen; und anders als der Begriff ‚Lateinamerika' setzten sie sich auch nicht beim breiten Publikum durch. Dies lag nicht zuletzt daran, dass bereits in der ersten Hälfte des 19. Jahrhunderts eine Zweiteilung in der Sichtweise des Neuen Kontinents erfolgte, deren vom romanischen Raum ausgehende, aber nicht auf diesen beschränkt bleibende Geschichte ich nun kurz nachzeichnen möchte.[1]

Um das sich verändernde Verhältnis Europas zu den Amerikas im Norden und den Amerikas im Süden genauer untersuchen und um philosophisch-literarische Entwicklungen daraus ableiten zu können, ist es sicherlich angebracht, auf Reiseberichte aus der ersten Hälfte des 19. Jahrhunderts – bevorzugt

---

1 Ich habe dies ausführlich getan im vierten Band der Reihe „Aula" in Ette, Ottmar: *Romantik zwischen zwei Welten* (2021), Teil 3: Romantik zwischen zwei Welten, S. 251 ff. Ich möchte in diesem Abschnitt meiner aktuellen Vorlesung zu den Findungen und Erfindungen der Amerikas auf dieses Kapitel zurückgreifen, aber lediglich die für unsere Themenstellung entscheidenden Aspekte herausarbeiten und in einem anderen Lichte erscheinen lassen.

aus der Romania – zurückzugreifen. Der Topos von der *Historia magistra vitae* war – wie unter anderem die Forschungen von Reinhart Koselleck gezeigt haben[2] – am Ausgang des Jahrhunderts der Aufklärung abgelöst worden von einem offenen, zukunftsorientierten Zeithorizont, der die Zyklen früherer geschichtlicher Vorstellungen teilweise relativierte, teilweise hinter sich ließ.[3]

Diese signifikanten Veränderungen des Verhältnisses von Raum und Zeit generierten zahlreiche Umbesetzungen in der Episteme der Moderne. Innerhalb einer derart gewandelten Zeitvorstellung wurde auch das Reisen durch die Zeit vermittels eines Reisens durch den Raum möglich, konnten doch an einem anderen Ort gleichsam die früheren Zustandsformen der allgemeinen Entwicklung der Menschheit – so schien es – besichtigt werden; zumindest dann, wenn man von einer einsträngigen und linearen Geschichte einer einzigen Menschheit ausging. Wir werden an einem derartigen homogenen Modell noch Kritik üben und Beispiele für andere *Modernen* sehen, die sich nur zum Teil an der *europäischen* Moderne ausrichten. Doch derartige Vorstellungen mit dem europäischen Teil der Menschheit an der Spitze des Fortschritts dominierten in allen Ländern Europas. Wir werden im Folgenden gleich zwei gegenläufige, aber kompatible Entwürfe und Zeitprojektionen kennenlernen, welche das Bild der Amerikas im Horizont veränderter Zeitvorstellungen grundlegend veränderten. Beide Entwürfe wurden von einer Französin und von einem Franzosen vorgetragen, also von Europäern, welche ihre Projektionen freilich auf der Grundlage ihrer eigenen Reisen in die Amerikas vorschlugen.

Doch versuchen wir auch an dieser Stelle unserer Vorlesung, nicht unvermittelt ins 19. Jahrhundert zu reisen, sondern uns einen geschichtlichen Vorlauf in der gebotenen Kürze zu erschließen. So versuchte bereits in der zweiten Hälfte des 17. Jahrhunderts Jean-Baptiste Du Tertre[4] insbesondere in seiner vierbändigen *Histoire générale des Antilles habitées par les François* (1667–1671), in seinen Überlegungen zum „bon sauvage" Erkenntnisse über die Entwicklung des Menschengeschlechts ausgehend von Beobachtungen in der Fremde zu gewinnen. Dabei wurden die Differenzen zwischen Alter und Neuer Welt ganz selbstverständlich auch auf Ebene der Zeit konnotiert.

---

2 Vgl. Koselleck, Reinhart: Historia Magistra Vitae. Über die Auflösung des Topos im Horizont neuzeitlich bewegter Geschichte. In (ders.): *Vergangene Zukunft. Zur Semantik geschichtlicher Zeiten.* Frankfurt: Suhrkamp 1979, S. 54.
3 Vgl. Foucault, Michel: *Les mots et les choses.* Paris: Gallimard 1966.
4 Vgl. Funke, Hans-Günter: 'Barbare cruel' o 'bon sauvage'? La funcionalización ambivalente de la imagen del indio en la 'Histoire générale des Antilles' (1667–1671) del Padre du Tertre. In: *Dispositio* (Ann Arbor) XVII, 42–43 (1992), S. 73–105.

So wurde es bereits in einer frühen Form neuzeitlichen Denkens möglich, Wissen über die Vorgeschichte des Eigenen durch eine Art rückwärtsgerichtete Zeitreise zu erhalten, sich mithin auf der Zeitskala einer allgemeinen Geschichte der Menschheit vermittels gezielter Reisen zu bewegen. Die Reise im Raum ermöglichte die Reise in der Zeit.[5] Im Anschluss an den Pater Fritz und andere intertextuelle bezugstexte entfaltete der kubanische Schriftsteller Alejo Carpentier dieses Modell einer Zeitreise in den Tropen der Amerikas in seinem wiederholte Zeitreisen gestaltenden Roman *Los pasos perdidos*. Dort gelingt es einem Musikologen, die Spuren in eine längst vergangene Epoche der Menschheitsgeschichte in der Jetztzeit aufzunehmen und durch eine Bewegung im Raum die angestrebte Bewegung in der Zeit auszulösen.

Noch in Claude Lévi-Strauss' auf Brasilienaufenthalten des französischen Anthropologen in den dreißiger Jahren des 20. Jahrhunderts basierenden *Tristes Tropiques* lassen sich viele derartige Elemente einer Zeitreise zurück in die Anfänge des Menschengeschlechts herausarbeiten. Wir werden uns noch kurz mit dem französischen Vorzeige-Strukturalisten, Philosophen und Anthropologen auseinandersetzen. Es handelt sich folglich um europäische Vorstellungen, die keineswegs nur in der Sattelzeit des 19. Jahrhunderts Bestand hatten: Die freie Gestaltung der vierten Dimension der Reise, also der Zeit, ist vielmehr eine menschliche Wunschvorstellung, die sich quer durch die europäischen Literaturen zieht.

Doch ist nicht allein die Reise rückwärts, sondern auch vorwärts in der Zeit möglich. Literarische Beispiele hierfür ließen sich leicht häufen. Einen überaus einflussreichen Versuch einer derartigen Zeitreise in die Zukunft Europas durch eine Reise nach Amerika werden wir uns auf den nachfolgenden Seiten näher ansehen. Gleichzeitig kann auch die eigene Gegenwart durch die Beschäftigung mit dem Anderen als künftige Vergangenheit beleuchtet werden. Ein Beispiel hierfür – und ein aus Sicht des Gegenstandes unserer Vorlesung bis heute faszinierendes Exempel – ist das Hauptwerk des französischen Historikers und Politikers Alexis de Tocqueville, das im Anschluss an eine Reise in die Vereinigten Staaten von Amerika entstand. Da ich bereits in unserer Vorlesung über die Romantik zahlreiche Biographeme Tocquevilles vorgestellt habe, möchte ich mich im Folgenden auf das Wichtigste beschränken.

Alexis Charles Henri Clérel, comte de Tocqueville, wurde am 29. Juli 1805 in Verneuil-sur-Seine im Département Yvelines in eine royalistisch denkende Adels-

---

5 Zu den theoretischen Hintergründen dieser mobilen Konfiguration vgl. die Ausführungen zur vierten Dimension des Reiseberichts in Ette, Ottmar: *Literatur in Bewegung. Raum und Dynamik grenzüberschreitenden Schreibens in Europa und Amerika*. Weilerswist: Velbrück Wissenschaft 2001.

familie geboren. Sein Hauptwerk beruhte auf der Grundlage der von Mai 1831 bis Februar 1832 gemeinsam mit seinem Freund Beaumont unternommenen Reise in die Vereinigten Staaten von Amerika. Bei *De la démocratie en Amérique* – Sie bemerken unschwer, dass die USA in dieser Schrift bereits im Titel mit ‚Amerika' gleichgesetzt werden! – handelt es sich um ein geschichtliches und zugleich politisches Werk, in welchem der junge französische Adelige auf der Grundlage seiner Reiseerfahrungen die Demokratie in den USA und – so ließe sich sagen – zugleich die Zukunft Frankreichs und Europas zu beschreiben versuchte. Der erste Teil wurde 1835, der zweite Teil 1840 veröffentlicht. Was aber berechtigte Alexis de Tocqueville zu dieser kühnen Zeitprojektion?

Abb. 57: Théodore Chassériau: Portrait von Alexis de Tocqueville (1805–1859).

Nun, die Grundthese seines Hauptwerkes beruht darauf, dass der zum Zeitpunkt seiner Reise in die USA noch junge französische Historiker in der US-amerikanischen Demokratie seiner Zeit egalitäre Tendenzen verwirklicht sah, welche sich nach seinem Dafürhalten in Frankreich bereits abzeichneten und die sich in Zukunft in ganz Europa durchsetzen würden. Die Reiseerfahrung in den Vereinigten Staaten von Amerika beruhte folglich auf einer scharfen Analyse politischer Tendenzen in Europa.

Sein Oeuvre stellte mithin in Raum und Zeit ein gemeinsames Spannungsfeld zwischen Alter und Neuer Welt her, gab diesem transatlantischen Bewegungsraum aber einen klaren historischen Zeitpfeil mit. Diese temporale Vektorizität war eine wichtige Einsicht, wurden mit *De la démocratie en Amérique* doch die USA erstmals zum Schrittmacher einer politischen Entwicklung, der man auch in Europa früher oder später werde folgen müssen. Es handelt sich dabei um eine Vorstellung, welche zweifellos das gesamte 20. Jahrhundert dominieren sollte und bei einigen politischen Parteien in Europa wohl noch immer vorherrscht, aber insgesamt in unserer Epoche – wohl um die Jahrtausendwende – mehr als brüchig geworden ist. Diese Vorstellung lautet: Schaue in die USA, dann erblickst Du die Zukunft Europas! Kennen Sie diese Vorstellung und Vorgehensweise? Und können Sie heute noch etwas damit anfangen?

Auf diese Fragen mögen Ihre Antworten verschieden ausfallen: Für Alexis de Tocqueville jedenfalls ging es vorrangig darum, die konkrete Verfassungswirklichkeit einer auf Egalitarismus gründenden Demokratie in den Vereinigten Staaten in ihren gesellschaftlichen und politischen Folgen einzuschätzen und dabei Vergleiche mit der französischen Geschichte mit Blick auf zukünftige Entwicklungen zu ziehen. Wir sind nur knapp sieben Jahrzehnte entfernt von Cornelius de Pauws repräsentativem Sprachgebrauch, der die ‚Amerikaner' mit den indigenen Völkern identifizierte. Doch wieviel hatte sich im Verlauf der zweiten Phase beschleunigter Globalisierung verändert!

Bei seinen Untersuchungen interessierte sich Alexis de Tocqueville stark für das Prinzip der Volkssouveränität sowie für die von der staatlichen Struktur beförderten Chancen einer politischen und gesellschaftlichen Partizipation innerhalb eines demokratischen Systems, das nicht von einer Elite, sondern von einer Masse beherrscht werden sollte und wurde. Tocqueville sah die USA erstmals an der Spitze einer epochalen Entwicklung, welche die westlichen Gesellschaften des 19. und des 20. Jahrhunderts prägen sollte: Die Reise in die USA war für ihn folglich nicht eine Reise in die Vergangenheit Europas, sondern ganz im Gegenteil eine Zeitreise in die Zukunft eines Europa, welche durch die Erfahrung der USA konkret beleuchtet und erhellt wurde. Auf dieser Zeitreise beruhte sein Bild von dem, was er im Norden des Kontinents *vorfand*, aber vor allem das, was er ausgehend von seinen Reiseerfahrungen *erfand*. Denn wir haben es zweifelsohne mit einer komplexen literarischen Erfindung zu tun, die freilich so sehr die Züge der gesellschaftlichen und politischen Wirklichkeit reflektierte, dass sie das künftige Bild, das man sich in Europa von den Vereinigten Staaten machte, für lange Jahrzehnte ganz wesentlich prägte.

Es ist aus heutiger Sicht überaus spannend, das von Tocqueville analysierte demokratische System und die historische Herausbildung der verfassungsmäßigen „Checks and Balances" zu sehen; ein System, das in seiner Abhängigkeit von einer zunehmend plutokratischen politischen Spitze und in der eindeutig imperialistischen Ausrichtung am Ende des 19. Jahrhunderts von José Martí in seinen *Escenas norteamericanas* analytisch präzise beschrieben wurde. Einen kleinen Einblick in diese Problematik werden wir im weiteren Verlauf dieses Teiles unserer Vorlesung noch gewinnen. In Anknüpfung an Tocqueville sind dies Darstellungen und Analysen aus der Feder Martís, welche uns in den Zeiten einer oligarchischen Bloßlegung dieses demokratischen Systems unter der Präsidentschaft von Donald Trump nachhaltig bestätigt wurden und ebenfalls nur wenig von ihrer Aktualität eingebüßt haben. Meine These in diesem Zusammenhang freilich ist, dass die USA nicht erst unter Trump aufgehört haben, eine Folie zukünftiger Entwicklung vieler europäischer Länder zu sein.

Alexis de Tocqueville interessierte sich besonders für die gesellschaftliche Elite des Landes angesichts des offensichtlichen Fehlens eines alteingesessenen Adelsstandes, ein Fehlen, mit dem der französische Adelige einen gewissen

Niedergang geistiger Kultur verband. Doch richtete sich sein Interesse auch auf ein Parteiensystem, das grundlegend anders ausgerichtet war als in seiner französischen Heimat. Den unbezweifelbaren Vorzügen eines freiheitlichen Staatswesens stehen nach Ansicht von Tocqueville jene Gefahren gegenüber, welche von einer egalitären Masse und deren – heute würden wir sagen: populistischen – Meinungsschwankungen ausgehen könnten. Wir bewegen uns hier auf einem Terrain, das zwar die vergangene Zukunft de Tocquevilles, zugleich aber schlicht unsere heutige Gegenwart ist.

In diesem Zusammenhang möchte ich betonen, dass Tocqueville von einer höchst konservativen Perspektivik aus sehr wohl jene Schwachpunkte eines demokratischen Systems ausmachte, die sich in unserer Zeit unter zweifellos grundlegend veränderten gesellschaftlichen und wirtschaftlichen Bedingungen als brandgefährlich erweisen sollten. Tocqueville erkannte dies mit scharfem Blick und warnte eindringlich vor Demagogen und Volksverhetzern, welche sich die offenkundigen Schwächen dieses Systems zu Nutze machen könnten. Der Franzose wagte folglich einen Blick in die Zukunft, der uns heute alles andere als gewagt erscheint: Diese Zukunft, unsere Gegenwart, hat in vielem Tocquevilles Kritikpunkten Recht gegeben.

Auch sonst sparte der französische Historiker bei aller Bewunderung nicht mit Kritik am demokratischen System der USA und seinen zyklischen Wahlperioden. Zu uns spricht nicht etwa ein Freudiger Verfechter dieser Demokratie, sondern einer, der ihr baldiges Heraufziehen in vielen Ländern Europas nur für unausweichlich hielt. Es ist aus heutiger Sicht beeindruckend, mit welcher Weitsicht und Scharfsichtigkeit er gesellschaftspolitische Entwicklungen kommen sah, die schon im 19. Jahrhundert virulent wurden, die aber auch noch in der Gegenwart die US-amerikanische Öffentlichkeit und ihre Medien in Aufregung halten oder gar erschüttern. Einen Populisten wie Trump konnte Tocqueville nicht erahnen, die Mechanismen seines politischen Aufstiegs aber schon.

Gewiss kann uns der elitäre und gegen die demokratische Masse gerichtete Gestus mancher Kritiken Tocquevilles heute nur noch fremd sein; doch seine kühl und analytisch vorgetragenen Kritikpunkte verdienen es in überwiegender Mehrzahl, auch heute noch ernst genommen zu werden. Tocquevilles Findungen und Erfindungen beruhen auf einer empirisch fundierten Faktenanalyse, wie man sie sich heute von unseren Politologen nur wünschen könnte. Wenn wir sie mit jenen fundamentalen Kritikpunkten verbinden, welche ein José Martí vor dem Hintergrund des imperialistischen Ausgreifens der USA auf die Karibik, Mittel- und Südamerika entfaltete, dann können wir noch heute eine Vielzahl an Themen ausfindig machen, welche die damals künftige Entwicklung der Vereinigten Staaten durchaus sorgenvoll beleuchten.

Bei aller inneren Distanz, bei allen politischen Vorbehalten, welche der Franzose gegenüber der Demokratie in den Vereinigten Staaten von Amerika hegte: Insgesamt ist Alexis de Tocqueville von der vereinigenden, große Teile der Bevölkerung zusammenführenden Kraft und Stärke des demokratischen Systems in den USA fest überzeugt. Aus globalpolitischem Blickwinkel erkannte Tocqueville in den Russen und in den US-Amerikanern jene beiden großen Völker und Länder, die schon bald Anspruch auf die Weltherrschaft erheben würden. Es ist faszinierend zu sehen, wie ebenso Alexander von Humboldt wie Alexis de Tocqueville ihre Visionen Amerikas nicht ohne einen globalgeschichtlichen Kontext zu erfinden wagten und wie sie daher versuchten, die künftigen politischen Entwicklungen vorherzusehen. Bei der Vorhersage der *politischen* Entwicklungen war der Franzose zweifellos präziser als der preußische Historiker, der sich oft in seinen Annahmen vom politisch Künftigen irrte.

Auch wenn Tocquevilles weltpolitische Prophezeiungen sich insgesamt im 20. Jahrhundert erfüllen sollten, lag der Schwerpunkt von *De la démocratie en Amérique* unverkennbar – wie im Titel des Werkes schon ausgedrückt – doch auf der Entfaltung des demokratischen Systems in den Vereinigten Staaten von Amerika. Am Beispiel der USA versuchte der Franzose zudem, vor künftigen Fehlentwicklungen der Demokratie in Frankreich und Europa zu warnen und Alarm zu schlagen, verstand seine Reise also auch als eine präventive Zeitreise, insoweit er in den USA Fehler und Fehlentwicklungen auszumachen suchte, die es künftig in seinem Heimatland wie in Europa insgesamt zu vermeiden gelte. ‚Amerika' wird von ihm dabei stets mit den Vereinigten Staaten identifiziert; andere Teile der amerikanischen Hemisphäre rücken nicht in seinen Bildausschnitt.

Eine Gefahr für die Demokratie erblickte Tocqueville vor allem in den aufstrebenden Magnaten der US-amerikanischen Industrieentwicklung; eine Prophezeiung, die zum Zeitpunkt José Martís längst Wirklichkeit geworden war, kritisierte der Kubaner doch ebenso eindringlich wie Tocqueville die oligarchischen und plutokratischen Strukturen, welche im Übrigen bis heute die demokratischen Grundlagen der USA bedrohen. Dabei ist spannend zu sehen, dass ebenso Tocqueville wie Martí sorgsam zwischen den USA und dem Rest Amerikas unterschieden, wobei der Franzose dem ‚Rest' mit Interesselosigkeit begegnete, während sich Martí vor allem um das kümmerte, was er als ‚Unser Amerika', als *Nuestra América*, bezeichnete.

Man übertreibt sicherlich nicht, stellt man Alexis de Tocqueville als einen feinsinnigen aristokratischen Anhänger eines demokratischen Systems in den USA dar, der frühzeitig vor den Gefahren einer Massendemokratie warnte, dessen Prophezeiungen sich auch in der *longue durée* historisch bewahrheiteten und der noch heute eine kritische Sichtweise demokratischer Prozesse unter dem Einfluss oligarchischer und demagogischer Strukturen und Tendenzen entfaltet. Seine Reise in die Vereinigten Staaten von Amerika war eine Reise vorwärts in der Zeit: Er querte den transatlantischen Raum, um in die Zukunft zu gelangen. Diese Sichtweise des Franzosen machte die Vereinigten Staaten von Amerika zum Land der Zukunft.

Alexis de Tocqueville erkundete in seinem grundlegenden Werk jene Möglichkeiten, welche die demokratische Verfassung der Vereinigten Staaten für die europäischen Nationen und insbesondere für Frankreich bereithielt, welches also jene künftigen Aspekte seien, die man erhoffen dürfe oder befürchten müsse.[6] Einen wichtigen Ausgangspunkt stellte dabei eine schlichte Frage dar: „Wohin führt unsere Reise?" Wohin also entwickeln sich die Gesellschaften jenes Raumes, den man heute als den *Westen* bezeichnet?

> Glaubt man etwa, dass die Demokratie, nachdem sie den Feudalismus zerstört und die Könige besiegt hat, vor den Bürgern und den Reichen zurückweichen wird? Wird sie nun, da sie selbst so stark und ihre Gegner so schwach geworden sind, einfach stehenbleiben? Wohin gehen wir also? Niemand wüßte dies zu sagen; denn uns fehlen bereits die Vergleichspunkte: Die Lebensumstände (*conditions*) sind heutzutage unter den Christen gleicher, als dies je zu einer anderen Zeit oder in einem andren Land der Welt der Fall war; so verhindert die Größe dessen, was schon getan ist, die Voraussage dessen, was noch getan werden kann. [...] Es tut nicht not, dass Gott selbst spricht, damit wir sichere Zeichen seines Willens erhalten; es genügt zu untersuchen, welches der gewöhnliche Gang der Natur und welches die beständige Tendenz der Ereignisse ist.[7]

Es ist erstaunlich, wenn man sich die offenkundigen, aber Tocqueville sicherlich nicht bewussten Parallelen zur *Carta de Jamaica* des Simón Bolívar ansieht, dass nämlich der Franzose wie der „Libertador" nach der epochenspezifischen Gewinnung einer radikalen Offenheit der Zukunft jegliches historisches Beispiel vermissen, an dem sie sich noch orientieren könnten, um den weiteren Verlauf der Geschichte vorherzusagen. Mag bei Bolívar noch der Zusammenbruch des Römischen Reiches ein der Antike entnommenes Beispiel sein, von dem er sich gleichwohl abgrenzt, so ist es bei Tocqueville notwendig, ganz eigenständig in die Zukunft zu blicken, um deren weiteren Verlauf auf der Basis bereits bekannter Daten und empirischer Fakten abschätzen zu können. Für beide Denker ist die Zukunft offen und zugleich vom Menschen gestaltbar.

Das obige Zitat zeigt zu einem frühen Zeitpunkt die vollständig ausgebildete Einsicht in eine absolute Offenheit von Bewegungen in die Zukunft. Es

---

6 Vgl. hierzu auch Neumeister, Sebastian: Alexis de Tocqueville. In: Lange, Wolf-Dieter (Hg.): *Französische Literatur des 19. Jahrhunderts*. Heidelberg: Quelle & Meyer 1980, Bd. 2, S. 85.
7 Tocqueville, Alexis de: *De la démocratie en Amérique*. Paris: Pagnerre 1848, Bd. 1, S. 8.

handelt sich um eine Zukunftsoffenheit, die sich nicht mehr an vorgegebenen Modellen und Vorbildern zu orientieren vermag. Diese aufschlussreiche Passage mit der Frage danach, wohin die Reise einer spezifischen Gesellschaft, aber auch der Menschheit insgesamt gehen wird, ist folglich zentrale Ausdrucksweise einer europäischen Moderne – und vielleicht mehr noch von Modernen überhaupt: Es geht darum, die Zukunft buchstäblich zu *erfinden*!

Die epochenspezifische Erfahrung einer historischen Entwicklung, die sich zunehmend den bekannten Vorbildern entzieht und gerade im nachrevolutionären Frankreich der *Historia* als *Magistra Vitae* jegliche Legitimation abspricht,[8] führt hier – die Formel *Où allons-nous donc?* scheint es bereits anzudeuten – zu einer Ausweichbewegung im Raum: Eine Untersuchung der Demokratie in den Vereinigten Staaten soll Aufschluss geben über deren künftige Entwicklung in Europa. Die Vereinigten Staaten von Amerika erscheinen als das Europa der Zukunft und die Erfindung möglicher Zukünfte erhält eine empirische Grundlage.

So wird die Reise gen Westen zu einer politischen Zeitmaschine, die Alexis de Tocqueville wohl als erster in einer langen, erst heute vermutlich definitiv abbrechenden Reihe von Reisenden in Gang setzte. Die USA erscheinen als ‚Amerika' – als der Kontinent der Zukunft. Gleichwohl sind sie doch nur *ein* Teil eines Kontinents, *ein* Teil einer Hemisphäre. Sind deutsche oder italienische Reiseberichte der Nachkriegszeit aus und über die Vereinigten Staaten in dieser Traditionslinie nicht auch häufig Erkundungsreisen gewesen, welche sich weniger um ein Verständnis der aktuellen Bedingungen des Fremden als um eine Reflexion der künftigen Möglichkeiten des Eigenen bemühten? Gerade nach dem Zweiten Weltkrieg häuften sich die Reisen europäischer Intellektueller, die in den Vereinigten Staaten untersuchen wollten, was die Herausforderungen von morgen für Europa sein würden.

Damit kann die Reise im Raum – ganz so, wie der kubanische Romancier Alejo Carpentier dies in seinem Orinoco-Roman *Los pasos perdidos* literarisch darstellte – zu einer Reise in verschiedenen Zeiten und zu verschiedenen Epochen werden, eine Reiseform, die ähnlich wie beim Umspringen der Utopie in die Uchronie, von der Raumebene auf die Zeitebene, dem Reisenden ab dem ausgehenden 18. Jahrhunderts die Möglichkeiten eröffnete, sich auf einer Raumebene tatsächlich durch die Zeit zu bewegen: durch die Zeitebene der gesamten Menschheit. Die Offenheit der Zukunft führt mit Blick auf das von Tocqueville bereiste und zugleich uchronisch porträtierte Land im selben Atemzug zur Offenheit der

---

8 Ich verweise hier erneut auf Koselleck, Reinhart: Historia Magistra Vitae. Über die Auflösung des Topos im Horizont neuzeitlich bewegter Geschichte. In (ders.): *Vergangene Zukunft. Zur Semantik geschichtlicher Zeiten*. Frankfurt am Main: Suhrkamp ²1984, S. 38–66.

Zukunft auch in einem technologischen wie in einem individuellen, auf die Erfüllung von Lebensprojekten gerichteten Sinne.

In diesem Zusammenhang gerät die literarische Form des Essays zu einer Suche nach neuen Lebensformen und Lebensnormen in einem prospektiven Verständnis.[9] Denn es beginnt sich ein neues Stereotyp herauszubilden, welches das Bild unserer Eltern von Amerika sehr nachhaltig mitgeprägt hat. Doch hören wir erst einmal den Verfasser dieses umfangreichen Versuchs über die Demokratie in Amerika. So heißt es im neunten Kapitel des zweiten Bandes:

> Die Amerikaner sind ein sehr altes und gebildetes Volk, welches ein neues und unermessliches Land gefunden hat, in welchem es sich nach Belieben ausbreiten und welches es mühelos befruchten kann. Dies ist in der Welt ohne Beispiel. In Amerika findet daher jeder Möglichkeiten, um sein Glück zu machen oder es zu vergrößern, die woanders unbekannt sind. Die Begehrlichkeit ist hier immer atemlos, und der menschliche Geist, beständig von Gelüsten der Imagination und intelligenten Vorhaben verführt, richtet sich ausschließlich auf die Verfolgung von Reichtum. Man sieht nicht nur in den Vereinigten Staaten wie in allen anderen Ländern in Industrie und Handel beschäftigte Klassen; vielmehr beschäftigen sich alle Menschen – und dies gab es zuvor noch nie – mit Industrie und Handel zugleich.[10]

Die Beispiellosigkeit der Vereinigten Staaten von Amerika steht an oberster Stelle. In dieser Passage wird eine Vielzahl von Umbesetzungen zwischen der Alten und der Neuen Welt deutlich: Zum einen dürfen wir feststellen, dass dort, wo noch am Ausgang des 18. Jahrhunderts in der französischsprachigen Literatur der Begriff „Américains" für die indigene Bevölkerung, also für die immer stärker marginalisierten und in Reservate zurückgedrängten Indianer, reserviert gewesen war, er nun ganz deutlich in jener Form auftritt, wie wir sie heute fälschlicherweise als ganz natürlich empfinden. In diesem Feld hat eine semantische Umbesetzung stattgefunden, in der die Selbstbezeichnung der „United States of America" den Begriff „America" selbst semantisch massiv reduziert und umgewendet hat. Nicht umsonst ist die marginalisierte indigene Bevölkerung daraus gänzlich verschwunden.

Amerika steht in einem solchen Kontext für Zukunft. Doch dass es sich um eine *Erfindung* handelt, macht die semantische Umbesetzung des Begriffes unmissverständlich deutlich. Denn bestimmte Aspekte werden fokussiert, andere gänzlich vernachlässigt. Die bis heute anhaltenden Menschenrechtsverletzungen gegenüber der indigenen Bevölkerung der USA spielen ebenso wenig eine

---

9 Vgl. hierzu Ette, Ottmar (Hg.): *Wissensformen und Wissensnormen des ZusammenLebens. Literatur – Kultur – Geschichte – Medien*. Berlin – Boston: Walter de Gruyter 2012.
10 Alexis de Tocqueville: *De la démocratie en Amérique*, Bd. 2, S. 47.

Rolle wie die Präsenz einer schwarzen Bevölkerung, die – gleichviel ob versklavt oder nicht – unter infrahumanen Bedingungen ihr Leben fristet. All dies wird in dieser Neu-Erfindung ‚Amerikas' wie mit Hilfe eines Zaubertricks weggeblendet, um eine einzige Vektorizität zuzulassen: die prospektive einer Reise in die Zukunft!

In dieser Vorlesung wie auch in allen meinen Publikationen steht der Begriff ‚amerikanisch' für die gesamte Hemisphäre, so dass zu den ‚Amerikanern' also ebenso die Bewohner des nördlichen wie des südlichen Teiles des amerikanischen Doppelkontinents gezählt werden – und zwar alle! So, wie wir die Bewohner des Südens als Lateinamerikaner benennen dürfen, müssen wir die Einwohner des nördlichen Amerika als Kanadier, US-Amerikaner und Mexikaner bezeichnen, wobei ich hier die ethnischen Differenzierungen auslasse. Dass eine solche Bezeichnung derzeit nicht den Usancen entspricht, können Sie bereits an der völlig unwissenschaftlichen Bezeichnung ‚Amerikanistik' ablesen. Eine derartige bestenfalls umgangssprachlich akzeptable Benennung ist abzulehnen – zumindest dort, wo darunter *nicht* eine Wissenschaft gemeint ist, die sich mit dem gesamten amerikanischen Kontinent, seinen Sprachen, Geschichten, Kulturen oder Literaturen, aber auch mit all seinen Bevölkerungen und Minderheiten beschäftigt.

Wenn in der obigen Passage aus der Feder von Alexis de Tocqueville die ‚Amerikaner' als ein sehr altes und sehr aufgeklärtes Volk bezeichnet werden, dann bedeutet dies letztlich nur – und nichts anderes –, als dass sie durch die Traditionen des Abendlandes einschließlich ihrer aufklärerischen Traditionen mit Europa, mit den Europäern, auf eine ebenso lange wie intime Weise verbunden sind. Dies ist eine klare, deutliche Einschränkung der ethnischen Gruppe, die in de Tocquevilles soziologischen Essay aufgenommen wird.

Die Anerkennung dieses Status als Kulturvolk beruht für den Franzosen folglich allein auf der Zurechnung der US-Amerikaner zu den Völkern des Abendlands: Die Amerikaner sind in diesem Sinne Weiße. Die ‚anderen' Amerikaner, die indigenen Ureinwohner, spielen in diesem Diskurs längst keine Rolle mehr: Sie sind aus der Geschichte und dem weiteren Fortgang der Weltgeschichte bereits getilgt und werden – ebenso wie der gesamte Kontinent – einfach weg eskamotiert. Erst auf der Grundlage dieses semantischen Tricks kann so etwas wie die nachfolgende Erfindung des Westens geschehen. Die zeitliche Vektorizität dieser Konstruktion ist rein zukunftsgerichtet.

Alexis de Tocqueville verbindet in seinem Essay über die Demokratie in Amerika immer wieder das Bild der USA mit Industrie und Handel, mit dem schieren Materialismus. Diese Einengung des Amerika-Bildes ist für den weiteren Fortgang unserer Vorlesung von großem Interesse. Denn es handelt sich um eine Vorstellung, die das gesamte 19. Jahrhundert dominieren sollte und noch in zentralen Auffassungen der hispanoamerikanischen Modernisten von José Martí bis José Enrique Rodó oder Rubén Darío erscheinen wird: der Glaube an einen spirituellen und geistig aufgeweckten Süden, welcher dem materialistischen und utilitaristischen Norden des Kontinents in einer klaren Trennung gegenübersteht.

Insbesondere der Uruguayer José Enrique Rodó hat die USA in seinem im Jahre 1900 veröffentlichten Essay *Ariel* fast ausschließlich als die calibaneske Variante eines kruden Materialismus verstanden, der es – gemäß der Shakespeare'schen Triade Prospero-Ariel-Caliban – die immateriellen, die geistigen und kulturellen Werte eines mit Ariel verbandelten lateinischen Amerika entgegenzustellen gelte. Wir werden uns mit dieser Vision, mit dieser Erfindung des südlichen Teiles eines zweigeteilten Amerika noch ausführlich beschäftigen. Das Gegenbild, mit dem der uruguayische „Modernista" Rodó an der Wende zum 20. Jahrhundert spielt, ist im Verlauf des 19. Jahrhunderts entstanden und zu einem Gemeinplatz des lateinamerikanischen Selbstverständnisses geworden. Wie für Tocqueville bringen auch für Rodó die US-Amerikaner nichts geistig Wertvolles hervor, denn sie sind ganz dem Materiellen verfangen. Tocquevilles Werk gehört zweifellos zu den Schriften, die diesem zweigeteilten Bild der Amerikas wesentliche Aspekte hinzugefügt und es zugleich popularisiert haben.

Die geschichtsphilosophischen Konsequenzen einer derartigen Zweiteilung lagen auf der Hand: War Tocquevilles Studie über die *Demokratie in Amerika* empirisch begründet gewesen, so waren es die philosophischen Systeme und Einschätzungen deutscher – wie man ein wenig früher sagte – ‚Weltweiser' es nicht. Daran störte sich etwa auch ein Alexander von Humboldt, der mit Interesse Vorlesungen bei Hegel hörte, bereits am 1. Juli 1837 aber seinem Freunde Karl August Varnhagen von Ense voller Ironie gestand:

> Ein Wald von Ideen ist freilich für mich in jenem Hegel, dem Gans so *meisterhaft* den Karakter seiner großen Individualität gelassen hat, aber für einen Menschen, der, wie ich, insektenartig an den Boden und seine Naturverschiedenheit gebannt ist, wird ein abstraktes Behaupten rein falscher Thatsachen und Ansichten über Amerika und die indische Welt freiheitraubend und beängstigend. Dabei verkenne ich alles das Großartige nicht.[11]

Und in einer kurzen Nachschrift kann sich Humboldt nicht ganz des offenen Spotts enthalten: „Mein Leben habe ich recht schlecht eingerichtet, ich thue alles um recht früh stupide zu werden. Ich thäte gern ‚Verzicht auf das europäische Rindfleisch', das Hegel S. 77 so viel besser als das amerikanische fabelt,

---

[11] *Briefe von Alexander von Humboldt an Varnhagen von Ense aus den Jahren 1827 bis 1858.* Nebst Auszügen aus Varnhagen's Tagebüchern und Briefen von Varnhagen und Andern an Humboldt. Hg. von Ludmilla Assing. Leipzig: F.A. Brockhaus 1860, S. 44.

und lebte neben den schwachen kraftlosen (leider 25 Fuß langen) Krokodilen."¹² Diese auf die im 18. Jahrhundert von Buffon, de Pauw, Raynal und vielen anderen sowie dann von Hegel fortgeführte Degenerationsthese, die alles in Amerika als kränklich und schwächlich ansah, musste dem stets empirisch verankerten und denkenden Geist Alexander von Humboldts gründlich missfallen.

Doch Hegel gründete seine philosophischen Thesen zur Geschichte Amerikas auf einen Cornelius de Pauw, der ebenso wenig wie er selbst Europa verlassen und die Neue Welt besucht hatte. In der Hegel-Forschung spielt dieses ‚Fundament' Hegel'scher Geschichtsphilosophie, über das im Übrigen auch mancherlei Rassismen in das Denken des großen deutschen Philosophen des 19. Jahrhunderts eindrangen, bislang keine Rolle. Cornelius de Pauw ist für die Hegelianer noch immer ein Unbekannter.

In Hegels *Vorlesungen über die Philosophie der Weltgeschichte*, die Humboldt durchaus aufmerksam zur Kenntnis genommen hatte, mag es die fehlende empirische Basis von Überlegungen wie der folgenden zur Aufgabe der Philosophie gewesen sein, an denen sich Humboldts Wissenschaftskonzeption und sein Verständnis einer Untersuchung der Weltgeschichte rieben. Auch Hegel zählte im Gegensatz zu Humboldt zu den ‚Daheimgebliebenen', die an Stelle des Reisens abstrakte Theorien über die von ihnen nie gesehenen Gebiete erdachten beziehungsweise – im Sinne unserer Vorlesung – *erfanden*. Hören wir also Hegel in etwa so, wie der deutlich ältere Humboldt ihn einst im Hörsaal gehört haben mag:

> Die Welt wird in die *Alte* und *Neue* geteilt, und zwar ist der Namen der neuen daher gekommen, weil Amerika und Australien uns erst spät bekannt geworden sind. Aber diese Weltteile sind nicht nur relativ neu, sondern überhaupt neu, in Ansehung ihrer ganzen physischen und geistigen Beschaffenheit. [...] Von Amerika und seiner Kultur, namentlich in Mexiko und Peru, haben wir zwar Nachrichten, aber bloß die, dass dieselbe eine ganz natürliche war, die untergehen mußte, sowie der Geist sich ihr näherte. Physisch und geistig ohnmächtig hat sich Amerika immer gezeigt und zeigt sich noch so. [...] Die Inferiorität dieser Individuen in jeder Rücksicht, selbst in Hinsicht der Größe, gibt sich in allem zu erkennen; nur die ganz südlichen Stämme in Patagonien sind kräftigere Naturen, aber noch ganz in dem natürlichen Zustande der Roheit und Wildheit.¹³

Diese Sätze entstammen nicht der Feder eines Philosophen der Aufklärung, nicht den Werken eines Robertson, eines de Pauw oder eines Raynal, sondern den Vorlesungen des an der neugegründeten Berliner Universität lehrenden

---

12 Ebda., S. 44 f.
13 Hegel, Georg Wilhelm Friedrich: *Vorlesungen über die Philosophie der Geschichte*. Auf der Grundlage der Werke von 1832–1845 neu edierte Ausgabe. Redaktion von Eva Moldenhauer und Karl M. Michel. 10. Aufl. Frankfurt a.M.: Suhrkamp 2012 (= Hegel Werke 12), S. 107 f.

Georg Wilhelm Friedrich Hegel, der im selben Berlin wie Alexander von Humboldt lebte. Man reibt sich verwundert die Augen. Hegel wiederholt noch Jahrzehnte später dieselben Phrasen und haltlosen Beschuldigungen, die er der europäischen Aufklärungsliteratur entnommen hatte. Und dies, ohne dass über Hegel kritische Stellungnahmen hereingebrochen wären.

Gleichzeitig finden sich in diesen und weiteren Formulierungen all jene Stereotype wieder, die seit der Entdeckung der sogenannten ‚Neuen Welt' in Europa gesammelt, auf diese projiziert und im 18. Jahrhundert nochmals gebündelt und verstärkt wurden. Sie sehen, wie sich die Erfindungen Amerikas auch noch im 19. Jahrhundert bis zurück in die erste Phase beschleunigter Globalisierung verfolgen lassen. Hegel war in diesem Kontext lediglich ein Schallverstärker, der ungeachtet jeglicher empirischen Basis jene Elemente übernahm, die in sein weltphilosophisches System passen wollten. Humboldts privat, in Briefen an Varnhagen von Ense geäußerter Spott lässt sich gut verstehen – doch an die Öffentlichkeit drang er selbst nach der postumen Veröffentlichung dieses Briefwechsels nicht wirklich. Dass Hegel die Stimme Humboldts übertönte, weil er die europäischen Vorurteile aufgriff und wirksam verstärkte, ist eine Tatsache, die wir aus heutiger Perspektive zwar bedauern mögen, die den ‚Gang der Weltgeschichte' aber befeuerte.

Wichtig für den weiteren geistesgeschichtlichen Weg ist, dass die Position Hegels sich für lange Zeiten durchsetzen sollte; eine Position, in der Amerika im Sinne der Vereinigten Staaten erstmals als Kontinent der Zukunft annonciert wurde, zugleich aber eben jener Reduzierung Amerikas auf die USA entsprach, die wir bereits bei Alexis de Tocqueville ausführlich beleuchtet haben. Dass dieses ‚Amerika' zudem eine noch relativ kleine ethnische Gruppe der angelsächsischen weißen Einwanderer meinte, kommt zu dieser *Erfindung Amerikas* noch hinzu.

All dies ist für die geistesgeschichtliche Entwicklung des 19. Jahrhunderts, aber zugleich bis hinein in unsere Gegenwart von grundlegender Bedeutung. Georg Friedrich Wilhelm Hegel war nicht zufällig Teil des Disputs um die Neue Welt – und sein Standort war im Grunde noch immer der eines Cornelius de Pauw. Daher ordnete er sich eindeutig auf der Seite der meisten europäischen Philosophen des 18. Jahrhunderts ein, mithin der Cornelius de Pauw, der Guillaume-Thomas Raynal oder der William Robertson. Sein Geschichtsbild zeigt dies ganz eindeutig; Hegel ist mit Blick auf die Neue Welt ein Denker noch *vor* jener ‚glücklichen Revolution', von der Alexander von Humboldt mit Blick auf den Übergang zum 19. Jahrhundert sprach.[14]

---

14 Vgl. hierzu Ette, Ottmar: Paris / Berlin / Havanna: Alexander von Humboldts transareale Wissenschaft und die Revolution nach der Revolution. In: *HiN – Alexander von Humboldt im*

Abb. 58: Jakob Schlesinger: Portrait von Georg Wilhelm Friedrich Hegel (1770–1831).

In Hegels weltgeschichtlichen Betrachtungen, die in seiner bekannten Sentenz „Amerika ist somit das Land der Zukunft"[15] nur deshalb gipfeln, um Amerika mit den USA gleichzusetzen und im selben Atemzug die ‚eigentlichen' Amerikaner sowie die Bewohner des überwiegenden Teiles des Kontinents aus der Philosophie der Weltgeschichte zu verbannen, da sich diese allein „mit dem, was weder nur gewesen ist noch erst nur sein wird" und letztlich allein „mit der Vernunft"[16] beschäftige, ist für die von Humboldt beschriebene Welt kein Platz. ‚Nordamerika' und ‚Südamerika' stehen einander unvermittelt gegenüber; und der letztgenannte Teil des Doppelkontinents, dem Hegel ausdrücklich (aber geographisch unkorrekt) auch Mexiko zurechnet, kann weder durch seine letztlich geleugnete kulturelle Vergangenheit noch durch seine Gegenwart – die „auf militärischer Gewalt" beruhe und „ein fortdauernder Umsturz" sei[17] – Anspruch auf Erlösung aus seiner weltgeschichtlichen Verdammung erheben. Die Weltgeschichte kann aus Hegels Sicht ohne Verlust auf diesen Teil der Welt verzichten – ganz so, wie es vor Hegel schon de Pauw mit dem größten Teil der Menschheit getan hatte.

Diese weltgeschichtliche Argumentationslinie dürfte Karl Marx und mehr noch Friedrich Engels dazu verleitet haben, Hegel in diesem Falle einmal nicht ‚auf den Kopf zu stellen', sondern im Sinne ihres Fortschrittsdenkens praktisch anzuwenden. So fragt Engels in einem ursprünglich im Januar 1848 veröffentlichten Beitrag mit Blick auf den 1846 bis 1848 erfolgreich gegen Mexiko geführten nordamerikanischen Expansionskrieg, ob „es etwa ein Unglück" sei, „dass das herrliche Kalifornien den faulen Mexikanern entrissen ist, die nichts damit zu machen wußten".[18] Der Beutezug der USA in der sogenannten „Guerra de

---

Netz. Internaqtionale Zeitschrift für Humboldt-Studien (Potsdam – Berlin) XIX, 37 (2018), S. 15–36. <http://dx.doi.org/10.18443/266>.
15 Hegel, Georg Wilhelm Friedrich: *Vorlesungen über die Philosophie der Geschichte*, S. 114.
16 Ebda.
17 Ebda., S. 111.
18 Engels, Friedrich: Der demokratische Panslawismus. In: Marx, Karl / Engels, Friedrich: *Werke*. Berlin: Dietz Verlag 1959, Bd. 6, S. 273.

rapiña" wird von Friedrich Engels damit aus weltpolitischer Sicht vollauf gerechtfertigt, da für ihn die Vereinigten Staaten von Amerika anders als der gesamte ,Süden' des Kontinents eine globalgeschichtliche Rolle übernommen hatten. Und er setzt seine rhetorische Frage, die ein ganz bestimmtes Projekt der Moderne skizzierte, unerschütterlich fort:

> Dass die energischen Yankees durch die rasche Ausbeutung der dortigen Goldminen die Zirkulationsmittel vermehren, an der gelegensten Küste des stillen Meeres in wenig Jahren eine dichte Bevölkerung und einen ausgedehnten Handel konzentrieren, große Städte schaffen, Dampfschiffsverbindungen eröffnen, eine Eisenbahn von New York bis San Francisco anlegen, den Stillen Ozean erst eigentlich der Zivilisation eröffnen, und zum dritten Mal in der Geschichte dem Welthandel eine neue Richtung geben werden? Die ,Unabhängigkeit' einiger spanischer Kalifornier und Texaner mag darunter leiden, die ,Gerechtigkeit' und andre moralische Grundsätze mögen hie und da verletzt sein; aber was gilt das gegen solche weltgeschichtliche Tatsachen?

In diesen und ähnlichen Passagen wird die Hegelsche Rede von Amerika als dem „Land der Zukunft" ausschließlich mit Blick auf die USA in die Vision eines weltgeschichtlichen Prozesses umgesetzt, zu dessen Protagonist auf dem amerikanischen Kontinent allein jene Vereinigten Staaten werden konnten, die erst nur Kalifornien und Texas, bald aber ganz Mexiko dem nun neu definierten Weltgeist überantworteten und sich einverleibten. Noch in unserer Rede von ,Amerika' schwingen solch globalgeschichtliche und geschichtsphilosophische Thesen mit.

Lassen Sie mich ein kurzes Résumé ziehen: Georg Wilhelm Friedrich Hegels, Friedrich Engels' und auch Alexander von Humboldts Entwürfe sind zweifellos Projekte einer europäischen Moderne, doch unterscheidet sich Humboldts Projekt deutlich von allen anderen dadurch, dass es wissenschaftlich umfassender fundiert, grundlegend komparatistisch (und damit zwischen verschiedenen kulturellen Areas vergleichend) angelegt und nicht monokulturell, sondern zumindest interkulturell ausgerichtet ist. Es geht bei ihm niemals nur um eine einzige ethnische Gruppe, sondern um eine möglichst gleichmäßige Partizipation aller Gruppen an einem künftigen Staatswesen. Zu einem derartigen *Weltbewusstsein*[19] zählt notwendig eine Konzeption, die *transareale* Züge miteinschließt und verschiedenartige Logiken zumindest erwähnt, wenn möglich aber auch bereits in das eigene Denken miteinbringt. Das Humboldt'sche Denken war zwar gegenüber der Hegel'schen Vision im 19. Jahrhundert minoritär, ja wurde in Deutsch-

---

[19] Vgl. Ette, Ottmar: *Weltbewusstsein. Alexander von Humboldt und das unvollendete Projekt einer anderen Moderne. Mit einem Vorwort zur zweiten Auflage.* Weilerswist: Velbrück Wissenschaft 2020.

land fast zu einer verschütteten Tradition, besaß aber einen langen Atem und wirkt in den ersten Jahrzehnten des 21. Jahrhunderts aktueller denn je.[20]

Kehren wir an dieser Stelle aber zum Ausgangspunkt dieses Teiles unserer Vorlesung zurück, mithin der Thematik der Zeitreise, und fragen wir uns danach, ob es denn Reisen in die südlichen Teile der amerikanischen Hemisphäre gab, die ebenfalls als Zeitreisen aufgefasst werden können oder derartige vektorielle Elemente stark machen. Wir hatten ja bereits verschiedentlich gesehen, dass sich bei Reisen in den Süden oftmals – wie in Alejo Carpentiers *Los pasos perdidos* – eine Reise in die Vergangenheit der Menschheit als Grundmuster abzeichnet. Lässt sich dies durch Belege aus zeitgenössischen Texten des 19. Jahrhunderts substanziell belegen? Und gibt es so etwas wie ein literarisches Gegenstück zum ‚Reisebericht' des Alexis de Tocqueville?

Die europäischen Reisenden des 18. und wohl auch noch jene des 19. Jahrhunderts glauben sehr wohl an eine gemeinsame Zeit und Entwicklungsgeschichte der Menschheit, eine transhistorische Zeitachse also, auf die sich die von ihnen konstatierten verschiedenen Zeitebenen auch der unterschiedlichsten Kulturen linear beziehen lassen. Bei einer derartigen Vorstellung wird die Zeitreise notwendigerweise zur Bewegung des Reisenden zwischen verschiedenen Stufen kultureller, historischer, ökonomischer und sozialer Entwicklung; unabhängig davon, ob diese Entwicklung positiv oder negativ eingefärbt, ob die Entwicklung folglich als Höherentwicklung oder als Degradation gelesen wird.

Dabei lassen sich für das Jahrhundert der Aufklärung vielfältige Vektorizitäten konstatieren. Bei Jean-Jacques Rousseau etwa dominierte eindeutig eine Entwicklungslinie der Degradation[21] in der Totalität menschheitsgeschichtlicher Entwicklung von einer Urzeit her, in welcher die Menschen in glücklicher Konvivenz miteinander friedlich zusammengelebt hätten. Erst später, nach dem Ende dieses Goldenen Zeitalters der Menschheitsgeschichte, habe sich dann die Ungleichheit im weiteren Verlauf der Geschichte der Menschen mehr und mehr etabliert. Denken wir an die Ungleichheiten in unseren eigenen Gesellschaften, in den allermeisten anderen Gesellschaften und zwischen verschiedenen Staaten

---

20 Vgl. Ette, Ottmar: *Alexander von Humboldt und die Globalisierung. Das Mobile des Wissens.* Frankfurt am Main – Leipzig: Insel Verlag 2009; vgl. auch das Humboldt gewidmete Kapitel im vierten Band der Reihe „Aula" in Ette, Ottmar: *Romantik zwischen zwei Welten* (2021), S. 586 ff.

21 Vgl. hierzu insbesondere Rousseau, Jean-Jacques: *Diskurs über die Ungleichheit. Discours sur l'inégalité.* Kritische Ausgabe des integralen Textes. Mit sämtlichen Fragmenten und ergänzenden Materialien und den Originalausgaben und den Handschriften neu ediert. Übersetzt und kommentiert von Heinrich Meier. Paderborn – München – Wien – Zürich: Ferdinand Schöningh 1984.

im weltumspannenden Maßstab, dann müssen wir einräumen, dass diese Ungleichheiten – um es vorsichtig auszudrücken – sicherlich nicht abgenommen haben. Nicht nur in Deutschland oder den USA, in China oder Russland geht die Schere zwischen den Armen und den Reichen immer weiter auseinander. Wenn Humboldt zu Beginn des 19. Jahrhunderts behaupten konnte, Mexiko sei das Land der Ungleichheit, so hat sich dort diese Ungleichheit bis zum heutigen Tag sicherlich nicht vermindert. Mexiko ist heute überall!

Bei Autorinnen und Autoren des 19. Jahrhunderts dominiert nicht allein in der Reiseliteratur bei Bewegungen in außereuropäische Weltregionen insgesamt eine einheitliche Vorstellung vom Verlauf der Menschheitsgeschichte – und zwar unabhängig davon, ob diese Autorinnen und Autoren (was seltener vorkam) einer Geschichte der Degradation oder (was deutlich häufiger existierte) einer Geschichte des ständigen Fortschritts den Vorzug gaben. Die Entdeckung voneinander unabhängiger, partikularer Zeiten gewinnt – soweit ich sehe – erst in der Reiseliteratur des 20. Jahrhunderts zunehmend an Raum und hat sich bis in unsere Epoche hinein sichtlich verstärkt..

Auch in Flora Tristans berühmter Reise nach Peru, in ihren *Pérégrinations d'une paria*, ist die Erfahrung der Zeitreise wiederholt gegenwärtig. Denn die Verfasserin des bis heute faszinierenden weiblichen Reiseberichts[22] glaubt sich etwa ins europäische Mittelalter versetzt, als sie die Mysterienspiele im peruanischen Arequipa literarisch darstellt. Es war das erste und einzige Mal, dass die französische Feministin, die sich als Sozialistin zugleich vehement für die Arbeiterklasse in Frankreich einsetzte, die Welt des noch von zahlreichen Bürgerkriegen geschüttelten und in Entstehung begriffenen Lateinamerika bereiste.

Gleich eine Reihe von Stellen in ihrem literarisch ausgefeilten Reisebericht ließen sich in diesem Zusammenhang anführen. Wählen wir als Beleg einen kurzen Textausschnitt aus einer Phase ihrer Reisebewegung, in welcher die Dimension der Zeitreise besonders deutlich hervortritt. Die zweibändige Originalausgabe erschien 1838 unter dem Titel *Pérégrinations d'une paria 1833–1834*[23] und entwickelt folgende Sichtweise dieser temporalen ‚Alterität', welche zugleich in ein weltumspannendes Zeitkonzept *einer* Geschichte der Menschheit eingebaut ist:

> Für mich, ein Kind des 19. Jahrhunderts und aus Paris kommend, war die Aufführung eines Mysterienspiels unter dem Portal einer Kirche und vor einer unermesslich großen Volksmenge etwas Neues; aber das lehrreiche Schauspiel waren die Brutalität, die grobe

---

22 Vgl. hierzu das Flora Tristan gewidmete Kapitel in *ReiseSchreiben* (2020), S. 543 ff.
23 Vgl. Tristan, Flora: *Pérégrinations d'une paria 1833–1834*. Paris: Arthus Bertrand 1838.

> Kleidung, die Lumpen eben dieses Volkes, dessen extreme Unwissenheit, dessen dummer Aberglaube meine Einbildungskraft ins Mittelalter zurückführten.[24]

Gleich zu Beginn dieses kurzen und repräsentativen Auszuges bestimmt die französische Reisende, die in Peru verzweifelt um ihre Rechte als Frau und als Erbin eines ihr im Grunde zustehenden Vermögens kämpfte, ihre Herkunft in Zeit und Raum. Sie macht damit klar, von wo aus das nachfolgend geschilderte Geschehen perspektiviert wird. Denn erst von der französischen Hauptstadt her und aus der Sicht eines Kindes des 19. Jahrhunderts wird deutlich, dass hier als Modell temporaler Alterität allein das Mittelalter angeführt werden konnte, sicherlich ein romantisch gestaltetes Mittelalter, wie es beispielsweise Victor Hugo in *Notre-Dame de Paris* entwarf. Peru ist gleichsam ein romantisch noch verstärktes Spanien, dessen (mittelalterliche) Rückständigkeit von französischen Reisenden des 19. Jahrhunderts oftmals ausgemalt wurde.

Abb. 59: Jules Laure: Portrait von Flora Tristan (1803–1844), 1847.

Notiert Flora Tristan auch sehr genau, wie schnell und mit nur wenigen Jahren Verzögerung die damalige französische Mode die Toilette der peruanischen Frauen diktiert, kommt sie doch nicht umhin, aus dem, was sie als Aberglauben bezeichnet, den Schluss zu ziehen, dass das peruanische Volk noch in seiner Kindheit[25] verharre und lange der Kirchenmacht ausgeliefert bleiben werde. Neben der Wahrnehmung einer Gleichzeitigkeit notiert sie demgemäß ebenfalls eine Ungleichzeitigkeit, wobei beide Zeitebenen in Peru nebeneinander bestehen. Man könnte davon sprechen, dass die frühe französische Feministin in Peru die Gleichzeitigkeit des Ungleichzeitigen beobachtete und mit klug eingesetzten literarischen Mitteln beschrieb.

Flora Tristan schildert die unterschiedlichen Zeitebenen in Abhängigkeit von den sozialen Zugehörigkeiten der jeweiligen Menschen in Peru. Auch wenn die Mode in diesem südamerikanischen Land ‚auf dem Stand' der neuesten französi-

---

24 Ebda. Bd. 1, S. 303.
25 Vgl. ebda., Bd. 1, S. 130.

schen Entwürfe ist, so befinden sich doch zumindest die weniger begüterten Teile der peruanischen Bevölkerung noch immer im Mittelalter, wodurch der Zeitpfeil der temporalen Vektorisierung deutlich auf derselben Entwicklungsgeschichte Europas in die Vergangenheit weist, gleichsam in das Mittelalter Europas. Eine Reise nach Peru, eine Reise in die ehemals spanischen Kolonien ist folglich eine Reise *rückwärts* in der Zeit: Die von der französischen Reiseschriftstellerin gewählte Vektorizität ist eindeutig.

Der literarische Bezugspunkt für Floras Darstellung eines Mysterienspiels blieb freilich nicht ungenannt: Die Erzählerin selbst verweist tatsächlich auf Victor Hugos *Notre-Dame de Paris*,[26] das nur wenige Jahre zuvor erschienen war. Es ist diese romantische Erfindung des Mittelalters durch einen französischen Landsmann, welche den Blick der kämpferischen Frühsozialistin und Großmutter von Paul Gauguin auf eine außereuropäische, amerikanische Landschaft vor-perspektiviert und prägt. Die Literatur und die literarische Erfahrung prägen die Lebenserfahrungen der Reisenden und konstruieren jenes Hintergrundwissen, dass zur Einordnung der vor Ort aufgenommenen Reiseeindrücke führt.

Alexis de Tocquevilles Reise von 1831 in die USA führte den Franzosen in die Zukunft, Flora Tristans Reise von 1833 nach Peru die Französin dagegen in die Vergangenheit. Der nördliche Teil des Kontinents wird als zukunftszugewandt entworfen und wird – wie wir sahen – von deutschen Philosophen als Teil einer künftigen Weltgeschichte mitgedacht. Für diesen Teil des Doppelkontinents bleibt der Name Amerika reserviert, der dann freilich nur von einer ethnischen Gruppe her perspektiviert wird, während alle nicht-weißen Gruppen aus diesem Konzept ausgesperrt bleiben. Der südliche Teil von Amerika bildet gleichsam den ‚Rest' und wird einer Vergangenheit überantwortet, die von einem rückständigen und abergläubischen Spanien überprägt ist. Auch wenn sich diese ehemaligen iberischen Kolonien vor allem in der zweiten Hälfte des 19. Jahrhunderts rasch entwickelten und modernisierten, bleiben sie doch aus europäischer Sicht dank ihrer erfundenen rückwärtsgewandten Vektorizität aus dem Gang der Weltgeschichte ausgeschlossen.

Spätestens in der ersten Hälfte des 19. Jahrhunderts entsteht so aus europäischer Sicht ein zweigeteiltes Amerika, dessen Wirkmächtigkeit auf die europäische Imagination zweifellos bis zum heutigen Tage anhält. Beim Franzosen wie bei der Französin jedoch wird das ‚Andere', die Zeit des ‚Anderen', auf die dieselbe, von Europa aus gedachte Zeitachse und deren Chronologie bezogen – ein interessantes *chassé-croisé*, das noch dadurch an Reiz gewinnt, dass beide

---

26 Ebda., S. 144.

höchst unterschiedlichen, an der Vergangenheit beziehungsweise der Zukunft orientierten Wertvorstellungen anhingen. Wäre der eine dem rechtskonservativen, monarchistischen politischen Spektrum zuzuordnen, so ließe sich die Französin zweifellos dem sozialistischen Lager zurechnen, für das sie sich nach ihrer Rückkehr nach Frankreich in ihrem höchst bewegten Leben aktiv engagierte. Auch beschrieb der Royalist die aufkommende Demokratie in den Vereinigten Staaten, während die Frühsozialistin ein mittelalterliches Feudalsystem im Süden Amerikas skizzierte.

Und doch sind ebenso der Essay über die *Demokratie in Amerika* wie der Bericht über die *Pilgerfahrten einer Paria* repräsentativ für das sich herausbildende zweigeteilte Bild der Amerikas in der ersten Hälfte des 19. Jahrhunderts. Wir bewegen uns in beiden Reiseberichten auf Ebene der vierten Dimension, der Dimension der Zeit. Diese vierte Dimension beinhaltet die Koexistenz, das Ineinander-Spielen verschiedener Zeitachsen und Zeitvorstellungen unter Einbeziehung der damit verbundenen (geographischen, kulturellen oder politischen) Räume.

Die Konfrontation und Koexistenz verschiedener Zeitebenen trägt wesentlich zum Reiz und zur Attraktivität des literarischen Reiseberichts bei, was vor allem für Flora Tristans *Pérégrinations d'une Paria* gilt. Darüber sollten wir aber nicht vergessen, dass sich beide Europäer ungeachtet ihrer politischen Orientierungen an derselben Entwicklungsachse einer einzigen Menschheitsgeschichte orientierten, die für alle von ihnen bereisten ethnischen Gruppen oder Völker ebenso in Europa wie außerhalb dieses kleinen Teiles der Erdoberfläche gültig sein musste. Für beide war ein Zeitmodell, das unterschiedliche und voneinander unabhängige Zeiten kennen würde, noch nicht denkbar: Wir befinden uns im Kontext temporaler Vektorizität erst auf dem Weg hin zu polylogischen Denkformen.

Beide partizipieren trotz all ihrer Unterschiede an derselben temporalen Vektorizität. Die hier untersuchte Zeitdimension stellt mit Blick auf Amerika eine zentrale Scharniersituation dar, die im Verlauf des ersten Drittels des 19. Jahrhunderts klar auf eine neue Sichtweise der Amerikas umgestellt hat, die der unsrigen – also heute noch aktuellen – sehr vertraut ist. Es ist – wenn Sie so wollen – die eigentliche Amerika-Sicht der *europäischen* Moderne, welche lange Zeit für die Moderne schlechthin gehalten wurde. Ein neues, zweigeteiltes Bild Amerikas wurde erfunden und setzte sich durch. Diese Erfindung eines zweigeteilten Amerika, diese aus europäischer Perspektive erfundene Findung der beiden Amerikas als einander fremd gegenüberstehende Einheiten mit unterschiedlichen Zeitvektoren, beherrscht das Denken nicht zuletzt in Wirtschaft und Politik, aber auf vielen anderen Ebenen bis heute.

Aus diesem Blickwinkel wird deutlich, dass es zumindest für das industrialisierte Westeuropa – bald aber auch für den gesamten europäischen Raum – nur noch ein einziges Amerika gab, das zählen konnte: das Amerika der Zukunft, von dem Hegel sprach und das sich Engels auch im imperialen Ausgreifen nach Süden erträumte. Wie dieser Ausgriff des Imperiums tatsächlich dann auch militärisch umgesetzt wurde, werden wir am Beispiel der hispanoamerikanischen Reaktionen auf das Eingreifen der USA in den spanisch-kubanischen Krieg im Jahre 1898 noch sehen – die *New Steel Navy* ist noch weit entfernt. *Amerika* jedoch wird bereits mit den *USA* gleichgesetzt.

Domingo Faustino Sarmiento, José Martí und die zweigeteilte Modernität

Im Jahre 1845 erschien in der chilenischen Zeitung *El Progreso* zunächst im Feuilleton der Text eines jungen, seit 1840 in Chile im Exil lebenden Argentiniers, der am Beginn einer brillanten Karriere als Journalist, Publizist und Literat, aber auch als Politiker und Staatsmann stand. Kaum ein argentinischer Intellektueller, Denker und Schriftsteller seiner Zeit dürfte das 19. Jahrhundert so grundlegend geprägt und die Diskussionen selbst im kulturtheoretischen Bereich bis heute so nachhaltig beeinflusst haben wie dieser „Proscrito", der sich 1840 zum zweiten Mal nach Chile ins Exil vor der Rosas-Diktatur in Argentinien rettete. Sein Name? Domingo Faustino Sarmiento.[1]

In seinem grundlegenden Werk *Facundo. Civilización y Barbarie* arbeitete der argentinische Schriftsteller auf den ersten Blick die Gegensätze zwischen europäischer Zivilisation und amerikanischer Barbarei heraus; doch einem aufmerksamen Lesepublikum enthüllte sich bald, dass zwar ein heftiger Gegensatz zwischen der Rosas-Diktatur in Argentinien, die als barbarisch beschrieben wurde, und den eigenen politischen Konzeptionen des Autors bestand, nicht aber eine schroffe Opposition zwischen Zivilisation und Barbarei. Dies signalisierte bereits der Untertitel des Werkes. Denn es ging Sarmiento nicht um Zivilisation *oder* Barbarei, sondern um ein Verständnis von Zivilisation *und* Barbarei sowie die besonderen Entwicklungsmöglichkeiten, die sich Argentinien nach dem ersehnten Ende der Diktatur unter Juan Manuel de Rosas künftig eröffnen würden; es ging nicht zuletzt um den genauen Weg, der Argentinien (und damit auch Amerika) in die Moderne führen sollte.

Was wir bei Flora Tristan mit Blick auf den Süden des Kontinents als rückwärtsgewandte Vektorizität kennengelernt haben, ist für Sarmiento bereits eine der Grundlagen seines Denkens, um diesen Weg in die Moderne zu beschreiben. Denn nicht alle Länder Europas sind für den noch jungen Argentinier Exempel der Modernität. Es gibt durchaus Übereinstimmungen zwischen Sarmiento und einer bestimmten Sichtweise Tristans. Spanien, so viel ist sicher, kann das Vorbild nicht mehr sein. Längst hatte sich am Ausgang des 18. Jahrhunderts der geokulturelle Dominantenwechsel vollzogen, insofern im Zeichen der amerikanischen Aufklärung die französische Philosophie, ja die französische Kultur insgesamt an die Stelle des als rückständig empfundenen

---

[1] Vgl. das ausführliche Kapitel zu Domingo Faustino Sarmiento in vierten Band der Reihe „Aula" in Ette, Ottmar: *Romantik zwischen zwei Welten* (2021), S. 627 ff.

Mutterlandes getreten war. Lange vor der politischen Unabhängigkeitsrevolution der spanischen Kolonien hatte die „Madre Patria" als Vorbild und obligatorischer Bezugspunkt abgedankt.

Denn die alte Kolonialmacht verkörpert die Vergangenheit, ist eher das, wovon man sich auf dem amerikanischen Kontinent abheben möchte, was man endgültig abstreifen will: Spanien selbst ist marginal geworden, ja situiert sich in einem Raum, der kaum noch Europa zuzurechnen ist. Die von den französischen Aufklärungsphilosophen gerne und häufig praktizierte Grenzziehung, der zufolge Afrika in den Pyrenäen beginne, hatte ihre Wirkung getan und Spanien für lange Zeit ins zweite Glied rücken lassen. In den verschiedensten Areas des in Entstehung begriffenen Lateinamerika war die Überzeugung fest verankert, dass Spanien im Grunde nur durch ein geographisches Missverständnis Europa zugerechnet werden konnte. Bei Domingo Faustino Sarmiento liest sich das aus geschichtsphilosophischer Sicht wie folgt:

> So konnte das Problem Spaniens ein wenig klarer werden, jenes Nachzüglers Europas, der hineingeworfen zwischen Mittelmeer und Ozean, zwischen Mittelalter und 19. Jahrhundert, mit dem gebildeten Europa über einen weiten Isthmus verbunden und vom barbarischen Afrika nur durch eine schmale Meerenge getrennt, balancierend zwischen zwei einander entgegengesetzten Kräften, und es erhebt sich einmal auf der Waage auf der Seite der freien Völker, ein andermal auf jener mit despotischer Herrschaft; bald ist es gottlos und bald fanatisch, einmal despotisch unvorsichtig, seine zerbrochenen Ketten bisweilen verfluchend; ein andermal seine Arme verschränkend und schreiend darum bittend, man möge es unter das Joch nehmen, welches seine Grundbedingung und seine Existenzweise zu sein scheint.[2]

Dies ist das zeittypische Bild eines Spanien, das nicht wirklich zu Europa gehört, sondern von diesem durch die Mauer der Pyrenäen getrennt und noch von einem Denken und Handeln geprägt ist, das sich der Moderne widersetzt. Im Grunde ist in der vor kurzem noch Spanisch beherrschten Welt die Meinung über die einstige Kolonialmacht ungeteilt: Spanien ist in der ‚Neuen Welt' geokulturell abgeschrieben, erscheint als ewig gestriges Land, dessen Personifizierung stets nach neuen Ketten, nach neuer Unterdrückung verlange und diese Tradition im Übrigen an die „España americana" weitergegeben habe. Es geht für Sarmiento und seine Generation damit vor allem um die Frage, wie man sich möglichst rasch von dem immer noch überall sichtbaren spanischen Erbe, das für Rückständigkeit und Zukunftsunfähigkeit steht, trennen könnte.

---

2 Sarmiento, Domingo Faustino: *Facundo o Civilización y Barbarie*. Mexico, D.F.: SEP/UNAM 1982, S. 330.

In der postkolonialen Situation erscheinen allein das Versagen und die Verbrechen des ehemaligen Mutterlandes: Alles zielt im *Facundo* darauf ab, das negative Erbe der einstigen Kolonialmacht möglichst schnell abzustreifen und hinter sich zu lassen. Dieses antimoderne Spanien in Amerika gilt es zu tilgen, will man – wie es in *Facundo* beständig wiederholt wird – Anschluss an die *europäische Zivilisation* finden. Zu dieser aber rechnet man aus lateinamerikanischem Blickwinkel Spanien nicht mehr. Erst gegen Ende des Jahrhunderts und vor allem im Umfeld des Kubanisch-Spanisch-US-amerikanischem Kriegs von 1898 werden sich die Stimmen mehren, welche eine Besinnung auf die positiven Traditionen und kulturellen Übereinstimmungen einfordern, welche die ehemaligen Kolonien mit Spanien aufweisen.

Abb. 60: Domingo Faustino Sarmiento (1811–1888).

Unübersehbar ist in diesen rhetorisch gut strukturierten und sich an Gegensätzen ausrichtenden Passagen der geokulturelle Dominantenwechsel, der längst nicht mehr eine Forderung, sondern eine Tatsache geworden ist, wie Sarmiento sehr wohl weiß. Dies war keineswegs nur in der Literatur oder der Philosophie der Fall. Man dachte – so schien es zumindest auf den ersten Blick – wie die Franzosen, Deutschen oder Engländer, man schrieb wie die französischen, englischen oder deutschen Schriftsteller, man orientierte sich gastronomisch mehr und mehr an Frankreich und man kleidete sich ganz selbstverständlich nach der neuesten französischen Mode. Selbst die französische Feministin und Sozialhumanistin Flora Tristan, die – wie wir sahen – 1833 und 1834 einen Teil Chiles und Perus bereiste, stellte zu ihrer großen Freude fest, dass die Kleidung der Amerikanerinnen und Amerikaner längst an französischen Modellen ausgerichtet sei, dass man zum Essen die besten – wenn auch unglaublich teuren – französischen Weine reiche und dass man sich auch beim Speisen längst an den Künsten der französischen Küche orientiere. Man versuchte, im spanischen Amerika alles Spanische schnell abzulegen.

Die Geschichte dieser auch kulinarischen Umorientierung ist noch zu schreiben; ungeheuer spannend wird sie sicherlich sein, wenn auch ihr Ergebnis, eine Art zeitweiliges „afrancesamiento", wohl feststehen dürfte. Freilich folgten dieser dominanten Ausrichtung an Frankreich seit der zweiten Hälfte des 20. Jahrhunderts zunehmend Bewegungen einer gastronomischen *Amerikanisierung* – wohlgemerkt nicht im Sinne einer McDonaldisierung, sondern der jeweiligen nationalen Küche. Vergessen wir in diesem Zusammenhang nicht, dass die erste Küche eines Landes, welche von der UNESCO ins Weltkulturerbe aufgenommen wurde, nicht die französische, sondern die mexikanische Küche war – und dies mit sehr guten Gründen!

Gewiss muss man an dieser Stelle eine kategorische Einschränkung machen, denn derlei Usancen gehören selbstverständlich zum Habitus einer ganz bestimmten sozialen Klasse: der Elite der jungen postkolonialen Republiken. In einer wissenschaftlichen Arbeit zu diesem Thema würde es darum gehen, die spezifischen Aneignungsformen dieser im Sinne des französischen Soziologen Pierre Bourdieu verstandenen gesellschaftlichen Distinktion[3] zu untersuchen, um herauszufinden, wie französische Vorbilder und Modelle ‚amerikanisiert' und damit ‚heimisch' gemacht wurden. Man dürfte auf keinen Fall dabei vergessen, dass die besten französischen Weine natürlich nur in einer ganz bestimmten Gesellschaftsschicht gereicht wurden: der reichen kreolischen Oberschicht, die spätestens jetzt, zu Beginn des 19. Jahrhunderts, damit begann, ihre hoffnungsvollen Söhne nach London, vor allem aber nach Paris – in die „ville-lumière" – zu schicken. Man wollte schnellstmöglich von den Franzosen all das lernen, was in Paris als Ausdruck der Moderne galt.

Das von Domingo Faustino Sarmiento in seinem *Facundo* entworfene Bild ist durchaus differenziert und zugleich von vielen Widersprüchen durchzogen. Noch in der „Einführung" wird die Weitsicht des französischen Historikers und Geschichtsphilosophen François Guizot im Hinblick auf die europäische Geschichte gelobt, dabei aber die Begrenztheit seines Blickes beklagt, sobald es um Amerika gehe. Die amerikanischen Autorinnen und Autoren des 19. Jahrhunderts wussten noch sehr wohl, aus welchen Gründen die Vertreter einer amerikanischen Aufklärung in Streit mit den europäischen und insbesondere französischen Philosophen gelegen hatten.

An dieser Stelle wird in Sarmientos *Facundo* deutlich der amerikanische Blick auf die amerikanische Welt gefordert, so wie es schon als unangebracht und irreführend erschienen war, einen Simón Bolívar mit europäischen Augen als europäischen General zu sehen. Nicht von ungefähr konnten die amerikanischen Kreolen auf eine für sie erfolgreiche Geschichte verweisen.

In diesem Zusammenhang deutet sich bereits eine Legitimation des eigenen Standpunkts an, eines *amerikanischen* Standpunkts nämlich und eigener ame-

---

[3] Vgl. hierzu die deutsche Übersetzung von *La Distinction* in Bourdieu, Pierre: *Die feinen Unterschiede. Kritik der gesellschaftlichen Urteilskraft*. Frankfurt am Main: Suhrkamp 1982.

rikanischer Formen literarischer Darstellung. All dies beinhaltete eine Forderung, welche in diesem Zusammenhang noch nicht explizit erhoben wurde, auf die Domingo Faustino Sarmientos *Facundo* selbst in seiner literarischen Form aber die überzeugendste Antwort darstellt. Denn Sarmiento forderte einen argentinischen, einen amerikanischen Weg des Fortschritts ein,[4] welcher auch die literarische Formensprache in den Amerikas betraf.

Es galt, die Fesseln der Vergangenheit, den Pestgeruch der Rückständigkeit loszuwerden, koste es, was es wolle: Amerika wird nun in den Kontext des „Progreso" gestellt! Das Thema des Fortschritts erscheint bereits in der Einleitung, welche die Grundrichtung des gesamten Textes vorgibt: Der „Progreso" erscheint als Grundgesetz und Motor der Menschheit und ihrer Entwicklung. Die Flüsse, so heißt es, dürfe man nicht der Barbarei und den „aves acuáticas" überlassen, den Wasservögeln. Gerade die Flüsse werden von Sarmiento als Achsen für eine künftige Entwicklung ins Feld geführt, nicht nur, um die unitarische geopolitische Struktur des Landes zu belegen und die Sonderrolle von Buenos Aires am La-Plata-Trichter zu legitimieren. Sarmiento leitet aus der naturräumlichen Anlage Argentiniens eine zentralisierte Regierungsstruktur ab und bedient sich somit geodeterministischer Argumentationsschemata, welche selbstverständlich gegen die Föderalisten und die Rosas-Diktatur gerichtet waren. Denn diese würden dazu beitragen, die despotische Rückständigkeit in alle Ewigkeit zu perpetuieren. Vielmehr musste der Zeitpfeil ein für alle Mal in die Zukunft gerichtet werden!

Gleich im ersten Kapitel prophezeit der Erzähler des *Facundo*, Buenos Aires werde dereinst die gigantischste Stadt beider Amerikas sein und sich aus der „gran aldea" in eine internationale Metropole verwandeln, was im Übergang zum 20. Jahrhundert dann tatsächlich Realität wurde. Sarmiento betont die künftige Rolle der Flüsse als industrielle Leitlinien, um auf ihnen das Bild einer regen Dampfschifffahrt zu gewinnen, welche Argentinien vorwärtstreiben werde. All dies, so sein fortschrittsoptimistisches Wollen, garantiere gesellschaftlichen Wohlstand und eine immense Zukunft für den noch jungen amerikanischen Staat.

Der Verfasser des *Facundo* konnte diesbezüglich auf den großen preußischen Amerika-Kenner Alexander von Humboldt verweisen. Denn nicht viel anders hatte Humboldt wenige Jahrzehnte zuvor das amerikanische Mesopotamien des Orinoco- und Amazonasbereichs als künftige Entwicklungsachse des südamerikanischen Halbkontinents herausgestellt. Anders als die europäischen Flüsse waren die südamerikanischen auch für Transatlantiksegler schiffbar. Doch Hum-

---

4 Vgl. hierzu Rodríguez Pérsico, Adriana: *Un huracán llamado progreso. Utopía y autobiografía en Sarmiento y Alberdi*. Washington, D.C.: OEA – OAS 1993.

boldt war kein guter Prophet: Die künftige Entwicklung des tropischen Amerika ging an den von ihm ins Auge gefassten Leitachsen vorbei.

Im ersten Teil seines *Facundo* schenkt Domingo Faustino Sarmiento der naturräumlichen Ausstattung und Struktur seine ganze Aufmerksamkeit. Damit wird zunächst das, was im Buch selbst als das „Theater der Ereignisse" bezeichnet wird, szenisch angelegt, um in einem zweiten Schritt – eben dem zweiten Teil seines Werks – dann die Titelgestalt darin zu platzieren und mit den bereitgestellten Elementen interagieren zu lassen. Auch wenn Sarmientos *Facundo* im Exil in aller Eile geschrieben wurde: Sein großer Versuch über die argentinische Identitätskonstruktion besitzt eine auf den ersten Blick klare und stringente Grundstruktur, mit der wir uns in aller Kürze näher auseinandersetzen wollen, um seine literarische Erfindung des amerikanischen Süden besser kennenzulernen.

Wenden wir uns also der naturräumlichen Ausstattung und den von ihr offerierten Modernisierungsmöglichkeiten! Die unermessliche Weite ist – wie wäre es auch anders zu erwarten – das charakteristische Merkmal Argentiniens. Es ist auch heute noch beeindruckend, die nördlich von Buenos Aires liegenden Pampas zu durchqueren, wenn Sie etwa von Tucumán mit dem bequemen Reisebus in die argentinische Hauptstadt fahren. Diese Weite ist zugleich Argentiniens Problem, ist das Land doch von allen Seiten vom „desierto" umgeben: Argentinien ist geradezu umzingelt von menschenleeren Gebieten. Aber war das wirklich so?

Was unter den herrschenden Kreolen, aber auch unter den kreolischen Exilierten als ‚menschenleer' bezeichnet wurde, wissen wir leider nur zu genau. Bis in die achtziger Jahre des 19. Jahrhunderts wurde die indigene Bevölkerung in Statistiken nicht mitgezählt: Es gab sie gleichsam nicht. Denn im Norden und Süden werde das Land von den „salvajes" bedroht, als Menschen nicht zählende Wilde, die bei Vollmond Überfälle nicht nur auf die Viehherden, sondern auch auf die „indefensas poblaciones" verübten, die Reisenden bedrohten sowie wehrlose Frauen und Kinder verschleppten. Der große Augsburger Reisemaler Johann Moritz Rugendas hat derartige Überfälle, die sogenannten „Malones", in zahlreichen Skizzen und Ölgemälden festgehalten (Abb. 61).

Deutlich klingt in solchen Passagen Esteban Echeverrías Thema der *Cautiva* an, einem für die argentinische Literatur grundlegenden Langgedicht, mit dem wir uns in einer anderen Vorlesung bereits beschäftigt haben[5] und auf das ich nicht zurückkommen möchte. Der gewaltsame Tod sei, so der Erzähler Sarmi-

---

5 Vgl. hierzu das Echeverría gewidmete Kapitel im vierten Band der Reihe „Aula" in Ette, Ottmar: *Romantik zwischen zwei Welten* (2021), S. 383 ff.

Abb. 61: Johann Moritz Rugendas: El rapto (El Malón), 1845.

entos, fast zu einer Normalität im Leben, aber auch im stoischen Charakter der Argentinier geworden. Der Tod und ein gewaltvolles Ende seien daher nichts Außergewöhnliches für Argentinier, die den Tod zu empfangen, aber auch zu geben gewohnt seien. Der Gaucho verachte aber nicht nur den Tod, sondern auch die Flüsse, die doch die wichtigste Gabe der Vorsehung für eine Nation und deren Weg in die Moderne seien. Nicht umsonst waren es gerade in der ersten Hälfte des 19. Jahrhunderts europäische Reisende, die sich entlang der argentinischen Flüsse einen Weg in die unbekannten Weiten des Kontinents zu bahnen versuchten – Unternehmungen, von denen Sarmiento ohne Zweifel wusste und die er teilweise auch anführte.

Die Pampa hingegen ist für Sarmientos Erzähler jener weite Raum, der den zivilisatorischen Impuls nicht oder zumindest doch in nur sehr abgeschwächter Form weiterzugeben in der Lage sei. Das Landesinnere sei vielmehr geprägt von einer deutlich asiatischen Färbung; ein Thema, das im weiteren Verlauf des Buches immer wieder anklingt und die Weiten Amerikas mit den asiatischen Weiten, die Gauchos mit den asiatischen Reitervölkern in Beziehung setzt. Asien aber steht bei Sarmiento nicht für Fortschritt und Entwicklung, sondern für Stillstand und Rückschritt, für Despotie und Stagnation.

Kein Zweifel: Diese Abwertung des Ostens gehört zum *Orientalismus*, den Sarmiento aus den europäischen Literaturen seiner Zeit entnahm.[6] Dass die Terme ‚Orientalismus' und ‚orientalistisch' angesichts der Kugelform der Erde nur aus Europa heraus Sinn machen, erübrigt sich im Grunde zu erwähnen. Dass später ein von den USA auf Lateinamerika bezogener „Latinamericanism" als Begriff geschaffen wurde,[7] würde uns in der Diskussion in dieser Vorlesung allerdings zu weit führen. Doch ist es notwendig, sich immer wieder diese Bildmuster vor Augen zu halten, welche für die Erfindungen der Amerikas wie in den Amerikas von grundlegender Bedeutung sind.

Als Gegenbild führt der Erzähler des *Facundo* die schottischen und deutschen Einwandererdörfer ins Feld, in denen alles geordnet zugehe, die Kühe beständig gemolken sowie Milch und Käse produziert würden. Arbeit und Disziplin seien hier die Garanten für einen beständigen Weg in die Moderne. Mit anderen Worten: Der Faulheit der Indianer, der Spanier und der Mestizen, der Zambos und Mulatten wird der Fleiß und die Tüchtigkeit nord- und mitteleuropäischer Einwanderer gegenübergestellt, die – so zeigt die Beschreibung – ihre europäischen Erfahrungen in Amerika einbringen und das ganze Land voranbringen können. Diese Einwanderer sind hochwillkommen – und in dieser Ersetzung der vorhandenen durch eine neue, gleichsam importierte Bevölkerung erkennen wir die Grundlagen der Sarmiento'schen Biopolitik. Diese biopolitischen Zielsetzungen stehen für die Seite der Zivilisation.

Im Gegensatz hierzu stehen die Ortschaften des „Interior" für die Barbarei ein: Die Bevölkerung ist über weite Flächen disseminiert, Ansatzpunkte für zivilisatorische Einrichtungen fehlen. Davon setzt sich umso deutlicher die Stadt als Gegenbild ab: Sie ist das Zentrum der Zivilisation und beherbergt in ihrer regelmäßigen Anlage alles, was die „pueblos cultos" ausmache, die kultivierten Völker. Alle Attribute der europäischen Zivilisation, von den Schulen bis zum Frack, sind an die Städte, sind an die Stadtzentren gebunden. Die Gegensätze zwischen Stadt und Land erscheinen dem Beobachter als so stark, dass er glauben könnte, es handle sich um zwei verschiedene Völker. Der Zivilisation der Stadt steht die Barbarei des Landes nahezu unvermittelt gegenüber.

Doch in diesem scheinbar so schwarzweißen Bild gibt es Übergänge und Widersprüche. Denn diese amerikanische Barbarei hat durchaus ihre Größe. Im Jahre 1838 will der Ich-Erzähler an einer Szenerie beteiligt gewesen sein, die ihn an die primitiven Zeiten der Welt noch vor der Institutionalisierung einer

---

6 Vgl. hierzu das Standardwerk von Said, Edward W.: *Orientalism*. New York: Vintage Books 1979.
7 Vgl. hierzu Santí, Enrico Mario: Latinamericanism and Restitution. In: *Latin American Literary Review* (Pittsburgh) XX, 40 (July – December 1992), S. 88–96.

Priesterkaste erinnerte. Denn noch in diesem Jahr erlebt er ein gleichsam prähistorisches Gebet, das ihn ob seiner Vollkommenheit zum Weinen gebracht habe, wurde doch dort vom Himmel ergiebiger Regen, Fruchtbarkeit für die Herden und Schutz ihrer Bestände erfleht. All dies erinnert stark an jene Schilderungen der „Náufragos", der Schiffbrüchigen, die wie Hans Staden oder Alvar Núñez Cabeza de Vaca von derartigen Gebeten berichteten oder sie selbst im Auftrag der Indianer ausführten. Dagegen biete das Christentum heute, so Sarmientos Erzähler, ein Bild der Korruption, eine Lehre ohne Glauben und Überzeugungskraft.

Die Reise ins Landesinnere ist für den Ich-Erzähler logischerweise eine Reise in die Vergangenheit, nicht nur in die Vergangenheit des Ichs, sondern der Menschheit insgesamt. Das Element der Zeitreise – und zwar in die Vergangenheit – findet sich folglich auch in Sarmientos *Facundo*. Reisen wird einmal mehr zur bewegbaren Zeitmaschine, welche die Ungleichzeitigkeit des Gleichzeitigen – Prähistorie, Mittelalter, Moderne leben im selben Land miteinander vereint und in unmittelbarer Nähe zu den Wilden, den „salvajes" – erlebbar macht. Die Zweiteilung der Reisen nach und in Amerika, die wir zuvor ausführlich anhand von Texten Flora Tristans und Alexis de Tocquevilles untersuchten, bestätigt sich auch hier: die Reise ins „Interior" gerät zur Reise in eine sonst kaum mehr zugängliche Vor-Zeit, die aber noch immer andauert.

Innerhalb dieser Welt der unermesslichen Weiten der Pampa lebt der Gaucho, ein ‚menschliches Landschaftselement', das sich noch über lange Jahrzehnte bis in die zweite Hälfte des 20. Jahrhunderts hinein finden lässt – etwa in den Erzählungen und Romanen von João Guimarães Rosa[8] aus dem brasilianischen Sertão. Seine Erziehung ist ganz auf die körperliche Tüchtigkeit und Geschicklichkeit hin ausgerichtet, sein Leben bewegt sich im Rhythmus der Herden, für die er Sorge tragen muss. Sarmiento liefert hier ein beeindruckendes und das ganze Jahrhundert prägendes Bild des Gaucho, in welchem keineswegs nur die Verachtung alles Barbarischen, sondern auch ein gut Teil Bewunderung und Hochachtung des in der Provinz aufgewachsenen „Sanjuanino" Domingo Faustino Sarmiento mitschwingt. Denn Sarmiento selbst ist ein Mann aus dem ‚barbarischen' „Interior".

Es wäre daher irreführend – wie dies lange Zeit in Teilen der Forschung geschah –, die von Sarmiento gesetzte Antithese zwischen Zivilisation und Barbarei absolut zu setzen und nicht verstehen zu wollen, dass es oft das abgewertete ‚autochthone' Element ist, das dem Schriftsteller immer wieder die gewaltigsten und

---

[8] Vgl. das dem brasilianischen Autor gewidmete Kapitel in Ette, Ottmar: *Von den historischen Avantgarden bis nach der Postmoderne* (2021), S. 773 ff.

literarisch überzeugendsten Darstellungen abnötigt. Diese literarischen Höhepunkte folgen einander, ohne dass der Erzähler dabei vergäße, den jungen Dichter Echeverría und dessen Gedicht *La Cautiva* zu erwähnen, dem mit guten Gründen eine entscheidende Rolle bei der ästhetischen Erfassung der Weiten Argentiniens zugeschrieben wird. Sarmientos Vision der Pampa kann auf Echeverrías Ästhetisierung der weiten, ‚menschenleeren' Gebiete nicht verzichten.

In seinem *Facundo* wird Sarmiento explizit: Hätten Echeverrías neoklassizistische Vorgänger der europäischen Literatur nichts hinzugefügt, so habe Echeverría doch seinen Blick den „inmensidades" und dem „desierto" zugewandt. Er habe damit nichts anderes getan als Fennymore Cooper, der mit seinem *Letzten Mohikaner* nicht nur als einziger nordamerikanischer Romancier die Aufmerksamkeit Europas auf sich gezogen habe, sondern auch Praktiken darstellte, welche auch in der Weite der argentinischen Pampa Anwendung finden würden. Es geht hier um literarische Vorbilder für eine Darstellung dessen, was bislang in den Literaturen noch nicht dargestellt worden war. Und es geht dabei keineswegs ‚nur' um eine Ästhetisierung des Landesinneren mit seinen Kordilleren und weiten Ebenen, sondern auch um die intertextuell fundierte Repräsentation jener Lebensformen, jener kulturellen Ausdrucksweisen, welche sich in diesen Gebieten entwickelten.

Esteban Echeverría und andere argentinische Barden werden von Sarmiento hervorgehoben, doch repräsentierten sie ‚nur' die „Poesía culta". Es gebe aber noch eine andere Poesie als die der Stadt, nämlich jene, welche der Text als „poesía popular" bezeichnet, die des argentinischen Gaucho. Hier haben wir es mit einer Aufwertung zu tun, die ohne die Vorgeschichte der europäischen, speziell auch der deutschen Romantik gar nicht gedacht und zum Ausdruck gebracht werden kann. Denn fortan werden populäre, also volkstümliche, beim Volk verhaftete kulturelle Formen interessant. Der Erzähler hebt bewundernd die musikalischen Fähigkeiten der Mestizen, vor allem aber der Gauchos und ihrer volkskulturellen Traditionen hervor: Dies sind neue Töne, wie sie so noch niemals zuvor in den Literaturen des spanischen Amerika hörbar wurden.

All dies ist insoweit bedeutend, als damit der volkskulturelle Pol nicht mehr nur verwendet, sondern auch – gewiss in engen Grenzen – aufgewertet und als eigene kulturelle Äußerungsform verstanden wird. Ich kann an dieser Stelle nicht nochmals auf das den hispanoamerikanischen Literaturen zu Grunde liegende System kultureller Pole eingehen, das ich in früheren Vorlesungen entfaltet habe.[9] Diese unzweifelhafte kulturelle Aufwertung betrifft gerade auch die

---

[9] Vgl. u. a. den vierten Band der Reihe „Aula" in Ette, Ottmar: *Romantik zwischen zwei Welten* (2021), S. 278.

kleineren musikalischen Formen, die von der Hochkultur zuvor verachtet worden waren. Die Gitarre als spanisches Element, ja der spanische „Majo" seien noch bis heute überaus lebendig: Man könne ihn im „Compadrito", aber auch im Gaucho auf dem Land erkennen und noch immer identifizieren. Das Andalusische sei bis heute in durchaus authentischer Form zu vernehmen. Die hochkulturelle Literatur schließt sich in den Amerikas für die kleineren populären Formen auf, so wie in der europäischen Romantik das Interesse an Märchen, Legenden und volkstümlichen, nicht verschriftlichten Erzählungen auf breiter Front erwacht war.

In der Folge werden in Sarmientos Text vier Figuren, im eigentlichen Sinne exemplarische Typen, eingeführt: „Rastreador", „Baqueano", „Gaucho malo" und „Cantor". Sie bilden Grundtypen, die im zweiten Teil des heterogenen Textgebildes dann gleichsam aus der statischen Deskription in lebendige Bewegung versetzt werden. Die vielleicht außergewöhnlichste Figur ist die des „Rastreador", des Fährtenlesers, der größte Achtung im Landesinneren genieße, da er ein Wissen beherrsche, welches für die Landbewohner von direkter Nutzbarkeit und Wichtigkeit ist. Ihm kommt eine fast gottgleiche Funktion zu, wenn er Verbrechern im wörtlichen Sinne auf die Spur kommt und mit dem Finger auf sie zeigt: ‚Der war es!' Eine Reihe recht unwahrscheinlich klingender Erfolge des berühmten Fährtensuchers Calíbar dokumentieren die Bewunderung des Ich-Erzählers (und zweifellos Sarmientos) für diesen argentinischen Typus; eine Bewunderung, die er auch dem „Baqueano" entgegenbringt, dem Kenner des Landes und seiner Wege.

Die Bewunderung von Sarmientos Erzähler für diese volkstümlichen *Typen* ist nahezu grenzenlos. Manche „Baqueanos" hätten es im Übrigen aufgrund ihres Ansehens und ihrer Wichtigkeit zu Generälen, ja zu Staatsmännern gebracht – aber auch zu Diktatoren wie Rosas, der das Weidegras der verschiedenen Vieh-Estancias am unterschiedlichen Geschmack erkennen könne. Dabei fällt einem Alexander von Humboldt ein, der am Orinoco die indigenen Führer und Ruderer darum beneidete, die verschiedenen Bäume anhand des Geschmacks ihrer Borke voneinander unterscheiden zu können.[10] Alexander selbst konnte trotz aller Versuche keine geschmacklichen Unterschiede zwischen den Baumrinden feststellen: Er hätte also nicht das Zeug zum „Baqueano" gehabt!

Damit kommen wir zum Typus des „Gaucho malo", einer fast schon mythischen Figur, die in ihrer ganzen Gefährlichkeit und Rücksichtslosigkeit inszeniert wird. Dieser Typus nimmt Sarmientos Erzählung von Facundo Quiroga vorweg, des „Tigre", oder besser: bereitet sie vor. Noch im 20. Jahrhundert kön-

---

10 Vgl. hierzu Humbold, Alexander von: *Das Buch der Begegnungen* (2018), op. cit.

nen wir sie in der brasilianischen Prosa eines João Guimarães Rosa bei der Arbeit bewundern.[11] Der „Gaucho malo" ist ein „salvaje de color blanco", ein Wilder von weißer Hautfarbe, jedoch kein Bandit oder Räuber, was Sarmientos Ich-Erzähler vehement unterstreicht. Der „Cantor" wiederum wird als Barde, als Vate und Troubadour des Mittelalters präsentiert, den bei seinen Streifzügen durch das Land nichts erschüttere, habe er doch schon alles gesehen. Die Schlussfolgerung aus diesen Überlegungen ist eindeutig:

> In der Republik Argentinien sieht man gleichzeitig zwei verschiedene Zivilisationen auf ein und demselben Boden: eine entstehende, die ohne Kenntnis von alledem, was sie über ihrem Kopf hat, die naiven und volkstümlichen Bemühungen des Mittelalters fortführt; und eine andere, die sich nicht darum schert, was sie vor ihren Füssen hat und versucht, die neuesten Ergüsse der europäischen Zivilisation in die Wirklichkeit umzusetzen. Das neunzehnte Jahrhundert und das zwölfte Jahrhundert leben zusammen: das eine in den Städten, das andere auf dem Lande.[12]

Wir haben es in dieser Passage nicht allein mit der schon von Fora Tristan bei ihrer Zeitreise in den *Pérégrinations d'une Paria* beobachteten Gleichzeitigkeit des Ungleichzeitigen im Süden Amerikas zu tun. Die in diesen Ausführungen von Sarmientos Erzählerfigur vorgetragenen kulturtheoretischen und geschichtsphilosophischen Überlegungen sind in mehrfacher Hinsicht bemerkenswert. Sie betreffen zum einen die Kopräsenz kultureller Phänomene und Gegenstände, die verschiedenen Zeitaltern, verschiedenen Jahrhunderten und verschiedenen Zivilisationen angehören. Man könnte in einem ganz an Ernst Bloch ausgerichteten Sinne von einer Gleichzeitigkeit des Ungleichzeitigen auf der Ebene der Zivilisationen sprechen. Denn über mehrere Jahrhunderte hinweg, so die These des Erzählers, leben zwei Zivilisationen nebeneinander her, ohne sich wirklich zu berühren und miteinander in Kontakt zu treten.

Dies wäre eine *multikulturelle* Situation, in welcher die unterschiedlichen Kulturen nicht miteinander in Austausch stehen,[13] sondern berührungslos nebeneinander her sowie voneinander geschieden leben. Charakteristisch ist dabei in Sarmientos Entwurf, dass die großen Landflächen um Jahrhunderte in der Zeit gegenüber den Städten zurückhinken, dass weite Teile Amerikas folglich einer Vergangenheit angehören, welche andernorts längst vorübergegangen ist. Das

---

11 Vgl. hierzu Ette, Ottmar / Soethe, Paulo Astor (Hg.): *Guimarães Rosa und Meyer-Clason. Literatur, Demokratie, ZusammenLebenswissen.* Berlin – Boston: Walter de Gruyter 2020.
12 Sarmiento, Domingo Faustino: *Facundo o Civilización y Barbarie*, S. 40.
13 Vgl. zur Unterscheidung zwischen mono-, multi-, inter- und transkulturell Ette, Ottmar: *ZwischenWeltenSchreiben. Literaturen ohne festen Wohnsitz (ÜberLebenswissen II).* Berlin: Kulturverlag Kadmos 2005.

„Interior" Amerikas erscheint wie ein anderes Mittelalter Europas, gleichsam in der Zeit stillgestellt und konserviert.

Dies bedeutet, dass im *Facundo* – und keineswegs nur an dieser Stelle – ein Phänomen auftaucht, das in den achtziger und neunziger Jahren zumeist als soziokulturelle Heterogenität oder auch als kulturelle Hybridität bezeichnet wurde.[14] Verschiedene und mehr noch höchst gegensätzliche kulturelle Welten leben zusammen, ohne dass es notwendigerweise zu einer Homogenisierung kommen müsste. Dies ließe sich zweifellos am besten in die Theoriemetapher des Hybriden, also der kulturellen Hybridität Lateinamerikas fassen. Dabei handelt es sich freilich um eine Hybridität, die Sarmiento anhand einer Chronologie aufzuzeigen versucht, welche allein an der geschichtlichen und kulturellen Entwicklung Europas ausgerichtet ist – so als gäbe es nur einen einzigen, von Europa vorgezeichneten zivilisatorischen Entwicklungsgang.

Nur in diesem hybriden, nicht miteinander vermischten Sinne koexistieren auf argentinischem Boden, glaubt man der oben zitierten Passage, das zwölfte und das neunzehnte Jahrhundert miteinander. Wie Flora Tristan greift auch Sarmiento auf eine romantische Sichtweise des Mittelalters zurück, um eine fundamentale Verspätung weiter Gebiete des südlichen Amerika ins Bild zu setzen. Zugleich ist die Präsenz der europäischen Moderne für das Mittelalter überaus gefährlich, scheint es doch unweigerlich diese Epoche in Amerika zu gefährden und bedrohen. Dabei müssen wir selbstverständlich bedenken, dass es in den Amerikas kein Mittelalter im abendländischen, kulturgeschichtlich-europäischen Sinne gab. Doch darum ging es weder Flora Tristan noch Domingo Faustino Sarmiento. Damit verbunden ist vielmehr eine geschichtsphilosophische und kulturtheoretische Teleologie, der zufolge die damals aktuelle Heterogenität überwunden werden würde und an ihre Stelle eine Homogenität treten müsse, jene Europas, die in ihren neuesten Äußerungsformen in Amerika bereits Präsenz zeigt. Die nationalstaatlich homogenisierenden Aspekte dieser Vorstellung sind ebenso offenkundig wie ihr impliziter Eurozentrismus. Zugleich aber beginnt die fieberhafte Suche nach einem amerikanischen Weg in diese Moderne.

Denn zum anderen enthält diese angeführte Passage die Anerkennung nicht nur der Zivilisation der (europäischen) Moderne als der einzigen Moderne, sondern auch der Kultur des „Gaucho malo", des „Rastreador" *als Zivili-*

---

[14] Vgl. hierzu Cornejo Polar, Antonio: Indigenous and hetergeneous literature: their dual sociocultural status. In: *Latin American Perspectives* 16 (Spring 1989), S. 12–28; García Canclini, Néstor: *Culturas híbridas. Estrategias para entrar y salir de la modernidad*. México: Grijalbo 1990; sowie Ette, Ottmar: ¿Heterogeneidad cultural y homogeneidad teórica? Los "nuevos teóricos culturales" y otros aportes recientes a los estudios sobre la cultura en América Latina. In: *Notas* (Frankfurt am Main) 7 (1996), S. 2–17.

sation. In diesem Zitat werden keineswegs Zivilisation und Barbarei einander antithetisch gegenübergestellt, wie dies an anderer Stelle durchaus geschieht, wie es aber vor allem in der Forschung allzu lange und allzu vergröbernd herausgestellt wurde. Fraglos gibt es in *Facundo* zu dieser Problematik im höchsten Maße widersprüchliche Aussagen von Sarmientos Erzählerfigur. Und doch zeigt sich, dass Sarmiento nicht umhin konnte, der ‚mittelalterlichen' Kultur der amerikanischen Troubadoure eine zivilisatorische Adelung zu gewähren, auch wenn es fast so wie die letzte Ölung wirken mag, die man einer untergehenden, todgeweihten Kultur mit auf den Weg ins Jenseits gibt.

Die Vitalität dieser Kultur steht freilich nicht zur Debatte: Sie ist es ja gerade, die sich unter der Rosas-Diktatur selbst im Raum der Stadt Gehör verschaffte, ja zur politischen und kulturellen Dominanz gelangte. Auch im *Facundo* fehlen nicht jene Passagen, die sich schon in Echeverrías *El Matadero* nachweisen lassen und von jener ungeheuren Ausstrahlungskraft und von jener Faszination zeugen, welche die argentinische Kultur der Gauchos, der Sänger und Fährtenleser auf die Intellektuellen der großen Städte ausübte. Dieser enormen Faszination verdanken die dargestellten Typen in Sarmientos *Facundo* ihre Kraft, ihre Prägnanz, ihre ästhetische Wirkung auf die damalige Leserschaft wie auf die Leserinnen und Leser der zweiten Hälfte des 19. Jahrhunderts – eine Wirkung, die bis heute anzuhalten scheint. Denn Sarmientos *Facundo* ist in argentinischen Schulen bis heute selbstverständliche Pflichtlektüre.

Die große Ausstrahlungskraft der ruralen Kultur auf die städtischen Intellektuellen lässt sich zweifellos in Verbindung bringen mit jener romantischen Sensibilität für vergehende oder vergangene Kulturformen, für die ‚Reste' der Volkskultur oder auch für das Mittelalter, die für die Zeit seit den dreißiger Jahren im Cono Sur epochenspezifisch ist. Das Spezifikum der hispanoamerikanischen Romantik tritt somit deutlicher hervor: Es handelt sich um eine Romantik, die gleichsam vielkulturell ist, auf den Beziehungen zwischen verschiedenen, unterschiedlichen Kulturen aufruht und sich in einer Dezentriertheit gegenüber den Zentren, in einer peripheren Randlage weiß. Dies macht die Eigenheit des Amerikanischen und zugleich auch die Verschiedenheit des Weges Argentiniens in die Moderne aus.

Zugleich tritt eine ‚Orientalisierung' des Gaucho hinzu, insoweit sich bei den Gauchos eine ähnliche Verehrung des Sängers, eine ähnliche Liebe für Pferd und Zaumzeug finde wie bei den Arabern. Das eigene Andere wird orientalisiert und zugleich autoexotisiert. Diese ‚Orientalisierung' trägt mitunter durchaus positive Züge, wie ein Zitat von Victor Hugo zeigt, das auf die Argentinier übertragen, eigentlich aber auf die Araber gemünzt gewesen war.

Domingo Faustino Sarmiento greift in seinem *Facundo* mehrfach zurück auf die Woge des „Orientalisme", die Frankreich im 19. Jahrhundert erfasst hatte und nicht nur die Romantiker in ihren Bann schlug. Die Arabisierung der Kultur in den weiten amerikanischen Flächen wird freilich in der Folge wesentlich weniger positive Aspekte annehmen und eher die Vorzeichen einer Un-Kultur erhalten, mit Hilfe derer die *asiatische* Tyrannei der Rosas-Diktatur gebrandmarkt werden soll. Die Vorstellung der genannten vier Grundtypen bietet Sarmiento allerdings die konstruktive Möglichkeit, diese statischen Elemente in durchaus ambivalenter Weise im weiteren Verlauf der Geschichte in lebhafte Bewegung zu setzen. Denn der Leser, so heißt es im Text, werde, sei die Geschichte erst einmal in Gang gekommen, schon erkennen, welche realen Figuren diesen Typen von „Rastreador", „Baqueano", „Gaucho malo" und „Cantor" entsprächen. Mit dieser narrativen, erzählerischen Fiktion von Sarmientos literarischem Hauptwerk wollen wir uns in dieser Vorlesung freilich nicht beschäftigen, ging es uns bei Sarmiento doch im Wesentlichen um seine diskursive Erfindung eines Amerika, das sich auf der Suche nach der eigenen Modernität befindet.

Vor diesem Hintergrund sollten wir nur noch kurz auf die literarische Form blicken, die Sarmientos Schreiben sich schuf: keiner klaren Gattung folgend, keiner von der europäischen Tradition sanktionierten Diskursform huldigend, sondern an der spezifisch argentinischen Situation orientiert jene literarische Form kreierend, die den eigenen Bedürfnissen und jenen der Leserschaft wohl am ehesten entsprach. Facundo Quiroga ist laut Sarmiento ein Produkt der amerikanischen Barbarei; aber Sarmientos *Facundo* selbst, sein Buch also, ist nicht weniger ein Produkt jener Ungezügeltheit, jener alles Klassische, alles Homogene fliehenden Prägungen, die dem Autodidakten Sarmiento seine Stärke, seine Faszinationskraft bis heute vermitteln. Sarmiento ist in dieser Hinsicht wie sein Erzähler die Fortsetzung des von ihm so mit Hassliebe betrachteten „Cantor", ja er repräsentiert diese Figur des volkstümlichen Sängers, des argentinischen Barden, mit seiner rauen, nicht europäisch kultivierten Stimme selbst.

Entwarf Alexander von Humboldt mit seinem gewaltigen, über sieben Jahrzehnte entstandenen Œuvre die sicherlich komplexeste europäische Antwort auf die zweite Phase beschleunigter Globalisierung, so legte Domingo Faustino Sarmiento gegen Mitte des 19. Jahrhunderts seine Kampfschrift gegen die Rosas-Diktatur vor, in welcher er ein postkoloniales Argentinien erfand, das von einer grundsätzlichen Spannung zwischen zwei ungleichzeitigen Zivilisationen bestimmt sei. Entfaltete Humboldt in seinem *Opus Americanum* einen neuen Diskurs über die Neue Welt und zugleich eine neuartige Sichtweise der *Figura* des Christoph Columbus, so schuf der argentinische Essayist und Politiker Sarmiento ebenfalls eine Reihe kultureller Figuren, mit denen er sich selbst identifizierte und die vor allem für seinen Diskurs über den Weg des südlichen Amerika in die Modernität wegweisend waren.

Als Sarmientos *Facundo* erschien, war der 1853 in La Habana geborene José Martí noch nicht auf der Welt. Doch so, wie Alexander von Humboldt aus europäischem Blickwinkel am Ende der zweiten Phase zum Theoretiker der ersten Phase beschleunigter Globalisierung wurde, so entwickelte sich der Kubaner José Martí aus amerikanischer Perspektive inmitten der dritten Phase beschleunigter Globalisierung zu deren sicherlich bestem Theoretiker. Denn das aus einer ständigen Bewegung geborene Denken des Kubaners stand gegen Ende des Jahrhunderts für eine die Sarmiento'sche Frage nach der Modernität verlängernde und neu konzipierende lateinamerikanische Antwort ein. In seinen politischen wie in seinen ästhetischen Schriften, in seinen Chroniken über die USA wie in seinen Artikeln über Europa, in seinen militanten Aufrufen und Erklärungen wie in seinen literarischen Reden erweist sich Martí aus dieser Perspektive als ein hochkompetenter Denker der Globalität.[15]

Die Kraftlinien der unzähligen Texte aus der Feder des sechs Jahre vor Humboldts Tod auf Kuba geborenen Dichters und Essayisten, Intellektuellen und Revolutionärs überschneiden sich in seinem zweifellos berühmtesten Essay, der programmatisch am 1. Januar 1891 im US-amerikanischen Exil in *La Revista Ilustrada de Nueva York* erschien: *Nuestra América*. Schon der Beginn dieses Essays stand ganz im Zeichen einer beschleunigten Globalisierung, die von Norden her ihre Schatten auf ‚unser Amerika' wirft und rasches Handeln erfordert:

> Es glaubt der selbstgefällige Dörfler, dass die ganze Welt sein Dorf sei, und schon billigt er die Weltordnung, wenn er Bürgermeister wird, seinen Rivalen demütigt, der ihm die Braut stahl, oder wenn die Ersparnisse in seinem Sparstrumpf anwachsen; doch er weiß weder von den Riesen, die Siebenmeilenstiefel tragen, mit denen sie ihm den Stiefel aufdrücken können, noch vom Kampf der Kometen im Himmel, die durch die schläfrige Luft ziehen und Welten verschlingen. Was von solchem Dörflergeist noch in Amerika geblieben ist, muss erwachen. Dies sind nicht die Zeiten, sich mit einem Tuch auf dem Kopf hinzulegen; es gilt vielmehr, wie die Männer von Juan de Castellanos zu handeln, deren Kopf nur auf Waffen ruhte – auf den Waffen der Vernunft, die andere Waffen besiegen. Schützengräben aus Ideen sind denen aus Stein überlegen.[16]

Dieses Incipit baut von den ersten Worten an ein Spannungsfeld auf, das sich zwischen dem Dorf und der Welt, zwischen dem Lokalen und dem Globalen öff-

---

15 Martí, José: *Nuestra América*, S. 13; vgl. nochmals hierzu das José Martí gewidmete Kapitel im vierten Band der Reihe „Aula" in Ette, Ottmar: *Romantik zwischen zwei Welten* (2021), S. 1010 ff.; sowie den vom Verfasser vorbereiteten und in absehbarer Zeit in der Reihe „Mimesis" erscheinenden zweiten Teil meiner Monographie über José Martí.
16 Vgl. Martí, José: Unser Amerika. In: Rama, Angel (Hg.): *Der lange Kampf Lateinamerikas. Texte und Dokumente von José Martí bis Salvador Allende.* Frankfurt am Main: Suhrkamp Verlag 1982, S. 56.

net. Dabei handelt es sich unverkennbar um einen Bewegungsraum, ist doch die Zeit vorbei, in der sich der Dörfler allein mit seiner eigenen, abgeschiedenen Welt beschäftigen konnte. Eine rasante, mit ungeheurem Tempo voranschreitende Bewegung hat eingesetzt, in der auch das Lokale nicht länger getrennt vom Globalen zu denken ist. José Martí hat diese Entwicklung im vollen Umfange erkannt und versucht, diese Globalisierungsphase seiner Leserschaft als Dichter mit modernistischer Sprache in poetischen Bildern nahezubringen.

Ich kann Ihnen an dieser Stelle keine umfangreiche Deutung dieses fundamentalen Essays von José Martí bieten und verweise sie daher auf meine bereits erwähnte Vorlesung zum 19. Jahrhundert. Doch immerhin soviel: José Martís Einsicht in die globale Beschleunigung ist die zentrale Einsicht, die der kubanische Denker zum Ausgangspunkt eines strategischen Entwurfs nimmt, der ebenso visionär wie auf genauer Detailkenntnis beruhend ein Ausgreifen der USA nach Süden prognostiziert und diese Expansion aus einer zwar spezifisch lateinamerikanischen, zugleich aber unverkennbar welthistorischen und globalgeschichtlichen Perspektive in ihren Konsequenzen durchdenkt. Es ist faszinierend, dem kleinen Kubaner bei seinen sukzessiv sich entwickelnden Analysen über die Schulter schauen zu können.

Für José Martí ist der Kampf gegen die Kuba noch immer unterdrückende Kolonialmacht Spanien fast schon ein Kampf mit der Macht einer vergangenen Zeit: Denn längst hat der Autor der *Versos sencillos* verstanden, dass an die Stelle Spaniens, der beherrschenden Macht der ersten Globalisierung, nun ein neuer Protagonist getreten ist, der die dritte Phase beschleunigter Globalisierung dominieren wird: die Vereinigten Staaten von Amerika. Diese machen sich bereit, die Herrschaft über die gesamte amerikanische Hemisphäre zu übernehmen und greifen am Ende dieses Jahrhunderts mit der Eroberung der Philippinen bereits nach Asien aus. José Martí hat diese Expansion der USA, die nach Weltherrschaft streben, bereits in den frühen achtziger Jahren des 19. Jahrhunderts erkannt. Diese Weltherrschaft bestand nach dem Ende des Kalten Krieges während des größten Teiles der vierten Phase beschleunigter Globalisierung, geht nach deren Ende aber unverkennbar über in eine globalgeschichtlich veränderte, mehrpolige Verteilung der Macht, an deren Beginn wir uns nun befinden. Kein Wunder, dass wir in einer Zeit der Protektionismen und Nationalismen, des Irrationalismus und Rassismus sowie leider auch eines erneuerten Kalten Krieges leben. Die Lernfähigkeit von Menschen ist höchst begrenzt...

Mit *Nuestra América* versucht José Martí, diese Entwicklung nicht nur zu analysieren, sondern zugleich auch ein Konzept gegen die – aus seiner Sicht von 1891 bald schon bevorstehende Expansion der USA – zu entwickeln. Dazu analysierte er zupackend die innenpolitischen Ereignisse und Debatten in den Vereinigten Staaten, um deren künftiges Verhalten überblicken zu können. Wir

Abb. 62: José Martí (1853–1895) in New York City 1885.

wissen heute, dass die Martí'schen Befürchtungen zutrafen und die Vereinigten Staaten noch vor dem Ende des Jahrzehnts, in dem Martí 1895 den Unabhängigkeitskrieg gegen Spanien nach Cuba trug, in den kubanisch-spanischen Krieg eingriffen und sich die noch verbliebenen Reste des spanischen Weltreichs – Puerto Rico, Cuba und die Philippinen – einverleibten und sicherten. Als Kubaner war Martí überdies von der besonderen geostrategischen Rolle seiner Heimatinsel überzeugt, die seit der ersten Phase beschleunigter Globalisierung stets in gewisser Weise ein Global Player gewesen war. Noch in den ersten Jahrzehnten der Kubanischen Revolution war dieses Erbe José Martís außenpolitisch deutlich spürbar.

Wie sehr José Martís Entwurf darauf abzielte, vor dem Hintergrund seiner hemisphärischen Konstruktion des Kontinents einen eigenständigen, also auf eigenen, neuweltlichen Traditionen aufruhenden *amerikanischen* Humanismus zu entwickeln,[17] soll hier nicht erörtert werden. Doch bahnbrechend ist sein Versuch, die von ihm aus dem Denken des 19. Jahrhunderts übernommene Zweiteilung des amerikanischen Kontinents in eine neue Vision, in eine neue Erfindung ‚seines' Amerika, von *Nuestra América*, umzuschmelzen. Ich habe diese Neuerfindung Amerikas durch José Martí ausführlich in meiner früheren Vorlesung besprochen und möchte darauf nicht zurückkommen.

Nicht weniger wichtig für unsere Fragestellung in *dieser* Vorlesung erscheint mir die Tatsache, dass sich der hispanoamerikanische Modernist mit der dritten Phase beschleunigter Globalisierung nicht auseinandersetzte, ohne die beiden vorgängigen Phasen – zu denen er schon früher zahlreiche Artikel verfasst hatte – in seine stets lyrisch verdichtete Analyse miteinzubinden. Vor dem Hintergrund des für sein Schreiben und Handeln charakteristischen Epochenbewusstseins einer rapide an Fahrt aufnehmenden Zeit, in der sich die Siebenmeilenstiefel von Adelbert von Chamissos *Schlemihl*

---

[17] Vgl. hierzu Ette, Ottmar: José Martís *Nuestra América* oder Wege zu einem amerikanischen Humanismus. In: Röseberg, Dorothee (Hg.): *El arte de crear memoria. Festschrift zum 80. Geburtstag von Hans-Otto Dill*. Berlin: trafo Wissenschaftsverlag 2015, S. 75–98.

rasch in Soldatenstiefel einmarschierender Besatzungstruppen verwandeln konnten (und verwandeln sollten), entfaltet Martí sein vehementes Plädoyer, die Staaten ‚unseres Amerika' müssten sich so rasch als möglich – und bevor es zu spät sei – zu einer kompakten Einheit verbinden „como quienes van a pelear juntos".[18] Denn schon bald werde man zusammen gegen den sich rüstenden und vordringenden Feind kämpfen müssen.

José Martí zog damit die Lehren aus der ersten Globalisierungsphase, als ein militärtechnologisch überlegener Gegner bei seinen Eroberungen von der Uneinigkeit und Zerstrittenheit der indigenen Völker Amerikas profitierte. Wir haben dies mit vielen Details etwa bei der Eroberung von Anáhuac beziehungsweise Tenochtitlán durch Cortés mit maßgeblicher Unterstützung durch indigene Hilfstruppen gesehen. Dass dies keineswegs ein neuer Gedanke war, sondern bereits in den Zirkeln der hispanoamerikanischen Aufklärung diskutiert wurde, die letztlich die politische Unabhängigkeit der damals spanischen Kolonien vorbereitet hatten, sollte am Beispiel von Francisco Javier Clavijero, aber auch anderer Denker der Amerikas[19] deutlich geworden sein.

Erneut aber konstatierte Martí einerseits einen hohen Grad an Uneinigkeit zwischen den verschiedenen Nationen und Regionen Süd- und Mittelamerikas sowie der Karibik; und andererseits zweifelte er nicht an der militärtechnologischen Überlegenheit – insbesondere der gezielt aufgerüsteten, hochmodernen Kriegsflotte – der Vereinigten Staaten von Amerika. Schon im Gründungsjahr des „Modernismo", in einer auf New York am 15. Juli 1882 datierten Chronik für *La Nación* in Buenos Aires hatte Martí seine Leserschaft darauf aufmerksam gemacht, dass sich im US-Kongress eine veränderte Politik abzeichne, die mit Blick auf den Süden Amerikas, aber auch auf rivalisierende europäische Mächte auf den raschen Aufbau und Ausbau einer Kriegsflotte setze:

> Die Republikaner führen überdies an, dass diese Nation bereits in ihr Erwachsenenalter und dass das Amerika des Südens in eine Epoche endgültiger Etablierung eingetreten seien: dass diese Nation für die Notwendigkeiten ihrer Expansion eine große Summe benötige, um in kürzester Frist ein großes Heer auszuheben und eine furchterregende Armada aufzustellen. Sie führen ferner an, dass entweder durch den Wunsch nach höchster Autorität im Kanal von Panamá oder durch das Anwachsen englischer Macht in Amerika die Situation eines Krieges mit England heraufziehen könne, das ja eine große Seemacht darstelle. Und so konnte der seltene Fall eintreten, dass der Kongress eine gewaltig angewachsene Summe für Verbesserungen der Armada bewilligte, auf Bitten und hartnäckiges

---

18 Martí, José: *Nuestra América*, S. 13.
19 Vgl. hierzu den fünften Band der Reihe „Aula" in Ette, Ottmar: *Aufklärung zwischen zwei Welten* (2021), insb. S. 267 ff.

> Beharren jenes Marineministers, der in den Zeiten von Grant Hunderte Millionen und mehr in konfuse oder unnötige oder gänzlich unaufgeklärte Manöver investierte.[20]

Seit diesem frühen Zeitpunkt verfolgte der kubanische Essayist mit großer Aufmerksamkeit und wachsender Beunruhigung die weitere Aufrüstung jener Kriegsflotte, die 1898, im ersten transkontinentalen Medienkrieg der Moderne, die spanische Flotte sowohl in der Karibik vor Santiago de Cuba als auch im Pazifik vor Manila dank der technischen Überlegenheit ihrer aus Stahl gefertigten Panzerkreuzer mit Leichtigkeit ausschaltete. Martí war sich sehr früh der großen Gegensätze zwischen „los dos factores continentales",[21] den beiden kontinentalen Faktoren, bewusst geworden und zweifelte nicht daran, dass in den USA „la hora del desenfreno y la ambición"[22] obsiegen und damit der Beginn einer gewaltsamen Expansion nach Süden näher rücken werde. Denn die Zeit der Entgrenzung und der hochfliegenden Ambitionen in den USA war nicht mehr weit. Der kubanische Dichter und Revolutionär sah, wie sich die Zweiteilung des Kontinents nicht nur ökonomisch und kulturell, sondern auch machtpolitisch und militärisch zementierte. Und der Dichter der *Einfachen Verse* versuchte alles, um diese Entwicklung noch aufzuhalten.

Sehr zeitig, wenn auch nicht mehr rechtzeitig – aber dies war ihm nicht zur Last zu legen – begriff er, dass mit den Vereinigten Staaten von Amerika erstmals ein außereuropäischer Faktor die Entwicklungen zunächst auf dem amerikanischen Kontinent, bald aber auch im globalen Kontext wesentlich mitbestimmen würde. Die Vereinigten Staaten von Amerika waren auf dem Sprung zum Global Player. Noch einen Tag vor seinem Tod im Freiheitskampf schrieb der Autor von *Ismaelillo* an seinen mexikanischen Freund Manuel Mercado, er habe nicht nur die Unabhängigkeit Cubas im Auge gehabt, sondern es auch für seine Pflicht gehalten, „de impedir a tiempo con la independencia de Cuba que se extiendan por las Antillas los Estados Unidos y caigan, con esa fuerza más, sobre estas tierras de América".[23] Mit der Unabhängigkeit Kubas habe er das weitere Vordringen der USA in den karibischen Raum und die dadurch verstärkte Übermacht der USA verhindern wollen, die – so sah es Martí – zu unvermeidlichen Übergriffen auf den Süden des Kontinents führen musste. Der weitsichtige Kubaner sollte Recht behalten...

---

20 Martí, José: Carta de los Estados Unidos. In (ders.): *Obras Completas*. 27 Bde. La Habana: Editorial de Ciencias Sociales 1975, hier Bd. 9, S. 325f.
21 Martí, José: *Nuestra América*, S. 23.
22 Ebda.
23 Martí, José: A Manuel Mercado. In (ders.): *Obras Completas*, Bd. 4, S. 167.

Für die hispanoamerikanischen Modernisten war die Frage der zumindest kulturellen, aber auch der politischen Einheit dessen, was José Martí als „Nuestra América" bezeichnete, von fundamentaler Bedeutung. Wir haben bereits gesehen, dass José Martí dies als eine der wichtigsten Lehren aus der Conquista und damit der ersten Phase beschleunigter Globalisierung verstand. In diesem Zusammenhang überrascht es keineswegs, dass es die „Modernistas" waren, die erstmals und erfolgreich versuchten, eine Vielzahl von Verbindungen und verbindenden Zeitschriften zwischen den verschiedenen Areas der riesigen hispanoamerikanischen Welt ins Leben zu rufen. Nicht von ungefähr legte der Uruguayer José Enrique Rodó – und wir werden diese Frage noch eingehend untersuchen – seinen *Ariel* so an, dass er vor dem Hintergrund der Epochenerfahrung des Ausgreifens der Vereinigten Staaten nach Süden als Abgrenzung, ja als intellektuelle Kampfansage gegen den Koloss des Nordens gelesen werden konnte. Er grenzte in seinem sicherlich erfolgreichsten Werk ein imaginiertes Eigenes von einem imaginierten Fremden ab, wobei dieses Eigene in den Worten Prósperos genauso wie der Raum, in welchem der alte Magier zu seinen Schülern spricht, von einer klaren Homogenität gekennzeichnet ist.

Die hispanoamerikanischen Modernisten gingen von einer Zweiteilung des Kontinents aus, die sich auf den verschiedensten Ebenen bereits andeutete. In Rubén Daríos Gedicht *A Roosevelt* werden wir eine sich im Raumkonzept verbergende Vielfalt der Kulturen bemerken, wobei allerdings die kulturelle Kontinuität lyrischer Schöpfung von Netzahualcóyotl bis hin zur Aktualität Daríos im Grunde nur so lange funktionieren kann, wie sie sich im Gegenlicht der USA zu spiegeln vermag. Diese Opposition ist ebenso fundamental wie strukturell. Nur vor diesem Repräsentanten des ‚Anderen' wird die hispanoamerikanische Identitätskonstruktion als homogene Einheit konfigurierbar.

Betrachten wir das Gesamtwerk José Martís, so könnten wir sehr wohl zur Kenntnis nehmen, dass wir es hier mit einem hispanoamerikanischen Denker zu tun bekommen, der die Heterogenität Lateinamerikas zu reflektieren in der Lage ist. Und dem ist in der Tat so! Doch wird der 1853 in kleinbürgerliche Verhältnisse in La Habana hineingeborene und 1895 im Kampf gegen die spanische Kolonialmacht gefallene José Martí die von ihm erforschte Heterogenität stets wieder rückbinden in ein Konzept der anzustrebenden Einheit, einer Homogenität, die sicherlich noch nicht erreicht ist, die aber in Zukunft erreicht werden muss, will man nicht den expandierenden USA zum Opfer fallen.

Martí entwickelt eine Vorstellung von einem mestizischen Amerika, welche im zwanzigsten Jahrhundert als „Mestizaje" von größter Bedeutung für Denken und Schreiben in Hispanoamerika, aber auch als „Métissage" in der frankophonen Karibik wichtig sein wird. Diese in Martí sich entfaltende komplexe Bewegung, so scheint mir, ist der sicherlich anspruchsvollste gesellschaftliche und biopolitische Entwurf aller Modernisten für Lateinamerika. Denn José Martí grenzt nicht etwa die verschiedenen kulturellen Pole aus, wie dies ein José Enrique Rodó tun wird, wenn wir etwa an die indigene Bevölkerung Amerikas denken; und er befürchtet auch nicht, Hispanoamerika vor der Kontrastfolie der Vereinigten Staaten wie Rubén Darío in eine defensive Position gedrängt zu sehen, in welcher das spanischsprachige Amerika selbst seine Sprache und selbstverständlich seine komplexe Kultur verlieren könnte und bald mehr nur noch auf Englisch miteinander rede. Der kubanische Dichter und Essayist entfaltet vielmehr in seinen Schriften ein prospektives Bild des südlichen Teiles Amerikas, in das sich die unterschiedlichsten Kulturen und Ethnien einbringen und partizipieren könnten, ohne zu einem bloßen multikulturellen Sammelsurium unterschiedlicher Kulturen zu verkommen.

Mit anderen Worten: Martí versucht, aus seiner Erfahrung der konkreten Heterogenität Hispanoamerikas diese nicht etwa in der Gegenwart zu leugnen, skizziert und erträumt sich aber einen Prozess des „Mestizaje", in welchem diese Einheit bald schon hergestellt sein werde. Damit wird die Heterogenität von heute in die ersehnte Homogenität von morgen überführt; ein Schachzug, der zugleich die politische und kulturelle Zielvorgabe des Kubaners umreißt. Denn José Martí wird zum einen dafür kämpfen, dass die letzten spanischen Kolonien in Amerika ihre Unabhängigkeit erreichen und damit eins werden mit den längst unabhängigen Republiken Hispanoamerikas; und zum anderen wird er ein kulturelles Projekt entwerfen, das es ermöglichen soll, die künftige Modernität des Subkontinents im Zeichen der Homogenität der existentiellen und kulturellen wie politischen und sozialen Bedingungen darzustellen. Dieses Projekt wird den Namen *Nuestra América* tragen.

So ist sein Ziel ein mestizisches Amerika, die „América mestiza", doch liegt seiner Projektion eine komplexe Analyse der gesellschaftlichen, ethnischen, kulturellen Differenzen in Amerika zugrunde. Zur Erläuterung dessen, was José Martí nicht wollte, möchte ich Ihnen eine Passage aus seinem berühmtesten Essay vorstellen, in welcher er auf die unterschiedlichen Ingredienzien eingeht, die es aber allesamt in ein neues Bild des künftigen Lateinamerika zu integrieren gelte. In diesem am 1. Januar 1891 in einer kleinen New Yorker Publikation erschienen Essay, der am 30. Januar desselben Jahres in *El Partido Liberal* in Mexiko veröffentlicht wurde, entfaltete er eine rückwärtsgewandte Vision, in welcher er noch deutlich und unübersehbar die kolonialen Spuren der Vergangenheit verankerte. Es handelt sich um die lyrische Passage eines Schriftstellers, der sich selbst in erster Linie als Dichter verstand, der selbst in seine Prosa Rhythmen und Verse integrierte, welche so häufig seine modernistischen Texte durchziehen. Es ist ein Auszug, der später von Pablo Milanés, einem Mitglied der kubanischen *Nueva Trova*, vertont wurde:

Wir waren eine Vision: die Brust eines Athleten, die Hände eines Gecken und die Stirn eines Kindes. wir waren eine Maske: Kniehosen aus England, Weste aus Paris, Sakko aus Nordamerika und Stierkämpfermütze aus Spanien. Der Indio ging stumm um uns herum; dann ging er hoch zum Berg, zur Spitze des Berges, um seine Kinder zu taufen. Der Schwarze sang, von oben beobachtet, in der Nacht die Musik seines Herzens, allein und unbekannt, zwischen Wellen und wilden Tieren. Der Bauer, der Schöpfer, wandte sich, blind vor Empörung gegen die verächtliche Stadt, gegen sein Geschöpf.[24]

Martí gelingt es, in dieser kurzen und mehr noch in dieser dichten, dichterischen Passage eine Vielzahl jener Grundprobleme zu evozieren, welche die koloniale wie die postkoloniale Geschichte der ehemaligen Kolonien Spaniens charakterisieren. Die syntaktische Parallelstellung der einzelnen Satzelemente zeigt uns dabei schon die inhaltlichen Schwerpunkte an, die durch Appositionen rhythmisiert und so semantisch profiliert werden. Sehen wir uns den kurzen Text einmal näher an, immer mit der Vertonung von Pablo Milanés im Ohr.

Es handelt sich zunächst um die Darstellung einer Vision, deren Objekt ein *Wir* ist, das wir – soviel gibt der Gesamtkontext des Essays her – mit den Hispanoamerikanern oder besser mit den Bewohnern der ehemals und teilweise noch in Martís Gegenwart unter dem kolonialspanischen Joch stehenden Gebiete Amerikas identifizieren dürfen. Gegenstand dieser Vision ist in erster Linie der bekleidete Körper, den wir hier, ganz im Sinne des französischen Psychoanalytikers Jacques Lacan, als „corps morcelé", als zerstückelten Körper, vorgeführt bekommen. Dies ist die häufig von Martí benutzte Metaphorik für eine geistige und kulturelle Entfremdung, die wir bereits in seinem frühen mexikanischen Gedicht *De noche, en la imprenta* kennenlernen können.[25] Schon für Domingo Faustino Sarmiento war die Kleidersymbolik in seinem *Facundo* ein zentrales Element kultureller und sozialer Semantisierung.[26]

Die einzelnen Körperteile betreffen erstaunlicherweise eben jene drei Körperteile, deren Wichtigkeit für das Schreiben Martís wir in seiner Lyrik von 1875 festgestellt hatten: Brust, Hand und Stirn. Martí blieb sich in seiner Symbolik stets treu und modifizierte allenfalls die von ihm verwendeten Symbole semantisch, um sie zugunsten immer komplexerer Isotopien seinem sich verändernden Denken anzupassen. So wird in diesem Zusammenhang etwa die Brust, der Sitz des Herzens und nach romantischer Doktrin damit des Gefühls – Ort jenes Organs,

---

[24] Martí, José: Unser Amerika. In: Rama, Angel: *Der lange Kampf Lateinamerikas*, S. 62 f.
[25] Vgl. zu diesem Gedicht die Ausführungen im sechsten Band der Reihe „Aula" in Ette, Ottmar: *Geburt Leben Sterben Tod. Potsdamer Vorlesungen über das Lebenswissen in den romanischen Literaturen der Welt*. Berlin – Boston: Verlag Walter de Gruyter 2022, S. 592 ff.
[26] Vgl. hierzu die Analyse Sarmientos im vierten Band der Reihe „Aula" in Ette, Ottmar: *Romantik zwischen zwei Welten* (2021), S. 627 ff.

das uns Schreiben als erkaltete Herzensschrift zeigt –, zu einer Athletenbrust, der jegliche Spiritualität und ‚Tiefe' abgeht. Es ist noch immer dieselbe Symbolik wie in *De noche, en la imprenta*: eine Symbolik von existenzieller Tragweite.

Doch die Brust ist nur der erste Teil des zerstückelten Körpers, der sich in dieser Passage zeigt. Die Hände, die beim Schriftsteller die Worte zu Papier bringen und damit schaffend und schöpferisch materialisieren, sind zu unnützen Instrumenten eines Gecken, eines Stutzers geworden, der mit ihnen weder schafft noch schöpft, sondern sie höchstens – so wie es der Athlet mit seiner Brust tut – zum Vorschein bringt und zeigt. Die Stirne schließlich, mithin der Sitz des Denkens und der Cerebralität des Schreibens (das bei Martí jedoch niemals das der Lyrik sein kann) ist die Stirne eines Kindes, eines unschuldigen, aber auch noch unerfahrenen Geschöpfes, das sich der künftigen Probleme nicht bewusst sein kann. Auch passen die unterschiedlichen Körperteile nicht zusammen, insofern über der Brust eines Athleten kein Kindergesicht thronen kann.

Zweifellos kann ein Kind, kann ein „niño" durchaus positive Züge tragen und gerade in der am „Fin de siglo" häufigen Rede vom „Pueblo niño" oder vom jugendlichen Kontinent positiv markiert und prospektiv in die Zukunft gedacht sein. Wir werden sogleich noch sehen, dass freilich der Diskurs vom „Pueblo niño" sehr leicht und schnell in die Rede vom „Pueblo enfermo", vom „kranken Kontinent", umkippen kann. Wir können anhand der radikalen Heterogenität der zerstückelten Körperteile aber bereits feststellen, dass diese von Martí an dieser Stelle skizzierte Vision schon in ihrem Grundsatz falsch ist und weder eine Einheit zwischen den einzelnen Körperteilen entstehen noch die einzelnen Teile selbst in sich befriedigt ruhen lässt. Es handelt sich um einen radikal zerstückelten Körper ohne Zusammenhang und innere Einheit. Oder anders ausgedrückt: So sieht eine schlechte Erfindung Amerikas aus.

Diese Vision eines Körpers, eines Kontinents wird in einem zweiten Schritt zur Maske. Die Kniehosen aus England, das Westchen aus Paris, das Sakko aus Nordamerika und die Stierkämpfermütze aus Spanien symbolisieren die verschiedenen, ebenfalls zusammengestückelten Bestandteile der kulturellen Herkünfte, die nicht zueinander passen wollen. Dabei gibt es keine eigene Substanz, welche all diese Ingredienzien zusammenführen und miteinander vereinen könnte. Denn andere Kulturen wie etwa diejenigen der indigenen Bevölkerung oder der schwarzen Sklaven kommen unter dieser Maske wahrlich nicht zum Tragen.

Die Kleidung, die als topische Metapher innerhalb der literarischen Tradition des Abendlandes, aber auch Lateinamerikas häufig als das die Essenz, das ‚Wahre' und ‚Authentische' Verhüllende und Verbergende erscheint und – ähnlich wie die Schminke – bestenfalls noch im Kontext der antiken Rhetorik ihren positiven Platz findet, gerät unverkennbar zum Mittel der Verhüllung eines Körpers, dessen Zerstückeltheit und Nicht-Zusammengehörigkeit dem Lesepublikum zuvor bereits vorgeführt wurde. Die Kleidung ist so disparat wie der Körper selbst. Die einzelnen kolonialen Imperien wie Spanien oder postkolonialen Mächte (wie Frankreich, England oder die USA) werden hier als Lieferanten einer kulturellen Maskerade identifiziert, deren gemeinsamer Nenner ebenfalls eine fundamentale Entfremdung ist.

Allerdings werden Vision und Maske einer Vergangenheit überantwortet – nicht umsonst heißt es im spanischen Original „éramos" –, so dass der Weg in eine bessere Zukunft noch immer gestaltbar und offen ist. Aus dieser künstlichen Gemeinschaft des *Wir* ist der Indio ausgeschlossen, der zum einen außerhalbbefindlich, also marginalisiert ist, zum anderen aber zur Spitze des Berges geht inmitten der Natur, um dort seine Kinder zu taufen. Martí legt hier den Finger in die Wunde des postkolonialen Konstrukts der Kreolen, welche die indigene Bevölkerung weitestgehend aus ihrer Unabhängigkeitsrevolution ausschlossen. Die Bewegungen des Indio verweisen zum einen auf die direkte Beziehung des Indianers zum Göttlichen, zum anderen aber auch auf einen Prozess der Christianisierung, der hier die Untertöne des „Mestizaje" erklingen lässt. Wie sonst ließe sich verstehen, dass Martí den Indianer gerade mit einer Handlung vorführt, die nicht auf die radikale Differenz, sondern auf die grundlegende Einheit im Glauben und in Christen verständlichen Ritualen hinweist?

Der Indio, so könnten wir festhalten, repräsentiert in diesem kurzen Satz sowohl das Andere, die kulturelle und ethnische Alterität, als auch das Eigene, ähnlich wie das zuvor besprochene ‚Wir', nur dass ihm nicht die Zeichen kultureller Entfremdung – oder sollten wir den Akt des Taufens so deuten? – eingeschrieben sind. Der Indio blendet vor allem bei Martí die indigene Dimension der Kulturen in Lateinamerika ein, die aus vielen Projekten auch der Modernisten – wie etwa des Uruguayers José Enrique Rodó – *de facto* ausgeblendet blieben. „El indio" führt vor, dass die Präsenz der marginalisierten Kulturen unübersehbar geworden ist und nach Integration verlangt.

Diese Funktion erfüllt auch der Schwarze, der für eine weitere kulturelle Dimension der Amerikas steht und gleichsam – wie einmal bemerkt wurde – die ‚importierten Indigenen' vertritt. Beide Bevölkerungsgruppen, die indigene wie die schwarze, bilden in vielen der neuen Staaten der Amerikas keineswegs Minderheiten, wurden aber aus dem kreolischen Projekt der Independencia machtvoll ausgegrenzt. Der Schwarze ist zugleich der Ausgegrenzte und der Eingegrenzte, er wird von oben beobachtet („oteado"), er wird bewacht, beaufsichtigt und kontrolliert. Doch ist gerade er es, der in einem schöpferischen Zusammenhang erscheint und die „Musik seines Herzens" sich aus dem Leibe singt.

Das romantisch konnotierte Adjektiv der Einsamkeit wird dabei mit dem Unbekannten, dem Anonymen gekoppelt, so dass seine kulturellen Äußerungen letztlich als anonyme und gleichwohl verbreitete, geradezu natürliche, aus dem Herzen kommende Kultur erscheint. An einem derartigen „echar mis versos del alma" ist die Dichtkunst der *Versos sencillos* dieses frühen kubanischen Modernisten orientiert. Der Schwarze vertritt damit in gewisser Weise auch die volkskulturellen Elemente, freilich jene nicht-iberischer Herkunft, in jedem Falle aber Elemente, die nicht in die am abendländischen Pol orientierte offizielle sogenannte ‚Hochkultur' eingingen.

Die evidente Marginalisierung wird zudem mit einer gefährlichen Einengung konnotiert, befindet sich der Schwarze doch zwischen den Wellen und den wilden Tieren, zwischen dem Element des Wassers also, das ihm – etwa auf den Zuckerrohrinseln wie etwa in Martís Heimat – den Fluchtweg und auch die Rückkehr nach Afrika abschneidet, und den wilden Tieren, die man zur Jagd auf entflohene schwarze Sklaven hetzte. Damit wird zugleich auch ein Unterschied zwischen Indianern und Schwarzen deutlich: Werden die ersteren ‚nur' ausgegrenzt, so sind die aus Afrika brutal deportierten Sklaven nichts anderes als Hilfsmittel, Instrumente, Arbeitsmittel der weißen Herren, die in dieser Passage im Übrigen nicht gesondert erscheinen.

An ihre Stelle tritt jedoch ein dritter Marginalisierter, der Bauer, der hier mit dem höchsten Epitheton versehen wird, erscheint er doch als „Creador", als Schöpfer, dessen Geschöpf auch die Stadt ist, die ihn letztlich ausgegrenzt hat. Der Bauer, der „campesino", ist für Martí stets – und hierin mag auch noch spät physiokratisches Gedankengut mitschwingen – der Vertreter einer intakten Kultur und vor allem einer Produktion, die in intimem Einklang mit der Natur steht und entsteht. In diesem letzten Satz der hier gewählten Passage erscheint unübersehbar der für weite Teile der ehemaligen Kolonien charakteristische Stadt-Land-Gegensatz, nun aber vor dem Hintergrund einer Ausgrenzung, einer Marginalisierung, deren Opfer nicht nur der weiße Landbewohner, sondern auch Indianer und Schwarzer sind.

Kulturelle, ethnische und soziale Fragestellungen werden so in eine neuartige Vision von Amerika einbezogen, die zunächst von vorgängigen ‚Identitätsentwürfen' beziehungsweise Erfindungen und Visionen ausgeht und diese befragt und als hohl, als fremd und entfremdet vorführt. An die Stelle einer derartigen Vision, deren Ergebnis notwendig nicht die Integration, sondern die Ausgrenzung breiter Teile der Bevölkerung ist, wird Martí eine andere Konzeption setzen, die bewirken soll, dass eine wirkliche politische und auch wirtschaftliche Unabhängigkeit ins Werk gesetzt werden kann. Auf diese Weise sollen Entfremdung und Ausgrenzung beendet werden und eine neue integrale Einheit, eine wirkliche Gemeinschaft entstehen: eben jene von *Nuestra América*.

An dieser Stelle unserer Vorlesung aber soll unter Bezug auf Julio Ramos[27] auf eine andere kulturelle Dimension in den Amerikas aufmerksam gemacht werden, welche sich im Schreiben José Martís im New Yorker Exil abzeichnet und für das damals bevorstehende 20. Jahrhundert von größter Bedeutung werden wird: Ich spreche vom Pol der Massenkultur, die sich bereits zum damaligen Zeitpunkt der fortgeschrittensten Medien zugunsten einer internationalisierten Verbreitung im Kontext der dritten Phase beschleunigter Globalisierung bedienen kann.

Bereits am 3. Dezember 1881 erschien in *La Pluma* in Bogotá eine, so ließe sich sagen, frühmodernistische Chronik, die José Martí von seinem ersten New Yorker Exil aus, dem er bald, wenn auch nur vorübergehend, den Rücken kehren sollte, geschrieben und nach Kolumbien geschickt hatte. In diesem kurzen Text begleiten wir den kubanischen Exilanten auf einem Ausflug in den berühmten Vergnügungspark von Coney Island, nicht ohne zuvor freilich vom Autor der folgenden Zeilen eine grundlegende Erläuterung hinsichtlich der spezifischen Bedeutung Nordamerikas für „unsere hispanoamerikanischen Völker" vorausgeschickt zu bekommen:

> In der menschlichen Prachtentfaltung gleicht nichts der wundervollen Prosperität der Vereinigten Staaten des Nordens. Ob es bei ihnen einen Mangel oder nicht an tiefen Wurzeln gibt; ob bei den Völkern jene Verbindungen, welche Aufopferung und geteilter Schmerz schaffen, dauerhafter sind als jene, welche ein gemeinsames Interesse erzeugt; ob diese kolossale Nation in ihren Eingeweiden wilde und furchterregende Elemente besitzt oder nicht; ob die Abwesenheit des weiblichen Geistes, der Ursprung des künstlerischen Sinnes und die Ergänzung des nationalen Wesens, das Herz dieses erstaunlichen Volkes verhärtet und korrumpiert, wird erst die Zeit uns sagen.[28]

Wir finden in dieser Eingangspassage von 1881 bereits eine Vielzahl von Elementen, die die Denker und Dichter des Fin de siècle Hispanoamerikas ausformulieren und insbesondere im „Arielismo" politisch umsetzen sollten. Martí betrachtet den Norden vor dem Hintergrund des Südens und sagt damit in seinen den Modernismo ankündigenden Wendungen ebenso viel über den Norden als über den Süden des amerikanischen Kontinents aus.

José Martí benennt bereits einige jener Grundzüge, welche den Norden aus Sicht des Südens auszeichnen, hält eine Entscheidung fürs erste zumindest aber noch offen, indem er der Zukunft – und damit letztlich der Geschichte – ein ab-

---

27 Vgl. Ramos, Julio: *Desencuentros de la modernidad en América Latina. Literatura y política en el siglo XIX.* México: Fondo de Cultura Económica 1989.
28 Martí, José: Coney Island. In (ders.): *Obras Completas*, Bd. 9, S. 123.

schließendes Urteil über die Vereinigten Staaten nicht von Amerika, sondern des Nordens überlässt und überantwortet. In diesen und ähnlichen Formulierungen führt der kubanische Migrant in New York immer wieder seinem Lesepublikum vor Augen, dass der Name ‚Amerika' keinesfalls gleichbedeutend mit den USA ist und dass sich diesem Amerika ein anderes, weiteres Amerika gegenüberstellen lässt. Noch verfügt Martí nicht über die Begrifflichkeit und mehr noch seine Konzeption von *Nuestra América*. Das hispanoamerikanische Lesepublikum – und auf dieses zielt dieser Text – ist aber damit bereits eingestimmt auf eine Begegnung mit dem Anderen in Form Nordamerikas; eine Begegnung, die letztlich identitätsbildende Züge erhalten wird und die notwendige Präsenz der USA im Denken Hispanoamerikas veranschaulichen soll.

Der Besuch von Coney Island, das noch vor vier Jahren nichts anderes als ein Haufen Erdmasse, nichts als ein „montón de tierra abandonado hace cuatro años"[29] gewesen und heute aber bereits berühmt geworden sei, steht gleichsam im Zeichen einer Entdeckungsreise, die nun den Hispanoamerikaner nicht mehr zum Objekt, sondern zum Subjekt dieser Reise und dieser Entdeckung werden lässt. Nicht der Norden besucht mehr allein den Süden; auch der Süden ist nun in der Lage, den Norden zu erkunden und sich über diesen Norden sein eigenes Bild zu machen.

Dies scheint mir insoweit bedeutsam, als nun – im Rahmen der neugeschaffenen Möglichkeiten einer erstarkten lateinamerikanischen Presse, die Auslandskorrespondenten unterhält – Lateinamerikaner für Lateinamerikaner über andere Regionen und deren Bewohner schreiben, eine Situation, die (denkt man an Sarmientos Reiseberichte seit der Mitte des 19. Jahrhunderts) nicht völlig neuartig ist, die aber unter den hispanoamerikanischen Modernisten eine neue Funktion und Wichtigkeit erhält. Ebenso Rubén Darío wie auch José Enrique Rodó, der sicherlich am wenigsten Reisende der drei großen Modernisten, verfassten Reiseberichte, wobei der Uruguayer am Ende seines Lebens unter günstigen finanziellen Konditionen ebenfalls für ein Bonaerenser Periodikum und Publikum vor allem aus Spanien und Italien berichten sollte. Das Auftauchen dieser reiseliterarischen Gattung ist insofern bedeutungsvoll, als sich ein lateinamerikanisches Publikum nun durch Lateinamerikanerinnen und Lateinamerikaner vor Ort Informationen aus erster Hand über die Vereinigten Staaten oder über Länder Europas verschaffen konnte.

Doch dies ist erst eine Entwicklung, die sich im Zeichen der Modernisierung vieler lateinamerikanischer Staaten im letzten Drittel des 19. Jahrhunderts massiver abzeichnete und die Informationsflüsse auf dem amerikanischen Kontinent

---

29 Ebda.

veränderte. Man könnte durchaus die Behauptung wagen, dass an der Wende zum 20. Jahrhundert die lateinamerikanische Presse unabhängiger von den ‚Lieferungen' aus den USA und Europa war als sie es heute ist, dass also die Zirkulationen des Wissens transareal weniger fremdgesteuert waren als in unserer Zeit.

Wie auch immer dem sein mag: Die ‚fremdkulturelle' Differenz wurde damit in die ‚eigenkulturelle' Sichtweise dergestalt eingebracht, dass die Bewohner der ehemals iberischen Kolonien Amerikas nicht mehr nur die Objekte der früheren Chronisten des 16. Jahrhunderts oder der europäischen Reiseschriftsteller des 19. Jahrhunderts waren, sondern nun selbst aktiv werden und über unbekannte Gebiete und deren ‚Merkwürdigkeiten' berichten. Wir hatten am Beispiel von Fray Servando Teresa de Mier y Guerra gesehen, dass es dafür Vorläufer gab, die allerdings Einzelfälle oder Ausnahmefälle blieben.

Damit veränderten sich die transarealen Zirkulationen des Wissens auf dem amerikanischen Kontinent in grundlegender Weise. Auch dies scheint mir ein wichtiger Aspekt des hispanoamerikanischen Modernismo zu sein, betrachtet man ihn in seiner Gesamtheit und beschränkt man ihn nicht, wie doch allzu oft geschehen, auf die Lyrik einiger weniger Vertreter. Denn er ging einher mit grundlegenden Veränderungen nicht allein bezüglich der Schnelligkeit der transozeanischen Informationsübermittlungen, sondern auch im Bereich des gesamten Pressewesens und von Druckerzeugnissen im ehemals iberischen Amerika.

Doch kehren wir zurück zu jener Chronik, jenem Reisebericht von einem Ausflug vor die Tore New Yorks im Jahre 1881! Was beeindruckt nun den Reisenden, was erstaunt ihn? José Martí selbst gibt uns die umfassende Antwort:

> Was dort erstaunt ist die Größe, die Menge, das unverzügliche Resultat menschlicher Aktivität, dieses unermessliche Ventil an Vergnügungen, das einem unermesslichen Volke offen steht, diese Speiseräume, die von weitem betrachtet wie hochgereckte Heere aussehen, diese Wege, die in zwei Meilen Entfernung nicht Wege sind, sondern weite Teppiche von Köpfen; dieses tägliche Sich-Ergießen eines machtvollen Volkes über einen Machtvollen Strand; diese Mobilität, dieses Vorwärtsstreben, dieses Sich-Beeilen, diese Veränderung in der Form, diese fiebrige Rivalität des Reichtums, dieser monumentale Anblick der Gesamtanlage, die es als würdig erscheinen lässt, dass jenes badebegeisterte Volk mit der Majestät der alles tragenden Erde, mit dem alles liebkosenden Meere und mit dem alles krönenden Himmel wettstreite, diese ansteigende Flut, diese atemberaubende und nicht zu kontrastierende, feste und frenetische Expansivität, und diese Natürlichkeit im Wunderbaren; dies ist es, was dort erstaunt.[30]

Höchst beeindruckend und aufschlussreich ist am Ende dieser wie Wellen hereinbrechenden Syntax, denen der Wellenbrecher eines simplen Satzes kontrastiv entgegengestellt wird, die Tatsache, dass der Kubaner Martí die Szenerie vor

---

30 Ebda., Bd. 9, S. 125.

den Toren New Yorks im Zeichen des „maravilloso", des Wunderbaren, also fast wie ein Chronist des 16. Jahrhunderts in umgekehrter Blickrichtung, erfährt und für seine Leserinnen und Leser erfahrbar und mehr noch *nacherlebbar* macht. Alles in dieser frühmodernistischen Prosa drückt die Bewegung, drückt die Mobilität aus und verweist ebenso auf die Kräfte der Natur wie Ebbe und Flut wie auf die Kräfte des Menschen, der menschlichen Aktivität, um die Dinge in unablässige Bewegung zu setzen. so entsteht ein bewegendes *Bewegungsbild* der Vereinigten Staaten des Nordens.

Es ist insbesondere das Gefühl und die Wirkung der menschlichen Massen, jener ständig bewegten Köpfe und Körperteile, die José Martí im Zeichen des Vergnügungsparks von Coney Island wie ein gigantisches Ventil der Lust erscheint. Es unterscheidet sich nicht mehr ein Individuum von einem anderen: Alle bilden ein Muster, das mit seinen Köpfen wie ein Teppich, ja wie ein Wandteppich wirkt, der mit der Farbgebung impressionistischer beziehungsweise pointillistischer Malerei ausgeführt wäre. Dabei verschieben die parallel anbrandenden Satzrhythmen den metaphorischen Bezug von der Ebene der Kultur (mit ihren „alfombras" aus Köpfen) deutlich zum Bereich der Natur, wobei eine Verbindung zwischen jenem großen Volk des Nordens und der Majestät seiner Natur hergestellt wird. In der Ikonographie[31] José Martís gibt es Photographien, die ihn in Coney Island zeigen: nicht in den großen Restaurants, nicht inmitten der Massen auf den Wegen, sondern am Strand, am Rande der unzähligen Holzbuden, die Coney Island vor den Toren New Yorks säumen (Abb. 63).

Die Großstadterfahrung, die für Martí zum damaligen Zeitpunkt in New York nach Aufenthalten in Havanna, Madrid und Paris zwar nicht völlig neu war, dennoch aber in diesem Kontext erregend blieb, bereitet literarischen Ausdrucksformen den Weg, die derartigen Menschenmassen syntaktisch wie semantisch literarische Form zu geben versuchen. Seine Prosa verändert sich grundlegend, verlässt endgültig ihre von der Romantik ererbte Tradition und begibt sich hinein in den Taumel einer Bewegung, welche an die Leserschaft weitergegeben werden und diese in erlebte und nacherlebte Erschütterung versetzen soll. Die New Yorker Grunderfahrung einer sozioökonomischen Modernisierung verwandelt sich und gewinnt ästhetische Form in einer Prosa, welche mit ihrer Rhythmik den Weg des hispanoamerikanischen Modernismo zu Beginn der achtziger Jahre – und damit zum Zeitpunkt der dritten Phase beschleunigter Globalisie-

---

31 Vgl. zur Martí'schen Ikonographie Ette, Ottmar: Imagen y poder – poder de la imagen: acerca de la iconografía martiana. In: Ette, Ottmar / Heydenreich, Titus (Hg.): *José Martí 1895 / 1995. Literatura – Política – Filosofía – Estética*. 10 Coloquio interdisciplinario de la Sección Latinoamérica del Instituto Central de la Universidad de Erlangen-Nürnberg. Frankfurt am Main: Vervuert Verlag 1994, S. 225–297.

Abb. 63: José Martí (u.r.) in Bath Beach, Long Island, New York 1890.

rung – eröffnet. Die in diesen Jahren aufkommende Prosa lässt sich sehr wohl als Antwort des kleingewachsenen Kubaners auf die große Geschichte mit ihren globalisierten Herausforderungen begreifen.

All dies macht José Martí seinen kolumbianischen Leserinnen und Lesern – für die er zum Vergleich auch auf die Architektur Bogotás zurückgreift – quasi durch seine Formgebung deutlich, wobei sich zeigt, dass er gegenüber diesem nordamerikanischen Volk, das sich nur vom Besitz eines Vermögens leiten lasse, von der „posesión de la fortuna",[32] ein *Wir* aufbaut, ein *nosotros*. Dieses sich im Süden des Kontinents aufbauende *Wir* tauscht die fremdkulturelle Differenz unverzüglich in eigenkulturelle Sichtweisen um: „Andere Völker – und wir zählen dazu – leben verzehrt von einem sublimen inneren Daimon, welcher uns unermüdlich zur Verfolgung eines Ideals der Liebe oder des Ruhmes drängt."[33] Und Martí weiter: „Die Sehnsucht nach einer überlegenen spirituellen Welt erfüllt

---

[32] Martí, José: Coney Island. In (ders.): *Obras Completas*, Bd. 9, S. 126.
[33] Ebda.: „Otros pueblos – y nosotros entre ellos – vivimos devorados por un sublime demonio interior, que nos empuja a la persecución infatigable de un ideal de amor o gloria."

und bedrückt uns",[34] was zu tiefer Melancholie und der etwas raschen Einsicht führe, dass jenes große Land des Nordens leer von Geist sei.[35]

Bisweilen gerät die Gegenüberstellung der beiden Hälften eines zweigeteilten Kontinents aber auch zum Klischee: „Jene Menschen verspeisen Masse, wir Klasse."[36] Doch Martí ist förmlich begeistert, ja elektrisiert angesichts des nächtlichen Lichtermeers der Millionenstadt wie auch des Vergnügungsparks von Coney Island. Zugleich wird die kulturelle Alterität von Martí auch anhand der Geschlechterbeziehungen vorgeführt, wundert sich der in seinem spanisch-kanarischen Elternhaus katholisch erzogene Martí doch darüber, wie viele verheiratete Frauen bei diesem Spektakel ohne die Begleitung ihrer Männer zugegen sind. An dieser Stelle werden die wertkonservativen, patriarchalischen Vorstellungen Martís von traditionellen Geschlechterbeziehungen überdeutlich.

Die Vision der Vereinigten Staaten erhält unter dem Eindruck der Vergnügungszentren und der Großstadterfahrung durchaus ambivalente Züge, welche sich freilich klaren Negativsetzungen, die sich immer wieder finden lassen, letztlich doch entziehen. Coney Island ist, als *pars pro toto* der gesamten Vereinigten Staaten, für Martí ein einziges Faszinosum:

> Die elektrischen Lichter, welche mit einer zärtlichen und magischen Helligkeit die Plätze vor den Hotels, den englischen Gärten, den Konzertpavillons, ja selbst den Strand überfluten, an dem man in jenem lebendigsten Lichte die Sandkörner zählen könnte, erscheinen von weitem wie unruhige höhere Geister. [...] wie am helllichten Tage liest man überall Zeitungen, Programme, Plakate, Briefe. Dies ist ein Volk von Sternen; und so sind die Orchester, die Tanzveranstaltungen, das Stimmengewirr, das Geräusch der Wellen, das Geräusch der Menschen, der Chor von Gelächter, das Schmeicheln der Luft, die lauten Schreie, die Schnellzüge, die leichten Kutschen, bis in der Stunde der Rückkehr, gleich einem Monstrum, das seine Eingeweide am hungrigen Schlunde eines anderen Monstrums entleerte, sich jene kolossalen Menschenmassen sich zusammengepresst und kompakt an den Zugängen zu den Zügen verkeilen, welche wimmelnd von Menschen und ächzend, als wären sie von ihrem Wege erschöpft, diese durch die Einsamkeit retten, worauf sie später ihre aufgewühlte Last in die gigantischen Dampfer entlassen, welche von Harfen und Violinen belebt sie zu den Landungsstegen leiten, um die ermüdeten Ausflügler in tausend Kutschen und tausend von ihnen überquerte Wege zu gießen, so als wären dies Venen aus Eisen eines schlafenden New York.[37]

Dies sind die Embleme der sozioökonomischen *Modernisierung*, die in gedrängter Form die Besonderheit einer Nation beleuchten, deren *Modernität* ebenso außer Frage steht wie deren Faszinationskraft gerade für Nationen, die sich auf

---

34 Ebda.: „la nostalgia de un mundo espiritual superior nos invade y aflige."
35 Ebda.
36 Ebda., S. 127: „Aquellas gentes comen cantidad; nosotros clase."
37 Ebda., Bd. 9, S. 128.

den Weg zu ihrer eigenen *Moderne* gemacht haben. Und es ist höchst spannend zu beobachten, dass in dieser Passage aus dem Jahre 1881 vielleicht zum ersten Male und mit Blick auf die Vereinigten Staaten des Nordens jener Begriff erscheint, mit welchem José Martí kurz vor seinem Tod in einem berühmten Brief an seinen mexikanischen Freund Manuel Mercado die USA belegte: mit dem Begriff eines *Monstrums*, dessen Eingeweiden er selbst sehr gut kenne. Doch noch ist der Blick José Martís auf die Vereinigten Staaten nicht jener, der erst in seinem letzten Lebensjahrzehnt entstehen sollte.

José Martí gibt seinen kolumbianischen Leserinnen und Lesern eine lange Liste der Embleme der Moderne: Elektrisches Licht, Züge, Schiffe, konsumierbare Musik, die Kulturlandschaft der Hotels und Vergnügungsorte, aber auch die ständige Präsenz der Leseprozesse, die nicht zuletzt am Ende dieses Zeitungsartikels auch die Zeitung selbst gleichsam autoreferentiell in den eigenen Text einblenden. Wir haben es mit einem ungemein sorgsam konstruierten Textgewebe zu tun, welches sich überdies auf einer poetischen Ebene wie ein verdichteter Gedichttext verhält und von einer lyrischen Rhythmisierung durchzogen ist.

Martís Sätze finden keine Ruhe, sondern öffnen sich nur immer weiter auf neue Perioden, die oft in logisch kaum mehr nachvollziehbaren Schritten von anderen Entwicklungen, anderen Themen, anderen Bewegungen überlagert werden: zwischen der allmächtigen Präsenz des Lustorts und dem Aufbruch ins nächtliche New York sowie der dortigen Ankunft gliedert kein Satz die atemlose Periode, die die dargestellte Bewegung in sich selbst aufnimmt und der Lektüre einer gleichsam atemlosen Leserschaft geradezu aufzwingt. Hier schreibt kein Reporter, sondern ein stilbewusster (modernistischer) Chronist, der als Chronist in einem doppelten Wortsinne auch an jene Tradition anknüpft, die im 16. Jahrhundert Amerika zum Objekt eines faszinierten Schreibens und einer nicht weniger faszinierten europäischen Leserschaft machte. Martís literarisches Oeuvre ist in mehr als einem Sinne die Antwort der dritten Phase beschleunigter Globalisierung auf die noch immer schmerzenden Herausforderungen einer ersten Phase, die nicht mehr ist und doch nicht aufhören kann zu sein.

Gleichwohl hielt die faszinierende Präsenz von Coney Island und New York José Martí in späteren Schriften, in Essays insbesondere der späten achtziger und der neunziger Jahre, nicht davon ab, das sich ankündigende Ausgreifen der Vereinigten Staaten nach Süden zu prognostizieren und seine Landsleute davor zu warnen: auf der Hut zu sein vor jenen Siebenmeilenstiefeln, die sich den iberisch geprägten Ländern des Kontinents immer mehr näherten. Keiner hat wie Martí mit solcher Deutlichkeit früh schon die sich abzeichnenden wirtschaftlichen, sozialen, aber auch militärischen Prozesse gesehen, die den Ausgang des Jahrhunderts und einen beträchtlichen Teil des 20. und beginnenden

21. Jahrhunderts prägen sollten: die Dominanz, die Hegemonie der USA; gleichviel, ob sie nun im Zeichen des „Big Stick" oder des „Good Neighbourhood" stand. Immer stärker verkörpert das „Mónstruo" mit seinen Eingeweiden die Gefahren, die von den Vereinigten Staaten des Nordens ausgehen.

Keiner hat wie Martí so erfolgreich und nachhaltig in Kuba den Widerstand gegen das Vorrücken der nordamerikanischen Interessen bei gleichzeitiger Bekämpfung der alten spanischen Herrschaft vorbereitet und organisiert: Nicht umsonst wird der Krieg von 1895 auch als „la guerra de Martí" bezeichnet. Auf der kulturellen Ebene war sich der Kubaner darüber im Klaren, dass die USA weit mehr als die europäischen Nationen – von Spanien einmal ganz zu schweigen – die Modernität repräsentierten. Er war sich aber auch darüber im Klaren, dass dies nicht die Modernität Hispanoamerikas sein konnte und sein durfte. Es galt, einen eigenen Weg zu einer ebenso von der europäischen wie von der US-amerikanischen Modernität unterschiedenen Weg zu finden, um eine eigenständige und der eigenen Traditionen bewusste Moderne für *Nuestra América* zu schaffen.

Wir werden bei José Enrique Rodó noch sehen, dass die Modernitätsentwürfe Hispanoamerikas am Ausgang des 19. Jahrhunderts unmöglich abstrahieren konnten von dieser massiven Präsenz der Modernität im Norden, von jener *beschleunigten*, atemlosen Bewegung, von der auch der letzte (und soeben zitierte) Satz aus Martís Essay über Coney Island kündigt. Die alles beschleunigende Infrastruktur verkürzt nicht nur die Distanzen des kubanischen Reisenden in den USA, sondern auch die schützende Entfernung zwischen dem Norden und dem Süden der amerikanischen Hemisphäre. Die New Steel Navy hatte längst die Kanonen ihrer Schlachtschiffe auf diesen Süden als leichte Beute gerichtet. Und Martí war sich dieser Tatsache wie auch ihrer Hintergründe bewusst.

Denn in diesem Zusammenhang war für Martí klar, dass diese Distanz und damit der mit ihr verbundene Schutz nicht vom Süden, sondern vom Norden her verkürzt und unterlaufen werden sollte. Die Zeit der Besuche, der „Visitas", ist nahe, wie Martí auch in seinem Essay *Nuestra América* zu betonen nicht müde wird. Die Lateinamerikaner müssen handeln! Ihr Dorf, das noch im Zeichen des „aldeano vanidoso" steht, muss aufwachen angesichts jener Städte, die die Entwicklung des Nordens tragen und die Interessen und die Habgier des Nordens über die Grenzen des großen Imperiums, des großen Kolosses, nach Süden schwappen lassen. Einheit, Hoffnung und Handeln: Dies sind die Eckpunkte des Martí'schen Entwurfes für *Nuestra América*:

> Aus all seinen Gefahren errettet sich Amerika. Über einigen Republiken schläft noch die Krake [...]. Ihr Anstand als Republik setzt dem Amerika des Nordens vor den aufmerksamen Völkern des Universums eine Bremse, welche weder die kindische Provokation

oder die zur Schau gestellte Arroganz oder der vatermörderische Streit in unserem Amerika aufheben wird, denn die dringliche Pflicht unseres Amerika ist es, sich so zu zeigen, wie es ist, einig in Seele und Absicht, rasch siegreich über eine erstickende Vergangenheit, alleine vom Blute als einem Dünger befleckt, der den Händen den Kampf mit den Ruinen entreißt und jenen mit den Venen, welche unsere Herren uns zerstochen hinterließen. Die Verachtung des machtvollen Nachbarn, der es nicht kennt, ist die größte Gefahr für unser Amerika; und es ist dringlich, insofern der Tag des Besuches naht, dass der Nachbar es kennenlernt, es bald kennenlernt, damit er es nicht verachte. Durch Unwissenheit käme er vielleicht dazu, es zum Ziel seiner Habsucht zu machen.[38]

Die poetischen Formulierungen José Martís sind überaus zurückhaltend, aber doch deutlich von den Erfahrungen der Internationalen Währungskonferenz und dem Panamerikanischen Kongress der Jahre 1889 und 1890 geprägt. Martí hatte unter anderem als Delegierter aufmerksam zur Kenntnis genommen, dass es innenpolitische Interessen wie außenpolitische Notwendigkeiten gab, welche die Vereinigten Staaten des Nordens dazu veranlassen konnten, das Erbe Spaniens auf dem Kontinent in neuen Formen anzutreten und so der zu Ende gegangenen Kolonialzeit – die in Kuba und Puerto Rico sowie auf den Philippinen noch fortbestand – ein neues Kapitel ökonomischer wie politischer Abhängigkeit aufzuschlagen. Die Anreize für die Vereinigten Staaten, einen derartigen Schritt zu wagen, wurden mit jedem Tage größer.

Der Informationsfluss und vor allem die Zirkulation des Wissens standen hierbei im Zentrum der Überlegungen Martís; und er sah, wie sehr die grundlegende Überzeugung von der notwendigen Einheit von *Nuestra América* drängte. Die Republiken von ‚Unserem Amerika' mussten zwingend den Informationsfluss kontrollieren und sich selbst mit ihren Fähigkeiten und Interessen porträtieren. Erstes Ziel dieser neuen Informationspolitik musste es sein, die Einheit dieser Länder gegenüber den Vereinigten Staaten des Nordens zu dokumentieren.

Für José Martí gründet sie sich auf dem jahrhundertelangen Prozess des „Mestizaje", in den auch die schwarzen und indianischen Kulturen miteingebunden sein mussten. Es galt, diese Kulturen zu einer Partizipation an der gesellschaftlichen und politischen, aber auch kulturellen Macht in den iberisch geprägten Ländern zu führen. Daher steht nicht von ungefähr am Ende des Essays *Nuestra América* ein indigener Schöpfungsmythos. Dieser bewusste Schlusspunkt belegt Martís seit seinen Zeiten in Guatemala unumstößlichen Willen, die indigene Bevölkerung stark in die Entwicklung der lateinamerikanischen Staaten einzubinden.

Nicht weniger bedeutsam und aufschlussreich ist dabei die Tatsache, dass Martí diesen Mythos über die *Humboldtianas* des Venezolaners Arístides Rojas

---

38 Martí, José: Nuestra América. In (ders.): *Obras Completas*, Bd. 6, S. 21 f.

bezog und damit indirekt auf eben jenes grundlegende Reisewerk Alexander von Humboldts zurückgriff, das in gewisser Weise den Prozess der politischen Independencia der hispanoamerikanischen Länder begleitete, teilweise sogar leitete und orientierte. So griff der herausragende Theoretiker der dritten Phase beschleunigter Globalisierung auf den wohl ersten Globalisierungstheoretiker zurück, auch wenn sich eine direkte Kenntnis des Humboldt'schen *Opus Americanum* bei dem kubanischen Dichter und Denker nicht nachweisen lässt.

Nuestra América, dies stand für Martí fest, bildet eine Einheit in der Vielheit, die auch im kulturellen Sinne ein Gegenprojekt darstellen sollte zu jener US-amerikanischen Modernität, in welcher er ein völlig anders geartetes Programm erblickte, dessen Motor auch für ihn das wirtschaftliche Interesse zunehmend kleinerer und mächtigerer Gruppen innerhalb der USA war. Im Grunde stellte der Kubaner viele jener Fehler und Defekte im demokratischen System der Vereinigten Staaten des Nordens fest, auf welche mit großem, bis heute erstaunlichem Weitblick ein Alexis de Tocqueville aufmerksam gemacht hatte.

José Martí war trotz seines offen zur Schau getragenen Optimismus, dass sich ‚diese Länder' aus allen Gefahren erretten würden, zunehmend von der realen Situation auf hemisphärischer Ebene bedrückt. In vielen ursprünglich nicht für eine Publikation vorgesehenen Briefen und Texten Martís bemerken wir unschwer eine grundlegende Skepsis hinsichtlich des Erfolgs eines solchen Projekts angesichts der zunehmend übermächtigen Nation im Norden. Immer mehr erschienen ihm diese Vereinigten Staaten als ein Monstrum im negativen Sinne, als ein Ungeheuer, das den Rest des Kontinents zu verschlingen bereit war, um seinen unersättlichen Hunger nach Macht zu stillen.

Denn der lange Zeit im US-amerikanischen Exil lebende und mit den politischen Verhältnissen seines Exillandes bestens vertraute Martí sah klar die innenpolitischen Zwänge und auch die Notwendigkeit der USA, ein wirtschaftliches Hinterland für den eigenen Export zu schaffen. Er beschleunigte seine Vorbereitungen des Krieges gegen Spanien; doch wissen wir heute, dass es gerade jener Krieg war, der den Vereinigten Staaten ein direktes Eingreifen in den unmittelbaren karibischen ‚Hinterhof' oder, vornehmer ausgedrückt, in ihren ‚Vorgarten' erlaubte. Die „Guerra de Martí" bot den USA den willkommenen Anlass, um sich in Kuba, Puerto Rico und den Philippinen an die Stelle der ehemaligen Kolonialmacht zu setzen. Die Skepsis, ja bisweilen Niedergeschlagenheit Martís erwies sich in gewisser Weise als durchaus realistische Einschätzung der tatsächlichen Kräfteverhältnisse und hemisphärischen Entwicklungschancen. Martí stand mit seiner tiefen Skepsis aber nicht allein...

Bevor wir jedoch nach anderen Beispielen für eine eher skeptische Beurteilung der politischen Situation des amerikanischen Kontinents fahnden und dabei zur Metapher vom ‚kranken Kontinent' vorstoßen werden, möchte ich noch ein letztes Mal auf die von Martí gestellte und in *Nuestra América* eindrucksvoll beantwortete Frage nach möglichen Lösungen zurückkommen.[39] Wir hatten gesehen, dass Martí seinem Entwurf für ein künftiges Amerika in ganz wesentlicher Weise bislang ausgegrenzte und marginalisierte Kulturen und ethnische Gruppen hinzufügt, welche für ihn wesentliche Eckpfeiler einer hispanoamerikanischen Selbstbestimmung – oder einer noch zu bildenden hispanoamerikanischen Selbstfindung – darstellen. Das Faszinierende an Martí ist ja gerade, dass er im Gegensatz zu vielen anderen Dichtern und Denkern seiner Zeit versucht, die gesamte kulturelle Vielpoligkeit der jungen hispanoamerikanischen Nationen zu erkennen, zu denken und in konkretes politisches Handeln umzusetzen.

Sicherlich ist es so, dass José Martí zu jenen Autoren gehörte, die durch Reisen, Exilerfahrungen und Aufenthalte in mehreren Ländern Hispanoamerikas einen großen Erfahrungsschatz bezüglich der Unterschiedlichkeit kultureller, ethnischer, wirtschaftlicher und politischer Faktoren gewonnen hatte. Anders als die meisten anderen Autorinnen und Autoren des 19. Jahrhunderts verfügte der kubanische Dichter über einen hemisphärischen und globalpolitischen Erfahrungshorizont, wie ihn wohl nur noch zu seiner Zeit der philippinische Nationalheld José Rizal überblickte.[40] Martí hatte gelernt, dass sich die Probleme Guatemalas und Mexikos in grundlegender Weise von denen Kubas oder auch Venezuelas unterschieden; und seine spätere Tätigkeit als Diplomat im Auftrag Uruguays fügte diesen persönlich gemachten Erfahrungen vor Ort weitere hinsichtlich der unterschiedlichen politischen Interessenlage der Länder des Cono Sur hinzu. José Martí verfügte damit über ein Lebenswissen und zweifellos auch Zusammenlebenswissen,[41] das ihm den Entwurf großer hemisphärischer wie globalpolitischer Zusammenhänge ermöglichte.

Folglich war kaum ein anderer Denker gegen Ende des 19. Jahrhunderts in Amerika wie José Martí befähigt, diesen Erfahrungsschatz mit den Lebenserfahrungen in den Vereinigten Staaten so kreativ und wegweisend zu verbinden. Überdies ermöglichte ihm sein Aufenthalt in New York, sozusagen am Puls der Zeit und am Motor von Modernisierung und Modernität zu sein. Dabei spielte das indigene Element innerhalb seiner Konzeption eines neuen Amerika, das dem Amerika der Anderen eine eigene Modernität entgegenstellen sollte und

---

39 Zu einer umfassenderen Deutung dieses zentralen Essays vgl. jedoch nochmals das entsprechende Kapitel im vierten Band der Reihe „Aula" in Ette, Ottmar: *Romantik zwischen zwei Welten* (2021), S. 1010 ff.
40 Vgl. zu José Rizal das entsprechende Kapitel in ebda., S. 1038 ff.
41 Vgl. hierzu die Trilogie von Ette, Ottmar: *ÜberLebensWissen I–III*. Drei Bände im Schuber. Berlin: Kulturverlag Kadmos 2004–2010.

wollte, eine entscheidende Rolle: nicht zuletzt als Differenzmerkmal gegenüber der weitgehenden Ausrottung der Indigenen in den Vereinigten Staaten. Für Martí war eine Integration der unterschiedlichen indigenen Bevölkerungsgruppen ein für das künftige *Nuestra América* wichtiges, ja entscheidendes Ziel.

Lassen sich in einem seiner frühen Theaterstücke aus den siebziger Jahren in Guatemala sowie in weiteren im guatemaltekischen Exil entstandenen Schriften noch all jene Züge einer paternalistischen Indio-Sicht erkennen, wie sie sich bei aller Sympathie gegenüber der indigenen Bevölkerung, aber aus einer Außensicht etwa im Werk der peruanischen Autorin Clorinda Matto de Turner[42] abgezeichnet hatte, so räumt er den indigenen Völkern und Gruppen – ohne freilich eine gewisse paternalistische Note zu verlieren – eine aktive Rolle bei der Gestaltung der entstehenden Gesellschaften ein. Vehement versucht er, den Fehler der kreolischen Unabhängigkeitsrevolution nicht zu wiederholen, sondern die indigene Bevölkerung in den Aufbau einer künftigen amerikanischen Gesellschaft miteinzubeziehen. Wäre Martí in Kuba geblieben, so wäre es sehr wohl fraglich, ob er den Indianern eine solche Rolle zugewiesen hätte, waren die Indios auf seiner karibischen Heimatinsel doch nur noch ein historisches Schmuckstück, das etwa in Gertrudis Gómez de Avellanedas Roman *Sab* kurz aufblitzte oder in Santo Domingo von Manuel de Jesús Galván in seinem *Enriquillo* idealisiert und historisch vergoldet wurde.[43] Keine derartige Idealisierung und Exotisierung indigener Gruppen aber konnte das Ziel sein, sondern deren integraler Einbau mit vollständiger Partizipation in eine nationale Gemeinschaft, die dieses Namens würdig wäre.

José Martí aber war keineswegs der einzige hispanoamerikanische Intellektuelle, der die indigenen Bevölkerungen miteinzubeziehen verstand. Denn es war just in jener Übergangszeit der Jahrhundertwende, dass die Vorbereitungen für einen Übergang vom Indianismus zum Indigenismus geschaffen und die Grundlagen für den modernen „Indigenismo" gelegt wurden, wie wir ihn noch im weiteren Verlauf unserer Vorlesung kennenlernen werden. Dass dies von Denkern und Essayisten aus Ländern der andinen Area geleistet wurde, darf uns nicht überraschen: Hierin zeigt sich einmal mehr die Unterschiedlichkeit der einzelnen kulturellen Areas in Lateinamerika, welche aber doch immerhin ins transareale Blickfeld solcher Autoren wie Martí rückte. Die sicherlich herausragende Figur war bei diesen Entwicklungen hin zum „Indigenismo" der peruanische Autor Manuel González Prada.

---

42 Vgl. zu Clorinda Matto de Turner das entsprechende Kapitel im sechsten Band der Reihe „Aula" in Ette, Ottmar: *Geburt Leben Sterben Tod* (2022), S. 924 ff.
43 Vgl. zu beiden Romanen ebenfalls Ette, Ottmar: *Romantik zwischen zwei Welten* (2021), S. 425 ff. u. S. 733 ff.

Mit diesem peruanischen Politiker, Literaturwissenschaftler und Intellektuellen verlassen wir nur teilweise den Kreis der wichtigsten hispanoamerikanischen Modernisten, wollen dieses Verlassen aber auf zwei Autoren beschränken, die wir nur sehr kurz beleuchten: Manuel González Prada und César Zumeta. Ihre Namen fehlen häufig in den Geschichten der lateinamerikanischen Literaturen, da sie nicht einfach und bündig auf die Hauptlinien der literarischen Entwicklung bezogen werden können. Nicht immer aber sind die Hauptlinien das wirklich Interessanteste an den literaturgeschichtlichen Prozessen; und so können wir uns einen kleinen Ausflug genehmigen, ohne dadurch eines der Ziele meiner Vorlesungen, Sie nämlich sehr wohl mit den literaturgeschichtlichen Traditionen der Romanischen Literaturen der Welt vertraut zu machen, aufgeben zu müssen!

Den am 5. Januar 1844 in Lima geborenen und am 22. Juli 1918 ebendort verstorbenen peruanischen Politiker, Schriftsteller und Intellektuellen José Manuel González Prada hat der angesehene uruguayische Literaturtheoretiker Angel Rama in seiner noch immer lesenswerten Einführung zu der von ihm selbst herausgegebenen Anthologie *Der lange Kampf Lateinamerikas* nicht ohne Grund einen „der gebildetsten und über das geistige Leben in Europa am besten informierten Intellektuellen"[44] genannt. Er war zugleich auch Begründer des radikalen, in Teilen anarcho-radikalen Denkens in Peru.[45] Seine politischen Aktivitäten entfaltete er in deutlicher Nähe zu anarchistischen, liberalen und freidenkerischen Positionen.

Kaum einer hat wie er, der einen völligen Neuanfang und damit einen klaren Bruch mit der Vergangenheit vorschlug, so vehement auf die rassistischen Vorstellungen reagiert, welche die kreolische Unabhängigkeitsbewegung wie auch die Modernisierung der hispanoamerikanischen Länder, aber auch die Modernitätskonzeptionen gerade auch im Kontrast zu den USA prägten, wo die indigene Bevölkerung keinerlei Rolle mehr spielte. Dabei löste sich González Prada unverkennbar von paternalistischen Vorstellungen, wie sie sich selbst bei einem Autor wie José Martí finden lassen, und forderte die Indianer offen zur Rebellion gegen das herrschende System auf. Seinen Vorstellungen lag eine tiefe Überzeugung von der eigenen Kreativität und Handlungsbereitschaft der „Pueblos originarios" zu Grunde: „Der Indio wird sich dank seiner eigenen Kraft erlösen und nicht durch die Humanisierung seiner Unterdrücker. Jeder Weiße ist mehr oder weniger ein Pizarro, ein Valverde oder ein Areche."[46]

---

44 Vgl. Rama, Angel: Einleitung: Ein Volk auf dem Weg. In (ders., Hg.): *Der lange Kampf Lateinamerikas*, S. 13.
45 Ebda., S. 417.
46 González Prada, Manuel: Unsere Indios (1888). In: Rama, Angel: *Der lange Kampf Lateinamerikas*, S. 81.

Dies war eine deutliche Sprache! Sie entstand freilich aus der Erfahrung des wieder neu entfachten Rassismus, der letztlich stets interessegeleitet die kreolischen Führungsschichten durchdrang, beruhte ihre Herrschaft in den Gesellschaften mit hohem indigenen Bevölkerungsanteil doch wesentlich auf der wirtschaftlichen Ausbeutung der Indianer. Peru war für diese seit der Independencia unveränderte Herrschaft der Kreolen ein charakteristisches Beispiel. Diese Konstellation ließ Manuel González Prada auch zu der Einsicht kommen, dass das rassistische Problem, dem die indigene Bevölkerung ausgesetzt war, letztlich ein soziales Problem war, das auch vordringlich als soziales Problem bekämpft werden müsse. Ich möchte Ihnen hierfür ein Beispiel aus seinem Essay über die indigene Bevölkerung aus dem Jahr 1888 geben:

> Nehmen wir zum Beispiel die Rasse als einen der Punkte, über den die Autoren völlig unterschiedlicher Meinung sind. Während einige sie als den entscheidenden Faktor der sozialen Dynamik ansehen und die Geschichte als einen Kampf der Rassen zusammenfassen, begrenzen andere den ethnischen Wirkungsradius dermaßen, dass sie mit Durkheim wiederholen: *Wir kennen kein soziales Phänomen, das unter der unbestreitbaren Abhängigkeit von der Rasse eingeordnet ist.*[47]

Vehement, ja wütend trat Manuel González Prada Vorstellungen entgegen, die Vereinigten Staaten könnten hier als einzige mit ihrer Ausgrenzungspolitik eine Lösung innerhalb einer Situation herbeiführen, die im Szenario des künftigen Rassenkriegs, der „lucha de razas", gezeichnet worden war. Diese Überlegungen von 1888 lassen sich sehr wohl mit jenen José Martís verbinden, sind gleichwohl aber angesichts der konkreten Situation Perus entstanden, dessen indianische Dimension bis heute in den peruanischen Führungsschichten allenfalls paternalistisch gedacht worden ist. Als Beispiel hierfür kann in neuerer Zeit noch ein Mario Vargas Llosa gelten, der eine solch paternalistische Haltung wider Willen noch in seiner Präsidentschaftskampagne von 1990 an den Tag legte. Und es gibt Texte des Kandidaten der Fredomo und sich für eine liberale Marktwirtschaft einsetzenden großen peruanischen Literaturnobelpreisträgers, in welchen er bestritt, dass die indigenen Völker von ihrer Kultur her noch viele Möglichkeiten besäßen, Zugang und Anschluss zur Modernität, zu einer westlich geprägten Moderne, zu finden. Derartige Vorurteile sind nicht nur in Lateinamerika weit verbreitet.

Auch wenn es anders ausgerichtete Texte von Mario Vargas Llosa gibt: Sie sehen, wie aktuell die Fragestellungen eines Manuel González Prada bis heute geblieben sind! Die Einschätzungen des peruanischen Politikers und Intellektuellen stimmen nicht optimistisch: „Das Tier mit der weißen Haut, wo immer es

---

[47] Ebda., S. 68.

geboren wird, lebt gequält vom Übel des Goldes und gibt schließlich dem Instinkt der Raubgier nach."[48] Da ist von der ethnokulturellen und moralischen Überlegenheit der Weißen nichts mehr übrig, wenn sich hier auch fast notgedrungen ein anderes Schwarzweißdenken ankündigt, das unter den Vorzeichen eines umgekehrten Rassismus steht. Man könnte bisweilen den Eindruck erhalten, der umgekehrte Rassismus sei eine geradezu notwendige Folge des unmittelbaren Rassismus.

Manuel González Prada setzte sich überaus kritisch mit dem von Charles Darwin in die Diskussion eingebrachten Theorem des „Struggle for Life" auseinander, das im Zeichen des Sozialdarwinismus gerade in Hispanoamerika auf fruchtbaren Boden fallen musste und auch fiel. Man kann in den Literaturen Lateinamerikas, insbesondere bei dem argentinischen Romancier Eugenio Cambaceres,[49] sehr genau sehen, wie ein solches Denken Eingang fand in die Romanschöpfung. Für González Prada aber herrscht dort, wo dieser Kampf ums Überleben verkündet wird, ganz schlicht die „Barbarei".[50] Er kehrte damit den Kampfbegriff von Domingo Faustino Sarmiento gegen die weißen Kreolen um und deklarierte ein der eigenen Superiorität sicheres und gewisses Denken der herrschenden Elite der Kreolen um in das, was es war: purer Rassismus.

Doch Manuel González Prada bemerkte auch eine Umwertung des gesamten politischen und gesellschaftlichen Systems der Inkas in seinem Heimatland Peru. Die politische und soziale Organisation des Inkareichs werde heute nicht zuletzt von europäischen Reformatoren und Revolutionären bewundert,[51] die über einen großen Einfluss in Lateinamerika verfügten. Unverkennbar ist an derartigen Stellen, dass solche Überlegungen eigentlich nicht auf ein Reformieren, sondern auf einen revolutionären Umsturz der hispanoamerikanischen Gesellschaften zielen, den die Independencia bekanntlich niemals geleistet hatte. Denn die kreolische Unabhängigkeitsbewegung befreite letztlich nur die kreolische Führungsschicht von der spanischen Bevormundung, ließ ansonsten aber die sozialen und ethnischen wie auch kulturellen Hierarchien intakt.

Manuel González Prada war zweifellos ein peruanischer Modernist, bei dem sich jedoch bereits die Schwerpunkte der heraufziehenden lateinamerikanischen

---

48 González Prada, Manuel: Unsere Indios, S. 75.
49 Vgl. zu Eugenio Cambaceres auch das entsprechende Kapitel in Ette, Ottmar: *Romantik zwischen zwei Welten* (2021), S. 984 ff.
50 González Prada, Manuel: Unsere Indios, S. 77.
51 Ebda.

Avantgarden[52] bemerkbar machten. Mit Blick auf indigenistische Positionen waren seine Forderungen nach einem Bruch mit dem bisherigen Gesellschaftssystem eindeutig: „Dem Indio", so schloss González Prada, dürfe „nicht Demut und Resignation gepredigt werden, sondern Stolz und Rebellion".[53] Dieses Denken wird später von José Carlos Mariátegui in seinen *Siete ensayos de interpretación de la realidad peruana* in ein neues theoretisches Konzept überführt werden, das deutlich revolutionär-marxistische Züge trägt und mit einer Inwertsetzung der kulturellen Kreativität der indigenen Gruppen verbindet. Wir werden uns mit dieser indigenistischen ‚Neu-Erfindung' Amerikas durch Mariátegui in unserer Vorlesung noch auseinandersetzen.

Auch außerhalb der den Modernisten zugerechneten Denker gab es viele, welche die Selbstfindungsprozesse Hispanoamerikas beziehungsweise Lateinamerikas im Zeichen der USA ausloteten und letztlich zu negativen, ja verheerenden Schlüssen für die Zukunft der amerikanischen Völker des Südens gelangten. Am Ende eines Jahrhunderts, das doch so hoffnungsvoll mit der Independencia begonnen hatte, stand die bittere Erkenntnis, dass es gegenüber dem Nachbarn im Norden ein Jahrhundert des Zurückfallens, ja des Zurückbleibens gewesen war. Man musste die Vorherrschaft der Vereinigten Staaten des Nordens auf wirtschaftlichem und militärischem, aber auch auf politischem Gebiet zähneknirschend anerkennen.

Denn in vielen Belangen waren die hispanoamerikanischen Länder politisch noch immer fragil: Zu einer politischen Einheit, wie sie José Martí sich gewünscht hatte, ja zu einem Staatenbund, wie ihn Simón Bolívar sich erträumte, war es niemals gekommen. Und auch die wirtschaftliche Entwicklung ließ angesichts der langen Zermürbung durch die Unabhängigkeitskriege und die sich anschließenden unaufhörlichen Bürgerkriege im Zeichen der Caudillos noch nicht mehr als hoffnungsvolle Entwicklungen erahnen. Die sozioökonomische Modernisierung hatte eingesetzt, doch war sie an ein überkommenes System der Herrschaft einer kleinen Elite gebunden, die bestenfalls eine jederzeit fragile Modernität zuließ und nicht bereit war, etwas von ihrer Macht abzugeben. Soziale Aufstiegschancen gab es, doch fielen diese insgesamt betrachtet spärlicher aus als im Vergleich mit den USA. Aus dem jungen Kontinent war in den Augen vieler Intellektueller rund um die Jahrhundertwende ein *kranker* Kontinent geworden.

---

52 Vgl. zu den Avantgarden in Lateinamerika den dritten Band der Reihe „Aula" in Ette, Ottmar: *Von den historischen Avantgarden bis nach der Postmoderne* (2021), insb. Teil 2: Zwischen Moderne und Postmoderne, S. 397 ff.
53 González Prada, Manuel: Unsere Indios, S. 81.

Abb. 64: César Zumeta (1860–1955).

Ein herausragendes Beispiel hierfür ist der mittlerweile weitgehend vergessene Venezolaner César Zumeta, der am 19. März 1860 im venezolanischen San Felipe das Licht der Welt erblickte und hochbetagt am 28. August 1955 in Paris von dieser Welt schied. Er war sicherlich einer der einflussreichsten venezolanischen Journalisten, Politiker und Schriftsteller, dem noch José Enrique Rodó ein Exemplar seines *Ariel* mit einer Widmung, die das gemeinsame lateinamerikanische Erbe beschwor, geschickt hatte. César Zumeta ist heute weitgehend aus den Literaturgeschichten verschwunden; und doch hat sein 1899 erschienener Essay *El continente enfermo* zum damaligen Zeitpunkt eine große Ausstrahlungskraft besessen, bevor sich Rodós *Ariel* mit einer gänzlich anderen Ausrichtung an seine Stelle setzte. Doch mit diesem für den hispanoamerikanischen Modernismo, aber auch die Erfindungen der Amerikas im 20. Jahrhundert wegweisenden Essay des uruguayischen Schriftstellers wollen wir uns nachfolgend gesondert und ausführlich auseinandersetzen.

Zumetas Essay *El continente enfermo* kann uns heute als Garant für eine Strömung innerhalb der Intellektuellen Lateinamerikas dienen, die als negative, skeptische Unterströmung selbst noch das nachfolgende Jahrhundert begleitete. Der Venezolaner Zumeta gehörte zweifellos zu jenen hervorstechenden modernistischen Schriftstellern, die letztlich selbst autoritären oder diktatorischen Regierungen dienten. So war Zumeta Senator und Minister in den Regierungen des venezolanischen Diktators Juan Vicente Gómez, in dessen Auftrag er auch diplomatische Aufgaben wahrnahm und sein Land vertrat. Zumeta war gleichwohl für die Denker seiner Zeit eine wichtige, wenngleich noch junge Orientierungsfigur, so etwa auch für den Dominikaner Pedro Henríquez Ureña, der ihn in einem 1904 erschienenen Essay über Rodós *Ariel* lobend erwähnt. Blickte José Enrique Rodós Próspero erwartungsfroh und optimistisch in die Zukunft, so sah Zumeta nicht so sehr voraus ins Künftige als vielmehr zurück auf ein Jahrhundert, das er von grundlegenden und noch nicht auskurierten Krankheiten gekennzeichnet sah. Und in der Tat war das 19. Jahrhundert für viele lateinamerikanische Staaten ein verlorenes Jahrhundert.

César Zumetas Metapher vom kranken Kontinent hat freilich eine Geschichte, die weit in die Diskussion um das eigentliche ‚Wesen' der Neuen Welt zurückführt. Innerhalb dieser Geschichte kommt zunächst den spanischen Chronisten, dann aber seit Beginn des 18. Jahrhunderts verstärkt von Europa aus schreibenden und die amerikanische Tropenwelt nicht kennenden „Philosophes" der Aufklärung die wenig überzeugende Rolle zu, die Neue Welt ins gleißende Licht einer unaufhebbaren Inferiorität zu stellen. Autoren wie Montesquieu oder Buffon, wie de Pauw oder Raynal kannten – wie wir sahen – diese Neue Welt zwar nicht aus eigener Erfahrung, ließen aber nichts unversucht, der ihnen unbekannten Neuen Welt positive Qualitäten abzusprechen. Wir haben uns mit vielen dieser im Jahrhundert der Aufklärung in Europa sehr verbreiteten Gemeinplätze in unserer Vorlesung ausführlich beschäftigt.

Montesquieus Klimatheorie, die gewiss ihre Vorbilder in der Antike besaß,[54] verwehrte noch sehr allgemein den Tropen beziehungsweise den heißen Klimaten eine eigene Höherentwicklung; eine Überzeugung, die von Buffon in seiner *Histoire naturelle* sozusagen wissenschaftlich unterfüttert und gestützt wurde und in Vorstellungen gipfelte, die das Wachstum von Flora und Fauna in Amerika als stets schwächer und kränklicher erscheinen ließ. Von einer solchen These aus war es nur ein kleiner Schritt – der sich bei Buffon bereits andeutete – bis zur Überzeugung von der physischen und psychischen Unterlegenheit der Amerikaner der Tropen und Subtropen: Sie alle würden von zahlreichen Krankheiten heimgesucht, die selbst jene in Europa geborenen Europäer deformierten, welche sich in diese heißen Gebiete Amerikas vorwagten.

Selbstverständlich waren derartige Vorstellungen europäischer Denker vom Leben in der Neuen Welt interessegeleitet: Nicht von ungefähr wurden Imaginationen der Inferiorität auf Kreolen, auf Indigene wie auf Schwarze projiziert, trafen aber besonders die Kreolen hart, insoweit man ihnen aus europäischer Sicht jedweden gesellschaftlichen Führungsanspruch aberkannte. Die Gründe, die das europäische 19. Jahrhundert für diese strukturelle Unterlegenheit Amerikas sah, lagen auf der Hand und manifestierten sich in einer langen Geschichte zunehmender wirtschaftlicher Abhängigkeiten. Erst die Zweiteilung des Kontinents, die wir am Beispiel einer zukunftszugewandten Sichtweise des Nordens bei Alexis de Tocqueville und einer rückwärtsgewandten Blickrichtung bei Flora Tristan beispielhaft vorfanden, sorgten dafür, dass der Norden des amerikanischen Kontinents von der Verdammung der Inferiorität erlöst wurde.

---

54 Vgl. zu Montesquieu auch den fünften Band dere Reihe „Aula" in Ette, Ottmar: *Aufklärung zwischen zwei Welten* (2021), S. 111ff.

Doch das Inferioritätsdogma blieb für den Süden Amerikas bestehen. So waren es nicht allein die Äußerungen in Guillaume-Thomas Raynals *Histoire des deux Indes* oder später die von Cornelius de Pauw bezogenen Ausführungen Georg Wilhelm Friedrich Hegels, der den südlichen Teil Amerikas im Gegensatz zum Norden unter ein negatives Vorzeichen stellte, sondern vor allem die Thesen des Grafen Joseph Arthur de Gobineau von 1853 und 1855, die sich aus nunmehr unverblümt rassistischer Position ins Selbstbewusstsein der kreolischen Führungsschichten unangenehm einprägen und verankern sollten. Rassistische Überzeugungen von der Ungleichheit der sogenannten Menschenrassen fassten allenthalben Fuß und vermischten sich mit älteren Vorstellungen, die lange Phasen des Denkens über Amerika geprägt hatten. Des französischen Grafen Gobineaus Rassismus bedeutete zugleich eine pseudowissenschaftliche biologische Erklärung für die Überlegenheit der Angelsachsen, welche schließlich auch den französischen Reformpädagogen und Essayisten Edmond Demolins 1897 zu der in Buchform gekleideten Frage bewegte *A quoi tient la supériorité des Anglo-Saxons?* Derartige Fragestellungen erfreuten sich vor allem am Ausgang des 19. Jahrhunderts unter dem Eindruck zahlreicher Niederlagen des Panlatinismus[55] und damit der lateinischen beziehungsweise romanischen Nationen einer großen Beliebtheit.

Der Venezolaner César Zumeta übernahm, sicherlich weniger kritiklos als im selben Zeitraum so einflussreiche Autoren wie Alcides Arguedas oder Carlos Octavio Bunge, die Metapher vom kranken Kontinent und die damit verbundene ‚Einsicht' in eine gleichsam *naturgemäß* schlechtere Ausgangsposition der Lateinamerikaner, wenn er derlei Vorstellungen auch einen aktionistischen Überbau, auf verstärkten Handel zielende Vorschläge, beigab. Dabei lag seinem Essay von 1899 die Überzeugung zu Grunde, dass „die Ära, die in unserem Amerika mit dem Sieg von Ayacucho begann, mit den Tagen von Manila und Santiago zu Ende" ging.[56] Er spielte damit auf die vernichtenden Niederlagen der technisch weit unterlegenen spanischen Flotte vor Santiago de Cuba und Manila gegen die hochgerüstete New Steel Navy der Vereinigten Staaten von Amerika an.

César Zumetas Essay ist folglich der literarische Versuch, die neue, nun offenkundige Rolle der USA als Hegemonialmacht für Lateinamerika aus lateinamerikanischer Perspektive zu durchdenken und daraus konkrete Handlungsvorschläge abzuleiten. Im Zeichen einer von der Monroe-Doktrin geprägten

---

55 Vgl. hierzu die Ausführungen im vierten Band der Reihe „Aula" in Ette, Ottmar: *Romantik zwischen zwei Welten* (2021), insb. 923 ff.; sowie 1053 ff.
56 Zumeta, César: Der kranke Kontinent (1899). In: Rama, Angel (Hg.): *Der lange Kampf Lateinamerikas*, S. 83.

Entwicklung im 19. Jahrhundert schätzt Zumeta die bisherige Handlungsweise der Lateinamerikaner negativ ein, ginge das Jahrhundert nun doch zu Ende, ohne dass die Nationen des Südens ihre Pflichten getan hätten.[57] Bemerkenswert ist, dass César Zumeta in seinen Erörterungen zunächst eine lange ‚schwarze Liste' von Vorwürfen gegenüber Lateinamerika entrollte, wie sie sich zum damaligen Zeitpunkt in zeitgenössischen US-amerikanischen Publikationen und Periodika fand. Eigenartig berührt aber, dass der Venezolaner dann explizit auf José Martí – den er während seiner Zeit in New York noch persönlich kennenlernte – rekurrierte; dieser habe als Entschuldigung für das Versagen angeführt, „dass wir dafür noch nicht die Zeit hatten, da wir noch immer damit beschäftigt sind, das unreine Erbe aus unserem Blute zu tilgen".[58] Dieser Rückgriff auf Martí zeigt deutlich, über welchen international herausragenden Ruf[59] der längst im Unabhängigkeitskrieg gegen Spanien Gefallene verfügte, wird dem Denken des kubanischen Dichters und Essayisten aber nicht gerecht.

In solchen Passagen sehen wir sehr deutlich die Verbindungslinien zwischen bestimmten Aspekten des Martí'schen Diskurses und der verbreiteten Rede vom kranken Kontinent. Bei Zumeta wird das ‚kindliche Volk', das „Pueblo niño", in der Tat ganz im Gegensatz zu José Enrique Rodó nicht positiv gedeutet, sondern rückübersetzt in biologische und implizit rassistische Werturteile, die dennoch auf einen Diskurs der Einheit Lateinamerikas nunmehr im Zeichen der Krankheit zurückgreifen. Die Vorstellung von einer zu erstrebenden Einheit der noch jungen lateinamerikanischen Staaten weist gleichsam ein letztes Mal in diesem Jahrhundert auf die Anfänge der Independencia und die Ideenwelt Simón Bolívars zurück.

Ich möchte Ihnen dies gerne anhand eines Textauszugs aufzeigen, den Sie mir bitte verzeihen! Ich habe vor langen Jahren, als junger Freiburger Student, diesen Text ins Deutsche übertragen und mich mit César Zumeta auseinandergesetzt. Und so darf ich Ihnen nicht ohne Nostalgie ein letztes Mal ein Zitat aus der von Angel Rama herausgegebenen Anthologie *Der lange Kampf Lateinamerikas* anführen:

> Im übrigen bleibt hinzuzufügen, dass der Grund, weshalb auf diesen Seiten die Idee eines Bundes aller amerikanischen Staaten, dessen überzeugte Anhänger wir sind, keine Erwähnung findet, darin zu suchen ist, dass dieser Bund, selbst wenn wir ihn für unabdingbar halten, seit den Tagen, als ihn Frankreich und Rußland beim Kongreß von Verona

---

57 Ebda., s. 86.
58 Ebda., S. 90.
59 Vgl. zur bewegten Rezeptionsgeschichte José Martís Ette, Ottmar: *José Martí. Teil I: Apostel – Dichter – Revolutionär. Eine Geschichte seiner Rezeption*. Tübingen: Max Niemeyer Verlag 1991. Der zweite, textanalytisch ausgerichtete Teil dieser Arbeit soll in Kürze erscheinen.

fürchteten und ihn die große Stimme Bolívars forderte, ein solches Scheitern erfahren hat, dass er in der Welt der Politik nur mehr als Traum gilt, ebenso irreal wie der Traum von der edlen und schönen Allianz aller Völker, die im alten Rom ihre gemeinsame Mutter erkennen – eine starke und großmütige Allianz aller *Söhne der Wölfin* gegen alle Söhne des Leoparden.
Die sofortige Bewaffnung ist unsere Pflicht. [...]
Bereiten wir uns 75 Jahre nach Ayacucho, wie Bolívar schon am Tag nach seinem Sieg, „auf einen glänzenden, aber äußerst langwierigen und mühseligen Krieg von größter Bedeutung" vor. Die Starken verschwören sich gegen unsere Unabhängigkeit, während der Kontinent an Schwäche erkrankt ist.
Das Eisen bringt Stärkung.
Bewaffnen wir uns.
Allein mit dieser Vorsichtsmaßnahme können wir der Gefahr ausweichen, ja selbst die Katastrophe bannen.
Unser Schicksal hängt von uns selbst ab.[60]

Wir können in diesem Auszug ohne weiteres erkennen, dass panamerikanistische Vorstellungen, wie sie Simón Bolívar entwickelte – und die nicht mit den unter dem gleichen Titel firmierenden und in den achtziger Jahren skizzierten panamerikanistischen Plänen des US-amerikanischen State Department zu verwechseln sind –, sehr wohl noch eine Anhängerschaft unter den lateinamerikanischen Intellektuellen des „Fin de siglo" besaßen. Bolívars Vermächtnis war noch lebendig, nicht aber mehr einfach an die politischen Verhältnisse anzupassen, in denen die Hegemonialmacht auf dem Kontinent nicht länger Spanien, sondern USA hieß. Zumeta zeigt in seinem Essay über den kranken Kontinent zugleich, dass es neben Martí weitere Stimmen gab, die eine militärische Antwort auf die lange betriebene Aufrüstungspolitik im Norden forderten.

Darüber hinaus aber zeigte sich, dass die Metaphorik vom kranken Kontinent die Vorstellungswelt der Lateinamerikaner sehr wohl erreichte und ihr Selbstverständnis erschütterte. Den Gedanken an eine zukünftige und erträumte Einheit aber hat all dies nur weiter verstärkt. Es wäre ein Leichtes, eine Vielzahl lateinamerikanischer Texte aufzutürmen, die das Denken insbesondere der „Modernistas" in diesem Punkt gemäß der soeben angeführten Grundlinien belegen könnten. Die Selbstfindungsdebatten, welche den Ausgang des 19. Jahrhunderts im Zeichen der US-amerikanischen Modernität, der hispanoamerikanischen Modernisierung und der militärischen Expansion des ‚Ungeheuers' im Norden prägten, werden uns bei José Emrique Rodó in anderer Form wieder begegnen und beschäftigen. Wenden wir uns also diesem herausragenden Modernisten zu, der mit seinem *Ariel* ‚sein' Amerika den Traditionslinien folgend noch einmal von neuem erfand.

---

60 Zumeta, César: Der kranke Kontinent, S. 94.

TEIL 7: **Die Erfindung der Zukunft – Die Amerikas im 20. Jahrhundert I**

José Enrique Rodó oder Schreiben im Bewusstsein einer geteilten Geschichte und einer neuen Vision

Viel war im vorangehenden Teil unserer Vorlesung bereits die Rede von uruguayischen Schöpfer des *Ariel*, eines schmalen Bändchens, das programmatisch im Jahr 1900 erschien und ganz bewusst ein neues Jahrhundert und eine neue Ära eröffnen wollte. Es ging José Enrique Rodó darum, nicht etwa das 19. Jahrhundert zu vergessen oder gar zu verdrängen, sondern prospektiv ein Jahrhundert zu inaugurieren, welches das Jahrhundert des lateinischen Amerika hätte werden können. Denn *Ariel* war dessen Jugend gewidmet und zielte auf eine Zukunft, die es nun, nach dem Ende eines ‚verlorenen Jahrhunderts', kreativ zu gestalten galt.

Abb. 65: José Enrique Rodó (1871–1917).

Dass das 20. Jahrhundert nicht das lateinamerikanische Jahrhundert geworden ist, sondern sich Lateinamerika immer stärker in Abhängigkeiten verstrickte, welche die eigenen Entwicklungen behinderten, liegt jedoch selbstverständlich nicht an diesem kleinen Bändchen, sondern an der Tatsache, dass sich südlich der USA ein noch größeres gesellschaftliches und ökonomisches Ungleichgewicht ausprägte, das Problem der nationalen Eliten ein ums andere Mal vertagt wurde, dass das strukturelle Ungleichgewicht zwischen dem Norden und dem Süden zugunsten der USA und deren Machtansprüchen zunahm und die Bereitschaft nicht anstieg, jenseits der alten kreolischen Herrschaftseliten andere Segmente der Bevölkerung am Fortschritt und der politischen Macht zu beteiligen. All dies trug dazu bei, dass sich die von José Martí befürchteten neuen Abhängigkeiten zunehmend verstärkten und „Nuestra América" im aus unserer Sicht vergangenen Jahrhundert immer stärker im Schlagschatten der Vereinigten Staaten von Amerika sekundär und marginal wurde. ‚Amerika' wurde in Europa definitiv mit den USA identifiziert, ‚Amerikaner' waren die Bürger der USA. Denjenigen, die im Verhältnis zum weißen angelsächsischen Amerika marginalisiert wurden, hängte man eine genauere Bestimmung an: Sie wurden außerhalb der Vereinigten Staaten zu *Latein*amerikanern oder zu *Süd*amerikanern, innerhalb des von Martí so bezeichneten Monstrums zu „Negroes" oder bestenfalls *Afro*amerikanern deklassiert.

Versuchen wir, den großen uruguayischen Modernisten von seinem biographischen Ende her in den Blick zu nehmen! In den nach seinem Tod unter dem Titel *En el camino de Paros* 1918 veröffentlichten Chroniken und Reiseskizzen des uruguayischen Essayisten, der sein Heimatland als Korrespondent zweier großer Zeitungen in Buenos Aires wie auf der Flucht verlassen hatte, findet sich unter dem Titel „España" ein Bericht von Rodós Aufenthalt in Barcelona, wo er sich im Instituto de Estudios Catalanes von einer dort aufbewahrten kostbaren Sammlung von Erstausgaben und Übersetzungen Miguel de Cervantes' beeindruckt zeigte:

> Ich erneuere im Angesicht der Titelkupfer der Übersetzungen des *Quijote* eine Beobachtung, die ich bereits gemacht hatte: die eigenartige Transfiguration oder, wenn Ihr so wollt, die Vaterlandsveränderungen der Physiognomie des unsterblichen Hidalgo, wenn er von jeder Interpretation des Zeichenstifts den ethnischen Typus des Landes erhält, dem der Zeichner gerade zugehört, so dass Ihr auf diese Weise nacheinander den englischen, den französischen, den italienischen, den teutonischen und sogar den baskischen oder japanischen Quijote erkennt, und dies alles innerhalb einer Einheit, die vom Wesenscharakter der Figur erzwungen ist.[1]

In diesem journalistischen Text von August 1916 beschäftigt sich José Enrique Rodó während seines Aufenthalts in Barcelona im engsten Sinne des Wortes mit dem weltweiten Bild des Ritters von der traurigen Gestalt, der nach der Niederlage von 1898 in Hispanoamerika zu so etwas wie der Verkörperung Spaniens, des untergegangenen Spaniens, und zum Ausgangspunkt einer wachsenden Identifikation mit dem früheren Kolonialland geworden war. Dabei ging es, wie wir auch später noch sehen werden, vielleicht weniger um Cervantes' *Don Quijote de la Mancha* selbst als vielmehr um die *Figura* des *Quijote* und all die Transfigurationen, welche der Hidalgo auf seinem Weg durch die Bibliotheken der Welt angenommen hatte. Der *Quijote* war zur *Figura* Spaniens geworden.

Der Uruguayer José Enrique Rodó ließ im Institut für Katalanische Studien die verschiedenen Übersetzungen von Miguel de Cervantes' großem Nationalepos Revue passieren, um anhand der Illustrationen die jeweilige ‚nationale' Aneignung des Ritters von der traurigen Gestalt hervorzuheben und um zu verdeutlichen, in welchem Maße bereits die Illustrationen der Figur des Hidalgo

---

[1] Rodó, José Enrique: [España] En Barcelona. In (ders.): *Obras Completas*. Editadas, con introducción, prólogos y notas, por Emir Rodríguez Monegal, con 30 ilustraciones. Madrid: Aguilar 1967, S. 1252.

Abb. 66: Grandville: Illustration zu *Don Quijote* (Buch 1, Kapitel 52) Der fahrende Ritter Don Quijote de la Mancha. Die Prozession der Büßer (I: 52), 1848.

belegten, wie sehr man sich in den verschiedensten Nationen mit dem Quijote identifizierte. Längst gab es nicht mehr einen, sondern viele Quijotes, die durch die spanische Landschaft der Mancha oder andere Ebenen ritten: Die Universalisierung des (einstmals) spanischen „Caballero andante" war für Rodó ein spannendes Schauspiel.

In dieser Passage fällt auf, dass der uruguayische Intellektuelle nicht nur – was verständlich ist – spanische, sondern auch hispanoamerikanische Illustrationen von Cervantes' *Quijote* unerwähnt lässt. Gab es also keinen hispanoamerikanischen, keinen mexikanischen, kolumbianischen, argentinischen oder uruguayischen Quijote? Bezogen sich die Transfigurationen des Hidalgo folglich nur auf die Nationen außerhalb des spanischen Sprachraums?

In einem ein Jahr zuvor, am 21. August 1915 in *La Nota* in Buenos Aires erschienenen Text hatte sich auch Rodó mit der Dreihundertjahrfeier des Todes von Miguel de Cervantes beschäftigt und sich – ähnlich wie der große nikaraguani-

Abb. 67: Gustave Doré: Illustration zu Don Quijote. Don Quijote de La Mancha und Sancho Panza, 1863.

sche Modernist Rubén Darío in seiner *Letanía a nuestro señor Don Quijote*[2] – über die rhetorischen Kapriolen und Feierlichkeiten eines offizialistischen Diskurses, über die „solemnidades de la pompa oficial, las declaraciones de la vanidad oratoria, los rebuscos de la erudición pedantesca" lustig gemacht.[3] Gleichwohl betonte der Autor des an die Jugend Amerikas gerichteten *Ariel* (in dem *Don Quijote* nur implizit präsent war), die so vielversprechende spanische Jugend müsse he-

---

2 Vgl. zur Präsenz des *Don Quijote de la Mancha* im hispanoamerikanischen *Modernismo* Ette, Ottmar: Aus ferner Nähe. Die hispanoamerikanischen Modernisten und Miguel de Cervantes' „Don Quijote". In: *Romanistische Zeitschrift für Literaturgeschichte / Cahiers d'Histoire des Littératures Romanes* (Heidelberg) XXX, 1–2 (2006), S. 177–208.
3 Rodó, José Enrique: El centenario de Cervantes. In (ders.): *Obras Completas*, S. 1210.

rangeführt werden an Spaniens „más alto representante espiritual, que fué a la vez el mayor prosista del Renacimiento, y el más maravilloso creador de caracteres humanos que pueda oponer el genio latino al excelso nombre de Shakespeare".[4] Miguel de Cervantes y Saavedra war mit seinem *Don Quijote de la Mancha* für ihn folglich der höchste geistige Repräsentant Spaniens, sei er doch zugleich der größte Prosaschriftsteller der Renaissance und der wunderbarste Schöpfer menschlicher Charaktere gewesen, welche das lateinische Genie dem erlesenen Namen Shakespeares entgegensetzen könne.

Für den uruguayischen Modernisten steht Cervantes' Figur folglich nicht nur stellvertretend für die geistigen Werte Spaniens, sondern ganz im Sinne seines *Ariel* – wenn auch nicht des sich daraus speisenden *Arielismo* – für eine Latinität, die sich in erster Linie im Wettstreit mit der angelsächsischen Welt begriff.[5] Dies war die grundlegende kulturelle Frontstellung, in welcher sich sein gesamtes literarisches Werk ansiedelte – obwohl oder gerade weil sich sein *Ariel* mit dem Luftgeist, dem „airy spirit", und der gesamten Figurenkonstellation aus William Shakespeares *The Tempest* verbinden lässt.

Der von Rodó verwendete Begriff des „genio latino" ist aufschlussreich. Diese zweifache Repräsentanz des *Quijote* schließt folglich die Nationen, Sprachen und kulturellen Traditionen eines Panlatinismus ein, der sich seit Mitte des 19. Jahrhunderts zunächst unter dem Führungsanspruch Frankreichs entfaltet hatte, nach der französischen Niederlage im Krieg von 1870/71 gegen Preußen und der Niederlage Spaniens gegen die USA von 1898 jedoch in eine tiefe kulturpessimistische Krise gestürzt war, wie wir sie im Kontext der Überlegungen César Zumetas zum „Continente enfermo", zum „kranken Kontinent", bereits erkennen konnten. Hiergegen hatte Rodó mit seinem der Zukunft zugewandten *Ariel* im neuen Jahrhundert ein Zeichen der Zuversicht setzen wollen;[6] ein Zeichen, das in den unterschiedlichen Nationen und Areas der spanischsprachigen Welt Amerikas mit großer Begeisterung und mit hohen Zukunftserwartungen aufgenommen wurde.

---

4 Ebda.
5 Zur Präsenz dieser durch die französischen und spanischen Niederlagen von 1870 und 1898 angefachten Rede vom Wettstreit zwischen der romanischen und speziell der angelsächsischen Welt nicht nur in Lateinamerika, sondern gerade auch im Spanien der Jahrhundertwende vgl. Litvak, Lily: Latinos y anglosajones. Una polémica de la España de fin de siglo. In (dies.): *España 1900. Modernismo, anarquismo y fin de siglo*. Barcelona: Editorial Anthropos 1990, S. 155–199.
6 Vgl. hierzu auch Ette, Ottmar: "Así habló Próspero". Nietzsche, Rodó y la modernidad filosófica de "Ariel". In: *Cuadernos Hispanoamericanos* (Madrid) 528 (junio 1994), S. 48–62.

Lassen Sie mich an dieser Stelle unserer Vorlesung – komplementär zu José Martí – einen spanischen Blick auf Rodós *Ariel* zusammen mit dem Spanier Leopoldo Alas Clarín werfen, der die geokulturelle Situation aus seiner Perspektive recht zutreffend in seinem von Rodó oftmals abgedruckten Paratext zu *Ariel* beschreibt. so heißt es in seinem ursprünglich in *Los Lunes de „El Imparcial"* zu Madrid publizierten Artikel:

> Spanien lieferte seinen Kindern in Amerika nicht genügend geistiges Futter. Da diese Völker für alle Einwanderungen offenstanden und sie selbst sich danach sehnten, die moderne Zivilisation an gleich welcher Quelle zu trinken, so gab es andere, weiter als wir fortgeschrittene Länder, die über eine intensivere Literatur verfügten und dem modernen Geiste mehr entsprachen, welche die Aufmerksamkeit jener zumeist jugendlichen Geister auf sich zogen, von denen viele durch Reisen und Lektüren erzogen wurden, die sie in einer Sprache unterrichteten, in welcher Spanien wenig oder gar nichts bedeutete.[7]

Diese Analyse wirft ein bezeichnendes Licht auf die Stellung Spaniens und der spanischen Literatur innerhalb eines Modernisierungsprozesses, der das südwesteuropäische Land politisch, wirtschaftlich und kulturell völlig an den Rand gedrückt und marginalisiert hatte. Die ehemalige iberische Kolonialmacht galt als völlig verarmt, militärisch heruntergekommen, politisch zerstritten, kulturell bedeutungslos. Claríns Bild von der „geistigen Weide", dem „pasto intelectual" oder „geistigem Futter", entspricht die Metaphorik, die *Ariel* durchzieht: Die ‚gastfreundliche Moderne' Amerikas begibt sich nicht mehr nach Europa, sondern holt die dortige Moderne entschlossen zu sich.

Diese Bewegung verläuft parallel zur Richtung der Immigration, die in Prósperos Vision dieses gastfreundlichen Amerika ebenso wie in den Zeilen des Spaniers massiv in Erscheinung tritt. Dabei erstreckt sich wie bei der gerade am Río de la Plata staatlich geförderten Einwanderung die Gastfreundschaft nicht auf alle Einwanderer. Wie man vorrangig nur die Europäer willkommen hieß, beschränkte sich auch die Gastfreundschaft in Rodós *Ariel* auf den ersten, den abendländischen beziehungsweise europäischen Kulturstrang: Caliban, der Sohn der einheimischen Hexe Sycorax und ihrer Kultur, ist nicht zum Gastmahl, nicht zum Dialog mit dem Meister geladen – er bleibt draußen vor der Tür.

Wir werden uns diese Figurenkonstellation zwischen Próspero, Ariel und Caliban noch in aller Ruhe ansehen. Doch sollten wir kurz einen Blick auf die ebenso überraschende wie rasche Rezeption des schmalen Bändchens aus Montevideo werfen! Der bald schon fundamentale Erfolg von *Ariel* in der lateinamerikanischen und spanischen Öffentlichkeit beruhte in wesentlicher Weise auf

---

[7] Clarín [i. e. Alas, Leopoldo]: Prólogo. In: Rodó, José Enrique: *Ariel*. Estudio crítico de Leopoldo Alas (Clarín). Quinta edición. Madrid: Espasa-Calpe 1975, S. 12 f.

der Negierung der komplexen literarischen Raumstruktur des Werks. Die Zurechnung *Ariels* zur Gattung des Essay schloss die Stimme Prósperos mit der Stimme seines Meisters, des uruguayischen Autors, unter Missachtung des internen Kommunikationsraums kurz. Die Gleichsetzung des alten Próspero mit dem jungen Rodó war vom Autor gewiss nicht unbeabsichtigt, verringerte die Polysemie des Bandes aber beträchtlich, wobei sich zugleich seine Durchschlagskraft erhöhte.

‚Rodós' nur auf den ersten Blick dualistische Gegenüberstellung von arielistischem Lateinamerika und calibaneskem Nordamerika war innerhalb des zeitgeschichtlichen Kontexts der nordamerikanischen Expansion opportun: So wurde *Ariel* als Pamphlet gelesen und auf das den USA gewidmete Kapitel reduziert. Dies wurde durch die Modellierung eines (literarischen) Innenraums, der sich gleichsam in Form eines Essays herauslösen ließ, ebenso begünstigt wie durch die Verwechslung Prósperos mit Rodó. Wir erwähnt war letzterer daran nicht unschuldig, griff er doch in seinen Briefen immer wieder auf Formulierungen zurück, die er seiner literarischen Figur in den Mund gelegt hatte.

Textexterne wie textinterne Faktoren trugen auf diese Weise dazu bei, dass die Komplexität des literarischen Aufbaus und vor allem der Raumstrukturen zugunsten einer raschen politischen Verwertbarkeit durch im Übrigen sehr unterschiedliche politische und kulturelle Positionen negiert werden konnten. Wir werden uns noch mit der komplexen Strukturierung dieses kleinen, aber vieldeutigen Werkes des uruguayischen Schriftstellers auseinandersetzen, um besser zu verstehen, wie die Neu-Erfindung des lateinischen Amerika durch Rodó eine solch durchschlagende Wirkung entfalten konnte. Wir müssen die Vieldeutige und viellogische Anlage des *Ariel*, der in diesen Aspekten den noch komplexeren *Motivos de Proteo* vorausging,[8] adäquat verstehen, um eine Sichtweise eines monosemantischen Essays zu überwinden. Denn mit der Aufwertung Calibáns zur neuen Identifikationsfigur Lateinamerikas im gleichnamigen Essay des Kubaners Roberto Fernández Retamar[9] schien in den siebziger Jahren des 20. Jahrhunderts über das Werk des uruguayischen Modernisten bereits das Todesurteil gesprochen. Doch *Ariel* lebt, soviel können wir heute sagen!

Denn Rodós *Ariel* ist kein Pamphlet und das Interesse an diesem vielschichtigen Werk nimmt seit mindestens zwanzig Jahren deutlich zu. Rodós Deutung des Modernisierungsprozesses und sein Entwurf einer Literatur, die der Moderne ad-

---

8 Vgl. hierzu Ette, Ottmar: Archipelisches Schreiben und Konvivenz. José Enrique Rodó und seine „Motivos de Proteo". In: *Romanistische Zeitschrift für Literaturgeschichte / Cahiers d'Histoire des Littératures Romanes* (Heidelberg) XLII, 1–2 (2018), S. 173–201.
9 Fernández Retamar, Roberto: Calibán. In (ders.): *Calibán y otros ensayos. Nuestra América y el mundo*. La Habana: Editorial Arte y Literatura 1979, S. 10–93.

äquat sein will, zeigen deutlich den Versuch, sie aus der Perspektive einer Randlage zu denken, welche von einer eigenständigen und unmittelbar bevorstehenden Befreiung aus dieser peripheren Lage fest überzeugt war. In diesem Sinne ist das „Así habló Próspero"[10] eine selbstbewusste lateinamerikanische Replik auf Friedrich Nietzsche und die Reden Zarathustras.[11]

Wenn auch auf die ambivalente Beziehung Rodós zu Nietzsche, die wegen Prósperos Kritik an der Konzeption des Übermenschen allzu oft unverstanden blieb, hier nicht näher eingegangen werden kann,[12] so bleibt doch festzuhalten, dass in diesem kurzen Satz ebenso die gleich zweifache Beziehung zur europäischen Literaturtradition (Shakespeare und Nietzsche) wie auch deren kreative Anverwandlung und Umwandlung prägnant zum Ausdruck kommen. José Enrique Rodó schrieb unzweifelhaft auf Augenhöhe mit vielen europäischen Philosophen und Literaten.

Die zentrierten Raumstrukturen *Ariels*, in deren Mittelpunkt immer die Herrschaft des Geistigen, Spirituellen, Ideellen steht, weisen der Literatur einen Raum zu, der bei Santa Teresa de Jesús, der Heiligen Theresa von Avila, der *Unio mystica* vorbehalten war; nicht von ungefähr wird die Verzückung der Schüler im achten und letzten Kapitel mit dem Begriff des „Recogimiento" eingeleitet, der für zentrale spirituelle Erfahrungen (und eine bestimmte Methode meditativer Gottesschau) im Werk der spanischen Heiligen steht. Der uruguayische Schriftsteller war wie die meisten der hispanoamerikanischen Modernisten auf sehr intime Weise mit den Literaturtraditionen Spaniens vertraut.

Zugleich hatte Rubén Daríos „cuento alegre" *El Rey burgués* die Gefahr des Funktionsverlusts von Literatur in einer säkularisierten und modernisierten bürgerlichen Gesellschaft deutlich aufgezeigt.[13] Darío sah diese Problematik in seinem programmatischen, erstmals 1888 erschienenen Band *Azul...* in aller Deutlichkeit und versuchte, auf eine derartige gesellschaftliche Entwicklung mit einer Positionsveränderung des Schriftstellers zu reagieren. Innerhalb einer veränderten bürgerlichen Gesellschaft weist Rodó der Literatur einen eigenen Ort, einen sakralen Bereich zu, von dem aus sie ihren kulturellen und gesell-

---

10 Rodó, José Enrique: *Ariel*. Edición de Belén Castro. Madrid: Editorial Cátedra 2000, S. 230.
11 Vgl. zur Beziehung zu Friedrich Nietzsche nochmals Ette, Ottmar: "Así habló Próspero". Nietzsche, Rodó y la modernidad filosófica de "Ariel". In: *Cuadernos Hispanoamericanos* (Madrid) 528 (junio 1994), S. 48–62.
12 Vgl. Ette, Ottmar: Lateinamerika und Europa. Ein literarischer Dialog und seine Vorgeschichte. In Rodó, José Enrique: *Ariel*. Übersetzt, herausgegeben und erläutert von Ottmar Ette. Mainz: Dieterich'sche Verlagsbuchhandlung 1994, S. 9–58.
13 Vgl. hierzu Ette, Ottmar: "La modernidad hospitalaria": Santa Teresa, Rubén Darío y las dimensiones del espacio en "Ariel" de José Enrique Rodó. In: *Unión* (La Habana) IX, 32 (julio – septiembre 1998), S. 2–11.

schaftlichen Führungsanspruch geltend machen kann. Die Literatur übernimmt im Sinne Rodós diesen Anspruch und diese Rolle von der Generation der Sarmiento und Alberdi, die in *Ariel* teilweise mit Zitaten präsent, wenn auch nicht namentlich genannt ist. Doch bildeten die hispanoamerikanischen Modernisten die erste Generation in Lateinamerika, die auf eine vorherige literarische Generation, in diesem Falle auf die Autorinnen und Autoren der Romantik, intertextuell zurückverweisen konnte.[14]

Im Unterschied zu dieser Generation von Politikern *und* Literaten erhebt die Literatur der „Modernistas" an der Jahrhundertwende *ihren* Führungsanspruch von einem eigenen Raum aus, der profanen Gästen nicht zugänglich ist. Wir werden dies noch genauer inspizieren. Der innerste Raum der ‚inneren Burg' im Palast des orientalischen Patriarchen wie das Chorgestühl innerhalb der gotischen Kathedrale weisen beide die gleiche Modellierung eines sakralisierten Innenraums auf. Sie bilden zumindest in ihrem Kern eine homogene Raumstruktur, in welcher Heterogenität wie in der gotischen Kathedrale keinen Platz findet oder wie im Alcazar des ‚Gastfreundlichen Königs' an die Außenbereiche abgedrängt wird. José Enrique Rodó wählt im Vergleich mit Rubén Darío folglich eine gänzlich andere Raum- und Bewegungsstruktur, um den neuen Ort der Literatur zu visualisieren.

Beide Räume sind in der für Prósperos Rede grundlegenden Bewegung vom Individuellen zum Kollektiven nicht nur als Sinnbilder der menschlichen Seele, sondern als Projektionen einer künftigen Gesellschaft in Lateinamerika zu verstehen. Beide Räume entstammen ursprünglich nicht in Amerika beheimateten Traditionen und sind daher nicht umsonst am Abendland, am Osten, an Europa *orientiert*.

Doch Gastfreundschaft kann nur gewähren, wer Gäste, die mehr sind als Besucher und weniger als Mitbewohner, in einem eigenen Raum empfangen kann. Die Rosette, die über dem Dunkel der Kathedrale schwebt, empfängt das Licht, das sie bündelt aus dem Westen. So erst ersteht, gleichsam ‚vor den Augen der Seele', die Vision eines regenerierten Amerika, das einem neuen Jahrhundert hoffnungsfroh entgegenstrebt. Von der untergehenden Sonne, von Westen also erhält Ariels Statue im achten und letzten Kapitel jenen Lichtstrahl, der die künstlerische Form lebendig werden lässt und in ihr „la chispa inquieta de la vida",[15] den unruhigen Funken des Lebens, entfacht:

---

14 Vgl. hierzu die frühe Arbeit von Ette, Ottmar: „Cierto indio que sabe francés": Intertextualität und literarischer Raum in José Martís „Amistad funesta". In: *Iberoamericana* (Frankfurt am Main) IX, 25–26 (1985), S. 42–52.
15 Rodó, José Enrique: *Ariel* (Hg. O.E.), S. 227.

> Werdet Ihr es nicht sehen, das Amerika, das wir uns erträumen, gastfreundlich zu den Dingen des Geistes und nicht nur zu jenen Menschenmassen, die bei ihm Schutz suchen, gedankenvoll, ohne Minderung seines Talents zur Tat, heiter und fest, trotz seiner großherzigen Begeisterungsfähigkeit, erstrahlend im Zauber eines frühen und sanften Ernstes, wie er den Ausdruck eines kindlichen Gesichts verschönt, wenn sich in ihm mit der aufblitzenden, unberührten Grazie das unruhige, erwachende Denken offenbart?...–[16]

Die Vision Amerikas erscheint im Licht des Okzidents; seine Bündelung projiziert einen neuen, amerikanischen Raum der Moderne, der in seiner angestrebten Homogenität vor dem Hintergrund der aktuellen Diskussionen um eine positiv gesehene kulturelle Diversität einschließlich der damit verbundenen vieldeutigen Komplexität und rund um die Gleichzeitigkeit des Ungleichzeitigen im kulturellen Bereich deutlicher denn je erkennbar wird.

Die von diesem Lichtstrahl nicht erhellten Bereiche zeigen die Grenzen dieser Projektion auf, tauchen aber auch die Fundamente der europäischen Moderne in ein neues Licht.

War der Schock von 1898 mit der brutalen Versenkung der einstmals so stolzen spanischen Flotte vor Santiago de Cuba und Manila beim „Centenario" des *Quijote* 1905 noch zu spüren gewesen, so stand das „Centenario" von Cervantes' Tod im Jahre 1915 in einem gänzlich anders gearteten historischen und kulturellen Kontext, beherrschte doch die „Grande Guerre", der Erste Weltkrieg, in dem sich Rodó bei aller Weltoffenheit gänzlich an der Seite Frankreichs sah, das geistige Leben nicht nur Europas, sondern auch Amerikas. Der vom kulturellen Panlatinismus überzeugte uruguayische Modernist hielt ein flammendes Plädoyer für Frankreich im Vorfeld des 14. Juli 1915 und publizierte zahlreiche Artikel, welche unter dem Titel *Escritos sobre la guerra de 1914* in seiner Werkausgabe gesammelt wurden.[17]

Innerhalb der großen internationalen Gemeinschaft lateinischer Völker sah der Intellektuelle und zeitweilige uruguayische Parlamentsabgeordnete dabei das spanischsprachige Amerika in besonderer Weise mit Cervantes und seiner Schöpfung verknüpft:

> Das Gefühl der ursprünglichen Vergangenheit, das Gefühl der Rasse und der historischen Filiation würden niemals besser für das kastilischsprachige Amerika repräsentiert als durch die Figur des Cervantes.

---

16 Ebda., S. 178.
17 Vgl. Rodó, José Enrique: *Obras Completas*, S. 1217–1240, zum französischen Nationalfeiertag vgl. S. 1236 f.; siehe hierzu auch Ette, Ottmar: Visiones de la guerra / guerra de las visiones. El desastre, la función de los intelectuales y la Generación del 98. In: *Iberoamericana* (Frankfurt am Main) XXII, 71–72 (1998), S. 44–76.

> Während Rocinante, dürr und unnütz geworden, an Alter und Hunger stirbt, ergießen sich über die Pampas, die Gebirge und die Täler der Neuen Welt die temperamentvollen Fohlen aus Andalusien, die heroischen Pferde des Konquistadoren, die Erzeuger all jener, die eines Tages zusammen mit dem Gaucho und dem Bewohner der Pampas den Organismus des amerikanischen Kentauren bilden sollen. [...] Während unter Spottgelächter die miserable Regierung der Insel Barataria scheitert, werden auf dieser Seite des Meeres kolossale Imperien gewonnen sowie Vizekönigreiche und Gouvernements gegründet, mit denen man riesige Belohnungen gewährt, wie sie noch nie ein König aus der Ritterzeit für seine Vasallen erträumen konnte.[18]

Anders als die spanischen Monarchen und Konquistadoren, Entdecker und Kolonisten, die eine koloniale Vergangenheit repräsentierten, von der sich Amerika befreit hatte, steht Cervantes als archetypischer Schriftsteller, „escritor-arquetipo",[19] als *Figura* für die tiefen historischen Verbindungen innerhalb jenes Spanien, in dem die Sonne nicht untergeht, jener „España del sol sin poniente".[20] Er steht ein für die „raza", für jenen Begriff, der im Spanischen nicht so sehr ein biologisches, als vielmehr ein kulturelles Konstrukt der Zusammengehörigkeit meint, das die hispanoamerikanischen Völker trotz aller Probleme noch immer mit dem ehemaligen Mutterland Spanien verbindet. Und für diese Zusammengehörigkeit steht Miguel de Cervantes und seine sicherlich berühmteste Schöpfung, der *Don Quijote de la Mancha*, figural ein.

Nicht in der Welt konkreter und schmerzhafter Geschichte, sondern in der Welt des Geistes, „en el mundo del espíritu",[21] könne diese Verbundenheit und Gemeinschaft zwischen beiden Seiten des Atlantischen Ozeans symbolisiert werden. So begründet Rodó auf überzeugende Weise, warum kein Columbus, kein Cortés, kein Carlos I, sondern nur ein Cervantes diese Einheit repräsentieren könne, verkörpere sein Roman doch jene spanische Renaissance, die Amerika entdeckt und erobert habe und so den „pórtico de la edad moderna",[22] das Portal der Neuzeit, durchschritten habe. Die Philosophie des *Quijote* sei folglich, so die gewagte These Rodós, „la filosofía de la conquista de América".[23] Und er fuhr fort: „Amerika wurde geboren, damit Don Quijote starb, oder besser, um seine an Vernunft und Kräften ganze Wiedergeburt zu begehen."[24] Wie aber sollte dieser neue, mit der Hilfe Amerikas gleichsam wiederauferstandene Quijote aussehen?

---

18 Rodó, José Enrique: El centenario de Cervantes, S. 1210 u. 1212.
19 Ebda., S. 1211.
20 Ebda.
21 Ebda.
22 Ebda.
23 Ebda.
24 Ebda., S. 1211 f.: „América nació para que muriese Don Quijote, o mejor para hacerle renacer entero de razón y de fuerzas."

Rodós Rede vom Tod (und der Wiederauferstehung) des *Quijote* ist ganz anders geartet als das ihm zweifellos bekannte, da berüchtigte „¡Muera don Quijote!", das von Miguel de Unamuno wohl auch unter dem Einfluss der sofortigen Replik Rubén Daríos längst vom streitbaren Basken zurückgenommen worden war. Rodó entführt vielmehr das Pferd des „Caballero andante" in die Weiten Amerikas, um Ross und Reiter sogleich in einer mythologischen Transfiguration zu einem amerikanischen Kentauren zu verschmelzen. Dieses Zwittergeschöpf aus Mensch und Tier, ursprünglich aus den mythischen Bergen und Tälern Thessaliens stammend, hier aber die Silhouette Don Quijotes gleichsam mit der seines Pferdes organisch miteinander verschmelzend, steht für eine hybride Geschichte, die „epopeya de la civilización española",[25] die auf ihrem Höhepunkt „nuevas tierras y nuevos pueblos"[26] gezeugt habe. Doch wie waren diese neuen Länder, diese neuen Völker in das Epos der spanischen Zivilisation gekommen? Wie hatten sie die Pampas des Südens Amerikas bevölkern können? Und was zeichnet diesen kentaurischen Quijote Spanisch-Amerikas aus?

Anders als für den kubanischen Modernisten José Martí steht Cervantes' *Don Quijote* bei dem Uruguayer Rodó nicht für ein gemeinsames Band der Freiheit, sondern für den „vínculo imperecedero que recuerde a América y España la unidad de su historia y la fraternidad de sus destinos",[27] also für das unvergängliche Band, das Amerika wie Spanien an die Einheit ihrer Geschichte und an ihr brüderlich geteiltes Schicksal erinnere. Doch das gleichsam durch einen Perspektivenwechsel entstandene Bild eines zum Kentauren mutierten Quijote überstrahlt in seiner Vieldeutigkeit eine Gemeinschaft, die durch ihre Geschichte miteinander verbunden und *zugleich* voneinander getrennt ist.

So wird einmal mehr die Doppelperspektive wirksam. Die synkretisierende Kraft Amerikas verwandelt den Ritter von der traurigen Gestalt in ein Wesen, das in der griechischen Mythologie stets zwischen dem weisen, unsterblichen Cheiron und dem unbeherrschten, gewalttätigen Eurytion schwankte. Es bewegt sich nun durch die Pampas im Süden des Kontinents und hat ein Wesen gebildet, welches die Gestalten der abendländischen Mythologie mit den Konquistadoren und ihren Pferden, mit dem Quijote und seinen nun viel stärkeren, jugendlichen Rossen verbindet.

Dass der belesene Autor des *Ariel* und der *Motivos de Proteo* weitaus mehr den „airy spirit" Cheiron, den Erzieher und Ratgeber großer Heroen, im Sinn hatte, als er Cervantes' Quijote in eine griechisch-amerikanische Mythologie

---

25 Ebda.
26 Ebda.
27 Ebda.

entrückte, ist mit Blick auf die von ihm stets favorisierten Intellektuellen- und Ratgeberfiguren offenkundig. Denn auf die Rolle des Ratgebers griff José Enrique Rodó nicht nur in seinem *Ariel*, sondern auch in seinen weniger beachteten, aber darum nicht weniger reizvollen *Motivos de Proteo* zurück.[28] Dort hatte Rodó die Metaphorik des Organischen bereits in einem weltumspannenden Sinne gebraucht:

> Dieser unermessliche moralische Organismus, in welchen sich die Welt, die für unsere Großväter in nationale Seelen wie in Inseln des Archipels zerteilt war, durch die konstante und leichtgemachte Kommunikation, den Austausch von Ideen, die religiöse Toleranz, die kosmopolitische Neugier, den Draht des Telegraphen, das Dampfschiff verwandelt hat, hüllt uns ein in ein Netz beständiger und veränderlicher Anregungen. Aus der toten Zeit, aus der Menschheit, die es schon nicht mehr gibt, gelangen nicht allein viele und sehr unterschiedliche Einflüsse durch die Komplexität unseres ethnischen Ursprungs zu uns; vielmehr vervielfacht sich die Zahl und Intensität dieser Einflüsse zugunsten dieses wunderbaren Sinnes der historischen Sympathie, dieses zweiten Lebens der Vergangenheit, welches im Verlauf der letzten hundert Jahre einer der interessantesten Charakterzüge und eine fast prophetische Erleuchtung der geistigen Aktivität gewesen ist.[29]

Dieses „zweite Leben der Vergangenheit" innerhalb des komplexen Netzwerks einer weltgeschichtlichen Entwicklung, die im Zeichen der dritten Phase beschleunigter Globalisierung im ausgehenden 19. und beginnenden 20. Jahrhundert gerade auch die Länder Lateinamerikas erfasste,[30] bildet den Hintergrund für diese zwischen 1904 und 1909 entstandenen *Proteus-Motive*, die einer sich ständig wandelnden Welt als (sehr wohl in Amerika verorteter) Ratgeber dienen wollten. José Enrique Rodó gibt in einer stark hypotaktischen, gedrängten modernistischen Prosa, die mancherlei Bezüge zum Stilwillen des längst verstorbenen José Martí aufweist, die Komplexität der weltweiten Verknüpfungen und des weltumspannenden Netzwerkes wieder, welches die unterschiedlichsten Teile der Welt und die verschiedenartigsten Bereiche der Menschheit in dieser dritten Globalisierungsphase miteinander verwoben hat.

Auch in diesen *Motivos* sind Cervantes und „Don Quijote, maestro en la locura razonable y la sublime cordura",[31] also „der Meister im vernünftigen Wahn-

---

28 Vgl. hierzu das Kapitel „Proteus in Uruguay" in Ette, Ottmar: *Literatur in Bewegung. Raum und Dynamik grenzüberschreitenden Schreibens in Europa und Amerika*. Weilerswist: Velbrück Wissenschaft 2001, S. 269–315.
29 Rodó, José Enrique: *Ariel. Motivos de Proteo*. Caracas: Biblioteca Ayacucho 1976, S. 408.
30 Vgl. zu den technologischen Entwicklungen wie der Schaffung einer transatlantischen Telegraphenverbindung zwischen Europa und Buenos Aires sowie deren ästhetischen Konsequenzen Ramos, Julio: *Desencuentros de la modernidad en América Latina. Literatura y política en el siglo XIX*. México: Fondo de Cultura Económica 1989, S. 95–100.
31 Rodó, José Enrique: *Motivos de Proteo*, S. 318.

sinn und in der sublimen Herzenssicht", mehrfach präsent. Der Roman des Miguel de Cervantes verwirkliche selbst die von Rodó stets angestrebte Ratgeberfunktion, enthalte alles in ihm doch „un significado inmortal, una enseñanza",[32] also „eine unsterbliche Bedeutung und Lehre", die sich in der vielfachen Idealität, der „idealidad"[33] seines Protagonisten immer neue Ausdrucksformen schaffe.

In einem komplex und zugleich sehr offen strukturierten Buch, in dem nicht nur die Wandelbarkeit der Welt und des Menschen, sondern auch die unaufhörliche Bewegung zwischen den verschiedenen Textteilen im Vordergrund steht, verwundert es nicht, dass gerade die im *Quijote* allgegenwärtige Reisebewegung des „hombre que ha andado por el mundo"[34] ins Blickfeld gerückt wird: Es ist der Mensch, der unablässig durch die Welt geht, unabänderlich mobil ist. Stets wird die Lektüre des *Quijote* nicht nur zu einer Er-Fahrung, sondern zu einer Selbsterfahrung, die Licht selbst in die widersprüchlichsten Gefühle bringt: „Musst Du nicht mehr denn je bestimmte Passagen des *Quijote* wieder lesen, um sie wie zu einer sentimentalen Paradoxie verwoben zu fühlen?"[35] Analog hierzu heißt es auch in den nachgelassenen Fragmenten von Rodós *Proteo*: „Willst du wissen, ob sich der Rhythmus Deiner Seele verändert hat, und wenn es schon lange her ist, dass Du den *Quijote* last, so nimm ihn und lies ihn von neuem."[36]

Diese Funktion des *Quijote* – gleichsam im Schatten des weisen amerikanischen Kentauren – als Ratgeber und Begleiter gilt auf einer individuellen Ebene sicherlich ebenso für einen José Martí wie für einen Rubén Darío, der sich zeitlebens nie von ‚seinem' *Quijote* trennte. Bei Rodó freilich wird der Roman von Miguel de Cervantes vor dem Hintergrund einer im doppelten Wortsinn *geteilten* Geschichte von Spanisch-Amerika zu einem Weltbuch, das als künstlerische Ausdrucksform des „genio latino" in sich ein unerschöpfliches und zugleich unzerstörbares Lebenswissen und Zusammenlebenswissen birgt. Diese spezifisch *spanische* und *lateinische* Komponente gilt es nicht zu vergessen, wenn wir uns im *Ariel* mit dem Rückgriff des uruguayischen Schriftstellers auf die Shakespeare'sche Figurenkonstellation aus *The Tempest* beschäftigen.

---

32 Ebda.
33 Ebda.
34 Ebda., S. 422.
35 Ebda., S. 475: „¿Tienes más que volver a leer ciertas escenas del *Quijote*, para sentirlos, enlazados en paradoja sentimental, dentro de ti mismo?"
36 Rodó, José Enrique: Proteo. In (ders.): *Obras Completas*, S. 927: „Si quieres saber si ha cambiado el *ritmo* de tu alma, y hace ya tiempo que leíste, la vez última, el *Quijote*, tómalo y léelo otra vez."

Es überrascht vor diesem Hintergrund nicht, dass José Enrique Rodó bisweilen Phasen seines eigenen Lebens direkt mit Episoden aus *Don Quijote de la Mancha* in Beziehung setzte. So schrieb er etwa am 6. März 1904, enttäuscht vom Ergebnis seiner Bemühungen, als Politiker und Abgeordneter zum Wohle Uruguays etwas beitragen zu können, an seinen Freund und Weggefährten Juan Francisco Piquet:

> Was mich angeht, so ist die Erfahrung, welche mir meine Zeit als Politikaster vermittelt hat, ausreichend gewesen, um von jetzt an (oder besser: um von vor jetzt an) die allerfesteste Entscheidung zu treffen, nämlich unter die letzte parlamentarische Seite ein Schild zu setzen, auf dem steht: „Hier endete der erste Ausflug des Don Quijote", und der Politik Lebewohl zu sagen.[37]

Rodó sagte der uruguayischen Politik Lebewohl, besaß aber freilich zu diesem Zeitpunkt noch viele Hoffnungen, die Dinge könnten sich zum Besseren wenden. Dies war freilich nicht mehr der Fall, als er das erwähnte Angebot eines Periodikums aus Buenos Aires annahm und zu einer Reise, seiner letzten Reise, als Korrespondent nach Europa aufbrach. Zu diesem Zeitpunkt hatte er längst jeglichen Versuch aufgegeben, die uruguayische Politik vom Feld der uruguayischen Politik aus zu verändern.

Dies sollte aber nicht das letzte Wort eines hispanoamerikanischen Modernisten zur anzustrebenden Politik, aber auch zum *Quijote* bleiben. Denn in der Tat eröffnete das spanisch-amerikanische ZwischenWeltenSchreiben nicht erst bei Jorge Luis Borges neue Perspektiven auf einen Roman, der vielleicht nie geschrieben worden wäre, hätte der Consejo de Indias Cervantes' Gesuch stattgegeben, ein Amt in der Neuen Welt bekleiden zu dürfen. Denn gerade für die hispanoamerikanischen Modernisten bildete der *Quijote* jenes Band einer auch geistigen Freiheit, in der die kastilische Sprache Spaniens nicht zum Gefängnis Amerikas, sondern zum Spielfeld einer reichen Kultur werden konnte, die in sich stets eine transkontinentale Bewegung birgt. In jedem Falle wurde Cervantes' Gesuch abgelehnt und der *Don Quijote de la Mancha* geschrieben.

Entscheidend für die höchst kreative Auseinandersetzung der hispanoamerikanischen Modernisten mit Miguel de Cervantes und *Don Quijote* ist folglich die „cercana lejanía" dieser Autoren, ihr sehr spezifisches ZwischenWeltenSchreiben, dessen oszillierende Bewegungen in ihre komplexen Deutungen dieses absoluten literarischen Bezugspunktes eingehen. Sie waren aufs Engste mit den spanischen Literaturtraditionen vertraut, besaßen gegenüber Spanien und seiner Literatur gleichwohl aber eine Distanz, die ihnen einen eigenen Stand-

---

[37] Rodó, José Enrique: Correspondencia con Juan Francisco Piquet. In (ders.): *Obras Completas*, S. 1343.

punkt, einen eigenen Blickwinkel erlaubte. So konnten sie die Wanderungen von Don Quijote und Sancho Panza zwischen den Welten, die vor mehr als vierhundert Jahren begannen, in die Quellen des eigenen literarischen Schaffens verwandeln. Es schien mir wichtig, diese enge Verbindung José Enrique Rodós mit dem ‚fahrenden Ritter von der traurigen Gestalt' und mit den spanischen Literaturtraditionen überhaupt herauszustellen, bevor wir uns im Folgenden auf das sicherlich bekannteste Werk des Schöpfers der *Motivos de Proteo* konzentrieren, auf seinen im Jahre 1900 erschienenen *Ariel*:

> Viel Zeit muss noch vergehen, ehe in Europa jenes Vorurteil verschwindet, das einen Großteil der amerikanischen Republiken als Brutstätte von Revolutionen und als Länder erscheinen lässt, in denen Aufstände, Unruhen und *Massaker* jeder Art an der Tagesordnung sind.[38]

So aktuell diese Äußerung auch klingen mag: sie stammt nicht von einem lateinamerikanischen Schriftsteller, Journalisten oder Politiker der zweiten Hälfte des 20. Jahrhunderts oder unserer Tage. Mit diesen Zeilen reagierte kein anderer als José Enrique Rodó in einem am 29. April 1912 in Montevideo abgedruckten Artikel auf die Nachricht einer madrilenischen Tageszeitung, der zufolge Revolutionäre in Paraguay die Hauptstadt ihres Landes angegriffen hätten und nun „Panik in Montevideo" herrsche. Wohlgemerkt: in *Montevideo*!

Zwar waren die Informationen über die Auseinandersetzungen im Nachbarland Uruguays telegraphisch nach Madrid übermittelt worden, doch hatte man sich in der alten Metropole des spanischen Kolonialreichs nicht um die letzten Feinheiten der politischen Geographie auf dem Subkontinent gekümmert und den Unterschied vor den gleichklingenden Guaraní-Endungen der Ländernamen Paraguay und Uruguay getilgt. Eine Haltung, die man auch heute noch und auch in unseren Breitengraden antreffen kann.

Gewiss: In der Redaktion der madrilenischen Zeitung war ein Versehen passiert! Doch passte die Meldung selbst ins Bild, das man sich von Lateinamerika nach Rodós Ansicht nicht nur in Spanien, sondern in ganz Europa machte. An diesem einseitigen Bild hatten auch die neuen Telegraphenverbindungen mit ihren Möglichkeiten einer raschen und direkten Kommunikation zwischen alter und neuer Welt nichts geändert; und der uruguayische Schriftsteller wusste – wie er in seinem Artikel einräumte – nur zu gut von Bürgerkrieg, Unruhe und Gewalt, die das politische Leben der amerikanischen Republiken auch in seiner eigenen Heimat immer wieder erschütterten und damit den europäischen Lateinamerika-Stereotypen immer neue Nahrung gaben. Auch an diesen Stereotypen für die Länder Lateinamerikas hat sich bis heute nichts Fundamentales geändert.

---

38 Rodó, José Enrique: Nuestro desprestigio. In (ders.): *Obras Completas*, S. 1033.

Es könnte sein, dass Sie über diese Tatsache nicht weiter nachdenken und sich angesichts der Nachrichtenlage über den Süden des amerikanischen Kontinents keine Gedanken über diese Stereotypen, über diese Bilder, diese Erfindungen der Amerikas machen. Immer wieder finden wir in unseren Zeitungen, Zeitschriften, Filmberichten oder in den *Social Media* Berichte über Massaker in Mexiko oder die „Violencia" in Kolumbien, über Entführungen in Argentinien oder brutale Vertreibungen indigener Bevölkerungen im Amazonasgebiet Brasiliens. Wohin wir in den spärlichen Korrespondentenberichten auch blicken: Überall ist von Gewalt, von Morden, von Mafiabanden und Massakern die Rede, ganz so, wie dies Rodó 1912 konstatierte...

Ich möchte diese Nachrichten auch gar nicht kleinreden und auch nicht dadurch relativieren, dass im Norden des Kontinents, in den Vereinigten Staaten des Nordens, jährlich eine größere Stadt durch freien Schusswaffengebrauch ausgelöscht wird und eine Regierung an der Macht ist, welche Kriege in den verschiedensten Erdteilen unseres Planeten führt. Von denen sie übrigens seit dem Zweiten Weltkrieg, wie Peter Scholl-Latour verschiedentlich süffisant anmerkte, keinen einzigen gewonnen, aber viele Menschenleben und Infrastrukturen zerstört hat.

Ich möchte Ihnen gerne zu bedenken geben, dass seit der sogenannten ‚Entdeckung' der Neuen Welt und den brutalen Eroberungskriegen, welche die Konquistadoren in Amerika führten, anders als in Europa keine pausenlosen Kriege angezettelt wurden, keine Judenverfolgungen stattfanden, denen Millionen von europäischen Juden zum Opfer fielen, keine Massenvernichtungswaffen und Flächenbombardements eingesetzt wurden, die riesige Landflächen und Städte verwüsteten. Gewiss forderten die bürgerkriegsähnlichen Auseinandersetzungen im Zuge und nach der politischen Unabhängigkeitsrevolution in den jungen Republiken Amerikas viele Opfer; doch dies war ein Bruchteil der Opferzahlen, die im Zuge geordneter und ‚zivilisierter' Schlachten und Kriege in verschiedensten Teilen Europas zu beklagen waren. Allein die Weltkriege des vergangenen Jahrhunderts forderten Millionen und Millionen von Menschenleben – Und doch fallen die Stereotype für die verschiedenen europäischen Länder eher harmlos und beschaulich, kulturverbunden und ‚zivilisiert' aus.

Erscheint Ihnen das nicht als seltsam? Sind wir in Europa oder in den Vereinigten Staaten von Amerika wirklich die besten Lehrmeister der Welt, wenn es um Konvivenz und um ein friedliches Zusammenleben geht? Braut sich nicht gerade in diesem Jahr ein Konflikt in der Ukraine zusammen, der von einem aggressiven Russland, aber auch von aggressiven Vertretern unserer Verteidigungsgemeinschaft angeheizt wird? Gibt es nicht Nato-Staaten wie die durchaus nicht demokratische Türkei, die mit westlichen Waffen und geduldet von allen Verteidigungspartnern in Bergkarabach oder in Libyen militärisch Partei ergreifen und Kriege führen können? Doch kehren wir auf den amerikanischen Kontinent und in dessen ach so gewalttätigen Südteil zurück!

Ein Jahrhundert war seit dem so verheißungsvollen Beginn des Befreiungskampfes der spanischen Kolonien gegen das verhasste Mutterland vergangen, und doch hatte diese Zeitspanne nicht ausgereicht, um überall stabile politische Strukturen zu errichten. Am Ende des 19. Jahrhunderts sahen sich die Lateinamerikaner zunehmend mit rassistischen Vorurteilen angesichts ihrer angeblichen Inferiorität konfrontiert und mussten mitansehen, wie in Europa und den USA eine auf diesen Vorurteilen basierende sozialdarwinistisch denkende Machtpolitik unverhohlen auf immer aggressivere Weise betrieben wurde.

Es hatte im 19. Jahrhundert – wie wir sahen – Gegenstimmen gegeben; aber die etwa von Alexander von Humboldt erahnten und immer wieder beschworenen Zukunftschancen Amerikas, die einst auch auf Hegels einflussreiche Rede vom „Kontinent der Zukunft" nicht ohne Wirkung geblieben waren, hatten längst einem pessimistischeren Bild von Lateinamerika Platz gemacht, das in wachsendem Maße auch das Selbstbild der Lateinamerikaner prägte. An die Stelle der Metapher vom ‚jugendlichen' war mehr und mehr jene vom ‚kranken' Kontinent getreten. Dass beide Bilder und Entwürfe auf vielfache Weise miteinander verwoben waren, hatten wir im Verlauf unserer Vorlesung gesehen.

Die Zeit der befürchteten ‚Besuche', der US-amerikanischen Kanonenbootpolitik, vor welcher der Kubaner José Martí 1891 in seinem Essay *Nuestra América* noch gewarnt hatte, war bereits angebrochen, als der Venezolaner César Zumeta auf die Metaphorik des kranken Kontinents in (selbst-)kritischer Weise zurückgriff und am Ende seines 1899 in New York verfaßten Essays *El continente enfermo* die „an Schwäche erkrankten" Länder seines Kontinents dazu aufrief, sich endlich zu bewaffnen und vereint zu kämpfen. Dies war die hemisphärische Situation, in welcher der uruguayische Modernist seinen *Ariel* verfasste. Auch Rodó rief zu Einheit und selbstbewusstem Kampf der Lateinamerikaner auf, doch wählte er mit seinem programmatisch zu Beginn des neuen Jahrhunderts veröffentlichten *Ariel* ein anderes Terrain für diese Auseinandersetzung: Er verlegte den Kampf auf das Gebiet der Kultur. Schon José Martí hatte in seinem verschiedentlich angeführten Essay betont, dass „trincheras de ideas", dass „Schützengräben aus Ideen" besser als andere geeignet seien, Auseinandersetzungen auszufechten. Und in einen dieser Schützengräben begab sich José Enrique Rodó mit seiner „Literatura de ideas", mit seiner „Ideenliteratur", für die er einstand.

Dies bedeutete keineswegs, dass er – wie ihm oft zu Unrecht vorgeworfen wurde – die konkreten Gefahren der politischen, wirtschaftlichen und militärischen Expansion der USA für die Länder Lateinamerikas nicht erkannt hätte. Das klare Bewusstsein für diese Gefahr wurde im sechsten Kapitel von

Rodós kleinem literarischen Meisterwerk zum Beispiel belegt durch Prósperos Ausführungen zu den Konsequenzen der Herausbildung riesiger Trusts in den Vereinigten Staaten. Für den Politiker Rodó bestand das höchste *politisch* zu realisierende Ziel in der Einheit Hispanoamerikas, ja Lateinamerikas insgesamt unter Einschluss Brasiliens.

So erklärte er anlässlich der Hundertjahrfeier der Unabhängigkeit Chiles vor dem Kongress in Santiago de Chile im Jahre 1910, dass über dem „nationalen Vaterland" immer die *Magna Patria*, das „amerikanische Vaterland", stehen müsse. Zwar habe es – so Rodó in deutlicher Anspielung auf die erwähnte Selbstfindungskrise Lateinamerikas an der Schwelle zum neuen Jahrhundert – nicht nur im Ausland Unwissenheit und Hochmut gegeben, da die Hispanoamerikaner von Selbstzweifeln heimgesucht worden seien. Doch sah der uruguayische Abgeordnete in seiner Rede vor dem chilenischen Kongress diese Zeit des Zweifels nun zu Ende gehen. Wie ein Echo auf eine der berühmtesten Passagen in Martís *Nuestra América*[39] klingen hier die Worte des Politikers aus Montevideo:

> Heute ist unsere Hoffnung auf die unmittelbare Zukunft fest und hochfliegend, und der Glaube der Welt fängt an, sie zu belohnen und zu bestärken. Wir waren bis gestern noch wenig mehr als ein geographischer Name: Wir fangen an, eine Kraft zu sein. Wir waren ein kühnes Versprechen: Wir fangen an, eine Realität zu sein.[40]

Wie für José Martí war für José Enrique Rodó der Einheitsgedanke Simón Bolívars, wenn auch in einem weltpolitisch veränderten Kontext, noch immer höchste Verpflichtung: Bolívars Ideen strahlten am Jahrhundertende heller denn je. Schon der elfjährige José Enrique hatte sich mit dem ‚unsterblichen *Libertador*' in einem Beitrag von 1882 für eine von ihm mitbegründete Schülerzeitschrift auseinandergesetzt und eine Befreiung der politisch noch nicht unabhängigen Länder Amerikas gefordert. Und noch am Ende seines Lebens zollte der uruguayische Literat dem längst zur Legende gewordenen ‚Mann der Tat' seinen großen Respekt. Die Formulierungen Rodós in der Rede vor dem chilenischen Kongress geben seiner

---

39 Bei Martí hatte es – ich möchte Sie kurz daran erinnern – geheißen: „Wir waren eine Vision: die Brust eines Athleten, die Hände eines Gecken und die Stirn eines Kindes. Wir waren eine Maske: Kniehosen aus England, Weste aus Paris, Sakko aus Nordamerika und Stierkämpfermütze aus Spanien." Martí, José: Unser Amerika. In: Rama, Angel (Hg.): *Der lange Kampf Lateinamerikas. Texte und Dokumente von José Martí bis Salvador Allende.* Frankfurt am Main: Suhrkamp 1982, S. 62. In der Fortsetzung des Martí-Zitats werden dann die gesellschaftlich Ausgegrenzten – u. a. Indianer, Schwarze und bäuerliche Landbevölkerung – in die zu verwirklichende Gesellschaftskonzeption Lateinamerikas miteinbezogen. Auf den sich hier abzeichnenden Gegensatz zwischen Martí und Rodó wie auch auf die Frage der *Maske* komme ich noch zurück.

40 Rodó, José Enrique: El Centenario de Chile. In (ders.): *Obras Completas*, S. 571.

Hoffnung Ausdruck, dass sich das Erstarken vieler Republiken Amerikas vor dem Hintergrund ihrer sozioökonomischen Modernisierung schon bald in einer weltpolitisch veränderten Sichtweise Amerikas niederschlagen werde. Und in der Tat sprach vieles dafür, dass das anbrechende 20. Jahrhundert eine Stärkung der Rolle der lateinamerikanischen Länder sehen werde, ja zum Jahrhundert Lateinamerikas werden könnte.

José Enrique Rodó, am 17. Juli 1871 in Montevideo als siebtes Kind eines katalanischen Kaufmanns und einer Uruguayerin in Montevideo geboren, hatte schon mit vier Jahren lesen gelernt und in der Folge eine ausgezeichnete Schulbildung genossen. In der reich ausgestatteten Bibliothek seines literarisch interessierten Vaters war er darüber hinaus früh mit den großen Autoren der spanischsprachigen Welt in Berührung gekommen. Wir hatten am Beispiel von Cervantes' *Don Quijote de la Mancha* gesehen, wie innig und tief die Verbindung des angehenden Schriftstellers mit den spanischen Literaturtraditionen das gesamte Leben Rodós hindurch geblieben war.

Nach dem plötzlichen Tod des Vaters 1885 spitzten sich jedoch bald die finanziellen Schwierigkeiten der zuvor wohlhabenden Familie zu: Der Junge musste nun zu deren Lebensunterhalt beitragen und in einer Kanzlei arbeiten. Auch später wird der in Geldangelegenheiten unerfahrene Rodó immer wieder von finanziellen Sorgen geplagt und von Gläubigern verfolgt werden – eine Tatsache, die nicht ins öffentliche Bild des Ästheten passen wollte und den Zeitgenossen weitgehend verborgen blieb. Wie José Martí, nur nicht im Exil, sondern in seinem Geburtsland Uruguay und in seiner Vaterstadt Montevideo, musste sich Rodó ein Leben lang um sein tägliches Überleben sorgen.

Obwohl er seine Universitätsstudien niemals abgeschlossen und sich seine Kenntnisse größtenteils autodidaktisch angeeignet hatte, erhielt er 1898 einen Lehrstuhl für Literatur an der Universität von Montevideo, den er drei Jahre lang – also auch während der Niederschrift und Veröffentlichung von *Ariel* – innehatte. Seitdem er zwischen 1895 und 1897 die von ihm mitbegründete *Revista Nacional de Literatura y Ciencias Sociales* geleitet hatte, war sein Name nicht nur im Geistesleben Uruguays, sondern auch in den spanischsprachigen Ländern des ganzen Kontinents bekannt geworden. Am Ausgang des 19. Jahrhunderts spielten Periodika eine überragende Rolle bei der Verbindung unterschiedlicher Areas innerhalb von Lateinamerika.

Sein internationales Prestige, dessen er sich seit der Veröffentlichung von *Ariel* sicher sein konnte, versuchte Rodó seit 1902 auch als Abgeordneter des uruguayischen Repräsentantenhauses zur Durchsetzung vor allem kultureller Belange in die Waagschale zu werfen. Er war an einer Vielzahl von parlamentarischen Gesetzesvorhaben beteiligt. Sein Einfluss auf die uruguayische Politik blieb jedoch eher gering, zumal er immer häufiger versuchte, den parteipolitischen Ränkespielen gerade auch in seiner eigenen Partei der Colorados aus dem Wege zu gehen. Dass er sich selbst als einen *Quijote* verstand, der sich für einige Jahre mit seiner Rocinante auf das politische Feld begeben hatte, zeugt davon, dass er selbst seiner literarischen Arbeit stets den Vorrang gegeben hatte, auch wenn er in seinen sorgsam formulierten Reden durchaus national wie international auf sich aufmerksam machte.

So bildete die Literatur stets das Zentrum eines an äußeren Ereignissen im Grunde recht armen Lebens. Anders als José Martí und anders als Rubén Darío reiste der dritte der großen hispanoamerikanischen Modernisten wenig: Seine einzige transatlantische Reise wurde bereits erwähnt. Denn 1916 verließ Rodó zum ersten Male Südamerika und begab sich als Korrespondent zweier argentinischer Zeitschriften auf eine Reise nach Europa, wo sich sein Gesundheitszustand dann rapide verschlechterte. Er sollte von dieser einzigen großen Reise nicht mehr lebendig in sein Vaterland zurückkehren. Gerade erst 45 Jahre alt, verstarb Rodó am 1. Mai 1917 im sizilianischen Palermo. 1920 wurden seine sterblichen Überreste nach Montevideo überführt und, begleitet von einer Vielzahl offizieller Huldigungen, im Panteón Nacional beigesetzt. Bis zum heutigen Zeitpunkt blieb José Enrique Rodó – wie im Jahre 2017 die Hundertjahrfeiern aus Anlass seines Todes in Uruguay zeigten – der große Schriftsteller der uruguayischen Literatur. Auch im Ausland, etwa in den USA oder Kanada, aber auch in Spanien oder Italien, wurden Tagungen zur Erinnerung an diese große Figur des hispanoamerikanischen Modernismo veranstaltet.

José Enrique Rodós vielleicht wichtigstes literarisches und philosophisches Werk, die *Motivos de Proteo*,[41] mit dessen Niederschrift er bald nach der Veröffentlichung *Ariels* begonnen hatte, erschien 1909, erreichte aber längst nicht mehr die Verbreitung und Resonanz seines berühmtesten Textes, der ihn gerade in den Augen der Jugend Amerikas, welcher das Werk ja gewidmet war, zum Propheten einer selbstbestimmten Zukunft des Kontinents werden ließ. In einer Vielzahl von Essays und Artikeln, die 1913 in einer Auswahl unter dem Titel *El Mirador de Próspero* veröffentlicht wurden, beschäftigte er sich mit den großen kulturpolitischen und geschichtlichen Fragen, die den Kontinent während der ersten Jahre des 20. Jahrhunderts bewegten.

Zu den wichtigsten Schriften dieses Bandes zählte ein gelungenes Portrait Simón Bolívars, dessen Amerikanismus er Jahrzehnte zuvor schon gehuldigt hatte. Wie für Martí war der „Libertador" auch für Rodó eine zentrale Orientie-

---

41 Vgl. hierzu auch Ette, Ottmar: Escritura, vida y convivencia en "Motivos de Proteo" de José Enrique Rodó. In: *Latinoamericana – Revista de Estudios Latinoamericanos* (México, D.F.) 66 (2018), S. 15–44.

rungsfigur, deren politisches Erbe und mehr noch dessen Visionen und Erfindungen Amerikas es in die Gegenwart umzusetzen galt. Rodó verankerte dessen politischen Einheitsgedanken nun in seiner Vorstellung von einer kulturellen Einheit Lateinamerikas und bezog Bolívars Heroismus auf die noch immer gültigen amerikanistischen Ziele des 1830 Verstorbenen. Die Konzeption kultureller Einheit – wie auch sein an Carlyle orientiertes Verständnis von Heldentum – hatte Rodó aber bereits in jenem Werk entwickelt, das ihn an der Wende zum 20. Jahrhundert zu einem der großen Lehrmeister und Repräsentanten des lateinamerikanischen Denkens machen sollte: *Ariel*.

Die Figur eines Lehrmeisters, der von seinen Schülern Próspero genannt wird, prägt Rodós *Ariel* von Beginn an. Seine Gestalt betritt als erste die Bühne, seine Rede bildet den Text des in sechs Kapitel untergliederten Hauptteils, seine Stimme bannt die jugendlichen Zuhörer und lässt sie am Ende der geradezu hymnischen Ansprache in Verzückung geraten. Die Form der politischen und der akademischen Rede ist folglich von grundlegender Bedeutung für das nach Shakespeares „airy spirit" benannte Werk. Dessen ungeachtet wird *Ariel* im allgemeinen als Essay bezeichnet. Versuchen wir, diesen wichtigen Punkt präziser zu fassen, um davon ausgehend die in diesem Text zum Ausdruck kommende Vision präzise und adäquat zu verstehen.

Die Kapitel II bis VII bilden die Abschlussrede, die ein Lehrer oder Dozent am Ende eines Studienjahres an seine Schülerinnen und Schüler oder an seine Studierenden richtet. Sie orientiert sich in ihrem rhetorischen Aufbau an jenen Universitätsreden, die sich gerade im Bereich des Río de la Plata einer großen Beliebtheit erfreuten.[42] In diese Rede, die vor allem bei den Übergängen zwischen den einzelnen Kapiteln auf ihre Mündlichkeit sowie auf einen gewissen dialogischen Grundzug aufmerksam macht, sind immer wieder Abschnitte eingearbeitet, die sich anderen Gattungen zuordnen lassen. Dies betrifft etwa die Erzählung vom „Gastfreundlichen König" im dritten Kapitel, vor allem aber Abhandlungen, die einen deutlich essayistischen Charakter besitzen. Gattungspluralität ist folglich ein literarisches Charakteristikum von *Ariel*. Warum aber bezeichnete man dann den gesamten Band so häufig als einen ‚Essay'?

Die Nähe des lateinamerikanischen Essays zu Formen fingierter Mündlichkeit und insbesondere zur Form der Rede hat es Rodó dabei erleichtert, das Genre des Essays mit seinem oratorischen Grundzug in die Rede Prósperos zu integrieren. Da gerade die essayistischen Passagen zu den berühmtesten und meistdiskutierten

---

[42] Einflussreich waren insbesondere die Rektoratsreden von Lucio Vicente López in Buenos Aires; vgl. hierzu Real de Azúa, Carlos: Prólogo. In: Rodó, José Enrique: *Ariel. Motivos de Proteo*. Caracas: Biblioteca Ayacucho 1976, S. X.

zählen, ja in manchen Anthologien allein dieses Werk vertreten,[43] wurde die mehr als unpräzise Bezeichnung *Ariels* als Essay üblich. Sie wird freilich der literarischen Komplexität wie der vieldeutigen Strukturierung des Bandes nicht gerecht.

Denn durch die Klassifizierung als ‚Essay' wurde das Werk stillschweigend dem Bereich der nicht-fiktionalen Prosa zugeordnet und damit in Genette'schen Kategorien dem Bereich der *Diktion*.[44] Dies macht zwar viele Facetten der späteren Rezeption und vor allem die zahlreichen Missverständnisse im Verlauf der vergangenen knapp hundert Jahre nachvollziehbarer, erschwert aber ein volles Verständnis *Ariels* im Sinne eines literarischen Werks. Ich möchte an dieser Stelle lediglich darauf aufmerksam machen, dass ich bereits das Vorhandensein literarischer Erzählungen und damit *fiktionale* Texte erwähnte, die in den Band eingingen und somit gemeinsam mit den *diktionalen* Elementen eine *friktionale* Struktur erzeugten.[45]

Die spezifisch fiktionalen Elemente beschränken sich in *Ariel* keineswegs auf die miteinbezogenen Erzählungen und Parabeln. Die Anlage weiter Teile des Textes ist fiktional fundiert. Denn die Kapitel I und VIII, die nicht nur Prolog und Epilog darstellen, sondern Prósperos Rede gleichsam rahmen und ihr damit auch den Status eines Binnentextes vermitteln, werden von einem literarischen Erzähler gestaltet, der keine Instanz außerhalb des Textes ist, sondern vielmehr eine vom Autor geschaffene Figur darstellt. Diese Erzählerfigur darf ebenso wenig wie Próspero mit dem Autor, mit José Enrique Rodó, gleichgesetzt werden. Infolgedessen sind nicht nur die narrativen Teile des ersten und achten Kapitels dieser auktorial modellierten Erzählerfigur (und nicht etwa direkt Rodó) zuzuordnen, sondern auch die Deutungen der Shakespeare'schen Symbolik, welche noch vor dem Beginn von Prósperos Rede vorgetragen werden. Es gilt also, Próspero, Erzählerfigur und realen Autor nicht miteinander zu verwechseln, sondern klar voneinander zu trennen. In diesem Zusammenhang ist aber durchaus bemerkenswert, dass der damals noch junge Autor mit Próspero eine ältere Lehrerfigur schuf, welche er bisweilen sehr wohl als Identifikationsfigur für sein eigenes Sprechen verwendete.

---

43 Dies betrifft auch die Auswahl der erstmals von Maria Bamberg ins Deutsche übertragenen *Ariel*-Kapitel durch den renommierten uruguayischen Literaturtheoretiker Angel Rama; vgl. Rodó, José Enrique: Ariel (1900). In: Rama, Angel (Hg.): *Der lange Kampf Lateinamerikas. Texte und Dokumente von José Martí bis Salvador Allende.* Frankfurt am Main: Suhrkamp 1982, S. 97–123. In dieser verdienstvollen Anthologie wurde im Text nicht darauf aufmerksam gemacht, dass es sich hierbei nur um einen Auszug aus Rodós bekanntestem Werk handelt.
44 Vgl. hierzu Genette, Gérard: *Fiktion und Diktion.* Aus dem Französischen von Heinz Jatho. München: Fink 1992.
45 Vgl. zum Begriff des Friktionalen ausführlich Ette, Ottmar: *Roland Barthes. Eine intellektuelle Biographie.* Frankfurt am Main: Suhrkamp Verlag (edition suhrkamp 2077) 1998, S. 308–312.

Dennoch basiert ein gut Teil der Wirkung des Werks gerade auf dieser von Rodó einkalkulierten und bisweilen beförderten Verwechslung. Denn die ‚rahmenden' Kapitel führen eine Beziehung zwischen Meister und Schüler ein, die jener zwischen Autor und Leser analog ist. Ohne hier alle in den Text eingeführten Gestaltungen des impliziten Lesers darstellen zu können, darf doch festgehalten werden, dass eine Rezeptions*situation* und eine Rezeptions*haltung* innerhalb des fiktionalen Textes angelegt beziehungsweise vorweggenommen werden. Und selbst die Wirkung auf das Publikum bei der Aufnahme der Rede – oder besser: des Diskurses – wird im Schlusskapitel nicht nur anhand der Gruppe von Prósperos Schülern vorgeführt, die den Saal soeben verlassen haben: Die fiktionale Gestalt des jüngsten Studenten, dessen Name Enjolras seinerseits intertextuell auf eine literarische Figur aus Victor Hugos *Les Misérables* verweist, führt in individueller Form eine erste schöpferische Umsetzung des Gehörten beziehungsweise Gelesenen vor.

Das für den Text charakteristische Oszillieren zwischen dem Fiktionalen und dem Nicht-Fiktionalen findet sich von Beginn an auch auf Ebene des Spiels mit den Bezugstexten. Alles ist in diese textgestaltende Bewegung der *Friktion* eingebettet. Bereits der Titel signalisiert dem Lesepublikum die Beziehung zur literarischen Gestalt des Luftgeists Ariel aus Shakespeares wohl 1611 verfasstem Werk *The Tempest*. Dass es gerade ein Theaterstück ist, welches zu Beginn des Werks aufgerufen wird, unterstreicht, dass dem Auftritt Prósperos im ersten Kapitel die Züge einer überaus bühnenwirksamen Inszenierung anhaften. Dass diese einer Shakespeare'schen Figurenkonstellation und damit der angelsächsischen Literatur entnommen sind, sollten wir angesichts der intimen Verbundenheit des Autors mit der spanischen Literaturtradition nicht überbewerten. Es wäre im Übrigen aufgrund einer ganzen Reihe von dramatischen Elementen zweifellos möglich – und hier blendet sich eine weitere Gattung ein –, Rodós *Ariel* auf die Bühne zu bringen; ein Wagnis, das – soweit ich sehe – freilich noch von keinem Regisseur eingegangen wurde.

Hinter Shakespeares „airy spirit" – Ariels Name, englisch ausgesprochen, lässt den Namen des Luftgeists durchsichtig werden –, verbirgt sich ein zweiter Ariel: die Figur aus Ernest Renans „drame philosophique" *Caliban. Suite de la Tempête* von 1878. Zwar wird in Rodós Text nirgends explizit auf dieses Lesedrama verwiesen (was uns auf den für die Interpretation *Ariels* wichtigen Unterschied zwischen expliziten und impliziten Verweisen erstmals aufmerksam macht), doch deutet eine Anspielung im vierten Teil von Prósperos Rede auf diese literarische Beziehung hin. Das intertextuelle Geflecht ist in Rodós dramatisierter *Friktion* deutlich komplexer als auf den ersten Blick erkennbar.

Bevor wir auf die vielfältigen Bezüge zu den beiden ‚Vorläufern' von Rodós *Ariel* eingehen können, gilt es zunächst festzuhalten, dass sich Ernest Renans

„philosophisches Drama" genau in jenem Zwischenbereich zwischen Literatur und Philosophie ansiedelte, der auch für das kulturelle Projekt Rodós bestimmend ist. In diesem Zwischenbereich, auf diesem Terrain der Kultur situiert Rodó sein Schreiben; und hier platziert auch von Beginn an sein bekanntestes Werk.

Schon die ersten Kapitel führen neben Schriftstellern wie William Shakespeare, François-René de Chateaubriand, Joris-Karl Huysmans, Victor Hugo, Ludwig Uhland, Friedrich Schiller oder Johann Wolfgang von Goethe auch Autoren beziehungsweise Texte ein, die eher dem Bereich der Philosophie, Anthropologie oder Religion zuzuordnen sind. Neben Ernest Renan zählen hierzu insbesondere Jean-Marie Guyau, Alfred Fouillée, Jules Michelet, Immanuel Kant oder Hippolyte Taine sowie Zitate aus dem Buch der Bücher, der Heiligen Schrift. Das auf den ersten Blick verwirrende Geflecht, das die explizit hergestellten Beziehungen zu diesen und anderen Autoren und Texten bilden, baut eine Dialogstruktur auf, die einen wichtigen Grundzug *Ariels* ausmacht.

Gewiss ist es statthaft, die Beziehung zwischen Schüler und Meister nicht als Dialog in vollem Wortsinne aufzufassen und darauf zu verweisen, dass es in Prósperos Rede allenfalls Reste eines Zwiegesprächs mit den Schülern gibt. Gewiss ist es möglich, in den Ausführungen Prósperos eine monologische Struktur auszumachen und diese darüber hinaus mit einer monologischen Tradition eines Schreibens zu verbinden, das sich in Lateinamerika der Frage der Identität widmet.[46] Doch übersieht eine solche Deutung, dass schon im zweiten Abschnitt des Werkes die „treuen Gefährten Prósperos" die Bühne betreten: Nicht als wohlrangierte Bände einer Bibliothek des Fin de siècle, sondern als Dialogpartner werden die Autoren der Bücher eingeführt, die Próspero aufruft. Der oft explizit, noch häufiger aber implizit zitierte ‚Meister' unter diesen „Gefährten" ist der Franzose Ernest Renan. Und selbst die Äußerungen dieses Meisters der Meister werden nicht als voneinander getrennte Monologe eingeblendet, sondern einer Kritik unterzogen.

So zeigt sich neben der Friktion ein zweites Oszillieren innerhalb des Textes, ein Oszillieren zwischen Monolog und Dialog. Auch die letztgenannte Form ließe sich auf den französischen Religionsphilosophen und Gesellschaftskritiker und seine *Dialogues philosophiques* rückbeziehen, die unmittelbar unter dem Eindruck der Pariser Commune verfasst und noch vor *Caliban* veröffentlicht wurden. Doch verweisen auch diese wie Rodós Werk selbst zurück auf die

---

46 So Roberto González Echevarría in seiner anregenden, aber leider nur oberflächlich dekonstruktivistischen Lektüre; vgl. R.G.E.: The Case of the Speaking Statue: "Ariel" and the Magisterial Rhetoric of the Latin American Essay. In (ders.): *The Voice of the Masters. Writing and Authority in Modern Latin American Literature*. Austin: University of Texas Press 1985, S. 8–32.

Dialoge Platons, auf deren Art von Dialogizität Próspero im ersten Teil seiner Rede deutlich anspielt. Nahezu alles ist in diesem Werk an den literarischen und philosophischen Traditionen des Abendlandes ausgerichtet.

Vom Intertextuellen noch einmal zurück zur Gattung, zum Architextuellen im Sinne Gérard Genettes. Die Frage nach der Gattungszugehörigkeit *Ariels* lässt sich also nicht auf eine einfache Weise beantworten, erschließt uns aber dafür nicht nur die formalen, sondern auch einige der inhaltlichen Grundlinien des Textes. Gattungselemente von Essay, Erzählung und Drama, aber auch von Hymnus, Monolog und philosophischem Dialog werden in diesem Text ebenso miteinander verwoben wie fiktionale und nicht-fiktionale beziehungsweise narrative und diskursive Elemente. Und doch fehlt in dieser Darstellung noch die Definition, die Próspero selbst seiner Rede vorausschickt: Seine Ansprache an die Jugend, so der „alte und verehrte Meister", wie die Erzählerfigur ihn nennt, sei doch eine Gattung sakraler Redekunst.[47]

Dieser Hinweis der fiktionalen Figur Rodós verdient in mehrfacher Hinsicht Beachtung. Auf Ebene einer internen Kommunikation zwischen Meister und Schüler gibt er eine Rezeptions*haltung* vor, die sehr wohl konkrete Gestalt annimmt: Die Lehre des *Maestro* wird in einer quasi-sakralen Atmosphäre vernommen und verinnerlicht. An dieser Stelle ließen sich Parallelen zur sakralisierten Atmosphäre herstellen, in der die politischen Reden und Ansprachen José Martís – den man nicht von ungefähr zu Lebzeiten schon ‚Meister' und ‚Apostel' nannte – aufgenommen wurden.[48] Denn diese Diskurse fanden stets in einer hochgradig patriotisch aufgeladenen Atmosphäre statt, welche ihre sakrosankte Stimmung auf *die* Stimme des kubanischen Vaterlandes übertrug.

Analog dazu wurde auch bei José Enrique Rodó und dessen Text, in dem es nicht um die Befreiung des nationalen Vaterlandes, sondern um die prospektive Gleichstellung Lateinamerikas ging, die Art der Aufnahme des Textes durch ein (historisches) lateinamerikanisches Publikum vorgegeben. Dies rückte wiederum die Frage nach der Rolle der Literatur und deren Wirkmächtigkeit in den lateinamerikanischen Gesellschaften des Fin de siècle ins Zentrum und verdeutlichte, dass es an der Wende zum 20. Jahrhundert zu den wichtigsten Aufgaben der Literaturen Lateinamerikas gehörte, etwa in der Gattung der Rede, des kunstvollen Briefes oder in jener des Essays die entscheidenden Impulse für die gesellschaftliche Weiterentwicklung zu geben. Wir hatten in unserer Vorlesung Beispiele von

---

[47] Rodó, José Enrique: *Ariel*. Edición de Belén Castro, S. 139.
[48] Vgl. hierzu Ette, Ottmar: *José Martí. Teil I. Apostel – Dichter – Revolutionär. Eine Geschichte seiner Rezeption*. Tübingen: Max Niemeyer Verlag 1991, insbesondere Kapitel 2.1.

Simón Bolívar, Domingo Faustino Sarmiento oder José Martí für diese Rolle und Aufgabe kennengelernt.

Diese lateinamerikanischen Gesellschaften waren zu jenem Zeitpunkt inmitten der dritten Phase beschleunigter Globalisierung,[49] wenn auch in zeitlich und räumlich unterschiedlich intensiver Weise, einem sozialen und wirtschaftlichen Modernisierungsprozess ausgesetzt, der eine grundlegende Säkularisierung des öffentlichen Lebens mit sich brachte.[50] Die Katholische Kirche, die im Verbund mit der Conquista einst in die iberischen Kolonien Amerikas gekommen war, hatte ihre ehemals dominante Rolle im öffentlichen Leben längst verloren. Die von außen in Gang gesetzten Modernisierungsprozesse stellten die Frage nach einer gleichsam von innen vorgegebenen, selbstbestimmten Orientierung, vor allem aber nach der Autorität, auf die unterschiedlichste Positionen innerhalb der säkularisierten Gesellschaften Anspruch erhoben.

Dies mag erläutern, auf welche Weise sich die herausragende Rolle, welche die Literaturen Amerikas bereits in der Epoche der Romantik übernommen hatten, weiter verstärkte. Denn angesichts des entstandenen Vakuums bezüglich *autorisierter* Ziel- und Wertvorstellungen versuchte die Literatur der Modernisten, eine neue Orientierungs-, ja Führungsrolle für die Gesamtgesellschaft zu übernehmen. Die alten Institutionen konnten sich auf keine generell anerkannte Autorität und Legitimation mehr berufen: Próspero wird die Vertreter konkurrierender Wertvorstellungen in seiner Rede als selbsternannte Wächter und Hüter abqualifizieren, die nur an einer fortgesetzten Abschottung Lateinamerikas von allen äußeren Einflüssen interessiert seien. Viele der hispanoamerikanischen Modernisten, darunter José Martí oder José Enrique Rodó, wollten die Politik nicht länger allein den Politikern überlassen.

Den Literaten wuchs damit eine – wenn auch nicht unbestrittene – Funktion und Rolle zu, welche sie in die „maître penseurs", in die Vordenker der gesamtgesellschaftlichen Entwicklung verwandelte. So konnte ein Dichter und Literat wie der Kubaner José Martí, der zunächst weder politische Funktionen noch militärische Aufgaben innehatte, zum Begründer der nach ihm benannten „Guerra de Martí" im Unabhängigkeitskampf gegen Spanien werden.

---

49 Vgl. hierzu die politischen, ökonomischen, sozialen und kulturellen sowie literarischen Kontexte aus der Blickrichtung der Literatur in Ette, Ottmar: *TransArea. Eine literarische Globalisierungsgeschichte.* Berlin – Boston: Walter de Gruyter 2012.
50 Auf einige der Folgen dieses Säkularisierungsprozesses für die Literatur des hispanoamerikanischen Modernismus hat aufmerksam gemacht Gutiérrez Girardot, Rafael: La literatura hispanoamericana de fin de siglo. In: Iñigo Madrigal, Luis (Hg.): *Historia de la Literatura Hispanoamericana.* Bd. II: *Del neoclasicismo al modernismo.* Madrid: Ediciones Cátedra 1987, S. 497–506.

Dies war der politische, gesellschaftliche und kulturelle Einsatz, um den es in *Ariel* in ganz wesentlicher Weise geht. Doch auch die Autorität des Autors verlangte nach Legitimation und Rechtfertigung. Wäre die Wirkung seines *Ariel* allein auf Uruguay beschränkt geblieben, so hätte José Enrique Rodó kaum damit rechnen dürfen, in seinem Heimatland vom Feld der Literatur aus *im politischen Feld* mit Hilfe der sich für ihn engagierenden Jugend neue Impulse zu setzen und eine fundamentale Rolle für das Selbstverständnis und die Selbstfindung ganz Lateinamerikas zu spielen. Diesem Rechtfertigungsdruck entspricht ein komplexes Spiel von Desakralisierung und Resakralisierung, das sich gerade in *Ariel* – dort im Übrigen auch für den Bereich der Naturwissenschaften – nachweisen lässt.

Die bereits beobachtete Sakralisierung der Redekunst Prósperos wird textintern unter anderem dadurch gestützt, dass der Titel des *Maestro* neben der literarischen Figur Prósperos sowohl auf den französischen Intellektuellen Ernest Renan als auch auf Jesus bezogen werden kann. Das Gottesprädikat des Gottessohns wird so auf den sterblichen Autor übertragen, und Próspero nimmt in diesem Kontext in Bezug auf Rodó gewiss eine Platzhalterrolle ein, deren sich der uruguayische Autor sehr wohl bewusst war. Der Schriftsteller avanciert damit zum Verkünder der Wahrheit.

Greifen wir zu einem anderen Beispiel aus dem Bereich des hispanoamerikanischen Modernismo! In dem ebenso poetologisch wie autobiographisch zentralen und vieldeutigen Gedicht *Yo soy aquel* von Rubén Darío, das sich nicht zuletzt der Auseinandersetzung mit dem uruguayischen Literaten verdankt, wird es wenige Jahre später programmatisch und in Abkehr von seinem Band *Azul...* heißen:

> Ich bin derselbe, der noch gestern sprach
> den blauen Vers und das profane Lied,
> in dessen Nacht eine Nachtigall sang,
> die am Morgen eine Lichtlerche war.
>
> [...]
>
> Nackt muß die Seele, die dort eintritt, sein,
> von heiligem Fieber und Verlangen zitternd,
> über scharfe Disteln und spitze Dornen gehen:
> so nur träumt sie, so nur bebt und singt sie.
>
> Leben, Licht und Wahrheit, dreifache Flamme
> erzeugt die endlos glühende innere Flamme.

Die reine Kunst, wie Christus ruft sie aus:
Ego sum lux et veritas et vita![51]

Yo soy aquél que ayer no más decía
el verso azul y la canción profana,
en cuya noche un ruiseñor había
que era alondra de luz por la mañana.

[...]

El alma que entra allí debe ir desnuda,
temblando de deseo y fiebre santa,
sobre cardo herido y espina aguda:
así sueña, así vibra, y así canta.

Vida, luz y verdad, tal triple llama
produce la interior llama infinita;
el Arte puro como Christo exclama:
Ego sum lux et veritas et vita![52]

Der Dichter wird so zum Verkündiger der Wahrheit, zum sakrosankten Sprecher eines göttlichen Lichts, das den verirrten Menschen den Weg weist. Dies ist auch für die Dichtkunst eines jüngst verstorbenen und ebenfalls nikaraguanischen Dichters Handlungsanleitung gewesen, galt doch auch Ernesto Cardenal – auf den ich eine wohl letzte Laudatio zur Ehrendoktorwürde halten durfte – als einer jener „Torres de Dios", jener „Türme Gottes", von denen zu Beginn des Jahrhunderts Rubén Darío sprach.[53] Wir sind folglich literarhistorisch nicht so weit von derlei Sakralisierungen der Dichtkunst und der männlichen wie weiblichen Dichterfiguren entfernt.[54] Doch zurück zu José Enrique Rodó!

In Rodós *Ariel* erfolgt die Verkündigung dieser *Veritas* an einem auf den ersten Blick profanen Ort: einer „Sala de estudio!, halb Hörsaal, halb Bibliothek. Die Inszenierung dieser Bibliothek und dieses Interieurs verrät die Lektüre von Joris-Karl Huysmans 1884 erschienenen Roman *A rebours*, der zum

---

51 Darío, Rubén: Yo soy aquel / Ich bin derselbe. In: *Poesie der Welt. Lateinamerika*. Berlin: Propyläen Verlag 1986, S. 53 und 59 (übersetzt von Curt Meyer-Clason).
52 Ebda., S. 52 u. 58.
53 Vgl. hierzu Ette, Ottmar: Türme Gottes! Dichter! Laudatio für Ernesto Cardenal. In: *Romanische Studien Blog* (Regensburg) (4.3.2017) <http://blog.romanischestudien.de/laudatio-cardenal>.
54 Vgl. zu Sakralisierungstendenzen bei lateinamerikanischen Dichterinnen das entsprechende Kapitel im vierten Band der Reihe „Aula" in Ette, Ottmar: *Romantik zwischen zwei Welten* (2021), S. 425 ff. u. 1038 ff.

Kultbuch des französischen Ästhetizismus im Fin de siècle geworden war[55] und schon wenige Jahre nach seinem Erscheinen – wohl zum ersten Mal in Lateinamerika – einem Roman aus der sogenannten ‚Neuen Welt' als literarisches Vorbild diente.[56] Dass es sich bei dessen Autor um den kubanischen Modernisten José Martí handelte, wird sie nun nicht mehr überraschen.

Denn in *Amistad funesta*, diesem schon 1885 erschienenen Roman des kubanischen Autors, kam einer Bibliothek entscheidende Bedeutung zu; und auch in diesem frühen modernistischen Text stand in deren Zentrum eine literarische Figur: „[...] un aéreo busto de la Mignon de Goethe." Die Nähe der Mignon-Büste zur Bronzestatue des „airy spirit" in Rodós *Ariel* ist bemerkenswert, dürfte aber kaum auf einer Vertrautheit Rodós mit diesem fünfzehn Jahre zuvor veröffentlichten Text beruhen, war Martís *Amistad funesta* doch als Auftragsarbeit unter weiblichem Pseudonym in einer obskuren und kurzlebigen spanischsprachigen Zeitschrift in den USA erschienen und seither nicht mehr gedruckt worden. Die Gründe für diese Übereinstimmungen sind vielmehr in einer zwar nicht identischen, aber doch in manch wesentlichem Aspekt übereinstimmenden Ästhetik der Modernisten Martí und Rodó beziehungsweise Darío zu suchen. Die französische ‚Bibel der Décadence' wurde freilich in eine der Zukunft zugewandte Sichtweise verwandelt und somit modernistisch ‚lateinamerikanisiert'.

Der Raum, in dem Próspero seine Schüler ein letztes Mal versammelt, wird von Ariels Statue beherrscht. Die Ekphrasis, also die literarische Darstellung einer (wohl imaginierten) bildhauerischen Konkretisierung der Shakespeare'schen Gestalt erfolgt durch die Erzählerfigur und führt die Bewegung fort, in welcher die Statue Ariel festhält. So wird das Ende des Shakespeare'schen Stücks zum Beginn von Rodós *Ariel*, so wie in anderer Weise Renans *Caliban* sich schon im Titel als „suite", als Fortsetzung zu erkennen gegeben hatte, um den narrativen Faden aus Shakespeares *The Tempest* weiterspinnen zu können. Die intertextuellen Filiationen sind in Rodós kleinem Meisterwerk Legion und nicht nur intertextuell, sondern auch transareal intensiv.

Die Zwischenschaltung eines anderen Kunstwerks, dessen hoher künstlerischer Wert beständig hervorgehoben wird, erlaubt es Rodó, über die Ekphrasis

---

55 Wegen der großen Bekanntheit des Romans erwähnt Próspero auch nicht den Autor, sondern nur den Namen des Protagonisten dieses Romans, Des Esseintes. Vgl. zu Joris-Karl Huysmans und dessen überragender Rolle im europäischen wie amerikanischen Fin de siècle das dem Schöpfer von *A rebours* gewidmete Kapitel in ebda., S. 963.

56 Vgl. hierzu Meyer-Minnemann, Klaus: *Der spanischamerikanische Roman des Fin de siècle*. Tübingen: Max Niemeyer Verlag 1979, Kapitel II, sowie Ette, Ottmar: "Cierto indio que sabe francés": Intertextualität und literarischer Raum in José Martís "Amistad funesta". In: *Iberoamericana* (Frankfurt) IX, 25–26 (1985), S. 42–52.

des Erzählers das Kunststück zu vollbringen, einen Luftgeist konkrete literarische Gestalt annehmen zu lassen und dem Lesepublikum gleichsam plastisch vor Augen zu führen. Die weit geöffneten Flügel dieser Bronzestatue ließen sich dabei als Zeichen einer intimen Verschmelzung von antiker Kunst und christlicher Vorstellungswelt deuten: Die Mädchengestalt Psyches, die an anderer Stelle in den Text eingearbeitet ist, wird von der (geschlechtslosen) Figur eines christlichen Engels in derselben Weise überlagert, wie die Kultur der Spätantike – folgt man Prósperos Worten – mit dem frühen Christentum in Griechenland eine vollendete Verbindung eingegangen war. Wir haben es mit höchst komplexen transarealen Überlagerungen zu tun, in denen die abendländische Antike mit ihren Mythen in einem Prosawerk aus den Amerikas der Jahrhundertwende höchst präsent ist.

In der Statue Ariels vereinigen sich überdies jene beiden Traditionsstränge, an die das lateinische Amerika in Prósperos Vision anknüpfen sollte, mit jener frühen literarischen Gestalt der europäischen Neuzeit, die selbst eine direkte Beziehung zur Neuen Welt aufweist. Denn *The Tempest* greift nicht allein auf Montaignes *Essais*, die wir in unserer Vorlesung näher analysiert haben, sondern auch auf historische Ereignisse, auf einen Schiffbruch zurück, der sich vor den Bermudas ereignet hatte und dem elisabethanischen Dramatiker aus Reiseberichten bekannt war. Wir stoßen auf diese indirekte Weise mit dem intertextuellen Bezug wieder auf die Verbindung zwischen den Amerikas und dem Schiffbruch; einem Schiffbruch mit Überlebenden, welcher William Shakespeare als Ausgangspunkt zu seinem *Sturm* diente.

Die ‚koloniale' Herkunft des Stoffs mag mit dazu beigetragen haben, dass *The Tempest* in den außereuropäischen Literaturen des 19. und 20. Jahrhunderts ein so großes kreatives Interesse zuteil wurde. Eine Vielzahl von Autorinnen und Autoren knüpften intertextuell an Shakespeare an und nahm dabei auch die Elemente des Schiffbruchs mit Zuschauer und Überlebenden wieder auf. Es ist in unserer Vorlesung nicht der Ort, diese beeindruckenden textuellen Filiationen, die oftmals in einem unmittelbar postkolonialen Zusammenhang entstanden, an dieser Stelle aufzuzählen. Für Lateinamerika sei hier nur an den Essay *Caliban* des Kubaners Roberto Fernández Retamar oder an das Theaterstück *Une tempête* des Martinikaners Aimé Césaire erinnert:[57] Bei beiden spielt die schon von ihrem Namen her hochspannende Figur des Caliban ganz im Gegensatz zu Rodó eine entscheidende Rolle.

---

57 Einen guten Überblick speziell über die Rezeptionsgeschichte außerhalb Europas bietet noch immer Bader, Wolfgang: Von der Allegorie zum Kolonialstück. Zur produktiven Rezeption von Shakespeares „The Tempest" in Europa, Amerika und Afrika. In: *Poetica* (München) XV, 3–4 (1983), S. 247–288.

Wenn an der in ein finisekuläres Licht getauchten Jahrhundertwende auch die postkoloniale Zielstellung für einen Autor aus einem Land, das im Gegensatz zum Martinikaner Césaire oder dem Kubaner Fernández Retamar bereits auf lange Jahrzehnte politischer Unabhängigkeit zurückblicken konnte, keine entscheidende Rolle mehr spielt: Auf diese soeben aufgezeigte hochkomplexe Weise bündeln sich in der Bronzestatue Ariels in weitaus höherem Maße als in der abstrakten Symbolik des Gegensatzes zwischen Ariel und Caliban, die kurz zuvor im ersten Kapitel eingeführt wurde, die verschiedenen Kulturtraditionen und Argumentationsstränge, die Rodós modernistisches Werk strukturieren.

Gleichzeitig wird die sakrale und zugleich sakralisierende Dimension der Bronzestatue Ariels deutlich, welche Hörsaal beziehungsweise Bibliothek in einen Sakralraum verwandelt, der auf die engelhafte Gestalt des Luftgeistes hin perspektiviert ist. So wird verständlich, warum Ariel auf den ersten Seiten des Werks zunächst vom Erzähler zum *Numen*, zum Schutzgott des Raumes, erhoben und dann auch von Próspero als persönliche Schutzgottheit angerufen wird. Vor Beginn seiner Rede berührt Próspero „die Stirne der Statue"; und so überträgt sich auch auf ihn jene göttliche Kraft, die in ihrer kosmischen Dimension im achten Kapitel kulminiert: Dort geht von den Sternen aus, was sich zunächst in der „Sala de estudio" vollzogen hatte. Die heilige Zahl 8 schließt hier symbolisch den Kreis und öffnet ihn zugleich auf eine kosmische Ewigkeit. Wir sind dieser heiligen Zahl acht bereits mehrfach in unserer Vorlesung und in den Bänden unserer „Aula" begegnet.

Auf diese Weise wird erkennbar, dass nicht nur die Rezeptions*haltung*, sondern auch die Rezeptions*situation* innertextlich in starkem Maße sakralisiert ist. Für die außertextliche Ebene bedeutet dies die Vorwegnahme, zumindest aber Anlage einer Rezeption, die nun nicht mehr die Statue, sondern das gleichnamige Buch ins sakrale Zentrum stellt und zu einem möglichen ‚Kultbuch' werden lässt; und eben dies sollte Rodós *Ariel* gelingen![58]

Beiden Ebenen wiederum entspricht die stilistische Ausgestaltung des Werks, und vor allem das, was die zeitgenössischen Kritiker als Gipfel einer vollendeten Kunst des Schreibens feierten und was heute manchem Leser und mancher Leserin die größten Schwierigkeiten zu bereiten scheint: die feierliche Sprache und das Pathos des Buches. Ich kenne dies aus manchen Seminaren und weiß, welche Schwierigkeiten dieser Text heutigen Studierenden bereitet. Ich darf Sie deshalb

---

58 In seiner Potsdamer Habilitationsschrift aus dem Jahr 2022 hat Sergio Ugalde Quintana bei seiner Analyse der Schriften des Mexikaners Alfonso Reyes auf die große Wirkung des *Ariel* auf den Freundeskreis bedeutender lateinamerikanischer Schriftsteller und Philologen rund um Reyes aufmerksam gemacht; vgl. Ugalde Quintana, Sergio: *Filología, creación y vida: Alfonso Reyes y los estudios literarios*. Potsdamer Habilitationsschrift 2022.

uneigennützig auf die deutsche Übersetzung verweisen.⁵⁹ Und dies tue ich nicht ohne die Anmerkung, dass mir meine Übersetzung, die zugleich das erste akustisch entstandene Buch für mich darstellte, ebenfalls von gewissen Schwierigkeiten geprägt war, unter denen ich die langen hypotaktischen und mit Pathos aufgeladenen Passagen fast ein Jahrhundert nach der Erstveröffentlichung in ein lesbares Deutsch zu übertragen versuchte.

José Enrique Rodó hat immer und immer wieder an der Sprache seiner Schriften gefeilt; seine Sätze waren wohlkalkuliert und wohlgesetzt. Auch er verstand wie José Martí seinen modernistischen Stilwillen als den Versuch, mit komplexen Sätzen und Wendungen einer verfeinerten Sprache höchste Anforderungen an sein Lesepublikum zu stellen. Damit wurde er nicht nur zum Schrecken manch heutiger Studierender. Dies mag die Tatsache belegen, dass der uruguayische Literat zur Heimsuchung der Setzer Montevideos wurde, gab er sich bisweilen doch erst nach der sechsten korrigierten Druckfahne widerstrebend mit dem erreichten Ergebnis zufrieden.⁶⁰ Die modernistische Prosa des Jahrhundertendes und der Jahrhundertwende ist eine vom Stilwillen geprägte Kunstprosa.

Meine Übersetzung versuchte nicht, die Rodó'sche Kunstprosa zu simplifizieren und durch Vereinfachungen zu modernisieren; sie unternahm nicht den Versuch, die Sprache eines Buches, das sich gegen jede Art von kultureller oder politischer Gleichmacherei ausspricht, zu säkularisieren und stilistisch einzuebnen. Die Rhythmisierung von Rodós lyrischer Prosa, die unter anderem wie beim kubanischen Dichter José Martí aus dem Wechsel zwischen wenigen kurzen und kaskadenartig sich überlagernden langen Sätzen entsteht, sollte nicht zerstört werden. Denn auch auf dieser stilistischen Ebene erweist sich die Einheit des hispanoamerikanischen Modernismo als beeindruckend, zumal diese verfeinerte Sprache in den verschiedensten kulturellen Areas der amerikanischen Welt, in Mittelamerika, in der Karibik, aber auch im Cono Sur in einer gleichartigen Form verfasst wurde.

Gerade die zuweilen labyrinthisch anmutenden langen Sätze, die für den spanischen Leser noch ungewöhnlicher als für den deutschen waren und sind, sollten in ihrem Versuch erhalten bleiben, vor allem am Abschluss einzelner Sequenzen und Kapitel ihre synthetisierende, alles noch einmal zusammenfassende Kraft zu entfalten. Nicht zuletzt auf ihr beruhte die von Rodó angestrebte

---

59 Vgl. Rodó, José Enrique: *Ariel*. Übersetzt, herausgegeben und erläutert von Ottmar Ette. Mainz: Dieterich'sche Verlagsbuchhandlung (Reihe excerpta classica, XII) 1994.
60 Grund zur Klage fand er im Übrigen genug. So führte Rodós komplexer Satzbau zu einer Vielzahl von Fehlern insbesondere bei Ausgaben, die teilweise ohne seine Erlaubnis bald im gesamten spanischsprachigen Raum erschienen.

Wirkung. Die pathetische Anrede der Schüler durch Próspero in der zweiten Person Plural des „vosotros" ist ein weiteres Beispiel für die pathetische Diktion des Lehrmeisters, war diese Sprachform den Uruguayern doch nur aus der Literatur bekannt und gehörte weder zu ihrem noch zu Rodós aktivem Sprachgebrauch. Daher habe ich auch in den vorliegenden Übersetzungen die Anrede stets in Majuskel gesetzt.

Obwohl es von Anfang an auch Gegenstimmen gab, hatten sich die Zeitgenossen in Lateinamerika doch überwiegend die sakrale Sprache in der vom Text selbst vorgegebenen Weise angeeignet und *Ariel* als ihr amerikanistisches ‚Credo', als ihr ‚Evangelium' bezeichnet. Der Autor selbst, der einen nicht unbeträchtlichen Teil der Erstausgabe seines Werkes aufkaufte – da Rodó über alles recht penibel Buch führte, weiß man heute präzise, dass er von den 700 Exemplaren der Erstausgabe genau 278 selbst erwarb[61] – und mit amerikanistischen Widmungen versehen an eine Vielzahl wichtiger Intellektueller in Amerika und Europa als möglichen Multiplikatoren verschickte, hatte versucht, in diesem Sinne die Aufnahme seines Bändchens günstig zu beeinflussen. Man kann aus heutiger Sicht hinzufügen, dass sich dieser Aufwand für den uruguayischen Modernisten lohnte.

Zudem sind viele seiner Widmungen sowie die Begleitbriefe seiner Büchersendungen erhalten und erlauben ein genaues Bild seiner damaligen literarischen Vernetzungen mit der spanischsprachigen Welt Amerikas wie mit Schriftstellern aus dem ehemaligen Mutterland. All dies mag die Verehrung erklären, die Rodó gegen Ende seines Lebens und nach seinem Tode zu einem der gefeiertsten Literaten Lateinamerikas werden ließ. Der Politiker und Literat war nicht nur zu einem geistigen Orientierungspunkt, sondern auch zu einem Hohepriester der Kultur geworden.

Doch darf Jean-Paul Sartres berühmtes Wort, der Schriftsteller sei „ni Vestale, ni Ariel: il est ‚dans le coup'",[62] getrost in mehrfachem Sinne auch auf den uruguayischen Intellektuellen angewandt werden. Denn dieser hatte seinen *Coup* gut vorbereitet. Gerade Rodós Sichtweise des Christentums, die Renans *Histoire des origines du christianisme* und insbesondere dessen zeitgenössisch hochprovokativer Buchpublikation *Vie de Jésus* viel verdankte, erhält in der Rede Prósperos einen unüberhörbar politischen Unterton, der in vielen Areas Amerikas auf begeisterten Widerhall stieß. Denn der kulturtheoretische Entwurf eines lateinischen Amerika, wie er den zentralen Kapiteln des Werks zugrunde

---

61 Vgl. Real de Azúa, Carlos: Rodó en sus papeles. A propósito de la exposición. In: *Escritura* (Montevideo) (3.3.1948), S. 92.
62 Sartre, Jean-Paul: *Situations, II. Qu'est-ce que la littérature?* Paris: Gallimard 1975, S. 12.

liegt, richtet sich an einem kulturpolitischen und mehr noch machtstrategischen Konzept aus, das sich um die Jahrhundertmitte in Frankreich ausgebildet hatte: Gehen wir noch einmal kurz auf den *Panlatinismus* ein!

In Frankreich war die Idee des Panlatinismus insbesondere von Michel Chevalier entwickelt worden, der Europa in drei ‚rassische Blöcke' zerfallen sah: einen germanisch-angelsächsischen im Norden, einen slawischen im Osten und einen lateinischen im Süden.[63] Als gemeinsame Grundlage der letztgenannten ‚Rasse' führte er innerhalb eines mediterranen Kontexts vor allem das Lateinische als Ursprungssprache und den römischen Katholizismus als ethisch-moralisches Fundament an; eine ideologische Vorstellung und kulturelle Fiktion, die gerade auch auf die Region zwischen Feuerland und Mexiko bezogen und etwa in der Zeitschrift *Revue des races latines* offensiv propagiert werden konnte.

Der Anspruch Frankreichs, auf beiden Kontinenten die hegemoniale Schutzmacht dieser kulturellen Gemeinschaft zu sein, führte zu einer panlateinischen Außenpolitik von Napoleon III, aber auch zu einer Übernahme panlateinischen Gedankenguts durch führende hispanoamerikanische Intellektuelle wie Bilbao, Carrasco Albano, Torres Caicedo oder Vicuña Mackenna bereits kurz nach der Jahrhundertmitte. Damit verbreitete sich ein panlatinistisches Gedankengut über die unterschiedlichsten Areas der amerikanischen Welt. So bürgerte sich nicht nur der Begriff ‚Lateinamerika' für die Gebiete südlich des Río Bravo rasch bei den Amerikanern selbst ein; auch der Gedanke einer kulturellen Gegensätzlichkeit zwischen einem materialistischen, angelsächsisch geprägten Norden und einem hehren Idealen verpflichteten lateinischem Süden wurde in Amerika fest verankert. Wir hatten diese Entwicklung aus anderer Perspektive bereits bei unserer Beleuchtung einer Zweiteilung des Kontinents besprochen.

Obwohl Rodó selbst die Begriffe Lateinamerika, Iberoamerika, Hispanoamerika und sogar Spanisch-Amerika weitgehend synonym verwendete, da für ihn der Gedanke der Hispanität in dem größeren der Latinität aufging, machte er sich die Grundgedanken des französisch geprägten Panlatinismus zu eigen. Dabei fügte er diesen Vorstellungen durchaus nuancierende Abweichungen ein. Er führte die Anknüpfung an die lateinische Tradition zurück auf die griechische Antike, während er den Katholizismus nicht als kirchliche Institution,

---

63 Diese Problematik ist bereits mehrfach, auch im deutschen Sprachraum, entwickelt worden u. a. von Jurt, Joseph: Literatur und Identitätsfindung in Lateinamerika: J.E. Rodó: „Ariel". In: *Romanistische Zeitschrift für Literaturgeschichte* (Heidelberg) 6 (1982), S. 68–95; Meyer-Minnemann, Klaus: Lateinamerikanische Literatur – Dependenz und Emanzipation. In: *Iberoamericana* (Frankfurt) 28–29 (1986), S. 3–17; sowie Reid, John T.: The rise and decline of the Ariel-Caliban Antithesis in Spanish America. In: *The Americas* (Washington) XXXIV (1978), S. 345–355.

wohl aber als ethisch-moralische Basis in Form des frühen Christentums in seine Ideen und seine „Literatura de ideas" miteinbezog. Diese für die Zeit jedoch nicht besonders originellen Überlegungen flossen in Prósperos Konzeptionen ein und erklären, in welchem Zusammenhang die sakrale Ebene mit einer für die zweite Hälfte des 19. Jahrhunderts grundlegenden politischen Vision steht. In der Sakralisierung der Statue Ariels werden auf diese Weise Ethik und Politik mit der angestrebten neuen Funktion des Intellektuellen in den lateinamerikanischen Gesellschaften verschmolzen.

Hierin und nicht so sehr im Aufbau eines Gegensatzes zwischen Ariel und Caliban liegt ein wesentlicher Teil der schriftstellerischen Originalität von Rodós literarischem Meisterstück. Die Gleichsetzung des materialistischen und angelsächsischen Nordamerika mit Caliban und des idealistischen Südens mit Ariel hatte – bedingt durch die dualistische Vorstellungswelt des Panlatinismus – gleichsam in der Luft gelegen und war kurz vor der Jahrhundertwende bereits von dem in Frankreich geborenen Argentinier Paul Groussac sowie von Rubén Darío ins Werk gesetzt worden. Mit *Ariel* gelang es Rodó aber, dem ‚in der Luft Liegenden' literarische Form, ja bildhauerische Festigkeit zu verleihen und diese Luft gleichsam mit künstlerischem Geist zu erfüllen. Dabei ging es ihm, wie wir gleich sehen werden, nicht um eine manichäistische Verabsolutierung des Gegensatzes zwischen calibaneskem Norden und idealistischem Süden.

Einen solchen absoluten Gegensatz konstruierte der sich später unter durchaus unterschiedlichen politischen Vorzeichen herausbildende *Arielismo*, nicht aber Rodós *Ariel*. Die Verwechslung zwischen beiden ist ebenso häufig wie jene zwischen Rodó und Próspero. Doch greifen wir nicht vor und kümmern wir uns nicht in der Wirkungsgeschichte *Ariels* um eine Strömung, die wir als ‚Linksarielismus' bezeichnen könnten, sowie um eine, die deutlich dem ‚Rechtsarielismus' zuzurechnen wäre! Für beide politische Strömungen blieb das kleine Bändchen José Enrique Rodós freilich der originäre Bezugspunkt.

Ariel ist der Jugend Amerikas gewidmet und lässt sich über lange Passagen als Hymne an die Jugend lesen. In der rhetorischen Darbietung Prósperos wird die jugendliche Kraft des Einzelnen in biologischer Metaphorik auf die Jugendlichkeit des gesamten Kontinents übertragen. Die Jugendlichkeit Amerikas erscheint in diesem Zusammenhang als biopolitische Komponente, die für Aufbruch und Zukunft steht: Der „Continente joven" wird auf diese Weise zu einem biopolitischen Programm, das sich nicht zuletzt auch vom ‚Alten Kontinent' und vom ‚alten Europa' abgrenzt.

Dabei wird diese Jugendlichkeit nun aber nicht mehr als Wert an sich in eine goldene Zukunft projiziert – die Rede vom jungen Kontinent wurde ja, in ebenso biologischer Metaphorik, von der Rede vom kranken Kontinent sozusagen entkräftet –, sondern dialektisch mit einer jahrtausendealten Kulturtradition verbunden, an deren Werte es nun anzuknüpfen gelte. Daher knüpft der ‚Junge Kontinent' an eine jahrtausendealte hochkulturelle Tradition an, die er biopolitisch in ein neues Zeitalter katapultiert. So wird gerade in der heidnischen Antike und im frühen Christentum die Jugendlichkeit als Wert herausgestellt, von der statischen Sakralkultur Ägyptens abgesetzt und zum beherrschenden Grundzug der neuen lateinischen Zivilisation in Amerika gemacht. José Enrique Rodó gelingt auf diese Weise das Kunststück, das scheinbar Gegensätzliche – eine alte Kultur und eine junge Bevölkerung – in einer gemeinsamen Vision miteinander transareal zu versöhnen.

Mit Hilfe dieses Vorgangs wird die Jugendlichkeit auf individueller wie kollektiver Ebene von der Vorherrschaft ihrer biologischen Komponente befreit und zu einem kulturellen Element erhoben, das biopolitisch einsetzbar wird. Der in Rodós *Ariel* an die Griechen gerichtete, abwertende Ausruf des ägyptischen Hohepriesters – „Ihr seid ja nur Kinder!" – wird auf diese Weise in ein positives kulturelles Merkmal umgedeutet. Denn die Zukunft steht dieser Jugend offen.

Eine so verstandene Jugendlichkeit kann dann implizit dem entgegengehalten werden, was seit jeher die Kehrseite der Rede vom ‚jungen' Kontinent darstellte und sich – in all ihrer eurozentrischen Selbstverständlichkeit – auch bei dem von Rodó in positivem Zusammenhang angeführten Friedrich Schiller findet. In dessen Jenaer Antrittsrede *Was heißt und zu welchem Ende studiert man Universalgeschichte?* hatte es 1789 geheißen:

> Die Entdeckungen, welche unsere europäischen Seefahrer in fernen Meeren und auf entlegenen Küsten gemacht haben, geben uns ein ebenso lehrreiches als unterhaltendes Schauspiel. Sie zeigen uns Völkerschaften, die auf den mannigfaltigsten Stufen der Bildung um uns herum gelagert sind, wie Kinder verschiedenen Alters um einen Erwachsenen herumstehen und durch ihr Beispiel ihm in Erinnerung bringen, was er selbst vormals gewesen und wovon er ausgegangen ist.[64]

Doch die Jugendlichkeit des lateinischen Amerika ist in Prósperos Rede an die Jugend längst nicht mehr die von unmündigen Kindern. Sie weiß sich zwar – um im Bild zu bleiben – derselben Familie verpflichtet, eröffnet aber einen eigenen Entwicklungsweg, der mit einem Optimismus vorgezeichnet wird, welcher uns heute, mehr als 120 Jahre nach dem Beginn des mit *Ariel* eröffneten Jahrhunderts, befremden mag. Wir wissen, dass das zurückliegende Jahrhun-

---

64 Schiller, Friedrich: *Was ist und zu welchem Ende studiert man Universalgeschichte? Eine Akademische Antrittsrede bey Eröffnung seiner Vorlesungen gehalten von Friedrich Schiller. Professor der Philosophie in Jena. Zweite Auflage.* Jena: In der Akademischen Buchhandlung 1790, S. 11.

dert nicht zum *Saeculum* Lateinamerikas wurde, dass sich die biopolitischen und kulturellen Vorteile, von denen Próspero und mit ihm Rodó sprachen, nicht in eine konkrete gesellschaftliche, politische oder wirtschaftliche Entfaltung der noch jungen Republiken in Amerika umsetzen ließen.

Es wäre daher ungerecht, diesen Optimismus aus unserer heutigen Kenntnis des späteren Verlaufs des 20. Jahrhunderts als naiv zu verurteilen und zu übersehen, dass es für die Aufbruchstimmung, die in Prósperos Rede signalisiert wurde und in der Bewegung von Ariels Bronzestatue symbolischen Ausdruck fand, konkrete historische Hintergründe gab. Denn aller politischen Instabilität zum Trotz hatte der wirtschaftliche, soziale und infrastrukturelle Modernisierungsschub in den lateinamerikanischen Ländern Prozesse eingeleitet, die um die Jahrhundertwende nicht nur städtebaulich das Gesicht etwa Montevideos prägten (und bis heute prägen), sondern in der Tat auch zu kühnen Hoffnungen berechtigten.

Darf ich Ihnen anvertrauen, dass mir die Idee von einer Übersetzung des *Ariel* José Enrique Rodós beim Anblick der modernistischen Stadtarchitektur Montevideos kam? Gewiss barg die staatliche Einwanderungspolitik Gefahren, auf die hinzuweisen Próspero nicht vergaß; doch eröffnete die Verdoppelung der lateinamerikanischen Bevölkerung zwischen 1850 und 1900 auch gewaltige Entwicklungschancen insbesondere in den südlichen Einwanderungsländern des Kontinents.

Aus dieser Perspektive einer soziopolitischen Entwicklung Lateinamerikas, die sich in vielen Ländern durch Instabilität beziehungsweise „Caudillismo" auszeichnete, also durch die Herrschaft von *Warlords*,[65] wird zugleich deutlich, warum in *Ariel* gerade auch die politische Problematik in den Vordergrund gerückt und mit der kulturellen verknüpft wurde. Sie markiert ebenso die grundlegendste Kritik, die an den (antidemokratischen) Vorstellungen Ernest Renans in Rodós Text geübt wurde, welche aus der Erfahrung der Pariser Commune und deren brutaler Niederschlagung entstanden waren.

Gewiss war die von Renan in seinem philosophischen Drama *Caliban* aufgestellte These, dass Ariel als Vertreter des Idealismus in einer von Caliban repräsentierten Demokratie notwendig unterliegen und zugrunde gehen müsse, bereits von Fouillée kritisiert worden. Gewiss hatten Prósperos Anspielungen auf die Niederlage Ariels und seine sich daran anschließenden Äußerungen bereits auf die Kritik Alfred Fouillées zurückgegriffen. Und gewiss besaß die Kritik des „alten

---

65 Vgl. hierzu unsere Beschäftigung mit Domingo Faustino Sarmiento im vorliegenden Band sowie die umfangreichere Darstellung des „Caudillismo" in Ette, Ottmar: *Romantik zwischen zwei Welten* (2021), S. 627.

und verehrten Meisters" an der Gleichmacherei bestimmter demokratischer Formen einen nicht zu leugnenden ‚aristokratisierenden' Unterton, welcher uns an die Überzeugungen von Alexis de Tocqueville – ebenfalls Franzose – in seinem Essay über die Demokratie in Amerika erinnert. Doch kann kein Zweifel daran bestehen, dass Prósperos Rede ein Bekenntnis zur Demokratie als Regierungsform ist. Allein in einem demokratischen Staatsgebilde erblickt er die Möglichkeit, dass Ariel sein Werk in Amerika glanzvoll vollbringen kann.

In diesen Passagen wird der zuerst in abstrakt symbolischer Form eingeführte Gegensatz zwischen Ariel und Caliban, dessen panlateinischen Hintergrund wir bereits betrachtet haben, historisch gedeutet und auf den Gegensatz zwischen einem angelsächsischen und einem lateinischen Amerika bezogen. Die Opposition zwischen den calibanesken Vereinigten Staaten und den lateinamerikanischen Ländern Ariels hat die Zeitgenossen am meisten berührt und bewegt. Eine derartige Betrachtung gab vielen Lateinamerikanerinnen und Lateinamerikanern die Zuversicht, der Aufstieg der USA fände allein auf materialistischer Ebene statt und sei letztlich auf Grund mangelnder geistiger Substanz der Vereinigten Staaten des Nordens nur von kurzer Dauer.

Dieser für die Rezeption wichtigen Opposition zwischen Ariel und Caliban ist das sechste Kapitel *Ariels* gewidmet, das längste des Buches zwar, aber im Wesentlichen auch nur dieses allein. Jener Gegensatz wird dabei keineswegs, wie oft behauptet wurde, absolut gesetzt, sondern dialektisch entfaltet. Denn der Utilitarismus Calibans kann – um die von Rodó so häufig benutzte Metaphorik zu gebrauchen – den Boden bereiten für Ariels Idealismus und Kultur; so kann sich eine statische Gegenüberstellung in ein dynamisches Nacheinander verwandeln. Rodó tat alles, um eine glatte Gegenüberstellung des kontinentalen Südens zu den USA zu vermeiden, da eine solche für Lateinamerika unvorteilhaft ausfallen musste.

Zwar waren die USA für Próspero Inbegriff des utilitaristischen Geistes; doch zeigt sich der Materialismus auch in den großen lateinamerikanischen Städten, die Krämergeist und Nordomanie zu verfallen drohen. Wenn Próspero auch hier seine Kritik an den Verhältnissen in Lateinamerika nicht fortgeführt, sondern zugunsten eines Aufrufs an die Jugend abgebrochen hat, so ist in seiner Rede – wie in Rodós parlamentarischem Handeln – doch eine grundlegende Unzufriedenheit mit der politischen und kulturellen Entwicklung der Länder Lateinamerikas zu spüren. Weder Prósperos Optimismus noch Rodós diskrete Zurückhaltung sollten uns darüber hinwegtäuschen!

Nicht umsonst hatte José Enrique Rodó drei Jahre vor dem Erscheinen des *Ariel* – also während der Vorarbeiten zu seinem so optimistisch klingenden Buch – in einem Brief vom 28. März 1897 gegenüber Juan Francisco Piquet seiner Enttäuschung Luft gemacht: „Wer schreibt? Wer liest? Die Kälte der Gleichgültigkeit ist in diesen Dingen auf die Temperatur des Eises gesunken. Montevideo ist zur Hälfte ein Club für politisches Geschwätz und zur Hälfte eine Faktorei der Krämer."⁶⁶

Doch alle Differenzierungen und Warnungen, die in Prósperos Rede enthalten sind, haben nicht verhindern können, dass jeweils den eigenen politischen Zielen entsprechende Passagen von Konservativen wie Liberalen, von Katholiken wie Freidenkern, von Nordomanen wie Antiimperialisten verwendet wurden. Man könnte also sehr wohl wie angedeutet von Rechtsarielismus und Linksarielismus in Lateinamerika sprechen, wobei sich elitäres Bewusstsein und antiimperialistische Tendenz im Nationalismus vieler lateinamerikanischer Staaten mitunter versöhnlich die Hände reichten. Immer wieder überdeckte der Nationalismus in vielen Staaten die tiefsten Gräben zwischen unterschiedlichen politischen Positionen. Doch dürfen die verschiedenen Spielarten des Arielismo nicht mit Rodós literarischem Werk gleichgesetzt beziehungsweise verwechselt werden.

Wir hatten gesehen, wie Rodós Schreiben sich mit seiner „Literatura de ideas" an der Grenzlinie zwischen Literatur und Philosophie ansiedelt. In *Ariel* werden als Vorbilder einer so verstandenen Schreibweise der Moderne insbesondere französische Autoren, allen voran Ernest Renan, namentlich aufgeführt. Auch der große Kritiker und Romancier Leopoldo Alas (,Clarín') erkannte bereits, wie wir sahen, im Jahre 1900 in den „wenigen, aber substantiellen Seiten" des Kritikers und Universitätslehrers aus Montevideo ein „género intermedio", eine Zwischengattung also, welche besonders von Franzosen kultiviert und in Spanien völlig vernachlässigt worden sei.⁶⁷ Dabei sah der Spanier sehr wohl die Notwendigkeit, diese Lücke zu füllen, wenn literarische Originalität auch nie durch Import, sondern nur durch Rückgriff auf die Traditionen „unserer Rasse" – worunter Clarín wohlgemerkt die hispanische und nicht die lateinische verstand – zu erzielen sei.

An diese Äußerungen knüpfen die Schlussüberlegungen Claríns an, der Rodós Text hier einem absichtsvollen „misreading" unterzog, wollte er doch in dem Bändchen des Uruguayers den Aufruf „an die Lateinamerikaner" erkennen, „nämlich das zu sein, was sie immer waren: Spanier, Söhne des klassischen und des christlichen Lebens".⁶⁸ Zwar benannte der Spanier in diesem

---

66 Rodó, José Enrique: A Juan Francisco Piquet. In (ders.): *Obras Completas*, S. 1358: „¿Quién escribe? ¿Quién lee? El frío de la indiferencia ha llegado a la temperatura del hielo, para estas cosas. Montevideo es mitad un club de hablillas políticas, y mitad una factoría de negociantes."
67 Alas, Leopoldo: Ariel. Hier zitiert nach der von Hugo D. Barbagelata herausgegebenen Sammlung *Rodó y sus Críticos*. Paris: Imprimerie de Mr Vertongen 1920, S. 39–49.
68 Ebda., S. 49.

Zusammenhang die beiden grundlegenden Argumentationsstränge des Bandes (und des Panlatinismus), doch beschränkte sich die *lateinamerikanische* Konzeption des Buches keineswegs, wie Clarín vorgab, auf die hispanische Tradition. In dieser für den internationalen Erfolg von *Ariel* wichtigen Besprechung durch den einflussreichen spanischen Zeitgenossen wurden als Bezugstexte bereits Renans *Dialogues philosophiques* sowie dessen *Caliban* genannt. Für Clarín erschien Friedrich Nietzsche in diesem Zusammenhang nur unter negativen Vorzeichen, war in Prósperos Rede doch heftige Kritik an dem deutschen Philosophen vorgebracht worden. Doch auch in diesem Punkte sollte sich der spanische Autor täuschen.[69]

Gleichwohl schien einiges für Claríns Position zu sprechen. Denn in der Tat wandte sich Próspero vehement gegen den „Anti-Egalitarismus" Nietzsches und attackierte nicht zuletzt auch die Vorstellung vom Übermenschen mit bei ihm seltener Nachdrücklichkeit. Doch wird „der ungeheure Nietzsche", versteckt hinter dem Namen Renans, als weiterer großer Vertreter dessen angeführt, was Próspero als „unsere moderne Ideenliteratur" bezeichnet. Schon in Rodós früher Schrift *El que vendrá* von 1896 war – mit Prósperos Worten – jene „Note messianischer Hoffnung" auf ein Ideal, *„das kommen wird"*, angeklungen, wie sie ähnlich 1886 am Ende des zweiten Hauptstücks von *Jenseits von Gut und Böse* in Nietzsches Rede von den „Kommenden", den „*neuen* Philosophen"[70] angestimmt wird. Rodós Vorwurf des Anti-Egalitarismus könnte sich dabei auf die unmittelbar vorangehende Passage beziehen, in der Nietzsche sich über die Gegner der „,freien Geister'" mokiert hatte: „[...] ihre beiden am reichlichsten abgesungenen Lieder und Lehren heißen ‚Gleichheit der Rechte' und ‚Mitgefühl für alles Leidende'."[71]

Zu Beginn des dritten Hauptstücks desselben philosophischen Werks hatte Nietzsche, den Próspero neben Ibsen als den großen Vertreter der „zeitgenössischen Literatur des Nordens" zu nennen nicht umhinkommt, die Worte geschrieben:

> Es scheint, dass den lateinischen Rassen ihr Katholicismus viel innerlicher zugehört als uns Nordländern das ganze Christentum überhaupt: und dass folglich der Unglaube in katholischen Ländern etwas ganz Anderes zu bedeuten hat, als in protestantischen –

---

69 Vgl. hierzu nochmals Ette, Ottmar: "Así habló Próspero". Nietzsche, Rodó y la modernidad filosófica de "Ariel", S. 48–62.
70 Nietzsche, Friedrich: *Werke. Kritische Gesamtausgabe*. Hg. von Giorgio Colli und Mazzino Montinari. 6. Abteilung, 2. Band: *Jenseits von Gut und Böse. Zur Genealogie der Moral (1886–1887)*. Berlin: Walter de Gruyter 1968, S. 59.
71 Ebda., S. 57.

nämlich eine Art Empörung gegen den Geist der Rasse, während er bei uns eher eine Rückkehr zum Geist (oder Ungeist) der Rasse ist.[72]

Friedrich Nietzsche paraphrasierend könnte man hinzufügen, dass sich auch eine gegenläufige Verwendung des Begriffs ‚Rasse' erkennen lässt: Während er in den lateinischen Völkern des Südens eine vorwiegend kulturell geprägte Funktion bezeichnet, ist er im germanischen Bereich wesentlich stärker mit biologischen Elementen aufgeladen und richtete sich nicht nur im Rassedenken, sondern vor allem im Rassismus gegen eine biologische Inferiorität, der zugleich kulturelle Charakteristika angedichtet wurden. So kommt es auch im nietzscheanischen Denken zu einer unentwirrbaren Vermengung eines grundlegend biologistisch geprägten Rassebegriffs mit kulturellen Zuschreibungen – pauschal ausgedrückt – der Inferiorität der lateinisch geprägten Bewohner des Südens und der Superiorität der germanisch geprägten Bewohner des Nordens.

Gerade die in *Ariel* vorgeführte Abkehr von Nietzsche macht deutlich, in welch starkem Maße sich die *Ideenliteratur* Rodós an Nietzsches die Grenzen zwischen Philosophie und Literatur ständig überschreitendem Schreiben ausrichtet. Nietzsche ist als philologisch agierender Philosoph und als philosophisch ausgerichteter Philologe und Schriftsteller ein Vorbild für die moderne Ideenliteratur im Sinne Rodós. Eine Vielzahl impliziter Berührungspunkte zwischen dem 1900 erschienenen Text und den Werken des im selben Jahr Verstorbenen, die nicht nur belegen, wieviel Rodós Sicht der Antike Nietzsches *Geburt der Tragödie aus dem Geiste der Musik* (1872) verdankt, sondern vor allem die große Vertrautheit des Uruguayers mit dem Autor des *Zarathustra* dokumentieren, lässt den deutschen Philosophen als das erscheinen, was er für Rodós Schreiben war: herausforderndes Vorbild und zugleich verlockender ‚nordischer' Antipode, ein anziehender germanischer Gegenpol für die Verwirklichung des Projekts einer *latein*amerikanischen Literatur der Moderne. Dies bedeutet schon auf Grund eines völlig anderen ‚Rasse'-Begriffs nicht, dass Rodó mit dem Rassedenken Nietzsches konform gegangen wäre.

In diesem Sinne eines Schwankens zwischen Bewunderung und Abscheu, zwischen Anverwandlung und Umwandlung des „ungeheuren" Nietzsche ist der erste Satz des achten und letzten Kapitels zu verstehen. Die von der Erzählerfigur vorgetragene trotzige Replik des „Also sprach Próspero" bringt die ambivalente Haltung gegenüber dem Autor wie dem Text der *Reden Zarathustras* ein letztes Mal in *Ariel* zum Ausdruck: In ihr bestätigt sich das unaufhörliche Oszillieren zwischen Monolog und Dialog, zwischen Philosophie und Literatur, zwischen europäischer und lateinamerikanischer Moderne:

---

72 Ebda., S. 67.

Also sprach Próspero. – Die jungen Schüler trennten sich vom Meister, nachdem sie ihm wie Söhne voller Zuneigung die Hand gedrückt hatten. Von seinem sanften Worte begleitete sie das anhaltende Vibrieren, das den Klagelaut eines angeschlagenen Kristallglases in heiterer Atmosphäre ausklingen läßt. Es war die letzte Stunde des Nachmittags. Ein Lichtstrahl der ersterbenden Sonne querte das verschwiegene Halbdunkel des Raumes und schien, die Stirn der Bronzestatue berührend, in den stolzen Augen Ariels den unruhigen Funken des Lebens zu entfachen. Sich weiter verlängernd, erinnerte der Lichtstrahl an einen langen Blick, den der Geist, gefangen in seiner Bronze, auf die sich entfernende jugendliche Gruppe warf.[73]

Wir haben im Verlauf unserer Analyse gesehen, dass dieser den *Zarathustra* imitierende Satz zu Beginn des letzten Teils von *Ariel* – „Así habló Próspero" – eine mehrfache intertextuelle Anbindung an die europäischen Literaturen enthält: an William Shakespeare, an Ernest Renan, an Friedrich Nietzsche, um nur die wichtigsten Bezugsautoren des uruguayischen Schriftstellers zu erwähnen. Dieser kurze Satz öffnet zugleich aber mit derselben Geste jenen eigenen Raum, in den sich das literarische und kulturelle Projekt des Modernismo Rodó'scher Prägung einschreibt; jenen Raum, der im „Genio" des „airy spirit" Ariel zum materiellen Ausdruck gelangt.

Dieser Raum ist in *Ariel* durch eine klare Ausrichtung an den kulturellen Traditionen und Literatursträngen des Abendlandes gekennzeichnet. Weder die indigenen amerikanischen Kulturen noch die iberischen Volkskulturen, weder die unterschiedlichen schwarzen Kulturen noch kulturelle Mischformen werden – anders als in José Martís Essay *Nuestra América* – in Rodós Entwurf des Modernismus berücksichtigt. Während folglich die Literatur José Martís sich mit allen diesen hier nur schematisch zu nennenden kulturellen Polen auseinandersetzt und zusätzlich auch einen eigenen Standort gegenüber der sich herausbildenden Massenkultur entwickelt, ist der von Próspero vorgetragene Selbstentwurf Lateinamerikas wie die Gesamtkonzeption Rodós allein an den Traditionslinien europäischer Hochkultur (nicht aber Volkskultur) ausgerichtet – sieht man von der Einbeziehung des Schreibens in Amerika ab, auf das ich sogleich zurückkommen werde.

Man mag einwenden, dass José Enrique Rodós Werk in Uruguay, einem überwiegend von europäischer Einwanderung geprägten Land, entstand und dass der Autor des *Ariel* (zum Zeitpunkt der Niederschrift dieses Werks) nur den Raum des Río de la Plata aus eigener Anschauung kannte, daher also mit anderen kulturellen Formen wenig, zumindest weitaus weniger als Martí, kon-

---

73 Rodó, José Enrique: *Ariel* (deutsche Ausgabe), S. 189; vgl. auch Rodó, José Enrique: *Ariel* (ed. Belén Castro), S. 230. Die graphische Anordnung der einzelnen Teile des *Ariel* erscheint mir in dieser hervorragend kommentierten Ausgabe freilich problematisch.

frontiert war. Dies ist zweifellos zutreffend. In *Ariel* aber wird nachdrücklich der gesamtlateinamerikanische Standpunkt betont, wird die politische, soziale und kulturelle Entwicklung aus einer Perspektive untersucht, die den Gesichtspunkt ganz Lateinamerikas einzunehmen beansprucht.

Diese modernistische Erfindung Amerikas meint ein Lateinamerika, das freilich als Einheit in die Zukunft projiziert wird und am Ende von *Ariel* wie eine Vision vor den Augen der dankbaren Schüler Prósperos aufscheint. In diesem Zusammenhang ist die fehlende Einbeziehung anderer in Amerika angesiedelter kultureller Traditionen besonders bedeutungsvoll – und ich füge hinzu: Das Fehlen dieser anderen kulturellen Horizonte ist in Rodós *Ariel* durchaus schmerzlich! So weist der kulturelle und literarische Bewegungsraum, der in Rodós *Ariel* abgesteckt wird, auf die panlateinischen Konzeptionen zurück, deren hegemoniale Schutzmacht Frankreich war. Des Meisters Ausguck in *Ariel* ist in Montevideo angesiedelt. Vielleicht ließe sich am besten *mit* Próspero *gegen* Próspero sagen, dass es sich hierbei weniger um die Perspektive *Lateinamerikas* als um jene eines *lateinischen* Amerika handelt, dessen Vision alles Andere überstrahlt.

Daher verwundert nicht, dass es Literatur und Philosophie Frankreichs sind, auf die am häufigsten in *Ariel* explizit hingewiesen wird. Frankreich galt für Rodó, wie für die meisten lateinamerikanischen Intellektuellen, bei Ausbruch des Ersten Weltkriegs schlicht als Verteidigerin der Sache der Menschheit und als Schutzmacht gegen das Vordringen der germanischen Völker. Die französische Intervention in Mexiko war lang schon vergessen, und Frankreich war stets bemüht, in seiner offiziellen Kulturpolitik die Beziehungen zu Lateinamerika öffentlichkeitswirksam zu festigen. Aus der bevorzugten Erwähnung französischer Autoren in *Ariel* zu folgern, dass José Enrique Rodós Schreiben allein an Frankreich orientiert sei oder dass der uruguayische Literat geglaubt habe, dass nur in Frankreich der Schlüssel zum geistigen Fortschritt zu finden sei, wäre gleichwohl mehr als übereilt – auch wenn es immer wieder derartige Ansichten gibt.[74] Doch wir hatten schon von Beginn unserer Untersuchung an gesehen, dass die kulturellen und literarischen Bande sowie die intertextuellen Bezüge des Uruguayers vielfältig waren.

Gewiss hätte der Spanier Leopoldo Alas nicht gezögert, dem jungen Uruguayer wie so vielen anderen ‚geistigen Gallizismus' vorzuwerfen, wenn er hierfür einen triftigen Grund gesehen hätte. Doch erkannte er, dass unter der Ebene

---

74 In neuerer Zeit tat dies der renommierte mexikanische Schriftsteller Carlos Fuentes in seinem Vorwort zur englischsprachigen Ausgabe *Ariels*, das bisweilen mehr über Fuentes selbst als über den vorgestellten Text aussagt; vgl. Fuentes, Carlos: Prologue. In: Rodó, José Enrique: *Ariel*. Austin: University of Texas Press 1988, S. 13–28.

expliziter Verweise Rodós Schreiben in wesentlichen Zügen auch an den Traditionen Spaniens ausgerichtet war, wo der Uruguayer sich – im Gegensatz zu Frankreich – auch zurecht eine breitere Aufnahme erhoffte. Neben der griechischen Antike und dem frühen Christentum sind daher nicht nur die Vertreter von Philosophie, Geschichtsschreibung und Literatur Frankreichs, sondern auch – um nur einige zu nennen – die spanischen Mystiker oder die deutschen Klassiker, die englischen Historiker und Philosophen wie etwa Carlyle und Macaulay wie auch die deutsche Ästhetik und Philosophie zwischen Kant und Nietzsche präsent. Wir stoßen in Rodós *Ariel* auf eine fürwahr breite Palette abendländischen Denkens, die sich keineswegs auf die borniert Übernahme französischer Modelle reduzieren lässt.

In Prósperos Bibliothek gibt es jedoch auch Texte aus Amerika: Ralph Waldo Emerson und Edgar Allan Poe werden zwar gerade in ihrem Gegensatz zum vorherrschenden Geist der Vereinigten Staaten präsentiert, doch *re*präsentieren sie gleichzeitig deren Philosophie und Literatur neben all jenen, auf die wie bei Henry Wadsworth Longfellow nur implizit angespielt wird. Wie die Bibliothek von Rodós Vater enthält Prósperos Bücherschrank zudem Werke der Argentinier Domingo Faustino Sarmiento und Juan Bautista Alberdi, wobei gerade Sarmiento – mit dem wir uns in dieser Vorlesung bereits beschäftigt haben – in Rodós Denken deutliche Spuren hinterließ. Auch sie werden nicht namentlich aufgeführt, doch war die Formel „Regieren heißt bevölkern" als Ausspruch Alberdis in Lateinamerika nicht nur am Río de la Plata jedermann ebenso geläufig wie Sarmientos widersprüchliche Opposition zwischen Zivilisation und Barbarei.

Neben dem expliziten Verweissystem wird damit in *Ariel* ein implizites errichtet, dem freilich eine andere, weniger ostentative und diskursstützende Funktion übertragen wird. Denn neben den von Próspero namentlich genannten „treuen Gefährten" sind viele Autoren auch inkognito gekommen, um der letzten Rede des Meisters an seine Schüler – vielleicht auch ohne dessen Zustimmung – beizuwohnen. Nicht zu den „treuen Gefährten" Prósperos zählt sicherlich Rubén Darío, dem José Enrique Rodó einen tiefsinnigen, aber nicht unkritischen Essay im Jahr vor der Veröffentlichung *Ariels* gewidmet hatte. Dieser Essay, den der Nikaraguaner später, ohne Namensnennung Rodós, einer Ausgabe seiner *Prosas profanas* voranstellte, hatte seit einem etwas herablassenden Antwortschreiben Rubén Daríos zu mancher Verstimmung und verdeckten Auseinandersetzung zwischen den beiden großen Modernisten Anlass gegeben.

Wenn Próspero aus einer „verstaubten Ecke" seines Gedächtnisses die Geschichte vom Gastfreundlichen König hervorholt, dann sind nicht nur Beziehungen zu den spanischen Mystikern, sondern Anspielungen auch auf Daríos berühmte Erzählung *El rey burgués* von 1888 erkennbar. In diesem „cuento alegre" klagt der von Darío überaus mehrdeutig angelegte Poet gegenüber dem

Bürgerkönig, der trotz seiner Lektüre französischer Literatur als Gegenpol des Rodó'schen Gastfreundlichen Königs gedeutet werden darf, dass „der Schuhmacher meine Elfsilber kritisiert und der Herr Professor Apotheker meiner Eingebung Punkte und Kommata setzt"[75] – eine Klage, in der sich Darío und Rodó trotz all ihrer Unterschiede gewiss vereint wussten. Wir hatten die bangen Fragen gesehen, in denen Rodó darüber nachsann, wer am Río de la Plata überhaupt noch lese und überhaupt noch schreibe.

Dem durchweg ernsten, feierlichen Ton der Schriften Rodós – den seine Studenten nie hatten lachen sehen – lassen sich hier auf diesen verdeckten Ebenen des Textes manche humorvollen Akzente abgewinnen. Nicht umsonst erzählt man sich vom uruguayischen Autor, dass er als Journalist in der Zeitungsredaktion in sich hineinlachte, wenn er unter den Augen eines ausgestopften Kaimans, dem er seine brennende Zigarette in den Rachen steckte, seine Texte schrieb.[76]

Rodó ist nicht mit Próspero, nicht mit Ariel gleichzusetzen: Dies ist deutlich geworden. Zwar benutzte er beide Namen als durchsichtige Pseudonyme; doch manche seiner Schriften zierte auch überraschenderweise der Name Calibans. Rodó trug nicht nur die Maske des gebildeten Europäers, die manche – wie etwa seinen Landsmann Angel Rama – dazu verleitete, in ihm einen (letztlich provinziellen) frankreichhörigen Intellektuellen zu erblicken: Sein Spiel war vieldeutig. *Ariels* Beschränkung auf den kulturellen Kanon einer an den Traditionen des Abendlandes ausgerichteten Literatur ist unübersehbar; doch entfaltet sich *innerhalb* dieses Rahmens ein virtuoses literarisches Spiel, dessen Hintergründe (und Hintergründigkeiten) noch längst nicht ausgeleuchtet sind.

Ariel erhob Anspruch auf einen kreativen Umgang mit dem europäischen Erbe und forderte die Aufnahme der lateinamerikanischen Literaturen in die Weltliteratur, die damals noch eine allein europäisch geprägte war, sich aber sehr wohl auf dem Weg zum System der *Literaturen der Welt* befand.[77] Von seinem Aufenthalt in Amerika kehrt Shakespeares Luftgeist mit vielen neuen Gesichtern zurück. Es ist nur eines dieser Gesichter, das im letzten Teil von Prósperos Rede sein kindliches Antlitz zeigt und eine Vision entfaltet, auf die ich am Ende unserer Auseinandersetzung mit *Ariel* noch einmal zurückkommen möchte. Zur Erinnerung sei erneut jene wichtige Textstelle angeführt, mit der wir dieses Kapitel begonnen haben:

---

75 Darío, Rubén: El rey burgués. In (ders.): *Obras Completas*. Bd. 5. Madrid: Afrodisio Aguado 1953, S. 630.
76 Vgl. Barbagelata, S. 32.
77 Vgl. hierzu Ette, Ottmar: *WeltFraktale. Wege durch die Literaturen der Welt*. Stuttgart: J.B. Metzler Verlag 2017.

> Werdet Ihr es nicht sehen, das Amerika, das wir uns erträumen, gastfreundlich zu den Dingen des Geistes und nicht nur zu jenen Menschenmassen, die bei ihm Schutz suchen, gedankenvoll, ohne Minderung seines Talents zur Tat, heiter und fest, trotz seiner großherzigen Begeisterungsfähigkeit, erstrahlend im Zauber eines frühen und sanften Ernstes, wie er den Ausdruck eines kindlichen Gesichts verschönt, wenn sich in ihm mit der aufblitzenden, unberührten Grazie das unruhige, erwachende Denken offenbart?...–[78]

Diese Vision eines neuen Amerika, eines sich erst formenden Gesichts des *jungen* Kontinents, welchem es noch an ‚Persönlichkeit' mangle, wird von dem alten *Pro-spero*, dem Propheten der Hoffnung, entworfen und in die alten abendländischen Traditionslinien integriert. Seine Maske, die Maske des Propheten, der das Kommende, den kommenden Gott[79] ankündigt, steht in Einklang mit *Ariel*, diesem Buch der Bücher, die sich um die Bronzestatue des verehrten Luftgeists gruppieren. Die Gesichter des Greises und des Knaben überlagern sich, verschwimmen, ohne die Züge des damals erst achtundzwanzigjährigen José Enrique Rodó preiszugeben. Das junge Amerika tritt in die kulturellen Fußspuren eines alten Europa ein und gibt diesen Spuren gleichsam biopolitisch eine neue Richtung.

Die Hoffnungen des uruguayischen Autors, der mit seinem Hauptwerk *Ariel* dieser Persona, dieser alten Maske des Sehers neue Züge verlieh, blieben bis heute unerfüllt: Sein Projekt einer lateinamerikanischen Moderne ist ein unvollendetes Projekt geblieben, welches gleichwohl ein neues Kapitel in den Findungen und Erfindungen der Neuen Welt aufschlug. Denn es eröffnet die Serie an Visionen und Erfindungen, die im weiteren Verlauf des 20. Jahrhunderts auf Amerika projiziert wurden.

---

78 Rodó, José Enrique: *Ariel* (Hg. O.E.), S. 178.
79 Auf die Traditionsstränge dieser Vorstellung hat aufmerksam gemacht Frank, Manfred: *Der kommende Gott. Vorlesungen über die Neue Mythologie*. 1. Teil. Frankfurt am Main: suhrkamp 1982. Zu den Verbindungen dieser Vorstellung zur Romantik vgl. u. a. das Kapitel über Rahel Levin Varnhagen im vierten Band der Reihe „Aula" in Ette, Ottmar: *Romantik zwischen zwei Welten* (2021), S. 519 ff.

Rubén Darío oder die Grundlagen für Erfindungen (der) Amerikas im 20. Jahrhundert

Die Erfindungen Amerikas wie die Erfindungen der Amerikas im 20. Jahrhundert in einigen wenigen Zügen darzustellen, hat sicherlich etwas Kühnes und Wagemutiges. Eine solche Darstellung muss notwendig in hohem Maße selektiv vorgehen. Ich möchte diese Aufgabe in dem Bewusstsein und mit der Intention angehen, Ihnen einen sicherlich didaktisch geprägten Einblick in wesentliche Entwicklungen dieser Visionen zu vermitteln, damit Sie nicht etwa auf die irrige Ansicht kommen, diese Erfindungen hätten in unserer nahen Vergangenheit oder gar in unserer Gegenwart im 21. Jahrhundert aufgehört. Was für das 19. Jahrhundert gelang, könnte in groben Zügen auch für das nachfolgende Jahrhundert gelingen.

Denn ich bin der durchaus begründeten Hoffnung, dass wir mit den maßgeblichen Erfindungen eines Alexander von Humboldt, eines Alexis de Tocqueville oder eines Georg Wilhelm Friedrich Hegel einerseits, mit einer Flora Tristan, einem Domingo Faustino Sarmiento oder Manuel González Prada andererseits, aber auch mit José Martí oder José Enrique Rodó ganz wesentliche Erfindungen der Amerikas kennengelernt haben, die den Moderne-Diskurs über Amerika und die Amerikas bis heute entscheidend mitprägen. Ziel der nachfolgenden und zugleich unsere Vorlesung über diese Findungen und Erfindungen abschließenden Überlegungen soll es sein, Ihnen einen Überblick über das vergangene Jahrhundert zu verschaffen, dem kein literarhistorischer Diskurs zwischen zwei Welten zu Grunde liegt, sondern die Absicht,[1] Ihnen zeitnahe originelle und nachhaltige Findungen und Erfindungen der Amerikas vorzustellen.

Wir hatten gesehen, dass Amerika im europäischen Moderne-Diskurs gleichsam in zwei Teile zerfällt, von denen der eine zukunftszugewandt ist und der andere rückwärts in die Vergangenheit gerichtet scheint. Man könnte zusammenfassend sagen, dass in gewisser Weise die Vereinigten Staaten des Nordens den zeitlichen Vektor *plus* besitzen, insbesondere die ehemals spanischen Kolonien Amerikas sowie die lusophone Welt hingegen deutlich den Vektor *minus* angeheftet bekamen. Beide Teile Amerikas vereint aber die Tatsache, dass – und dies ist ein deutlicher Unterschied zu den Diskursen, die noch bis Ende des 18. Jahrhunderts dominierten – in Amerika zugleich ein Kontinent der

---

[1] Zu einem literarhistorischen Überblick über das vergangene 20. Jahrhundert zwischen zwei Welten siehe den dritten Band der Reihe „Aula" in Ette, Ottmar: *Von den historischen Avantgarden bis nach der Postmoderne* (2021), op. cit.

Fülle, der prinzipiell unbegrenzten Möglichkeiten und des künftigen Überflusses gesehen werden konnte. Natürlich ragt hier deutlich jener Teil des Nordens heraus, der *nicht-iberisch* geprägt ist, wurden hier doch die Dimensionen der Fülle auf die Möglichkeiten bezogen, die sich jedem Einzelnen im Sinne von Alexis de Tocqueville bieten, wenn er sich für ein tatenreiches Leben in den USA entscheidet. Sie können unschwer erkennen, dass sich daran viele Mythen und Hoffnungen knüpften wie beispielsweise der *American Dream*, binnen kürzester Frist durch hartes und erfolgreiches Arbeiten vom Tellerwäscher zum Millionär aufzusteigen.

Im Süden hingegen bildeten sich andere Vorstellungen von der Moderne heraus, die wir bislang anhand von Texten des Kubaners José Martí und des Uruguayers José Enrique Rodó nachvollziehen konnten. Diese „Modernistas" akzeptierten die Zweiteilung Amerikas, setzten den starken sozioökonomischen, materialistischen und militärischen Modernisierungen des Nordens aber geistige, intellektuelle und ethisch fundierte Entwicklungen entgegen, welche den Süden des Kontinents in den Bewahrer und Fortführer der großen abendländischen Traditionen verwandeln sollten. Es gab im Süden keinen mit dem *American Dream* des Nordens in seiner Attraktivität vergleichbaren Traum, doch bezeugt die starke europäische Einwanderung in viele Länder des Südens, dass vielen die dortigen Zukunftsmöglichkeiten als durchaus verlockend erschienen.

Denn spätestens seit der Mitte des 19. Jahrhunderts – spätestens seit dem Sieg der „Proscritos" um Domingo Faustino Sarmiento über die Rosas-Diktatur und damit die „Caudillos" einiger Regionen des Cono Sur – stieg auch der Süden Amerikas neben den USA zu einem Land der Immigration aus vielen Ländern Europas auf. Wir werden gegen Ende dieser Vorlesung sehen, in welchem Licht diese Migrationswellen im späten 20. Jahrhundert erschienen.

Lassen Sie mich als Ausgangspunkt unserer Überlegungen zum weiteren Verlauf des 20. Jahrhunderts noch einmal auf die hispanoamerikanischen Modernisten zurückkommen! Wie sehr der Untergang der spanischen Flotte, gleichsam der Nachfahren der Karavellen des Christoph Columbus und der Silberflotten Philipps II., sich nicht nur in Spanien, sondern auch in Hispanoamerika geradezu traumatisierend ins kollektive (Bild-)Gedächtnis einbrannte, mag ein fiktionaler Text des großen nicaraguanischen Dichters Rubén Darío zeigen; eine kurze Erzählung, die unter dem etwas enigmatischen Titel *D.Q.* erstmals 1899 in Buenos Aires erschien[2] und lange Zeit von der Forschung nicht zur Kenntnis genommen wurde.

---

2 Noch im selben Jahr erschien der Text ebenfalls in Buenos Aires in der Zeitschrift *Fray Mocho*; vgl. hierzu die textkritischen Fußnoten der Ausgabe von Darío, Rubén: D.Q. In (ders.): *Don Quijote no debe ni puede morir (Páginas cervantinas)*. Prólogo de Jorge Eduardo Arellano. Anotaciones de Günther Schmigalle. Managua: Academia Nicaragüense de la Lengua 2002, S. 21.

Dort lässt Darío seinen Erzähler aus der Perspektive eines spanischen Soldaten die ganze Dramatik jener historischen Szenerie lebendig werden, in welcher im Epochenjahr 1898 der überwiegende Teil der Flotte des Landes von Don Quijote – so ließen sich die Titelinitialen deuten – im Meer versank:

> Es herrschte die grässlichste Verzweiflung. Es war *die Nachricht*. Wir waren verloren, rettungslos verloren. Wir würden nicht weiterkämpfen. Wir müssten uns wie Gefangene, wie Besiegte ergeben. Cervera befand sich in der Gewalt des Yankees. Die Flotte hatte das Meer verschluckt, zerfetzt von den Kanonen Nordamerikas. Nichts ist von Spanien mehr übrig geblieben in jener Welt, die es einst entdeckte. Wir mussten dem Siegreichen Feind die Waffen strecken, alles übergeben; und der Feind erschien in Form eines großen blonden Teufels, mit glattem Haar und Ziegenbart, einem Offizier der Vereinigten Staaten, dem eine Garde blauäugiger Jäger folgte. Und die grässliche Szene begann.[3]

Diese knapp skizzierenden Sätze versuchen, einen historischen Augenblick festzuhalten: den Untergang der spanischen Flotte und die Kapitulation der spanischen Truppen auf Kuba. Nur sechzehn Jahre nach Martís Bericht über den Beschluss des US-Kongresses zum Aufbau einer starken Kriegsflotte und nur sieben Jahre nach seiner Warnung, der Riese mit den Siebenmeilenstiefeln stehe vor der Tür und eine räuberische Expansion der USA sei nun jederzeit möglich, wurde am 3. Juli 1898 die Flotte des spanischen Admirals Pascual Cervera y Topete von der weit überlegenen Feuerkraft der US-amerikanischen Marine buchstäblich zerfetzt. Der neue große Protagonist der dritten Phase beschleunigter Globalisierung hatte den entscheidenden militärischen Durchbruch geschafft und damit die langfristige Strategie der „American Sea Power" eines Alfred Thayer Mahan bestätigt, deren weltweite Konturen sich zeitgleich bereits in Asien, vor Manila, abzeichneten. Der militärische Schiffbruch und Untergang der spanischen Flotte vor Santiago de Cuba und vor Manila bezeugte und besiegelte den Aufstieg der Vereinigten Staaten am Ausgang des 19. Jahrhunderts zu einem Global Player.

Die spannende Frage, ob in den Ereignissen von 1898 freilich „the founding gesture of modern geopolitics"[4] gesehen werden kann, oder ob hierin nicht eher der Ausdruck einer spezifischen, nun von den USA beherrschten Phase innerhalb eines langanhaltenden Prozesses erkannt werden muss, der zuvor ausschließlich von europäischen Mächten kontrolliert worden war, wäre aus einer

---

3 Darío, Rubén: D.Q., S. 24.
4 Hulme, Peter: Beyond the Straits: Postcolonial Allegories of the Globe. In: Loomba, Ania, et al. (Hg.): *Postcolonial Studies and Beyond*. Durham – London: Duke University Press, S. 47. Noch immer lesenswert ist Wehler, Hans-Ulrich: *Der Aufstieg des amerikanischen Imperialismus. Studien zur Entwicklung des Imperium Americanum 1865–1900*. Göttingen: Vandenhoeck & Ruprecht 1974.

globalisierungsgeschichtlichen Sicht wohl eher mit dem Verweis auf geopolitische wie militärstrategische Kontinuitäten zu beantworten, die stets auf die entscheidende Funktion von Inseln und Archipelen rekurrierten. So war es nur folgerichtig, dass die entscheidende Phase der Expansion der Vereinigten Staaten sich über die Archipele von Kuba und der Philippinen vollzog und beide Inseln beziehungsweise Inselgruppen zu Ausgangspunkten einer weiteren Ausdehnung der USA in den karibischen und mittelamerikanischen wie in den asiatischen Raum avancierten. Denn vergessen wir nicht: Der Archipel der Karibik spielte in den ersten drei Phasen beschleunigter Globalisierung stets eine herausragende, ja entscheidende Rolle!

Der ungezählte Male erzählte Untergang der spanischen Flotten konfiguriert jenen symbolischen Schiffbruch, in dem die Welt Don Quijotes, die Welt eines spanischen Siglo de Oro, dessen Gold im Wesentlichen aus Amerika stammte, endgültig unterging. Kein Wunder also, dass der Hispanoamerikaner Rubén Darío ‚seinen' Don Quijote sich samt seiner altertümlichen Rüstung scheppernd in einen tiefen Abgrund stürzen ließ.[5] Nicht nur der europäische Moderne-Diskurs über die Neue Welt spaltete den Kontinent; auch die neue hemisphärische Konstruktion der Modernisten teilte Amerika auf in zwei ungleiche, sich asymmetrisch gegenüberstehende Blöcke. Der weitere Aufstieg der USA zur Hegemonialmacht schien aus der Sicht Europas wie des Nordens Amerikas unaufhaltsam, auch wenn der Süden sich durch die Ereignisse von 1898 wieder enger um ein lateinisches Ideal im Zeichen des Panlatinismus scharte: Die künftigen hemisphärischen Konflikte waren vorgezeichnet.

Wir hatten gesehen, dass in dieser geschichtsträchtigen Situation José Enrique Rodó seinen weder diktionalen noch fiktionalen, sondern zwischen beiden Polen oszillierenden friktionalen Text *Ariel* just zu Beginn des 20. Jahrhunderts veröffentlichte, um ein Fanal gegen den Untergang und ein optimistisches Zeichen der Hoffnung auf einen bevorstehenden Aufstieg des lateinischen Amerika zu setzen. Der Schiffbruch der spanischen Flotte sollte angesichts seiner leuchtenden Visionen überlegener geistiger und moralischer Größe der ‚lateinischen Rasse' rasch in den Hintergrund rücken.

In seiner denkwürdigen Umdeutung des von Shakespeares *The Tempest* entnommenen Dreiecks Próspero – Ariel – Caliban entwarf der uruguayische Schriftsteller eine hemisphärische Konstruktion, die deutlich *nach* den Ereignissen von 1898 die Position eines seiner lateinischen – wenn auch (anders als bei Martí) nicht seiner indigenen oder schwarzen – Wurzeln und Verbindungen bewussten Amerika gegenüber den USA neu zu bestimmen suchte. Denn der

---

5 Darío, Rubén: D.Q., S. 24.

von den Vereinigten Staaten ausgehende Globalisierungsdruck hatte auf dem gesamten Kontinent, vor allem aber im iberisch kolonisierten Teil Amerikas, unverkennbar zugenommen und vielfach zu einer neuen Ausrichtung am US-amerikanischen Modell geführt. Auch ein 0

José Enrique Rodó musste diesen wachsenden Einfluss der amerikanischen Hegemonialmacht einräumen:

> Man ahmt den nach, an dessen Überlegenheit oder Ansehen man glaubt.– Viele, die ein aufrichtiges Interesse an unserer Zukunft haben, träumen bereits von der Vision eines *entlatinisierten* Amerika, das eine solche Entwicklung aus eigenem Antrieb vollzieht und sich – ohne durch eine Eroberung dazu erpresst worden zu sein – am Urbild des Nordens ausrichtet und stärkt; diese Vision mehrt den Genuss, mit dem sie auf Schritt und Tritt die beeindruckendsten Parallelen ziehen, und äußert sich in unablässig vorgebrachten Vorschlägen für Erneuerungen und Reformen. Wir haben unsere *Nordomanie*. Es ist an der Zeit, sie in die Schranken zu weisen, die Vernunft und Gefühl ihr gemeinsam setzen.[6]

Mit dem Begriff einer im Süden des amerikanischen Kontinents um sich greifenden und längst grassierenden *Nordomanie* versuchte der uruguayische Intellektuelle, die veränderten Kraftfelder wiederzugeben, die am Ausgang des 19. Jahrhunderts zu einem neuen Mapping in den Amerikas geführt hatten. Die Nordung der geistigen Kartierungen, die auf die gerade auch im Süden des Kontinents lange vor 1898 beobachtbare Tatsache verwies, dass die USA zunehmend nicht nur im politischen und wirtschaftlichen, sondern auch im kulturellen Bereich zum Vorbild für die eigene künftige Entwicklung gewählt wurden, beinhaltete für Rodó eine allzu starke Ausrichtung an einem aus seiner Sicht kruden Materialismus und Nützlichkeitsdenken angelsächsischer Prägung. Einer solchen Ausrichtung, einer derartigen *Nordomanie* galt es mit neuen Konzepten, mit neuen Visionen für die Zukunft entgegenzutreten.

José Enrique Rodó erkannte wohl die Vorteile einer den Norden uneingeschränkt imitierenden Position an, identifizierte sie aber in der Traditionslinie eines Ernest Renan mit einem ungeschlachten und nur am Materiellen ausgerichteten Caliban, dem er den „airy spirit" Ariel – wie wir sahen – programmatisch entgegenstellte. Diese Konstellation einer geistig-kulturellen Überlegenheit faszinierte eine hispanoamerikanische Leserschaft, die nach den Erfahrungen von 1898 nach neuen Gegenstrategien und anderen Verstehensmodellen für die kontinentalen wie für die globalen Entwicklungen suchte. Es war diese spezifische historische und intellektuelle Konstellation, welche für den gewaltigen Erfolg des kleinen Bandes verantwortlich zeichnete. Fassen wir alles noch einmal zusammen!

---

6 Rodó, José Enrique: *Ariel* (Ausgabe O.E.), S. 137.

Im Angesicht des historischen Schiffbruchs der spanischen Flotte war Rodós Konzept – wesentlich stärker noch als Martís Entwurf von „Nuestra América" – ein kulturelles Projekt, das er der ‚Entlatinisierung' Lateinamerikas im Sinne einer kulturell überlegenen Tradition, die sich aus antiken wie aus christlichen Quellen speiste, entgegenstellen wollte. Angesichts des von ihm konstatierten Vorrückens eines angelsächsischen Kulturmodells, das sich mit der dritten Phase beschleunigter Globalisierung zweifellos eine grundsätzliche Vorherrschaft erarbeitet hatte, beharrte Rodó auf einer Perspektive, welche die vorbildgebende abendländische Tradition in ihrer griechisch-römisch-christlichen Linie aus dem Blickwinkel eines lateinischen Amerika neu zu beleben suchte. Aus dieser Zusammenkunft zweier Traditionslinien, einer europäisch-abendländischen und einer amerikanischen, entfaltete Rodó seine Zukunftsvision für ein *lateinisches* Amerika, welches er den Vereinigten Staaten des Nordens entgegensgtellte.

Waren Portugiesisch, Spanisch und Latein die Sprachen der ersten Globalisierungsphase gewesen und hatte das Französische neben dem Englischen auch in der zweiten Phase noch diese ‚lateinisch'-romanische Tradition fortgeführt, so war spätestens seit den Niederlagen Frankreichs im preußisch-französischen Krieg von 1870/71 und der spanischen Niederlage gegen die USA von 1898 unübersehbar geworden, dass mit der Herabstufung der ehemaligen romanischen Weltmächte (einschließlich der aktuellen panlateinischen Führungsmacht Frankreich) zu bloßen Regionalmächten das Englische als alleinige Sprache der Globalität vorherrschen würde. Der massive Aufstieg der USA zu einer die Geschichte der Globalisierung entscheidend mitprägenden Weltmacht würde diese wachsende Vorherrschaft des Englischen und der Angelsachsen auf allen Gebieten noch verstärken. Mussten die hispanoamerikanischen Modernisten nicht befürchten, dass diese angelsächsische Vorherrschaft nun auch in der Neuen Welt die Landkarte der auf dem Kontinent gesprochenen Sprachen verändern würde? Und mussten sie nicht in ihr Kalkül miteinbeziehen, dass die ‚Töchter des Lateinischen' künftig in der amerikanischen Welt eine bestenfalls noch zweitrangige Rolle spielen würden?

Selbst die spanische Sprache schien, wie Rodós modernistischer Mitstreiter und Antipode Rubén Darío nicht grundlos befürchtete, auf dem amerikanischen Kontinent in Gefahr. Diese damals verbreitete Befürchtung unterstrich der Autor von *Azul...* in seinem berühmten, den *Cantos de vida y esperanza* zugerechneten Gedicht *A Roosevelt*, in dem er sich direkt an den Präsidenten der Vereinigten Staaten wandte, der Jahre zuvor mit seinen Rough Riders am Krieg von 1898 teilgenommen hatte. In der spezifischen Verbindung von militärischer Überlegenheit und befürchteter kultureller Dominanz der USA lässt sich die Angst vor einer heraufziehenden ‚US-Amerikanisierung' erkennen, die den starken Globalisierungsängsten der zurückliegenden vierten Phase nicht allzu fremd scheint:

Mit der Stimme der Bibel, mit den Versen Walt Whitmans
sollte ich kommen zu Dir, oh Jäger,
primitiv und modern, einfach und komplex,
mit 'nem bisschen Washington und vier Teilen Nemrod.
Du bist die Vereinigten Staaten,
Du stehst für die künftigen Invasoren
des naiven Amerika, das indigenes Blut besitzt,
das noch immer Jesus Christus anbetet, noch immer Spanisch spricht.

Ein stolzes und starkes Exemplar Deiner Rasse bist Du;
bist kultiviert und geschickt; stellst Dich Tolstoi entgegen.
Und Pferde zähmend oder Tiger ermordend
bist Du ein Alexander-Nebukadnezar.
(Du bist ein Professor der Energie,
wie die Verrückten von heute es sagen.)

Du glaubst, das Leben sei Brand,
dass der Fortschritt ein Ausbruch ist,
wohin Du Deine Kugel richtest,
dort wächst die Zukunft.
                      Nein.

Die Vereinigten Staaten sind mächtig und groß.
Erzittern sie, entsteht ein tiefes Beben,
das durch den riesigen Rücken der Anden läuft.
Ruft Ihr, wird's gehört wie das Brüllen des Löwen.
Schon Hugo sagte Grant: „Die Sterne gehören Euch."
(Kaum schon erstrahlt Argentiniens aufgehende Sonne,
es erhebt sich der chilenische Stern...) Reich seid Ihr.
Mit Herkules' Kult vereint Ihr den Kult des Mammon,
und den Weg so leichter Eroberung erleuchtet
der Freiheitsstatue Fackel droben in New York.

Doch unser Amerika, das seit Netzahualcoyotls
längst vergangenen Zeiten Dichter besitzt,
das die Spuren bewahrt von des großen Bacchus Füßen,
das Pans Alphabet vor langer Zeit erlernte;
das die Sterne befragte, das Atlantis kannte,
dessen Name uns aus Platons Schriften schallt,
das seit seines Lebens fernsten Augenblicken
lebt vom Licht, vom Feuer, vom Duft, von Liebe,
das Amerika des großen Montezuma, des Inka,
das duftende Amerika des Christoph Columbus,
das katholische Amerika, das spanische Amerika,
das Amerika, wo der edle Guatemoc einst sprach:
„Nicht auf Rosen bin ich gebettet"; dies Amerika,

das vor Hurricanes zittert und von Liebe lebt,
Männer mit sächsischen Augen, barbarischer Seele: Es lebt.
Und es träumt. Und liebt und bebt, ist Tochter der Sonne.
Gebet acht. Das spanische Amerika lebt!
Tausend Junge hat der Spanische Löwe um sich.
Ihr müsstet, oh Roosevelt, beim Gotte selbst sein
der furchtbare Schütze, der machtvolle Jäger,
uns zu halten mit eisernen Krallen Ihr.

Mit allem Ihr rechnet, doch eines fehlt: Gott!

¡Es con voz de la Biblia, o verso de Walt Whitman,
que habría que llegar hasta tí, Cazador!
Primitivo y moderno, sencillo y complicado,
con un algo de Washington y cuatro de Nemrod.
Eres los Estados Unidos,
eres el futuro invasor
de la América ingenua que tiene sangre indígena,
que aún reza a Jesucristo y aún habla en español.

Eres soberbio y fuerte ejemplar de tu raza;
eres culto, eres hábil; te opones a Tolstoy.
Y domando caballos, o asesinando tigres,
eres un Alejandro-Nabucodonosor.
(Eres un profesor de Energía,
como dicen los locos de hoy.)

Crees que la vida es incendio,
que el progreso es erupción;
en donde pones la bala
el porvenir pones.
                        No.

Los Estados Unidos son potentes y grandes.
Cuando ellos se estremecen hay un hondo temblor
que pasa por las vértebras enormes de los Andes.
Si clamáis, se oye como el rugir del león.
Ya Hugo a Grant le dijo: "Las estrellas son vuestras."
(Apenas brilla, alzándose, el argentino sol
y la estrella chilena se levanta...) Sois ricos.
Juntáis al culto de Hércules el culto de Mammón;
y alumbrando el camino de la fácil conquista,
la Libertad levanta su antorcha en Nueva York.

Mas la América nuestra, que tenía poetas
desde los viejos tiempos de Netzahualcoyotl,
que ha guardado las huellas de los pies del gran Baco,

> que el alfabeto pánico en un tiempo aprendió;
> que consultó los astros, que conoció la Atlántida,
> cuyo nombre nos llega resonando en Platón,
> que desde los remotos momentos de su vida
> vive de luz, de fuego, de perfume, de amor,
> la América del gran Moctezuma, del Inca,
> la América fragante de Cristóbal Colón,
> la América católica, la América española,
> la América en que dijo el noble Guatemoc:
> "Yo no estoy en un lecho de rosas"; esa América
> que tiembla de huracanes y que vive de amor,
> hombres de ojos sajones y alma bárbara, vive.
> Y sueña. Y ama, y vibra; y es la hija del Sol.
> Tened cuidado. ¡Vive la América española!
> Hay mil cachorros sueltos del León Español.
> Se necesitaría, Roosevelt, ser Dios mismo,
> el Riflero terrible y el fuerte Cazador,
> para poder tenernos en vuestras férreas garras.
>
> Y, pues contáis con todo, falta una cosa: ¡Dios!⁷

Rubén Darío warf in diesem berühmten Gedicht den Vereinigten Staaten den Fehdehandschuh hin, gab aber auch seiner Besorgnis Ausdruck, dass das Spanische, die Sprache seiner Dichtung, auf dem Weg in die Zukunft dem Englischen weichen müsste. Dieses an die Adresse des US-amerikanischen Präsidenten, des Rough Rider, geschleuderte Ode teilt den Kontinent bewusst noch einmal in zwei Teile.⁸ Die sich im Verlauf des 19. Jahrhunderts ausprägende Trennung hatte sich zementiert und war zu einem fundamentalen Diskurselement geworden, das es nun unterschiedlich zu bewerten galt.

Die Bewertung des Nikaraguaners Rubén Darío, die sich schon in seiner Erzählung *D.Q.* abgezeichnet hatte, war in diesem Gedicht eindeutig. Auf der einen Seite steht für ihn das spanischsprachige Amerika, das in seinen indigenen und spanischen Traditionen lebt und Spanisch spricht; und auf der anderen Seite die Vereinigten Staaten, die an den Mammon glauben und für den Fortschritt stehen. Dabei tauchen dieselben angelsächsischen Züge wieder auf, die wir bereits in *D.Q.* kennengelernt hatten. Dem blonden und großen Amerika steht ein dunkles, schwarzhaariges Amerika gegenüber, das indigene Züge besitzt, wie sie auch das Antlitz des nikaraguanischen Dichters selbst zierten.

---

7 Darío, Rubén: A Roosevelt. In (ders.): *Obras Completas*. Bd. V. Madrid: Afrodisio Aguado 1953, S. 878.
8 Zu einer ausführlicheren Deutung dieses Gedichts vgl. auch den sechsten Band der Reihe „Aula" in Ette, Ottmar: *Geburt Leben Sterben Tod* (2022), S. 697 ff.

Abb. 68: Rubén Darío (1867–1916).

Doch die Stunde des ‚Besuchs', vor der José Martí in *Nuestra América* gewarnt hatte, die Stunde der Invasion durch Truppen der USA war schon gekommen. Rubén Darío war sich der Tatsache bewusst, an einer Zeitenwende zu stehen, in der sich das Schicksal seines Amerika entscheiden würde. Wie sieht seine Vision für das weitere 20. Jahrhundert aus?

Darío greift in dieser Ode implizit auf Vorstellungen des Panlatinismus zurück, wie wir sie vorhin kurz besprochen und in unserer Vorlesung über die *Romantik zwischen zwei Welten* ausführlicher behandelt haben.[9] Der Panlatinismus war eine sich wie bereits betont Mitte des 19. Jahrhunderts ausdifferenzierende politisch-kulturelle Bewegung, die unter hegemonialer Führung durch Frankreich in Opposition zu Bewegungen wie dem Panslawismus oder dem Pangermanismus Länder weltweit vereinigte, die im Zeichen des Lateinischen wie des katholischen Christentums standen. Daher also die mehrfache Berufung auf die christlich-katholische Religion der *Indios* wie der Spanier in diesem Gedicht, aber auch die Hervorhebung des Spanischen als Kultursprache überhaupt. Rubén Darío fürchtete – und diese Angst hatte durchaus einen konkreten kulturhistorischen Hintergrund –, dass durch eine Invasion von US-amerikanischen Truppen die Länder Lateinamerikas das Spanische aufgeben und zum Englischen überwechseln könnten. Eine absurde Vorstellung, finden Sie?

Aus heutiger Sicht vielleicht, nicht aber vor dem Hintergrund der historischen Fakten zur damaligen Zeit. Denn vergessen wir nicht, dass just zum gleichen Zeitpunkt die USA mit ihrer Ausbreitung über die Philippinen nicht nur die Herrschaft Spaniens, sondern auch des Spanischen beseitigten und das Englische an die Stelle des Kastilischen trat! José Rizal,[10] der José Martí der Philippinen, schrieb am Ende des 19. Jahrhunderts in einer Sprache, die im 20. Jahrhundert bald schon keinerlei offiziellen Status mehr besaß: Die philippinische Nationalliteratur hatte ganz einfach ihre Sprache gewechselt.

---

9 Vgl. die entsprechenden Ausführungen im vierten Band der Reihe „Aula" in Ette, Ottmar: *Romantik zwischen zwei Welten* (2021). S. 942 ff.
10 Vgl. das José Rizal gewidmete Kapitel in ebda. S. 1038 ff.

Die Philippinen gehörten ab dem frühen 20. Jahrhundert nicht mehr den lateinischen Ländern des Panlatinismus zu. Ein unerhörter Fall, finden Sie? Gewiss, aber kein Einzelfall! Denn dies ist in etwa vergleichbar mit den radikalen Veränderungen in der Türkei unter Mustafa Kemal Atatürk, der die arabische Schrift des Türkischen abschaffte und an deren Stelle die europäische Alphabetschrift einführte. Auf diese Weise wurden in der Türkei, aber auch auf den Philippinen binnen kürzester Frist ganze Bibliotheken für jüngere Generationen nicht mehr lesbar und benutzbar; die Werke der Nationalliteratur wurden unzugänglich.

Die *Stars and Stripes* der USA kündigen die Hegemonie der Vereinigten Staaten von Amerika auf dem amerikanischen Kontinent an; die Sonne auf der Flagge Argentiniens oder der einsame Stern auf jener Chiles waren noch nicht mächtig genug geworden, was der Dichter nicht zu erwähnen vergisst. Wir können einmal mehr auch auf dieser Ebene die große Einheit der hispanoamerikanischen Modernisten quer zu den unterschiedlichen Areas Lateinamerikas konstatieren. Wie der Kubaner und Karibe José Martí betont auch der nicht weniger weitgereiste Nikaraguaner Rubén Darío, dass der ‚Besuch' durch US-amerikanische Truppen die Länder Lateinamerikas zu früh betrifft: Sie sind auf die bald der US-Intervention in Kuba folgenden weit mehr als einhundert militärischen Interventionen nicht im ausreichenden Maße vorbereitet. Denn die Vereinigten Staaten ergriffen die Gelegenheit beim Schopfe, ihre militärische Übermacht gegenüber den lateinamerikanischen Staaten genügend unter Beweis zu stellen, um ihre hegemoniale Position auf dem Kontinent zu demonstrieren.

Erlauben Sie mir ein Wort zur Zukunft des Spanischen in Amerika! In der Ode an Roosevelt konnte der nikaraguanische Dichter noch nicht ahnen, was wir heute ganz selbstverständlich wissen: Dass sich das Spanische auch gegen alle Hegemonialvorstellungen der USA als standfest erwies; ja mehr noch, dass es sich auf dem Territorium der Vereinigten Staaten nicht nur hielt, sondern immer mehr verbreitete und zur wichtigsten Sprache neben dem Englischen werden konnte. Hält die Bevölkerungsentwicklung in den USA mit dem derzeitigen Tempo an, dann wird die Spanisch sprechende Bevölkerung in den Vereinigten Staaten schon in wenigen Jahrzehnten die Englisch sprechende ein- und überholt haben. Jene Ängste also, die einen Rubén Darío an der Wende zum 20. Jahrhundert heimsuchten, sind im 21. Jahrhundert den Ängsten gewichen, welche eine englischsprachige Bevölkerung vor dem weiteren Vordringen des Spanischen plagen. Das alte spanische *Empire* schlägt ganz im Sinne Daríos zurück und produziert solche Ängste, wie sie die treue Wählerschaft eines Populisten und Volksverhetzers wie Donald Trump heimsuchen. Was dies für die Zukunft der USA (und nicht nur der USA) bedeutet, steht noch in den Sternen.

In gewisser Weise hätte der Tod des Spanischen, der kastilischen Sprache, auch den Untergang von Rubén Daríos eigener Lyrik bedeutet; vergleichbar mit dem Schicksal der Lyrik eines Netzahualcoyotl, dessen Poesie im Náhuatl von Mexiko freilich eine (wenn auch noch minoritäre) Wiedergeburt erfahren hat. Rubén Darío gab auch in anderen seiner Gedichte seiner tiefen Sorge Ausdruck, dass es zu einem Tod des Spanischen in Amerika kommen könnte. In seinem Gedicht *Que signo haces, oh Cisne* (*Welches Zeichen machst Du, oh Schwan*) wendet er sich direkt an das von ihm spätestens seit *Azul...* gestaltete emblematische ‚Wappentier' des hispanoamerikanischen Modernismo, den Schwan, um ihm eben diese Sorge kundzutun. Das bange Fragezeichen war dem modernistischen Schwan buchstäblich auf den weißen Leib geschrieben: „¿Seremos entregados a los bárbaros fieros? / ¿Tantos millones de hombres hablaremos inglés?"[11] „Werden wir den wilden Barbaren übergeben? / Millionen von Menschen, werden wir Englisch sprechen?"

In letzten Abschnitt seines mit den Initialen „R.D." unterzeichneten Vorworts zu seinen für die Geschichte des hispanoamerikanischen Modernismo so wichtigen *Cantos de vida y esperanza* hatte der nikaraguanische Lyriker unmissverständlich festgehalten: „Wenn es in diesen Gesängen Politik gibt, dann weil sie universell sind. Und wenn Ihr hier Verse an einen Präsidenten findet, dann weil der Aufschrei kontinental ist. Morgen schon könnten wir Yankees sein (und dies ist das wahrscheinlichste); auf jeden Fall ist mein Protest auf die Flügel der unbefleckten Schwäne geschrieben, die so berühmt sind wie Jupiter."[12]

So stoßen wir erneut auf die kleine und bislang weitgehend unbeachtet gebliebene Erzählung, mit der wir unsere Überlegungen zu Rubén Darío begannen. Denn auf einer dritten, *transtemporal-symbolischen* Bedeutungsebene steht jener Fahnenträger, der mit den Initialen „D.Q." bezeichnet wird, für eine die Geschichte querende Präsenz des *Don Quijote de la Mancha*, die in seinem lange Jahrhunderte spiegelnden Blick aufscheint und mit dem scheppernden Selbstmord in Santiago de Cuba nur vordergründig ein Ende findet. Dachte Darío dabei auch an den möglichen Selbstmord von José Martí ebenfalls im Oriente Kubas?

Nein, ich glaube das eher nicht, auch wenn es schon früh Gerüchte um diesen Tod in einem eher beiläufigen Scharmützel mit spanischen Truppen gab! Denn am Ausgang des „Cuento" steht nicht der Freitod eines Fahnenträgers, der vor den Truppen der Vereinigten Staaten zu kapitulieren nicht bereit ist: D.Q. schließt vielmehr mit den Worten jenes alten Buches, in denen kraft der Lektüre die Gestalt des Don Quijote von neuem ersteht und in ihrer Überzeit-

---

11 Darío, Rubén: Qué signo haces, oh Cisne. In (ders.): *Obras Completas*, S. 890.
12 Ebda., S. 860: „Si en estos cantos hay política, es porque aparece universal. Y si encontráis versos a un presidente, es porque son un clamor continental. Mañana podremos ser yanquis (y es lo más probable); de todas maneras, mi protesta queda escrita sobre las alas de los inmaculados cisnes, tan ilustres como Júpiter."

lichkeit erstrahlt. Daher hat auch kein anderer als *Don Quijote de la Mancha* das letzte Wort in dieser Erzählung, die uns noch einmal die überzeitliche Bedeutung der Figur des Cervantes am Beispiel der hispanoamerikanischen Modernisten vor Augen führt.

Aus dieser Perspektive ist der hispanoamerikanische Modernismo nicht zuletzt der Versuch, innerhalb der sich grundsätzlich wandelnden geopolitischen, ökonomischen und kulturellen Kraftfelder der dritten Phase beschleunigter Globalisierung neue geokulturelle Positionen zu entwickeln, die spätestens nach dem Schiffbruch der spanischen Flottenverbände vor Manila und Santiago de Cuba auf die Konzeption und konkrete Herausbildung einer eigenen, gerade auch kulturell bestimmten Modernität abzielten. Deutet das „Así habló Próspero" auch durch den Rückgriff auf das nietzscheanische „Also sprach Zarathustra" unmissverständlich an, dass der uruguayische Autor, dessen *Ariel* ja eine fundamentale und lange Zeit wirksame Umdeutung der Shakespeare'schen (und damit ‚angelsächsischen') Dreieckskonstellation entfaltet hatte, nicht im entferntesten daran dachte, sich ausschließlich auf eine ‚lateinische' Tradition zurückzuziehen, so steht sein der Jugend Amerikas gewidmeter Entwurf doch für eine bewusste biopolitische und geokulturelle Gegenstrategie ein.

Dass in Prósperos (wenn auch nicht Rodós!) Enthusiasmus gerade in den reterritorialisierenden Schlussbildern der Kordilleren auch ein Schuss Trunkenheit miteingeflossen sein könnte, wird in *Ariel* keineswegs verschwiegen, wie die letzten Worte zeigen, die der alte Lehrmeister – und damit wollen wir ein letztes Mal aus *Ariel* zitieren – an seine dankbaren Schüler richtet:

> Erst einmal fest im Bollwerk Eures inneren Lebens verankert, wird Ariel von dort aus die Seelen erobern. Ich sehe ihn, wie er Euch dereinst von hoch oben voller Dankbarkeit zulächeln wird, wenn Euer Geist im Schatten versinkt. Ich glaube an Euren Willen, an Euer Bemühen, und mehr noch an die Bemühungen derer, denen Ihr das Leben schenken und denen Ihr Euer Werk übergeben werdet. Ich berausche mich oft an dem Traum von jenem Tage, an dem die Dinge der Realität den Gedanken eingeben werden, dass die Kordillere, die aus dem Boden Amerikas aufsteigt, so behauen wurde, um der endgültige Sockel dieser Statue, um der unverrückbare Altar ihrer Verehrung zu sein![13]

Die durchaus unterschiedlichen modernistischen Gegenentwürfe zur „nordomanía" haben die neuen machtpolitischen und ökonomischen Asymmetrien gewiss nicht verhindert. Doch wird man bei aller notwendigen Kritik an manch idealistischem Versuch, in der damaligen Phase längst bestehender weltweiter Telegraphenverbindungen noch eine an die iberische „Conquista de las almas" gemahnende Strategie ins Werk zu setzen, doch eingestehen müssen,

---

13 Rodó, José Enrique: *Ariel* (Ausgabe O.E.), S. 187f.

dass die modernistische Infragestellung angelsächsischer Globalisierungsmuster eine Langzeitwirkung entfaltete, deren Reflexionshorizonte noch heute vielerorts erkennbar sind – und wäre dies in der stereotypen Ansicht vieler Lateinamerikaner, dass die Vereinigten Staaten des Nordens ein mächtiges Imperium voller Wohlstand und materiellem Reichtum, aber ohne jeden Funken von Kultur und von Bildung seien.

Die hispanoamerikanischen „Modernistas" erwiesen sich beim Schiffbruch der spanischen Flotte als höchst aufmerksame Zuschauer, die bereits am Ausgang des 19. Jahrhunderts verstanden, dass künftig selbst im abgelegensten Dorf – um José Martís *Nuestra América* noch einmal zu erwähnen – das Lokale ohne die globalen Zusammenhänge nicht mehr adäquat zu denken sein würde. Zugleich eröffneten sie vom Bereich der Literaturen Lateinamerikas her eine neue Vision Amerikas, welche für die weiteren Gestaltungen und Erfindungen im Verlauf des 20. Jahrhunderts von nachhaltiger Bedeutung sein sollte.

José Carlos Mariátegui, José Vasconcelos oder Integration und Utopie marginalisierter Kulturen

Nur wenige Jahre nach Rubén Daríos *Ode an Roosevelt* hat sich im Kontext der hispanoamerikanischen Avantgarden der Blick auf zuvor marginalisierte und insbesondere indigene Kulturen verändert. Sicherlich war bei dem nikaraguanischen Poeten eine erstrebte, wenn auch eher abstrakte Integration in die kulturellen Traditionen von *Nuestra América* deutlich geworden, welche beim eigentlichen Begründer des Modernismo, dem Kubaner José Martí, zuvor fundamental eingefordert und in Ansätzen auch literarisch und symbolisch vorgeführt worden war. Doch die angesprochenen Veränderungen sollten gerade mit Blick auf die indigenen Kulturen – und hier wäre als eminente Vorläuferin die dem frühen Feminismus zuzurechnende Peruanerin Clorinda Matto de Turner[1] zu nennen – vor allem in der andinen Area essayistische wie politische Ausdrucksformen erfinden, welche im weiteren Verlauf des 20. Jahrhunderts weiter an politischer Sprengkraft gewannen.

Unser Gewährsmann für diese grundlegenden Umgestaltungen wird der peruanische Essayist und Philosoph José Carlos Mariátegui sein, dem wir aus verschiedensten Gründen im Rahmen dieser Vorlesung einen etwas breiteren Platz einräumen wollen als etwa den in anderen kulturellen Areas der Amerikas beheimateten José Vasconcelos oder Pedro Henríquez Ureña. Mit Mariátegui gelangen wir zugleich zu einem wichtigen Brennpunkt unserer Diskussion der hispanoamerikanischen Avantgarden, die wir in einer anderen Vorlesung ausführlich besprochen haben[2] und nun vor dem Hintergrund der Integration indigener Kulturen ergänzen wollen. Denn für die literarisch-politischen Avantgarden steht an herausragender Stelle ein José Carlos Mariátegui, dem wir vielleicht als Politiker noch allenfalls Víctor Raúl Haya de la Torre an die Seite stellen können, den charismatischen Gründer der Alianza Popular Revolucionaria Americana (APRA). Haya de la Torres Wahl zum Präsidenten Perus wurde zweimal durch das Militär verhindert. Doch Mariátegui setzte wie kein anderer im Kontext der hispanoamerikanischen Literaturen nicht allein des andinen Raumes neue, marxistische und zugleich lateinamerikanische Akzente.

---

1 Zu Clorinda Matto de Turner vgl. das entsprechende Kapitel im vierten Band der Reihe „Aula" in Ette, Ottmar: *Romantik zwischen zwei Welten* (2021), S. 924 ff.
2 Zum Verhältnis der lateinamerikanischen Avantgarden zu den europäischen vgl. den dritten Band der Reihe „Aula" in Ette, Ottmar: *Von den historischen Avantgarden bis nach der Postmoderne* (2021), S. 228 ff.

Open Access. © 2022 bei den Autoren, publiziert von De Gruyter. Dieses Werk ist lizenziert unter der Creative Commons Namensnennung - Nicht-kommerziell - Keine Bearbeitung 4.0 International Lizenz.
https://doi.org/10.1515/9783110724097-019

Abb. 69: José Carlos Marátegui (1894–1930).

José Carlos Mariátegui wurde am 14. Juni 1894 im peruanischen Moquegua in einfachen Verhältnissen geboren und starb schon früh am 16. April 1930 in der peruanischen Hauptstadt Lima. Er musste schon in jungen Jahren, nach einem Unfall mit dem Knie, das steif bleiben sollte, seine Schulausbildung abbrechen. Seine unstillbare Leselust und sein ungeheurer Antriebswille machten ihn jedoch zu einem brillanten Autodidakten, der schon bald von einfachen Hilfsarbeiten zum journalistischen Redakteur aufstieg und gleichsam über die Zeitung den Weg in die Literatur und die Politik, seine beiden großen Leidenschaften, fand. Der Journalismus war sozusagen seine Eintrittskarte in die literarischen Zirkel, wo er vor allem durch seine klare, mitreißende Prosa auf sich aufmerksam machte.

Sein Vater hatte die Familie schon früh verlassen, so dass seine Mutter nach Lima umzog, um ihre drei Kinder versorgen zu können. Schon im Jahre 1909, also als Vierzehnjähriger, begann er, für *La Prensa* zu arbeiten und bald auch zu schreiben. Nach der Arbeit in der peruanischen Hauptstadt für weitere Zeitungen und Zeitschriften sollte José Carlos Mariátegui auf journalistischem Gebiet als Gründer von Periodika hervortreten und dadurch eine breite Wirkung entfalten: Man denke nur an die Periodika *Nuestra Epoca*, *La Razón* oder die bald verbotene *Labor*, deren Erscheinen zu einem Zeitpunkt untersagt wurde, als Mariátegui längst zu einem der führenden Intellektuellen des Marxismus in Lateinamerika geworden war. Doch nein, vielleicht sollte ich besser *des lateinamerikanischen Marxismus* sagen! Denn gerade die Tatsache, dass Mariátegui nicht ein Marxist in Lateinamerika, sondern ein *lateinamerikanischer* Marxist sein wollte, sollte dem peruanischen Philosophen, dem später ein Bein amputiert werden musste, innerhalb der kommunistischen Orthodoxie erhebliche Schwierigkeiten bereiten.

Innerhalb seiner Lebensgeschichte sind sicherlich von entscheidender Bedeutung die dreieinhalb in Europa, in Frankreich, Deutschland, Österreich und vorwiegend in Italien verbrachten Jahre, die ihm durch ein Stipendium zuteil wurden und die es ihm erlaubten, eine breite Kenntnis der sozialen Situation und der politischen Bewegungen im damaligen Nachkriegseuropa – oder besser: im Zwischenkriegseuropa (doch das wusste damals noch niemand) – zu erwerben. Zwischen 1919 und 1923 sollte er in Europa Kontakte zu politischen Führern und Denkern wie Henri Barbusse, Maksim Gorkij und vor allem Antonio Gramsci knüpfen, die für seine Theoriebildungen im politischen Bereich nicht weniger wichtig waren als seine intensiven Lektüren von Benedetto Croce und De Sanctis im ästhetischen und spezifisch literaturtheoretischen Bereich. Er schriebt viel, vor allem für die Presse Limas, für die er als Korrespondent aus Italien berichtete.

Mit seinem Aufenthalt in Europa begann eine neue Etappe im Leben Mariáteguis, der sich nun von seiner vorherigen Zeit, die von seiner Zugehörigkeit zu dekadentistischen literarischen Strömungen gekennzeichnet war, vehement distanzierte und diese als seine ‚Steinzeit' bezeichnete. Diese Stellungnahme des peruanischen Intellektuellen sollte nach seinem Tode seine Familie, seine mächtigen literarischen Erben, dazu veranlassen, alle Schriften, die vor dem Europaaufenthalt des mittlerweile illustren Familienangehörigen erschienen waren, aus seinem Gesamtwerk zu entfernen, trügen sie doch nichts bei zum Bild des intellektuellen Führers, zu dem José Carlos Mariátegui sicherlich nach seiner Rückkehr nach Peru im Jahre 1923 geworden war. Als wohl der wichtigste marxistische Denker Lateinamerikas sollte Mariátegui bis weit über sein frühes Lebensende im Jahre 1930 hinaus im kollektiven Gedächtnis von „Nuestra América" bleiben. Denn sein Streben war es stets, die politische Avantgarde mit der literarischen zu verbinden.

Diese doppelte Stoßrichtung zeigt sich in einer Vielzahl von Aktivitäten. Nach seiner Rückkehr nach Peru wurde er zunächst erneut im Journalismus, aber auch durch seine Vortragsreihe an der Universidad Popular González Prada – deren Namensgeber wir ja in unserer Vorlesung bereits kennenlernen konnten – bekannt. Diese stand unter dem Leitthema *Peruanicemos al Peru, Peruanisieren wir Peru*; eine Problematik, der sich Mariátegui verschrieben hatte, selbst wenn er sich – wie der Philosoph auch mehrfach bekannte – immer wieder gegen den Vorwurf wehren musste, ein „Europeizante" zu sein, ein europäisierender Intellektueller. Immerhin hatte sein geistiges Leben in Europa – soviel kann man einräumen – die entscheidende Wende zum Engagement für die Arbeiterklasse und die Marginalisierten genommen. Doch bestand seine eigentliche denkerische Leistung vor allem in einer Transposition, ja in einer *Transplantation*,[3] mit welcher er in Europa entstandene Gedanken und Bewegungen in den Amerikas heimisch machte und etwa auf die Situation der indigenen Bevölkerung in seiner Heimatregion bezog.

---

[3] Vgl. hierzu Ette, Ottmar / Wirth, Uwe (Hg.): *Kulturwissenschaftliche Konzepte der Transplantation*. Unter Mitarbeit von Carolin Haupt. Berlin – Boston: Walter de Gruyter 2019.

Im ästhetischen und spezifisch literarischen Bereich ist José Carlos Mariátegui durch zwei Schöpfungen besonders hervorgetreten. Zum einen ist dies seine 1926 gegründete und bis zu seinem Tode 1930 erscheinende Zeitschrift *Amauta*, die auf ihren Seiten den schwierigen Versuch wagte, politische und ästhetische Avantgarde miteinander zu verbinden und einen zugleich peruanischen Anspruch mit einem gesamtlateinamerikanischen und universalen Blickwinkel zu verbinden. *Amauta* gehört in der Geschichte der lateinamerikanischen Literaturen zweifellos zu den großen Zeitschriften des Kontinents und steht für einen Aufbruch in ein neues Jahrhundert, in welchem die brennende Fragestellung kolonialer und postkolonialer Problematiken immer noch der dringlichen Aufarbeitung harrte. Bis zu seinem frühen Tod blieb Mariátegui der Herausgeber dieses berühmten lateinamerikanischen Periodikums, das viele linke Positionen lateinamerikanischer Intellektueller kanalisierte und marxistische Strategien für die zweite Jahrhunderthälfte vorbereitete.

José Carlos Mariátegui versuchte zum anderen aber, die moderne abendländische Zivilisation mit der indigenen Kultur und ihren Spezifika zu versöhnen aus der Einsicht, dass die Nation wie die Nationalkultur Perus in sträflicher Weise kolonial geblieben waren und eine Integration der indigenen Bevölkerung – und damit der Bevölkerungsmehrheit – in keinster Weise gelungen war. Zur Verwirklichung dieses Zieles diente in erster Linie sein literarisches Hauptwerk, das wir gleich besprechen werden. Doch bereits das Rahmenthema seiner Vorträge von 1923 – die Peruanisierung Perus – lässt eine solche Zielsetzung deutlich erkennen. Dieser inhaltliche Schwerpunkt erscheint also auch in seinem zweifellos wichtigsten und folgenreichsten Werk, seinen *Siete ensayos de interpretación de la realidad peruana*. Diese *Sieben Versuche zur Interpretation der peruanischen Realität* erschienen erstmals 1928 in Lima und machten ihren Verfasser zum für lange Zeit wichtigsten Intellektuellen Perus und des andinen Raumes. Dies gilt zumindest, wie ein Seitenblick auf den großen peruanischen Dichter César Vallejo[4] zeigt, für den Bereich des politisch-literarischen Essays und der gesellschaftspolitischen Wirkung seiner in jeglichem Sinne engagierten Schriften.

Greifen wir aus dem großen Oeuvre des peruanischen Marxisten also die *Siete ensayos de interpretación de la realidad peruana* heraus, die seit ihrem erstmaligen Erscheinen 1928 zu einem der großen Klassiker der politischen

---

4 Zur literarischen Bedeutung César Vallejos innerhalb der lateinamerikanischen und transatlantischen Avantgarden siehe auch den dritten Band der Reihe „Aula" in Ette, Ottmar: *Von den historischen Avantgarden bis nach der Postmoderne* (2021), S. 261 ff.

Prosa und Essayistik in Hispanoamerika geworden sind. Es handelt sich, wie der Titel des Bandes schon sagt, um Versuche oder *Essays*, also um jene Gattung, die mit dem hispanoamerikanischen Modernismo zu jener großen Reife gelangte, zu der ihn Figuren wie José Martí, Rubén Darío, José Enrique Rodó, aber auch César Zumeta und – um in Peru zu bleiben – Manuel González Prada führten. Letzterem errichtete Mariátegui im Übrigen in seinen *Siete ensayos* ein kleines literarisches Denkmal, erblickte er im Schaffen dieses einflussreichen Essayisten doch jenes Werk, das die Kolonialzeit Perus im literarisch-ästhetischen Bereich beendet und eine neue Periode, die des ‚notwendigen Kosmopolitismus', heraufgeführt habe.

Die *Sieben Versuche* bilden, wie Mariátegui gleich zu Beginn seines Bandes betont, keine Einheit im eigentlichen Sinne; und so stellt er dem Buch auch ein Motto von Friedrich Nietzsche voraus, demzufolge die Aufmerksamkeit des Philosophen nur noch jenen Büchern beschieden sei, denen man nicht ansehe, dass ihr Autor versucht habe, ein Buch zu schreiben. Die *Sieben Versuche* sind in der Tat so spontan und gleichsam im Nietzscheanischen Sinne ‚unversehens' zu einem Buch geworden, so dass sie zugleich auch den Vorteil besitzen, trotz der Zusammengehörigkeit und Einheit der Gedanken des peruanischen Intellektuellen kein zusammenhängendes System, kein orthodoxes Lehrgebäude zu errichten. Um ein solches war es dem peruanischen Intellektuellen gewiss nicht zu tun.

In diesen Essays ist erstaunlicherweise der gerade einmal ein Jahrzehnt zurückliegende Sieg der russischen Oktoberrevolution als Antrieb und Fanal herausgestellt – weit mehr, als es etwa die Mexikanische Revolution zu sein scheint. Und doch ist entgegen aller Erwartungen der orthodoxen Linken die kommunistische, marxistisch-leninistische Orthodoxie in zahlreiche Fragmente aufgebrochen, welche durchaus ein gutes Anschauungsmaterial dafür liefern, wie und mit Hilfe welcher Mittel Mariátegui den Marxismus in der Tat *peruanisierte*.

Dies aber trug ihm viele Feinde ein, wie er noch kurz vor seinem Tod bemerken musste, als seine Texte, die er für die erste Kommunistische Konferenz Lateinamerikas in Buenos Aires verfasst hatte, in seiner Abwesenheit – er konnte aus gesundheitlichen Gründen nicht an diesem Treffen teilnehmen – auf harsche Kritik und unmissverständliche Ablehnung stießen. Noch bis heute gilt Mariátegui als Häretiker, der den Orthodoxen ein Dorn im Auge ist, insofern es ihnen niemals gelang, ihn für sich zu vereinnahmen. Seine Vorstellungen sind freilich lebendig geblieben – nicht nur in Kuba, wo allen voran der zeitweilige Chefideologe Roberto Fernández Retamar nie müde wurde, Mariáteguis *Siete ensayos* als grundlegendes Werk des 20. Jahrhunderts neben das mittlerweile sakrosankte[5] von José Martí zu stellen und mit den Texten und Taten Fidel Castros zu verbinden. Auch in Peru wurden die *Siete ensayos* zu einem hochgradig kanonisierten Text; selbst die Túpac Amaru-Guerrilleros, die vor Jahren, als ich zum ersten Mal diese Vorlesung hielt, die japanische Botschaft in Lima besetzt hielten, dürften wohl ohne jede Frage die *Siete ensayos* gelesen haben. Mariáteguis Werk ist in Lateinamerika längst zu einem Klassiker linker Theorie geworden.

Die sieben Essays behandeln unterschiedliche, wenn auch untereinander zusammenhängende Problemfelder. Der erste Essay entfaltet ein Schema der wirtschaftlichen Entwicklung Perus von der Kolonialzeit bis in die Gegenwart Mariáteguis, wobei der peruanische Essayist eine Vielzahl von Kontinuitäten herausarbeitet. Er folgt zwar der generellen Einteilung von Kolonialzeit und Republik, betont aber zugleich, dass es die Spanier nicht vermochten, ihr Feudalsystem wirtschaftlich in Peru umzusetzen; ganz so, wie es die Republik nicht vermochte, das ererbte koloniale Wirtschaftssystem abzustreifen und neue Strukturen zu entwickeln. Daraus ergibt sich eine Kontinuität von Problemen des Kolonialen im Postkolonialen, die der peruanische Intellektuelle klar vor sich sieht und analysiert.

Im Kern seiner Ausführungen steht die spannende These, dass es sich bei der präkolumbischen Wirtschaftsstruktur des Inkareiches, des „Tawantinsuyu", um eine auf dem „Ayllu" basierende Form des *indigenen Kommunismus* gehandelt habe, die zwar – wie er später ausführt – nicht mit dem aktuellen Kommunismus zu verwechseln sei, zu unterschiedlich seien hier die soziohistorischen Kontexte, die aber zweifellos für ihn angesichts der Krise des liberalen kapitalistischen Wirtschaftsmodells deutliche Verbindungspunkte zu nicht-liberalen Wirtschaftssystemen anboten. Der Ausblick auf kommunistische Wirtschaftsmodelle ist augenfällig, und Mariátegui führt ihn zwar nicht aus, legt ihn aber durch häufige Seitenblicke auf das prärevolutionäre Russland nahe. Bis heute hat diese These immer wieder Anhänger und Verteidiger gefunden. In jedem Falle war dies ein eminenter Ansatzpunkt, um die indigenen Traditionen im ökonomischen Bereich mit aus Europa stammenden Wirtschaftsmodellen zu verbinden, ja zu versöhnen.

Ebenso klar ist, dass derartige Konzeptionen bei orthodoxen Kommunisten und Theoretikern keinen Freudensturm auslösen konnten, entsprachen solche Ansätze doch nicht der reinen marxistischen Lehre oder gar den Konzeptionen der Kommunistischen Internationale. Denn auf diese Weise nimmt José Carlos

---

5 Vgl. hierzu die Studie von Ette, Ottmar: *José Martí. Teil I: Apostel – Dichter – Revolutionär. Eine Geschichte seiner Rezeption.* Tübingen: Max Niemeyer Verlag 1991.

Mariátegui das „Tawantinsuyu" nicht als kulturelle, ethnische, anthropologische, ja folkloristische Facette, sondern gerade als Wirtschaftsstruktur ernst, die im Übrigen ihren Charakter gegen alle Versuche aufrechtzuerhalten gewusst habe, ihre Grundvorstellungen rund um das „Ayullu" zu verändern oder zu verwässern.

Analog hierzu betont José Carlos Mariátegui des Weiteren, dass es in Peru gleichsam drei aus unterschiedlichen historischen Phasen stammende Wirtschaftssysteme gebe: erstens das inkaische Wirtschaftssystem in andinen Rückzugsräumen, zweitens das Feudalsystem der Spanier in bestimmten Küstenregionen und andinen Bereichen, sowie drittens die Anfänge einer bürgerlich-kapitalistischen – wir könnten hinzufügen: hochgradig internationalisierten, außenorientierten, außenabhängigen – Wirtschaft, welche sich ebenfalls in den Küstenregionen Perus ansiedelt. Mariátegui stellt mit diesem ersten Essay eine ökonomische Grundlage her, auf deren Fundament er dann die weiteren Problemfelder seiner Untersuchung in nachfolgenden Essays beschreibt. Es handelt sich gleichsam um ein Basis-Überbau-Schema, bei dem er – ohne dies auszusprechen – geradezu notwendig und folgerichtig am Ende des Buches in einem sehr langen, ausführlichen Essay auf die literarisch-ästhetische Entwicklung der peruanischen Nationalliteratur zu sprechen kommt.

Der zweite Essay trägt den Titel *El problema del indio* und versucht, für uns nun nicht mehr überraschend, sich der ‚Indiofrage' nicht vom ethnologisch-anthropologischen Blickwinkel aus anzunähern, sondern sie als soziale und politische Problematik erkennbar zu machen. Von Beginn an unterstreicht Mariátegui den sozioökonomischen Charakter der indigenen Herausforderungen in einem künftigen Peru, auf die zu verzichten alle anderen Ansätze von vorneherein zum Scheitern verurteile. Man kann sehr leicht erkennen, wie und auf welche Weise der peruanische Philosoph hier die in Europa Stück für Stück erworbene Kompetenz bei der Einbeziehung von Minderheiten und Benachteiligten auf die Marginalisierung indigener Bevölkerungsmehrheiten in seinem Heimatland Peru übertrug.

José Carlos Mariáteguis Kritik an der aktuellen Situation der indigenen Bevölkerung in den ersten Jahrzehnten des 20. Jahrhunderts ist eine zumindest doppelte. Zum einen übt er scharfe Kritik an der Rücksichtslosigkeit der europäischen Expansion bis hin zu den imperialistischen Vorzeichen ihrer Fortführung durch den expansiven Nachbarn im Norden; zum anderen nimmt er die Independencia unter Feuer, die keine wirkliche Veränderung der gesellschaftlichen Grundlagen der Ausbeutung indigener Bevölkerungen geschaffen habe. Dies ist zugleich eine Abrechnung mit einer kreolischen Herrschaftselite, welche ebenso in Peru wie in den meisten anderen der lateinamerikanischen Nationalstaaten noch immer die Geschicke ihrer jeweiligen Länder leitete. Man kann an dieser Stelle hinzufügen, dass sich daran auch bis heute, ein Jahrhundert nach Mariáteguis *Siete ensayos*, wenig geändert hat. Doch schauen wir uns hierzu eine entsprechende Passage aus diesem Essay einmal näher an:

> Die Annahme, dass das indigene Problem ein ethisches Problem sei, nährt sich aus dem veraltetsten Repertorium imperialistischer Vorstellungen. Das Konzept der inferioren Rassen diente dem weißen Westen dazu, sein Werk der Expansion und Eroberung fortzuführen. Die Emanzipation der indigenen Bevölkerung von einer aktiven Kreuzung der eingeborenen Rasse mit weißen Einwanderern zu erhoffen, ist nichts als eine antisoziologische Naivität, welche allein dem rudimentären Hirn eines Importeurs von Merinoschafen entspringen kann. Die asiatischen Völker, denen das indigene Volk keinen Millimeter unterlegen ist, haben auf bewundernswerte Weise die westliche Kultur in dem assimiliert, was diese am Dynamischsten und Schöpferischsten besitzt, und zwar ohne jede europäische Bluttransfusion.
> [...]
> Die Unabhängigkeitsrevolution war bekanntlich keine indigene Bewegung. Sie wurde von den Kreolen und sogar den Spaniern in den Kolonien vorangetrieben und ausgenutzt. Doch sie genoss die Unterstützung der indigenen Massen [...]. Das liberale Programm dieser Revolution umfasste logischerweise die Erlösung des Indio als konsequente Anwendung ihrer auf Gleichheit zielenden Postulate. Und so zählten zu den ersten Handlungen der Republik verschiedene Gesetze und Dekrete, welche günstig für die indigene Bevölkerung ausfielen. Man ordnete die Verteilung von Grund und Boden, die Abschaffung kostenloser Arbeitsleistungen und mehr an; da aber die Revolution in Peru keinesfalls die Heraufkunft einer neuen Herrschaftsklasse beinhaltete, blieben all diese Anordnungen nichts als beschriebenes Papier, insofern es an fähigen Gouverneuren mangelte, um sie umzusetzen.[6]

Die in diesen Passagen von José Carlos Mariátegui angeschnittene und seiner Kritik unterworfene Problematik betrifft zunächst jene Ablehnung von gleichsam staatlich verordneten *Mestizaje*-Programmen, wie sie zum damaligen Zeitpunkt tatsächlich praktiziert wurden und die es als Ideologie und Praxis zum Teil in Brasilien bis in unsere Gegenwart gibt. So spricht man dort teilweise verdeckt noch immer von einem erwünschten „Branqueamento" der Bevölkerung im Sinne einer ‚rassischen' und zugleich charakterlichen, mentalitätsgeschichtlichen, kulturellen ‚Aufhellung' und ‚Verwestlichung'. Wie sehr derartige Vorstellungen auf einem zutiefst rassistischen Fundament aufruhen, bei dem ganz im Sinne von Claude Lévi-Strauss biologische und kulturelle Aspekte willentlich und wissentlich miteinander vermischt werden, brauche ich an dieser Stelle unserer Vorlesung nicht mehr zu betonen.

José Carlos Mariátegui führt den auch im Imperialismus seiner Zeit populären Schwindel derartiger Vorstellungen, die auf der Inferioritätsthese des 18. Jahr-

---

[6] Mariátegui, José Carlos: *Siete ensayos de interpretación de la realidad oeruana*. Barcelona: Editorial Crítica 1976, S. 33 und 38.

hunderts fußen (denken Sie zurück an den bereits erwähnten Grafen Buffon oder Cornelius de Pauw, die Klimatheorien und abgeleiteten Vorstellungen der französischen Aufklärer und vieles mehr!),[7] seinen Lesern in einer klaren, transparenten Diktion vor Augen. Der peruanische Essayist zieht die Verbindung zwischen derlei Vorstellungen und deren Nützlichkeit für die fortgesetzte und auch unter den Bedingungen des Imperialismus fortgeführte Expansion des Abendlands, des „weißen Westens" („Occidente blanco"). Seine Diagnose dabei ist: Die Conquista geht weiter. Und er scheut sich nicht, eben diesen Begriff der Eroberung dafür zu verwenden.

Dabei ist aufschlussreich, dass Mariátegui nicht nur die transatlantische Beziehung zwischen Lateinamerika und Europa ins Bild rückt, sondern auch transpazifische Vergleiche mit Asien heranzieht. Die bewusste vergleichende Einbeziehung des asiatischen Weges – eine selektive Anpassung abendländisch-westlicher Kulturtechniken, ohne dass es zu einer ‚Rassenmischung' gekommen wäre – ist insoweit hintergründig, als die Asiaten ja gleichsam die Stammväter der indigenen Bevölkerung Amerikas darstellen und der asiatische Raum als Entwicklungsmodell daher gerade für das dem Pazifik zugewandte Peru interessant sein konnte. Transareale Ansätze finden sich in Mariáteguis Schriften immer wieder.

Ich glaube gleichwohl nicht, dass Mariátegui zum damaligen Zeitpunkt so weit hätte denken können, asiatische Wirtschaftsmodelle für den peruanischen Raum in Betracht zu ziehen, wie dies teilweise heute geschieht. Doch zu krass ist seine Ablehnung etwa der chinesischen Kontraktarbeiter, der Kulis, der chinesischen Einwanderung nach Peru, die keinen kulturellen Beitrag zur Nationalkultur leiste. Es lassen sich an dieser Stelle erhebliche Parallelen zur ebenfalls ablehnenden Haltung José Martís gegenüber den chinesischen Kulis konstatieren. All dies sind – nicht zuletzt im Kontext der Forschungen zur *Coolitude*[8] – Phänomene der dritten Phase beschleunigter Globalisierung, auf die ich nochmals zurückkommen werde. Doch zeigt sich in diesem Zusammenhang deutlich, dass den peruanischen Denker – wie bei der ‚Indiofrage' überhaupt – nicht die rassische, biologische, ethnische oder anthropologische Seite interessiert, sondern schlicht das Sozioökonomische des Problems für ihn im Mittelpunkt der Untersuchung steht.

---

7 Vgl. auch den fünften Band der Reihe „Aula" in Ette, Ottmar: *Aufklärung zwischen zwei Welten* (2021), passim.
8 Vgl. hierzu Torabully, Khal: *Chair Corail, Fragments Coolies*. Guadeloupe: Ibis Rouge Editions 1999; sowie Ette, Ottmar: Coca Cola und „Coolitude". In: Müller, Gesine / Ueckmann, Natascha (Hg.): *Kreolisierung revisited. Debatten um ein weltweites Kulturkonzept*. Bielefeld: transcript Verlag 2013, S. 305–328.

José Carlos Mariátegui geht noch einen Schritt weiter: Humanitäre Überlegungen – und diese Kritik kennen wir bereits von Manuel González Prada – bringen nach seiner Ansicht die Indioproblematik ebenfalls einer Lösung nicht näher, sei doch unverkennbar, dass selbst die bestgemeinten und bestformulierten Gesetze in Lima vor Ort in den Anden nicht weiterhelfen, solange die politische Macht in denselben Händen verbleibt. Der Begriff der Unabhängigkeits*revolution*, wie ihn Mariátegui gebraucht, desavouiert sich selbst, handelt es sich doch nicht um eine Revolution im europäischen Sinne, sondern höchstens um eine Revolution im lateinamerikanischen, die keine grundlegende Veränderung und Umwälzung, sondern höchstens eine Umdrehung mehr in der Frage der Macht herbeiführen konnte. wir hatten bereits bei unserer Auseinandersetzung mit der Independencia gesehen, dass die kreolischen Eliten die wesentliche Trägerschicht dieser Revolution und daher nicht interessiert daran waren, ihre wirtschaftliche und nunmehr auch politische Macht aus den Händen zu geben.

Mariátegui konstatierte kühl die Machtverhältnisse in seinem Heimatland. Denn noch immer sind es dieselben, die die Zügel der macht in Peru in Händen halten: die alte latifundistische Aristokratie, die Erben der „Conquistadores" und „Encomenderos", die sich nun – wie Mariátegui an anderer Stelle schreibt – in den Zeiten der Republik als liberales Bürgertum verkleiden, keineswegs aber bereits sind, sich die Macht aus den Händen reißen zu lassen. Schon Clorinda Matto de Turner hatte in ihrem Roman *Aves sin nido* auf diese Problematik aufmerksam gemacht.[9] Gerade die Verteilung von im Besitz der Indios befindlichem Land führte, wie bei Mariátegui schonungslos aufgezeigt wird, zu einer Vergrößerung nicht etwa des indianischen Kleinbesitzes oder zu einer Begünstigung der indianischen Bevölkerung, sondern letztlich zu einer Bereicherung der „Gamonales" und zur Vergrößerung ihrer immer weiter anwachsenden Latifundien.

Dies ist der gesellschaftliche und ökonomische Hintergrund für die These des peruanischen Intellektuellen, dass das Indioproblem ein vorrangig sozioökonomisches sei und nicht in einer biologisch-rassischen Determiniertheit wurzele. Die Lösung dieser Problematik erblickt Mariátegui im Aufbau sozialistischer Strukturen, die – soweit kennen wir bereits seine Argumentation – den Indios keineswegs als ausländisch und fremd erscheinen müssen, sondern letztlich ihrem ‚indigenen Kommunismus' überaus nahestehen und so auch ihrer Mentalität, ihrer Kultur, ihren Arbeitsformen entgegenkommen.

---

9 Vgl. hierzu nochmals das Clorinda Matto de Turner gewidmete Kapitel im vierten Band der Reihe „Aula" in Ette, Ottmar: *Romantik zwischen zwei Welten* (2021), S. 924 ff.

Dies ist eine Vorstellung, die durchaus originell, wenn auch nicht gänzlich neu war, die aber zugleich die hier von Mariátegui nicht beantwortete Frage beinhalten musste, wer denn eine solche Revolution zu leiten in der Lage sein könne. Dachte Mariátegui hier an eine von den Indios selbst geleitete oder von abendländisch-sozialistisch strukturierten Organisationsformen gleichsam ‚übernommene' und damit letztlich wieder paternalistische Lösung, selbstverständlich zum Wohle der Indianer? Den *Siete ensayos de Interpretación de la realidad peruana* ist eine Antwort auf diese Frage nicht zu entnehmen.

Eben dies ist die Problematik, welche diese *Versuche* aufwerfen: Sie stehen sehr wohl in der Tradition der Essayistik José Martís, der seinen klaren, bisweilen gestochen scharfen Analysen keine transparenten und eindeutigen Lösungsansätze folgen ließ und auch folgen lassen konnte. Denn er wollte keinesfalls von Beginn an einen großen Teil seiner Leserschaft verlieren, sobald diese nämlich befürchten musste, andere als die erwünschten politischen Optionen zu wählen oder gar eines Teils ihrer Privilegien verlustig zu gehen. José Carlos Mariátegui steht in diesem Zusammenhang also in einer durchaus auch kritisch zu beleuchtenden Tradition bewusst ambivalenter Programmatik, der eine gewisse und bisweilen sogar etwas hohl klingende Rhetorizität – wie sie auch die revolutionären Texte des Peruaners auszeichnet – nicht fehlt.

Damit möchte ich keineswegs den Eindruck erwecken, die Überlegungen Mariáteguis seien pure rhetorische Wortklauberei und stünden in einer langen Abfolge lateinamerikanischer Essays, denen es nicht um die Realisierbarkeit der in ihnen aufgestellten Ideen ginge. Ganz im Gegenteil: Unverkennbar ist, dass der peruanische Intellektuelle versucht, die *peruanische Realität* nicht nur zu interpretieren – es kommt ja, wie Sie wissen, mit Marx darauf an, sie zu verändern –, sondern *vom Indio her* zu denken und ihr damit eine andere Perspektivik zu geben. Gerade hierin ist er auch ein Intellektueller, der europäisches Gedankengut, wie es der Marxismus nun einmal ist, peruanisieren, lateinamerikanisieren, kreativ anverwandeln und aneignen, aber auch in die entsprechenden gesellschaftlichen Akte übersetzen möchte.

Der dritte Essay der *Siete ensayos de interpretación de la realidad peruana* beschäftigt sich mit einem Grundproblem aller lateinamerikanischen Staaten bis heute, dem *Problema de la tierra*, also des Großgrundbesitzes der Latifundisten und – wie es in Peru heißt – „Gamonales", die sich jedweder grundlegenden Veränderung der Besitzverhältnisse bis heute stets erfolgreich zur Wehr gesetzt haben. Mariátegui weist dabei nach, dass die indianischen Besitz- und kollektiven Anbauformen keineswegs weniger leistungsfähig als latifundistische Strukturen sind, ja dass sie diese an Produktivität deutlich übersteigen. Er schreibt damit gegen die seit der Independencia oft geäußerte Meinung an, der zufolge die kollektiven indigenen Besitzverhältnisse eine Hinterlassenschaft von Conquista und Colonia seien und einer Modernisierung der Gesellschaften im Wege stünden. Belege für die Fruchtbarkeit und Zukunftsoffenheit indigener Besitz- und Anbauformen haben die letzten Jahrzehnte – etwa auch im hochandinen Bolivien – zuhauf erbracht.

Mariátegui versucht, die Strategien von Conquista und Colonia kontrastiv im transarealen Vergleich darzustellen. Als Gegenmodell zum kolonialspanisch ererbten Großgrundbesitz kommt ihm das US-amerikanische Beispiel sehr entgegen; er wird nicht müde, den Pionier, den Puritaner und den Juden als die Produktivkräfte der Vereinigten Staaten hervorzuheben und das Beispiel der US-amerikanischen Kolonisation (wohlgemerkt: indianischen Landes) positiv zu bewerten. Es überrascht schon, dass er in diesen Passagen kaum ein Wort über den Genozid der nordamerikanischen Siedler an den indianischen Völkern verliert. Doch sein Ziel lässt sich wohl eher als ein rhetorisches beschreiben, ging es ihm doch darum, nicht nur die Ungerechtigkeit, sondern auch die Unsinnigkeit des kolonialspanischen Modells zu behaupten. So dient ihm das Beispiel der USA in erster Linie dazu, diesen längst zum Topos gewordenen Besiedlungs- und Kolonisationsprozess gegen das spanische Vorgehen in Hispanoamerika ins Feld zu führen.

Der vierte Essay gilt dem *Proceso de la instrucción pública* und damit sowohl der Bildung wie auch der Erziehung und deren Institutionen im Allgemeinen als auch der Universitätsreform im Besonderen. Mariátegui arbeitet in diesem Zusammenhang heraus, dass es der spanischen Kolonisation als einziger gelungen sei, durchgängig ein bestimmtes Bildungssystem durchzusetzen, was bei den während der Republik modellbildend wirkenden Einflüssen aus Frankreich und später noch aus Nordamerika nicht mehr der Fall sein sollte. Mariátegui zeigt sich dabei keineswegs – wie zu erwarten gewesen wäre – als ein Anhänger des französischen Modells, das die Republik im 19. Jahrhundert zu kopieren suchte, beinhalte dieses französische Modell doch eine viel zu starke Zentralisierung aller Institutionen. Dies seien Probleme, die selbst in Frankreich noch keineswegs gelöst werden konnten.

Vor allem aber bemängelt er die vorwiegend rhetorische und literarische Zielsetzung dieses Bildungsmodells, das die spanische Orientierung nicht etwa ausbalanciert, sondern nur weiter verstärkt und verkompliziert habe. Mariátegui spart dabei nicht mit Kritik an einer hirnlosen Übertragung französischer Vorbilder und Vorstellungen; und er spart auch nicht mit Spott, hätten die als liberales Bürgertum verkleideten Aristokratenfamilien Limas doch vor allem jene elegant konservative französische Bildung der Jesuitenkollegs für ihre Sprösslinge im Auge gehabt, die kaum etwas anderes produziere als zuvor die spanischen Bildungsinstitutionen. Denn was brächten diese Institutionen hervor? Beamte, „Letrados", Advokaten oder Literaten, aber keine praktisch orientierten, auf dem modernsten Stand der Technologie befindlichen Techniker, Ingenieure oder Wissenschaftler.

Scharf wird Mariáteguis Kritik aber dann, als es um die Universitätsreform in Peru geht. Der peruanische Intellektuelle und Politiker ergreift auf diesem Gebiet deutlich Partei. Er geht zunächst der Unfähigkeit mancher Universitätsprofessoren, vor allem aber der Geschichte der Studentenbewegung in Hispanoamerika nach, die 1918 vom argentinischen Córdoba aus ihren Weg nahm und nahezu alle hispanoamerikanischen Länder und Universitäten erfasste. 1918 ist für die lateinamerikanische Studentenbewegung so etwas wie Mai '68 für die Studentenbewegung in der damaligen westlichen Welt: Sie hatte direkte Konsequenzen keineswegs nur im Bildungsbereich, sondern in weiten Gebieten von Politik und Gesellschaft im Süden des amerikanischen Kontinents.

Wir wollen daher gerne diesen Weg kurz zurückgehen zu jenem *Manifest von Córdoba*, in dem sich 1918 die argentinische Jugend an die freien Menschen von Südamerika wendet und keineswegs unpathetisch ihre Überlegungen herausstreicht: „Als Menschen einer freien Republik haben wir soeben die letzte Kette gesprengt, die uns mitten im 20. Jahrhundert noch an die alte Herrschaft der Monarchen und der Mönche fesselte."[10] Hören wir – in der Übersetzung von Wilfried Böhringer – einmal hinein in die Schlusspassage dieses Manifest von 1918, das sicherlich in einem direkten Kontakt mit den avantgardistischen Bewegungen in Kunst und Literatur Lateinamerikas entstand![11] Vieles von diesen Forderungen mag in unseren Ohren vertraut klingen:

> Lasst uns diese Lektion aufgreifen, Genossen in ganz Amerika; vielleicht hat sie die Bedeutung eines glorreichen Vorzeichens, die Wirkung eines Aufrufs zum entscheidenden Kampf für die Freiheit, sie zeigt uns den wahren Charakter der tyrannischen, mit Blindheit geschlagenen Universitätsobrigkeit, die in jeder Eingabe eine Beleidigung und in jedem Denken den Keim der Rebellion sieht.
>
> Die Jugend bittet nicht mehr. Sie fordert, dass man ihr das Recht zuerkennt, das eigene Denken in den Universitätsgremien durch ihre Vertreter zu äußern. Sie ist es leid, die Tyrannen zu ertragen. Wenn sie fähig gewesen ist, eine Revolution des Bewusstseins herbeizuführen, so kann man ihr nicht die Fähigkeit absprechen, bei der Verwaltung ihres eigenen Hauses mitzuwirken.
>
> Die Universitätsjugend von Córdoba entbietet über ihre Föderation den Genossen in ganz Amerika ihren Gruß und fordert sie auf, das Werk der Befreiung mitzutragen, das sie begonnen hat.[12]

---

10 Vgl. Das Manifest von Córdoba (1918). Die argentinische Jugend Córdobas an die freien Menschen Südamerikas. In: Rama, Angel (Hg.): *Der lange Kampf Lateinamerikas*, S. 173.
11 Das gesamte Kapitel rund um José Carlos Mariátegui versteht sich als eine Ergänzung der Ausführungen zu den historischen Avantgarden in Lateinamerika im dritten Band der Reihe „Aula" in Ette, Ottmar: *Von den historischen Avantgarden bis nach der Postmoderne* (2021), S. 188 ff.
12 Das Manifest von Córdoba, S. 178.

Das Manifest der Studierenden im argentinischen Córdoba wendet sich entschieden gegen die verkrusteten Universitätsstrukturen, die stellvertretend für die ebenso verkrusteten Staatsstrukturen gesehen werden. In der Wendung gegen eine tyrannische Universitätsobrigkeit erheben sich die Studierenden gegen eine Staatstyrannei, gegen die sie in ganz Amerika vereint vorgehen wollen. Dieses Schlusswort war keineswegs eine leere Formel oder in den Wind gesprochen. In fast allen hispanoamerikanischen Ländern entwickelten die Studenten neue Vorstellungen von studentischer Mitarbeit und Partizipation, gründeten „Universidades Populares", welche die Bildung aus dem Kreis elitärer Zugehörigkeit hinausführen und für die Massen erreichbar machen sollten – *Volkshochschulen* in einem basisdemokratischen Sinne.

Die seit den hispanoamerikanischen Modernisten sichtbaren gesamthispanoamerikanischen, ja bisweilen gesamtlateinamerikanischen Bande wirkten und erwiesen sich jetzt als effizient: Die transarealen Kommunikationsnetze waren gespannt. Dieser Netzwerke bediente sich nun auch diese avantgardistische studentische Jugend, um ihre Forderungen öffentlichkeitswirksam zur Geltung zu bringen. Eine der grundlegenden Forderungen der Studierenden in nahezu allen Ländern haben wir bereits in ihrer argentinischen Version kennengelernt: Partizipation der Studierenden in universitären Gremien und Einrichtungen. Eine derartige basisdemokratische Partizipation war in der Universität kolonialspanischer Provenienz nicht vorgesehen und konnte von den Studierenden in vielen Ländern auch nicht dauerhaft erkämpft werden. Denn viele Errungenschaften dieser Bewegung vom Ende des zweiten Jahrzehnts des 20. Jahrhunderts waren am Ende des dritten Jahrzehnts bereits wieder verspielt oder verloren gegangen.

Zu den Forderungen der Studierenden, die eine neue Vision Amerikas entfalten wollten, auf welche die Visionen von Rodós Luftgeist *Ariel* durchaus einen spürbaren Einfluss ausübten, gehörte aber auch fast durchgängig die Einrichtung freier Dozenturen oder Lehrstühle, die es erlauben sollte, außeruniversitären Kapazitäten eine Chance zu geben, die sie in der inneruniversitären Laufbahn niemals erhalten würden. Auf diese Weise sollten neue Stimmen, neue Gedanken, neue Visionen zur Entfaltung gebracht werden.

Die sogenannte „Docencia libre" wurde zudem ergänzt – und diese Forderung werden Sie hier an der Universität Potsdam sofort erkennen – durch eine freie beziehungsweise freigestellte Anwesenheit bei den Kursen, Veranstaltungen und Vorlesungen; vor allem aber auch durch eine ganze Fülle weiterer Forderungen, welche auf grundlegende Reformen innerhalb der jeweiligen Gesellschaften hinausliefen. Die Studentenbewegung, die sich im Anschluss an die „Reforma Universitaria" von Córdoba entwickelte, war sicherlich eine politische Avantgarde, in der sich viele der später wichtigen Politiker, Revolutionäre wie Staatsmänner bilden und artikulieren konnten. Sie wirkte zeitweise wie ein Katalysator auf verschiedenste gesellschaftliche Sektoren und es gelang ihr sehr wohl, ebenso liberal-demokratische, linksarielistische wie auch radikal sozialistische Vorstellungen zu propagieren und politisch einzuklagen. Wie die künstlerischen und literarischen Avantgarden dieser Epoche versuchten sie, mit einer langen und erstickenden Tradition zu brechen und frischen Wind in radikal zu verändernde Institutionen zu bringen.

Die dramatischen Ereignisse der spektakulären Mexikanischen Revolution, vor allem aber auch der die alten Eliten hinwegfegenden Russischen Oktoberrevolution hatten auf die lateinamerikanische Jugend gewirkt und angesichts der unbefriedigenden Situation ihrer jeweiligen Länder gerade auch im Bildungs- und Erziehungssystem Aktivitäten provoziert, die die lateinamerikanischen Gesellschaften nun unverkennbar innerhalb diskursiver Strukturen situierten, welche nicht mehr jene des 19. Jahrhunderts sein konnten. Die Studierenden versuchten, so auch Mariáteguis Einschätzung, die Kolonialzeit an den Universitäten, aber auch in der Gesellschaft ein für alle Mal zu beenden: wohlgemerkt ein ganzes Jahrhundert nach deren politischem Ende in der Unabhängigkeitsrevolution der Independencia!

Wir verlassen nun die spannende Problematik der „Reforma Universitaria", der bereits einige Doktorarbeiten gewidmet worden sind, und kehren zu José Carlos Mariátegui und seinen *Siete ensaayos de interpretación de la realidad peruana* zurück. Der fünfte dieser Essays wendet sich dem religiösen Faktor zu, und zwar in drei Stufen: erstens innerhalb der Gesellschaft von „Tawantinsuyu", zweitens innerhalb der kolonialspanischen Gesellschaft nach der spanischen Conquista und dem ersten Inquisitionsprozess Valverdes gegen den Inka Atahualpa; und drittens am Beispiel der Rolle von Kirche und Staat in der peruanischen Republik nach der Independencia – mit der zu den vorangehenden Problemaufwürfen kongruenten Feststellung Mariáteguis, dass auch in diesem Bereich die Colonia, die Kolonialgesellschaft, noch immer fortlebte und keinesfalls vorüber war.

Ich möchte mir an dieser Stelle ersparen, die Analysen der Rolle und Funktion der Religion im Inkareich nachzuvollziehen und festzustellen, dass die Religion unter den Inkas vorrangig eine Moral, ein Sittenkodex und weniger eine transzendente, metaphysische Theologie war. All diese Überlegungen Mariáteguis mögen richtig sein und der inkaische Indio in der Tat als pantheistisch und animistisch erscheinen. Weit wichtiger aber ist vor allem die Tatsache, dass für Mariátegui Religion und Glaube keineswegs rückständige Reste von „Superstición" oder Aberglaube darstellten, welche eine neue, eine moderne Gesellschaft nicht mehr mit sich herumschleppen dürfe. Er nahm vielmehr die Religion als kulturellen Faktor ernst und versuchte, daraus Schlüsse gerade auch für die Einbeziehung inkaischer, indianischer Vorstellungen in die erst noch zu schaffende peruanische Nationalkultur zu ziehen. Dass er der inkaischen Religion mit wesentlich größerer Sympathie entgegentrat, als dies bei der Katholischen Kirche der Fall war, die für ihn letztlich Herrschaftsinstrument Spaniens und der Inquisition blieb, verwundert dabei nicht. Denn die Kirche war als fortgesetztes Herrschaftsinstrument der Machteliten ein Faktor beständiger Rückständigkeit. Sie blieb dies im Allgemeinen bis heute: Als die bolivianische Regierung vor wenigen Jahren vorübergehend gestürzt wurde, trat als erstes die neue Regierungschefin mit der Bibel in der Hand auf den Balkon des Präsidentenpalastes und schrie, man werde sich fortan an der Heiligen Schrift wieder orientieren. Die traditionellen konservativen Herrschaftseliten standen bereit, die Macht sofort wieder zu übernehmen.

Im sechsten Essay wendet sich Mariátegui der Frage von Regionalismus und Zentralismus zu, wobei er Regionalismus nicht mehr als ein System verstanden wissen will, dessen sich die alten „Gamonales" bedienten, um sich dem Zugriff der Zentralmacht in Lima entziehen zu können, um ihre eigenen Machtdomänen zu erhalten. José Carlos Mariátegui spricht in seinem sechsten Essay vielmehr von einem neuen Regionalismus, der unverkennbar indigenistische Konzepte mitträgt, um die topographische Struktur Perus mit ihrer geographischen Gliederung in „Costa", „Sierra" und „Montaña" nach ihren Möglichkeiten für einen wirklichen nicht nur politischen, sondern auch kulturellen Nationenbildungsprozess zu befragen. Der noch junge, aber schon einflussreiche Peruaner gelangte dabei zu einem aus heutiger Sicht keineswegs überraschenden Schluss:

> Keine Reform, welche den *Gamonal* gegenüber dem Indio stärkt, kann, so sehr sie auch wie eine Befriedigung des regionalistischen Gefühls erscheinen mag, als eine gute und gerechte Reform durchgehen. Über jedweden formalen Triumph der Dezentralisierung und der Autonomie hinaus stehen die substantiellen Forderungen zugunsten der Sache des Indio, welche an erster Stelle dem revolutionären Programm der Avantgarde eingeschrieben sind.[13]

José Carlos Mariátegui verknüpft in diesem Essay seine politischen Vorstellungen hinsichtlich einer Regionalisierung der hochgradig zentralisierten peruanischen,

---

13 Mariáteguie, José Carlos: *Siete ensayos de interpretación de la realidad peruana*, S. 177.

in Lima konzentrierten Politik mit der Problematik des Indio, erkennt er doch gerade *nicht* in den republikanisch geschaffenen „Departamentos", sondern in den alten kulturellen Einheitsstrukturen des Inkareichs in Süd-Peru historisch gewachsene Regionen, die es zu erhalten und zu stärken gelte. Mit dieser letztlich indigenistischen Position, die kulturell, vor allem aber auch sozial und ökonomisch begründet ist, verknüpft er argumentativ die Fragestellung der Avantgarde, mit deren Positionen er sich identifiziert. Mariáteguis Avantgarde ist eine politische und zugleich eine indigenistische Avantgarde, die versucht, die peruanische Wirklichkeit von dieser Position ausgehend umzugestalten, um auf diese Weise der indigenen Bevölkerung einen vitalen Platz *innerhalb* der künftig in ganz Peru zu schaffenden Nationalkultur zu garantieren.

Denn die indigene Bevölkerung Perus darf nicht länger – wie dies ebenso in der Colonia wie nach der Independencia der Fall war – in einer marginalen Position und damit *außerhalb* dieser peruanischen Nationalkultur verharren. José Carlos Mariátegui ist ganz wie José Martí davon überzeugt, dass für ein Fortkommen der lateinamerikanischen Republiken die volle Integration und Partizipation der indigenen Bevölkerung von vorrangiger Wichtigkeit und Bedeutung ist. Dabei ist er sich der realen politischen Kräfteverhältnisse in seinem Heimatland sehr wohl bewusst und übersieht nicht, wie beschränkt letztlich die in Lima konzentrierte Macht ist, der es seit der Conquista im Übrigen noch nie gelungen sei, wirklich die Herrschaft über den andinen Raum zu erringen. Alles in Mariáteguis Denken zielt auf eine volle Integration der indigenen Bevölkerung in den künftig zu schaffenden peruanischen Nationalstaat ab.

Gerade im letzten und sehr umfangreichen Essay *El proceso de la literatura*, dem wir uns nun abschließend zuwenden wollen, wird deutlich, wie stark geschichtlich Mariátegui denkt und wie sehr kulturelle und historische Traditionen seine Peru-Sicht, aber auch seine kreative Anverwandlung der marxistischen Theoreme prägen. Wie im Falle der Regionen sind es immer wieder die schon im Inkareich historisch gewachsenen Traditionen, nach deren Wurzeln er fragt und deren Vorhandensein ihm als Vorbedingung für ein organisches Wachstum der unterschiedlichsten Problematiken erscheint.

So lesen wir in diesem abschließenden, umfangreichen *Versuch*, der nicht nur den geschichtlichen Prozess der peruanischen Nationalliteratur entfalten, sondern dieser Literatur auch den Prozess machen will, den Entwurf eines literarischen Panoramas, das sich mit dem eigenen Schreiben des peruanischen Essayisten auf die Zukunft öffnet. Es handelt sich bei diesem Essay um einen Text, der auf überaus anregende Weise eine dreiphasige Struktur der peruanischen Literatur entwirft und einer kolonialen eine kosmopolitische und schließlich eine nationale Periode folgen lässt, wobei letztere erst jetzt, mit der indigenistischen Literatur, zweifellos aber auch und gerade mit der Lyrik César Vallejos, ihren vielversprechenden Anfang nimmt.

Damit bestimmt Mariátegui seinen eigenen Standpunkt, indem er von der Position der politischen Avantgarde aus Verbindungen zu den literarischen Avantgarden seines Landes knüpft. Ich möchte Ihnen gerne nachfolgend eine Passage vorstellen, welche die enorme Wichtigkeit traditioneller Strukturen für das (und weniger im) Denken José Carlos Mariáteguis einmal mehr unterstreicht:

> Die Schwäche, die Blutleere, die Schlaffheit unserer kolonialen und kolonialistischen Literatur rühren von ihrem mangelhaften Wurzelwerk. Das Leben kommt, wie Wilson feststellte, aus der Erde. Für die Kunst besteht die Notwendigkeit, sich aus dem Safte einer Tradition, einer Geschichte, eines Volkes zu nähren. Und in Peru erblühte die Literatur nicht aus der Tradition, nicht aus der Geschichte, nicht aus dem indigenen Volke. Sie kam durch den Import der spanischen Literatur auf die Welt; sie nährte sich später an der Nachahmung der selbigen Literatur. Eine kranke Nabelschnur hat sie mit der kolonialen Metropole verbunden.
>
> Daher haben wir fast nichts anderes als Barrockismen und gelehrtes Sektierertum von Klerikern und Juristen während der Kolonialzeit gehabt; Romantisierendes und Troubadourhaftes von den Urenkeln derselben Juristen und Kleriker zu Zeiten der Republik.
>
> Die koloniale Literatur hat sich trotz einiger einsamer und kurzatmiger Anrufungen des Reiches und seines Prunks der inkaischen Vergangenheit gegenüber fremd gefühlt. Um es wieder erstehen zu lassen, mangelte es ihr an Befähigung wie Einbildungskraft.[14]

Nach der Lektüre dieser Passage verstehen wir weit besser, warum José Carlos Mariátegui diesen Essay gleich zu Beginn als einen *Prozess* im juristischen Sinne bezeichnete: Es ist der Prozess der konsequenten Ausschließung alles Indigenen durch eine importierte Literatur, die sich aus Spanien eingeschifft nur immer an Spanien orientiert habe und das inkaische Element niemals aufzunehmen befähigt gewesen sei. Mariátegui macht freilich weniger dieser Vergangenheit als vielmehr deren unbewussten oder bewussten Fortsetzern den Prozess, während er im Gegenzug einer Reihe von peruanischen Schriftstellern große Wichtigkeit für die Heranbildung einer nationalen Kultur bescheinigt.

Bis heute beeindruckend sind die Seiten, welche Mariátegui etwa dem Lyriker Abraham Valdelomar und seiner Gruppe namens *Colónida*, dem Essayisten und *Parnassien* Manuel González Prada und vor allem dem alle anderen überragenden Dichter César Vallejo widmet, auf den ich ausführlich in einer anderen Vorlesung eingegangen bin.[15] Doch über allen persönlichen Würdigungen schwebt das Bild

---

14 Ebda., S. 197.
15 Vgl. nochmals zu diesem herausragenden avantgardistischen Lyriker Perus das entsprechende Kapitel im dritten Band der Reihe „Aula" in Ette, Ottmar: *Von den historischen Avantgarden bis nach der Postmoderne* (2021), S. 261 ff.

einer Literatur, die an einer langen kranken Nabelschnur noch immer an der nicht weniger kranken Metropole, am Mutterland Spanien hänge, einer Literatur, welche inkaische Vergangenheit und indigene Präsenz nicht sehen, nicht wahrnehmen, nicht einbeziehen wolle.

Das spanische Mutterland brachte seit der Gründung des Vizekönigreiches stets „Oidores" und Kleriker, also die Bewohner der von Angel Rama so genannten *Ciudad letrada*,[16] nach Peru als logische Folge seines damaligen Verwaltungs-, Rechts- und Bildungssystems. Für Mariátegui hat sich dann nicht weniger logisch mit der Independencia und der damit verbundenen Gründung der Republik die Situation der in Peru verfassten Literatur nicht grundsätzlich verändert. Nun sind es die Nachfahren der alten Kolonialherren, die im Zeichen der Romantik wiederum zu imitierende Vorgaben für die peruanische Literatur verfassen. Diese Vorgaben aber haben mit der peruanischen Realität – und mehr noch mit der indigenistisch ins Auge gefassten Wirklichkeit – wenig gemein.

Durchaus spannend und aufschlussreich ist dabei, dass José Carlos Mariátegui kein einziges Mal die indianistischen literarischen Vorläufer wie etwa Clorinda Matto de Turner ins Blickfeld rückt; eine fast obligatorisch zu nennende Erwähnung, die sich aus vielerlei Gründen doch geradezu aufgedrängt hätte. Die Parallele lag nicht allein aus literarischen, sondern auch aus biographischen Gründen nahe, erwog Mariátegui doch zweimal aufgrund der Verfolgungen, denen er in Lima von Seiten der Herrschenden ausgesetzt war, wie Clorinda Matto de Turner nach Buenos Aires ins Exil zu gehen. Denn die Autorin von *Aves sin nido*, die sich vehement für die Rechte der indigenen Bevölkerung aber auch der Frauen in Peru einsetzte, hatte ihr Heimatland ein halbes Jahrhundert vor den *Siete ensayos* verlassen, um sich ein neues Leben im Nachbarland aufzubauen.

Doch kein Wort fällt über die indianistische Matriarchin der hilflosen der Willkür der Weißen ausgelieferten Indios. Dies lag ohne jeden Zweifel nicht an einem machistischen Literaturverständnis Mariáteguis, setzte er sich doch vehement für Magda Portal, die nach seiner Ansicht erste wahre Dichterin Perus ein, wobei er die Rolle der Autorinnen innerhalb der Literatur des 20. Jahrhunderts und ganz besonders innerhalb der Lyrik Perus diskutierte und würdigte. Dieser Position des peruanischen Intellektuellen können wir uns nur anschließen und Magda Portal in die Gruppe jener Lyrikerinnen aufnehmen, die zu Beginn des 20. Jahrhunderts eine bestimmende Rolle innerhalb der lateinamerikanischen Li-

---

16 Vgl. Rama, Angel: *La ciudad letrada*. Hanover: Ediciones del Norte 1984.

teraturen spielten und in Gestalt von Gabriela Mistral im Jahre 1945 auch die erste lateinamerikanische Literaturnobelpreisträgerin stellten.[17]

Die subalterne Rolle von Autorinnen, die schon in der Romantik eine wachsende Bedeutung errungen hatten, sollte sich in der Tat zu Zeiten Mariáteguis grundlegend ändern. Nicht nur Gabriela Mistral, sondern auch Juana de Ibarbourou, Delmira Agustini oder Alfonsina Storni besetzten neben Magda Portal entscheidende Positionen innerhalb der lateinamerikanischen Lyrik. Das persönliche Engagement von José Carlos Mariátegui war wichtig, um Magda Portal, dieser herausragenden Stimme innerhalb der peruanischen Dichtkunst, mehr Einfluss und Gewicht zu verschaffen:

> Magda Portal ist bereits ein weiterer bezeichnender Wert im Prozess unserer Literatur. Mit ihrer Ankunft wurde Peru die erste Dichterin geboren. Denn bislang hatten wir allein Literatinnen gehabt, von denen die eine oder andere über künstlerisches oder spezifischer noch literarisches Temperament verfügte. Jedoch hatten wir keine eigentliche Dichterin gehabt.
> Es ist ratsam, sich über diesen Begriff zu verständigen. Bis zu einem gewissen Punkt ist die Dichterin innerhalb der Geschichte der abendländischen Zivilisation ein Phänomen unserer Epoche. Frühere Epochen haben allein männliche Dichtung hervorgebracht. Dies war auch die Dichtung der Frauen, da sie sich damit begnügte, eine Variation der lyrischen Themen oder philosophischen Motive zu sein. Die Dichtkunst, die nicht das Zeichen des Mannes trug, trug auch nicht das der Frau – der Jungfrau, des Weibes, der Mutter. Es war eine ungeschlechtliche Dichtkunst. In unserer Epoche setzen die Frauen endlich in ihrer Dichtung ihr eigenes Fleisch und ihren eigenen Geist ein. Die Dichterin ist jetzt eine Schöpferin weiblicher Dichtkunst. Und seit sich die Dichtkunst der Frau emanzipiert und geistig von der des Mannes differenziert hat, nehmen die Dichterinnen einen hohem Rang in der weiten Erstreckung aller Literaturen ein. Ihre Existenz ist evident und interessiert von dem Augenblick an, in welchem sie damit begann, verschieden zu sein.[18]

Gewiss ist diese Passage aus der Feder Mariáteguis nicht frei von paternalistischen Zwischentönen. Wie hätte sie in einer durch und durch patriarchalischen Welt im damaligen Lateinamerika auch anders sein können? Die Bewusstheit, mit welcher Mariátegui auf die spezifische Entwicklung weiblichen Schreibens aufmerksam macht, mag etwas apodiktische Äußerungen zur Asexualität der Dichtung und zum männlichen Schreiben weiblicher Autoren etwas ins zweite Glied rücken. Dies mag gelten, auch wenn es mir mehr als fraglich erscheint, eine Christine de Pisan, eine Marguerite de Navarre, eine Santa Teresa de Jesús,

---

[17] Vgl. zu diesen Entwicklungen, aber auch zur Figur Gabriela Mistrals den dritten Band der Reihe „Aula" in Ette, Ottmar: *Von den historischen Avantgarden bis nach der Postmoderne* (2021), S. 423 ff.
[18] Mariátegui, José Carlos: *Siete ensayos de interpretación de la realidad peruana*, S. 265.

eine Madame de Châtelet, eine Gertrudis Gómez de Avellaneda, eine Clorinda Matto de Turner oder eine Juana Borrero ohne großes Federlesen ins männliche oder asexuelle Lager zu stecken. Doch sollten wir das Apodiktische, das vielleicht mehr seinen politischen Vorstellungen entspringt, an dieser Stelle von Mariáteguis Überlegungen nicht allzu ernst nehmen.

Für José Carlos Mariátegui war jetzt, in den ersten Jahrzehnten des 20. Jahrhunderts, offenkundig der epochale Zeitpunkt einer Emanzipation von Autorinnen als fundamentale Befreiung weiblichen Schreibens gekommen. Es galt für ihn folglich, diesen epochalen Zeitpunkt mit einem grundlegend veränderten Status weiblichen Schreibens in den gesamten Prozess der Herausbildung einer peruanischen Nationalliteratur aufzunehmen und letztere für die von Frauen verfasste Dichtkunst zu öffnen. Diese Tatsache gilt es Mariátegui positiv anzurechnen, zählte er doch zu den wenigen männlichen Autoren, die in Peru eine derartige Integration weiblichen Schreibens, eine derartige Aufwertung weiblicher Lyrik überhaupt in Betracht zogen.

Die Gründe für die vom peruanischen Autodidakten aufgezeigte Entwicklung bleiben bei Mariátegui recht diffus, doch scheint er sie vor allem im Bereich der Lyrik in einer Art Ermattung des männlichen Dichtens ausgemacht zu haben. Die Dichterinnen hätten hier eine frischere, natürlichere, weniger abstrakte Art des Schreibens inauguriert, welche der gesamten Dichtung neue Impulse zu geben in der Lage wäre und somit der Lyrik ein neues Leben verleihe. Magda Portal bilde hierbei längst keine Ausnahme mehr; und Mariátegui weist auf eine ganze Reihe hispanoamerikanischer Lyrikerinnen hin, zu denen er auch die international bereits renommierten Juana de Ibarbourou oder Gabriela Mistral zählt. Deren große, nicht länger zu übersehenden Erfolge dürften die literaturgeschichtlichen Überzeugungen des großen peruanischen Intellektuellen nicht unwesentlich beeinflusst haben.

Auch wenn es durchaus einige Gegenbeispiele gibt: Die literarische und politische Avantgarde, so scheint es, war weitgehend noch Männersache und dünkt Mariátegui auch so. Doch erscheint immerhin einem Vertreter der politischen Avantgarde und einem Vordenker des peruanischen Indigenismus die Tatsache als bedeutungsvoll und wichtig, dass sich im Bereich der Lyrik eine eigene Tradition weiblichen Schreibens herausgebildet hatte. Die literarästhetischen Parallelen sind interessant und aufschlussreich. Denn bedeutet der Wandel vom *Indianismo* zum *Indigenismo* nicht zuletzt eine grundlegende Veränderung insoweit, als aus dem Indianer als Objekt nun der Indianer als Subjekt wird und dieses Subjekt nun sprechen lernt, so ließe sich mit ähnlichen Worten die Situation der schreibenden Frauen darstellen. Denn diese Frauen sind nicht länger nur Objekte männlichen Schreibens wie etwa die grausame *Ifigenia* des Mexikaners Alfonso Reyes oder die nicht weniger grausame *Electra Garrigó* des Kubaners Virgilio Piñera:[19] Sie sind nunmehr zu wirklichen Subjekten weiblichen Schreibens geworden.

Wir haben nunmehr alle sieben Essays aus Mariáteguis literarischem Hauptwerk beleuchtet und versucht, seine politischen, indigenistischen, kulturellen und literarischen Konzeptionen schlaglichtartig zu beleuchten. Erlauben Sie mir an dieser Stelle unserer Auseinandersetzung mit den epochenmachenden *Siete ensayos de interpretación de la realidad peruana* noch einige kritische Bemerkungen zur ‚Ausgewogenheit' mancher Konzeptionen Mariáteguis und erwarten Sie jetzt bitte nicht Äußerungen zur Political Correctness des peruanischen Intellektuellen, zumal die politische Korrektheit unserer Tage zu einer Zielscheibe der Ultrarechten wie der Ewig-Gestrigen geworden ist und sich zugleich in politischen Führern angelsächsischer Demokratien wie an der Spitze des Vereinigten Königreichs oder der Vereinigten Staaten des Nordens manifestiert! Ich ziele auf etwas Anderes ab.

Sicherlich könnte ich so manche Bemerkung Mariáteguis aus der Sicht eines peruanischen Berufspolitikers unter den Tisch fallen lassen. Doch sind es fürwahr schmerzhafte Bemerkungen des jung verstorbenen Revolutionärs, die durchaus zeigen, dass keineswegs das sozialistische Denken – wie Mariátegui meinte – automatisch die Integration zu einem nationalen Peru erreichen und vollbringen werde. Wir hatten bereits einige Anmerkungen Mariáteguis zur Problematik des „Mestizaje" vernommen und bemerkt, dass er dem ‚Rassischen', dem Biologischen, keinen verändernden und zukunftsöffnenden Charakter überantworten wollte. Ich möchte dieser biopolitischen Dimension im Denken des peruanischen Schriftstellers ein Stück weit nachgehen und dann zur Analyse anderer Konzepte und Entwürfe Amerikas auf diesem biopolitisch brisanten Gebiet übergehen.

José Carlos Mariátegui hatte sich in seinen *Siete ensayos de interpretación de la realidad peruana* auch mit der Verbindung von Indianern und Weißen auseinandergesetzt, einer Verbindung freilich, gegen die Mariátegui einige grundsätzliche Bedenken ins Feld geführt hatte. Dabei verschloss er sich keineswegs der Faktizität derartiger biopolitischer Prozesse. Doch war er stets davon überzeugt gewesen, dass das biologische Element von „Tawantinsuyu" nicht nur die jahrhundertelange Ausbeutung und Unterdrückung durch die Weißen überlebt hatte, sondern als das eigentliche und zugleich gewichtigste Element überhaupt in die erst noch zu schaffende peruanische Einheit des

---

19 Vgl. zu beiden Figuren den dritten beziehungsweise den sechsten Band der Reihe „Aula" in Ette, Ottmar: *Von den historischen Avantgarden bis nach der Postmoderne* (2021), S. 196 ff. sowie *Geburt Leben Sterben Tod* (2022), S. 1000 ff.

künftigen Nationalstaates einzubringen sein würde. Dies war zweifellos seine Grundüberzeugung als Indigenist.

Durchaus different aber war seine Einsicht in die biologischen Prozesse an der Küste, fernab der indigenen Völker und Dörfer in den Anden. Hier an der Küste, bei den Weißen, den importierten Schwarzen und den als Kontraktarbeiter massenhaft ins Land gekommenen Chinesen verschieben sich seine Wertungen und Gesichtspunkte doch beträchtlich. Ich will Ihnen ein Beispiel hierfür zeigen:

> Der Chinese und der Schwarze verkomplizieren die Mestizisierung an der Küste. Keines dieser beiden Elemente hat der Herausbildung der Nationalität jemals weder kulturelle Werte noch fortschrittliche Energien zugeführt. Der chinesische Kuli ist ein durch Überbevölkerung und Pauperisierung von seinem Land getrenntes Wesen. Er pfropft Peru seine Rasse auf, nicht aber seine Kultur. Die chinesische Einwanderung hat uns keines der wesentlichen Elemente der chinesischen Zivilisation zugeführt, vielleicht weil sie in ihrem eigenen Vaterland ihre dynamische und schöpferische Macht verloren haben. Lao Tse und Konfuzius sind über das Abendland unserer Kenntnis zugeführt worden.
> [...]
> Der Beitrag des Schwarzen, der als Sklave, ja fast als Handelsgut kam, erscheint sogar noch als nichtiger und negativer. Der Schwarze brachte seine Sinnlichkeit, seinen Aberglauben, sein primitives Wesen mit. Er war nicht in der Lage, zur Schaffung einer Kultur beizutragen, sondern behinderte eine solche eher durch den rohen und lebensnahen Einfluss seiner Barbarei.[20]

Die in dieser bemerkenswerten Passage im Grunde nicht über, sondern gegen Chinesen und Schwarze ins Feld geführten Überlegungen beinhalten eine fundamentale Leugnung jedweden kulturellen Beitrags zur peruanischen Nation durch diese beiden ethnokulturellen Gruppen. Mehr noch: Beiden Gruppen wird nicht nur jedweder kulturelle Beitrag, sondern gar jedwede Kultur abgesprochen. So kommen die schlimmsten rassistischen Vorurteile nur wenig verdeckt zum Vorschein. Das ist fürwahr starker Tobak!

Die chinesischen Kulis oder *Coolies* – daher auch Khal Torabullys Begriffsprägung der *Coolitude*[21] – erscheinen gleichsam als arme Verwandte, als Auswurf der chinesischen Zivilisation, die kulturlos von ihrem Herkunftsland getrennt seien. Und die ehemaligen schwarzen Sklaven sind für Mariátegui nichts als die Zeugen einer afrikanischen Barbarei, die sich nicht zu den Höhen einer Zivilisation erheben kann und lediglich kraft ihrer Sensualität und ihres Aberglaubens

---

20 Mariátegui, José Carlos: *Siete ensayos de interpretación de la realidad peruana*, S. 280 u. 281.
21 Torabully, Khal: Torabully, Khal: *Chair Corail, Fragments Coolies*. Guadeloupe: Ibis Rouge Editions 1999.

Faktoren einführt, welche den biopolitischen Verschmelzungsprozess noch weiter behindern und verkomplizieren. Es hat ganz offenkundig den Anschein, als ob die tiefe Einsicht Mariáteguis in die kulturellen Dimensionen der indigenen Kulturen erkauft ist mit der bewussten Expatriierung und Lächerlich-Machung der schwarzen und chinesischen Kulturen, die gleichsam als fremde Elemente aus der künftig zu schaffenden peruanischen Nation ausgeschlossen werden.

Gerade die Schwarzen, die immer die Sierra Perus mit Misstrauen und Argwohn beäugt hätten, werden immer wieder von Mariátegui als barbarische und zugleich domestikenhafte, letztlich immer ihren weißen Herren ergebene Sklaven ihrer eigenen Unkultur verunglimpft. Kein Wunder also, dass Mariátegui immer wieder den Namen von Bartolomé de las Casas nennt als Beispiel wahrer Menschlichkeit, womit er eine fast schon nostalgische Verbindung zur ersten Phase beschleunigter Gllobalisierung schafft. Es drängt sich bisweilen der Eindruck auf, dass es zwischen beiden eine geheime Abmachung, eine verborgene Übereinstimmung gibt, schützte doch auch der Dominikanermönch die Indianer vor den Spaniern dadurch, dass er ihre in den Minen der Spanier erlahmende und gefährdete Arbeitskraft durch die importierte Arbeitskraft schwarzer Sklaven zu ersetzen versuchte. Las Casas wird jedoch nicht mit Blick auf diese durchaus verheerenden biopolitischen Ratschläge zitiert, sondern als ein Freund der indigenen Völker portraitiert, welcher stets den bedrängten Indios zu Hilfe gekommen sei.

Jose Carlos Mariátegui hat offenkundig weder die Chinesen noch die Schwarzen auf seiner Liste zu erhaltender und zu integrierender ‚Kulturelemente'. Kamen die Schwarzen bereits ab der ersten Phase beschleunigter Globalisierung als deportierte Sklaven in die Amerikas, so gelangten die Chinesen vor allem im Zuge der dritten Phase als billige Kontraktarbeiter dorthin, die für die niedrigsten Arbeiten eingesetzt wurden. Beide Gruppen behandelt Mariátegui als Peru fremde und eingewanderte ‚Elemente', die nach seiner Ansicht über keinerlei kulturellen Beitrag verfügen, den sie seinem Heimatland offerieren könnten.

Indem er beide ethnokulturellen Gruppen in den Orkus der Unkultur wirft, negiert er aber eben nicht nur die Geschichte Perus, sondern mehr noch all jene Prinzipien, auf die er sich namentlich dann beruft, wenn er die Vorzüge der inkaischen Gesellschaft und ihrer kollektiven Kultur preist. Chinesen und Schwarze bilden so etwas wie den blinden Fleck im Auge des kulturtheoretisch so offenen und weitsichtigen Peruaners – und stellen ihn in eine Geschichte der Ausgrenzung anderer kultureller Pole, die auch im 20. Jahrhundert nicht abreißen wollte. Ist dies erklärbar als notwendiger Pendelschlag der Geschichte? Oder müssen wir dies – dialektisch gewendet – als obligatorische Antithese betrachten, die letztlich zu einer Synthese auf höherer Ebene führen könnte? Könnte dadurch nicht eine historische Dialektik angestoßen werden, welche den Prozess der Zivilisation immerhin eine Umdrehung weiterbringen müsste?

Ich gestehe, dass ich in dieser Frage gleichzeitig pessimistisch und optimistisch bleibe. Ich habe – offen gestanden – meine Zweifel am Vermögen des Menschen überhaupt, in Differenz und in Frieden zusammenzuleben: Der Mensch scheint nicht gemacht für ein Leben in Konvivenz. Nur allzu gerne spaltet er sich auf in Horden, in große politische Blöcke, die sich wechselseitig bekämpfen. Menschen können recht gut lernen, wie sie miteinander friedlich zusammenleben können, aber verlernen dies noch viel schneller. Man könnte die These wagen, dass die Menschen zehnmal schneller das Zusammenleben verlernen, als dass sie es erlernen können. Bei bestimmten politischen Konstellationen – wie etwa dem Jugoslawien-Krieg – kann man regelrecht zuschauen, mit welch unglaublicher Geschwindigkeit das Zusammenleben verlernt und durch einen wechselseitigen Hass ersetzt werden kann, der sehr rasch in einen brutalen Krieg umschlägt.

Doch wo ist eine Schule der Konvivenz in Sicht? Umso dringlicher ist heute die Aufgabe, Menschen mit Hilfe der Literaturen der Welt im Zusammenleben, in der Konvivenz zu unterrichten. Denn die Literaturen der Welt bilden eine sich quer durch alle Sprachen, quer durch alle Kulturen und quer durch alle Zeiten immer wieder neu formierende Schule des Zusammenlebenswissens,[22] die für die Menschen überlebenswichtig ist. Diese Tatsache zeigt sich gerade auch in unseren Annäherungen an die so blutige Geschichte der Eroberung der Amerikas, welche aus einer bestimmten Perspektive bis heute nicht abgeschlossen ist.

Es geht mir hier keineswegs darum, den durchaus weltoffenen Indigenisten José Carlos Mariátegui an den Pranger zu stellen und danach zu fragen, warum er sich so integrativ gegenüber den indigenen Völkern und so auf Ausschließung bedacht gegenüber ethnokulturellen Gruppen wie den Schwarzen oder den Chinesen verhielt. Denn wir sollten keineswegs übersehen, welch grundlegende Wirkung dieser Vordenker nicht nur des Indigenismus, sondern auch einer aktiven Rolle der indigenen Bevölkerungsgruppen innerhalb der künftigen hispanoamerikanischen Gesellschaften auf dem gesamten Kontinent entfaltete. Er brachte zugleich ein an den lokalen und regionalen Bedürfnissen Lateinamerikas orientiertes marxistisch-materialistisches Denken in die Diskursivität der Debatten um die Zukunft von „Nuestra América" ein. Gleichwohl ist es erstaun-

---

22 Vgl. hierzu u. a. Ette, Ottmar: *ZusammenLebensWissen. List, Last und Lust literarischer Konvivenz im globalen Maßstab (ÜberLebenswissen III)*. Berlin: Kulturverlag Kadmos 2010; sowie ders.: *Konvivenz. Literatur und Leben nach dem Paradies*. Berlin: Kulturverlag Kadmos 2012.

lich, wie nahe Licht und Schatten bei den Überlegungen eines der großen politischen und anthropologischen Denker Lateinamerikas beieinander liegen.

Wir könnten an dieser Stelle unserer Vorlesung nun den weiteren literarischen und philosophischen Weg der peruanischen Nationalliteratur und insbesondere des Indigenismo weiterverfolgen. Doch sollten wir den Blick wieder weiten, uns die gesamthispanoamerikanische Perspektive erhalten und versuchen, diese hier aufgeworfenen Fragestellungen am Beispiel anderer Literaturen weiterer Areas der Amerikas zu diskutieren. Deutlich für ein solches Vorgehen spricht die Tatsache, dass – wie Mariátegui selbst bedauernd mehrfach erwähnt – der literarische Indigenismo zum damaligen Zeitpunkt noch nicht über die Anfänge hinausgekommen war und sich zu seinen Höhepunkten erst noch hin entwickeln sollte.

Dies gibt uns mithin Zeit, die weiteren Debatten und Auseinandersetzungen der hispanoamerikanischen Avantgarden zu verfolgen und wie im Titel bereits angekündigt zur mexikanischen Area und damit vor allem zu den ehemaligen Mitgliedern des berühmten *Ateneo de la Juventud* zu kommen, mit dem wir uns an anderer Stelle bereits in früheren Vorlesungen beschäftigt haben.[23] Dabei sollen vor allem jene Visionen und Erfindungen der Amerikas im Vordergrund stehen, welche aus den von uns bislang beleuchteten Traditionssträngen die kulturtheoretischen Konsequenzen zogen und Konzepte entwickelten, welche ohne José Martí oder José Enrique Rodó, ohne Manuel González Prada und ohne Rubén Darío kaum möglich gewesen wären.

Stellen wir zunächst eine Verbindung zwischen der andinen Area im Süden und der mexikanischen Area im Norden Amerikas her! Denn es gibt eine Vielzahl von Gemeinsamkeiten zwischen dem Denken von José Carlos Mariátegui in Südamerika und dem von José Vasconcelos in Nordamerika – Mexiko gehört ja, wie Sie wissen, geographisch dem nordamerikanischen Kontinent an. Nicht zuletzt leben beide Philosophen und Kulturtheoretiker in Ländern, die von einem erheblichen Anteil indigener Bevölkerungen charakterisiert werden, so dass deren Einbeziehung – anders noch als bei José Enrique Rodó im wenig indigenen Uruguay – angesichts des damals nach den Modernisten erreichten Diskussionsstandes eine ethisch-moralische Verpflichtung und Notwendigkeit für jeglichen integrativen Politikansatz war.

Dies gilt zumindest für jene international vernetzten Gruppen von Intellektuellen, welche neue Konzepte und neue Gesellschaften für ihre Nationen wie auch für den gesamten Kontinent erträumten. Prósperos Zukunftsvision galt im Grunde

---

23 Vgl. hierzu insbesondere den dritten Band der Reihe „Aula" mit Blick auf Alfonso Reyes in Ette, Ottmar: *von den historischen Avantgarden bis nach der Postmoderne* (2021), S. 200 ff.

auch und gerade für sie; „¿No la veréis vosotros, la América que nosotros soñamos?" – „Werdet Ihr es nicht sehen, das Amerika, das wir uns erträumen?"[24] An José Vasconcelos soll uns gerade diese nicht allein Mexiko, sondern wie bei José Enrique Rodó den gesamten Kontinent umfassende Sichtweise interessieren, da sie im Verbund mit einer global ausgeweiteten Perspektivik die neue Rolle jener Länder zu bestimmen sucht, die südlich des großen Nachbarn im Norden liegen. In diesem globalgeschichtlichen Zusammenhang lag der Akzent bei Vasconcelos eindeutig auf einer prospektiven Sichtweise, mithin auf der zu gestaltenden Zukunft, welche diese Länder erleben würden.

Als der Peruaner Mariátegui seine *Siete ensayos de interpretación de la realidad peruana* publizierte, war der Mexikaner Vasconcelos bei den gebildeten Hispanoamerikanern längst in aller Munde. Eine Reihe von Veröffentlichungen hatten ihn zu einem der führenden, tonangebenden Intellektuellen Hispanoamerikas werden lassen. Auch Mariátegui erwähnte Vasconcelos mehrfach positiv in seinen *Siete ensayos*; zugleich verwies er auf eine Publikation des Mexikaners in seiner eigenen Zeitschrift *Amauta*. Doch gab es auch Kritikpunkte, welche der Peruaner dem mexikanischen Kollegen nicht vorenthielt, um in seinen *Sieben Versuchen* seine eigene indigenistische Position abgrenzend herausarbeiten zu können:

> Die Zukunft Lateinamerikas hängt gemäß der Mehrzahl heutiger Prognosen vom Verlauf der Mestizisierung ab. Dem feindlichen Pessimismus jener Soziologen, welche der Tendenz von Le Bon bezüglich des Mestizen nahestehen, folgte ein messianischer Optimismus, der alle Hoffnung des Kontinents in den Mestizen setzt. Die Tropen und der Mestize sind in der vehementen Prophezeiung von Vasconcelos die Bühne und zugleich der Protagonist einer neuen Zivilisation. Aber die These von Vasconcelos, welche eine Utopie – in der positiven und philosophischen Bedeutung dieses Wortes – im selben Maße skizziert, in welchem sie die Zukunft vorherzusagen sucht, unterdrückt und ignoriert die Gegenwart. Nichts ist ihrer Spekulation und ihrer Absicht fremder als die Kritik der zeitgenössischen Realität, in welcher sie ausschließlich die für ihre Prophezeiung günstigen Elemente sucht.
>
> Die von Vasconcelos hochgejubelte Mestizisierung ist gerade nicht die Vermischung der spanischen, indigenen und afrikanischen Rassen, welche auf dem Kontinent bereits wirksam ist, sondern vielmehr die Verschmelzung und schmelztiegelartige Wiederverschmelzung, aus welchen nach jahrhundertelanger Arbeit die kosmische Rasse geboren wird. Der gegenwärtige und konkrete Mestize ist für Vasconcelos nicht der Typus einer neuen Rasse, einer neuen Kultur, sondern bestenfalls deren Versprechen.[25]

Die hier geschickt und klug gegen José Vasconcelos ins Feld geführten Argumente des marxistischen Denkers bildeten – würde sich dieser peruanische

---

24 Rodó, José Enrique: *Ariel* (Hg. O.E.), S. 178.
25 Mariátegui, José Carlos: *Siete ensayos de interpretación de la realidad peruana*, S. 279.

Marxist der marxistischen „Jerga" bedienen und im Jargon bleiben – im Kern den Vorwurf des philosophischen Idealismus und Utopismus gegen einen zutiefst bürgerlichen Denker. Vasconcelos' Entwurf einer ‚kosmischen Rasse', auf die wir noch ausführlich zu sprechen kommen werden, wäre dann nichts als die rein zukunftsorientierte Prophezeiung eines idealistischen Bürgers, der nicht in der Lage wäre, die Gegenwart seiner Nation und seines Kontinents zu denken. Aber geht der Verfasser der *Sieben Versuche* wirklich so weit? Die Argumente Mariáteguis könnten im Grunde ebenso auf José Enrique Rodós *Ariel* wie auf José Vasconcelos *Raza cósmica* passen, könnte man beiden doch in der Tat puren Idealismus vorwerfen, welchem es mehr um eine anzustrebende Zielvorstellung als um konkrete pragmatische Veränderung gehe.

Abb. 70: José Vasconcelos (1882–1959).

José Vasconcelos gehört in der Tat in die Traditionslinie des Arielismo, auch wenn er die Gedanken Rodós aufnehmend die große Schwäche des Uruguayers auszugleichen versucht, indem er nun der autochthonen indigenen Bevölkerung einen zentralen Platz innerhalb seines geschichtsphilosophischen Entwurfs einräumt. Es gibt in der Tat einige grundlegende Parallelen zwischen Vasconcelos und Rodó, die insbesondere auch auf die Oppositionsstellung zwischen lateinischen und angelsächsischen Mächten und ‚Rassen' sowie auf eine Finalität des Geschichtsprozesses verweisen, auf ein geschichtsphilosophisches *Telos* folglich, dem der uruguayische wie der mexikanische Denker alles unterzuordnen bereit waren.

Genau an dieser Stelle setzt der Einwand Mariáteguis ein; und wir werden sehen, dass er in der Tat Anlass hat, gegen einige grundlegende Überlegungen Vasconcelos' nicht nur aus marxistischer, sondern vor allem aus indigenistischer Perspektive vorzugehen. Zentraler Streitpunkt wird dabei einmal mehr die Problematik des „Mestizaje" sein; dieser Mestizisierung kann Mariátegui – wie wir bereits sahen – wenig und schon gar nicht das Erreichen eines geschichtsphilosophischen *Telos* abgewinnen. Sie bildet, wie er ganz richtig anmerkt, in der positiven, optimistisch exaltierten Umwertung dieser Begrifflichkeit das konzeptionelle Kernstück des Ansatzes von Vasconcelos. Doch versuchen wir, zunächst einen ersten Überblick über das Schaffen des einflussreichen Mexikaners zu gewinnen. Dazu möchte ich nur einige wenige Biographeme benennen.

José Vasconcelos wurde am 27. Februar 1882 im mexikanischen Oaxaca geboren und verstarb am 30. Juni 1959 in Mexiko-Stadt. Wie bereits erwähnt, gehört er zu den Intellektuellen, die am Ausgang des Porfiriats, also der Diktatur des ebenfalls aus Oaxaca stammenden Porfirio Díaz, grundsätzliche Kritik am politischen System in Mexiko übten und gerade auch im kulturpolitischen Bereich Gegenakzente setzen wollten. Hierzu gehört vor allem die 1909 erfolgte Gründung des für die intellektuelle Geschichte Mexikos so wichtigen *Ateneo de la Juventud*, an der Vasconcelos maßgeblich beteiligt war. Mit den anderen Mitgliedern dieser Verbindung neuer Kräfte verband ihn die Überzeugung, dass sich die hispanoamerikanischen Gesellschaften nicht weiterentwickeln würden, wenn sie zum einen nicht auf das hispanische Erbe zurückgriffen und zum anderen nicht bereit wären, endlich auch die autochthonen, die indigenen Völker in ihre Konzeptionen miteinzubeziehen.

Der Politiker und Philosoph, der neben Alfonso Reyes zweifellos zu den führenden Köpfen des *Ateneo de la Juventud* zählte, stammt aus einer wohlhabenden Familie in Oaxaca und ging in den USA sowie im Norden Mexikos zur Schule, bevor er dann ein Jurastudium in Mexiko-Stadt aufnahm. 1907 nahm José Vasconcelos Calderón seine Tätigkeit als Anwalt auf, geriet aber rasch in politisch schwieriges Fahrwasser, als er den revolutionären Kandidaten Francisco Madero unterstützte. so führten ihn seine Kritik an der geplanten Wiederwahl von Porfirio Díaz zum Präsidenten Mexikos und seine Unterstützung Maderos schnurstracks 1910 ins Exil, nach der Machtübernahme Maderos aber dann wieder ins Zentrum des politischen Geschehens seines Landes.

Nach der Ermordung Maderos im Jahr 1913 – eben jenem Jahr, in dem Alfonso Reyes seine Heimat verließ – trat er zunächst dem konstitutionalistischen Heer unter Venustiano Carranza bei. Im folgenden Jahr schloss er sich den Revolutionären um Pancho Villa und Emiliano Zapata an, denen es gelingt, die mexikanische Hauptstadt einzunehmen. Vasconcelos wird nun zu einem der führenden Köpfe in der „Convención". Im folgenden Jahr 1915 wird er zum Rektor der Universidad Nacional de México sowie vorübergehend zum Bildungsminister des „Gobierno de la Convención" bestellt; eine Tätigkeit, aus der viele seiner kulturellen Aktivitäten bekannt wurden. Als Minister holte er beispielsweise die chilenische Dichterin und Pädagogin Gabriela Mistral ins Land, die 1945 für Lateinamerika erstmals den Literaturnobelpreis gewann.

Es ist unmöglich, an dieser Stelle auf das ständige Auf und Ab im Verlauf der mexikanischen Revolution und die damit verbundenen Geschehnisse mit und rund um Vasconcelos einzugehen. Doch zweifellos ist er einer der maßgeblichen Intellektuellen, dem immer wieder wichtige, unter anderem diplomatische

Aufgaben anvertraut werden. Die Huerta-Regierung stattet ihn mit großzügigen Finanzmitteln aus, die Vasconcelos in zahlreiche Schulen auf dem Land und in den Kampf in eine Alphabetisierungskampagne investiert, welche zweifellos von großer Wichtigkeit für den sich nach dem Porfiriat weiter modernisierenden Nationalstaat war. Nach seiner Ernennung zum Rektor der Nationaluniversität verfügt er zahlreiche Reformen und gibt der heutigen Universidad Nacional Autónoma de México (UNAM) eine Reihe durchaus eigenwilliger Prägungen, die sie heute noch charakterisieren. So sind das schöne Wappen der Universität, aber auch ihr umstrittenes Motto „Por mi raza hablará el espíritu" Erfindungen von José Vasconcelos, die zwar des Öfteren kritisiert, aber bislang noch nicht fallengelassen wurden.

José Vasconcelos reist 1922 als offizieller Regierungsvertreter nach Brasilien, Argentinien und Chile. Weiterhin in führender Stellung innerhalb des Bildungswesens, werden auch gegen ihn die Stimmen der in ganz Lateinamerika rebellierenden Studenten laut. Seit der erfolgreichen Rebellion des Generals De la Huerta wird er eine wichtige Funktion als kritischer Intellektueller spielen und insbesondere aktiv und nachhaltig gegen den mexikanischen Militarismus agitieren. Er macht sich dadurch nicht nur Freunde. Doch seine Bildungsoffensive erzielt große Erfolge und setzt sich nachhaltig für den mexikanischen Muralismus ein, die großflächigen Wandmalereien, die noch heute die großen Gebäude nicht nur in der mexikanischen Hauptstadt schmücken. Die herausragenden mexikanischen Muralisten wie Diego Rivera, Alfonso Siqueiros, José Clemente Orozco oder Carlos Mérida profitieren von seinen großzügigen Förderungen und geben der mexikanischen Kunst ein eigenes, charakteristisches Gepräge, das bis heute für Mexikos herausragende Stellung innerhalb der Kunstentwicklung Lateinamerikas steht.

José Vasconcelos' Vorstellungen sind mittlerweile längst über Mexiko hinaus bekanntgeworden: Es sind die Jahre, in denen 1925 auch *La raza cósmica* und 1926 *Indología: una interpretación de la cultura iberoamericana* von ihm veröffentlicht werden. Nach der Ermordung Obregóns im Jahre 1928 präsentiert er sich im folgenden Jahr als Kandidat um die Präsidentschaft. Nach der umstrittenen Niederlage bei den Wahlen, die von massivem Wahlbetrug gekennzeichnet waren, verlässt er 1929 fluchtartig und wieder in Richtung USA das Land und geht in ein Exil, das bis 1940 andauert und in dem er weltweite Erfahrungen sammeln kann. Zu seinen großen literarischen Leistungen zählt fraglos seine mehrbändige Autobiographie, welche eine der wichtigen Quellen zur Geschichte der Mexikanischen Revolution darstellt.

Den weiteren Lebensweg dieses Intellektuellen wollen wir nicht näher verfolgen, wenn auch erwähnt sei, dass seine autobiographischen Schriften bis heute größtes Interesse verdienen und dass er nach seiner Rückkehr nach Mexico eine

Zeitschrift mit dem Titel *Timón* gründete, die zu den dunkleren Kapiteln seiner Lebensgeschichte zählt, wurden in ihr doch unverkennbar nazifaschistische Gedanken vertreten. Seine philosophische Ideenwelt wird er 1952 in einer Summe mit dem Titel *Todología* noch einmal in Gänze darzustellen versuchen. José Vasconcelos ist, wie Sie sehen, eine überaus umstrittene, widersprüchliche und schillernde Figur, die zwischen der politischen Linken und der entgegengesetzten Rechten die verschiedensten Positionen eingenommen hat und innerhalb des politischen Lebens niemals unbeteiligt geblieben ist.

Das geschichtsphilosophisch und kulturtheoretisch zweifellos bis heute bedeutendste Werk, das José Vasconcelos hinterlassen hat, stammt aus seiner frühen Phase mitten in den Wirren der immer wieder zur Ruhe kommenden und von neuem einen weiteren Schub erhaltenden Mexikanischen Revolution und ist das 1925 veröffentlichte *La raza cósmica*, das ihm weit über Mexiko und Lateinamerika hinaus literarischen wie philosophischen Ruhm eintrug. In der Linie unserer Argumentation möchte ich zuerst einmal jene Konfliktflächen aufzeigen, die das Denken Vasconcelos' im Allgemeinen und dieser Text im Besonderen hinsichtlich Mariáteguis Position aufweisen. Denn es ist spannend, Vasconcelos' *Die kosmische Rasse* vor dem Hintergrund der Kritik des peruanischen Intellektuellen zu lesen.

Dabei geht es zunächst um die grundsätzliche Unterscheidung zwischen US-Amerikanern und Spaniern, die von Vasconcelos eine ethisch wesentlich positivere Position – wen wundert's! – zugewiesen erhalten, würden sie doch im Gegensatz zu den Angelsachsen andere Rassen nicht ausrotten und vernichten wollen, sondern versuchen, sich mit ihnen zu verbinden, sich mit ihnen zu vermischen, mit anderen Worten: jenen Prozess des „Mestizaje" in Gang zu setzen, der für Vasconcelos von fundamentaler Bedeutung ist. Diese Blutsfusion zwischen Spaniern und Indianern sei allerdings nicht vollkommen gelungen; und so argumentiert der mexikanische Philosoph und Bildungspolitiker wie folgt weiter:

> Man erzählt dem exaltiertesten Indianisten von der Notwendigkeit, uns gegenüber der Latinität zu adaptieren, und er wird nicht den geringsten Einwand vortragen; man sage ihm, dass unsere Kultur spanisch ist, und er wird sofort Gegenargumente formulieren. Es gibt noch immer die Spur des vergossenen Blutes: eine verfluchte Spur, welche die Jahrhunderte nicht auslöschen, aber welche die gemeinsame Gefahr tilgen muss. Und es gib kein anderes Mittel. Die selben reinen Indios sind hispanisiert, sind latinisiert, so wie das ganze Ambiente latinisiert ist. Sage man, was man wolle: Die Roten, die illustren Atlanten, von denen der Indio abstammt, schliefen vor Tausenden von Jahren ein, um nicht mehr aufzuwachen. In der *Geschichte* gibt es keine Rückkehr, weil sie ganz Transformation und Neuheit ist. Keine Rasse kehrt zurück; eine jede plant ihre Mission, erfüllt sie und geht. Diese Wahrheit herrscht ebenso in den biblischen wie in unseren Zeiten, alle alten Geschichtsschreiber haben sie formuliert. Die Tage der reinen Weißen, der Sieger von heute, sind ebenso ge-

zählt, wie dies diejenigen ihrer Vorfahren waren. Haben sie erst ihr Schicksal, die Welt zu mechanisieren, erfüllt, so haben sie selbst, ohne es zu wissen, die Grundlagen für eine neue Periode gelegt, die Periode der Fusion und der Vermischung aller Völker. Der Indio hat kein anderes Tor zur Zukunft als das Tor der modernen Kultur, und keinen anderen Weg als den eingeschlagenen Weg der lateinischen Zivilisation. Auch der Weiße wird seinen Stolz ablegen müssen sowie Fortschritt und nachfolgende Erlösung in der Seele seiner Brüder aus anderen Kasten suchen, und er wird sich in jeder einzelnen der höheren Varietäten der Spezies vermischen und vervollkommnen, in jeder einzelnen ihrer Modalitäten, welche umso vielfältiger die Enthüllung und umso mächtiger das Ingenium werden lassen.[26]

An dieser ausführlichen Passage werden eine Reihe von Vorstellungen deutlich erkennbar, die uns im Zusammenhang unserer Fragestellungen insbesondere zu den Erfindungen der Amerikas interessieren. Zum einen ist es die „Latinidad" – die übrigens in einer deutschen und leicht zugänglichen Übersetzung fälschlich immer als ‚romanische Kultur' oder als ‚romanisch' übersetzt wird –, welche für Vasconcelos im Anschluss an Rodós *Ariel* nach wie vor die Richtschnur der kulturellen Entwicklung Hispanoamerikas darstellt. Damit bildet sie eine politisch-ethnisch-kulturelle Vorgabe, die im Zeichen des bereits mehrfach besprochenen Panlatinismus die Völker Lateinamerikas (daher auch der Begriff) gegen die Angelsachsen, die Slawen oder die Germanen erfolgreich durchsetzen wollte und ein gemeinsames Ideal der vereinigten lateinischen Völker unter der Hegemonie Frankreichs beschwor. Zweifellos ist José Enrique Rodó der literarisch-philosophische Transmissionsriemen, der die Vorstellungen des französischen Panlatinismus der Jahrhundertmitte um 1900 in die Vorstellungen Vasconcelos' 1925 übersetzte und mit den Visionen einer sich herausbildenden *kosmischen Rasse* verband.

Zum anderen stellen wir leicht fest, dass es diese durchaus kulturnormativ, aber auch biologisch-rassisch wie kulturell zu verstehende „Latinidad" ist, die von Vasconcelos als einzige Möglichkeit des Zugangs zur Moderne beziehungsweise zur modernen Zivilisation gedacht wird. Es gibt folglich keine Partikularentwicklungen, sondern einen einzigen Weg, eben jenen der „Latinidad" und damit vom antiken und christlichen Abendland für die ganze Welt normativ vorgezeichneten Entwicklungsgang. Doch da ist noch ein dritter Gesichtspunkt: Denn es ist unschwer erkennbar, dass für Vasconcelos die Rolle des Indianers im Antlitz der mit Majuskel geschriebenen Geschichte ausgespielt ist, seien die ‚Roten' doch nicht mehr zu neuen Kulturleistungen fähig, sondern seit Tausenden von Jahren eingeschlafen und daher auch verstummt. Das ‚rassische' Bild

---

26 Vasconcelos, José: La raza cósmica (Fragmento, 1925). In (ders.): *Obra selecta*. Estudio preliminar, selección, notas, cronología y bibliografía Christopher Domínguez Michael. Caracas: biblioteca Ayacuche 1992, S. 83–115, hier S. 94 f.

der Menschheit besteht für den mexikanischen Denker ganz einfach aus den ‚Schwarzen', den ‚Gelben', den ‚Roten' und den ‚Weißen' – Aus alledem wird die Fusion der *kosmischen Rasse* angerührt.

Welch ein Gegensatz zum Denken Mariáteguis: Der Rote hat beim Erfinder der „raza cósmica" ausgespielt! Damit zeigt sich zugleich, dass die von Vasconcelos ins Auge gefasste und propagierte Fusion der Rassen keineswegs eine simple Summe, sondern sehr wohl eine unterschiedlich hierarchisierte Mischung mit klarer Dominanz der europäisch-abendländischen *Latinität* darstellt.

Zentral für den mexikanischen Denker und Politiker sind noch immer die französischen Denker der „Latinité", auch wenn sie in dieser Passage nicht direkt angesprochen werden. In gewisser Weise ist es noch immer ein ‚Kampf der Rassen', der hier auf dem (Neben-) Schauplatz Amerika ausgetragen wird. José Vasconcelos sollte es Napoleon niemals verzeihen, aus kurzsichtigen finanziellen Gründen Louisiana an England und damit an die Angelsachsen verkauft zu haben; ein Vorgang, welcher deren Vorherrschaft auf dem amerikanischen Kontinent über die Völker Latiums erst ermöglicht habe.

Diese geschichtsphilosophische Fundierung im Sinne der Latinität scheint in allen Überlegungen Vasconcelos' durch, wobei für ihn der Gedanke grundlegend ist – und damit ließe sich durchaus auch der Indigenismus Mariáteguis verbinden –, dass jede Rasse eine Mission zu erfüllen habe, nach deren Einlösung sie verschwinden könne und verschwinden werde. Die Mission der lateinamerikanischen Völker aber – und damit der lateinischen ‚Rasse' – ist für ihn im Gegensatz zu jener der indigenen Völker noch längst nicht erfüllt. Sehen wir uns diese Überlegungen und diese Mission aus dem Blickwinkel des mexikanischen Intellektuellen etwas näher an:

> So haben wir folglich die vier Etappen und die vier Stämme: den schwarzen, den indianischen, den mongolischen und den weißen. Dieser letztere hat sich, nachdem er sich in Europa organisierte, in den Invasoren der Welt verwandelt und glaubte sich ebenso zur Vorherrschaft berufen, wie dies die vorangegangenen Rassen, jede einzelne in der Epoche ihrer Machtfülle, glaubten. Dabei ist klar, dass die Vorherrschaft des Weißen ebenfalls zeitlich begrenzt sein wird, doch seine Mission unterscheidet sich von jener seiner Vorgänger; seine Mission ist es, als Brücke zu dienen. Der Weiße hat die Welt in eine Lage versetzt, in welcher alle Typen und alle Kulturen miteinander verschmelzen können. Die eroberte Zivilisation hat in unserer Epoche durch die Weißen die materiellen und moralischen Grundlagen gelegt, um eine Einheit aller Menschen in einer fünften und universellen Rasse als Frucht aller vorherigen und als Überwindung alles Vergangenen zu bewerkstelligen.[27]

---

27 Ebda., S. 88.

In einem bemerkenswerten geschichtsphilosophischen Rundumschlag, der gleichsam ein fünfstufiges Modell der Menschheitsentwicklung entwirft, sieht Vasconcelos nach der Dominanz der Schwarzen, der Indianer, der Asiaten und der Weißen nun eine fünfte Etappe heraufziehen, die freilich von der vierten, der aktuellen Etappe der Herrschaft der Weißen geprägt und vorbereitet ist. In dieser fünften Etappe sollen alle ethnokulturellen und biopolitischen Unterschiede ihr Ende finden. Nach vier Etappen der jeweiligen Vorherrschaft einer einzigen ‚Rasse' bahnt sich damit eine Epoche an, in welcher alles zu einer einzigen Menschheit, zu einer einzigen Weltgemeinschaft verschmilzt.

Dass innerhalb dieser weißen Rasse die Dominanz nicht den Rassenfusion vermeidenden und Rassensegregation durchsetzenden Angelsachsen gehören darf, sondern der „Latinidad" obliegt, die sich stets mit verschiedenen Kulturen und Ethnien verbunden und dieses zu ihrer Aufgabe gemacht habe, haben wir bereits begriffen. An dieser Stelle tritt Vasconcelos ebenso wie auf dem Gebiet der Latinität in die Fußstapfen von Rodós *Ariel*. Aufschlussreich ist es dann, wie und auf welche Weise José Vasconcelos der europäischen Expansion, der Conquista und Eroberung Amerikas, geschichtsphilosophische Vorteile abtrotzt und ihr an einem *Telos* ausgerichtetes Wirken unterstreicht, habe es doch erst diese Bewegung ermöglicht, die verschiedenen Rassen und Kulturen wirklich miteinander in Verbindung zu bringen und die konkrete Fusion überhaupt erst wirksam werden zu lassen.

Wir sehen an dieser Stelle, wie sehr Vasconcelos' Denken mit dem von Alfonso Reyes übereinstimmt, waren es doch auch bei dem anderen führenden Kopf des *Ateneo de la Juventud* die Griechen beziehungsweise Hellenen, welche die Welt in *Ifigenia cruel* in Bewegung setzten;[28] eine Welt, in welcher die Völker festsaßen, bevor die Griechen die ausgreifende Bewegung einführten, die vom europäischen Mittelmeer aus nach Amerika übergriff. Selbstverständlich kommt in dieser weltgeschichtlichen Bewegung nicht nur den Griechen, sondern vor allem den Kindern Roms, gerade den Spaniern und Portugiesen, die entscheidende Rolle zu; eine Rolle, die ja auch Alfonso Reyes mehrfach in seinen lyrischen wie essayistischen Texten – und seine *Ifigenia cruel* entstand kaum zwei bis drei Jahre vor Vasconcelos' Konzept der *Raza cósmica* – hervorgehoben hatte. Vasconcelos verwendet kein politisches Konzept eines Panlatinismus unter französischer Führung, sieht aber sehr wohl eine kulturelle Hegemonialstellung der lateinischen Völker, welche gegen andere Völkergruppen – wie insbesondere die angelsächsischen – Stellung beziehen und den Sieg erringen müssten.

---

28 Vgl. hierzu den dritten Band der Reihe „Aula" in Ette, Ottmar: *Von den historischen Avantgarden bis nach der Postmoderne* (2021), S. 201 ff.

Wir verstehen nun besser, warum José Vasconcelos in seinem ersten hier aufgeführten Zitat von ‚spanischer Kultur' gesprochen hatte. Denn er sieht in ihr eine Variation des lateinischen Geistes, der sich durchsetzen werde, der sich durchsetzen müsse. Selbst die ‚reinen Indianer', wie er sie nennt, seien längst hispanisiert und latinisiert. Die große kulturelle Bedeutung Spaniens ist in diesen Ausführungen ebenso unverkennbar wie in den Schriften von Alfonso Reyes. Sie gehört zum gemeinsamen Credo all jener Intellektuellen, die den *Ateneo de la Juventud* gebildet hatten.

Spanien bildet eine wesentliche Grundlage für das eigene Selbst-Bewusstsein und – mehr noch – für das Heraufkommen jener fünften Rasse, die erst durch die iberische Expansion ermöglicht wurde. In den Augen vieler lateinamerikanischer Intellektueller ist Spanien nach der Niederlage von 1898 nicht mehr die ehemalige Kolonialmacht, sondern ein wichtiger kultureller Bezugspunkt, der mit seinen Autoren des ‚Silbernen Zeitalters' eine große geistige Anziehungskraft ausübt. Wir hatten am Beispiel der hispanoamerikanischen Deutungen von Miguel de Cervantes' *Don Quijote de la Mancha* gesehen, wie sehr sich dieses neue Spanien-Bild auf die Gesamtheit der spanischen Literaturtraditionen erstreckt. Diese fundamentale geokulturelle Veränderung nach der Niederlage Spaniens von 1898 dürfen wir nicht übersehen.

Damit ist zugleich die Frontstellung gegenüber den USA unterstrichen. Und vergessen wir nicht, dass Mexico ein Frontstaat ist, der nur wenige Jahrzehnte zuvor beträchtliche Teile seines nationalen Territoriums an die Vereinigten Staaten hatte abgeben müssen! Es handelt sich eine Frontstellung, in welcher zwar die Bewunderung für den Koloss des Nordens – wie Martí formulierte – und bisweilen auch die Einsicht mitschwingt, man verachte die Nordamerikaner nur, weil sie sich stets als die Stärkeren erwiesen hätten. Diese von Vasconcelos auf den Punkt gebrachten Vorstellungen bewahren aber wenig vom Gedanken einer Fusion, in die gleichberechtigt etwa auch die angelsächsische Kultur Eingang finden müsste. Vielmehr ist die *kosmische Rasse* weit davon entfernt, eine ‚kosmische Summe' zu sein: sie steht unverkennbar im Zeichen der Latinität.

Angesichts derartiger Perspektiven und Fragestellungen ist es nur allzu verständlich, dass sich José Vasconcelos über den kleingeistigen lateinamerikanischen Nationalismus lustig macht, in dem sich jedes Land etwas einbilde auf sein „lächerliches Fähnchen".[29] Entscheidend sei nicht die Nation, die nationale *Patria* als Oberbegriff. Angesichts der Vasconcelos'schen Tiefenschärfe verschwinden diese kleinlichen nationalistischen Unterschiede und machen

---

29 Vasconcelos, José: Die kosmische Rasse (1925). In: Rama, Angel (Hg.): *Der lange Kampf Lateinamerikas*, S. 145.

dem Kampf der verschiedenen ‚Rassen' Platz, die nun die Szenerie beherrschen. Immerhin: Gemeinsam ist José Vasconcelos und José Carlos Mariátegui die Vision einer auf verschiedene ‚Rassen' und deren Rolle gründende Sichtweise, auch wenn sich beide Denker über deren Funktionen sehr uneins sind und sich erhebliche Unterschiede zwischen einem marxistisch fundierten Indigenismus und einer spekulativen Latinität ergeben.

Beide Denker entwickeln visionäre Erfindungen eines künftigen Lateinamerika, das sich seiner Frontstellung gegenüber einem masteriell überlegenen Nachbarn im Norden bewusst werden müsse. Insofern stehen sie auch in der Schuld eines José Martí, der bereits seit den achtziger Jahren des 19. Jahrhunderts vor einer derartigen geopolitisch fundamentalen Frontstellung und möglichen Übergriffen des Nordens gewarnt hatte.

José Carlos Mariátegui hat darüber hinaus, wie wir sahen, sehr wohl die peruanische Nation im Auge, die es erst noch zu schaffen gelte: Peru müsse erst noch peruanisiert – aber dies heißt eben vor allem: *indigenisiert* – werden, bevor man an übergreifende Ziele denken könne. Insofern finden wir bei ihm auch auf dieser Ebene eine andere Einschätzung und Gewichtung als bei dem mexikanischen Denker. Bei Vasconcelos machen hingegen die Indianer, die indigenen Bevölkerungen letztlich den Weißen Platz, die sich ihrerseits um die Vorherrschaft und damit um den künftigen Entwicklungsweg der Weltgeschichte und der Menschheit streiten. Denn es geht in den Augen von Vasconcelos entweder um eine Rassensegregation angelsächsischen Typs oder um eine Rassenfusion, wie sie im Geiste der Latinität längst zu wirken begonnen habe: Das Konzept der *Raza cósmica* ist ein *arielistisches* Konzept, das auf der unverbrüchlichen Frontstellung gegenüber den Vereinigten Staaten des Nordens beruht.

Während sich die USA aber ihrer Beziehung und Zugehörigkeit zu England letztlich immer bewusst seien, müsse das hispanische Amerika erst wieder erkennen, dass Spanien das eigentliche kulturelle Bezugsland, die eigentliche geistige Heimat sei.[30] „Wir werden erst dann zu eigener Größe gelangen," so schreibt der mexikanische Philosoph und Publizist, „wenn wir uns ebenso mit Spanien identifizieren."[31] Doch noch seien die Hispanoamerikaner defaitistisch eingestellt, stünden noch in der Tradition der großen spanischen Niederlagen, dem Untergang der Armada, der Niederlage von Trafalgar, der Niederlage vor der Küste Kubas und der Philippinen und so weiter und so fort... Aus diesem defaitistischen Bewusstsein, aus jeglichem Denken an einen ‚kranken Kontinent' müsse man heraustreten!

---

30 Ebda.
31 Ebda.

Aber was können da die Vorteile und Trümpfe sein, über welche die spanischsprachigen Länder gegenüber den so erfolgreichen Angelsachsen im Norden verfügen? Wie José Enrique Rodó versucht auch José Vasconcelos, den lateinischen Amerikanern Hinweise auf die eigene Überlegenheit, die eigene Superiorität zu geben. Gerade in dieser auf die eigene geistige Überlegenheit bauenden Überzeugung von der eigenen kulturellen Modernität ist Vasconcelos im Grunde seines Denkens *Arielist*. Versuchen wir, seine Vision, seine ureigene Erfindung der Amerikas noch genauer zu fassen:

> Möge uns daher das widersprüchliche Herumstolpern nicht dazu verleiten, uns aufzugeben; noch undeutlich fühlen wir, dass es uns dazu dienen wird, unsere Route zu entdecken. Denn genau in den Differenzen finden wir den Weg; wenn wir nicht länger imitieren, uns nicht verlieren, wenn wir entdecken, wenn wir schöpfen, werden wir triumphieren. Der Vorteil unserer Tradition besteht darin, dass sie eine größere Leichtigkeit in der Sympathie mit den Fremden besitzt. Dies schließt mit ein, dass unsere Zivilisation, mit all ihren Defekten, die dazu auserwählte sein kann, alle Menschen in einen neuen Typus einzubinden und zu verwandeln. In ihr bereitet sich auf diese Weise das Schicksal, das vielfältige und reiche Plasma der künftigen *Menschheit* vor. Immer deutlicher bemerkt man das Mandat der *Geschichte* in dieser Fülle an Liebe, die es den Spaniern erlaubte, mit dem Indio und dem Schwarzen zusammen eine neue Rasse zu schaffen; indem sie verschwenderisch die Abstammung des Weißen mit Hilfe des Soldaten versprühte, der die indigene Familie und die Kultur des Abendlandes unter dem Beistand der Lehre und dem Beispiel der Missionare zeugte, wodurch der Indio in die Lage versetzt wurde, in die neue Etappe einzudringen, die Etappe der *Einen* Welt. Die spanische Kolonisierung schuf die Mestizisierung; dies bezeichnet ihren Charakter, schreibt ihre Verantwortung fest und definiert ihre Zukunft. [...] Der Gegenstand des neuen wie des alten Kontinents ist viel wichtiger. Deren Vorbestimmung gehorcht dem Plane, die Wiege einer fünften Rasse darzustellen, in welcher alle Völker verschmelzen werden, um die viere zu ersetzen, welche isoliert voneinander die *Geschichte* schmiedeten. Auf dem Boden Amerikas wird die Verstreuung ihr Ende finden, dort wird die Einheit durch den Triumph der fruchtbaren Liebe Gestalt annehmen und die Überwindung aller Abstammungen bewirken.[32]

Es gibt keinen Zweifel daran, dass wie bei Mariátegui auch bei Vasconcelos ein gewisses Rassedenken, ja bisweilen sogar rassistische Vorurteile spürbar werden. Zweifellos sind dies die Früchte eines 19. Jahrhunderts, in welchem Denker wie José Martí in der Minderheit waren, wenn sie vor den Erfindungen von ‚Rassen' und rassistischen Vorurteilen warnten. Nicht immer waren der peruanische wie der mexikanische Intellektuelle und Philosoph vor derlei Fallstricken der Geschichte geschützt. Doch versuchen wir, noch etwas tiefer in die Traditionslinien von Vasconcelos' *La raza cósmica* einzudringen!

---

32 Ebda., S. 96.

Was zuvörderst in diesen Passagen an Rodós *Ariel* erinnert ist zum ersten das spekulative und visionäre Sendungsbewusstsein, das selbstbewusst auf die eigene kulturelle Überlegenheit gegenüber der ‚angelsächsischen Rasse' abhebt. Zweitens verbindet diese Überlegungen mit *Ariel* die Gewissheit, in Amerika – also auf dem amerikanischen Kontinent – die Welt der Zukunft vor sich zu haben und dieser Zukunft das Gesicht verleihen zu können. Vorbei sind für Vasconcelos die Zeiten, als man allein den Norden des Kontinents mit der Zukunft, den Süden aber mit der Vergangenheit konnotierte und unterschiedliche Zeitpfeile und Vektorisierungen in die Geschicke beider Teile Amerikas eintrug – Allein diese Geste sollte man in ihrer Wirkung nicht unterschätzen!

Drittens verbindet Vasconcelos' Konzept der *kosmischen Rasse* mit Rodós *Ariel* der Entwurf einer Einheit, einer Homogenität, die hier als „mundo Uno", als „Humanidad" und „Historia" stets im Singular erscheint und damit in Fortführung der Rodó'schen Einheitsvision der kulturellen Heterogenität Lateinamerikas, die bei Vasconcelos in ihrer Breite durchaus anerkannt scheint, gegenüber gestellt wird. Wir hatten bei unserer Beschäftigung mit Rodós *Ariel* das letztlich modernistische Credo einer in die Zukunft projizierten Einheit erkannt, welche allein durch diese prospektive Projektion realitätsnah gedacht werden und eine breitere Öffentlichkeit in einem hochgradig zerstückelten „Nuestra América" nicht nur erreichen, sondern überzeugen kann.

Dabei ist es laut Vasconcelos klar, dass angesichts einer solchen Welt der Zukunft „die Nordamerikaner die ewig Gestrigen sein werden"[33] und „Amerika" (womit hier bezeichnenderweise die Vereinigten Staaten gemeint sind) „das letzte Imperium einer einzigen Rasse sein wird, das letzte Imperium der Weißen".[34] Dies sind wahrlich prophetische Worte, nicht weniger prophetisch als jene Prósperos ein Vierteljahrhundert zuvor: Bis in alle Fasern des Diskurses von Vasconcelos ist die Wirkung der Rodó'schen „Literatura de ideas" noch spürbar. Und es handelt sich um Worte, die bis heute nicht gänzlich verklungen, die immer wieder Eingang fanden in die kulturellen Entwürfe der hispanoamerikanischen Essayistik und Rhetorik zur Zukunft des eigenen Amerika.

Dies war selbst in Bereichen der Fall, in denen man dies nicht vermuten würde wie etwa in Gloria Anzaldúas Entwurf einer „new mestiza": bei ihr allerdings nun in der kontinentalen Verbindung mit den Angelsachsen des Nordens und gerade *nicht* gegen sie. Dies sind Perspektiven, die freilich einer Geschichtsvision entspringen, welche man angesichts einer historischen Betrachtungsweise der Conquista nur schwerlich nachvollziehen kann und die ein José Carlos Mariá-

---

33 Vasconcelos, José: Die kosmische Rasse, S. 155.
34 Ebda.

tegui keinesfalls unterschrieben hätte. Daraus ergeben sich auch die Differenzen zu José Vasconcelos, dessen oben angeführte Positionen hier nochmals hinterfragt seien: Der spanische Eindringling und Invasor als Bote der Liebe? Der spanische Soldat und Eroberer als indigener Familiengründer, tatkräftig darin vom Kleriker unterstützt? Der Kulturzusammenstoß also nicht nur ein freundliches Stelldichein, ein „Encuentro", wie es rund um die Feierlichkeiten der Fünfhundertjahrfeiern von 1992 so schön offiziell hieß, sondern eine Liebelei der Kulturen?

Die von Vasconcelos eingenommene geschichtsphilosophische Vogelperspektive, die das *Telos* in der fünften ‚Rasse' erblickt, scheint es möglich zu machen. José Vasconcelos wird in diesen und ähnlichen Passagen zum Verteidiger eines Einheitsgedankens, der nur zum Teil vom Gedanken der Fusion getragen wird, deutlich aber Züge der Assimilation aufweist, die letztlich im „Occidente", in der großen Weltgeschichte des Abendlands und der Menschheit wurzelt und verbirgt, hinter der sich *die Geschichte* eben nur dieses Abendlands versteckt.

Die kosmische Rasse ist, das sah Mariátegui sehr zutreffend, nicht die konkrete Verbindung verschiedener Rassen, nicht der konkrete Mestize, den es ja längst gab, jener Mestize, der bei Vasconcelos nur als Versprechen auf das Kommende hinweist. Die kosmische Rasse ist vielmehr die wesentlich vom „Occidente" aufgeschmolzene Welt, die sich nunmehr im Zeichen der „Latinidad", der „Hispanidad" und der „Occidentalidad" zu einer fünften Rasse verbunden hat, in der die indianische Kultur, die Mariátegui als indigenen Kommunismus und nicht zuletzt als Wirtschaftssystem wiederbelebt sehen wollte, letztlich verschwunden ist oder bestenfalls noch als Gesichtszug eines bestimmten Phänotyps erscheint. Auch in Vasconcelos' Vision eines künftigen Amerika wären die indigenen Völker entweder in einer großen Fusion aufgegangen oder aber gänzlich marginalisiert. Amerika sollte der Schmelztiegel sein, in dem dieser neue, einheitliche Menschentypus der Zukunft geschaffen werden wird. Das Kosmische an dieser Rasse ist die Fortführung der europäischen Expansion, die längst eine Weltzivilisation geworden ist, hinter welcher der Schwarze, der Rote und der Gelbe – der Mongole – verschwinden: Sie haben ihre Mission erfüllt und treten in Vasconcelos Worten ab!

Der Mestize ist daher nur in gewisser Weise das Leitbild von Vasconcelos' Entwurf, ist mit ihm doch nicht der konkrete Mestize auf der mexikanischen Straße gemeint. Letzterer ist in *La raza cósmica* bestenfalls ein Platzhalter für das Kommende. Die Institutionalisierung dieser mestizischen Wesenheit beispielsweise im mexikanischen Revolutionsprozess hat daher, so dürfen wir hinzufügen, ebenso konkret politische wie ambivalent abstrakte Bedeutung: ein vieldeutiger Sinngehalt, der mehr als Entwurf, mehr als literarisch-philosophische *Erfindung*, denn als politische und kulturpolitische Praxis zu verstehen ist.

Vasconcelos' eigene Kulturpolitik lässt dies selbst durchaus erkennen. Dabei erscheint Amerika im Sinne Ernst Blochs nicht mehr als Ort einer konkreten Utopie, sondern nur noch als Schauplatz einer blassen Utopie mit bisweilen recht abendländisch antikisierenden Zügen: mit eben jenen Indios und indianischen Schulmädchen, über deren Toga-Tragen sich heutige Kulturtheoretiker wie Rowe und Schelling lustig machen, hätten sie die abendländische Antike doch im Stile einer Isadora Duncan getanzt. Auch der argentinische, in Mexiko lebende Kulturtheoretiker Néstor García Canclini gehört zu den Kritikern von Vasconcelos' Kulturprojekt,[35] habe er doch groteskerweise versucht, die indianische Bevölkerung durch die abendländische Antike zu ‚erlösen'.

Gewiss hatte Vasconcelos als Bildungsminister im Sinn, durch eine breitangelegte Alphabetisierungskampagne seine Vorstellungen einer kulturellen Fusion tatkräftig einzulösen. Denn Alphabetisierung hieß in diesem Zusammenhang offenkundig Hispanisierung oder – um mit Vasconcelos zu sprechen – *Latinisierung*. Denn die von ihm angestrebte Fusion hatte notwendigerweise innerhalb eines abendländischen Rahmens zu erfolgen. Indigenistische Positionen sind bei Vasconcelos nicht zu erkennen, sondern vielmehr utopistische Projektionen, die eine Art lateinamerikanischen Messianismus via „Mestizaje" ins Bild setzen. Bisweilen kann man sich zudem des paradoxen Eindrucks nicht erwehren, dass es gerade dessen Vertreter sind, welche totalitären Staatsvorstellungen insgeheim oder öffentlich am meisten zuneigen, wenn diese Tendenz auch keineswegs – denken wir etwa an den Kubaner José Martí! – für alle Vertreter des Mestizaje-Denkens gilt.

Vasconcelos' Positionen haben gerade auch innerhalb der lateinamerikanischen Philosophie tiefe Spuren hinterlassen. Seine Bezugnahme auf Simón Bolívar und sein Panamerikanismus sowie seine Deutung des Selbstfindungsprozesses des Kontinents im Zeichen der Mestizisierung haben Intellektuelle wie Leopoldo Zea oder auch Fernando Ainsa bis heute fasziniert, auch wenn sie nicht immer mit Vasconcelos' politischen Vorstellungen konform gehen konnten. Lateinamerika als *der* Schmelztiegel einer Menschheit der Zukunft und damit letztlich wieder die uns so vertraute Vorstellung von Amerika als dem Kontinent der Zukunft: Wie sich die Diskurse doch gleichen, ohne doch identisch zu sein! Es ist ungewiss, ob

---

35 Vgl. García Canclini, Néstor: *Culturas híbridas. Estrategias para entrar y salir de la modernidad*. México: Grijalbo 1990.

diese Diskurse in den neueren lateinamerikanischen Kulturtheorien wirklich ihr Ende gefunden haben.[36]

Mit José Vasconcelos kehrt nicht zuletzt die Utopie in die Philosophie Lateinamerikas zurück. Es ist das utopische Denken, das für die lateinamerikanische Philosophie von Vasconcelos eingefordert wird. Diese Philosophie habe Entwürfe zu liefern und Ausblicke zu geben, die sich an Lateinamerika und weniger an einer allgemeinen Ontologie (und damit immer an einer traditionell abendländischen Philosophie) orientieren. So hat beispielsweise gerade der mexikanische Philosoph Leopoldo Zea die Frontstellung gegenüber den USA von Vasconcelos – und linksarielistisch auch von Rodó – ererbt, die im Imperium des Nordens das letzte Imperium einer einzigen Rasse, der weißen, erkennt und im Süden, im Reich Ariels, die künftige ‚Rasse' der umfassenden Synthese entstehen sieht. Wieviel Wunschdenken hier dabei ist, mag eine jede und mag ein jeder für sich entscheiden: Von einem differenzierten Bild der USA kann aber bei derartigen Überzeugungen und Ansichten gerade auch angesichts der technologischen und wissenschaftlichen Entwicklungen des 20. wie des beginnenden 21. Jahrhunderts sicher nicht mehr die Rede sein!

Gewiss gilt für alle Mitglieder des *Ateneo de la Juventud*, dass sie den Diskurs der Kultur als Speerspitze gegen das Porfiriat und die herrschende Ideologie des Positivismus wenden. Genau an dieser Stelle ist der Ansatz für die Positionen von Alfonso Reyes und José Vasconcelos, aber auch die des am 29. Juni 1884 in Santo Domingo geborenen dominikanischen Philosophen Pedro Henríquez Ureña zu sehen, welche nicht nur den „Arielismo" umschreiben, sondern fernab von der letztlich machtstabilisierenden positivistischen Ideologie Konzepte für die Zukunft entwickeln wollen.

Der mexikanische Positivismus-Forscher Leopoldo Zea und seine zahlreichen Schüler haben betont, wieviel Positives dieses utopische Denken für und über Lateinamerika enthalte; sie fordern eine Neubesinnung auf die verändernde Kraft der Utopie in der lateinamerikanischen Philosophie.[37] Wie kaum ein anderer hat diese Kraft in der ersten Jahrhunderthälfte der dominikanische Schriftsteller Pedro Henríquez Ureña verkörpert, mit dessen Grundgedanken

---

36 Vgl. hierzu auch Ette, Ottmar: ¿Heterogeneidad cultural y homogeneidad teórica? Los «nuevos teóricos culturales» y otros aportes recientes a los estudios sobre la cultura en América Latina. In: *Notas* (Frankfurt am Main) 7 (1996), S. 2–17.
37 Vgl. hierzu etwa Cerutti Guldberg, Sergio: *Presagio y tópica del descubrimiento.* México: Universidad Nacional Autónoma de México 1991; oder Cerutti Guldberg, Horacio (Hg.): *Filosofía de la educación. Hacia una pedagogía para América Latina.* México: Universidad Nacional Autónoma de México 1993; sowie in geraffter Darstellung ders.: ¿Fin o renacimiento del pensamiento utópico? In: *Cuadernos Americanos* (México) IX, 50 (marzo – abril 1995), S. 130–136.

wir uns abschließend zum *Ateneo de la Juventud* kurz beschäftigen und vertraut machen wollen.

Abb. 71: Pedro Henríquez Ureña (1884–1946).

Denn sein umfangreicher Essay *La Utopía de América*, der im selben Jahr 1925 wie Vasconcelos' *La raza cósmica* erschien, stellt innerhalb jener intellektuellen Geschichte der Utopie, die über lange Zeit nur von Europa nach Amerika projiziert, nicht aber von Amerika für Amerika entwickelt worden war, fraglos einen Meilenstein dar. Auch wenn es an dieser Stelle anzumerken gilt, dass die wohl erste Utopie eines Hispanoamerikaners diejenige von José Joaquín Fernández de Lizardi war, der 1816 in seinem *El Periquillo Sarniento* die Utopie nach Westen – auf eine Insel im Pazifik – projizierte, welche deutlich unter chinesischen Vorzeichen stand.[38]

Der am 11. Mai 1946 in Buenos Aires, fernab der Trujillo-Diktatur in seinem Heimatland verstorbene Pedro Henríquez Ureña entstammt derselben Generation von Reyes oder Vasconcelos und gilt als ein Meister der lateinamerikanischen Essayistik und Literaturkritik. Denn er hinterließ in der Tat ein umfangreiches Oeuvre, das für die Entwicklung der lateinamerikanischen Literaturen in der ersten Hälfte des 20. Jahrhunderts von großer Bedeutung war. Sein literaturwissenschaftliches Hauptwerk *Las corrientes literarias de la América Hispánica*, das zwischen 1945 und 1949 erschien, sowie seine *Historia de la cultura en la América Hispánica* von 1947 bildeten lange Zeit Referenzpunkte, um die stürmische Entwicklung der Literaturen Lateinamerikas, das in jenen Jahren mit Gabriela Mistral einen ersten Literaturnobelpreis gewann, besser zu verstehen.

Pedro Henríquez Ureña entstammt einer dominikanischen Intellektuellenfamilie, war neben anderen Familienmitgliedern doch seine Mutter Salomé Ureña als dominikanische Dichterin höchst erfolgreich und darf als *Grande Dame* der dominikanischen Dichtkunst verstanden werden. Nach seiner Schulausbildung wanderte er 1906 nach Mexiko aus, wo er Philosophie studierte und

---

38 Vgl. hierzu das José Joaquín Fernández de Lizardi gewidmete Kapitel im vierten Band der Reihe „Aula" in Ette, Ottmar: *Romantik zwischen zwei Welten* (2021), S. 285 ff.

sich intensiv mit philologischen Studien beschäftigte. Vor der Mexikanischen Revolution kam er mit Alfonso Reyes, Antonio Caso und José Vasconcelos in Berührung, mit denen ihn eine Reihe gemeinsamer Vorstellungen verband, welche diese Generation des *Ateneo* weit über die Grenzen des nordamerikanischen Landes hinaus berühmt machte.

1915 verließ Henríquez Ureña sein lateinamerikanisches Gastland und übersiedelte in die USA, wo er als Journalist und Essayist arbeitete und 1921 eine Professur an der University of Minnesota übernahm. 1930 wählte er dann Argentinien als seinen Hauptwohnsitz, wo er an der Universidad de Buenos Aires arbeitete und sich unermüdlich für jene *moderne Ideenliteratur* einsetzte, für die auf der anderen Seite des Río de la Plata schon José Enrique Rodó gekämpft hatte.

Auch Pedro Henríquez Ureña ist *Arielist*: Schon als kaum Zwanzigjähriger widmet er 1904 Rodós berühmtestem Text eine kluge und überzeugte Würdigung. Er tat viel für die Verbreitung der Kernideen *Ariels*: Rodó war für den Dominikaner einer der größten Stilisten der zeitgenössischen Literatur Lateinamerikas. Wenn er später auch Rodós zu negative USA-Sicht kritisierte – der Dominikaner wusste durch seinen Aufenthalt in den Vereinigten Staaten, wovon er sprach –, so begrüßte er doch dessen Absicht, der führenden Schicht und vor allem der Jugend, der künftigen „Clase dirigente", ein Ideal vorzugeben.

Pedro Henríquez Ureña sollte sich selbst ein ähnlich geartetes Ziel setzen. Schon in seinem frühen, für die Verbreitung arielistischer Gedanken wichtigen Essay von 1904 wurde deutlich, dass auch der Dominikaner letztlich an einem Ideal künftiger Homogenität orientiert war, die es in Lateinamerika zu erreichen gelte. In den Gedanken des dominikanischen Intellektuellen zeigt sich noch deutlich die lange Spur der hispanoamerikanischen Modernisten. Pedro Henríquez Ureña betonte dabei vor allem José Enrique Rodós Glauben an die Zukunft, der auch sein eigener Glaube war; sein Ziel war es daher, die diffuse Rede vom ‚kranken Kontinent', vom „Continente enfermo", endgültig zu überwinden und die Länder Lateinamerikas einer großen, vielversprechenden Zukunft entgegenzuführen.

Vieles verbindet diesen frühen Text des Zwanzigjährigen mit dem späteren Essay des gut Vierzigjährigen. Nicht umsonst spricht der gereifte Henríquez Ureña noch 1925 vom „letzten unserer Apostel", sei „der edle und reine José Enrique Rodó"[39] doch noch immer ein großes Vorbild. In *La Utopía de América* entwickelt der dominikanische Intellektuelle die Notwendigkeit, Utopien für

---

[39] Henríquez Ureña, Pedro: Amerikas Utopie (1925). In: Rama, Angel (Hg.): *Der lange Kampf Lateinamerikas*, S. 221.

Amerika zu entwerfen, um das Werk von Domingo Faustino Sarmiento und José Enrique Rodó und damit den Kampf gegen die Barbarei und zugunsten der (lateinischen) Zivilisation fortzuführen. Die „klassische Idee der utopie" müsse „wieder geadelt" werden,[40] da sie „eine der großen geistigen Schöpfungen des Mittelmeeres" sei.[41] Wir sollten den Angelsachsen Thomas More dabei freilich nicht vergessen!

Henríquez Ureña, der durch seine Reisen viele Länder kennenlernte, träumte von einem „universalen Menschen", der vieles kenne, stets aber seinem eigenen Lande angehöre.[42] Doch er sah das Problem, dass gerade zu Beginn des 20. Jahrhunderts die schwachen Völker Amerikas – ganz den Prophezeiungen José Martís gemäß – dem Imperialismus der USA, des Nordens, in die Netze gegangen seien.[43] Auch für ihn war die logische Konsequenz die, dass die „Einheit des Großen Vaterlandes" erreicht werden müsse, eben jene Einheit, wie sie der Panamerikanismus Simón Bolívars erträumt hatte.[44] Wir sehen, wie sich Pedro Henríquez Ureña der großen Vorbilder aus der Geschichte des spanischen Amerika versichert, um einen Boden für seinen nachfolgenden utopischen Entwurf zu finden.

dies war zweifellos die große intellektuelle, literarische und philosophische Tradition, der sich die Intellektuellen des *Ateneo de la Juventud* in Mexiko verpflichtet fühlten. Im Mittelpunkt ihres Denkens stand wie bei Martí, wie bei Rodó der Gedanke der Einheit, der nun aber seinen Stachel gegen Spanien verloren hatte und zu einer Einheit gegen den Norden und für die Entwicklung eigenständiger kultureller Formen geworden war, beseelt von einem kulturellen Überlegenheitsgefühl gegenüber einem angelsächsischen Amerika, das materiell den Süden bereits weit übertroffen hatte.

Die literarischen Areas Mexikos und der Karibik weisen auf diesem Gebiet der kulturellen Formen Eigenentwicklungen auf, welche diese beiden nördlichsten Areas stark von der andinen und der Area des La Plata unterschieden, wo die Problematik des großen Nachbarn im Norden noch nicht in all ihrer Schärfe ins Bewusstsein gedrungen war. Die Intellektuellen des nördlichen Lateinamerika aber wussten seit José Martí um diese imminente Bedrohung; und auf diese Weise zeigte sich auch die Einheit, welche den Modernismo mit einigen Vertretern der hispanoamerikanischen Avantgarden so stark verband, dass

---

40 Ebda., S. 216.
41 Ebda.
42 Ebda., S. 218.
43 Ebda., S. 220.
44 Ebda., S. 222.

man mit Federico de Onís in der Tat den Modernismus als *Postmodernismo* bis weit über die dreißiger Jahre hinaus periodisieren könnte.

Wir stoßen an dieser Stelle auf die Überlappungen des *(Post)Modernismo* mit den historischen Avantgarden und zugleich an die Grenzen dieser Avantgarden, die - wie schon zuvor betont - letztlich die Existenz verschiedener, in unterschiedlichen Kontexten entstandener und auf unterschiedliche Fragestellungen antwortender Avantgarden repräsentieren. Sehen wir uns zum Abschluss, in einer Übersetzung der unvergessenen Maria Bamberg, einige Überlegungen und Gedanken von Pedro Henríquez Ureña über den Zusammenhang von Verschiedenheit und Einheit, von Heterogenität und Homogenität näher an.

Dies waren Vorstellungen, wie sie dem ebenfalls der karibischen Area entstammenden José Martí in seinem Verständnis von Einheit und Differenz nicht fremd sein konnten. Man darf durchaus formulieren, dass mit Pedro Henríquez Ureña die Vorstellungen Martís in das utopische Licht dieses dreieinhalb Jahrzehnte nach *Nuestra América* entstandenen Essays eines in den USA lebenden Dominikaners getaucht wurden:

> Universal sein bedeutet nicht, seine Art zu verleugnen: In der Welt der Utopie dürfen die durch Klima, Sprache und Traditionen bedingten Verschiedenheiten des Charakters nicht untergehen, sondern alle diese Verschiedenheiten sollen sich, statt Trennung und Zwietracht zu bedeuten, als verschiedene Tönungen der menschlichen Einheit zusammenfinden. Niemals die Eintönigkeit, Ideal steriler Großreiche, aber wohl die Einheit, als Harmonie der vielfältigen Stimmen der Völker.
>
> Und so, wie wir hoffen, dass sich unser Amerika der Schaffung des universalen Menschen nähert, durch dessen Mund der Geist frei spricht, frei von Hemmnissen, frei von Vorurteilen, so hoffen wir, dass ganz Amerika, jedes Gebiet Amerikas, all seine eigenständigen Tätigkeiten bewahrt und vervollkommnet, besonders in den Künsten: in der Literatur, in der unsere Originalität sich Tag für Tag deutlicher zeigt; in den bildenden Künsten, sowohl den großen wie den kleinen, in denen wir, je nach der Region, den doppelten Schatz der spanischen wie der eingeborenen Tradition besitzen, die schon zu eigenen Strömungen verschmolzen sind; und in der Musik, bei der unsere unübertreffliche Volksbegabung auf geniale Menschen wartet, die im Stande sind, aus ihr ein ganzes neues System zu entwickeln, das ein Wunder der Zukunft sein wird.[45]

In diesen beredten Passagen zeigt sich die Verbindung ebenso mit José Martís Begriff von *Nuestra América* wie mit dem Idealismus des Schöpfers von *Ariel*, nicht zuletzt aber auch die Verbindung zu allen Formen künstlerischen Ausdrucks, die sich innerhalb Lateinamerikas aufgrund des „Mestizaje" miteinander verbunden haben. Wir werden bei José Lezama Lima auf eine neue Wendung

---

[45] Henríquez Ureña, Pedro: Amerikas Utopie (1925). In: Rama, Angel (Hg.): *Der lange Kampf Lateinamerikas*, S. 218.

dieser Findungen und Erfindungen der Amerikas, *aller* Amerikas, stoßen. Doch dazu bitte ich Sie noch um etwas Geduld!

An dieser Stelle unserer Vorlesung aber sollten wir erkennen, wie in der Prosa des dominikanischen Gelehrten die Erfindungen Amerikas von Sarmiento bis Rodó, von Zumeta bis Vasconcelos, von Martí bis Mariátegui in einer den hispanoamerikanischen Modernismo fortführenden utopischen Geste zusammenfließen, um eine Zukunft für den Kontinent auszumalen, welche die Schrecken des Jahrhundertendes und der Jahrhundertwende endgültig hinter sich liegen lässt, um sich einer strahlenden Erwartung des Künftigen zuzuwenden.

TEIL 8: **Die Erfindung der vergangenen
Gegenwart – Die Amerikas im
20. Jahrhundert II**

Claude Lévi-Strauss oder das Erleben des Vergangenen in der Gegenwart

Bleiben wir nach Pedro Henríquez Ureña und seiner *Utopía de América* in den Tropen! Gänzlich anders als die völlig untropische Trunkenheit von Rodós Próspero scheint jene des Ich-Erzählers zu sein, der in Claude Lévi-Strauss' *Tristes Tropiques* noch vor seiner Ankunft auf dem amerikanischen Kontinent, einem neuen Christoph Columbus gleich, von einer duftenden Trunkenheit, von einer „ivresse olfactive",[1] erfasst wird, die unverkennbar im Zeichen des Exotischen steht. Und doch ist in diesem schillernden Prosatext, in dem die Taten, Texte und Erlebnisse der „Descubridores" und „Conquistadores", der Entdecker und Konquistadoren, omnipräsent sind, das eigentliche Abenteuer schon fast vorbei, noch bevor es überhaupt begonnen hat.

Ist Rodós *Ariel* von der Aufbruchstimmung zu Beginn eines neuen Jahrhunderts geprägt, so ist der zeitliche Erfahrungshorizont und das Epochenbewusstsein der *Tristes Tropiques* unverkennbar endzeitlich. Ein allerletztes Mal nur noch bietet sich dem Forscher des 20. Jahrhunderts jene Möglichkeit, die sich den Columbus und Vespucci, Villegaignon und Thevet, Staden und Léry Jahrhunderte zuvor so oft geboten hatte:

> Es gibt keinen begeisternderen Blickwinkel für den Ethnographen als jener, der erste Weiße zu sein, der in eine bestimmte indigene Gemeinschaft eindringt. Schon 1938 konnte man diese höchste Auszeichnung nur noch in sehr wenigen Weltregionen erwerben, die so selten geworden waren, dass man sie an den Fingern einer Hand abzählen konnte. Seitdem sind diese Möglichkeiten noch seltener geworden. Ich sollte also die Erfahrungen der alten Reisenden und dadurch diesen kruzialen Augenblick des modernen Denkens von neuem erleben, in dem dank der großen Entdeckungen eine Menschheit, die sich vollzählig und abgeschlossen glaubte, urplötzlich – wie eine Gegen-Enthüllung – die Verkündigung erfuhr, dass sie nicht alleine, dass sie ein Bestandteil eines weit umfassenderen Ganzen war und dass sie zunächst, um sich kennenzulernen, ihr eigenes entstelltes Bild in diesem Spiegel betrachten musste, von dem eine jahrhundertelang vergessene Parzelle ganz allein für mich ihren ersten und letzten Lichtreflex ausstrahlen würde.[2]

Die Erfahrung dieser „seule aventure totale proposée à l'humanité",[3] dieses einzigen totalen Abenteuers, das sich dem Menschen noch bot, steht folglich im Zeichen eines „Nevermore", ja einer veritablen Poetik des Gescheitert-Seins. Sie haben sicherlich schon bemerkt, dass die temporale Vektorizität, derer sich

---

1 Lévi-Strauss, Claude: *Tristes Tropiques*. Paris: Plon 1984, S. 84.
2 Ebda., S. 387.
3 Ebda., S. 82.

Open Access. © 2022 bei den Autoren, publiziert von De Gruyter. Dieses Werk ist lizenziert unter der Creative Commons Namensnennung - Nicht-kommerziell - Keine Bearbeitung 4.0 International Lizenz.
https://doi.org/10.1515/9783110724097-020

Claude Lévi-Strauss in diesen Passagen bedient, eine rückwärtsgewandte ist, dass also seine Expeditionen etwa in die Urwälder Brasiliens im Zeichen einer Rückkehr in die Vergangenheit stehen, deren Bewegungskoeffizienten wir seit den Tagen Flora Tristans sich deutlich abzeichnen sahen: Der Süden des amerikanischen Kontinents steht für die Europäer im Zeichen eines umgekehrten Zeitpfeiles. Er führt zurück in die Zeit der Entdeckungen und der Conquista, ja noch hinter diese zurück, insoweit Völker aufgesucht werden können, die zu keinem Zeitpunkt Kontakte zu weißen Menschen hatten: eine gleichsam ‚unberührte' Region unseres Planeten.

Denn der welthistorische Prozess, der mit Christoph Columbus begann, hat auf dem amerikanischen Kontinent zu jener Zerstörung der indigenen Völker, zu jener schon von Las Casas beschworenen *Destrucción de las Indias* geführt, die dem Ich-Erzähler in Lévi-Strauss' literarischem Reisebericht im 20. Jahrhundert wie die letzten sichtbaren Splitter eines geborstenen Spiegels erscheint, der nicht länger das andere Bild des Eigenen reflektiert – und just darum als das eigene Andere angeeignet und zugleich ausgelöscht werden kann. Nur mehr die unglücklichsten Formen unserer Existenz erscheinen noch in diesem Gegenbild der Erfolgsgeschichte einer omnipräsenten okzidentalen Globalisierung, die vor langen Jahrhunderten ihren zerstörerischen Anfang nahm:

> Heute, wo die in Beton ertränkten Polynesischen Inseln in schwer am Grunde der Südsee verankerte Flugzeugträger verwandelt sind, wo ganz Asien das Gesicht einer kränklichen Zone angenommen hat, wo die Vorstädte der Armen Afrika zerfressen, wo der zivile und militärische Flugverkehr die natürliche Sanftmut der amerikanischen oder melanesischen Urwälder entstellt, noch bevor er deren Jungfräulichkeit zerstören konnte, wie könnte da die vorgebliche Evasion der Reise mit Erfolg etwas anderes tun, als uns mit den unglückseligsten Formen unserer historischen Existenz zu konfrontieren? Diese große abendländische Zivilisation, die Wunder geschaffen hat, von denen wir profitieren, hat es gewiss nicht vollbracht, diese ohne ihr Gegengewicht zu erzeugen. Wie ihr berühmtestes Werk, wo die Architekturen einer unerhörten Komplexität erblühen, verlangen die Ordnung und die Harmonie des Abendlands die Eliminierung einer ungeheuren Masse an üblen Nebenprodukten, von denen die Welt heute infiziert ist. Was ihr uns zuallererst zeigt, ihr Reisen, das ist unser Abfall, den wir ins Antlitz der Menschheit schleudern.[4]

Die konstruktive, stets neue Verbindungen schaffende Globalisierung okzidentaler Formen transportiert in derselben Bewegung der Verbreitung ihrer ‚Wunder' ihre zerstörerische Kehrseite mit. Immer verteilt die abendländische Zivilisation ihre unheilvollen ‚Nebeneffekte' über die Welt, errichtet das Wunderbare stets um den Preis des Abgründigen. Oder mit anderen Worten: Noch den größten Triumphen einer Globalisierung, deren Flugzeuge alle Kontinente – und sei es über die

---

4 Ebda., S. 36.

‚Flugzeugträger' polynesischer Inseln – miteinander vernetzen, ist das Scheitern eingeschrieben. Stets wird auch die Lebensräume und Lebensformen zerstörende Kehrseite mit-globalisiert. Die Folgen für die amerikanischen Völker sind fatal: Claude Lévi-Strauss spricht von den Indianern wie manche Fachvertreter von den letzten Romanisten. In jedem Falle gehört der Schiffbruch auch in diesem Zusammenhang der *Traurigen Tropen* zur okzidentalen Globalisierung mit hinzu.

Abb. 72: Claude Lévi-Strauss (1908–2008).

Die erstmals 1955 veröffentlichten *Tristes Tropiques*, die auf Reisen zurückgehen, die der französische Anthropologe und Mythenforscher zwischen 1934 und 1937 sowie 1938 und 1939 in Brasilien unternahm, als er an der Universität von Sao Paulo einen Lehrstuhl für Soziologie innehatte beziehungsweise in seinen Forschungen von der französischen Regierung gefördert wurde, stellen das Ende der Reisen, „La Fin des Voyages" – so der Titel des ersten Teiles –, an den Anfang des eigenen Berichts. Das alles globalisierende Spiel ist aus: Das Werk der Zerstörung geht mit Blick auf die indigenen Kulturen Amerikas seiner Vollendung entgegen, seiner vollkommenen Katastrophe! Die Tupi-Kawahib, die der Europäer ‚entdeckt', werden im Augenblick dieser Berührung selbst definitiv verschwinden, werden unwiederbringlich in ihrer Jungfräulichkeit infiziert vom Virus abendländischer ‚Nebeneffekte'. Der Schiffbruch der amerikanischen Völker, der Untergang jener Tupi, in deren Gewalt sich einst Hans Staden befand, ist für den französischen Erzähler evident: Hier gibt es nichts mehr zu entdecken, hier gibt es nur noch das Ende aller Reisen festzustellen. Alle Tropen des Diskurses über die Tropen sind verbraucht...

Die Wissenschaft – nicht zuletzt auch jene, in deren Namen Lévi-Strauss die Tupi-Kawahib besuchte – nimmt in dieser Entwicklung keinen unschuldigen Beobachterstatus ein: Sie ist – wie Cornelius de Pauw, der Zeitgenosse von Lévi-Strauss' geistigem Mentor Rousseau, schon 1768 feststellte – Teil der Zerstörungsmaschinerie selbst. Wir haben diese frühe Anklage westlicher Wissenschaft bei Cornelius de

Pauw in unserer Vorlesung gesehen.[5] Claude Lévi-Strauss' Reflexionen, welche Erfahrungen vor, während und nach dem Zweiten Weltkrieg zum Ausdruck bringen, lassen hieran keinerlei Zweifel.

Der französische Strukturalist, Anthropologe und Mythenforscher griff in seinen *Traurigen Tropen* noch einmal auf die Epoche der Entdecker und der Eroberer zurück. Es ist daher an der Zeit, wie in einem Film ein letztes Mal einzelne Episoden der Geschichte, die wir durchschritten haben, der Historie der Findungen und Erfindungen Amerikas, an uns vorüberziehen zu lassen. Ich möchte dies mit Ihnen auf wenigen Seiten tun.

Vergessen wir dabei nicht ein auf den ersten Blick vielleicht unscheinbares Detail, das wir im ersten Teil unserer Vorlesung bereits festgehalten haben! Am Beginn der heutigen Gestalt Amerikas steht eine Vogelschau. In dem uns von Bartolomé de Las Casas überlieferten Bordbuch des Cristóbal Colón finden wir, datiert auf den Tag des Herrn, Sonntag den 7. Oktober 1492, den Eintrag:

> Da sie am Nachmittag das Land nicht sahen, welches man von der Karavelle *Niña* aus zu sehen gemeint hatte, und da eine große Menge an Vögeln von Norden her nach Südwesten vorbeizog, so dass man glauben durfte, sie würden zum Schlafen in Richtung Land fliegen oder vielleicht vor dem Winter fliehen, der in den Landstrichen, aus denen sie kamen, wohl bevorstand, vereinbarte der Admiral, vom Weg nach Westen abzuweichen, und er setzt Kurs auf Westsüdwest, entschlossen, für zwei Tage jenen Weg einzuschlagen. Dies begann eine Stunde vor Sonnenuntergang.[6]

Die leichte Kursänderung, die Columbus an jenem denkwürdigen Tag ausführen ließ, und welche die Schiffe, die zuvor nach Westen gesegelt waren, nun in eine südwestliche Fahrtrichtung brachten, hatte – wie wir ausführlich gesehen haben – weitreichende Folgen für die sogenannte ‚Entdeckung' Amerikas, die Geschichte seiner Eroberung und Kolonisation wie auch die geokulturelle und letztlich geopolitische Konfiguration der amerikanischen Hemisphäre. Denn hätte Columbus den Kurs beibehalten und eine drohende Meuterei auf der dann längeren Fahrtstrecke überstanden, er wäre wohl mit Hilfe des starken Golfstroms an der Küste des heutigen Florida angekommen. Die spanische Kolonisation Amerikas hätte einen anderen Weg eingeschlagen, hätte einen anderen Verlauf genommen.

Schon Washington Irving war auf diese Stelle des Bordbuchs gestoßen und hatte in seiner berühmten Biographie des Admirals auf die möglichen Folgen einer Fortsetzung der Fahrt nach Westen aufmerksam gemacht; Alexander von Humboldt, der wohl beste Kenner der damals zugänglichen Literatur zur Entde-

---

5 Vgl. hierzu auch den fünften Band der Reihe „Aula" in Ette, Ottmar: *Aufklärung zwischen zwei Welten* (2021), S. 296 ff.
6 Colón Cristóbal: *Diario de a bordo*. Edición de Luis Arranz. Madrid: Historia 16 1985: S. 86 f.

ckungs- und Eroberungsgeschichte Amerikas, hatte Irvings Überlegungen zur Kenntnis genommen und seinerseits auf diesen „Umstand von unermeßlicher Wichtigkeit" hingewiesen, „da er den Vereinigten Staaten statt einer protestantischen englischen Bevölkerung eine katholische spanische hätte geben können".[7] Die Geschichte Amerikas wäre ganz anders verlaufen: Die Weltgeschichte hätte wie der Admiral ganz einfach einen anderen Kurs eingeschlagen...

Was war an Bord der spanischen Schiffe vor sich gegangen? Bereits am 6. Oktober, zu einem Zeitpunkt, als die von Columbus eigenhändig vorgenommenen Fälschungen der Angaben über zurückgelegte Distanzen nichts mehr fruchteten und die erschöpften Mannschaften der drei Karavellen an Widerstand gegen eine Fortsetzung der Fahrt nach Westen dachten, hatte Martín Alonso Pinzón, der als erfahrener Seemann bei den Matrosen nicht nur seines Schiffes in höherem Ansehen stand, vorgeschlagen, die Fahrtrichtung nach Südwesten abzuändern. Doch der Transkription des Bordbuchs entnehmen wir an jenem Tag: „al Almirante pareció que no."[8] Columbus hatte ein Machtwort gesprochen...

...das er aber sehr bald schon zurücknahm! Denn am folgenden Tag willigte Columbus, wie wir soeben sahen, unter Hinweis auf den Flug der Vogelschwärme in eine Änderung der Fahrtrichtung ein. Er griff dabei, wie Humboldt anmerkte, auf die Erfahrung der Portugiesen zurück, „welche den größeren Theil der Inseln, die sie besitzen," aufgrund ihrer „Beobachtung des Fluges der Vögel entdeckt" hätten.[9] Die Seeleute willigten zunächst ein, zumal man auch während der folgenden Tage Zeichen nahen Landes wahrnahm; doch nachdem sie noch während der ganzen Nacht Vögel hatten vorbeifliegen hören, begehrten sie am 10. Oktober gegen Columbus auf, der sie ein letztes Mal mit Versprechungen beruhigen konnte.

Schon am folgenden Tag, dem 11. Oktober, sah ein Matrose namens Juan Rodríguez Bermejo, der unter dem Namen Rodrigo de Triana in Geschichte und Legendenbildung Eingang fand,[10] das ersehnte Land; eine Meldung, die sich

---

7 Humboldt, Alexander von: *Kritische Untersuchungen über die historische Entwickelung der geographischen Kenntnisse von der Neuen Welt und die Fortschritte der nautischen Astronomie in dem 15ten und 16ten Jahrhundert*. Aus dem Französischen übersetzt von Dr. Jul. Ludw. Ideler, Privatdocenten an der Berliner Universität. Bd. 2. Berlin: Nicolai'sche Buchhandlung 1836, S. 111.
8 Colón, Cristóbal: *Diario de a bordo*, S. 86. Die von Colón angeführten Gründe für die Ablehnung sind wenig überzeugend, so dass Luis Arranz in seinem Kommentar zu dieser Passage des Bordbuchs auch zu der Einschätzung gelangte, dass Columbus lediglich dem Eindruck entgegenwirken wollte, er habe diesen Entschluss auf Veranlassung Pinzóns getroffen (*Diario de a bordo*, S. 87, Fußnote 36).
9 Humboldt, Alexander von: *Kritische Untersuchungen*, Bd. 1, S. 213.
10 Colón, Cristóbal: *Diario de a bordo*, S. 88 f.

im Gegensatz zu jener der *Niña* vom 7. Oktober, am folgenden Tage bewahrheiten sollte. Es waren die Vögel gewesen, welche die drei spanischen Schiffe in die Inselwelt der Karibik geführt und damit den weiteren Fortgang der Weltgeschichte nicht unwesentlich mitbeeinflusst hatten. Nicht zu Unrecht kommentierte Alexander von Humboldt in seinem überwiegend der Figur des Columbus gewidmeten und ursprünglich in französischer Sprache erschienenen *Examen critique*: „Niemals hat der Flug eines Vogels gewichtigere Folgen gehabt; Denn die Aenderung des Windstriches am 7. Oktober entschied die Richtung, nach welcher die ersten Ansiedelungen der Spanier in Amerika Statt finden sollten und gefunden haben."[11]

Wir haben in unserer Vorlesung ausführlich analysiert, auf welche Weise sich bereits im Bordbuch von Columbus' erster Reise – und mit Claude Lévi-Strauss haben wir soeben noch das Ende dieser ‚Reisen' und ihrer damit verbundenen Schiffbrüche gesehen – Bruchstücke geographischer Vorstellungen und Illusionen, etymologischer Fehldeutungen, aus der griechischen Antike stammender Mythen oder ganz materiell orientierter Wunschträume zu einer *Mythenbricolage* formieren, in welcher Goldgier, Amazonentrauma, Anthropophagie-Angst und Benennungslust als Stationen und Elemente eines Weges erscheinen, den Columbus nicht aus den Augen verliert, führt er ihn doch zurück nach Spanien, zur Verkündigung des von ihm Gesehenen – und zum Entwurf jener amerikanischen Träume, die sich von Beginn an als komplexe Verschachtelung und Vergleichzeitigung abendländischer Kulturfragmente zu erkennen geben. Auch Columbus hatte einen „American Dream", selbst wenn er zeit seines Lebens ignorierte, auf einem neuen, den Europäern zuvor unbekannten Kontinent angekommen zu sein.

Erst die Rückkehr nach Europa – und die sich anschließenden frühen Berichte von jener Entdeckung – machen es möglich, dass sich fortan ein Gutteil der Neuen in der Alten Welt bilden konnte.[12] Die amerikanischen Träume aber werden zwanghaft und zwangsweise in amerikanische Wirklichkeiten verwandelt. Mit anderen Worten: Der „American Dream" der Vereinigten Staaten von Amerika ist nichts anderes als eine sehr späte Erfindung in der Folge all jener Erfindungen, welche dem amerikanischen Kontinent sein heutiges Antlitz gegeben haben. Denn es waren solche Träume, es waren solche Fiktionen, die mehr als alles andere die konkrete Wirklichkeit Amerikas wie der Amerikaner buchstäblich produzierten. Fiktionen sind ein fundamentaler Bestandteil unserer Rea-

---

11 Humboldt, Alexander von: *Kritische Untersuchungen*, Bd. 2, S. 114 f.
12 Cf. hierzu auch Gewecke, Frauke: *Wie die neue Welt in die alte kam*. Stuttgart: Klett – Cotta 1986.

lität. Selbst die aggressive Kriegsmaschinerie Putins kommt nicht ohne derartige Fiktionen aus: Bitte schauen Sie sich nur seine Deutung der russischen Geschichte und ihres Verhältnisses zur Ukraine an! Sie können daran ermessen, an welch entscheidenden Punkten Rationalität in Irrationalität vielleicht weniger umschlägt als vielmehr sachte ins Irrationale übergeht.

Die rationale Verwendung der den Iberern zur Verfügung stehenden technischen Mittel schlug spätestens in der Conquista um in eine von Las Casas angeprangerte irrationale Zerstörungswut, die sich immer neue profane wie sakrale Legitimationen suchte, ersann und erfand. Der sich an den indigenen Völkern vollziehende Genozid erfasste rasch auch die Bewohner des Festlands – nicht jener Insel Cuba, die Columbus für Festland hielt und seinen Männern den Schwur auf diesen Glauben abverlangte, sondern jener Küsten, die ein gewisser Amerigo Vespucci als Küstensäume eines Kontinents, einer Neuen Welt, erkannte. Mit seiner Rede von einer ‚neuen Welt', die ‚wiederaufgefunden' worden sei, eröffnete er ein neues Zeitalter, das in der Tat im Zeichen dieser schon bald kolonialistisch überzogenen und ausgeplünderten Neuen Welt stehen sollte.

Bereits im Jahre 1500 – als weiter südlich aufgrund eines Sturms die nach Osten ragende Spitze des heutigen Brasilien von den Portugiesen eher zufällig ‚entdeckt' und in Besitz genommen wird – nehmen die amerikanischen Träume kartographische Gestalt an in jener Karte, die Juan de la Cosa entwarf, der Columbus auf dessen zweiter Reise begleitet und zusammen mit Vespucci auch an der Expedition Alonso de Ojedas 1499 teilgenommen hatte. Hier entstehen die Umrisse und Konturen einer Weltregion, in deren Zentrum sich eine Inselwelt befindet, deren Erkundung schon weiter fortgeschritten ist, und die den südlichen mit dem nördlichen Teil des Kontinents verbindet. Die Umrisse einer neuen Welt und einer neuen Weltordnung entstehen. Dabei ist auf der Karte von Juan de la Cosa der Norden des karibischen Beckens, des amerikanischen Mittelmeers, als Besitztum der Katholischen Könige markiert und festgehalten. Sehr rasch schon werden große Teile des südlichen Amerika zu diesen neuen Besitztümern Spaniens hinzukommen.

Noch kann man auf Juan de la Cosas *Mapamundi* jenen Bereich erst erahnen, auf den sich dann zunächst die oftmals spontane, ungesetzliche, sich bisweilen explosionsartig vollziehende Expansion der Spanier konzentrieren wird. Doch Erkundungsfahrten von Francisco Hernández de Córdoba und Juan de Grijalva in den Jahren 1517 und 1518 bringen größere Klarheit über den Küstenverlauf und zugleich die Spanier erstmals in Kontakt mit einer wohlorganisierten und ausdifferenzierten indigenen Gesellschaft. Bald schon bilden sich frühkapitalistische „Empresas" heraus, die mit – wie wir heute sagen würden – Venture Capital ausgestattete Abenteurer anlocken und zu wagemutigen Eroberungszügen veranlassen, welche in erstaunlicher Geschwindigkeit komplex strukturierte Hochkulturen vernichten. Die altweltliche fällt erbarmungslos über die neuweltliche Hemisphäre her.

In dieser welthistorischen Beschleunigung vollzieht sich die Eroberung jenes Reichs von Anáhuac mit seinem Zentrum Tenochtitlán, das die Männer um Hernán Cortés binnen weniger Jahre unter Ausnutzung der Gegensätze und Feindseligkeiten zwischen den verschiedenen indigenen Völkern in ihre Gewalt und unter dem Namen „Nueva España" dem fast nahtlos von der Reconquista in die Conquista umschwenkenden und umdenkenden Spanien einverleiben sollten. Spanien entwickelt sich zu einem Weltreich, in dem die Sonne nicht untergeht und in dem mit der Eroberung der Philippinen auch Asien in einen weltumspannenden Handel einbezogen wird. Längst hat die erste Phase beschleunigter Globalisierung ihren Höhepunkt erreicht.

Die beginnende Conquista spült nach Reichtum und Macht gierende iberische Abenteurer nach Amerika. Der radikale Bruch mit Diego Velázquez, dem Gouverneur von Kuba, und die Gründung der Stadt Veracruz an der Karibikküste des heutigen Mexiko, das geographisch gesehen ja zu Nordamerika zählt, reichen nicht aus als Fundament der amerikanischen Träume des Cortés, die zugleich das Projekt einer Eroberung und das Projekt eines Staates beinhalten – und damit nicht nur militärische, sondern eminent politische Projektionen und Erfindungen sind. Um seine Visionen in die Tat umzusetzen, muss er den Europäern, den spanischen Soldaten, nicht nur die eigenen Träume vermitteln, sondern ihnen auch den Rückzug abschneiden. In seinem zweiten Brief an den *Emperador Carlos V* stellt er am 30. Oktober 1520 trocken seine Vorgehensweise dar:

> Und da es zusätzlich zu jenen, die zu den Gefolgsleuten und Freunden von Diego Velázquez zählten und daher beabsichtigten, das Land zu verlassen, andere gab, denen dieses Land so groß und von so vielen bevölkert schien und wir dagegen so wenige Spanier waren, so dass sie denselben Vorsatz fassten, glaubte ich, dass sie sich gegen mich erheben und die Schiffe nutzen würden, wenn ich diese dort ließe, so dass alle verschwänden, die diesen Wunsch gefasst hätten, wodurch ich fast alleine zurückbliebe und so der große Dienst zunichte würde, den ich für Gott und Eure Hoheit in diesem Lande getan, sorgte ich dafür, dass die besagten Schiffe nicht mehr zu benutzen waren, indem ich sie auf die Küste warf, wodurch alle die Hoffnung verloren, dieses Land wieder zu verlassen. Und ich ging meinen Weg sicherer und ohne den Argwohn, mir könnten die Leute abhanden kommen, die ich in der Stadt zurücklassen musste, hätte ich ihnen erst einmal den Rücken gekehrt.[13]

Das Vorgehen des spanischen Konqu istadoren ist planvoll und rational. Denn auch Cortés ist sich seines Weges bewusst, der ihn ins Innere eines großen und bevölkerten Landes führt. Er ahnt, welche Gefahren dort auf seine Männer und

---

13 Cortés, Hernán: *Cartas de relación*. Edición de Mario Hernández. Madrid: Historia 16 1985, S. 84.

ihn lauern. Aber auch welche Möglichkeiten für unerhörten Reichtum und gesellschaftliche Anerkennung, für Macht und Herrschaft dort auf ihn – und auf ihn allein – warten. Auch in seinen Planungen weicht das rationale Kalkül nur zu oft einer irrationalen Zerstörungswut, die alles mit sich fortreißt und ganze Völker vernichtet. Als Beispiel all der Namenlosen, die in dieser Vernichtungswelle untergehen sollten, haben wir auf dem *Biombo de la Conquista* jene junge indigene Frau mit ihrem Kind betrachtet, deren Antlitz wir niemals kennenlernen werden.

In seinem ausgeklügelten Schlachtplan setzt Cortés zunächst seine eigenen Männer fest, die ebenso wenig Gefallen wie jene des Columbus verspürt zu haben scheinen, dem ihnen vorgegebenen Weg zu folgen und ihr Leben für den Reichtum des Führers hinzugeben. Columbus hält gegen alle sich abzeichnende Meuterei seine Seeleute auf den Schiffen fest, während Cortés jedweden Aufstand sofort gewaltsam und geschickt unterbindet und seine Soldaten von den Schiffen abschneidet. Es gibt bei ihm nur die Vision von Amerika, eine Rückfahrkarte nach Spanien ist nicht vorgesehen.

In Cortés' *Cartas de relación* zeichnet sich eine Welt ab, die sich als „bricolage" von Elementen verschiedenster (und nunmehr, nicht zuletzt dank der von Cortés ‚benutzten' Übersetzerin und „lengua" Malinche, auch autochthoner) Herkunft erweist. Wie bei Columbus werden auch in den unablässigen Feldzügen und Manövern des Cortés diese Elemente in beständiger Bewegung gehalten. „Descubrimiento" und Conquista sind als hermeneutische Bewegungsmuster einander wesensverwandt, ihre Bezugspunkte aber haben – die Zerstörung der Schiffe zeigt es geradezu emblematisch an – gewechselt. Von nun an wird der Binnenraum Amerikas zur Projektionsfläche für die amerikanischen Träume, für die Fiktionen der Eroberer.

Im Verlauf des dritten Jahrzehnts des 16. Jahrhunderts versuchten mehrere spanische Expeditionen, die Ostseite Nordamerikas von der Küste des zunächst für eine Insel gehaltenen Florida bis hinauf zu den Küsten Labradors nach einer Durchfahrt zum Pazifik abzusuchen. Zugleich vergab Karl V. wiederholt die Erlaubnis zu Eroberung und Kolonisierung von Gebieten, die im heutigen Nordamerika liegen: Noch immer waren die nahe gelegenen Karibikinseln gleich riesigen Schiffen (oder in heutiger Diktion Flugzeugträgern) Drehscheiben für Informationen und Ausgangspunkte für militärische Operationen. Sie waren von enormer strategischer Bedeutung für die spanischen Eroberungen auf dem amerikanischen Kontinent.

Pánfilo de Narváez, der zusammen mit Hernán Cortés unter Diego Velázquez maßgeblich an der Eroberung Kubas beteiligt gewesen war und der im Auftrag des mit ihm befreundeten Gouverneurs von Kuba vergeblich den vertragsbrüchigen Hernán Cortés bei dessen Unterwerfung Anáhuacs hatte festnehmen wollen, erhielt vom „Emperador" das Recht zur Eroberung des 1512 entdeckten Florida.

An seiner Expedition nimmt teil jener Mann, der mit seinen geradezu unglaublichen Erlebnissen, aber auch mit seinen Schriften in die Geschichte des amerikanischen Kontinents einging: Alvar Núñez Cabeza de Vaca. Sein Name steht für all die Schiffbrüche und Schiffbrüchigen, die mit der militärischen Eroberung und Kolonisierung Amerikas aufs Engste verbunden waren.

Seine „narrativa", die unter dem Titel *Naufragios* berühmt werden sollte, beginnt wie viele „relaciones" von Konquistadoren. Und doch sollte es sich um einen ganz anderen, in keiner Weise triumphalistischen Bericht handeln:

> Am 17. Tag des Monats Juni des Jahres 1527 brach vom Hafen von Sanlúcar de Barrameda der Gouverneur Pánfilo de Narváez auf, ausgestattet mit Macht und Mandat Ihrer Majestät, um die Provinzen zu erobern und zu regieren, welche zwischen dem Río de las Palmas und dem Kap von Florida liegen und sich auf dem Festland befinden; und die Armada, welche er mit sich führte, bestand aus fünf Schiffen, auf denen sich etwa sechshundert Männer befanden.[14]

Die von Pánfilo de Narváez geleitete Expedition gerät für die Spanier bald schon zu einem völligen Desaster. Weder entdecken die spanischen Truppen wie wenige Jahre zuvor in Mexiko ein großes, mächtiges Reich voller Reichtümer noch gelingt es ihnen, sich in den Besitz dieses größtenteils von nomadisierenden, kriegerischen Stämmen bewohnten Landes zu bringen. Schlimmer noch: Hunger, Krankheiten, Schiffbruch und Angriffe der Indianer dezimieren die Expedition so sehr, dass von der ursprünglichen kleinen Armada nur noch ganze vier Männer überleben werden. Es ist, als nähme der Untergang dieser kleinen spanischen Armada den der großen Armada von Philipp II. vor den britischen Küsten vorweg.

Der Bericht von Alvar Núñez Cabeza de Vaca bietet eine in einer eindrücklichen, gleichsam Unmittelbarkeit erzeugenden Sprache verfasste Abfolge von Katastrophen, Leid und immer wieder überwundener Hoffnungslosigkeit, die wesentlich vom Kontakt mit der indigenen Bevölkerung geprägt ist. Es ist der Bericht von einem Überlebenswissen, das mit Blick auf die indigenen Stämme schon bald von einem Zusammenlebenswissen ergänzt wird:

> Als die Indios das Desaster sahen, das über uns hereingebrochen war, und das Desaster, in dem wir uns mit soviel Unglück und Elend befanden, setzten sie sich zu uns und begannen, mit dem großen Schmerz und dem Leid, die sie empfanden, als sie uns in solchem Schicksale sahen, alle mit uns stark zu weinen und dies mit solcher Wahrhaftigkeit, dass man es ferne von dort hören konnte, und dies hielt bei ihnen mehr als eine halbe Stunde an; und zu sehen, dass diese Männer, die ohne jeglichen Verstand und so roh wie

---

14 Núñez Cabeza de Vaca, Alvar: *Naufragios y Comentarios*. Edición de Roberto Ferrando. Madrid: Historia 16 1984, S. 41.

das Vieh waren, nun so sehr mit uns litten, bewirkte, dass in mir und anderen meiner Gefährten das Leiden und die Achtung unseres Unglückes noch anwuchsen.[15]

Diese Szene ist charakteristisch für die Unmittelbarkeit, mit welcher der spanische Schiffbrüchige alle Geschehnisse schildert. Die Darstellung dieses indianischen Rituals tränenreicher Begrüßung, das in dieser Passage noch naiv als spontane Gefühlsregung missdeutet wird, leitet über zu einer Kette genauester Beobachtung der unterschiedlichsten indigenen Völker und Stämme, die Alvar Núñez Cabeza de Vaca im weiteren Verlauf seiner Reise – falls man diese Bezeichnung für das von ihm Geschilderte überhaupt verwenden kann – kennenlernen sollte.

Denn in der Tat hatte die Expedition des spanischen „Adelantado" nicht nur von der Bucht von Tampa aus den Norden Floridas erreicht, um dann in westlicher Richtung die heutige Bucht von Mobile und die Mündung des Mississippi zu passieren. Nach der Zerstreuung und dem Untergang des Hauptteils des Expeditionsheeres versuchen die vier Überlebenden, sich nach Westen zu dem ihnen gerüchteweise bekannten Südmeer und schließlich dem von Cortés eroberten Reich der Azteken durchzuschlagen. Ein Marsch über Tausende von Kilometern beginnt, der die kleine Gruppe zäh an ihre Errettung glaubender Männer vom Mississippi-Delta quer durch den Süden und Südwesten Nordamerikas bis ins heutige Kalifornien führt, von wo aus sie sich nach Süden wendend die von Cortés eroberten Gebiete erreichen. Sie durchqueren dabei nicht allein riesige Landflächen im Süden der USA, sondern auch die unterschiedlichsten Völkerschaften nomadisierender wie sesshafter Indianer, mit denen sie sich jeweils ins Benehmen setzen müssen, um ihre Reise fortsetzen zu können.

Das Unglaubliche geschieht: Sie erreichen schließlich Mexiko, die Hauptstadt des neu gegründeten Reiches von Neuspanien, im Jahre 1535. Dort wird ihnen ein triumphaler Empfang zuteil. Erst im August 1537 kehrt Alvar Núñez Cabeza de Vaca – den später kaum weniger gefährliche Abenteuer im Süden des Kontinents, in Asunción und entlang des Río Paraná erwarten – wieder auf iberischen Boden zurück, wo sein Bericht zwischen 1537 und 1540 entsteht. Wir hatten auf dem Parcours unserer Vorlesung von Beginn an gesehen, welch wichtige Rolle Schiffbrüche – und nicht selten gar eine Abfolge von Schiffbrüchen – während der überseeischen Expansion Europas und der ersten Phase beschleunigter Globalisierung spielen. Und wenn wir Claude Lévi-Strauss in seinen *Traurigen Tropen* folgen, so sind diese Schiffbrüche auch noch im 20. Jahrhundert genuiner Bestandteil einer die ganze Welt umfassenden geschichtlichen Bewegung.

Die Durchquerung des gesamten Südens der heutigen Vereinigten Staaten, von Florida bis Kalifornien, führt Alvar Núñez durch unterschiedlichste Klima-

---

[15] Ebda., S. 73.

zonen und Landschaftsformationen, macht ihn mit den verschiedensten indianischen Kulturen und Stämmen bekannt,[16] lässt ihn, dem Amerika zuvor völlig unbekannt geblieben war, nicht aus der Rolle des Eroberers, sondern aus jener des nackten, allen Schicksalsschlägen Ausgelieferten und um sein Überleben Kämpfenden die Riten und Gebräuche, Anbaumethoden und Glaubensformen der amerikanischen Bevölkerung jenes riesigen Landstrichs erleben. Wie ein Hans Staden erlernt er binnen kürzester Frist ein Überlebenswissen und ein Zusammenlebenswissen, die ihm erlauben, die indigenen Kulturen in den für ihn relevanten Besonderheiten zu verstehen und anzuerkennen.

Für die Erforschung der oftmals schon im 18. Jahrhundert größtenteils dezimierten und im weiteren Verlauf der nordamerikanischen Geschichte überwiegend ausgelöschten indigenen Bevölkerung ist der überraschend präzise Bericht des Spaniers trotz seiner Einfügung fiktionaler Elemente noch heute als ethnographische Quelle von größter Bedeutung. Alvar Núñez Cabeza de Vaca wird der Hans Staden des nördlichen Teils des amerikanischen Kontinents. Zugleich verschafft uns der Bericht Einsicht in die Grunderfahrung einer schier unendlichen Größe und Weite des Landes, die in Cortés' Text bereits anklang, bei Núñez Cabeza de Vaca aber zu einer fast unvorstellbaren Erfahrung des Weges von „coast to coast" wird. Denn die von seiner kleinen Gruppe zu Fuß zu überwindenden Distanzen erscheinen selbst aus heutiger Sicht unvorstellbar.

So schreibt er im einunddreißigsten Kapitel, das uns auch Einblick in die Gegensätze zwischen nomadisierenden und Ackerbau treibenden indianischen Völkern gewährt, unter dem Titel „De cómo seguimos el camino del maíz", wie wir also dem Wege des Maises folgten:

> Nach zwei Tagen, die wir dort verbrachten, entschieden wir, uns auf die Suche nach Mais zu begeben, und wollten nicht dem Weg der Kühe folgen, weil dieser nach Norden führt, wäre dies doch für uns ein großer Umweg gewesen, weil wir es immer für gewiss hielten, dass wenn wir gen Sonnenuntergang gingen, wir dann finden würden, was wir uns ersehnten; und so folgten wir unserem Wege, und wir durchquerten das ganze Land, bis wir zur Südsee gelangen würden […].[17]

Die körperliche Erfahrung des schier unermesslichen Raumes und die beständige Bewegung, das Bewusstsein eines Weges nach Westen in einem Gebiet, dessen Küstenlinie Juan de la Cosas Weltkarte ein gutes Vierteljahrhundert zuvor kaum mehr als erahnen ließ, und das den Spaniern völlig unbekannt geblieben war, bilden die Grundbestandteile eines Textes, der im Kontext weiterer

---

16 Vgl. hierzu auch Ferrando, Roberto: Introducción. In: Núñez Cabeza de Vaca, Alvar: *Naufragios y Comentarios*, S. 16–25.
17 Núñez Cabeza de Vaca, Alvar: *Naufragios y Comentarios*, S. 123.

gescheiterter Expeditionen ein Verständnis dafür vermittelt, warum nicht nur der nach Süden deutende Flug der Vögel den Spaniern die Hauptrichtung ihrer Eroberungen und Kolonisationsbemühungen vorgab. Die *Naufragios* markieren eine Grenzerfahrung ebenso im existentiellen wie im kulturellen und räumlich-territorialen Sinne.

So ließe sich vielleicht die etwas überspitzte Formulierung von Emir Rodríguez Monegal verstehen, der in Bezug auf die *Naufragios* des Alvar Núñez Cabeza de Vaca schrieb: „Diese Spanier, die so stolz auf ihren Glauben und die Macht des Reiches waren, das sie repräsentierten, kamen voll ausgerüstet und prächtig gekleidet an, um von dem riesigen, unbekannten Land Besitz zu ergreifen. Plötzlich versetzten das Toben des Meeres und die Unfruchtbarkeit des Landes sie zurück in das Stadium ursprünglicher Nacktheit: Jahrhunderte der Zivilisation werden innerhalb von Stunden zunichte."[18] Dies macht zugleich die Energieleistung deutlich, dank deren Hilfe die Gruppe schiffbrüchiger Spanier diese kulturgeschichtliche Kluft gegenüber den nomadisierenden Indianern zu schließen vermochte.

Auch bei Alvar Núñez Cabeza de Vaca wird der Weg Richtung Norden verlassen: So bringt erst der Schwenk nach Süden schließlich die Rettung auf neuspanisches Gebiet. Die *Naufragios* zeigten bald nicht mehr nur den Lesern in der Real Audiencia del Consejo de Indias, sondern auch einer breiteren Leserschaft in Spanien auf, wie schnell die amerikanischen Träume in Alpträume umschlagen konnten und wie nahe beide Bereiche – die Wunder der abendländischen Zivilisation und deren Begleiterscheinungen – beieinander lagen. Schon Claude Lévi-Strauss erkannte in seinen *Tristes Tropiques*, dass dies auf dem gesamten Weg der europäischen Expansion der Fall gewesen war. Doch die *Naufragios* vermittelten vor allem ein Gefühl für die fast unbegrenzte Ausdehnung eines Raumes, in dem der Autor dieses ‚Schiffbruchs mit Zuschauer' zwischen 1527 und 1535 auf der Suche nach einer Rückkehr in die abendländische Zivilisation umherirrte.

Die didaktische Funktion unseres kleinen Rückblickes ausgehend von Claude Lévi-Strauss' *Traurigen Tropen* besteht nicht darin, den weiteren geschichtlichen Verlauf der gerade auch im Bereich der Karibik, also der ‚Schaltstelle' zwischen Nord und Süd in Amerika, überaus komplizierten Kolonialgeschichte aufzuzeigen. Letztere führte letztlich zu einer Vertiefung jenes Gegensatzes zwischen den ‚beiden' Amerikas und zur Errichtung jener symbolischen, aber darum nicht weniger

---

18 Rodríguez Monegal, Emir: Die Neue Welt. Ein Dialog zwischen den Kulturen. In (ders., Hg.): *Die Neue Welt. Chroniken Lateinamerikas von Kolumbus bis zu den Unabhängigkeitskriegen*. Frankfurt am Main: Suhrkamp 1982, S. 19.

materiellen Grenze, die den Süden der USA und Mexiko voneinander trennt und zugleich miteinander verbindet.

Der Weg von Alvar Núñez Cabeza de Vaca zeigte noch bei allen kulturellen Differenzen die Kontinuität der indigenen Völker jenes Raumes auf, der heute diesseits und jenseits der politischen, aber auch der von den mit Amerika befassten Disziplinen errichteten Grenzen liegt. Diese bilden die schärfste Grenzziehung in einem politischen und ökonomischen, in einem sozialen und kulturellen, aber auch in einem disziplinären und epistemischen Sinne, welche der amerikanische Kontinent zu bieten hat. Daneben ist die Grenze zwischen den USA und Mexiko aber hemisphärisch gesehen eine Armutsgrenze, die immer wieder von Migrationsströmen wie von Drogenkartellen gequert wird. Die *Borderlands* Gloria Anzaldúas bilden dabei Bestandteile einer lebendigen Osmose, in welcher sich die unstillbare Sucht nach Drogen im Norden und die unstillbare Gier nach einem besseren Leben im Süden auf kommerzieller wie auf gewalttätiger Ebene begegnen.

Was einst bei Columbus mit dem Flug der Vögel begann, war bereits im 18. Jahrhundert fest in den Köpfen der Europäer verankert und sollte im 19. Jahrhundert in umgekehrten temporalen Vektorizitäten zum Ausdruck kommen. Süden und Norden bildeten dabei zentrale Gegensätze, die sich je nach Gesichtspunkt in politische, militärische, ökonomische, aber auch kulturelle oder literarische Gegensatzpaare umformulieren ließen.

Ganz selbstverständlich zieht Guillaume-Thomas Raynal in seiner enzyklopädistischen Traditionen folgenden Darstellung der kolonialen Expansion Europas, in seiner erstmals 1770 erschienenen und in der Folge noch wesentlich erweiterten *Histoire philosophique et politique des établissements et du commerce des européens dans les deux Indes*, eine nicht nur geographisch begründete Grenze zwischen den spanischen und portugiesischen Kolonien im Süden und den sich konstituierenden Vereinigten Staaten im Norden des Kontinents. So heißt es im achtzehnten, den (ehemaligen) englischen Kolonien in Nordamerika gewidmeten Buch der dritten Ausgabe in einer Passage, die aus der Feder von Denis Diderot stammt:

> Kraft eines eigentümlichen Kontrasts zur alten Welt, wo die Künste vom Süden aus gen Norden gingen, wird man in der neuen Welt den Norden den Süden erhellen sehen. Bis zu unseren Tagen schienen sich der Geist wie der Körper in den *Indes Occidentales*, in den Kolonialgebieten des Westens, zu zerfasern. Quicklebendig & durchdringend von früh an begreifen die Menschen dort rasch: Doch gelingen ihnen keine und gewöhnen sie sich nicht an lange Meditationen. Fast alle haben in allem eine Leichtigkeit; keinem fehlt

ein entschiedenes Talent. Sie sind vor uns frühreif & gereift, doch sind sie von ihrem Wege noch weit, wenn wir bereits an dessen Endpunkt gelangen.[19]

Aufschlussreich ist an dieser Passage nicht allein die schematische Gegenüberstellung von Norden und Süden, die mit der im 18. Jahrhundert in Europa verbreiteten These von einer Körper und Geist erfassenden Degradation gekoppelt wird, so dass der gegenüber den Indianern seit Beginn der Conquista geäußerte Indolenz-Vorwurf nun auf alle Bewohner des südlichen Amerika, auch jene europäischer Herkunft, ausgedehnt werden kann. Bemerkenswert ist über diese Klimatheorie hinaus die Tatsache, dass im individuellen wie im kollektiven Bereich eine andere Entwicklungskurve angenommen wird, wobei Diderot das „nous", das „Wir" seiner impliziten europäischen Leserschaft in eine identifikatorische Beziehung zum Norden des amerikanischen Kontinents bringt. Denn dort liegen ebenso wie auf dem amerikanischen Kontinent die der Zivilisation besonders förderlichen gemäßigten Breiten.

Stellten die spanischen Eroberer im 16. Jahrhundert – also in der ersten Phase beschleunigter Globalisierung – fest, dass sich die wesentlich komplexeren, entwickelteren indianischen Gesellschaften allesamt im Süden des Kontinents befanden, so dreht sich die Einschätzung im 18. Jahrhunderts so, dass im Verlauf des Siècle des Lumières, in dem Spanien und alles Spanische kulturgeschichtlich wie philosophisch in eine Randstellung gedrängt wurde,[20] die politische, kulturgeschichtliche und künstlerische Bewertung mehr oder minder vollkommen umschlug. Diese Umwertung der Gegensätze zwischen Süden und Norden, von einer rascheren Entwicklung indigener Hochkulturen im Süden, während im Norden nomadisierende Indianerstämme vorherrschten, hin zu einer sich während der zweiten Phase beschleunigter Globalisierung[21] stabilisierenden Sichtweise von einer immer deutlicher hervortretenden Überlegenheit des Nordens gegenüber dem Süden hat zweifellos viel mit den Entwicklungen in Europa zu tun, wo Spanien und Portugal weit hinter den ökonomischen Entfaltungen im Norden Europas zurückblieben. Auch in Europa sah man vor allem klimatheoretische Gründe für eine derart unterschiedliche Entwicklung von Norden und Süden.

---

19 Raynal, Guillaume-Thomas: *Histoire philosophique et politique des établissemens et du commerce des européens dans les deux Indes*. Genève: Chez Jean-Léonard Pellet 1781, Bd. 9, S. 108.
20 Charakteristisch und besonders anschaulich ist – gewiss neben vielen anderen Zeugnissen – der Artikel „Espagne" von Nicolas Masson de Morvilliers in der *Encyclopédie méthodique*. Géographie, Bd. I. Paris – Liège: Panckoucke – Plomteux 1783, S. 554–568.
21 Zu den verschiedenen Phasen beschleunigter Globalisierung vgl. das Auftaktkapitel in Ette, Ottmar: *TransArea. Eine literarische Globalisierungsgeschichte*. Berlin – Boston: Walter de Gruyter 2012.

Bereits der obige Textauszug macht deutlich, dass Nordamerika, insbesondere die USA, nun in eine überlegene Position gerückt waren, dass den Vereinigten Staaten kraft ihrer angenommenen ‚Superiorität' und ihrer stetigen Entwicklung zunehmend Modellcharakter für den gesamten Kontinent (und später – wie wir wissen – weit darüber hinaus) zukamen. Wir finden in diesen Äußerungen der *Histoire des deux Indes* bereits die Stellungnahmen von Hegel und später auch Engels vorgeformt, die wir im Durchgang unserer Vorlesung besprochen hatten.

Gab es auch im Verlauf der beiden zurückliegenden Jahrhunderte Gegenstimmen sowohl von europäischer als auch von spanischer, hispanoamerikanischer und später panlatinistischer Seite, so blieben die USA doch spätestens seit Hegel unverrückbar in der geschichtsphilosophisch abgesicherten Position der Superiorität, welche sie zumindest in West- und Mitteleuropa als ein ‚Land der Zukunft' erscheinen ließen. Die machtpolitische Expansion der USA seit Ausgang des 19. Jahrhunderts tat ein Übriges, um die Machtfülle des Nordens im öffentlichen Bewusstsein zu zementieren.

Im Licht, das die Vereinigten Staaten von Amerika in der *Histoire des deux Indes* dem Süden bringen sollten, verschwanden die anderen Regionen des amerikanischen Kontinents nahezu vollständig oder dienten doch nur mehr als Negativfolie für den scheinbar kometenhaften Aufstieg der angelsächsisch geprägten Macht im Norden. Die amerikanischen Träume wurden fortan zunehmend nach Norden projiziert. Und der so spezifische American Dream begann, eine mythische Gestalt anzunehmen.

Schon in seinem auf das Jahr 1896 datierten kulturkritischen Essay *Ideárium español*, das zur Bibel der spanischen Generación del 98 werden sollte, musste der an spanischen Konsulaten im Ausland arbeitende Angel Ganivet feststellen, dass die USA längst zu einer „nación formidable" geworden war, die ihre „protección paternalista" über ganz Amerika ausdehne und sich bereits in die Angelegenheiten Europas einmische.[22] Überall in Europa verstehe man unter der Bezeichnung ‚Amerika' nur mehr die Vereinigten Staaten, ein ‚Amerikaner' sei selbstverständlich nur ein Bürger der USA, während man bei Angehörigen der hispanoamerikanischen Staaten stets den Namen des jeweiligen Landes hinzusetzen müsse.[23]

Dass sich hieran bis heute nichts Wesentliches geändert hat, ist leicht festzustellen; doch fällt es schwer zu akzeptieren, dass selbst akademische Disziplinen

---

[22] Ganivet, Angel: Ideárium español. In (ders.): *Obras Completas*. Prólogo Melchor Fernández Almagro. Bd. I. Madrid: Aguilar 1961, S. 245.
[23] Ebda.

derart unpräzise, umgangssprachliche Wendungen die höheren wissenschaftlichen Weihen gaben, so dass man bis heute unter der Bezeichnung ‚Amerikanistik' etwa im Bereich der Anglistik völlig selbstverständlich wenig mehr als eine Vereinigte-Staaten-von-Nordamerikanistik praktiziert. Nicht ganz zu Unrecht wird die deutsche Universität noch heute als eine Schöpfung Humboldts verstanden, doch ist damit nur Alexanders Bruder Wilhelm gemeint, der Europa bekanntlich nie verließ.

Im „Melting Pot" derartiger Vorstellungen droht die kulturelle Vielgestaltigkeit Amerikas – also des gesamten Kontinents – bisweilen unterzugehen. Es ist dabei nicht uninteressant, dass ein kritischer Leser Raynals, aber auch Hegels, Alexander von Humboldt, eigene Vorstellungen hierzu entwickelte. Er hatte auf seiner Reise zwischen 1799 und 1804 zusammen mit Aimé Bonpland mit Erlaubnis des Katholischen Königs die spanischen Kolonien in Amerika bereist und auf diese Regionen sein Hauptaugenmerk gerichtet. Doch ließ ihn seine allgegenwärtige Methode des transarealen Vergleichs oftmals auch Nordamerika in seine Untersuchungen miteinbeziehen. Besuchte er die USA am Ende seiner Reise auch nur kurz und vor allem, weil er durch eine Rückreise über die Vereinigten Staaten sicherstellen wollte, dass ihm spanische Behörden nicht die Ergebnisse seiner Forschungen rauben und eventuelle Publikationen über das spanische Kolonialreich unterdrücken konnten, so verhinderte dies weder seine Auseinandersetzung mit der großen Republik im Norden noch die Tatsache, dass er im weiteren Verlauf des 19. Jahrhunderts in den USA zu einem wahren Kulturheroen avancieren konnte. Diese Angst, schlimmstenfalls in den Gefängnissen der Inquisition zu verschwinden, war auf Grund von Präzedenzfällen im spanischen Bereich – wie Humboldt bei seiner Abreise aus Spanien nicht zu erwähnen vergaß – keineswegs aus der Luft gegriffen. Im Übrigen hatte die portugiesische Krone Order gegeben, Humboldt – sollte er das heutige Brasilien betreten – sofort festzunehmen; und England hütete sich später sehr wohl, das eigene Kolonialreich den neugierigen und kritischen Augen (und der spitzen Feder) des preußischen Gelehrten zu öffnen.

Im dritten Band seiner *Relation historique*, seines eigentlichen Berichts von der Reise in die amerikanischen Tropen, in den auch vielfältige statistische Untersuchungen zum Verhältnis zwischen Norden und Süden Amerikas Eingang fanden, schrieb er unter dem Einfluss der Unabhängigkeitskriege – „une de ces grandes révolutions qui agitent de temps en temps l'espèce humaine" – in den von Spanien abgefallenen Kolonien: „Heute findet sich der kontinentale Teil der Neuen Welt wie aufgeteilt zwischen drei Völkern europäischen Ursprungs: Der eine und zugleich mächtigste ist von germanischer Rasse; die beiden anderen gehören vermöge ihrer Sprache, ihrer Literatur und ihren Sitten zum lateinischen Europa."²⁴

Diese Aufteilung, die in gewisser Weise den im Zeichen eines unter französischer Hegemonie stehenden Panlatinismus entwickelnden Terminus ‚Lateinamerika'²⁵ mit seiner vorwiegend kulturellen und mit dem römischen Katholizismus verbundenen Fundierung vorwegnimmt, übersieht dabei nicht, dass es ein Amerika der Indianer, ein Amerika der Schwarzen – gerade den „Africains libres d'Haïti" widmete er besondere Aufmerksamkeit²⁶ –, ein Amerika von Kolonisten slavischer²⁷ und anderer Herkunft gab. Gleichwohl sah auch er die Trennung zwischen einem Amerika, das aus der Kolonisierung durch Völker des lateinischen Europa hervorging, und einem anderen Amerika, das er auch als das der „Anglo-Américains" bezeichnete.²⁸

Gewaltige Entwicklungsmöglichkeiten sieht Alexander von Humboldt für alle Gesellschaften und Gebiete des amerikanischen Kontinents. Doch hegt er bereits im dritten Jahrzehnt des 19. Jahrhunderts auf Grund seiner Forschungen keine Zweifel mehr an der künftigen Expansion des bereits zum damaligen Zeitpunkt materiell zunehmend überlegenen Nordens. Gleichwohl hütete er sich mit guten Gründen davor, Amerika mit den USA gleichzusetzen, hätte eine derartige Gleichsetzung doch seine stets differenzierte und differenzierende Sicht-

---

24 Humboldt, Alexander von: *Relation historique du Voyage aux Régions équinoxiales du Nouveau Continent fait en 1799, 1800, 1801, 1802, 1803, et 1804 par Al. de Humboldt et A. Bonpland, rédigé par Alexandre de Humboldt*. Neudruck des 1814–1825 in Paris erschienenen vollständigen Originals, besorgt, eingeleitet und um ein Register vermehrt von Hanno Beck. Bd. III. Stuttgart: Brockhaus 1970, S. 56: „Aujourd'hui, la partie continentale du Nouveau-Monde se trouve comme partagée entre trois peuples d'origine européenne: l'un, et le plus puissant, est de race germanique; les deux autres appartiennent, par leur langue, leur littérature et leurs mœurs, à l'Europe latine."
25 Cf. etwa Phelan, John Leddy: Pan-Latinism, French Intervention in Mexico (1861–1867) and the Genesis of the Idea of Latin America. In: *Conciencia y autenticidad históricas. Escritos en homenaje a Edmundo O'Gorman*. Mexico 1968, S. 279–298; Jurt, Joseph: Entstehung und Entwicklung der LATEINamerika-Idee. In: *Lendemains* (Marburg) 27 (1982), S. 17–26; sowie Rojas Mix, Miguel: Bilbao y el hallazgo de América latina: Unión continental, socialista y libertaria… In: *Caravelle* (Toulouse) 46 (1986), S. 35–47.
26 Ebda., S. 57.
27 Ebda.
28 Ebda.; bezüglich der Trennung zwischen englischem, spanischem und portugiesischem Amerika fährt Humboldt fort: „La première de ces trois nations, les Anglo-Américains, est aussi, après les Anglois de l'Europe, celle qui couvre de son pavillon la plus grande étendue des mers. Sans colonies lointaines, leur commerce a pris un accroissement que n'a pu atteindre aucun peuple de l'ancien monde, si ce n'est celui qui a communiqué, au nord de l'Amérique, sa langue, l'éclat de sa littérature, son amour du travail, son penchant pour la liberté, et une partie de ses institutions civiles."

weise unterlaufen. Seine eigenen amerikanischen Träume blieben nie auf den Norden beschränkt.

Während wir bei Alexander von Humboldt auf seiner Reise durch die Tropen Amerikas wie in seinen späteren Veröffentlichungen einem durchaus kritischen Fortschrittsoptimismus begegnen, der stets von der Hoffnung auf einen gleichgewichtigen und ausgeglichenen Welthandel zwischen allen Nationen der Erde getragen ist, stehen bei Claude Lévi-Strauss die Tropen Amerikas wie die Tropen überhaupt – wie wir sahen – im skeptischen Licht einer Endzeitstimmung. So können wir mit dem französischen Mythenforscher ein nüchternes und ernüchterndes Fazit ziehen: Die mit der Logik der Entdeckung einhergehende Logik der Zerstörung unterminiert alle Möglichkeiten eines friedlichen Zusammenlebens in Differenz. Wo Humboldt zwar vor den Folgen einer Ausbeutung der Natur warnte, aber zugleich von einer weltumspannenden Konvivenz träumte, sieht Lévi-Strauss im Zeichen der abendländischen Expansion nur die Zerstörung der Natur und die Verunmöglichung eines planetarischen Zusammenlebens aller Völker.

Aus dem Abstand von mehr als acht Jahrzehnten zu den Reisen von Claude Lévi-Strauss und aus der Perspektive der vor Jahren abgeschlossenen vierten Phase beschleunigter Globalisierung erscheinen Relevanz und Aktualität der Reflexionen des Verfassers der *Tristes Tropiques* heute in einem neuen Licht. Dies mag dadurch begründet sein, dass das europäische Moderne-Projekt nicht ohne die objektivierende Einbeziehung der außereuropäischen Welt denkbar ist und somit europäische Modernität gerade nach dem durchlaufen *einer* Postmodernität stets eine fundamentale Vergegenständlichung anderer Lebensentwürfe und anderer Lebenspraktiken mitbedingt. Als Konsequenz hieraus hat der aus Argentinien stammende und in den USA zu den relevanten *Postcolonial Critics* zählende Walter D. Mignolo vor Jahren – mitten in einer Postmoderne, mit der wir uns noch beschäftigen werden – ein Fortbestehen der Kolonialität behauptet und festgehalten: „Today coloniality could be seen as the hidden side of postmodernity and, in this respect, postcoloniality would designate the transformation of coloniality into global coloniality in the same way that postmodernity designates the transformation of modernity into new forms of globalization."[29]

Bestätigt diese Analyse auch die Kontinuitäten, welche die spezifischen Formen der letzten, historisch gewordenen Phase beschleunigter Globalisierung herausgebildet haben, so fällt es doch schwer, aus einer solchen Analyse jene Elemente zu entnehmen, die es ermöglichen könnten, aus den Kreisläufen

---

[29] Mignolo, Walter D.: The Geopolitics of Knowledge and the Colonial Difference. In: *The South Atlantic Quarterly* (Duke) CI, 1 (winter 2002), S. 82.

einer derartig fixierten ‚Geopolitik des Wissens' herauszukommen. Es scheint mir in der Tat notwendig zu sein, Globalisierung wie der chilenische Kulturtheoretiker Grínor Rojo weit zu fassen und als ein „fenómeno polifacético" zu begreifen, welches „aspectos económicos, políticos, sociales, jurídicos, culturales y aun experienciales" umfasst, wobei Rojo unter dem letztgenannten Aspekt die Veränderungen „en el ámbito de la vida", also im unmittelbaren Lebensumfeld und in der konkreten Lebenserfahrung, versteht.[30]

Dies ist ein Verständnis von Globalisierung, das sich am Leben und dessen Transformation in ein Lebenswissen der Literatur ablesen lässt: Ein solches Verständnis bildet eine der wesentlichen Grundlagen des Globalisierungsbegriffs, den ich dieser Vorlesung, aber auch meinen Auseinandersetzungen mit unterschiedlichen Phasen beschleunigter Globalisierung[31] zugrunde gelegt habe. Während in der aktuellen Globalisierungsdebatte leider noch immer vor allem ökonomische und politische Dimensionen im Vordergrund stehen, scheinen mir aber bislang die von der Globalisierung bedingten Transformationen im konkreten Lebensumfeld und insbesondere in den Ausprägungen und Konsequenzen für ein transkulturelles ZusammenLebensWissen bislang weitgehend ausgeblendet oder eher als marginal eingeschätzt zu sein. Sie haben bemerkt, dass unsere Vorlesung an dieser Stelle entscheidend die Perspektivik verändert und Literatur als jenes Medium ernstnimmt, von dem aus ein *Erleben* wie ein *Erlebenswissen* von Phänomenen der Globalisierung aus den unterschiedlichsten kulturellen Blickwinkeln entfaltet werden kann.

Gewiss hat Roland Barthes aus einer literaturwissenschaftlich-kulturtheoretischen Perspektive bereits seine 1976/77 gehaltene Vorlesung am Collège de France unter jene Leitfrage gestellt, die aus meiner Sicht im Schatten eines militanten Globalisierungsdiskurses, der den sogenannten Kampf der Kulturen nicht nur ‚konstatiert', sondern wie Nial Ferguson[32] vehement propagiert und zuspitzt, zur entscheidenden Frage des 21. Jahrhunderts geworden ist: *Comment vivre ensemble.*[33] Und sicherlich hat Alain Touraine zwei Jahrzehnte später aus soziologischer Sicht die Frage nach den Möglichkeiten des Zusam-

---

30 Rojo, Grínor: *Globalización e identidades nacionales y postnacionales... ¿de qué estamos hablando?* Santiago de Chile: LOM Ediciones 2006, S. 73.
31 Vgl. hierzu Ette, Ottmar: *TransArea. Eine literarische Globalisierungsgeschichte.* Berlin – Boston: Walter de Gruyter 2012.
32 Vgl. etwa das Pamphlet von Ferguson, Niall: *Civilization. The West and the Rest.* New York: Penguin Books 2011.
33 Vgl. Barthes, Roland: *Comment vivre ensemble. Simulations romanesques de quelques espaces quotidiens. Notes de cours et de séminaires au Collège de France, 1976–1977.* Texte établi, annoté et présenté par Claude Coste. Paris: Seuil – IMEC 2002.

menlebens aufgenommen und 1997 in seinem Buch *Pourrons-nous vivre ensemble?*[34] mit den Herausforderungen der Globalisierung verknüpft:

> In weiten Teilen der Welt werden die von den Staaten, den Kirchen, den Familien oder den Schulen etablierten sozialen und kulturellen Kontrollen immer schwächer, und die Grenze zwischen dem Normalen und dem Pathologischen, dem Erlaubten und dem Untersagten verliert an Klarheit. Leben wir nicht in einer globalisierten Gesellschaft, die von allen Seiten das private wie das öffentliche Leben der Mehrheit überschwemmt?[35]

Diese rhetorische Frage mag für die zurückliegende Phase beschleunigter Globalisierung, die Mitte der zweiten Dekade unseres 21. Jahrhunderts zu Ende ging, berechtigt sein. Doch es fehlt noch immer – jenseits derartiger soziologisch-philosophisch ausgerichteter Untersuchungen – aus der hier gewählten Perspektive an Arbeiten, welche das von der Literatur gespeicherte und immer wieder neu hervorgebrachte Lebenswissen aus einer multi-, inter- und transkulturelle Prozesse der Globalisierung miteinbeziehenden Sicht kritisch analysieren. Die Entfaltung eines derartigen Ansatzes leistet einen wichtigen Beitrag dazu, an jenem von Beginn der okzidentalen Globalisierung erkennbaren Fehler im System zu arbeiten: der Frage nach einem verschiedenste Kulturen querenden ZusammenLebensWissen. Diese bohrende Frage stand bei der in dieser Vorlesung nach vorne gerückten thematischen Frage nach den Findungen und Erfindungen Amerikas stets – gleichsam als Basso continuo – im Hintergrund des vorgestellten diskursiven Vielklangs.

Mit guten Gründen hat Touraine darauf aufmerksam gemacht, dass wir in einer Zeit schneller Umbesetzungen und Beschleunigungen weltweit[36] in einem „monde en mutation"[37] leben. Ob es freilich möglich sein wird, von einer abendländischen Konzeption eines „sujet personnel"[38] aus die Herausforderungen eines Nebeneinander, Miteinander und Durcheinander unterschiedlichster Kulturen zu bewältigen, darf bezweifelt werden. Sicher ist überdies, dass die Naturwissenschaften wie auch medizinisch-biotechnologisch ausgerichtete Life Sciences nur marginal etwas zur Lösung dieses dringendsten Problems unserer Zeit beitragen können. Es ist lange schon an der Zeit, ein anderes Verständnis von Lebenswissenschaften zu entwickeln, das die kulturelle Dimension nicht länger aus einem semantisch völlig reduzierten Lebensbegriff ausblendet.[39] Kein

---

34 Vgl. Touraine, Alain: *Pourrons-nous vivre ensemble? Egaux et différents*. Paris: Fayard 1997.
35 Ebda., S. 13.
36 Ebda., S. 353.
37 Ebda., S. 373.
38 Ebda., S. 29.
39 Vgl. hierzu Ette, Ottmar: Literaturwissenschaft als Lebenswissenschaft. Eine Programmschrift im Jahr der Geisteswissenschaften. In: *Lendemains* (Tübingen) XXXII, 125 (2007), S. 7–32.

Zweifel: Den Philologien eröffnet sich hier ein neues Aufgabenfeld, zu dem sie wegweisende Beiträge beisteuern können – Dazu aber müssen die Philologien erst ihre Hausaufgaben angehen!

Entgegen aller Prognosen der Homogenisierung leben wir in einer zerrissenen Welt („monde déchiré"[40]), in einer „Welt in Stücken",[41] um die 1996 und damit mitten in der vierten Phase beschleunigter Globalisierung gewählte Formulierung von Clifford Geertz aufzugreifen. Kein anderer Diskurs aber ist so wie jener der Literaturen der Welt in der Lage, verschiedenste Logiken gleichzeitig zu denken und diese Relationalität ästhetisch und polylogisch lebendig werden zu lassen.

Claude Lévi-Strauss hat mit seinem kleinen literarischen Meisterwerk der *Tristes Tropiques* Mitte des 20. Jahrhunderts neue Denkmöglichkeiten eröffnet. Die kritische Bilanz des Mythenforschers legt den Finger in die Wunde wie die Wunder der abendländischen Zivilisation. Der Fehler im System der europäischen Expansion besteht – dies verdeutlichen die *Tristes Tropiques* trotz aller eurozentrischen Restbestände, welche die Reflexionen ihrer europäischen Erzählerfigur begleiten – nicht zuletzt darin, dass die Geste des Entdeckens den Anderen als Objekt des eigenen Wissens vergegenständlicht, ohne dieses Wissen *über* das Leben des Anderen in ein Wissen zum Leben *mit* dem Anderen – und damit in ein ZusammenLebensWissen – zu übersetzen; ein Wissen, das noch einem Alvar Núñez Cabeza de Vaca oder einem Hans Staden ganz selbstverständlich geläufig war.

Doch beide waren keine Wissenschaftler, sondern vereinigten die Positionen von „Observer" und „Participant" in ihren jeweiligen Leben, in ihrem Erleben und Überleben. Es mag sein, dass die *Tristes Tropiques* damit letztlich auf die bereits von Cornelius de Pauw beklagten Aporien westlicher Wissenschaften deuten, auf deren Unfähigkeit, ein Zusammenleben in Frieden und Differenz zu denken. Denn diese Wissenschaften schneiden analytisch und messerscharf die vorhandene Situation auf, verändern diese durch ihre Analyse selbst und können nach deren Veränderung, nach deren Vernichtung, nur mehr untersuchen, wie ein Zusammenleben, das nun definitiv nicht mehr herzustellen ist, hätte aussehen können.

Doch zu diesem Zeitpunkt sind die untersuchten Völker wie bei Lévi-Strauss die Tupi-Kawahib längst als abgeschlossene Gemeinschaften ausgelöscht. Sie sind ab ihrer ‚Entdeckung' durch die Wissenschaften in den Prozess abendländischer Zivilisation einbezogen. Mit anderen Worten: Der Forscher, der im 20. Jahr-

---

40 Vgl. Touraine, Alain: *Pourrons-nous vivre ensemble? Egaux et différents*, S. 353.
41 Geertz, Clifford: *Welt in Stücken. Kultur und Politik am Ende des 20. Jahrhunderts*. Aus dem Englischen übersetzt von Herwig Engelmann. Wien: Passagen-Verlag 1996.

hundert noch einmal, noch ein letztes Mal, das Erleben der einstigen Entdecker und Konquistadoren durcherleben will, führt im Grunde wie in einem Fraktal ein weiteres Mal den zerstörerischen Prozess von „Descubrimiento" und Conquista durch. Seine Analyse erbringt ein wissenschaftliches Ergebnis, das unwiderruflich den Tod des Analysierten impliziert. Die Conquista geht weiter...

Michel Butor, Jean-Marie Gustave Le Clézio, Jean Baudrillard oder ein postmodernes Vergleichzeitigen und Verschwinden von Geschichte

In seinem berühmten, auf Salamanca im „año de gracia 1912" datierten philosophischen Essay *Del sentimiento trágico de la vida* betonte der spanische Schriftteller und Philosoph Miguel de Unamuno, dass heute, im damals noch 20. Jahrhundert, alle vergangenen Jahrhunderte lebendig fortbestehen: „Subsisten hoy, en el siglo XX, todos los siglos pasados y todos ellos vivos."[1] Und der spanische Essayist, Kritiker und Philosoph fügte hinzu:

> Nichts geht verloren, nichts geht gänzlich vorbei, weil sich alles auf die eine oder andere Weise verstetigt und alles, wenn es erst durch die Zeit gegangen ist, in die Ewigkeit zurückkehrt. Die zeitliche Welt besitzt Wurzeln in der Ewigkeit, und dort sind das Gestern und das Heute und das Morgen zusammen. Vor uns ziehen die Szenen vorüber wie in einem Kinematographen, aber das Filmband bleibt eines und ganz, jenseits der Zeit.[2]

Die Kopräsenz aller Jahrhunderte im 20. Jahrhundert, die Speicherung aller ‚lebendigen' Bilder und Szenen im Medium und der Metapher des Kinematographen, mögen uns in den Worten Unamunos vielleicht einen Vorgeschmack von Postmoderne geben, die für unsere Zeit, die ersten Jahrzehnte des 21. Jahrhunderts, schon längst wieder historisch geworden, in den Worten Unamunos damit wieder in die Ewigkeit zurückgekehrt ist. Zweifellos ließe sich von Unamunos komplexem Essay manche Beziehung zu Jorge Luis Borges' *Ficciones* ziehen.[3] Das ‚Aufgehoben-Sein' vorgängiger Zeiten und Bilder lässt sich auf viele französische Texte und amerikanische Träume beziehen, welche ich an dieser Stelle im Folgenden kurz erwähnen möchte.

Michel Butors 1962 veröffentlichter Text *Mobile* fällt zeitlich in die Blütezeit französischer Theoriebildung.[4] Nicht von ungefähr zählt der am 14. September 1926 in Mons-en-Baroeul in Frankreich geborene und am 24. August 2016 im ebenfalls französischen Contamine-sur-Arve verstorbene Michel Butor zu

---

1 Unamuno, Miguel de: Del sentimiento trágico de la vida. In (ders.): *Ensayos*. Con una antología epistolar comentada por Bernardo G. de Cándamo. Bd. II. Madrid: Aguilar ⁷1967, S. 844.
2 Ebda., S. 910 f.
3 Vgl. zu den Entfaltungen der Postmoderne und zu Jorge Luis Borges auch den dritten Band der Reihe „Aula" in Ette, Ottmar: *Von den historischen Avantgarden bis nach der Postmoderne* (2021), S. 494 ff.
4 Vgl. zu Michel Butor ausführlich das entsprechende Kapitel in ebda., S. 661 ff.

jenen Autoren, die nicht nur durch ihre literarischen Texte, sondern auch durch eine Vielzahl literaturtheoretischer Arbeiten hervorgetreten sind. *Mobile* ist ein experimenteller Text, in dem eine Reihe theoretischer Vorstellungen und Ansätze erprobt werden, und den man im weitesten Sinne – nicht aufgrund der Vielzahl an Reisen, die der Autor in jenen Jahren selbst unternahm – der Reiseliteratur zuordnen oder doch von ihr aus perspektivieren könnte. Traditionelle reiseliterarische Schemata werden freilich bewusst unterlaufen, wenn auch dieser ‚Reisebericht' als ein im Raum entfaltetes Verstehens-Modell aufgefasst und gelesen werden kann.[5]

Mobile stellt eine Reise durch die verschiedenen Bundesstaaten der USA, durch unterschiedliche Ethnien, Kulturen und Daseinsformen in jenem Land dar, das spätestens seit Ende des 19. Jahrhunderts und verstärkt seit dem Ausgang des Zweiten Weltkriegs für die Europäer zu einem Mythos und zur Verkörperung dessen geworden war, was man den American Dream nannte und nennt. Viele der auf den Norden Amerikas projizierten Träume und Mythen sind in den Text integriert, von der schon von den Spaniern im 16. Jahrhundert gesuchten Nordwestpassage als Durchfahrt zum Pazifik (deren angenommene Existenz noch einen Chateaubriand faszinierte)[6] bis hin zur automobilen Freiheit unbeschränkter Beweglichkeit, die nicht nur durch die vielfach inszenierten Automarken und Bewegungsformen, sondern auch durch den Titel des Textes selbst aufgerufen wird.

Denn der Titel *Mobile* zeichnet den Band von Beginn an als polysemen Bewegungstext aus. Konnotiert werden – um nur einige grundlegende, mit Hilfe des Titels aufgerufene Isotopien anzusprechen – die ständige, unabschließbare Bewegung, die bereits Butors frühen Texten, die stets auf einem mobilen Grundschema, das die Aktivität der Leserschaft herausforderte, eigen war; die Stadt im Süden der USA, an deren Bucht lange vor ihrer Gründung Alvar Núñez Cabeza de Vaca mit seinem Grüppchen Schiffbrüchiger vorbeigezogen war; der Name eines Konzerns, der mit Treibstoffen Bewegungsmittel feilbietet, die im Text selbst immer wieder getankt werden; und schließlich ein Mobile, also ein sich ständig in Bewegung befindliches kunsthandwerkliches oder künstlerisches Produkt, das

---

5 Vgl. hierzu allgemein Ette, Ottmar: Est-ce que l'on sait où l'on va? Dimensionen, Orte und Bewegungsmuster des Reiseberichts. In: Bernecker, Walther L. / Krömer, Gertrut (Hg.): *Die Wiederentdeckung Lateinamerikas. Die Erfahrung des Subkontinents in Reiseberichten des 19. Jahrhunderts*. Frankfurt am Main: Vervuert Verlag 1997, S. 29–78.
6 Selbstverständlich fehlt auch der Traum vom Fernen Westen, von San Francisco, ebenso wenig wie der von El Dorado; beide werden von Beginn an in den Text eingefügt; vgl. Butor, Michel: *Mobile. Etude pour une représentation des Etats-Unis*. Paris: Gallimard 1991, S. 24 f.

mit seinen beweglichen Einzelteilen zwischen diesen und im Verhältnis zu deren Umfeldern unablässig neue Relationen und Konstellationen aufbaut.

Schon den jungen Butor hatten die Mobiles, die beweglichen Skulpturen des nordamerikanischen Künstlers Alexander Calder beeindruckt, die für seinen Text von 1962 quasi epistemischen Modellcharakter annehmen. Angesichts der seit den gerade in den sechziger Jahren engen Verschränkung zwischen Literatur und Theoriebildung erstaunt es nicht, dass in einem ebenfalls 1962 veröffentlichten Buch des italienischen Zeichentheoretikers Umberto Eco nicht zuletzt die Mobiles Calders jene ästhetische Konzeption repräsentieren, die Eco als die des ‚offenen Kunstwerks' bezeichnete.[7] Butors *Mobile* ist in diesem Sinne ein offenes Kunstwerk, eine „opera in movimento". Und diese Bewegung wird auf die Butor'sche Erfindung der USA übertragen.

Butors Experimentaltext trägt nicht umsonst den Untertitel „Etude pour une représentation des Etats-Unis": Sie ist eine Studie zur Darstellung der Vereinigten Staaten. Hatte Butor seit den fünfziger Jahren verschiedenste Mythen abendländischer Tradition in seinen Texten verarbeitet, so greift er hier – und Roland Barthes' *Mythen des Alltags*[8] sind nicht fern – den Mythos Amerika, den in den USA verkörperten Mythos der Moderne schlechthin auf. Noch immer sind die Vereinigten Staaten in der Imagination der Europäer mit einer in die Zukunft weisenden Vektorizität verbunden.

Schon in dem an Werbetexte von Reiseveranstaltern angelehnten Klappentext werden die USA als ganzer Kontinent, als Ort einer gewaltigen Natur, aber auch als Raum von vielfältigster Erfahrung, von Abenteuer und Unendlichkeit präsentiert, was vor den angesprochenen französischen beziehungsweise europäischen Leserinnen und Lesern alle historisch akkumulierten Bilder und Vorstellungen ganz bewusst Revue passieren lässt. Wie in Miguel de Unamunos Kinematograph ziehen die Bilder und einzelnen Szenen gleichsam unendlich vorbei: Alle Zeiten, alle Orte sind in diesem unendlichen Streifen kopräsent und immer wieder anders und neu miteinander kombinierbar.

Als relationale und serielle Grundstruktur des Grenz-Textes („oeuvre-limite") fungiert ein rational kontrolliertes Springen[9] von Bundesstaat zu Bundesstaat in-

---

7 Vgl. Eco, Umberto: *Opera aperta*. Mailand: Bompiani 1976, S. 157: „Calder fa un passo avanti: ora la forma si muove essa stessa sotto i nostri occhi, e l'opera diventa 'opera in movimento'. Il suo movimento si compone con quello dello spettatore. A rigore non dovrebbero esservi mai due momenti, nel tempo, in cui la posizione reciproca dell'opera e dello spettatore possano riprodursi in modo uguale. Il campo delle scelte non è più suggerito, è reale e l'opera è un campo di possibilità."
8 Cf. Barthes, Roland: *Mythologies*. Paris: Seuil 1957.
9 Dies bedeutet, daß narrative und diskursive Kontinuitäten immer wieder unterlaufen, zugleich aber markiert werden. Auf die Problematik des Diskontinuierlichen in Butors Text hatte

nerhalb der Grenzen der Vereinigten Staaten, wobei dem Phänomen der Grenze und der Grenzerfahrung von Beginn an große Bedeutung beigemessen werden. Nicht nur die politischen Außengrenzen, sondern auch Binnengrenzen und mehr noch Binnenausgrenzungen werden markiert: etwa mit Hilfe des wiederholten Hinweises auf Reservate von Indianern,[10] die im Übrigen ständig kulturelle Alteritätserfahrung in den Text integrieren, oder durch die Einblendung von Hinweisschildern, welche die Schwarzen in den Bussen ausgrenzen.[11] In *Mobile* werden diese Segregationen und Ausgrenzungen ganz selbstverständlich markiert, so dass sich die Leserschaft ihr eigenes Bild von diesen rassistischen und bis heute nicht verschwundenen Marginalisierungen und Unterdrückungen in den USA machen kann.

Gegen alle Stereotypen vom vorgeblich so bunten „Melting Pot" macht Michel Butor diesen Aspekt stark. Die historische (und rassistische) Dimension von Segregation und Genozid wird immer wieder am Beispiel der verschiedenen indianischen Stämme und Völker vorexerziert: In allen Staaten wird auf diese ethnischen Gruppen verwiesen, auch wenn sie zumeist längst ausgelöscht wurden, so dass bisweilen nur mehr auf die – bereits von Alvar Núñez beschriebenen – Tumuli der Begräbnishügel aufmerksam gemacht werden kann.[12] Die Absenz der ursprünglichen amerikanischen Bevölkerung wird so in *Mobile* in eine ständig wieder aufgerufene Gegenwärtigkeit verwandelt. Auch wenn die indigenen Völker in einigen Bundesstaaten nicht mehr präsent, nicht mehr gegenwärtig sind, werden sie doch in Präsenz gehalten, mithin als Vergangenheit in ein Präsens, in eine Gegenwart integriert, welche uns an Unamunos Kinematographen erinnert.

Mit der Erfahrung dieser Binnengrenzen paradox gekoppelt ist freilich stets die Erfahrung naturräumlicher Unbegrenztheit in der diskontinuierlichen, unabschließbaren Bewegung zwischen den unterschiedlichsten Elementen und raumzeitlichen Dimensionen. In Butors *Mobile* erscheinen die Vereinigten Staaten zwar nicht als Land der unbegrenzten Möglichkeiten, wohl aber als Land einer unbegrenzten Kombinatorik, deren Spielcharakter aus der europäischen Distanz durch die „mise en page" im Querformat sichtbar und anhand des Sprachmaterials für die Leserschaft erfahrbar gemacht wird. Die relationale Verbindung unterschiedlichster Diskursfragmente führt – ganz im Sinne Miguel de Unamunos – zu einer

---

in einem bereits 1962 verfassten Essay hingewiesen Barthes, Roland: Littérature et discontinu. In (ders.): *Essais critiques*. Paris: Seuil 1964, S. 175–187.
10 Cf. Butor, Michel: *Mobile*, S. 24 und *passim*.
11 Ebda., S. 27.
12 Ebda. Immer wieder werden Fetzen einer Geschichte interkultureller Missverständnisse, von Kulturzusammenstoß und Genozid, eingeblendet (besonders eindrücklich etwa ebda., S. 124 ff.).

lebendigen Vergleichzeitigung aller historisch akkumulierten Traumbilder, deren imaginäre wie kinematographische Projektionsfläche die Vereinigten Staaten beziehungsweise Amerika waren.

In einer Reihe von Publikationen, die sich mit außereuropäischen Kulturen und speziell mittel- und nordamerikanischen indigenen Völkern beschäftigen, zu denen er seit den sechziger Jahren direkte Kontakte pflegte, hat Jean-Marie Gustave Le Clézio die Herausforderung kultureller Alteritäts-Erfahrung künstlerisch wie kulturtheoretisch fruchtbar gemacht. 1988 erschien *Le rêve mexicain*, ein Buch, das sich unter anderem gestützt auf die *Historia verdadera de la conquista de la Nueva España* des Bernal Díaz del Castillo – wie Sie sich erinnern eines Soldaten von Hernán Cortés bei der Eroberung Mexicos – mit jenem Traum beschäftigt, der zwar ein amerikanischer Traum ist, aber nicht als American Dream missverstanden werden will und so – ganz im Sinne Ganivets – der nationalen Spezifizierung bedarf.

Abb. 73: Jean-Marie Gustave Le Clézio (*1940).

Es geht beim späteren Literaturnobelpreisträger Le Clézio also um den *Mexikanischen Traum*. Vom Traum der spanischen Eroberer von Macht und Reichtum bis hin zum Traum der französischen Surrealisten, die wie Antonin Artaud oder André Breton Mexiko aufsuchten, letztlich aber auch von seinem eigenen Amerika-Traum ist in Le Clézios Band die Rede. Schon der Klappentext dieses Bandes stellte die Kernfrage des französischen Autors: „Der mexikanische Traum, das ist auch jene Frage, die unsere gegenwärtige Zivilisation noch dringlicher macht: Was wäre unsere Welt gewesen, wenn es nicht diese Zerstörung, dieses Schweigen der indianischen Völker gegeben hätte? Wenn die Gewalttätigkeit der modernen Welt diese Magie, dieses Licht nicht ausgelöscht hätte?"[13]

---

13 Le Clézio, Jean-Marie Gustave: *Le rêve mexicain ou la pensée interrompue*. Paris: Gallimard 1988, Klappentext U4: „Le rêve mexicain, c'est cette question aussi que notre civilisation actuelle rend plus urgente: qu'aurait été notre monde, s'il n'y avait eu cette destruction, ce silence des peuples indiens? Si la violence du monde moderne n'avait pas aboli cette magie, cette lumière?"

Die Zerstörungswut europäischer Moderne seit der Conquista ist zugleich Folge und Bedingung jener nach Amerika projizierten Träume, Visionen und Erfindungen, die in Mexiko mit seiner für das Land konstitutiven Präsenz indigener Bevölkerung wie in einem Brennspiegel zusammenzulaufen scheinen. Jean-Marie Gustave Le Clézio klebt – analog zur damaligen zeitgenössischen französischen Philosophie – am Alteritätsbegriff: Das kulturell Andere, das schon im Untertitel als unterbrochen aber nicht abgebrochen apostrophierte Denken der Indianer, wird dabei zur Herausforderung des abendländisch geprägten Menschen, zur Verheißung einer Wiederkehr des Verdrängten, Ausgegrenzten, Vernichteten, zu dem an diesem magischen Ort noch verborgene Zugänge wiederauffindbar zu sein scheinen.

Der „mexikanische Traum" ist dabei zutiefst widersprüchlich, enthält er doch für Le Clézio von Beginn an nicht nur die Träume von Eroberung, Gold und Reichtum, sondern auch jene der Azteken von einer Wiederkehr Quetzalcóatls und einer Auslöschung ihres eigenen Reiches. Denn die Rückkehr der ‚Gefiederten Schlange' musste der Aztekenherrschaft über die anderen indigenen Völker in Anáhuac ein klares Ende setzen.

In diesem kultur- und zivilisationskritischen, oftmals etwas manichäistisch strukturierenden Text wird der Funktion der Träume in den indianischen Kulturen eine wichtige Rolle zugewiesen.[14] Bei der zivilisationskritischen Dimension geht es immer wieder um das europäische Projekt der Moderne (im Sinne der „temps modernes" oder der „Modern Times"), das als ein Mechanismus sukzessiver Ausgrenzungen erscheint. Ich wiederhole an dieser Stelle gerne noch einmal das Zitat, das wir bereits zu Beginn des vierten Teiles unserer Vorlesung kennengelernt hatten:

> Die *Conquista* ist nicht nur die Besitzergreifung durch eine Handvoll Männer – von einer seltsamen Mischung aus Barbarei und Wagemut – bezogen auf Länder, Lebensmittelreserven, Straßen, politische Organisationen, auf die Arbeitskraft der Männer und die genetischen Reserven der Frauen. Sie setzt vielmehr ein Projekt ins Werk, das am genauen Ursprung der Renaissance mit Blick auf die Beherrschung der Welt konzipiert wurde. Nichts von dem, was die Vergangenheit und der Ruhm der indigenen Nationen war, sollte überleben: Die Religion, die Legenden, die Sitten, die Organisation von Familien oder Stämmen, die Künste, die Sprache und selbst die Geschichte, dies alles muss verschwinden, damit Platz für die neue, von Europa aufgezwungene Form geschaffen wird.[15]

Der in *Le rêve mexicain* dargestellte gnadenlose Exterminationskrieg der Spanier, der bereits auf jenen der Nordamerikaner im 19. Jahrhundert vorausweise, konnte freilich den auch über unsere Zeit fortbestehenden ‚mexikanischen

---

14 Ebda., S. 169 ff.
15 Ebda., S. 209.

Traum', an die Ursprünge der Zivilisation zurückkehren zu können, in seiner Existenz nicht gefährden. Dieser Traum sei lebendig, wie ein Mexiko deutlich von den Vereinigten Staaten und ihrer Indianerpolitik abgrenzender Le Clézio immer wieder betont. Nicht umsonst schwingt bei dem französischen Schriftsteller noch viel vom Traum französischer Surrealisten in Mexiko mit.

Le rêve mexicain ist ein hochgradig hybrider Text. Mit den Mitteln von Anthropologie und Literatur versucht Le Clézio, an diesen unterbrochenen Traum wieder anzuknüpfen, dazu beizutragen, dass auch diese Elemente vergangener Jahrhunderte und Kulturen nicht gänzlich verschwinden, sondern am Ausgang des 20. Jahrhunderts in lebendige kulturelle Formen überführt werden können – Der Traum, der *Mexikanische Traum*, geht also weiter! Le Clézios Traum ist letztlich ein Projekt einer Prämoderne, die in die Schule der Moderne gegangen ist und sich deshalb sehr wohl mit den Vergleichzeitigungsprozessen einer westlichen Postmoderne in Verbindung bringen lässt. Es ist ein Traum, der vor allem versucht, der westlich-abendländischen Moderne zu entfliehen.

Schon Michel Butor räumte in seinem literarischen USA-*Mobile* gerade den Landschaften des Südens und Südwestens und dabei wiederum den ausgedehnten Wüsten einen besonderen Stellenwert ein. Für eine Vielzahl europäischer wie US-amerikanischer Schriftsteller*innen – und nicht nur Literat*innen: Denken Sie etwa an *Paris, Texas* des deutschen Regisseurs Wim Wenders! – sind in der Tat Wüstenlandschaften zu zentralen Schauplätzen von Romanen, Erzählungen und Reiseberichten geworden, wobei gerade die Autoren unter postmodernem Vorzeichen sich gerne dieser ariden Landschaftsformationen bedienen. An die Stelle der Fülle treten Kargheit und Leere; eine Leere freilich, die nicht nur in besonderer Weise das Individuum mit sich selbst konfrontiert und damit die Auseinandersetzung mit individuellen Selbstfindungsprozessen intensiviert, sondern zugleich auch auf kollektiver Ebene Identitätskonstruktionen herausfordert und mehr noch neue Projektionsflächen – nicht zuletzt für neue *Amerikanische Träume* – bietet. Als eindrückliches Beispiel hierfür kann auch ein Text des französischen Philosophen und Kulturtheoretikers Jean Baudrillard gelten, wobei wir uns vorab der Frage stellen sollten, welche Funktionen der Wüste innerhalb der Abfolge amerikanischer Traumbilder zukommen.

In seinem kurzen, ursprünglich wohl 1807 entstandenen und 1808 in die Erstausgabe seiner nicht nur vom deutschsprachigen, sondern auch vom europäischen Publikum insgesamt wohlwollend bis begeistert aufgenommenen *Ansichten der Natur* integrierten Text „Über die Steppen und Wüsten" schrieb Alexander von Humboldt:

> Denn wenn im raschen Aufsteigen und Niedersinken die leitenden Gestirne den Saum der Ebene erleuchten; oder wenn sie zitternd ihr Bild verdoppeln, in der untern Schicht der wogenden Dünste, glaubt man den küstenlosen Ozean vor sich zu sehen. Wie dieser erfüllt die Steppe das Gemüth mit dem Gefühl der Unendlichkeit. Aber freundlich zugleich ist der Anblick des klaren Meeresspiegels, in dem sich die leichtbewegliche sanft aufschäumende Welle kräuselt. Todt und starr liegt die Steppe hingestreckt, wie die nackte Felsrinde eines verödeten Planeten.[16]

Diese Passage aus der Feder Alexander von Humboldts, der – so weit ich sehe – erstmals die Andenlandschaften ästhetisch behandelte und damit auf den Spuren von Bernardin de Saint-Pierre[17] eine literarische Pionierfunktion übernahm, die bislang wenig ins philologische Blickfeld gerückt wurde, bildet eine wichtige Phase des Übergangs zu dem sich dominant erst in der zweiten Hälfte des 20. Jahrhunderts vollziehenden Paradigmenwechsel von der Fülle zur Kargheit und vollständigen (Menschen-)Leere. Die unmittelbare Assoziation von Unendlichkeit, eines schier unbegrenzten und zugleich (scheinbar) menschenleeren Raumes, der sich dem Blick des Individuums darbietet, bringt Steppe und Wüste in einen direkten Vergleich mit der unermesslich sich ausdehnenden Fläche des Ozeans.

Dieses Gefühl der Unendlichkeit erstreckt sich nicht allein über den Raum, sondern erfasst auch die Zeit, werden doch Bilder einer planetarischen Felsrinde, wie sie zu Beginn der Schöpfung, im Bild des ‚verödeten Planeten', aber vor allem *nach* der Herrschaft des Menschen über die Erde visualisiert und visibilisiert werden. So gibt es eine gewisse Affinität zur Metapher des Films und des Kinematographen bei Unamuno, in dem Zeit, Raum und Bewegung allgegenwärtig und das Gestern, das Heute und das Morgen nebeneinander vorhanden sind; eine raumzeitliche Dimension von Steppe und Wüste, die kinematographisch wohl am eindringlichsten in Wenders *Paris, Texas* zum Ausdruck kommt.

Steppe und Wüste berühren bei Alexander von Humboldt quasi unvermittelt das Gemüt des Menschen, verwandeln sich in Seelenlandschaften und zugleich in Landschaften der Theorie.[18] Ozean wie Steppe vermitteln – wie Humboldt dieser Passage später hinzufügt – mit den „Eindrücken des Raumes" zugleich geis-

---

[16] Humboldt, Alexander von: Über Steppen und Wüsten. In (ders.): *Ansichten der Natur mit wissenschaftlichen Erläuterungen.* Bd. I. Tübingen: J.G. Cotta'sche Buchhandlung 1808, S. 2f. In einer Anmerkung zu dieser Passage wird in bewegten Worten der „unauslöschliche" Eindruck hervorgehoben, den die *Llanos*, von denen hier die Rede ist, aus dem Kontrast zum Dickicht der Urwälder entfalteten.
[17] Vgl. zu Bernardin de Saint-Pierre und der Ästhetisierung außereuropäischer Gebirgsregionen den vierten Band der Reihe „Aula" in Ette, Ottmar: *Romantik zwischen zwei Welten* (2021), S. 69 ff.
[18] Zum Konzept der Landschaft der Theorie, gerade auch im Kontext strukturalistischer wie poststrukturalistischer Theoriebildungen, vgl. Ette, Ottmar: *Roland Barthes. Landschaften der Theorie.* Konstanz: Konstanz University Press 2013.

tige „Anregungen höherer Ordnung".[19] Die Flächen von Meer und Steppe sind gleichsam philosophische Landschaften, die größten Einfluss auf ihren Betrachter ausüben, auch wenn der Ozean als *Anökumene*, also nicht vom Menschen zu besiedelnde Fläche, mit der sich kräuselnden Welle den scheinbar freundlicheren Anblick bietet. Steppe und Wüste, Bilder und Projektionsflächen eines „verödeten Planeten", sind ebenso wie das Meer menschenleere Räume, die zur Durchquerung und damit zu räumlicher wie geistiger Bewegung auffordern.

Diese Flächen, deren Leere herausfordert, laden zur Bewegung ein. Sie wollen befahren und zugleich erfahren und *erlebt* werden, da sie nur so ihr Rätsel preisgeben. Als in Europa nicht in dieser Ausdehnung vorhandene landschaftliche Ausdrucksformen der *Anökumene*, in welcher der (abendländische) Mensch nicht dauerhaft wohnen kann, bieten sie Raum für die Erfahrung der Grenze wie für Grenzerfahrungen gerade auch der eigenen Selbstfindung. Erst durch diese Erfahrung in der Bewegung verwandelte Columbus das Meer aus dem trennenden in ein verbindendes Element. Die dem Blick preisgegebene Fläche vermittelt ein Gefühl für die Ausdehnung und vom Menschen gänzlich unabhängige Existenz unseres Planeten. So ist es paradoxerweise die sich der dritten Dimension verweigernde Oberfläche, die mit ihrer Wölbung die Kugelform des Planeten – wie einst bei der ersten Fahrt des Columbus – immer wieder ins Bewusstsein ruft. So liest man in Humboldts Anmerkungen nicht von ungefähr: „Die Sonne war eben untergegangen. Die Steppe schien wie eine Halbkugel anzusteigen."[20]

Auf diese komplexe und bisweilen paradoxe Weise ist die unendliche, scheinbar menschenleere Fläche aufs Engste mit der Entdeckung wie der Eroberung, aber auch (wie etwa bei Alvar Núñez Cabeza de Vaca) mit der Erfahrung des Sich-Verlierens und Behauptens in dieser unermesslichen Weite verbunden und tief mit dem auf Amerika bezogenen kollektiven Imaginären des Europäers verknüpft. Dies mag auch die folgende, dieses Kapitel unserer Vorlesung abschließende Beschäftigung mit *Amérique* des französischen Philosophen und Literaten Jean Baudrillard aufzeigen.

Das erstmals 1986 erschienene Bändchen widmet sich unter dem kontinentalen Titel ganz selbstverständlich nur den USA, die – der Diskurs von Baudrillards Landsmann Alexis de Tocqueville in *De la démocratie en Amérique* hinterließ unverkennbar seine Spuren – gleichsam als das Modell einer globalen Entwicklung erscheinen. Zu Beginn der längst wieder historisch gewordenen vierten Phase beschleunigter Globalisierung signalisiert Baudrillards *Amérique* eine Entwicklung

---

[19] Vgl. den schönen Wiederabdruck der dritten, von Humboldt 1849 mit einem neuen Vorwort versehenen Ausgabe der *Ansichten der Natur*. Nördlingen: Greno 1986, S. 16.
[20] Ebda., S. 44.

Abb. 74: Jean Baudrillard (1929–2007) im Jahr 2004.

der USA, welche planetarischen Modellcharakter besitzt und die in Europa bislang höchstens als Abglanz oder mehr oder minder schlechte Synchronisierung eines in den Vereinigten Staaten hervorgebrachten Streifens erscheint.[21] Die USA – so heißt es hier aus heutiger Sicht etwas naiv – seien das Original, Westeuropa aber nur eine schlechte Kopie.

Amérique ist die vielleicht letzte vollumfängliche *Erfindung* Amerikas, in der die Vereinigten Staaten als das strahlende und leuchtende Modell für die Zukunft Europas, ja für die Zukunft der ganzen Welt erscheinen. Aus heutigem Blickwinkel wirkt *Amérique* wie aus der Zeit gefallen. Doch Baudrillards Standpunkt lässt sich verstehen als eine literarisch-philosophische Expression zu Beginn einer damals sich erst abzeichnenden Globalisierungsphase, in welcher die Vereinigten Staaten von Amerika zur einzig verbliebenen Supermacht aufstiegen und unangefochten eine Rolle hätten übernehmen können, die in der Durchsetzung einer besseren, einer gerechteren Weltordnung ihren Ausdruck hätte finden können. Jean Baudrillard konnte noch nicht wissen, dass das genaue Gegenteil der Fall sein sollte und die Bilanz nach gut drei Jahrzehnten US-amerikanischer Dominanz eher ernüchternd, ja katastrophal ausfällt. Die sozialen Unterschiede zwischen arm und reich haben sich weiter vergrößert, die Gegensätze zwischen armen und reichen Ländern sind schärfer geworden, die natürlichen Ressourcen unseres Planeten sind stärker denn je erschöpft und die Ausbeutung immer größerer Weltregionen durch eine kapitalistische Weltordnung sind immer extremer geworden.

Die im Buch dieses französischen Denkers der Postmoderne erscheinenden Globalisierungsprozesse sind, wie schon die semantische Reduktion des Titels auf die USA nahelegt, wenig reflektiert und bestenfalls auf eine G-7-Problematik, also auf die Perspektivik der sieben reichsten Industrieländer, reduziert. Doch der kleine Band des französischen Philosophen besitzt seine Stärken. Die dem Buch vorangestellte Warnung „Caution: objects in this mirror may be closer than they

---

21 Baudrillard, Jean: *Amérique*. Paris: Editions Grasset et Fasquelle 1986, S. 76: „L'Amérique est la version originale de la modernité, nous sommes la version doublée ou sous-titrée."

appear"[22] führt spielerisch und elegant verschiedene für den Text wichtige Bedeutungsebenen ein.

Denn diese Warnung verweist zum einen natürlich auf die in den USA gesetzlich vorgeschriebene Aufschrift auf verkleinernden Rückspiegeln nordamerikanischer Automobile, womit nicht nur das beliebteste Fortbewegungsmittel der US-Amerikaner, sondern auch ein zentrales ästhetisches Erfahrungs-Mittel des Buches eingeführt wird. Und zum anderen wird ingeniös die Spiegelmetapher in dieses Beispiel einer postmodernen Reiseliteratur[23] eingeblendet, wobei ganz im Stendhal'schen Sinne nicht der Autor, sondern die im Buch gespiegelte Realität für das die Leserinnen und Leser vielleicht Bedrückende – und schon nah auf den Leib Gerückte – verantwortlich gemacht wird. Denn die Spiegelmetapher besitzt eine überaus lange Tradition in der abendländischen Kultur- und Literaturgeschichte, insbesondere seit sie Stendhal im Vorwort zu *Le rouge et le noir* verwendete und damit den Abspiegelungscharakter seines Romans betonte: Er selbst sei dabei nicht dafür verantwortlich, dass dieser Spiegel nicht nur den azurnen Himmel, sondern auch den Dreck am Straßenrand zeige. Dafür solle man gefälligst nicht den Autor des Romans, sondern jene heranziehen, die für den Zustand der Straßen verantwortlich sind!

In der Tat wird nicht nur Stendhals, sondern auch Baudrillards Spiegel eine Straße entlang geführt, mehr noch: entlang einer schier unendlichen Vielzahl an „Highways" und „Freeways", aus deren mobiler Perspektive der Erzähler seinen Leserinnen und Lesern die Vereinigten Staaten präsentiert. Wieder wird Amerika damit aus der Bewegung erfahren, wie schon bei Michel Butor freilich nicht mehr aus einer zielgerichteten und logischen Bewegung heraus, sondern in einer akausalen Abfolge sich diskontinuierlich einander abwechselnder Autobahnstücke. Nicht ein bestimmter Ort ist das Ziel, sondern die Bewegung selbst: die Bewegung an der die postmodernen Sensibilitäten so sehr reizenden Oberfläche.

Mit dem Spiegel verbindet sich zugleich aber eine Überwindung eben des Mimetischen, des ‚die Wirklichkeit' bloß ‚Abbildenden', insoweit diese Welt nun als unendliche Abfolge von Spiegelungen und damit als Simulacrum einer vorgespie(ge)lten Realität erscheint. An die Stelle ‚authentischer' Erfahrung tritt ein Netzwerk von Substitutionen und Erfahrungs-Surrogaten, welche die Erfahrung von Realität immer weiter differieren und über-spielen.

Doch auch diese Konzeption, diese *Erfindung* Amerikas setzt eine Kombinatorik in Bewegung, in welcher sich Sinn-Bruchstücke und fragmentierte Simula-

---

22 Ebda., S. 7.
23 Vgl. hierzu die Ausführungen zu Jean Baudrillard im ersten Band der Reihe „Aula" in Ette, Ottmar: *ReiseSchreiben* (2020), S. 609 ff.

cra ständig neu beleuchten. In diesem Spiegelkabinett gibt es kein Ende; nichts verbirgt sich, keine sinngebende Tiefe existiert auf der anderen Seite des Spiegels. Vom Incipit dieses Textes an ist der American Dream – vorwiegend in der Variante räumlicher Freiheit – und dessen mediale, stereophone wie filmische Erfahrung allgegenwärtig:

> Nostalgie, aus der Unermesslichkeit der texanischen Hügel und der Sierras von Neu-Mexiko geboren: Autobahnschleifen und Superröhren aus der Chrysler-Stereoanlage und Hitzewellen – das punktuelle Foto reicht da nicht mehr –, man müsste den totalen Film von der Route haben, in Echtzeit, einschließlich der unerträglichen Hitze und der Musik, und sich dann das alles komplett zuhause in der Dunkelkammer wieder abspielen – die Magie der Autobahn und der Distanz wiederzufinden, und eisgekühlten Alkohol in der Wüste und Geschwindigkeit, all das am Videorekorder zuhause von neuem erleben, in Echtzeit – nicht allein aus Freude über die Erinnerung, sondern weil die Faszination einer unsinnigen Wiederholung schon da ist, in der Abstraktion der Reise. Das Abrollen der Wüste ist der Ewigkeit des Films unendlich nahe.[24]

Das Erleben erscheint immer schon als Wieder-Erleben: Vor Ort ist zuhause, Hitze und Alkohol in der Wüste werden nachgestellt in der heimischen Dunkelkammer – als Abstraktion der Reise *in real time*. Erfahrung erscheint immer schon als Spiegelung, Unermesslichkeit als Sehnsucht und Nostalgie nach der Erfahrung von Unermesslichkeit, die mediatisiert vervielfältigt wird, in der Endlosschleife des Videorekorders, des postmodernen Kinematographen, der alles Erleben, das Heute und das Gestern und das Morgen, enthält und vergleichzeitigt. Das Abrollen der Wüste erscheint als Ewigkeit der akkumulierten Bilder eines Filmes ganz im Sinne Unamunos, zugleich lebendig und als Zeichen gespeichert und für wahr genommen, wahrgenommen.

Alles in dieser Bilderfolge wirkt irgendwie vertraut, wie das Déjà-vu längst bekannter Träume von Amerika, die nun zu Eis gefroren, festgebannt in Echtzeit nochmals ablaufen und Erfahrungen substituieren und zugleich bilden: im Wieder-Erleben original Erlebtes. Längst ist die Wirklichkeit dem Film nahe gekommen, ganz so, wie die nordamerikanischen Städte so wirken, als seien sie für ihre Mediatisierung, für ihre Fixierung in bewegten Fernsehbildern erbaut worden.[25] Cinecittà (oder besser noch: Hollywood) ist überall, die akkumulierten Träume werden abrufbar, in Echtzeitschleifen erlebbar und wiedererlebbar.

Die Leere und Flächenhaftigkeit der Wüste ist die Voraussetzung dafür, dass die amerikanischen Träume – wie auf die leeren Flächen der Karten von Juan de la Cosa – auf sie projiziert werden können. Raum für Erfindungen ist da. Voraussetzung hierfür ist die Außerhalbbefindlichkeit des Europäers und die beständige

---

24 Baudrillard, Jean: *Amérique*, S. 7.
25 Ebda., S. 57.

Bewegung, welche die Abfolge der Bilder – gleich der Perlenkette jener Inseln, die für Columbus immer gleich und immer anders waren – sicherstellt. Die ideale Projektionsfläche ist nun aber nicht mehr die überreiche, von einer wuchernden Vegetation bedeckte Inselwelt der Karibik, sondern die Kargheit des Südwesten, die Physiognomie der Wüste, die im Sinne Alexander von Humboldts „die nackte Felsrinde eines verödeten Planeten" bietet. Und diese Projektionen sind unendlich abspielbar, sind abspielbar in eine Unendlichkeit.

Auch ein Antonin Artaud suchte diese Projektionen, diese Erfindungen in der verdoppelten Darstellung von Jean-Marie Gustave Le Clézios *Rêve mexicain* auf, freilich noch auf der Suche nach den Ursprüngen, nach den „Origines". In Jean Baudrillards Text wird jenseits der Refraktionen nicht mehr nach Originärem gefragt: Das Original ist die Kopie, unendlich in Echtzeit wiedererlebbar. Unamunos Kinematograph spuckt immer neue Bilder aus, die Bilder eines Déjà-vu sind, das unendlich von neuem erlebt werden kann.

In diesen Wüstenlandschaften der nordamerikanischen Grenzregion des Südens sind die Mexikaner längst zu Chicanos geworden und arbeiten als „guides dans la visite d'El Alamo pour exalter les héros de la nation américaine".[26] Die Chicanos arbeiten als Führer, welche die Helden von El Alamo, die Helden der Vereinigten Staaten nicht von Mexiko, sondern von Amerika hochleben lassen. Die Grenze ist durchlässig geworden, sie dient zur Bestätigung der Überlegenheit des Nordens, seiner Bilder, seiner Traumwelten. Noch hat Donald Trump nicht die Bühne betreten und eine Mauer bauen lassen, welche die USA nach Süden abschottet. Authentizität in den *Borderlands* gibt es nicht, wohl aber deren Inszenierung als Authentizität der Inszenierung.

Die Wüste ist die eigentliche postmoderne Landschaft der Theorie. Denn die Wüste zeigt in ihrer Flächenhaftigkeit, dass es nicht um ein Amerika der Tiefe, sondern eines der Oberfläche (wenn auch nicht der Oberflächlichkeit) geht, auf welcher jene Hochgeschwindigkeitsversuche[27] unternommen werden, mit Hilfe derer Menschen auf dem Erdboden die größtmögliche Geschwindigkeit erreichen. Seit der gnadenlosen Exterminierung der Wüstenindianer, die in die rascher Bilderfolge eingeblendet wird, steht dieser beschleunigten Bewegung nichts mehr im Wege – die Felsrinde des Planeten wird sichtbar:

---

26 Ebda.
27 Ebda., S. 12: „La vitesse est créatrice d'objets purs, elle est elle-même un objet pur, puisqu'elle efface le sol et les références territoriales, puisqu'elle remonte le cours du temps pour l'annuler, puisqu'elle va plus vite que sa propre cause et en remonte le cours pour l'anéantir."

> Es war sogar notwendig, dass die Indianer hier exterminiert werden, damit eine noch größere Vorzeitigkeit entsteht, welche jene der Anthropologie ist: eine Mineralogie, eine Geologie, eine Felsenartigkeit, eine menschenfeindliche Faktizität, eine Trockenheit, welche die künstlichen Skrupel der Kultur verjagt, ein Schweigen, das nirgendwo anders existiert.[28]

Die Großstadt, die für die USA so charakteristische hochhäuserbewehrte Metropole, erscheint dann notwendig als Fortsetzung der Wüste mit urbanistischen Mitteln. Auch in ihr ist das Reich der Geschwindigkeit. Die historische Akzeleration der Moderne hat so viel Fahrt aufgenommen, dass diese Geschwindigkeit ihre eigene Zeit, ihre eigene Objektwelt und – mehr noch – ihre eigenen amerikanischen Träume herstellt. Längst sind von dieser Schreib- und Projektionsfläche die Spuren der ermordeten Indianer verschwunden, längst sind deren letzte Grabhügel, die Alvar Núñez Cabeza de Vaca noch beschrieb, eingeebnet.

Die immense Beschleunigung hat paradoxerweise am Ende des 20. Jahrhunderts einen Stau der Bilder und der Träume Amerikas zumindest bei jenen Europäern ausgelöst, deren Schriften in diesem Kapitel unserer Vorlesung zu Wort kommen. Zweifellos könnten transkulturell angelegte Untersuchungen belegen, dass auch auf dem amerikanischen Kontinent selbst ein Ende der *amerikanischen Träume* nicht abzusehen ist. Vielleicht aber ist Amerika heute keine Utopie mehr – kein Ort, nirgends: die Utopie scheint längst schon verwirklicht und verworfen –, sondern Kernbestand jenes Bezirks, den das obige Zitat negativ umreißt: „nulle part ailleurs": nirgendwo anders.

So genießen wir in *Amérique* das, was Jean Baudrillard mit dem Begriff des Simulakrums bezeichnet: nicht mehr die Erfahrung einer Welt der Realität, sondern die Erfahrung einer Welt der Zeichen, die für die Welt der Realität steht und diese simuliert. Vergessen wir nicht: Das erste Kapitel von *Amérique* ist mit „Vanishing point" überschrieben, was so viel wie Fluchtpunkt im optischen Sinne bedeutet, wörtlich übersetzt ein entschwindender Punkt, ein Punkt, der verschwindet, noch bevor er zur Wirklichkeit wird. Bei Baudrillard darf man wie überhaupt im Zeichen der Postmoderne gespannt sein auf die Doppelt- und Dreifachbedeutungen, auf das, was Saussure die „mots sous les mots" nannte – womit er freilich eine anagrammatische Struktur meinte –, also auf die Vieldeutigkeit, eine Polysemie der Worte, die jeweils in unterschiedlichen Sinnzusammenhängen andere, unabschließbare Sinnkomponenten erzeugen.

Wenn Sie so wollen, finden Sie auf dieser semantischen und mehr noch polysemen Ebene die Konzeption eines Kunstwerks als *Mobile*, das ständig in Bewegung ist und im Übrigen auch einen Betrachter braucht, der sich seinerseits bewegt und in ein immer wieder anderes Verhältnis zum betrachteten Objekt ein-

---

[28] Ebda., S. 11.

tritt. Doch kehren wir nochmals zurück zum vorausgehenden Zitat! Denn in ihm zeigt sich, dass das Phänomen der Grenze, wie schon in Butors *Mobile*, von Beginn an in den Text eingebracht ist. Dabei ist diese Grenze gleich im mehrfachen Sinne beweglich. Zum einen in dem Sinne, dass an diesem Gedächtnisort von El Alamo einstmals – im vergangenen Jahrhundert – ein Kampf zwischen ‚Amerikanern' (also Bürgern der USA) und Mexikanern stattgefunden hat, auf Grund dessen die Grenze weiter nach Süden verschoben wurde. Weitere Informationen zu diesem räuberischen Feldzug, zu dieser „Guerra de rapiña", werden der Leserschaft nicht gegeben.

El Alamo erinnert damit an einen Krieg, in dem Mexiko mehr als ein Drittel, fast die Hälfte seines damaligen Staatsgebietes verlor und an die USA abtreten musste. Damit wird die militärische Expansion der USA eingeblendet, das Vorschieben der Grenzen der Vereinigten Staaten nach Westen und nach Süden auf Kosten des mexikanischen Nachbarn in einer Eroberungsbewegung, die man sehr wohl als imperialistisch bezeichnen darf. Doch all dies ist zur Folklore, zu einem Fall für Fremdenführer geworden, die sich aus den ortsansässigen Chicanos rekrutieren.

Zugleich gibt es aber wiederum eine andere Grenze, die nun im Bereich der Borderlands ständig überschritten wird, um gerade deshalb auch weiterhin als Grenze sichtbar zu sein. Diese Grenze zeigt sich auch im Bereich der kulturellen Alterität, die ebenfalls – erneut wie bei Michel Butors *Mobile* – von Beginn an präsent ist; eine kulturelle Alterität, die erneut wieder aufgestellt und unterlaufen wird. Denn die mittlerweile zu Chicanos gewordenen Mexikaner bewegen sich nicht in der Spur ihrer Vorfahren – womit sie eine Art Fortführung von einem vermeintlichen ‚Ursprung' her betrieben –, sondern nun im Dienste der ehemaligen Feinde, also ihrer ‚Eroberer' oder Konquistadoren. Deren Helden lassen sie nun, angestellt von den Vereinigten Staaten, hochleben, freilich nur, um gerade hiermit die Grenze nur umso besser unterlaufen zu können. War sich Jean Baudrillard der subversiven Präsenz der Chicanos im Süden der USA wirklich bewusst? Wir wissen es nicht.

Wo ist hier in den Borderlands die Authentizität geblieben? Wo ist überhaupt das Schlachtfeld versteckt, der originäre Ort des Massakrierens, den der Reisende sucht und vermeintlich vorfindet? Mit Ausnahme seines Eigennamens, eines Wortes und damit eines Zeichens also, ist er verschwunden, zubetoniert und mit Blumen geschmückt. Man nennt das heute einen „Lieu de mémoire", einen Gedächtnisort, eine – wie ich finde – reichlich schiefe Bezeichnung für eine „Mémoire", für ein Andenken und Gedenken, das die unterschiedlichsten Formen annehmen kann und nicht selten – wie in dem in *Amérique* aufgezeigten Beispiel – Geschichte folklorisiert und damit verfälscht.. Etwa so, wie in Potsdam die Garnisonkirche wieder aufgebaut wird und zu einem evangelisch bewachten

,Ort der Versöhnung' werden soll. Ich frage mich, von welcher Art der ‚Versöhnung' da die Rede ist. Könnte es nicht passieren, dass an diesem ‚Gedächtnisort' dann demnächst in Erinnerung der ‚Potsdamer Hochzeit' zwischen Hindenburg und Hitler rechtsradikale paramilitärische Gruppen paradieren?

Doch zurück zu Baudrillards *Amérique*! Hat es überhaupt je eine Schlacht gegeben in diesen Landstrichen, in denen sich Wüste und Film wie Film und Kopie gleichen? Authentizität ist also auch hier nicht zu finden, die Grenzlinien sind nicht klar gezogen, die Orte sind längst medialisiert und als solche hinter ihren Zeichen verschwunden. Die Zeichen sind an die Stelle der Authentizitäten, der Essentialitäten, getreten und nehmen die gesamte Breite des Bildes ein, das der Reisende vorfindet und beschreibt. Wir haben es mit einer Reiseliteratur in den Zeiten postmoderner Simulakra zu tun, einer Reiseliteratur, welcher der außersprachliche Gegenstand zunehmend entschwindet und zu einem „vanishing point" wird; zu einem Punkt, der in der Weite der Wüste entschwindet.

In der Folge läuft vor der Leserschaft gleichsam ein Film mehr oder minder bekannter Landschaften ab: Salt Lake City und seine Wüste, Monument Valley, wobei die Überreste dieses Naturschauspiels nicht mehr länger ‚natürlich' wirken, geben sie doch laut Erzählerfigur die beste Vorstellung davon, was eine Kultur ist (Abb. 75). Denn natürlich ist Natur nicht natürlich: Sie wird stets von der Kultur, von einem kulturellen Blickpunkt aus, entwickelt und in Szene gesetzt.

Stets präsent ist neben der Dimension des Raumes, der in Form von Oberflächen visualisiert wird, die Dimension der Zeit, die wir ja bereits im Incipit von Baudrillards *Amérique* in der zweifachen Form der Perzeption und in jener der Geschwindigkeit kennengelernt haben. Dies hat gewiss auch mit dem *genius loci* zu tun, ist doch gerade die Wüstenlandschaft des nordamerikanischen Südwestens der privilegierte Ort für Hochgeschwindigkeitsversuche; jener Ort also, an dem die Menschen versuchen, nicht nur die größtmögliche Geschwindigkeit an der Erdoberfläche zu erreichen, sondern mehr noch die Geschwindigkeit in die Leere der Wüste einzuschreiben. Es geht nicht um das Amerika der Tiefe, nicht wie in der Moderne um einen marxistischen Unterbau oder eine psychoanalytische Tiefenanalyse: Es geht vielmehr um das Amerika der *Oberfläche* – und gerade dafür ist die Wüste in ihrer Flächenhaftigkeit bestens geeignet.

Denn alle anderen Landschaftsformen geben immer ein Gefühl der erdräumlichen, geologischen oder geomorphologischen Tiefe ab, nicht aber die Wüste, die gerade in ihrer Tiefe durch einen Mangel, ein Fehlen des Grundwassers, gekennzeichnet ist. Damit entbehrt sie das lebensspendende Element, das Wasser, das ihr einen organischen und lebendigen Charakter verliehen hätte, den sie aber ohne diese Dimension der Tiefe im Gegensatz zu anderen Landschaften nicht besitzt. Hier sehen wir die für die Postmoderne charakteristische Liebe zur Oberfläche und ihre Abneigung gegenüber der Tiefe in einer ganz konkreten Landschaftsformation

Abb. 75: Monument Valley, Highway 163.

verkörpert: der flächenhaft sich erstreckenden Wüste, in die kein Pflug, keine Agrikultur eindringt. Es handelt sich bei der Wüstenlandschaft im besten Wortsinne um eine Landschaft der Theorie, insofern die Theorie der Landschaft buchstäblich eingeschrieben ist.

Daher verwundert es nicht, dass in Jean Baudrillards postmodernem Reisebericht aus den USA in der Folge das Hohelied der Wüste angestimmt wird und dass sich eine Abfolge von Lobeshymnen über die Wüste und die Reinheit ihrer Luft ergießt. Als eine *Landschaft der Theorie* ist die Wüste die eigentliche Landschaft der Postmoderne. Frühere Stadien, noch vor der Exterminierung der Wüstenindianer, werden nun sichtbar: Es sind geologische und mineralogische Stadien, also das, was in Baudrillards Reisebericht als das siderische Amerika bezeichnet wird: als – wie wir mit den Worten Humboldts sagen könnten – die Felsrinde eines verödeten Planeten. Hieran kann sich eine Theorie der Simulakren bevorzugt festmachen.

Neben der menschlichen Zeit und der Zeit der Geschwindigkeit werden damit weitere Zeitebenen, auf denen die Zeit langsamer abläuft, sichtbar: die Zeit der Gesteinsbildung und die Zeit der Auskristallisierung der Mineralien. Dabei existiere nirgendwo ein solches Schweigen, das deutlich posthumane Züge annimmt; und dieses Schweigen sei auch etwas Visuelles. In den Bergen, so heißt es, könne kein Schweigen sein, würden doch schon die Konturen der Berge brüllen. Die flache Oberfläche der Wüste aber bietet hierzu einen Gegensatz, der Stille ist. Die Stille der Weite, der Unermesslichkeit, ja der Ewigkeit, welche genau diese Landschaftsform geschaffen hat.

Dieses Schweigen, so heißt es bei Jean Baudrillard noch immer im ersten Kapitel, muss eine Art von Horizontalität beinhalten. Das Sichtbarwerden der Mineralität und das Hinzutreten des Siderischen, damit folglich von Astroamerika, der Sterne also, die man ja bekanntlich auch aus Wüsten heraus am besten sehen kann, beruht freilich auf dem Verschwinden der Wüstenindianer, die – so heißt es im Buch lapidar – erst vernichtet werden mussten, um all dies sichtbar zu machen.[29] Das erbarmungslose Massakrieren der Wüstenindianer ist folglich die Voraussetzung für das Schweigen, die Stille.

Dieses Schweigen steht für das Verwischen der Geschichte, steht für das Auslöschen von Erinnerung, steht für ein Verstummen dessen, was noch erinnert werden kann. Jean Baudrillards Text ist an diesem Punkt höchst explizit und führt diese Vernichtung von Erinnerung auf die Geschwindigkeit zurück, mithin auf eine Bewegung, eine Vektorizität, die keine Spuren hinterlässt, sondern alle Spuren auslöscht:

> Die Geschwindigkeit erzeugt reine Objekte, sie ist selbst reines Objekt, da sie den Boden und die Bezugspunkte auslöscht, da sie in der Zeit zurückgeht, um sie zu vernichten, da sie schneller als ihre Ursache läuft und ihren Ablauf zurückverfolgt, um sie ungeschehen zu machen. Die Geschwindigkeit ist der Triumph der Wirkung über die Ursache, der Triumph des Augenblicks über die Zeit als Tiefe, der Triumph der Oberfläche und der reinen Gegenständlichkeit über die Tiefe des Begehrens. Die Geschwindigkeit schafft einen Initiationsraum, der den Tod einschließt und dessen einzige Regel lautet, die Spuren zu verwischen. Triumph des Vergessens über das Gedächtnis, barbarischer, erinnerungsloser Rausch. Oberflächlichkeit und Umkehrbarkeit des reinen Objekts in seiner reinen Wüstengeometrie. Fahren erzeugt eine gewisse Unsichtbarkeit, Transparenz und Transversalität der Dinge dank der Leere. Eine Art Selbstmord im Zeitlupentempo aufgrund der Auszehrung der Formen und der genüsslichen Form ihres Verschwindens. Die Geschwindigkeit ist nicht vegetativ, sie steht dem Mineralischen und der kristallinen Deflektion näher, sie ist immer schon der Ort einer Katastrophe und eines Verzehrs in der Zeit. Vielleicht macht nur diese Leere ihre Faszination aus, während es keine Verführung ohne Geheimnis gibt. Die Geschwindigkeit ist nur die Initiation der Leere: Sehnsucht nach einer unbeweglichen Umkehrung der Formen hinter der Zuspitzung der Mobilität. Analog zur Sehnsucht nach lebendigen Formen in der Geometrie.[30]

Es geht in dieser literarisch wie philosophisch dichten Passage um die Abschaffung der Tiefe, die der Seins-Grund der europäischen Moderne war: der Tiefe der Geschichte, der Tiefe der Freud'schen Tiefenanalyse, der linguistischen Tiefenstrukturen, der Tiefe aller latenten Erinnerung, die das Manifeste beherrscht und erst zum Auskristallisieren an die Oberfläche bringt. Die Geschichte wird abgeschafft und mit ihr die Vergangenheit: Allein die Präsenz und das Präsens zäh-

---

29 Baudrillard, Jean: *Amérique*, S. 15.
30 Ebda., S. 12.

len, dazu die Zukunft, die als die bloße Verlängerung der Gegenwart gedacht wird. Baudrillards *Amérique* projiziert noch ein vielleicht letztes Mal die Vektorizität der Zukunft auf den nördlichen Teil des amerikanischen Kontinents, in welchem die Vergangenheit ebenso massakriert wurde wie die indigenen Völker, welche bestenfalls noch in Reservaten ‚aufgehoben' werden.

In *Amérique* geht es um nicht mehr und nicht weniger als um die Abschaffung der Grundlagen eines historisch fundierten abendländischen Denkens, das in dieser philosophisch-literarischen Erfindung von Amerika als USA programmatisch propagiert wird. Die historische Akzeleration der Moderne, die Beschleunigung der geschichtlichen Zeit, die als Zeiterfahrung seit der Französischen Revolution den Zeitgenossen und bis in unsere Zeit hinein bekannt ist, hat so viel Fahrt aufgenommen, dass diese Geschwindigkeit ihre eigene Zeit und ihre eigene Objektwelt herstellt und alle Spuren der Geschichte, alle Spuren von Entdeckung und Eroberung einer ‚Neuen' Welt ausradiert. Dies gilt nicht allein für die Wüste, für den menschenleeren Raum *par excellence*, sondern auch für die mit Menschen überfüllte Großstadt, für die US-amerikanische Ikone einer Metropole, für New York. Für die Auslöschung der Geschichte steht in diesem virtuellen Zentrum der Welt als leerem Zentrum die Sprengung der Wolkenkratzer, die immer neueren, höheren Wolkenkratzern Platz machen müssen. Die Geschichte fällt in sich zusammen, geräuschlos. Die Apokalypse ist da; und keiner hat es bemerkt. Aus dem Blickwinkel der USA, so heißt es in Baudrillards *Amérique*, sei Europa ohnehin am Horizont verschwunden. Der Text setzt eine finisekuläre Lust an der eigenen Erschöpfung, an einer Poetik der „Exhaustion", in bewegten Bildern in Szene. Amerika wurde erfunden, um aus der Geschichte zu entweichen.

In gewisser Weise wäre Baudrillards *Amérique* lesbar als das Bordbuch eines neuen Columbus, der in seinen hermeneutischen Bewegungen, in seiner Schiffahrt durch die Wüste des Meeres aus der Gefangenschaft einer Geschichte im doppelten Sinne entspringt; einer Geschichte, die freilich mit ihm und durch ihn eine neue Wendung nehmen wird. *Amérique* ist somit ein neuer *Diario de a bordo*, dem nicht die Entdeckung an sich, sondern der Weg selbst zur Bedeutung wird; eine Welt, in der die Zeichen spärlich geworden sind und jeder Deutungsakt zählt auf dem Weg einer vollends beschleunigten Geschichte, die ihre eigenen Spuren verwischt oder vergessen will. Man könnte mit Blick auf *Amérique* vom willentlichen Schiffbruch der Geschichte sprechen; einem Schiffbruch, in welchem ein Teil des amerikanischen Kontinents die Geschichte des anderen, aber auch des eigenen Teiles wie ebenso den der gesamten restlichen Welt kannibalisiert.

Amin Maalouf, José Lezama Lima oder die allgegenwärtigen Archipele Amerikas

Ein Jahr nach Alain Touraines Analyse erschien unter dem Titel *Les Identités meurtrières* ein Band des im Libanon geborenen Romanciers und Essayisten Amin Maaloufs,[1] der vor dem Hintergrund der zerrissenen Welt seines Geburtslandes im Zwischenbereich von Literatur und Philosophie, von Kulturtheorie und Identitätspolitik die Problematik einer vom Schiffbruch der Konvivenz, einer vom Scheitern des Zusammenlebens bedrohten Welt aufgriff.

Seit seinem 1983 erschienenen Erstlingsband *Les croisades vues par les arabes* bewegt sich das literarische Œuvre des vielfach mit Literatur- und Kulturpreisen ausgezeichneten Schriftstellers zwischen Orient und Okzident, zwischen verschiedenen Sprachen, Kulturen und Kontinenten, wobei von seinem Debutroman *Léon l'Africain* (1986) bis zu seinem zwischen dem Nahen Osten, Frankreich und der spanischsprachigen Karibik angesiedelten friktionalen Band *Origines* (2004)[2] eine Geschichte verschiedener Phasen der Globalisierung entstand, die sich in ihrer literarischen Polysemie gegenüber unterschiedlichsten Logiken öffnet. Den autobiographischen Hintergrund hierfür bildet die eigene transgenerationelle Lebensgeschichte des Verfassers einer Literatur ohne festen Wohnsitz:

> Ich komme aus einer Familie, die aus dem arabischen Süden stammt und im Gebirge des Libanon seit Jahrhunderten ansässig ist; sie hat sich seither durch aufeinander folgende Migrationen in verschiedenen Ecken unseres Globus verbreitet, von Ägypten bis nach Brasilien und von Kuba bis nach Australien. Sie ist stolz darauf, immer zugleich arabisch und wohl schon seit dem 2. oder 3. Jahrhundert, das heißt lange vor dem Aufkommen des Islam und selbst vor der Bekehrung des Abendlandes zum Christentum, christlich gewesen zu sein.[3]

Die transareale, mithin verschiedene kulturelle wie religiöse Räume durchlaufende und scheinbar essentialistische Trennungen unterlaufende Familienbiographie situiert sich in der beschleunigten Vermengung, im „brassage accéléré, vertigineux" einer „ère de la mondialisation", einer Ära der Globalisierung,

---

[1] Vgl. zu diesem Autor das Interview des Verfassers mit dem Schriftsteller in Ette, Ottmar: „Vivre dans une autre langue, une autre réalité." Entretien avec Amin Maalouf, Ile d'Yeu, 15 septembre 2007. In: *Lendemains* (Tübingen) XXXIII, 129 (2008), S. 87–101.
[2] Vgl. zu diesem auf Amerika bezogenen Roman im Kontext seiner anderen Romane Ette, Ottmar: Von Paris über Beirut nach Havanna. Transareale Reisebewegungen im literarischen Schaffen Amin Maaloufs. In: Klein, Wolfgang / Fähnders, Walter / Grewe, Andrea (Hg.): *Dazwischen. Reisen _ Metropolen _ Avantgarden. Festschrift für Wolfgang Asholt*. Bielefeld: Aisthesis Verlag 2009, S. 107–133.
[3] Maalouf, Amin: *Les Identités meurtrières*. Paris: Editions Grasset & Fasquelle 1998, S. 23.

Open Access. © 2022 bei den Autoren, publiziert von De Gruyter. Dieses Werk ist lizenziert unter der Creative Commons Namensnennung - Nicht-kommerziell - Keine Bearbeitung 4.0 International Lizenz.
https://doi.org/10.1515/9783110724097-022

welche dringlich nach einem neuen Verständnis von Identität verlange.[4] Vehement wendet sich der libanesische Autor gegen jegliche Form ausschließlicher und ausschließender Identitäten, die er – mit Blick keineswegs nur auf die Geschichte seines eigenen Herkunftslandes – als mörderisch bezeichnet[5] – freilich ohne den Begriff der Identität selbst aufzugeben.[6]

Abb. 76: Amin Maalouf (*1949) im November 2013.

Denn diese „identités meurtrières" reduzierten Identität auf eine einzige Zugehörigkeit („appartenance") und zwängen die Menschen zu einer „attitude partiale, sectaire, intolérante, dominatrice, quelquefois suicidaire",[7] zu einer sektiererischen, intoleranten, bisweilen selbstmörderischen Haltung, was Maalouf an Hand von Beispielen wie Ruanda, Jugoslawien oder dem Libanon darzulegen sucht. Einem derartig reduktiven Identitätskonzept stellt er seine Konzeption multipler und möglichst vielfältiger Zugehörigkeiten – also *appartenances* im Plural – entgegen, womit der mehrfach von Bürgerkriegen im Libanon betroffene Maalouf bewusst allen Ausschlussmechanismen einen Riegel vorzuschieben versucht. In jedem einzelnen Land auf dieser Erde sei heute ein „réfléchir à la manière de faire vivre ensemble des populations différentes",[8] ein Nachdenken über die Möglichkeiten, wie unterschiedliche Bevölkerungen zusammenleben könnten, gefragt, denn überall gebe es Spannungen, die sich im globalen Kontext leicht vergrößerten oder von interessierter Seite angeheizt zu werden drohen.

Es geht Amin Maalouf folglich darum, nicht nur die „bête identitaire",[9] das identitäre Tier, zu zähmen, sondern die jeweils individuelle „diversité" und die „diverses appartenances" zu entfalten, um der (mitunter tödlichen) Falle einer einzigen obersten Zugehörigkeit, einer „appartenance suprême", zu entge-

---

4 Ebda., S. 44.
5 Ebda., S. 39, sowie hierzu S. 103.
6 Gründe für eine Aufgabe des Identitätsbegriffs als analytischer Kategorie finden sich bereits in Ette, Ottmar: *Literatur in Bewegung*, S. 467–475.
7 Maalouf, Amin: *Les Identités meurtrières*, S. 39.
8 Ebda., S. 180.
9 Ebda., S. 181.

hen.[10] Damit entwirft der Schriftsteller Maalouf im Rückgriff ebenso auf seine eigene transareale wie transgenerationelle Lebensgeschichte vom Standpunkt der Literatur aus ein Lebenswissen, das als ZusammenLebensWissen innerhalb einer enorm beschleunigten Globalisierung zugleich auch als ein ÜberLebenswissen verstanden werden kann.

Aus dieser Perspektive erscheinen die Literaturen der Welt in der Tat als der privilegierte Ort, von dem aus der vielleicht zentrale Fehler im System der Globalisierung – die fehlende Entwicklung eines transarealen und transkulturellen ZusammenLebensWissens – zumindest angegangen, vielleicht sogar zum Teil behoben werden könnte. Mögen die europäischen Literaturen – wenn auch gewiss in geringerem Maße als die europäischen Wissenschaften – mit den zerstörerischen Entwicklungen, welche alle Phasen der Globalisierung betreffen, auch verbunden (gewesen) sein: Das Wissen der Literaturen der Welt, das eben diese kolonialen wie postkolonialen und vielleicht auch postokzidentalen Erfahrungen aufbewahrt, ist doch keineswegs reduktiv an eine jeweils bestimmte Logik und (andere Logiken ausschließende) Rationalität gebunden, wie dies in mehr oder minder starkem Maße in allen Diskursen der Natur- und Kulturwissenschaften – auch im Bereich der Philosophie – unzweifelhaft der Fall ist. Das Wissen der Literaturen der Welt projiziert und bildet einen Kosmos der Redevielfalt, innerhalb dessen sich eine mobile, gleichsam bewegliche Traversen bildende Relationalität zu entfalten vermag. Wir werden dies gleich anhand des konkreten literarischen Beispiels eines José Lezama Lima erkennen.

Nach der besonders gut in der Silvesternacht des Millenniums beobachtbaren Selbstinszenierung der Globalität als globaler, alle Bereiche des Planeten miteinander vernetzender Medialität haben die Ereignisse rund um den 11. September 2001 zweifellos zu einer Dämpfung der Euphorie geführt und das Bewusstsein für jenes Scheitern geschärft, das alle Prozesse beschleunigter Globalisierung seit der ersten Phase begleitet. Auch das bedrohliche Scheitern der Globalisierung wird seitdem von den Medien eindrucksvoll globalisiert.

Wie lassen sich die aktuellen Formen eines Schiffbruchs der Globalisierung denken? Diese Vorstellung betrifft die durch massive Wanderungsprozesse und Arbeitsmigrationen beförderten Globalisierungsängste ebenso wie die durch die weltweite Ausbreitung von Krankheiten wie Syphilis oder Aids oder die gegenwärtige Corona-Pandemie ausgelösten Paniken, die Befürchtungen angesichts der Unterbrechung globaler (einschließlich virtueller) Kommunikationswege wie die durch mediale Omnipräsenz terroristischer Aktivitäten erzeugten Unsicherheiten. Die Liste wäre fast unbegrenzt fortsetzbar. Gefährdeten früher Seeräuber,

---

10 Ebda., S. 183.

Freibeuter und Korsaren die interkontinentalen Infrastrukturen, so haben heute Hacker, Virenkonstrukteure und andere anonyme Angreifer aus dem Internet mit ihren unterschiedlichsten Trojanern deren Platz im kollektiven Bilderreservoir eingenommen. Mag sein, dass zum „Imaginaire" der Globalisierung längst auch eine imaginierte Globalisierung[11] zählt, die sich gleichsam medial selbst fingiert.

Doch gleichviel, ob wir zwischen einer zirkulären, insbesondere Berufsgruppen wie Politiker, Banker und (vielleicht auch) Akademiker erreichenden Globalisierung sowie einer tangentialen, vom Rest der Bevölkerung weniger funktionalisierten als imaginierten[12] Globalisierung nebst vieler anderer Formen und Unterformen unterscheiden: Ausschlaggebend ist doch, dass Globalisierung immer zugleich auch als zerstörerische Kraft, als neue Weltordnung wie als neue „Weltunordnung",[13] als „nuevo desorden mundial"[14] – wie so unterschiedliche Denker wie Hans Küng und Néstor García Canclini unisono formulieren – wahrgenommen wird. Längst lassen sich folglich neben den Zeichen für ein Scheitern der Globalisierung die unterschiedlichsten Aspekte einer Globalisierung des Scheiterns wahrnehmen: von den Atombombentests und Nuklearhavarien über völkerrechtswidrige Invasionen wie etwa Russlands in der Ukraine bis hin zu seriellen Klima- und Umweltkatastrophen einschließlich der rapiden Erwärmung unseres Weltklimas, von den Schiebern, Fluchthelfern und Grenzverletzern über weltweit wirksame Dumpinglöhne und sklavenhafte Entlohnungen bis hin zum globalen Transport radioaktiver Abfälle. Und auch hier ließe sich die Liste fast beliebig fortsetzen.

Vor allem aber weisen die Aspekte eines Scheiterns der Globalisierung wie jene einer Globalisierung des Scheiterns auf die wachsenden Konflikte und Spannungsfelder hin, die ein friedvolles Zusammenleben in Differenz gefährden und zunehmend verunmöglichen. Die vielleicht wichtigste Aufgabe der Philologie könnte nach der vierten Phase beschleunigter Globalisierung darin bestehen, das komplexe, in sich widersprüchliche, vieldeutige und viellogische Wissen der Literaturen der Welt vom Zusammenleben so zu erforschen und in die Öffentlichkeit zu tragen, dass dieses Wissen, das stets im Kontakt mit der außerliterarischen Lebenswelt steht, aus der spezifischen Eigengesetzlichkeit und dem Eigen-Sinn der Literatur heraus verstanden und auch verbreitet werden kann. Es wird für die Philologie ganz wesentlich darauf ankommen – und für die einzelnen Philologien ist dies eine Überlebensfrage –, dieses Lebens-, Erlebens-, Überlebens- und Zusam-

---

11 Vgl. hierzu García Canclini, Néstor: *La globalización imaginada*. México – Buenos Aires – Barcelona: Editorial Paidós 1999.
12 Ebda., S. 12.
13 Küng, Hans: *Weltethos für Weltpolitik und Weltwirtschaft*. München: Piper 1997, S. 19.
14 García Canclini, Néstor: *La globalización imaginada*, S. 9.

menlebenswissen nachdrücklich einer möglichst breiten Öffentlichkeit zu präsentieren und in Erinnerung zu rufen.

Es geht folglich im Kern darum, jenes ZusammenLebensWissen, das die Literatur über lange Jahrhunderte, die auch den mehrphasigen Prozess der Globalisierung begleiteten, rezipierte und produzierte, zu erforschen und wo dringlich gesellschaftlich verfügbar zu machen. Dabei käme gerade auch den literarischen Darstellungsformen eines Scheiterns von Versuchen des individuellen wie kollektiven Zusammenlebens eine große analytische Relevanz zu. So entstünde ganz nebenbei eine Poetik des Scheiterns, in der das Scheitern zu einem immer neuen Ausgangspunkt künftiger Erprobungen und Versuche wird, die Welt und das Zusammenleben unterschiedlichster Populationen besser zu machen. Die Literaturen der Welt können diese Versuche mit jener Phantasie ausstatten, die den Politiken der Globalisierung oft fehlt und sie – wie vor nicht allzu langer Zeit sogar von britischen Militärs im Irak beklagt – im intellektuellen Bankrott zu Politiken des Scheiterns werden lässt.

Die Literaturen der Welt halten ein Lebenswissen bereit, das gerade in den Zeiten beschleunigter Globalisierung – und damit intensivierten Schiffbruchs – überlebensnotwendig ist. Doch besonders gefährlich sind ebenso die Zeiten, welche wie die aktuelle unmittelbar dem Ende einer Beschleunigungsphase folgen. Vielleicht ist in jedem Schiffbruch wiederum die (utopische?) Chance geborgen, einer Welt, die ihren Fehlern im System ausgeliefert ist, eine andere Welt entgegenzusetzen – ganz so, wie dies der Protagonist in Umberto Ecos *L'isola del giorno prima* zumindest versucht.

Wurde der Protagonist von *Die Insel des vorigen Tages* auch gegen seinen Willen in einer Phase, in der Frankreich und England an die Stelle der alten iberischen Kolonialmächte traten, ans Ende der Welt, an die Datumsgrenze geschickt, wo er zwischen unbekannten Inselwelten Schiffbruch erlitt, so vermag er doch, als einziger Überlebender dieses Schiffbruchs eine andere Welt aufzubauen, in der er dank seines Schreibens eine Möglichkeit des Zusammenlebens mit seiner Signora findet: „Er hätte nicht anerkennen müssen, dass er aus einer verrückten Welt kommend das wahre Heil gefunden hätte? Der Schiffbruch hatte ihm das höchste Geschenk gemacht, das Exil, und eine Signora, die ihm niemand mehr rauben konnte..."[15]

Im Scheitern, im Schiffbruch, im Unheil liegt – das eigene Überleben einmal vorausgesetzt – stets die Chance, jene neuen Welten des Wissens zu entdecken,

---

15 Eco, Umberto: *L'isola del giorno prima*. Mailand: Bompiani [13]2006, S. 212: „Non avrebbe dovuto riconoscere che, uscito da un mondo insano, aveva trovato la vera salute? Il naufragio gli aveva concesso il dono supremo, l'esilio, e una Signora che nessuno ormai poteva sottrargli..."

die wir uns beim direkten Erreichen unserer Ziele niemals erträumt hätten. So könnte uns eine Poetik des Scheiterns unverhofft zu einer Poetik des Zusammen-LebensWissens führen: eines Zusammenlebens, das gerade mit Blick auf Entdeckung und Eroberung des amerikanischen Kontinents von einem so furchtbaren und blutigen Scheitern geprägt war.

Die transarealen Bezüge in Amin Maaloufs Romanschaffen schließen auch die Amerikas mit ein. So ist er auch den Spuren in seiner eigenen Familie nachgegangen, die den Libanon – wie im obigen Zitat ausgeführt – mit Kuba verbinden. Immer wieder fragt er bei seinen Nachforschungen, die ihn auch nach La Habana führten, welches die Bedingungen und historischen Kontexte eines migratorischen Erlebens waren, das stets auf die verschiedensten Dimensionen menschlichen und transkulturellen Zusammenlebens angewiesen war. Und immrt waren seine romanesken Recherchen auf jene Problematik gerichtet, die er in seinem Essay *Les identités meurtrières* erforschte: Romanwerk und Essayistik sind bei diesem translingualen Schriftsteller und Vertreter einer Literatur ohne festen Wohnsitz eng miteinander verwoben.[16]

Die Reise nach Kuba führt den Erzähler zu den verschiedenen Schauplätzen von Gebrayels Leben in der kubanischen Hauptstadt und dabei selbstverständlich auch zu jenem Haus, von dem der soziale Aufsteiger einst so stolz seinem Bruder als sicheres Zeichen seiner gesellschaftlichen Integration berichtet hatte. Dieses Haus war fast neun Jahrzehnte später im Kuba einer Revolution, die ihrerseits längst in die Jahre gekommen war, nicht einfach zu finden gewesen, hatte es sich doch in ein „*Centro de Superación para la Cultura de la ciudad de La Habana*" verwandelt, das sich – jenseits des etwas pompösen Titels – als simple Musikschule entpuppt. Der Ich-Erzähler blickt sich im Hause seines längst verstorbenen Vorfahren um und versucht, dessen Leben in Bruchstücken zu rekonstruieren. So lesen wir in dem im Jahre 2004 erschienenen und noch im selben Jahr mit dem Prix Méditerrannée ausgezeichneten Band *Origines*[17] die folgende ins Herz der arabamerikanischen Beziehungen[18] führende Passage:

---

16 Vgl. hierzu Ette, Ottmar: Arab-Caribbean origins: on the transareal dimension in Amin Maalouf's literary work. Coming home to the familiar unknown. In (ders., Hg.): *Caribbean(s) on the Move – Archipiélagos literarios del Caribe. A TransArea Symposium*. Frankfurt am Main – New York – Oxford: Peter Lang Verlag 2008, S. 143–165.
17 Vgl. Maalouf, Amin: *Origines*. Paris: Editions Grasset & Fasquelle 2004.
18 Vgl. hierzu Ette, Ottmar / Pannewick, Friederike (Hg.): *ArabAmericas. Literary Entanglements of the American Hemisphere and the Arab World*. Frankfurt am Main – Madrid: Vervuert Verlag – Iberoamericana 2006.

Im Übrigen hört man kurze Zeit nach meiner Ankunft einige Noten erklingen. Sie stammen von jenseits des Ganges aus einem geräumigen Zimmer, dessen hohe Decke und Mauern zugleich mit Fayencen und Stuck verziert und mit Motiven und Einschreibungen versehen sind, welche jene der Alhambra nachahmen, besonders auch die Devise der Nasriden, den letzten muslimischen Königen von Granada: *La ghaliba illa-llah*, ‚Kein anderer Sieger als Gott'. In diesem Zimmer, das vielleicht das Esszimmer war, scheint der Einfluss der Tochter des strengen Predigers nicht überwogen zu haben; nicht, dass hier der Ort augenfälliger Ausschweifungen gewesen wäre, aber sagen wir, dass der Reichtum sich hier nicht zögerlich zeigte.

Es wäre gleichwohl ungerecht, darin nur eine Laune von Neureichen zu sehen; es ist nicht die Fahne seines Vermögens, welche Gebrayel hier auf diesen Mauern entrollte, sondern die Fahne seiner Ursprungskultur, seiner Identität; er empfand die Notwendigkeit, seine Zugehörigkeit zur andalusischen Zivilisation als Symbol für die Ausstrahlung der Seinen stolz zu proklamieren.[19]

Das in Amin Maaloufs *Origines* konstruierte Haus schreibt sich ein in eine lange literarische Tradition, in der gerade mit Blick auf den karibischen Archipel dem Insel-Haus eine herausragende Bedeutung innerhalb einer fraktalen Geometrie zukam und zukommt, insofern sich im fraktalen Muster des Hauses die unterschiedlichsten Dimensionen von Raum und Zeit, Gesellschaft und Politik, Kultur und Literatur überschneiden und verdichten.[20] Denn das Haus ist Teil einer archipelischen und transarchipelischen Welt, in welcher sich die Abgeschlossenheit einer *Insel-Welt* und die Vielverbundenheit einer *Inselwelt*[21] wechselseitig spiegeln und ergänzen.

Eben dies ist auch im kubanischen Insel-Haus des libanesischen Autors der Fall. Denn dieses Insel-Haus bildet ebenso eine abgeschlossene Welt für sich, wie es auch für eine Multirelationalität steht, die auf Ebene der über die Welt verstreuten Mitglieder der arabischen Familie eine offene transarchipelische Strukturierung vor Augen führt. Im ehemaligen Haus des umtriebigen Großonkels und seiner Frau, der streng im presbyterianischen Protestantismus ihres Vaters Khalil erzogenen Alice, verdichten sich wie an einer Schnittstelle die Töne einer Musikschule im revolutionären Kuba, die kunstvollen orientalisierenden Bildwelten eines zu Reichtum und Ansehen gekommenen libanesischen Immigranten und die ornamentale Schrift des Wahlspruchs der Nasriden, mit deren Niederlage das maurische (aber nicht das mythische) Al-Andalus zugrunde ging.

---

19 Maalouf, Amin: *Origines*, S. 323f.
20 Vgl. hierzu ausführlich Ette, Ottmar: *ZwischenWeltenSchreiben. Literaturen ohne festen Wohnsitz (ÜberLebenswissen II)*. Berlin: Kulturverlag Kadmos 2005, S. 142–147.
21 Vgl. hierzu Ette, Ottmar: Von Inseln, Grenzen und Vektoren. Versuch über die fraktale Inselwelt der Karibik. In: Braig, Marianne / Ette, Ottmar / Ingenschay, Dieter / Maihold, Günther (Hg.): *Grenzen der Macht – Macht der Grenzen. Lateinamerika im globalen Kontext*. Frankfurt am Main: Vervuert Verlag 2005, S. 135–180.

Doch halt! Geht überhaupt etwas jemals zugrunde? Ist nicht im Sinne von Miguel de Unamuno alles in einer kinematographischen Endlosschleife enthalten, in welcher sich das Gestern, das Heute und das Morgen immer wieder finden und versöhnen? Sind wir nicht Teil einer unendlichen Geschichte, die sich figural in immer neuen Vico'schen Spiralen wiederholt und variiert; in einer Welt, in welcher sich ein Zar, ein Stalin und ein Putin endlos wechselseitig spiegeln und variierend wiederholen? Und jubeln ihnen nicht immer wieder dieselben oder zumindest die gleichen Fanatiker begeistert zu?

Das Insel-Haus in La Habana ist transtemporal und transareal strukturiert. Die Musik, die Bilder und die Schrift spannen einen historisch-kulturellen, geographischen und architektonischen Raum auf, der vom Ausgang des 15. bis zum Ende des 20. Jahrhunderts reicht und so mit jenem geschichtsträchtigen Augenblick einsetzt, an dem die Neue Welt von Spanien, von Santa Fé und von Granada aus erfunden und gefunden wurde.

Dieser historische Zeitraum erstreckt sich vom maurischen Granada, in das am 6. Januar 1492 die Katholischen Könige einzogen, welche Christoph Columbus' Drängen nachgaben, bis hin zur aktuellen Lage jener Insel, die der bald zum Admiral ernannte Genuese wenige Monate später, am 28. Oktober 1492, als „das Schönste" pries, „was Augen je erblickt"[22] hätten. Vor diesem Hintergrund ist es kein Zufall, dass Gebrayels sterbliche Überreste nirgendwo anders ruhen als auf dem Cementerio de Colón, dem monumentalen, nach Columbus benannten Friedhof der kubanischen Hauptstadt. Christoph Columbus ist überall: Allein das prä*kolumb*ische Amerika ist ohne Columbus und ohne die Globalisierung denkbar.

Doch damit nicht genug: Die transareale Vielverbundenheit greift von der Neuen Welt noch auf andere Weise zurück in die Alte Welt! Denn in einer sich in Maaloufs *Origines* unmittelbar anschließenden Passage wird die Erinnerung des Erzählers an eine erst vor kurzem unternommene Reise in die deutsche Hauptstadt eingearbeitet, bei der das Ich eine in der zweiten Hälfte des 19. Jahrhunderts in Berlin erbaute Synagoge besichtigte, deren Architektur mit Elementen der Alhambra spielt. Auf die Frage nach den Gründen für die „extraordinaire ressemblance entre son architecture et celle de l'Alhambra",[23] für die außerordentliche

---

22 Colón, Cristóbal: *Los cuatro viajes. Testamento*. Edición de Consuelo Varela. Madrid: Alianza Editorial 1986, S. 82.
23 Maalouf, Amin: *Origines*, S. 324.

architektonische Nähe zur Alhambra also, habe man ihm geantwortet, die jüdische Gemeinde habe sich damals nicht nur einer Mode bedient, sondern nach einer „manière d'affirmer ses origines orientales"[24] gesucht: Sie habe ihre orientalischen Herkünfte mit diesem Verweissystem bekräftigen wollen.

So tritt neben das maurische Reich der Nasriden und die nachfolgende christliche Herrschaft, die sich im Übergang von der Reconquista zur Conquista ausgehend von der Iberischen Halbinsel gewaltige Teile der Erde einverleibt, das Judentum als dritter kultureller Traditionsstrang hervor, wobei die Vertreibung der Juden aus Spanien das *Annus Mirabilis* 1492 in einem weit weniger heroischen Licht erscheinen lässt. Durch den Besuch des Hauses in Havanna werden wie in einem Brennspiegel die arabische, die christliche und die jüdische Welt in ihrem „vivre ensemble", in ihrem Zusammenleben im Granada der Nasriden vergegenwärtigt, wobei zugleich das Spannungsfeld zwischen Orient und Okzident nach Westen, von der Alten in die Neue Welt, erweitert wird. Denn Granada ist nicht nur der Umschlag von der europäischen zur außereuropäischen Expansion, sondern zugleich der Beginn der arabamerikanischen Geschichte; einer Geschichte, die wir im Verlauf dieser Vorlesung – und sei es in Gestalt eines der Begleiter von Alvar Núñez Cabeza de Vaca – immer wieder haben aufblitzen sehen. Es ist eine Geschichte, die noch lange nicht zu Ende ist und die wie ein Fraktal die gesamte Geschichte der Amerikas als Geschichte von Erniedrigungen und Eingliederungen, von Marginalisierungen und Transkulturalisierungen in sich birgt.

Innerhalb dieses komplexen Spannungsgefüges siedelt sich der Ich-Erzähler an, der sich gleichsam „à la recherche du temps perdu" auf eine Reise begibt, die zunächst als Reise durch die verschiedenen Familiendokumente beginnt, die das Ich in einem riesigen Koffer („la malle des ancêtres")[25] aus dem Libanon nach Frankreich geschafft hat. Diese erste Reise leitet bald zu Reisen in die Neue Welt über, welche die Spuren der eigenen Familiengeschichte auf Ellis Island in der Bucht von New York sowie vor allem auf Kuba zu sichern versucht. Zuvor freilich musste ein bedrohliches Gefühl des Sich-Verlierens in all den Briefen und Dokumenten, die von den Leben der Vorfahren noch übrig geblieben sind, überwunden werden: „au milieu de toutes ces vies atomisées en une poussière de mots"[26] – inmitten all dieser in Wortstaub zerfallenen *Leben*. Der Koffer der Vorfahren wiegt schwerer als gedacht und will durchforscht sein, bevor der Nachfahre seinen eigenen Reisekoffer packen kann und die archipelischen Inseln seines Wissens erfindet.

---

24 Ebda.
25 Ebda., S. 40.
26 Ebda.

Es dürfte deutlich geworden sein: In der Kubareise des Erzählers, der nicht im Libanon, wo er auf die Welt kam, sondern in Frankreich lebt und nicht auf Arabisch, sondern in französischer Sprache schreibt, überlagern sich die unterschiedlichsten Reisebewegungen zwischen Orient und Okzident, zwischen Alter und Neuer Welt, zwischen Vergangenheit und Gegenwart auf komplexe Weise und öffnen sich auf eine Zukunft, die nach ihren Herkünften, nach ihren „Orígenes" fragt. Denn das Ich unternimmt – und die Insel der kubanischen Revolution eignet sich mit ihren noch immer fahrenden Oldtimern, ihrer stillgestellten Zeit und ihrer Musik hervorragend für derartige raum-zeitliche Bewegungen[27] – eine Reise, die sich als eine Reise in der Zeit auf der Suche nach den Ursprüngen, vielleicht mehr noch aber als eine *Rückkehr* an einen Ort verstehen lässt, an dem das Ich selbst zuvor noch nie gewesen war. Es ist eine Heimkehr in die (vertraute) Fremde, auf der Suche nicht nach dem *einen* Ursprung, nach der *einen* Herkunft, sondern nach den *Origines* im Plural.

Von diesem Punkt und von diesem Haus in der Altstadt von La Habana aus ist es ein Leichtes, gleich nebenan in die Calle Trocadero zu José Lezama Lima zu springen, zum Kopf der Dichtergruppe *Orígenes*, die sich zweifellos nach dem gleichnamigen, einst in Alexandria geborenen und Mitte des dritten nachchristlichen Jahrhunderts im Libanon verstorbenen Philologen, Philosophen und Theologen benannte, zugleich aber stets nach den Herkünften, nach den *Orígenes* ebenso Kubas wie Amerikas forschte. Diese *Herkünfte* ebenso von Lezamas Heimatinsel wie des amerikanischen Kontinents lassen sich fraglos analog zum Begriff der ‚Kosmischen Rasse' von José Vasconcelos nur aus einem weltumspannenden Zusammenhang heraus verstehen. Und eben dieser Globalität spürte der Schöpfer des großen Romans *Paradiso* auf kulturellem wie transkulturellem Gebiet nach.

Abb. 77: José Lezama Lima (1919–1976).

---

27 Vgl. Ette, Ottmar: Kuba – Insel der Inseln. In: ders. / Franzbach, Martin (Hg.): *Kuba heute. Politik, Wirtschaft, Kultur*. Frankfurt am Main: Vervuert Verlag 2001, S. 9–25.

Dabei waren für den Dichter, Essayisten und Romancier José Lezama Lima nicht die essayistischen Utopien des Mexikaners Vasconcelos, sehr wohl aber die Forschungen seines Landsmannes, des Anthropologen Fernando Ortiz,[28] von größter Bedeutung. Der große kubanische Dichterfürst entwickelte im Verlauf seiner Karriere eine höchst originelle Sichtweise des Amerikanischen, welche den unterschiedlichsten kulturellen Herkünften Amerikas nachging, um daraus eine neue Vision des gesamten Kontinents zu entfalten.

Der als der wichtigste kubanische Poet des 20. Jahrhunderts hochgeschätzte, aber als Kulturtheoretiker bis heute unterschätzte Autor hat in seinen faszinierenden literarischen Essay *La expresión americana* die archipelische Strukturierung jener fünf Vorträge zusammengefasst, die er am 16., 18., 22., 23. und 26. Januar 1957 im Centro de Altos Estudios des Instituto Nacional de Cultura von Havanna gehalten hatte. Ich möchte Ihnen diese ‚Amerikanische Ausdruckswelt' als einen Höhepunkt lateinamerikanischer Findungen und Erfindungen Amerikas im vergangenen Jahrhundert zum Abschluss des Parcours unserer Vorlesung gerne in wenigen kurzen Kartierungen vorstellen.[29]

Der Ansatz von José Lezama Lima ist von einer Betrachtung Kubas im Weltmaßstab geprägt; eine Tradition, die ihn ebenso wie Fernando Ortiz mit dem kubanischen Modernisten José Martí verbindet, der sein Projekt der Befreiung seiner Heimatinsel vom spanischen Kolonialjoch in einen – wie wir sahen – weltpolitischen Zusammenhang mit der dritten Phase beschleunigter Globalisierung gestellt hatte. Man könnte in dem Versuch des mit der europäischen, insbesondere der spanischen und der deutschen Philologie bestens vertrauten kubanischen Schriftstellers, die kulturelle Ausdruckswelt der Amerikas aus ihren weltweiten Wechselbezügen zu erhellen, zugleich einen wohldurchdachten Beitrag dazu erblicken, die Literaturen Amerikas jenseits des Nationalen und diesseits des Weltliterarischen neu zu begreifen.

Halten wir fest: José Martís Name und in Teilen auch seine Vorstellungen blieben auf seiner Heimatinsel lebendig, auch wenn der Dichter, Essayist und Revolutionär rücksichtslos von allen politischen Parteien Kubas, von Fulgencio Batista bis hin zu Fidel Castro immer wieder instrumentalisiert wurde. Ganz im Martí'schen Geiste versuchten die in *La expresión americana* zu einem Archipel vereinigten Vorträge José Lezama Limas eine Vision Amerikas zu entfalten und dabei die Figur des Autors von *Nuestra América* in ein anderes Licht, in das Licht einer Tradition der (allgegenwärtigen) Abwesenheit zu stellen:

---

28 Vgl. zum Erfinder des Begriffs der „Transkulturalität" das entsprechende Kapitel im dritten Band der Reihe „Aula" in Ette, Ottmar: *Von den historischen Avantgarden bis nach der Postmoderne* (2021), S. 741 ff.
29 Eine ausführlichere Darstellung findet in ebda., S. 745 ff.

Aber diese große romantische Tradition des 19. Jahrhunderts, die des Kerkers, der Abwesenheit, des Bildes und des Todes, erreicht es, das amerikanische Faktum zu schaffen, dessen Schicksal mehr aus möglichen Abwesenheiten als aus unmöglichen Anwesenheiten gemacht ist. Die Tradition der möglichen Abwesenheiten ist die große amerikanische Tradition gewesen, wo sich das historische Faktum ansiedelt, das erreicht worden ist. José Martí repräsentiert in einer großen verbalen Weihnacht die Fülle der möglichen Abwesenheit. In ihm kulminieren der Kerker von Fray Servando, die Frustration von Simón Rodríguez, der Tod von Francisco Miranda, aber auch der Blitz der sieben Intuitionen der chinesischen Kultur, die ihm durch die Metapher der Erkenntnis erlaubt, jenen Wirbel zu berühren und zu schaffen, der ihn selbst zerstört; das Mysterium, das die Flucht der großen Verlierer und das Oszillieren zwischen zwei großen Schicksalen nicht fixiert, welches er dadurch löst, dass er sich mit dem Haus vereinigt, das in Brand geraten wird. Seinen Tod müssen wir innerhalb des inkaischen Pachacán, des unsichtbaren Gottes, verorten.[30]

José Lezama Lima, die sicherlich beherrschende und alle anderen überragende Figur der kubanischen Literatur des 20. Jahrhunderts, rückte in diesen Überlegungen – in denen er wesentliche Elemente der beiden vorangegangenen Vorträge in der Figur Martís unter dem Titel „El romanticismo y el hecho americano" konfluieren und kulminieren ließ, bevor er diesen Vortrag als den zentralen Teil seines großangelegten Essaybandes *La expresión americana* veröffentlichte – den Gründer des Partido Revolucionario Cubano und Dichter der *Versos sencillos* in eine Traditionslinie ein, die nicht nur eine ‚amerikanische' war. Denn in dieser Passage zeichnet sich ab, dass sich dieses ‚Amerikanische' in José Martí nicht allein aus der hispanoamerikanischen Tradition des 19. Jahrhunderts speiste, sondern sich auch in grundlegender Weise mit den amerikanischen Kulturen präkolumbischer Herkunft wie ebenso mit asiatischen Elementen zu verknüpfen wusste. Lezama Lima spürte den weltumspannenden *Origines* der transkulturellen Entwicklungen auf seiner Heimatinsel nach.

José Martí konnte gerade deshalb für José Lezama Lima zur Inkarnation der „expresión americana" werden, weil er sich nicht auf eine wie auch immer geartete kontinentale Territorialität Amerikas reduzieren ließ, sondern – wie sein ebenfalls gegen die kolonialspanische Macht aufbegehrender Zeitgenosse José Rizal von den Philippinen es tat – neue, weltumspannende Horizonte für das Denken und Schreiben in spanischer Sprache erschloss. Im Rückgriff auf eine spezifisch kubanische Tradition gelang es dem Dichterfürsten des 20. Jahrhunderts, Martí in seine Zeit zu übersetzen und für eine neue Sichtweise, eine neue Erfindung Amerikas fruchtbar zu machen.

Jenseits der drei großen, im Zitat genannten Repräsentanten des Unabhängigkeitskampfes Spanisch-Amerikas und jenseits der hier ebenfalls aufgerufenen in-

---

30 Lezama Lima, José: *La expresión americana*. Madrid: Alianza Editorial 1969, S. 115 f.

kaischen Traditionen schreibt der Gründer und Kopf der Zeitschrift *Orígenes* zurecht dem Gründer des PRC José Martí in eine weltweite, das Hemisphärische weit übersteigende Dimension ein, die etwa mit der Einblendung der chinesischen Kultur für die entworfene „Fülle der möglichen Abwesenheit" einstehen kann. Was aber ist unter dieser für Lezama Limas Schreiben so charakteristischen Formulierung zu verstehen? Und was macht diese große amerikanische Tradition der „ausencias posibles" mit Blick auf Martí, die zweifellos beherrschende Figur der kubanischen Literatur wie der kubanischen Geschichte des 19. Jahrhunderts, aus?

Es ist nicht nur rezeptionsgeschichtlich[31] höchst bedeutungsvoll, dass José Lezama Lima, der Schöpfer der Figur José Cemí in *Paradiso*, in der Schlusspassage seines Vortrages vom 22. Januar 1957 die Tagebücher, die *Diarios* der letzten Wochen und Tage des „autor intelectual" des Krieges von 1895 gegen die spanische Kolonialmacht in den Mittelpunkt seiner Argumentation und seiner ganz persönlichen Suche nach José Martí rückte. Gerade die fünfziger Jahre des 20. Jahrhunderts waren Jahre verbissener politischer Kämpfe um den Anspruch auf das ideologische Erbe José Martís in Kuba: Im Umfeld des „Centenario", der Jahrhundertfeiern aus Anlass der Geburt Martís 1953 in La Habana, beriefen sich ausnahmslos alle Positionen im politischen wie im intellektuellen Feld der Insel auf die Figur, auf die Ikone des längst sakralisierten ‚Apostels'. Der Verweis auf die Poetizität der Martí'schen Tagebücher eröffnete hier eine ganz andere Sichtweise, die Martís Denken und Schreiben vor keinen ideologischen Karren zu spannen versuchte, wohl aber für ein in die Zukunft gerichtetes Denken der Karibik wie der amerikanischen Hemisphäre fruchtbar zu machen verstand. Im Zentrum der damals neuartigen und originellen Sichtweise Martís stand die Poetizität der Martí'schen Visionen, die dichterische Kraft der vom Autor der *Versos sencillos* entfalteten Symboliken.[32]

José Lezama Lima lässt sich zweifellos als einer von vielen karibischen Dichtern des 20. und 21. Jahrhunderts bezeichnen, deren Poetik und poetisches Wissen letztlich nicht an einer Raumgeschichte, sondern vielmehr an einer *Bewegungsgeschichte*, an einer vektoriellen Sichtweise ausgerichtet sind. Gewiss eilt José Lezama Lima wie einem Edouard Glissant oder Derek Walcott der Ruf voraus, ein ausgemacht ‚schwieriger', bisweilen nur Eingeweihten zugänglicher

---

[31] Vgl. hierzu Ette, Ottmar: *José Martí. Teil I: Apostel – Dichter – Revolutionär. Eine Geschichte seiner Rezeption.* Tübingen: Max Niemeyer Verlag 1991. Der zweite Teil dieser Studie befindet sich derzeit in Arbeit.

[32] Diese Spuren der Martí'schen *Diarios de campaña*, seiner Feldtagebücher, werden weiterverfolgt in Ette, Ottmar: La expresión transarchipiélica: José Lezama Lima. In: Gutiérrez de Velasco, Luzelena / Ugalde Quintana, Sergio (Hg.): *Banquete de imágenes en el centenario de José Lezama Lima.* México, D.F.: El Colegio de México 2015, S. 131–186.

Autor zu sein. Diese Tatsache, die sicherlich auch die Rezeptionsgeschichte von *La expresión americana* negativ beeinflusste, sollte uns jedoch nicht abschrecken, sondern vielmehr ganz im Sinne des kubanischen Dichters stimulieren.

Es verwundert nicht, dass gleich die ersten Worte des ersten der insgesamt fünf Vorträge, welche der Kopf der *Orígenes*-Gruppe im Januar 1957 in der kubanischen Hauptstadt hielt, beherzt das Thema des Schwierigen angingen und „lo dificil" in den Mittelpunkt seines karibischen Entwurfs des Amerikanischen innerhalb einer weltumspannenden Gemeinschaft rückten:

> Allein das Schwierige stimuliert; allein die uns herausfordernde Widerständigkeit ist in der Lage, unsere Potenz der Erkenntnis heraufzuführen, zu erwecken und aufrechtzuerhalten, aber in Wirklichkeit: Was ist das Schwierige? Allein das Überspülte, in den mütterlichen Wassern des Dunklen? Das Originäre ohne Kausalität, Antithese oder Logos? Es ist die Form im Werden, in der eine Landschaft einem Sinn entgegen geht, eine Interpretation oder eine einfache Hermeneutik, um danach ihrer Rekonstruktion zuzustreben, welche definitiv ihre Effizienz oder ihren Nichtgebrauch, ihre zuchtmeisterliche Kraft oder ihr verklungenes Echo markiert, das ihre historische Vision ist.[33]

Bereits in diesem nicht gerade einfach strukturierten Incipit der von Lezama Lima selbst zu einem Band zusammengestellten Essays wird auf grammatikalischer wie auf stilistischer, auf inhaltlicher wie thematischer Ebene deutlich, dass es das in Bewegung und Entwicklung Befindliche, das Unabgeschlossene und mithin die „forma en devenir" innerhalb einer Landschaft und gerade nicht deren vermeintliche Gegebenheit und Starrheit sind, die den Essayisten der *Confluencias* mit seiner sinnlichen und sinnhaltigen Offenheit anziehen. Es geht um das „estimulante", um den Stimulus, der das Denken anreizt und in Bewegung setzt und nicht in erster Linie am Ankommen, am *Fest-Stellen* ausgerichtet ist. Lezamas Poetik ist eine Poetik der Bewegung.

So geht es auch dem „conocimiento poético", der dichterischen Erkenntnis, nicht um ein stabiles, ein für alle Mal fixiertes Wissen, sondern gleichsam um ein hochgradig dynamisches Wissen, ja einen Wirbel des Wissens, der gerade dem Schwierigen seinen Bewegungsimpuls verdankt: „Sólo lo difícil es estimulante." Das poetische Wissen zieht nichts vom Einfachen ab, und sein Begreifen zielt nicht auf ein simples Auf-den-Begriff-Bringen. Das „conocimiento poético" ist eine andere Wissensform, die darauf spezialisiert ist, nicht auf bestimmte Wissensformen spezialisiert zu sein. Es unterläuft damit Wissensnormen des Wissenschaftlichen, ohne dessen Wissensformen auszuschließen.[34] Denn seine

---

[33] Lezama Lima, José: *La expresión americana*. Madrid: Alianza Editorial 1969, S. 9.
[34] Vgl. hierzu Ette, Ottmar (Hg.): *Wissensformen und Wissensnormen des ZusammenLebens. Literatur – Kultur – Geschichte – Medien*. Berlin – Boston: Walter de Gruyter 2012.

Grundlagen sind poly-logisch, zielen auf Inklusion, nicht auf Exklusion ‚anderer' Logiken.

Der Begriff der Landschaft, des „paisaje", kehrt ein ums andere Mal schon auf den ersten Seiten, aber auch im weiteren Verlauf von *La expresión americana* wieder, um gleichsam eine in Bewegung befindliche *Landschaft der Theorie* zu bilden, die weder Kuba noch den amerikanischen Kontinent, weder die vergangenen Geschichtsverläufe noch ihr verklungenes Echo, die „visión histórica", fixieren und festzuschreiben sucht. Diese Landschaft ist als Landschaft der Theorie aber mehr als „la visión histórica"[35] einer bestimmten Kultur, auch wenn sie dies ganz ohne Zweifel *auch* sein will.

Denn diese Landschaft der Theorie ist ein Generierungsprogramm für das Künftige, ein sich ständig veränderndes Modell zur Erzeugung eines Denkens und Handelns, das nicht an einen einzigen Blickpunkt gebunden ist, sondern prospektiv immer wieder neue Horizonte projiziert. Im Spiel mit diesen Landschaften der Theorie erweist sich Literatur als experimenteller Erprobungsraum, aber auch als dynamischer Wissensraum des Kommenden (im Sinne Rodós), des Künftigen. Indem das Denkbare zum Schreibbaren, ja zum Publizierbaren wird, eröffnet es dem Erlebbaren wie dem Lebbaren neue Horizonte. Auch hierin ist Literatur „forma en devenir", Wissensform von Wissensformen, die sich dem Leben verpflichtet wissen und sich eben darum ständig verändern.

Klang und Nachklang, Echo und Echokammer, in der sich die von allen Seiten kommenden Stimmen und Klänge bündeln, spielen in Lezamas wohl bekanntestem Essay-Band eine entscheidende Rolle. Denn der kubanische Lyriker schrieb von seiner Insel, von der Bibliothek seines Hauses in der Trocadero-Straße aus,[36] ohne jemals persönlich nach Indien oder Ägypten, nach China oder Paris gereist zu sein. Die Bibliothek im Haus in La Habana auf Kuba im Archipel der Karibik generiert als Insel innerhalb der Insel der Inseln[37] eine Eigen-Zeitlichkeit, eine Eigen-Räumlichkeit und folglich einen Eigen-Sinn, in dem sich die Spielräume und Bewegungsmuster des Lebbaren und Erlebbaren grundlegend verändern und erweitern lassen. Dabei geht es nicht um die physischen Reiseerfahrungen eines Schriftstellers, um seine tatsächlichen Bewegungen auf unserem Globus: Für den Dichter kann vielmehr das *Paradox des Reisenden* in Anschlag gebracht werden, wie es Denis Diderot in seinem *Supplément au voyage de Bougainville* entfaltete

---

35 Bejel, Emilio: La historia y la imagen de Latinoamérica según Lezama Lima. In: *La Palabra y el Hombre* (Veracruz) 77 (1991), S. 131.
36 Vgl. hierzu die schöne Dissertation von Ugalde Quintana, Sergio: *La biblioteca en la isla. Una lectura de «La expresión americana» de José Lezama Lima*. Madrid: Editorial Colibrí 2011.
37 Vgl. hierzu Ette, Ottmar: Kuba – Insel der Inseln. In: Ette, Ottmar / Franzbach, Martin (Hg.): *Kuba heute. Politik, Wirtschaft, Kultur*. Frankfurt am Main: Vervuert Verlag 2001, S. 9–25.

und das Reisen beim Lesen in den Mittelpunkt seiner Poetik stellte.[38] Ich werde auf dieses Paradox noch einmal im Epilog zu dieser Vorlesung zurückkommen.

So gilt es, in *La expresión americana* eine „potencia de conocimiento" vorwärtszutreiben, die sich nur dann zu entfalten und zu beschleunigen vermag, wenn es ihr gelingt, die verschiedensten Dinge und Gegenstände miteinander in Verbindung zu bringen und diese unverdrossene Tätigkeit des „enarcar" – um erneut eine Formulierung aus dem Incipit zu verwenden – gerade auch auf die unterschiedlichsten Kulturen und kulturgeschichtlichen Horizonte zu beziehen. Die Insel Kuba, im Schnittpunkt west-östlicher wie nord-südlicher Bewegungs- und Austauschachsen gelegen, bildet hierfür einen idealen, transareal aufgeladenen Ausgangspunkt. Mithin ist die hohe Frequenz an Bewegungsbegriffen in Lezamas zwischen Literatur und Philosophie oszillierenden Ausdrucksformen alles andere als ein Zufall: Sie ist poetisches und poetologisches Programm.

Die karibische InselInsel Kuba entfaltet die ihr zugängliche „potencia de conocimiento" folglich aus ihren immensen historischen und sozialen, vor allem aber biopolitischen und kulturellen Dynamiken. Vor diesem Hintergrund ist *La expresión americana* – ganz im Sinne des von Fernando Ortiz' erstmals im Jahre 1940 vorgelegten Grundlagenwerks *Contrapunteo cubano del tabaco y el azúcar*[39] – ein entschieden transkulturelles Buch, scheint die amerikanische Expression doch nur auf diese unterschiedlichste Kulturen querende Weise adäquat ausdrückbar zu sein. Wie komplex die hier implizierte Bewegungsmetaphorik auf eine Landschaft bezogen ist, mögen die berühmten Formulierungen des kubanischen Anthropologen belegen:

> Es gab für die Kubanität keine transzendenteren menschlichen Faktoren als diese kontinuierlichen, radikalen und kontrastierenden geographischen, wirtschaftlichen und sozialen Transmigrationen der Kolonisten, als diese beständige Vergänglichkeit an Vorhaben und als dieses Leben immer aus der Entwurzelung von der bewohnten Erde, in einem immerwährenden Auseinanderklaffen gegenüber der aufrecht erhaltenen Gesellschaft. Menschen, Ökonomien, Kulturen und Sehnsüchte, alles fühlte sich hier fremd, provisorisch, veränderlich an, wie ‚Zugvögel' über dem Land, an seiner Küste, stets seinem Willen und Wollen entgegen.
>
> Mit den Weißen kamen die Schwarzen, zuerst aus Spanien, dann in einer Ausbreitung von Guinea- und Kongosklaven, schließlich aus ganz Nigrittien. Mit ihnen kamen ihre verschiedenartigen Kulturen, einige so wild wie die der Siboneyes, andere von fortgeschrittener Barbarei wie die der Tainos, einige aus größerer wirtschaftlicher und sozialer Komplexität wie etwa die Mandingas, die Woloffs, Haussas, Dahomeys und Yorubas, an-

---

38 Vgl. zum Paradox des Reisenden die Passagen zum *Supplément au voyage de Bougainville* in den Bänden 1 und 5 der Reihe „Aula" in Ette, Ottmar: *Reise Schreiben* (2020), S. 169 ff.; sowie ders.: *Aufklärung zwischen zwei Welten* (2021), S. 412 ff.
39 Ortiz, Fernando: *Contrapunteo cubano del tabaco y el azúcar*. Prólogo y Cronología Julio Le Riverend. Caracas: Biblioteca Ayacucho 1978.

dere wieder mit Ackerbau, Sklaven, Geld, Märkten, Außenhandel sowie zentralisierten und effizienten Regierungsmächten über Territorien und Ansiedlungen, die so groß wie Kuba waren; Kulturen, die in der Mitte zwischen denen der Tainos und der Azteken lagen; schon mit Metallen, aber noch ohne Schrift.[40]

Auch hier also, wie später häufiger in der karibischen Lyrik, die Metaphorik der Zugvögel: Kulturelle Konfigurationen ohne festen Wohnsitz zeichnen sich ab, die Räume aus Bewegungen, aus vektoriell gespeicherten und immer wieder anders einspeisbaren Bewegungsmustern hervorgehen lassen – auch wenn Fernando Ortiz im obigen Zitat von 1940 im Kontext der damaligen Auseinandersetzungen um ‚das Kubanische' nicht auf die Fest-Stellung der „cubanidad" verzichten zu können glaubte. Das Territoriale erscheint im Licht der Ortiz'schen Transkulturationstheorie als ein Bewegungsraum (für die ‚Zugvögel'), als ein Verbindungsraum (für die Seefahrer) und als ein Lebensraum, der die Entwurzelung, das Fehlen eines festen Wohnsitzes, das von außerhalb Kommende, stets Transitorische, nicht zu reterritorialisieren und damit räumlich stillzustellen vermag. Fernando Ortiz' kubanischer Kontrapunkt enthält im Kern eine Poetik der Bewegung, die biopolitisch fundiert, kulturtheoretisch arrangiert und anthropologisch inszeniert ist. Diese transkulturelle Poetik der Bewegung besaß und besitzt bis heute eine ungeheure Ausstrahlungskraft.

Letztlich steht „esa vida siempre en desarraigo"[41] für ein Lebenswissen ein, das sich als Wissen aus der eigenen Lebenserfahrung speist und zugleich die ständige Bewegung in das eigene Wissen vom und im Leben einspeist. Ist Lebenswissen in seiner verdichtetsten Form, in der Form des „conocimiento poético", nicht immer zugleich ein Bewegungswissen, das in sich nur die eine Wahrheit kennt: Dass eben Wahrheit nur im Plural, nur poly-logisch zu haben ist?

Der für die Anlage eines derartigen Lebens- und Überlebenswissens entscheidende historische Prozess ist jener der Conquista, jene erste Phase beschleunigter Globalisierung, die in den Worten von Fernando Ortiz gleichsam zum ‚Big Bang',[42] zum auslösenden Schock der Kulturen in der sogenannten ‚Neuen Welt' wurde: „Wenn diese Kolonialgebiete in Amerika für die europäischen Völker eine Neue Welt waren, so war Europa für die amerikanischen Völker eine im Höchstmaße neue Welt. Es waren zwei Welten, die sich wechselseitig entdeckten und aufeinander prallten. Der Kontakt der beiden Kulturen war schrecklich."[43]

---

40 Ebda., S. 95.
41 Ebda.
42 Vgl. auch Sarduy, Severo: *Big bang*. Barcelona: Tusquets 1974.
43 Ortiz, Fernando: *Contrapunteo*, S. 94: „Si estas Indias de América fueron Nuevo Mundo para los pueblos europeos, Europa fue Mundo Novísimo para los pueblos americanos. Fueron

Es ist dieser Schock, dieser zerstörerische Zusammenprall, der die Spezifik Amerikas im allgemeinen sowie der Antillen und Kubas in einem ganz besonderen Maße ausmacht. Die vektorielle Dimension dieses Zusammenstoßes, also die Speicherung von historischen Bewegungsbahnen, die von Amerika und Europa und bald schon von Afrika und Asien kommend aufeinander treffen und kollidieren, entfaltet ihre Prägekraft von diesem „choque" aus, der an der Wende vom 15. zum 16. Jahrhundert nach Christus alle weiteren Phasen beschleunigter Globalisierung mit seinen Bewegungsfiguren markiert. Innerhalb dieses sich mit ungeheurer Wucht entfaltenden weltweiten Systems avanciert die Karibik zu einer herausragenden Verdichtungszone oftmals gewalttätiger Globalisierungsprozesse. So entstand eine Asymmetrie globaler Beziehungen, die über Jahrhunderte anhalten sollte – und die unterschiedlichen Inseln des karibischen Archipels waren mittendrin in diesem ungeheuren Wirbelsturm, der nun globalgeschichtlich entfesselt war!

Auch José Lezama Lima weiß selbstverständlich von jenem Schock, weiß von jenem Zusammenprall, den er als „el choque de viejas culturas",[44] als den Zusammenprall alter Kulturen, bezeichnet. Auch wenn er weit davon entfernt ist, alles auf diesen Zusammenstoß von 1492 zurück zu beziehen, stehen für ihn die Bewegungen der fünf nachfolgenden Jahrhunderte noch immer im Zeichen jener Kräfte und Dynamiken, die der Zusammenprall auf beiden Seiten des Atlantik, bald aber auch im pazifischen Raum, innerhalb dessen die Philippinen die entscheidende transarchipelische Struktur bildeten, entfesselte. Denn nachdem im Jahre 1566 Miguel de Legazpi im Rahmen seiner Erkundungsfahrt im spanischen Auftrag eine Route gefunden hatte, die nicht nur von der neuspanischen Pazifikküste zu den Philippinen, sondern von diesen auch wieder nach Neuspanien und dessen Pazifikhafen Acapulco zurückführte, und nachdem durch die Gründung der künftigen philippinischen Hauptstadt Manila im Jahre 1571 ein regelmäßiger Schiffsverkehr zwischen Acapulco und den Philippinen ab 1573 möglich wurde – eine Route, die über zweihundertfünfzig Jahre bestand – wurde es endgültig möglich, *von Neuspanien aus* mit Japan, dem Cipango Marco Polos, in Verbindung und kontinuierlichen Austausch zu treten.

Amerika war in Asien, Asien in Amerika angekommen; und die Kreise des iberischen Imperiums schlossen sich und eröffneten in derselben Bewegung eine planetarische Zirkulation, innerhalb derer den Archipelen der Kanaren und Kapverden, der Azoren und Madeiras, aber auch der Karibik und der Philippinen

---

dos mundos que recíprocamente se descubrieron y entrechocaron. El contacto de las dos culturas fue terrible."
44 Lezama Lima, José: *La expresión americana*, S. 68.

eine kaum zu überschätzende Bedeutung zukam. Erste weltumspannende Handelsnetze bildeten sich, führten von Asien und Amerika nach Europa, aber auch von Asien nach Amerika, wo sich im pazifischen Spannungsfeld recht rasch ein lukrativer Handel auch mit Luxusgütern, etwa den berühmten *Biombos* oder bemalten Paravents der Namban-Kunst, entwickelte.[45]

Diese Dynamiken zeichnen sich immer wieder *en filigrane* in José Lezama Limas Denken ab. Sein eigenes Schreiben und Philosophieren entnimmt den von diesen Prozessen ausgelösten inter- und transkulturellen Dynamiken jene Energien, die den Poeten aus der Trocadero-Straße in Havanna – unabhängig von der Tatsache, dass er sich nach seiner frühen Reise auf den amerikanischen Kontinent nicht nur seiner stetig wachsenden Leibesfülle wegen kaum einmal mehr vom Fleck bewegte – zu einem der nicht nur für die kubanische Literatur wie die Literaturen der Amerikas insgesamt wichtigsten Dichter der Bewegung machen. Die Hafenstadt La Habana, im Schnittpunkt der Bewegungen zwischen dem Norden und dem Süden des Kontinents, aber auch zwischen der europäischen und amerikanischen Seite des Atlantik wie dem pazifischen Raum gelegen, bot hierfür – wie die Kulturtheorien des Anthropologen Fernando Ortiz nicht weniger belegen – einen überaus anregenden Ausguck auf diese weltweiten Dynamiken. Denn ist *La expresión americana* nicht letztlich eben dies: die ihrer Möglichkeiten literarischer Erkenntnis bewusste Suche nach einer transarealen Poetik der Bewegung aus kubanischer, aus insularer Perspektive?

So darf man fraglos *La expresión americana* einer noch immer auszugestaltenden Poetik der Bewegung, ja einer sich abzeichnenden Poetik der Relation zuordnen, wie sie wenige Jahrzehnte später der ebenfalls karibische Dichter und Essayist Edouard Glissant aus dem Blickwinkel der französischsprachigen Welt entfalten sollte. Denn für ihn steht unter Rückgriff auf Ernst Robert Curtius – und auch hier zeigt sich, wieviel er der Vermittlungstätigkeit von José Ortega y Gassets einflussreicher Schriftenreihe und Zeitschrift *Revista de Occidente* verdankte[46] – die Notwendigkeit im Vordergrund, die alten Mythen neu zu (re)konstruieren und zu erfinden.[47] Und zwar so, dass diese Mythen uns immer neue Gesichter zeigen, denn: „La ficción de los mitos son nuevos mitos, con nuevos cansacios y terrores."[48] Die Fiktion der Mythen sind neue Mythen, sind neue Ermüdungen und

---

45 Vgl. hierzu das Schlusskapitel in Ette, Ottmar: *Literatures of the World. Beyond World Literature*. Translated from the German by Mark W. Person. Leiden – Boston: Brill 2021.
46 Vgl. hierzu ausführlich die bereits angeführte Studie von Ugalde Quintana, Sergio: *La biblioteca en la isla. Para una lectura de "La expresión americana" de José Lezama Lima*, S. 37–41.
47 Lezama Lima, José: *La expresión americana*, S. 20.
48 Ebda.

Schrecknisse. Findung und Erfindung münden in dieser Wendung in Lebens- und Erlebensbegriffe ein.

Wenn José Lezama Lima in seinem ersten Vortrag, der unter der Überschrift „Mitos y cansancio clásico" – Mythen und klassische Ermüdung – steht, die Umwandlung erschöpfter, ermüdeter Mythen durch Findung und Erfindung in neue Mythen als wesentlichen Bestandteil seiner Methode präsentiert, so weiß er zugleich, dass auch die neuen Mythen stets dem „cansancio", der Müdigkeit anheimfallen können, wenn sich die wechselseitigen Beziehungen nicht in ständiger Mobilität, Modifikation und Transformation befinden und neue Erlebensformen erschließen. Dies gilt auch und gerade für die Landschaft, die nicht etwa als Natur und damit als das Objekt, der Gegenstand der Kultur, sondern als deren Erzeugerin erscheint.[49] Die kreative Kraft einer Landschaft der Theorie bringt gleichsam eine ständig erneuerte Arbeit am Mythos hervor. Und diese, um mit Hans Blumenberg zu sprechen, situiert sich bei Lezama Lima dezidiert *nach* dem „Absolutismus der Wirklichkeit".[50]

Die poetische Welt Lezama Limas ist eine archipelische Welt. Dadurch gestaltet sich eine Landschaft der Theorie, die quer durch *La expresión americana* immer wieder neue, weltweite Beziehungen zwischen den unterschiedlichsten Inseln innerhalb dieser mentalen Kartographien und Choreographien der Weltkulturen herstellt. Es ist, um es mit einem Wort, mit einem Begriff zu sagen, eine transarchipelische Vision Amerikas und der dort ansässigen, dort befindlichen Kulturen, die der kubanische Dichter vor den Augen seines Lesepublikums entfaltet. Immer wieder wird die (amerikanische) Landschaft zum Ausgangspunkt einer weltumspannenden und viellogischen Vielverbundenheit, aus der die Mythen keineswegs verschwunden sind, sondern nach immer neuen Verbindungen, nach einem neuen Finden und Erfinden, vor allem aber auch nach einem neuen Leben und Erleben streben.

So konstituiert sich der Raum nicht in seiner stabilen Territorialität, sondern erscheint als ein weltweiter Bewegungs-Raum, ein gleichsam unendlicher dynamischer Spiel-Raum, in dem die Relationalität zum Movens einer Potenzialität und Zeugungskraft wird, die nur solange nicht ermüdet und erschlafft, wie die Mythen nicht fixiert und territorialisiert werden. Dass die Kubanische Revolution, anders als in Lezama Limas dynamischem und offenem Modell, längst die von ihr geschaffenen Mythen ein für alle Mal spatial wie semantisch festgelegt hat, um sie und sich gleichsam zu verewigen, ist hier nicht mehr als eine früher oder später historisch werdende Randbemerkung. Denn längst hat die

---

[49] Ebda., S. 27.
[50] Blumenberg, Hans: *Arbeit am Mythos*. Frankfurt am Main: Suhrkamp [4]1986, S. 9.

Ermüdung sie eingeholt. Was bleibt, ist die Einsicht, dass fixierte Mythen ermüden – und dies im doppelten Sinne.

José Lezama Limas Vorträge im Januar 1957 fanden – und dies ist in ihnen nicht unmittelbar erkennbar – vor dem dramatischen Hintergrund des Guerrilla-Krieges der Revolutionäre um die beiden Castro-Brüder und Che Guevara in der Sierra Maestra sowie des aufopferungsvollen Kampfes studentischer beziehungsweise linker Gruppen gegen die Batista-Diktatur in der Hauptstadt Kubas statt. Als der große Dichter der *Orígenes*-Gruppe am 22. Januar 1957 seinen Vortrag in einem lyrischen Portrait des kubanischen Dichters, Essayisten und Revolutionärs José Martí gipfeln ließ, sprach er – wie wir bereits sahen – bedeutungsvoll von der Dichtung als Präludium der Belagerung der Stadt, von „la poesía como preludio del asedio a la ciudad",[51] und leitete in einer abschließenden Volte über zu einer Formulierung, die des Öfteren als eine kleine Verbeugung vor den zeitgenössischen Revolutionären gedeutet wurde: „para la estrella que anuncia el acto naciente",[52] also für den Stern, der den Geburtsakt verkündet. Auch nachfolgende Äußerungen Lezama Limas legen nahe, dass der „Origenista" anfänglich durchaus eine Beziehung zwischen der Revolution Martís und jener Castros sah.[53]

Vieles spricht dafür, dass hier der sich gerade bildende Mythos von der neuen Schöpferkraft einer Gruppe entschlossener Revolutionäre, auf deren apostolische Zahl man hinzuweisen auch später nicht müde wurde, in einen geschichtlichen Verlauf eingespielt wird, für den in *La expresión americana* ein Simón Rodríguez, ein Simón Bolívar, aber auch ein Fray Servando Teresa de Mier oder ein Francisco Miranda beispielhaft angeführt werden[54] – so wie sich später selbst ein Hugo Chávez ganz bewusst in eine mythische Beziehung zum „Libertador" einzubauen suchte. Im Grunde haben wir es bei solchen Deutungen lateinamerikanischer Geschichte mit *figuralen* Geschichtsinterpretationen zu tun, in denen die *Figura* historisch von immer anderen historischen Gestalten ausgefüllt werden kann.

Wie auch immer man diese kurze Passage einer konkreten Geschichtsdeutung interpretieren mag: Es entbehrte jeglicher Basis, wollte man versuchen, José Lezama Lima zu einem Parteigänger Castros und einem Apologeten des von der Kubanischen Revolution letztlich errichteten Gesellschaftsmodells zu stilisieren. Dies war auch den Vertretern der Kubanischen Revolution klar; und

---

51 Lezama Lima, José: *La expresión americana*, S. 116.
52 Ebda., S. 117.
53 Vgl. hierzu auch Ugalde Quintana, Sergio: *La biblioteca en la isla. Para una lectura de "La expresión americana" de José Lezama Lima*, S. 288.
54 Lezama Lima, José: *La expresión americana*, S. 116.

bis heute führt Lezama Lima, aber auch sein kleines ‚Museum' in der Calle Trocadero ein Schattendasein, das ganz im Gegensatz zu den offiziellen Ehrungen für einen José Martí oder einen Alejo Carpentier steht. Die nachträglich konstruierte und gepflegte Verbindung zwischen den Revolutionsjahren 95 und 59 blitzt bei Lezama nur kurz auf, um sofort wieder zu verschwinden. Vielmehr wurde der Autor von *Paradiso* seit Ende der sechziger Jahre, seit der intellektuellen Wasserscheide einer immer oppressiver werdenden Kulturpolitik in eine zunehmende, wenn auch nicht den Grad der Verdammung eines Virgilio Piñera erreichende Marginalisierung getrieben; ein „Ostracismo", aus dem ihm weder sein lange Zeit prekärer nationaler Ruhm noch sein internationales Prestige als einer der großen Autoren des 20. Jahrhunderts herauszuhelfen vermochten.

Entscheidend für die Fragestellung unserer Vorlesung ist die Tatsache, dass José Lezama Lima in *La expresión americana* für Amerika eine archipelische beziehungsweise transarchipelische Landschaft der Theorie wählte; eine karibische Sichtweise, wie sie in unterschiedlicher Form von späteren karibischen Schriftstellerinnen und Schriftstellern weiterentwickelt wurde. In Lezamas transarchipelischer Landschaft der Theorie war kein Platz für Totalitarismen, kein Ort für Praktiken gewaltbereiter Exklusion, wohl aber ausreichend Raum für eine weltumspannende Spielfläche des Polylogischen, offen für den vielstimmigen Austausch zwischen unterschiedlichen Kulturen wie für die Entwicklung von Gnosemen, die ein Zusammenleben verschiedenartigster Logiken erlauben.

José Lezama Lima entfaltet in seinem für die Sichtweise Amerikas wegweisenden Essay ein komplexes Verständnis der Geschichte des Kontinents. Wie wir bereits am Ausgang des zentralen Textes von *La expresión americana*, dem ursprünglich am 22. Januar 1957 gehaltenen Vortrag „El romanticismo y el hecho americano", sahen, spielt die Frage der Gewalt eine wichtige Rolle innerhalb seiner Überlegungen. Denn bereits die erste Phase beschleunigter Globalisierung, der „choque de viejas culturas",[55] stand im Zeichen einer Gewalt, die freilich asymmetrisch verteilt und davon gekennzeichnet war, dass die sogenannten ‚Zivilisierten' sie brutal gegen die sogenannten ‚Wilden' anwendeten.

In ihrer historischen Folge handelte es sich insbesondere um eine Gewalt, die auf die Körper einwirkt, diese in Gefängnissen und Kerkern wegschließt, von der Insel beziehungsweise vom Kontinent verbannt oder zu Tode bringt. Immer wieder wird an die große Tradition des 19. Jahrhunderts, die „gran tradición romántica del siglo XIX, la del calabozo"[56] erinnert und mit dem Bild des

---

55 Ebda., S. 68.
56 Ebda., S. 115.

Kerkers und der Einkerkerungen jene leibhaftige Gewalt[57] aufgerufen, die in der Figur des stets von neuem in anderen Gefängnissen eingesperrten und von neuem aus diesen ausbrechenden Dominikanermönchs Fray Servando Teresa de Mier y Guerra kulminiert. Wir hatten uns diesen geschichtlichen Prozess am Beispiel jener historischen Figur angesehen, zu deren Bekanntheit Lezama Lima wesentlich beitrug. Mit der Figur des neuspanischen Dominikanermönchs an der Wende vom 18. zum 19. Jahrhundert wird so auch jene zweite Phase beschleunigter Globalisierung, die in Amerika im Zeichen der Emanzipation von Europa und einer vorwiegend politischen Unabhängigkeit steht, in das Gewaltparadigma miteinbezogen.

In seinen kaum einmal zur Kenntnis genommenen Reflexionen über die Gewalt unterschied der französische Zeichentheoretiker und Philosoph Roland Barthes zwei verschiedene Typen von Gewalt. Er differenzierte einerseits zwischen einer Gewalt, die in jeglichem Zwang liegt, den eine Kollektivität auf Individuen ausübt, also eine Gewalt des Gesetzes und der Staatsmacht, die als „Gewalt des Zwanges (*violence de la contrainte*)"[58] bezeichnet werden kann und eher strukturellen Charakter besitzt; und andererseits der Gewalt, die auf die Körper von Individuen ausgeübt wird, wobei dies eine „gefängnisartige Gewalt (*violence carcérale*)" oder eine „blutige Gewalt (*violence sanglante*)" sein könne,[59] die Körper zeitweise oder für immer verschwinden lässt, sie etwa verschleppt, foltert oder vernichtet. Lezama Lima versucht, in *La expresión americana* beiden, vor allem aber der zweiten Form von Gewalt intensiv geschichtlich nachzugehen.

Dass die historisch so reiche Tradition des amerikanischen Kerkers keineswegs mit der Unabhängigkeit der hispanoamerikanischen Staaten wie Brasiliens zu Ende ging, musste Lezama Lima zu einem Zeitpunkt, als blutige Auseinandersetzungen, Verschleppungen und Verstümmelungen im Havanna der Endzeit der Batista-Diktatur an der Tagesordnung waren, seinen Zuhörern in der kubanischen Hauptstadt nicht näher auseinandersetzen: Allzu deutlich (und zugleich doch sehr verhalten umrissen) ragte der Kontext einer allgegenwärtigen Gewalt in den literarischen Text des kubanischen Dichters hinein. Die „Violencia" war im Havanna der fünfziger Jahre allgegenwärtig.

Die thematisch so weit gespannte und offene Kommunikationssituation der Vorträge von Januar 1957 war folglich in ein mörderisches System von Gewalt und Gegengewalt eingestellt und in ein Spannungsfeld zwischen dem Machtdiskurs des damaligen Tyrannen und einem gegen die barbarische Macht die-

---

[57] Vgl. hierzu Barthes, Roland: Propos sur la violence. In (ders.): *Œuvres complètes*. Edition établie et présentée par Eric Marty. 3 Bde. Paris: Seuil 1993–1995, hier Bd. 3, S. 903.
[58] Ebda.
[59] Ebda.

ses Tyrannen aufbegehrenden Gegendiskurses bis zum Zerreißen eingespannt. Nur auf verschlüsselten Wegen macht *La expresión americana* auf diesen Umstand aufmerksam.

Die Sympathien Lezama Limas dürften zweifellos den gegen die Macht angehenden und aufbegehrenden Studenten gegolten haben, doch ließ er sich selbst nicht in das Geflecht von Macht-Diskurs und Gegenmacht-Diskurs verstricken. Unabhängig davon, ob er in dieser vor den Toren und Fenstern seines Vortragssaales bürgerkriegsähnlich gewordenen Situation bereits ahnte, dass der *akratische*, gegen die Macht und um die Macht kämpfende Diskurs schon bald in einen *enkratischen*, sich an der Macht und in der Macht befindlichen Diskurs verwandeln würde,[60] dürfte seine Position in der Spiegelung früherer „eras imaginarias" weder die des unermüdlich gegen jegliche Machtkumulierung ankämpfenden Fray Servando Teresa de Mier noch die eines José Martí gewesen sein, der selbst in den Worten Lezamas den Wirbel schuf, der alles und ihn selbst mit sich fortreißen sollte. José Lezama Lima setzte vielmehr auf eine andere Macht – auf die ästhetische Kraft der Literatur, die ihre eigene Widerständigkeit besitzt, und auf ein archipelisches Denken, wie es sich in *La expresión americana* literarisch verkörpert.

Dies aber hieß: Er musste auf die Zeit setzen, welche Bedingung und Grundlage der *Zeit*kunst Literatur selbst ist, musste seinen eigenen Diskurs so positionieren, dass er weder von der Macht noch von der Gegenmacht vereinnahmt und funktionalisiert werden konnte. Der Diskurs des „Origenista" musste ebenso vieldeutig wie viellogisch sein – und an eben dieser Stelle tritt das Schwierige, „lo difícil", in sein Recht und wird von der ersten Zeile an in den Fokus der Aufmerksamkeit gerückt. Mit anderen Worten: *La expresión americana* ist eine Schule des schwierigen, des komplexen, des viellogischen Denkens, in dem weniger die Kontinuitäten als die Vielverbundenheiten, die Relationen, im Vordergrund stehen.

So musste der Prosatext selbst zum eigentlichen Erprobungsraum dafür werden, wie alle physische oder von Sprache ausgehende Gewalt aufgehoben oder – genauer noch – transformiert und auf neue Horizonte hin geöffnet werden könnte. Denn seit der sicherlich bekanntesten Rahmenerzählung der Weltliteratur, der unterschiedliche Kulturen und Jahrtausende querenden Rahmung der Erzählungen von *Tausendundeiner Nacht* wissen wir – oder können zumindest wissen –, dass die Last drohender Gewalt mit Hilfe der List der Literatur in die Lust künftigen Zusammenlebens verwandelt werden kann.[61] Damit stellte

---

60 Der Gegensatz *enkratisch* versus *akratisch* nimmt in der Gewalttheorie von Roland Barthes eine wichtige Stellung ein.
61 Vgl. hierzu das der Gewalt gewidmete achte Kapitel von Ette, Ottmar: *ZusammenLebensWissen. List, Last und Lust literarischer Konvivenz im globalen Maßstab*, op. cit.

sich aber die Frage, welche Strategien und welche Gnoseme des Lebenswissens und Überlebenswissens seitens der Literatur einer Geschichte entgegengestellt werden konnten, um der Allgegenwart der Gewalt zu entgehen und andere Wissensnormen und Wissensformen der Konvivenz zu entwickeln.

Mit Blick auf diese Frage nach dem guten Zusammenleben bildet *La expresión americana* einen fundamental-komplexen Bewegungs-Raum des Viel-Logischen, der sich weder akratisch noch enkratisch vereinnahmen lässt und auf diese Weise alles in Bewegung setzt, um der ausweglos drehenden Spirale der Gewalt zu entgehen. Sicherlich setzt der Band bei seiner Leserschaft ein avanciertes historisches und philologisches Wissen voraus. Man könnte sehr wohl bezüglich der jahrtausendealten abendländischen wie nicht-abendländischen Traditionen die Grundlage allen Erzählens, allen Schreibens in der *Transformation* von Gewalt erkennen: Das Erleben von Gewalt wird zur Antriebskraft, zum Motor des Erzählens von Gewalt, um dem Erleiden von Gewalt ein Ende zu bereiten. So kann zerstörerische Gewalt zumindest in der Literatur produktiv gemacht werden.

Denn suchen wir nach einer Transformation von Gewalt, die sich ihrerseits nicht der Gewalt bedient, so bietet sich hier das Polylogische der Literatur an, das sich auf keine Ästhetik des Widerstands, wohl aber auf die Widerständigkeit und Widerspenstigkeit des Ästhetischen verlassen kann. In diesem Sinne bilden die Literaturen der Welt für ihre Leserinnen und Leser stets ein Gnosem im Sinne eines friedlichen Zusammenlebens in Differenz, bieten sie doch die Chance, im Akt des Lesens Verhaltensformen und Verhaltensnormen der Konvivenz in spielerischem Ernst zu erproben, abzuwandeln und einzuüben.

Halten wir also fest: José Lezama Lima verschließt in seinen Vorträgen wie in deren publizierter Fassung keineswegs die Augen vor der Gewalt, schreibt die Gewalt aber nicht diskursiv fort, sondern kehrt der historischen Last der „Violencia" entschlossen den Rücken. Er setzt auf die Zeit, die ureigenste Kraft der Zeit-Kunst Literatur, wohl wissend, dass eine sich drehende Gewaltspirale nicht unmittelbar zu brechen oder auch nur zu unterbrechen ist. Aber er macht deutlich, dass die Geschichte der Gewalt nicht die einzige Traditionslinie amerikanischer Historie ist und dass vielmehr eine amerikanische Ausdrucksform existiert, deren Ausrichtung an der Inklusion, an der transformierenden Integration, von grundlegender und prospektiver Bedeutung ist.

Denn gegen die radikale Diskursverarmung, die wir in allen Gewaltsituationen unschwer erkennen können, gegen die gezielte Reduktion auf einige wenige vorfabrizierte Diskursmuster, die in einer gewissen Komplizenschaft zwischen enkratischem und akratischem Diskurs hart gegeneinander gestellt werden, kann die Literatur ihre verlebendigende Fähigkeit setzen, die auf der Komplexität des Lebens beruhende Polysemie und Polylogik gegen um sich greifende Gewaltdiskurse und Diskursgewalten zu richten. Ich weiß, dass dies inmitten von Gewaltsituationen, seien es kleinräumige Gewaltszenen oder flächenhafte Kriege und Verwüstungen, wie wir sie etwa im Angriffskrieg Russlands gegen die Ukraine erleben, nur von geringem Trost ist. Doch die Wirkungen der Literaturen der Welt sind nur selten kurzfristig, entfalten ihre heilsamen Auswirkungen aber mittel- und langfristig.

Denn Literatur setzt ein Wissen in Bewegung, das es uns erlaubt, totalisierenden Reduktionismen die ästhetische Kraft verdichteten Lebens, gleichsam eine literarische Lebenskraft, die vom außerliterarischen Lebens keineswegs getrennt ist, mit diesem aber auch nicht in eins fällt, entgegenzusetzen. Literatur ist Dagegenhalten! Diese transformatorische, schöpferische Kraft nimmt José Lezama Lima für die lange Geschichte der Gewalt, der Simón Rodríguez oder Simón Bolívar, Fray Servando Teresa de Mier oder José Martí in Amerika ausgeliefert waren, in Anspruch, um zu begreifen, auf welche Weise es ihnen gelang, die *Expresión americana* dank ihrer kreativen Einverleibung weiterzuentwickeln und fortzuschreiben.

Lezama Lima integriert diese lange literarische Tradition in sein viellogisches und archipelisches Schreiben. Genau hier, so scheint mir, liegt die eigentliche Sprengkraft seines Denkens und Schreibens, so wie es in *La expresión americana* seinen bis heute faszinierenden und damit die Zeit für sich gewinnenden ästhetischen Ausdruck erlangt hat. Denn dort, wo die „violence carcérale" mit ihrer Logik der Inklusion die langen Traditionen der Exklusion amerikanischer Kerkerhaft fortsetzt und gleichsam die Eigen-Logik einer Insel-Welt in die totalitäre Einheit einer Gefängnis-Insel umschlagen lässt, wird mit *La expresión americana* eine die Gewalt immer wieder reflektierende, aber sie nicht inkarnierende Komplexität einer Inselwelt entfaltet, die in ihrer transarchipelischen Vielstimmigkeit die Herrschaft einer einzigen, *mono*-logischen Stimme unterläuft. Zwischen den imaginären, mythischen Dimensionen des Popol Vuh[62] und Joyces *Finnegan's Wake*, zwischen Aleijadinho und Picasso, zwischen dem Indio Kondori und Cézanne entfaltet sich in *La expresión americana* ein Spannungs- oder Magnetfeld, dessen Kraftlinien ebenso transhistorisch wie transkulturell sind.

Vor diesem Hintergrund ließe sich mit guten Gründen sagen, dass die von José Lezama Lima immer wieder eingefügten Figuren der Fixierung, einer gewalttätigen, gefängnisartigen Fest-Stellung und räumlichen wie gedanklichen Ausschließung durch Einschließung, die Vielzahl an Bewegungsbegriffen erst hervortreten lässt, welche die lebendige Dynamik von *La expresión americana* erzeugt und in Schwung hält. Gegen diese Figuren geschichtlicher (wie implizit auch zeitgenössischer) Gewalt, gegen diese Repräsentanten der Ausschließung

---

62 Vgl. Ugalde Quintana, Sergio: *La biblioteca en la isla*, S. 139–146.

des Anderen, setzt Lezama Lima eine transarchipelische Gestaltungskraft, welche die eigentliche transhistorische, alle „eras imaginarias" durchziehende Bild-Konfiguration im faszinierenden Wirbel unterschiedlichster Kulturen in diesem Entwurf eines nicht essentialisierenden und nicht essentialisierten Amerikanischen darstellt. Es ist die literarische Projektion des Archipelischen auf einen ganzen Kontinent, der sich seinerseits durch die Aufeisung der Polkappen, durch den Klimawandel in einem geographischen Sinne, heute als eine große Insel darstellt.

Mit dieser weltumspannenden transarchipelischen Modellierung wird der sich immer wieder hervorbrechenden historischen Gewalt eine literarische Lebenskraft entgegengestellt, die sich nicht auf die Diskursivität der Gewalt einlässt, sondern jener diskursiven Armut entgegenwirkt, in die sich das Enkratisch-Akratische auf immer wieder neue, stets aber gewalttätige Weise verstrickt. Macht erzeugt Gegen-Macht erzeugt Macht, die wieder neue Gegen-Macht erzeugt, in der die Macht schon gegenwärtig ist. Dagegen setzt Lezama Lima die Literatur, die Kraft der Literaturen der Welt.

In dieser archipelischen Bildwerdung, in dieser Imagination als Bekämpfung einer Diskursarmut, wie sie alle Krisenherde dieser Welt vor Augen führen, liegt die ethische und die ästhetische Kraft einer transarealen Poetik der Bewegung. Insofern bilden die sich wandelnden „eras imaginarias" Lezama Limas historisch akkumulierte Entwürfe einer vektoriellen, die alten Bewegungsbilder speichernden und transformierenden Imagination, die den „calabozo", den Kerker einer reduzierten und reduzierenden Vorstellungswelt zu sprengen sucht. Ich gebe zu: Leicht zu verstehen und nachzuvollziehen ist das nicht – doch es lohnt sich: Allein das Schwierige stimuliert!

In seinem abschließenden, am 26. Januar und damit zwei Tage vor der „Cena martiana" des Jahres 1957 gehaltenen Vortrag „Sumas críticas del americano" setzt der kubanische Dichter noch einmal wesentliche Konfigurationen der vorangegangenen Vorträge ins Bild, mokiert sich über alle Versuche, die Formen der Kunst auf simple Weise zu territorialisieren, insofern man einen Picasso in die sogenannte ‚spanische Tradition' förmlich ‚einzukleben' suche,[63] und verweist darauf, dass es die synthetisierende Kraft der Goethezeit von zeitgenössischen Formen künstlerischer beziehungsweise literarischer Synthese abzugrenzen gelte:

> Die großen Figuren der zeitgenössischen Kunst haben Regionen entdeckt, die überspült zu sein schienen, Formen des Ausdrucks oder der Erkenntnis, die man nicht länger gepflegt hatte, die aber schöpferisch blieben. Joyces Kenntnis des Neuthomismus, mag sie

---

63 Lezama Lima, José: *La expresión americana*, S. 159.

auch dilettantisch sein, war kein spätes Echo auf die Scholastik, sondern eine mittelalterliche Welt, welche wieder in Kontakt mit ihm gekommen seltsam schöpferisch wurde. Die Berührung von Strawinsky mit Pergolesi war keine neuklassische Schlauheit, sondern die Notwendigkeit, einen Faden in jener Tradition zu finden, welche dem Geheimnis der Mystik, dem Kanon der Schöpfung, der Festheit in den Mutationen, dem Rhythmus der Rückkehr so nahe gekommen war. Die große Ausnahme eines Leonardo oder eines Goethe verwandelte sich in unserer Epoche in die signierte Ausnahme, welche eine intuitive und schnelle Kenntnis der vorangegangenen Stile erforderte, Antlitze dessen, was auch weiterhin, nach so vielen Schiffbrüchen und einer passenden Situation innerhalb der zeitgenössischen Polemik, schöpferisch geblieben ist, am Kreuzungspunkt dessen, was sich in den Schatten zurückzieht, und des Wasserstrahls, der aus den Wassern springt.

Wenn Picasso vom Dorischen zum Eritreischen, vom Chardin zum Provenzalischen sprang, so erschien uns dies als ein optimales Zeichen der Zeiten, aber wenn ein Amerikaner Picasso studierte und assimilierte: *horror referens*.[64]

Die in dieser Passage umschriebene Suche von Kunst und Literatur in untergetauchten Räumen und versunkenen Zeiten – und die Wasser- und Schiffbruchmetaphorik dieser Passage scheint mir hier ausschlaggebend zu sein – legt nicht die Spuren alter Traditionen frei, sondern bringt auf überraschende Weise genau das Miteinander in Verbindung, was auf den ersten Blick nicht zusammenzugehören scheint. Angesichts der Tatsache, dass Lezama in den vorangegangenen Vorträgen die transareale Vielgestaltigkeit und Dynamik der amerikanischen Ausdrucksform wie des Ausdrucks des Amerikanischen historisch entfaltet hatte, musste nunmehr jegliche Asymmetrie im Polylog der Künste etwa zwischen Europa und Amerika als hochgradig fehlgeleitet erscheinen. Denn gerade von Amerika aus konnte – wie Borges es in *El escritor argentino y la tradición* bekanntlich tat[65] – Anspruch darauf erhoben werden, nicht territorial bestimmt und rückgebunden zu sein.

Der *horror referens* entspricht in gewisser Weise dem *horror vacui*, der auf mittelalterlichen und frühneuzeitlichen Seekarten die unbekannten Räume mit Ungeheuern bevölkerte, die sich in keine klassifizierende Ordnung und damit auch in keine verortete Territorialität fügen wollten. Die Amerikaner aber, dies hatte Lezama in seinem Essay-Band eindrucksvoll gezeigt, durften längst Anspruch darauf erheben, das Wissen aus anderen Breitengraden nicht nur zu delokalisieren, mithin an einen anderen (peripheren) Ort zu verbringen, sondern in der Tat so zu *translokalisieren*, dass es von verschiedenen Logiken aus denkbar und lebbar werden konnte. Denn wie könnte eine Welt sich in ihren Differenzen friedlich entfalten, wenn ihre Ideen, wenn ihre Konzepte nur von einem

---

64 Ebda., S. 162f.
65 Vgl. nochmals das Borges gewidmete Kapitel im dritten Band der Reihe „Aula" in Ette, Ottmar: *Von den historischen Avantgarden bis nach der Postmoderne* (2021), S. 494.

einzigen Ort, von einem einzigen Kontinent, von Europa aus gedacht und verbreitet werden würden?

Eben hier setzt José Lezama Limas hemisphärische und relationale Konstruktion des amerikanischen Kontinents an. In ‚unserer Epoche', so Lezama, sei es unbestreitbar notwendig „unir los espectros de Scotland Yard con el colegio de traductores de Toledo, trabajando en cooperación con el Síndico de escribas egipcios".[66] Es dürfe also keineswegs untersagt sein, Scotland Yard mit der Übersetzerschule von Toledo zu verbinden, auch wenn beide durch Raum und Zeit getrennt seien und auf den ersten Blick nichts miteinander zu tun hätten. Mit welcher Lust führt der kubanische Dichter seine Zuhörer wie sein Lesepublikum in der Folge aus einer amerikanischen Perspektive durch die Zeiten und die Kulturen in einer nur scheinbar wirren Sequenz, die uns aber eine Landschaft der Theorie als Modell einer künftigen Kultur vor Augen führt!

Es überrascht daher nicht, wenn Lezama Lima im weiteren Verlauf mehrere Seiten seines Essays der Landschaft widmet und sich über ein Verständnis von Landschaft lustig macht, das diese in „simpática reducción poligonal" allein auf eine im Voraus definierte „extensión de naturaleza", auf eine bestimmte Fläche Natur zu begrenzen sucht.[67] Denn die von der Naturphilosophie eines Schelling abgezogene Definition der Natur als dem Sichtbaren des Geistes wie des Geistes als unsichtbarer Natur ist bei dem Autor der *Confluencias* eher das ferne Echo einer idealistischen Philosophie, die bei Lezama im Namen der „expresión americana" in die „soberanía del paisaje",[68] in die Souveränität der Landschaft umgedeutet und transformiert wird.

Von hier aus ist es nur ein kleiner Schritt zu jenem abgründigen und souveränen Lachen, mit dem der kubanische Intellektuelle Hegel und dessen sich verselbständigenden europäischen Konzeptionen – mit dem eingestandenen „propósito de burlarlo"[69] – den amerikanischen Spiegel entgegenhält. Sich lustig machen über den großen deutschen Philosophen Georg Wilhelm Friedrich Hegel? Wir haben in unserer Vorlesung zur Genüge gesehen, dass dies schon ein Alexander von Humboldt tat und dass es angesichts der irrationalen Rückgriffe des Philosophen auf einen Cornelius de Pauw gute Gründe dafür gibt, über diesen renommierten Vertreter des deutschen Idealismus respektvoll zu spotten.

---

66 Lezama Lima, José: *La expresión americana*, S. 164.
67 Ebda., S. 170.
68 Ebda., S. 171.
69 Ebda., S. 177.

José Lezama Lima wird explizit: Hegel habe in seiner *Philosophie der Weltgeschichte* allein den weißen Kreolen noch geachtet,[70] den „continente negro" aber vollständig verachtet, da er den ‚schwarzen Kontinent' jeglichen Fortschritts und jeglicher Bildung für unfähig gehalten habe.[71] Derartige Vorstellungen aber wischte Lezama Lima in seiner kritischen Bilanz mit Verweis auf die „expresión americana" hinweg: „Bastará para refutarlo, aquella épica culminación del barroco en el Aleijadinho, con su síntesis de lo negro y de lo hispánico."[72] Der Höhepunkt des Barockzeitalters im brasilianischen Aleijadinho habe eindrucksvoll gezeigt, zu welchen künstlerischen Höhen eine Synthese der hispanischen Kulturtradition mit schwarzen Künstlern führen könne.

Nicht zufällig wird von José Lezama Lima der Gesichtspunkt des „Señor Barroco",[73] der als Vertreter für den amerikanischen Barock stets die Verschiedenheit der Welten bei gleichzeitig intensiven (wenn auch asymmetrischen) Austausch- und Transferbeziehungen repräsentiert, zum Kreuzungspunkt für den Stolz des Amerikaners auf die eigenen transarealen Traditionen, die sich weit jenseits europäischer Hegemonialfiktionen hegelianischer wie nachhegelianischer Provenienz in ihrem Eigen-Leben entwickelt haben. Das Barockzeitalter dient dem kubanischen Dichter und Essayisten als die große Repräsentation des Amerikanischen, in welchem die Relationalität zwischen abendländischen, afrikanischen und indigenen amerikanischen Kulturtraditionen auf höchstem Niveau sichtbar werde. Es ist diese oft überraschende Vielverbundenheit, diese archipelische und transarchipelische *Inselwelt* der Kulturen, die im Kern der Konzeptionen des Kubaners von Amerika steht.

Die auf den ersten Blick erstaunliche Präsenz der US-amerikanischen Kultur und Literatur mit den zahlreichen Verweisen etwa auf Melville oder Whitman auf den letzten Seiten des Bandes mag noch einmal hervorheben, dass wir es in *La expresión americana* in der Tat mit einer hemisphärischen Konstruktion zu tun haben, die den Begriff des Amerikanischen weder den USA überlässt noch stillschweigend für das iberische Amerika reklamiert. Dies ist ein ungeheuer wichtiger Aspekt seiner Sichtweise Amerikas, geht José Lezama Lima damit doch hinter eine Zweiteilung des amerikanischen Kontinents zurück, die wir am Ausgang des 18. Jahrhunderts sich vorbereiten sahen und die auch in zeitlich-vektorieller Hinsicht mit Alexis de Tocqueville und Flora Tristan in den dreißiger Jahren des 19. Jahrhunderts dominant geworden war. In *La expresión*

---

70 Ebda., S. 178.
71 Ebda., S. 179.
72 Ebda.
73 Vgl. hierzu den zweiten Essay in *La expresión americana*, „La curiosidad barroca".

americana aber werden die beiden ‚Hälften' des amerikanischen Kontinents wieder zusammengedacht.

Der gnostische Raum („espacio gnóstico"),[74] der sich ausgehend von den Landschaften Amerikas – von den inkaischen Kunstbauten über die barocken Kirchen Neuspaniens oder Perus bis in die US-amerikanischen Städte mit ihrem Jazz – auf diesen wie im Zeitraffer vorüberziehenden Seiten erstreckt, ist der Raum des „conocimiento poético". Diese poetische Erkenntnis präsentiert ein Wissen, das mit souveräner Geste die Räume und die Zeiten quert, um eine transareale Poetik der Bewegung zu erzeugen, in der Amerika – und die Beziehungen zu Alfonso Reyes oder José Vasconcelos bleiben hier zwar unterschwellig, sind aber unüberhörbar – zum Ausgang, zur „salida al caos europeo, que comenzaba a desangrarse"[75] führt: zum Ausgang zu einem europäischen Chaos, das damals schon Blut verlor. Amerika hingegen bildet eine Welt, deren Landschaften (der Theorie) Zukunft atmen.

Nur am Rande sei hier angemerkt, dass sich diese neuen Perspektivierungen des amerikanischen Doppelkontinents sehr wohl in die aktuelle kultur- und sozialwissenschaftliche Forschung übersetzen lassen. So hat eine ganze Vielzahl an neueren Forschungen die Wichtigkeit einer transarealen Perspektivik nicht allein für den Raum der Karibik,[76] sondern für den hemisphärischen Raum insgesamt hervorgehoben,[77] gilt es doch insbesondere, die arabamerikanischen, die europamerikanischen, die afrikamerikanischen wie die asiamerikanischen Beziehungen und deren Transferleistungen näher zu untersuchen,[78] um zu begreifen, auf welch komplexe Weise der gesamte hemisphärische Raum

---

74 Ebda., S. 188.
75 Ebda., S. 189.
76 Vgl. hierzu Ette, Ottmar (Hg.): *Caribbean(s) on the Move – Archipiélagos literarios del Caribe. A TransArea Symposium*. Frankfurt am Main – New York – Oxford: Peter Lang Verlag 2008.
77 Vgl. hierzu Braig, Marianne / Ette, Ottmar / Ingenschay, Dieter / Maihold, Günther (Hg.): *Grenzen der Macht – Macht der Grenzen. Lateinamerika im globalen Kontext*. Frankfurt am Main: Vervuert Verlag 2005; Braig, Marianne / Ette, Ottmar (Hg.): Dossier: Construcciones hemisféricas. In: *Iberoamericana* (Frankfurt am Main – Madrid) V, 20 (Diciembre 2005), S. 83–156; Birle, Peter / Braig, Marianne / Ette, Ottmar / Ingenschay, Dieter (Hg.): *Hemisphärische Konstruktionen der Amerikas*. Frankfurt am Main: Vervuert Verlag 2006.
78 Vgl. hierzu Ette, Ottmar / Pannewick, Friederike (Hg.): *ArabAmericas. Literary Entanglements of the American Hemisphere and the Arab World*. Frankfurt am Main – Madrid: Vervuert Verlag – Iberoamericana 2006; Ette, Ottmar / Ingenschay, Dieter / Maihold, Günther (Hg.): *EuropAmerikas. Transatlantische Beziehungen*. Frankfurt am Main – Madrid: Vervuert – Iberoamericana 2008; Ette, Ottmar / Nitschack, Horst (Hg.): *Trans*Chile. Cultura – Historia – Itinerarios – Literatura – Educación. Un acercamiento transareal*. Madrid – Frankfurt am Main: Iberoamericana – Vervuert 2010.

der Amerikas sich aus den Bewegungen und Dynamiken, die ihn zu unterschiedlichen Zeiten und in unterschiedlicher Intensität queren, konfiguriert.

Doch kehren wir noch einmal zu José Lezama Limas Rede vom gnostischen Raum und von der poetischen Erkenntnis zurück! Denn Amerika verwandelt sich auf die soeben skizzierte Weise – und damit schließt *La expresión americana* – in den eigentlichen „espacio gnóstico, por una naturaleza que interpreta y reconoce, que prefigura y añora":[79] Es ist die Natur, es ist die Landschaft, die Kulturelles präfiguriert oder vermisst. Welcher Art aber kann dieser Raum – und mehr noch: welcher Art kann ein solches Wissen – sein?

Wir finden auf den ersten Seiten des ersten der fünf Essays eine Antwort, die uns verrät, dass eine ‚neue Vision' stets auch eine „nueva vivencia y [...] otra realidad con peso, número y medida también", ein neues Erleben also, beinhaltet.[80] Es ist ein lebendiges Wissen, das aus der Findung und Erfindung einer derartigen Vision eine „vivencia", ein neues Erleben schafft, insofern es eine ‚andere Realität' erzeugt, die gelebt werden kann. Diese Realität aber ist im Sinne Lezama Limas eine Schöpfung aus der Erschöpfung, eine „creación", die sich – um hier auf den Titel des ersten Essays zurückzugreifen – aus dem „cansancio" der alten Mythen erhebt. Auf die Beziehung derartiger Überlegungen zu den Literaturen im Zeichen der Postmoderne habe ich in einer anderen Vorlesung bereits aufmerksam gemacht.[81] Auf diese stärker literarhistorisch ausgerichteten Überlegungen möchte ich hier nicht zurückkommen.

José Lezama Lima hatte zweifellos aus den historischen Avantgarden ebenso Lateinamerikas wie Europas gelernt. Nicht der radikale Bruch und noch weniger die Zerstörung, die Vernichtung bilden die Grundlage der Schöpfung von Zukunft, sondern die Fähigkeit, den Diskursen der Macht wie der Gegenmacht mit der Macht von Diskursen entgegenzutreten, die ihre Faszination aus immer wieder veränderten Konfigurationen de- und translokalisierten Wissens beziehen: Schöpfung steht für Lezama Lima im Zeichen der Bewegung, im Zeichen des Mobilen.

Vielleicht mag darin ein wesentlicher Grund dafür zu sehen sein, dass José Lezama Lima seine fünf Vorträge niemals zu einer textuellen Einheit zusammenführte, sondern in der Vielzahl verschiedener Versuche beließ, zwischen denen sich – den Textinseln eines Archipels der Literatur gleich – immer wieder neue und mobile Kombinatoriken herstellen lassen. So entfaltet sich die viellogische Offenheit eines gnostischen Raumes, der nicht von einem einzigen

---

[79] Lezama Lima, José: *La expresión americana*, S. 189.
[80] Ebda., S. 15.
[81] Vgl. hierzu das entsprechende Kapitel im dritten Band der Reihe „Aula" in Ette, Ottmar: *Von den historischen Avantgarden bis nach der Postmoderne* (2021), S. 746 ff.

Punkt aus erdacht erscheint und sich von keinem Punkt aus vollständig beherrschen ließe.

Es gibt keinen Zweifel: An dieser zentralen Stelle versteht sich *La expresión americana* als Vorreiterin einer weltumspannenden Zirkulation des Wissens, die nicht in die Falle kultureller Homogenisierung tappt, sondern die Eigen-Logik, den Eigen-Sinn einer amerikanischen Insel-Welt und Inselwelt innerhalb der Archipelisierung der Welt vorantreibt. Dass eine solchermaßen archipelisierte Welt von einer Bibliothek in einem Haus in La Habana aus erdacht werden konnte, führt gleichsam am eigenen Textkörper vor, dass dem Anspruch die Einlösung sogleich auf dem Fuße folgt.

José Lezama Lima schlägt in *La expresión americana* einen kompletten geschichtlichen Bogen zurück in die Vergangenheit, um sich der Findungen und Erfindungen der Amerikas zu versichern. Darunter finden sich viele jener Erfindungen, die wir im Verlaufe unserer Vorlesung kennenlernen durften. Aus dieser historischen Einverleibung und Integration erschafft der kubanische Poet sodann seine eigene Vision eines Kontinents, der sich aus der Vielverbundenheit seiner Inseln, aus der Viellogik seiner Inselwelten nährt und ein Amerika entstehen lässt, wie es sich als Insel aus den Portulanen herausschält.[82]

Als viellogischer Archipel setzt dieses dichterische Amerika jeglicher Gewalt, käme sie von außen oder käme sie von innen, nicht seinen Widerstand, wohl aber seine ganze Widerständigkeit entgegen. Die Literatur wäre dann, so ließe sich formulieren, Portulan und Insel zugleich: Findung und Erfindung in einem. Diese „era imaginaria" – oder wäre es eine Utopie? – könnte auf diese Weise eine Welt als Archipel bilden, die aus der Vielfalt und dem Eigen-Sinn ihrer Inseln jene neuen und sich stets verändernden Kombinatoriken und Verbindungen generiert, die weder von einem einzigen Ort aus erdacht noch von einem einzigen Ort aus beherrscht werden können. Erst dann, in dieser polylogischen Ära, wäre die Conquista wirklich zu einem Ende gekommen.

---

82 Lezama Lima, José: *La expresión americana*, S. 97.

Epilog: Arnold Stadler oder am Ausgang aller Welten

Der Kontinent Amerika ist, von welcher Seite man sich ihm auch immer annähert, eine Herausforderung für die Imagination. Aber gibt es überhaupt Annäherungen, gibt es überhaupt Bewegungen, gibt es überhaupt Reisen? In seiner spannenden und zugleich sehr zeitbedingten Analyse der Veränderungen von Raum und Raumvorstellungen am Ausgang des 20. Jahrhunderts schrieb der in Basel lebende Publizist und Kulturphilosoph Aurel Schmidt im Jahre 1998 und damit mitten in der vierten Phase beschleunigter Globalisierung:

> Es beginnt uns zu dämmern, dass wir in der Falle der Immobilität und Ausweglosigkeit sitzen. Natürlich können wir nach wie vor nach Potsdam oder Palermo reisen oder nach Patagonien, das ist weiter weg, also fremder, daher verlockender, aber das ändert nichts an der Tatsache, dass jede Bewegung, die wir in einem fixierten Raum ausführen, nirgends hinführt. Die Summe ist jedes Mal die gleiche. Es ist wie in einem geschlossenen System, in dem die Energie rechnerisch weder ab- noch zunimmt, oder wie am Nordpol, wo jede Richtung nach Süden weist.[1]

Das Paradox einer Zeit, die eine enorme globale Akzeleration erfuhr, welche längst wieder Geschichte geworden ist, könnte darin bestehen, dass die stetig wachsende, vielleicht übergroße Beschleunigung den Eindruck der Immobilität, der Bewegungslosigkeit erzeugt, den Planwagen jener klassischen Western ähnlich, bei denen die Räder just dann stehenzubleiben oder sich gar rückwärts zu drehen scheinen, wenn diese ihre höchste Geschwindigkeit erreichen. Ist dieser sogenannte stroboskopische Effekt aber nicht ein Charakteristikum der Moderne überhaupt?

Denn zeitgleich mit der historischen und räumlichen Entfaltung des Projekts der europäischen Moderne seit dem letzten Drittel des 18. Jahrhunderts hatte sich bereits der Eindruck einer Nach-Geschichte, einer „Posthistoire" herausgebildet. Ihn reflektierte Georg Forster, der James Cook auf dessen zweiter Reise um die Welt begleitet hatte und etwas von den weltweiten Konsequenzen der Expansion Europas verstand, in seinem Beitrag *Die Nordwestküste von Amerika und der dortige Pelzhandel*, in dem er auf die Folgen des europäischen (Welt-) Handels aufmerksam machte, „in welchen sich allmählig die ganze

---

[1] Schmidt, Aurel: *Von Raum zu Raum. Versuch über die Reiseliteratur*. Berlin: Merve Verlag 1998, S. 38.

Weltgeschichte aufzulösen" scheine.[2] Doch löst sich die Geschichte jemals auf? Gibt es ein Ende der Geschichte?

Die Erfahrung nach-geschichtlicher Zeiten scheint auf eine besondere, bislang wenig ergründete Weise mit der Erfahrung historischen Denkens verbunden zu sein. Höchste Beschleunigung und Empfindung des Stillstands – dies zeigen auch die Ereignisse beim Fall der Berliner Mauer sowie das diesem nachfolgende Jahrzehnt grundlegender rapider Veränderungen in den als ‚neu' bezeichneten Bundesländern besonders eindrücklich – sind keinesfalls voneinander getrennte oder gar einander diametral gegenüberstehende Phänomene. Aus einer heutigen Perspektive, welche deutlich *nach* dem Ende der vierten Phase beschleunigter Globalisierung liegt, lassen sich diese Geschwindigkeitsveränderungen wesentlich präziser erfassen als mitten in der Bewegung, die damals alles mit sich fortzureißen schien.

Die Verschränkung von Akzeleration und Ruhe bildet ein Paradoxon, das gewiss zur Grunderfahrung der Moderne zählt und sich nicht zuletzt in der so unterschiedlich modellierten Figur des Reisenden manifestiert. Die äußerste Beschleunigung dieses Reisenden war, zumindest in der Mythologie der fünfziger Jahre nicht nur in *Paris-Match*, der „jet-man", dem Roland Barthes eine seiner berühmten *Mythologies* widmete:

> Der *homme-jet*, der Jet-Man, ist der Pilot eines Düsenjägers. *Paris-Match* präzisierte, dass er zu einer neuen Rasse der Luftfahrt gehört, welche dem Roboter näher steht als dem Helden. Gleichwohl gibt es beim *Jet-Mann* mehrere parzifalische Überbleibsel, wie man sofort einsehen wird. Doch was in der Mythologie des *Jet-Man* zuallererst frappiert ist die Eliminierung der Geschwindigkeit: Nichts in seiner Legende spielt substantiell darauf an. Hier gilt es in ein Paradox überzuwechseln, das im Übrigen jedermann leicht einräumt und sogar als einen Beweis für Modernität konsumiert; dieses Paradox besteht darin, dass zu viel Geschwindigkeit sich in Ruhe verwandelt; der Helden-Pilot trat durch eine ganze Mythologie fühlbarer Geschwindigkeit, des verschluckten Raumes, der trunken machenden Bewegung hervor; der *jet-man* aber wird durch eine Kynästhesie des Am-Ort-Bleibens definiert („Auf Stufe 2000 Sachen gibt es keinen Geschwindigkeitseindruck mehr"), so als ob die Extravaganz seiner Berufung genau darin bestünde, die Bewegung noch *zu überholen*, schneller als die Geschwindigkeit zu sein. Die Mythologie gibt hier eine ganze Bildhaftigkeit der leichten äußeren Berührung auf und wendet sich einer reinen Kynästhesie zu: Die Bewegung ist nicht länger optische Wahrnehmung von Punkten und Oberflächen; sie ist zu einer Art vertikalen Schwindels geworden, gemacht aus Kon-

---

[2] Forster, Georg: Die Nordwestküste von Amerika, und der dortige Pelzhandel. In (ders.): *Werke in vier Bänden.* Herausgegeben von Gerhard Steiner. Bd. 2: *Kleine Schriften zur Naturgeschichte, Länder- und Völkerkunde. Ansichten vom Niederrhein.* Leipzig: Insel Verlag 1971, S. 258; vgl. hierzu Lepenies, Wolf: *Das Ende der Naturgeschichte. Wandel kultureller Selbstverständlichkeiten in den Wissenschaften des 18. und 19. Jahrhunderts.* Frankfurt am Main: Suhrkamp 1978, S. 118.

traktionen, aus Verdunkelungen, aus Schrecken und Ohnmachtsanfällen; sie ist kein Gleiten mehr, sondern ein inneres Fortreißen, ein monströser Schwindel, eine bewegungslose Krise des körperlichen Bewusstseins.[3]

Angesichts dieser Überlegungen des französischen Mythenkritikers und Zeichentheoretikers drängt sich eine Frage auf: Ist an die Stelle des *Jet-Man* der Moderne die Figur des *Chat-Man* der Postmoderne, der oder die sich im *WorldWideWeb* mit kaum noch zu bemerkender Zeitverzögerung weltumspannend[4] bewegende Nutzer*in des Internet getreten? Hat die Atmosphäre des Welt-Raums ihre Dominanz an die Logosphäre des *Chat-Rooms* in Echtzeit abgetreten, ohne doch zu verschwinden? Hat das *Jetten* als Mythos des Alltags ausgedient und dem *Chatten* im *Cyberspace* Platz gemacht?

Selbst Superman, Batman und Spiderman als vermeintlich unverwüstliche Mythen der Geschwindigkeit und der Überwindung des empirischen Raums scheinen in der Tat ihre Vorherrschaft dem neuen künstlichen Mythos vom Menschen im virtuellen Netz überlassen zu haben. Dies ist ein Mythos, den uns die Zeit der Postmoderne für die Zeit nach der Postmoderne als Proviantpäckchen mitgab. Gerade das Beispiel weltweiter kommunikativer Vernetzung mag zeigen, dass auch die verstärkte Vielbezüglichkeit unterschiedlichster Räume trotz der immer höheren Kommunikationsgeschwindigkeit mit der Erfahrung und mehr noch mit dem *Erleben* von Bewegungslosigkeit, von Stillstand, von einem ‚Durchdrehen' der Räder und nicht zuletzt von einem Verschwinden des Raumes verknüpft sein kann. Macht ein in einem konventionellen Sinn verstandenes Reisen dann überhaupt noch einen Sinn?

Wie stets lohnt sich ein Blick in die Geschichte. Im Take-off der Moderne ist das Reisen vor diesem Hintergrund geradezu folgerichtig an das Erleben von Bewegungslosigkeit zurückgebunden. Auch an dieser Stelle stoßen wir wieder auf jenes Paradoxon, dessen philosophischer wie literarischer Meister zweifellos der französische Aufklärungsphilosoph Denis Diderot war. Gleich zu Beginn seines *Supplément au Voyage de Bougainville* wandte der Verfasser von *Jacques le fataliste et son maître* gerade dieser Problematik seine Aufmerksamkeit zu. Dort kommen die beiden Gesprächspartner auf Bougainville, für die Zeitgenossen die Verkörperung des Reisenden schlechthin (wenn auch noch in der Form

---

3 Barthes, Roland: L'homme-jet. In (ders.): *Mythologies*. Paris: Seuil 1970 [¹1957], S. 94. Vgl. zu den Barthes'schen *Mythologies* sowie zu dem nachfolgend verwendeten Begriff der Logosphäre Ette, Ottmar: *Roland Barthes. Eine intellektuelle Biographie*. Frankfurt am Main: Suhrkamp 1998.
4 Vgl. hierzu Ette, Ottmar / Müller, Gesine (Hg.): *Worldwide. Archipels de la mondialisation. Archipiélagos de la globalización. A TransArea Symposium*. Madrid – Frankfurt am Main: Iberoamericana – Vervuert 2012.

des „homme-bateau"), zu sprechen. Was aber ist mit diesem Mann? Und ist dieser erfahrene Seefahrer und Kapitän nun ein Reisender oder ein Sesshafter?

> A. Ich verstehe diesen Menschen rein gar nicht. Das Studium der Mathematik, das ein sesshaftes Leben voraussetzt, hat die Zeit seiner jungen Jahre erfüllt; und nun bricht er plötzlich mit einem meditativen und zurückgezogenen Leben zugunsten des aktiven, mühsamen, umherschweifenden und verstreuten Berufes eines Reisenden.
> B. Aber keineswegs. Wenn das Schiff nichts als ein schwimmendes Haus ist und wenn Sie den Seefahrer, der unermessliche Räume durchquert, als jemanden betrachten, der eingezwängt und unbeweglich auf recht engem Raume lebt, so werden sie ihn die Umsegelung des Globus auf einer Planke machen sehen, so wie Sie und ich die Umrundung des Universums auf unserem Parkett bewältigen.[5]

Man könnte diese Passage mit guten Gründen als das ‚Paradox des Reisenden' bezeichnen.[6] Denn in der Tat wird jene scheinbar so klar gezogene Grenze zwischen Reisenden und Daheimgebliebenen, zwischen räumlicher Bewegung und Immobilität ihrerseits in Bewegung gesetzt, so dass es zu einem Oszillieren zwischen beiden Polen kommt. Das Reisen ist nicht länger strikt und klar von der Unbeweglichkeit, vom Verbleiben auf dem heimischen Parkett getrennt.

An der Bewegung des Denkens – und auch des Schreibens – selbst wird jedoch kein Zweifel geäußert, gleichviel, ob wir unsere gedankliche Bewegung auf einer schwimmenden Planke oder einem Dielenboden in Paris (oder Potsdam) ausführen. Wenn der Reisende auch nicht reist und der Nicht-Reisende reist, so finden ihre unterschiedlichen Reisebewegungen doch auf einer anderen, von der rein empirischen Raumerfahrung abstrahierenden Ebene wieder zusammen. Vom Raum der Gedanken, vom virtuellen Raum her betrachtet – also gleichsam nicht von der Hardware, sondern von der Software her gesehen –, ist der „tour du globe" beziehungsweise der „tour de l'univers" gerade nicht zu einem Stillstand gekomen. Reisen wir nicht, wenn wir lesen? Vollziehen wir durch unser Denken nicht beständig wiederholte Reisen, die sich keinesfalls mit Bewegungslosigkeit gleichsetzen lassen?

Die Beschleunigung in der Empirizität der Atmosphäre wird von der Virtualität weltweiter Kommunikation in der Logosphäre, in unseren sprachlichen Kommunikationsformen, beständig in räumliche Bewegungslosigkeit umgedeutet. Dies ist eine Erfahrung, die mit der europäischen Moderne heraufzieht, wel-

---

5 Diderot, Denis: Supplément au Voyage de Bougainville ou Dialogue entre A et B. In (ders.): Œuvres. Editions établie et annotée par André Billy. Paris: Gallimard 1951, S. 964.
6 Vgl. Ette, Ottmar: Figuren und Funktionen des Lesens in Guillaume-Thomas Raynals „Histoire des deux Indes". In: Briesemeister, Dietrich / Schönberger, Axel (Hg.): Ex nobili philologorum officio. Festschrift für Heinrich Bihler zu seinem 80. Geburtstag. Berlin: Domus Editoria Europaea 1998, S. 593f.

che sich ihrerseits erst vor dem Hintergrund von Welt-Erfahrung konstituieren kann. Die europäische Expansion, die letztlich nicht mit Bougainville in der zweiten, wohl aber in der ersten Phase beschleunigter Globalisierung mit Columbus das Auftauchen Amerikas vor dem Hintergrund seiner Erfindungen auslöste, mag ein Beleg dafür sein, dass wir das Reisen und das Daheimbleiben, dass wir das Auffinden und das Erfinden nicht länger strikt voneinander abtrennen dürfen: Beide sind aufs Engste miteinander verflochten.

Wie Aurel Schmidt am Beispiel Goethes aufzeigte, „wird das Reisen zu einer Technik und Methode der unausweichlichen Selbstverwandlung und Selbsterneuerung"[7] – doch ist damit im Sinne Diderots sicherlich nicht die einzig mögliche Technik und Methode bestimmt. Schmidts Überlegungen am möglichen Ende jenes Raumes der europäischen Moderne, an deren Anfang sich auch Texte wie Diderots *Supplément au Voyage de Bougainville* und mehr noch *Jacques le fataliste et son maître* ansiedeln, fällt am Jahrtausendende weniger selbstgewiss und zukunftsfroh aus als jene der beiden Dialogpartner des 18. Jahrhunderts:

> Die einen brechen auf, die anderen bleiben zu Hause oder gehen in den Urlaub. Der Tourist ist der Prototyp des modernen Menschen, er darf alles, aber will nichts. Er reist in Wirklichkeit nicht fort, er wird transportiert, abtransportiert, deportiert. Im besten Fall nimmt er einen Ortswechsel vor, aber im Grunde genommen stimmt nicht einmal das, er bleibt stets am gleichen Ort, in der Leere und Langeweile, in die er verstrickt ist, ohne sie zu überwinden, vielleicht aus Furcht, aber vielleicht noch mehr aus Unkenntnis.[8]

Auch in dieser Passage ist, allerdings vom anderen Ende dieses Raumes her, die Grenze zwischen jenen, die aufbrechen, und jenen anderen, die zu Hause bleiben, nicht nur brüchig, sondern letztlich irrelevant geworden. Denn die (gewiss nicht nur touristische) Reise scheint zu einem Abtransport, zu einer Deportation verkommen zu sein. Haben der Massentourismus und die erprobte Reisefreudigkeit der Deutschen irgend etwas zu Gunsten von Kulturverständigung und Achtung von Differenz gegenüber anderen Kulturen bewirkt? Man darf mit guten Gründen daran zweifeln.

Die touristische Reise ist gleichwohl im Gegensatz zur überwiegenden Mehrzahl von Migrationsbewegungen in umgekehrter, von den ‚Peripherien' in die ‚Zentren' verlaufender Richtung eine selbstgewählte, von ihrer Etymologie her als *sportlich*[9] zu bezeichnende De-Portation, die überdies eine zumeist unbe-

---

[7] Schmidt, Aurel: *Von Raum zu Raum*, S. 23.
[8] Ebda., S. 16.
[9] Der Weg vom lateinischen *portare* zum deutschen *Sport* führte – wie der Blick in ein etymologisches Wörterbuch zeigt – über das mittellateinische *deportare*, das mittelfranzösische *desporter* sowie das neuenglische *sport*; vgl. Kluge, Friedrich: *Etymologisches Wörterbuch der*

wusste Zoologisierung des Anderen miteinschließt. Bisweilen könnte man von ‚Völkerschauen' in umgekehrter Richtung sprechen, welche für die großen Kreuzfahrtschiffe beim kurzen, obligatorischen Landgang der Zoobesucher organisiert werden. Auch die Karibikküsten, wo einst die Schiffe des Christoph Columbus auftauchten, wie der Süden des amerikanischen Kontinents sind längst zu Schauplätzen derartiger Spektakel geworden.

Denn wie im Zoo wird das Unbekannte, das Exotische, das Fremdartige besucht und besichtigt, nicht aber zum Gegenbesuch außerhalb der Umfriedung der Zoogitter eingeladen. Wenn dies trotzdem – etwa durch Flucht vor Krieg oder Armut – geschieht, ist die Gegenreaktion vehement. Touristen bleiben nach ihren Ausflügen gerne unter sich: nicht nur vor Ort, sondern auch in ihrem Herkunftsland. Nicht überall sind auf unserem Planeten die Bewegungsmöglichkeiten und die Lebenschancen miteinander vergleichbar – und auch dies ist von Beginn an ein Bestandteil jenes Paradoxons, das die europäische Moderne in ihrer beständigen Zunahme an Raumumfang und Reisegeschwindigkeit gebildet hat. Archipelisierung ist kein positives Zauberwort: Denn es gibt neben dem furchtbaren Archipel GULAG auch eine Archipelisierung der Welt, welche durchaus negative Folgen erzeugt. Die Beispiele für derartige Phänomene ließen sich leicht häufen.

Die Ausführungen Aurel Schmidts bringen im obigen Zitat ganz nebenbei und zufällig Patagonien, jene Region, die Arnold Stadlers *Feuerland* zu umschreiben versucht, in einen alphabetisch begründeten Zusammenhang mit Palermo (und so zugleich mit einer Insel des Mittelmeeres) und überdies mit Potsdam, unserem innerhalb dieses Dreiecks keineswegs bedeutungslosen Blickpunkt. Übrigens hatte der bei der Überfahrt seekranke Goethe nach seinem zunächst euphorisch begonnenen Aufenthalt auf Sizilien und speziell in Palermo beim Verlassen der Insel seine (freilich vorübergehende) Stimmung notiert: „In dieser Lage wollte mir unsere ganze sizilianische Reise in keinem angenehmen Lichte erscheinen. Wir hatten doch eigentlich nichts gesehen, als durchaus eitle Bemühungen des Menschengeschlechts, sich gegen die Gewaltsamkeit der Natur, gegen die hämische Tücke der Zeit und gegen den Groll ihrer eigenen feindseligen Spaltungen zu erhalten."[10] Sollte der Schweizer Kulturphilosoph an diese Passage gedacht haben?

Jedenfalls werden Patagonien, Mittelmeer und Mitteleuropa durch einen – sagen wir – eigenartigen Zufall in eine Beziehung zueinander und zugleich mit

---

deutschen Sprache. 23., erweiterte Auflage. Bearbeitet von Elmar Seebold. Berlin – New York: Walter de Gruyter 1999, S. 782.
10 Goethe, Johann Wolfgang: *Italienische Reise.* Mit vierzig Zeichnungen des Autors. Herausgegeben und mit einem Nachwort versehen von Christoph Michel. Bd. 1. Frankfurt am Main: Insel Verlag 1976, S. 404.

der Problematik der Reise gesetzt; eine Relation, die sich auch in dem 1992 erschienenen Roman des unweit des badischen Meßkirch geborenen süddeutschen Autors entdecken lässt. Mit anderen Worten: Die von Aurel Schmidt skizzierte Raumproblematik scheint geradezu gemünzt auf Arnold Stadlers in siebenunddreißig unterschiedlich kurze und römisch durchnummerierte Kapitel (oder Stationen) unterteilten Kurzroman *Feuerland*. Mit ihm kehren wir in unserer Vorlesung ein letztes Mal nach Amerika, auf den ‚Neuen Kontinent', zurück.

Abb. 78: Arnold Stadler (*1954) während der Frankfurter Buchmesse 2005.

Der 1992 erschienene Roman *Feuerland* bildet den zweiten Teil einer Trilogie, die 1989 mit *Ich war einmal* begann und 1994 mit *Mein Hund, meine Sau, mein Leben* abgeschlossen wurde.[11] Es handelt sich um einen Text, der von Reisebewegungen jeglicher Art charakterisiert und gequert wird, wobei Thema, Struktur und Strukturierung der Reise topisch ebenso mit der Problematik der Lebensreise als Sinnsuche wie mit jener des Todes als Endpunkt jeglicher irdischen Reise verknüpft werden. Dies zeigt sich schon in den fulminanten Anfangssätzen dieses trotz seines geringen Seitenumfangs beunruhigend sperrigen, eine ganz eigene sprachliche Welt erzeugenden Erzähltextes:

> In der Nacht vom 20. zum 21. Juni warf sich der Sohn des Fellhändlers Antonio aus Pico Grande, Patagonien, vor den Zug. Es war sein erstes Lebenszeichen.
> Trotz der Verspätung des Nachtzuges von Esquel nach Bahia Blanca wartete der Kandidat im Chevrolet seines Vaters, den er sich für diesen Zweck geliehen hatte, bis er den Zug kommen hörte. Dann schlug er die Tür des Lieferwagens zu, warf die Fahrzeugschlüssel zusammen mit seinem ganzen Schlüsselbund in die Pampa, rannte die wenigen Meter bis zu den Schienen und legte sich gegen die Fahrtrichtung, aber parallel zu den Gleisen, mitten auf den Boden. Es war eine Sache von Sekunden, und er hatte alles überstanden. Diese Bahnlinie war die einzige Verbindung der Gegend mit der Welt.[12]

---

11 Einen ersten Überblick über das Werk des 1954 geborenen Autors bietet Knittel, Anton Philipp: Arnold Stadler. In: *Kritisches Lexikon zur deutschsprachigen Gegenwartsliteratur*. 53. Nachlieferung. München: Edition text + kritik 1996.
12 Stadler, Arnold: *Feuerland. Roman*. Frankfurt am Main: Suhrkamp 2000, S. 7 (die Erstausgabe erschien 1992 im Residenz Verlag in Salzburg).

Der kühl vorausberechnete Suizid als ein erstes Lebenszeichen: Charakteristisch ist an diesem ausgefeilten Incipit nicht nur die lakonische und zugleich präzise Einführung der Themen des Selbstmordes und des Todes, die als Basso continuo den gesamten Text begleiten, sondern die Verknüpfung dieser Thematik mit verschiedenen Verkehrs- und Transportmitteln und dadurch der Problematik der Bewegung und Raumveränderung insgesamt. Mobilität erscheint von Beginn an als eine Bewegung zum Tode, die paradoxerweise zum ersten Lebenszeichen der ersten Romanfigur gerät: In *Feuerland* geht es um das Leben, um die Zeichen des Lebens und um ein Wissen vom Leben und Zusammenleben in schwierigen transarealen Zusammenhängen.

Auch in diesem kleinen, poetisch verdichteten Roman sind – zweifellos auf andere Weise als in unseren vorherigen Beispielen – höchste Beschleunigung und Bewegungslosigkeit unmittelbar zusammengedacht. Die einzige Verbindung der Region mit der Welt führt zum Abbruch der Verbindungen des Individuums mit der Welt, auch wenn dies aus zugtechnischen Gründen verspätet erfolgt. Die Verbindungen werden abgebrochen, selbst die Schlüssel des Automobils werden weggeworfen, weit weg in die Pampa, so als sollte niemand mehr dieses Fahrzeug für andere Reisen und Bewegungen mobilisieren können. Nicht weniger paradox ist, dass der endgültige Stillstand, der auch zu einer Zerstückelung des Körpers führt, erst durch eine Reihe mehr oder minder abrupt beschleunigter Bewegungen erzeugt wird. Von Beginn des Romans an werden wir mit einem Leben am Ende, mit einem Leben am Ende der Welt konfrontiert.

Leben und Kommunikation stehen in einem unmittelbaren Zusammenhang. Dabei ist nicht unwesentlich, dass nicht nur in der Eingangsszene, sondern auch am Ende des Romans die verschiedenen Todesarten in dem Teil des Planeten, der vom Erzähler immer wieder als das „Ende der Welt" bezeichnet wird, sich mit Vorliebe an jenen Leitlinien der Infrastruktur inszenieren oder ereignen, welche „die einzige Verbindung der Gegend mit der Welt" darstellen: Es ist, als wäre Patagonien eine abgeschiedene Insel.

Stadlers Roman ist eine Galerie von Todesarten. Begeht gleich zu Beginn des Romans der Sohn des 1938 aus Deutschland nach Argentinien emigrierten Onkels des Ich-Erzählers Selbstmord, so wird ein anderer Auswanderer, in eben jenem Augenblick, als er seinen Wohnort Pico Grande in Patagonien verlässt, um nach Deutschland zurückzukehren, während einer Autofahrt im Schlaf vom Tod ereilt. Auch dieser Tod ist spektakulär und beiläufig zugleich im letzten Abschnitt des letzten Kapitels in Szene gesetzt. Der vor den Judenverfolgungen in Nazideutschland geflohene Fritz folgt der Bitte seiner Schwester, er solle doch zum Sterben nach Hause kommen, ohne zu ahnen, dass der Tod ihn auf dieser letzten Reise noch vor dem Abheben des Flugzeugs in der Neuen Welt ereilen und ihn im Gegensatz zum Einwanderersohn nicht verspätet, sondern verfrüht in die andere Welt verbringen wird. Man entgeht dem Tod nicht: weder in der Neuen noch in der Alten Welt.

Romananfang und Romanende sind rigoros und erbarmungslos als inverse Symmetrie, als „chassé-croisé" zum Stillstand kommender Lebens-Bewegungen angelegt. Nicht die Schiene, sondern die Straße wird Fritz zum Verhängnis: Es ist ein Lastwagen, genauer: ein (auf den Titel des letzten Teils der Stadler'schen Romantrilogie vorausweisender) Schweinetransporter, welcher dem Auswanderer, der den Tod nicht suchte, zum fatalen Transportmittel wird. Schon der erste Satz ist verräterisch:

> Auf dieser Straße, der einzigen, die Patagonien mit der Welt verbindet, ist *nichts los*. Transamericana, keine Umwege, immer geradeaus, das macht müde. [...]
> Ein Vermögen fährt vor uns her. Schau hin! sage ich noch. Doch Fritz reagiert kaum. Er ist wohl am Einschlafen. Wir fahren nun direkt hinter dem Lastwagen her und können die Tiere schon riechen. In diesem Augenblick *löst* sich das Gatter. Ein einziges dieser schlachtreifen Exemplare verliert das Gleichgewicht und fällt von der obersten Etage durch unsere Windschutzscheibe, direkt auf die Stelle, wo Fritz eingeschlafen ist, und trifft den alt gewordenen Mann im ersten Augenblick. Armer Auswanderer! Das Schwein kann noch gerettet und notgeschlachtet werden. Er aber ist tot.[13]

Der Tod ereilt Fritz auf höchst banale und banal erzählte Weise. In dieser tödlichen Symmetrie und Choreographie ist die Bewegung stets eine Bewegung zum Tode, eine Todes-Art. Wohlkalkuliert führen von der Eingangs- und Schlussszene direkte Beziehungen zum Ich-Erzähler, der gleich zu Beginn des letzten Kapitels festhält: „So könnte auch meine Geschichte enden."[14] Doch sie endet nicht so, endet nicht auf der Straße.

In der Tat entging der Ich-Erzähler selbst auf der Autobahn in Deutschland nur knapp einem schweren, von einem aus Langeweile erotisch abgelenkten Lastwagenfahrer verursachten Unfall auf dem Weg zum Frankfurter Flughafen, wo die ‚eigentliche' Reise nach Argentinien, nach Patagonien, nach Feuerland beginnen sollte. Der Erzähler überlebt und mit ihm seine Erzählung; seine Reise, sein Roman können beginnen, während die Geschichte jener Familie, die an dieser Stelle, an seiner Stelle auf der Autobahn tödlich verunglückte, für immer endete und verloren ging. Die spiegelsymmetrische Anlage, gemäß derer in den *Figuren* und Bewegungsfiguren der Anderen stets mögliche Momente des Erzählers selbst aufscheinen, zeigt sich auch in der Tatsache, dass der Selbstmörder der ersten Zeilen des Romans nicht nur derselben Familie wie der Erzähler entstammt, sondern mit ihm auch das Alter von fünfunddreißig Jahren

---

13 Ebda., S. 153 f. (meine Kursivierung).
14 Ebda., S. 153.

teilt. Es ist, als wären einzelne Biographeme des Erzählers über die Romanfiguren verteilt.

Damit weist der Roman zugleich eine mehr oder minder verdeckte serielle und relationale Struktur auf, die – wie noch gezeigt werden soll – genealogisch fundiert wird. Was der einen Person zustößt, hätte auch der anderen widerfahren können und trifft sie möglicherweise auch in veränderter, umgekehrter Form. Das Leben wiederholt sich in Variationen – und mit dem Leben auch der Tod. Die Figuren geraten so in eine ständig Reflexe und Reflexionen austauschende oszillierende Bewegung, die bisweilen zu einem Maskentanz, bisweilen zu einem Totentanz konstelliert. Für Selbstfindungsprozesse und scheinbare Identitäten bleibt in diesem Spiel kaum mehr ein transitorischer Raum.

Das Ich jedoch bildet eine Ausnahme: Die Bewegungsfigur, die Kon-Figuration des Ich-Erzählers sticht gleichwohl scharf von den Bewegungsmustern aller anderen Figuren ab. Denn seine Grundfigur, seine grundlegende hermeneutische Bewegungsfigur,[15] ist der Kreis: jener Kreis, auf den wir schon zu Beginn unserer Vorlesung ebenso bei Globi, der wieder heil zu seinen Eltern in die Schweiz zurückkehrt, wie bei Christoph Columbus im Rahmen der sogenannten ‚Entdeckung' Amerikas gestoßen waren.

Denn der Ich-Erzähler bricht von Deutschland, vom badisch-schwäbischen Alpenvorland aus auf, reist nach Argentinien, wo er sich einen Südhalbkugelsommer lang im patagonischen Andenvorland aufhält, und kehrt schließlich wieder in seine ‚Heimat' zurück. Der Text vollzieht damit jene ‚Ur-Bewegung' des europäischen ‚Besuchers' in Amerika nach, die seit Cristóbal Colón die eigene Reise im Zeichen der Rückkehr und damit im Zeichen des Kreises (und weniger des Kreuzes) begreift. Nicht von ungefähr erinnert die Kapitelstruktur mit ihren im Inhaltsverzeichnis aufgelisteten narrativ gehaltenen Überschriften, die von „Wie der Sohn des Fellhändlers starb" bis „Wie die Geschichte endet" reichen, ebenso an den Schelmenroman, der dem Reisebericht unendlich viel schuldet, wie an den Reisebericht selbst, dessen Bewegungen die Kapitelüberschriften nachvollziehbar machen. Eine von Europa aus nach Amerika unternommene Reise endet wieder in Europa und rundet sich zum Kreis – ist das nicht banal?

Ja, aber ebenso bedeutungstragend und semantisch aufgeladen wie der banale Tod im Incipit des Romans. Nicht nur die Anspielungen auf das Menschenfressertum, die den Erzähler seit seiner Kindheit quälen, sondern auch die

---

15 Zu den verschiedenen gerade auch im transatlantischen Spannungsfeld angesiedelten hermeneutischen Bewegungsfiguren der Literaturen der Welt vgl. Ette, Ottmar: *Literatur in Bewegung. Raum und Dynamik grenzüberschreitenden Schreibens in Europa und Amerika*. Weilerswist: Velbrück Wissenschaft 2001.

Kreisfigur sowie die Präsentationsform mit narrativen Überschriften stellen eine direkte Verbindung etwa zu Hans Stadens berühmtem Bericht aus dem ‚Brasilien' der Mitte des 16. Jahrhunderts her, in dem sich viele Kapitelüberschriften dieses Typs ausmachen lassen. Wie Hans Staden beobachtet der Ich-Erzähler die Menschen, denen er auf seiner Reise begegnet, ganz genau und macht diese Beobachtungen zum eigentlichen Ziel seines Textes, der wie die Geschichte Globis, wie die Geschichte von Alvar Núñez Cabeza de Vaca eine europäische Schiffbruchgeschichte ist. Was auf Brasilien gemünzt war, hätte auch für Patagonien oder *Feuerland* gelten können: „Wie wir herausfanden, in welchem Teil des fremden Landes wir Schiffbruch erlitten hatten."[16]

Auf diese anspielungsreiche Weise bezieht sich Arnold Stadlers Text auf jene genealogischen Vorläufer, in denen die Bewegung sich stets als eine Bewegung zum Tode, die Fahrt sich unvermittelt als eine Reise ohne Wiederkehr hätte erweisen können. Zugleich nutzt dieser zweite Roman innerhalb der autobiographisch angelegten Trilogie die spezifischen Möglichkeiten, welche die reiseliterarischen Gattungsmuster, die ebenfalls eine grundlegende Trennung zwischen erzählendem und erzähltem, zwischen schreibendem und reisendem, zwischen erinnerndem und erlebendem Ich modellieren, den autobiographischen Ausdrucksformen bieten. Denn wie der literarische Reisebericht ist auch die Autobiographie eine *friktionale* Gattung.

Feuerland erweist sich daher in Bezug auf die gattungsspezifische Dimension als hybrider Text, der sich an bestimmten Formen des frühneuzeitlichen Reiseberichts, andererseits aber auch an autobiographischen Schreibformen der Moderne orientiert und beide Register kunstvoll miteinander verwebt. Als ‚Roman' – wie es das Titelblatt der Ausgabe verkündet – lässt sich dieser kurze Text, der damit unterschiedlichste gattungsspezifische Elemente integriert, nur in einem weiter gefassten gattungstheoretischen Sinne bezeichnen. Auch der Begriff der *Autofiction* scheint mir für diese Autobiographie deutlich unzureichend und zu sehr an autobiographischen Schreibformen orientiert: *Feuerland* ist ein zwischen Reisebericht und Autobiographie friktional pendelnder Bewegungstext.

Von größerer Bedeutung als diese generische Klassifizierung scheint mir daher die Tatsache zu sein, dass sich Stadlers in mancherlei Hinsicht streng durchkomponierte Vision Patagoniens auf Reisebericht und Autobiographie und somit auf zwei literarische Gattungen stützt, die sich jeweils durch ihr ständiges Oszillieren zwischen den Polen von Fiktion und Diktion auszeichnen und

---

16 Staden, Hans: *Brasilien 1547–1555*. Herausgegeben und eingeleitet von Gustav Faber. Aus dem Frühneuhochdeutschen übertragen von Ulrich Schlemmer. Stuttgart: Edition Erdmann im K. Thienemanns Verlag 1982.

sich somit als *friktionale* Genres beschreiben lassen. *Feuerland* stellt den gelungenen Versuch dar, gleichsam im ‚Zentrum' der autobiographisch eingefärbten Romantrilogie mit einer Verdoppelung friktionalen Schreibens zu experimentieren. Wie in Columbus' *Bordtagebuch* wird hinter allen Beschreibungen, hinter allen Fiktionen die Figur eines schreibenden Ich erkennbar.

Aus diesem Blickwinkel wird verständlich, warum die grundlegende Bewegungsstruktur des Romans eine Kreisstruktur des Verstehens nahelegt, die sich ebenso auf die Erfahrung des (empirischen) Raumes, also den Reisevorgang und den Aufenthalt in Übersee selbst, wie auf die Entwicklung des eigenen Ich, die spezifische Spiegelung der eigenen Subjektivität beziehen lässt. Bevor wir uns den anderen, mit dieser Kreisstruktur stark kontrastierenden Bewegungsmustern weiterer Figuren des Romans näher beschäftigen, sollten wir uns dieser Verräumlichung des Verstehens als hermeneutischer Vorgabe des Romans nochmals aus anderer Perspektive zuwenden.

Von Beginn an betont der Erzähler seinen Status als Reisender: „Nur ein Reisender. Ich war nur einen Sommer lang bei ihnen, als Gast. Es ist nicht viel, was ich mitgebracht habe. Erinnerungen, Geschichten vom Ende der Welt."[17] Diese Geschichten vom Ende der Welt bilden eine Literatur in Bewegung, die auf das *Movens* der Reise nicht verzichten kann. Gleichviel, ob wir wie Christoph Columbus Monate oder wie Alexander von Humboldt Jahre in Amerika verbringen: Stets besteht das Mitgebrachte aus genauen Beobachtungen und vor allem aus Geschichten, die wir erzählen, weil wir die Reise nach Amerika überlebt haben.

Dieses Wenige, diese ‚Mitbringsel' des Reisenden, bilden den Roman selbst, mit seinen Erzählvorgängen, die zwischen ständigen Präzisierungen und willentlich nicht behobener Lückenhaftigkeit schwanken. Kein Reisebericht, auch nicht wie bei Alexander von Humboldt ein über dreißigbändiges Reisewerk, könnte je vollständig sein. Am Anfang der Reise des Ich-Erzählers nach Argentinien stand die Reise eines anderen, des Onkels Antonio, der 1938 „fortgefahren und nicht wiedergekommen" war, so wie es wiederum dessen Onkel getan hatte, der 1898 den Flecken Nueva Alemania, das später in Pico Grande umbenannt wurde, gegründet hatte. Durch die Briefe von Onkel Antonio wurde dieses *neudeutsche* Amerika für den Ich-Erzähler von Kindesbeinen an zum Zielpunkt eines anhaltenden Fernwehs: Voller Ungeduld fiebert das Kind schon jener Weltreise entgegen, die der fünfunddreißigjährige, noch immer von seinen kindlichen Träumen und Obsessionen geprägte und verfolgte Mann dann endlich unternehmen wird.[18]

---

17 Stadler, Arnold: *Feuerland*, S. 9.
18 Ebda., S. 11.

Diese Reise des Onkels stand nicht im Zeichen des Kreises. Der Onkel kam nicht mehr zurück, dafür schickte er Briefe. Damit, so ließe sich sagen, trat die Schrift an die Stelle der räumlichen Bewegung, ein Schreiben also, das virtueller Ersatz für die Bewegung und zugleich deren Folge und Ausdruck ist. Und doch hatten diese Briefe auf den ersten Blick wenig Verheißungsvolles an sich, wenig, was das Fernweh nach einem ganz *anderen* Land hätte wecken können:

> Kam ein blauer Brief aus Amerika, blieb ich an seinen Wörtern hängen, Wörter waren es, die mich verzauberten. Man las mir vor und sagte mir, dass *im Grunde alles ganz wie zu Hause* sei, die Anden als die Alpen meines Onkels, die Schafe als seine Kühe, der Lago Verde, den meine Verwandten so getauft hatten, weil er bis dahin auch nur eine Nummer der Landvermesser gewesen war, als sein Bodensee.[19]

Das Andere ist nichts anderes als eine Verkleidung des Eigenen, als eine Travestie, die gerade nicht das Andere verkörpert, sondern das Eigene variiert. Damit erscheint ein Element, das leitmotivisch nicht nur in den Briefen des Onkels, sondern mehr noch in den Kapiteln des Erzählers wiederkehrt: Es ist im Grunde alles wie zu Hause. Die beiden Räume lassen sich mit ihren Landschaften, ihren Tätigkeiten, ihren Lebensformen nicht nur miteinander vergleichen, sondern fallen gleichsam in eins.

Doch die ungezählte Male wiederkehrende Formel, alles sei ‚wie zu Hause', sollte uns nicht darüber hinwegtäuschen, dass diese formelhafte Beteuerung – wie auch das obige Zitat – eine ambivalente Form aufweist, insoweit sich doch eine grundlegende Differenz einschleicht, welche aus dem *wie zu Hause* zugleich den Gegen-Raum zum Zuhause macht. Denn im Gleichen, das nicht das Selbe ist, gewinnt das Eigene den Charakter eines Anderen, das die Schafe nicht zu Kühen, die Anden nicht zu Alpen, das Neudeutsche nicht zum Deutschen werden lässt. Aus dieser von und mit Worten markierten Differenz, die für das Kind zudem unüberbrückbare räumliche Distanz ist, nährt sich das Fernweh und die Triebkraft, die Dynamik des gesamten Buches und seiner Reisebewegungen. Denn jenseits des Anderen eröffnet sich das *Weitere*, die Weite und die mögliche Erweiterung.[20]

Nur so lässt sich wohl erklären, dass sich jenseits des behaupteten Gleichen die Differenz festsetzt und ein Schreiben produziert, das sich selbst auf die Reise über den Atlantik und in den Süden des amerikanischen Kontinents macht: „Sobald ich schreiben konnte, schrieb ich von meinem Hunger und

---

19 Ebda.
20 Vgl. hierzu Ette, Ottmar: Weiter denken. Viellogisches denken / viellogisches Denken und die Wege zu einer Epistemologie der Erweiterung. In: *Romanistische Zeitschrift für Literaturgeschichte / Cahiers d'Histoire des Littératures Romanes* (Heidelberg) XL, 1–4 (2016), S. 331–355.

Durst und schickte ihn nach Amerika."[21] Schreiben und Reisen sind beide mit der Empfindung des Mangels, des Fehlens, des Vermissens eng verbunden und fixieren die Idee von Amerika aus der sehnsuchtsvollen Distanz.

Daher kann die Reise des Fünfunddreißigjährigen nach Patagonien auch zu einer Reise in die Vergangenheit werden, zu einer Spurensuche des eigenen Ich, hatte der Onkel doch alles für den dereinst Kommenden gesammelt und aufgehoben.[22] Die Reise im Raum kann so zu einer Reise in der Zeit werden, genauer: in die eigene Vergangenheit, an die sich „erste Spuren"[23] eigenen Schreibens heften. Wir hatten in unserer Vorlesung vielfach gesehen, wie sich die Reise im Raum in eine Reise in der Zeit verwandelt. Mit diesem Schreiben ist die Erfahrung der Grenze – „Ich hatte ja gleich mehrere Grenzen zur Verfügung"[24] – und mehr noch des Abarbeitens an diesen Grenzen und Grenzziehungen verbunden. In der Form der Briefe, die als blaue Briefe den Atlantik queren, etabliert sich das Schreiben als zugleich mahnende und grenzüberschreitende Aktivität. Sie sucht das Weite, sucht ein Weiterdenken in seiner ganzen Bedeutungsfülle.

Dagegen kann die Aktivität des Reisens allein, der Überwindung des empirischen, nachprüfbaren, ‚tatsächlichen' Raumes die in sie gesetzten Hoffnungen der Grenzüberschreitung zum *ganz Anderen* nicht erfüllen. Folglich wird der reiseliterarisch bedeutsame Ort der Ankunft denn auch als Enttäuschung modelliert:

> *Da bin ich, adsum!* Am Ziel. Ich hoffte, es würde doch noch alles ganz anders werden. Doch zwanzig Kilometer vor Pico Grande mußte ich diese Hoffnung endgültig aufgeben. Seit zweihundertfünfzig Kilometern war mir alles gleich trostlos erschienen, in Staub und Wind war die Maschine aufgeschlagen, mit Mühe noch gelandet. [...] als ich schließlich das Schild *Pico Grande – Provincia de Chubut* hinter mir hatte: an dieser Stelle meiner Reise hätte ich weinen können.[25]

Das Vorfinden des Gleichen, das sich nicht als das erhoffte Andere maskieren lässt, prägt den gesamten Roman, der – dies sei nicht vergessen! – ebenso mit den Grenzen des Reiseberichts wie mit jenen der Autobiographie spielt. Die Enttäuschung der Ankunft in Amerika ist vielleicht am besten vergleichbar mit der tiefen Enttäuschung von Flora Tristan, die in der ersten Hälfte des 19. Jahrhunderts im so weit entfernten Amerika als erstes eine (schlechte) Kopie von Frankreich, der französischen Frauenmode, vorfindet. Auch sie hätte wohl weinen mögen.

---

21 Stadler, Arnold: *Feuerland*, S. 11.
22 Ebda., S. 12.
23 Ebda., S. 11.
24 Ebda., S. 12.
25 Ebda., S. 13.

In *Feuerland* steht zunächst das Vorgefundene im Fokus. Dieses Vor-Gefundene siedelt sich nicht nur in der amerikanischen Topographie, sondern auch in jenem Leben an, das sich als Auto-bio-graphie selber schreibt. War die Reise eine Flucht, so markiert der Ort der Ankunft eine Ent-Täuschung der mit dieser verbundenen Hoffnung, welche zugleich die von der Reise nicht unterbrochene oder abgebrochene Kontinuität des Ich, die schmerzhaft wahrgenommen wird, bestätigt. Hier scheint etwas dem Transitorischen, dem Leben als Transit hart Widerstehendes durchzudringen, das im Selbstfindungsprozess zugleich Identität als Schmerz und Schmerz als Identität ver*körpert*. Das Ziel will mit der Herkunft in-eins-fallen, die Grenzen erweisen sich als durchlässig. Damit wird vom Ort der Ankunft her jener Befund Aurel Schmidts, jene Rede von einer „Falle der Immobilität und Ausweglosigkeit" bestätigt, die davon ausgeht, dass auch eine Reise nach Patagonien, ja „jede Bewegung, die wir in einem fixierten Raum ausführen, nirgends hinführt.[26] Und doch: Glimmt in diesem Nirgends nicht der Widerschein der Utopie auf?

Bleiben wir in *Stadlers* Patagonien! In der Tat scheint eine eigentliche Bewegung der Erzählerfigur nicht stattgefunden zu haben. Schon „mit Beginn der Reise" war bei ihr das Reisefieber verflogen.[27] Die autobiographischen, in die Zeit der Vergangenheit weisenden Spuren, überlagern immer wieder die reiseliterarischen, am Raum der ‚Neuen Welt' sich ausrichtenden Bewegungen. Die Neue Welt war zwar in der Alten dem Kind als eine Neue Welt erschienen; doch wird sie dem Erwachsenen just in der Neuen Welt zur Alten.

So ist eine Reise im eigentlichen Sinne beim Protagonisten als bewusster Prozess kaum wahrnehmbar, denn selbst bei der Überquerung des Atlantik, den Onkel und Uronkel noch auf Auswandererschiffen in wochenlangen Reisen überwunden hatten – und immerhin hatte letzterer seine künftige Frau während dieser Überfahrt kennengelernt –, ist der Erzähler schlicht eingeschlafen und nimmt die Bewegung im Raum aus der Höhe kaum war. Die für einen Christoph Columbus, einen Alexander von Humboldt oder eine Flora Tristan so wichtige Überquerung des Atlantik erstarrt zur alltäglichen Banalität. Die Bewegung des Flugzeugs gerinnt bestenfalls zum fixierten philosophischen Topos, zum „Aussichtspunkt wie über dem Meer", auf dem der Reisende sitzt und über die Bewegungen anderer, seiner Vorfahren, nachsinnt.[28] Es ist in der Tat so,

---

[26] Schmidt, Aurel: *Von Raum zu Raum*, S. 38.
[27] Stadler, Arnold: *Feuerland*, S. 17.
[28] Ebda., S. 149.

wie dies Italo Calvino in seinem Roman *Se una notte d'inverno un viaggiatore* formulieren konnte:[29]

> Fliegen ist das Gegenteil von Reisen. Du durchquerst einen Sprung im Raumkontinuum, eine Art Loch im Raum, verschwindest im Leeren, bist eine Weile, die gleichfalls eine Art Loch in der Zeit ist, an keinem Ort, nirgends. Was tust du inzwischen? Wie füllst du diese deine Abwesenheit von der Welt und der Welt von dir? Du liest; vom Start bis zur Landung hebst du den Blick nicht vom Buch, denn jenseits der Seite ist nur die Leere, die Anonymität der Flughäfen, des metallischen Uterus, der dich umhüllt und nährt, des immer wechselnden und immer gleichen Pulks von Mitpassagieren. Da kannst du dich ebenso gut an diese andere Abstraktion des Reisens halten, die von der anonymen Gleichförmigkeit der Druckbuchstaben erzeugt wird: Auch hier ist es nur die evokative Macht der Namen, die dir einredet, dass du etwas überfliegst und nicht nichts.[30]

Denis Diderots Paradox des Reisens lässt sich auch an Bord eines Flugzeuges noch als Paradox im Paradox gestalten: als Reisen in der Literatur während des Reisens im Raum. Eine ähnliche Verdoppelung findet sich beispielsweise aber auch bereits bei Clorinda Matto de Turner, wo in ihrem Roman *Aves sin nido* die Durchquerung der Anden mit der Eisenbahn – zumindest bis zum Eisenbahnunfall – Raum für das Reisen durch die Lektüre schafft.[31]

Italo Calvinos „Kein Ort, nirgends" aber ist weit davon entfernt, sich auf eine neue Utopie hin zu öffnen. Anders als in einer Welt, deren Konturen und Umrisse durch die Entdeckungsfahrten des ausgehenden 18. Jahrhunderts noch nicht gesichert waren, ist die Utopie am Ende der Welt nun an ihr Ende gelangt. Amerika, das Reich der Utopie, bietet keinen Raum für Utopien und ist keine Utopie mehr. Es scheint, als ob sich am vermeintlichen Ende der Welt, das seinerseits ein anderes Ende noch weiter nach Süden projiziert, die Welt für den Protagonisten zu einer Kugel gerundet hätte, die kein Ende kennt und in ihrer wahrhaft *erfahrenen* Endlichkeit der Utopie als dem ‚reinen' Anderen endgültig den Garaus macht. Es gibt kein Anderes, keine andere Welt, sondern nur die eine. Aber gibt es noch ein Weiteres?

Wir befinden uns am Gegenpol zu einer Utopie, nicht an einem Nicht-Ort, sondern an einem Ort, der eigentlich zwei Orte ist, im Anden- *und* im Alpenvorland liegt. Die Überlagerung der Räume als Folge einer willentlichen De-Portation aber ist nicht gleichbedeutend mit deren In-eins-Fallen. Distanz und Differenz

---

[29] Vgl. hierzu ausführlich den zweiten Band der Reihe „Aula" in Ette, Ottmar: *LiebeLesen* (2020), S. 33 ff.
[30] Calvino, Italo: *Se una notte d'inverno un viaggiatore*. Presentazione dell'autore. Mailand: Arnoldo Mondadori Editore 1994, S. 247.
[31] Vgl. hierzu nochmals das entsprechende Kapitel im sechsten Band der Reihe „Aula" in Ette, Ottmar: *Geburt Leben Sterben Tod* (2022), S. 924 ff.

sind nicht getilgt. Die Überlagerungen dieses antipodischen Feuerlands beinhalten stets ein Spiel von Identität und Differenz, an dem sich das Schreiben in einer ständigen Grenzüberschreitung zwischen beiden Polen abarbeitet. Und vergessen wir nicht: Wir sind mit dem Ich-Erzähler in Patagonien angelangt, Feuerland aber liegt bekanntlich noch weiter, weiter südlich!

Deshalb bleibt eine letzte Grenze, ein letzter utopischer Rest, noch bewahrt: So dringt der Reisende niemals zu jenem Land vor, das der Roman in seinem Titel trägt: Feuerland wird nur von Patagonien aus gesehen, es erscheint lediglich als „ein Strich in meiner Landschaft, mehr nicht".[32] Feuerland wird damit die Realität eines Striches, einer Federbewegung in einer Landschaft der Literatur zugesprochen, nicht mehr, aber auch nicht weniger.

Der Reisende und seine zeitweilige Geliebte Rosa bleiben von diesem südlichen Ende der amerikanischen Hemisphäre nicht nur durch eine Wasserfläche, sondern mehr noch durch eine Wasserstraße, einen Verkehrsweg also, getrennt: jenen der „Magellanstraße",[33] welche – so ließe sich analog zum Anfangs- und Schlusskapitel von *Feuerland* formulieren – die einzige Verbindung dieses entlegenen Landstrichs mit der Welt darstellt. Ein Fährmann auf dem Weg in dieses weiter südlich liegende Amerika, das nah ist und zugleich fern bleibt, ist nicht in Sicht. Doch dieser nicht erreichte Strich in der Landschaft bildet den Titel, bildet den Gegenstand des Romans.

Es gibt noch weitere Bewegungsmuster in diesem Roman Arnold Stadlers. Die eigene Familiengeschichte des Protagonisten stellt sich als eine Abfolge von Auswanderungen dar, waren doch nicht nur Onkel und Uronkel nicht mehr an ihren Herkunftsort zurückgekehrt, sondern auch jener entfernte Vorfahre „aus der Gegend von Schwaz",[34] der irgendwann (als eine Art Anton) aus Tirol aufgetaucht war, sich nördlich der Alpen niederließ und die Familie mit seinem im Roman lange Zeit verschwiegenen Nachnamen Schwanz genealogisch und patriarchalisch zeugte und prägte. Gegen Ende des Romans zeigt sich, wie nachhaltig diese genealogische Prägung nicht nur die Namensstruktur der Familie in beiden Welten durchläuft:

> Es ist an der Zeit, daß wir unseren Namen preisgeben. Für wen halten uns die Leute?
> Du heißt Rosa, Rosa Schwanz heißt du, nach deinem Vater, einem Schwanz wie ich. Wir alle stammen von jenem Schwanz ab, der aus Tirol in unser Haus kam, nur ein Müllersknecht.
> Das ist die Wahrheit.

---

32 Stadler, Arnold: *Feuerland*, S. 133.
33 Ebda.: „Magellanstraße hieß dieser Teil von der Welt, das Wasser konnte nichts dafür."
34 Ebda., S. 21.

> Nun konnte ich Rosa verraten, daß man schon in Chile über mich gelacht hatte, als ich als Ziel meiner Reise *Pico Grande* nannte, wörtlich übersetzt: *Groß-Spitz*, metaphorisch: *Groß-Schwanz*, etwa so als deutsches Bild. Rosa wußte weder, daß man in Chile jenen Teil, der bei uns topographisch-metaphorisch *Schwanz* genannt wird, als *pico* bezeichnet. Noch wußte sie, daß die Schwanz-Familie, die Schwanz-Seite (die Mutter war ja eine Indianerin), auf die sie sich so stolz berief, zu Hause nur ein Gelächter eintrug. Ganz zu schweigen von ihrem vollständigen Namen.[35]

Die genealogischen Muster unterliegen den Bewegungsmustern, ausgehend von jenem Schwanz, der aus Tirol in die Heimatregion des Ich-Erzählers kam. Die unilinearen Bewegungsmuster dieser Familiengeschichte verweisen auf bewusste Entscheidungen, angesichts schwieriger Lebenskontexte das Eigene zu verlassen und an einem anderen Ort ein neues Leben aufzubauen. So war auch die Stammmutter Lys, die auf dem Auswandererschiff den Uronkel des Protagonisten und späteren Gründer von Nueva Alemania kennengelernt hatte, vor einer Hungersnot in der Schweiz geflohen, hatte also ihr nacktes (Über-) Leben gerettet, um sich noch einmal einen neuen Raum des Eigenen schaffen zu können.

Die Erzählweise der Hauptfigur lässt kaum den Schluss zu, dass diese linearen Bewegungsmuster ohne Rückkehr zum Lebensglück geführt hätten; vielmehr scheinen all diese Einzelgeschichten auf dem Familienfriedhof von Pico Grande zusammenzulaufen, sich auf der Nekropole des Grabhügels mit seinen schönen Grabsteinen und ihren deutschen Inschriften aufzutürmen. Das einstmals ersehnte Land – heute nichts als ein Grabhügel voller Inschriften?

Die Hoffnung darauf, das Gleiche unter anderem Himmel als das Neue entwickeln zu können, scheitert wie so viele andere Hoffnungen, verschwindet mit dem Ortsnamen Nueva Alemania, der nach Ende des Ersten Weltkrieges nicht mehr opportun war und mitsamt seinen großen Ambitionen ausgelöscht wurde. Nicht nur die unterschiedlichen Leben der Familienangehörigen wirken deplatziert, auch ihre Hoffnungen und Wünsche sind es. Amerika, einst die Projektionsfläche für so viele Fiktionen und Erfindungen, wirkt seltsam leer und verwaist.

Die Deplatziertheit der Wünsche und Sehnsüchte trifft auch für den Ich-Erzähler zu, doch besitzt er ein Rückflugticket, das es ihm erlaubt, die Vorgänge und Geschichten in Amerika aus der Perspektive des Reisenden und des Gastes und damit aus einer zumindest materiell gesicherten Distanz zu betrachten. Mag sein, dass damit auch die bisweilen selbstironische, bisweilen sarkastische Erzählweise wie auch die Modellierung der Erzählerfigur zusammenhängt, die sich in die Erzähltrilogie einfügt, ohne ihre Eigentümlichkeit zu verlieren.

---

[35] Ebda., S. 131.

Ein zuvor nur durch die Briefe des Onkels „geisternder Mensch",[36] Fritz alias Friedrich Wilhelm von Streng, nimmt durch den Besuch in Pico Grande für den Protagonisten konkrete Gestalt an. Wir haben ihn schon als Fritz kennengelernt. Sein gewaltsamer Tod setzt, wie wir sahen, den letzten Akzent des Buches; doch selbst die wenigen Biographeme und Notizen eines Lebens, das den einzigen Sohn eines Generaldirektors nach einer zunächst standesgemäßen Laufbahn 1936 aufgrund seiner jüdischen Herkunft und seiner Homosexualität aus der Bahn warf und den nunmehr Verfolgten dazu zwang, „mit unbekanntem Ziel das Deutsche Reich" zu verlassen,[37] lassen ein anderes Muster diskontinuierlicher Reisebewegungen erkennen. Nicht Entscheidung, sondern erzwungene Flucht bestimmt diese Art von Lebensweg, der sich am Ende mit der Entscheidung zur Rückkehr doch noch einmal abrunden will, dann aber jäh durch den Tod abgebrochen wird. So entscheidet das Leben, nicht der Mensch. Amerika bleibt als Zufluchtsstätte eigentümlich leer.

Im sich unmittelbar anschließenden Kapitel stößt der Erzähler – wie es die Überschrift ankündigte – auf jene Galina Pawlowna, deren diskontinuierliches Bewegungsmuster stellvertretend für viele andere die Geschichte des 20. Jahrhunderts räumlich vor Augen führt. Ihr Lebensweg wird in wenigen Worten nachgezeichnet:

> Ich stieß auf Galina Pawlowna.
> Eine Hymne auf die Füße von einst, bevor sie müd waren!
> Nachdem sie hier angekommen war (in einem der Winter nach dem Krieg, Fritz wußte nicht mehr genau, in welchem), blieb sie auch gleich hängen, bis zum heutigen Tag, mehr als vierzig Jahre. Eine Russin, sagte sie vereinfachend. Sie kam aus der Ukraine, von den Deutschen nach Deutschland geraubt, danach von den Engländern beschlagnahmt und ums Haar zu Churchills Freund Stalin abgeschoben, sagte mir Fritz. Vorher noch von den Engländern bombardiert. In Amerika unerwünscht, nach Argentinien abgeschoben, von Buenos Aires in den Süden abgeschoben, in die Südspitze Patagoniens.
> Verstehen Sie etwas von der Welt?[38]

Es ist natürlich nur ein scheinbarer Zufall, dass dieses Opfer aller Totalitarismen eine wehrlose Ukrainerin ist. Der brutale Überfall Russlands auf eine lügenhaft beschuldigte Ukraine beleuchtet aus unserer Zeit das Geschehene noch einmal neu. Deutsche Nationalsozialisten wie russische Stalinisten griffen stets dieses Land in ihrem Größenwahn an und versuchten, es sich einzuverleiben

---

36 Ebda., S. 33.
37 Ebda., S. 35.
38 Ebda., S. 42.

und auszulöschen. Und selbst die britischen Verteidiger tauchen in der Lebensgeschichte dieser Frau nur als diejenigen auf, die ihr unschuldiges Leben ein weiteres Mal in Gefahr bringen. So entsteht eine Lebensgeschichte als Abfolge von Abschiebungen, ein Leben, das im tiefen Süden des amerikanischen Kontinents an sein Ende stößt.

Die sich an das angeführte und knapp zusammengefasste Bewegungsmuster, das später durch die Darstellung der ‚Behandlung' dieser Frau auf der Einwandererinsel Ellis Island vor New York ergänzt wird, anschließende Frage nach dem Verstehen, die sich nicht nur an den Protagonisten, sondern auch an das Lesepublikum richtet, führt die Bewegungen der Romanfiguren mit den vom Roman ausgelösten Verstehensprozessen explizit zusammen. Kann das jemand verstehen? Die Absurdität eines Weges, der nie das Ergebnis frei getroffener Entscheidungen, sondern eines beständigen Gehandelt-Werdens, einer unablässigen Lebensbedrohung ist, stellt dem Leben überhaupt die Sinnfrage und verknüpft diese mit den Bewegungsfiguren des Romans. Der Süden Amerikas war kein Zielort, schon gar kein Sehnsuchtsort für eine Frau auf der Flucht vor der Brutalität des 20. Jahrhunderts.

In der Tat sind die Romanfiguren vor allem dies: Figuren, die in erster Linie für eine je spezifische Art der Bewegung und des Verstehens stehen. Es sind Figuren, die vom Leben selbst wie auf einem Schachbrett hin- und hergeschoben werden. Der Erzählerkommentar selbst lässt hieran keinen Zweifel: „Jede Personenbeschreibung wäre ein Reisebericht."[39] In den Reiseberichten der einzelnen Figuren erscheinen letztere als Figuren von Reisen, von denen der Roman nicht weniger als von der Reise des Ich-Erzählers berichtet.

Denn erst die Kreisbewegung, die Rückkehr, ermöglicht das ‚Mitbringen' all jener Geschichten, welche das Wenige bilden, das der Reisende den Daheimgebliebenen liefern kann. So ist *Feuerland* ein Reisebericht, hinter dessen Reise sich Berichte vieler Reisen und vieler weiterer Figuren auftun. Das textgenerierende und bisweilen seriell und relational angewandte Prinzip ist die Reise, aus der viele andere Reisen hervorquellen, die ihrerseits andere Reisen verheißen, vorwegnehmen oder ankündigen. Ihr Ende muss abrupt sein, am Ende des Romans muss notwendig das Wörtchen „tot" stehen, hörte die Bewegung doch sonst niemals auf.

Diese vom Ich-Erzähler gesammelten und mitgebrachten Geschichten aus der Neuen Welt erweisen sich als Geschichten aus der Alten Welt, die nur in neuweltlicher Travestie daherkommen. Dem Erzähler gelingt es, den stockenden, keinen Satz wirklich zu Ende bringenden Erzählungen Galina Pawlownas dank der Form seines eigenen Reiseberichts als Autobiographie die Gestalt au-

---

39 Ebda., S. 43.

tobiographischer Reiseberichte zu geben. Amerika erscheint dabei nicht mehr im Zeichen der Fülle und Erfüllung, wie dies der in verschiedenen Variationen immer wieder auftauchende ‚amerikanische' Traum des Christoph Columbus einst projiziert hatte und wie er noch im *American Dream* in den USA am Leben erhalten wurde, sondern in jenem der Kargheit, der Dürre, des Mangels. Amerika, so scheint es, ist ausgezehrt.

Die Kapitelüberschriften deuten die immer fundamentalere Ent-Täuschung (nicht nur) des Protagonisten an. Ein Beispiel hierfür ist der Titel von Kapitel XXXII, „Wie mir die Dicke im Bus sagte, Pico Grande sei der traurigste Ort auf der Welt". Und nicht umsonst lautet die Überschrift des kurzen Kapitels XXXIV mit biblischer Reminiszenz „Wie *der Ort aber die Wüste* war und *Schweigen Pilgern* hieß". Die Wüste Patagoniens aber ist für den Protagonisten ein Ziel, das schon vor seiner Ankunft seinen ganzen Reiz verloren hat. Er mag Amerika noch *finden*; doch *erfinden* kann er es nicht mehr.

Die Wüste Patagoniens, die einst von europäischen Seefahrern mit erfundenen Riesen, mit Über-Menschen angefüllt wurde, taugt weder als Fluchtort noch als Gegen-Welt. Sie taugt nur als Fläche, auf der sich die Reisebewegungen der Romanfiguren einschreiben und auf der diese vom ersten Abschnitt des Romans an ihre ‚Lebenszeichen' hinterlassen. Sie ist nicht die Oberfläche der texanischen Wüste, wie wir sie auf Highways und Freeways in Jean Baudrillards *Amérique* durchqueren können. Die Fläche Patagoniens ist in Arnold Stadlers Roman leer: Der in *Feuerland* aufgespannte literarische Raum erfasst nicht die Literatur, die sich in Argentinien selbst entwickelt hat; die expliziten intertextuellen Verweise beschränken sich auf die abendländische Literatur von der Bibel über Cervantes bis Chatwin, von Goethe über Stifter bis (intratextuell) Arnold Stadler selbst.

Die Literaturen Lateinamerikas, die an den Literaturen des Abendlandes transareal und asymmetrisch partizipieren, bleiben vergessen und ausgespart, als hätte es am „Ende der Welt" niemals Schriftstellerinnen und Schriftsteller gegeben. Dieser Teil der Literaturen der Welt ist in *Feuerland* an die Ränder der Welt abgeschoben und marginalisiert. In diesem Sinne gilt: Patagonien ist auch für den Europäer Stadler in erster Linie eine Schreibfläche, die eine (amerikanische) Leere repräsentiert, die von Europa her gefüllt wird. Aber nicht mehr mit dem postmodernen American Dream Jean Baudrillards, sondern mit der Umkehrung dieses Traumes der Fülle. Amerika ist eine Falle.

Mag sein, dass aus diesem Grunde die Rückkehr des Ich-Erzählers nach Europa nicht den Abschluss des Romans bildet, sondern dass diese Rückkunft von der ‚Weltreise' vielfach in vorangehende Kapitel eingeblendet wird. Die Schreibfläche bleibt von der ersten bis zur letzten Zeile Patagonien, dessen Name seit Antonio Pigafettas phantasievollem Reisebericht von Magalhães' zwischen 1519 und 1522 erstmals durchgeführter Weltumsegelung für die Projektionen europäischer Träume nach Amerika einsteht. Doch die von dem italienischen Reisenden zu Anfang des 16. Jahrhunderts projizierten Riesen, die sogenannten Patagonier, auf die anlässlich des ‚Tiermenschen' auch in Stadlers Roman angespielt wird, haben in *Feuerland* kleineren Menschen und bescheideneren Visionen Platz gemacht. Alle europäischen Erfindungen erleiden Schiffbruch.

Der reiseliterarische Ort des Abschieds, von dem aus noch eine letzte Hoffnung projiziert wird – „Lächerlich, ich weiß, aber so war es"[40] –, wird im bereits erwähnten vierunddreißigsten Kapitel gestaltet und betrifft geradezu selbstverständlich einen Ort interkontinentaler Verkehrsverbindungen, den internationalen Flughafen von Buenos Aires: „Auf dem Flughafen. Vor mir noch einmal eine Art Panorama. Ein Geruch wie über dem Hafen von Heraklion, dem Hafen, über den ja schon der Verkehr des Labyrinths von Knossos lief. Gerüche und Geräusche von Dingen, die hinter mir liegen."[41]

Der Blick zurück, den der reiseliterarische Ort des Abschieds stets miteinschließt, verbindet sich mit einem Blick zurück auf die abendländische Antike, die Geschichte jenes Okzidents, der später vom Mittelmeer aus in die amerikanische Inselwelt expandierte. Ein Flughafen im Süden Amerikas wird mit einem Hafen der antiken Welt assoziiert. Warum gerade Heraklion, warum gerade Knossos und die Erwähnung des Labyrinths?

Die labyrinthische Struktur des sich an das obige Zitat anschließenden Satzes mit dem Rückblick auf den Aufenthalt und mehr noch die eigene Herkunft legt zweifellos nahe, die Struktur des Labyrinths als Deutungsmuster auf die Lebensgeschichte des Protagonisten zu übertragen. Doch Heraklion verweist als Haupthafen Kretas zugleich versteckt auf jenen anderen Ort der Insel, an dem einst – wie in einer früheren Passage des Romans erwähnt wurde – Europa auf dem Rücken des Stieres nach der Überquerung des Meeres an Land gekommen war. Ausgehend von den Höhlen in der Nähe von Pico Grande assoziiert der Ich-Erzähler auf Nachfragen seiner patagonischen Verwandten verschiedene Höhlen, die von der Bärenhöhle seiner süddeutschen Heimat bis zur „Diktehöhle [...], wo Zeus geboren war", und zur „Idahöhle" reichen, „wo er vor seinem Vater versteckt wurde, damit der ihn nicht gleich zu Beginn der Geschichte auffraß".[42] Damit wird das Muster einer Geschichte, die von Beginn an vom Tode ihres Protagonisten bedroht ist, in der Antike und somit am Anfang allen abendländischen Geschichtenerzählens verankert.

---

40 Ebda., S. 149.
41 Ebda.
42 Ebda., S. 45.

So befinden wir uns am Ausgangspunkt abendländischer Narration und abendländischer Narrativik. Von dort gelangt der Erzähler unmittelbar zu „der Stelle, wo Europa an Land getragen wurde" und verweist darauf, dass „etwas südlicher" – wohl auf der heute Malta genannten Insel – „Kalypso beheimatet gewesen" und der Apostel „Paulus an Land gespült worden" sei.[43] Warum diese Spuren zur abendländischen Geschichte, die ihrerseits auf die Konstituierung Europas verweisen, am Ende dieses Romans über ein anderes Ende der Welt?

Innerhalb der vom Text evozierten Abfolge von „Strandungsorten",[44] die wie die Orte von Schiffbrüchen wirken, kommt dem Verweis auf die Sage von Europa eine besondere Bedeutung zu. Denn Europa, das schöne Mädchen, die Okeanide, nach der sich später ein Kontinent benannte, dessen räumliche Grenzen stets ungewiss und schemenhaft blieben, und von der sich eine Kultur herleitete, welche sich als ‚abendländische' dem ‚Morgenland' entgegenstellte, diese Europa war – was auch immer die Gründe für ihre nie gänzlich erhellte und schon während der Antike beobachtbare Metamorphose in einen kontinentalen und (freilich stets heterogenen) kulturellen Raum sein mögen – orientalischer Herkunft und bekanntlich das Opfer einer Freiheitsberaubung in Tateinheit mit Vergewaltigung und Deportation.[45] Die Reise der Europa auf dem Rücken jenes Stieres, in den sich ein liebeshungriger und gewalttätiger Zeus verwandelt hatte, erfolgte ebenso wenig aus freien Stücken wie jene Vereinigung mit dem Göttervater, mit dessen Geschichte die Geschichte des Okzidents erst ihren mythischen Anfang nahm.

Von Deportation und Deterritorialisierung sind nicht nur die verschiedenen Fassungen und Bearbeitungen der Sage Europas, sondern auch jene Geschichten geprägt, von denen der Ich-Erzähler uns aus Patagonien berichtet. Die ‚neue Heimat' in einem ‚neuen Deutschland' weit südlich des Äquators hat die Träume der Auswanderer während der vergangenen hundert Jahre, dies führt der Roman in trostloser Detailtreue ein ums andere Mal vor Augen, nicht erfüllt. Auch die alte Heimat kann für die Nachkommen der Auswanderer keine Heimat mehr sein, nicht einmal mehr die Sprache der Vorfahren, von der sie nur noch Restbestände im Wortfeld des Todes und einer rudimentären Friedhofskultur besitzen. Es ist, als wäre dieser Völkerstamm am Ende, am Ausgang der Welt ausgestorben.

Aber auch für den in seine Heimat Zurückkehrenden ist die Heimatlosigkeit zu einem Teil der eigenen Heimat geworden. Am Ende seines Aufenthalts in Patagonien wünscht er sich weit weg, aber nicht vom Anden- ins Alpenvorland:

---

[43] Ebda.
[44] Ebda.
[45] Vgl. hierzu Ette, Ottmar: Europa als Bewegung. Zur literarischen Konstruktion eines Faszinosum. In: Holtmann, Dieter / Riemer, Peter (Hg.): *Europa: Einheit und Vielfalt. Eine interdisziplinäre Betrachtung.* Münster – Hamburg – Berlin – London: LIT Verlag 2001, S. 15–44.

„Ich wollte auf der Stelle weg von hier. Diesmal, wenn möglich, ins Nirwana oder in ein anderes Niemandsland, anderes Ende der Welt."[46] Die Zerstörung des Mythos von Amerika als Fluchtpunkt und Zielort: Diese Arbeit am Mythos, der sich auch die stets negativen Seitenblicke auf die Vereinigten Staaten zuordnen lassen, geht einher mit der Zerstörung Europas als unverbrüchlicher, Ursprung, Herkunft und Heimat bietender Einheit.[47] Es ist, als wachten wir auf in einer Welt zu Ende gebrachter Mythen.

Die Heimatlosigkeit wird zur eigentlichen Heimat und zur Grundlage aller Bewegungen der Figuren dieses Romans, die ausnahmslos Bewegungsfiguren sind. Alle sind mit allen verbunden, eine Vorstellung, die der Erzähler obsessiv seiner Geliebten vorrechnet, da doch *„jeder von jedem abstammt, wie man vereinfachend sagt":*[48]

> Zwei Eltern, vier Großeltern, acht Urgroßeltern, 16 Ururgroßeltern, 32 Urururgroßeltern: im Jahr von Linas Geburt hattest du schon 256 Mütter und 256 Väter, immer gleich viel Mütter wie Väter. Noch eine Null dran, und du kannst sagen, dass du von allen abstammst, herrührst, weiterdämmerst: Väter-Mütter; Väter-Mütter..."[49]

Alle Herkünfte laufen sich tot, alle „Origines" verschwinden im Ganzen. Eine solcherart skizzierte Genealogie läuft gerade nicht auf einen Stammbaum, auf eine Wurzel, auf eine gesicherte Herkunft hinaus, sondern auf die Verbindung aller mit allen. Die Idee der Abstammung wird als Fiktion entlarvt. An die Stelle der ehemals vorherrschenden (Stamm-)Baumstruktur ist eine proliferierende, beschleunigt weiterwuchernde Netzstruktur und damit letztlich eine relationale Logik getreten, die andere Logiken – wie etwa die genealogisch-patriarchalische, sich aus dem Tiroler Einwanderer Schwanz herleitende Deszendenz – gewiss nicht ausschließt, aber relativiert und miteinander verbindet. Die unterschiedlichsten Räume vernetzen sich untereinander, ohne dies noch über Zentren bewerkstelligen zu müssen, die Kommunikation erfolgt von Raum zu Raum, zwischen Peripherie und Peripherie, zwischen Andenvorland und Alpenvorland, unendlich relational.

In einer solchen Welt, die zugleich von höchster Beschleunigung und relationaler Bewegungslosigkeit geprägt wird, ist eine Unterscheidung zwischen dem Fremden und dem Eigenen nicht mehr möglich, macht keinen Sinn mehr.

---

46 Ebda., S. 140.
47 Auf die historische Fragilität und Jugend einer Vorstellung von Europa als Schicksals- und Kulturgemeinschaft hat hingewiesen Strohmaier, Gotthard: Die Griechen waren keine Europäer. In: Höfner, Eckhard / Weber, Falk Peter (Hg.): *Politia literaria*. Festschrift für Horst Heintze zum 75. Geburtstag. Glienicke – Cambridge: Galda + Wilch Verlag 1998, S. 198–206.
48 Stadler, Arnold: *Feuerland*, S. 129.
49 Ebda., S. 130.

Das Eigene ist fremd und das Fremde ist eigen. Arnold Stadler ist in einer ungeheuer kompakten Romanschöpfung eine Veranschaulichung jenes komplexen und in seinen Konsequenzen noch längst nicht ausgedachten Prozesses geglückt, wie die Neue Welt in der Alten als Neue erscheinen und in der Neuen zur Alten Welt werden konnte. Auf dieser Relationalität basiert sein Rückblick auf das 20. Jahrhundert und mehr noch auf den zentrierten Prozess der europäischen Moderne, mit dem dieser Kurzroman kurzen Prozess zu machen versucht, ohne dessen Kreisstruktur und Zirkelhaftigkeit doch ganz entgehen zu können. In *Feuerland* ist das Abendland im Blick zurück ebenso wie Amerika abgeschoben, aber nicht aufgehoben. Der Mythos von Amerika wird in diesem kleinen, aber dichten und intensiven Roman gemeinsam mit dem von Europa unübersehbar zu Ende gebracht.

Die Zitate in der Originalsprache

Die Zitate sind in alphabetischer Reihenfolge nach den Nachnamen der Autor*innen angeordnet. Bei mehreren Zitaten derselben Autorin oder desselben Autors aus verschiedenen Werken oder Werkausgaben erfolgte die Anordnung in chronologischer Reihenfolge nach den Publikationsjahren der verwendeten Ausgaben, wobei mit den älteren Publikationen begonnen wurde. Bei mehreren Zitaten innerhalb einer Textausgabe richtet sich deren Abfolge nach den Seitenzahlen.

Barthes, Roland: L'homme-jet. In (ders.): *Mythologies.* **Paris: Seuil 1970 [^{1}1957], S. 94:** L'homme-jet est le pilote d'avion à réaction. *Match* a précisé qu'il appartenait à une race nouvelle de l'aviation, plus proche du robot que du héros. Il y a pourtant dans l'homme-jet plusieurs résidus parsifaliens, que l'on verra à l'instant. Mais ce qui frappe d'abord dans la mythologie du *jet-man*, c'est l'élimination de la vitesse: rien dans la légende n'y fait substantiellement allusion. Il faut entrer ici dans un paradoxe, que tout le monde admet d'ailleurs très bien et consomme même comme une preuve de modernité; ce paradoxe, c'est que trop de vitesse se tourne en repos; le pilote-héros se singularisait par toute une mythologie de la vitesse sensible, de l'espace dévoré, du mouvement grisant; le *jet-man*, lui, se définira par une cénesthésie du sur-place («à 2000 à l'heure, en palier, aucune impression de vitesse»), comme si l'extravagance de sa vocation consistait précisément à *dépasser* le mouvement, à aller plus vite que la vitesse. La mythologie abandonne ici toute une imagerie du frôlement extérieur et aborde une pure cénesthésie: le mouvement n'est plus perception optique des points et des surfaces; il est devenu une sorte de trouble vertical, fait de contractions, d'obscurcissements, de terreurs et d'évanouissements; il n'est plus glissement, mais ravage intérieur, trouble monstrueux, crise immobile de la conscience corporelle

Baudrillard, Jean: *Amérique.* **Paris: Editions Grasset et Fasquelle 1986, S. 7.:** Nostalgie née de l'immensité des collines texanes et des sierras du Nouveau-Mexique: plongées autoroutières et supertubes sur la stéréo-Chrysler et vague de chaleur - la photo ponctuelle n'y suffit plus - il faudrait avoir le film total, en temps réel, du parcours, y compris la chaleur insupportable et la musique, et se reprojeter tout cela intégralement chez soi, en chambre noire - retrouver la magie de l'autoroute et de la distance, et de l'alcool glacé dans le désert et de la vitesse, revivre tout cela au magnétoscope chez soi, en temps réel - non pour le seul plaisir du souvenir, mais parce que la fascination d'une répétition insensée est déjà là, dans l'abstraction du voyage. Le déroulement du désert est infiniment proche de l'éternité de la pellicule.

S. 11: Il a même fallu que les Indiens en soient exterminés pour que transparaisse une antériorité encore plus grande que celle de l'anthropologie: une minéralogie, une géologie, une sidéralité, une facticité inhumaine, une sécheresse qui chasse les scrupules artificiels de la culture, un silence qui n'existe nulle part ailleurs.

S. 12: La vitesse est créatrice d'objets purs, elle est elle-même un objet pur, puisqu'elle efface le sol et les références territoriales, puisqu'elle remonte le cours du temps pour l'annuler, puisqu'elle va plus vite que sa propre cause et en remonte le cours pour l'anéantir. La vitesse est le triomphe de l'effet sur la cause, le triomphe de l'instantané sur le temps comme profondeur, le triomphe de la surface et de l'objectalité pure sur la profondeur du désir. La vitesse crée un espace initiatique qui peut impliquer la mort et dont la seule règle est d'effacer les traces. Triomphe de l'oubli sur la mémoire, ivresse inculte, amnésique. Superficialité et réversibilité d'un objet pur dans la géométrie pure du désert. Rouler crée une sorte d'invisibilité, de transparence, de transversalité des choses par le vide. C'est une sorte de suicide au ralenti, par l'exténuation des formes, forme délectable de leur disparition. La vitesse n'est pas végétative, elle est plus proche du minéral, d'une déflection cristalline, et elle est déjà le lieu d'une catastrophe et d'une consommation du temps. Mais peut-être sa fascination n'est-elle que celle du vide, alors qu'il n'y a de séduction que du secret. La vitesse n'est que l'initiatique du vide: nostalgie d'une réversion immobile des formes derrière l'exacerbation, de la mobilité. Analogue à la nostalgie des formes vivantes dans la géométrie.

Bolívar, Simón: *Carta de Jamaica. The Jamaica Letter. Lettre à un Habitant de la Jamaïque*. Caracas: Ediciones del Ministerio de Educación 1965, S. 41: Felizmente los directores de la independencia de Méjico se han aprovechado del fanatismo con el mejor acierto, proclamando a la famosa virgen de Guadalupe por reina de los patriotas; invocándola en todos los casos arduos y llevándola en sus banderas. Con esto, el entusiasmo político ha formado una mezcla con la religión que ha producido un fervor vehemente por la sagrada causa de la libertad. La veneración de esta imagen en Méjico es superior a la más exaltada que pudiera inspirar el más diestro profeta.

S. 69f.: Todavía es más difícil presentir la suerte futura del Nuevo Mundo, establecer principios sobre su política, y casi profetizar la naturaleza del gobierno que llegará a adoptar. Toda idea relativa al porvenir de este país me parece aventurada. ¿Se pudo prever cuando el género humano se hallaba en su infancia, rodeado de tanto incertidumbre, ignorancia y error, cuál sería el régimen que abrazaría para su conservación? ¿Quién se habría atrevido a decir tal nación será república o monarquía, ésta será pequeña, aquélla grande? En mi concepto, esta es la imagen de nuestra situación. Nosotros somos un pequeño género humano;

poseemos un mundo aparte; cercado por dilatados mares, nuevo en casi todas las artes y ciencias, aunque en cierto modo viejo en los usos de la sociedad civil. Yo considero el estado actual de la América como cuando desplomado el Imperio Romano cada desmembración formó un sistema político, conforme a sus intereses y situación o siguiendo la ambición particular de algunos jefes, familias o corporaciones; con esta notable diferencia, que aquellos miembros dispersos volvían a restablecer sus antiguas naciones con las alteraciones que exigían las cosas o los sucesos; mas nosotros, que apenas conservamos vestigios de lo que en otro tiempo fue, y que por otra parte no somos indios ni europeos, sino una especie media entre los legítimos propietarios del país y los usurpadores españoles: en suma, siendo nosotros americanos por nacimiento y nuestros derechos los de Europa, tenemos que disputar éstos a los del país y que mantenernos en él contra la invasión de los invasores; así nos hallamos en el caso más extraordinario y complicado; no obstante que es una especie de adivinación indicar cuál será el resultado de la línea de política que la América siga, me atrevo a aventurar algunas conjeturas, que, desde luego, caracterizo de arbitrarias, dictadas por un deseo racional, y no por un raciocinio probable.

Bolívar, Simón: Contestación de un Americano Meridional a un caballero de esta isla. In (ders.): *Escritos políticos.* **Selección e introducción de Graciela Soriano. Madrid: Alianza Editorial 1982, S. 61–84, hier S. 83:** Pero no es el héroe, gran profeta, o Dios del Anáhuac, Quetzalcóatl, el que es capaz de operar los prodigiosos beneficios que Vd. propone. Este personaje es apenas conocido del pueblo mejicano, y no ventajosamente, porque tal es la suerte de los vencidos aunque sean dioses. Sólo los historiadores y literatos se han ocupado cuidadosamente en investigar su origen, verdadera o falsa misión, sus profecías y el término de su carrera. Se disputa si fue un apóstol de Cristo o bien pagano. [...] Felizmente los directores de la independencia de Méjico se han *aprovechado del fanatismo* con el mejor acierto, proclamando a la famosa virgen de Guadalupe por reina de los patriotas; invocándola en todos los casos arduos y llevándola en sus banderas. Con esto el entusiasmo político ha formado una mezcla con la religión, que ha producido un fervor vehemente por la *sagrada* causa de la libertad. La veneración de esta imagen en Méjico es superior a la más exaltada que pudiera inspirar el más diestro profeta.

Calvino, Italo: *Se una notte d'inverno un viaggiatore.* **Presentazione dell'autore. Mailand: Arnoldo Mondadori Editore 1994, S. 247:** Volare è il contrario del viaggio: attraversi una discontinuità dello spazio, sparisci nel vuoto, accetti di non essere in nessun luogo per una durata che è anch'essa una specie di vuoto nel tempo; poi riappari, in un luogo e in un momento senza rapporto col dove e col quando in cui eri sparito. Intanto cosa fai? Come occupi quest'assenza tua dal mondo e del mondo da te? Leggi; non stacchi l'occhio dal libro da un aeroporto all'altro, perché al di là della pagina c'è il vuoto, l'anonimato degli scali aerei, dell'utero metallico che ti contiene e ti nutre, della folla passeggera sempre diversa e sempre uguale. Tanto vale tenerti a quest'altra astrazione di percorso, compiuta attraverso l'anonima uniformità dei caratteri tipografici: anche qui è il potere d'evocazione dei nomi a persuaderti di che stai sorvolando qualcosa e non il nulla

Capitulaciones de Santa Fé. Zitiert nach: *Investigaciones y ensayos* **(Buenos Aires) 22–23 (1977), S. 59:** Vuestras Altezas dan e otorgan a don Christóbal de Colón en alguna satisfación de lo que ha descubierto en las Mares Océanas y del viage que agora con el ayuda de Dios ha de fazer por ellas en servicio de Vuestras Altezas.

Clarín [i. e. Alas, Leopoldo]: Prólogo. In: Rodó, José Enrique: *Ariel.* **Estudio crítico de Leopoldo Alas (Clarín). quinta edición. Madrid: Espasa-Calpe 1975, S. 12 f.:** España no daba a sus hijos de América suficiente pasto intelectual. Abiertos aquellos pueblos a todas las inmigraciones, y anhelantes ellos de beber la civilización moderna donde la hubiese, otros países más adelantados que el nuestro, de letras más intensas y más conformes al espíritu moderno, atrajeron la atención de aquellos espíritus, jóvenes los más, educados muchos de ellos por viajes y lecturas que les enseñaban una lengua en que poco o nada significaba España.

Clavijero, Francisco Javier: *Historia antigua de México.* **Prólogo de Mariano Cuevas. Edición del original escrito en castellano por el autor. México: Editorial Porrúa ⁷1982, S. xxii:** He leído y examinado con diligencia todo cuanto se ha publicado hasta ahora sobre la materia; he confrontado las relaciones de los autores y he pesado su autoridad en las balanzas de la crítica; he estudiado muchísimas pinturas históricas de los mexicanos; me he valido de sus manuscritos, leído antes cuando estaba en México, y he consultado muchos hombres prácticos de aquéllos países.

S. xxiii: No menos por hermosear mi historia que por facilitar la inteligencia de algunas cosas descritas en ella, he hecho grabar hasta veinte láminas. Los caracteres mexicanos y las figuras de las ciudades, de los reyes, armas, vestidos y escudos, del siglo, del año, del mes y del diluvio, están sacadas de varias pinturas mexicanas. La vista del templo mayor está copiada de la del Conquistador Anónimo, corrigiéndole las proporciones de las figuras por las medidas que pone él mismo y añadiéndo lo demás conforme a la descripción de otros autores antiguos. La estampa del otro templo es copia de la que publicó Valdés en la *Retórica cristiana*. Las figuras de las flores y animales son en la mayor parte copia de las de Hernández. El retrato de Moctezuma está hecho por la copia que publicó Gemelli del original que tenía Sigüenza. Los retratos de los conquistadores son copias de los que se ven en las *Décadas* de Herrera. Todas las otras figuras están dibujadas conforme a lo que hemos visto por nuestros ojos y a lo que refieren los historiadores antiguos.

S. 44: Las naciones que ocupaban estas tierras antes de los españoles, aunque muy diferentes entre sí en su lenguaje y parte también en sus costumbres, eran casi de un mismo carácter. La constitución física y moral de los mexicanos, su genio y sus inclinaciones, eran las mismas de los acolhuas, los tlaxcaltecas, los tepanecas y las demás naciones, sin otra diferencia que la que produce la diferente educación.

S. 44 f.: Varios autores, así antiguos como modernos, han emprendido el retrato de estas naciones; pero entre tantos no se ha hallado uno que sea exacto y en todo fiel. La pasión y los prejuicios en unos autores, y la falta de conocimiento o de reflexión en otros, les ha hecho emplear diversos colores de los que debieran. [...] No reconozco en mí cosa alguna que pueda preocuparme en favor o en contra de ellos. Ni la razón de compatriota inclina mi discernimiento en su favor, ni el amor de mi nación o el celo del honor de mis nacionales me empeña a condenarlos; y así diré franca y sinceramente lo bueno y lo malo que en ellos he conocido.

Colón, Cristóbal: *Diario de a bordo*. Edición de Luis Arranz. Madrid: Historia 16 1985, S. 75: Dice el Almirante que juraban muchos hombres honrados españoles que en la Gomera estaban con doña Inés Peraza [...], que eran vecinos de la isla de Hierro, que cada año veían tierra al oeste de las Canarias, que es al Poniente, y otros de la Gomera afirmaban otro tanto con juramento. Dice aquí el Almirante que se acuerda que estando en Portugal el año de 1484 vino uno de la isla de la Madera al rey a le pedir una carabela para ir a esta tierra que veía, el cual juraba que cada año la veía y siempre de una manera. Y también dice que se acuerda que lo mismo decían en las islas de los Azores [...]. Finalmente se hizo a la vela de la dicha isla de la Gomera con sus tres carabelas, jueves a seis días de septiembre.

S. 86 f.: Navegó a su camino al Oueste. Anduvieron 12 millas por hora dos horas, y después 8 millas por hora; y andarán hasta una hora de sol 23 leguas; contó a la gente 18. En este día, al levantar del sol, la car12abela *Niña*, que iba delante por ser velera, y andaban quien más podía por ver primero tierra, por gozar de la merced que los reyes a quien primero la viese habían prometido, levantó una bandera en el topo del mástil, y tiró una lombarda por señal que veían tierra, porque así lo había ordenado el Almirante. Tenía también ordenado que al salir del sol y al ponerse se juntasen todos los navíos con él, porque estos dos tiempos son más propios para que los humores den más lugar a ver más lejos. Como en la tarde no viesen tierra, la que pensaban los de la carabela *Niña* que habían visto, y porque pasaban gran multitud de aves de la parte del norte al Sudueste, por lo cual era de creer que se iban a dormir a tierra, o huían quizá del invierno, que en las tierras de donde venían debía que querer venir, por esto el Almirante acordó dejar el camino del Oeste, y pone la proa hacia Ouesudueste con determinación de andar dos días por aquella vía. Esto comenzó antes una hora del sol puesto.

S. 89: A las dos horas después de media noche pareció la tierra, de la cual estarían dos leguas. amaynaron todas las velas, y quedaron con el treo, que es la vela grande, sin bonetas, y pusiéronse a la corda, temporizando hasta el día viernes que llegaron a una isleta de los Lucayos, que se llamaba en lengua de Indios Guanahani. Luego vieron gente desnuda, y el Almirante salió a tierra en la barca armada y Martín Alonso Pinzón y Vicente Yáñez, su hermano, que era capitán de la *Niña*. Sacó el Almirante la bandera real, y los capitanes con dos banderas de la cruz verde, que llevaba el Almirante en todos los navíos por seña, con una F y una Y, encima de cada letra su corona, una de un cabo de la + y otra de otro. Puesto en tierra vieron árboles muy verdes, y aguas muchas y frutas de diversas maneras. El Almirante llamó a los dos capitanes y a los demás que saltaron en tierra, y a Rodrigo de Escobedo, escribano de toda la armada, y a Rodrigo Sánchez de Segovia, y dijo que le diesen por fe y testimonio como él por ante todos tomaba, como de hecho tomó, posesión de la dicha Isla por el Rey y por la Reina sus señores haciendo las protestaciones que se requerían, como más largo se contiene en los testimonios que allí se hicieron por escrito. Luego se juntó allí mucha gente de la Isla. Esto que se sigue son palabras formales del Almirante en su libro de su primera navegación y descubrimiento de estas Indias: «*Yo,* dice él, *porque nos tuviesen mucha amistad, porque conocí que era gente que mejor se libraría y convertiría a Nuestra Santa Fe con amor que no por fuerza, les di a algunos de ellos unos bonetes colorados y unas cuentas de vidrio que se ponían al pescuezo, y otras cosas muchas de poco valor, con que hubieron mucho placer y quedaron tanto nuestros que era maravilla. Los cuales después venían a las barcas de los navíos a donde nos estábamos, nadando y nos traían papagayos y hilo de algodón en ovillos y azagayas y otras cosas muchas, y nos las trocaban por otras cosas que nos les dábamos, como cuenticillas de vidrio y cascabeles. [...] Ellos no traen armas ni las conocen, porque les mostré espadas y las tomaban por el filo, y se cortaban con ignorancia. No tienen algún hierro [...]. Yo placiendo a Nuestro Señor, llevaré de aquí al tiempo de mi partida seis a Vuestra Alteza para que aprendan a hablar. Ninguna bestia de ninguna manera vi, salvo papagayos en esta Isla.*» Todas son palabras del Almirante.

S. 92: *Y yo estaba atento y trabajaba de saber si había oro. Y vi que algunos de ellos traían un pedazuelo colgado con un agujero que tienen a la nariz. Y por señas pude entender que, yendo al Sur o volviendo la Isla por el Sur, que estaba allí un rey que tenía grandes vasos de ello, y traía muy mucho.*

S. 191: Dice que se quiere partir porque ya no aprovecha nada detenerse, por haber pasado aquellos desconciertos (debe decir del escándalo de los indios). Dice también que hoy ha salido que toda la fuerza del oro estaba en la comarca de la Villa de la Navidad de Sus Altezas, y que en la isla de Carib había mucho alambre y en Martinino, puesto que será dificultoso en Carib, porque aquella gente diz que come carne humana, y que de allí se parecía la isla de ellos, y que tenía determinado de ir a ella, pues está en el camino, y a la de Martinino, que diz que era poblada toda de mujeres sin hombres, y ver la una y la otra, y tomar diz que algunos de ellos. Envió el Almirante la barca a tierra, y el rey de aquella tierra no había venido porque diz que la población estaba lejos, mas envió su corona de oro como había prometido, y vieron otros muchos hombres con algodón y con pan y ajes, todos con sus arcos y flechas. Después que todo lo hubieron resgatado, vinieron diz que cuatro mancebos a la carabela, y pareciéronle al Almirante dar tan buena cuenta de todas aquellas islas que estaban hacia el Leste, en el mismo camino que el Almirante había de llevar, que determinó de traer a Castilla consigo. Allí diz que no tenían hierros ni otro metal que se hobiese visto, aunque en pocos días no se puede saber de una tierra mucho, así por la dificultad de la lengua, que no entendía el Almirante, sino por discreción, como porque ellos no saben lo que él pretendía en pocos días. Los arcos de aquella gente diz que eran tan grandes como los de Francia e Inglaterra; las flechas son propias como las azagayas de las otras gentes que hasta allí había visto, que son de los pimpollos de las cañas cuando son simiente, que quedan muy derechas y de longura de una vara y media [...].

Colón, Cristóbal: Testamento y Codicilo. In (ders.): *Los cuatro viajes. Testamento*. Edición de consuelo Varela. Madrid: Alianza Editorial 1986, S. 57: Navegó su vía ordinaria. Anduvieron 47 leguas. Contó a la gente 40 leguas. Aparecieron pardelas, yereva mucha, alguna muy vieja y otra muy fresca, y traía como fruta. No vieron aves algunas, y creía el Almirante que le quedavan atrás las islas que traía pintadas en su carta. Dize aquí el Almirante que no se quiso detener barloventeando la semana pasada y estos días que vía tantas señales de tierra, aunque tenía noticia de çiertas islas en aquella comarca, por no se detener, pues su fin era passar a las Indias, y si se detuviera, dize él, que no fuera buen seso.

S. 231f.: El día siguiente vino de hazia Oriente una grande canoa con veinte y cuatro hombres, todos mançebos y muy ataviados de armas, arcos y flechas y tablachinas, y ellos, como dixe, todos mançebos de buena disposiçión y no negros, salvo más blancos que otros [...]. Cuando llegó esta canoa habló de muy lexos, y yo ni otro ninguno no los entendíamos, salvo que yo les mandava hazer señas que se allegasen; y en esto se passó más de dos oras, y si se llegavan un poco, luego se desviavan; yo les hazía mostrar baçines y otras cosas que luzían, por enamorarlos porque viniesen, y a cabo de buen rato se allegaron más que hasta entonçes no avían; y yo deseava mucho aver lengua, y no tenía ya cosa que me pareciese que era de mostrarles para que viniesen, salvo que hize sobir un tamborín en el castillo de popa, que tañesen e unos mançebos que dançasen, creyendo que se allegarían a ver la fiesta. Y luego que vieron tañer y dançar, todos dexaron los remos y echaron mano a los arcos y los encordaron, y embraçó cada uno su tablachina y començaron a tirarnos flechas. Cessó luego el tañer y dançar, y mandé luego sacar unas ballestas; y ellos dexáronme y fueron a más andar a otra caravela, y de golpe se fueron debaxo la popa d'ella [...]; e nunca más los vide, ni a otros d'esta isla.

S. 283: El mundo es poco; el injuto d'ello es seis partes, la séptima solamente cubierta de agua. La experiencia ya está vista, y la escreví por otras letras y con adornamiento de la Sacra Escritura con el sitio del Paraíso Terrenal que la Sancta Iglesia aprueba.

S. 292ff.: Cuando yo descubrí las Indias, dixe que eran el mayor señorío rico que ay en el mundo. Yo dixe del oro, perlas, piedras preciosas, espeçerías, con los tratos y ferias, y porque no pareçió todo tan presto fui escandaliçado. Este castigo me hace agora que no diga salvo lo que yo oigo de los naturales de la tierra. De una oso dezir, porque ay tantos testigos, y es que yo vide en esta tierra de Beragua mayor señal de oro en dos días primeros, que en la Española en cuatro años, y que las tierras de la comarca no pueden ser más fermosas ni más labradas ni la gente más cobarde, y buen puerto y fermoso río defensible al mundo. [...] Genoveses, venecianos y toda la gente que tenga perlas, piedras preçiosas y otras cosas de valor, todos las llevan hasta el cabo del mundo para las trocar, convertir en oro. El oro es excelentíssimo; del oro se hace tesoro, y con él, quien lo tiene, haçe cuanto quiere en el mundo, y llega a que echa las ánimas al Paraíso. [...] David en su testamento dexó tres mil quintales de oro de las Indias a Salomón para ayuda de edificar el Templo, y según Josepho era él d'estas mismas tierras. Hierusalem y el monte Sion ha de ser reedificado por mano de cristiano; Quién a de ser, Dios por boca del Propheta en el déçimo cuarto Psalmo dice. [...] ¿Quién será que se ofrezca a esto? Si Nuestro Señor me lleva a España, yo me obligo de llevar con el nombre de Dios en salvo esta gente que vino conmigo; an pasado increíbles peligros y trabaxos. [...] Aislado en esta pena, enfermo, aguardando cada día por la muerte y cercado de un cuento de salvajes y llenos de crueldad y enemigos nuestros, y tan apartado de los Sanctos Sacramentos de la Sancta Iglesia, que se olvidará d'esta ánima si se aparta acá del cuerpo. Llore por mí quien tiene caridad, verdad y justiçia. Yo no vine a este viaje a navegar por ganar honra ni hazienda [...].

S. 299 f.: El Rey e la Reina, Nuestros Señores, cuando yo les serví con las Indias, digo serví, que parece que yo por la voluntad de Dios Nuestro Señor, se las di, como cosa que era mía, puédolo deçir, porque importuné a Sus Altezas por ellas, las cuales eran ignotas e ascondido el camino a cuantos se fabló d'ellas, para las ir a descobrir, allende de poner el aviso y mi persona, Sus Altezas non gastaron ni quisieron gastar para ello salvo un cuento de maravedís, e a mí fue necesario de gasta [sic] el resto: ansí plugo a Sus Alteças que yo uviese en mi parte de las dichas Indias, islas e tierra firme, que son al Poniente de una raya, que mandaron marcar sobre las islas de los Azores y aquellas de Cabo Verde, çien leguas, la cual pasa de polo a polo, que yo uviese en mi parte < el > terçio y el ochavo de todo, e más el diesmo de lo qu'está en ellas, como más largo se amuestra por los dichos mis privilegios e cartas de merced.

Colón, Cristóbal: *Libro de las Profecías*. Volumen preparado por Juan Fernández Valverde. Madrid: Alianza Editorial 1992, S. 8: El cuádruple sentido de la Sagrada Escritura está claramente presente en esta palabra: Jerusalén. En efecto: históricamente significa aquella ciudad terrenal a la que los peregrinos se dirigen; alegóricamente significa la Iglesia militante; tropológicamente significa cualquier alma fiel; anagógicamente significa la Jerusalén celestial: la patria o reino de los cielos.

Cortés, Hernán: *Cartas de relación*. Edición de Mario Hernández. Madrid: Historia 16 1985, S. 66 f.: Estas casas y mezquitas donde los tienen, son las mayores y mejores y más bien obradas y que en los pueblos hay, y tiénenlas muy ataviadas con plumajes y paños muy labrados y con toda manera de gentileza, y todos los días antes que obra alguna comienzan, queman en las dichas mezquitas incienso y algunas veces sacrifican sus mismas personas, cortándose unos la lengua, y otros las orejas, y otros acuchillándose el cuerpo con unas navajas. Toda la sangre que de ellos corre la ofrecen a aquellos ídolos, echándola por todas las partes de aquellas mezquitas, y otras veces echándola hacia el cielo y haciendo otras muchas maneras de ceremonias, por manera que ninguna obra comienzan sin que primero hagan allí sacrificio. Y tienen otra cosa horrible y abominable y digna de ser punida, que hasta hoy no habíamos visto en ninguna parte, y es que a todas las veces que alguna cosa quieren pedirle a sus ídolos para que más aceptasen su petición, toman muchas niñas y niños y aún hombres y mujeres de mayor edad, y en presencia de aquellos ídolos los abren vivos por los pechos y les sacan el corazón y las entrañas, y queman las dichas entrañas y corazones delante de los ídolos, y ofreciéndoles en sacrificio aquel humo. Esto hemos visto algunos de nosotros, y los que lo han visto dicen que es la más cruda y espantosa cosa de ver que jamás han visto. [...] Vean vuestras reales majestades si deben evitar tan gran mal y daño, y cierto sería Dios Nuestro Señor muy servido, si por mano de vuestras reales altezas estas gentes fueran introducidas en nuestra muy santa fe católica y conmutada la devoción, fe y la esperanza que en estos sus ídolos tienen, en la divina potencia de Dios; porque es cierto que si con tanta fe y fervor y diligencia a Dios sirviesen, ellos harían muchos milagros. Es de creer que no sin causa Dios Nuestro Señor ha sido servido que se descubriesen estas partes en nombre de vuestras reales altezas para que tan gran fruto y merecimiento de Dios alcancen vuestras majestades, mandando informar y siendo por su mano traídas a la fe estas gentes bárbaras, que según lo que de ellas hemos conocido, creemos que habiendo lenguas y personas que les hiciesen entender la verdad de la fe y el error en que están, muchos de ellos y aún todos, se apartarían muy brevemente de aquella errónea secta [...].

S. 84: Y porque demás de los que por ser criados y amigos de Diego Velázquez tenían voluntad de se salir de la tierra, había otros que por verla tan grande y de tanta gente y tal, y ver los pocos españoles que éramos, estaban del mismo propósito, creyendo que si allí los navíos dejase, se me alzarían con ellos, y yéndose todos los que de esta voluntad estaban, yo quedaría casi solo, por donde se estorbara el gran servicio que a Dios y a vuestra alteza en esa tierra se ha hecho, tuve manera como, so color que los dichos navíos no estaban para navegar, los eché a la costa por donde todos perdieron la esperanza de salir de la tierra. Y yo hice mi camino más seguro y sin sospechas que vueltas las espaldas no había de faltarme la gente que yo en la villa había de dejar.

S. 116 f.: Muchos días ha que por nuestras escrituras tenemos de nuestros antepasados noticia que yo ni todos los que en esta tierra habitamos no somos naturales de ella sino extranjeros y venidos a ella de partes muy extrañas y tenemos asimismo que a estas partes trajo nuestra generación un señor cuyos vasallos todos eran, el cual se volvió a su naturaleza y después tornó a venir dende en mucho tiempo y tanto, que ya estaban casados los que habían quedado con las mujeres naturales de la tierra y tenían mucha generación y hechos pueblos donde vivían y queriéndolos llevar consigo, no quisieron ir ni menos recibirle por señor y así se volvió y siempre hemos tenido que los que de él descendiesen habían de venir a sojuzgar esta tierra y a nosotros como a sus vasallos y según de la parte que vos decís que venís, que es a donde sale el sol y las cosas que decís de ese gran señor o rey que acá os envío, creemos y tenemos por cierto, él sea nuestro señor natural, en especial que nos decís que él ha muchos días tenía noticia de nosotros y por tanto, vos sed cierto que os obedeceremos y tendremos por señor en lugar de ese gran señor que vos decís y que en ello no habrá falta ni engaño alguno y bien podéis en toda la tierra, digo que en la que yo en mi señorío poseo, mandar a vuestra voluntad, porque será obedecido [...].

S. 211 f.: Como esto vio el dicho alguacil mayor y los españoles, determinaron de morir o subirles por fuerza a lo alto del pueblo, y con el apellido de Señor Santiago, comenzaron a subir; y plugo a Nuestro Señor darles tanto esfuerzo, que aunque era mucha la ofensa y resistencia que se les hacía, les entraron, aunque hubo muchos heridos. Y como los indios nuestros amigos los siguieron y los enemigos se vieron de vencida, fue tanta la matanza de ellos a manos de los nuestros, y de ellos despeñados de lo alto, que todos los que allí se hallaron afirman que un río pequeño que cercaba casi aquel pueblo, por más de una hora fue teñido en sangre, y les estorbó de beber por entonces, porque como hacía mucho calor tenían necesidad de ello.

S. 246 f.: [...] porque no teníamos resistencia, y ganado aquel, teníamos menos trabajo; yo disimulaba por todas las vías que podía por no hacerlo, aunque les encubría la causa, y esto era por los inconvenientes y peligros que se me representaban, porque para entrar en el mercado había infinitas azoteas, puentes y calzadas rotas, y en tal manera, que en cada casa por donde habíamos de ir estaba hecho como isla en medio del agua. [...] Y como los españoles veían tanta dilación en esto, y que había más de veinte días que nunca dejaban de pelear, importunábanme en gran manera, como arriba he dicho, que entrásemos y tomásemos el mercado, porque ganado, a los enemigos les quedaba poco lugar por donde defenderse, y que si no se quisiesen dar, que de hambre y sed se morirían, porque no tenían qué beber sino agua salada de la laguna.

Darío, Rubén: D.Q. In (ders.): *Don Quijote no debe ni puede morir (Páginas cervantinas).* Prólogo de Jorge Eduardo Arellano. Anotaciones de Günther Schmigalle. Managua: Academia Nicaragüense de la Lengua 2002, S. 24:
Aquélla fue la más horrible desolación. Era *la noticia*. Estábamos perdidos, perdidos sin remedio. No lucharíamos más. Debíamos entregarnos como prisioneros, como vencidos. Cervera estaba en poder del yanqui. La escuadra se la había trabado [sic] el mar, la habían despedazado los cañones de Norte América. No quedaba ya nada de España en el mundo que ella descubriera. Debíamos dar al enemigo vencedor las armas, y todo; y el enemigo apareció, en la forma de un gran diablo rubio, de cabellos lacios, barba de chivo, oficial de los

Estados Unidos, seguido de una escolta de cazadores de ojos azules. Y la horrible escena comenzó.

Díaz del Castillo, Bernal: *Historia verdadera de la conquista de la Nueva España*. Edición de Miguel León-Portilla. Tomo A. Madrid: Historia 16 1984, S. 312 f.: Ibamos por nuestra calzada delante, la cual es ancha de ocho pasos, y va tan derecha a la ciudad de México, que me parece que no se tuerce poco ni mucho; y puesto que es bien ancha, toda iba llena de aquellas gentes, que no cabían, unos que entraban en México y otros que salían, que nos venían a ver, que no nos podíamos rodear de tantos como vinieron, porque estaban llenas las torres [...]; y no era cosa de maravillar, porque jamás habían visto caballos ni hombres como nosotros. Y de que vimos cosas tan admirables, no sabíamos qué nos decir, o si era verdad lo que por delante parecía, que por una parte en tierra había grandes ciudades, y en la laguna otras muchas, y veíamoslo todo lleno de canoas, y en la calzada muchas puentes de trecho a trecho, y por delante estaba la gran ciudad de México, y nosotros aún no llegábamos a cuatrocientos cincuenta soldados, y teníamos muy bien en la memoria las pláticas e avisos que nos dieron los de Guaxocingo e Tlascala y Tamanalco, y con otros muchos consejos que nos habían dado para que nos guardásemos de entrar en México, que nos habían de matar cuando dentro nos tuviesen. Miren los curiosos lectores esto que escribo, si había bien que ponderar en ello; ¿qué hombres ha habido en el universo que tal atrevimiento tuviesen?

S. 330: [...] iban delante del Montezuma señores de vasallos, y llevaban dos bastones como cetros alzados en alto, que eran señal que iba allí el gran Montezuma; y cuando iba en las andas llevaba una varita, la media de oro y media de palo, levantada como vara de justicia; y así se fue y subió en su gran cu, acompañado de muchas papas y comenzó a zahumar a hacer otras ceremonias al Huichilobos. Dejemos al Montezuma, que ya había ido adelante, como dicho tengo y volvamos a Cortés y a nuestros capitanes y soldados, como siempre teníamos por costumbre de noche y de día estar armados, y así nos veían estar el Montezuma, y cuando lo íbamos a ver, no lo teníamos por cosa nueva. Digo esto porque a caballo nuestro capitán, con todos los más que tenían caballos, y la más parte de nuestros soldados muy apercibidos, fuimos al Tatelulco, e iban muchos caciques que el Montezuma envió para que nos acompañasen; y cuando llegamos a la gran plaza que se dice el Tatelulco, como no habíamos visto tal cosa, quedamos admirados de la multitud de gente y mercaderías que en ella había y del gran concierto y regimiento que en todo tenían; y los principales que iban con nosotros nos lo iban mostrando: cada género de mercadería estaban por sí, y tenían situados y señalados sus asientos. Comencemos por los mercaderes de oro y plata y piedras ricas, y plumas y mantas y cosas labradas, y otras mercaderías, esclavos y esclavas: digo que traían tantos a vender a aquella gran plaza como traen los portugueses los negros de Guinea, e traíanlos atados en unas varas largas, con collares a los pescuezos porque no se les uniesen, y otros dejabanm sueltos. Luego estaban otros mercaderes que vendían ropa más basta, e algodón, e otras cosas de hilo torcido, y cacaguateros que vendían cacao; y desta manera estaban cuantos géneros de mercaderías hay en toda la Nueva-España, puestos por su concierto, de la manera que hay en mi tierra, que es Medina del Campo, donde se hacen las ferias, que en cada calle están las mercaderías por sí [...].

S. 333: Y Cortés le dijo con nuestras lenguas, que iban con nosotros, que él ni nosotros no nos cansábamos en cosa ninguna; y luego le tomó por la mano y le dijo que mirase su gran ciudad y todas las más ciudades que había dentro en el agua, e otros muchos pueblos en tierra alrededor de la misma laguna; y que si no había visto bien su gran plaza, que desde allí podría ver muy mejor; y así lo estuvimos mirando, porque aquel grande y maldito templo estaba tan alto, que todo lo señoreaba; y de allí vimos las tres calzadas que entran en México, que es la de Iztapalapa, que fue por la que entramos cuatro días había; y la de Tacuba, que fue por donde después de allí a ocho meses salimos huyendo la noche de nuestro gran desbarate, cuando Coadlabaca, nuevo señor, nos echó de la ciudad, como adelante diremos; y la de Tepeaquilla; y veíamos el agua dulce que venía de Chapultepec, de que se proveía la ciudad; y en aquellas tres calzadas las puentes que tenían hechas de trecho a trecho, por donde entraba y salía el agua de la laguna de una parte a otra; e veíamos en aquella gran laguna tanta multitud de canoas, unas que venían con bastimentos e otras que venían con cargas e mercaderías; y veíamos que cada casa de aquella gran ciudad, y de todas las demás ciudades que estaban pobladas en el agua, de casa a casa no se pasaba sino por unas puentes levadizas que tenían hechas de madera, o en canoas; y veíamos en aquellas ciudades cues e adoratorios a manera de torres e fortalezas, y todas blanqueando, que era cosa de admiración, y las casas de azoteas, y en las calzadas otras torrecillas e adoratorios que eran como fortaleza.

Diderot, Denis: Supplément au Voyage de Bougainville ou Dialogue entre A et B. In (ders.): Œuvres. Editions établie et annotée par André Billy. Paris: Gallimard 1951, S. 964: A. Je n'entends rien à cet homme-là. L'étude des mathématiques, qui suppose une vie sédentaire, a rempli le temps de ses jeunes années; et voilà qu'il passe subitement d'une condition méditative et retirée au metier actif, pénible, errant et dissipé de voyageur. B. Nullement. Si le vaisseau n'est qu'une maison flottante, et si vous considérez le navigateur qui traverse des espaces immenses, resserré et immobile dans une enceinte assez étroite, vous le verrez faisant le tour du globe sur une planche comme vous et moi le tour de l'univers sur notre parquet.

Fernández de Oviedo, Gonzalo: *Historia general y natural de las Indias*, Bd. 1, S. 124: Ya se desterró Satanas desta isla; ya cesó todo con cesar y acabarse la vida a los más de los indios, y porque los que quedan dellos son ya muy pocos y en servicio de los cristianos o en su amistad.

Garcilaso de la Vega el Inca: *Comentarios reales de los Incas*. 2 Bde. Prólogo, edición y cronología Aurelio Miró Quesada. Caracas: Biblioteca Ayacucho 1985, hier Bd. 1, S. 5 f.: Aunque ha habido españoles curiosos que han escrito las repúblicas del Nuevo Mundo, como la de México y la del Perú, y la de otros reinos de aquella gentilidad, no ha sido con la relación entera que de ellos se pudiera dar, que lo he notado particularmente en las cosas que del Perú he visto escritas, de las cuales, como natural de la ciudad del Cozco, que fue otra Roma en aquel imperio, tengo más larga y clara noticia que la que hasta ahora los escritores han dado. Verdad es que tocan muchas cosas de las muy grandes que aquella república tuvo: pero escríbenlas tan cortamente, que aun las muy notorias para mí (de la manera que las dicen) las entiendo mal. Por lo cual, forzado del amor natural de patria, me ofrecí al trabajo de escribir estos *Comentarios*, donde clara y distintamente se verán las cosas que en aquella república había antes de los españoles, así en los ritos de su vana religión, como en el gobierno que en paz y en guerra sus reyes tuvieron, y todo lo demás que de aquellos indios se puede decir, desde lo más ínfimo del ejercicio de los vasallos, hasta lo más alto de la corona real. Escribimos solamente del imperio de los Incas, sin entrar en otras monarquías, porque no tengo la noticia de ellas que de ésta. En el discurso de la historia protestamos la verdad de ella, y que no diremos cosa grande, que no sea autorizándola con los mismos historiadores españoles que la tocaron en parte o en todo: que mi intención no es contradecirles, sino servirles de comento y glosa, y de intérprete en muchos vocablos indios que como extranjeros en aquella lengua interpretaron fuera de la propiedad de ella, según que largamente se verá en el discurso de la Historia, la cual ofrezco a la piedad del que la leyere, no con pretensión de otro interés más que de servir a la república cristiana, para que se den gracias a Nuestro Señor Jesucristo y a la Virgen María su Madre, por cuyos méritos e intercesión se dignó la Eterna Majestad de sacar del abismo de la idolatría tantas y tan grandes naciones, y reducirlas al gremio de su Iglesia católica romana, Madre y Señora nuestra. Espero que se recibirá con la misma intención que yo le ofrezco, porque es la correspondencia que mi voluntad merece, aunque la obra no la merezca. Otros dos libros se quedan escribiendo de los sucesos que entre los españoles en aquella mi tierra pasaron, hasta el año de 1560 que yo salí de ella: deseamos verlos ya acabados, para hacer de ellos la misma ofrenda que de éstos. Nuestro Señor, etc.

Bd. 1, S. 45: En suma, digo que me dieron noticia de todo lo que tuvieron en su república; que si entonces lo escribiera, fuera más copiosa esta historia. Demás de habérmelo dicho los indios, alcancé y vi por mis ojos mucha parte de aquella idolatría, sus fiestas y supersticiones, que aún en mis tiempos, hasta los doce o trece años de mi edad, no se habían acabado del todo. Yo nací ocho años después que los españoles ganaron mi tierra, y como lo he dicho, me crié en ella hasta los veinte años, y así vi muchas cosas de las que hacían los indios en aquella su gentilidad, las cuales contaré, diciendo que las vi. Sin la relación que mis parientes me dieron de las cosas dichas y sin lo que yo vi, he habido otras muchas relaciones de las conquistas y hechos de aquellos reyes; porque luego que propuse escribir esta historia, escribí a los condiscípulos de escuela y gramática, encargándoles que cada uno me ayudase con la relación que pudiese haber de las particulares conquistas que los Incas hicieron de las provincias de sus madres; porque cada provincia tiene sus cuentas y nudos con sus historias, anales y la tradición dellas; y por esto retiene mejor lo que en ella pasó que lo que pasó en la ajena.

Bd. 1, S. 82: Maravillosos edificios hicieron los Incas, reyes del Perú, en fortalezas, en templos, en casas reales, en jardines, en pósitos, y en caminos, y otras fábricas de grande excelencia, como se muestra hoy por las ruinas que dellas han quedado; aunque mal se puede ver por los cimientos lo que fue todo el edificio. La obra mayor y más soberbia que mandaron hacer para mostrar su poder y majestad, fue la fortaleza del Cozco, cuyas grandezas son increíbles a quien no las ha visto, y al que las ha visto y mirado con atención le hacen imaginar, y aun creer, que son hechas por vía de encantamiento, y que las hicieron demonios y no hombres

Gil, Juan (Hg.): *El libro de Marco Polo anotado por Cristóbal Colón. El libro de Marco Polo versión de Rodrigo de Santaella.* **Edición, introducción y notas de Juan Gil. Madrid: Alianza Editorial 1987, S. 132:** Pasemos ahora a describir las regiones de la India; empezaremos por la isla de Ciampagu, que es una isla al oriente en alta mar, que dista de la costa de Mangi mil cuatrocientas millas. Es grande en extremo y sus habitantes, blancos y de linda figura, son idólatras y tienen rey, pero no son tributarios de nadie más. Allí hay oro en grandísima abundancia, pero el monarca no permite facilmente que se saque fuera de la isla, por lo que pocos mercaderes van allí y rara vez arriban a sus puertos naves de otras regiones. El rey de la isla tiene un gran palacio techado de oro muy fino, como entre nosotros se recubren de plomo las iglesias. Las ventanas de ese palacio están todas guarnecidas de oro, y el pavimento de las salas y de muchos aposentos está cubierto de planchas de oro, las cuales tienen dos dedos de grosor. Allí hay perlas en extrema abundancia, redondas y gruesas y de color rojo, que en precio y valor sobrepujan al aljófar blanco. También hay muchas piedras preciosas, por lo que la isla de Ciampagu es rica a maravilla.

S. 156: Más allá del reino de Resmacoron, a cincuenta millas en alta mar, se encuentran al mediodía dos islas, distantes entre sí unas xxx millas. En una moran hombres sin mujeres, y se llama en su lengua la isla Macho; en la otra, por el contrario, habitan mujeres sin hombres, y se denomina aquella isla Hembra. Los que residen en estas islas forman una comunidad y son cristianos. Las mujeres no van nunca a la isla de los hombres, pero los hombres van a la isla de las mujeres y viven con ellas durante tres meses seguidos. Habita cada uno en su casa con su esposa, y después retorna a la isla Macho, donde permanece el resto del año. Las mujeres tienen a sus hijos varones consigo hasta los xiv años, y después los envían a sus padres. Las hembras dan de comer a la prole y tienen cuidado de algunos frutos de la isla, mientras que los hombres se proveen de alimento a sí mismos, a sus hijos y a sus mujeres.

Gruzinski, Serge: *Les Quatre Parties du monde. Histoire d'une mondialisation.* **Paris: Editions de La Martinière 2006, S. 12:** Ils ont jonglé avec la spéculation boursière, les technologies informatiques et aéronautiques, en profitant d'images reçues en temps réel sur toute la planète. La mondialisation fait naître toutes sortes de mélanges, au point que même les ruses qui se dressent contre elle pour tenter de la détruire sont elles aussi métisses. En usant conjointement de « tous les moyens modernes disponibles », les terroristes ont atteint une efficacité symbolique sans précédent.

S. 162: Les renégats, sous cet angle, sont peut-être moins significatifs, car la conversion des Ibériques à l'islam, de la Méditerranée à l'Inde et aux Philippines, est plutôt un saut sans retour dans l'univers musulman que le départ des liens suivis.

S. 168: Dans trois parties du monde, l'Eglise catholique se heurte à un rival tout aussi planétaire qu'elle, l'islam, sans lequel on ne saurait prendre la mesure de la mondialisation ibérique et de ses limites. Les mahométans inquiètent et fascinent.

Humboldt, Alexander von: *Essai politique sur le royaume de la Nouvelle-Espagne.* **Bd. 1. Paris: Schoell 1811, S. 428:** Le Mexique est le pays de l'inégalité. Nulle part peut-être il n'en existe une plus effrayante dans la distribution des fortunes, de la civilisation, de la culture du sol, et de la population. [...] Les Indiens mexicains, en les considérant en masse, présentent le tableau d'une grande misère. Relégués dans les terres les moins fertiles, indolens par caractère, et plus encore par suite de leur situation politique, les natifs ne vivent qu'au jour le jour.

Bd. 2, S. 107 (Fußnote 1): Qu'on traverse l'Amérique espagnole depuis Buenos-Ayres jusqu'à Monterey, depuis la Trinité et Porto Rico jusqu'à Panama et Veragua, et nulle part on ne rencontrera un monument national que la reconnoissance publique ait élevé à la gloire de Christophe Colomb et de Hernan Cortez!

Humboldt, Alexander von: Asie Centrale. Recherches sur les chaînes de montagnes et la climatologie comparée. 3 Bde. Paris: Gide 1843, Bd. 3, S. 346 f.: J'aurais pu terminer les considérations sur les pouvoirs absorbants et émissifs du sol, dont dépend en général le climat des continents et le décroissement de la chaleur dans l'air par l'examen des changements que l'homme produit à la surface des continents, en abattant les forêts, en modifiant la distribution des eaux, en versant dans les centres de culture industrielle de grandes masses de vapeurs et de substances gazeuses dans l'atmosphère. Ces changements sont sans doute plus importants qu'on ne l'admet généralement, mais dans l'immense variété de causes qui agissent à la fois et dont dépend le type des climats, les plus importantes ne sont pas restreintes à de petites localités: elles dépendent de rapports de position, de configuration et de hauteur du sol, de la prépondérance des vents sur lesquels la civilisation exerce peu d'influence sensible.

Humboldt, Alexander von: *Relation historique du Voyage aux Régions équinoxiales du Nouveau Continent fait en 1799, 1800, 1801, 1802, 1803, et 1804 par Al. de Humboldt et A. Bonpland. Rédigé par Alexandre de Humboldt.* **Neudruck des 1814–1825 in Paris erschienenen vollständigen Originals, besorgt, eingeleitet und um ein Register vermehrt von Hanno Beck, 3 Bde. Stuttgart: Brockhaus 1970, Bd. 1, S. 82:** Nous nous étions occupés, pendant toute la route, à lire les anciens voyages des Espagnols, et ces lumières mouvantes nous rappeloient celles que Pedro Gutierrez, page de la reine Isabelle, vit à l'île de Guanahani dans la nuit mémorable de la découverte du nouveau monde.

Bd. 1, S. 613: Ces mots, d'une candeur si naïve, portent l'empreinte du siècle où vivoit Colomb; mais on est surpris de voir l'éloge le plus pompeux des richesses sortir de la plume d'un homme dont toute la vie a été marquée par un noble désintéressement

Las Casas, Bartolomé de, *Historia de las Indias.* **Edición de Agustín Millares Carlo y estudio preliminar de Lewis Hanke. 3 Bde. México, D.F.: Fondo de Cultura Económica ²1965, Bd. 1, S. 24:** Pero creciendo cada día más y más la humana industria, curiosidad y también la malicia, y ocurriendo eso mismo a la vida frecuencia de necesidades o de evitar males, o buscando el reposo de adquirir bienes, huyendo peligros, ansí como en las conmutaciones o trueques y tratos que reinos con reinos, provincias con provincias, ciudades con ciudades, por mar y por tierra, llevando de lo que abundaban y trayendo de lo que carecen, suelen tener, se colige, o también, usando del natural refugio, la fuerza con fuerza resistiendo a los agraviantes y buscando largura para se extender y distancia para estar seguros, fué necesario abrirse las puertas que la oscuridad del olvido y neblina de la antigüedad cerradas tenía, descubriendo lo ignoto y buscando noticia de lo que no se sabía.

Bd. 1, S. 186 f.: Las cosas grandes y de que Dios tiene mucha estima, como son las que han de resultar en honra y gloria suya y en provecho universal de su Iglesia, y finalmente para bien y conclusión del número de sus predestinados, apenas se alcanzan, como en algún capítulo de los de arriba dijimos, si no con innumerables dificultades, contradicciones, trabajos y peligros, ordenándolo así el divino saber y poder, por que ésta es una de las leyes inviolables que tiene puestas en su mundo en todas las cosas que de su jaez y naturaleza son buenas, puesto que sean temporales, y mucho más en las que dirigen los hombres a la verdadera vida y bondad eternal, queriendo que a la grande fiesta preceda grande vigilia. Esto parece, por lo que el Hijo de Dios por su boca divinal manifestó por Sant Lucas, capítulo postrero: "Necesario fue Cristo padecer, y así, por pasión, entrar en su propia gloria"; pues, ¿qué habremos de padecer nosotros para entrar en la ajena? Y los Apóstoles dijeron, *Actuum 14*: "Por muchas tribulaciones nos es necesario entrar en el reino de Dios." Por consiguiente, permite el enemigo de la humana naturaleza, que, haciendo su oficio las contradiga, o para que más resplandezcan y se alaben sus maravillas, en qué tan maravillosamente suele, cuando más parecen los negocios perdidos, favorecer a que se efectúen, por más que el adversario trabaje impedirlos, o para que la flaqueza y presunción humana se cognosca y en sí, consigo misma, cognosciéndose, sea reprimida teniendo experiencia muy clara, no una sino muchas veces, de sí por sí no poder nada, si por la válida mano del Omnipotente no es socorrido, y también porque por la paciencia en los desconsuelos y aficiones y dilación de conseguir lo deseado, cresca el merecimiento de sus escogidos, y no menos porque los dones señalados de tan sumo dador cuanto más deseados y cuanto más dificultados y cuanto en mayores aflicciones habidos sean, como digno es, de todos a cuya noticia vinieren, mucho más estimados y tenidos. Por estas razones aparejó Dios a Cristóbal Colón incomparables angustias y tentaciones con que le quiso probar [...].

Las Casas, Bartolomé de: *Brevísima Relación de la Destrucción de las Indias*. Edición de André Saint-Lu. Madrid: Ediciones Cátedra ²1984, S. 74: La causa porque han muerto y destruido tantas y tales y tan infinito número de ánimas los cristianos, ha sido solamente por tener por su fin último el oro y henchirse de riquezas en muy breves días, y subir a estados muy altos y sin proporción de sus personas, conviene a saber, por la insaciable cudicia y ambición que han tenido, que ha sido mayor que en el mundo ser pudo, por ser aquellas tierras tan felices y tan ricas, y las gentes tan humildes, tan pacientes y tan fáciles a subjetarlas, a las cuales no han tenido más respecto, ni dellas han hecho más cuenta ni estima (hablo con verdad por lo que sé y he visto todo el dicho tiempo), no digo que de bestias (porque pluguiera a Dios que como a bestias las hobieran tractado y estimado), pero como y menos que estiércol de las plazas.

S. 116: Mató infinitas gentes con hacer navíos. Llevaba de la mar del Norte a la del Sur, ciento y treinta leguas, los indios cargados con anclas y tres y cuatro quintales que se les metían las uñas dellas por las espaldas y lomos. Y llevó desta manera mucha artillería en los hombros de los tristes desnudos, y yo vi de muchos cargados de artillería por los caminos, angustiados. Descasaba y robaba los casados, tomándoles las mujeres y las hijas y dábalas a los marineros y soldados por tenellos contentos para llevallos en sus armadas. Henchía los navíos de indios donde todos perecían de sed y hambre. Y es verdad que si hobiese de decir en particular sus crueldades, hiciese un gran libro que al mundo espantase. Dos armadas hizo, de muchos navíos cada una, con las cuales abrasó, como si fuera fuego del cielo, todas aquellas tierras. ¡Oh, cuántos huérfanos hizo, cuántos robó de sus hijos, cuántos privó de sus mujeres, cuántas mujeres dejó sin maridos; de cuántos adulterios y estupros y violencias fue causa!

Le Clézio, Jean-Marie Gustave: *Le rêve mexicain ou la pensée interrompue*. Paris: Gallimard 1988, U4: Le rêve mexicain, c'est cette question aussi que notre civilisation actuelle rend plus urgente: qu'aurait été notre monde, s'il n'y avait eu cette destruction, ce silence des peuples indiens? Si la violence du monde moderne n'avait pas aboli cette magie, cette lumière?

S. 209: La Conquête n'est pas seulement la mainmise d'une poignée d'hommes - étrange mélange de barbarie et d'audace - sur des terres, des réserves alimentaires, des routes, des organisations politiques, sur la force de travail des hommes et la réserve génétique des femmes. Elle est la mise en œuvre d'un projet conçu à l'origine même de la Renaissance, en vue de la domination du monde. Rien de ce qui fut le passé et la gloire des nations indigènes ne doit survivre: la religion, les légendes, les coutumes, l'organisation familiale ou tribale, les arts, le langage, et jusqu'à l'histoire, tout doit disparaître afin de laisser la place au moule nouveau imposé par l'Europe.

Léon-Portilla, Miguel (Hg.): *Crónicas indígenas. Visión de los vencidos.* **Madrid: Historia 16 1985, S. 34:** Vienen los ciervos que traen en sus lomos a los hombres. Con sus cotas de algodón, con sus escudos de cuero, con sus lanzas de hierro. Sus espadas, penden del cuello de sus ciervos. Estos tienen cascabeles, están encascabelados, vienen trayendo cascabeles. Hacen estrépito los cascabeles, repercuten los cascabeles. Esos 'caballos', esos 'ciervos', bufan, braman. Sudan a mares: como agua de ellos destila el sudor. Y la espuma de sus hocicos cae al suelo goteando: es como agua enjabonada con amole: gotas gordas se derraman. Cuando corren hacen estruendo: hacen estrépito, se siente el ruido, como si en el suelo cayeran piedras. Luego la tierra se agujera, luego la tierra se llena de hoyos en donde ellos pusieron su pata. Por sí sola se desgarra donde pusieron mano o pata...

S. 50: *Primer presagio funesto:* Diez años antes de venir los españoles primeramente se mostró un funesto presagio en el cielo. Una como espiga de fuego, una como llama de fuego, una como aurora: se mostraba como si estuviere goteando, como si estuviera punzando en el cielo. [...] Pues cuando se mostraba había alboroto general: se daban palmadas en los labios las gentes; había un gran azoro; habían interminables comentarios.

S. 82: Entrados pues por la provincia de Cholula, en muy breve tiempo fue destruida por muy grandes ocasiones que para ello dieron y causaron los naturales de aquella ciudad. La cual destruida y muerta en esta entrada gran muchedumbre de cholultecas, corrió la fama por toda la tierra hasta México, donde puso horrible espanto, y más en ver y entender que los tlaxcaltecas se habían confederado con los 'dioses', que así generalmente eran llamados los nuestros (los españoles) en toda la tierra de este Nuevo Mundo, sin poderles dar otro nombre. Tenían tanta confianza los cholultecas en su ídolo Quetzalcohuatl, que entendieron que no había poder humano que los pudiese conquistar ni ofender, antes acabar a los nuestros en breve tiempo, lo uno porque eran pocos, y lo otro porque los tlaxcaltecas los habían traído allí por engaño a que ellos los acabaran, pues confiaban tanto en su ídolo, que creían que con rayo y fuego del cielo los habían de consumir y acabar y anegar con aguas. [...] Más, visto por nuestros tlaxcaltecas que nuestros españoles apellidaban a Santiago y comenzaban a quemar los españoles los templos de los ídolos y a derribarlos por los suelos, profanándolos con gran determinación, y como no veían que hacían nada, ni caían rayos, ni salían ríos de agua, entendieron la burlería y cayeron en la cuenta de cómo era todo falsedad y mentira. Tornaron así cobrando tanto ánimo, que como dejamos referido hubo en esta ciudad tan gran matanza y estrago, que no se puede imaginar; de donde nuestros amigos quedaron muy enterados del valor de nuestros españoles, y desde allí en adelante no estimaban acometer mayores crímenes, todo guiado por orden divina, que era Nuestro Señor servido que esta tierra se ganase y rescatase y saliese del poder del demonio.

Lévi-Strauss, Claude: *Tristes Tropiques*. Paris: Plon 1984, S. 36: Aujourd'hui où des îles polynésiennes noyées de béton sont transformées en porte-avions pesamment ancrés au fond des mers du Sud, où l'Asie tout entière prend le visage d'une zone maladive, où les bidonvilles rongent l'Afrique, où l'aviation commerciale et militaire flétrit la candeur de la forêt américaine ou mélanésienne avant même d'en pouvoir détruire la virginité, comment la prétendue évasion du voyage pourrait-elle réussir autre chose que nous confronter aux formes les plus malheureuses de notre existence historique? Cette grande civilisation occidentale, créatrice des merveilles dont nous jouissons, elle n'a certes pas réussi à les produire sans contrepartie. Comme son œuvre la plus fameuse, pile où s'élaborent des architectures d'une complexité inconnue, l'ordre et l'harmonie de l'Occident exigent l'élimination d'une masse prodigieuse de sous-produits maléfiques dont la terre est aujourd'hui infectée. Ce que d'abord vous nous montrez, voyages, c'est notre ordure lancée au visage de l'humanité.

S. 387: Il n'y a pas de perspective plus exaltante pour l'ethnographe que celle d'être le premier blanc à pénétrer dans une communauté indigène. Déjà, en 1938, cette récompense suprême ne pouvait s'obtenir que dans quelques régions du monde suffisamment rares pour qu'on les compte sur les doigts d'une main. Depuis lors, ces possibilités se sont encore restreintes. Je revivrai donc l'expérience des anciens voyageurs, et à travers elle, ce moment crucial de la pensée moderne où, grâce aux grandes découvertes, une humanité qui se croyait complète et parachevée reçut tout à coup, comme une contre-révélation, l'annonce qu'elle n'était pas seule, qu'elle formait une pièce d'un plus vaste ensemble, et que, pour se connaître, elle devait d'abord contempler sa méconnaissable image en ce miroir dont une parcelle oubliée par les siècles allait, pour moi seul, lancer son premier et dernier reflet.

Lezama Lima, José: *La expresión americana*. Madrid: Alianza Editorial 1969, S. 9: Sólo lo difícil es estimulante; sólo la resistencia que nos reta es capaz de enarcar, suscitar y mantener nuestra potencia de conocimiento, pero en realidad ¿Qué es lo difícil? ¿lo sumergido, tan sólo, en las maternales aguas de lo oscuro? ¿lo originario sin causalidad, antítesis o logos? Es la forma en devenir en que un paisaje va hacia un sentido, una interpretación o una sencilla hermenéutica, para ir después hacia su reconstrucción, que es en definitiva lo que marca su eficacia o desuso, su fuerza ordenancista o su apagado eco, que es su visión histórica.

S. 92: Si el arzobispo frenetizado lo persigue, logra con su cadencia de calabozos, aclararse en la totalidad de la independencia mexicana. Su proyección de futuridad es tan ecuánime y perfecta, que cuando ganamos su vida con sentido retrospectivo, desde el hoy hacia el boquerón del calabozo romántico, parece como lector de destinos, arúspice de lo mejor de cada momento. Creador, en medio de la tradición que desfallece, se obliga a la síntesis de ruptura y secularidad, apartarse de la tradición que se resguarda para rehallar la tradición que se expande, juega y recorre destinos.

S. 115 f.: Pero esa gran tradición romántica del siglo XIX, la del calabozo, la ausencia, la imagen y la muerte, logra crear el hecho americano, cuyo destino está más hecho de ausencias posibles que de presencias imposibles. La tradición de las ausencias posibles ha sido la gran tradición americana y donde se sitúa el hecho histórico que se ha logrado. José Martí representa, en una gran navidad verbal, la plenitud de la ausencia posible. En él culmina el calabozo de Fray Servando, la frustración de Simón Rodríguez, la muerte de Francisco Miranda pero también el relámpago de las siete intuiciones de la cultura china, que le permite tocar, por la metáfora del conocimiento, y crear el remolino que lo destruye; el misterio que no fija la huida de los grandes perdedores y la oscilación entre dos grandes destinos, que él resuelve al unirse a la casa que va a ser incendiada. Su muerte tenemos que situarla dentro del Pachacámac incaico, del dios invisible.

S. 162 f.: Las grandes figuras del arte contemporáneo, han descubierto regiones que parecían sumergidas, formas de expresión o conocimiento que se habían descuidado, permaneciendo creadoras. El conocimiento de Joyce del neotomismo, siquiera sea como diletante, no era un eco tardío de la escolástica, sino un mundo medieval, que al ponerse en contacto con él se volvía extrañamente creador. La llegada de Stravinski a Pergolesi, no era una astucia neoclásica, sino la necesidad de encontrar un hilo en la tradición, que había estado tan cerca de alcanzar el secreto de la mística, el canon de la creación, la fijeza en las mutaciones, el ritmo del retorno. La gran excepción de un Leonardo o de un Goethe, se convertía en nuestra época en la expresión signaría, que exigía un intuitivo y rápido conocimiento de los estilos anteriores, rostros de lo que ha seguido siendo creador después de tantos naufragios y una adecuada situación en la polémica contemporánea, en el fiel de lo que se retira hacia las sombras y el chorro que salta de las aguas. Si Picasso saltaba de lo dórico a lo eritreo, de Chardin a lo provenzal, nos parecía una óptima señal de los tiempos, pero si un americano estudiaba y asimilaba a Picasso, *horror referens.*

López de Gómara, Francisco: *Historia general de las Indias*, Bd. I, S 46: Mas, al mejor hervor del combate, salió el tiro, sin cebarlo más ni ponerle fuego de nuevo, con espantoso sonido; y como era grande y tenía perdigones en la pelota, escupió muy fuerte, mató a muchos y los asombró a todos; y así se retiraron atónitos; que andaban peleando por los españoles santa María y Santiago en un caballo blanco, y decían los indios que el caballo hería y mataba tantos con la boca y con los pies y manos como el caballero con la espada, y que la mujer del altar les echaba polvos por las caras y los cegaba [...].

Maalouf, Amin: *Les Identités meurtrières*. Paris: Editions Grasset & Fasquelle 1998, S. 23: Je viens d'une famille originaire du sud arabique, implantée dans la montagne libanaise depuis des siècles, et qui s'est répandue depuis, par migrations successives, dans divers coins du globe, de l'Egypte au Brésil, et de Cuba à l'Australie. Elle s'enorgueillit d'avoir toujours été à la fois arabe et chrétienne, probablement depuis le IIe ou le IIIe siècle, c'est-à-dire bien avant l'émergence de l'islam et avant même que l'Occident ne se soit converti au christianisme.

Maalouf, Amin: *Origines*. Paris: Editions Grasset & Fasquelle 2004, S. 323 f.: D'ailleurs, quelques instants après mon arrivée, des notes se font entendre. Elles proviennent, par-delà le couloir, d'une vaste pièce dont le haut plafond et les murs sont tapissés à la fois de faïence et de stuc, avec des motifs et des inscriptions imités de ceux de l'Alhambra, notamment la devise des Nasrides, derniers rois musulmans de Grenade: *La ghaliba illa-llah,* « Pas d'autre vainqueur que Dieu ». Dans cette pièce, qui fut peut-être la salle à manger, il semble que l'influence de la fille de l'austère prédicateur n'ait pas su prévaloir; non qu'il y ait là une débauche ostentatoire, mais disons que la richesse n'y est pas demeurée timide. Il serait toutefois injuste de ne voir en cela qu'un caprice de nouveau riche; ce n'est pas le drapeau de sa fortune que Gebrayel a déployé sur ces murs, c'est le drapeau de sa culture d'origine, de son identité; il éprouvait le besoin de proclamer fièrement son appartenance à la civilisation andalouse, symbole du rayonnement des siens.

Mariátegui, José Carlos: *Siete ensayos de interpretación de la realidad oeruana*. Barcelona: Editorial Crítica 1976, S. 33 und 38: La suposición de que el problema indígena es un problema ético se nutre del más envejecido repertorio de ideas imperialistas. El concepto de las razas inferiores sirvió al Occidente blanco para su obra de expansión y conquista. Esperar la emancipación indígena de un activo cruzamiento de la raza aborigen con inmigrantes blancos, es una ingenuidad antisociológica, concebible sólo en la mente rudimentaria de un importador de carneros merinos. Los pueblos asiáticos, a los cuales no es inferior en un ápice el pueblo indio, han asimilado admirablemente la cultura occidental, en lo que tiene de más dinámico y creador, sin transfusiones de sangre europea. [...] La revolución de la Independencia no constituyó, como se sabe, un movimiento indígena. La promovieron y usufructuaron los criollos y aun los españoles de las colonias. Pero aprovechó el apoyo de la masa indígena [...]. El programa liberal de la revolución comprendía lógicamente la redención del indio, consecuencia automática de la aplicación de sus postulados igualitarios. Y, así, entre los primeros actos de la República, se contaron varias leyes y decretos favorables a los indios. Se ordenó el reparto de tierras, la abolición de los trabajos gratuitos, etc; pero no representando la revolución en el Perú el advenimiento de una nueva clase dirigente, todas estas disposiciones quedaran sólo escritas, faltas de gobernantes capaces de actuarlas.

S. 177: Ninguna reforma que robustezca al gamonal contra el indio, por mucho que parezca como una satisfacción del sentimiento regionalista, puede ser estimada como una reforma buena y justa. Por encima de cualquier triunfo formal de la descentralización y la autonomía, están las reivindicaciones sustanciales de la causa del indio, inscritas en primer término en el programa revolucionario de la vanguardia.

S. 197: La flaqueza, la anemia, la flacidez de nuestra literatura colonial y colonialista provienen de su falta de raíces. La vida, como lo afirmaba Wilson, viene de la tierra. El arte tiene necesidad de alimentarse de la savia de una tradición, de una historia, de un pueblo. Y en el Perú la literatura no ha brotado de la tradición, de la historia, del pueblo indígenas. Nació de una importación de literatura española; se nutrió luego de la imitación de la misma literatura. Un enfermo cordón umbilical la ha mantenido unida a la metrópoli. Por eso no hemos tenido casi sino barroquismo y culteranismo de clérigos y oidores, durante el coloniaje; romanticismo y trovadorismo mal trasegados de los biznietos de los mismos oidores y clérigos, durante la República. La literatura colonial, malgrado algunas solitarias y raquíticas evocaciones del imperio y sus fastos, se ha sentido extraña al pasado incaico. Ha carecido absolutamente de aptitud e imaginación para reconstruirlo.

S. 265: S. Magda Portal es ya otro valor-signo en el proceso de nuestra literatura. Con su advenimiento le ha nacido al Perú su primera poetisa. Porque hasta ahora habíamos tenido sólo mujeres de letras, de las cuales una que otra con temperamento artístico o más específicamente literario. Pero no habíamos tenido propiamente una poetisa. Conviene entenderse sobre el término. La poetisa es, hasta cierto punto, en la historia de la civilización occidental, un fenómeno de nuestra época. Las épocas anteriores produjeron sólo poesía masculina. La de las mujeres también lo era, pues se contentaba con ser una variación de sus temas líricos o de sus motivos filosóficos. La poesía que no tenía el signo del varón, no tenía tampoco el de la mujer –virgen, hembra, madre–. Era una poesía asexual. En nuestra época, las mujeres ponen al fin en su poesía su propia carne y su propio espíritu. La poetisa es ahora aquella que crea una poesía femenina. Y desde que la poesía de la mujer se ha emancipado y diferenciado espiritualmente de la del hombre, las poetisas tienen una alta categoría en el elenco de todas las literaturas. Su existencia es evidente e interesante a partir del momento en que ha empezado a ser distinta.

S. 279: El porvenir de la América Latina depende, según la mayoría de los pronósticos de ahora, de la suerte del mestizaje. Al pesimismo hostil de los sociólogos de la tendencia de Le Bon sobre el mestizo, ha sucedido un optimismo mesiánico que pone en el mestizo la esperanza del Continente. El trópico y el mestizo son, en la vehemente profecía de Vasconcelos, la escena y el protagonista de una nueva civilización. Pero la tesis de Vasconcelos que esboza una utopía –en la acepción positiva y filosófica de esta palabra– en la misma medida en que aspira a predecir el porvenir, suprime e ignora el presente. Nada es más extraño a su especulación y a su intento que la crítica de la realidad contemporánea, en la cual busca exclusivamente los elementos favorables a su profecía. El mestizaje que Vasconcelos exalta no es precisamente la mezcla de las razas española, indígena y africana, operada ya en el continente, sino la fusión y refusión acrisoladoras, de las cuales nacerá, después de un trabajo secular, la raza cósmica. El mestizo actual, concreto, no es para Vasconcelos el tipo de una nueva raza, de una nueva cultura, sino apenas su promesa

S. 280 u. 281: El chino y el negro complican el mestizaje costeño. Ninguno de estos dos elementos ha aportado aún a la formación de la nacionalidad valores culturales ni energías progresivas. El coolí chino es un ser segregado de su país por la superpoblación y el pauperismo. Injerta en el Perú su raza, mas no su cultura. La inmigración china no nos ha traído ninguno de los elementos esenciales de la civilización china, acaso porque en su propia patria han perdido su poder dinámico y generador. Lao Tsé y Confucio han arribado a nuestro conocimiento por la vía de Occidente. [...] El aporte del negro, venido como esclavo, casi como mercadería, aparece más nulo y negativo aún. El negro trajo su sensualidad, su superstición, su primitivismo. No estaba en condiciones de contribuir a la creación de una cultura, sino más bien de estorbarla con el crudo y viviente influjo de su barbarie

Martí, José: *Obras Completas*. 27 Bde. La Habana: Editorial de Ciencias Sociales 1975, hier Bd. 6, S. 21 f.: De todos sus peligros se va salvando América. Sobre algunas repúblicas está durmiendo el pulpo [...]. Como su decoro de república pone a la América del Norte, ante los pueblos atentos del Universo, un freno que no le ha de quitar la provocación pueril o la arrogancia ostentosa, o la discordia parricida de nuestra América, el deber urgente de nuestra América es enseñarse como es, una en alma e intento, vencedora veloz de un pasado sofocante, manchada sólo con la sangre de abono que arranca a las manos la pelea con las ruinas, y la de las venas que nos dejaron picadas nuestros dueños. El desdén del vecino formidable, que no la conoce, es el peligro mayor de nuestra América; y urge, porque el día de la visita está próximo, que el vecino la conozca, la conozca pronto, para que no la desdeñe. Por ignorancia llegaría, talvez, a poner en ella la codicia

Bd. 9, S. 123: En los fastos humanos, nada iguala a la prosperidad maravillosa de los Estados Unidos del Norte. Si hay o no en ellos falta de raíces profundas; si son más duraderos en los pueblos los lazos que ata el sacrificio y el dolor común que los que ata el común interés; si esa nación colosal, lleva o no en sus entrañas elementos feroces y tremendos; si la ausencia del espíritu femenil, origen del sentido artístico y complemento del ser nacional, endurece y corrompe el corazón de ese pueblo pasmoso, eso lo dirán los tiempos.

Bd. 9, S. 125: Lo que asombra allí es, el tamaño, la cantidad, el resultado súbito de la actividad humana, esa inmensa válvula de placer abierta a un pueblo inmenso, esos comedores que, vistos de lejos, parecen ejércitos en alto, esos caminos que a dos millas de distancia no son caminos, sino largas alfombras de cabezas; ese vertimiento diario de un pueblo portentoso en una playa portentosa; esa movilidad, ese don de avance, ese acometimiento, ese cambio de forma, esa febril rivalidad de la riqueza, ese monumental aspecto del conjunto que hacen digno de competir aquel pueblo de baños con la majestad de la tierra que lo soporta, del mar que lo acaricia y del cielo que lo corona, esa marea creciente, esa expansividad anonadadora e incontrastable, firme y frenética, y esa naturalidad en lo maravilloso; eso es lo que asombra allí.

Bd. 9, S. 128: Las luces eléctricas que inundan de una claridad acariciadora y mágica las plazuelas de los hoteles, los jardines ingleses, los lugares de conciertos, la playa misma en que pudieran contarse a aquella luz vivísima los granos de arena parecen desde lejos como espíritus superiores inquietos. [...] Como en día pleno, se leen por todas partes periódicos, programas, anuncios, cartas. Es un pueblo de astros; y así las orquestas, los bailes, el vocerío, el ruido de olas, el ruido de hombres, el coro de risas, los halagos del aire, los altos pregones, los trenes veloces, los carruajes ligeros, hasta que llegadas ya las horas de la vuelta, como monstruo que vaciase toda su entraña en las fauces hambrientas de otro monstruo, aquella muchedumbre colosal, estrujada y compacta se agolpa a las entradas de los trenes que repletos de ella, gimen, como cansados de su peso, en su carrera por la soledad que van salvando, y ceden luego su revuelta carga a los vapores gigantescos, animados por harpas y violines que llevan a los muelles y riegan a los cansados paseantes, en aquellos mil carros y mil vías que atraviesan, como venas de hierro, la dormida Nueva York

Bd. 9, S. 325 f.: Alegan además los republicanos que ya entró esta Nación en edad de mayoría, y la América del Sur, en época de definitivo establecimiento: que para las necesidades de su expansión ha menester de gran suma, que pueda levantar súbitamente gran ejército, y temible armada. Alegan que pudiera venirse, o por querer autoridad suprema en el Canal de Panamá, o por impedir el crecimiento del poder inglés en América, a una guerra con Inglaterra, que es gran poder naval. Y se ha dado el caso extraño de que el Congreso vote suma crecidísima para las reparaciones de la armada, a petición y por tenaz empeño de aquel Secretario de Marina que en tiempos de Grant empleó, en gestos confusos o innecesarios, o totalmente inexplicados, cientos y más millones.

Martí, José: *Nuestra América*. Edición crítica. Investigación, presentación y notas Cintio Vitier. La Habana: Centro de Estudios Martianos – Casa de las Américas 1991, S. 13: Cree el aldeano vanidoso que el mundo entero es su aldea, y con tal que él quede de alcalde, o le mortifiquen al rival que le quitó la novia, o le crezcan en la alcancía los ahorros, ya da por bueno el orden universal, sin saber de los gigantes que llevan siete leguas en las botas, y le pueden poner la bota encima, ni de la pelea de los cometas en el cielo, que van por el aire dormido[s] engullendo mundos. Lo que quede de aldea en América ha de despertar. Estos tiempos no son para acostarse con el pañuelo a la cabeza, sino con las armas de almohada, como los varones de Juan de Castellanos: las armas del juicio, que vencen a las otras. Trincheras de ideas, valen más que trincheras de piedras.

S. 20: Éramos una visión: con el pecho de atleta, las manos de petimetre y la frente de niño. Éramos una máscara, con los calzones de Inglaterra, el chaleco parisiense, el chaquetón de Norteamérica y la montera de España. El indio, mudo, nos daba vueltas alrededor, y se iba al monte, a la cumbre del monte, a bautizar sus hijos. El negro, oteado, cantaba en la noche la música de su corazón, solo y desconocido, entre las olas y las fieras. El campesino, el creador, se revolvía, ciego de indignación, contra la ciudad desdeñosa, contra su criatura.

Mataix, Remedios: Inca Garcilaso de la Vega: apunte biográfico. In: http://www.cervantesvirtual.com/bib_autor/incagarcilaso/pcuartonivel.jsp?conten=autor: El Inca Garcilaso de la Vega, varón insigne, digno de perpetua memoria. Ilustre en sangre. Perito en letras. Valiente en armas. Hijo de Garcilaso de la Vega. De las Casas de los duques de Feria e Infantado y de Elisabeth Palla, hermana de Huayna Capac, último emperador de las Indias. Comentó La Florida. Tradujo a León Hebreo y compuso los Comentarios Reales. Vivió en Córdoba con mucha religión. Murió ejemplar. Dotó esta capilla. Enterróse en ella. Vinculó sus bienes al sufragio de las Animas del Purgatorio. [Son Patronos perpetuos los señores Deán y Cabildo de esta Santa Iglesia. Falleció a 22 de abril de 1616. Rueguen a Dios por su ánima.]

Montaigne, Michel de: *Essais. Livres I–III.* **Paris: Garnier-Flammarion 1969–1979 Bd. 1, S. 251:** J'ai peur que nous avons les yeux plus grands que le ventre, et plus de curiosité que nous n'avons de capacité. Nous embrassons tout, mais nous n'étraignons que du vent. [...] Cet homme que j'avoy, estoit homme simple et grossier, qui est une condition propre à rendre veritable tesmoignage; car les fines gens remarquent bien plus curieusement et plus de choses, mais ils les glosent; et, pour faire valoir leur interpretation et la persuader, ils ne se peuvent garder d'alterer un peu l'Histoire; ils ne vous representent jamais les choses pures, ils les inclinent et masquent selon le visage qu'ils leur ont veu [...]. Ainsi je me contente de cette information, sans m'enquerir de ce que les cosmographes en disent.

Bd. I, S. 254: Or je trouve, pour revenir à mon propos, qu'il n'y a rien de barbare et de sauvage en cette nation, à ce qu'on m'en a rapporté, sinon que chacun appelle barbarie ce qui n'est pas de son usage; comme de vray, il semble que nous n'avons autre mire de la verité et de la raison que l'exemple et idées des opinions et usances du païs où nous sommes. Là est toujours la parfaicte religion, la parfaicte police, perfect et accomply usage de toutes choses. [...] Car il me semble que ce que nous voyons par experience en ces nations là, surpasse non seulement toutes les peintures dequoy la poësie a embelly l'age doré et toutes ses inventions à feindre une heureuse condition d'hommes, mais encore la conception et le desir mesme de la philosophie. Ils n'ont peu imaginer une nayfveté si pure et simple, comme nous la voyons par experience; ny n'ont peu croire que nostre société se peut maintenir avec si peu d'artifice et de soudeure humaine.

Bd. 1, S. 258: Jugeans bien de leurs fautes, nous soyons si aveuglez aux nostres. Je pense qu'il y a plus de barbarie a manger un homme vivant qu'à le manger mort, à deschirer par tourmens et par geénes un corps encore plein de sentiment, le faire rostir par le menu, le faire mordre et meurtrir aux chiens et aux pourceaux (comme nous l'avons non seulement leu, mais veu de fresche memoire, non entre des ennemis anciens, mais entre des voisins et concitoyens, et, qui pis est, sous pretexte de pieté et de religion), que de le rostir et manger après qu'il est trespassé. [...] Nous les pouvons donq bien appeller barbares, eu esgard aux regles de la raison, mais non pas eu esgard à nous, qui les surpassons en toute sorte de barbarie. Leur guerre est toute noble et genereuse, et a autant d'excuse et de beauté que cette maladie humaine en peut recevoir [...]. Ils sont encore en cet heureux point, de ne desirer qu'autant que leurs necessitez naturelles leur ordonnent; tout ce qui est au delà est superflu pour eux

Núñez Cabeza de Vaca, Alvar: *Naufragios y Comentarios*. Edición de Roberto Ferrando. Madrid: Historia 16 1984, S. 41: A 17 días del mes de junio de 1527, partió del puerto de San Lúcar de Barrameda el gobernador Pánfilo de Narváez, con poder y mandado de Vuestra Majestad para conquistar y gobernar las provincias que están desde el Río de las Palmas hasta el cabo de la Florida, las cuales son en Tierra Firme; y la armada que llevaba eran cinco navíos, en los cuales poco más o menos, irían seiscientos hombres.

S. 73: Los indios, de ver el desastre que nos había venido y el desastre en que estábamos, con tanta desventura y miseria, se sentaron entre nosotros, y con el gran dolor y lástima que hubieron de vernos en tanta fortuna, comenzaron todos a llorar recio, y tan de verdad, que lejos de allí se podía oír, y esto les duró más de media hora; y cierto ver que estos hombres tan sin razón y tan crudos a manera de brutos, se dolían tanto de nosotros, hizo que en mí y en otros de la compañía creciese más la pasión y la consideración de nuestra desdicha.

S. 104: Y cuando en algunos pueblos riñen y traban cuestiones unos con otros, apuñéanse y apaléanse hasta que están cansados, y entonces se desparten; algunas veces los desparten mujeres, entrando entre ellos, que hombres no entran a despartirlos; y por ninguna pasión que tengan no meten en ella arcos ni flechas; y desque se han apuñeado y pasado su cuestión, toman sus casas y mujeres, y vanse a vivir por los campos y apartados de los otros, hasta que se les pasa el enojo; y cuando ya están desenojados y sin ira, tórnanse a su pueblo, y de ahí adelante son amigos como si ninguna cosa hobiera pasado entre ellos, ni es menester que nadie haga las amistades, porque de esta manera se hacen [...].

S. 123: Pasados dos días que allí estuvimos, determinamos de ir a buscar el maíz, y no quisimos seguir el camino de las Vacas, porque es hacia el Norte, y esto era para nosotros muy gran rodeo, porque siempre tuvimos por cierto que yendo la puesta del sol habíamos de hallar lo que deseábamos; y ansí, seguimos nuestro camino, y atravesamos toda la tierra hasta salir a la mar del Sur [...].

S. 142: Y pues he dado relación de los navíos, será bien que diga quién son y de qué lugar de estos reinos, los que nuestro Señor fue servido de escapar de estos trabajos. El primero es Alonso del Castillo Maldonado, natural de Salamanca, hijo del doctor Castillo y de doña Aldonza Maldonado. El segundo es Andrés Dorantes, hijo de Pablo Dorantes, natural de Béjar y vecino de Gibraleón. El tercero es Alvar Núñez Cabeza de Vaca, hijo de Francisco de Vera y nieto de Pedro de Vera, el que ganó a Canaria, y su madre se llamaba doña Teresa Cabeza de Vaca, natural de Jerez de la Frontera. El cuarto se llama Estebanico; es negro alárabe, natural de Azamor.

Ortiz, Fernando: *Contrapunteo cubano del tabaco y el azúcar*. Prólogo y Cronología Julio Le Riverend. Caracas: Biblioteca Ayacucho 1978, S. 95: No hubo factores humanos más trascendentes para la cubanidad que esas continuas, radicales y contrastantes transmigraciones geográficas, económicas y sociales de los pobladores, que esa perenne transitoriedad de los propósitos y que esa vida siempre en desarraigo de la tierra habitada, siempre en desajuste con la sociedad sustentadora. Hombres, economías, culturas y anhelos, todo aquí se sintió foráneo, provisional, cambiadizo, «aves de paso» sobre el país, a su costa, a su contra y a su malgrado. Con los blancos llegaron los negros, primero de España, entonces cundida de esclavos guineos y congos, y luego de toda la Nigricia. Con ellos trajeron sus diversas culturas, unas selváticas como la de los ciboneyes, otras de avanzada barbarie como la de los taínos, y algunos de más complejidad económica y social, como los mandingas, yolofes, hausas, dahomeyanos y yorubas, ya con agricultura, esclavos, moneda, mercados, comercio forastero y gobiernos centralizados y efectivos sobre territorios y poblaciones tan grandes como Cuba; culturas intermedias entre las taínas y las aztecas; ya con metales, pero aún sin escritura.

Pauw, Cornelius de: *Recherches philosophiques sur les Américains, ou Mémoires intéressants pour servir à l'Histoire de l'Espèce humaine*. 2 Bde. Berlin: Chez Georges Jacques Decker, Imp. du Roi 1768–1769, hier Bd. 1, S. a2v f.: Il n'y a pas d'evénement plus mémorable parmi les hommes, que la Découverte de l'Amérique. En remontant des temps présents aux temps les plus reculés, il n'y a point d'evénement qu'on puisse comparer à celui là; & c'est sans doute, un spectacle grand & terrible de voir une moitié de ce globe, tellement disgraciée par la nature, que tout y étoit ou dégéneré, ou monstrueux. Quel Physicien de l'Antiquité eut jamais soupçonné qu'une même Planète avoit deux Hémisphères si différents, dont l'un seroit vaincu, subjugué &

comme englouti par l'autre, dès qu'il en seroit connu, après un laps de siécles qui se perdent dans la nuit & l'abyme des temps? Cette étonnante révolution qui changea la face de la terre & la fortune des Nations, fût absolument momentanée, parce que par une fatalité presqu'incroiable, il n'existoit aucun équilibre entre l'attaque et la défense. Toute la force & toute l'injustice étoient du côté des Européens: les Américains n'avoient que de la foiblesse: ils devoient donc être exterminés & exterminés dans un instant.

Ebda., Bd. 1, S. a3r f.: Après le prompt massacre de quelques millions de Sauvages, l'atroce vainqueur se sentit atteint d'un mal épidémique, qui, en attaquant à la fois les principes de la vie & les sources de la génération, devint bientôt le plus horrible fléau du monde habitable. L'homme déjà accablé du fardeau de son existence, trouva, pour comble d'infortune, les germes de la mort entre les bras du plaisir & au sein de la jouissance: il se crut perdu sans ressource: il crut que la nature irritée avoit juré sa ruine. Les Annales de l'univers n'offrent pas, & n'offriront peut-être plus, une époque semblable. Si de tels desastres pouvoient arriver plus d'une fois, la Terre seroit un séjour dangereux, où notre Espèce succombant sous ses maux, ou fatiguée de combattre contre sa destinée, parviendroit à une extinction totale, & abandonneroit cette Planète à des êtres plus heureux ou moins persécutés

Bd. 1, S. a3v: Cependant des Politiques à projets, ne cessent par leurs séditieux écrits, d'encourager les Princes à envahir les Terres Australes. Il est triste que quelques Philosophes aïent possedé le don de l'inconséquence jusqu'au point de former eux mêmes des voeux pour le succès de cette coupable entreprise: ils ont théoriquement tracé la route que devra tenir le premier vaisseau qui au sortir de nos ports, ira porter des chaines aux paisibles habitans d'un pays ignoré. [...] Les peuples lointains n'ont déjà que trop à se plaindre de l'Europe: elle a à leur égard, étrangement abusé de sa supériorité.

Bd. 1, S. a4r: Si le génie de la desolation & des torrents de sang, précédent toujours nos Conquérants, n'achetons pas l'éclaircissement de quelques points de Géographie, par la destruction d'une partie du globe, ne massacrons pas les Papous, pour connoître au Thermomètre de Réaumur, le climat de la Nouvelle Guinée. Après avoir tant osé, il ne reste plus de gloire à acquérir, que par la moderation qui nous manque. Mettons des bornes à la fureur de tout envahir, pour tout connoître.

Bd. 1, S. 2: Il n'y a pas d'événement plus mémorable parmi les hommes, que la Découverte de l'Amérique. En remontant des temps présents aux temps les plus reculés, il n'y a point d'événement qu'on puisse comparer à celui là; & c'est sans doute, un spectacle grand & terrible de voir une moitié de ce globe, tellement disgraciée par la nature, que tout y étoit ou dégéneré, ou monstrueux.

Bd. 1, S. 95: L'Amérique contient à peu près 2140212 lieues quarrées; & sur ce prodigieux emplacement on n'a trouvé que deux nations réunies en une espèce de société politique: tout le reste errant & dispersé en hordes ou en familles, ne connoissant que la vie sauvage, végétoit à l'ombre des forêts, & montroit à peine assez d'intelligence pour se procurer la nourriture. La différence d'un Hémisphère à l'autre étoit donc totale, aussi grande qu'elle pouvoit l'être, ou qu'on puisse l'imaginer. Je conviens qu'il est difficile de rendre raison d'une si étonnante disparité entre les deux parties constituantes d'un même globe.

Raynal, Guillaume-Thomas: *Histoire philosophique et politique des établissemens et du commerce des européens dans les deux Indes.* **Genève: Chez Jean-Léonard Pellet 1781, Bd. 3, S. 248 f.:** Sans la science de la méchanique & l'invention de ses machines, point de grands monumens. Sans quarts de cercle & sans téléscope, point de progrès merveilleux en astronomie, nul précision dans les observations. Sans fer, point de marteaux, point de tenailles, point d'enclumes, point de forges, point de scies, point de haches, point de coignées, aucun ouvrage en métaux qui mérite d'être regardé, nulle maçonnerie, nulle charpente, nulle menuiserie, nulle architecture, nulle gravure, nulle sculpture. [...] Dépouillons le Mexique de tout ce que des récits fabuleux lui ont prêté, & nous trouverons que ce pays, fort supérieur aux contrées sauvages que les Espagnols avoient jusqu'alors parcourues dans le Nouveau-Monde, n'étoit rien en comparaison des peuples civilisés de l'ancien continent.

Bd. 3, S. 344: Selon les apparences, la cour de Madrid ne diminuera jamais le nombre des troupes qu'elle entretient dans la Nouvelle-Espagne: mais la partie du revenu public qu'absorboient les fortifications, ne doit pas tarder à grossir ses trésors, à moins qu'elle ne l'emploie, dans la colonie même, à former des établissemens utiles. Déjà sur les bords de la rivière d'Alvarado, où les bois de construction abondent, s'ouvrent de grands chantiers. Cette nouveauté est d'un heureux présage. D'autres la suivront sans doute. Peut-être, après trois siècles d'oppression ou de léthargie, le Mexique va-t-il remplir les hautes destinées auxquelles la nature l'appelle vainement depuis si long-tems.

Bd. 9, S. 108: Par un contraste singulier avec l'ancien monde, où les arts sont allés du Midi vers le Nord, on verra dans le nouveau le Nord éclairer le Midi. Jusqu'à nos jours, l'esprit a paru s'énerver comme le corps dans les Indes Occidentales. Vifs & pénétrans de bonne heure, les hommes y conçoivent promptement: mais n'y résistent pas, ne s'y accoutument pas aux longues méditations. Presque tous ont de la facilité pour tout; aucun ne marque un talent décidé pour rien.

Précoces & mûrs avant nous, ils sont bien loins de la carrière quand nous touchons au terme.

Rivera, Miguel (Hg.): *Chilam Balam de Chumayel*. Madrid: Historia 16 1986, S. 99: He aquí que cuando vaya a acabar el tiempo de este *Katún*, entonces Dios hará que suceda otra vez el diluvio y la destrucción de la tierra. Y cuando haya terminado, entonces bajará Nuestro Padre Jesucristo, sobre el valle de Josafat, al lado de la ciudad de Jerusalén, donde un tiempo nos redimió su santa sangre

Rodó, José Enrique: *Obras Completas*. Editadas, con introducción, prólogos y notas, por Emir Rodríguez Monegal, con 30 ilustraciones. Madrid: Aguilar 1967, S. 571: Hoy nuestra esperanza en el inmediato porvenir es firme y altiva, y la fe del mundo empieza a recompensarla y confirmarla. Éramos, hasta ayer, poco más que un nombre geográfico: empezamos a ser una fuerza. Éramos una promesa temeraria: empezamos a ser una realidad.

S. 1033: Todavía ha de pasar mucho tiempo para que en Europa desaparezca el prejuicio que hace aparecer a una a una gran parte de las repúblicas americanas como semillero de revoluciones, como países fecundos en motines, disturbios y *masacres* de todo género.

S. 1210 u. 1212: El sentimiento del pasado original, el sentimiento de la raza y de la filiación histórica, nunca se representarían mejor para la América de habla castellana que en la figura de Cervantes. Mientras Rocinante, escuálido e inútil, fallece de vejez y de hambre, se desparraman por las pampas, los montes y los valles del Nuevo Mundo los briosos potros andaluces, los heroicos caballos del conquistador, progenitores de aquellos que un día habrán de formar, con el gaucho y el llanero, el organismo del centauro americano. [...] Mientras fracasa entre risas burladoras el mezquino gobierno de la Insula Barataria, se ganan de este lado del mar imperios colosales y se fundan virreinatos y gobernaciones con que se conceden más pingües recompensas que las que rey alguno de los tiempos de caballería pudo soñar para sus vasallos.

S. 1252: Renuevo, ante las láminas de las traducciones del *Quijote*, una observación que ya tenía hecha: la curiosa transfiguración, o si queréis, los cambios de patria de la fisonomía del hidalgo inmortal, al recibir de cada interpretación del lápiz el tipo étnico del país a que el dibujante pertenece, de manera que veis sucesivamente el Quijote inglés, el francés, el italiano, el tudesco, y hasta el vascongado y el nipón, todo dentro de la unidad impuesta por el carácter esencial de la figura.

S. 1343: En cuanto a mí, la experiencia que mi temporada de politiquero me ha suministrado, me ha bastado para tomar desde ahora (o más bien, desde antes de ahora) la resolución firmísima de poner debajo de mi última página parlamentaria un letrero que diga: «Aquí acabó la primera salida de Don Quijote», y decir adiós a la política.

Rodó, José Enrique: *Ariel. Motivos de Proteo.* **Caracas: Biblioteca Ayacucho 1976, S. 408:** Este inmenso organismo moral que del mundo, para nuestros abuelos dividido en almas nacionales, como en islas del archipiélago, han hecho la comunicación constante y fácil, el intercambio de ideas, la tolerancia religiosa, la curiosidad cosmopolita, el hilo del telégrafo, la nave de vapor, nos envuelve en una red de solicitaciones continuas y cambiantes. Del tiempo muerto, de la humanidad que ya no es, no sólo vienen a nosotros muchas y muy diversas influencias por la complejidad de nuestro origen étnico, sino que el número e intensidad de estas influencias se multiplican a favor de ese maravilloso sentido de simpatía histórica, de esa segunda vida del pasado, que ha sido, en los últimos cien años, uno de los más interesantes caracteres y una iluminación casi profética de la actividad espiritual

Rodó, José Enrique: *Ariel.* **Edición de Belén Castro. Madrid: Editorial Cátedra 2000, S. 196:** Se imita a aquel en cuya superioridad o cuyo prestigio se cree.– Es así como la visión de una América *deslatinizada* por propia voluntad, sin la extorsión de la conquista, y regenerada luego a imagen y semejanza del arquetipo del Norte, flota ya sobre los sueños de muchos sinceros interesados por nuestro porvenir, inspira la fruición con que ellos formulan a cada paso los más sugestivos paralelos, y se manifiesta por constantes propósitos de innovación y de reforma. Tenemos nuestra nordomanía. Es necesario oponerle los límites que la razón y el sentimiento señalan de consumo.

S. 223 f.: ¿No la veréis vosotros, la América que nosotros soñamos; hospitalaria para las cosas del espíritu, y no tan sólo para las muchedumbres que se amparen a ella; pensadora, sin menoscabo de su aptitud para la acción; serena y firme a pesar de sus entusiasmos generosos; resplandeciente con el encanto de una seriedad temprana y suave, como la que realza la expresión de un rostro infantil cuando en él se revela, al través de la gracia intacta que fulgura, el pensamiento inquieto que despierta?...–

S. 230: Así habló Próspero. Los jóvenes discípulos se separaron del maestro después de haber estrechado su mano con afecto filial. De su suave palabra, iba con ellos la persistente vibración en que se prolonga el lamento del cristal herido, en un ambiente sereno. Era la última hora de la tarde. Un rayo del moribundo sol atravesaba la estancia, en medio de discreta penumbra, y tocando la frente de bronce de la estatua parecía animar en los altivos ojos de Ariel la chispa inquieta de la vida. Prolongándose luego, el rayo hacía pensar en una larga mirada que el genio, prisionero en el bronce, enviase sobre el grupo juvenil que se alejaba.

S. 230 f.: Afirmado primero en el baluarte de vuestra vida interior, Ariel se lanzará desde allí a la conquista de las almas. Yo le veo, en el porvenir, sonriéndoos con gratitud, desde lo alto, al sumergirse en la sombra vuestro espíritu. Yo creo en vuestra voluntad, en vuestro esfuerzo; y más aún en los de aquellos a quienes daréis la vida y transmitiréis vuestra obra. Yo suelo embriagarme con el sueño de día en que las cosas reales harán pensar que la Cordillera que se yergue sobre el suelo de América ha sido tallada para ser el pedestal de esta estatua, para ser el ara inmutable de su veneración!

Saint-Pierre, Bernardin de: *Paul et Virginie.* **Edition revue et augmentée d'une chronologie. Paris: Editions Garnier Frères 1964, S. 202 f.:** A peine ce jeune homme avait-il repris l'usage de ses sens, qu'il se relevait et retournait avec une nouvelle ardeur vers le vaisseau, que la mer cependant entrouvrait par d'horribles secousses. Tout l'équipage, désespérant alors de son salut, se précipitait en foule à la mer, sur des vergues, des planches, des cages à poules, des tables, et des tonneaux. On vit alors un objet digne d'une éternelle pitié: une jeune demoiselle parut dans la galerie de la poupe du Saint-Géran, tendant les bras vers celui qui faisait tant d'efforts pour la joindre. C'était Virginie. Elle avait reconnu son amant à son intrépidité. La vue de cette aimable personne, exposée à un si terrible danger, nous remplit de douleur et de désespoir. Pour Virginie, d'un port noble et assuré, elle nous faisait signe de la main, comme nous disant un éternel adieu. Tous les matelots s'étaient jetés à la mer. Il n'en restait plus qu'un sur le pont, qui était tout nu et nerveux comme Hercule. Il s'approcha de Virginie avec respect: nous le vîmes se jeter à ses genoux, et s'efforcer même de lui ôter ses habits; mais elle, le repoussant avec dignité, détourna de lui sa vue. On entendit aussitôt ces cris redoublés des spectateurs: « Sauvez-la, sauvez-la; ne la quittez pas! » Mais dans ce moment une montagne d'eau d'une effroyable grandeur s'engouffra entre l'île d'Ambre et la côte, et s'avança en rugissant vers le vaisseau, qu'elle menaçait de ses flancs noirs et de ses sommets écumants. A cette terrible vue, le matelot s'élança seul à la mer; et Virginie, voyant la mort inévitable, posa une main sur ses habits, l'autre sur son cœur, et levant en haut des yeux sereins, parut un ange qui prend son vol vers les cieux.

Saint-Pierre, Bernardin de: *Voyage a l'île de France. Un officier du Roi à l'île Maurice, 1768–1770.* **Introduction et notes d'Yves Bénot. Paris: La Découverte– Maspéro 1983, S. 257:** Je préférerais de toutes les campagnes celles de mon pays, non pas parce qu'elle est belle, mais parce que j'y ai été élevé. Il est dans le lieu natal un attrait caché, je ne sais quoi d'attendrissant qu'aucune fortune ne saurait donner et qu'aucun pays ne peut rendre. Où sont ces jeux du premier âge, ces jours si pleins sans prévoyance et sans amertume? La prise d'un oiseau me comblait de joie. [...] Mais la vie n'est qu'un petit voyage, et l'âge de l'homme un jour rapide. J'en veux oublier les orages pour ne me ressouvenir que des services, des vertus et de la constance de mes amis. Peut-être ces lettres conserveront leurs noms et les feront survivre à ma reconnaissance! Peut-être iront-elles jusqu'à vous, bons Hollandais du Cap! Pour toi, Nègre infortuné qui pleure sur les rochers de Maurice, si ma main, qui ne peut essuyer tes larmes, en fait verser de regret et de repentir à tes tyrans, je n'ai plus rien à demander aux Indes, j'y ai fait fortune.

Sarmiento, Domingo Faustino: *Facundo o Civilización y Barbarie.* **Mexico, D.F.: SEP/UNAM 1982, S. 40:** En la República Argentina se ven a un tiempo dos civilizaciones distintas en un mismo suelo: una naciente, que, sin conocimiento de lo que tiene sobre su cabeza, está remedando los esfuerzos ingenuos y populares de la Edad Media; otra que, sin cuidarse de lo que tiene a sus pies, intenta realizar los últimos resultados de la civilización europea. El siglo XIX y el siglo XII viven juntos: el uno dentro de las ciudades, el otro en las campañas.

S. 330: Entonces se habría podido aclarar un poco el problema de la España, esa rezagada de Europa que, echada entre el Mediterráneo y el Océano, entre la Edad Media y el siglo XIX, unida a la Europa culta por un ancho istmo y separada del África bárbara por un angosto estrecho, está balanceándose entre dos fuerzas opuestas, ya levantándose en la balanza de los pueblos libres, ya cayendo en la de los despotizados; ya impía, ya fanática, ora despótica imprudente; maldiciendo sus cadenas rotas a veces, ya cruzando los brazos y pidiendo a gritos que le imponga el yugo que parece ser su condición y su modo de existir.

Teresa de Mier, Fray Servando: *Memorias.* **Edición y prólogo de Antonio Castro Leal. México: Editorial Porrúa 1946, Bd. 2, S. 205:** Cuando llegué a decir que mi padre era gobernador y comandante general del Nuevo Reino de León, el alcalde volvió con sorpresa la cara, porque se me acusaba como religioso y era un fenómeno que fuese sujeto distinguido. Luego prosiguió a hacerme preguntas muy largas, y le respondí que daría cuenta de toda mi vida; y, como así lo hiciese, mandó al escribano anotar que yo mismo dictaba. Mi historia le pareció una novela, y seguramente fingida, porque nada cuadraba con la acusación de la orden real. Así volví a mi chinchero y a dormir sobre los ladrillos, sin otra ropa que mi mismo vestido, y por cabecera mi pañuelo de narices.

El alcalde hace un registro a las siete de la noche y otro a las doce. Yo me tiraba en medio del calabozo para huir de las chinches; pero ellas bajaban al olor del cuerpo y me acometían por todas partes. El alcalde, en la visita de media noche, solía con los pies matar la procesión que hacían en hileras para venir sobre mí

Teresa de Mier, Fray Servando: *Ideario político*. Caracas: Biblioteca Ayacucho 1978, S. xlvii: Mucho se discurre sobre la organización de gobierno que convendría adoptarse en nuestra América, caso de su independencia absoluta. Un gobierno general federativo parece imposible y al fin sería débil y miserable. Republiquillas cortas serían presa de Europa o de la más fuerte inmediata, y al cabo vendríamos a parar en guerras mutuas. La situación geográfica de América está indicando la necesidad de tres gobiernos que serían muy respetables. El uno de todo lo que era Virreinato de Santa Fe, agregando a Venezuela. El segundo de Buenos Aires, Chile y Perú. Y el tercero desde el Istmo de Panamá hasta California: todos tres aliados con los vínculos más estrechos.

Tocqueville, Alexis de: *De la démocratie en Amérique*. Paris: Pagnerre 1848, Bd. 1, S. 8: Pense-t-on qu'après avoir détruit la féodalité et vaincu les rois, la démocratie reculera devant les bourgeois et les riches ? S'arrêtera-t-elle maintenant qu'elle est devenue si forte et ses adversaires si faibles ? Où allons-nous donc ? Nul ne saurait le dire; car déjà les termes de comparaison nous manquent: les conditions sont plus égales de nos jours parmi les chrétiens, qu'elles ne l'ont jamais été dans aucun temps ni dans aucun pays du monde; ainsi la grandeur de ce qui est déjà fait empêche de prévoir ce qui peut se faire encore. [...] Il n'est pas nécessaire que Dieu parle lui-même pour que nous découvrions des signes certains de sa volonté; il suffit d'examiner quelle est la marche habituelle de la nature et la tendance continue des événements; [...].

Bd. 2, S. 47: Les Américains sont un peuple très ancien et très éclairé, qui a rencontré un pays nouveau et immense dans lequel il peut s'étendre à volonté, et qu'il féconde sans peine. Cela est sans exemple dans le monde. En Amérique, chacun trouve donc des facilités inconnues ailleurs pour faire sa fortune ou pour l'accroître. La cupidité y est toujours en haleine, et l'esprit humain, distrait à tout moment des plaisirs de l'imagination et des travaux de l'intelligence, n'y est entraîné qu'à la poursuite de la richesse. Non seulement on voit aux Etats-Unis, comme dans tous les autres pays, des classes industrielles et commerçantes; mais, ce qui ne s'était jamais rencontré, tous les hommes s'y occupent à la fois d'industrie et de commerce.

Touraine, Alain: *Pourrons-nous vivre ensemble? Egaux et différents*. Paris: Fayard 1997, S. 13: Dans de vastes parties du monde, les contrôles sociaux et culturels établis par les Etats, les Eglises, les familles ou les écoles s'affaiblissent, et la frontière entre le normal et le pathologique, le permis et l'interdit, perd de sa netteté. Ne vivons-nous pas dans une société mondialisée, globalisée, qui envahit de toute part la vie privée et publique du plus grand nombre.

Tristan, Flora: *Pérégrinations d'une paria 1833–1834*. Paris: Arthus Bertrand 1838, Bd. 1, S. 303: C'était chose neuve pour moi, enfant du XIXe siècle, arrivant de Paris, que la représentation d'un mystère joué sous le porche d'une église, en présence d'une foule immense de peuple; mais le spectacle, plein d'enseignements, était la brutalité, les vêtements grossiers, les haillons de ce même peuple, dont l'extrême ignorance, la stupide superstition reportaient mon imagination au moyen-âge.

Unamuno, Miguel de: Del sentimiento trágico de la vida. In (ders.): *Ensayos*. Con una antología epistolar comentada por Bernardo G. de Cándamo. Bd. II. Madrid: Aguilar ⁷1967, S. 910 f.: Nada se pierde, nada pasa del todo, pues que todo se perpetúa de una manera o de otra, y todo, luego de pasar por el tiempo, vuelve a la eternidad. Tiene el mundo temporal raíces en la eternidad, y allí está junto el ayer con el hoy y el mañana. Ante nosotros pasan las escenas como en un cinematógrafo, pero la cinta permanece una y entera más allá del tiempo.

Vasconcelos, José: *Breve historia de México*. México: Ediciones Botas 1938, S. 19 f.: Todos los hechos conducentes nos van a ser dados por escritores de nuestra lengua, historiadores y cronistas de España, comentaristas y pensadores de México: Bernal Díaz del Castillo, Hernán Cortés, Solís, Las Casas y, en la época moderna, Alamán, Pereyra. ¿Y dónde está preguntaréis la versión de los indios que son porción de nuestra carne nativa? Y es fácil responder con otra pregunta: ¿Cómo podrían dar versión alguna congruente los pobres indios precortesianos que no tenían propiamente ni lenguaje, puesto que no escribían, ni sabían lo que les pasaba, porque no imaginaban en la integridad de una visión cabal o siquiera de un mapa, ni lo que eran los territorios del México suyo, mucho menos el vasto mundo de donde procedían los españoles y el Mundo Nuevo que venían agregando a la geografía y a la cultura universales?

Vasconcelos, José: La raza cósmica (Fragmento, 1925). In (ders.): *Obra selecta*. Estudio preliminar, selección, notas, cronología y bibliografía de Christopher Domínguez Michael. Caracas: Biblioteca Ayacucho 1992, S. 83–115, hier S. 88: Tenemos entonces las cuatro etapas y los cuatro troncos: el negro, el indio, el mongol y el blanco. Este último, después de organizarse en Europa, se ha convertido en invasor del mundo, y se ha creído llamado a predominar lo mismo que lo creyeron las razas anteriores, cada una en la época de su poderío. Es claro que el predominio del blanco será también temporal, pero su misión es diferente de la de sus predecesores; su misión es servir de puente. El blanco ha puesto al mundo en situación de que todos los tipos y todas las culturas puedan fundirse. La civilización conquistada por los blancos, organizada por nuestra época, ha puesto las bases materiales y morales para la unión de todos los hombres en una quinta raza universal, fruto de las anteriores y superación de todo lo pasado.

S. 94f.: Háblase al más exaltado indianista de la conveniencia de adaptarnos a la latinidad y no opondrá el menor reparo; dígasele que nuestra cultura es española y enseguida formulará objeciones. Subsiste la huella de la sangre vertida: huella maldita que no borran los siglos, pero que el peligro común debe anular. Y no hay otro recurso. Los mismos indios puros están españolizados, están latinizados, como está latinizado el ambiente. Dígase lo que se quiera, los rojos, los ilustres atlantes de quienes viene el indio, se durmieron hace millares de años para no despertar. En la Historia no hay retornos, porque toda ella es transformación y novedad. Ninguna raza vuelve; cada una plantea su misión, la cumple y se va. Esta verdad rige lo mismo en los tiempos bíblicos que en los nuestros, todos los historiadores antiguos la han formulado. Los días de los blancos puros, los vencedores de hoy, están tan contados como lo estuvieron los de sus antecesores. Al cumplir su destino de mecanizar el mundo, ellos mismos han puesto, sin saberlo, las bases de un período nuevo, el período de la fusión y la mezcla de todos los pueblos. El indio no tiene otra puerta hacia el porvenir que la puerta de la cultura moderna, ni otro camino que el camino ya desbrozado de la civilización latina. También el blanco tendrá que deponer su orgullo, y buscará progreso y redención posterior en el alma de sus hermanos de las otras castas, y se confundirá y se perfeccionará en cada una de las variedades superiores de la especie, en cada una de las modalidades que tornan múltiple la revelación y más poderoso el genio.

S. 96: De aquí que los tropiezos adversos no nos inclinen a claudicar; vagamente sentimos que han de servirnos para descubrir nuestra ruta. Precisamente, en las diferencias encontramos el camino; si no más imitamos, perdemos; si descubrimos, si creamos, triunfaremos. La ventaja de nuestra tradición es que posee mayor facilidad de simpatía con los extraños. Esto implica que nuestra civilización, con todos sus defectos, puede ser la elegida para asimilar y convertir a un nuevo tipo a todos los hombres. En ella se prepara de esta suerte la trama, el múltiple y rico plasma de la Humanidad futura. Comienza a advertirse este mandato de la Historia en esa abundancia de amor que permitió a los españoles crear una raza nueva con el indio y con el negro; prodigando la estirpe blanca a través del soldado que engendraba familia indígena y la cultura de Occidente por medio de la doctrina y el ejemplo de los misioneros que pusieron al indio en condiciones de penetrar en la nueva etapa, la etapa del mundo Uno. La colonización española creó mestizaje; esto señala su carácter, fija su responsabilidad y define su porvenir. [...] El objeto del continente nuevo y antiguo es mucho más importante. Su predestinación obedece al designio de constituir la cuna de una raza quinta en la que se fundirán todos los pueblos, para reemplazar a las cuatro que aisladamente han venido forjando la Historia. En el suelo de América hallará término la dispersión, allí se consumará la unidad por el triunfo del amor fecundo, y la superación de todas las estirpes

Vespucci, Amerigo: *Cartas de viaje*. Introducción y notas de Luciano Formisano. Madrid: Alianza Editorial 1986, S. 92: Había olvidado escribirte que desde el promontorio del Cabo Verde hasta el principio de este continente hay cerca de 700 leguas, aunque yo estimo que nosotros navegamos más de mil ochocientas, parte por ignorancia de los lugares y del piloto, y parte por las tempestades y los vientos los cuales impedían nuestro recto viaje empujándonos de un ángulo a otro: que si los compañeros no hubiesen recurrido a mí y que me era conocida la cosmografía, no había piloto, o bien guía de la navegación, que a 500 leguas supiese dónde estábamos, pues íbamos extraviados y errantes, y los instrumentos sólo nos señalaban con exactitud la verdad de los altos cuerpos celestes: y éstos eran el cuadrante y el astrolabio como todos saben. [...] Por lo cual navegamos siguiendo el litoral cerca de 600 leguas, y muchas veces descendimos a tierra y hablábamos y conversábamos con los del país, y éramos recibidos por aquéllos fraternalmente, y alguna vez estuvimos con ellos 15 y 20 días continuos amigablemente y hospitalariamente, como sabrás luego. De este continente una parte está en la zona tórrida más allá de la línea equinoccial hacia el polo antártico, ya que su principio comienza a los 8 grados más allá de esta equinoccial. Siguiendo esta playa tan largo tiempo navegamos que, pasado el trópico de Capricornio, encontramos el polo antártico en su horizonte más alto que 50 grados, y estuvimos cerca de este círculo antártico en los 17 grados y medio. Y lo que allí he visto y conocido de la naturaleza de aquella gente y de sus costumbres y su afabilidad, y de la fertilidad de la tierra, de la salubridad del aire, de la disposición del cielo y de los cuerpos celestes, y máxime de las estrellas fijas de la 8ª esfera, por nuestros mayores nunca vistas o no tratadas, más abajo narraré.

S. 93: Otra costumbre hay entre ellos muy atroz y fuera de toda credulidad humana, pues, siendo sus mujeres lujuriosas, hacen hinchar los miembros de sus maridos de tal modo que parecen deformes y brutales, y esto con un cierto artificio suyo y la mordedura de ciertos animales venenosos; y por causa de esto muchos de ellos lo pierden y quedan eunucos. No tienen paños de lana ni de lino ni aún de bombasí porque nada de ello necesitan; ni tampoco tienen bienes propios, pero todas las cosas son comunes. Viven juntos sin rey, sin autoridad y cada uno es señor de sí mismo. Toman tantas mujeres cuantas quieren, y el hijo se mezcla con la madre, y el hermano con la hermana, y el primero con la primera, y el viandante con cualquiera que se encuentra. Cada vez que quieren deshacen el matrimonio y en esto ninguno observa orden. Además, no tienen ninguna iglesia, ni tienen ninguna ley ni siquiera son idólatras. ¿Qué otra cosa diré? Viven según la naturaleza, y pueden llamarse más justamente epicúreos que estoicos.

S. 94: Esta es cosa verdaderamente cierta, pues se ha visto al padre comerse a los hijos y a las mujeres, y yo he conocido a un hombre, con el cual he hablado, del que se decía que había comido más de 300 cuerpos humanos, y aún estuve 27 días en una cierta ciudad, donde vi en las casas la carne humana salada y colgada de las vigas, como entre nosotros se usa colgar el tocino y la carne de cerdo. Digo mucho más: que ellos se maravillan porque nostros no matamos a nuestros enemigos y no usamos su carne en las comidas, la cual dicen ser sabrosísima. Sus armas son el arco y las flechas, y cuando se enfrentan en batalla, no se cubren ninguna parte del cuerpo para defenderse, de modo que aún en esto son semejantes a las bestias. Nosotros, cuanto nos ha sido posible, nos hemos esforzado en disuadirlos y en cambiar estas costumbres perversas, que nos prometieron abandonar. Aunque, como te he dicho, las mujeres andan desnudas y son libidinosas, a pesar de ello sus cuerpos son hermosos y limpios, ni tampoco son tan feas como alguno quizá podría suponer, porque aunque son carnosas, sin embargo no se aparece la 'fealdad' la cual en la mayor parte está disimulada por la buena complexión.

Bildquellenverzeichnis

Abb. 1 u. 2 *Globi der Seefahrer*. Schöpfer der Globi-Figur: Robert Lips. Bild-Geschichten und Zeichnungen: Peter Heinzer. Verse: Guido Strebel. Zürich: Globi Verlag 1986, Cover und Rückseite. —— **4**

Abb. 3 *Globi der Seefahrer*, Ende, S. 99. —— **6**

Abb. 4 Porträt von Cristóbal Colón (1451?–1506), Posthumes Ölporträt von Sebastiano del Piombo, 1519, New York: Metropolitan Museum of Art. Quelle: Wikimedia Commons, gemeinfrei. https://commons.wikimedia.org/wiki/File:Portrait_of_a_Man,_Said_to_be_Christopher_Columbus.jpg —— **16**

Abb. 5 Johann Schöner: Erdglobus mit Holzgestell, um 1515, Holz, Pappmaché, Papier. Frankfurt: Historisches Museum. Quelle: Wikimedia Commons: CC-BY-SA-4.0. https://commons.wikimedia.org/wiki/File:Sch%C3%B6ner,_Johann,_Erdglobus_mit_Holzgestell,_um_1515,_Holz,_Pappmach%C3%A9,_Papier_%C2%A9_Historisches_Museum_Frankfurt_am_Main_Fotograf_Uwe_Dettmar.jpg —— **29**

Abb. 6 Johann Schöner: Erdglobus von 1520, westliche Hemisphäre. Aus: Friedrich Wilhelm Ghillany: Geschichte des Seefahrers Ritter Martin Behaim. Nürnberg: Bauer und Raspe, J. Merz, 1853. Quelle: Wikimedia Commons: gemeinfrei. https://commons.wikimedia.org/wiki/File:Sch%C3%B6ner_globe_1520_western_hemisphere.jpg —— **30**

Abb. 7 Friedrich Georg Weitsch: Porträt Alexander von Humboldts (1769–1859). Öl auf Leinwand, 1806, Berlin: Nationalgalerie, Staatliche Museen zu Berlin. Photograph*in: Karin März. (Alte Nationalgalerie – Berlin). © Nationalgalerie der Staatlichen Museen zu Berlin – Preußischer Kulturbesitz. —— **31**

Abb. 8 Juan de la Cosa: Mapamundi, circa 1500, Madrid: Museo Naval. —— **55**

Abb. 9 Paolo dal Pozzo Toscanelli: Mapamundi mit Cipango, 1474. Quelle: Wikimedia Commons: gemeinfrei. https://commons.wikimedia.org/wiki/File:Carte_de_Toscanelli.jpg —— **61**

Abb. 10 Wappen des Christoph Columbus. In: Humboldt, Alexander von / Ette, Ottmar (Hg.): Kritische Untersuchung zur historischen Entwicklung der geographischen Kenntnisse von der Neuen Welt und den Fortschritten der nautischen Astronomie im 15. und 16. Jahrhundert. Mit dem geographischen und physischen Atlas der Äquinoktial-Gegenden des Neuen Kontinents Alexander von Humboldts sowie dem Unsichtbaren Atlas der von ihm untersuchten Kartenwerke. Mit einem vollständigen Namen- und Sachregister. Nach der Übersetzung aus dem Französischen von Julius Ludwig Ideler ediert und mit einem Nachwort versehen von Ottmar Ette. 2 Bde. Frankfurt am Main – Leipzig: Insel Verlag 2009, Bd. 2, S. 219. —— **62**

Abb. 11 Marco Polo: Il Milione, Kapitel CXXIII und CXXIV, publiziert zu Marco Polos Lebzeiten ca. 1298–1299. Livre des merveilles fol. 58r: Der Khan bei der Kriegsführung gegen den rebellischen König von Mien (Burma). Faksimile UB Graz Sig.: HB 15 210/P 778. Quelle: Wikimedia Commons: gemeinfrei.

Open Access. © 2022 bei den Autoren, publiziert von De Gruyter. [CC BY-NC-ND] Dieses Werk ist lizenziert unter der Creative Commons Namensnennung - Nicht-kommerziell - Keine Bearbeitung 4.0 International Lizenz.
https://doi.org/10.1515/9783110724097-025

	https://commons.wikimedia.org/wiki/File:Marco_Polo,_Il_Milione,_Chapter_CXXIII_and_CXXIV.jpg —— 63
Abb. 12	Unbekannter Künstler: Hochzeitsporträt der ‚Katholischen Könige' Isabella I. von Kastilien und Ferdinand II. von Aragón, 15. Jahrhundert. Avila Madrigal de las Altas Torres, Convento de las Augustinas. Quelle: Wikimedia Commons: gemeinfrei. https://commons.wikimedia.org/wiki/File:Ferdinand_of_Aragon,_Isabella_of_Castile.jpg —— 70
Abb. 13	Unbekannter Künstler: Columbus landet mit seinen Gefolgsleuten auf Guanahani (Columbus betritt am 12. Okt. 1492 auf der Bahama-Insel Guanahani den amerikanischen Kontinent). Farbdruck nach Aquarell, Ende 19. Jahrhundert. Boston: L. Prang & Co 1893. Quelle: Wikimedia Commons: gemeinfrei. https://commons.wikimedia.org/wiki/File:Columbus_Taking_Possession.jpg —— 74
Abb. 14	Albrecht Dürer zugschrieben: Syphilitiker. Holzschnitt, 1496. Quelle: Wikimedia Commons: gemeinfrei. https://de.wikipedia.org/wiki/Datei:D%C3%BCrerSyphilis1496.jpg —— 89
Abb. 15	Tontafel V des Gilgamesch-Epos. Mesopotamien, Irak, 2000–1600 v. Chr. Photograph*in: Osama Shukir Muhammed Amin. Sulaymaniyah Museum, Irak. Quelle: Wikimedia Commons: CC-BY-SA-4.0. https://commons.wikimedia.org/wiki/File:Tablet_V_of_the_Epic_of_Gilgamesh.jpg —— 110
Abb. 16	Martin Waldseemüller: Weltkarte, 1507. In: [s.n.] (1507): *Universalis cosmographia secundum Ptholomaei traditionem et Americi Vespucii alioru[m]que lustrationes*, Strasbourg? Library of Congress – Washington D.C. Quelle: Wikimedia Commons: gemeinfrei. https://commons.wikimedia.org/wiki/File:Waldseemuller_map_2.jpg —— 125
Abb. 17	Bartolomeo dalli Sonetti: Karte der Insel Kreta. In: *[Isolario] Per aprobor questa operata fata per me*, Venedig 1485. Paris: Bibliothèque Nationale de France – Paris. —— 128
Abb. 18	Benedetto Bordone: Mappamundi. In: Benedetto Bordone: *Libro di Benedetto Bordone nel quale si ragiona de tutte l'isole del mondo, con li lor nomi antichi & moderni, historie, favole & modi del loro vivere & in qual parte del mare stanno, & in qual parallelo & clima giacciono. Con il breve di papa Leone. Et gratia & privilegio della Illustrissima Signoria com' in quelli appare*. Vinegia [Venedig]: per Nicolo d'Aristotile detto Zoppino, 1528. —— 131
Abb. 19	Benedetto Bordone: Karte der Insel Kuba. In: Benedetto Bordone: *Libro di Benedetto Bordone nel quale si ragiona de tutte l'isole del mondo, con li lor nomi antichi & moderni, historie, favole & modi del loro vivere & in qual parte del mare stanno, & in qual parallelo & clima giacciono. Con il breve di papa Leone. Et gratia & privilegio della Illustrissima Signoria com' in quelli appare*. Vinegia [Venedig]: per Nicolo d'Aristotile detto Zoppino, 1528. —— 132
Abb. 20	Benedetto Bordone: Karte der Stadt Venedig, Benedetto Bordone. In: Benedetto Bordone: *Libro di Benedetto Bordone nel quale si ragiona de tutte l'isole del mondo, con li lor nomi antichi & moderni, historie, favole & modi del loro vivere & in qual parte del mare stanno, & in qual parallelo & clima giacciono. Con il breve di papa Leone. Et gratia & privilegio della*

Bildquellenverzeichnis — 859

	Illustrissima Signoria com' in quelli appare. Vinegia [Venedig]: per Nicolo d'Aristotile detto Zoppino. 1528–. — **135**
Abb. 21	Vesconte Maggiolo: *Portulankarte*. Europa, Mittelmeer und Nordafrika (1541). Berlin: Kartenabteilung der Staatsbibliothek zu Berlin. Quelle: Wikimedia Commons: gemeinfrei. https://commons.wikimedia.org/wiki/File:Maggiolo_-_Portolankarte_-_1541.png — **142**
Abb. 22	Juan de la Cosa: Mappamundi (1500), Detail: Gog und Magog. Madrid: Museo Naval. Photographie eines Faksimiles. Quelle: Wikimedia Commons: gemeinfrei. https://commons.wikimedia.org/wiki/File:Mapa Cosa_GogYMagog.jpg — **147**
Abb. 23	Juan de la Cosa: Mappamundi (1500), Detail: Die Heiligen Drei Könige. Madrid: Museo Naval. Photographie eines Faksimiles der Originalkarte. Quelle: Wikimedia Commons: gemeinfre. https://commons.wikimedia.org/wiki/File:1500_map_by_Juan_de_la_Cosa-Magi.jpg — **147**
Abb. 24	Juan de la Cosa: Mappamundi (1500), Detail: Christophorus. Madrid: Museo Naval. Quelle: www.ziereis-faksimiles.de https://www.ziereis-faksimiles.de/faksimiles/karte-von-juan-de-la-cosa#&gid=1&pid=11 — **168**
Abb. 25	Unbekannter Künstler: Porträt des Bartolomé de las Casas (1484 oder 1485–1566). Öl auf Leinwand, 16. Jahrhundert. Sevilla: Archivo General de Indias. — **177**
Abb. 26	Unbekannter Künstler: Porträt des Amerigo Vespucci (1454–1512). Öl auf Holz. Kopie aus dem 17. Jahrhundert. Quelle: Wikimedia Commons: gemeinfrei. https://commons.wikimedia.org/wiki/File:Amerigo_Vespucci_3.jpg — **185**
Abb. 27	Martin Behaim: Erdapfel. Erdglobus hergestellt von Martin Behaim und bemalt von Georg Glockendon d.Ä., 1492/94, spätere Ergänzungen, Gestell 1510 um den Horizontring ergänzt. Photograph*in: Fotoabteilung GNM. Nürnberg: Germanisches Nationalmuseum. — **187**
Abb. 28	Erste Darstellung von Kannibalismus in der Neuen Welt. Gravur von Johann Froschauer für eine Augsburger Edition von Amerigo Vespuccis Mundus Novus. Augsburg 1505. Quelle: Wikimedia Commons: gemeinfrei. https://commons.wikimedia.org/wiki/File:Cannibalism_in_the_New_World,_from_Vespucci.jpg — **193**
Abb. 29	Unbekannter Künstler: Portrait des Hernán Cortés (1485–1547). Öl auf Leinwand, 18. Jahrhundert. Madrid: Real Academia de Bellas Artes e San Fernando. Quelle: Wikimedia Commons: gemeinfrei. https://commons.wikimedia.org/wiki/File:Retrato_de_Hern%C3%A1n_Cort%C3%A9s.jpg — **207**
Abb. 30	Die Eroberung Mexikos: La Malinche und Hernán Cortés Altmexikanische Bilderhandschrift der Tlaxcalteken aus dem 16. Jahrhundert (Lienzo de Tlaxcala). Diego Muñoz Camargo, c. 1585. Quelle: Wikimedia Commons: gemeinfrei. https://commons.wikimedia.org/wiki/File:Malinche_Tlaxcala.jpg — **214**
Abb. 31	Darstellung eines Menschenopfers der Azteken zu Ehren des Huitzilopochtli. Gezeichnet von einem Spanier. Aus dem „Codex Florentino", um 1570. Quelle: Wikimedia Commons: gemeinfrei. https://commons.wikimedia.org/wiki/File:Azteken-Menschenopfer.jpg — **219**

Abb. 32　Gemälde der Stadt Tenochtitlán-Tlatelolco im Texcoco-See. Aztec (Mexica) Gallery, INAH, National Museum of Anthropology, Mexico City. Quelle: Wikimedia Commons: Creative Commons CC0 1.0 Universal Public Domain. https://commons.wikimedia.org/wiki/File:Painting_of_Tenochtitlan-Tlatelolco_on_Lake_Texcoco_(9755215791).jpg —— 227

Abb. 33　Titelseite von Bernal Díaz del Castillos „Historia verdadera de la conquista de la Nueva España", 1632. Quelle. Wikimedia Commons: gemeinfrei. https://commons.wikimedia.org/wiki/File:Bernal_Diaz_del_Castillo_Historia_verdadera_de_la_conquista_de_la_Nueva_Espa%C3%B1a_1632.jpg —— 229

Abb. 34　Biombo de la Conquista y de la Muy Noble y Leal Ciudad de México, ca. 1690. Mexiko-Stadt: Museo Franz Mayer. Photo: Alejandro Linares Garcia. Lizenz. cc 3.0 https://creativecommons.org/licenses/by-sa/3.0/ —— 245

Abb. 35　Biombo de la Conquista y de la Muy Noble y Leal Ciudad de México, ca. 1690. Details: Indigene auf Booten, Moctezuma II. unter einem Herrscherbaldachin und Hernán Cortés in Rüstung und mit Standarte. —— 245

Abb. 36　Biombo de la Conquista y de la Muy Noble y Leal Ciudad de México, ca. 1690. Rückseite: Plan der Stadt Mexiko. —— 255

Abb. 37　Biombo de la Conquista y de la Muy Noble y Leal Ciudad de México, ca. 1690. Detail: Alphabetische Bildlegende mit der Auflistung des Dargestellten. —— 260

Abb. 38　Frida Kahlo. Porträt der Lucha María, Mädchen aus Tehuacan. Öl auf Leinwand, 1942. Courtesy of www.FridaKahlo.org https://www.fridakahlo.org/portrait-of-lucha-maria-a-girl-from-tehuacan.jsp#prettyPhoto[image1]/0/ —— 264

Abb. 39　Diego Correa: Biombo, plano de la Ciudad de México, 1692. Mexiko-Stadt: Museo Nacional de Historia. Quelle: Patrimonio de la nación o dominio público, oai:mexicana.cultura.gob.mx:0001303/0000291. https://mexicana.cultura.gob.mx/es/repositorio/detalle?id=_suri:MNH:TransObject:5dfa62b77a8a0240e40326a0 —— 268

Abb. 40　Diego Correa: Biombo, plano de la Ciudad de México, 1692. Detailausschnitt mit Menschen auf Booten. —— 268

Abb. 41　Juan O'Gorman: El retablo de la Independencia, 1960. Mexiko-Stadt: Museo Nacional de Historia. D.R. Instituto Nacional de Antropología e Historia, México. D.R. Instituto Nacional de Antropología e Historia, México. https://mediateca.inah.gob.mx/islandora_74/islandora/object/mural%3A387 —— 270

Abb. 42　Unbekannter Künstler: Portrait des Francisco Xavier Clavijero (1731–1787), Öl auf Leinwand, 19. Jahrhundert. Mexiko-Stadt: Museo Nacional de Historia. Quelle: Wikimedia Commons: gemeinfrei. https://commons.wikimedia.org/wiki/File:Francisco_Xavier_Clavijero,.jpg —— 278

Abb. 43　Unbekannter Künstler: Portrait des Fray Servando Teresa de Mier (1763–1827). Mexiko-Stadt: Museo Nacional de las Intervenciones. Quelle: Wikimedia commons: GNU Free Documentation License. https://commons.wikimedia.org/wiki/File:Frayservando.jpg —— 289

Bildquellenverzeichnis — **861**

Abb. 44 Bernardino de Sahagún: Codex Florentinus, zwischen 1540 und 1569. Schlachtszenen mit spanischen Soldaten auf Pferden. Aus der digitalen Edition von Francisco Keller. Quelle: Wikimedia Commons: Creative Commons Attribution 3.0 Unported. https://commons.wikimedia.org/wiki/File:The_Florentine_Codex-_Battle.tif —— **327**

Abb. 45 La Matanza de Cholula, dargestellt auf dem Lienzo de Tlaxcala, 1552. Aus Miguel León Portilla (Hg.): *Visión de los vencidos*. México: UNAM 1982. Quelle: Wikimedia Commons: gemeinfrei. https://commons.wikimedia.org/wiki/File:Matanza_de_Cholula_-_Lienzo_de_Tlaxcala.jpg —— **329**

Abb. 46 Darstellung des Quetzalcoatl im Codex Telleriano-Remensis, 16. Jahrhundert. Quelle: Wikimedia Commons: gemeinfrei. https://commons.wikimedia.org/wiki/File:Quetzalcoatl_telleriano.jpg?uselang=de —— **346**

Abb. 47 Nachträglich koloriertes Wappen des Garcilaso de la Vega el Inca (1539–1616) nach einem Dokument aus dem Jahr 1609. Quelle: Wikimedia Commons: Creative Commons Attribution-Share Alike 4.0 International license. https://commons.wikimedia.org/wiki/File:Escudo_Inca_Garcilaso.png —— **372**

Abb. 48 Thomas de Leu: Portrait des Michel de Montaigne (1533–1592), Öl auf Leinwand, um 1578. Château de Chantilly: Condé Museum. Quelle: Wikimedia Commons: gemeinfrei. https://commons.wikimedia.org/wiki/File:Montaigne_1578.jpg —— **389**

Abb. 49 Hans Staden. In: H. J. Winkelmann: Der Amerikanischen Neuen Welt Beschreibung, Oldenburg 1664. Quelle: Wikimedia Commons: gemeinfrei. https://commons.wikimedia.org/wiki/File:Hans_Staden.jpg —— **403**

Abb. 50 Hans Staden: Kannibalistische Feier bei den Tupinamba mit Hans Staden als Beobachter, rechts. Eigener Holzschnitt zur Illustration seiner *Wahrhaftigen Historia* 1557. Quelle: Wikimedia Commons: gemeinfrei. https://commons.wikimedia.org/wiki/File:Hans_Staden,_Tupinamba_portrayed_in_cannibalistic_feast.jpg —— **408**

Abb. 51 Théodore de Bry: Os Filhos de Pindorama. Kannibalismus in Brasilien 1557, gemäß der Darstellung und dem Holzschnitt des Hans Staden. Gravur 1562. Quelle: Wikimedia Commons: gemeinfrei. https://commons.wikimedia.org/wiki/File:Cannibals.23232.jpg —— **411**

Abb. 52 Expeditionsroute des Álvar Núñez Cabeza de Vaca, 1528 bis 1536. Generic Mapping Tools and SRTM30-files for relief. Quelle: Wikimedia Commons: GNU Free Documentation License, Version 1.2. https://commons.wikimedia.org/wiki/File:Expedition_Cabeza_de_Vaca_Karte.png —— **416**

Abb. 53 José Gil de Castro: Portrait von Simon Bolívar (1783–1830), Öl auf Leinwand, ca. 1823–1825. Photograph*in: Daniel Giannoni. Lima: Museo de Arte de Lima. Quelle: Wikimedia Commons: gemeinfrei. https://commons.wikimedia.org/wiki/File:Sim%C3%B3n_Bol%C3%ADvar_by_Jos%C3%A9_Gil_de_Castro.jpg —— **452**

Abb. 54 Naufrage de Virginie, Radierung von Barthélemy Roger nach einer Zeichnung von Pierre-Paul Prud'hon. Abgedruckt in: Jacques-Henri Bernardin de Saint Pierre: Paul et Virginie. Paris: Didot 1806, gegenüber S. 160. —— **460**

Abb. 55	Jean-François Ribault: Kupferstich von Jacques-Henri Bernardin de Saint-Pierre (1737–1814),nach einer Zeichnung von Louis Lafitte, 1805. Abgedruckt in: Jacques-Henri Bernardin de Saint Pierre: *Paul et Virginie*. Paris: Didot 1806, Frontispiz. —— **463**
Abb. 56	Statue des Alexander von Humboldt vor der Berliner Humboldt-Universität, Unter den Linden. Mit der Widmung der Universität von La Habana an den 'Zweiten Entdecker Kubas'. Quelle: Wikimedia Commons: gemeinfrei. https://commons.wikimedia.org/wiki/File:Humboldtstatue.jpg —— **473**
Abb. 57	Théodore Chassériau: Portrait von Alexis de Tocqueville (1805–1859). Öl auf Leinwand, 1850. Versailles: Château de Versailles. —— **536**
Abb. 58	Jakob Schlesinger: Portrait von Georg Wilhelm Friedrich Hegel (1770–1831), Öl auf Leinwand, 1831. Berlin: Alte Nationalgalerie. —— **547**
Abb. 59	Jules Laure: Portrait von Flora Tristan (1803–1844), Lithographie 1847. Quelle: Wikimedia Commons: gemeinfrei. https://commons.wikimedia.org/wiki/File:Flora_Tristan_par_Jules_Laure.jpg —— **551**
Abb. 60	Domingo Faustino Sarmiento (1811–1888). Visitenkarte aus dem Jahr 1855. Buenos Aires: Archivo Museo Histórico Sarmiento. —— **557**
Abb. 61	Johann Moritz Rugendas: El rapto (El Malón), 1845. Quelle: Wikimedia Commons: gemeinfrei. https://commons.wikimedia.org/wiki/File:Mauricio_rugendas_-_el_malon.jpg —— **561**
Abb. 62	José Martí (1853–1895) in New York City 1885. Photograph*in: W. F. Bowers. La Habana: Centro de Estudios Martianos. —— **572**
Abb. 63	José Martí (u.r.) in Bath Beach, Long Island, New York 1890. Vordere Reihe von rechts: María Mantilla, José María Sorzano und Martí. Hintere Reiche von rechts: Isabel Mena, Pilar Correa Y Práxedes Sorzano, familiares de María Mantilla. In: Quesada y miranda, Gonzalo de: *Iconografia Martiana*. La Habana: Editorial Letras Cubana 1985, S. 42. —— **585**
Abb. 64	César Zumeta (1860–1955). Quelle: Wikimedia Commons: gemeinfrei. https://commons.wikimedia.org/wiki/File:C%C3%A9sar_Zumeta.jpg —— **597**
Abb. 65	José Enrique Rodó (Montevideo, 1871 – Palermo, Italien, 1917), im Jahr 1896. Photograph*in: Chute & Brooks. Biblioteca Nacional de Uruguay – Montevideo. —— **605**
Abb. 66	Grandville: Illustration zu Don Quijote (Buch 1, Kapitel 52) Der fahrende Ritter Don Quijote de la Mancha. Die Prozession der Büßer (I: 52), 1848. Quelle: Wikimedia Commons: gemeinfrei. https://commons.wikimedia.org/wiki/File:Quijote-2.jpg —— **607**
Abb. 67	Gustave Doré: Illustration zu *Don Quijote*. Don Quijote de La Mancha und Sancho Panza, 1863. Quelle Wikimedia Commons: gemeinfrei. —— **608**
Abb. 68	Rubén Darío (1867–1916), unbekannte*r Photograph*in. Quelle: Wikimedia Commons: gemeinfrei. https://commons.wikimedia.org/wiki/File: Rub%C3%A9n_Dar%C3%ADo.jpg —— **661**
Abb. 69	José Carlos Marátegui (1894–1930). Photograph*in: José Malanca. Quelle: Wikimedia Commons: gemeinfrei. https://commons.wikimedia.org/wiki/File:Jos%C3%A9_Carlos_Mari%C3%A1tegui_in_1929.jpg —— **667**
Abb. 70	José Vasconcelos (1882–1959), um 1920. Unbekannte*r Photograph*in. Quelle: Wikimedia Commons: gemeinfrei. https://commons.wikimedia.org/wiki/File:Jose_vasconcelos.jpg —— **693**

Abb. 71	Pedro Henríquez Ureña (1884–1946). In: Revista Cabalgata (Argeninien), 1946. Quelle: Wikimedia Commons: gemeinfrei. https://commons.wikimedia.org/wiki/File:PHU.jpg —— **707**
Abb. 72	Claude Lévi-Strauss (1908–2008), im Jahr 2005. Photograph*in: Michel Ravassard. Quelle: Wikimedia Commons: gemeinfrei. https://commons.wikimedia.org/wiki/File:Levi-strauss_260.jpg —— **717**
Abb. 73	Jean-Marie Gustave Le Clézio (*1940) während einer Pressekonferenz im Grand Hôtel Stockholm anlässlich der Verleihung des Literaturnobelpreises, 2008. Photograph*in: Holger Motzkau. Quelle: Wikimedia Commons: Creative Commons Attribution-Share Alike 3.0 Unported license. https://commons.wikimedia.org/wiki/File:Jean-Marie_Gustave_Le_Cl%C3%A9zio-press_conference_Dec_06th,_2008-2.jpg —— **742**
Abb. 74	Jean Baudrillard (1929–2007) während einer Lesung an der European Graduate School, Saas-Fe, Schweiz, am 12. Juni 2004. Photograph*in: Europeangraduateschool. Quelle: Wikimedia Commons: Creative Commons Attribution-Share Alike 2.5 Generic license. https://commons.wikimedia.org/wiki/File:WikipediaBaudrillard20040612.jpg —— **747**
Abb. 75	Monument Valley, Highway 163. Quelle: © Travel in USA. https://www.travelinusa.us/forrest-gump-point/ —— **754**
Abb. 76	Amin Maalouf (*1949) im November 2013. Photograph*in: Claude Truong-Ngoc. Quelle: Wikimedia Commons: Creative Commons Attribution-Share Alike 3.0 Unported license. https://commons.wikimedia.org/wiki/File:Amin_Maalouf_par_Claude_Truong-Ngoc_novembre_2013.jpg —— **758**
Abb. 77	José Lezama Lima (1919–1976). Quelle Wikimedia Commons: gemeinfrei. https://commons.wikimedia.org/wiki/File:Lezama_lima.jpg —— **766**
Abb. 78	Arnold Stadler (*1954) während der Frankfurter Buchmesse 2005. Quelle Wikimedia Commons: Creative Commons Attribution 2.0 Generic license. https://commons.wikimedia.org/wiki/File:Arnold_Stadler_2005.jpg —— **796**

Personenregister

Acosta, José de 318, 319, 362
Adorno, Theodor W. 286, 440
Agustini, Delmira 685
Ainsa, Fernando 705
Alberdi, Juan Bautista 613, 649
Alberti, Leon Battista 122, 160
Alegre, Francisco Javier 270
Aleijadinho 782, 786
Alexander VI. (Papst) 93
Alva Ixtlilxóchitl, Fernando de 486
Alzate, José Antonio 270, 443
Anzaldúa, Gloria 703, 728
Arago, François 390
Arguedas, Alcides 599
Arranz, Luis 44, 46, 480, 718, 719, 819
Arriaga Ochoa, Antonio 269
Artaud, Antonin 313, 742, 750
Assange, Julian 20, 180
Atahualpa 680
Atatürk 662
Auerbach, Eric 3, 106–109, 114–115, 119, 120, 130, 145, 162, 171, 340, 344, 354, 356, 362

Bamberg, Maria 627, 710
Barbusse, Henri 668
Barthes, Roland 7, 261, 734, 740, 741, 779, 780, 791, 792, 815
Bastidas, Rodrigo de 95
Batista, Fulgencio 767
Baudrillard, Jean 1, 738–756, 810, 815, 863
Beaumont, Gustave de 536
Behaim, Martin 28, 160, 187, 240, 857, 859
Belting, Hans 120, 122, 160, 243, 258
Bilbao, Francisco 639
Bitterli, Urs 57, 76, 80, 186, 202
Bloch, Ernst 154, 242, 566, 705
Blumenbach, Johann Friedrich 517
Blumenberg, Hans 14, 15, 115, 222, 336, 339, 345, 401, 414, 459, 776
Bobadilla, Francisco de 94
Boccaccio, Giovanni 513
Böhringer, Wilfried 48, 157, 343, 678

Bolívar, Simon 102, 189, 289–290, 294, 365, 366, 451–456, 467, 540, 558, 596, 600, 601, 623, 625, 626, 631, 705, 709, 777, 782, 816, 817, 861
Bonpland, Aimé 465, 467, 473, 517, 520, 731, 732, 831
Bordone, Benedetto 105–172, 188, 241, 858
Borges, Jorge Luis 619, 738, 784
Borrero, Juana 686
Boturini de Benaducci, Lorenzo 440
Bougainville, Louis Antoine de 430, 771, 772, 792–794, 827
Breton, André 313, 742
Brunelleschi, Filippo 122, 160, 243
Buffon, Georges-Louis Leclerc de 281, 428, 434, 435, 452, 512, 513, 545, 598
Bunge, Carlos Octavio 599
Butor, Michel 738–756

Caboto, Giovanni 124, 190
Calder, Alexander 740
Calvino, Italo 805, 817
Cambaceres, Eugenio 595
Cardenal, Ernesto 633
Carli, Gian Ricardo 288, 447
Carlos I. (Spanien)/Carlos V. (HRR) 211, 215, 216, 220, 352, 615, 722
Carlyle, Thomas 626, 649
Carpentier, Alejo 224, 368, 497, 535, 541, 549, 778
Carranza, Venustiano 694
Carrasco Albano, Juan Manuel 639
Casanova, Giacomo 462
Caso, Antonio 708
Castorena, Juan Ignacio 270
Castro, Fidel 671, 767
Cervantes, Miguel de 606–609, 614–619, 624, 664, 700, 810
Cervera y Topete, Pascual 654
Césaire, Aimé 635
Cézanne, Paul 782
Chamisso, Adelbert von 114, 572
Chateaubriand, François-René de 96, 304, 410, 479, 512, 513, 629

Châtelet, Émilie du 686
Chatwin, Bruce 810
Chávez, Hugo 777
Che Guevara 777
Chimpu Ocllo 373
Clarín 610, 644, 645, 818
Clavijero, Francisco Xavier 270, 277–289,
 296, 303, 305, 317, 318, 320, 322, 325,
 341, 376, 382, 437–447, 573, 818, 860
Colombo, Andrea 95
Colón, Bartolomé 94, 95
Colón, Diego 92, 215
Colón, Hernando 37, 58, 60, 93, 476, 480,
 494, 495, 504
Columbus, Christoph 12, 15, 17–19, 25–102,
 108, 109, 121, 122, 130, 136, 137, 140,
 141, 145, 148, 151, 153, 157, 159, 166,
 168, 169, 173–175, 182–185, 187, 189,
 191, 192, 202, 211–213, 215, 217, 218,
 226, 233, 241, 242, 250, 311, 312, 317,
 342–344, 350, 357, 382, 387, 393,
 465–475, 477–488, 493–499, 502–511,
 513–516, 522, 525, 526, 529, 569, 615,
 653, 715, 716, 718–721, 723, 728, 746,
 750, 756, 764, 794, 795, 799, 801, 804,
 810, 857
Cook, James 790
Correa, Diego de 268, 860
Cortés, Hernán 19, 20, 56, 86, 151, 191,
 207–242, 245–247, 250, 253, 254, 256,
 259, 262, 276, 312, 316, 317, 323, 325,
 326, 328, 350–352, 354, 355, 369, 396,
 413–415, 418, 421, 472, 481, 482, 486,
 497, 573, 615, 722, 723, 725, 726, 742,
 823, 852, 859, 860
Croce, Benedetto 668
Cuauhtémoc 237, 238, 263, 295
Cuneo, Michele de 92

D'Ailly, Pierre 62, 495
Dalli Sonetti, Bartolomeo 128, 130, 858
Dante 108, 187, 495
Darío, Rubén 544, 575, 576, 582, 608, 612,
 613, 616, 618, 625, 632, 633, 634, 640,
 649–650, 652–666, 670, 691, 825, 862
Darwin, Charles 595
Del Río, Andrés 270

Demolins, Edmond 599
De Pauw, Cornelius 1, 275, 281, 285, 286,
 305, 317, 321, 382, 426–437, 440–444,
 447, 456, 476, 520, 521, 523, 524, 537,
 545–547, 598, 599, 674, 717, 736, 785
De Sanctis, Francesco 668
Dias, Bartolomé 50
Díaz, Porfirio 694
Díaz de Gamarra, Benito 270
Díaz de Isla, Ruy 88
Díaz del Castillo, Bernal 18, 20, 191,
 207–240, 246, 254, 255, 262, 263, 276,
 312, 313, 316, 317, 323, 352, 396, 405,
 414, 415, 742, 826, 852, 860
Diderot, Denis 276, 277, 279, 305, 445, 728,
 729, 771, 792, 793, 805, 827
Dilthey, Wilhelm 152
Dürer, Albrecht 88, 89, 224–226, 276, 391,
 398, 858
Duncan, Isadora 705
Durán, Diego 318, 319, 363
Du Tertre, Jean-Baptiste 534

Echeverrías, Esteban 560
Eco, Umberto 740, 761
Eguiara, José Juan 270
Elhuyar, Fausto de 270
Emerson, Ralph Waldo 649
Emonsaku 251
Engels, Friedrich 547, 548, 554, 635, 730
Erasmus von Rotterdam 207
Eyquem, Michel 388

Ferdinand II. (Aragón) 70, 858
Ferguson, Nial 380, 734
Fernández, María 93
Fernández de Lizardi, José Joaquín 270,
 295–300, 302, 303, 305, 447, 449, 707
Fernández de Navarrete, Martín 478, 483,
 484, 487, 488, 493, 495, 499
Fernández de Oviedo, Gonzalo 356, 357,
 359, 361–364, 828
Fernández Retamar, Roberto 611, 635, 636,
 670
Fiesco, Bartolomé de 96
Fonseca, Juan Rodríguez de 140, 157, 159
Ford, John 333, 334

Forster, Georg 114, 517, 790, 791
Foucault, Michel 344, 444, 447, 453, 468, 490, 513, 526, 534
Fouillée, Alfred 629, 642
Frank, Manfred 335, 337, 338, 651
Freud, Sigmund 755
Friedrich II. (Preußen) 208, 246, 321, 426, 427, 432, 523

Gallardo, Salvador 282, 285, 286
Ganivet, Ángel 730
García Canclini, Néstor 10, 304, 567, 705, 760
Gauguin, Paul 552
Geertz, Clifford 134, 736
Genette, Gérard 627, 630
Gerbi, Antonello 286, 425, 427
Gewecke, Frauke 53, 189, 191, 194, 197, 198, 224, 225, 720
Gide, André 108
Glissant, Edouard 769, 775
Goethe, Johann Wolfgang von 139, 513, 629, 795, 810
Gómez, Juan Vicente 597
Gómez de Avellaneda, Gertrudis 592, 686
González, Juan 520
González de Oviedo, Fernando 37
González Prada, Manuel 592–596, 652, 668, 670, 675, 683, 691
Gorkij, Maksim 668
Gournay, Marie de 389
Gramsci, Antonio 668
Greenblatt, Stephen 224, 247
Gregor XIII. (Papst) 250
Grijalva, Juan de 56, 209, 721
Groussac, Paul 640
Grynaeus, Simon 471, 479
Guerra, Chritóbal 95
Guimarães Rosa, João 563, 566
Guizot, François 558
Gutiérrez, Pedro 474, 504, 831
Guyau, Jean-Marie 629

Habermas, Jürgen 314, 526, 527
Haya de la Torre, Víctor Raúl 666

Hegel, Georg Wilhelm Friedrich 273, 426, 434, 524, 544–548, 554, 599, 622, 652, 730, 731, 785, 786, 862
Henríquez Ureña, Pedro 597, 666, 706–710, 715, 863
Hernández de Córdoba, Francisco 56, 209, 721
Herodot 192
Herrera, Antonio de 319, 320, 476, 819
Hessus, Heliodorus 403
Hitler, Adolf 312, 753
Hölz, Karl 83, 84, 154, 188
Horkheimer, Max 286, 440, 522
Huayna Cápac 371, 373, 842
Huerta, Victoriano 695
Hugo, Victor 304, 551, 552, 568, 628, 629
Humboldt, Alexander von 12, 19, 27–39, 45–47, 54, 74, 77, 79, 92, 95, 97, 98, 114, 124, 126, 137, 139, 140, 150, 152, 159, 184–186, 208, 269, 270, 272, 281, 304–306, 318, 320, 322, 352, 353, 382, 390, 392, 435, 440, 441, 443, 444, 452, 455, 457–530, 533, 539, 544–550, 559, 565, 569, 570, 590, 622, 652, 718–720, 731–733, 744–746, 750, 785, 801, 804, 830, 831, 857, 862
Humboldt, Wilhelm von 490
Huysmans, Joris-Karl 629, 633, 634

Ibarbourou, Juana de 685, 686
Ibn Battuta 112, 127, 141
Irving, Washington 45, 493, 495, 499, 718, 719
Isabella I. (Kastilien) 67, 70, 93, 97, 474, 858
Iturri, Francisco Javier 288, 447

Jakobson, Roman 162
Jesús Galván, Manuel de 92, 94, 592
Joyce, James 782
Juana I. (Kastilien) 216
Juana Inés de la Cruz 274, 436, 437

Kahlo, Frida 264, 265, 860
Kano Domi 251
Kant, Immanuel 629, 649

Karl IV. (Spanien) 476
Kondori, José 782
Koselleck, Reinhart 453, 490, 493, 534, 541

La Cosa, Juan de 25, 32, 43, 54, 55, 90,
 93–95, 105–173, 182, 185, 188, 189,
 209, 240–244, 249, 258, 267, 305, 342,
 480, 721, 726, 749, 857, 859
La Luz y Caballero, José de 1
Landa, Diego de 318, 355
Las Casas, Bartolomé 19, 38, 41, 44, 45, 51,
 58, 69, 77, 78, 91, 93–95, 173–184, 188,
 262, 263, 312, 316, 320, 350, 359, 361,
 388, 420, 428, 441, 476, 477, 480, 483,
 484, 493, 498, 510, 689, 716, 718, 721,
 832, 833, 842, 859
Lausberg, Heinrich 162
La Vega el Inca, Garcilaso de 321, 348,
 358–360, 370–388, 398, 449, 828, 861
La Vega, Sebastián Garcilaso de 372–373
Le Clézio, Jean-Marie Gustave 313–315,
 738–756, 833, 863
Legazpi, Miguel de 249, 774
Leo Hebraeus 371
Leonardo da Vinci 49
Leone L'Africano, Giovan 87
León-Portilla, Miguel 230, 319, 322, 324,
 325, 327, 347, 368, 826, 834
Lepe, Diego de 95
Lepenies, Wolf 13, 444, 447, 791
Léry, Jean de 715
Lévi-Strauss, Claude 108, 163, 337, 435,
 464, 535, 673, 715–737, 835, 863
Lezama Lima, José 108, 264, 295, 448, 449,
 710, 757–789, 835, 863
Lichtenberg, Georg Christoph 53, 311
López de Gómara, Francisco 228–229, 237,
 317, 347, 350, 353–358, 396, 471, 837

Maalouf, Amin 757–789, 837, 863
Macaulay, Thomas 649
Machiavelli, Niccolò 207, 208
Madariaga, Salvador de 25, 26, 101, 320
Madero, Francisco 694
Madison, James 447
Magalhães, Fernão de 810
Malaspina, Francesco Guglielmo 486

Malinche 213, 214, 220, 234, 238, 312, 326,
 340, 352, 418, 723
Malraux, André 271
Manco Cápac 360
Marguerite de Navarre 685
Mariátegui, José Carlos 374, 596, 666–711, 837
Martí, José 292, 367, 441, 466, 537–539,
 544, 555–601, 605, 606, 610, 616–618,
 622–625, 631, 634, 637, 647, 652, 653,
 655, 661–663, 666, 670, 671, 682, 691,
 700–702, 705, 709–711, 767–769, 777,
 778, 780, 782, 836, 840, 841, 862
Martire d'Anghiera, Pietro 19, 27, 97, 98,
 120, 121, 124, 176
Marx, Karl 547
Matto de Turner, Clorinda 592, 666, 675,
 684, 686, 805
May, Karl 326
Medici, Piero di Lorenzo de' 189, 191
Melville, Herman 786
Méndez, Diego 96
Mercado, Manuel 574, 587
Mercator, Gerhard 43, 155
Mérida, Carlos 695
Merrim, Stephanie 351
Mésquita, Diego de 250
Michelena, José Mariano 270
Michelet, Jules 629
Mignolo, Walter 335, 733
Milton, John 108
Minguet, Charles 469, 515
Miranda, Francisco 768, 777, 836
Mistral, Gabriela 685, 686, 694, 707
Moctezuma II. 220–224, 226, 228, 231, 232,
 234, 236, 238, 245, 246, 252–254, 259,
 263–265, 311, 345, 347, 351, 352, 439,
 818, 860
Molina, Juan Ignacio de 288, 447
Montaigne, Michel de 15, 20, 388–401, 412,
 413, 635, 842, 861
Montemayor, Jorge de 513
Montesquieu, Charles de Secondat de 281,
 445, 598
Morus, Thomas 130
Motolinía, Toribio de Benavente 362, 486
Muñoz, Juan Bautista 476, 492, 493
Muñoz Camargo, Diego 348, 859

Napoleon 698
Napoleon III. 639
Narváez, Pánfilo de 354, 413, 419, 723, 724, 843
Nebrija, Antonio de 50, 68
Nietzsche, Friedrich 15, 16, 609, 612, 645–647, 649, 670
Niza, Tadeo de 486
Núñez Cabeza de Vaca, Alvar 401–421, 435, 563, 724–728, 736, 739, 746, 751, 765, 800, 843, 844, 861
Núñez de Balboa, Vasco 485

Obregón, Álvaro 695
O'Gorman, Edmundo 27, 121, 150, 240, 269, 271, 274, 277, 295, 304, 469, 470, 509, 510, 514
O'Gorman, Juan 269–272, 282, 306, 860
Ojeda, Alonso de 54, 95, 137, 138, 165, 721
Olmos, Andrés de 486
Onís, Federico de 710
Orozco, José Clemente 695
Ortega y Gasset, José 775
Ortega y Medina, Juan Antonio 486
Ortelius, Abraham 43, 502
Ortiz, Fernando 248, 368, 381, 467, 468, 767, 772, 773, 775, 844
Ovando, Nicolás de 96

Paz, Octavio 274
Perestrelo e Moniz, Filipa 49
Pernety, Antoine-Joseph 435, 521
Philipp II. (Spanien) 250, 724
Picasso, Pablo 782–784, 836–837
Pigafetta, Antonio 810
Piñera, Virgilio 687, 778
Pinzón, Martín Alonso 46–48, 73, 130, 719, 820
Piquet, Juan Francisco 619, 643, 644
Pisan, Christine de 685
Pizarro, Francisco 207, 353, 474, 485, 593
Platón 357, 358, 630
Poe, Edgar Allan 649
Polo, Marco 19, 51, 61, 63–66, 112, 127, 141, 153, 169, 242, 484, 829, 857

Poma de Ayala, Guamán 348, 349, 373
Ponce de León, Juan 93
Portal, Magda 615, 684–686, 838
Pratt, Mary Louise 469, 488
Proust, Marcel 108
Ptolemäus 18, 35, 64, 121, 122, 124, 132

Quiroga, Juan Facundo 565, 569

Raffael 266
Rama, Ángel 263, 297, 570, 577, 593, 599, 600, 623, 627, 650, 678, 684, 700, 708, 710
Ramos, Julio 581, 617
Raynal, Guillaume Thomas François 273–277, 279–282, 284, 286–288, 305, 317, 321, 431, 440, 443–445, 447, 452, 476, 545, 546, 598, 599, 728, 729, 731, 793, 846
Réaumur, René-Antoine Ferchault de 433, 434, 845
Renan, Ernest 628, 629, 632, 634, 638, 642, 644, 645, 647, 656
René II. (Lothringen) 124
Reyes, Alfonso 367, 445, 636, 686, 691, 694, 699, 700, 706–708, 787
Ringmann, Matthias 200
Rivera, Diego 264, 269, 695
Rizal, José 591, 661, 768
Robertson, William 29, 278, 281, 286, 317, 444, 445, 476, 545, 546
Rodó, José Enrique 544, 575, 576, 579, 582, 588, 597, 600, 601, 605–653, 655–657, 664, 670, 679, 691–693, 697, 699, 702, 703, 706, 708, 709, 711, 715, 818, 847, 848, 862
Rodríguez, Simón 768, 777, 782, 836
Rodríguez Bermejo, Juan 46, 140, 719
Roesel, Peter 403
Rojo, Grínor 734
Roldán, Francisco 94
Roosevelt, Theodore 662
Rosas, Juan Manuel Ortiz de 555, 565
Rousseau, Jean-Jacques 281, 391, 458, 459, 462–465, 549, 717
Rugendas, Johann Moritz 560, 561, 862

Sahagún, Bernardino de 264, 316, 318, 321, 324–327, 345, 347, 362, 486, 861
Saint-Pierre, Jacques-Henri Bernardin de 458–530, 745, 849, 862
Sannazaro, Jacopo 513
Sarmiento, Domingo Faustino 19, 300, 555–601, 613, 631, 642, 649, 652, 653, 709, 711, 850, 862
Sartre, Jean-Paul 638
Saussure, Ferdinand de 751
Savonarola, Girolamo 49
Schelling, Friedrich Wilhelm Joseph 339, 705, 785
Schetz, Jaspar 403
Schiller, Friedrich 629, 641
Schmidt, Aurel 790, 794–796, 804
Schöner, Johann 28, 29, 857
Scholl-Latour, Peter 621
Shakespeare, William 609, 612, 626, 629, 634, 635, 647, 650, 655
Sigüenza y Góngora, Carlos de 439, 443, 445
Siqueiros, Alfonso 695
Solís y Rivadeneyra, Antonio de 320
Soto, Hernando de 56
Staden, Hans 192, 392, 401–421, 435, 563, 715, 717, 726, 736, 800, 861
Stadler, Arnold 790–814, 863
Staub, Hans 390
Stendhal 748
Stifter, Adalbert 246, 810
Storni, Alfonsina 685
Strabon 193
St. Victor, Hugo von 120, 304, 551, 552, 568, 628, 629

Taine, Hippolyte 629
Teresa de Jesús 612, 685
Teresa de Mier, Servando 270, 274, 281, 288–296, 341, 361, 364, 366, 447–451, 472, 583, 777, 779, 780, 782, 850, 851, 860
Thayer Mahan, Alfred 654
Thevet, André 715

Tocqueville, Alexis de 535–544, 546, 549, 552, 563, 590, 598, 643, 652, 653, 746, 786, 851, 862
Todorov, Tzvetan 48, 57, 81, 82, 84, 157, 216, 221, 225, 343, 345, 351, 363, 395
Torabullys, Khal 688
Torquemada, Tomás de 319
Torres, Antonio de 92
Torres Caicedo, José María 639
Toscanelli, Paolo dal Pozzo 17, 39, 51, 61, 122, 857
Touraine, Alain 734–736, 757, 851
Tovar, Juan de 319
Tristan, Flora 550–553, 555, 557, 563, 566, 567, 598, 652, 716, 786, 803, 804, 852, 862
Trump, Donald 537, 538, 662, 750

Unamuno, Miguel de 267, 403, 414, 616, 738, 740, 741, 745, 764, 852

Vallejo, César 669, 683
Valverde, Vicente de 288, 353, 447, 593, 680
Vargas Llosa, Mario 152, 594
Varnhagen von Ense, Karl August 501, 512, 544, 546
Vasconcelos, José 252–254, 316–318, 320, 322, 666–711, 766, 767, 787, 852, 862
Velázquez, Diego 93, 209–211, 215, 219, 722, 723, 824
Vélez de Mendoza, Alonso 95
Vespucci, Amerigo 18, 49, 54, 95, 124, 126, 130, 137, 138, 151, 184–204, 487, 491, 502, 715, 721, 854, 859
Vico, Giambattista 764
Vicuña Mackenna, Benjamin 639
Villa, Pancho 694
Villegaignon, Nicolas Durand de 392, 715
Villey, Pierre 389
Voltaire 48, 184, 445

Wadsworth Longfellow, Henry 649
Walckenaer, Charles Athanase 305

Walcott, Derek 129, 769
Waldseemüller, Martin 18, 124–126, 134, 136, 137, 139, 140, 167, 184–188, 200, 858
Walton, Brian 452
Wayne, John 333, 334
Wenders, Wim 744, 745
Whitman, Walt 658, 659, 786
Williams, Robert 443
Winkle, Stefan 87, 88

Yáñez, Vicente 73, 90, 95, 820

Zapata, Emiliano 694
Zea, Leopoldo 374, 705, 706
Zumeta, César 593, 597–601, 609, 622, 670, 711, 862

www.ingramcontent.com/pod-product-compliance
Lightning Source LLC
Chambersburg PA
CBHW031356160426
42813CB00082B/430